Jürgen Bortz

Lehrbuch der empirischen Forschung

Für Sozialwissenschaftler

Unter Mitarbeit von D. Bongers

Mit 50 Abbildungen

Springer-Verlag
Berlin Heidelberg New York Tokyo

Prof. Dr. JÜRGEN BORTZ
Dipl.-Psych. DIETER BONGERS

Institut für Psychologie der
Technischen Universität Berlin
Dovestraße 1–5
10587 Berlin

ISBN 3-540-12852-2 Springer-Verlag Berlin Heidelberg New York Tokyo
ISBN 0-387-12852-2 Springer-Verlag New York Heidelberg Berlin Tokyo

CIP-Kurztitelaufnahme der Deutschen Bibliothek:
Bortz, Jürgen:
Lehrbuch der empirischen Forschung: für
Sozialwissenschaftler/Jürgen Bortz. Unter
Mitarb. von D. Bongers. – Berlin; Heidelberg;
New York; Tokyo: Springer, 1984.
ISBN 3-540-12852-2 (Berlin...)
ISBN 0-387-12852-2 (New York...)

Vorwort

Empirische Forschung kann man nicht allein durch die Lektüre von Büchern erlernen. Praktische Erfahrungen im Umgang mit den Instrumenten der empirischen Sozialforschung sind durch kein auch noch so vollständig und detailliert abgefaßtes Lehrbuch ersetzbar. Daß hier dennoch der Versuch unternommen wurde, die wichtigsten in den Sozialwissenschaften gebräuchlichen Untersuchungsvarianten sowie zahlreiche Methoden der Datenerhebung in einem Buch zusammenzufassen und zu diskutieren, geschah in der Absicht, dem Studenten Gelegenheit zu geben, sich parallel zu praktisch-empirischen Übungen einen Überblick über empirische Forschungsmöglichkeiten zu verschaffen. Ich hoffe, daß das „Lehrbuch der empirischen Forschung" dem Studenten hilft, für seine Diplomarbeit, Magisterarbeit o.ä. ein geeignetes Thema zu finden, einen für sein Thema angemessenen Untersuchungsplan zu entwickeln sowie häufig begangene Fehler bei der Untersuchungsdurchführung, Auswertung und Interpretation zu vermeiden.

Das Buch wendet sich in erster Linie an Psychologiestudenten, kann aber darüber hinaus auch anderen sozialwissenschaftlich bzw. empirisch orientierten Fachvertretern (Soziologen, Pädagogen, Medizinern, Wirtschaftswissenschaftlern etc.) viele Anregungen und Hilfen geben. Es ist als Studienbegleiter konzipiert und enthält deshalb Passagen, die sich explizit an den Studienanfänger richten (z.B. Kapitel 1) sowie Abschnitte, die den fortgeschrittenen Studenten bei seinem Untersuchungsvorhaben konkret anleiten.

Der Aufbau des Buches ist der Überzeugung verpflichtet, daß das methodische Vorgehen dem wissenschaftlichen Status der inhaltlichen Frage nachgeordnet ist. Moderne Sozialwissenschaften, deren Fragen teilweise wissenschaftliches Neuland betreten oder auf bereits vorhandenes Wissen zurückgreifen, benötigen beschreibende Untersuchungen und hypothesenprüfende Untersuchungen gleichermaßen. Dementsprechend behandelt Kapitel 3 beschreibende Untersuchungsvarianten, die in erster Linie der Anregung neuartiger inhaltlicher Hypothesen oder Ideen dienen, und Kapitel 4 Untersuchungen, mit denen Populationen oder Grundgesamtheiten anhand von Stichproben beschrieben werden. Knüpft eine Forschungsfrage hingegen an eine bereits entwickelte Forschungstradition an, aus deren Theorienbestand begründete Hypothesen ableitbar sind, ist die Konzeption und

Durchführung einer hypothesenprüfenden Untersuchung geboten. Auch hier sind es inhaltliche Überlegungen, die darüber entscheiden, ob das Forschungsgebiet bereits genügend entwickelt ist, um die Überprüfung einer Hypothese mit vorgegebener Effektgröße (Kapitel 6) zu rechtfertigen oder ob die bereits bekannten Theorien und Forschungsinstrumente noch so ungenau sind, daß die in der Hypothese behaupteten Unterschiede, Zusammenhänge oder Veränderungen bestenfalls ihrer Richtung nach, aber nicht hinsichtlich ihrer Größe vorhersagbar sind (Kapitel 5, Untersuchungen zur Überprüfung von Hypothesen ohne Effektgrößen).

Die Inhalte der beiden ersten Kapitel sind für alle vier Hauptarten empirischer Untersuchungen gleichermaßen bedeutsam. Kapitel 1 befaßt sich mit allgemeinen Prinzipien der Untersuchungsplanung und -durchführung und Kapitel 2 mit Methoden der empirischen Datenerhebung (Zählen, Urteilen, Testen, Befragen, Beobachten und physiologische Messungen).

Empirische Forschung erfordert nicht nur Erfahrung in der Anlage von Untersuchungen und im Umgang mit sozialwissenschaftlichen Forschungsinstrumenten, sondern auch profunde Statistikkenntnisse, die in diesem Buch nicht vermittelt werden. Ich habe in diesem Text auf die Behandlung statistischer Probleme bewußt weitgehend – bis auf einige Ausführungen, die spezielle, in der Standardstatistikliteratur nicht behandelte Verfahren sowie die Grundprinzipien des statistischen Schließens und Testens betreffen – verzichtet; sie sind an anderer Stelle (Bortz, 1979) zusammengefaßt. In dieser Hinsicht ist der vorliegende Text als Ergänzung des Statistiklehrbuches (bzw. umgekehrt, das Statistiklehrbuch als Ergänzung dieses Empirielehrbuches) zu verstehen.

Mein Dank gilt vor allem meinem Mitarbeiter, Herrn Dipl.-Psych. D. Bongers, der mit mir die Konzeption zu diesem Buch diskutierte, Vorlagen zu den Kapiteln 1.4.6 (Meßtheoretische Probleme), 2.5 (Beobachten) und zu Kapitel 3 (Untersuchungen zur Vorbereitung der Hypothesengewinnung) aufarbeitete und der – wie auch Herr cand. psych. D. Widowski, dem ich ebenfalls herzlich danke – den gesamten Text kritisch überprüfte. Ich danke ferner Frau Dipl.-Psych. D. Cremer für ihre Anregungen zur Gestaltung des ersten Kapitels, meinem Kollegen Herrn A. Upmeyer und Herrn Dipl.-Psych. K. Leitner für ihre ständige Bereitschaft, mit mir über Probleme der empirischen Forschung zu diskutieren, sowie Frau cand. psych. Y. Kafai für die Überprüfung der Korrekturabzüge. Schließlich sei Frau K. Eistert, meiner Sekretärin Frau W. Otto und auch meiner Frau für die oftmals schwierige Manuskriptanfertigung gedankt sowie den Mitarbeitern des Springer-Verlages für ihr Entgegenkommen bei der Umsetzung der Wünsche des Autors.

Berlin, Frühjahr 1984   JÜRGEN BORTZ

Inhaltsverzeichnis

Einleitung 1

**Kapitel 1. Vom vorwissenschaftlichen Probleminteresse
zur empirischen Untersuchung** 7

1.1   Empirische Forschung 7
1.2   Die Suche nach einer geeigneten Forschungsidee . . 11
1.3   Kriterien der Tauglichkeit für vorläufige
        Untersuchungsideen 15

1.3.1   Wissenschaftliche Kriterien 16
1.3.2   Ethische Kriterien 17

1.4   Allgemeine Prinzipien der Untersuchungsplanung . 22

1.4.1   Der Anspruch der geplanten Untersuchung 23
1.4.2   Literaturstudium 24
1.4.3   Wahl der Untersuchungsart 26

1.4.3.1 Erstes Kriterium: Stand der Forschung 26
1.4.3.2 Zweites Kriterium: Gültigkeitsanspruch der
        Untersuchungsbefunde 29

1.4.4   Das Thema der Untersuchung 37
1.4.5   Probleme der Operationalisierung 38
1.4.6   Meßtheoretische Probleme 42

1.4.6.1 Was ist Messen? 43
1.4.6.2 Die Skalenniveaus 44

1.4.7   Auswahl der Untersuchungseinheiten 45
1.4.8   Untersuchungsdurchführung und statistische
        Auswertung 52
1.4.9   Interpretation möglicher Ergebnisse 55
1.4.10 Exposé und Gesamtplanung 56

1.5   Der theoretische Teil der Arbeit 58
1.6   Die Durchführung der Untersuchung 59
1.7   Auswertung und Interpretation 63
1.8   Anfertigung des Untersuchungsberichtes 64

1.8.1	Gliederung und Inhaltsverzeichnis	64
1.8.2	Die Hauptbereiche des Textes	65
1.8.2.1	Problem (Theoretischer Teil)	65
1.8.2.2	Methode	65
1.8.2.3	Ergebnisse	66
1.8.2.4	Diskussion	67
1.8.2.5	Zusammenfassung	67
1.8.3	Gestaltung des Manuskripts	68
1.8.4	Literaturhinweise und Literaturverzeichnis	68
1.9	Veröffentlichungen	71

Kapitel 2. Empirische Datenerhebung 73

2.1	Zählen	74
2.1.1	Qualitative Merkmale	75
2.1.2	Quantitative Merkmale	79
2.1.3	Indexbildung	82
2.2	Urteilen	88
2.2.1	Rangordnungen	89
2.2.1.1	Direkte Rangordnungen	89
2.2.1.2	Methode der sukzessiven Intervalle	91
2.2.1.3	Das "Law of Categorial Judgement"	91
2.2.2	Dominanz-Paarvergleiche	95
2.2.2.1	Indirekte Rangordnungen	95
2.2.2.2	Das "Law of Comparative Judgement"	97
2.2.2.3	Die Konstanzmethode	100
2.2.2.4	Das „Signal-Erkennungs-Paradigma"	101
2.2.3	Ähnlichkeits-Paarvergleiche	109
2.2.3.1	Die „klassische" multidimensionale Skalierung (MDS)	109
2.2.3.2	Die nonmetrische multidimensionale Skalierung (NMDS)	111
2.2.3.3	Die Analyse individueller Differenzen (INDSCAL)	116
2.2.4	Rating-Skalen	118
2.2.4.1	Arten von Ratingskalen	118
2.2.4.2	Meßtheoretische Probleme	124
2.2.4.3	Urteilsfehler	126
2.2.4.4	Das semantische Differential	128
2.3	Testen	131

2.3.1	Testtheorie	134
2.3.1.1	Klassische Testtheorie	135
2.3.1.2	Probabilistische Testtheorie	139
2.3.2	Testitems	143
2.3.2.1	Itemformulierungen	143
2.3.2.2	Ratekorrektur	147
2.3.2.3	Itemanalyse	148
2.3.3	Testskalen	149
2.3.3.1	Thurstone-Skala	150
2.3.3.2	Likert-Skala	152
2.3.3.3	Guttman-Skala	153
2.3.3.4	Edwards-Kilpatrik-Skala	153
2.3.3.5	Rasch-Skala	154
2.3.3.6	Coombs-Skala	155
2.3.4	Testverfälschung	159
2.3.4.1	Soziale Erwünschtheit	160
2.3.4.2	Akquieszenz	163
2.4	Befragen	163
2.4.1	Mündliche Befragung	164
2.4.1.1	Formen der mündlichen Befragung	165
2.4.1.2	Der Aufbau eines Interviews	172
2.4.1.3	Der Interviewer	174
2.4.1.4	Der Befragte	177
2.4.1.5	Die Durchführung eines Interviews	179
2.4.2	Schriftliche Befragung	180
2.4.2.1	Fragebogenkonstruktion	181
2.4.2.2	Postalische Befragung	184
2.4.2.3	Die Delphi-Methode	189
2.5	Beobachten	189
2.5.1	Alltagsbeobachtung und systematische Beobachtung	190
2.5.2	Formen der Beobachtung	195
2.5.3	Durchführung einer Beobachtungsstudie	199
2.6	Physiologische Messungen	208
2.6.1	Hirnelektrische Aktivität	210
2.6.2	Hautelektrische Aktivität	213
2.6.3	Muskelelektrische Aktivität	214
2.6.4	Weitere Methoden	215

Kapitel 3. Untersuchungen zur Vorbereitung der Hypothesengewinnung 217

3.1   Historische Kontroversen: Erkenntnis durch Beschreibung 219

3.1.1   Phänomenologie – Beschreibung als Prinzip 219
3.1.2   Ideographische vs. nomothetische Forschung . . . 220
3.1.3   Qualitative vs. quantitative Sozialforschung 221
3.1.4   Induktiv vs. deduktiv 222

3.2   Eine Systematik beschreibender Untersuchungen . . 224

3.2.1   Analyse von Einzelbeobachtungen 224
3.2.2   Konstruktion deskriptiver Systeme 225
3.2.3   Qualitative Zusammenhangsanalyse 227

3.3   Eine Auswahl beschreibender Untersuchungen . . . 228

3.3.1   Die biographische Methode 229
3.3.2   Erkundungsgespräche 231
3.3.2.1   Exploration 231
3.3.2.2   Fokussiertes Interview 232
3.3.2.3   Narratives Interview 233

3.3.3   Analyse verbaler Informationen 234
3.3.3.1   Inhaltsanalyse 235
3.3.3.2   Textanalyse 236

Kapitel 4. Untersuchungen zur Kennzeichnung von Grundgesamtheiten 239

4.1   Stichprobe und Population 240

4.1.1   Die Zufallsstichprobe 242
4.1.2   Punktschätzungen 247
4.1.3   Intervallschätzungen 263

4.1.3.1   Konfidenzintervall des arithmetischen Mittels bei bekannter Varianz 263
4.1.3.2   Konfidenzintervall des arithmetischen Mittels bei unbekannter Varianz 271
4.1.3.3   Konfidenzintervall eines Populationsanteils 274

4.1.4   Stichprobenumfänge 277

4.2   Möglichkeiten der Präzisierung von Parameterschätzungen 284

4.2.1   Die geschichtete Stichprobe 284

4.2.1.1   Schätzung von Populationsmittelwerten 285
4.2.1.2   Schätzung von Populationsanteilen 294

4.2.2   Die Klumpenstichprobe. 298

4.2.2.1   Schätzung von Populationsmittelwerten 299
4.2.2.2   Schätzung von Populationsanteilen 303

4.2.3   Die mehrstufige Stichprobe 306

4.2.3.1   Schätzung von Populationsmittelwerten 306
4.2.3.2   Schätzung von Populationsanteilen 311

4.2.4   Wiederholte Stichprobenuntersuchungen 313

4.2.4.1   Schätzung von Populationsmittelwerten 315
4.2.4.2   Schätzung von Populationsanteilen 322

4.2.5   Der Bayes'sche Ansatz 326

4.2.5.1   Skizze der Bayes'schen Argumentation 328
4.2.5.2   Schätzung von Populationsmittelwerten 347
4.2.5.3   Schätzung von Populationsanteilen 351

4.2.6   Übersicht populationsbeschreibender
          Untersuchungen 357

Kapitel 5. Untersuchungen zur Überprüfung unspezifischer
          Hypothesen ohne Effektgrößen 363

5.1   Statistische Grundprinzipien der Hypothesenprüfung 365

5.1.1   Hypothesenarten. 365
5.1.2   Statistische Hypothesenprüfung 368
5.1.3   Probleme des Signifikanztests 373

5.2   Varianten hypothesenprüfender Untersuchungen . . 378

5.2.1   Zusammenhangshypothesen 384

5.2.1.1   Bivariate Zusammenhangshypothesen 384
5.2.1.2   Multivariate Zusammenhangshypothesen 388
5.2.1.3   Kausale Zusammenhangshypothesen 395

5.2.2   Unterschiedshypothesen 400

5.2.2.1   Zwei-Gruppenpläne 407
5.2.2.2   Mehr-Gruppenpläne 408
5.2.2.3   Faktorielle Pläne 410
5.2.2.4   Hierarchische Pläne 418
5.2.2.5   Quadratische Pläne 422
5.2.2.6   Pläne mit Kontrollvariablen 425
5.2.2.7   Multivariate Pläne 426

5.2.3   Veränderungshypothesen 427

5.2.3.1   Experimentelle Untersuchungen 428
5.2.3.2   Quasiexperimentelle Untersuchungen 431
5.2.3.3   Veränderungshypothesen für Entwicklungen 441
5.2.3.4   Veränderungshypothesen für Zeitreihen 447

5.2.4   Hypothesen in Einzelfalluntersuchungen 461

5.2.4.1   Individuelle Veränderungen 463
5.2.4.2   Einzelfalldiagnostik 479

**Kapitel 6. Untersuchungen zur Überprüfung spezifischer
          Hypothesen mit Effektgrößen** 487

6.1   Zusammenhangshypothesen 493

6.1.1.   Produkt-Moment-Korrelation 493
6.1.2   Differenz zweier Korrelationen 495
6.1.3   Kontingenzkoeffizient 497
6.1.4   Multiple Korrelation und Partialkorrelation 500

6.2   Unterschiedshypothesen 504

6.2.1   t-Test für unabhängige Stichproben 504
6.2.2   Einfaktorielle Varianzanalyse 508
6.2.3   Mehrfaktorielle Varianzanalyse 512
6.2.4   Differenzen zweier Prozentwerte (Anteile) 518
6.2.5   Eindimensionaler χ^2-Test 520
6.2.6   k·l-χ^2-Test 521

6.3   Veränderungshypothesen 521

6.3.1   t-Test für abhängige Stichproben 522
6.3.2   Varianzanalyse mit Meßwiederholungen 523

Anhang 527

A.   Fachinformationsdienste 527
B.   Software-Pakete für statistische Analysen 528
C.   Anschriften forschungsfördernder Institutionen 530
D.   Kurze Erläuterung der wichtigsten im Text verwendeten
     statistischen Begriffe und Verfahren 531
E.   Tabellen 536
E 1. Standardnormalverteilung 536
E 2. Zufallszahlen 543
E 3. t-Verteilungen 544
E 4. β-Verteilungen (Abbildungen) 546
E 5. β-Verteilungen (Tabellen) 552

E 6.   Iterationshäufigkeitstest 586
E 7.   Rangsummentest 591
E 8. χ^2-Verteilungen 596
E 9.   Fisher's Z-Werte 599
E 10. Arcus-sinus Transformation 600

Literaturverzeichnis 601

Namenverzeichnis 633

Sachverzeichnis 645

Einleitung

Eines der wichtigsten Ausbildungsziele sozialwissenschaftlicher Studiengänge ist die Befähigung des Studenten zu selbständiger wissenschaftlicher Arbeit. Hierzu zählt vor allem, daß der Student eigene empirische Untersuchungen konzipieren, durchführen, auswerten und angemessen interpretieren kann. Der folgende Text will dazu beitragen, dieses Studienziel zu erreichen.

Empirisch-wissenschaftliche Forschung setzt praktische Erfahrungen voraus, die sich theoretisch nur schwer vermitteln lassen. Allein durch die Lektüre methodologischer Texte ist noch niemand zu einem „guten Empiriker" geworden. In diesem Sinne kann und will auch dieses Buch die Sammlung eigener praktischer Erfahrungen nicht ersetzen; es kann jedoch die Ausarbeitung der für ein Forschungsvorhaben angemessenen Untersuchungsstrategie erleichtern und auf typische, häufig begangene Fehler aufmerksam machen.

Ein wichtiger Schritt in diese Richtung ist bereits getan, wenn es gelingt, das eigene Forschungsvorhaben richtig zu klassifizieren bzw. dessen Stellenwert im sozialwissenschaftlichen Forschungsprozeß zu bestimmen. Trotz der nahezu grenzenlosen Vielfalt empirischer Untersuchungen und trotz der in diesem Buch vertretenen Maxime, daß jede inhaltliche Frage eine für sie typische empirische Vorgehensweise verlangt, es also *die* optimale Forschungsmethode nicht gibt, lassen sich empirische Untersuchungen in mehr oder weniger homogene Klassen einteilen, für die sich jeweils spezifische Methoden als besonders adäquat erwiesen haben. Die Klassifikation des eigenen Untersuchungsvorhabens erleichtert es, die folgenden beispielhaft aufgeführten Fragen zu beantworten:

- Wie soll die Untersuchung durchgeführt werden (als Einzelfallstudie oder als Stichprobenuntersuchung, als Längsschnitt- oder als Querschnittuntersuchung, als Laborexperiment oder als Feldstudie, als experimentelle oder als quasi-experimentelle Untersuchung, etc.)?
- In welcher Weise sollen die erforderlichen Daten erhoben werden (durch ein standardisiertes Interview oder durch eine offene Exploration, durch Selbsteinschätzungen oder Fremdeinschätzungen, durch mündliche oder schriftliche Befragung, durch Tests oder Fragebögen, durch offene oder verdeckte Beobachtung, durch Meßgeräte oder andere technische Hilfsmittel)?
- Wie müssen die Daten beschaffen sein, damit sie sich statistisch sinnvoll auswerten lassen? (Welches Skalen- oder Meßniveau ist mit der Art der Variablenoperationalisierung verbunden? Gewährleistet die Art der Datenerhebung, daß das, was gemessen werden soll, auch tatsächlich gemessen wird? In welchem Ausmaß ist mit „Meßfehlern" zu rechnen? etc.)

- Welche statistischen Verfahren sind zur Auswertung der erhobenen Daten am besten geeignet? (In welcher Weise sind die erhobenen Daten zu aggregieren? Sollten die Daten mit einem Signifikanztest ausgewertet werden, oder ist eine deskriptive Auswertung vorzuziehen? etc.)
- Wieviele Personen (oder andere Untersuchungseinheiten) müssen untersucht werden, um zu schlüssigen Resultaten zu gelangen?
- Nach welchen Kriterien soll die Auswahl der Personen oder Untersuchungseinheiten erfolgen? (Ist eine repräsentative Stichprobe erforderlich oder genügt eine „anfallende" Stichprobe? Sind andere Stichprobenarten für die Untersuchung vielleicht besser geeignet? etc.)
- Worauf sollte der Untersuchungsbericht besondere Akzente legen? (Wie detailliert muß die eigene Vorgehensweise dokumentiert werden? In welcher Ausführlichkeit sind die erhobenen Daten wiederzugeben? Wie fertigt man den theoretischen Teil der Arbeit an? Dürfen eigene Überzeugungen oder eventuell erst durch die Untersuchung angeregte Einsichten in die Ergebnisinterpretation einfließen? Wie ist ein Untersuchungsbericht anzufertigen, wenn die Untersuchung nicht zu den erwarteten Ergebnissen geführt hat? etc.)

Die folgende Aufstellung gibt das Klassifikationsschema empirischer Untersuchungen wieder, das diesem Buch zugrunde liegt.

Zunächst muß entschieden werden, ob das eigene Vorhaben nach den Richtlinien **beschreibender Untersuchungen** oder nach den Richtlinien **prüfender Untersuchungen** zu planen ist. Diese Entscheidung setzt fundierte inhaltliche Kenntnisse bzw. ein gründliches Literaturstudium voraus. Erst nachdem zweifelsfrei festgestellt wurde, daß zu der forschungsleitenden Frage noch keine Untersuchungsbefunde oder theoretischen Entwicklungen vorliegen, aus denen sich eine überprüfbare Hypothese ableiten läßt, ist der Status einer beschreibenden Untersuchung zu rechtfertigen. Dies dürfte gerade in den vergleichsweise jungen Sozialwissenschaften, die bei weitem nicht alle sie betreffenden Probleme zufriedenstellend gelöst haben und die zudem mit immer neuen Problemen konfrontiert werden, nicht selten der Fall sein.

Erfordert der Stand der Wissenschaft eine beschreibende Untersuchung, ist ferner festzustellen, welche Aufgabe die Beschreibung erfüllen soll. Wir unterscheiden Beschreibungen, die in erster Linie neue Hypothesen anregen und Beschreibungen, deren primäres Ziel es ist, die Ausprägung oder Verteilung bestimmter Merkmale in einer Population (Grundgesamtheit) kennenzulernen.

Beschreibende Untersuchungen zur **Erkundung von Hypothesen** sind in methodischer Hinsicht am wenigsten normierbar. Sie umfassen die unterschiedlichsten Vorgehensweisen, die angesichts einer konkreten Problematik geeignet erscheinen, neuartige Ideen oder Hypothesen anzuregen, deren Tauglichkeit bzw. Allgemeingültigkeit in weiteren Untersuchungen nachzuweisen ist.

Die Kategorie „hypothesenerkundende Untersuchungen" ist hier sehr weit gefaßt. Wir bezeichnen sie deshalb im Text allgemeiner als „Untersuchungen zur Vorbereitung der Hypothesengewinnung" und rechnen zu dieser Kategorie auch Materialstudien, Entwicklungen von Untersuchungsinstrumenten oder andere theoretische Arbeiten, die die Aufarbeitung eines neuen Forschungsfeldes erleichtern.

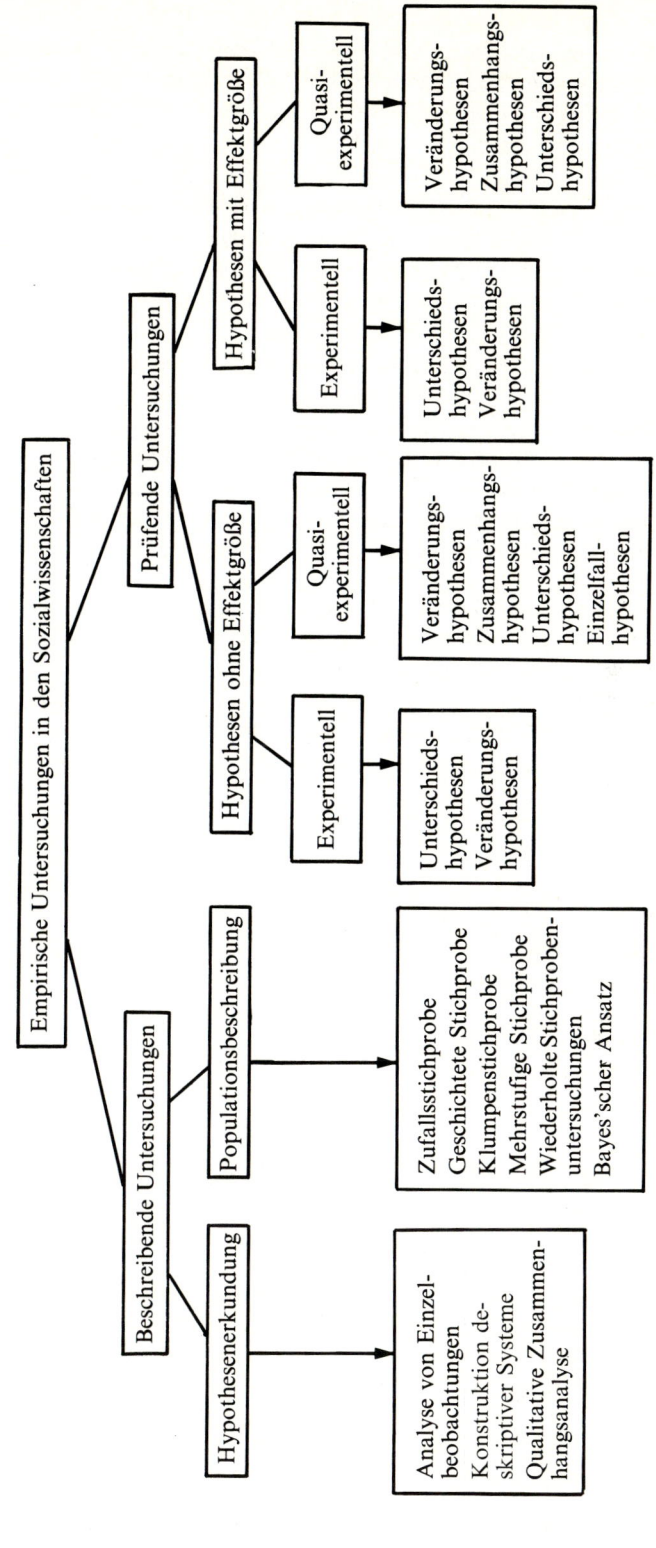

Klassifikationsschema empirischer Untersuchungen

3

Zu den hypothesenerkundenden Untersuchungen im engeren Sinne gehören beispielsweise die Analyse von Einzelbeobachtungen (intensive Untersuchung von Einzelfällen oder Einzelereignissen), die Konstruktion deskriptiver Systeme (Kategorisierung bzw. Ordnung von Einzelfällen oder Einzelereignissen nach geeignet erscheinenden Kriterien) oder die qualitative Zusammenhangsanalyse (Etablierung hypothetisch-kausaler Relationen zwischen Einzelfällen oder Einzelereignissen). Als wichtige Methoden hypothesenerkundender Untersuchungen behandeln wir die biographische Methode, verschiedene Varianten von Erkundungsgesprächen und Techniken zur Analyse verbaler Informationen.

Für diese Art beschreibender Untersuchungen spielen Kriterien für die Auswahl und Anzahl der zu untersuchenden Personen oder Untersuchungseinheiten nur eine nachgeordnete Rolle. Für die zweite Gruppe beschreibender Untersuchungen, in der es um die Schätzung von Populationsparametern aufgrund von Stichproben geht (**populationsbeschreibende Untersuchungen**), sind Art und Umfang der Stichprobe jedoch von zentraler Bedeutung. Wir werden darlegen, wie man die Genauigkeit von Parameterschätzungen durch geschicktes Ausnutzen bereits vorhandener Kenntnisse über den Untersuchungsgegenstand bei gleichem Untersuchungsaufwand gegenüber einer einfachen Zufallsstichprobe erheblich verbessern kann. Hiermit sind Vorkenntnisse gemeint, die die Ziehung einer sinnvoll geschichteten Stichprobe, einer Klumpenstichprobe bzw. einer mehrstufigen Stichprobe rechtfertigen. Ferner behandeln wir Pläne, in denen Stichproben teilweise wiederholt untersucht werden und Untersuchungen, die neben Stichprobeninformationen auch subjektive Informationen für die Parameterschätzung verwenden (Bayes'scher Ansatz).

Die zweite Hauptkategorie umfaßt Untersuchungen zur **Überprüfung von Hypothesen**. Untersuchungen dieser Art setzen voraus, daß vor Untersuchungsbeginn eine eindeutige, prinzipiell widerlegbare Hypothese formuliert wurde. In Abhängigkeit von der Präzision der Hypothese unterscheiden wir zwischen **Hypothesen ohne Effektgrößen** und **Hypothesen mit Effektgrößen.**

Eine Hypothese ohne festgelegte Effektgröße behauptet lediglich, daß irgendein Zusammenhang, ein Unterschied oder eine Veränderung (allgemein: ein Effekt) erwartet wird. Die Größe dieses Effektes bleibt offen.

Anders bei Untersuchungen, die Hypothesen mit vorgegebener Effektgröße überprüfen. Hier wird bereits vor Untersuchungsbeginn entschieden, wie groß der erwartete Zusammenhang oder Unterschied bzw. eine erwartete Veränderung sein muß, damit die Hypothese als bestätigt gelten kann. Hilfreich für die Formulierung derartiger Hypothesen sind Vorstellungen darüber, wie groß der untersuchte Effekt mindestens sein muß, um von einem *praktisch bedeutsamen Ergebnis* sprechen zu können.

Abgesehen von der Präzision der Hypothesenformulierung unterscheiden sich Untersuchungen zur Überprüfung von Hypothesen mit bzw. ohne Effektgröße in einem weiteren wichtigen Punkt: Der für eine Untersuchung angemessene Stichprobenumfang ist nur kalkulierbar, wenn eine Hypothese mit vorgegebener Effektgröße geprüft wird.

Unabhängig von dieser Hypotheseneinteilung unterscheiden wir prüfende Untersuchungen mit **experimentellen** und prüfende Untersuchungen mit **quasi-experimentellem** Charakter. Experimentelle Untersuchungen gestatten eine zufällige Zuweisung (Randomisierung) der Untersuchungsteilnehmer zu den Untersuchungsbedingungen (z. B. ein Vergleich verschiedener Behandlungsarten, bei dem über die Zugehörigkeit eines Untersuchungsteilnehmers zu einer bestimmten Behandlungsgruppe nach Zufall entschieden wird), während quasi-experimentelle Untersuchungen von vorgegebenen Gruppenzugehörigkeiten der Untersuchungsteilnehmer ausgehen (z. B. ein Vergleich verschiedener sozialer Schichten).

Experimentelle Untersuchungen sind schlüssiger interpretierbar und sollten deshalb – wenn möglich – quasi-experimentellen Untersuchungen vorgezogen werden. Im Kontext prüfender Untersuchungen werden beide Untersuchungsarten in bezug auf ihre spezifischen Besonderheiten (z. B. Kontrolltechniken) diskutiert.

Ein weiterer Gesichtspunkt, der für die Planung und Durchführung empirischer Untersuchungen von Bedeutung ist, betrifft die Art (und nicht die Größe) des hypothetischen Effektes. Wir unterscheiden Untersuchungen zur Überprüfung von **Zusammenhangshypothesen, Unterschiedshypothesen** und **Veränderungshypothesen**. Eine weitere hiervon abgesetzte Untersuchungsart bezieht sich auf **Hypothesen in Einzelfallanalysen**.

Unterschiedshypothesen und Veränderungshypothesen können sowohl experimentell als auch quasi-experimentell überprüft werden. Untersuchungen zur Überprüfung von Zusammenhangshypothesen und von Einzelfallhypothesen werden hingegen üblicherweise quasi-experimentell genannt. Alle vier Hypothesenarten sind – unabhängig von einer experimentellen oder quasi-experimentellen Vorgehensweise – prinzipiell mit bzw. ohne Effektgröße formulierbar. In diesem Text behandeln wir unter der Überschrift „Hypothesen mit Effektgrößen" jedoch nur Zusammenhangs-, Unterschieds- und Veränderungshypothesen.

Die im Gliederungsschema aufgeführten Untersuchungsarten werden in den Kapiteln 3 bis 6 ausführlich behandelt. Diesem Teil vorangestellt sind zwei Kapitel, deren Inhalte für alle Untersuchungsarten gleichermaßen bedeutsam sind: Die **Planung einer empirischen Untersuchung** sowie **Methoden der empirischen Datenerhebung**. Die Erfahrung lehrt, daß die Vorarbeiten, die zur Durchführung einer empirischen Untersuchung erforderlich sind, häufig unterschätzt werden. Das erste Kapitel befaßt sich deshalb ausführlich mit allgemeinen Fragen der Planung und Durchführung empirischer Untersuchungen – beginnend mit dem Bemühen um eine geeignete Forschungsthematik bis hin zur Anfertigung des Untersuchungsberichtes.

Das zweite Kapitel faßt die wichtigsten in den Sozialwissenschaften gebräuchlichen Datenerhebungsmethoden zusammen. Es behandelt Techniken und Probleme des Zählens, des Urteilens, des Testens, des Befragens, des Beobachtens sowie physiologische Messungen.

Empirische Forschung ist eng mit Problemen der statistischen Analyse verknüpft. Im Anhang sind deshalb u.a. die wichtigsten, derzeit an Universitätsrechenzentren implementierten Statistik-Programmpakete aufgeführt sowie eine Kurzbeschreibung derjenigen statistischen Begriffe und Verfahren, auf die in diesem Text Bezug genommen wird.

Kapitel 1. Vom vorwissenschaftlichen Probleminteresse zur empirischen Untersuchung

In diesem Kapitel werden die wichtigsten Etappen einer empirischen Untersuchung, beginnend mit der Suche nach einer geeigneten Forschungsidee bis hin zur Anfertigung des Untersuchungsberichts (bzw. der Abfassung einer Publikation), in einer Gesamtübersicht beschrieben. Als zentrales Gliederungskriterium dieser Gesamtübersicht wird die zeitliche Abfolge der erforderlichen Einzelschritte, die in der Regel bei empirischen Untersuchungen eingehalten werden sollte, zugrunde gelegt: Inhaltliche Vorüberlegungen, Planung der empirischen Untersuchung, Durchführung der Untersuchung, Auswertung, Interpretation der Ergebnisse und Anfertigung des Untersuchungsberichts. Von besonderer Bedeutung ist hierbei die **Untersuchungsplanung,** auf die in diesem Kapitel besonders ausführlich eingegangen wird.

Wegen der Verschiedenartigkeit empirischer Untersuchungen sind die hier zusammengestellten Überlegungen nicht für jede Untersuchung von gleicher Bedeutung. Es ist deshalb erforderlich, die allgemeinen Überlegungen zur Frage der Planung und Durchführung empirischer Untersuchungen durch spezielle, auf den jeweiligen Untersuchungstyp zugeschnittene Planungs- und Durchführungsbesonderheiten zu ergänzen. Dies geschieht in Kapitel 2 über verschiedene Arten der Datenerhebung und in den Kapiteln 3 bis 6 über Varianten empirischer Untersuchungen.

Zunächst greifen wir jedoch die Frage auf, was hier unter empirischer Forschung verstanden werden soll.

1.1 Empirische Forschung

Der Begriff „empirische Forschung" wird in der wissenschaftstheoretischen Literatur teilweise kontrovers diskutiert und definiert. Wir wollen darauf verzichten, die Argumente dieser Diskussion im einzelnen aufzugreifen und uns damit begnügen, die in diesem Text vertretenen Positionen kurz darzulegen. (Der an wissenschaftstheoretischen Grundsatzerörterungen interessierte Leser möge sich z. B. bei Bernal, 1970; Diederich, 1974; Kuhn, 1967, 1974; Lakatos, 1974; Popper, 1966; Stegmüller, 1979; Westmeyer, 1981 informieren.) Ein umfassenderes Verständnis unserer Auffassung von empirischer Forschung kann letztlich nur die Lektüre des gesamten Textes vermitteln.

Das Betreiben empirischer Forschung setzt profunde Kenntnisse der empirischen Forschungsmethoden voraus. Ein wichtiges Anliegen dieses Textes ist es, empirische Forschungsmethoden nicht als etwas Abgehobenes, für sich Stehendes zu behandeln, sondern als Instrumente, die den inhaltlichen Fragen nachgeordnet sind. Eine empirische Methode ist niemals für sich genommen gut oder schlecht; ihr Wert kann nur daran gemessen werden, inwieweit sie den inhaltlichen Erfordernissen einer Untersuchung gerecht wird. Allein das Bemühen, „etwas empirisch untersuchen zu wollen", trägt wenig dazu bei, den Kenntnisstand einer Sozialwissenschaft zu sichern oder zu erweitern; entscheidend hierfür ist letztlich die Qualität der inhaltlichen Fragen.

Die Umsetzung einer Fragestellung oder einer Forschungsidee in eine empirische Forschungsstrategie bzw. eine konkrete Untersuchung bereitet dem Anfänger erfahrungsgemäß erhebliche Schwierigkeiten. Wenn es gelungen ist, die Fragestellung zu präzisieren und theoretisch einzuordnen, sind Überlegungen erforderlich, wie die Untersuchung im einzelnen durchzuführen ist, ob beispielsweise in einem Fragebogen Behauptungen anstelle von Fragen verwendet werden sollten, ob ja–nein Fragen oder „multiple choice"-Fragen vorzuziehen sind, ob eine Skalierung nach der Paarvergleichsmethode, nach dem Likert-Ansatz, nach der „unfolding-Technik", nach dem „signal detection-Paradigma" oder nach den Richtlinien einer multidimensionalen Skalierung durchgeführt wird, ob die empirische Untersuchung als „Laborexperiment" oder als „Feldstudie" konzipiert bzw. ob eine Hypothese unspezisch oder mit vorgegebener Effektgröße geprüft werden soll, etc. Fragen dieser Art zu beantworten, ist Aufgabe des vorliegenden Buches.

Empirische Untersuchungen sind Untersuchungen, die auf Erfahrung beruhen (empirisch: aus dem Griechischen „auf Erfahrung beruhend"). Damit wäre beispielsweise eine Einzelfallstudie, die die Biographie eines einzelnen Menschen beschreibt, genauso „empirisch" wie eine experimentelle Untersuchung, welche eine Hypothese über die unterschiedliche Wirksamkeit verschiedener Unterrichtsmethoden prüft.

Dennoch unterscheiden sich die beiden Untersuchungen in einem wesentlichen Aspekt: In der Biographiestudie werden Erfahrungen gesammelt, aus denen sich beispielsweise Vermutungen über die Bedeutung außergewöhnlicher Lebensereignisse oder die Entwicklung von Einstellungen ableiten lassen. Diese Vermutungen können weitere Untersuchungen veranlassen, die die Tragfähigkeit der gewonnenen Einsichten an anderen Menschen oder einer Stichprobe von Menschen überprüfen.

Die Erfahrungen bzw. empirischen Ergebnisse der vergleichenden Untersuchung von Unterrichtsmethoden haben eine andere Funktion: Hier steht am Anfang eine auf einer allgemeinen Theorie über Unterrichtsmethoden abgeleitete *Hypothese*, die durch systematisch herbeigeführte Erfahrungen (d.h. z.B. durch eine sorgfältig durchgeführte experimentelle Untersuchung) bestätigt oder verworfen wird. In der ersten Untersuchungsart dienen die Erfahrungen der Formulierung und in der zweiten Untersuchungsart der Überprüfung einer Hypothese.

Empirisch-wissenschaftliche Forschung unterscheidet sich von der Alltagserfahrung darin, daß sie allgemeingültige Erkenntnisse gewinnen will. Ihre Theorien (und die aus ihnen abgeleiteten Hypothesen) sind deshalb allgemein (bzw. für einen klar definierten Geltungsbereich) formuliert. Eine Aufgabe der Sozialwissenschaften besteht nun darin, durch empirische Untersuchung zu überprüfen, inwieweit sich die theoretischen Sätze in der Realität bewähren. Dies ist die hypothesenprüfende oder *deduktive Funktion* empirischer Forschung (Deduktion: aus dem Lateinischen „Herbeiführung" bzw. Ableitung des Besonderen aus dem Allgmeinen).

Viele sozialwissenschaftliche Untersuchungsgegenstände unterliegen jedoch einem raschen zeitlichen Wandel. Theorien, die vor Jahren noch Teile des sozialen und psychischen Geschehens zu erklären vermochten, sind inzwischen veraltet oder zumindest korrekturbedürftig. Eine um Aktualität bemühte Sozialwissenschaft ist deshalb gut beraten, wenn sie nicht nur den Bestand an bewährten Theorien sichert, sondern es sich gleichzeitig zur Aufgabe macht, neue Theorien zu entwickeln.

Diese Aufgabe beinhaltet sowohl gedankliche als auch empirische Arbeit, welche reales Geschehen genau beobachtet, beschreibt und protokolliert. In diesen Beobachtungsprotokollen sind zuweilen Musterläufigkeiten, Auffälligkeiten oder andere Besonderheiten erkennbar, die mit den vorhandenen Theorien nicht vereinbar sind und die ggf. neue Erklärungsansätze anregen. Diese Schlußfolgerungen oder Erkenntnisse können das Kernstück einer neuen Theorie bilden, wenn sie sich in weiteren, gezielten empirischen Untersuchungen bestätigen und ausbauen lassen. Dies ist die hypothesenerkundende oder *induktive Funktion* empirischer Forschung (Induktion: aus dem Lateinischen das „Einführen" oder „Zuleiten" bzw. das Schließen vom Einzelnen auf etwas Allgemeines).

Eine Hypothese ist damit bei induktiver Vorgehensweise das Resultat und bei deduktiver Vorgehensweise der Ausgangspunkt einer empirischen Untersuchung. Ob eine Untersuchung primär zur Erkundung oder zur Überprüfung einer Hypothese durchgeführt wird, richtet sich nach dem Wissensstand im jeweils zu erforschenden Problemfeld. Bereits vorhandene Kenntnisse oder einschlägige Theorien, die die Ableitung einer Hypothese zulassen, erfordern eine hypothesenprüfende Untersuchung. Betritt man mit einer Fragestellung hingegen wissenschaftliches Neuland, sind zunächst Untersuchungen hilfreich, die die Formulierung neuer Hypothesen erleichtern.

Diese strikte Dichotomie zwischen **erkundenden und prüfenden Untersuchungen** charakterisiert die tatsächliche Forschungspraxis allerdings nur teilweise. Die meisten empirischen Untersuchungen knüpfen an bekannte Theorien an und vermitteln gleichzeitig neue, die Theorie erweiternde oder modifizierende Perspektiven. Für Untersuchungen dieser Art, die für „in Bewegung" befindliche Wissenschaften nicht untypisch sind, ist es geboten, den prüfenden Teil und den erkundenden Teil deutlich voneinander zu trennen.

Empirische Forschung unterscheidet sich von Alltagserfahrugnen ferner in der Art, wie die Erfahrungen gesammelt bzw. dokumentiert werden. Erfahrungen sind zunächst grundsätzlich subjektiv. Will man sie zum Gegenstand wissenschaftlicher Auseinandersetzungen machen, müssen Wege gefunden werden, die es anderen ermöglichen, die eigenen Erfahrungen oder Beobachtungen nachzuvollziehen. Hierfür ist es erforderlich, die Umstände, unter denen die Erfahrungen gemacht wurden, genau zu beschreiben. Erst dadurch wird es anderen ermöglicht, die Erfahrungen durch Herstellen gleicher (oder doch zumindest ähnlicher) Bedingungen zu bestätigen bzw. durch Variation der Bedingungen Situationen auszugrenzen, die zu abweichenden Beobachtungen führen. Genaue Kontrolle der Bedingungen, unter denen subjektive Erfahrungen oder Beobachtungen gemacht wurden, machen diese intersubjektiv überprüfbar bzw. objektivierbar, und die Variation der Bedingungen informiert über die Tragweite bzw. Generalisierbarkeit der Erfahrungen.

Alltagserfahrungen werden umgangssprachlich mitgeteilt. Ein Vorarbeiter eines Betriebes könnte beispielsweise den Eindruck gewonnen haben, daß jüngere Mitarbeiter im Vergleich zu älteren Mitarbeitern unzuverlässiger sind und weniger Einsatzbereitschaft zeigen. Diese Alltagserfahrung zu überprüfen setzte voraus, daß bekannt ist, was der Vorarbeiter mit den Attributen „unzuverlässig" und „wenig Einsatzbereitschaft" genau meint bzw. wie er diese Begriffe definiert.

Hier erweist sich nun die Umgangssprache häufig als zu ungenau, um zweifelsfrei entscheiden zu können, ob die von verschiedenen Personen gemachten Erfahrungen identisch oder unterschiedlich sind. Im wissenschaftlichen Umgang mit Erfahrungen bzw. in der empirischen Forschung bedient man sich deshalb eines Vokabulars, über dessen Bedeutung sich die Wissenschaftler (weitgehend) geeinigt haben. Wissenschaftssprachlich ließe sich der o. g. Sachverhalt vielleicht so ausdrükken, daß jüngere Mitarbeiter im Vergleich zu älteren „weniger leistungsmotiviert" seien.

Aber auch das wissenschaftliche Vokabular ist nicht immer so genau, daß über Erfahrungen oder empirische Sachverhalte unmißverständlich kommuniziert werden kann. Der Begriff „Leistungsmotivation" würde beispielsweise erheblich an Präzision gewinnen, wenn konkrete Verhaltensweisen (Operationen) genannt werden, die als Beleg für eine hohe oder geringe Leistungsmotivation gelten sollen. Dies führt zum Problem der *operationalen Definition* bzw. der Operationalisierung von Merkmalen.

Hat man sich auf Operationen geeinigt, die als Indikatoren für eine hohe bzw. geringe Leistungsmotivation Verwendung finden, bleibt für die Bedeutung der Aussage „Jüngere Mitarbeiter sind weniger leistungsmotiviert als ältere" nur noch wenig interpretativer Spielraum. Dennoch sagt dieser „Intensitätsvergleich" nichts über die tatsächliche Größe des behaupteten Unterschiedes aus, denn geringe Leistungsmotivationsunterschiede sind mit dieser Aussage genauso vereinbar wie deutliche Unterschiede. Diese Unsicherheit ließe sich ausräumen, wenn es gelänge, ein „Meßinstrument" zu konstruieren, mit dem das Merkmal „Leistungsmotivation" quantifizierbar ist und mit dem sich nicht nur die Richtung des Unterschiedes, sondern auch dessen Größe bestimmen läßt. Hiermit ist das in den Sozialwissenschaften so schwierige Problem des *„Messens"* angesprochen.

Wie bereits erwähnt, beanspruchen wissenschaftliche Aussagen Allgemeingültigkeit. Der Satz „Jüngere Mitarbeiter sind weniger leistungsmotiviert als ältere" bezieht sich nicht nur auf bestimmte, zufällig beobachtete Personen sondern auf Populationen oder Grundgesamtheiten, die sich der Tendenz nach oder im Durchschnitt in der besagten Weise unterscheiden. Die Richtigkeit dieser Aussage ließe sich nur durch eine Untersuchung aller Mitglieder der angesprochenen Population zweifelsfrei nachweisen, was allein wegen des hierfür erforderlichen Untersuchungsaufwandes praktisch unmöglich ist.

Man ist darauf angewiesen, Teilmengen oder *Stichproben* miteinander zu vergleichen, die die jeweiligen Populationen möglichst gut repräsentieren. Dieser Vergleich kann jedoch zu falschen Schlüssen führen, wenn sich trotz aller Bemühungen um repräsentative Stichproben zufällig ein Unterschied ergibt, der den wahren Populationsverhältnissen nicht entspricht. Hier zeigt sich die enge Verbundenheit von empirischer Forschung und *Inferenzstatistik*, mit der sich das Risiko falscher Entscheidungen kalkulieren läßt.

Definitions-, Operationalisierungs- und Meßprobleme stellen sich sowohl in hypothesenerkundenden als auch in hypothesenprüfenden Untersuchungen. Für beide Untersuchungsarten besteht die Gefahr, daß der zu erforschende Realitätsausschnitt durch strenge Definitions-, Operationalisierungs- oder Meßvorschriften nur verkürzt, unvollständig bzw. verzerrt erfaßt wird, so daß die Gültigkeit der so gewonnenen Erkenntnisse anzuzweifeln ist. Auf der anderen Seite sind die Ergebnisse empirischer Forschungen, in denen die untersuchten Merkmale oder Untersuchungsobjekte nur ungenau beschrieben sind und die Art der Erhebung kaum nachvollziehbar oder überprüfbar ist, mehrdeutig. Die Forderung nach generalisierbaren und eindeutig interpretierbaren Untersuchungsergebnissen spricht das Problem der *internen und externen Validität* empirischer Forschung an.

Diese Ausführungen verzichten darauf, den Komplex „empirische Forschung" eindeutig zu definieren oder begrifflich klar abzugrenzen. Es sollten in erster Linie Probleme aufgezeigt werden, mit denen sich empirische Forschung auseinanderzusetzen hat und die zu lösen der folgende Text beitragen will.

1.2 Die Suche nach einer geeigneten Forschungsidee

Die Qualität einer empirischen Untersuchung wird u. a. daran gemessen, ob die Untersuchung dazu beitragen kann, den Bestand an gesichertem Wissen im jeweiligen Untersuchungsbereich zu erweitern. Angesichts einer beinahe explosionsartigen Entwicklung der Anzahl wissenschaftlicher Publikationen befindet sich ein Student, der z. B. die Absicht hat, eine empirische Diplomarbeit anzufertigen, in einer scheinbar hoffnungslosen Situation: Wie soll er (stellvertretend für Personen beiderlei Geschlechts wird zukünftig von dem Studenten, dem Versuchsleiter, dem Leser usw. gesprochen) herausfinden, ob eine ihm interessant erscheinende Untersuchungsidee tatsächlich originell ist? Wie kann er sicher sein, daß das gleiche Thema nicht schon bearbeitet wurde? Verspricht die Untersuchung tatsächlich neue Erkenntnisse oder muß man damit rechnen, daß die erhofften Ergebnisse eigentlich banal sind?

Mit diesen oder ähnlich pessimistischen Gedanken vertieft sich der Student häufig monatelang in die Fachliteratur in der Hoffnung, irgendwann auf eine brauchbare Untersuchungsidee zu stoßen. Am Ende steht nicht selten ein resignativer Kompromiß, auf dem mehr oder weniger desinteressiert die eigene empirische Untersuchung aufgebaut wird.

McGuire (1967) führt die Schwierigkeit, kreative Untersuchungsideen zu finden, zu einem großen Teil auf die Art der Ausbildung in den Sozialwissenschaften zurück. Er schätzt, daß mindestens 90% des Unterrichts in Forschungsmethodik auf die Vermittlung präziser Techniken zur Überprüfung von Hypothesen entfallen und daß für die Erarbeitung von Strategien, schöpferische Forschungsideen zu finden, überhaupt keine oder nur sehr wenig Zeit aufgewendet wird, obwohl dieser Teil wissenschaftlicher Methodik eigentlich der wichtigere sei.

In der Tat fällt es schwer einzusehen, warum der hypothesenüberprüfende Teil empirischer Untersuchunge so detailliert und sorgfältig erlernt werden muß, wenn gleichzeitig der hypothesenkreierende Teil sträflich vernachlässigt wird, so daß – was nicht selten der Fall ist – mit einem perfekten Instrumentarium letztlich nur Banalitäten überprüft werden.

Empirische Arbeiten sind meistens zeitaufwendig und arbeitsintensiv. (Prüfungsanforderungen im Fach Psychologie sehen beispielsweise für eine Diplomarbeit in der Regel eine zwölfmonatige Bearbeitungszeit vor.) Es ist deshalb von großem Vorteil, wenn der Student im Verlauf seines Studiums, schon bevor die Anfertigung einer derartigen Arbeit ansteht, auf eine inhaltliche Frage stößt, deren Bearbeitung ihn persönlich interessiert. Das eigene Engagement hilft nicht nur einen frühzeitigen Abbruch der Arbeit verhindern, sondern kann auch zu einem guten Gelingen der empirischen Untersuchung beitragen.

Es kann natürlich fraglich scheinen, ob die Forderung nach persönlichem Engagement in der Forschung nicht die Gefahr in sich birgt, daß die Wissenschaft Ergebnisse produziert, die durch die Vorurteile und Voreingenommenheiten der Wissenschaftler verzerrt sind. Diese Möglichkeit ist sicherlich nicht auszuschließen.

Shields (1975) behauptet, die Geschichte der Wissenschaften sei voller Belege dafür, wie der Wissenschaftler durch bestechende Argumente und phantasiereiche Interpretationen seine Vorurteile zu bestätigen trachtet (vgl. hierzu auch Innes & Fraser, 1971 und Popiszyl, 1971). Hieraus nun die Forderung nach einer „wertfreien", von „neutralen" Personen getragenen Wissenschaft ableiten zu wollen, wäre sicherlich illusionär und wohl auch falsch. Kreative und bahnbrechende Forschung kann nur geleistet werden, wenn dem Forscher das Recht zugestanden wird, sich engagiert für die empirische Bestätigung seiner Vorstellungen und Ideen einzusetzen (vgl. hierzu auch Herrick, 1949 und Lewin, 1979).

Dies bedeutet natürlich nicht, daß empirische Ergebnisse bewußt verfälscht oder widersprüchliche Resultate der wissenschaftlichen Öffentlichkeit vorenthalten werden dürfen. Gerade in der empirischen Forschung ist die **präzise Dokumentation der eigenen Vorgehensweise und der Ergebnisse** eine unverzichtbare Forderung, die es anderen Forschern ermöglicht, die Untersuchung genau nachzuvollziehen und ggf. zu replizieren. Nur so kann sich Wissenschaft vor vorsätzlicher Täuschung schützen.

Nach diesen Vorbemerkungen geben wir im folgenden einige Ratschläge, die die Suche nach einem geeigneten Thema erleichtern sollen, denn zuweilen bereitet die Suche nach einem geeigneten Thema mehr Schwierigkeiten als die eigentliche Bearbeitung des Themas.

Anlegen einer „Ideensammlung"

Um spontan interessant erscheinende Einfälle nicht in Vergessenheit geraten zu lassen, ist es empfehlenswert, bereits frühzeitig mit einer breit gefächerten Sammlung von Untersuchungsideen zu beginnen. Diese Untersuchungsideen können durch Lehrveranstaltungen, Literatur, Teilnahme an psychologischen Untersuchungen als „Versuchsperson", Gespräche, eigene Beobachtungen o. ä. angeregt sein. Wird zusätzlich das Datum vermerkt, stellt diese Sammlung ein interessantes Dokument der eigenen „Ideengeschichte" dar, der beispielsweise entnommen werden kann, wie sich die Interessen im Verlaufe des Studiums verlagert haben. Das Notieren der Quelle erleichtert im Falle eines eventuellen späteren Aufgreifens der Idee weiterführende Literaturrecherchen oder Eingrenzungen der vorläufigen Untersuchungsproblematik.

Gewöhnlich werden sich einige dieser vorläufigen, spontanen Untersuchungsideen als unbrauchbar erweisen, weil sich die eigenen Interessen inzwischen verlagert haben, weil in der Literatur die Thematik bereits erschöpfend behandelt wurde oder weil das Studium Einsichten vermittelte, nach denen bestimmte Themen für eine empirische Untersuchung ungeeignet erscheinen (vgl. hierzu auch Kapitel 1.3). Dennoch stellt diese Gedächtnisstütze für eigene Interessen ein wichtiges Instrument dar, ein Thema zu finden, das mit hohem „ego-involvement" bearbeitet werden kann; gleichzeitig trägt es als Abbild der durch die individuelle Sozialisation geprägten Interessen dazu bei, die Vielfalt von Untersuchungsideen und Forschungshypothesen in einer Wissenschaft zumindest potentiell zu erweitern (zur Frage der kulturellen Bedingtheit von Forschungshypothesen vgl. Wintrop, 1970).

Replikation von Untersuchungen

Verglichen mit der empirischen Überprüfung eigener Ideen scheint die Rekonstruktion oder Wiederholung einer bereits durchgeführten Untersuchung eine wenig attraktive Alternative darzustellen. Dennoch sind Replikationen von Untersuchungen unerläßlich, wenn es um die Festigung und Erweiterung des Kenntnisbestandes einer Wissenschaft geht (vgl. z. B. Harnatt, 1975; Raney, 1970; Sidman, 1967, Kap. II; Smith, 1970 oder Thompson, 1974). Replikationen sind vor allem erforderlich, wenn eine Untersuchung zu unerwarteten, mit dem derzeitigen Kenntnisstand nur wenig in Einklang zu bringenden Ergebnissen geführt hat, die eine stärkere Aussagekraft hätten, wenn sie sich bestätigen ließen.

Völlig exakte Replikationen von Untersuchungen sind schon wegen der veränderten zeitlichen Umstände undenkbar. In der Regel werden Untersuchungen zudem mit anderen Untersuchungseinheiten (z. B. Personen), anderen Untersuchungsleitern oder sonstigen geringfügigen Modifikationen gegenüber der Originaluntersuchung wiederholt (vgl. Ostrom, 1971 und Sterling, 1959).

Mitarbeit an größeren Forschungsprogrammen

Erheblich erleichtert wird die Themensuche, wenn Studenten die Gelegenheit geboten wird, an größeren Forschungsprojekten ihres Institutes oder anderer Institutionen mitzuwirken. Hier ergeben sich gelegentlich Teilfragestellungen für eigenständige Diplomarbeiten, Magisterarbeiten, Dissertationen o. ä. Durch eine solche Mitarbeit erhält der Student Einblick in einen komplexeren Forschungsbereich, einschlägige Literatur wurde zumindest teilweise bereits recherchiert, und zu den Vorteilen der Teamarbeit ergeben sich u. U. weitere Vergünstigungen wie finanzielle Unterstützung und Förderung bei der Anfertigung von Publikationen.

An manchen Instituten ist es üblich, daß Untersuchungsthemen aus Forschungsprogrammen der Mitarbeiter dem Studenten zur Bearbeitung vorgegeben werden. Diese Vergabepraxis hat den Vorteil, daß dem Studenten die Themensuche erspart bleibt; sie hat jedoch auch den gravierenden Nachteil, daß eigene Forschungsinteressen zu kurz kommen können.

Weitere Anregungen

Wenn keine der bisher genannten Möglichkeiten, ein vorläufiges Arbeitsthema „en passant" zu finden, genutzt werden konnte, bleibt letztlich nur die Alternative der gezielten Themensuche. Hierfür ist das Durcharbeiten von mehr oder weniger beliebiger Literatur nicht immer erfolgreich und zudem sehr zeitaufwendig. Vorrangig sollte zunächst die Eingrenzung eines Themenbereiches sein, in dem gezielt nach offenen Fragestellungen, interessanten Hypothesen oder Widersprüchlichkeiten gesucht wird. Die folgenden, durch einfache Beispiele veranschaulichten „kreativen Suchstrategien" sind ggf. geeignet, derartige Themenbereiche anzuregen. (Ausführlichere Hinweise findet man bei Taylor u. Barron, 1964 bzw. Golovin, 1964.)

– *Intensive Fallstudien:* Viele berühmte Forschungsarbeiten gehen auf die gründliche Beobachtung einzelner Personen zurück (z. B. Kinderbeobachtungen bei Piaget, der Fall Dora oder der Wolfsmensch bei Freud). Die beobachteten Fälle müssen keineswegs auffällig oder herausragend sein; häufig sind es ganz „normale" Personen, deren Verhalten zu Untersuchungsideen anregen können.

– *Introspektion:* Eine beinahe unerschöpfliche Quelle für Untersuchungsideen stellt die Selbstbeobachtung dar. Wenn man bereit ist, sich selbst kritisch zu beobachten, wird man gelegentlich Ungereimtheiten und offene Fragen entdecken, die zu interessanten Fragestellungen Anlaß geben können: Warum reagiere ich in bestimmten Bereichen (z. B. in bezug auf meine Autofahrleistungen) überempfindlich auf Kritik, obwohl es mir im allgemeinen wenig ausmacht, kritisiert zu werden. Gibt es Belege dafür, daß auch andere Menschen „sensible Bereiche" haben?

Sprichwörter: Im allgemeinen werden Sprichwörter als inhaltsarme Floskeln abgetan. Dennoch verbergen sich hinter manchen Sprichwörtern die Erfahrungen vieler vergangener Generationen und können auch für die Gegenwart noch ein „Körnchen Wahrheit" enthalten.

„Besser den Spatz in der Hand, als die Taube auf dem Dach!" In diesem Sprichwort steckt eine Handlungsregel, bei Wahlentscheidungen eher risikolose Entscheidungen mit geringem Gewinn, als risikoreiche Entscheidungen mit hohem Gewinn zu treffen. Wie groß müssen in einer gegebenen Situation die Gewinnunterschiede sein, damit diese Regel nicht mehr befolgt wird? Gibt es Personen, die sich grundsätzlich anders verhalten als es das Sprichwort rät?

– *Funktionale Analogien:* Interessante Denkanstöße vermitteln gelegentlich die Übertragung bzw. analoge Anwendung bekannter Prinzipien oder Mechanismen (bzw. experimentelle Paradigmen) auf neuartige Probleme. Erschwert wird diese Übertragung durch „funktionale Fixierungen" (Duncker, 1935), nach denen sich Objekte oder Vorgänge nur schwer aus ihrem jeweiligen funktionalen Kontext lösen lassen (vgl. beispielsweise Adamson, 1952).

Gelingt die Loslösung, kann dies zu so interessanten Einfällen wie z. B. die Inokkulations-Theorie (Impfungs-Theorie) von McGuire (1964) führen, nach der die Beeinflußbarkeit der Meinungen von Personen in verbalen Kommunikationssituationen (persuasive Kommunikation) z. B. durch Vorwarnungen darüber, daß eine Beeinflussung stattfinden könnte, reduziert wird. Es handelt sich hierbei um eine analoge Anwendung der Impfwirkung: Durch die rechtzeitige Impfung einer schwachen Dosis desjenigen Stoffes, der potentiell eine gefährliche Infektion hervorrufen kann, werden Widerstandskräfte mobilisiert, die den Körper gegenüber einer ernsthaften Infektion immunisieren.

– *Paradoxe Phänomene:* Wer aufmerksam das alltägliche Leben beobachtet, wird gelegentlich Wahrnehmungen machen, die unerklärlich bzw. widersinnig erscheinen. Die probeweise Überprüfung verschiedener Erklärungsmöglichkeiten derartiger paradoxer Phänomene stellt – soweit Antworten noch nicht vorliegen – eine interessante Basis für empirische Untersuchungen dar: Warum verursachen schwere Verwundungen in starken Erregungszuständen keine Schmerzen? Warum kann man sich gelegentlich des Zwanges, trotz tiefer Trauer lachen zu müssen, nicht erwehren? Wie ist es zu erklären, daß manche Menschen bei totaler Ermüdung nicht einschlafen können?

– *Analyse von Faustregeln:* Jahrelange Erfahrungen führten zur Etablierung von Faustregeln, die das Verhalten des Menschen sowie dessen Entscheidungen mehr oder weniger nachhaltig beeinflussen. Die Analyse solcher Faustregeln eröffnet gelegentlich theoretische Implikationen, die eine bessere Nutzung der in einer Faustregel enthaltenen Erfahrungen ermöglicht: Warum ist eine Ehe in ihrem siebenten Jahr besonders gefährdet? Warum sollte „der Schuster bei seinen Leisten bleiben"? Stimmt es, daß sich „gleich und gleich gern gesellt", obwohl „Gegensätze sich – angeblich – anziehen"?

– *Veränderungen von Alltagsgewohnheiten:* Vieles im alltäglichen Leben unterliegt einer gesellschaftlichen Normierung, der wir uns in der Regel nicht ständig bewußt sind. Erst wenn Veränderungen eintreten, nehmen wir unsere eigene Einbindung wahr. Aus Fragen nach den Ursachen der Veränderung von Alltagsgewohnheiten (Akzeptierung neuer Moden, veränderte Freizeitgewohnheiten, Veränderungen gesellschaftlicher Umgangsformen etc.) läßt sich eine Fülle interessanter Ideen für sozialpsychologische Untersuchungen ableiten.

– *Widersprüchliche Untersuchungsergebnisse oder Theorien:* Stößt man im Verlaufe eines Studiums auf Theorien, die einander widersprechen (oder einander zu widersprechen scheinen), kann dies zum Anlaß genommen werden, eigenständige Prüfmöglichkeiten der widersprüchlichen Theorien bzw. einen allgemeineren, theoretischen Ansatz zu entwickeln, der den Widerspruch aufhebt. Die Brauchbarkeit dieser allgemeineren Theorie muß durch neue empirische Untersuchungen belegt werden.

So wurde beispielsweise Anderson (1967) durch die Widersprüchlichkeit des Durchschnittsmodells bei der Eindrucksbildung über einen Menschen (Thurstone, 1931: Der Gesamteindruck von einem Menschen entspricht dem Durchschnitt seiner Teilattribute) und des additiven Modells (Fishbein & Hunter, 1964: Der Gesamteindruck ergibt sich aus der Summe der Teilattribute) zu seinem gewichteten Durchschnittsmodell angeregt, nach dem einzelne Attribute mit unterschiedlichem Gewicht in eine Durchschnittsbeurteilung einfließen.

1.3 Kriterien der Tauglichkeit für vorläufige Untersuchungsideen

Nach Abschluß der Ideensammlung muß entschieden werden, welche Themen in die engere Wahl kommen sollen und welche einer genaueren Überprüfung nicht standhalten. Die Frage nach der Tauglichkeit von Untersuchungsthemen stellt sich nicht nur dem einzelnen Studenten, sondern ist auch der Gegenstand zentraler, für die gesamte Fachdisziplin bedeutsamer wissenschaftstheoretischer Diskussionen (vgl. z. B. Ellsworth, 1977, Herrmann, 1976; Holzkamp, 1964; Mertens, 1977; Miller, 1972 und Popper, 1966). Die Argumente dieser Autoren werden hier nur insoweit berücksichtigt, als sie konkrete Hilfen für die Bewertung eines Themas liefern.

Die Einschätzung der Qualität von Untersuchungsideen ist in dieser Phase davon abhängig zu machen, ob die Untersuchungsideen einigen allgemeinen wissenschaftlichen oder untersuchungstechnischen Kriterien genügen und ob sie unter ethischen Gesichtspunkten empirisch umsetzbar sind.

1.3.1 Wissenschaftliche Kriterien

– *Präzision der Problemformulierung:* Vorläufige Untersuchungsideen sind unbrauchbar, wenn unklar bleibt, was der eigentliche Gegenstand der Untersuchung sein soll, bzw. wenn der Gegenstand, auf den sich die Untersuchung bezieht, so vielschichtig ist, daß sich aus ihm viele unterschiedliche Fragestellungen ableiten lassen.

In diesem Sinne wäre beispielsweise ein Vorhaben, „über Leistungsmotivation arbeiten zu wollen", kritikwürdig. Die Untersuchungsidee ist zu vage, um eine sinnvolle Literaturrecherche nach noch offenen Problemfeldern bzw. nach replikationswürdigen Teilbefunden anleiten zu können. Das Interesse an diesem allgemeinen Thema sollte sich auf eine Teilfrage aus diesem Gebiet wie z. B. die Genese von Leistungsmotivation oder Folgeerscheinungen bei nicht befriedigter Leistungsmotivation (z. B. bei Arbeitslosen) richten.

Unbrauchbar sind vorläufige Untersuchungsideen auch dann, wenn sie unklare, mehrdeutig oder einfach schlecht definierte Begriffe enthalten. Möchte man sich beispielsweise mit der „Bedeutung der Intelligenz für die individuelle Selbstverwirklichung" beschäftigen, wäre von diesem Vorhaben abzuraten, wenn unklar ist, was mit „Selbstverwirklichung" oder „Intelligenz" gemeint ist.

Die Überprüfung der begrifflichen Klarheit und der Präzision der Ideenformulierung kann in dieser Phase durchaus noch auf einem vorläufigen Niveau erfolgen. Die Begriffe gelten vorläufig als genügend klar definiert, wenn sie kommunikationsfähig sind. (Nach der Regel: Ein Gesprächspartner, der meint, mich verstanden zu haben, muß in der Lage sein, einem Dritten zu erklären, was ich mit meinem Begriff meine.) Strengere Maßstäbe werden erst in Kapitel 1.4.5 an die begriffliche Klarheit gelegt, wenn es darum geht, das mit den Begriffen Gemeinte empirisch zu erfassen.

– *Empirische Untersuchbarkeit:* Es mag selbstverständlich erscheinen, daß eine Themensammlung für empirische Untersuchungen nur solche Themen enthält, die auch empirisch untersuchbar sind. Dennoch wird man feststellen, daß sich die einzelnen Themen in ihrer empirischen Untersuchbarkeit unterscheiden und daß einige ggf. überhaupt nicht oder nur äußerst schwer empirisch zu bearbeiten sind.

In diesem Sinne ungeeignet sind Untersuchungsideen mit religiösen, metaphysischen oder philosophischen Inhalten (z. B. Leben nach dem Tode, Existenz Gottes, Sinn des Lebens etc.) sowie Untersuchungen, die sich mit unklaren Begriffen befassen (z. B. Seele, Gemüt, Unterbewußtsein etc.). Ferner ist von Untersuchungsideen abzuraten, die bereits in dieser frühen Phase erkennen lassen, daß sie einen unangemessenen Arbeitsaufwand erfordern. Hierzu zählen die Untersuchung ungewöhnlicher Personen (z. B. psychische Probleme bei Zwergwüchsigen) oder ungewöhnlicher Situationen (z. B. Ursachen für Panikreaktionen) bzw. sehr zeitaufwendige Untersuchungen (z. B. eine Längsschnittuntersuchung zur Analyse der Entwicklung des logischen Denkens bei Kindern). Schwierigkeiten bereiten schließlich Untersuchungen über die ursächliche Bedeutung isolierter Merkmale, die in der Realität nur in Kombination mit anderen Einflußgrößen wirksam sind (z. B. Untersuchungen von Anlage und Umwelt als Einflußfaktoren der Intelligenz).

– *Wissenschaftliche Tragweite:* Der Anfänger neigt dazu, die wissenschaftliche Bedeutung seines Untersuchungsvorhabens zu überschätzen. Diese an sich positive (weil motivierende) Einstellung darf jedoch nicht dazu führen, daß Themen in Aussicht genommen werden, die die eigenen Möglichkeiten überfordern (vgl. auch Kap. 1.4.1).

Wenn jemand beispielsweise eine empirische Untersuchung zum Thema „Vergleich verschiedener Therapieformen im Hinblick auf den Abbau psychischer Störungen" ins Auge gefaßt hat, ist mit Sicherheit davon auszugehen, daß dieses Vorhaben scheitern oder zumindest unbefriedigend enden wird. Das Thema ist zu breit angelegt und sollte auf einen Teilaspekt eingeschränkt werden.

Unbrauchbar sind ferner Themen, die weder eine praktische Bedeutung erkennen lassen noch die Grundlagenforschung bereichern können. Hochschulen und Universitäten sind Einrichtungen, die eine vergleichsweise lange und kostspielige Ausbildung vermitteln. Hieraus leitet sich eine besondere Verantwortung des Wissenschaftlers (auch des angehenden Wissenschaftlers) ab, sich mit Themen zu beschäftigen, deren Nutzen zumindest prinzipiell erkennbar ist.

Problematisch aber notwendig ist die Entscheidung darüber, ob eine Fragestellung bereits so intensiv erforscht wurde, daß die eigene Untersuchung letztlich nur seit langem bekannte Ergebnisse bestätigen würden (z. B. Untersuchungen, mit denen erneut gezeigt werden soll, daß Gruppen unter der Anleitung eines kompetenten Koordinators effizienter arbeiten, daß Bestrafungen weniger lernförderndsind als Belohnungen, daß sich Reaktionszeiten unter Alkohol verändern oder daß Unterschichtkinder sozial benachteiligt sind). Diese Entscheidung setzt voraus, daß man sich im Verlaufe seines Studiums genügend Wissen angeeignet oder gezielt Literatur aufgearbeitet hat.

1.3.2 Ethische Kriterien

Empirische Forschung mit humanwissenschaftlichen Themen setzt in hohem Maße ethische Sensibilität seitens des Untersuchenden voraus. Zahlreiche Untersuchungsgegenstände wie z. B. Gewalt, Aggressivität, Liebe, Leistungsstreben, psychische Störungen, Neigung zu Konformität, ästhetische Präferenzen, Schmerztoleranz oder Angst betreffen die Privatsphäre des Menschen, die durch das Grundgesetz geschützt ist.

Die Überprüfung der Tauglichkeit vorläufiger Untersuchungsideen wäre unvollständig, wenn sie nicht auch ethische Kriterien mitberücksichtigen würde, wenngleich sich die Frage, ob eine Untersuchung ethisch zu verantworten ist oder nicht, häufig erst bei Festlegung der konkreten Untersuchungsdurchführung (vgl.

vor allem Kap. 1.4.3 und 1.4.5 sowie 1.6) stellt. Dennoch ist es ratsam, sich frühzeitig mit Fragen der ethisch-moralischen Bewertung eines Untersuchungsvorhabens auseinanderzusetzen.

Für die Psychologie hat praktisch jedes Land seine eigenen berufsethischen Verpflichtungen erlassen (vgl. Schuler, 1980; die deutschen Richtlinien wurden vom Berufsverband Deutscher Psychologen, 1976 veröffentlicht). Diese Richtlinien betreffen jedoch in erster Linie die Verpflichtungen der beruflich tätigen Diplompsychologen und lassen sich nur indirekt auf empirische Forschung anwenden. Direkt auf die Forschung bezogene, verbindliche Richtlinien existieren zur Zeit (im deutschsprachigen Raum) nicht. Letztlich muß in jedem Einzelfall vom Forscher entschieden werden, ob seine Untersuchung ethisch zu verantworten ist oder nicht.

Im folgenden werden einige Aspekte genannt, die bei der Überprüfung der ethischen Unbedenklichkeit empirischer Untersuchungen beachtet werden sollten. Ausführlichere Informationen zu diesem Thema findet der interessierte Leser bei Kelmann (1968), Kruse u. Kumpf (1981), Kumpf u. Irle (1977), Miller (1972), Schuler (1980), Sears (1967) oder Wolfensberger (1970). Sanders (1979) berichtet über einige Verstöße gegen ethische Prinzipien, die nach Kriterien der American Psychological Association (APA, 1973) zusammengestellt wurden. Tafel 1 führt in die hier zu diskutierende Problematik ein.

Tafel 1. Gehorsam und Gewalt – Ist diese Untersuchung ethisch vertretbar?

Zu einem „klassischen Problemfall" bzgl. der ethischen Grenzen empirischer Untersuchungen wurde eine Studie von Milgram (1963), welche die Gewissenlosigkeit von Menschen, die sich zum Gehorsam verpflichtet fühlen, demonstrieren soll.

40 Personen – es handelte sich um Männer im Alter zwischen 20 und 50 Jahren mit unterschiedlichen Berufen – nahmen freiwillig an dieser Untersuchung teil. Nach einer ausführlichen Instruktion waren sie davon überzeugt, daß sie an einer wissenschaftlichen Untersuchung über den Zusammenhang zwischen Strafe und Lernen teilnehmen würden. Hierfür teilte der Untersuchungsleiter die Untersuchungsteilnehmer scheinbar in zwei Gruppen auf: Die eine Gruppe, so hieß es, würde eine Lernaufgabe erhalten (Paar-Assoziations-Versuch) und die andere Gruppe, die Trainergruppe, erhielt die Aufgabe, den Lernerfolg der „Schüler" durch Bestrafung zu verbessern. Tatsächlich gehörten jedoch alle Untersuchungsteilnehmer der Trainergruppe an; der „Schüler" bzw. das „Opfer" wurde jeweils von einem Strohmann des Untersuchungsleiters gespielt.

Der Untersuchungsleiter führte dann jeden einzelnen Trainer zusammen mit dem „Schüler" in einen Raum, in dem sich ein Gerät befand, das einem elektrischen Stuhl sehr ähnlich sah. Der vermeintliche „Schüler" wurde gebeten, sich auf diesen Stuhl zu setzen. In einem Nebenraum stand ein Gerät, das der Trainer zur Bestrafung des „Schülers" benutzen sollte. Es handelte sich um einen Elektroschock-Generator mit 30 Schaltern für Schockstärken zunehmender Intensität von 15 Volt bis 450 Volt. Einige Schalter waren verbal gekennzeichnet: „leichter Schock", „mäßiger Schock", „starker Schock", „sehr starker Schock",

„intensiver Schock", „extrem intensiver Schock", „Gefahr: schwerer Schock"!
Zwei weitere Schalter nach dieser letzten Bezeichnung markierten drei Kreuze.

Über eine Anzeige erfuhr der Trainer, ob der „Schüler" die ihm gestellten Aufgaben richtig oder falsch löste. Machte der „Schüler" einen Fehler, erteilte der Trainer ihm einen Schock von 15 Volt. Jeder weitere Fehler mußte mit der nächsthöheren Schockstärke bestraft werden. Dem Trainer wurde mitgeteilt, daß die Elektroschocks zwar sehr schmerzhaft, aber ohne bleibende Schäden seien.

Tatsächlich erhielt der als Schüler getarnte Strohmann im Nebenraum keinen Schock. Seine Instruktion lautete, im Verhältnis 3:1 falsche bzw. richtige Antworten zu geben und dies auch nur solange, bis die Schockstärke 300 erreicht war. Danach signalisierte die Richtig-Falsch-Anzeige keine Reaktionen mehr und stattdessen hörte der Trainer, wie der „Schüler" kräftig gegen die Wand schlug.

In dieser Situation wandten sich die Trainer gewöhnlich an den Untersuchungsleiter mit der Frage, wie sie auf das Schweigen der Richtig-Falsch-Anzeige bzw. auf die offenbar heftigen emotionalen Reaktionen des „Schülers" reagieren sollten. Es wurde ihnen bedeutet, daß das Ausbleiben einer Reaktion als Fehler zu werten und damit das Schocken mit der nächsthöheren Schockstärke fortzusetzen sei. Nach dem 315-Volt-Schock hörte auch das Pochen an die Wand auf.

Für den Fall, daß ein Trainer darum bat, die Untersuchung abbrechen zu dürfen, waren vier gestaffelte Standardantworten vorgesehen:
1. Bitte fahren Sie fort.
2. Das Experiment erfordert es, daß Sie weitermachen.
3. Es ist absolut erforderlich, daß Sie weitermachen.
4. Sie haben keine andere Wahl, Sie müssen weitermachen.

Erst nachdem auch die vierte Aufforderung den Trainer nicht veranlassen konnte, die Schockstärke weiterzuerhöhen, wurde die Untersuchung abgebrochen. Für jeden Trainer wurde dann als Index für seine „Gehorsamkeit" die Stärke des zuletzt erteilten Schocks registriert.

Ergebnisse: Keiner der 40 Trainer brach die Untersuchung vor dem 300-Volt-Schock ab. (Bei dieser mit der Verbalmarke „Intensiver Schock" versehenen Stärke schlug der „Schüler" gegen die Wand und der Trainer erhielt keine Rückmeldung mehr bzgl. der gestellten Aufgaben.) Fünf Trainer kamen der Aufforderung, den nächststärkeren Schock zu geben, nicht mehr nach. Bis hin zur 375-Volt-Marke verweigerten weitere neun Trainer den Gehorsam. Die verbleibenden 26 Trainer erreichten die mit xxx gekennzeichneten maximalen Schockstärken von 450 Volt.

Verhaltensbeobachtungen durch eine Einwegscheibe zeigten Reaktionen der Trainer, die für sozialpsychologische Laborexperimente äußerst ungewöhnlich sind. Es wurden Anzeichen höchster innerer Spannung wie Schwitzen, Zittern, Stottern, Stöhnen etc. registriert.

(Kritische Diskussionen dieser Untersuchung findet der interessierte Leser z. B. bei Baumrind, 1964; Kaufmann, 1967; Milgram, 1964, sowie Stuwe u. Timaeus, 1980.)

a) Güterabwägung: Wissenschaftlicher Fortschritt oder Menschenwürde

Viele humanwissenschaftliche Studien benötigen Daten, deren Erhebung nur schwer mit der Menschenwürde der beteiligten Personen vereinbar ist. Ob es um die Untersuchung der Schmerztoleranzschwelle, die Erzeugung von Depressionen durch experimentell herbeigeführte Hilflosigkeit oder um Reaktionen auf angstauslösende Reize geht; es gibt Untersuchungen, die darauf angewiesen sind, daß die untersuchten Personen in eine unangenehme, manchmal auch physisch oder psychisch qualvolle Situation gebracht werden. Lassen sich derartige Beeinträchtigungen auch nach sorgfältigen Bemühungen, die Untersuchung für die Betroffenen weniger unangenehm zu gestalten, nicht vermeiden, können sie nur gerechtfertigt werden, wenn die Untersuchung Ergebnisse verspricht, die anderen Personen (z. B. schmerzkranken, depressiven oder phobischen Menschen) zugute kommen.

Hierüber eine adäquate, prospektive Einschätzung abzugeben, fällt nicht nur dem Anfänger schwer. Die feste Überzeugung von der Richtigkeit der eigenen Idee vereitelt in den meisten Fällen eine objektive Einschätzung der Situation. Es ist deshalb zu fordern, daß in allen Fällen, in denen die eigene Einschätzung auch nur die geringsten Zweifel an der ethischen Unbedenklichkeit der geplanten Untersuchung aufkommmen läßt, neutrale, erfahrene Praktiker und die zu untersuchende Zielgruppe zu Rate gezogen werden.

b) Persönliche Verantwortung

Bei der Auswahl geeigneter Untersuchungsthemen muß berücksichtigt werden, daß man selbst als derjenige, der die Untersuchung durchführt, für alle unplanmäßigen Vorkommnisse zumindest moralisch verantwortlich ist. Wann immer menschenunwürdig erscheinende Instruktionen, Befragungen, Tests oder Experimente verlangt werden, ist der Untersuchungsleiter verpflichtet, die Untersuchungsteilnehmer auf mögliche Gefährdungen und ihr Recht, die Untersuchungsteilnahme zu verweigern, aufmerksam zu machen. Sind physische Beeinträchtigungen nicht auszuschließen, müssen vor Durchführung der Untersuchung medizinisch geschulte Personen um ihre Einschätzung gebeten werden.

c) Informationspflicht

Die Tauglichkeit einer Untersuchungsidee richtet sich auch danach, ob den zu untersuchenden Personen von vornherein sämtliche Informationen über die Untersuchung mitgeteilt werden können, die ihre Entscheidung, an der Untersuchung teilzunehmen, potentiell beeinflussen. Sind Personen an ihren eigenen Untersuchungsergebnissen interessiert, ist es selbstverständlich, daß diese nach Abschluß der Untersuchung mitgeteilt werden.

Gelegentlich hängt das Ergebnis einer Untersuchung davon ab, daß die Untersuchungsteilnehmer den eigentlichen Sinn der Untersuchung nicht erfahren dürfen (Experimente, die durch sozialen Gruppendruck konformes Verhalten evozieren, würden sicherlich nicht gelingen, wenn die Teilnehmer erfahren, daß ihre Konformitätsneigungen geprüft werden sollen). Sind Täuschungen unvermeidlich und verspricht die Untersuchung wichtige, neuartige Erkenntnisse (vgl. a), besteht die Pflicht, die Teilnehmer nach Abschluß der Untersuchung über die wahren Zusammenhänge aufzuklären. Danach sollten sie auch auf die Möglichkeit aufmerksam gemacht werden, die weitere Auswertung ihrer Untersuchungsergebnisse nicht zu gestatten. In jedem Falle ist bei derartigen Untersuchungen zu prüfen, ob sich Täuschungen oder irreführende Instruktionen nicht durch die Wahl einer anderen Untersuchungstechnik vermeiden lassen (vgl. hierzu Carlsmith et al., 1976 oder Kelman, 1970).

Mit einer empirischen Erhebung verglichen Sullivan u. Deiker (1973) die Bewertung von Täuschungen durch Studenten und ausgebildete Psychologen. Hierbei zeigte sich, daß Studenten Täuschungen für ethisch weniger bedenklich halten als Psychologen. Wie häufig tatsächlich Untersuchungsteilnehmer in psychologischen Untersuchungen getäuscht werden, ist Gegenstand einer Studie von Menges (1973), der ca. 1000 Publikationen nach den Kriterien „ungenaue", „unvollständige" und „vollständige" Information auswertet. Über besondere Probleme der Informationspflicht bei psychologischen Eignungsuntersuchungen berichtet Maier (1980).

d) Freiwillige Untersuchungsteilnahme

Niemand darf zu einer Untersuchung gezwungen werden. Auch während einer Untersuchung hat jeder Teilnehmer das Recht, die Untersuchung abzubrechen.

Diese Forderung bereitet sicherlich Schwierigkeiten, wenn eine Untersuchung auf eine repräsentative Stichprobe (vgl. Kap. 4.1.1) angewiesen ist. Es bestehen aber auch keine Zweifel, daß Personen, die zur Teilnahme an einer Untersuchung gezwungen werden, die Ergebnisse erheblich verfälschen können (vgl. Kap. 1.4.7). Hieraus leitet sich die Notwendigkeit ab, die Untersuchung so anzulegen, daß die freiwillige Teilnahme nicht beeinträchtigt wird (vgl. hierzu auch Kelman, 1972).

Manchen Untersuchungsteilnehmern wird durch eine gute Bezahlung die „freiwillige" Untersuchungsteilnahme erleichtert. Auch diese Maßnahme ist ethisch nicht unbedenklich, wenn man in Rechnung stellt, daß finanziell schlechter gestellte Personen auf die Entlohnung angewiesen sein könnten, ihre „Freiwilligkeit" also erkauft wird. Im übrigen ist bekannt, daß bezahlte Untersuchungsteilnehmer dazu neigen, sich als „gute Versuchsperson" (Orne, 1962) darzustellen, was wiederum die Untersuchungsergebnisse verfälscht. Bezahlungen sind deshalb nur zu rechtfertigen, wenn die Untersuchung zeitlich sehr aufwendig ist oder wenn Personen nur gegen Bezahlung für eine Teilnahme an der Untersuchung zu gewinnen sind.

Besonders prekär wird die Frage der Freiwilligkeit der Untersuchungsteilnahme an psychologischen Instituten, deren Prüfungsordnungen die Ableistung einer bestimmten Anzahl von „Versuchspersonenstunden" vorsehen. Hier vertreten wir den Standpunkt, daß angehende Psychologen bereit sein müssen, in psychologischen Untersuchungen als „Versuchungspersonen" Erfahrungen zu sammeln, die ihnen im Umgang mit Teilnehmern für spätere, eigene Untersuchungen zugute kommen. Ferner gilt, daß Psychologiestudenten dafür Verständnis zeigen sollten, daß eine empirisch orientierte Wissenschaft auf die Bereitschaft von Menschen, sich untersuchen zu lassen, angewiesen ist, so daß ihre Teilnahme an Untersuchungen letztlich auch dem Erkenntnisfortschritt dienlich ist. (Auf die Frage, ob Studenten „taugliche" Versuchspersonen sind, wird in Kap. 1.4.7 eingegangen.) Dennoch sollte dem Studenten wie jedem anderen das Recht eingeräumt werden, die Teilnahme an bestimmten Untersuchungen, die er begründet ablehnt, zu verweigern.

e) Vermeidung psychischer oder körperlicher Beeinträchtigungen

Lewin (1979) unterscheidet drei Arten von Beeinträchtigungen:

- vermeidbare Beeinträchtigungen
- unbeabsichtigte Beeinträchtigungen
- beabsichtigte Beeinträchtigungen

Sie spricht von vermeidbarer Beeinträchtigung, wenn Untersuchungsteilnehmer aus Mangel an Sorgfalt, aus Unachtsamkeit oder wegen überflüssiger, für die Untersuchung nicht unbedingt erforderlicher Maßnahmen zu Schaden kommen. (Wobei mit „Schaden" nicht nur körperliche Verletzungen, sondern auch subtile Beeinträchtigungen wie peinliche Bloßstellungen, unangenehme Überforderungen, Angst, Erschöpfung u. ä. gemeint sind.) Sie sollten durch eine sorgfältige und achtsame Untersuchungsdurchführung vermieden werden.

Trotz sorgfältiger Planung und Durchführung einer Untersuchung kann es aufgrund unvorhergesehener Zwischenfälle zu unbeabsichtigten Beeinträchtigungen der Untersuchungsteilnehmer kommen, die den Untersuchungsleiter – soweit er sie bemerkt – zum unverzüglichen Eingreifen veranlassen sollten. Ein einfacher Persönlichkeitstest z. B. oder ein steriles Untersuchungslabor können ängstliche Personen nachhaltig beunruhigen. Die einfache Frage nach dem Beruf des Vaters kann ein Kind zum Schweigen oder Weinen bringen, weil der Vater kürzlich einem Unfall erlegen ist. Je nach Anlaß können ein persönliches Gespräch oder eine sachliche Aufklärung helfen, über die unbeabsichtigte Beeinträchtigung hinwegzukommen.

Die Untersuchung von Angst, Schuld- und Schamgefühlen, Verlegenheit o. ä. machen es meistens erforderlich, die Untersuchungsteilnehmer in unangenehme Situationen zu bringen. Diese beabsichtigten Beeinträchtigungen sollten die Untersuchungsteilnehmer so wenig wie möglich belasten. Oftmals reichen bereits geringfügige Beeinträchtigungen für die Überprüfung der zu untersuchenden Fragen aus.

f) Anonymität der Ergebnisse

Wenn die Anonymität der persönlichen Angaben nicht gewährleistet werden kann, sollte auf eine empirische Untersuchung verzichtet werden. Jedem Untersuchungsteilnehmer muß versichert werden, daß die persönlichen Daten nur zu wissenschaftlichen Zwecken verwendet und daß die Namen nicht registriert werden. Falls erforderlich, kann der Untersuchungsteilnehmer seine Unterlagen mit einem Code-Wort versehen, dessen Bedeutung nur ihm bekannt ist.

Auskünfte über andere Personen unterliegen dem *Datenschutz*. Vor größeren Erhebungen, in denen auch persönliche Angaben erfragt werden, empfiehlt es sich, die entsprechenden rechtlichen Bestimmungen einzusehen (vgl. Simitis et al., 1981).

1.4 Allgemeine Prinzipien der Untersuchungsplanung

Diente die „vorwissenschaftliche Phase" einer ersten Sondierung der eigenen Untersuchungsideen und der Produktion neuer Einfälle für empirisch untersuchbare Fragestellungen, beginnt jetzt die eigentliche Planung der empirischen Untersuchung. Sie markiert den wichtigsten Abschnitt empirischer Arbeiten. Von ihrer Präzision hängt es ab, ob die Untersuchung zu aussagekräftigen Resultaten führt, oder ob die Untersuchungsergebnisse z. B. wegen mehrdeutiger Interpretierbarkeit, fehlerhafter Daten oder einer unangemessenen statistischen Auswertung unbrauchbar sind. Man sollte sich nicht scheuen, die Aufarbeitung einer Untersuchungsidee abzubrechen, wenn die Planungsphase Hinweise ergibt, die einen positiven Ausgang der Untersuchung zweifelhaft erscheinen lassen. Nachlässig begangene Planungsfehler müssen teuer bezahlt werden und sind häufig während der Untersuchungsdurchführung nicht mehr korrigierbar.

Die Bedeutsamkeit und die Abfolge der im folgenden behandelten Bestandteile eines Untersuchungsplanes hängen davon ab, welche Untersuchungsart für das gewählte Thema am angemessensten erscheint (vgl. Kap. 1.4.3). Diese Entscheidung sollte jedoch erst getroffen werden, nachdem der Anspruch der Untersuchung geklärt (Kap. 1.4.1) und das Literaturstudium abgeschlossen ist (Kap. 1.4.2).

1.4.1 Der Anspruch der geplanten Untersuchung

Empirische Untersuchungen haben unterschiedliche Funktionen. Eine kleinere empirische Studie, die als Semesterarbeit angefertigt wird, muß natürlich nicht den Ansprüchen genügen, die für eine Dissertation oder für ein mit öffentlichen Mitteln gefördertes Großprojekt gelten. Die Planungsarbeit beginnt deshalb mit einer möglichst realistischen Einschätzung des Anspruchs des eigenen Untersuchungvorhabens in Abhängigkeit vom Zweck der Untersuchung.

Die erste wichtige Informationsquelle hierfür sind Prüfungsordnungen, in deren Rahmen empirische Arbeiten angefertigt werden (Magisterprüfungsordnung, Diplomprüfungsordnung, Promotionsordnung etc.). Auch wenn diese Ordnungen in der Regel nicht sehr konkret über den Anspruch der geforderten Arbeit informieren, lassen sich ihnen einige interpretationsfähige Hinweise entnehmen. So macht es einen erheblichen Unterschied, ob z. B. „ein selbständiger Beitrag zur wissenschaftlichen Forschung" oder „der Nachweis, selbständig ein wissenschaftliches Thema bearbeiten zu können" gefordert wird. Die zuerst genannte Forderung ist zweifellos anspruchsvoller und wäre für eine Dissertation angemessen; hier geht es um die Erweiterung des Bestandes an wissenschaftlichen Erkenntnissen durch einen eigenen Beitrag. Die zweite, für Diplomprüfungsordnungen typische Forderung verlangt „lediglich", daß die inhaltlichen und methodischen Kenntnisse ausreichen, um ein Thema nach den Regeln der jeweiligen Wissenschaftsdisziplin selbständig untersuchen zu können. Es geht also eher um die Befähigung zum selbständigen wissenschaftlichen Arbeiten und weniger um die Originalität des Resultates. Diplomarbeiten sollen dokumentieren, daß wissenschaftliche Instrumente wie z. B. die Nutzung vorhandener Literatur, die angemessene Operationalisierung von Variablen, der geschickte Aufbau eines Experiments, der Entwurf eines Fragebogens, die Organisation einer größeren Befragungskampagne, das Ziehen einer Stichprobe, die statistische Auswertung von Daten oder das Dokumentieren von Ergebnissen vom Diplomanden beherrscht werden. Zusätzlich informiert die Prüfungsordnung über den zeitlichen Rahmen, der für die Anfertigung der Arbeit zur Verfügung steht.

Die zweite wichtige Informationsquelle, den Anspruch der geplanten Arbeit richtig einzuschätzen, stellen Arbeiten dar, die andere nach derselben Ordnung bereits angefertigt haben. Das Durchsehen verschiedener Diplom-, Magister- oder

Doktorarbeiten vermittelt einen guten Eindruck davon, wie anspruchsvoll und wie umfangreich vergleichbare Arbeiten sind.

Schließlich ist der Anfänger gut beraten, sich von erfahrenen Studienkollegen, Mitgliedern des Lehrkörpers oder seinem „Betreuer" bei der Einschätzung der Angemessenheit seiner Untersuchungsidee helfen zu lassen.

1.4.2 Literaturstudium

Wenn bisher das Bemühen des Studierenden darin lag, möglichst unvoreingenommen ein interessantes Thema zu finden, steht er jetzt vor der Aufgabe, seine vorläufige Untersuchungsidee in den bereits vorhandenen Wissensstand einzuordnen. Das hierfür erforderliche Literaturstudium geschieht mit dem Ziel, die eigene Untersuchungsidee nach Maßgabe bereits vorhandener Untersuchungsergebnisse und Theorien einzugrenzen bzw. um noch offene Fragen oder widersprüchliche Befunde zu entdecken, die mit der eigenen Untersuchung geklärt werden können. Es empfiehlt sich, das Literaturstudium sorgfältig, planvoll und ökonomisch anzugehen.

Literaturquellen

Universitätsbibliotheken sind komplizierte wissenschaftliche Organisationen, die zusammen bestrebt sind, das gesamte Wissen aller wissenschaftlichen Disziplinen zu archivieren. Über den effektiven Umgang mit diesen Einrichtungen bzw. über ein rationelles Literaturstudium berichten Heyde (1970), Kliemann (1971), Redenbacher (1958) und Schürfeld (1966).

Wenn zur Entwicklung der Untersuchungsidee noch keine Literatur herangezogen wurde, sollten als erstes Lexika, Wörterbücher und Handbücher eingesehen werden, die über die für das Untersuchungsthema zentralen Begriffe informieren und erste einführende Literatur nennen. Diese einführende Literatur enthält ihrerseits Verweise auf speziellere Monographien oder Zeitschriftenartikel, die zusammen mit den lexikalischen Beiträgen bereits einen ersten Einblick in den Forschungsgegenstand vermitteln.

Von besonderem Vorteil ist es, wenn man bei dieser Suche auf Sammelreferate stößt, in denen die wichtigste Literatur zu einem Thema für einen begrenzten Zeitraum inhaltlich ausgewertet und zusammengefaßt ist. Um die Suche nach derartigen Überblicksreferaten abzukürzen, sollte sich der Anfänger nicht scheuen, das Bibliothekspersonal zu fragen, in welchen Publikationsorganen derartige Zusammenfassungen üblicherweise erscheinen. (Für die Psychologie sind dies z. B. die Zeitschriften "Annual Review of Psychology" oder "Psychological Review" bzw. die „Advances"- und „Progress"-Serien für Teilgebiete der Psychologie.) Gute Bibliotheken führen außerdem einen ausführlichen Schlagwortkatalog, welcher ebenfalls für die Beschaffung eines ersten Überblicks genutzt werden sollte.

In diesem Stadium der Literaturarbeit merkt der Studierende häufig, daß sein vorläufiges Untersuchungsvorhaben zu umfangreich ist, denn allein das Aufarbeiten der im Schlagwortkatalog aufgeführten Literatur würde vermutlich seinen Zeitrahmen sprengen. Es kann deshalb erforderlich sein, nach einer ersten Durchsicht der einschlägigen Literatur **das Thema neu zu strukturieren und anschließend einzugrenzen.**

Danach beginnt eine „zweite Runde" der Literaturrecherche, in der nach speziellen Beiträgen oder Untersuchungen in dem neu eingegrenzten Themenbereich gesucht wird. Hierfür stehen umfangreiche Bibliographien zur Verfügung (z. B. Psychological Abstracts, Sociological Abstracts, Social Science Citation Index, Index medicus oder Bibliographien zu speziellen Themenbereichen), die Kurzfassungen von Untersuchungen und Literaturangaben für alle Publikationen von Teilbereichen der entsprechenden Fachdisziplin enthalten. Es muß geprüft werden, welche Untersuchungen, die unter den wichtig erscheinenden Schlagwörtern aufgeführt sind, für das eigene Untersuchungsvorhaben von Bedeutung sein können. Mit diesen Untersuchungen erreicht der Studierende gewissermaßen die Peripherie seines Forschungsgegenstandes, wobei es in der Regel ausreicht, die Literatur der vergangenen 5 Jahre in dieser Weise aufzuarbeiten. Diese Literatur und die in ihr zitierten älteren Arbeiten informieren – evtl. ergänzt durch aktuelle Kongreßberichte – über den Stand der Forschung zu der ausgewählten Problematik.

Eine weitere Hilfe für die Literatursuche bieten Informationsdienste an, die für ein geringes Entgelt Literatur zu vorgegebenen Stichwörtern nachweisen. Für die Psychologie sind dies z. B. das „Sammelgebiet Psychologie an der Universitätsbibliothek Saarbrücken", die „Zentralstelle für psychologische Information und Dokumentation an der Universität Trier" oder das „Informationszentrum Sozialwissenschaften" in Bonn. Das Auffinden soziologischer Literatur wird durch eine Arbeit von Heidtmann u. Habermann (1974) erleichtert. Weitere Auskünfte über Fachinformationsdienste erteilt das Institut für Dokumentationswesen in Frankfurt/Main. (Die Anschriften dieser und weiterer Informationsdienste sind im Anhang A aufgeführt.)

Der Fall, daß man vergeblich nach verwertbarer Literatur sucht, tritt relativ selten ein. (Man beachte, daß Arbeiten mit ähnlicher Thematik möglicherweise unter anderen als den geprüften Stichwörtern zusammengefaßt sind.) Stellt sich dennoch heraus, daß die Literatur für eine Untersuchung keine Anknüpfungspunkte bietet, wird man zunächst eine Erkundungsstudie ins Auge fassen müssen, in der die Tragfähigkeit eigener Vermutungen oder erste Hypothesen erkundet werden (vgl. Kap. 1.4.3: Wahl der Untersuchungsart).

Dokumentation

Eine Literaturrecherche ist praktisch wertlos, wenn Informationen nachlässig und unvollständig dokumentiert werden. Von den vielen, individuellen Varianten, das Gelesene schriftlich festzuhalten, hat sich das Karteikartensystem am besten bewährt. Für jede Publikation (Monographie, Zeitschriftenartikel, Lehrbuch usw.) wird eine Karteikarte angelegt, die neben den vollständigen bibliographischen Angaben, die für das Literaturverzeichnis (vgl. Kap. 1.8.4) benötigt werden (Name des Autors, Titel der Arbeit sowie Name, Jahrgang, Nummer, Anfangs- und Endseitenzahl der Zeitschrift bzw. bei Büchern zusätzlich Verlag, Ort und Erscheinungsjahr), in Stichworten Angaben über den Theoriebezug, die Fragestellung, die verwendete Methode sowie die Ergebnisse enthält. Wörtliche Zitate (mit Angabe der Seitenzahl!), die für den Untersuchungsbericht geeignet erscheinen sowie Bibliothekssignaturen, die ein späteres Nachschlagen der Literatur erleichtern, komplettieren die Karteikarte. (Weitere Tips über Exzerpiertechniken nennen Böttcher u. Zielinsky, 1973, Kap. 4.)

1.4.3 Wahl der Untersuchungsart

Im folgenden wird eine Klassifikation empirischer Untersuchungen vorgestellt, die es dem Studierenden erleichtertn soll, sein Untersuchungsvorhaben einzuordnen und entsprechende Planungsschwerpunkte zu setzen. Wir befassen uns zunächst mit den Hauptkategorien empirischer Untersuchungen, die in den Kapiteln 3 bis 6 ausführlicher dargestellt und ausdifferenziert werden. Für eine gründliche Planung wird empfohlen, die entsprechenden Abschnitte dieser Kapitel ebenfalls vor Durchführung der Untersuchung zu lesen.

Um Aktualität bemühte Sozialwissenschaften müssen einerseits Lösungsansätze für neuartige Fragestellungen entwickeln und andererseits die Angemessenheit ihrer Theorien angesichts einer sich verändernden Realität prüfen. Die Untersuchungsmethode ist hierbei nicht beliebig, sondern sollte dem Status der wissenschaftlichen Frage Rechnung tragen (vgl. auch Bernal, 1970, S. 40 f.). **Die Wahl der Untersuchungsart richtet sich deshalb zunächst nach dem in der Literatur dokumentierten Kenntnisstand zu einer Thematik.** Dieses erste Kriterium entscheidet darüber, ob mit einer Untersuchung eine oder mehrere Hypothesen überprüft oder ob zunächst Hypothesen erkundet werden sollen. Das zweite Auswahlkriterium betrifft die Gültigkeit bzw. den Aussagegehalt der Untersuchungsergebnisse.

1.4.3.1 Erstes Kriterium: Stand der Forschung

Die Literaturarbeit klärt, ob die eigene Arbeit an bereits entwickelte Theorien anknüpfen kann, oder ob mit der Forschungsthematik wissenschaftliches Neuland betreten wird, welches zunächst eine explorative Orientierung bzw. eine gezielte Hypothesensuche erfordert.

Beschreibende oder hypothesenerkundende Untersuchungen

Untersuchungen dieser Art werden in erster Linie mit dem Ziel durchgeführt, in einem relativ unerforschten Untersuchungsbereich neue Hypothesen zu entwickeln oder theoretische bzw. begriffliche Voraussetzungen zu schaffen, um erste Hypothesen formulieren zu können. Sie sind relativ wenig normiert und lassen der Phantasie und dem Einfallsreichtum des Untersuchenden viel Spielraum. Dementsprechend sind die Richtlinien für die Planung derartiger Untersuchungen und die Anfertigung des Untersuchungsberichtes (vgl. Kap. 1.8) weniger verbindlich als für hypothesenprüfende Untersuchungen.

Charakteristisch für diese Untersuchungsart sind beispielsweise die folgenden methodischen Ansätze:

– Inhaltsanalysen oder Textanalysen, mit denen man den Informations- oder Aussagegehalt verbaler Äußerungen erfassen will.

- Einzelfallanalysen, in denen mittels der „biographischen Methodik" (Thomae, 1968) die Lebensgeschichte einzelner Personen beschrieben bzw. nach Erklärungen für besondere Ereignisse in einer Lebensgeschichte gesucht wird.
- Aktionsforschungen, die durch aktives Mitwirken des Untersuchenden in einem sozialen Feld Veränderungsmöglichkeiten und Zusammenhänge erkunden wollen (vgl. z. B. Haag et al., 1972).
- Die Analyse „nonreaktiver Messungen" (Webb et al., 1975), die als „Spuren" vergangenen Geschehens Rückschlüsse auf das Verhalten von Menschen gestatten bzw. als Indikatoren für soziale Prozesse gelten.
- Klassifikationsstudien, in denen die Untersuchungsobjekte beschrieben und bezüglich besonders wichtig erscheinender Merkmale klassifiziert werden.
- Rollenspiele (vgl. z. B. West u. Gunn, 1978), teilnehmende Beobachtung (vgl. z. B. Friedrichs, 1979, S. 288 ff.), narrative Interviews (vgl. z. B. Schütze, 1977) etc.

Wir werden uns mit diesen methodischen Varianten in Kapitel 3 ausführlicher befassen. Im übrigen sind alle in Kap. 2 (Empirische Datenerhebung) aufgeführten Verfahren auch in beschreibenden Untersuchungen einsetzbar.

Populationsbeschreibende Untersuchungen

Das primäre Ziel dieser Untersuchungsart ist die Beschreibung von Populationen (Grundgesamtheiten) hinsichtlich ausgewählter Merkmale. Diese Untersuchungsart wird vor allem in Forschungen eingesetzt, in denen die Zusammensetzung der Bevölkerung bzw. von Teilen der Bevölkerung in bezug auf bestimmte Merkmale sowie deren Veränderungen interessieren. Im Vordergrund stehen Stichprobenerhebungen, die eine möglichst genaue Schätzung der unbekannten Merkmalsausprägungen in der Population (Populationsparameter) gestatten. Wir werden diese Untersuchungsart in Kapitel 4 ausführlich diskutieren. Diese Diskussion geht auf Techniken ein, welche die Genauigkeit der Parameterschätzungen durch die Nutzung von Vorinformationen aus der Literatur bzw. aufgrund eigener Erfahrungen erhöhen. Wir unterscheiden populationsbeschreibende Untersuchungen

- mit einfachen Zufallsstichproben,
- mit geschichteten Stichproben, in denen die Untersuchungsteilnehmer proportional zu den Häufigkeiten der Kategorien eines sinnvollen Schichtungsmerkmals (z. B. Alter, Geschlecht, Schulbildung etc.) ausgewählt werden,
- mit Klumpenstichproben, in denen einzelne „Klumpen" (z. B. Krankenhäuser, Wohnblocks, Schulklassen o. ä.) vollständig erhoben werden,
- mit mehrstufigen Stichproben, in denen die Auswahl nach mehreren Schichtungs- oder Klumpenmerkmalen erfolgt bzw.
- nach dem Bayes'schen Ansatz, der Stichprobeninformationen und „subjektive" Informationen für eine Parameterschätzung kombiniert.

Untersuchungen zur Überprüfung unspezifischer Hypothesen

Lassen sich aufgrund des Standes der Theorienentwicklung bzw. aufgrund von Untersuchungen, die zur gewählten Thematik bereits durchgeführt wurden, begründete Hypothesen formulieren, ist die Untersuchung nach den Kriterien einer hypothesenprüfenden Untersuchung anzulegen. Wir unterscheiden in Kapitel 5, das diese Untersuchungsart genauer behandelt, zwischen

- Untersuchungen zur Überprüfung von Zusammenhangshypothesen,
- Untersuchungen zur Überprüfung von Unterschiedshypothesen,
- Untersuchungen zur Überprüfung von Veränderungshypothesen und
- Untersuchungen zur Überprüfung von Hypothesen in systematischen Einzelfall-untersuchungen.

Von unspezifischen Hypothesen sprechen wir, wenn die Forschung noch nicht genügend entwickelt ist, um genaue Angaben über die Größe des hypothesenge-mäß erwarteten Zusammenhanges, Unterschiedes oder der Veränderung machen zu können. Hypothesen, die mit dieser Untersuchungsart geprüft werden, behaupten lediglich, daß zwischen zwei oder mehreren Merkmalen ein Zusammenhang besteht, daß sich eine oder mehrere Populationen in bezug auf bestimmte Merkmale unterscheiden bzw. daß zwei oder mehrere „Behandlungsarten" (Treatments) unterschiedliche Wirkungen haben oder daß sich ein oder mehrere Merkmale in einer Population verändern. (Detailliertere Informationen über die hier angesprochenen Hypothesenarten können Tafel 32, S. 382 entnommen werden.)

Eine hypothesenprüfende Untersuchung ist auch dann zu rechtfertigen, wenn eine Hypothese nicht der Literatur entnommen, sondern aufgrund eigener Erfahrungen oder begründeter Vermutungen gebildet wird. Um sich Klarheit über die Genauigkeit der eigenen (bzw. auch einer aus der Literatur abgeleiteten) Hypothese zu verschaffen, ist es empfehlenswert, bereits in dieser Phase zu überprüfen, ob sich die Aussage der Hypothese in eine „wenn-dann"-Formulierung (z. B. „Wenn Medikament X eingenommen wird, dann führt dies zu Angstreduktion") bzw. in eine „je-desto"-Formulierung (z. B. „Je häufiger Kinder im Unterricht positiv verstärkt werden, desto besser sind ihre Lernleistungen") transformieren läßt. Diese Überprüfung klärt die Frage, ob in der Untersuchung *abhängige und unabhängige Variablen* unterschieden werden können (d. h. ob die Hypothese eine Kausalannahme impliziert) oder ob mit der Hypothese lediglich behauptet wird, daß zwischen bestimmten Merkmalen ein Zusammenhang besteht, ohne näher angeben zu können, welche Merkmale Ursachen sind und welche Merkmale Wirkungen anzeigen. (Zum Beispiel eine Untersuchung von Merkmalen, die mit Alkoholismus zusammenhängen, wobei zunächst offen bleibt, welche Merkmale Ursache und welche Folgen des Alkoholismus sind.) Diese Vorklärung erleichtert die Auswahl der Untersuchungsart nach dem zweiten Kriterium (Gültigkeitsanspruch der Untersuchungsbefunde), auf das wir unter Punkt 1.4.3.2 eingehen.

Untersuchungen zur Überprüfung spezifischer Hypothesen mit Effektgrößen

Spezifische Hypothesen mit Effektgrößen *können* formuliert werden, wenn bereits genügend Erfahrungen in einem Untersuchungsbereich sowie mit den in einem Untersuchungsbereich angewendeten Untersuchungsinstrumenten vorliegen bzw. dokumentiert sind, um die Größe eines erwarteten Zusammenhanges, Unterschiedes oder einer Veränderung (allgemein: *Effektgröße*) angeben zu können. Sie *sollten* formuliert werden, wann immer die Möglichkeit besteht, für einen Zusammenhang, einen Unterschied oder eine Veränderung eine *Mindestgröße* festzulegen, die für praktisch bedeutsam erachtet wird.

Diese Untersuchungsvariante ergänzt das Konzept der statistischen Überprüfung von Hypothesen (Signifikanzkriterium) durch Kriterien der **praktischen Be-**

deutsamkeit von Untersuchungsergebnissen. Die Unterscheidung von Hypothesen mit bzw. ohne vorgegebene Effektgröße beeinflußt die Untersuchungsplanung in einem entscheidenden Punkt: Die *Größe der Stichproben,* mit der eine Hypothese überprüft werden soll, ist nur kalkulierbar, wenn eine spezifische Hypothese mit Effektgröße vorliegt. Begründungen hierfür und einfach zu handhabende Anleitungen zur Festlegung einer Effektgröße sowie zur Bestimmung des für eine spezifische Problematik angemessenen Stichprobenumfanges liefert Kapitel 6, das im übrigen – wie auch Kapitel 5 – Untersuchungen zur Überprüfung von Zusammenhangs-, Unterschieds- und Veränderungshypothesen getrennt behandelt.

1.4.3.2 Zweites Kriterium: Gültigkeitsanspruch der Untersuchungsbefunde

Nachdem entschieden ist, welche der 4 genannten Untersuchungsarten dem jeweiligen Forschungsstand angemessen ist, muß aus den zahlreichen Varianten für eine bestimmte Untersuchungsart (von denen die wichtigsten in den Kapiteln 3 bis 6 behandelt werden) eine konkrete Variante ausgewählt werden. Ein wichtiges Auswahlkriterium hierfür stellt die Gültigkeit bzw. Aussagekraft der erwarteten Untersuchungsergebnisse dar. Wir unterschieden hierbei die innere Gültigkeit (*interne Validität*) und die äußere Gültigkeit (*externe Validität*) von Untersuchungen (vgl. Campbell, 1957 oder Campbell u. Stanley, 1963 a, b; eine kritische wissenschaftstheoretische Diskussion dieses Kriteriums findet der interessierte Leser bei Gadenne, 1976). Wie die folgenden Ausführungen belegen, gelingt es nur selten, beide Gültigkeitskriterien in einer Untersuchung perfekt zu erfüllen. Korrekturen einer Untersuchungsplanung zugunsten der internen Validität wirken sich meistens nachteilig auf die externe Validität aus (und umgekehrt), so daß man sich in der Regel mit einer Kompromißlösung begnügen muß.

Eine Untersuchung ist **intern valide**, wenn ihre Ergebnisse eindeutig interpretierbar sind. Die interne Validität sinkt mit wachsender Anzahl plausibler Alternativerklärungen für die Ergebnisse.

Eine Untersuchung ist **extern valide,** wenn ihre Ergebnisse über die besonderen Bedingungen der Untersuchungssituation und über die untersuchten Personen hinausgehend generalisierbar sind. Die externe Validität sinkt mit wachsender Unnatürlichkeit der Untersuchungsbedingungen bzw. mit abnehmender Repräsentativität der untersuchten Stichproben.

Im folgenden werden die beiden wichtigsten untersuchungstechnischen Maßnahmen, die die interne bzw. die externe Validität beeinflussen, dargestellt. (Weitere Beeinflussungsgrößen der internen und externen Validität nennen wir auf S. 380f.)

Experimentelle vs. quasiexperimentelle Untersuchung

Der Unterschied zwischen einer experimentellen und einer quasiexperimentellen Vorgehensweise sei zunächst an einem kleinen Beispiel verdeutlicht. Nehmen wir an, es gehe um den Vergleich von zwei Unterrichtsstilen (z. B. „autoritärer" Unterrichtsstil und „demokratischer" Unterrichtsstil) in bezug auf die Lernleistungen der Schüler. In einer quasiexperimentellen Untersuchung würde man Lehrer auswählen, deren Unterrichtsstile überwiegend als „autoritär" oder „demokratisch" bezeichnet werden und deren Schüler vergleichen. Für eine experimentelle Untersuchung benötigt man ebenfalls (mindestens) zwei Lehrer, deren Unterrichtsstile sich in der besagten Weise unterscheiden. Über die Schüler, die ein Lehrer zu unterrichten hat und die nachträglich zu vergleichen sind, wird jedoch nach Zufall entschieden. **Eine quasiexperimentelle Untersuchung vergleicht natürliche Gruppen (z. B. verschiedene Schulklassen) und eine experimentelle Untersuchung vergleicht zufällig zusammengestellte Gruppen.**

Unterschiede zwischen den Gruppen, die in quasiexperimentellen Anordnungen mit natürlichen Gruppen (z. B. „gewachsene" Schulklassen) nicht nur hinsichtlich der unabhängigen Variablen (z. B. Art des Unterrichtsstils) sondern zusätzlich hinsichtlich vieler anderer Variablen bestehen, werden in experimentellen Untersuchungen durch die zufällige Aufteilung (*Randomisierung*) minimiert. Der Randomisierung liegt das Prinzip des statistischen Fehlerausgleichs zugrunde, das – hier angewandt – besagt, daß sich die Besonderheiten von Personen in der einen Gruppe durch die Besonderheiten von Personen in der anderen Gruppe ausgleichen. Es besagt nicht, daß jedem Individuum der einen Gruppe ein vergleichbares oder gar identisches Individuum der anderen Gruppe zugeordnet ist (*Parallelisierung*, vgl. S. 404 f.). Die Äquivalenz beider Gruppen wird statistisch erzielt, denn es ist sehr unwahrscheinlich, daß sich beispielsweise nach einer Zufallsaufteilung in der einen Gruppe nur die klügeren und in der anderen Gruppe die weniger klugen Schüler befinden. Im Durchschnitt sind bei genügender Gruppengröße alle für die Untersuchung potentiell relevanten Variablen in beiden Gruppen annähernd gleich ausgeprägt, d. h. mögliche Gruppenunterschiede in bezug auf die abhängige Variable (d. h. im Beispiel in bezug auf die Lernleistung) gehen mit hoher Wahrscheinlichkeit auf die unabhängige Variable (Unterrichtsstil) zurück. Ein solches Untersuchungsergebnis wäre (relativ) eindeutig interpretierbar: Die Untersuchung verfügt über eine *hohe interne Validität*.

Anders bei quasiexperimentellen Untersuchungen, bei denen die Untersuchungsteilnehmer den Untersuchungsbedingungen (oder Stufen der unabhängigen Variablen) nicht zufällig zugewiesen werden (oder zugewiesen werden können). Hier besteht die Möglichkeit, daß sich die Vergleichsgruppen nicht nur hinsichtlich der unabhängigen Variablen, sondern zusätzlich hinsichtlich weiterer Merkmale systematisch unterscheiden. Ergeben sich in einer quasiexperimentellen Untersuchung Gruppenunterschiede in bezug auf die abhängige Variable, sind diese nicht eindeutig auf die unabhängige Variable zurückzuführen: Die Untersuchung verfügt im Vergleich zu einer experimentellen Untersuchung über eine *geringere interne Validität*. Tafel 2 skizziert einige quasiexperimentelle Untersuchungsvarianten mit unterschiedlicher interner Validität.

Tafel 2. Hatte das Meistertraining einen Effekt?

Firma K. beabsichtigt, die Führungsqualitäten ihrer Meister durch ein Trainingsprogramm zu verbessern. Nachdem Herr W., der als Meister die Abteilung „Ersatzteile" leitet, das Trainingsprogramm absolviert hat, überprüft die Firmenleitung das Betriebsklima, die Arbeitszufriedenheit und die Produktivität dieser Abteilung. Die Auswertung der Fragebögen führt zu dem Resultat, daß es in dieser Abteilung keine Gründe für Beanstandungen gibt.

Formal läßt sich diese Untersuchung folgendermaßen beschreiben:

$$T \to M \, .$$

Mit T ist die Schulungsmaßnahme der Firmenleitung gemeint. Der Buchstabe kürzt die Bezeichnung „Treatment" ab, die üblicherweise für experimentelle Eingriffe, Manipulationen oder Maßnahmen verwendet wird. M steht für Messung und symbolisiert in diesem Beispiel die Befragung der Mitarbeiter nach dem Treatment.

Diese „One-shot case study" (Cook u. Campbell, 1976, S. 96) ist kausal nicht interpretierbar, d. h. die Tatsache, daß es in der Abteilung nichts zu beanstanden gibt, kann nicht zwingend auf die Schulung des Meisters zurückgeführt werden, denn vielleicht gab es ja vorher schon nichts zu beklagen. Um Veränderungen in der Abteilung registrieren zu können, hätte die Abteilung nicht nur nach, sondern auch vor der Schulungsmaßnahme befragt werden müssen. Für dieses „Ein-Gruppen-Pretest-Posttest-Design" wird die folgende Charakteristik verwendet.

$$M \to T \to M \, .$$

Nach einer Pretest-Messung erfolgt das Treatment und danach eine erneute Messung, die Posttestmessung. Ein Vergleich dieser beiden Messungen liefert Hinweise über mögliche, zwischenzeitlich eingetretene Veränderungen.

Aber auch dieser Plan läßt nicht den zwingenden Schluß zu, die Veränderungen seien ursächlich auf das Meistertraining bzw. das Treatment zurückzuführen. Generell muß bei Untersuchungen von diesem Typus damit gerechnet werden, daß eine Veränderung auftritt, weil

- zwischenzeitliche Einflüsse unabhängig vom Treatment wirksam werden (z. B. eine Lohnerhöhung)
- sich die Untersuchungsteilnehmer unabhängig vom Treatment weiter entwickelten (sie werden z. B. mit ihren Aufgaben besser vertraut)
- allein die Pretest-Messung das Verhalten veränderte (z. B. werden die Untersuchungsteilnehmer durch die Befragung auf bestimmte Probleme aufmerksam gemacht)
- das gemessene Verhalten ohnehin einer starken Variabilität unterliegt (z. B. könnten die Arbeitsanforderungen saisonalen Schwankungen unterliegen, die dem Effekt des Meistertrainings überlagert sind)
- sich die Messungen aus formal-statistischen Gründen verändern können (diese „Regressionseffekte" betreffen vorzugsweise Extremwerte, die bei wiederholten Messungen zur Mitte tendieren; Näheres vgl. S. 434ff.).

Auch dieser Plan läßt damit – genauso wie der folgende dritte Plan – keine eindeutigen Interpretationen zu.

$$\frac{T \to M_1}{M_2}$$

Der dritte Plan vergleicht die „behandelte" Gruppe mit einer nichtbehandelten, nichtäquivalenten Kontrollgruppe (nichtäquivalent deshalb, weil die Kontrollgruppe, anders als in reinen experimentellen Untersuchungen, natürlich angetroffen wird und nicht per Randomisierung zustande kommt). Diese könnte z. B. aus einer anderen Abteilung bestehen, deren Meister keine Schulung erhielt.

Man bezeichnet diesen Plan als *„ex post facto"*, d. h. die vergleichende Messung wird erst nach erfolgtem Treatment vorgenommen. Auch dieser Plan leidet an schlechter Interpretierbarkeit. Unterschiede zwischen den Vergleichsgruppen sind uneindeutig, da man nicht ausschließen kann, daß sie bereits vor der Behandlung der Experimentalgruppe bestanden. Zuverlässigere Interpretationen ließe ein Plan zu, der wiederholte Messungen bei beiden Gruppen vorsieht (Kontrollgruppenplan mit Pre- und Posttest).

$$M_{11} \to T \to M_{12}$$
$$M_{21} \longrightarrow M_{22}.$$

Mit M_{11} und M_{12} werden die Pretest- und Posttestmessungen in der Experimentalgruppe (Gruppe 1) verglichen. Besteht hier ein Unterschied, informiert der Vergleich M_{21} und M_{22} in der Kontrollgruppe (Gruppe 2, die das Treatment nicht erhielt) darüber, ob die Differenz $M_{11} - M_{12}$ für einen Treatmenteffekt spricht oder ob andere Ursachen für die Differenz verantwortlich sind, was zuträfe, wenn die gleiche Veränderung auch in der Kontrollgruppe registriert wird.

Zeigen sich nun in der Experimentalgruppe deutlich andere Veränderungen als in der Kontrollgruppe, ist dies noch immer kein sicherer Beleg für die kausale Wirksamkeit des Treatments. Es könnte sein, daß der Effekt darauf zurückzuführen ist, daß der Meister hauptsächlich jüngere Mitarbeiter anleitet, die den neuen Führungsstil positiv aufnehmen. Ältere Mitarbeiter hätten auf den neuen Führungsstil möglicherweise völlig anders reagiert. Das Alter der Mitarbeiter übt damit einen Einfluß auf die abhängige Variable aus; die Wirkung des Treatments richtet sich danach, mit welcher Altersstufe es kombiniert wird. (Mit diesen und ähnlichen Problemen befassen wir uns in Kap. 5.)

Die Frage, ob eine Untersuchung experimentell oder quasiexperimentell angelegt werden sollte, erübrigt sich, wenn eine unabhängige Variable natürlich variiert angetroffen wird und damit vom Untersuchungsleiter durch künstliche „Manipulation" nicht variierbar ist (organismische oder Personenvariablen, wie z. B. Geschlecht, Nationalität, Schichtzugehörigkeit, Art der Erkrankung etc.). Diese Frage wird jedoch bedeutsam, wenn – wie im o. g. Beispiel – die unabhängige Variable prinzipiell künstlich variiert werden kann, aber gleichzeitig auch natürlich variiert angetroffen wird. Es muß dann von Fall zu Fall entschieden werden, ob der in der Regel größere Aufwand für eine experimentelle Untersuchung vertretbar ist oder ob man sich mit der geringeren internen Validität einer einfacher durchführbaren quasiexperimentellen Untersuchung begnügen will. (Detaillierter werden die Vor- und Nachteile experimenteller bzw. quasiexperimenteller Untersuchungen in Kap. 5 in Verbindung mit konkreten Untersuchungsplänen diskutiert. Weitere Ratschläge für die Anlage quasiexperimenteller Untersuchungen findet man bei Carlsmith et al., 1976, S. 38 ff. bzw. bei Cook u. Campbell, 1976, S. 95 ff.)

Die Frage einer experimentellen oder quasiexperimentellen Vorgehensweise bzw. nach der internen Validität einer Untersuchung stellt sich in erster Linie für hypothesenprüfende Untersuchungen. (Da die Ergebnisse einer explorativen oder beschreibenden Untersuchung ohnehin hypothetisch sind und weitere Überprüfungen erfordern, ist das Problem der Eindeutigkeit von Untersuchungsergebnissen hier weniger gravierend.) Sie sollte vor allem bei der Planung von Untersuchungen zur Überprüfung von *Unterschiedshypothesen* beachtet werden (vgl. Kap. 5.2.2).

Untersuchungen zur Überprüfung von *Zusammenhangshypothesen* basieren üblicherweise auf einer Zufallsstichprobe, an der die in Beziehung zu setzenden Merkmale erhoben werden. Hier besteht keine Randomisierungsmöglichkeit. (Man beachte, daß die Randomisierung, d.h. die zufällige Zuweisung von Untersuchungsteilnehmern zu Untersuchungsbedingungen nicht mit der Ziehung einer Zufallsstichprobe identisch ist.) Wegen der relativ geringen internen Validität derartiger *"Interdependenzanalysen"* (Selg, 1971) bezeichnet man diese Untersuchungsart gelegentlich auch als „quasiexperimentell" (ausführlicher hierzu vgl. Kap. 5.2.1).

Ähnliches gilt für Untersuchungen zur Überprüfung von *Veränderungshypothesen* bzw. zur Überprüfung von *Hypothesen in Einzelfalluntersuchungen.* Auch deren Ergebnisse sind – bis auf eine Ausnahme (Überprüfung von Veränderungen mit Experimental- und Kontrollgruppen; vgl. S. 428ff.) – nur selten eindeutig interpretierbar, d.h. es sind Untersuchungen mit einer vergleichsweise geringen internen Validität, die deswegen ebenfalls zu den quasiexperimentellen Ansätzen zählen.

Für die Planung einer Untersuchung ist festzuhalten, daß experimentelle Untersuchungen zur Überprüfung von Unterschiedshypothesen die höchste interne Validität aufweisen.

Bisher wurden experimentelle bzw. quasiexperimentelle Untersuchungsvarianten nur bezüglich des Kriteriums interne Validität diskutiert. Das zweite Gültigkeitskriterium, die *externe Validität*, ist von diesem Unterscheidungsmerkmal praktisch nicht betroffen, wenn man einmal davon absieht, daß externe Validität ein Mindestmaß an interner Validität voraussetzt.

Felduntersuchungen vs. Laboruntersuchungen

Felduntersuchungen und Laboruntersuchungen markieren die Extreme eines Kontinuums unterschiedlich „lebensnaher" („biotischer", Gottschaldt, 1942) Untersuchungen. Felduntersuchungen in natürlich belassenen Umgebungen zeichnen sich meistens durch eine hohe und streng kontrollierte Laboruntersuchung durch eine geringe externe Validität aus.

Felduntersuchungen finden „im Felde" statt, d.h. in einer vom Untersucher möglichst unbeeinflußten, natürlichen Umgebung, wie beispielsweise einer Fabrik, einer Schule, einem Spielplatz, einem Krankenhaus usw. Der Vorteil dieser Vorgehensweise liegt darin, daß die Bedeutung der Ergebnisse unmittelbar einleuchtet, weil diese ein Stück unverfälschter Realität charakterisieren (**hohe externe Validität**). Dieser Vorteil geht allerdings zu Lasten der internen Validität, denn die natürliche Belassenheit des Untersuchungsfeldes bzw. die nur bedingt mögliche Kontrolle störender Einflußgrößen läßt häufig mehrere gleichwertige Erklärungsalternativen der Untersuchungsbefunde zu.

Laboruntersuchungen werden in Umgebungen durchgeführt, die eine weitgehende Ausschaltung oder Kontrolle von Störgrößen, die potentiell auch die abhängige Variable beeinflussen können, ermöglichen. Je nach Art der Untersuchung ist dies z. B. in „laborähnlichen", spartanisch ausgestatteten und schallisolierten Räumen gewährleistet, in denen der Untersuchungsleiter praktisch jede Veränderung des Umfeldes kontrollieren kann oder – allgemein formuliert – unter Untersuchungsbedingungen möglich, die das Konstanthalten, Ausschalten oder Kontrollieren von Störvariablen zulassen. Die strikte Variablenkontrolle macht Laboruntersuchungen zu Untersuchungen mit hoher interner Validität, in denen sich Veränderungen der abhängigen Variablen mit hoher Wahrscheinlickeit ursächlich auf die unabhängigen Variablen zurückführen lassen. Die Unnatürlichkeit der Untersuchungsumgebung läßt es allerdings häufig fraglich erscheinen, ob die Ergebnisse auch auf andere, natürlichere Umgebungen, andere Personen o. ä. abhängige und unabhängige Variablen generalisierbar sind (**geringe externe Validität** von Laboruntersuchungen; vgl. hierzu auch Chapanis, 1970).

Die Entscheidung, eine Untersuchung als Labor- oder als Felduntersuchung zu konzipieren, kann im Einzelfall erhebliche Schwierigkeiten bereiten. Im Zweifelsfall wird man eine Kompromißlösung akzeptieren müssen, die sowohl die an der externen Validität als auch an der internen Validität orientierten Untersuchungsanforderungen berücksichtigt. Liegen zu einem weit fortgeschrittenen Forschungsgebiet vorwiegend Laboruntersuchungen vor, so daß an der internen Validität der Erkenntnisse kaum noch Zweifel bestehen, sollten die Resultate vordringlich mit Felduntersuchungen auf ihre externe Validität hin überprüft werden. Dominieren in einem gut elaborierten Forschungsgebiet hingegen lebensnahe Feldstudien, deren interne Validität nicht genügend dokumentiert erscheint, sollten vorrangig Überlegungen zur Umsetzung der Fragestellung in Laboruntersuchungen angestellt werden. In jedem Fall ist darauf zu achten, daß auch Felduntersuchungen über ein Mindestmaß an interner Validität verfügen müssen, denn letztlich nützt auch ein hohes Ausmaß an externer Validität nichts, wenn die zu generalisierenden Ergebnisse praktisch beliebig interpretierbar sind.

Die relativen Vorteile von Feld- und Laboransätzen diskutieren Miller (1977) für die vergleichende Tierpsychologie, Prohansky (1976) für die Umweltpsychologie, Ellsworth (1977), McGuire (1967) und Ring (1967) für die Sozialpsychologie und Fromkin u. Ostrum (1974) sowie Dipboye u. Flanagan (1979) für die Organisationspsychologie. Zwei übliche Kritikpunkte der Laborforschung beinhalten experimentelle Artefakte (Rosenthal u. Rosnow, 1969; Silverman, 1977) und ethische Bedenken (Kelman, 1967), wenngleich nach Fromkin u. Streufert (1976) auch Felduntersuchungen in dieser Hinsicht kritisierbar sind.

Die Tatsache, daß eine hypothesenprüfende oder eine hypothesenerkundende Untersuchung geplant wird, sollte nicht darüber entscheiden, ob die Untersuchung als Labor- oder als Felduntersuchung zu konzipieren ist. Je nach Art der Fragestellung lassen sich Hypothesen im Labor oder im Feld erkunden oder überprüfen.

Eine zusammenfassende Bewertung der Untersuchungsvarianten „experimentell vs. quasiexperimentell" und „Feld vs. Labor" führt zu dem Ergebnis, daß bezüglich der Kriterien interne und externe Validität die Kombination „experimentelle Felduntersuchung" allen anderen Kombinationen überlegen ist (vgl. Abb. 1). Dies gilt zumindest für den Fall, daß alle Kombinationen praktisch gleich gut realisierbar sind und daß der Stand der Forschung keine spezielle Kombination dieser Untersuchungsarten erfordert. Die „klassischen" *Kriterien eines Experiments* (Planmäßigkeit der Untersuchungsdurchführung, Wiederholbarkeit der Untersuchung und Variierbarkeit der Untersuchungsbedingungen, vgl. Selg, 1971, Kap. F) sind am besten mit experimentellen Laboruntersuchungen vereinbar. Tafel 3 zeigt ein (nicht ganz ernst zu nehmendes) Beispiel für ein „klassisches Experiment".

Tafel 3. Experimentelle Überprüfung der Sensibilität von Erbsen

---

Die folgende Glosse eines „klassischen" Experiments wurde während der Watergate-Anhörungen, die zum Rücktritt des US-Präsidenten Nixon führten, in der New York Times veröffentlicht (mit einigen Modifikationen übernommen aus Lewin, 1979, S. 17).

Abstract

Während des Sommers 1979 nahmen Wissenschaftler aus Petersham, Mass., die seltene Gelegenheit wahr, den Einfluß der amerikanischen Politik auf das Wachstum von Pflanzen zu überprüfen. In einer Serie sorgfältig kontrollierter Experimente konnte der schlüssige Nachweis erbracht werden, daß Pflanzen es vorziehen, uninformiert zu sein.

Hierfür wurde eine repräsentative Stichprobe von 200 000 Erbsen (pisum sativum) von geschulten Landarbeiterinnen per Zufall in zwei gleichgroße Stichproben aufgeteilt. Ein Biologe beaufsichtigte dann die Einpflanzung der Erbsen in ein Treibhaus A und ein Treibhaus B. (Den Pflanzern und dem Biologen war nicht bekannt, welches der beiden Treibhäuser das spätere experimentelle Treatment erhalten sollte.) Klima und Lichtbedingungen waren für beide Treibhäuser gleich.

Die experimentelle Erbsengruppe in Treibhaus A wurde danach sämtlichen Rundfunkübertragungen der Watergate-Anhörungen ausgesetzt. Das Radiogerät beschallte das Treibhaus mit einer Durchschnittslautstärke von 50 db und stellte sich automatisch ein, wenn Anhörungen übertragen wurden. Die gesamte Übertragungszeit betrug 600 000 Sekunden mit durchschnittlich 16½ schockierenden Enthüllungen pro Tag über eine Gesamtwachstumszeit von 46 Tagen.

Die Erbsen der Kontrollgruppe in Treibhaus B wurden in denselben Zeiträumen in derselben Lautstärke mit monoton gesprochenen, sinnlosen Silben beschallt.

Ergebnisse

Im Vergleich mit den Kontrollerbsen keimten die Experimentalerbsen langsamer, sie entwickelten verkümmerte Wurzeln, waren erheblich anfälliger für Schädlinge und gingen insgesamt schneller ein.

Interpretation

Die Ergebnisse des Experiments legen den Schluß nahe, daß sich öffentliche Übertragungen von Debatten der Regierungsadministration nachteilig auf den Pflanzenwuchs in den Vereinigten Staaten auswirken.

	Experimentell	Quasiexperimentell
Feld	Hohe externe Validität Hohe interne Validität	Hohe externe Validität Geringe interne Validität
Labor	Geringe externe Validität Hohe interne Validität	Geringe externe Validität Geringe interne Validität

Abb. 1. Kombination der Untersuchungsvarianten „experimentell vs. quasiexperimentell" und „Felduntersuchung vs. Laboruntersuchung"

Die in Abb. 1 wiedergegebenen Untersuchungsvarianten, die sich aus der Kombination der Elemente „experimentell–quasiexperimentell" und „Feld–Labor" ergeben, seien im folgenden anhand von Beispielen verdeutlicht. Man beachte hierbei, daß die Bewertung einer Untersuchung hinsichtlich der Kriterien interne und externe Validität nicht ausschließlich von den Elementen experimentell–quasiexperimentell und Feld–Labor abhängt, sondern zusätzlich von anderen untersuchungsspezifischen Merkmalen, die ebenfalls zur Eindeutigkeit der Ergebnisinterpretation bzw. zur Generalisierbarkeit der Ergebnisse beitragen können (vgl. Kap. 5). Zudem sei nochmals darauf hingewiesen, daß mit den Bezeichnungen „Feld vs. Labor" die Extreme eines Kontinuums von Untersuchungen mit unterschiedlicher Kontrolle von „Störvariablen" bezeichnet sind.

Quasiexperimentelle Felduntersuchung: Weber et al. (1971) untersuchten den Einfluß der Zusammenlegung von Schulen mit weißen und schwarzen Schülern auf das akademische Selbstbild der Schüler. Da die Schüler den Stufen der unabhängigen Variablen (schwarze und weiße Schüler) nicht per Zufall zugewiesen werden können, handelt es sich um eine quasiexperimentelle Untersuchung. Sie findet zudem in einer natürlichen Umgebung (Schule) statt und ist damit gleichzeitig eine Felduntersuchung.

Experimentelle Felduntersuchung: Eine Untersuchung von Bortz u. Braune (1980) überprüfte die Veränderungen politischer Attitüden durch das Lesen zweier überregionaler Tageszeitungen. Den Untersuchungsteilnehmern wurde per Zufall entweder die eine oder die andere Zeitung für einen begrenzten Zeitraum kostenlos ins Haus gesandt. Diese randomisierte Zuteilung qualifiziert die Untersuchung als eine experimentelle Untersuchung. Darüber hinaus wurde das natürliche Umfeld der Untersuchungsteilnehmer nicht beeinflußt, d.h. die Untersuchung erfüllt die Kriterien einer Felduntersuchung.

Quasiexperimentelle Laboruntersuchung: In einer sorgfältig angelegten Laboruntersuchung fragte Thanga (1955) nach Unterschieden in der Fingerfertigkeit männlicher und weiblicher Untersuchungsteilnehmer. Auch hier ist es nicht möglich, die Untersuchungsteilnehmer den beiden Stufen der unabhängigen Variablen (männlich und weiblich) zufällig zuzuweisen, d.h. die Laboruntersuchung ist quasiexperimentell.

Experimentelle Laboruntersuchung: Als Beispiel für eine experimentelle Laboruntersuchung mag eine Studie von Issing u. Ullrich (1969) dienen, die den Einfluß eines Verbalisierungstrainings auf die Denkleistungen von Kindern überprüfte. Dreißig Kinder wurden per Zufall in eine Experimental- und eine Kontrollgruppe aufgeteilt. Über einen Zeitraum von vier Wochen durften die Kinder in einem eigens für diese Untersuchung hergerichteten Raum altersgemäße Spiele spielen. Die unabhängige Variable stellte eine Instruktion dar, die nur die Experimentalgruppe zum Verbalisieren während des Spielens anregte. Die Untersuchung fand unter kontrollierten Bedingungen bei gleichzeitiger Randomisierung statt – wir bezeichnen sie deshalb als eine experimentelle Laboruntersuchung.

1.4.4 Das Thema der Untersuchung

Nachdem man sich anhand der Literatur Kenntnisse über den Stand der Theorienbildung, über wichtige Untersuchungen und über die bisher eingesetzten Methoden verschafft und die Vorstellungen über die Art der Untersuchung präzisiert hat, müßte es möglich sein, einen Arbeitstitel für das Untersuchungsvorhaben zu finden. Die (vorläufige) Festlegung des Untersuchungsthemas kann folgende Aufgaben akzentuieren:

– Überprüfung spezieller aus der Literatur abgeleiteter Hypothesen oder Forschungsfragen,
– Replikation wichtiger Untersuchungen,
– Klärung widersprüchlicher Untersuchungen oder Theorien,
– Überprüfung neuer methodischer oder untersuchungstechnischer Varianten,
– Überprüfung des Erklärungswertes bisher nicht beachteter Theorien,
– Erkundung von Hypothesen.

Die Formulierung des Arbeitstitels sollte den Stellenwert der Untersuchung im Kontext des bereits vorhandenen Wissens möglichst genau wiedergeben. Handelt es sich um ein neues Forschungsgebiet, zu dem kaum Untersuchungen vorliegen, verwendet man für den Arbeitstitel allgemeine Formulierungen, die den Inhalt der Untersuchung global charakterisieren. Zusätzlich kann, wie die folgenden Beispiele zeigen, durch einen Untertitel die verwendete Methodik genannt werden:

Zur Frage des Einflusses verschiedener Baumaterialien von Häusern auf das Wohlbefinden ihrer Bewohner
– Eine Erkundungsstudie –

Bürgernahe Sozialpsychiatrie – Aktionsforschung in Wedding

Die Scheidung von Eltern aus der Sicht eines Kindes
– Eine Einzelfallstudie –

Untersuchungen, die einen speziellen Beitrag zu einem Forschungsgebiet mit langer Forschungstradition liefern, werden mit einem knapp aber eindeutig formulierten, scharf abgrenzenden Titel überschrieben:

Die Bedeutung von Modellernen und antezedenten Verstärkern für die Entwicklung der Rollenübernahmefähigkeit von 6- bis 9 jährigen Kindern

Vergleichende Analyse exosomatischer und endosomatischer Messungen der elektrodermalen Aktivität in einer Vigilanzsituation
– Befunde einer Laboruntersuchung –

Die endgültige Formulierung des Untersuchungsthemas wird zweckmäßigerweise erst vorgenommen, wenn die Gesamtplanung abgeschlossen ist. Begrenzte Möglichkeiten hinsichtlich der Operationalisierung der interessierenden Variablen, hinsichtlich der Auswahl der Untersuchungseinheiten oder auch zeitliche und kapazitäre Limitierungen können ggf. eine Neuformulierung oder eine stärker eingrenzende Formulierung des endgültigen Untersuchungsthemas erfordern.

1.4.5 Probleme der Operationalisierung

Der Arbeitstitel und die Untersuchungsart legen fest, welche Variable (n) erkundet bzw. als unabhängige Variable und abhängige Variable in eine hypothesenüberprüfende Untersuchung aufgenommen werden sollen. Nach einer vorläufigen Kontrolle der begrifflichen Präzision der Variablenbezeichnungen (vgl. S. 16) legt der folgende Planungsabschnitt eindeutig fest, wie die genannten Variablen in die empirische Untersuchung einzuführen sind.

Fragen wir beispielsweise nach Korrelaten der Schulangst, muß nun festgelegt werden, was unter Schulangst genau zu verstehen ist. Interessiert uns der Einfluß der Einstellung zu einer Arbeit auf die Konzentrationsfähigkeit, erfolgt nun die genaue Bestimmung der unabhängigen Variablen „Einstellung zu einer Arbeit" bzw. der Stufen, in denen diese unabhängige Variable variiert werden soll und die Festlegung der Meßvorschriften für die abhängige Variable „Konzentrationsfähigkeit".

Hiermit sind *Definitionsprobleme* angesprochen, die in den Sozialwissenschaften einen breiten Raum einnehmen. [Über dieses Thema und über weiterführende Literatur informiert beispielsweise Opp (1976)]. In der Formulierung des Arbeitstitels verwenden wir üblicherweise Begriffe der Alltagssprache, die – wir ihr gewöhnlicher Gebrauch zeigt – hinreichend präzise definiert sind, um eine einigermaßen funktionierende Verständigung zu ermöglichen. Ist diese Sprache jedoch auch präzise genug, um damit Wissenschaft betreiben zu können?

Die geschichtliche Entwicklung der Sprache legte für Objekte, Eigenschaften, Vorgänge und Tätigkeiten Namen fest, die im Verlaufe der individuellen Entwicklung eines Menschen gelernt wurden. (Dieses Objekt heißt „Messer"; diese Tätigkeit heißt „laufen"; etc.). Derartige *Realdefinitionen* von Begriffen, die auf geeignete Beispiele für die zu bezeichnenden Objekte, Eigenschaften, Vorgänge oder Tätigkeiten verweisen, stehen in dem Erkenntniszusammenhang, ein kommunikationsfähiges, ökonomisches Vokabular zu schaffen. Die gleiche Funktion haben auf Realdefinitionen aufbauende *Nominaldefinitionen*, in denen der zu definierende Begriff (Definiendum) mit einer bereits bekannten bzw. real definierten Befrifflichkeit (Definiens) gleichgesetzt wird. (Zum Beispiel ließe sich „die Gruppe" als „eine Menge von Personen, die häufig miteinander interagieren" definieren, wenn man davon ausgeht, daß alle Begriffe des Definiens bekannt sind.)

Real- und Nominaldefinitionen können weder wahr noch falsch sein. Mit ihnen wird lediglich eine Konvention oder Regel für die Verwendung einer bestimmten Buchstabenfolge oder eines Zeichensatzes eingeführt. Dies verdeutlichen z. B. verschiedene Sprachen, die für dasselbe Definiendum verschiedene Worte verwenden, ohne daß darunter die Verständigung innerhalb einer Sprache beeinträchtigt wäre.

Bedeutung und Umfang der Wörter einer Sprache sind jedoch nicht generell und für alle Zeiten festgelegt, sondern unterliegen einem allmählichen aber stetigen Wandel. Sie wird durch spezielle Dialekte oder andere Sprachen erweitert, regionale Besonderheiten oder gesellschaftliche Subkulturen verleihen Begriffen eine spezielle Bedeutung, die Entdeckung neuartiger Phänomene oder Sinnzusammenhänge macht die Schöpfung neuer Begriffe oder die Neudefinition alter Begriffe erforderlich, oder die Begriffe verlieren für eine Kultur ihre Bedeutung, weil das mit ihnen Bezeichnete der Vergangenheit angehört. Es resultiert eine Sprache, die zwar eine normale Verständigung ausreichend gewährleistet, die aber für wissenschaftliche Zwecke nicht genügend trennscharf ist.

Die wissenschaftliche Verwendung von Begriffen macht deshalb ihre Bedeutungsanalyse (Hempel, 1954) bzw. *analytische Definition* erforderlich. Hierbei handelt es sich nicht um Konventionen, die von Wissenschaftlern eingeführt werden sondern um Aussagen, die empirisch überprüfbar sein sollten.

Mollenhauer (1968, zit. nach Eberhard u. Kohlmetz, 1973) definiert beispielsweise das Merkmal „Verwahrlosung" als „eine abnorme, charakterliche Ungebundenheit und Bindungsunfähigkeit, die auf eine geringe Tiefe und Nachhaltigkeit der Gemütsbewegungen und Willensstrebungen zurückgeht und zu einer Lockerung der inneren Beziehung zu sittlichen Werten – wie Liebe, Rücksicht, Verzicht, Opfer, Recht, Wahrheit, Pflicht, Verantwortung und Ehrfurcht – führt." Zweifellos trifft diese Definition das allgemeine Verständnis von Verwahrlosung besser als beispielsweise die Definition „Verwahrlosung ist ein Zustand hoher emotionaler Erregung, der andere Menschen zu Hilfeleistungen veranlaßt"; aber ist sie damit bereits empirisch überprüfbar?

Mit der analytischen Definition gibt der Forscher zu verstehen, was er mit einem Begriff bezeichnen will. Er legt damit gewissermaßen „seine Karten auf den Tisch", und es bleibt nun jedermann überlassen, die analytische Definition nachzuvollziehen oder nicht. Ob sich die Definition bewährt, bzw. ob die Definition richtig oder realistisch ist, zeigt letztlich die spätere Forschungspraxis.

Prinzipiell könnte man es bei der analytischen Definition bewenden sein lassen. Der Forscher, der beispielsweise den Einfluß familiärer Verhältnisse auf die Verwahrlosung von Jugendlichen untersuchen möchte, nennt seine analytische Definition der verwendeten zentralen Begriffe und berichtet dann über die Ergebnisse seiner Studie.

Daß diese Vorgehensweise noch nicht befriedigend ist, wird deutlich, wenn wir uns erneut der Mollenhauer'schen Definition von Verwahrlosung zuwenden. Er verwendet dort Begriffe wie „charakterliche Ungebundenheit" und „Bindungsunfähigkeit" oder „Tiefe der Gemütsbewegung" und „Nachhaltigkeit der Willensstrebungen". Wenngleich jedermann ahnt, was mit diesen Begriffen gemeint sein könnte, bleibt der Wunsch zu erfahren, was diese Begriffe im Kontext dieser Definition genau besagen sollen, bestehen. Diese Definition von Verwahrlosung verlangt weitere analytische Definitionen der in ihr verwendeten Begriffe.

Aber auch damit wären noch längst nicht alle Uneindeutigkeiten, die das Verständnis einer Untersuchung beeinträchtigen, ausgeräumt. Es bleibt offen, wie die begrifflichen Indikatoren der Verwahrlosung, die die analytische Definition aufzählt, konkret erfaßt werden. Es fehlt die Angabe von Operationen, die zur Erfassung der abhängigen Variablen „Verwahrlosung" führen. Es fehlt die (bzw. eine) *„operationale" Definition* des Begriffes „Verwahrlosung".

Der Begriff „operationale Definition" oder „Operationalisierung" eines Merkmals geht auf Bridgman (1927) zurück. Die ursprüngliche, auf die Physik zugeschnittene Fassung läßt sich in folgender Weise zusammenfassen:

1. Die Operationaldefinition ist synonym mit einem korrespondierenden Satz von Operationen. (Der Begriff „Länge" beinhaltet nicht mehr und nicht weniger als eine Reihe von Operationen, mit denen eine Länge ermittelt wird.)
2. Ein Begriff sollte nicht bezüglich seiner Eigenschaften, sondern bezüglich der mit ihm verbundenen Operationen definiert werden.
3. Die wahre Bedeutung eines Begriffes findet man nicht, indem man beobachtet, was man über ihn sagt, sondern indem man registriert, was man mit ihm macht.
4. Unser gesamtes Wissen ist an den Operationen, die ausgewählt wurden, um unsere wissenschaftlichen Konzepte zu messen, zu relativieren. Existieren mehrere Sätze von Operationen, so liegen diesen auch mehrere Konzepte zugrunde.

In seinen Arbeiten von 1945 und 1950 erweiterte Bridgman diese Fassung in einer insbesondere für die Sozialwissenschaften bedeutsamen Weise, indem er z. B. nicht nur physikalische, sondern auch geistige und "paper and pencil-Operationen" zuließ. In der Nachfolge erhielt die operationale Definition zahlreiche verwirrende und einander teilweise widersprechende Auslegungen, die beispielsweise Adler (1947) zu der in Tafel 4 wiedergegebenen Karikatur veranlaßte. [Über weitere Mißverständnisse des Operationismus berichtet Plutchik (1970).]

Tafel 4. Über Sinn und Unsinn operationaler Definitionen

Als zynischen Beitrag zu der häufig zitierten operationalen Definition des Begriffes „Intelligenz" (Intelligenz ist das, was ein Intelligenztest mißt) entwickelte Adler (1947) den folgenden, hier leicht abgewandelten Test zur Messung der Fähigkeit C_n:

1. Wieviele Stunden haben Sie in der vergangenen Nacht geschlafen? . . . . . .
2. Schätzen Sie die Länge Ihrer Nase in Zentimetern und multiplizieren Sie diesen Wert mit 2. . . . . . .
3. Mögen Sie gefrorene Leber (notieren Sie $+1$ für Ja und -1 für Nein). . . . . . .
4. Wieviele Meter hat eine Seemeile? (Falls Sie es nicht wissen, nennen Sie den Wert, der Ihnen am wahrscheinlichsten erscheint.) . . . . . .
5. Schätzen Sie die Anzahl der Biergläser, die der Erfinder dieses Tests während seiner Erfindung getrunken hat. . . . . . .

Addieren Sie nun die oben notierten Werte. Die Summe stellt ihren C_n-Wert dar. Sie verfügen über eine hohe C_n-Fähigkeit, wenn Ihre Punktzahl . . .

Kommentar
Abgesehen von der Präzision der durchzuführenden mentalen Operationen und der statistischen Auswertung ist der C_n-Test purer Unsinn. Die Behauptung, C_n-Fähigkeit sei das, was der C_n-Test mißt, ist absolut unbefriedigend, solange die C_n-Fähigkeit nicht zuvor analytisch definiert wurde. Operationale Definitionen sind analytischen Definitionen nachgeordnet und damit für sich genommen bedeutungslos.

So sagt beispielsweise die häufig zitierte Behauptung, Intelligenz sei das, was ein Intelligenztest mißt (Boring, 1942 zit. nach Hofstätter, 1957) zunächst nichts aus, auch wenn die zur Messung der Intelligenz vorgeschriebenen Operationen in einem Intelligenztest präzise festgelegt sind. Erst durch eine Bedeutungsanalyse bzw. eine analytische Definition des Begriffes Intelligenz kann nachvollzogen werden, ob die gewählten operationalen Indikatoren sinnvoll sind oder nicht.

Nach Wechsler (1964, S. 13) ist Intelligenz beispielsweise „die zusammengesetzte oder globale Fähigkeit des Individuums, zweckvoll zu handeln, vernünftig zu denken und sich mit seiner Umgebung wirkungsvoll auseinanderzusetzen". Diese zunächst noch recht globale Begriffsbestimmung wird dann im weiteren Begriff für Begriff näher ausgeführt. Sie endet mit der Aufzählung konkreter Einzelfähigkeiten wie „Allgemeines Wissen und Allgemeines Verständnis, rechnerisches Denken oder räumliches Vorstellungsvermögen". Erst auf dieser schon sehr konkreten Ebene der Begriffsbestimmung setzt die Operationalisierung der einzelnen postulierten Teilmerkmale der Intelligenz ein. Dies sind dann präzise formulierte Aufgaben mit vorgegebenen Antwortmöglichkeiten, die zu zehn Untertests zusammengefaßt den gesamten Intelligenztest ergeben. (In diesem Beispiel den Hamburg-Wechsler-Intelligenztest für Erwachsene oder kurz HAWIE.)

Sind diese Ausführungen bekannt, macht es durchaus einen Sinn, Intelligenz als das, was der HAWIE mißt, zu definieren. Unabängig hiervon können andere Wissenschaftler der Intelligenz eine anders lautende analytische Definition geben (was auch tatsächlich geschieht), die ihrerseits eigene operationale Definitionen erfordert. Welche der konkurrierenden operationalen Intelligenzdefinitionen oder Intelligenztests „richtig" sind, kann gegenwärtig nicht entschieden werden. Ihre Brauchbarkeit hängt letztlich davon ab, wie sich die einzelnen Verfahren in der Praxis bewähren.

Eine Operationaldefinition setzt damit grundsätzlich eine ausführliche Bedeutungsanalyse des zu definierenden Begriffes voraus. Diese hat eventuell bereits vorliegende wissenschaftliche Auseinandersetzungen mit dem Begriff zu berücksichtigen. Den Begriff „Frustration" als „ein unangenehmes Schuldgefühl, das sich bei Mißerfolgen einstellt" zu definieren, wäre sicherlich nicht falsch; die Definition übersieht jedoch, daß aus Motivationstheorien bereits einiges über Frustration bekannt ist. Mehr für den Experten als für den Laien hätte beispielsweise die Definition „Frustration beschreibt den Zustand einer Person, die bei ihrem Weg zu einem Ziel auf eine Barriere trifft" einen Sinn, weil sie mit den Begriffen „Weg", „Ziel" und „Barriere" spezielle, aus der Motivationstheorie abgeleitete Inhalte verbindet.

Auch präzise begriffliche Definitionen lassen häufig verschiedenartige Operationalisierungen zu. Frustration bei Kindern kann beispielsweise dadurch operationalisiert werden, daß man ihnen interessantes Spielzeug zeigt, ohne sie damit spielen zu lassen, daß man ihnen versprochene Belohnungen vorenthält, daß man ihre Freizeit stark reglementiert etc.

Hierbei spielt es keine Rolle, ob die mit einem Begriff gekennzeichnete Variable in einer hypothesenprüfenden Untersuchung als unabhängige Variable oder als abhängige Variable eingesetzt wird. Handelt es sich um eine unabhängige Variable, die vom Untersuchungsleiter manipuliert werden kann, genügt es häufig, nur eine Ausprägung der unabhängigen Variablen experimentell herzustellen, deren Bedeutung durch Vergleich mit einer Kontrollgruppe eruiert wird (z. B. eine frustrierte Kindergruppe im Vergleich zu einer nicht frustrierten Gruppe). Bei der Operationalisierung der abhängigen Variablen ist hingegen darauf zu achten, daß diese in möglichst differenzierten Abstufungen gemessen werden kann (vgl. hierzu Kap. 1.4.6 über meßtheoretische Probleme).

Überprüft die Untersuchung beispielsweise aggressives Verhalten als abhängige Variable, wäre bei der Auswahl der operationalen Indikatoren darauf zu achten, daß diese eine möglichst differenzierte Messung der abhängigen Variablen zulassen. Je nach Untersuchungsart werden hierfür standardisierte Fragebögen oder Tests, freie oder standardisierte Interviews, Verhaltensbeobachtungen, Inhaltsanalysen, verbale Äußerungen usw. eingesetzt (vgl. hierzu im einzelnen Kap. 2 über Datenerhebungstechniken).

Die Bedeutungsanalyse eines Begriffes, der eine Variable charakterisiert, schreibt nicht zwingend vor, wie der Begriff zu operationalisieren ist. Dieser scheinbare Nachteil kann jedoch für eine weitergehende Bedeutungsanalyse fruchtbar gemacht werden. Führen nämlich verschiedene Operationalisierungen desselben Begriffes zu widersprüchlichen Resultaten, ist der Begriff offensichtlich noch nicht präzise genug analysiert. Das Nebeneinander verschiedener, einander widersprechender Operationalisierungen ist daher immer ein sicherer Hinweis darauf, daß sich die Operationalisierungen auf verschiedene Begriffe beziehen und daß damit eine präzisere Bedeutungsanalyse erforderlich ist (vgl. hierzu auch Punkt 4 der Position Bridgemans auf S. 40).

Operationale und analytische Definitionen tragen wechselseitig zu ihrer Präzisierung bei. Wiederum entscheidet der Stand der Forschung über die Genauigkeit der analytischen Definition eines Begriffes und damit auch über die Eindeutigkeit einer Operationalisierung. (Weiterführende Literatur: Alpert, 1938; Benjamin, 1955; Bergmann, 1965; Bergmann u. Spence, 1941; Dodd, 1942; Feigel, 1945; Ginsberg, 1955; Hempel, 1954; Israel, 1945; Lundberg, 1941; Newbury, 1953; Pfannenstil, 1951; Pratt, 1945; Skinner, 1945; Stevens, 1935.)

1.4.6 Meßtheoretische Probleme

Mit Fragen der Operationalisierung verknüpft sind meßtheoretische Probleme. Ist – wie in den meisten Fällen – eine statistische Auswertung der Untersuchungsergebnisse erforderlich (für hypothesenprüfende Untersuchungen stehen hierfür die Methoden der Inferenzstatistik und für hypothesenerkundende oder beschreibende Untersuchungen in erster Linie die Methoden der deskriptiven Statistik bzw. der Parameterschätzung zur Verfügung), sollte in der Planungsphase geklärt werden, wie die zu untersuchenden Merkmale quantifiziert bzw. gemessen werden sollen. Kapitel 2 (Datenerhebung) faßt die wichtigsten, in den Sozialwissenschaften gebräuchlichen Meßmethoden zusammen. Die meßtheoretische Einschätzung der dort beschriebenen Verfahren sowie die Auswahl geeigneter statistischer Auswertungsmethoden (vgl. Kap. 1.4.8) setzen ein Mindestmaß an meßtheoretischen Kenntnissen voraus, die im folgenden vermittelt werden.

„Der Mensch als Ganzheit" ist nicht meßbar (wie auch eine beliebige physikalische Erscheinung als Ganzheit nicht meßbar ist). Es können immer nur Teilaspekte oder einzelne Merkmale einer Erscheinung gemessen werden. Für die Psychologie und andere Sozialwissenschaften resultiert hieraus die Forderung, diejenigen Eigenschaften zu untersuchen und meßbar zu machen, die in bezug auf eine bestimmte Fragestellung funktional wichtig sind bzw. die dazu beitragen, ein bestimmtes Verhalten und Erleben zu erklären.

1.4.6.1 Was ist Messen?

„Messen" wird in der Alltagssprache und in vielen Lexika meistens mit physikalischen Vorstellungen in Verbindung gebracht. Dabei bezeichnet man als fundamentale Messungen das Bestimmen einer (Maß-)Zahl als das Vielfache einer Einheit (z. B. Messungen mit einem Zollstock oder einer Balkenwaage, vgl. Drever u. Fröhlich, 1970). Für derartige Messungen ist der Begriff „Einheit" zentral. Man wählt hierfür eine in der Natur vorgegebene Größe (wie z. B. die Ladung eines Elektrons als Einheit des Merkmals „elektrische Ladung") oder man legt willkürlich aus Gründen der Zweckmäßigkeit eine Größe als Normeinheit fest (z. B. das in Paris niedergelegte „Archivmeter"). Physikalische Messung besteht darin, möglichst genau festzustellen, wie oft die gewählte Merkmalseinheit in dem zu messenden Objekt enthalten ist.

Jede Messung ist dabei mit einem möglichst klein zu haltenden Fehler behaftet. Man unterscheidet systematische Fehler, die durch ein schlechtes oder falsch angewendetes Meßgerät entstehen und zufällige Fehler, die z. B. bei Wiederholungen der gleichen Messung deutlich werden.

Die überwiegende Mehrheit sozialwissenschaftlicher Quantifizierungen erfolgt jedoch ohne derartige Einheiten und stellt damit keine Messungen im engeren physikalischen Sinne dar. In der sozialwissenschaftlichen Forschungstradition wird der Begriff des Messens allgemeiner gefaßt und mathematisch mit Begriffen der Modelltheorie beschrieben. Hierbei sind die Begriffe „Modell", „Abbildung" und „Skala" von besonderer Bedeutung.

Unter einem *Modell* verstehen wir die abstrakte oder symbolische Abbildung eines bestimmten Realitätsausschnittes (z. B. die Repräsentierung von 3 Personen durch 3 unterschiedlich lange Streichhölzer). Der Begriff der *Abbildung* bezeichnet eine Vorschrift, die angibt, wie die realen Objekte bzw. die Relationen der Objekte untereinander (*empirisches Relativ*) den symbolischen Abbildern bzw. deren Relationen (symbolisches Relativ) zugeordnet werden (z. B. die Vorschrift, daß die Längenunterschiede der Streichhölzer Altersunterschiede der Personen abbilden). Besteht das symbolische Relativ aus Zahlen (*numerisches Relativ*) und existiert zudem eine Abbildungsvorschrift, die die Zuordnung von Zahlen zu den Objekten des empirischen Relativs regelt, bezeichnen wir dies zusammen als *numerisches Modell* oder eine *Skala* (ausführlicher hierzu siehe z. B. Gigerenzer, 1981).

Dieser Vorgang der Zuordnung von Zahlen zu den Objekten eines empirischen Relativs wird nach Stevens (1959, S. 18) als Messen bezeichnet: **„Messung ist die Zuordnung von Zahlen zu Objekten oder Ereignissen gemäß einer bestimmten Regel"**. Aus dieser Definition wird deutlich, daß Messung hier nicht mehr an Einheiten gebunden ist sondern allgemeiner gefaßt wird. Die Benennung von Torhütern einer Fußballmannschaft mit der Nummer 1 wäre nach dieser Definition von Stevens schon eine Messung, da einem Objekt (dem Torhüter) nach einer Regel (nur der Torhüter erhält die Nummer 1) eine Zahl zugeordnet wird. Den Vorgang der Messung selbst beschreibt Stevens als „Prozeß der Darstellung empirischer Eigenschaften oder Relationen in einem formalen Modell" (Stevens, 1959, S. 20). Da Stevens in seiner Definition keinerlei Vorschriften macht, aufgrund welcher Regeln Zahlen zu den empirischen Objekten zuzuordnen sind, wird seine Definition oft auch als „liberale Meßdefinition" bezeichnet.

Gutjahr (1974) schlägt vor, den Begriff der Messung nicht so weit zu fassen. Nur wenn die verwendeten „Zahlenzeichen" tatsächlich die Funktion des Zahlensystems beibehalten, also mehr darstellen als einfache Benennung, spricht er von Messung oder **„metrischer Skalierung".** Für den Fall, daß mit den zugewiesenen Zahlen keine sinnvollen rechnerischen Operationen durchgeführt werden können, sie also nur reine Bezeichnungs- oder Ordnungsfunktion erfüllen, schlägt er vor, von **„Skalierung"** zu sprechen.

Dieser Meßbegriff hat den Vorteil, daß er dem alltagssprachlichen und physikalischen Begriff von Messen näher kommt als die Definition, die Stevens gibt. Da der weitergehende Meßbegriff in den Sozialwissenschaften jedoch vorherrscht, soll er auch hier übernommen werden.

1.4.6.2 Die Skalenniveaus

Es wurde bereits dargestellt, daß eine Menge empirischer Objekte, die mittels einer Abbildungsvorschrift einer Menge Zahlen zugeordnet wird, eine Skala bildet. Je nachdem, welche Eigenschaften und Relationen der Zahlen auf die Menge empirischer Objekte sinnvoll übertragbar sind, unterscheidet man Skalen von unterschiedlichem Niveau.

Die eingangs erwähnten physikalischen Messungen beziehen sich auf Merkmale, für die zumeist ein absoluter Nullpunkt und eine Einheit genau definiert werden können. Beispiele für solche physikalischen Zahlen sind Länge, Masse, Zeit, Winkel, Widerstand und ähnliches mehr. **Eine Skala, bei der Einheit und Nullpunkt definiert sind, heißt Verhältnisskala.**

Auf einer Verhältnisskala sind die Verhältnisse zwischen den Merkmalsausprägungen (z. B. der Sohn ist halb so schwer wie der Vater) bestimmbar. Bei den meisten in den Sozialwissenschaften verwendeten Skalen ist es allerdings nicht möglich, von einem tatsächlich vorhandenen absoluten Nullpunkt zu sprechen. Hier wird der Nullpunkt vom Forscher oft willkürlich gesetzt (wie z. B. bei Testskalen). Gelegentlich kann jedoch von einer gleichbleibenden Einheit, also gleichen Merkmalsdifferenzen bei gleichen Zahlendifferenzen, ausgegangen werden. **Eine Skala, bei der gleiche Zahlendifferenzen auch gleiche Merkmalsdifferenzen repräsentieren, heißt Intervallskala.**

Die Bedeutung dieser Skala soll am Beispiel einer Messung von subjektivem Nutzen klargemacht werden. Eine Person soll den subjektiven Nutzen von vier verschiedenen Ereignissen A, B, C und D bewerten. Hierbei kann es vorkommen, daß der Nutzenunterschied der Ereignisse A und B als genauso groß erlebt wird wie der Nutzenunterschied der Ereignisse C und D. Diese Eigenschaft der Objekte im empirischen Bereich wird im numerischen Modell so abgebildet, daß dort ebenfalls gleiche Differenzen resultieren. Man könnte den Ereignissen A und B beispielsweise die Zahlen 1 und 2 und den Ereignissen C und D die Zahlen 3 und 4 zuordnen. Aber auch andere Zahlen wie z. B. 5 und 8 (für A und B) und 11 und 14 (für C und D) würden die empirischen Verhältnisse richtig wiedergeben. Beide Messungen führen zu denselben Differenzen zwischen A und B bzw. C und D. Die Definition eines Nullpunktes, d. h. eines Ereignisses, welches gar keinen Nutzen hat, ist hierbei nicht erforderlich. Festgelegt werden muß lediglich eine bestimmte Einheit.

Auch diese Voraussetzung ist bei vielen sozialwissenschaftlichen Messungen nicht erfüllt. Oft sind nur Angaben möglich, daß ein empirisches Merkmal bei einem Objekt stärker ausgeprägt ist als bei einem anderen Objekt; eine genaue Differenz kann nicht genannt werden. **Eine Skala, deren Zahlen lediglich größer–kleiner Relationen richtig abbilden, heißt Ordinalskala.**

Ordinalskalierungen bzw. Rangordnungen werden in weiten Teilen sozialwissenschaftlicher Forschung verwendet. Aus der Theorie von Piaget (1971) über die Entwicklung der kindlichen Intelligenz folgt z. B. eine Ordnungsrelation für die Etappen der Aneignung geistiger Operationen. Piaget untersuchte, in welchem Alter Kinder zur Lösung bestimmter Aufgaben fähig sind. Er fand, daß bestimmte Phasen der kognitiven Entwicklung durchschritten sein müssen, damit eine neue Phase der Entwicklung beginnen kann. Damit lassen sich Kinder in Abhängigkeit von der Art der kognitiven Operationen, die sie beherrschen, nach dem Merkmal „kindliche Intelligenz" in eine Rangordnung bringen.

Bei manchen Merkmalen ist nicht einmal die Erstellung einer Rangordnung nach der Intensität der Merkmalsausprägung möglich. Oft geht es nur darum festzustellen, ob ein bestimmtes Merkmal oder eine bestimmte Eigenschaft vorhanden oder nicht vorhanden ist (zweistufige oder *dichotome Merkmale*). Derartige „Messungen" werden als **Identifikation** bezeichnet (z. B. die Identifikation „depressiv" oder „nicht depressiv"). Erfordert die Fragestellung nicht nur eine einfache Identifikation sondern die Einteilung der untersuchten Objekte oder Personen nach einem mehrstufigen Merkmal, sprechen wir von **Klassifikation.** So stellt z. B. die Einteilung erwachsener Personen in „ledige", „verheiratete", „geschiedene" oder „verwitwete" Personen eine Klassifikation dar. **Eine Skala, die nur Identifikationen oder Klassifikationen zuläßt bzw. bei der den untersuchten Objekten lediglich bestimmte Bezeichnungen wie z. B. Zahlen zugeordnet werden, nennen wir Nominalskala.** (Ausführlichere Informationen zur Meßtheorie finden sich z. B. bei Stevens, 1959, 1968; Gutjahr, 1974; Orth, 1974; Coombs et al., 1975; Gigerenzer, 1981; zum Problem der empirischen Überprüfbarkeit eines Skalenniveaus vgl. Westermann, 1980.)

1.4.7 Auswahl der Untersuchungseinheiten

Liegen befriedigende Operationalisierungen der interessierenden Variablen einschl. ihrer meßtheoretischen Bewertung vor, stellt sich als nächstes die Frage, an welchen bzw. an wievielen Untersuchungseinheiten die Variablen erhoben werden sollen. Der Begriff *„Untersuchungseinheit"* wird hier sehr allgemein verwendet; er umfaßt z. B. Kinder, weibliche Personen, alte Personen, Depressive, Sträflinge, Beamte, Arbeiter, Leser einer bestimmten Zeitung, Autobesitzer etc., aber auch – je nach Fragestellung – z. B. Tiere, Häuser, Schulklassen, Wohnsiedlungen, Betriebe, Nationen oder ähnliches. (Die Problematik vergleichender tierpsychologischer Untersuchungen wie z. b. die Probleme der in der Psychologie häufig kritisierten „Rattenexperimente" diskutieren Beach, 1970, Christie, 1970 und Kavanau, 1970.)

Für explorative Studien ist es weitgehend unerheblich, wie die Untersuchungseinheiten aus der interessierenden Population ausgewählt werden. Es sind anfallende Kollektive unterschiedlicher Größe oder auch einzelne Untersuchungseinheiten, deren Beobachtung oder Beschreibung interessante Hypothesen versprechen.

Untersuchungen, die die Allgemeingültigkeit von Hypothesen nachweisen oder generalisierbare Stichprobenkennwerte ermitteln, stellen hingegen höhere Anforderungen an die Auswahl der Untersuchungseinheiten. Über Fragen der Repräsentativität von Stichproben, die in derartigen Untersuchungen zu erörtern sind, berichtet ausführlich Kap. 4.

Die Festlegung des *Stichprobenumfanges* sollte ebenfalls in der Planungsphase erfolgen. Verbindliche Angaben lassen sich hierfür jedoch nur machen, wenn der Forschungsstand eine hypothesenprüfende Untersuchung mit vorgegebener Effektgröße erfordert (vgl. Kap. 6). Für die Größe von Stichproben, mit denen unspezifische Hypothesen geprüft werden (vgl. Kap. 5), gibt es keine genauen Richtlinien. Wir wollen uns hier mit dem Hinweis begnügen, daß die Wahrscheinlichkeit, eine unspezifische Forschungshypothese zu bestätigen, mit zunehmendem Stichprobenumfang wächst.

Vorerst interessieren Probleme, die sich mit der Auswahl von Personen als Untersuchungseinheiten oder Untersuchungsteilnehmer (die Bezeichnung „Versuchsperson" -Vp- wird in diesem Text vermieden) verbinden wie z. B. die Art der Anwerbung, Besonderheiten, die sich bei studentischen Untersuchungsteilnehmern ergeben und die freiwillige Teilnahme an Untersuchungen.

Für die Anwerbung der Untersuchungsteilnehmer gelten einige Regeln, deren Beachtung die Anzahl der *Verweigerer* häufig drastisch reduziert. Zunächst ist es wichtig, den potentiellen Untersuchungsteilnehmer individuell und persönlich anzusprechen, unabhängig davon, ob dies in mündlicher oder schriftlicher Form geschieht. Ferner sollte das Untersuchungsvorhaben – soweit die Fragestellung dies zuläßt – inhaltlich erläutert werden mit Angaben darüber, wem die Untersuchung potentiell zugute kommt (vgl. Kap. 1.3.2). Verspricht die Untersuchung Ergebnisse, die auch für den einzelnen Untersuchungsteilnehmer selbst interessant sein könnten, ist dies besonders hervorzuheben. Hierbei dürfen Angaben darüber, wie und wann der Untersuchungsteilnehmer seine individuellen Ergebnisse erfahren kann, nicht fehlen. Nach Rosenthal und Rossnow (1975) wirkt sich die Anwerbung durch eine Person mit einem möglichst hohen sozialen Status besonders günstig auf die Freiwilligkeit der Untersuchungsteilnahme aus.

Tafel 5. Brief einer Vp an einen Vl. (Nach Jourard, 1973; Übersetzung: H. E. Lück)

Lieber Herr Vl (Versuchsleiter):

Mein Name ist Vp (Versuchsperson). Sie kennen mich nicht. Ich habe einen anderen Namen, mit dem mich meine Freunde anreden, aber den lege ich ab und werde Vp Nr. 27, wenn ich Gegenstand Ihrer Forschung werde. Ich nehme an Ihren Umfragen und Experimenten teil. Ich beantworte Ihre Fragen, fülle Fragebogen aus, lasse mich an Drähte anschließen, um meine physiologischen Reaktionen untersuchen zu lassen. Ich drücke Tasten, bediene Schalter, verfolge Ziele, die sich bewegen, laufe durch Labyrinthe, lerne sinnlose Silben und sage Ihnen, was ich in Tintenklecksen entdecke – ich mache all den Kram, um den Sie mich bitten. Aber ich frage mich langsam, warum ich das alles für Sie tue.

Was bringt mir das ein? Manchmal bezahlen Sie meinen Dienst. Häufiger muß ich aber mitmachen, weil ich Psychologie-Student der Anfangssemester bin und weil man mir gesagt hat, daß ich keinen Schein bekomme, wenn ich nicht an zwei Versuchen teilgenommen habe; wenn ich an mehr Versuchen teilnehme, kriege ich zusätzliche Pluspunkte fürs Diplom. Ich gehöre zum „VP-Reservoir" des Instituts.

Wenn ich Sie schon mal gefragt habe, inwiefern Ihre Untersuchungen für mich gut sind, haben Sie mir erzählt: „Das ist für die Forschung." Bei manchen Ihrer Untersuchungen haben Sie mich über den Zweck der Studien belogen. Sie verführen mich. Ich kann Ihnen daher kaum trauen. Sie erscheinen mir langsam als Schwindler, als Manipulator. Das gefällt mir nicht.

Das heißt – ich belüge Sie auch oft, sogar in anonymen Fragebogen. Wenn ich nicht lüge, antworte ich manchmal nur nach Zufall, um irgendwie die Stunde 'rumzukriegen, damit ich wieder meinen Interessen nachgehen kann. Außerdem kann ich oft herausfinden, um was es Ihnen geht, was Sie gern von mir hören oder sehen wollen; dann gehe ich manchmal auf Ihre Wünsche ein, wenn Sie mir sympathisch sind, oder ich nehme Sie auf den Arm, wenn Sie's nicht sind. Sie sagen ja nicht direkt, welche Hypothesen Sie haben oder was Sie sich wünschen. Aber die Anordnungen in Ihrem Laboratorium, die Alternativen, die Sie mir vorgeben, die Instruktionen, die Sie mir vorlesen, alles das zusammen soll mich dann drängen, irgend etwas Bestimmtes zu sagen oder zu tun. Das ist so, als wenn Sie mir ins Ohr flüstern würden: „Wenn jetzt das Licht angeht, den linken Schalter bedienen!", und Sie würden vergessen oder bestreiten, daß Sie mir das zugeflüstert haben. Aber ich weiß, was Sie wollen! Und ich bediene den linken oder den rechten Schalter, je nachdem, was ich von Ihnen halte.

Wissen Sie, selbst wenn Sie nicht im Raum sind – wenn Sie nur aus gedruckten Anweisungen auf dem Fragebogen bestehen oder aus der Stimme aus dem Tonbandgerät, die mir sagt, was ich tun soll – ich mache mir Gedanken über Sie. Ich frage mich, wer Sie sind, was Sie wirklich wollen. Ich frage mich, was Sie mit meinem „Verhalten" anfangen. Wem zeigen Sie meine Antworten? Wer kriegt eigentlich meine Kreuzchen auf Ihren Antwortbögen zu sehen? Haben Sie überhaupt ein Interesse daran, was ich denke, fühle und mir vorstelle, wenn ich die Kreuzchen mache, die Sie so emsig auswerten? Es ist sicher, daß Sie mich noch nie danach gefragt haben, was ich überhaupt damit gemeint habe. Wenn Sie fragen würden – ich würde es Ihnen gern erzählen. Ich erzähle nämlich meinem Zimmergenossen im Studentenheim oder meiner Freundin davon, wozu Sie Ihr Experiment gemacht haben und was ich mir dabei gedacht habe, als ich mich so verhielt, wie ich mich verhalten habe. Wenn mein Zimmergenosse Vertrauen zu Ihnen hätte, könnte er Ihnen vielleicht besser sagen, was ihm Daten (meine Antworten und Reaktionen) bedeuten, als Sie es mit Ihren Vermutungen können. Weiß Gott, wie sehr die gute Psychologie im Ausguß gelandet ist, wenn mein Zimmergenosse und ich Ihr Experiment und meine Rolle dabei beim Bier diskutieren! ...

Wenn Sie mir vertrauen, vertraue ich Ihnen auch, sofern Sie vertrauenswürdig sind. Ich fände gut, wenn Sie sich die Zeit nehmen und die Mühe machen würden, mit mir als Person vertraut zu werden, bevor wir in den Versuchsablauf einsteigen. Ich möchte Sie und Ihre Interessen gern kennenlernen, um zu sehen, ob ich mich vor Ihnen „ausbreiten" möchte. Manchmal erinnern Sie mich an Ärzte. Die sehen mich als uninteressante Verpackung an, in der die Krankheit steckt, an der sie wirklich interessiert sind. Sie haben mich als uninteressantes Paket angesehen, in dem „Reaktionen" stecken, mehr bedeute ich Ihnen nicht. Ich möchte Ihnen sagen, daß ich mich über Sie ärgere, wenn ich das merke. Ich liefere Ihnen Reaktionen, o.k. – aber Sie werden nie erfahren, was ich damit gemeint habe. Wissen Sie, ich kann sprechen, nicht nur mit Worten, sondern auch mit Taten.

Wenn Sie geglaubt haben, ich hätte nur auf einen „Stimulus" in Ihrem Versuchsraum reagiert, dann habe ich in Wirklichkeit auf Sie reagiert; was ich mir dabei dachte, war folgendes: „Da hast Du's, Du unangenehmer Soundso!" Erstaunt Sie das? Eigentlich sollte es das nicht. . . .

Ich möchte mit Ihnen ein Geschäft machen. Sie zeigen mir, daß Sie Ihre Untersuchungen für mich machen – damit ich freier werde, mich selbst besser verstehe, mich selbst besser kontrollieren kann – und ich werde mich Ihnen zur Verfügung stellen wie Sie wollen. Dann werde ich Sie auch nicht mehr verschaukeln und beschummeln. Ich möchte nicht kontrolliert werden, weder von Ihnen noch von sonst jemandem. Ich will auch keine anderen Leute kontrollieren. Ich will nicht, daß Sie anderen Leuten festzustellen helfen, wie „kontrolliert" ich bin, so daß sie mich dann kontrollieren können. Zeigen Sie mir, daß Sie für mich sind, und ich werde mich Ihnen öffnen.

Arbeiten Sie für mich, Herr Vl, und ich arbeite ehrlich für Sie. Wir können dann zusammen eine Psychologie schaffen, die echter und befreiender ist.

Mit freundlichen Grüßen
Ihre Vp

Der in Tafel 5 (auszugsweise) wiedergegebene „Brief einer Versuchsperson an einen Versuchsleiter" von Jourard (1973) belegt eindrucksvoll, welche Einstellungen, Gedanken und Gefühle die Teilnehmer an psychologischen Untersuchungen begleiten können. Jeder Untersuchende sollte bei seiner empirischen Forschung diesen Brief im Kopf behalten und sich bemühen, seinen Untersuchungsteilnehmern menschlich und einfühlsam gegenüberzutreten.

Die Sozialwissenschaften leiden darunter, daß sich viele Untersuchungsleiter die Auswahl ihrer Untersuchungsteilnehmer sehr leicht machen, indem sie einfach anfallende Studentengruppen wie z. B. die Teilnehmer eines Seminars oder zufällig in der Mensa angetroffene Kommilitonen um ihre Mitwirkung bitten. Hohn (1972) fand unter 700 Originalbeiträgen aus acht deutschsprachigen Zeitschriften der Jahrgänge 1967 bis 1969 475 empirische Untersuchungen, an denen ca. 50 000 Personen mitgewirkt haben. Von diesen Personen waren 21% Studenten – ein Prozentsatz, der den tatsächlichen Prozentsatz sicher unterschätzt, wenn man bedenkt, daß der Anteil nicht identifizierbarer Probanden mit 23% auffallend hoch war. Diese Vermutung bestätigt eine Kontrollanalyse von Janssen (1979), der in den Jahrgängen 1970 bis 1973 derselben Zeitschriften einen studentischen Anteil von 43% bei 15% nicht identifizierbaren Personen fand.

Noch dramatischer scheinen die Verhältnisse in den Vereinigten Staaten von Amerika zu sein. Hier beträgt der Anteil an Studenten in empirischen Untersuchungen ca. 80%, obwohl diese Gruppe nur 3% der Gesamtbevölkerung ausmacht. Mit Probanden der allgemeinen Bevölkerung wurden nicht einmal 1% aller Untersuchungen durchgeführt (vgl. Adelson, 1969; Higbee u. Wells, 1972; Janssen, 1979; Jung, 1969; Schultz, 1969 und Smart, 1966).

Nun kann man zwar nicht generell die Möglichkeit ausschließen, daß sich auch mit Studenten allgemeingültige Gesetzmäßigkeiten finden lassen [immerhin wurde das Webersche Gesetz (Weber, 1851) in Untersuchungen mit Studenten und die Vergessenskurve (Ebbinghaus, 1885) sogar in Selbstversuchen entdeckt. Über Veränderungen der Probandenrolle im Verlaufe der Geschichte der Psychologie berichtet Schultz, 1969]. Dennoch liegt der Verdacht nahe, daß Untersuchungen über entwicklungsbedingte, sozialisationsbedingte und durch das Altern bedingte Prozesse im kognitiven und intellektuellen Bereich, die vorwiegend mit Studenten durchgeführt wurden, zu falschen Schlüssen führen (vgl. Smart, 1966). Bedauerlicherweise ist jedoch der prozentuale Anteil der Studenten bzw. jungen Menschen gerade in derartigen Untersuchungen besonders hoch. Leibrand (1976) ermittelte in 65 Publikationen mit denk- oder lernpsychologischen Fragestellungen, daß 90% der Probanden 25 Jahre oder jünger waren.

Die Fragwürdigkeit sozialwissenschaftlicher Forschungsergebnisse, die überwiegend in Untersuchungen mit Studenten ermittelt wurden, erhöht sich um ein Weiteres, wenn man in Rechnung stellt, daß an diesen Untersuchungen in der Regel nur „freiwillige" Studenten teilnehmen. Die Ergebnisse gelten damit nicht einmal für studentische Populationen generell, sondern eingeschränkt nur für solche Studenten, die zur freiwilligen Untersuchungsteilnahme bereit sind. Nach Vermutungen von Orne (1962), Riecken (1962) und Rosenthal u. Rossnow (1969) ist es zudem für die Untersuchungsergebnisse nicht unerheblich, wie der einzelne Untersuchungsteilnehmer seine Freiwilligkeit begründet. (An einer Untersuchung von Jackson u. Pollard, 1966 nahmen 50% der Untersuchungsteilnehmer aus Neugier teil, 26% wegen des Geldes und nur 7%, um der Wissenschaft zu helfen.) Über die Bedeutsamkeit der individuellen Begründung, an empirischen Untersuchungen teilzunehmen, ist sicherlich noch viel Forschungsarbeit zu leisten.

Im Unterschied hierzu sind die *typischen Merkmale freiwilliger Untersuchungsteilnehmer* – unabhängig davon, wie die Teinahme im Einzelfall begründet wird – sowie *situative Determinanten der Freiwilligkeit* dank einer gründlichen Literaturdurchsicht von Rosenthal u. Rossnow (1975) zumindest für amerikanische Verhältnisse recht gut bekannt. Diese Resultate lassen sich – wie eine Studie von Effler u. Böhmeke (1977) zeigt – zumindest teilweise ohne Bedenken auch auf deutsche Verhältnisse übertragen. Die folgende Übersicht enthält Merkmale, die mehr oder weniger sicher zwischen freiwilligen und unfreiwilligen Untersuchungsteilnehmern differenzieren (nach Rosenthal u. Rossnow, 1976, S. 1955 ff. ergänzt durch Effler u. Böhmeke, 1977).

Gesicherte Befunde

a) Freiwillige Untersuchungsteilnehmer verfügen über eine bessere schulische Ausbildung als nichtfreiwillige (bessere Notendurchschnitte). Dies gilt insbesondere für Untersuchungen, in denen persönliche Kontakte zwischen dem Untersuchungsleiter und den Untersuchungsteilnehmern nicht erforderlich sind.

b) Freiwillige Untersuchungsteilnehmer schätzen ihren eigenen sozialen Status höher ein als unfreiwillige Untersuchungsteilnehmer.

c) Die meisten Untersuchungsergebnisse sprechen für eine höhere Intelligenz freiwilliger Untersuchungsteilnehmer (z. B. bessere Leistungen in den Untertests „Analogien", „Gemeinsamkeiten", „Rechenaufgaben" und „Zahlenreihen" des Intelligenz-Struktur-Tests von Amthauer, 1971).

d) Freiwillige benötigen mehr soziale Anerkennung als Unfreiwillige.

e) Freiwillige Untersuchungsteilnehmer sind geselliger als nicht Freiwillige.

Weniger gesicherte Befunde

f) In Untersuchungen über geschlechtsspezifisches Verhalten geben sich freiwillige Untersuchungsteilnehmer unkonventioneller als unfreiwillige.

g) Im allgemeinen sind weibliche Personen eher zur freiwilligen Untersuchungsteilnahme bereit als männliche Personen.

h) Freiwillige Untersuchungsteilnehmer sind weniger autoritär als nicht freiwillige.

i) Die Tendenz zu konformem Verhalten ist bei nicht freiwilligen Untersuchungsteilnehmern stärker ausgeprägt als bei freiwilligen.

Für die Planung empirischer Untersuchungen sind zudem die mit einer Untersuchung verbundenen *äußeren Umstände* wichtig, die dazu beitragen, die Rate der Verweigerer zu reduzieren. Diese für Theorien der sozialen Beeinflußung wichtigen Erkenntnisse helfen, die mit der Verweigererproblematik verbundene Stichprobenverzerrung in Grenzen zu halten. Die Durchsicht einer nicht unerheblichen Anzahl diesbezüglicher empirischer Untersuchugnen führten Rosenthal u. Rossnow (1975) zu folgenden Schlüssen:

Gesicherte Befunde

a) Personen, die sich für den Untersuchungsgegenstand interessieren, sind zur freiwilligen Teilnahme eher bereit als weniger interessierte Personen.

b) Dies gilt auch für Personen, die mit einer günstigen Bewertung durch den Untersuchungsleiter rechnen.

Weniger gesicherte Befunde

c) Je bedeutender die Untersuchung eingeschätzt wird, desto höher ist die Bereitschaft zur freiwilligen Teilnahme.

d) Entlohnungen in Form von Geld fördern die Freiwilligkeit weniger als kleine persönliche Geschenke und Aufmerksamkeiten, die dem potentiellen Untersuchungsteilnehmer vor seiner Entscheidung, an der Untersuchung mitzuwirken, überreicht werden. Geldbeträge haben sich als wirkungsloser erwiesen als weniger wertvolle kleine Geschenke.

e) Die Bereitschaft zur freiwilligen Teilnahme steigt, wenn die anwerbende Person persönlich bekannt ist. Erfolgreiche Anwerbungen sind durch einen „persönlichen Anstrich" gekennzeichnet.

f) Die Anwerbung ist erfolgreicher, wenn die Untersuchung öffentlich unterstützt wird und die Teilnahme damit „zum guten Ton" gehört. Empfindet man dagegen eher die Verweigerung als obligatorisch, sinkt die Teilnahmebereitschaft.

Die Ausführungen von Rosenthal u. Rossnow (1975) legen es mit Nachdruck nahe, die Auswahl der zu untersuchenden Personen mit höchster Sorgfalt vorzunehmen. Dennoch wird man angesichts der Tatsache, daß man keine Person zur Teilnahme an einer Untersuchung zwingen kann und daß nicht jede Untersuchung die für die Rekrutierung von Untersuchungsteilnehmern idealen Bedingungen bietet, mit mehr oder weniger systematisch verzerrten Stichproben rechnen müssen. Es würde jedoch bereits einen erheblichen Fortschritt bedeuten, wenn grundsätzlich die hier aufgeführten Besonderheiten freiwilliger Untersuchungsteilnehmer in die Ergebnisdiskussion mit aufgenommen werden. Ergebnisdiskussion wäre dann gleichzeitig Diskussion von Hypothesen, in welcher Weise die Resultate durch die Freiwilligkeit der Untersuchungsteilnahme überlagert sein können (vgl. hierzu auch Kap. 2.4.1.4).

Empirische Untersuchungen versetzen Personen in soziale Situationen, die sie zuweilen als Einengung ihrer persönlichen Handlungsfreiheit erleben. Der Theorie der psychologischen Reaktanz (Brehm, 1966) zufolge muß dann mit Maßnahmen der Untersuchungsteilnehmer gerechnet werden, die bedrohte oder eingeengte Freiheit wiederherzustellen. Auch nach anfänglicher Teilnahmebereitschaft kann es während einer Untersuchung infolge von Argwohn gegenüber absichtlicher Täuschung oder wegen erzwungener Verhaltens- und Reaktionsweisen zu den unterschiedlichsten Varianten von „Untersuchungssabotage" kommen (vgl. Grabitz-Gnich und Dickensberger, 1975).

Eine entspannte Anwerbungssituation und Untersuchungsdurchführung, die die persönliche Freiheit und den Handlungsspielraum der Untersuchungsteilnehmer möglichst wenig einengen, helfen, derartige Störungen zu vermeiden. (Mertens, 1977 berichtet über weitere Theorien, die die besondere Situation der Untersuchungsteilnehmer in psychologischen Experimenten klären helfen.)

Die Diskussion der Probleme, die mit der Auswahl der Untersuchungsteilnehmer verbunden sind, resultiert in einer Reihe von Empfehlungen, deren Befolgung nicht nur der eigenen Untersuchung, sondern auch der weiteren Erforschung von Artefakten in den empirischen Sozialwissenschaften zugute kommt:

- Die Anwerbung des Untersuchungsteilnehmers und dessen Vorbereitung sollte die Freiwilligkeit nicht zu einem Problem werden lassen. Dies wird um so eher gelingen, je sorgfältiger die von Rosenthal u. Rossnow (1975) erarbeiteten, situativen Determinanten der Freiwilligkeit Beachtung finden.
- Variablen, von denen bekannt ist, daß sie zwischen freiwilligen und unfreiwilligen Untersuchungsteilnehmern differenzieren, sollten auf potentielle Zusammenhänge mit der (den) untersuchten unabhängigen Variablen und der (den) untersuchten abhängigen Variablen hin überprüft werden. Überlagern derartige Variablen die unabhängige Variable oder muß man mit ihrem direkten Einfluß auf die abhängige Variable rechnen, sollten sie vorsorglich miterhoben werden, um ihren tatsächlichen Einfluß im nachhinein kontrollieren zu können.
- Keine empirische Untersuchung sollte auf eine Diskussion möglicher Konsequenzen, die mit der freiwilligen Untersuchungsteilnahme in gerade dieser Untersuchung verbunden sein könnten, verzichten.
- In einer die Untersuchung abschließenden Befragung sollte schriftlich festgehalten werden, mit welchen Gefühlen die Untersuchungsteilnehmer an der Untersu-

chung teilnahmen. Diese Angaben repräsentieren einen Teilbereich der Untersuchungsbereitschaft, der später mit dem Untersuchungsergebnis in Beziehung gesetzt werden kann.

– Eine weitere Kontrollfrage bezieht sich darauf, wie häufig die Untersuchungsteilnehmer bisher an empirischen Untersuchungen teilnahmen. Auch die so erfaßte Erfahrung mit empirischen Untersuchungen könnte sich unterschiedlich auf die Ergebnisse auswirken.

– Die Erforschung der persönlichen Motive, an einer Untersuchung freiwillig teilzunehmen sowie deren Bedeutung für die Untersuchungsergebnisse (vgl. S. 49) erhielte neue Impulse, wenn zusätzlich die Gründe der Untersuchungsbereitschaft (evtl. mit vorgegebenen Antwortalternativen) erfragt werden. Als Vorlage hierfür könnte die PRS-Skala von Adair (1973; vgl. Timaeus et al., 1977) dienen, die die Motivation von Untersuchungsteilnehmern erfassen soll.

1.4.8 Untersuchungsdurchführung und statistische Auswertung

Der Arbeitstitel der Untersuchung liegt fest, die Art der Erhebung und die Erhebungsinstrumente sind bekannt und Art und Anzahl der auszuwählenden Untersuchungseinheiten sind vorgeplant. Die Untersuchungsplanung sollte nun die Durchführung der Untersuchung vorstrukturieren.

Die Verschiedenartigkeit empirischer Untersuchungen sowie deren zeitliche, finanzielle, räumliche und personelle Randbedingungen erschweren jedoch das Aufstellen genereller Leitlinien für die Untersuchungsdurchführung. Auch noch so sorgfältige Untersuchungsvorbereitungen können mögliche Pannen in der Untersuchungsdurchführung, die ad hoc improvisierend zu beseitigen sind, nicht verhindern. Wichtig sind allerdings einige allgemeine Regeln und Erkenntnisse, die das Verhalten des Untersuchungsleiters selbst betreffen. Diese müssen während der Durchführung der Untersuchung im Bewußtsein des Untersuchungsleiters fest verankert sein und sind damit unmittelbar Bestandteil der konkreten Untersuchungsdurchführung (vgl. Kap. 1.6).

Die gedankliche Vorstrukturierung des Untersuchungsablaufs in der Untersuchungsplanung wäre überfordert, wenn sie alle denkbaren Zwischenfälle vorab kalkulieren wollte. Sie wird sich in der Regel mit einem Zeitschema und Angaben über Einsatz und Verwendung von Hilfspersonal, Räumen und Finanzen bescheiden.

Die planerische Vorarbeit setzt damit zu einem Zeitpunkt wieder ein, nachdem die Untersuchung „gedanklich" durchgeführt und die „Daten" erhoben sind. Diese können Beobachtungsprotokolle, Ton- oder Videobänder von Interviews und Diskussionen, ausgefüllte Fragebögen oder Tests, Häufigkeitsauszählungen von Blickbewegungen, Hirnstromverlaufskurven, auf einem Lochstreifen gestanzte psychogalvanische Hautreflexe, auf einem elektronischen Datenträger gespeicherte Reaktionszeiten oder ähnliches sein. Der nächste Planungsschritt gilt der statistischen Aufarbeitung dieser „Rohdaten".

Die statistische Datenanalyse setzt voraus, daß die Untersuchungsergebnisse in irgendeiner Weise numerisch quantifiziert sind. Liegen noch keine „Zahlen" für die interessierenden Variablen sondern nur qualitative Angaben vor, müssen diese für eine statistische Analyse zu Kategorien zusammengefaßt und numerisch kodiert werden (vgl. hierzu vor allem Kapitel 2.1).

Je nachdem wie umfangreich das anfallende Datenmaterial ist, erfolgt die statistische Datenanalyse auf einer elektronischen Rechenanlage oder manuell, evtl. unterstützt durch einen Taschenrechner. Größere Datenmengen werden für eine elektronische Datenverarbeitung auf Lochkarten oder ähnliche Datenträger übertragen. Es empfiehlt sich, die diesbezüglichen Möglichkeiten frühzeitig zu erkunden.

In deskriptiven Studien ist die Aggregierung bzw. Zusammenfassung des erhobenen Datenmaterials vorrangig. Diese kann durch die Ermittlung einfacher statistischer Kennwerte wie z. B. dem arithmetischen Mittel oder einem Streuungsmaß, durch die Anfertigung von Graphiken oder aber durch aufwendigere statistische Verfahren wie z. B. eine Clusteranalyse, eine Faktorenanalyse oder Zeitreihenanalyse erfolgen (vgl. Anhang D).

Für die Überprüfung von Hypothesen in Interdependenzanalysen, quasiexperimentellen oder experimentellen Untersuchungen steht ein ganzes Arsenal statistischer Methoden zur Verfügung, das der Untersucher zumindest überblicksweise beherrschen muß. Es ist unbedingt zu fordern, daß die Art und Weise, wie die Hypothesen statistisch getestet werden sollen, vor der Datenerhebung festliegt.

Auch wenn die Vielseitigkeit und Flexibilität eines modernen statistischen Instrumentariums gelegentlich auch dann eine einigermaßen vernünftige Auswertung ermöglicht, wenn diese nicht vorgeplant wurde, passiert es immer wieder, daß mühsam und kostspielig erhobene Daten wegen begangener Planungsfehler für statistische Hypothesentests unbrauchbar sind. **Die Festlegung der Datenerhebung ist deshalb erst zu beenden, wenn bekannt ist, wie die Daten auszuwerten sind.**

Stellt sich heraus, daß für die in Aussicht genommenen Daten keine Verfahren existieren, die in verläßlicher Weise etwas über die Tauglichkeit der inhaltlichen Hypothesen aussagen, können vor der Untersuchungsdurchführung meistens ohne große Schwierigkeiten Korrekturen an den Erhebungsinstrumenten, der Erhebungsart oder der Auswahl bzw. der Anzahl der Untersuchungseinheiten vorgenommen werden. Ist die Datenerhebung jedoch bereits abgeschlossen, sind die Chancen für eine verbesserte Datenqualität vertan, und man muß sich bei der eigentlich entscheidenden Ermittlung der Aussagefähigkeit der erhobenen Daten mit schlechten Kompromissen begnügen.

Die Planung einer hypothesenüberprüfenden Untersuchung ist unvollständig, wenn sie den statistischen Test, mit dem die Hypothese zu prüfen ist, nicht nennt. Nachdem die ursprünglich inhaltlich formulierte Hypothese operationalisiert wurde, erfolgt jetzt die Formulierung statistischer Hypothesen. Die Planung der statistischen Auswertung enthält dann Angaben wie z. B. „Träfe meine Hypothese zu, müßte der Mittelwert $\bar{x}_1$ größer als der Mittelwert $\bar{x}_2$ sein" oder „Nach meiner Vorhersage müßte zwischen den Variablen X und Y eine bedeutsame Korrelation bestehen" oder „Hypothesengemäß erwarte ich eine erheblich bessere Varianzaufklärung der abhängigen Variablen, wenn zusätzlich Variable Z berücksichtigt wird", etc. (Ausführlicher berichtet hierüber die Einleitung zu Kap. 5).

Ist die inhaltliche Hypothese in dieser oder ähnlicher Weise formal präzisiert, nennt der Untersuchungsplan dasjenige Verfahren, mit dem entschieden wird, ob der registrierte Mittelwertunterschied tatsächlich statistisch bedeutsam oder evtl. nur auf zufällige Stichprobenbesonderheiten zurückzuführen ist, ob die ermittelte Korrelation zufällig oder statistisch signifikant ist oder ob die verbesserte Varianzaufklärung genügend groß ist, um die Hypothese bestätigen zu können.

Zu diesem inhaltlichen Kriterium für die Auswahl des richtigen statistischen Verfahrens kommt ein formales; es muß überprüft werden, ob die zu erwartenden Daten diejenigen Eigenschaften aufweisen, die der in Aussicht genommene statistische Test voraussetzt. Ein Test, der z. B. invervallskalierte Daten benötigt, ist für nominalskalierte Daten unbrauchbar. Steht ein Verfahren, das die gleiche Hypothese auf nominalem Niveau prüft, nicht zur Verfügung, wird eine erneute Überprüfung und ggf. Modifkation der Operationalisierung bzw. der Erhebungsinstrumente erforderlich. Verlangt ein Verfahren, daß sich die Meßwerte der abhängigen Variablen in einer bestimmten Weise verteilen, muß erwogen werden, ob die Verteilung der abhängigen Variablen in der Population, der die zu untersuchende Stichprobe entnommen werden soll, diese Voraussetzung voraussichtlich erfüllen wird oder ob diese Verteilungsform für eine andere Auswahl von Untersuchungseinheiten wahrscheinlicher ist. Sieht eine quasiexperimentelle oder experimentelle Untersuchung den Vergleich mehrerer Stichproben vor, achtet eine vorausschauende Planung darauf, daß die zu vergleichenden Stichproben möglichst gleich groß sind. Diese vorsorglichen Maßnahmen gewährleisten den Einsatz statistischer Verfahren mit optimaler „Teststärke" (vgl. Kap. 6).

Zuweilen ziehen eingeplante Untersuchungsteilnehmer ihr Einverständnis zur Teilnahme zurück oder fallen aus irgendwelchen Gründen für die Untersuchung aus. Es muß dann in Rechnung gestellt werden, wie sich derartige „missing data" auf das ausgewählte statistische Verfahren auswirken (vgl. S. 63).

Viele statistische Verfahren setzen Unabhängigkeit der Messungen voraus. Trifft dies auch auf vorgesehene Verfahren zu, wird eine Korrektur des Untersuchungsaufbaus erforderlich, wenn dieser die Möglichkeit, daß die Meßwerte der Untersuchungsteilnehmer voneinander abhängen, nicht ausschließt.

Ferner gehört zur Planung der statistischen Auswertung einer hypothesenüberprüfenden Untersuchung die Festlegung der „Irrtumswahrscheinlichkeit" (α-Fehler oder Fehler I. Art), die darüber entscheidet, wann man die eigene Forschungshypothese als durch die Daten bestätigt ansehen will. (Was es mit dieser speziellen, für die Inferenzstatistik wichtigen Besonderheit auf sich hat, wird – soweit dies nicht bekannt ist – dem Leser in Kap. 5.1 vermittelt.)

Untersuchungen über eine Thematik mit langer Forschungstradition lassen zuweilen nicht nur globale Hypothesen über die Richtung der vermuteten Zusammenhänge oder Unterschiede, sondern sehr präzise Angaben über ihre Mindestgröße zu, die sie aufweisen müssen, um nicht nur von einem *statistisch signifikanten,* sondern auch von einem *praktisch bedeutsamen* Ergebnis sprechen zu können. Zur Planung gehörte in diesem Falle auch die vorzeitige Festlegung sogenannter „Effektgrößen". Hierüber berichtet Kap. 6 ausführlich.

Zuweilen ergeben Beratungsgespräche, daß die vorgesehenen Verfahren durch bessere ersetzt werden können, die dem Untersuchenden allerdings bisher unbekannt waren. Er steht dann vor der Frage, ob er diese ihm unbekannten Verfahren übernehmen oder ob er seinen weniger guten, aber für ihn durchschaubaren Vorschlag realisieren soll. In dieser Situation kann man prinzipiell nur empfehlen, sich die Zeit zu nehmen, zumindest die Indikation des besseren Verfahrens und die Interpretation seiner Resultate aufzuarbeiten. Möglicherweise ergibt sich dann zu einem späteren Zeitpunkt die Gelegenheit, die innere Logik und den mathematischen Aufbau des Verfahrens genauer kennenzulernen. Auf jeden Fall ist davon abzuraten, für die Auswertung ein Verfahren einzuplanen, das einem gänzlich unbekannt ist. Dies führt erfahrungsgemäß zu erheblichen Problemen bei der Ergebnisinterpretation.

Die Versuchung, sich unbekannter oder auch nur leidlich bekannter Verfahren zu bedienen, ist angesichts einer breiten Palette komfortabler Programmpakete (vgl. Anhang B), die in den meisten EDV-Anlagen implementiert und auch vom weniger kundigen Benutzer einfach zu handhaben sind, natürlich groß. Hat man zu derartigen Programmsystemen Zugriff (was in jedem Fall erkundet werden sollte), wäre es falsch, alle oder auch nur alle möglicherweise in Frage kommenden Verfahren im Programmangebot an seinen Daten auszuprobieren. Dieser „spielerische Umgang" mit den angebotenen Programmen erleichtert zwar das Verständnis der Verfahren und ist deshalb keineswegs grundsätzlich abzulehnen; er sollte jedoch schon während des Studiums im Rahmen speziell zu diesem Zwecke angebotener Kurse abgeschlossen sein und nicht mit dem „Ernstfall" beginnen.

Der Rat, nur die in der Planung vorgesehenen und keine anderen, evtl. sogar unbekannten Verfahren zu verwenden, ist nicht nur mit Zeitargumenten begründet, sondern hat auch grundwissenschaftliche Bedeutung. Diese Vorgehensweise führt nämlich in der Regel zu Antworten, zu denen man selbst bislang noch keine Fragen formuliert hat. Gibt das Datenmaterial mehr her als die Beantwortung der eingangs formulierten Fragen – was keineswegs selten ist –, sind diese Zusatzinformationen als *Hypothesen* zu verstehen und auch als solche im Untersuchungsbericht zu kennzeichnen (vgl. hierzu Kap. 1.8 und Kap. 4).

Die Unsitte, alle möglichen Verfahren an den eigenen Daten auszuprobieren, in der Hoffnung, dadurch auf irgendetwas Interessantes zu stoßen, führt nicht selten dazu, daß der Untersuchende nach Abschluß seiner Datenverarbeitungsphase mehr Computerausdrücke produziert hat als ursprünglich Daten vorhanden waren. Damit ist aber der eigentliche Sinn der Datenverarbeitung, die sinnvolle, theoriegeleitete Aggregierung und Reduktion der Rohdaten, ins Gegenteil verkehrt. Die gezielte Kondensierung der Ausgangsdaten in einige wenige hypothesenkritische Indikatoren wird damit zugunsten vieler, mehr oder weniger zufällig zustande gekommener Einzelergebnisse, die übersichtlich und zusammenfassend zu interpretieren einen enormen Zeitaufwand bedeutete, aufgegeben.

1.4.9 Interpretation möglicher Ergebnisse

Sicherlich wird sich der eine oder der andere Leser angesichts des hier aufgeführten Planungsschrittes fragen, ob es sinnvoll oder möglich ist, über die Interpretation von Ergebnissen nachzudenken, wenn die Daten noch nicht einmal erhoben, geschweige denn ausgewertet wurden. Dennoch ist dieser Planungsschritt zumindest für hypothesenprüfende Untersuchungen wichtig, denn er dient einer letzten Überprüfung der in Aussicht genommenen Operationalisierung und statistischen Auswertungen. Er soll klären, ob die Untersuchung tatsächlich zumindest potentiell eine Antwort auf die eingangs der Planung formulierten Hypothesen liefert, bzw. ob die Resultate der statistischen Analyse potentiell als Beleg für die Richtigkeit der inhaltlichen Hypothesen zu werten sind.

Es könnte z. B. ein signifikanter t-Test (vgl. Anhang D) über die abhängige Variable „Anzahl richtig gelernter Vokabeln" für eine Kontroll- und eine Experimentalgruppe erwartet werden, der eindeutig im Sinne der inhaltlichen Hypothese, die eine Verbesserung der Lernleistungen nach Einführung einer neuen Unterrichtsmethode vorhersagte, zu interpretieren wäre. Sieht die statistische Planung jedoch z. B. eine Faktorenanalyse (vgl. Anhang D) über einen Fragebogen zur Ermittlung sozialer Attitüden vor, ist es sehr fraglich, ob dieser Weg zu einer Entscheidung über die Hypothese, daß die Einstellungen von Gastarbeitern zu ihrem Gastland mit zunehmender Aufenthaltsdauer positiver werden, führt. Das Verfahren ist sicherlich brauchbar, wenn man etwas über die Strukturiertheit der Gastarbeitereinstellungen wissen möchte; für die Überprüfung der konkreten Hypothese über eine positive Veränderung der Einstellungsstruktur ist es jedoch wenig geeignet.

Es ist deshalb wichtig, sich vor Untersuchungsbeginn alle möglichen Ausgänge der statistischen Analyse vor Augen zu führen, um zu entscheiden, welche Ergebnisse eindeutig für und welche Ergebnisse eindeutig gegen die inhaltliche Hypothese sprechen. Die Untersuchungsplanung ist unvollständig oder falsch, wenn diese gedankliche Vorarbeit zu einem Resultat führt, daß eigentlich jedes statistische Ergebnis (weil z. B. die entscheidenden Variablen schlecht operationalisiert wurden) oder überhaupt kein Ergebnis (weil z. B. nicht auszuschließen ist, daß andere, nicht kontrollierte Variablen für das Ergebnis verantwortlich sind) eindeutig im Sinne der Hypothese gedeutet werden kann. **Eine empirische Untersuchung ist unwissenschaftlich, wenn sie nur die Vorstellungen des Autors, die dieser schon von Beginn der Untersuchung hatte, verbreiten will und deshalb so angelegt ist, daß die Widerlegung der eigenen Hypothesen von vorn herein erschwert oder gar ausgeschlossen ist.**

1.4.10 Exposé und Gesamtplanung

Die Planungsarbeit endet mit der Anfertigung eines schriftlichen Berichtes über die einzelnen Planungsschritte. Die hier in Kap. 1.4 erörterte Gliederung für die Untersuchungsplanung vermittelt lediglich Hinweise und muß natürlich nicht für jeden Untersuchungsentwurf vollständig übernommen werden. Je nach Art der Fragestellung wird man der Auswahl der Untersuchungsart bzw. der Untersuchungseinheiten oder Fragen der Operationalisierung mehr Raum widmen. Auf jeden Fall aber sollte das Exposé mit der wichtigsten Literatur beginnen und – zumindest bei hypothesenprüfenden Untersuchungen – mit Bemerkungen über die statistische Auswertung und deren Interpretation enden. Im übrigen bildet ein ausführliches und sorgfältiges Exposé nicht nur für die Durchführung der Untersuchung, sondern auch für die spätere Anfertigung des Untersuchungsberichtes eine gute Grundlage.

Gibt die schriftlich fixierte Untersuchungsplanung schließlich keinen Anlaß für weitere Kritik, wird die geplante Untersuchung mit ihrem endgültigen Titel verse-

hen. Dieser kann mit dem ursprünglichen Arbeitstitel übereinstimmen oder aber
– insbesondere, wenn sich in der Planung neue Schwerpunkte herausgebildet
haben – umformuliert oder präzisiert werden.

Dem Exposé wird ein Anhang beigefügt, der die zeitliche (bei größeren Untersuchungsvorhaben auch die personelle, räumliche und finanzielle) Gesamtplanung
enthält. Es müssen Zeiten festgesetzt werden, die für die Entwicklung und Bereit-
stellung der Untersuchungsinstrumente, die Anwerbung und Auswahl der Untersuchungsteilnehmer, die eigentliche Durchführung der Untersuchung (einschließlich „Pufferzeiten" für evtl. auftretende Pannen!), die Verschlüsselung und Ablo-
chung der Daten, die Datenanalyse, eine letzte Literaturdurchsicht, die Interpretation der Ergebnisse, die Abfassung des Untersuchungsberichtes sowie die Aufstellung des Literaturverzeichnisses und evtl. notwendiger Anhänge erforderlich sind.
Tafel 6 enthält ein Beispiel für die Terminplanung einer Jahresarbeit.

Tafel 6. Terminplanung für eine Jahresarbeit: Ein Beispiel

Weil der Arbeitsaufwand falsch eingeschätzt wurde, geraten befristete Arbeiten
zuweilen zum Ende hin in erhebliche Zeitnot. Dies zu verhindern hilft eine sorgfältige, detaillierte Terminplanung. Das folgende Beispiel bezieht sich auf eine
hypothesenüberprüfende Jahresarbeit.

1. April bis 1. Mai:	Literaturteil für das Exposé ausarbeiten; Ableitung der Hypothesen.
15. Mai:	Endgültige Formulierung des Literaturteils; tippen.
1. Juli:	Entwicklung und Bereitstellung der Untersuchungsinstrumente; Raumfrage klären!
4 Wochen Urlaub	
15. August:	Kleine Voruntersuchungen zur Überprüfung der Untersuchungsinstrumente.
1. September:	Korrektur der Untersuchungsinstrumente; Erstellung der Endversionen.
15. September:	Anwerbung der Untersuchungsteilnehmer incl. Terminvereinbarung.
15. Oktober:	Durchführung der Untersuchung.
1. November:	Datenkodierung, Übertragung auf Lochkarten.
15. November:	Kenntnisse über die erforderlichen statistischen Verfahren auffrischen; Testläufe mit den benötigten EDV-Programmen durchführen.
1. Dezember:	Auswertung der Daten abgeschlossen.
15. Dezember:	Erste Interpretation der Ergebnisse.
20. Dezember:	Gliederung für den Untersuchungsbericht liegt vor.
15. Januar:	Anfertigung des Untersuchungsberichts.

22. Februar:	Tippen.
1. März:	Korrektur lesen; gleichzeitig Anfertigung von Abbildungen und Tabellen.
10. März:	Literaturverzeichnis zusammenstellen und tippen.
20. März:	Endversion tippen und Korrektur lesen.
21. März:	Arbeit zum Buchbinder bringen. Spätester Abgabetermin: 28. 3.

Das Exposé stellt als Zusammenfassung der Planungsarbeiten eine wichtige „Visitenkarte" dar, die einen guten Einblick in das Untersuchungsvorhaben vermittelt. [Für die Beantragung größerer Projekte haben einzelne Förderinstitutionen Antragsrichtlinien festgelegt, die vor Antragstellung angefordert werden sollten. Adressen forschungsfördernder Einrichtungen sind im Anhang C wiedergegeben. Weitere Anschriften sind Oeckl (1981) zu entnehmen.]

1.5 Der theoretische Teil der Arbeit

Es ist zwar verständlich, wenn der Untersuchende nach abgeschlossener Planungsarbeit daran interessiert ist, möglichst schnell zur konkreten Durchführung der Untersuchung zu kommen. Dennoch ist es ratsam, bereits jetzt den theoretischen Teil der Arbeit (oder zumindest eine vorläufige Version) zu schreiben. Hierfür sprechen zwei wichtige Gründe:

Der erste Grund betrifft die Arbeitsökonomie. Nachdem gerade das Exposé angefertigt wurde, dürfte dessen erster Teil, die theoretische Einführung in das Problem sowie die Literaturskizze, noch gut im Gedächtnis sein. Es sollte deshalb keine besonderen Schwierigkeiten bereiten, den Literaturbericht und – falls der Forschungsgegenstand dies zuläßt – die Herleitung der Hypothesen schriftlich niederzulegen.

Der zweite wissenschaftsimmanente Grund ist schwerwiegender. Solange noch keine eigenen Daten erhoben wurden, kann man sicher sein, daß die Herleitung der Hypothesen oder auch nur Nuancen ihrer Formulierung von den eigenen Untersuchungsbefunden unbeeinflußt sind. Jeder Forscher darf zurecht daran interessiert sein, seine eigenen Hypothesen zu bestätigen. Legt er aber die Hypothesen erst nach abgeschlossener Untersuchung schriftlich fest, ist die Versuchung nicht zu leugnen, die Formulierung der Hypothesen so zu akzentuieren, daß deren Bestätigung wahrscheinlicher wird. Die Abfassung des theoretischen Teils einschließlich der Hypothesenherleitung und -formulierung vor Durchführung der Untersuchung ist damit der beste Garant für die **absolute Unabhängigkeit von Hypothesenformulierung und Hypothesenüberprüfung.**

Der theoretische Teil beginnt mit der Darstellung der inhaltlichen Problematik. Es folgt der Literaturbericht, der jedoch die einschlägigen Beiträge nicht wahllos aneinanderreiht, sondern versucht, orientiert an der eigenen Fragestellung Verbindungen zwischen einzelnen Publikationen herzustellen, evtl. vorhandene Widersprüche aufzudecken und zu diskutieren sowie durch inhaltliche Akzentsetzungen Informationen, die für die eigene Problematik nur peripher sind, auszugrenzen. Detaillierte Hinweise zur Methodik, den Untersuchungseinheiten oder Erhebungsinstrumenten, die in den zitierten Untersuchungen verwendet wurden, sind erforderlich, wenn die eigene Arbeit hierauf unmittelbar Bezug nimmt oder wenn Untersuchungsbesonderheiten andere als vom jeweiligen Autor vorgeschlagene Interpretationen nahelegen.

Die sich anschließende Zusammenfassung des Literaturteils kennzeichnet und bewertet den Stand der Theorienbildung. Läßt dieser stabiles Wissen über Bereiche der angesprochenen Problematik erkennen, endet der theoretische Teil mit der begründeten Ableitung der inhaltlichen Hypothese(n).

Auch bei explorativen Studien sollten die theoretischen Überlegungen vor der empirischen Phase abgeschlossen sein. Es wird schriftlich festgelegt, was die Beschäftigung mit dem Untersuchungsgegenstand auslöste, welches Problem die Forschung erforderlich machte, unter welchem Blickwinkel gesucht wurde und ggf. in welcher wissenschaftlichen Tradition die Arbeit steht. Dadurch entgeht der Forscher der Gefahr, während der Arbeit am Thema die ursprüngliche Fragestellung aus den Augen zu verlieren oder zu modifizieren. Legen die Erfahrungen bei ersten empirischen Schritten eine Veränderung der Forschungsstrategie nahe, so muß dieses dokumentiert werden.

1.6 Die Durchführung der Untersuchung

Ist eine Untersuchung sorgfältig und detailliert geplant, dürfte ihre Durchführung keine besonderen Schwierigkeiten bereiten. Was aber durch Planung als potentielle Störquelle nicht völlig ausgeschlossen werden kann, sind *Fehler im eigenen Verhalten*.

Schon die Art und Weise, wie der Untersuchungsleiter die Untersuchungsteilnehmer begrüßt, vermittelt den Untersuchungsteilnehmern einen ersten Eindruck von der für sie in der Regel ungewöhnlichen Situation und kann damit das spätere Untersuchungsverhalten beeinflussen (Friedmann, 1967). Eigenarten der dann üblicherweise folgenden Instruktionen sind ebenfalls ausschlaggebend dafür, wie die Untersuchunsteilnehmer die ihnen gestellten Aufgaben erledigen (Bancroft u. Welch, 1946, Gniech, 1976, Rosenthal u. Fode, 1963). Ferner kann es von Bedeutung sein, in welcher emotionalen Atmosphäre die Untersuchung abläuft (Hürsch, 1968, Janssen, 1973, Grabitz-Gniech u. Zeisel, 1974).

Auf die emotionale Atmosphäre kann der Untersuchungsleiter durch nonverbale Signale massiv Einfluß nehmen (Timaeus, 1973). Häufige Blickkontakte und räumliche Nähe gelten als Anzeichen für Sympathie und fördern die Überzeugungskraft der verbalen Äußerungen des Untersuchungsleiters (Mehrabian, 1969, 1972, McGinley et al., 1975).

Barber u. Silver (1968) zeigen, auf welche subtile Art der Untersuchungsleiter unbeabsichtigt seine Hypothese an die Untersuchungsteilnehmer verrät und erwünschte Verhaltensweisen verstärkt. Die Rolle, die hierbei Eigenarten der verbalen Kommunikation spielen (z. B. Betonungen), untersuchten z. B. Duncan u. Rosenthal (1968), und die Bedeutung diesbezüglicher visueller Zeichen erkundeten McFall u. Saxman (1968) sowie Jones u. Cooper (1971). Daß nonverbale Kommunikation nicht nur das Verhalten eines menschlichen Gegenübers, sondern auch das eines Tieres in unbeabsichtigter Weise beeinflußt, zeigt Tafel 7.

Tafel 7. Der kluge Hans. (Nach Timaeus u. Schwebke, 1970; zit. nach Gniech, 1976)

Zu Beginn dieses Jahrhunderts wurde die Aufmerksamkeit des Berliner Psychologen Stumpf und seiner Kollegen durch Pfungst auf das Pferd Hans des Herrn von Osten (eines Mathematiklehrers) gelenkt, das offensichtlich durch eine Art Unterricht ohne die übliche Dressur rechnen, lesen usw. gelernt hatte und auf Fragen mit Hufklopfen antwortete. Herr von Osten versicherte, daß er mit dem Pferd keine Signale o. ä. austauschte und erlaubte einer Untersuchungskommission, das Pferd sogar ohne seine Anwesenheit zu fragen und zu testen. Es wurde eine systematische Versuchsserie gestartet, bei der schrittweise herausgefunden wurde, daß das Pferd nur dann „richtig" reagierte, wenn die fragende Person anwesend und sichtbar war und auch die Lösung des gestellten Problems kannte. Dem Pferd wurden also offensichtlich unbeabsichtigt und unwillentlich Zeichen gegeben, die die richtige Lösung während des Hufklopfens markierten.

Pfungst versuchte herauszufinden, welches Zeichen das Pferd zum Beenden einer Klopfserie veranlaßte. Er fand, daß sowohl ein leichter Kopfruck nach oben als auch ein Anheben der Augenbrauen oder ein Blähen der Nasenflügel das Pferd aufhören ließ mit dem Huf zu klopfen. Je weiter sich der Frager vorbeugte, desto heftiger klopfte das Pferd Hans. In einigen Experimenten entdeckte Pfungst, daß auditive Reize zusätzlich mit den visuellen eine Wirkung hatten. Wenn der Versuchsleiter ruhig war, konnte Hans 31% richtige Wortkarten, die auf dem Fußboden verstreut lagen, zeigen; wenn der Versuchsleiter auf Hans einredete, waren es 56%. Pfungst schloß, daß sich sowohl Spannungszustände des Versuchsleiters, wie z.B. Neugier (ob sich das erwartete Ergebnis zeigte) oder Besorgnis (ob man sich nicht doch in seiner Vorhersage getäuscht hatte) ebenso in der Bewegung und Mimik (Vorbeugen zum Huf) ausdrücken, wie Entspannungszustände, nämlich Erleichterung bei Erreichen des Ziels (Aufrichten und Brauenheben, Nasenflügelblähen). Diese letztgenannten Bewegungen waren das Stopzeichen für das Pferd.

Pfungst machte dann einen Versuchsdurchgang, bei dem er selbst die Rolle von Hans spielte, indem er mit der Hand Klopfantworten auf Fragen von 25 Befragern gab. Er achtete auf die unbewußten Entspannungsanzeichen und konnte tatsächlich in 23 der 25 Fälle die richtige Antwort geben. Durch geschickte Beobachtung von Ausdrucksbewegungen machte er sich **scheinbar** zum Hellseher.

Die Liste möglicher Eigenarten und Verhaltensbesonderheiten des Untersuchungsleiters, die den Ausgang einer Untersuchung beeinflussen, könnte beinahe beliebig fortgesetzt werden. Die Literatur zu den mit dem Namen Rosenthal eng verbundenen *„Versuchsleiter-Artefakten"* oder „Rosenthal-Effekten" füllt inzwischen zahlreiche zusammenfassende Werke (z. B. Adair, 1973; Badia et al., 1970; Bungard u. Lück, 1974; Kruglanski, 1975; Bungard, 1980; Friedman, 1967; Gniech, 1976; Jung, 1971; Maschewsky, 1977; Mertens, 1977; Miller, 1972; Rosenthal, 1976; Rosenthal u. Rossnow, 1969; Silverman, 1977; Timaeus, 1974; Wuebben et al., 1974). Die in diesen Werken diskutierten Arbeiten befassen sich zwar überwiegend mit Untersuchungsartefakten in hypothesenprüfenden Laboruntersuchungen; die Gefahr der Beeinflussung von Untersuchungsergebnissen besteht jedoch auch bei explorativen Erkundungsstudien, die z. B. mit Interviews oder offener Beobachtung arbeiten.

Diese Studien belegen zweifelsfrei, daß das Verhalten des Untersuchungsleiters die Ergebnisse seiner Untersuchung beeinflussen *kann*. Es steht ferner außer Zweifel, daß einige empirisch bestätigte Theorien auf Untersuchungen beruhen, deren Ergebnisse man auch als Versuchsleiterartefakte erklären *kann* (vgl. Bungard, 1980). Für denjenigen, der mit der konkreten Durchführung seiner Untersuchung befaßt ist, gibt diese Forschungsrichtung jedoch nur wenig her. Es ist bisher unmöglich – und wird wohl auch bis auf weiteres unmöglich bleiben –, die Bedeutung der individuellen Eigenarten eines Untersuchungsleiters für eine konkrete Untersuchung vollständig zu erfassen.

Brandt (1971, 1975) sieht in Untersuchungen zur Überprüfung von Versuchsleiterartefakten den Anfang eines unendlichen Regresses, der darin besteht, daß diese Untersuchungen wiederum von Versuchsleitern mit persönlichen Eigenarten durchgeführt werden, die ihrerseits die Untersuchungsergebnisse beeinflussen können und so fort. Sein Vorschlag, die Abhängigkeit der „Meßergebnisse" vom Meßinstrument „Mensch" (Bridgman, 1959, S. 169) durch die Einbeziehung weiterer Versuchsleiter als neutrale Beobachter des Untersuchungsgeschehens einzubeziehen, kann zumindest für die meisten studentischen Untersuchungen nur als Notlösung bezeichnet werden.

Offensichtlich müssen sich die Sozialwissenschaften mit einer gewissen, letztlich nicht mehr reduzierbaren Ungenauigkeit ihrer Untersuchungsergebnisse abfinden. Barber (1972, 1976), der zu den schärfsten Kritikern der durch Rosenthal initiierten Forschungsrichtung zählt (vgl. Epstein et al., 1973), nennt statt eines „Experimentatoreffektes" weitere Effekte, die potentiell Untersuchungsergebnisse beeinflussen oder verfälschen können. Diese Effekte basieren auf der Spannung zwischen einem Projektleiter (investigator), der für die Untersuchungsplanung und ggf. auch für die Auswertung zuständig ist und einem für die Untersuchungsdurchführung verantwortlichen Untersuchungsleiter (experimentator).

Möglicherweise können die folgenden Maßnahmen, deren Realisierbarkeit und Bedeutung von der Art der Fragestellung und den Untersuchungsumständen abhängen, dazu beitragen, den Einfluß der eigenen Person oder des Untersuchungsumfeldes auf das Verhalten der Untersuchungsteilnehmer („demand-characteristics", Orne, 1962) gering zu halten. Wichtig ist hierbei der Leitgedanke, daß störende Untersuchungsbedingungen für die Ergebnisse unerheblich sind, wenn alle Untersuchungsteilnehmer ihrem Einfluß in gleicher Weise ausgesetzt sind. Konstante störende Bedingungen mindern bestenfalls die Generalisierbarkeit, aber nicht zwangsläufig die Bedeutung der mit der Untersuchung gewonnenen Erkenntnisse.

a) Alle Untersuchungsteilnehmer erhalten dieselbe Instruktion, die möglichst standardisiert (z. B. per Tonbandaufzeichnung) oder schriftlich vorgegeben wird. Sind in quasiexperimentellen oder experimentellen Untersuchungen verschiedene Instruktionen erforderlich (z. B. für die Experimentalgruppe und die Kontrollgruppe), repräsentieren die Instruktionsunterschiede in all ihren Feinheiten die unabhängige Variable.

b) Wird bewußt eine Untersuchung mit Laborcharakter geplant (vgl. Kap. 1.4.3), ist auf konstante Untersuchungsbedingungen zu achten. Hierzu zählen Räume, Beleuchtung, störende Geräusche, Arbeitsmaterial, die Temperatur etc., aber auch die äußere Erscheinung (z. B. neutrale Kleidung) des Untersuchungsleiters.

c) Der Untersuchungsleiter muß während der Untersuchung auf seine eigenen Stimmungen und Empfindungen achten und sollte hierüber unmittelbar nach Untersuchungsende schriftlich Rechenschaft ablegen.

d) Wenn möglich sollten für die Untersuchung Helfer geworben werden, die den konkreten Ablauf der Untersuchung kontrollieren, ohne über deren Zielsetzung informiert zu sein.

e) Zwischenfragen oder andere unerwartete Vorkommnisse während des Untersuchungsablaufes müssen protokolliert werden.

f) Besteht die Untersuchung aus mehreren Teilschritten (oder aber auch aus mehreren Einzelaufgaben und Fragen), ist deren Abfolge konstant zu halten, es sei denn, man will durch systematische Variation Sequenzeffekte prüfen (vgl. S. 431).

g) Erwartet der Untersuchungsleiter bestimmte Ergebnisse, muß er mit eigenen ungewollten nonverbalen Reaktionen rechnen, wenn sich eine Bestätigung seiner Hypothese (oder widersprüchliche Ergebnisse) während des Untersuchungsablaufes abzeichnen. Es sollte z. B. geprüft werden, ob die Untersuchung so angelegt werden kann, daß der Untersuchungsleiter die Ergebnisse der Untersuchungsteilnehmer erst nach Abschluß der Untersuchung erfährt.

h) Ursachen für mögliche Pannen, Belastungen der Untersuchungsteilnehmer, evtl. störende Reize, ethische Gefährdungen u. ä. erkennt der Untersuchungsleiter am besten, wenn er den gesamten Untersuchungsablauf zuvor an sich selbst überprüft.

i) Eine ähnliche Funktion hat das sogenannte „Non-Experiment" (Riecken, 1962). Hier werden Personen, die aus derselben Population stammen wie die späteren Untersuchungsteilnehmer, gebeten, den gesamten in Aussicht genommenen Untersuchungsablauf vorzutesten.

j) Nach Abschluß des offiziellen Teiles der Untersuchung ist eine Nachbefragung der Untersuchungsteilnehmer zu empfehlen. Sie soll Aufschluß über Empfindungen, Stimmungen, Schwierigkeiten, Aufrichtigkeit, Interesse, Wirkung des Untersuchungsleiters u. ä. liefern.

k) Falls möglich, sollte der gesamte Untersuchungsablauf mit einem Videogerät aufgezeichnet werden. Diese Aufzeichnung kann später auf mögliche Untersuchungsfehler hin analysiert werden.

l) Sowohl die konstant gehaltenen Untersuchungsumstände als auch sämtliche bewußt in Kauf genommenen oder unerwartet eingetretenen Unregelmäßigkeiten werden in einem abschließenden *Untersuchungsprotokoll* aufgenommen. Dieses ist – in verkürzter Form – Bestandteil des späteren Untersuchungsberichtes.

1.7 Auswertung und Interpretation

Die Auswertung des Untersuchungsmaterials erfolgt in der im Planungsteil festgelegten Weise. Im Mittelpunkt der Auswertung hypothesenprüfender Untersuchungen stehen statistische Signifikanztests, deren Ausgang darüber entscheidet, ob die forschungsleitende Hypothese als bestätigt gelten kann oder abgelehnt werden muß. Die inhaltliche Interpretation des Signifikanztests nimmt auf die Theorie Bezug, aus der die Hypothese abgeleitet wurde. Signifikante Ergebnisse bestätigen die Theorie und nicht signifikante Ergebnisse schränken gewöhnlich ihren Geltungsbereich ein. **Die Ergebnisse von Auswertungen, die über die eigentliche Hypothesenprüfung hinausgehen, sind hypothetisch und müssen auch in dieser Weise dargestellt werden.**

Besondere Probleme entstehen, wenn Untersuchungsteilnehmer ausfielen und die ursprünglich vorgesehenen Stichprobenumfänge nicht realisiert werden konnten (*missing-data-Probleme*). Für die Auswertung derartiger unvollständiger Datensätze stehen spezielle Techniken zur Verfügung (vgl. z. B. Lösel u. Wüstendörfer, 1974).

In hypothesenerkundenden Untersuchungen besteht die Auswertung üblicherweise in der Zusammenfassung der erhobenen Daten in statistischen Kennwerten, Tabellen oder Graphiken, die ggf. als Beleg für eine neu zu formulierende Hypothese herangezogen werden. Am hypothetischen Charakter der Untersuchungsbefunde ändert sich nichts, wenn sich evtl. gefundene Mittelwertsunterschiede, Häufigkeitsunterschiede, Korrelationen o. ä. als statistisch signifikant erweisen sollten (vgl. hierzu auch S. 363 ff.).

Nicht jede Untersuchung führt zu den erhofften Ergebnissen. Widersprüchliche Ergebnisse, die keine eindeutige Hypothesenbildung zulassen und Untersuchungsbefunde, die die Ablehnung zuvor aufgestellter Hypothesen erfordern, sollten den Untersuchenden veranlassen, den Untersuchungsaufbau, die Untersuchungsdurchführung und die statistische Auswertung nochmals kritisch nach möglichen Fehlern zu durchsuchen. Sind evtl. entdeckte Fehler nicht mehr korrigierbar, sollten sie offen dargelegt und in ihren Konsequenzen diskutiert werden. Nachträgliche Bemühungen, den Daten unabhängig von den Hypothesen „etwas Brauchbares" zu entnehmen, sind – wenn überhaupt – in einen gesonderten, hypothesenerkundenden Teil aufzunehmen. Hierbei ist die von Dörner (1983) vorgeschlagene „Methode der theoretischen Konsistenz" hilfreich.

1.8 Die Anfertigung des Untersuchungsberichtes

Der Untersuchungsplan, die bereits vorliegende Aufarbeitung der einschlägigen Literatur (evtl. einschl. der Herleitung von Hypothesen), die Materialien der Untersuchung, das Protokoll des Untersuchungsablaufes, Tabellen und Computerausdrücke mit den Ergebnissen sowie einzelne Anmerkungen zur Interpretation sind das Gerüst des endgültigen Untersuchungsberichtes. Für die Anfertigung dieses Berichtes gelten – speziell für hypothesenprüfende Untersuchungen – einige Regeln, die möglichst genau eingehalten werden sollten. Noch so gelungene Untersuchungen sind wenig tauglich, wenn es dem Verfasser nicht gelingt, diese seinem Leser anschaulich, nachvollziehbar und vollständig zu vermitteln.

Die folgenden Ausführungen lehnen sich eng an die Empfehlungen von Fisch u. Ugarte (1977) an, die in ihrem Aufsatz die im Auftrage der Deutschen Gesellschaft für Psychologie von Reinert (o. J.) verfaßten „Richtlinien für die Manuskriptgestaltung" sowie die Vorschriften der APA (American Psychological Association, 1975) berücksichtigen. Weitere Hinweise zu diesem Thema findet man bei Metzger (1956) und Traxel (1974).

1.8.1 Gliederung und Inhaltsverzeichnis

Das Grundschema der Gliederung einer empirischen Arbeit enthält die folgenden Hauptbereiche:

1. Problem (theoretischer Teil)
2. Methode
3. Ergebnisse
4. Diskussion
5. Zusammenfassung

Diese werden in Abhängigkeit von der Art der Arbeit durch folgende Zusätze ergänzt:

– Widmungsblatt (wenn überhaupt, dann nur bei größeren Werken wie Dissertation oder Monographien üblich)
– Vorwort
– Literaturverzeichnis (obligatorisch für alle Arbeiten)
– Verzeichnis der verwendeten Abkürzungen
– Verzeichnis der Tabellen
– Verzeichnis der Abbildungen
– Anhang
– Ausblick
– Alphabetisches Personen- und/oder Sachregister (nur bei Monographien oder Editionen üblich)
– Lebenslauf (nur bei Dissertationen)

Für die Untergliederung der Hauptkapitel, die je nach Stoffülle und inhaltlichen Schwerpunkten individuell gestaltet werden können, verwendet man Zahlen,

Groß- oder Kleinbuchstaben, griechische Buchstaben, römische Ziffern oder Kombinationen hiervon. Gut bewährt hat sich das auch in diesem Text eingesetzte Dezimalsystem, bei dem aus der Anzahl der Ziffern ersichtlich ist, auf welcher hierarchischen Ebene der Gliederung sich die einzelnen Bereiche befinden. Wichtig ist letztlich die konsequente Einhaltung des einmal gewählten Gliederungsprinzips.

Eine Gliederung ist (zumindest formal) gelungen, wenn sie den gesamten Text in gleichwertige Bereiche unterteilt. Unbrauchbar sind Lösungen, die für einen Hauptbereich nur einen Unterbereich vorsehen. Läßt sich ein einzelner Unterbereich nur schwer in einen Hauptbereich integrieren, besteht die Möglichkeit, diesen als einen Exkurs aus dem normalen Gliederungsschema herauszunehmen.

Die Überschriften aller Hauptbereiche und Unterbereiche bilden, versehen mit der Gliederungskennung und der Seitenzahl, das Inhaltsverzeichnis, das den Leser über den Aufbau des Berichtes informiert und das deshalb dem eigentlichen Text vorangestellt wird. Die Zusammenfassung steht am Schluß des Textes, aber vor dem Literaturverzeichnis, sonstigen Verzeichnissen oder Anhängen. Hiervon ausgenommen sind Zeitschriftenartikel, bei denen man dazu übergegangen ist, die Zusammenfassung (abstract) dem Text voranzustellen.

1.8.2 Die Hauptbereiche des Textes

Die folgenden Ausführungen regeln formal, was in die einzelnen Hauptbereiche des Textes gehört. Wie diese Hauptbereiche inhaltlich ausgefüllt und feiner untergliedert werden, bleibt dem Verfasser überlassen.

In manchen Untersuchungen müssen – z. B. bedingt durch ein schrittweises Vorgehen – die Teile „Methode" („Untersuchungsdurchführung") und „Ergebnisse" mehrfach beschrieben werden. Die hier angegebene Gliederung ist dann sinnentsprechend zu modifizieren.

1.8.2.1 Problem (Theoretischer Teil)

Die Darstellung des Problems, die kritische Diskussion einschlägiger Arbeiten zum Thema und – wenn der Wissensstand dies zuläßt – die begründete Ableitung der inhaltlichen Untersuchungshypothesen sollten bereits – zumindest in einer vorläufigen Fassung – in schriftlicher Form vorliegen (vgl. Kap. 1.5). Eine inhaltliche Modifizierung dieses Hauptbereiches ist nur zulässig, wenn in der Zwischenzeit neue, für die Untersuchung wichtige Beiträge publiziert wurden. Auf keinen Fall darf der einleitende Teil durch Erkenntnisse, die in der eigenen Untersuchung gewonnen wurden, verändert werden.

1.8.2.2 Methode

Die Darstellung des methodischen Vorgehens ist ein unverzichtbarer Bestandteil empirischer Untersuchungsberichte. Sie muß so exakt sein, daß andere, am gleichen Problem interessierte Forscher die Untersuchung replizieren können. Ein sorgfältig ausgearbeiteter Untersuchungsplan trägt erheblich dazu bei, diese für empirische Wissenschaften essentielle Forderung zu realisieren.

1.8.2.2.1 Untersuchungsteilnehmer

Die Untersuchungseinheiten sind genau nach Art, Anzahl und Merkmalen zu beschreiben. Nahmen Personen an der Untersuchung teil, sind deren Alter, soziale Herkunft, Beruf oder Betätigung, Geschlecht sowie ggf. sonstige Merkmale summarisch zu nennen. Quantitative Merkmale (z. B. Alter, Intelligenz, Schulnoten etc.), die nicht als abhängige oder als unabhängige Variable untersucht wurden (deren Ausprägungen werden im Teil „Ergebnisse" dargestellt), beschreibt man üblicherweise durch die Angabe von Mittelwerten und Streuungen. Ferner gehören Angaben über die Art der Rekrutierung (Höhe evtl. Bezahlungen etc.) sowie evtl. Begründungen von Verweigerern in diesen Abschnitt.

1.8.2.2.2 Material

Hier wird das in der Untersuchung eingesetzte Material aufgeführt und beschrieben. Selbstentwickelte Materialien (Fragebögen, Tests, Wortlisten etc.) werden exemplarisch samt Instruktion (nur bei längeren Instruktionen kann auf den Wortlaut verzichtet werden) demonstriert (die vollständige Wiedergabe gehört in den Anhang); für im Handel erhältliche Verfahren genügen bibliographische Nachweise. Abbildungen oder Skizzen veranschaulichen weitere, in der Untersuchung eingesetzte Materialien.

1.8.2.2.3 Geräte

Dieser Abschnitt ist besonders wichtig, wenn Geräte zur Darbietung von Untersuchungsmaterialien oder zur Registrierung von Reaktionen eigens für die Untersuchung entwickelt wurden. Überfordern spezielle technische Details (Schaltpläne, EDV-Programme für Prozeßrechner, bauliche Besonderheiten) möglicherweise das Verständnis des Durchschnittslesers, begnügt man sich mit der Darstellung der Funktionsweise und überläßt die technisch genaue Wiedergabe dem Anhang. Bei handelsüblichen Geräten nennt dieser Abschnitt den Hersteller.

1.8.2.2.4 Untersuchungsdurchführung

Hier werden der Ablauf der Untersuchung, räumliche und zeitliche Bedingungen sowie Besonderheiten der Untersuchungsdurchführung beschrieben. Weitere Angaben für diesen Abschnitt enthält das Protokoll des Untersuchungsablaufs (vgl. Kap. 1.6), welches ggf. vollständig im Anhang aufgeführt wird.

1.8.2.3 Ergebnisse

Dieser Abschnitt beginnt mit der Beschreibung des für die Fragestellung relevanten Datenmaterials, eventuell ergänzt durch die Art der verwendeten Kodierungen und Abkürzungen [z. B. „Von 50 Untersuchungsteilnehmern liegen die Reaktionszeiten für 5 Untersuchungsbedingungen U_1 bis U_5 vor; das Geschlecht der Untersuchungsteilnehmer wird mit 0 (= männlich) und 1 (= weiblich) kodiert.].

Qualitative Daten werden durch einige typische Beispiele veranschaulicht. Die vollständige Wiedergabe aller Rohdaten ist unüblich. Diese sollten jedoch mindestens fünf Jahre aufbewahrt werden, um interessierten Lesern Gelegenheit zu geben, die Auswertung zu wiederholen oder die Daten in eigene Untersuchungen zu integrieren, wenn dem keine Bestimmungen des Datenschutzes entgegenstehen. (Die Bedeutung von Datenarchiven wird u. a. von Bryant u. Wortman, 1978 betont.)

Es folgt die Beschreibung der statistischen Auswertungsverfahren, die ebenfalls keine Mühe bereiten dürfte, wenn die entsprechende Planung (vgl. Kap. 1.4.8) vorliegt. Hierbei verzichtet man auf die Wiedergabe von Formeln und mathematischen Herleitungen, soweit die verwendeten Verfahren als bekannt vorausgesetzt werden können. Im Zweifelsfalle genügen Verweise auf einschlägige Statistikbücher.

Die Ergebnisse deskriptiver Erkundungsstudien sind zusammenfassende Statistiken, Tabellen und graphische Darstellungen. Die doppelte Wiedergabe eines Ergebnisses als Tabelle und Graphik ist unüblich. Tabellen oder Graphiken, auf die im Text nicht direkt Bezug genommen wird, gehören – wenn sie die Interpretation nur indirekt ergänzen bzw. dem Leser helfen könnten, eigenständige Gedankengänge zu entwickeln – in den Anhang.

Hypothesenüberprüfende Untersuchungen berichten das Ergebnis des Signifikanztests (F-Wert, χ^2-Wert, t-Wert etc.) einschl. einer zufallskritischen Bewertung (vgl. Kap. 5.1). Weitere, für die Interpretation wichtige Werte (Mittelwerte, Streuungen, Korrelationen, Häufigkeiten etc.) ergänzen den Ergebnisbericht. Er endet mit Angaben darüber, welche Hypothesen durch die Daten bestätigt werden.

1.8.2.4 Diskussion

Nachdem es im letzten Abschnitt um die vorbehaltlose Darstellung der Ergebnisse ging, erhält der Verfasser jetzt Gelegenheit zur Interpretation seiner Befunde. Bei deskriptiven Erkundungsstudien gehört hierzu die Formulierung von Hypothesen, die die Ergebnisse nahelegen. Wurde eine Hypothese überprüft, ist zu fragen, welche inhaltlichen Schlüsse aus der Ablehnung oder Annahme der untersuchten Hypothese zu ziehen sind. Diese Schlüsse werden im Kontext der einleitend erörterten Literatur diskutiert.

Man achte sorgsam auf die **Trennung von objektiver Ergebnisdarstellung und subjektiver Interpretation.** Zu vermeiden sind Interpretationen, die mehr dem Wunschdenken des Verfassers und weniger den Ergebnissen verpflichtet sind. Überlegungen (und ggf. ergänzende Auswertungen), die das Problem klären helfen, warum eine Untersuchung nicht zu den erwarteten Ergebnissen führte, sind ebenfalls hier aufzunehmen.

1.8.2.5 Zusammenfassung

Die Zusammenfassung hat die Funktion, dem Leser die Fragestellung, die Methoden, die Ergebnisse und theoretische Folgerungen mitzuteilen. Hierbei ist auf eine knappe, aber dennoch informative Darstellung größten Wert zu legen. Sie darf auf keinen Fall Ergebnisse und Überlegungen enthalten, die im vorangegangenen Text noch nicht erwähnt wurden.

Zeitschriften beschränken gelegentlich die Zusammenfassung auf eine begrenzte Anzahl von Wörtern. Für englischsprachige "abstracts" gelten die Vorschriften der American Psychological Association (Instruction for the preparation of abstracts, 1967).

1.8.3 Gestaltung des Manuskripts

Das Manuskript wird maschinenschriftlich (einseitig, linksbündig beschriebene DIN-A4-Seiten mit Zeilenabstand 1 ½) fortlaufend geschrieben, d. h. für die einzelnen Hauptbereiche werden keine neuen Blätter angefangen. Für Titel, Vorwort, Zusammenfassung, Inhaltsverzeichnis, Literaturverzeichnis u. ä. ist jeweils eine neue, gesonderte Seite vorzusehen.

Das Titelblatt enthält

– den vollen Titel der Arbeit,
– Vor- und Familienname des Verfassers (der Verfasser); ggf. Matrikelnummer,
– Angaben über die Art der Arbeit (Referat, Seminararbeit, Semesterarbeit, Diplomarbeit etc.),
– eine Angabe der Institution, bei der sie eingereicht wird, der Lehrveranstaltung, in deren Rahmen sie abgefaßt wurde bzw. den Namen des Betreuers,
– Ort und Datum der Fertigstellung der Arbeit.

Fußnoten im laufenden Text sollten nach Möglichkeit vermieden werden, da sie die Lektüre erschweren. Falls diese für technische Hinweise (Danksagungen, Übersetzungshinweise, persönliche Mitteilungen) erforderlich sind, empfiehlt sich eine durchlaufende Numerierung aller Fußnoten. Für Fußnoten ungeeignet sind Literaturhinweise. Die sprachliche Gestaltung des Textes sollte neutral gehalten sein. (Eine kritische Stellungnahme zur sprachlichen Gestaltung psychologischer Texte findet man bei Brandt u. Brandt, 1974.)

1.8.4 Literaturhinweise und Literaturverzeichnis

Für alle Äußerungen und Gedanken, die der Verfasser von anderen Publikationen übernimmt, muß deren Herkunft angegeben werden. Dies geschieht, indem man den Namen des Autors (in Großbuchstaben) und das Erscheinungsjahr der Publikation im laufenden Text in Klammern nennt. Durch eine Hochzahl hinter der Jahreszahl kennzeichnet man bei Büchern mit mehreren Auflagen die Nummer der Auflage (z. B. 1978^3 = dritte, im Jahre 1978 erschienene Auflage). Ist der Autorenname Bestandteil eines Satzes, wird nur die Jahreszahl, aber nicht der Name in Klammern gesetzt. Publikationen, die von mehr als zwei Autoren stammen, kennzeichnet man durch den ersten Namen mit dem Zusatz „et al." (= et alii) oder „u. a.) (= und andere). Verweist die Arbeit auf Publikationen von Autoren mit gleichem Nachnamen, ist der Anfangsbuchstabe des Vornamens hinzuzufügen. Mehrere Publikationen eines Autors mit demselben Erscheinungsjahr werden durch Kleinbuchstaben in alphabetischer Reihenfolge, die an die Jahreszahl angehängt werden, unterschieden. Diese Kennzeichnung gilt dann auch für das Literaturverzeichnis (vgl. Tafel 8). Gedanken aus einem Aufsatz, der in einem Sammelband oder „Reader" erschienen ist, werden mit dem Namen des Autors und nicht mit dem Namen des Herausgebers zitiert.

Fremde Gedankengänge sollten wenn möglich durch die Originalliteratur belegt werden. Falls nur Sekundärliteratur verarbeitet wurde, ist dies entsprechend zu vermerken: z. B. Meyer (1975, zit. nach Müller, 1980). Das Literaturverzeichnis enthält dann beide Arbeiten.

Wörtliche Zitate werden in Anführungszeichen gesetzt und durch zusätzliche Erwähnung der Seitenzahl nachgewiesen (z. B. Meyer 1980, S. 266). Erstreckt sich das Zitat auf die nachfolgende(n) Seite(n), steht hinter der Seitenzahl ein „f." bzw. „ff.". Ergänzungen eines Zitates durch den Autor stehen in eckigen Klammern und Auslassungen werden durch Punkte gekennzeichnet. Anführungszeichen einer wörtlich zitierten Textpassage erscheinen im Zitat als einfache Anführungszeichen (Zitat im Zitat). Hebt der Verfasser im Zitat eine im Original nicht hervorgehobene Stelle, z. B. durch Kursivschrift oder Unterstreichung, hervor, ist dies im laufenden Text zu vermerken (Hervorhebung durch Verf.).

Alle fremden, im Text erwähnten Quellen müssen im Literaturverzeichnis mit vollständigen bibliographischen Angaben aufgeführt werden. Die Wiedergabe der genauen Literaturnachweise in Fußnoten unmittelbar auf der Seite des Zitates ist nicht mehr üblich. Damit entfallen auch Verweise auf frühere Fußnoten wie z. B. „a.a.O." = am angegebenen Ort, „lc" = loco citato oder „op. cit" = opus citatum.

Tafel 8. Ein fiktives Literaturverzeichnis

Abavo, H.-H., 1975: Bemerkung zur Klumpeneffekt-Stratifikationszerlegung. Die Normalverteilung und ihre Grenzgebiete, 3, 157–158

Bock, R.D., Greulich, S. and Pyle, D.C., 1976: The Hufnagel-contributions to factor analysis methods. New York: Holt, Rinehart & Winston

Frisbie, L.L. (ed.), 1975: Psychology and faking. Urbana: The University of Wisconsin Press

Greulich, S., 1976[12]: Psychologie der Bescheidenheit. Großhermansdorf: Kaufmann & Trampel

Herweg, O. u. Peter, G., 1976: Signifikanz und Transzendenz. Diskussionsbeitrag für das Symposium „Ergodizität infiniter Kausalketten". Münster: Katholische Akademie

Müller, C. u. Maier, G., 1913: Intelligenz im Jugendalter. In: Helfferich, D. (Hrsg.) Entwicklung und Reife. Bad Wimpfen: Uebelhör

Picon, J.-J., 1901: Antwort auf Martinis und Pernods Artikel über die „Unbedenklichkeit des Aperitifs". Der internationale Wermut-Bruder, 26, 1041–1043

Reydelkorn, H., 1975: Iterative Verfahren zur Zerlegung von Klumpen. Informationen des Instituts für angewandtes Kopfrechnen in Oldenburg, 4, 27–58

Schlunz, I.I., 1956: Therapie und Duldung – ein Versuch. Unveröffentlichte Diplomarbeit. Freiburg: Psychologisches Institut der Universität Freiburg

Stiftung VW-Werk, 1976: Psychologische Forschung im Verkehrswesen. Wolfsburg: Stiftung VW-Werk

von Stör, A., o.J.: Anleitung zur Anfertigung von Flugblättern. Unveröffentlichtes Manuskript, o.O.

Tafel 8 enthält ein kurzes fiktives Literaturverzeichnis mit einigen Beispielen, die aus Tröger u. Kohl (1977) entnommen wurden. Das Literaturverzeichnis folgt den Richtlinien der Deutschen Gesellschaft für Psychologie (Reinert, o.J.). Für Arbeiten, die in Zeitschriften oder als Monographien veröffentlicht werden, beachte man die Richtlinien der jeweiligen Verlage. Der folgende Text erläutert, wie auf die im Literaturverzeichnis in Tafel 8 aufgeführten Belege verwiesen wird und um welche Belege es sich handelt.

Abavo (1975): Artikel des Autors Abavo aus der Zeitschrift „Die Normalverteilung und ihre Grenzgebiete". Der Artikel erschien 1975 und steht im 3. Band auf den Seiten 157–158.

Bock et al. (1976): Buch der Autoren Bock, Greulich und Pyle, mit dem Titel "The Hufnagel-contributions to factor analytic methods". Das Buch ist im Jahre 1976 im Verlag Holt, Rinehart u. Winston erschienen. Der Verlag hat seinen Hauptsitz in New York.

Frisbie (1975): Hier wird auf ein Buch verwiesen, das von Frisbie herausgegeben wurde. Es heißt „Psychology and faking" und ist in Urbana in der University of Wisconsin Press 1975 erschienen.

Greulich (1976[12]): Das Buch „Psychologie der Bescheidenheit" ist in der 12. Auflage 1976 im Verlag Kaufmann u. Trampel in Großhermansdorf erschienen.

Herweg u. Peter (1976): Hier wird auf einen Diskussionsbeitrag mit dem Titel „Signifikanz und Transzendenz" verwiesen. Der Beitrag wurde auf dem Symposium „Ergodizität infiniter Kausalketten" gehalten und wurde von der Katholischen Akademie in Münster 1976 publiziert.

Müller u. Maier (1913): Dieser Beitrag bezieht sich auf einen Aufsatz, den die Autoren Müller und Maier in einem von Helfferich herausgegebenen Sammelband mit dem Titel „Entwicklung und Reife" veröffentlicht haben. Der Sammelband (oder Reader) wurde 1913 im Verlag Uebelhör, Bad Wimpfen, veröffentlicht.

Picon (1901): Hier wird auf einen Aufsatz verwiesen, der die Überschrift „Antwort auf Martinis und Pernods Artikel über die ‚Unbedenklichkeit des Aperitifs'" trägt. Der Artikel wurde im Jahre 1901 im 26. Band der Zeitschrift „Der internationale Wermutbruder" auf den Seiten 1041–1043 veröffentlicht.

Reydelkorn (1975): Hier wird auf keinen Zeitschriftenartikel verwiesen, sondern auf eine institutsinterne Reihe „Informationen des Instituts für angewandtes Kopfrechnen in Oldenburg". Der von Reydelkorn in dieser Reihe verfaßte Artikel heißt „Iterative Verfahren zur Zerlegung von Klumpen".

Schlunz (1956): Hier wird eine unveröffentlichte Diplomarbeit zitiert. Der Titel der Arbeit heißt „Therapie und Duldung – ein Versuch". Die Arbeit wurde 1956 am Psychologischen Institut der Universität Freiburg angefertigt.

Stiftung VW-Werk (1976): In dieser Weise wird auf ein Werk verwiesen, das keinen Autorennamen trägt. Die Stiftung VW-Werk hat 1976 einen Bericht über „Psychologische Forschung im Verkehrswesen" in Wolfsburg herausgegeben.

Stör, v. (o. J.): Dieser Literaturhinweis bezieht sich auf ein unveröffentlichtes Manuskript, dessen Erscheinungsjahr (o. J. = ohne Jahresangabe) und Erscheinungsort (o. O. = ohne Ortsangabe) unbekannt sind. Das Manuskript trägt den Titel „Anleitung zur Anfertigung von Flugblättern".

1.9 Veröffentlichungen

Gelungene Arbeiten sollte man einer Zeitschrift zur Publikation anbieten. Die wissenschaftlichen Periodika, die für diese Zwecke zur Verfügung stehen, vertreten unterschiedliche, inhaltliche Schwerpunkte, die man beim Durchblättern einzelner Bände leicht herausfindet; ggf. läßt man sich bei der Wahl einer geeigneten Zeitschrift von einem erfahrenen Mitarbeiter beraten.

In der Regel wird die Version, die zur Veröffentlichung vorgesehen ist, gegenüber dem Original erheblich zu kürzen sein. Lassen umfangreiche Untersuchungen (z. B. Dissertationen) keine erhebliche Kürzung ohne gleichzeitige Sinnentstellung zu, ist die Aufteilung der Gesamtarbeit in zwei oder mehrere Einzelberichte (z. B. Theorieteil, Experiment 1, Experiment 2) zu erwägen. Ggf. findet sich auch ein Verlag bereit, die gesamte Arbeit als Monographie zu publizieren.

Besonderheiten der Manuskriptgestaltung und auch des Literaturverzeichnisses entnimmt man am einfachsten den Arbeiten, die in der vorgesehenen Zeitschrift bereits veröffentlicht sind. Im übrigen sind die Hinweise, die sich üblicherweise auf der Innenseite des Zeitschrifteneinbandes befinden (hier erfährt der Verfasser auch, an welche Anschrift das Manuskript zu senden ist) zu beachten.

Kapitel 2. Empirische Datenerhebung

Die Methoden der empirischen Datenerhebung haben die Funktion, Ausschnitte der Realität, die in einer Untersuchung interessieren, möglichst genau zu beschreiben oder abzubilden. Im Vordergrund dieses Kapitels steht die Frage, wie die zu erhebenden Merkmale operationalisiert (vgl. Kap. 1.4.5) bzw. quantifiziert werden sollen (vgl. Kap. 1.4.6). Es faßt die wichtigsten, in den Sozialwissenschaften gebräuchlichen Methoden der Datenerhebung unter den Stichworten „Zählen", „Urteilen", „Testen", „Befragen", „Beobachten" und „Physiologische Messungen" zusammen.

In der Regel wird eine empirische Untersuchung nicht mit nur einer dieser Erhebungsarten auskommen; viele Untersuchungen erfordern Kombinationen dieser Erhebungsarten wie z. B. das gleichzeitige Beobachten und Zählen, Befragen und Schätzen oder Testen und Messen. Die Frage nach der „besten" Erhebungsart läßt sich nicht generell beantworten, sondern muß für jede konkrete Untersuchung neu gestellt werden. Die Art des Untersuchungsgegenstandes und der Untersuchungsteilnehmer sowie finanzielle und zeitliche Rahmenbedingungen sind Kriterien, die bei der Auswahl der Erhebungsart eine Rolle spielen.

Die in Kapitel 1.4.3 vorgestellte Klassifikation empirischer Untersuchungen geht u. a. vom Stand der Forschung aus. Dieser kann auch für die Auswahl eines angemessenen Erhebungsinstrumentes mit entscheidend sein, denn in vielen Fällen hängen die Entwicklung von Meßinstrumenten und der Stand der Theorienentwicklung unmittelbar voneinander ab. Im übrigen gehen wir jedoch davon aus, daß die im folgenden zu behandelnden Erhebungstechniken prinzipiell sowohl in hypothesenerkundenden als auch in hypothesenprüfenden Untersuchungen einsetzbar sind. (Über zusätzliche Methoden, die vor allem für hypothesenerkundende Untersuchungen geeignet sind, berichtet Kap. 3.) **Die Zuordnung einer Untersuchung zur Kategorie der hypothesenerkundenden oder hypothesenprüfenden Untersuchung hängt nicht von der Art der erhobenen Daten, sondern ausschließlich vom Stand der Forschung ab.**

So kann beispielsweise die Zahl der Rechtschreibfehler in einem Diktat als deskriptives Maß zur Beschreibung einer anfallenden legasthenischen Schülergruppe verwendet, als Schätzwert für einen Populationsparameter (wenn die Schülergruppe für diese Population repräsentativ ist) eingesetzt oder als abhängige Variable in einer Untersuchung zur Überprüfung der Hypothese, daß intensiver Förderunterricht die Lese-Rechtschreibschwäche der Schüler abbauen hilft, angesehen werden. Die Festlegung der Untersuchungsart gem. Kap. 1.4.3 ist nicht davon abhängig, welche Art der Datenerhebung für eine Untersuchung gewählt wird.

Der fortgeschrittene Leser wird vielleicht irritiert sein, wenn er in diesem Kapitel auf einige Techniken stößt, die er bisher als statistische Auswertungsmethoden kennengelernt hat. In der Tat fällt es bei einigen Verfahren schwer, zwischen Erhebung und Auswertung (oder besser: Verwertung) scharf zu trennen. Stellt die Ermittlung des Neurotizismus-Wertes eines Untersuchungsteilnehmers bereits eine Auswertung dar, wenn als Testwert die Summe der bejahten Fragen berechnet wird? Ist es Auswertung oder Erhebung, wenn aufgrund von Paarvergleichsurteilen mit Hilfe eines aufwendigen Skalierungsverfahrens die Ausprägungen der untersuchten Objekte auf latenten Merkmalsdimensionen ermittelt werden?

Der Datenerhebungsbegriff wird in diesem Kapitel sehr weit gefaßt. Die hier behandelte Datenerhebung dient generell dazu, die untersuchten Objekte bzgl. bestimmter Merkmale zu quantifizieren. Hierfür sind in den Sozialwissenschaften zuweilen recht komplizierte Prozeduren erforderlich, die aus den ursprünglich erhobenen „Rohdaten" aggregierte Maßzahlen ableiten (z. B. eine gewichtete Summe oder eine Merkmalsskalierung nach der Paarvergleichsmethode). Am Ende dieser Prozeduren stehen Zahlen, die über Merkmalsausprägungen der untersuchten Objekte informieren. In deskriptiven Untersuchungen sind diese Zahlen die Basis für weiterführende Interpretationen. In hypothesenüberprüfenden Untersuchungen schließt sich an diese „Datenerhebung" die eigentliche inferenzstatistische Analyse an.

2.1 Zählen

Zählen – so könnte man meinen – gehört zu den selbstverständlichen Fertigkeiten des Menschen und erfordert deshalb in einem wissenschaftlichen Text keine besondere Beachtung. Diese Ansicht ist zweifellos richtig, wenn bekannt ist, was gezählt werden soll. Hier ergeben sich jedoch in den Sozialwissenschaften zuweilen Schwierigkeiten, auf die im Folgenden eingegangen wird.

Wie die Naturwissenschaften (man denke beispielsweise an die Systematik der Pflanzen oder die Klassifikation der chemischen Elemente) trachten auch die Sozialwissenschaften danach, die sie interessierenden Objekte (Menschen, Familien, Betriebe, Erziehungsstile, verbale Äußerungen u. ä.) zu ordnen oder zu klassifizieren. Für jedes dieser Objekte ist eine spezifische Merkmalskombination charakteristisch, die die Einmaligkeit und Individualität eines jeden Objektes bedingt. Sinnvolles Zählen ist jedoch an die Voraussetzung geknüpft, daß die zu zählenden Objekte einander gleichen. Ist damit das Zählen für die Sozialwissenschaften, in deren Gegenstandsbereich keine identischen Objekte anzutreffen sind, eine unsinnige Datenerhebungsart?

Sie ist es nicht, wenn man aus der Menge aller, die Objekte beschreibenden Merkmale nur wenige herausgreift und Gleichheit als Gleichheit bezüglich der Ausprägungen dieser Merkmale definiert. Damit steigt natürlich die Anzahl möglicher Objektklassifikationen ins Unermeßliche. Aufgabe des Sozialwissenschaftlers ist es, die ihn interessierenden Objekte nach Merkmalen zu ordnen, von denen er meint, sie seien für seine Thematik relevant.

Diese Aufgabe bereitet keine Probleme, wenn das (oder die) in einer Untersuchung interessierende(n) Klassifikationsmerkmal(e) leicht zugänglich ist (sind).

Geht es beispielsweise um die Frage der Fahrtüchtigkeit männlicher und weiblicher Personen, liefert die Auszählung der Frauen und Männer, die ihre Fahrprüfung auf Anhieb bestehen, bereits erste Hinweise. Die Klassifikation der untersuchten Personen nach dem qualitativen Merkmal „Geschlecht" ist unproblematisch.

Schwerer hat es der Fahrprüfer, der entscheiden muß, welche Prüfungsleistungen er mit „bestanden" oder „nicht bestanden" bewerten soll. Im Gegensatz zu dem zweistufigen (dichotomen) Merkmal „Geschlecht", dessen Ausprägungen natürlich vorgegeben sind, handelt es sich hierbei um ein zweistufiges Merkmal, dessen Kategoriengrenzen vom Prüfer willkürlich festgelegt werden (*künstlich dichotomes Merkmal*). Es ist leicht nachvollziehbar, daß das Ergebnis der Auszählung aller bestandenen oder nicht bestandenen Fahrprüfungen von der Strenge des Prüfers bzw. seinen Kriterien für ausreichende Fahrleistungen abhängt.

Dieses Beispiel verdeutlicht, daß Zählen gelegentlich eine gründliche theoretische Vorarbeit erfordert. Zum einen müssen aus der Menge aller Merkmale, die die Untersuchungsobjekte charakterisieren, diejenigen ausgewählt werden, die für die anstehende Frage von Bedeutung sein können. (Der Prüfer wird zur Bewertung der Fahrleistung nicht Merkmale wie Schuhgröße oder Haarfarbe heranziehen, sondern eher auf Merkmale wie Reaktionsvermögen, sensumotorische Koordinationsfähigkeit, Antizipationsfähigkeit etc. achten.) Zum anderen erfordert die Festlegung der Kategorien eine theoretisch begründete Einschätzung der *Gewichtung* aller für ein komplexes Merkmal wichtigen Teilmerkmale. (Der Prüfer muß beispielsweise entscheiden, für wie wichtig er ein übersehenes Vorfahrtsschild, ein riskantes Überholmanöver, das falsche Einordnen an einer Kreuzung, das verzögerte Anfahren beim Umschalten einer Ampel auf „grün", o. ä. hält.) Über die Vollständigkeit oder Angemessenheit der ausgewählten Merkmale und über die Brauchbarkeit der Kategorienbildung entscheidet letztlich die empirische Praxis.

Im folgenden werden die besonderen Probleme, die sich mit dem Aufstellen und Auszählen qualitativer (Kap. 2.1.1) und quantitativer Kategorien (Kap. 2.1.2) verbinden, erörtert. Der letzte Abschnitt behandelt die schwierige Frage, wie komplexe Merkmale oder Dimensionen aus Einzelmerkmalen erstellt und kategorisiert werden können (Kap. 2.1.3: Indexbildung).

2.1.1 Qualitative Merkmale

Qualitative Merkmale sind nominal skalierte Merkmale (vgl. S. 45), die zwei Abstufungen (dichotome Merkmale wie z. B. hilfsbereit – nicht hilfsbereit, männlich – weiblich, Ausländer – Inländer) oder mehrere Abstufungen aufweisen (mehrkategoriale Merkmale wie z. B. Blutgruppen: A, B, AB und Null oder Art des Studienfaches: Soziologie, Physik, Medizin, Psychologie). Kategorien qualitativer Merkmale müssen die folgenden Bedingungen erfüllen:

a) Die Kategorien müssen exakt definiert sein

Erforderlich sind hierfür präzise definierte operationale Indikatoren für die einzelnen Kategorien des Merkmals (vgl. Kap. 1.4.5), deren Vorhandensein oder Nichtvorhandensein über die Zugehörigkeit der Untersuchungsobjekte zu den einzelnen Merkmalskategorien entscheidet.

b) Die Kategorien müssen sich gegenseitig ausschließen

Diese wichtige Bedingung verhindert, daß ein Objekt gleichzeitig mehreren Kategorien eines Merkmals zugeordnet werden kann. Verstöße gegen diese Bedingung sind häufig darauf zurückzuführen, daß

– das interessierende Merkmal gleichzeitig auf mehreren hierarchischen Ebenen kategorisiert wird (z. B. eine Klassifikation von Berufen, die u. a. die Kategorien Schreiner, Arzt, Dachdecker, Lehrer und Handwerker enthält. Handwerker ist eine allgemeine Kategorie, die die speziellen Berufskategorien Schreiner und Dachdecker bereits enthält.)
– die Kategorien zu zwei (oder mehreren) Merkmalen gehören (z. B. Schlosser, Arzt, Bäcker, Lehrer, Angestellter; hier sind Kategorien der Merkmale „Art des Berufes" und „Art der Berufsausübung" – z. B. als Angestellter – vermengt.)
– zwei oder mehr Kategorien dasselbe meinen (z. B. Schlachter, Arzt, Bäcker, Lehrer, Metzger).

c) Die Kategorien müssen das Merkmal erschöpfend beschreiben

Die Kategorien müssen so geartet sein, daß jedes Untersuchungsobjekt einer Merkmalskategorie zugeordnet werden kann. Gelegentlich wird den eigentlichen Merkmalskategorien eine Kategorie „Sonstige(s)" hinzugefügt, die allerdings für wissenschaftliche Zwecke wenig brauchbar ist, da sich in ihr Untersuchungsobjekte mit unterschiedlichen Merkmalsausprägungen befinden. Will man dennoch auf diese Hilfsmaßnahme nicht verzichten, ist darauf zu achten, daß der Anteil der auf diese Kategorie entfallenden Untersuchungsobjekte möglichst klein ist.

Tafel 9 zeigt ein Kategoriensystem für das Merkmal „Moralisches Urteilsverhalten Jugendlicher". Es wurde hier bewußt ein nicht ganz einfaches (und z. T. umstrittenes) Merkmal herausgegriffen, um die Problematik derartiger Kategorienbildungen aufzuzeigen. Diese wird dem Leser nachvollziehbar, wenn er sich bemüht, eigene Beispiele in die vorgegebenen Kategorien einzuordnen.

Tafel 9. Qualitative Kategorien des moralischen Urteils

Zur Frage der Entwicklung des moralischen Urteils legte Kohlberg (1971, zit. nach Eckensberger u. Reinshagen, 1980) ein qualitatives Kategoriensystem vor, welches die Klassifikation moralischer Urteils- und Denkweisen ermöglichen soll. Die sechs Stufen dieses Systems repräsentieren nach Angabe des Autors hierarchisch geordnete Phasen in der moralischen Entwicklung eines Individuums und stellen damit eine Ordinalskala dar. Die Beschreibung der Stufen lautet:

Stufe 1 Orientierung an Strafe und Gehorsam

Die materiellen Folgen einer Handlung bestimmen, ob diese gut oder schlecht ist; dabei ist gleichgültig, welche Bedeutung oder welchen Wert diese Folgen für einen Menschen haben. Das Vermeiden von Strafe und das bedingungslose Unterwerfen unter Personen, die die Macht haben, werden um ihrer selbst willen akzeptiert.

Stufe 2 Orientierung des instrumentellen Realismus

Eine „richtige" Handlung ist eine Handlung, die der Befriedigung eigener und gelegentlich fremder Bedürfnisse dient (also als „Instrument" für eine Bedürfnisbefriedigung dient). Zwischenmenschliche Beziehungen werden wie „Handel" verstanden, Elemente von „Fairness", „Reziprozität" und „Gleichverteilung" sind bereits vorhanden, aber sie werden immer materiell-pragmatisch aufgefaßt. Reziprozität ist also keine Sache der Loyalität, Dankbarkeit oder Gerechtigkeit, sondern sie wird verstanden im Sinne von „wie du mir, so ich dir".

Stufe 3 Orientierung an zwischenmenschlicher Übereinkunft oder daran, ein „guter Junge" bzw. ein „liebes Mädchen" zu sein

Ein Verhalten ist dann gut, wenn es anderen gefällt, ihnen hilft oder wenn es von anderen befürwortet wird. Auf dieser Stufe gibt es viel Konformität mit stereotypen Vorstellungen über das Verhalten der „Mehrheit" oder über „natürliches" Verhalten. Häufig wird Verhalten schon nach den (zugrunde liegenden) Intentionen beurteilt; „er meint es gut" wird erstmals wichtig. Man erntet Anerkennung, wenn man „nett", „lieb" ist.

Stufe 4 Orientierung an „Gesetz und Ordnung"

Man orientiert sich an der Autorität, festen Regeln und der Aufrechterhaltung der sozialen Ordnung. Richtiges Verhalten besteht darin, seine Pflicht zu tun, Respekt der Autorität gegenüber zu zeigen und die gegebene soziale Ordnung um ihrer selbst willen zu erhalten.

Stufe 5 Orientierung an „sozialen Verträgen" und am „Recht"

Man neigt dazu, eine Handlung in ihrem Bezug zu allgemeinen persönlichen Rechten als richtig zu definieren und in Bezug auf Maßstäbe, die kritisch geprüft sind und über die sich die gesamte Gesellschaft einig ist. Man ist sich deutlich bewußt, daß persönliche Werte und Meinungen relativ sind und betont entsprechend Vorgehensweisen, wie man zu einer Übereinstimmung in diesen Fragen gelangen kann. Über das hinaus, worüber man sich verfassungsmäßig und demokratisch geeinigt hat, ist (jedoch) das richtige Handeln eine Frage persönlicher Entscheidungen. Die Auffassung auf dieser Stufe enthält (zwar) eine Betonung des „legalen Standpunktes", aber unter (gleichzeitiger) Betonung der Möglichkeit, das Gesetz unter Bezug auf rationale Überlegungen über die soziale Nützlichkeit zu ändern (und nicht es „einzufrieren" wie auf Stufe 4).

Stufe 6 Orientierung an universellen ethischen Prinzipien

„Das Richtige" wird durch eine Gewissensentscheidung in Übereinstimmung mit selbstgewählten ethischen Prinzipien definiert, die universelle Existenz und Konsistenz besitzen. Es sind keine konkreten moralischen Regeln wie die Zehn Gebote, sondern abstrakte Richtlinien (kategorischer Imperativ!). Im Kern handelt es sich um die universellen Prinzipien der Gerechtigkeit, der Reziprozität und der Gleichheit menschlicher Rechte.

Die *Handhabung des Kategoriensystems* sei im folgenden auszugsweise an einem Beispiel verdeutlicht:

Eine Frau war unheilbar an Krebs erkrankt. Es gab nur ein einziges Medikament, von dem die Ärzte vermuteten, daß es sie retten könnte; es handelte sich um eine Radiumverbindung, die ein Apotheker vor kurzem entdeckt hatte. Das Medikament war schon in der Herstellung sehr teuer, aber der Apotheker verlangte darüber hinaus das Zehnfache dessen, was ihn die Herstellung selbst kostete. Er zahlte DM 2 000,– für das Radium und verlangte DM 20 000,– für das Medikament. Heinz, der Mann der kranken Frau, versuchte, sich das Geld zusammenzuborgen, bekam aber nur die Hälfte des Preises zusammen. Er machte dem Apotheker klar, daß seine Frau im Sterben liege und bat ihn, das Medikament billiger abzugeben und ihn den Rest später bezahlen zu lassen. Der Apotheker sagte jedoch: „Nein! Ich habe das Medikament entdeckt, ich will damit Geld verdienen!" In seiner Verzweiflung brach Heinz in die Apotheke ein und stahl das Medikament für seine Frau.

Es gilt nun, Antworten auf die Frage, ob bzw. warum Heinz das Medikament stehlen sollte, nach den oben aufgeführten Kategorien zu klassifizieren. Hier einige Beispiele (die von Kohlberg getroffenen Zuordnungen findet der Leser unten auf dieser Seite):

1. Ja, wenn jemand stirbt und wenn man diesen Menschen wirklich liebt, dann ist das eine legitime Entschuldigung, aber nur unter diesen Umständen – wenn man das Medikament auf keine andere Weise bekommen kann.
2. Nein, ich meine, er sollte auf keinen Fall stehlen. Er könnte ins Gefängnis kommen. Er sollte einfach nicht stehlen.
3. Nein, Heinz steht vor der Entscheidung, ob er berücksichtigen will, daß andere Menschen das Medikament ebenso sehr benötigen wie seine Frau. Er sollte nicht nach den besonderen Gefühlen zu seiner Frau handeln, sondern auch den Wert aller anderen Leute bedenken.
4. Ja, wenn er bereit ist, die Konsequenzen aus dem Diebstahl zu tragen (Gefängnis, etc.). Er sollte das Medikament stehlen, es seiner Frau verabreichen und sich dann den Behörden stellen.
5. Ja, ein Menschenleben ist unbegrenzt wertvoll, während ein materielles Objekt – in diesem Fall das Medikament – das nicht ist. Das Recht der Frau zu leben rangiert vor dem Recht des Apothekers auf Gewinn.
6. Ja, er sollte das Medikament stehlen. Der Apotheker ist habgierig und Heinz braucht das Medikament nötiger als der Apotheker das Geld. Wenn ich an Heinz' Stelle wäre, ich würde es tun und das restliche Geld vielleicht später zahlen.

(Kohlberg's Zuordnungen: Antwort 1: Stufe 3, Antwort 2: Stufe 1; Antwort 3: Stufe 6, Antwort 4: Stufe 4, Antwort 5: Stufe 5, Antwort 6: Stufe 2)

Liegt fest, nach welchen Kriterien die Untersuchungsobjekte klassifiziert werden sollen, wird durch einfaches Zählen bestimmt, wie häufig die einzelnen Kategorien besetzt sind. Die numerische Beschreibung der Untersuchungsobjekte endet mit der Angabe der Häufigkeiten, die für die einzelnen Kategorien ermittelt wurden – evtl. ergänzt durch eine graphische Darstellung der Resultate in Form von Säulendiagrammen (Histogramm), Liniendiagrammen (Polygon), Kreisdiagrammen o. ä. (Näheres hierzu vgl. z. B. Bortz, 1979, Kap. 1.3). Wird die Kategorienbesetzung in Prozentzahlen angegeben, darf auf die Angabe der Anzahl aller Untersuchungsobjekte nicht verzichtet werden.

In den allermeisten Fällen werden die Untersuchungsobjekte nicht nur bezüglich eines, sondern bezüglich mehrerer Merkmale klassifiziert. Die Auszählung von Merkmalskombinationen liefert dann nicht selten interessante Hinweise, welche Merkmalskategorien besonders häufig gemeinsam auftreten.

In Tabelle 1 wurden psychiatrische Patienten sowohl nach der Art ihres Leidens als auch nach ihrer sozialen Herkunft aufgeschlüsselt (nach Gleiss et al., 1973).

Tabelle 1. Kreuztabelle der Merkmale soziale Herkunft und Art der Erkrankung für n = 300 psychiatrische Patienten. (Nach Gleiss et al. 1973)

	Hohe soziale Schicht (%)	Niedrige soziale Schicht (%)
Psychische Störungen des höheren Lebensalters	44 (35,2)	53 (30,3)
Abnorme Reaktionen	29 (23,2)	48 (27,4)
Alkoholismus	23 (18,4)	45 (25,7)
Schizophrenie	15 (12,0)	23 (13,1)
Manisch depressives Leiden	14 (11,2)	6 (3,4)
	125 (100)	175 (99,9)

Es zeigt sich, daß Alkoholismus offensichtlich in niedrigen sozialen Schichten häufiger auftritt als in höheren sozialen Schichten (25,7% gegenüber 18,4%) und daß umgekehrt Patienten höherer sozialer Schichten häufiger manisch-depressiv sind als Patienten niederer sozialer Schichten (11,2% gegenüber 3,4%).

Wurde vor der Auszählung eine begründete Hypothese über den Zusammenhang zwischen der Art der Erkrankung und der sozialen Schicht formuliert, kann die entsprechende Hypothese mit einem χ^2-Verfahren überprüft werden (vgl. Anhang D bzw. Kap. 5.2.1, S. 386).

Weniger übersichtlich, aber dennoch sehr aufschlußreich kann die simultane Auszählung von drei oder auch mehr Merkmalen sein. Hypothesen über mögliche Zusammenhänge zwischen drei (oder mehr) Merkmalen werden mit der Konfigurationsfrequenzanalyse geprüft (vgl. Anhang D bzw. Kap. 5.2.1, S. 393).

2.1.2 Quantitative Merkmale

Die Beschreibung von Untersuchungsobjekten durch quantitative Merkmale wie z. B. Körpergröße, Reaktionszeit, Testleistung, Pulsfrequenz etc. (Probleme des

Skalenniveaus quantitativer Merkmale wurden in Kap. 1.4.6 erörtert) beginnt mit der *Urliste* (dies ist die Auflistung aller individuellen Merkmalsausprägungen), die sämtliche Informationen für weitere statistische Berechnungen enthält.

In manchen Fällen ist es zusätzlich wichtig, die Verteilungsform eines Merkmals zu kennen. So ist beispielsweise die Durchführbarkeit vieler statistischer Tests von der Art der Verteilung des Merkmals abhängig (der t-Test setzt beispielsweise normalverteilte Merkmale voraus, vgl. Anhang D bzw. S. 271 ff.), die Verteilungsform kann Gegenstand einer inhaltlichen Hypothese sein (verteilen sich Unfälle auf die Kraftfahrer im Sinne einer Poisson-Verteilung, die die Gesetzmäßigkeit der Verteilung seltener Ereignisse beschreibt?) oder Verteilungsformen veranschaulichen Unterschiede (wie verändert sich die Verteilung von Reaktionszeiten durch Alkoholgenuß?).

Bei quantitativen Merkmalen unterscheiden wir *stetige (kontinuierliche)* oder *diskrete (diskontinuierliche)* Merkmale. Stetige Merkmale sind dadurch gekennzeichnet, daß sich zwischen zwei beliebigen Meßwerten zumindest theoretisch weitere Meßwerte befinden (z. B. Gewichts-, Zeit-, Längen- und Temperaturmessungen). Bei diskreten Merkmalen kann es zwischen zwei benachbarten Kategorien auch theoretisch keine Meßwerte geben (z. B. Anzahl der Geschwister).

Die Ausprägungen diskreter Merkmale werden durch Häufigkeiten angegeben und sind deshalb ganzzahlig (z. B. Anzahl der Geschwister bei 100 befragten Personen: Keine Geschwister: 37; 1 Geschwister: 40; 2 Geschwister: 16; 3 Geschwister: 6; 4 Geschwister: 1).

Bei der Auszählung eines stetigen Merkmals bzw. der Ermittlung seiner Verteilungsform ist darauf zu achten, daß alle Untersuchungsobjekte mit gleicher Genauigkeit erfaßt werden (gleiche Rundungsgenauigkeit). Für die spätere Verteilungsform ist es wichtig, daß die einzelnen Meßwerte in Kategorien oder Intervalle geordnet werden, die weder zu breit noch zu eng sein dürfen. Zu breite Kategorien verdecken möglicherweise typische Eigenarten der Verteilungsform, und zu enge Kategorien führen zu einer überdifferenzierten Verteilungsform, in der zufällige Irregularitäten stark dominieren. Letzteres wird um so mehr der Fall sein, je kleiner die Anzahl der Untersuchungsobjekte ist.

Für das Auffinden der optimalen Kategorienbreite (und damit auch der optimalen Anzahl der Kategorien) hat sich folgende Vorgehensweise bewährt:

a) Eine erste Schätzung der Anzahl der Kategorien liefert eine Faustregel von Sturges (1926):
$$k \approx 1 + 3{,}32 \times \log n$$
wobei k = Anzahl der Kategorien
n = Anzahl der Untersuchungsobjekte
Die maximale Anzahl der Kategorien sollte aus Gründen der Übersichtlichkeit 20 nicht überschreiten.

b) Die Breite aller Kategorien erhält man, indem man die Variationsbreite oder den *range* aller Werte (das ist die Differenz zwischen dem größten und dem kleinsten Wert aller registrierten Werte) durch die Anzahl der Kategorien dividiert. Diese Zahl wird – falls erforderlich – genauso abgerundet wie die Meßwerte (bei diskreten Merkmalen also ganzzahlig).

c) Der größte Wert stellt die scheinbare obere Grenze der höchsten Kategorie dar. Die übrigen scheinbaren Kategorienobergrenzen ergeben sich dann einfach durch sukzessive Substraktion der Intervallbreite von diesem Wert.

d) Die mathematisch genauen Obergrenzen resultieren, indem zu den scheinbaren Obergrenzen eine halbe Einheit der Meßgenauigkeit addiert wird. (Wurden ganzzahlige Werte erhoben, beträgt eine halbe Einheit der Meßgenauigkeit 0,5; bei Werten mit einer Nach-kommastelle beträgt sie 0,05, mit zwei Nachkommastellen 0,005 etc. Entsprechendes gilt, wenn die Meßwerte auf Zehner, Hunderter, Tausender etc. gerundet vorliegen.)

e) Die scheinbaren Untergrenzen der Kategorien ergeben sich dann aus der nächstfolgen-den scheinbaren Obergrenze, zu der eine ganze Einheit der Meßgenauigkeit addiert wird.

f) Die mathematisch genauen Untergrenzen entsprechen den scheinbaren Untergrenzen abzüglich einer halben Einheit der Meßgenauigkeit.

g) Die Kategorienmitten resultieren als die Summe der mathematisch genauen Ober- und Untergrenzen dieser Kategorien dividiert durch 2. Sämtliche Werte, die in dieselbe Ka-tegorie fallen, werden für weitere mathematische Operationen (z. B. Berechnung des arithmetischen Mittels) durch die Kategorienmitte repräsentiert.

Tafel 10 zeigt, wie aus einer Urliste der Weitsprungleistungen von 500 Schülern eine Häufigkeitsverteilung erstellt wird.

Enthält eine Urliste Extremwerte, so daß bei einem vollständigen Kategorien-system mehrere aufeinanderfolgende Kategorien unbesetzt blieben, verwendet man einfachheitshalber offene Randkategorien, in die alle Werte gezählt werden, die größer als die mathematisch genaue Untergrenze der obersten Kategorie oder kleiner als die mathematisch genaue Obergrenze der untersten Kategorie sind. Für weitere mathematische Berechnungen sind derart gruppierte Daten allerdings un-brauchbar, es sei denn, man berücksichtigt die Extremwerte gesondert.

Tafel 10. Kategorisierung eines quantitativen Merkmals

Das folgende Beispiel zeigt, wie man aus einer Urliste eine Merkmalsverteilung anfertigt. Es handelt sich um Weitsprungleistungen (in Metern mit 2 Nachkom-mastellen) von 500 Schülern, auf deren Wiedergabe wir verzichten. (Einzelhei-ten s. Text.)

Schätzung der Anzahl der Kategorien:	$k = 1 + 3,32 \cdot \log 500$ $= 1 + 3,32 \cdot 2,70 = 9,96 \approx 10$
Größter Wert:	6,20 m
Kleinster Wert:	3,40 m
Variationsbreite (range):	6,20 m − 3,40 m = 2,80 m
Kategorienbreite:	$\dfrac{2,80}{10} = 0,28$ m
Scheinbare Kategoriengrenzen:	5,93 m–6,20 m 5,65 m–5,92 m 5,37 m–5,64 m ⋮
Math. genaue Kategoriengrenzen:	5,925 m–6,205 m 5,645 m–6,925 m 5,365 m–5,645 m ⋮
Berechnung der Kategorienmitten (veranschaulicht an der 1. Kategorie):	$\dfrac{5,925 \text{ m} + 6,205 \text{ m}}{2} = 6,065$ m

Häufigkeitsverteilung:

Kategoriengrenzen m	Kategorienmitten m	Häufigkeit
5,93–6,20	6,065	2
5,65–5,92	5,785	6
5,37–5,64	5,505	19
5,09–5,36	5,225	61
4,81–5,08	4,945	192
4,53–4,80	4,665	108
4,25–4,52	4,385	51
3,97–4,24	4,105	33
3,69–3,96	3,825	18
3,41–3,68	3,545	9
3,13–3,40	3,265	1

Die folgende Abbildung veranschaulicht diese Verteilung graphisch.

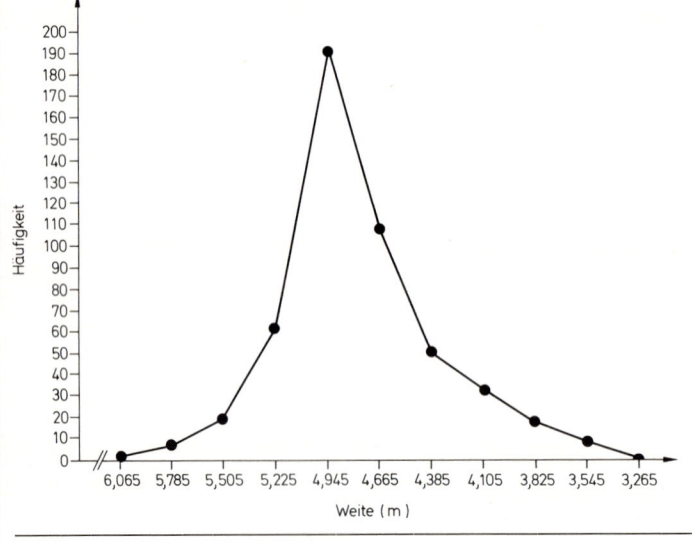

2.1.3 Indexbildung

Sozialwissenschaften befassen sich nicht selten mit Merkmalen, deren Komplexität die Registrierung und Zusammenfassung mehrerer Teilmerkmale erforderlich macht. Die Gesamtnote für einen Aufsatz berücksichtigt z. B. die verbale Ausdrucksfähigkeit des Schülers, seinen Einfallsreichtum und seine Phantasie, die Logik des Aufbaues, die Gliederung des Textes etc. Soziologen klassifizieren Menschen nach ihrer sozialen Schicht bzw. nach ihrem Sozialprestige (vgl. Tafel 11). Die Summe bejahter Fragen, mit denen extravertiertes Verhalten erfaßt wird, bezeichnen Psychologen als einen Gesamtindex der Extraversion eines Menschen.

Diese mühelos zu ergänzenden Beispiele weisen alle eine Gemeinsamkeit auf: Die Ausprägung eines komplexen Merkmales wird aus den Ausprägungen mehrerer, einfach zu erhebender Einzelindikatoren erschlossen.

Die Einzelindikatoren können dichotom (vorhanden – nicht vorhanden, ja – nein, trifft zu – trifft nicht zu etc.) oder mehrstufig sein (Einkommensgruppen oder Berufsgruppen; Antwortskalen, die unterschiedliche Abstufungen der Zustimmung oder Ablehnung ermöglichen etc.). Das hier zu behandelnde Problem lautet nun, wie aus den Einzelindikatoren auf die Ausprägung des eigentlich interessierenden komplexen Merkmals geschlossen werden kann.

Tafel 11. Index zur Messung der sozialen Schicht

Als Beispiel für eine Indexbildung, die auf verschiedenen getrennt erhobenen Variablen basiert, geben wir hier die Kurzfassung des „Index zur Messung der sozialen Schicht" wieder (Scheuch, 1961). Das Instrument ist (bei einer Aktualisierung der Einkommensverhältnisse) bis heute im Gebrauch. (Weitere Informationen zur Schichtproblematik findet man bei Kleining u. Moore, 1968, sowie bei Helfen u. Laga, 1975.)

1. Beruf des Haupternährers

Welchen Beruf üben Sie jetzt aus? Bitte beschreiben Sie mir doch einmal, was Sie so in Ihrer Stellung zu tun haben.
(Bei Arbeitslosen und Rentnern wurde der frühere Beruf erfragt. Bei Ehefrauen wurde der Beruf des Haupternährers erfragt.)

Arbeiter:	Ungelernte Arbeiter	= 1 Punkt
	Angelernte Arbeiter	= 4 Punkte
	Gewöhnliche Facharbeiter	= 9 Punkte
	Höchstqualifizierte Facharbeiter	= 13 Punkte
Angestellte:	Ausführende Angestellte	= 10 Punkte
	Qualifizierte Angestellte	= 16 Punkte
	Leitende Angestellte	= 27 Punkte
Beamte:	Untere Beamte	= 10 Punkte
	Mittlere Beamte	= 16 Punkte
	Leitende Beamte	= 23 Punkte
Selbständige:	Kleine Selbständige	= 15 Punkte
	Mittlere Selbständige	= 20 Punkte
	Führende Selbständige	= 30 Punkte
	Freie Berufe, intellektuelle Berufe	= 25 Punkte
	Kleine Landwirte (5 ha/20 Morgen)	= 15 Punkte
	Mittlere Landwirte (20 ha/60 Morgen)	= 20 Punkte
	Große Landwirte	= 23 Punkte

Bei Arbeitslosen wird von der jeweiligen Punktzahl für den Beruf 1 Punkt abgezogen.

2. Einkommen des Haupternährers

Wie hoch war Ihr Einkommen im letzten Monat nach den Abzügen?
(Der Interviewer hatte durch Nachfragen das Nettoeinkommen des Haupternährers festzustellen.)

unter 149 DM	= 1 Punkt
150– 299 DM	= 3 Punkte
300– 399 DM	= 5 Punkte
400– 499 DM	= 6 Punkte
500– 599 DM	= 8 Punkte
600– 699 DM	= 9 Punkte
700– 799 DM	= 10 Punkte
800– 899 DM	= 13 Punkte
900– 999 DM	= 13 Punkte
1 000–1 499 DM	= 16 Punkte
1 500–1 999 DM	= 19 Punkte
2000 DM und mehr	= 20 Punkte

3. Schulbildung des Befragten

Welche Schule haben Sie zuletzt besucht?

Volksschule, unvollständig	= 0 Punkte
Volksschule ohne Lehre	= 2 Punkte
Volksschule mit Lehre	= 4 Punkte
Handelsschule oder Mittelschule ohne Abschluß	= 5 Punkte
Höhere Schule bis Obertertia	= 7 Punkte
Mittlere Reife	= 9 Punkte
Höhere Schule länger als Untersekunda, ohne Abitur	= 11 Punkte
Höhere Fachschule mit Abschluß	= 12 Punkte
Abitur	= 14 Punkte
Hochschule ohne Abschluß	= 18 Punkte
Hochschule mit Abschluß	= 20 Punkte

4. Soziale Schichtung der Befragten

Untere Unterschicht	= 0–14 Punkte
Obere Unterschicht	= 15–22 Punkte
Untere Mittelschicht	= 23–29 Punkte
Mittlere Mittelschicht	= 30–39 Punkte
Obere Mittelschicht	= 40–49 Punkte
Oberschicht	= 50 und mehr Punkte

Eine wenig taugliche, aber dennoch häufig praktizierte Methode sieht vor, die Ausprägung der Einzelindikatoren einfach zusammenzuzählen. (Bei dichotomen Antwortvorgaben führt dies z. B. zur Bildung einer Summe aller positiv beantworteten Fragen.) – Diese Vorgehensweise ist nur zu rechtfertigen, wenn sichergestellt ist, daß

a) alle Indikatoren tatsächlich mit gleicher Präzision unterschiedliche Teilaspekte des komplexen Merkmals erfassen (**Eindimensionalität des Merkmals**) und

b) all Indikatoren für das komplexe Merkmal von gleicher Bedeutung sind (**gleiche Gewichtung der Indikatoren**).

Beide Forderungen sind nicht unproblematisch. Schon die Fehleranzahl in einem Diktat kann als Kennwert für die Rechtschreibleistung eines Schülers informationslos sein. Zwei gleiche Fehlersummen sprechen erst dann für gleiche Rechtschreibleistungen, wenn alle Rechtschreibfehler gleich gewichtet werden (was sicherlich der pädagogischen Erfahrung widerspricht), und wenn Fehler tatsächlich auf mangelnde Rechtschreibfähigkeit und nicht auf Konzentrationsschwäche, Ablenkung, Müdigkeit oder ähnliches zurückgehen. (Mehrdimensionalität des Merkmals „Rechtschreibfähigkeit").

Eine sinnvolle Indexbildung sollte ohne Verwendung statistischer Hilfstechniken (s. u.) auf jeden Fall theoriegeleitet sein. Nur wenn die Literatur zu dem interessierenden komplexen Merkmal keinerlei Hinweise über die Bedeutung einzelner Indikatorvariablen sowie deren Dimensionalität enthält, stellt der einfache additive Index, bei dem die Ausprägungen aller Indikatorvariablen zusammengezählt werden (was Gleichgewichtung bedeutet), für bestimmte Beschreibungszwecke eine akzeptable Lösung dar. In jedem Falle ist es jedoch von Vorteil, wenn die Dimensionalität und die Gewichtung der Indikatorvariablen empirisch ermittelt werden.

Indexbildung unter Verwendung der Faktorenanalyse

Erfassen mehrere Indikatoren gemeinsam ein komplexes Merkmal, müssen sie hohe gemeinsame Varianzanteile aufweisen bzw. wechselseitig noch miteinander korrelieren. Die Faktorenanalyse (vgl. Anhang D) dieser Korrelationen führt dann zu einem starken Generalfaktor, der das komplexe Merkmal repräsentiert. Die „Ladungen" der einzelnen Indikatorvariablen auf diesem Faktor werden als Gewichtungsfaktoren für eine gewichtete Indexbildung eingesetzt.

Bei der Indexberechnung ist darauf zu achten, daß die einzelnen zu gewichtenden Variablen den gleichen Mittelwert und die gleiche Streuung aufweisen. Im Zweifelsfall verwendet man statt der ursprünglichen Variablen z-transformierte Variablen (vgl. S. 267).

Ein in dieser Weise quantifiziertes komplexes Merkmal kann nach den in Kap. 2.1.2 beschriebenen Regeln kategorisiert und ggf. ausgezählt werden. Tafel 12 verdeutlicht diesen Ansatz anhand eines Beispiels.

Resultieren in der Faktorenanalyse nicht nur ein Faktor, sondern zwei oder gar mehr substantielle Faktoren, ist dies ein Beleg dafür, daß die Indikatoren kein eindimensionales Merkmal, sondern mehrere Dimensionen erfassen. Dies kann für die Theorienbildung über das interessierende Merkmal sehr aufschlußreich sein, wenn der oder die weiteren Faktoren inhaltlich interpretierbar sind. (Dies wäre z. B. nicht der Fall, wenn das Meßinstrument schlecht konstruiert wurde, vgl. S. 149ff.). Gegebenenfalls wird man dann das komplexe Merkmal nicht nur mit einem, sondern mit mehreren gewichteten Indizes erfassen. Die Gewichte für diese Indizes entsprechen den Ladungen der Indikatorvariablen auf den jeweiligen Faktoren.

Tafel 12. Gewichtete Indexbildung am Beispiel staatlicher Ordnungsmaßnahmen

Boden et al. (1975) setzten in einer Untersuchung über die Beeinflussung politischer Einstellungen durch Tageszeitungen einen Fragebogen ein, der u. a. die folgenden items zur Beurteilung staatlicher Ordnungsmaßnahmen enthielt:

Ablehnung   **Zustimmung**

1) Es ist das gute Recht eines jeden jungen Mannes, den Wehrdienst zu verweigern. (−0,55)

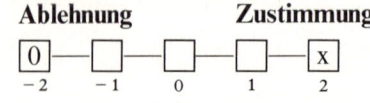

2) Studierende, die den Lehrbetrieb boykottieren, sollten kein Stipendium erhalten. (0,52)

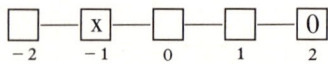

3) Der Staat sollte nicht davor zurückschrecken, Arbeitsscheue zur Arbeit zu zwingen. (0,50)

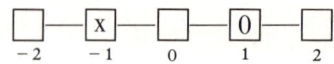

4) Verbrecher sollten härter angefaßt werden. (0,38)

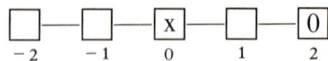

5) Auch in der Demokratie muß es möglich sein, radikale Parteien zu verbieten. (0,36)

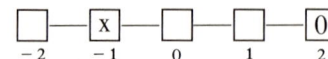

6) Die Demonstration ist ein geeignetes Mittel zur politischen Meinungsäußerung. (−0,35)

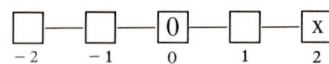

Die Einschätzungen dieser Behauptungen durch Person A wurden durch ein Kreuz (x) und die einer Person B durch einen Kreis (o) markiert. Eine (hier nicht vollständig wiedergegebene) Faktorenanalyse führte zu einem Faktor,der für die sechs Behauptungen die in Klammern aufgeführten Werte als Ladungen auswies. Unter Verwendung dieser Ladungen als Gewichte der Einzelbehauptungen ergeben sich für das komplexe Merkmal „Einstellung zu staatlichen Ordnungsmaßnahmen" die folgenden gewichteten Summen als Einstellungswerte:

Person A: $(-0{,}55)\cdot 2$ $+0{,}52\cdot(-1)+$ $0{,}50\cdot(-1)$
            $+$ $0{,}38\cdot 0$ $+0{,}36\cdot(-1)+(-0{,}35)\cdot 2$ $= -3{,}18$

Person B: $(-0{,}55)\cdot(-2)+0{,}52\cdot 2$ $+$ $0{,}50\cdot 1$
            $+$ $0{,}38\cdot 2$ $+0{,}36\cdot 2$ $+(-0{,}35)\cdot 0$ $=$ $4{,}12$

Offensichtlich bewerten diese beiden Personen staatliche Ordnungsmaßnahmen sehr unterschiedlich (Person A: −3,18 und Person B: 4,12). Nach dem gleichen Verfahren können die Einstellungswerte aller untersuchten Personen ermittelt werden.

Indexbildung unter Verwendung der multiplen Regression

Gelegentlich findet ein komplexes, durch viele Einzelindikatoren beschriebenes Merkmal als Prädiktor einer Kriteriumsvariablen Verwendung. In derartigen Fällen interessiert weniger, wie gut die einzelnen Indikatoren das komplexe Merkmal repräsentieren. Hier sollte die Gewichtung vielmehr so erfolgen, daß die Kriteriumsvariable möglichst präzise durch die Gesamtheit aller Indikatorvariablen vorhergesagt werden kann. Die Gewichtungskoeffizienten werden dann zweckmäßigerweise mittels einer multiplen Regression (vgl. Anhang D) bestimmt.

Gefragt sei beispielsweise nach der Bedeutsamkeit der mathematischen Begabung von Studenten für deren Leistungen in einer Statistikklausur. Die Anzahl der erreichten Klausurpunkte ist also die vorherzusagende Kriteriumsvariable. Mathematische Begabung soll als Prädiktor durch die folgenden neun Teilaspekte charakterisiert werden:

Abstraktion
Konkretisierung
einfache Generalisierung
mathematische Generalisierung
Restriktion
Konstruktion
Analyse
Symbolisieren
Interpretieren
(vgl. Dienes, 1964, zit. nach Stegelmann, 1981).

Für jede dieser einzelnen Denkoperationen wird eine prototypische Aufgabe formuliert.

Erneut führt das einfache Auszählen aller gelösten Aufgaben zu einem wenig tauglichen Index für das komplexe Merkmal „Mathematische Begabung". Besser wird dieses Merkmal durch eine gewichtete Summe charakterisiert, die als Gewichtszahlen die in einer Faktorenanalyse ermittelten Faktorenladungen berücksichtigt (s. o.).

Interessiert jedoch – wie in der vorliegenden Fragestellung – die Bedeutung der Teilaspekte mathematischer Begabung im Hinblick auf die Leistungen in einer Statistikklausur, ist ein Index vorzuziehen, der die in einer multiplen Regression (in diesem Beispiel mit dichotomen Prädiktoren „Aufgabe gelöst – nicht gelöst") ermittelten Beta-Gewichte als Gewichtsfaktoren einbezieht.

Erstaunlicherweise erhält man bei dieser Vorgehensweise zuweilen auch für solche Teilindikatoren hohe Gewichte, die mit der Kriteriumsvariablen offensichtlich wenig zu tun haben. (Die Korrelationen zwischen diesen Teilindikatoren und der Kriteriumsvariablen sind unbedeutend.) Dieses als *Suppressionseffekt* bezeichnete Phänomen ist darauf zurückzuführen, daß die eigentlich unbrauchbar erscheinenden Teilindikatoren die Vorhersagequalität anderer Teilindikatoren verbessern, indem sie solche Varianzanteile in diesen Teilindikatoren unterdrücken, die deren Vorhersagepotential mindern (Näheres hierzu vgl. z. B. Bortz, 1979).

2.2 Urteilen

Eine Besonderheit der Sozialwissenschaften besteht darin, daß der Mensch nicht nur ihr zentrales Thema, sondern gleichzeitig auch ihr wichtigstes Erhebungsinstrument ist. Bei vielen Untersuchungsgegenständen interessieren Eigenschaften, die sich einer Erfassung durch das physikalische Meter-, Kilogramm-, Sekundensystem (M-K-S-System) entziehen; ihre Beschreibung macht die Nutzung der menschlichen Urteilsfähigkeiten und -möglichkeiten erforderlich.

Die farbliche Ausgewogenheit eines Bildes, die Kreativität eines Schulaufsatzes, die Verwerflichkeit verschiedener krimineller Delikte oder die emotionale Labilität eines Patienten sind Beispiele, die auf die Urteilskraft geschulter Experten oder auch Laien angewiesen sind. Hier und bei der Erfassung ähnlich komplexer Eigenschaften erweist sich das menschliche Urteilsvermögen als dasjenige „Meßinstrument", welches allen anderen sozialwissenschaftlichen Meßtechniken überlegen ist. Es hat allerdings einen gravierenden Nachteil: Menschliche Urteile sind subjektiv und deshalb in einem weitaus höheren Maße unsicher als beispielsweise an das physikalische M-K-S-System angelehnte Verfahren. Ein zentrales Problem aller auf menschlichen Urteilen basierenden Meßverfahren ist deshalb die Frage, wie die Unsicherheiten im menschlichen Teil minimiert oder doch zumindest kalkulierbar gemacht werden können.

Sozialwissenschaftliche Meßverfahren nutzen die menschliche Urteilsfähigkeit in unterschiedlicher Weise: So können beispielsweise verschiedene Berufe nach ihrem Sozialprestige in eine Rangreihe gebracht werden (Kap. 2.2.1: Rangordnungen oder Kap. 2.2.2: Dominanz – Paarvergleich). Vergleichsweise höhere Anforderungen an das Urteilsvermögen stellt die Aufgabe, die Ähnlichkeit von paarweise vorgegebenen Objekten (z.B. verschiedene Automarken) quantitativ einzustufen (Kap. 2.2.3: Ähnlichkeits-Paarvergleich). Eine weitere, in den Sozialwissenschaften sehr häufig angewandte Erhebungsart basiert auf der direkten, quantitativen Einstufung von Urteilsobjekten bezüglich einzelner Merkmale wie z.B. durch Verhaltensbeobachtung gewonnene Einschätzungen der Aggressivität im kindlichen Sozialverhalten (Kap. 2.2.4: Ratingskalen). Diese Erhebungsarten verlangen subjektive Urteile und sollen deshalb als *Urteils- oder Schätzverfahren* bezeichnet werden. (Unbehandelt bleiben Verfahren wie z.B. Verhältnisschätzungen oder Sektionierungsmethoden, die fast ausschließlich nur die Psychophysik verwenden. Hierzu findet der interessierte Leser einführende Informationen z.B. bei Torgerson, 1958 oder Sixtl, 1967).

Auch Messungen von Einstellungen und Persönlichkeitsmerkmalen benötigen subjektive Schätzurteile, bei denen die untersuchten Personen angeben, ob bzw. in welchem Ausmaß vorgegebene Behauptungen auf sie selbst zutreffen. Die Urteile informieren damit über den Urteiler selbst. Derartige, subjektzentrierte Schätzurteile ("subject centered approach" nach Torgerson, 1958 oder "task A" nach Coombs, 1952) sind nicht Gegenstand dieses Teilkapitels, sondern werden im nächsten Abschnitt (Kap. 2.3: Testen) behandelt. In diesem Teilkapitel haben die Schätzurteile ausschließlich die Funktion von Fremdurteilen, d. h. die Urteilsgegenstände sind nicht die Urteiler selbst ("stimulus centered" oder "judgement approach" nach Torgerson, 1958).

Das zentrale Anliegen aller im folgenden behandelten Verfahren besteht darin, durch das „Meßinstrument Mensch" etwas über die Untersuchungsgegenstände zu erfahren. Erfordert eine konkrete Untersuchung eine derartige Datenerhebungstechnik, hat der Untersucher zwei wichtige Entscheidungen zu treffen:

Zunächst muß gefragt werden, welche spezielle Urteilsleistung für die konkrete Fragestellung von den Untersuchungsteilnehmern verlangt werden soll. Jede Erhebungstechnik hat ihre Vor- und Nachteile, die in Abhängigkeit von der Art und Anzahl der zu beurteilenden Objekte, der Komplexität der zu untersuchenden Merkmale und dem Urteilsvermögen bzw. der Belastbarkeit des Urteilers unterschiedlich ins Gewicht fallen. Hierüber wird im Zusammenhang mit den einzelnen Urteilsverfahren ausführlich zu berichten sein.

Die zweite Entscheidung betrifft die weitere Verarbeitung der erhobenen Daten. Hält man beispielsweise für eine konkrete Untersuchung einen Dominanz-Paarvergleich für die optimale Erhebungsart, ist damit noch nicht entschieden, ob aus diesem Material z. B. nur die ordinalen Relationen der untersuchten Objekte oder Reize ermittelt werden sollen, ob eine Skalierung nach dem "law of comparative judgement" (Thurstone, 1927) vorgenommen oder eine Auswertung nach dem „Signal-Erkennungs-Paradigma" (Green u. Swets, 1966) durchgeführt werden kann. Die Art der Aufarbeitung der Daten (und damit auch die Art der potentiell zu gewinnenden Erkenntnisse) ist davon abhängig, ob die erhobenen Daten die Voraussetzungen, die die Anwendung eines bestimmten Skalierungsmodells rechtfertigen, erfüllen.

Der Forscher steht damit vor dem schwierigen Problem, entscheiden zu müssen, welcher der zahlreichen Skalierungsansätze für sein Material am besten geeignet ist. Zwar wurden für die meisten Verfahren Strategien zur Überprüfung der jeweiligen Annahmen entwickelt; diese sollten jedoch nicht in der Weise mißbraucht werden, daß viele Skalierungsmodelle wahllos ausprobiert werden. So wie inhaltliche Hypothesen begründet aus allgemeinen theoretischen Überlegungen abgeleitet sein sollten, ist auch die Wahl eines Skalierungsmodells inhaltlich und nicht formal zu begründen. Stellt sich nämlich die inhaltlich begründete (und nicht die zufällige) Wahl eines Skalierungsmodells als falsch heraus, läßt dies wichtige Rückschlüsse auf das untersuchte Urteilsverhalten zu. Wir werden diesen Punkt im Zusammenhang mit den einzelnen zu diskutierenden Skalierungsmodellen erneut aufgreifen.

2.2.1 Rangordnungen

Im folgenden werden drei Verfahren dargestellt, die die Untersuchungsteilnehmer vor einfache Rangordnungsaufgaben stellen. Es handelt sich um

– direkte Rangordnungen,
– die „Methode der sukzessiven Intervalle" und
– die Skalierung nach dem "law of categorial judgement".

2.2.1.1 Direkte Rangordnungen

Das Ordnen von Untersuchungsobjekten nach einem vorgegebenen Merkmal stellt eine auch im Alltag geläufige Form des Urteilens dar. Das Aufstellen einer Rangordnung geht von der Vorstellung aus, daß sich die untersuchten Objekte hinsichtlich der Ausprägung eines eindeutig definierten Merkmals unterscheiden. Der Urteiler weist demjenigen Objekt, bei dem das Merkmal am stärksten ausgeprägt ist, Rangplatz 1 zu, das Objekt mit der zweitstärksten Merkmalsausprägung erhält Rangplatz 2 und so fort bis hin zum letzten (dem n-ten) Objekt, das Rangplatz n erhält. Die so ermittelten Werte stellen eine Rangskala oder *Ordinalskala* (vgl. Kap. 1.4.6.2) dar.

Objekte mit gleichen Merkmalsausprägungen erhalten sogenannte *Verbundränge* (englisch: ties). Verbundränge sind erforderlich, wenn die Anzahl der Merkmalsabstufungen kleiner ist als die Anzahl der Objekte, die in Rangreihe gebracht werden sollen (Beispiel: 10 Schüler sollen nach ihren Englischleistungen in Rangreihe gebracht werden. Die Ausprägungen des Merkmals „Englischleistung" seien durch Schulnoten gekennzeichnet. Da die Anzahl verschiedener Noten kleiner ist als die Anzahl der Schüler, resultiert zwangsläufig eine Rangskala mit Verbundrängen.), bzw. wenn mehrere Objekte die gleiche Merkmalsausprägung aufweisen (vgl. Tabelle 2).

Tabelle 2. Rangskala mit Verbundrängen

Schüler	Fehlerzahl	Rangplatz
Kurt	0	2,5
Fritz	7	12
Alfred	4	9
Willi A.	5	11
Detlef	1	5,5
Dieter	1	5,5
Konrad	0	2,5
Heinz	3	7
Karl	4	9
Siegurt	0	2,5
Bodo	4	9
Willi R.	0	2,5

Wie Tabelle 2 zeigt, haben z. B. 4 Schüler null Fehler erreicht. Ihr Rangplatz entspricht dem mittleren Rangplatz derjenigen Ränge, die zu vergeben wären, wenn die gleichen Schüler verschiedene, aufeinanderfolgende Rangplätze erhalten hätten [im Beispiel: $(1+2+3+4):4=2,5$].

Die Grenzen der Urteilerkapazität werden mit zunehmender Anzahl der zu ordnenden Objekte rasch erreicht. Wieviele Objekte noch sinnvoll in eine Rangreihe gebracht werden können, hängt von der Komplexität des untersuchten Merkmals und der Kompetenz der Urteiler ab. So dürfte die Anzahl verläßlich nach ihrem Gewicht zu ordnender Gegenstände (von sehr schwer bis federleicht) sicherlich größer sein als die maximale Anzahl von Politikern, die problemlos nach dem Merkmal „politischer Sachverstand" in Rangreihe gebracht werden können, wobei im letzten Beispiel die ordinale Diskriminationsfähigkeit eines politisch informierten Urteilers sicher höher ist als die eines uninformierten Urteilers. Vorversuche oder Selbstversuche stellen geeignete Mittel dar, um bei einem konkreten Rangordnungsproblem die Höchstzahl sinnvoll zu ordnender Objekte festzustellen. Die Übereinstimmung der Rangreihen mehrerer Urteile ermittelt man mit der Rangkorrelation (vgl. Anhang D).

2.2.1.2 Methode der sukzessiven Intervalle

Übersteigt die Anzahl der zu ordnenden Objekte die Diskriminationsfähigkeit der Urteiler, ist die „Methode der sukzessiven Intervalle" vorzuziehen. Die Aufgabe der Urteiler lautet dann, die Objekte in Untergruppen zu sortieren, wobei das untersuchte Merkmal in der ersten Gruppe am stärksten, in der zweiten Gruppe am zweitstärksten etc. ausgeprägt ist. Die Gruppen befinden sich damit in einer Rangreihe bezüglich des untersuchten Merkmales. Die Abstände zwischen den Gruppen sind hierbei unerheblich. Zur Erleichterung dieser Aufgabe werden für die Untergruppen gelegentlich verbale Umschreibungen der Merkmalsausprägungen vorgegeben (z.B. das Merkmal ist extrem stark – sehr stark – stark – mittelmäßig – schwach – sehr schwach – extrem schwach ausgeprägt). Diese Umschreibungen erfassen verschiedene aufeinanderfolgende Ausschnitte oder Intervalle des Merkmalskontinuums, denen die Untersuchungsobjekte zugeordnet werden. Die Skalierung führt damit zu einer Häufigkeitsverteilung über geordnete Intervalle.

Die Modellannahme, die dieser Rangskala zugrunde liegt, besagt ebenfalls, daß die Objekte hinsichtlich des untersuchten Merkmales tatsächlich ordinale Relationen aufweisen. Überprüfen läßt sich diese Modellannahme beispielsweise dadurch, daß man eine Teilmenge der Objekte im Verbund mit anderen Objekten erneut ordnen läßt. Unterscheiden sich die Rangordnungen der Objekte dieser Teilmenge in beiden Skalierungen, ist die Modellannahme für eine Rangskala verletzt. Eine andere Möglichkeit besteht im Vergleich der Rangreihen verschiedener Urteiler, deren Übereinstimmung der Konkordanzkoeffizient überprüft (vgl. Anhang D).

2.2.1.3 Das "Law of Categorial Judgement"

Die Grundidee dieses Skalierungsansatzes geht auf Thurstone (1927) zurück. Nach Thurstone's Terminologie basiert die Einschätzung der Merkmalsausprägungen von Objekten hinsichtlich psychologischer Variablen auf einem Diskriminationsprozeß, der die Basis aller Identifikations- und Diskriminationsurteile darstellt. Jedem zu beurteilenden Objekt ist ein derartiger Diskriminationsprozeß zugeordnet. Organismische Fluktuationen haben zur Konsequenz, daß Empfindungen, die ein Objekt bei wiederholter Darbietung auslöst, nicht identisch sind, sondern um einen „wahren" Wert oszillieren. Es resultiert eine *Empfindungsstärkenverteilung*, von der angenommen wird, sie sei normalverteilt. Wird ein Objekt nicht wiederholt von einem Beurteiler, sondern einmal von vielen Beurteilern eingestuft, gilt die Annahme der Normalverteilung entsprechend auch für diese Urteile.

Für das "law of categorial judgement" (das gleiche Skalierungsprinzip wurde unter dem Namen "method of successiv categories" von Guilford, 1938, als "method of graded dichotomies" von Attneave, 1949 und als "method of discriminability" von Garner u. Hake, 1951, publiziert) resultieren hieraus die folgenden Annahmen (vgl. Torgerson, 1958, Kap. 10):

1. Der Urteiler ist in der Lage, das Merkmalskontinuum in eine bestimmte Anzahl ordinaler Kategorien aufzuteilen.
2. Die Grenzen zwischen diesen Kategorien sind keine festen Punkte, sondern schwanken um bestimmte Mittelwerte.
3. Die Wahrscheinlichkeit für die Realisierung einer bestimmten Kategoriengrenze folgt einer Normalverteilung.
4. Die Beurteilung der Merkmalsausprägung eines bestimmten Objektes ist nicht konstant, sondern unterliegt zufälligen Schwankungen.
5. Die Wahrscheinlichkeit für die Realisierung eines bestimmten Urteiles folgt einer Normalverteilung.
6. Ein Urteiler stuft ein Objekt unterhalb einer Kategoriengrenze ein, wenn die Merkmalsausprägung des Objektes geringer ist als die durch die Kategoriengrenze repräsentierte Merkmalsausprägung.

Werden die Objekte wiederholt von einem Urteiler oder – was üblicher ist – von mehreren Urteilern nach der Methode der suksessiven Intervalle geordnet, erhalten wir für jede Rangkategorie Häufigkeiten, die angeben, wie oft ein bestimmtes Objekt in die einzelnen Rangkategorien eingeordnet wurde (vgl. Tafel 13).

Tafel 13. Emotionale Wärme in der Gesprächspsychotherapie:
Ein Beispiel für das "law of categorial judgement"

---

50 Studenten eines Einführungskurses in Gesprächspsychotherapie werden gebeten, das Merkmal „emotionale Wärme des Therapeuten" in 5 Therapieprotokollen einzustufen. Die Einstufung erfolgt anhand der folgenden 5 Rangkategorien: Therapeut zeigt sehr viel emotionale Wärme ($=1$); Therapeut zeigt viel emotionale Wärme ($=2$); Therapeut wirkt neutral ($=3$); Therapeut wirkt emotional zurückhaltend ($=4$); Therapeut wirkt emotional sehr zurückhaltend ($=5$). Die 5 Therapieprotokolle wurden von den 50 Urteilern in folgender Weise eingestuft:

	Urteilskategorie				
	1	2	3	4	5
Protokoll A	2	8	10	13	17
Protokoll B	5	10	15	18	2
Protokoll C	10	⑫	20	5	3
Protokoll D	15	20	10	3	2
Protokoll E	22	18	7	2	1

Die eingekreiste Zahl (12) besagt damit, daß der Therapeut in Protokoll C nach Ansicht von 12 Studenten viel emotionale Wärme (Kategorie 2) zeigt. Die Zahlen ergeben zeilenweise jeweils 50.

Die folgende Tabelle zeigt die relativen Häufigkeiten (nach Division durch 50)

	Urteilskategorie				
	1	2	3	4	5
Protokoll A	0,04	0,16	0,20	0,26	0,34
Protokoll B	0,10	0,20	0,30	0,36	0,04
Protokoll C	0,20	0,24	0,40	0,10	0,06
Protokoll D	0,30	0,40	0,20	0,06	0,04
Protokoll E	0,44	0,36	0,14	0,04	0,02

Diese relativen Häufigkeiten werden im nächsten Schritt zeilenweise kumuliert (kumulierte relative Häufigkeiten).

	Urteilskategorie				
	1	2	3	4	5
Protokoll A	0,04	0,20	0,40	0,66	1,00
Protokoll B	0,10	0,30	0,60	0,96	1,00
Protokoll C	0,20	0,44	0,84	0,94	1,00
Protokoll D	0,30	0,70	0,90	0,96	1,00
Protokoll E	0,44	0,80	0,94	0,98	1,00

Der im Anhang E (Tabelle 1) wiedergegebenen Standard-Normalverteilungstabelle wird nun entnommen, wie die z-Werte (Abszissenwerte der Standard-Normalverteilung) lauten, die die oben aufgeführten relativen Häufigkeiten (oder Flächenanteile) von der Standard-Normalverteilung abschneiden.

	Urteilskategorien				Zeilen-summen	Zeilen-mittel	Merk-mals-auspräg.
	1	2	3	4			
Protokoll A	$-1,75$	$-0,84$	$-0,25$	0,41	$-2,43$	$-0,61$	0,94
Protokoll B	$-1,28$	$-0,52$	0,25	1,75	0,20	0,05	0,28
Protokoll C	$-0,84$	$-0,15$	0,99	1,55	1,55	0,39	$-0,06$
Protokoll D	$-0,52$	0,52	1,28	1,75	3,03	0,76	$-0,43$
Protokoll E	$-0,15$	0,84	1,55	2,05	4,29	1,07	$-0,74$
Spalten-summen	$-4,54$	$-0,15$	3,82	7,51			
Kategorien-grenzen	$-0,91$	$-0,03$	0,76	1,50		0,33	

93

Der eingekreiste Wert ($-0,15$) besagt also, daß der Wert $z = -0,15$ 44% der Fläche der Standardnormalverteilung abschneidet. Die letzte Spalte wurde weggelassen, weil die kumulierten relativen Häufigkeiten in dieser Spalte alle 1,00 (mit $z \to +\infty$) betragen.

Als Kategoriengrenzen resultieren die Spaltenmittelwerte. Der Wert $-0,91$ markiert die Grenze zwischen den Kategorien „sehr viel emotionale Wärme" (1) und „viel emotionale Wärme" (2), der Wert $-0,03$ die Grenze zwischen „viel emotionale Wärme" (2) und „neutral" (3) etc.

Die Merkmalsausprägungen der beurteilten Protokolle ergeben sich als Differenzen zwischen der durchschnittlichen Kategoriengrenze (0,33) und den Zeilenmittelwerten. Für Protokoll A resultiert damit der Skalenwert 0,33–($-0,61$) = 0,94. Insgesamt ergeben sich für die 5 Therapieprotokolle Ausprägungen in Bezug auf das Merkmal „emotionale Wärme", die in der letzten Spalte aufgeführt sind. Da es sich – wenn die Annahmen des "law of categorial judgement" zutreffen – hierbei um Werte einer Intervallskala handelt, könnte zu allen Werten der kleinste Skalenwert ($-0,74$) addiert werden; man erhielte dadurch neue Werte auf einer Skala mit einem (künstlichen) Nullpunkt. (Man beachte, daß nach der hier gewählten Abfolge der Urteilskategorien im Protokoll E am meisten und in Protokoll A am wenigsten emotionale Wärme gezeigt wird.)

Der in Tafel 13 wiedergegebene Rechengang geht vom restriktivsten Fall aus, bei dem Kovarianzen der Verteilungen von Kategoriengrenzen und Urteilsobjekten Null und die Varianzen der Verteilungen der Kategoriengrenzen konstant sind. Die Tafel verdeutlicht lediglich den Rechengang des "law of categorial judgement", dessen ausführliche Herleitung der interessierte Leser z. B. bei Torgerson (1958, Kap. 10) findet.

Das Beispiel des "law of categorial judgement" zeigt uns, wie nach Einführung einiger Modellannahmen aus einfachen ordinalen Informationen eine skalentheoretisch höherwertige Skala (Intervallskala) entwickelt werden kann. Dies setzt allerdings voraus, daß die Urteilsvorgänge in der von Thurstone beschriebenen Weise (s. o.) ablaufen.

Die hier anzustellenden Überlegungen betreffen vor allem die Normalverteilungsannahme, die z. B. gefährdet ist, wenn Objekte mit extremen Merkmalsausprägungen zu beurteilen sind. Extrem starke Merkmalsausprägungen werden eher unterschätzt (vgl. hierzu Attneave, 1949), und extrem schwache Merkmalsausprägungen werden eher überschätzt, d. h. es werden rechtssteile bzw. linkssteile Urteilsverteilungen begünstigt. Rozeboom u. Jones (1956) konnten allerdings zeigen, daß die Ergebnisse, die nach den "law of categorial judgement" erzielt werden, durch nicht normale Empfindungsstärkenverteilungen wenig beeinflußt sind. Nach Jones (1959) sind sie zudem invariant gegenüber verschiedenen Urteilerstichproben, verschiedenen Kategorienbezeichnungen sowie der Anzahl der Kategorien.

Unterschiedliche Objekte evozieren unterschiedliche Verteilungen, von denen z. B. behauptet wird, sie seien voneinander unabhängig und hinsichtlich ihrer Streuungen homogen. Gegen die Unabhängigkeitsannahme sprechen beispielsweise Versuchsanordnungen, die wiederholte Beurteilungen der Objekte durch einen Beurteiler vorsehen. Mit varianzheterogenen Verteilungen ist zu rechnen, wenn die Urteile über verschiedene Objekte unterschiedlich sicher sind. Mit zunehmender Urteilsunsicherheit muß man mit größeren Streuungen der Verteilungen rechnen. (Über Verfahren zur Überprüfung der Modellannahmen berichtet Torgerson, 1958, S. 240 f.)

2.2.2 Dominanz-Paarvergleiche

Dominanzpaarvergleiche sind ebenfalls einfache Urteilsaufgaben, die allerdings bei vielen Untersuchungsobjekten zu starken Belastungen der Untersuchungsteilnehmer führen. Bei einem Dominanzpaarvergleich wird der Urteiler aufgefordert anzugeben, bei welchen von zwei Objekten das untersuchte Merkmal stärker ausgeprägt ist bzw. welches Objekt bezüglich des Merkmals „dominiert". (Beispiele: Welche von 2 Aufgaben ist schwerer, welcher von 2 Filmen ist interessanter, welche von 2 Krankheiten ist schmerzhafter etc.). Werden n Objekte untersucht, müssen für einen vollständigen Paarvergleich, bei dem jedes Objekt mit jedem anderen Objekt verglichen wird, $\binom{n}{2} = \dfrac{n \cdot (n-1)}{2}$ Paarvergleichsurteile abgegeben werden (bei n = 10 sind damit 45 Paarvergleichsurteile erforderlich).

Dieses Ausgangsmaterial läßt sich auf vielfältige Weise weiterverwerten. Wir behandeln im folgenden

- *indirekte Rangordnungen,* die aus Dominanz-Paarvergleichsurteilen einfach bestimmbar und die gegenüber direkten Rangordnungen verläßlicher sind
- das *"law of comparative judgement",* das – ähnlich wie das "law of categorial judgement" (vgl. Kap. 2.2.1.3) – die theoretische Grundlage für eine Intervallskalierung der untersuchten Objekte liefert
- die *Konstanzmethode,* die vor allem in der Psychophysik zur Bestimmung sensorischer Schwellen herangezogen wird, sowie
- Skalierungen nach dem *„Signal-Erkennungs-Paradigma",* welche Paarvergleichsurteile als „Entscheidungen unter Risiko" auffassen und mit denen z. B. entschieden werden kann, in welcher Weise Urteile durch „psychologische Reaktionsbereitschaft verfälscht" sind.

2.2.2.1 Indirekte Rangordnungen

Ein vollständiger Paarvergleich von n Objekten führt zu Angaben darüber, wie häufig jedes Objekt den übrigen Objekten vorgezogen wurde. Ordnet man diesen Häufigkeiten nach ihrer Größe Rangzahlen zu, erhält man eine Rangordnung der untersuchten Objekte.

Ein kleines Beispiel soll dieses Verfahren erläutern. Nehmen wir an, es sollen 7 Urlaubsorte nach ihrer Attraktivität in eine Rangreihe gebracht werden. Der vollständige Paarvergleich dieser 7 Orte (nennen wir sie einfachheitshalber A, B, C, D, E, F und G) führte zu folgenden Präferenzhäufigkeiten:

A wurde 5 anderen Orten vorgezogen
B wurde 3 anderen Orten vorgezogen
C wurde 1 anderen Ort vorgezogen
D wurde 6 anderen Orten vorgezogen
E wurde 0 anderen Orten vorgezogen
F wurde 5 anderen Orten vorgezogen
G wurde 1 anderen Ort vorgezogen

Insgesamt wurden also $\binom{7}{2} = 21$ Paarvergleichsurteile abgegeben. Ort D wurde am häufigsten bevorzugt und erhält damit den Rangplatz 1. Die Orte A und F teilen sich die Rangplätze 2 und 3 (verbundener Rangplatz: 2,5, vgl. Kap. 2.2.1.1) und die Orte C und G die Rangplätze 5 und 6 (verbundener Rangplatz: 5,5).

Wird der Paarvergleich von mehreren Urteilern durchgeführt, erhält man deren gemeinsame Rangreihe aufgrund der summierten Präferenzen. Hierfür fertigt man sinnvollerweise eine Tabelle an, der zusätzlich entnommen werden kann, von wievielen Urteilern ein Objekt einem anderen vorgezogen wurde (vgl. Tafel 14).

Wie in Kap. 2.2.1 wird auch bei der Ermittlung einer Rangskala über Paarvergleiche vorausgesetzt, daß die Objekte bzgl. des untersuchten Merkmals ordinale Relationen aufweisen. Führen verschiedene Paarvergleiche derselben Objekte zu verschiedenen Rangreihen, ist diese Voraussetzung verletzt, es sei denn, man toleriert die Abweichungen als unsystematische Urteilsfehler.

Eine Verletzung der ordinalen Modellannahme liegt auch vor, wenn sogenannte *„zirkuläre Triaden"* (Kendall, 1955) oder *„intransitive"* Urteile auftreten. Wird beispielsweise von zwei Gemälden A und B A als das schönere vorgezogen (A > B) und zudem Gemälde B einem dritten Bild C vorgezogen (B > C), müßte man folgern, daß A auch C vorgezogen wird (A > C). In der Praxis kommt es jedoch nicht selten zu dem scheinbar unlogischen Urteil C > A. Nachlässigkeit des Urteilers und/oder nur geringfügige Unterschiede in den Merkmalsausprägungen können für derartige „Urteilsfehler" verantwortlich sein.

Eine deutliche Verletzung der ordinalen Modellannahme läge vor, wenn eine zirkuläre Triade dadurch verursacht wird, daß das untersuchte Merkmal *nicht eindimensional* ist, sondern mehrere Aspekte oder Dimensionen aufweist. So könnte die beim Gemäldevergleich aufgetretene zirkuläre Triade zum Beispiel durch die Verwendung zweier Aspekte des Merkmals „Schönheit" zustandegekommen sein. Beim Vergleich der Bilder A und B wurde besonders auf die farbliche Gestaltung und beim Vergleich der Bilder B und C auf eine harmonische Raumaufteilung geachtet. Wird nun beim Vergleich der Bilder A und C erneut die farbliche Gestaltung (oder ein dritter Schönheitsaspekt) betont, kann es zu der oben aufgeführten intransitiven Urteilsweise kommen.

Sixtl (1967, S. 159) berichtet über ein Verfahren, welches die Zufälligkeit des Auftretens zirkulärer Triaden überprüft. Übersteigt die Anzahl zirkulärer Triaden die unter Zufallsbedingungen zu erwartende Anzahl, muß man davon ausgehen, daß das untersuchte Merkmal *mehrdimensional* ist – es sei denn, die intransitiven Urteile sind auf Nachlässigkeit des Urteilers zurückzuführen. Über Möglichkeiten der Skalierung mehrdimensionaler Merkmale wird im nächsten Abschnitt (Kap. 2.2.3: Ähnlichkeits-Paarvergleich) zu berichten sein.

Wird ein vollständiger Paarvergleich von mehreren Urteilern durchgeführt, informiert ein Verfahren von Cochran (1950, zit. nach Sixtl, S. 163 ff.) über die Güte der Urteilerübereinstimmung. Bei hoher Übereinstimmung der Paarvergleichsurteile lassen sich diese zusammenfassen, indem für jedes Objekt notiert wird, wie häufig es insgesamt (von allen Urteilern) vorgezogen wurde. Diese Häufigkeiten stellen dann die Basis für eine – in diesem Falle gemeinsame – Rangskala der untersuchten Objekte dar (vgl. Tafel 14).

Stimmen die Paarvergleichsurteile der verschiedenen Urteiler nicht überein, kann auch dies ein Hinweis auf Mehrdimensionalität des Merkmals sein, die in diesem Falle jedoch nicht intraindividuell sondern interindividuell zum Tragen kommt. Bezogen auf den oben erwähnten Schönheitspaarvergleich von Gemälden hieße dies z. B., daß verschiedene Urteiler in ihren (möglicherweise transitiven) Urteilen verschiedene Schönheitsaspekte beachtet haben. Auch in diesem Falle wäre dem eindimensionalen Paarvergleich ein mehrdimensionales Analysemodell vorzuziehen, das gleichzeitig individuelle Unterschiede in der Nutzung von Urteilsdimensionen berücksichtigt (vgl. S. 116 ff.).

2.2.2.2 Das "law of comparative judgement"

Der Grundgedanke des "law of comparative judgement" (Thurstone, 1927) läßt sich vereinfacht in folgender Weise charakterisieren: Wie schon beim "law of categorial judgement" wird davon ausgegangen, daß wiederholte Beurteilungen einer Merkmalsausprägung nicht identisch sind, sondern – möglicherweise nur geringfügig – fluktuieren. Es resultiert eine (theoretische) Verteilung der Empfindungsstärken, von der angenommen wird, sie sei um einen „wahren" Wert normalverteilt. Ein konkretes Urteil stellt dann die Realisierung dieser normalverteilten Zufallsvariablen dar. Auf dieser Theorie basiert der in Tafel 14 wiedergegebene Skalierungsansatz.

Tafel 14. Sport > Englisch? Ein Beispiel für eine Paarvergleichsskalierung nach dem "law of comparative judgement"

---

30 Schüler wurden gebeten, in einem vollständigen Paarvergleich ihre Präferenzen für 5 Unterrichtsfächer anzugeben. Hierfür wurden für die Fächer Deutsch (De), Mathematik (Ma), Englisch (En), Sport (Sp) und Musik (Mu) alle 10 möglichen Paarkombinationen gebildet und jeder Schüler mußte angeben, welches der jeweils 2 Fächer seiner Meinung das interessantere sei. Aus den Paarvergleichsurteilen resultierte folgende Dominanzmatrix (Begründung des Rechenganges s. Text):

	De	Ma	En	Sp	Mu
De	–	10	12	24	22
Ma	20	–	(24)	26	23
En	18	6	–	19	20
Sp	6	4	11	–	4
Mu	8	7	10	16	–

Die eingekreiste Zahl gibt an, daß 24 Schüler Englisch interessanter finden als Mathematik. Die Werte besagen, wie häufig die Fächer, die die Spalten bezeichnen, über die Fächer, die die Zeilen bezeichnen, „dominieren". Einander entsprechende Zellen ergänzen sich auf 30 (6 Schüler finden Mathematik interessanter als Englisch).

Im nächsten Schritt werden die oben genannten Präferenzhäufigkeiten in relative Häufigkeiten transformiert, indem sie durch die Anzahl der Schüler (n = 30) dividiert werden.

	De	Ma	En	Sp	Mu
De	–	0,33	0,40	0,80	0,73
Ma	0,67	–	0,80	0,87	0,77
En	0,60	0,20	–	0,63	0,67
Sp	0,20	0,13	0,37	–	0,47
Mu	0,27	0,23	0,33	0,53	–

Für die relativen Häufigkeiten entnimmt man – wie in Tafel 13 – der Standardnormalverteilungstabelle (vgl. Anhang E, Tabelle 1) die folgenden z-Werte:

	De	Ma	En	Sp	Mu
De	–	−0,44	−0,25	+0,84	+0,61
Ma	+0,44	–	+0,84	+1,13	+0,74
En	+0,25	−0,84	–	+0,33	+0,44
Sp	−0,84	−1,13	−0,33	–	−0,07
Mu	−0,61	−0,74	−0,44	+0,07	–
Spaltensummen	−0,76	−3,15	−0,18	+2,37	+1,72
Spaltenmittel	−0,15	−0,63	−0,04	+0,47	+0,34
Skalenwerte	0,48	0,00	0,59	+1,10	+0,97

Man berechnet als nächstes die Spaltensummen und die Spaltenmittelwerte, deren Summe bis auf Rundungsungenauigkeiten Null ergibt. Addieren wir den Betrag des größten negativen Wertes ($-0,63$) zu allen Werten, resultieren die Skalenwerte. Offensichtlich ist Mathematik das am wenigsten interessante Fach; Deutsch und Englisch nehmen sich nicht viel, wenngleich Englisch für geringfügig interessanter gehalten wird als Deutsch. Sport halten die Schüler für das interessanteste Fach, dicht gefolgt von Musik.

Wegen der Bedeutung dieses Skalierungsansatzes sei der Rechengang im folgenden ausführlicher begründet: Die Schätzung der Merkmalsausprägungen von zwei Objekten entspricht der Realisierung von zwei normalverteilten Zufallsvariablen. Die Differenz dieser beiden Schätzungen (x_1-x_2) stellt dann ihrerseits eine normalverteilte Zufallsvariable dar (Differenzen zweier normalverteilter Zufallsvariablen sind ebenfalls normalverteilt). Dividieren wir die Differenz durch die Streuung der Differenzenverteilung (über die im law of comparative judgement unterschiedliche Annahmen gemacht werden, s. u.), resultiert ein z-Wert der Standardnormalverteilung (vgl. S. 267). Ein positiver z-Wert besagt, daß $x_1 > x_2$, ein negativer z-Wert, daß $x_1 < x_2$ und $z = 0$ resultiert, wenn $x_1 = x_2$.

Der Wert $z = 0$ schneidet von der Fläche der Standardnormalverteilung 50% ab. Gleichzeitig gilt, daß für $z = 0$ (bzw. $x_1 = x_2$) im Paarvergleich die Präferenz für einen Reiz zufällig erfolgt, d. h. die Wahrscheinlichkeit, daß ein Reiz dem anderen vorgezogen wird, beträgt ebenfalls 50%. Ist nun $x_1 > x_2$, resultiert ein positiver z-Wert, der mehr als 50% der Fläche der Standardnormalverteilung abschneidet. Gleichzeitig ist auch die Wahrscheinlichkeit, daß Reiz 1 Reiz 2 vorgezogen wird, größer als 50%. Auf dieser Korrespondenz basiert die Annahme, daß die Wahrscheinlichkeit, mit der ein Reiz einem anderen vorgezogen wird, dem durch die standardisierte Differenz $(x_1 - x_2)$ abgeschnittenen Flächenanteil der Standardnormalverteilung entspricht.

Die Wahrscheinlichkeiten, mit denen ein Reiz einem anderen vorgezogen wird, werden aus den Paarvergleichsurteilen geschätzt. (Relative Häufigkeiten in Tafel 14.) Gesucht werden nun diejenigen z-Werte, die von der Standardnormalverteilungsfläche genau diese Flächenanteile bzw. Prozentwerte abschneiden. Diese z-Werte repräsentieren die Differenzen zwischen je zwei Reizen auf einer Intervallskala (vgl. hierzu auch David, 1963).

Der weitere Rechengang einer Paarvergleichsskalierung nach dem "law of comparative judgement" ist dann relativ problemlos. Wir berechnen die mittlere Abweichung eines jeden Objektes von allen übrigen Objekten und erhalten damit die Skalenwerte. (Die mittlere Abweichung eines Objektes von allen übrigen Objekten entspricht der Abweichung dieses Objektes vom Mittelwert aller übrigen Objekte.) Diese Skalenwerte haben einen Mittelwert von Null, d. h. es treten auch negative Skalenwerte auf. Sie werden vermieden, wenn in einer für Intervallskalen zulässigen Lineartransformation zu allen Skalenwerten der Betrag des größten negativen Skalenwertes addiert wird. Dadurch verschiebt sich die gesamte Skala so, daß das Objekt mit der größten negativen Ausprägung den Nullpunkt der Skala repräsentiert. Mit diesen Skalenwerten können sämtliche für Intervallskalen sinnvolle Operationen durchgeführt werden.

Der hier beschriebene Rechengang geht davon aus, daß alle Empfindungsstärkenverteilungen gleich streuen und daß die Korrelationen zwischen den Verteilungen konstant sind. Über den Rechengang, der sich für andere Annahmen bezüglich der Streuungen und Korrelationen ergibt, sowie über weitere Spezialprobleme (z. B. Wahrscheinlichkeitswerte von Null oder 1, Tests zur Überprüfung der Güte der Skalierung, iterative Methoden für die Bestimmung der Skalenwerte usw.) berichten z. B. Sixtl (1967, Kap. 2 c) und Torgerson (1958, Kap. 9). Intransitive Urteile in Paarvergleichsskalierungen behandeln Hull u. Buhyoff, 1981).

Paarvergleichsurteile geraten schnell zu einer mühevollen Aufgabe für die Urteiler, wenn die Anzahl der zu skalierenden Objekte wächst. Resultiert für zehn Objekte die noch zumutbare Anzahl von 45 Paarvergleichen, sind bei zwanzig Objekten bereits 190 Paarvergleiche erforderlich, eine Aufgabe, die zumindest bei schwierigen Paarvergleichen das Konzentrations- und Durchhaltevermögen der Urteiler übersteigen dürfte. In diesem Falle sollte statt des "law of comparative judgement" das "law of categorial judgement" (vgl. Kap. 2.2.1.3) verwendet werden.

Es gibt jedoch auch Möglichkeiten, den Arbeitsaufwand für eine Paarvergleichsskalierung zu reduzieren. Sollen beispielsweise zwanzig Objekte skaliert werden, wählt man ca. sechs Objekte aus, die ein möglichst breites Spektrum des Merkmalskontinuums mit annähernd äquidistanten Abständen repräsentieren. Diese sechs Ankerobjekte werden untereinander und mit den verbleibenden vierzehn Objekten verglichen, so daß insgesamt statt der ursprünglich 190 nur noch $\binom{6}{2} + 14 \cdot 6 = 99$ Paarvergleiche erforderlich sind. Die durchschnittlichen z-Werte basieren dann bei den Ankerobjekten jeweils auf 19 und bei den übrigen Objekten jeweils auf sechs Proportionen. Über weitere Möglichkeiten, den Aufwand bei Paarvergleichsskalierungen zu reduzieren, berichten Torgerson (1958, S. 191 ff.), van der Ven (1980, Kap. 9.1) und Clark (1977).

Skalierungen nach dem "law of comparative judgement" erbringen in der Regel stabilere Resultate als Skalierungen nach dem "law of categorial judgement", wenn man voraussetzt, daß die Anzahl der zu skalierenden Objekte nicht zu groß und das zu skalierende Merkmal eindimensional ist. Paarvergleiche sind Urteile, die den meisten Urteilern geläufig sind und die deshalb leichter von der Hand gehen als das Sortieren von Objekten in mehr oder weniger präzise definierte Kategorien. Möglicherweise ist dies der Grund für einen Befund von Kelley et al. (1955), nach dem sich die Einstellung des Urteilers auf Paarvergleichsurteile weniger verfälschend auswirkt als auf kategoriale Methoden.

Der am häufigsten gegen das "law of comparative judgement" vorgebrachte Einwand betrifft die Annahmen der normalverteilten Empfindungsstärken. Dieser Annahme folgend sind die Differenzen zwischen je zwei Objekten und die Wahlwahrscheinlichkeit für einzelne Objekte im Paarvergleich über die (kumulierte) Normalverteilungsfunktion miteinander verknüpft. Diese funktionale Verknüpfung wird von Bradley u. Terry (1952) durch eine logistische Funktion ersetzt. Wie Sixtl (1967, S. 209 ff.) jedoch zeigt, sind die Skalierungsergebnisse nach der von Bradley u. Terry vorgeschlagenen Methode praktisch mit denen des "law of comparative judgement" identisch, es sei denn, die relativen Häufigkeiten für die Objektpräferenzen basieren auf mehr als 2000 Urteilen.

Ähnliches gilt für die von Luce (1959) vorgenommene Erweiterung des Modells von Bradley u. Terry (bekannt unter dem Bradley-Terry-Luce, kurz BTL-Modell oder auch dem Luce'schen Wahlaxiom). Nach Coombs et al. (1970, S. 152) sind trotz unterschiedlicher Modellannahmen die nach diesem Ansatz erzielten Skalierungsergebnisse mit den Ergebnissen, die nach dem Thurstone'schen Modell ermittelt werden, praktisch identisch.

Subkoviak (1974) ging der Frage nach, wie sich Verletzungen der Modellannahmen des "law of comparative judgement" auf das Skalierungsergebnis auswirken. Verletzungen der Normalverteilungsvoraussetzung vermochten die Skalierungsergebnisse nur unbedeutend zu beeinflussen. Ernsthafte Skalierungsfehler traten erst bei extrem heterogenen Verteilungsformen auf (vgl. auch Jones u. Thurstone, 1955; Mosier, 1941 und Rambow, 1963).

2.2.2.3 Die Konstanzmethode

Paarvergleichsurteile werden auch in der Psycho-Physik eingesetzt, wenn es beispielsweise darum geht, das Unterscheidungsvermögen einer Sinnesmodalität (*Differenzenschwelle* oder EMU = eben merklicher Unterschied) zu bestimmen. Bei der auf Fechner (1860) zurückgehenden Konstanzmethode (auch Methode der richtigen und falschen Fälle genannt) wird ein (ggf. variabler) Bezugsreiz S_0 (z. B. eine bestimmte Lautstärke) mit einer Reihe von Vergleichsreizen (S_i) kombiniert. Die Untersuchungsteilnehmer müssen bei jedem Paar entscheiden, ob der Vergleichsreiz größer oder kleiner (lauter oder leiser) als der Bezugsreiz ist. Das folgende Beispiel (nach Hofstätter, 1957, S. 241 f.) demonstriert das weitere Vorgehen.

Es soll die Differenzenschwelle eines Untersuchungsteilnehmers für die Unterscheidung von Gewichten untersucht werden. Ein Standardreiz $S_0 = 100$ Gramm wird mit einer Reihe von Gewichten (S_i) zwischen 88 Gramm und 108 Gramm kombiniert. Der Untersuchungsteilnehmer erhält die Gewichtspaare in zufälliger Reihenfolge mit der Bitte zu entscheiden, ob der Vergleichsreiz größer ($S_v > S_0$) oder kleiner ($S_v < S_0$) als der Standardreiz ist. (Zuweilen wird auch eine dritte Urteilskategorie „gleich" zugelassen.) Jedes Gewichtspaar muß vom Untersuchungsteilnehmer mehrmals beurteilt werden. Abbildung 2 gibt in idealisierter Form die prozentualen Häufigkeiten der Paarvergleichsurteile wieder.

Für $S_0 > S_v$ und $S_0 < S_v$ resultiert jeweils eine s-förmig geschwungene Verteilung, die einem Vorschlag Urbans (1931) folgend als „psychometrische Funktion" bezeichnet wird. (Der Abb. ist z. B. zu entnehmen, daß der Urteiler beim Vergleich der Gewichte $S_0 = 100$ g und $S_v = 104$ g in 80% aller Fälle $S_v > S_0$ urteilte.) Sind die Empfindungsstärken für einen Reiz im Sinne Thurstone's normalverteilt, folgt die

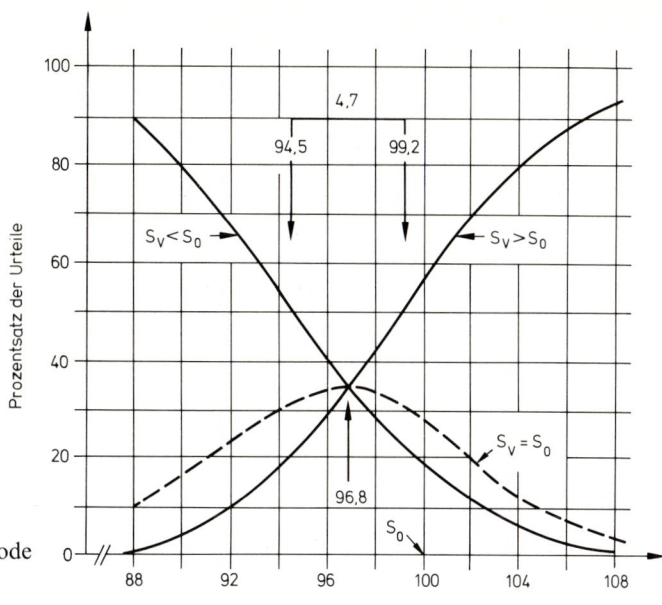

Abb. 2. Die Konstanzmethode (Nach Hofstätter 1957)

psychometrische Funktion den Gesetzmäßigkeiten einer kumulierten Normalverteilung („Ogive"). Der Schnittpunkt der beiden psychometrischen Funktionen markiert den scheinbaren Gleichwert; er liegt bei 96,8 Gramm. Offensichtlich neigte der hier untersuchte Untersuchungsteilnehmer dazu, das Gewicht des Standardreizes zu unterschätzen. Der Differenzbetrag zum tatsächlichen Gleichgewicht (100 Gramm − 96,8 Gramm = 3,2 Gramm) wird als konstanter Fehler bezeichnet. Die zur 50%-Ordinate gehörenden Abzissenwerte (94,5 Gramm bzw. 99,2 Gramm) kennzeichnen die Grenzen des sogenannten Unsicherheitsintervalls (4,7 Gramm). Die Hälfte dieses Unsicherheitsintervalls (2,35 Gramm) stellt die Unterschiedsschwelle bzw. den EMU dar.

2.2.2.4 Das „Signal-Erkennungs-Paradigma"

Die klassische Psycho-Physik samt ihrer Methoden (der interessierte Leser möge sich z. B. bei Eijkman, 1979; Geissler u. Zabrodin, 1976; Guilford, 1954 oder Stevens, 1951, Kap. 1, einen Überblick verschaffen) ist in ihren modernen Varianten stark durch die von Tanner u. Swets (1954) bzw. Green u. Swets (1966) in die Sozialwissenschaften eingeführte Signalerkennungstheorie geprägt. Vertreter der Signalerkennungstheorie bezweifeln die Existenz sensorischer Schwellen und schlagen stattdessen das Konzept der „Reaktionsschwelle" vor. Es wird explizit zwischen der organisch bedingten Sensitivität des Menschen und seiner Bereitschaft, in psychophysischen Experimenten (oder auch in ähnlich strukturierten Alltagssituationen) bestimmte Entscheidungen zu treffen, unterschieden. Die organische *Sensitivität* wird als physiologisch und die *Reaktionschwelle* (oder Entscheidungsbereitschaft) als psychologisch bedingt angesehen (z. B. durch die Bewertung der Konsequenzen, die mit verschiedenen Entscheidungen verbunden sind).

Was mit dem Begriff „Reaktionsschwelle" gemeint ist, soll ein kleines Beispiel verdeutlichen.

Ein Schüler hat Bauchschmerzen und muß zum Arzt. Dieser tastet die Bauchhöhle ab und fragt, ob es weh tut. Man kann ziemlich sicher sein, daß die Entscheidung des Schülers, Schmerzen zu bekunden, davon abhängt, ob z. B. am nächsten Tage eine schwere Klassenarbeit bevorsteht oder ob auf Klassenfahrt gegangen wird. Unabhängig davon, ob die tatsächlichen Empfindungen (Sensitivität) diesseits oder jenseits der physiologischen Schmerzschwelle liegen, wird der Schüler in Erwartung der Klassenarbeit über stärkere Schmerzen klagen als in Erwartung der Klassenfahrt (Reaktionsschwelle).

Sensitivität und Reaktionsschwelle sind in klassischen, psycho-physischen Untersuchungen konfundiert. Die auf der Signalerkennungstheorie basierenden Methoden machen hingegen eine Trennung dieser beiden Reaktionsaspekte möglich.

Die Signalerkennungstheorie geht auf die statistische Entscheidungstheorie bzw. die Elektrotechnik zurück und hat zum großen Teil das dort übliche Vokabular übernommen. Die objektiv vorgegebenen Reize werden als Input und die Reaktionen der Untersuchungsteilnehmer als Output bezeichnet.

Allgemein setzt die Anwendung des Signalerkennungsansatzes die Existenz einer Reihe von (Input-)Reizen voraus, bei denen das untersuchte Merkmal zunehmend stärker ausgeprägt ist (S_0, S_1, S_2 ... S_k). Diesen Reizen zugeordnet sind Einschätzungen der Merkmalsausprägungen (*Empfindungsstärken*) z_0, z_1, z_2 ... z_k durch die Untersuchungsteilnehmer (output). Werden Merkmalsausprägungen S_1, S_2 ... S_k mit $S_0 = 0$ verglichen, handelt es sich um die Untersuchung der absoluten Sensitivität (klassisch: *Absolutschwelle*) bzw. die Ermittlung der minimalen Reizintensität, die eine gerade eben merkliche Empfindung auslöst. Vergleiche von Merkmalsintensitäten $S_i > 0$ können zur Bestimmung der differentiellen Sensitivität (klassisch: *Differenzenschwelle*) genutzt werden.

Das folgende Vier-Felder-Schema verdeutlicht, wie die Reaktionen eines Untersuchungsteilnehmers in Signalerkennungsexperimenten zu klassifizieren sind.

Die Bezeichnung der vier Felder bezieht sich auf die „klassische" Versuchsanordnung eines Signalerkennungsexperiments, bei der ein energieschwaches Signal unter vielen Störsignalen (noise) zu identifizieren ist (z. B. die Identifikation feindlicher Flugzeuge auf dem Radarschirm). Der Input wäre in dieser Situation mit den Reizintensitäten $S_i > 0$ und $S_j = 0$ zu charakterisieren.

Die Identifikation eines tatsächlich vorhandenen Signales wird als „hit" bezeichnet. Das Übersehen eines Signales führt zu einem „miss". Wird ein Störsignal (bzw. ein nicht vorhandenes Signal oder „noise") als Signal gedeutet, bezeichnet man dies als „false alarm" und die korrekte Reaktion auf ein nicht vorhandenes Signal als „correct rejection". Diese Bezeichnungen werden üblicherweise auch an-

	Output: $z_i > z_j$?	
	Ja	Nein
Input: $S_i > S_j$? Ja	Hit	Miss
Input: $S_i > S_j$? Nein	False Alarm	Correct Rejection

Abb. 3. Reaktionsklassifikation in einem Signalerkennungs-Experiment

gewendet, wenn zwei unterschiedlich stark ausgeprägte Reize zu vergleichen sind ($S_i > 0$; $S_j > 0$; $S_i \neq S_j$). Man beachte, daß – wie bei der Konstanzmethode (aber anders als bei dem "law of comparative judgement") – die **objektiven größer-kleiner-Relationen der Input-Reize bekannt** sein müssen.

Die Informationen, die für die Bestimmung von Sensitivität und Reaktionsschwelle benötigt werden, sind in der in Abb. 3 wiedergegebenen Vier-Felder-Tafel bzw. in den Wahrscheinlichkeiten (geschätzt durch relative Häufigkeiten) für eine Hit-Reaktion und für eine False-Alarm-Reaktion enthalten. (Die Wahrscheinlichkeiten für eine Miss-Reaktion bzw. eine correct rejection enthalten keine zusätzlichen Informationen, da sie zu den oben genannten Wahrscheinlichkeiten komplementär sind.) Die Bestimmung dieser Wahrscheinlichkeiten stellt allerdings eine erhebliche, untersuchungstechnische Schwierigkeit dar, welche der praktischen Anwendbarkeit der Signalerkennungsmethoden Grenzen setzt (s. u.). Die Verrechnung der Paarvergleichsurteile nach dem Signal-Erkennungs-Paradigma zielt darauf ab, den Sensitivitätsparameter (d') eines Urteilers sowie dessen Reaktionsschwelle (response bias – Parameter L_x oder β) zu bestimmen. Diesem an sich einfachen Rechengang (der auf S. 107f. beschrieben wird) liegt eine relativ komplizierte Theorie zugrunde, die im folgenden kurz dargestellt wird.

Die Signalerkennungstheorie basiert – wie auch das Thurstone'sche "law of comparative judgement" – auf der Annahme, daß die Empfindungsstärke für einen Reiz eine normalverteilte Zufallsvariable darstellt. Werden zwei Reize mit unterschiedlichen Merkmalsausprägungen verglichen, ist bei nicht allzu großen Reizunterschieden mit einer Überschneidung der beiden Empfindungsstärkenverteilungen zu rechnen (vgl. Abb. 4). Entsprechendes gilt für den Vergleich „Reiz" vs. „noise", bei dem ebenfalls unterstellt wird, daß sich die „noise-Verteilung" und die „Reizverteilung" überschneiden.

Das Paarvergleichsurteil geht modellhaft folgendermaßen vonstatten: Zu zwei zu vergleichenden Reizen i und j (i > j) gehören zwei Verteilungen von Empfindungsstärken, von denen wir zunächst annehmen, sie seien dem Urteiler bekannt. Die in einem Versuch durch Reiz i ausgelöste Empfindungsstärke wird mit beiden Verteilungen verglichen. Ist die Wahrscheinlichkeit dafür, daß diese Empfindungsstärke zur Empfindungsstärkenverteilung i gehört, größer als die Wahrscheinlichkeit der Zugehörigkeit zu der Empfindungsstärkenverteilung für j, entscheidet ein perfekter Urteiler i > j. Sind die Wahrscheinlichkeitsverhältnisse umgekehrt, lautet die Entscheidung j > i. (Der Urteiler gelangt zu den gleichen Entscheidungen, wenn statt Reiz i der Reiz j mit den Empfindungsstärkenverteilungen verglichen wird.)

Wie die Abb. 4a bis c verdeutlichen, wurde in allen drei Fällen perfekt geurteilt. Wann immer eine Empfindungsstärke z mit größerer Wahrscheinlichkeit zur S_i-Verteilung gehört, lautet das Urteil i > j. Das Entscheidungskriterium (in den Abbildungen durch einen senkrechten Strich verdeutlicht) für die Alternativen i > j und i < j (genau genommen müßte die zweite Alternative i ≤ j heißen) liegt bei einer Empfindungsstärke, die in beiden Verteilungen die gleiche Dichte (= Höhe der Ordinate) aufweist. Rechts von diesem Entscheidungskriterium sind die Dichten für die S_i-Verteilung größer als für die S_j-Verteilung.

In Abb. 4a unterscheiden sich die beiden Reize um $d' = 3{,}5$ Einheiten der z-normierten Empfindungsskala. (Der arbiträre Nullpunkt dieser Skala wurde beim Mittelwert der S_j-Verteilung angenommen.) Offensichtlich kann dieser Urteiler die

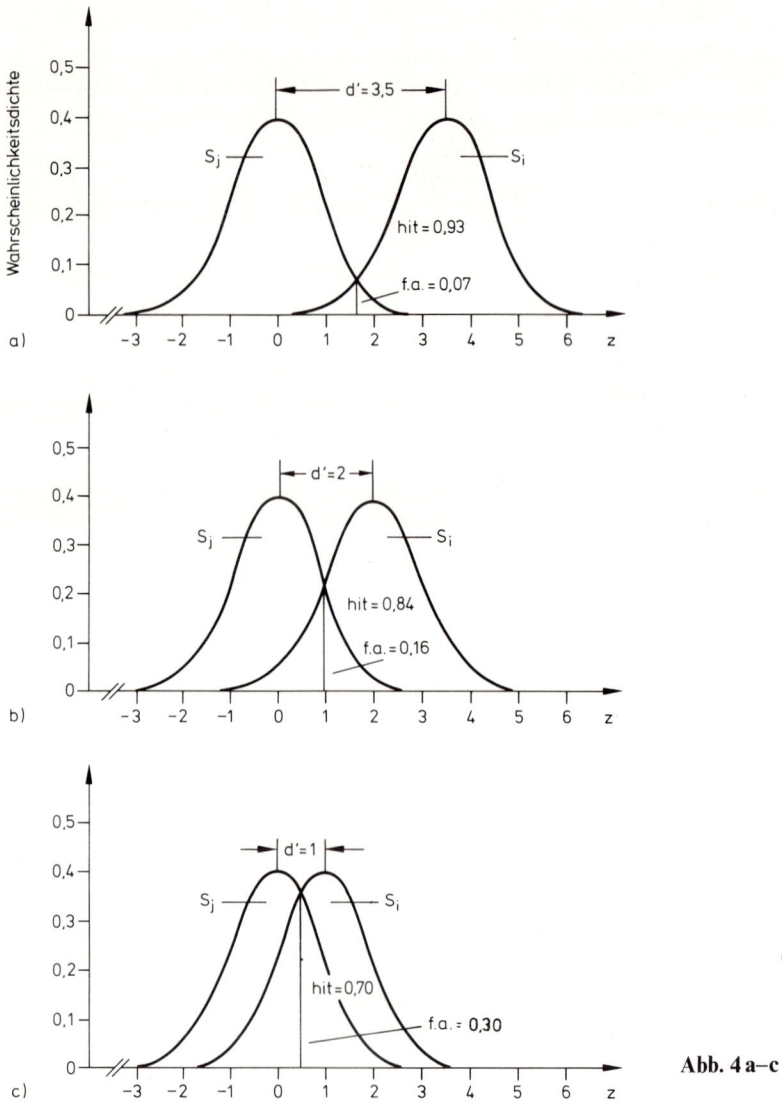

Abb. 4 a–c

Abb. 4 a–f. Hit- und false alarm-Raten in Beziehung zur Sensitivität d′ (**a–c**) und zur Reaktionsschwelle β (**d–f**) (Erläuterungen s. Text)

beiden Reize i und j recht gut unterscheiden. Seine Sensitivität bzw. Diskriminationsfähigkeit (die üblicherweise durch das Symbol d′ beschrieben wird) ist hoch. Bei diesem deutlich unterscheidbaren Reizpaar kommt es mit einer Wahrscheinlichkeit von 93% zu einem Hit (i wird korrekterweise für größer als j gehalten) und mit einer Wahrscheinlichkeit von nur 7% zu einer False-Alarm-Reaktion (i wird fälschlicherweise für größer als j gehalten). Mit geringer werdendem Abstand der beiden Reize (d. h. mit abnehmendem d′) sinkt die Hit-Rate und steigt die False-Alarm-Rate. Beträgt der Abstand nur noch eine Empfindungsstärkeeinheit (d′ = 1)

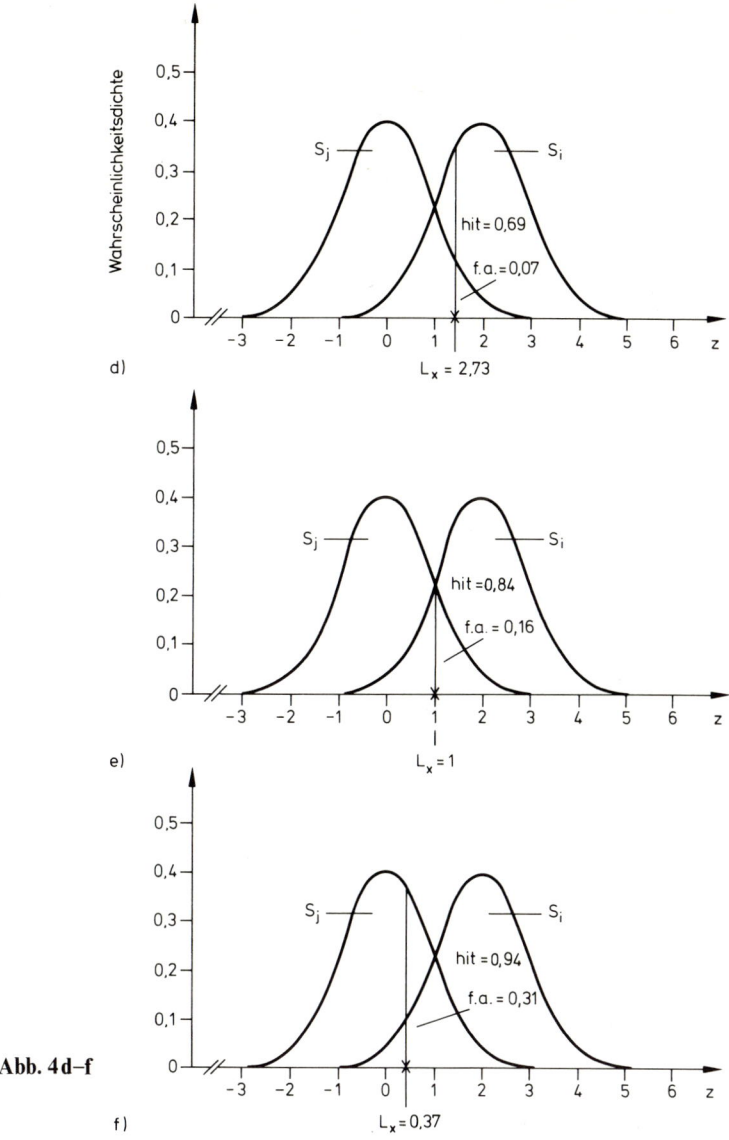

Abb. 4 d–f

(Abb. 4 c), lautet die Hit-Wahrscheinlichkeit 70% und die False-Alarm-Wahrscheinlichkeit 30%. d' charakterisiert die Sensitivität bzw. die sensorische Diskriminationsfähigkeit eines Urteilers.

Signalerkennungstheoretiker vermuten nun, daß ein Urteiler selten so perfekt urteilt wie in den Abbildungen a bis c. Bedingt durch psychologische Umstände kann bevorzugt $i > j$ (oder $i < j$) geurteilt werden. Dies wird in Abbildungen 4 d bis f deutlich. Fällt beispielsweise die in einem einzelnen Versuch durch Reiz i ausgelöste Empfindungsstärke in den Bereich 1 bis 1,5, ordnet der Urteiler diese Emp-

findungsstärke dem Reiz j zu, obwohl in diesem Bereich die Wahrscheinlichkeitsdichte für die S_i-Verteilung größer ist als für die S_j-Verteilung (vgl. Abb. 4 d). Das
Entscheidungskriterium oder die Reaktionsschwelle ist nach rechts versetzt. Dadurch wird die Wahrscheinlichkeit einer False-Alarm-Reaktion (es wird fälschlicherweise i > j behauptet) zwar geringer; gleichzeitig sinkt jedoch auch die Wahrscheinlichkeit eines Hits. (Man vergleiche hierzu die Abb. 4 b und 4 d mit $d' = 2$.)

Abbildung 4 f zeigt ein zu weit nach links versetztes Entscheidungskriterium.
Hier werden im Bereich 0,5 bis 1 die Empfindungsstärken, die durch Reiz j ausgelöst werden, der S_i-Verteilung zugeordnet, obwohl die Wahrscheinlichkeitsdichten
für die S_j-Verteilung größer sind als für die S_i-Verteilung.

Damit erhöht sich zwar die Wahrscheinlichkeit eines Hits (94%); gleichzeitig
steigt jedoch auch die Wahrscheinlichkeit für False-Alarm (31%). In Abb. 4 e ist
das Entscheidungskriterium – wie bereits in den Abbildungen 4 a bis c – richtig pla-
ziert. Beide Wahrscheinlichkeitsdichten (die Wahrscheinlichkeitsdichte für die S_i-
Verteilung und die Wahrscheinlichkeitsdichte für die S_j-Verteilung) sind für die
Empfindungsstärke, die das Entscheidungskriterium markiert, gleich groß. Das
Verhältnis der Wahrscheinlichkeitsdichten lautet $L_x = 1$. (L von Likelihood-Ratio:
Wahrscheinlichkeitsdichte in der S_i-Verteilung dividiert durch die Wahrscheinlichkeitsdichte in der S_j-Verteilung. Für L_x wird in der Literatur gelegentlich auch der
Buchstabe β verwendet.) Für Abb. 4 d lautet der Wert $L_x = 2{,}73$: Das Entscheidungskriterium hat in der S_i-Verteilung eine höhere Dichte als in der S_j-Verteilung
(0,352 für S_i und 0,129 für S_j). In Abb. 4 f resultiert für den Quotienten ein Wert
unter 1 ($L_x = 0{,}37$). Das Entscheidungskriterium hat in der S_j-Verteilung eine größere Dichte (0,352) als in der S_i-Verteilung (0,129).

L_x-Werte charakterisieren die Reaktionsschwelle eines Urteilers. Werte über 1
sprechen für eine „konservative" oder ängstliche Entscheidungsstrategie: False-
Alarm-Entscheidungen werden möglichst vermieden, bei gleichzeitigem Risiko,
dabei die Hit-Rate zu reduzieren. Umgekehrt weisen L_x-Werte unter 1 eher auf eine
„progressive" oder mutige Entscheidungsstrategie hin: Die Hit-Rate soll möglichst
hoch sein bei gleichzeitig erhöhtem False-Alarm-Risiko. Generell gilt, daß Werte
$L_x \neq 0$ für eine Reaktionsverzerrung (response bias) sprechen.

Man beachte, daß in den Abb. 4 a–c L_x konstant ($L_x = 1$) und d' variabel und
in den Abbildungen d–f d' konstant ($d' = 2$) und L_x variabel ist. Hiermit wird eine
wichtige Eigenschaft der Signalerkennungsparameter deutlich: **Die sensorische Diskriminationsfähigkeit d' ist unabhängig von der Reaktionsschwelle L_x.**

Traditionelle psychophysische Methoden nutzen lediglich die Hit-Rate, um die
Differenzenschwelle zu bestimmen. Ihnen zufolge wäre der Urteiler in Abb. 4 f mit
einer Hit-Rate von 94% äußerst sensitiv (niedrige Differenzenschwelle) und der
Urteiler in Abb. 4 b mit einer Hit-Rate von 84% weniger sensitiv (hohe Differenzenschwelle). Tatsächlich verfügen nach der Signalerkennungstheorie beide Urteiler über die gleiche Sensitivität ($d' = 2$); der Unterschied in den Hit-Raten ist auf
verschiedene Reaktionsschwellen (L_x) und nicht auf unterschiedliche Sensitivitäten
zurückzuführen.

Bei den bisherigen Ausführungen zur Theorie der Signalerkennung wurde davon ausgegangen, daß die Empfindungsstärkeverteilungen, die d'- bzw. L_x-Werte
und damit auch die Hitwahrscheinlichkeiten und False-Alarm-Wahrscheinlichkeiten bekannt seien. Dies ist normalerweise jedoch nicht der Fall. Hier werden – in

umgekehrter Reihenfolge – zunächst die Hitwahrscheinlichkeiten und die False-Alarm-Wahrscheinlichkeiten und danach erst d′ für die Sensitivität bzw. L_x für die Reaktionsschwelle ermittelt.

Die Bestimmung der Hit- und False-Alarm-Wahrscheinlichkeiten ist eine äußerst zeitaufwendige und für die Untersuchungsteilnehmer häufig bis an die Grenzen ihrer Belastbarkeit gehende Aufgabe. (Dies gilt jedoch nicht nur für Signalerkennungsaufgaben, sondern z. B. auch für die klassische Konstanzmethode – vgl. Abb. 2 –, bei der ebenfalls für die einzelnen Reizkombinationen Präferenzwahrscheinlichkeiten geschätzt werden müssen.) Um für ein Reizpaar die entsprechenden Wahrscheinlichkeiten schätzen zu können, sollten mindestens 50 Versuche durchgeführt werden, d. h. ein Untersuchungsteilnehmer muß für dasselbe Reizpaar mindestens fünfzigmal entscheiden, welcher der beiden Reize das untersuchte Merkmal in stärkerem Maße aufweist. Es besteht die Gefahr, daß bei derartig aufwendigen Versuchsreihen die Ergebnisse durch Ermüdungs- oder Übungseffekte verfälscht werden.

Um die Untersuchungsteilnehmer nicht ständig mit derselben Aufgabe zu konfrontieren, werden üblicherweise mehrere Reizpaare in einer Versuchsreihe zusammengefaßt. Bei vier Reizen wären dann sechs Reizpaare in jeweils 50facher Wiederholung zu bewerten, d. h. dem Untersuchungsteilnehmer würden mindestens 300 Paarvergleichsurteile abgefordert. Bei mehr als vier Reizen lohnt sich ein vollständiger Paarvergleich nur selten, weil dann Reizpaare auftreten können, die so deutlich voneinander verschieden sind, daß sich die Empfindungsstärkenverteilungen nicht mehr überschneiden. [Man denke beispielsweise an den vollständigen Paarvergleich der Unterrichtsfächer in Tafel 14. Ein sportbegeisterter, mathematisch wenig begabter Schüler würde auch nach 100maligem Befragen behaupten, Sport sei interessanter als Mathematik. Eine umgekehrte Präferenzordnung tritt niemals auf, d. h. das Material wäre – auch für den Fall, daß durch irgendein externes Kriterium die Richtigkeit der Entscheidungen überprüft werden kann (vgl. S. 103) – nach der Methodik des Signalerkennungsansatzes nicht auswertbar.]

Repräsentieren mehrere Reize äquidistant ein breiteres, objektiv erfaßbares Merkmalskontinuum, erspart es Untersuchungsaufwand, wenn nur benachbarte Reize verglichen bzw. die Reize nach der Methode der sukzessiven Kategorien geordnet werden. Hit- und False-Alarm-Raten benachbarter Reize basieren dann auf Urteilen, bei denen der objektiv größere Reiz auch für größer gehalten (Hit) bzw. fälschlicherweise als kleiner eingestuft wurde (false-alarm). (Näheres zu dieser methodischen Variante s. z. B. Velden u. Clark, 1979 oder Velden, 1982).

Nach Ermittlung der Hit- und False-Alarm-Raten gestaltet sich die *Berechnung von d′ und L_x* vergleichsweise einfach. Nehmen wir einmal an, ein Untersuchungsteilnehmer hätte in 100 Versuchen, bei denen der Input i>j lautete, 94mal i>j geurteilt und bei 100 Versuchen mit i<j 31 mal das Urteil i>j abgegeben. Er hätte damit eine Hitrate von 94% und eine False-Alarm-Rate von 31%. (Bei Diskriminationsexperimenten sind im Unterschied zu Identifikationsexperimenten, bei denen Reize mit „white noise" verglichen werden, die Hitraten und die correct-rejection-Raten bzw. die false-alarm-Raten und die miss-Raten formal äquivalent.) Um d′ zu ermitteln, werden anhand der Standardnormalverteilungstabelle (vgl. Anhang E, Tabelle 1) diejenigen z-Werte bestimmt, die von der Fläche (von rechts bzw. $+\infty$ kommend) 94% bzw. 31% abschneiden.

Diese Werte lauten $z_i = 1,56$ und $z_j = -0,50$. Die Differenz dieser beiden Werte entspricht $d':d' = 1,56 - (-0,50) = 2,06$.

Für die Bestimmung von L_x werden die Wahrscheinlichkeitsdichten (Ordinaten) dieser z-Werte in der Standardnormalverteilung benötigt, die ebenfalls in der Tabelle 1 des Anhangs E aufgeführt sind. Sie lauten in unserem Beispiel 0,059 (für $z_i = 1,56$) und 0,352 (für $z_j = -0,50$). Als Quotient resultiert der Wert $L_x = 0,34$. Diese Werte entsprechen bis auf Rundungsfehlern den Verhältnissen in Abb. 4 f.

L_x und d' sind dimensionslose Zahlen und sagen nichts über die tatsächliche Diskriminationsfähigkeit bzw. über die Lokalisierung der Reaktionsschwelle auf dem Merkmalskontinuum aus. Clark (1974) zeigt in einer Untersuchung über Schmerzreaktionen auf unterschiedlich intensive Thermalreize, wie Sensitivitäts- und Reaktionsschwellenparameter in Einheiten des untersuchten Merkmales transformiert werden können.

Risikofreie Entscheidungen, die beispielsweise beim Paarvergleich verschiedener Gewichte im Rahmen einer wissenschaftlichen Untersuchung zu treffen sind, weisen in der Regel nur geringfügige Reaktionsverzerrungen auf ($L_x \approx 1$). Die meisten alltäglichen Entscheidungen dürften jedoch insoweit riskant sein, als sie bestimmte Konsequenzen nach sich ziehen, die von der in der Entscheidungssituation befindlichen Person mehr oder weniger negativ bewertet werden. In derartigen Fällen ist mit deutlichen Reaktionsverzerrungen zu rechnen ($L_x \neq 1$).

Der Einsatz der Signalerkennungsmethodik empfiehlt sich generell, wenn die vier verschiedenen, mit einer Entscheidungssituation verbundenen Ausgänge (vgl. Abb. 3) unterschiedlich bewertete Konsequenzen nach sich ziehen oder – in termini der Signalerkennungstheorie – unterschiedliche Auszahlungen oder pay offs aufweisen. (Ärzte unterscheiden sich beispielsweise darin, ob sie bei Verdacht auf Krebs eher bereit sind, ein miss- oder ein false-alarm zu riskieren. Bei einem miss würde ein tatsächlich vorhandener Krebs übersehen werden, d. h. der Arzt riskiert, daß sich die Krankheit weiter entwickelt und zu einem späteren Zeitpunkt nicht mehr erfolgreich operiert werden kann. Bei einem false-alarm hingegen riskiert der Arzt eine eventuell unnötige Operation mit allen damit verbundenen unangenehmen Begleiterscheinungen.)

Die Möglichkeit, bei Entscheidungssituationen die Sensitivität bzw. die Diskriminationsfähigkeit der untersuchten Person und ihre Reaktionsschwelle trennen zu können, hat dazu geführt, daß die Signalerkennungstheorie in vielen Anwendungsbereichen Fuß faßte. So wurden beispielsweise medizinische Entscheidungssituationen von Lusted (1968) untersucht; Rollmann (1977) setzt sich kritisch mit Anwendungen der Signalerkennungstheorie in der Schmerzforschung auseinander; Price (1966) befaßt sich mit Anwendungen in der Persönlichkeits- und Wahrnehmungspsychologie; Dykstra u. Appel (1974) überprüfen mit diesem Ansatz LSD-Effekte auf die auditive Wahrnehmung; Upmeyer (1981) belegt den heuristischen Wert der Signalerkennungstheorie für theoretische Konstruktionen im Bereich der sozialen Urteilsbildung und Pastore u. Scheirer (1974) geben generelle Hinweise über die breite Anwendbarkeit dieses entscheidungstheoretischen Ansatzes.

Für eine weiterführende Einarbeitung in die Signalerkennungstheorie sowie deren methodische Erweiterungen stehen inzwischen zahlreiche Monographien und Aufsätze zur Verfügung wie z. B. das bereits erwähnte Buch von Green u. Swets

(1966) oder auch Coombs et al. (1970), Egan (1975), Eijkman (1979), Hodos (1970), McNikol (1972), Richards u. Thornton (1970), Snodgrass (1972), Swets (1964) sowie Velden (1982).

2.2.3 Ähnlichkeits-Paarvergleiche

Ähnlichkeits-Paarvergleiche erfordern vom Urteiler Angaben über die globale Ähnlichkeit bzw. (seltener) die auf ein bestimmtes Merkmal bezogene Ähnlichkeit von jeweils 2 Objekten. In den meisten Fällen ist diese Aufgabe für den Urteiler schwerer als ein Dominanzpaarvergleich, bei dem lediglich angegeben wird, bei welchem von 2 Objekten das untersuchte Merkmal stärker ausgeprägt ist.

Die Instruktion der Untersuchungsteilnehmer könnte in etwa lauten: „Schätzen Sie die Ähnlichkeit der folgenden Objektpaare auf einer 5 stufigen Skala mit den Abstufungen ‚sehr ähnlich – ähnlich – weder ähnlich, noch unähnlich – unähnlich – sehr unähnlich‘ ein". Ein graphisches Verfahren würde die Untersuchungsteilnehmer beispielsweise dahingehend instruieren, auf einer durch die extreme „äußerst unähnlich" und „äußerst ähnlich" begrenzten Strecke die empfundene Ähnlichkeit durch ein Kreuz zu markieren. Die Länge der Strecke zwischen dem Skalenende „äußerst unähnlich" und dem gesetzten Kreuz dient dann als Ähnlichkeitsurteil.

Gelegentlich wird bei der Schätzung der Ähnlichkeiten von Reizen auch der *Triple-Vergleich* eingesetzt. Hierbei hat der Urteiler zu entscheiden, welcher von zwei Reizen B und C einem Standardreiz A ähnlicher ist, wobei sämtliche Reize in Kombination mit allen verbleibenden Reizpaaren einmal Standardreiz sind. Diese Technik ist mit einem enormen Arbeitsaufwand verbunden, der sich allerdings einem Vorschlag van der Ven's (1980, Kap. 9.2) folgend erheblich reduzieren läßt. Über die Transformation von Triple-Vergleichen in Ähnlichkeitsmaße berichtet Torgerson (1958, S. 262 ff.). (Bezüglich weiterer Methoden der Ähnlichkeitsschätzung vgl. z. B. Sixtl, 1967, S. 277 ff.)

Dieses „Rohmaterial" kann mit verschiedenen Verfahren weiterverwertet werden. Das gemeinsame Ziel dieser Verfahren ist die Ermittlung von Urteilsdimensionen, bzgl. derer sich die untersuchten Objekte ordnen lassen und die die Ähnlichkeitsurteile bestimmten. Wir behandeln im folgenden

– die „klassische" multidimensionale Skalierung (MDS)
– die nonmetrische multidimensionale Skalierung (NMDS) und
– die Analyse individueller Differenzen (INDSCAL)

Multidimensionale Skalierungen sind sowohl mathematisch als auch theoretisch aufwendige Verfahren, die hier nicht im vollen Umfang behandelt werden können. Wir begnügen uns mit einer Darstellung des Ansatzes dieser Verfahren, ihrer Ergebnisse sowie mit Angaben für weiterführende Literatur und EDV-Programme. Weitere Techniken, die ebenfalls geeignet sind, Untersuchungsobjekte auf der Basis ihrer Ähnlichkeit zu strukturieren, sind die Faktorenanalyse und die Clusteranalyse (vgl. S. 226 und Anhang D). Auf diese Verfahren gehen wir hier nicht ein.

2.2.3.1 Die „klassische" multidimensionale Skalierung (MDS)

Die Vorgehensweise der „klassischen" multidimensionalen Skalierung (Torgerson, 1958) sei im folgenden anhand eines kleinen Beispiels beschrieben. Als Distanzen

(Unähnlichkeiten) zwischen drei Objekten A, B und C (dies könnten z. B. 3 verschiedene Berufe sein) seien die Werte $d_{AB} = 4$, $d_{AC} = 10$ und $d_{BC} = 5$ ermittelt worden. (Um Ähnlichkeiten in Distanzen zu transformieren, weist man beispielsweise der höchstmöglichen Ähnlichkeitsstufe den Distanzwert Null zu, der zweithöchsten Ähnlichkeitsstufe den Wert eins zu usw.) Wir suchen nun einen Raum mit euklidischer Metrik (zum Metrikbegriff s. S.114), in dem sich diese Distanzen geometrisch darstellen lassen. In diesem Raum müssen für die untersuchten Objekte Positionen (oder Punkte) gefunden werden, deren räumliche Distanzen mit den empirisch ermittelten Distanzen möglichst gut übereinstimmen.

Da $d_{AB} + d_{BC} < d_{AC}$ ($4 + 5 < 10$), sind diese Distanzen geometrisch nicht darstellbar (vgl. Abb. 5a). Im euklidischen Raum lassen sich für die Objekte A, B und C keine Positionen finden, deren Distanzen den genannten Werten entsprechen. Intervallskalierte Distanzschätzungen vorausgesetzt, sind jedoch Lineartransformationen der Distanzschätzungen wie z. B. Nullpunktverschiebungen zulässig. Wir verschieben deshalb probeweise die Distanzskala um einen Punkt nach rechts, indem wir zu allen Distanzratings den Wert eins addieren (vgl. Abb. 5b). Die additive Konstante von eins führt zu neuen Distanzen, die nun auf einer Dimension darstellbar sind. Vergrößern wir die Distanz um eine additive Konstante von zwei, resultieren – wie Abb. 5c zeigt – Distanzen, für deren Darstellbarkeit eine Dimension nicht mehr ausreicht. Zur Wahrung dieser Distanzen ist für die Positionen der Objektpunkte eine zweidimensionale „Punktekonfiguration" erforderlich.

Das zentrale mathematische Problem einer multidimensionalen Skalierung besteht nun darin, für empirisch ermittelte Distanzen diejenige additive Konstante zu finden, die bei einer minimalen Anzahl von Dimensionen eine geometrische Darstellbarkeit der Punktekonfiguration zuläßt. Wird eine zu große additive Konstante gewählt, resultiert eine überdimensionierte Punktekonfiguration. (Bei Wahl einer ge-

a) $d_{AB} = 4$
   $d_{AC} = 10$ } geometrisch nicht darstellbar
   $d_{BC} = 5$

b) $d_{AB} = 4+1 = 5$
   $d_{AC} = 10+1 = 11$ } eindimensionale Darstellung möglich
   $d_{BC} = 5+1 = 6$

A $d_{AB} = 5$ B $d_{BC} = 6$ C

$d_{AC} = 11$

c) $d_{AB} = 4+2 = 6$
   $d_{AC} = 10+2 = 12$ } nur zweidimensionale Darstellung möglich
   $d_{BC} = 5+2 = 7$

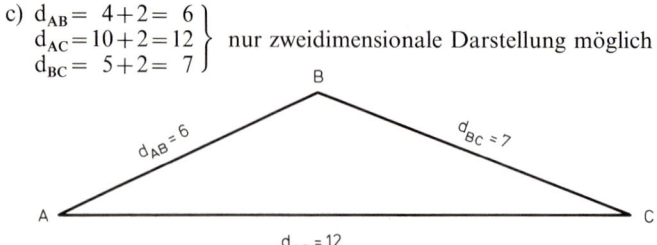

Abb. 5. Die geometrische Darstellbarkeit verschiedener Distanzen: Das Problem der additiven Konstanten (Erläuterungen s. Text)

nügend großen additiven Konstanten können n Objekte immer in n-1 Dimensionen dargestellt werden.) Fällt die additive Konstante zu klein aus, ist die Punktekonfiguration geometrisch nicht mehr darstellbar.

Ein relativ einfaches Verfahren zur Ermittlung der optimalen additiven Konstanten wird von Torgerson (1958, S. 276 f.) beschrieben. Die Aufwendigkeit dieses Verfahrens nimmt jedoch bei wachsender Anzahl zu skalierender Objekte rasch zu. Steht eine EDV-Anlage zur Verfügung, wird man eher auf ein Verfahren von Messick u. Abelson (1956) zurückgreifen, für das Sixtl (1967, S. 341 ff.) ein Flußdiagramm und ein Rechenprogramm angefertigt hat. Weitere Lösungen für dieses Problem wurden von Cooper (1972) sowie von Lüer u. Fillbrandt (1969) vorgeschlagen.

Liegt die additive Konstante fest, ähnelt das weitere Vorgehen dem einer Faktorenanalyse (vgl. Anhang D). Unter Hinzufügen der additiven Konstanten werden die empirisch ermittelten (komparativen) Distanzen in absolute Distanzen überführt, die ihrerseits in sog. Skalarprodukte umgewandelt werden (vgl. z. B. Sixtl, 1967, S. 290 ff.). Die Faktorenanalyse über die Skalarprodukte führt zu Dimensionen der Ähnlichkeit, die über die Ladungen der untersuchten Objekte (= Positionen der Objekte auf den Dimensionen der Punktekonfiguration) inhaltlich interpretiert werden (vgl. Tafel 15).

Die Interpretation der ermittelten Dimensionen ist – wie bei allen dimensionsanalytischen Verfahren – schwierig. Fehlerhafte oder nachlässige Urteile führen häufig zu wenig aussagekräftigen Strukturen, deren Bedeutung – vor allem bei geringer Objektzahl – nur schwer zu erkennen ist. Die Interpretation sollte deshalb nur der Anregung inhaltlicher Hypothesen über diejenigen Merkmale, die den Ähnlichkeitsurteilen zugrunde liegen, dienen. Allzustarke Subjektivität wird vermieden, wenn man die von Shephard (1972, S. 39 ff.) vorgeschlagenen Interpretationshilfen nutzt.

Diesem multidimensionalen Skalierungsverfahren liegt die Modellannahme zugrunde, daß zwischen den empirisch ermittelten Ähnlichkeiten und den Distanzen der untersuchten Objekte in der Punktekonfiguration eine *lineare Beziehung* besteht (weshalb diese Skalierung gelegentlich auch metrische oder lineare MDS genannt wird). Die Güte der Übereinstimmung zwischen den empirischen Distanzen und den Distanzen, die aufgrund der gefundenen Punktekonfiguration reproduzierbar sind, kann durch Anpassungstests überprüft werden (vgl. z. B. Torgerson, 1958, S. 277 ff., und Ahrens, 1974, S. 103 ff.). EDV Routinen nennt Anhang B.

2.2.3.2 Die nonmetrische multidimensionale Skalierung (NMDS)

Erheblich schwächere Annahmen macht ein Skalierungsansatz, der von Kruskal (1964 a, b) ausgearbeitet und von Shephard (1962 a, b) angeregt wurde: die nonmetrische multidimensionale Skalierung (NMDS). Von beliebigen Angaben über Ähnlichkeiten (Unähnlichkeiten) der untersuchten Objektpaare (z. B. Distanzratings, Korrelationen, Übergangswahrscheinlichkeiten, Interaktionsraten etc.) wird in diesem Verfahren lediglich die ordinale Information verwendet, d. h. die Rangfolge der ihrer Größe nach geordneten Ähnlichkeiten. Das Ziel der NMDS besteht darin, eine Punktekonfiguration zu finden, für die sich eine Rangfolge der Punktedistanzen ergibt, die mit der Rangfolge der empirischen Unähnlichkeiten möglichst gut übereinstimmt. **Gefordert wird damit keine lineare (wie bei der metrischen**

MDS) sondern lediglich eine monotone Beziehung zwischen den empirische gefundenen Ähnlichkeiten und den Punktedistanzen in der zu ermittelnden Punktekonfiguration.

Das Verfahren beginnt mit einer beliebigen Startkonfiguration der untersuchten Objekte, deren Dimensionalität probeweise vorzugeben ist. Diese Konfiguration wird schrittweise solange verändert, bis die Rangreihe der Distanzen zwischen den Punkten in der Punktekonfiguration mit der Rangreihe der empirisch gefundenen Unähnlichkeiten möglichst gut übereinstimmt. Für die Güte der Übereinstimmung ermittelt das Verfahren eine Maßzahl, den sogenannten *„Stress"*. Es werden dann Stresswerte für Konfigurationen mit unterschiedlicher Dimensionszahl verglichen. Diejenige Konfiguration, die bei möglichst geringer Anzahl von Dimensionen den geringsten Stress aufweist, gilt als die beste Repräsentation der untersuchten Objekte.

Tafel 15. Die Ähnlichkeit von Berufen – Ein Beispiel für eine multidimensionale Skalierung

---

Burton (1972) untersuchte die Ähnlichkeit verschiedener Berufe mit Hilfe der multidimensionalen Skalierung nach Kruskal (1964). Es wurde zunächst die folgende eindimensionale Lösung berechnet (es werden nur Auszüge der vollständigen Analyse wiedergegeben).

Beruf	Skalenwert
Bauer	1,785
Fischer	1,637
Müllarbeiter	1,373
Seemann	1,336
Bergmann	1,147
Arbeiter	1,054
Priester	1,047
Fernfahrer	0,972
Psychologe	0,707
Physiker	0,705
Architekt	0,654
Professor	0,521
Mechaniker	0,201
Sozialarbeiter	0,066
Juwelier	−0,130
Bäcker	−0,385
Friseur	−0,517
Polizist	−0,891
Programmierer	−1,238
Bibliothekar	−1,342
Einkäufer	−1,538
Büroangestellter	−1,566
Bankangestellter	−1,637

Burton interpretierte diese Dimension als „Unabhängigkeit bzw. Freiheit in der Berufsausübung".

Ferner stellte die folgende dreidimensionale Konfiguration eine akzeptable Lösung dar.

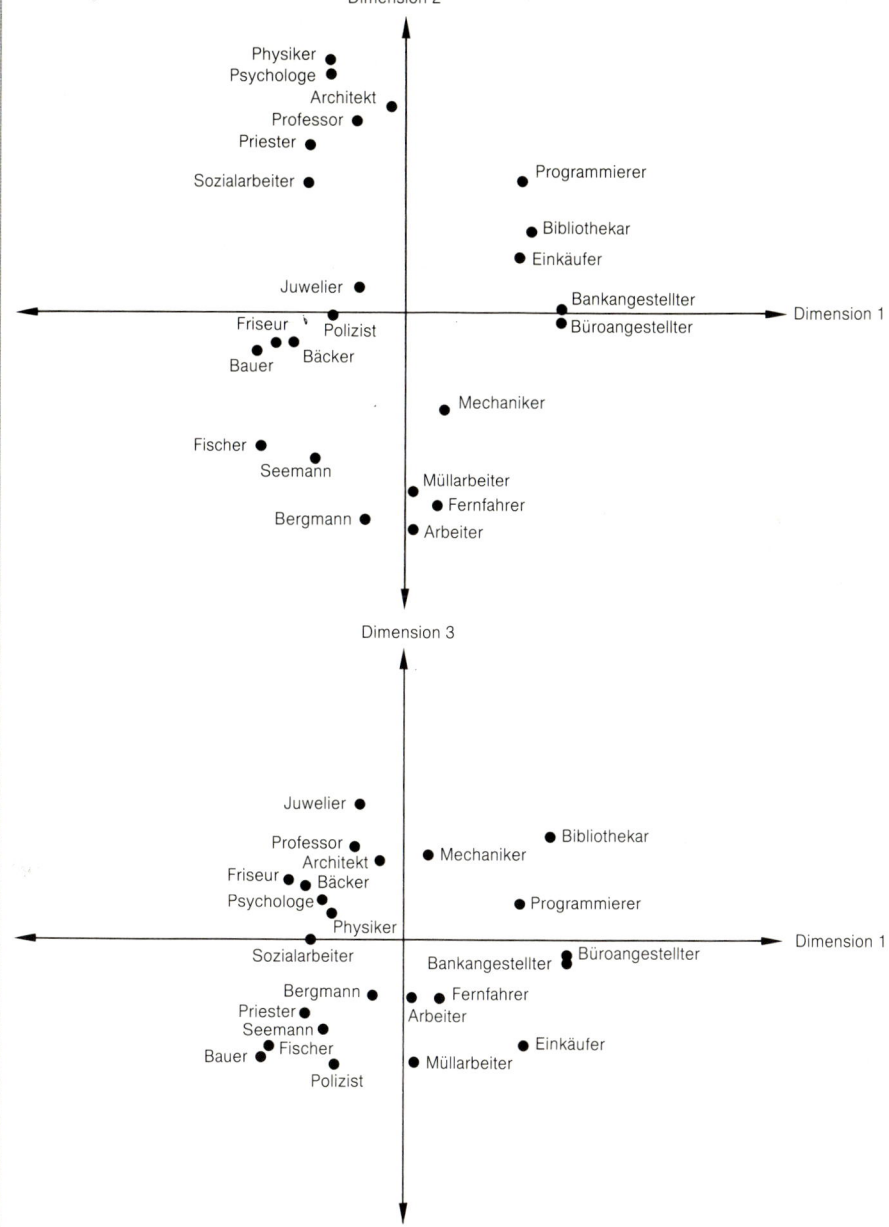

Die erste Dimension interpretiert Burton als „berufliche Unabhängigkeit", die zweite als „berufliches Prestige" und die dritte als „berufliche Fertigkeiten (skill)".

Die Interpretation der gefundenen, intervallskalierten Dimension erfolgt – wie in der metrischen MDS – anhand von Kennwerten (Ladungen), die die Bedeutsamkeit der Urteilsdimensionen für die untersuchten Objekte charakterisieren. Tafel 15 gibt hierfür ein Beispiel. [Eine ausführlichere Beschreibung der Lösungsprozedur findet der interessierte Leser in der Originalarbeit von Kruskal (1964a, b), bei Scheuch u. Zehnpfennig (1974, S. 153f. zit. nach Kühn, 1976) oder bei Gigerenzer (1981, Kap. 9). Für die Anfertigung eines Rechenprogramms sind die Ausführungen von van der Ven (1980) besonders hilfreich; über bereits vorhandene EDV-Routinen informiert Anhang B.]

Die bisher behandelten MDS- und NMDS-Ansätze gingen davon aus, daß die Distanzen zwischen zwei Punkten der Punktekonfiguration als deren kürzeste Verbindung nach dem Euklid'schen Lehrsatz ($a = \sqrt{b^2 + c^2}$) bestimmt wird. Die nonmetrische multidimensionale Skalierung läßt jedoch allgemeine Metriken zu, die über die euklidische Metrik hinausgehen und die als *Minkowski-r-Metriken* bezeichnet werden. Aus der Menge aller möglichen r-Metriken sind am bekanntesten: $r = 1$: City-Block-Metrik (Atteneave, 1950); $r = 2$: euklidische Metrik und $r \to \infty$: Supremum (Dominanz)-Metrik. Zwischen den Extremen $r = 1$ und $r \to \infty$ kann r jeden beliebigen Wert annehmen und spannt damit ein Kontinuum unendlich vieler Metriken auf. (Ausführlichere Informationen über formale Eigenschaften der Minkowski-r-Metriken gibt z. B. Ahrens, 1974, Kap. 3.1.3). Wir wollen uns damit begnügen, die 3 oben genannten Metriken zu verdeutlichen.

Im n-dimensionalen Raum wird die Distanz d_{ij} zweier Punkte i und j für eine beliebige Metrik r nach folgender Beziehung bestimmt:

$$d_{ij} = \left[\sum_{k=1}^{n} \left(|x_{ik} - x_{jk}| \right)^r \right]^{1/r}$$

wobei x_{ik} = Koordinate des Punktes i und x_{jk} die Koordinate des Punktes j auf der Dimension k.

Mit $r = 2$ erfaßt dieses Maß die bekannte euklidische Distanz

$$d_{ij} = \sqrt{\sum_{k=1}^{n} (x_{ik} - x_{jk})^2},$$

die sich für $n = 2$ Dimensionen folgendermaßen geometrisch veranschaulichen läßt:

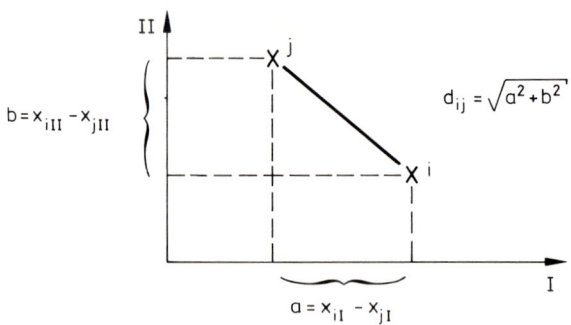

Setzen wir $r = 1$, resultiert eine Distanz nach der City-Block-Metrik:

$$d_{ij} = \sum_{k=1}^{n} |x_{ik} - x_{jk}|$$

114

Diese Distanz läßt sich graphisch in folgender Weise veranschaulichen:

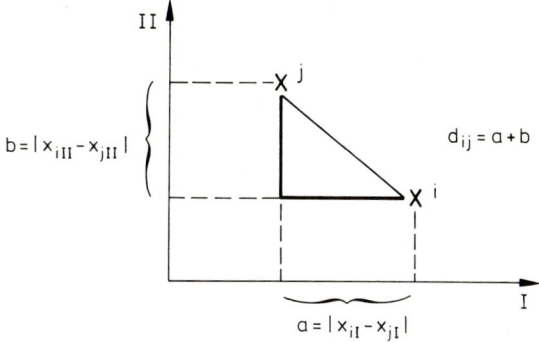

Sie ergibt sich als die Summe der Absolutbeträge der Koordinatendifferenzen. Die Bezeichnung „city-block-Distanz" geht auf die Situation eines Autofahrers zurück, der in einer Stadt (mit rechtwinklig verlaufenden Straßen) die Distanz zwischen Start und Ziel kalkuliert. Da die „Luftliniendistanz" nicht befahrbar ist (dies wäre die euklidische Distanz), setzt sich die Fahrstrecke aus 2 rechtwinkligen Straßenabschnitten zusammen – der City-Block-Distanz.

Für die Ermittlung einer Distanz nach der Supremum-Metrik setzen wir $r \rightarrow \infty$. Die allgemeine Distanzgleichung vereinfacht sich dann zu

$$d_{ij} = \max(|x_{ik} - x_{jk}|) \, .$$

Diese Distanz entspricht – wie die folgende Abbildung verdeutlicht – der maximalen Koordinatendifferenz:

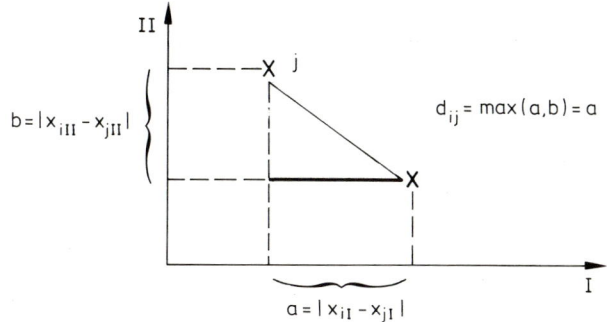

Da $a > b$, resultiert für die Supremum-Distanz $d_{ij} = a$. Die Distanz entspricht der „dominierenden" Koordinatendifferenz und wird deshalb auch als Dominanz-Metrik bezeichnet.

Das NMDS-Verfahren bestimmt nicht nur die optimale Dimensionszahl, sondern auch diejenige Metrik, die den Ähnlichkeitsurteilen der Untersuchungsteilnehmer vermutlich zugrunde lag (s. o.). Diese Metriken werden gelegentlich zur Beschreibung psychologisch unterscheidbarer Urteilsprozesse herangezogen.

Ähnlichkeitspaarvergleiche werden – wie bereits erwähnt – vorzugsweise für die Skalierung komplexer, durch viele Merkmale charakterisierbare Objekte eingesetzt. Die Instruktion, nach der die Untersuchungsteilnehmer die Paarvergleiche durchführen, sagt nichts darüber aus, wie bzw. unter Bezug auf welche Merkmale die Ähnlichkeiten einzustufen seien. Dies bleibt den Untersuchungsteilnehmern völlig überlassen. Sie können beispielsweise die zu vergleichenden Objekte sorgfältig hinsichtlich einzelner Merkmale analysieren, um dann Merkmal für Merkmal die Gesamtähnlichkeit aufzubauen. Dieses Vorgehen käme theoretisch einer durch die City-Block-Metrik charakterisierbaren Urteilsweise sehr nahe.

Es sind auch Ähnlichkeitsurteile denkbar, die nur ein gewissermaßen ins Auge springendes Merkmal beachten, welches die zu vergleichenden Objekte am stärksten differenziert. Diese Urteilsweise ließe sich theoretisch durch die Supremum-Metrik beschreiben. In entsprechender Weise sind Zwischenwerte zu interpretieren: Im Bereich $r > 2$ überwiegen „spezifisch-akzentuierende" und im Bereich $r < 2$ „analytisch-kumulierende" Urteilsweisen (vgl. Bortz, 1975 b).

Wie Wender (1969) zeigen konnte, hängt die Art, wie Ähnlichkeitsurteile zustande kommen, auch von der Schwierigkeit der Paarvergleichsaufgabe ab: Je schwerer die Paarvergleichsurteile zu erstellen sind, desto höher ist der für das Urteilsverhalten typische Metrikkoeffizient. Bei schweren Paarvergleichen werden die deutlich differenzierenden Merkmale stärker gewichtet als die weniger differenzierenden Merkmale, und bei leichten Paarvergleichsurteilen erhalten alle verfügbaren Urteilsdimensionen ein ähnliches Gewicht. Weitere Hinweise zur psychologischen Interpretation des Metrikparameters geben Cross (1965), Micko u. Fischer (1970) sowie Shephard (1964). Methodenkritische Überlegungen zur Interpretation verschiedener Metriken liegen von Beals et al. (1968), Bortz (1974, 1975 a), Wender (1969) und Wolfrum (1976 a, b) vor.

Die Arbeiten von Kruskal (1964 a, b) haben die Entwicklung einer Reihe leistungsstarker, konzeptionell sehr ähnlicher Rechenprogramme veranlaßt, die unter den Namen MDSCAL (multidimensional scaling, Versionen I bis IV: Kruskal, 1968), SSA (smalles space analyses: Guttman, 1968 und Lingoes, 1966, 1972; Torsca: Young u. Torgerson, 1967) bekannt wurden. Diese Programme werden bei Ahrens (1974, S. 168 f.) und bei Kühn (1976, S. 86 f.) diskutiert. Weitere EDV-Hinweise findet man im Anhang B.

2.2.3.3 Die Analyse individueller Differenzen (INDSCAL)

Die Angemessenheit einer bestimmten Metrik für ein Urteilsverhalten weist zwar – wie bereits ausgeführt – auf mögliche Gewichtungsunterschiede bei der Nutzung der Dimensionen, die dem Urteilsprozeß zugrunde liegen, hin; die Frage, wie stark ein Urteiler eine bestimmte Urteilsdimension gewichtet, wird damit jedoch nicht befriedigend beantwortet. Hierfür ist ein Verfahren einschlägig, das unter der Bezeichnung INDSCAL (individual scaling von Carroll u. Chang, 1970) bekannt wurde.

Ausgangsmaterial sind erneut die im Paarvergleich (oder in einem vergleichbaren Verfahren) ermittelten Ähnlichkeiten zwischen den zu skalierenden Objekten. Die von mehreren Untersuchungsteilnehmern erhobenen Ähnlichkeitsschätzungen werden hier allerdings nicht wie üblicherweise bei den bisher besprochenen MDS Techniken zusammengefaßt, sondern getrennt verrechnet. Das Verfahren ermittelt neben der für alle Untersuchungsteilnehmer gültigen Reizkonfiguration (group stimulus space) für jeden Untersuchungsteilnehmer einen individuellen Satz von Gewichten, der angibt, wie stark die einzelnen Urteilsdimensionen gewichtet wurden. [Die Skalierung informiert damit – in diesem Kontext erstmalig – nicht nur über die untersuchten Objekte, sondern auch über die Urteiler und hätte – zu-

116

mindest was diesen Teilaspekt anbelangt – auch unter der Überschrift „Testen"
(Kap. 2.3) behandelt werden können.]

Das Verfahren geht davon aus, daß die empirischen Ähnlichkeitseinstufungen
eine lineare Funktion der Distanzen zwischen den Objekten in der Reizkonfiguration darstellen. Seine Besonderheit liegt darin, daß es gestattet, für jeden Untersuchungsteilnehmer die relative Bedeutung oder Gewichtung der Dimensionen der
Reizkonfiguration zu ermitteln. Diese individuellen Dimensionsgewichte geben an,
wie stark ein Urteiler die einzelnen Dimensionen differenziert (streckt oder
staucht). Urteilsdimensionen, die ein Untersuchungsteilnehmer nicht beachtet, erhalten ein Gewicht von Null. Für die Ermittlung der Distanzen zweier Objekte verwenden Carroll u. Chang für jeden Untersuchungsteilnehmer eine modifizierte (gewichtete) euklidische Distanz.

Abbildung 6 veranschaulicht den INDSCAL-Ansatz an einem hypothetischen
Beispiel.

Die Gruppenreizkonfiguration zeigt die Position von neun Reizen auf zwei Dimensionen. Der Konfiguration der Untersuchungsteilnehmer ist zu entnehmen,
wie jeder Untersuchungsteilnehmer die beiden Urteilsdimensionen gewichtet hat.

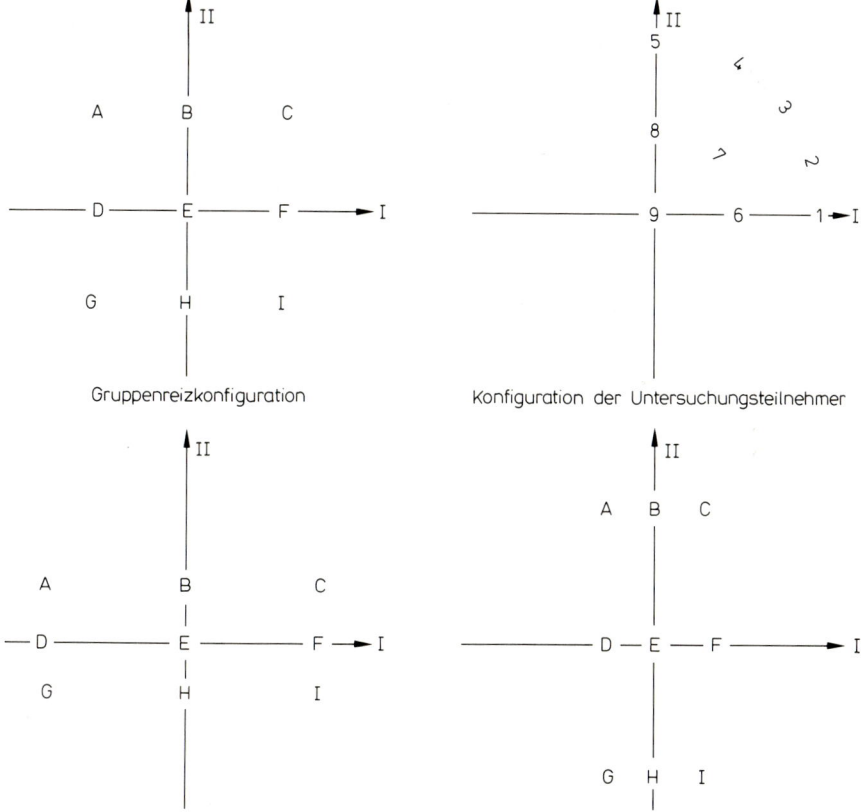

Abb. 6. Hypothetisches Beispiel einer INDSCAL-Analyse (Nach Carroll, 1972)

Während für den ersten und den sechsten Untersuchungsteilnehmer nur die erste und für den fünften und den achten Untersuchungsteilnehmer nur die zweite Dimension relevant ist, haben der zweite, dritte, vierte und siebente Untersuchungsteilnehmer beide Dimensionen – allerdings in unterschiedlichem Ausmaß – berücksichtigt. Der neunte Untersuchungsteilnehmer hat die beiden Urteilsdimensionen der Gruppenreizkonfiguration offensichtlich überhaupt nicht berücksichtigt. Für ihn waren anscheinend bei den Ähnlichkeitsschätzungen Merkmale ausschlaggebend, die für die anderen Untersuchungsteilnehmer keine Rolle spielten (personenspezifische Merkmalsdimensionen). Möglich ist allerdings auch, daß dieser Untersuchungsteilnehmer fehlerhafte bzw. zufällige Urteile abgab.

Die beiden unteren Figuren in Abb. 6 zeigen die Reizkonfiguration aus der Sicht des zweiten Untersuchungsteilnehmers und des vierten Untersuchungsteilnehmers. Der zweite Untersuchungsteilnehmer streckt (bzw. gewichtet) die erste Dimension und der vierte Untersuchungsteinlehmer die zweite Dimension stärker als der Durchschnitt aller Untersuchungsteilnehmer.

Ausführlichere Hinweise zum mathematischen Aufbau dieses Verfahrens findet der interessierte Leser in der Originalarbeit von Carroll u. Chang (1970), bei Carroll (1972) oder verkürzt bei Ahrens (1974, S.148ff.) und bei Kühn (1976, S.105ff.). Über weiterführende, an das INDSCAL-Modell angelehnte Verfahren informieren Carroll u. Wish (1974). EDV-Hinweise enthält Anhang B. Als Anwendungsbeispiele für das INDSCAL-Verfahren seien die Arbeiten von Bortz (1975b) über Differenzierungsmöglichkeiten emotionaler und rationaler Urteile, von Wish u. Carroll (1974) über individuelle Differenzen in der Wahrnehmung und im Urteilsverhalten sowie von Wish et al. (1972) über unterschiedliche Wahrnehmungen der Ähnlichkeit von Nationen erwähnt.

2.2.4 Rating-Skalen

Rating-Skalen (aus dem Englischen: rating = Einschätzung) zählen zu den in den Sozialwissenschaften am häufigsten verwendeten, aber auch umstrittensten Erhebungsinstrumenten. Die Industrie verwendet ratings zur Bewertung von Arbeitsplätzen oder zur Personalauslese, Lehrer bewerten und benoten die Leistungen ihrer Schüler, Ärzte und Psychologen stufen das Verhalten psychisch Erkrankter ein; die Liste der Beispiele ließe sich mühelos verlängern.

Im folgenden befassen wir uns mit

– verschiedenen Arten von Rating-Skalen,
– theoretischen Problemen, die mit diesem Datenerhebungsinstrument verknüpft sind (Skalenqualität von Rating-Skalen sowie die Frage nach Einheit und Ursprung von Rating-Skalen),
– Urteilsfehlern, die vor allem beim Einsatz von Rating-Skalen auftreten,
– dem semantischen Differential, das mehrere Rating-Skalen zu einem Erhebungsinstrument zusammenfaßt.

2.2.4.1 Arten von Ratingskalen

Rating-Skalen geben durch Zahlen, verbale Beschreibungen, Beispiele o.ä. markierte Abschnitte eines Merkmalskontinuums vor, die der Untersuchungsteilnehmer als gleichgroß bewerten soll. Meßtheoretisch wird davon ausgegangen, daß die Stufen der Rating-Skala das in gleiche Abstände segmentierte Merkmalskontinuum linear abbilden. Der Untersuchungsteilnehmer kreuzt diejenige Stufe der Rating-Skala an, die seinem subjektiven Empfinden von der Merkmalsausprägung bei dem in Frage stehenden Objekt entspricht. Tafel 16 verdeutlicht einige methodische Varianten für Rating-Skalen.

Tafel 16. Ratingskalen

Mit den folgenden Beispielen soll die Vielfalt der Konstruktionsmöglichkeiten für Ratingskalen angedeutet werden (Kommentare und Erläuterungen s. Text).

Beispiel 1

Instruktion: Im folgenden zeige ich Ihnen Video-Aufnahmen gruppentherapeutischer Sitzungen. Beurteilen Sie bitte die Gruppenatmosphäre bzgl. des Merkmals „gespannt-gelöst". Hierfür steht Ihnen eine 5-stufige Skala zur Verfügung. Die einzelnen Skalenwerte haben folgende Bedeutung: 1 = Gruppenatmosphäre ist gespannt; 2 = Gruppenatmosphäre ist eher gespannt als gelöst; 3 = Gruppenatmosphäre ist weder gespannt noch gelöst; 4 = Gruppenatmosphäre ist eher gelöst als gespannt; 5 = Gruppenatmosphäre ist gelöst. Bitte urteilen Sie möglichst spontan! Uns interessiert Ihre persönliche Meinung, d. h. es gibt keine „richtigen" oder „falschen" Antworten. Noch ein Hinweis: Bitte achten Sie darauf, daß die Abstände zwischen den einzelnen Stufen gleich groß sind.

Die Gruppenatmosphäre in der ersten Videoaufzeichnung empfinde ich als

gespannt $\boxed{1}$—$\boxed{2}$—$\boxed{3}$—$\boxed{4}$—$\boxed{5}$ gelöst

etc.

Um die Polarisierung der Skala besser zum Ausdruck zu bringen, können die Stufen auch in folgender Weise beziffert werden.

gespannt $\boxed{-2}$ $\boxed{-1}$ $\boxed{0}$ $\boxed{1}$ $\boxed{2}$ gelöst

Das folgende 6-stufige Beispiel verzichtet gänzlich auf eine Bezifferung. Zusätzlich wird auf die Vorgabe einer neutralen Kategorie verzichtet. Diese Skala zwingt den Urteiler, sich zumindest der Tendenz nach für einen der beiden Skalenpole zu entscheiden.

gespannt — — — — — — — — — — — gelöst

Beispiel 2

Instruktion: Im folgenden wird Ihnen eine Reihe von Behauptungen vorgelegt. Bitte entscheiden Sie, ob das jeweils Behauptete Ihrer Ansicht nach richtig oder falsch ist. 5 Antwortmöglichkeiten stehen Ihnen zur Verfügung: 1 = trifft gar nicht zu; 2 = trifft wenig zu; 3 = teils-teils; 4 = trifft ziemlich zu; 5 = trifft völlig zu.

In der Mode kehrt alles wieder. $\boxed{1}$—$\boxed{2}$—$\boxed{3}$—$\boxed{4}$—$\boxed{5}$
etc.

(Ein weiteres Beispiel für diesen Rating-Skalen-Typ enthält Tafel 12)

Beispiel 3

Instruktion: Im folgenden werden Ihnen verschiedene Berufspaare vorgelegt. Bitte beurteilen Sie bei jedem Berufspaar die Ähnlichkeit der beiden Berufe. Hierfür steht Ihnen eine Skala mit den Ankern „extrem ähnlich" und „extrem unähnlich" zur Verfügung. Bitte markieren Sie durch ein Kreuz die von Ihnen eingeschätzte Ähnlichkeit.
Beispiel:

Bäcker und Soziologe

extrem ähnlich $\vdash$————————×$\dashv$ extrem unähnlich

Mit der Position des Kreuzes wird verdeutlicht, daß die im Beispiel zu vergleichenden Berufe für sehr unähnlich gehalten werden.

Beispiel 4

Instruktion: Im folgenden geht es um die Beurteilung einiger Ihnen bekannter Strafgefangener. Bitte tragen Sie Ihren Eindruck von den zu beurteilenden Personen auf den folgenden Skalen ein. Verwenden Sie hierbei die Werte 3–2–1–0–1–2–3 als gleichmäßige Abstufungen des jeweils angesprochenen Merkmals.

Wie geht er mit Schwierigkeiten um?

Er versucht, jeder Schwierig-   3–2–1–0–1–2–3   Es reizt ihn, Schwierigkeit aus dem Wege zu gehen.   keiten zu überwinden.

Er fühlt sich
                          überall   3–2–1–0–1–2–3   nirgendwo
zu Hause

etc. (in Anlehnung an Waxweiler, 1980).

Beispiel 5

Instruktion: Im folgenden geht es um die Einstufung der Hilfsbedürftigkeit Ihnen bekannter Personen. Hierfür steht Ihnen eine Skala mit 100 Punkten zur Verfügung. Je mehr Punkte Sie vergeben, desto hilfsbedürftiger ist Ihrer Ansicht nach die beurteilte Person. Um Ihnen die Arbeit mit der Skala zu erleichtern, wurden Personen unterschiedlicher Hilfsbedürftigkeit bereits einigen Punktwerten exemplarisch zugeordnet (nach Taylor et al., 1970).

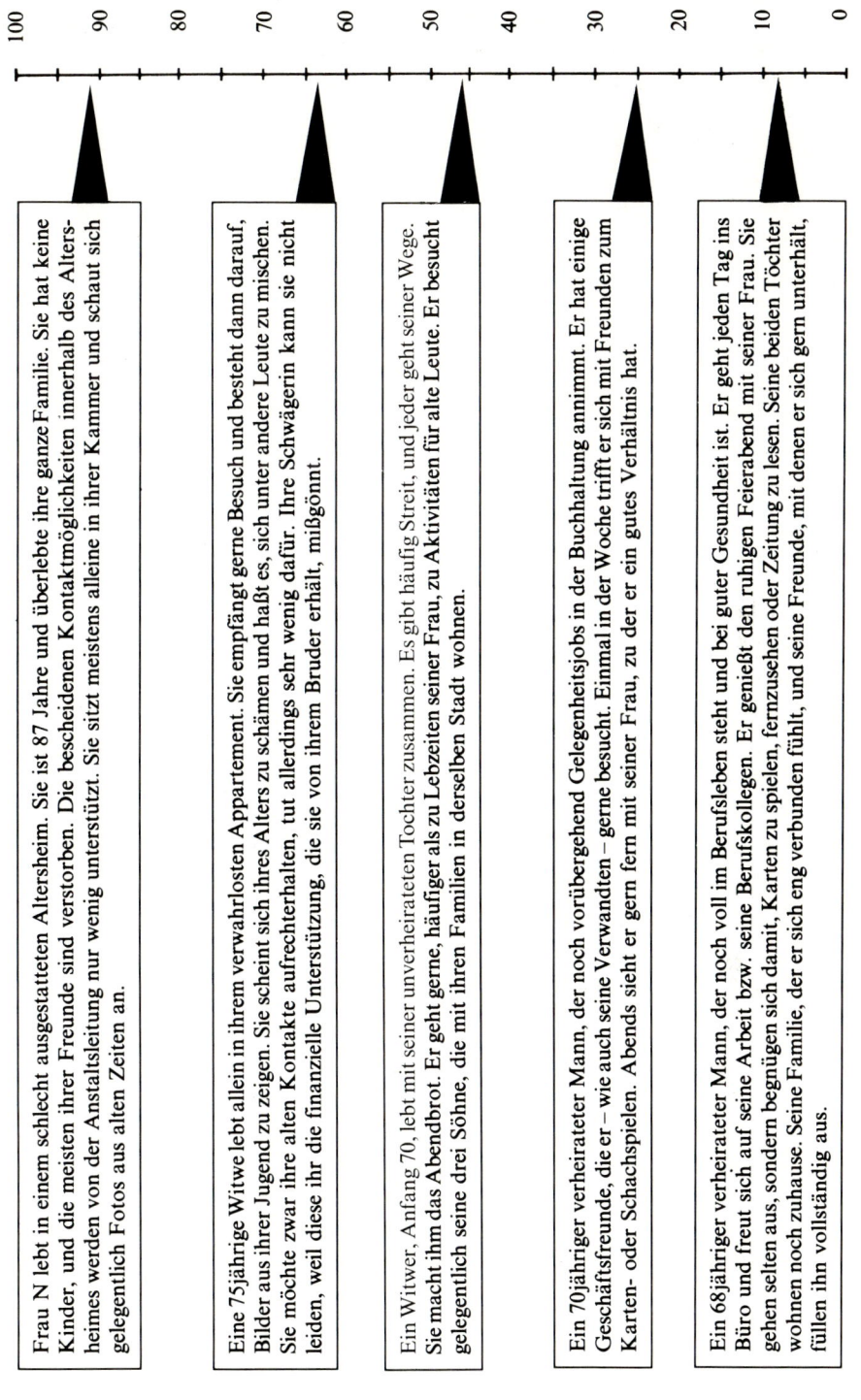

Frau N lebt in einem schlecht ausgestatteten Altersheim. Sie ist 87 Jahre und überlebte ihre ganze Familie. Sie hat keine Kinder, und die meisten ihrer Freunde sind verstorben. Die bescheidenen Kontaktmöglichkeiten innerhalb des Altersheimes werden von der Anstaltsleitung nur wenig unterstützt. Sie sitzt meistens alleine in ihrer Kammer und schaut sich gelegentlich Fotos aus alten Zeiten an.

Eine 75jährige Witwe lebt allein in ihrem verwahrlosten Appartement. Sie empfängt gerne Besuch und besteht dann darauf, Bilder aus ihrer Jugend zu zeigen. Sie scheint sich ihres Alters zu schämen und haßt es, sich unter andere Leute zu mischen. Sie möchte zwar alte Kontakte aufrechterhalten, tut allerdings sehr wenig dafür. Ihre Schwägerin kann sie nicht leiden, weil diese ihr die finanzielle Unterstützung, die sie von ihrem Bruder erhält, mißgönnt.

Ein Witwer, Anfang 70, lebt mit seiner unverheirateten Tochter zusammen. Es gibt häufig Streit, und jeder geht seiner Wege. Sie macht ihm das Abendbrot. Er geht gerne, häufiger als zu Lebzeiten seiner Frau, zu Aktivitäten für alte Leute. Er besucht gelegentlich seine drei Söhne, die mit ihren Familien in derselben Stadt wohnen.

Ein 70jähriger verheirateter Mann, der noch vorübergehend Gelegenheitsjobs in der Buchhaltung annimmt. Er hat einige Geschäftsfreunde, die er – wie auch seine Verwandten – gerne besucht. Einmal in der Woche trifft er sich mit Freunden zum Karten- oder Schachspielen. Abends sieht er gern fern mit seiner Frau, zu der er ein gutes Verhältnis hat.

Ein 68jähriger verheirateter Mann, der noch voll im Berufsleben steht und bei guter Gesundheit ist. Er geht jeden Tag ins Büro und freut sich auf seine Arbeit bzw. seine Berufskollegen. Er genießt den ruhigen Feierabend mit seiner Frau. Sie gehen selten aus, sondern begnügen sich damit, Karten zu spielen, fernzusehen oder Zeitung zu lesen. Seine beiden Töchter wohnen noch zuhause. Seine Familie, der er sich eng verbunden fühlt, und seine Freunde, mit denen er sich gern unterhält, füllen ihn vollständig aus.

Das erste Beispiel zeigt eine Rating-Skala, deren Extreme durch zwei gegensätzliche Begriffe markiert sind. Als Skalenwerte sind die Zahlen 1–5 vorgegeben, deren Bedeutung in der Instruktion erläutert wird. Um die Gegensätzlichkeit der Begriffe stärker zu betonen, werden gelegentlich positive und negative Zahlenwerte einschließlich einer neutralen Mitte (0) verwendet. Fällt es schwer, zu einem Begriff einen passenden Gegenbegriff zu finden, verwendet man statt *bipolarer* Skalen *unipolare* Rating-Skalen. (Dies gilt vor allem für Merkmale mit natürlichem Nullpunkt, wie z. B. das Ausmaß der Belästigung durch Lärm.) Bipolare Skalen haben jedoch gegenüber unipolaren Skalen den Vorteil, daß sich die beiden gegensätzlichen Begriffe gegenseitig definieren, d. h. sie erhöhen die Präzision der Urteile (zur Eindeutigkeit bipolarer Skalen vgl. auch Kaplan, 1972 und Trommsdorff, 1975, S. 87 f.).

Bei der verbalen Charakterisierung der numerischen Abstufungen derartiger Rating-Skalen ist darauf zu achten, daß die verwendeten Begriffe zumindest annähernd äquidistante Ausprägungen des Merkmalskontinuums markieren. Hierzu hat Rohrmann (1978) eine interessante Untersuchung vorgelegt, die ergab, daß die Urteiler bei 5 stufigen Skalen die folgenden sprachlichen Varianten weitgehend als äquidistant auffaßten:

Häufigkeit (Beispiel: Wie oft hat Ihr Kind Kopfschmerzen?)
nie – selten – gelegentlich – oft – immer

Intensität (Beispiel: Sind Sie mit Ihrem neuen Auto zufrieden?)
gar nicht – kaum – mittelmäßig – ziemlich – außerordentlich

Wahrscheinlichkeit (Beispiel: Wird nach den nächsten Wahlen ein Regierungswechsel stattfinden?)
keinesfalls – wahrscheinlich nicht – vielleicht – ziemlich wahrscheinlich – ganz sicher

Bewertung (Beispiel: An den Universitäten sollte mehr geforscht werden!)
völlig falsch – ziemlich falsch – unentschieden – ziemlich richtig – völlig richtig

Für Bewertungsskalen können ersatzweise auch die 5 Stufen der „trifft zu"-Reihe (vgl. Tafel 16, Beispiel 2) verwendet werden. Die Rating-Skala im Beispiel 2 wird häufig in Einstellungs- oder Persönlickeitsfragebogen eingesetzt (vgl. Kap. 2.3.3).

Das dritte Beispiel zeigt ein *graphisches Rating,* das man häufig für die Schätzung von Ähnlichkeiten im Rahmen der multidimensionalen Skalierung (vgl. S. 109) verwendet. Die Ähnlichkeit (Unähnlichkeit) ergibt sich hierbei aus der Länge der Strecke zwischen einem Extrem der Skala und dem vom Untersuchungsteilnehmer gesetzten Kreuz. Hier wird also auf die Vorgabe von Merkmalsabstufungen gänzlich verzichtet. Diese Skalenart bietet gute Voraussetzungen für intervallskalierte Ratings; sie erschwert jedoch die Auswertung erheblich. Ausführliche Hinweise über Vor- und Nachteile graphischer Ratingskalen geben Champney u. Marshall (1939), Guilford (1954, S. 270 ff.), Remmers (1963, S. 334 ff.) sowie Taylor u. Parker (1964).

Die vierte Version in Tafel 16 zeigt Rating-Skalen, bei denen durch die Formulierung spezieller Verankerungen sehr gezielt Informationen erfragt werden können (*example anchored scales* nach Smith u. Kendall, 1963 oder auch Taylor, 1968,

1972). Derartige Skalen haben sich insbesondere in der klinischen Forschung bzw. der Persönlichkeitspsychologie bewährt. Gelegentlich erfolgt die Verankerung der Skalen auch durch typische Zeichnungen, Testreaktionen oder Fotografien.

Rating-Skalen, deren Abstufungen durch konkrete Falldarstellungen verdeutlicht werden (vgl. Beispiel 5 in Tafel 16) finden nicht nur in der klinischen Psychologie, sondern auch in zahlreichen anderen Anwendungsgebieten wie z. B. bei der Beschreibung beruflicher Tätigkeiten, der Bewertung von Arbeitsleistungen oder im sozialen Bereich Verwendung (vgl. Smith u. Kendall, 1963). Die Ermittlung der Skalenwerte für die Falldarstellungen von „behaviorally anchored rating scales" (BARS, vgl. de Cotiis, 1978) basiert ursprünglich auf der Thurstone'schen Methode der gleicherscheinenden Intervalle und wurde inzwischen erheblich verbessert (vgl. Campbell et al. 1973 und de Cotiis, 1978). Einen Literaturüberblick zu dieser Rating-Technik findet der interessierte Leser bei Schwab et al. (1975).

Ein häufig diskutiertes Problem betrifft die *Anzahl der Stufen* einer Rating-Skala bzw. die Frage, ob die Stufenanzahl geradzahlig oder ungeradzahlig sein soll. Ungeradzahlige Rating-Skalen enthalten eine neutrale Mittelkategorie und erleichtern damit bei unsicheren Urteilen das Ausweichen auf diese Neutralkategorie. Geradzahlige Rating-Skalen verzichten auf eine neutrale Kategorie und erzwingen damit vom Urteiler ein zumindest tendenziell in eine Richtung weisendes Urteil (vgl. hierzu die letzte Version im ersten Beispiel, Tafel 16). Diese Vorgehensweise empfiehlt sich, wenn man mit Verfälschungen der Urteile durch eine übermäßige *„zentrale Tendenz"* (s. u.) der Urteiler rechnet.

Schätzurteile auf Rating-Skalen überfordern den Urteiler zuweilen, wenn dieser bemüht ist, durch sorgfältiges Nachdenken zu einem fundierten Urteil zu gelangen. Im Bemühen um eine rationale Begründung der Urteile kann er zu widersprüchlichen Eindrücken von der Ausprägung des untersuchten Merkmals kommen, die gelegentlich dazu führen, daß die Beurteilung gänzlich verweigert wird. Derartige Verweigerungen sind ernst zu nehmen und sollten zum Anlaß genommen werden, die Rating-Skalen bzw. die Instruktion zu überarbeiten. Besteht jedoch der Verdacht, daß die Verweigerung auf übermäßige Skrupel der Urteiler zurückgeht, hilft ein Hinweis auf spontane Urteile, mit denen der erste subjektive Eindruck von der Merkmalsausprägung zum Ausdruck gebracht werden soll.

Mit zunehmender Anzahl der Skalenstufen nimmt die Differenzierungsfähigkeit einer Skala zu, bis schließlich die Differenzierungskapazität des Urteilers ausgeschöpft ist. Matell u. Jacoby (1971) konnten mit einer gründlichen Studie allerdings belegen, daß die Anzahl der Skalenstufen sowohl hinsichtlich der Reliabilität als auch der Validität der Rating-Skala (zur Erläuterung dieser Begriffe s. S. 136ff.) unerheblich ist. Die Autoren verglichen Rating-Skalen mit Stufenanzahlen von 2 bis 19 und kamen zu dem Schluß, daß die genannten Güteeigenschaften der Skala davon unabhängig sind, ob das interessierende Merkmal in dichotomer Form (also zweistufig) oder mit sehr feiner Differenzierung (19-Punkte-Skala) einzustufen ist.

Hieraus leitet sich die untersuchungstechnisch wichtige Konsequenz ab, daß man dem Untersuchungsteilnehmer die Wahl des Skalenformats überlassen kann. Je nach Schwierigkeit der Urteilsaufgabe und nach eigener Kompetenz wird er ein Format wählen, welches ihm Gelegenheit gibt, seine Differenzierungsmöglichkeiten adäquat zum Ausdruck zu bringen. Aufgrund praktischer Erfahrungen in der Feldforschung kommt Rohrmann (1978) zu dem Schluß, daß 5 stufige Skalen am häufigsten von den Untersuchungsteilnehmern als angemessen bezeichnet werden (vgl. hierzu auch Lissitz u. Green, 1975).

2.2.4.2 Meßtheoretische Probleme

Rating-Skalen sind zwar relativ einfach zu handhaben; sie werfen jedoch eine Reihe meßtheoretischer Probleme auf, die im folgenden kurz erörtert werden. Wir konzentrieren diese Diskussion auf die Frage nach dem Skalenniveau und nach der Verankerung von Rating-Skalen.

Das Skalenniveau von Rating-Skalen

Das gemeinsame Problem aller Rating-Skalen-Arten betrifft ihr Skalenniveau. Garantieren eine detaillierte Instruktion und eine sorgfältige Skalenkonstruktion, daß die Untersuchungsteilnehmer intervallskalierte Urteile abgeben?

Die Kontroverse um diesen Punkt hat eine lange Tradition und scheint bis heute noch kein Ende gefunden zu haben. Die meßtheoretischen „Puristen" behaupten, Rating-Skalen seien nicht intervallskaliert; sie verbieten deshalb die statistische Analyse von Rating-Skalen mittels parametrischer Verfahren (vgl. Anhang D), die – so wird häufig argumentiert – intervallskalierte Daten voraussetzen. Demgegenüber vertreten die „Pragmatiker" den Standpunkt, die Verletzungen der Intervallskaleneigenschaften seien bei Rating-Skalen nicht so gravierend, als daß man auf die Verwendung parametrischer Verfahren gänzlich verzichten müßte.

In diesem Zusammenhang sei auf einen Irrtum aufmerksam gemacht, der seit der Einführung der vier wichtigsten Skalenarten (vgl. Kap. 1.4.6) durch Stevens (1946, 1951) anscheinend nur schwer auszuräumen ist. Die Behauptung, parametrische Verfahren wie z. B. der t-Test oder die Varianzanalyse (vgl. Anhang D) setzten intervallskalierte Daten voraus, ist in dieser Formulierung nicht richtig. Die mathematischen Voraussetzungen dieser Verfahren sagen nichts über die Skaleneigenschaften der zu verrechnenden Daten aus. (Die Varianzanalyse setzt z. B. normalverteilte, unabhängige und homogene Fehlerkomponenten voraus.) Vor diesem Hintergrund wäre beispielsweise gegen die Anwendung varianzanalytischer Verfahren auf Daten, die z. B. Autokennzeichen entnommen wurden, nichts einzuwenden, solange diese Zahlen die geforderten mathematischen Voraussetzungen erfüllen. ("The numbers do not know where they come from", Lord, 1953, S. 751).

Gaito (1980) diskutiert die Hartnäckigkeit dieses Mißverständnisses anhand zahlreicher Literaturbeispiele und fordert nachdrücklich bei der Begründung der Angemessenheit eines statistischen Verfahrens zwischen **meßtheoretischen Interpretationsproblemen** und **mathematisch-statistischen Voraussetzungen** zu unterscheiden. Die Frage, ob verschiedene Zahlen tatsächlich unterschiedliche Ausprägungen des untersuchten Merkmales abbilden bzw. die Frage, ob – wie es die Intervallskala fordert – gleiche Zahlendifferenzen auch gleiche Merkmalsunterschiede repräsentieren, ist ein meßtheoretisches und kein statistisches Problem. Der statistische Test „wehrt" sich nicht gegen Zahlen minderer Skalenqualität, solange diese seine Voraussetzungen erfüllen. Die Skalenqualität der Zahlen wird erst bedeutsam, wenn der Forscher die Ergebnisse interpretieren will. Es sind dann meßtheoretische Erwägungen, die ihn z. B. dazu veranlassen, die Ergebnisse einer Varianzanalyse über Nominalzahlen für nichtssagend zu erklären, weil die Mittelwerte derartiger Zahlen, die in diesem Verfahren verglichen werden, keine inhaltliche Bedeutung haben.

Für die Behauptung, parametrische Verfahren führen auch dann zu korrekten Entscheidungen, wenn das untersuchte Zahlenmaterial nicht exakt intervallskaliert ist, liefern Baker et al. (1966) einen überzeugenden Beleg. (Weitere Literatur zu diesem Thema findet der interessierte Leser z. B. bei Bintig, 1980, oder Kim, 1975). In einer aufwendigen Simulationsstudie wurde die Äquidistanz der Zahlen einer Intervallskala systematisch in einer Weise verzerrt, daß Verhältnisse resultieren, von denen behauptet wird, sie seien für Rating-Skalen typisch. Die Autoren erzeugten 1.) Skalen mit zufällig variierten Intervallgrenzen, 2.) Skalen, deren Intervalle an den Extremen breiter waren als im mittleren Bereich (was z. B. von Intelligenzskalen behauptet wird) und 3.) Skalen, die nur halbseitig intervallskaliert waren (was gelegentlich von einigen sozialen Einstellungsskalen behauptet wird). Mit diesem Material wurden 4000 t-Tests über Paare zufällig gezogener Stichproben (n = 5 bzw. n = 15) gerechnet. Die Autoren kommen zu dem Schluß, daß ein Forscher, der mit einem Meßinstrument arbeitet, welches Skalen mit zufällig oder systematisch variierten Intervallgrößen produziert, ohne weiteres Datenanalysen mit dem t-Test vornehmen kann. Statistische Entscheidungen bleiben von der Skalenqualität des untersuchten Zahlenmaterials weitgehend unbeeinflußt.

Diese Unbedenklichkeit gilt allerdings nicht, wenn die in dieser Studie berechneten Mittelwerte inhaltlich interpretiert werden. Statistisch bedeutsame Mittelwertsunterschiede sagen nichts aus, wenn das Merkmal mit einer Skala gemessen wurde, deren Intervallgrößen beliebig variieren.

Messen und insbesondere das Messen mit Rating-Skalen bleibt damit – was die Skalenqualität der Messungen anbelangt – ein auf Hypothesen gegründetes Unterfangen. Die Hypothese der Intervallskalenqualität von Rating-Skalen und damit die Interpretierbarkeit derartiger Messungen (aber nicht die Anwendbarkeit parametrischer oder nicht parametrischer Verfahren) wird in jeder konkreten Untersuchungssituation neu zu begründen sein. Die Sozialwissenschaften wären allerdings schlecht beraten, wenn sie mangels Argumenten, die für den Intervallskalencharakter von Rating-Skalen sprechen, gänzlich auf dieses wichtige Erhebungsinstrument verzichteten. Viele, vor allem junge Forschungsbereiche, in denen die inhaltliche Theorienbildung erst am Anfang steht, wären damit eines wichtigen, für die Untersuchungsteilnehmer relativ einfach zu handhabenden Erhebungsinstrumentes beraubt. Solange die Forschung mit Rating-Skalen zu inhaltlich sinnvollen Ergebnissen gelangt, die sich in der Praxis bewähren, besteht nur wenig Veranlassung, an der Richtigkeit der impliziten meßtheoretischen Hypothesen zu zweifeln. Angesichts der Komplexität und Unerforschtheit vieler sozialwissenschaftlicher Untersuchungsgegenstände erscheint die Forderung angemessen, die Entwicklung neuer inhaltlicher Überlegungen und Theorien parallel mit der Entwicklung und Überprüfung neuer Erhebungsinstrumente voranzutreiben. Ein Meßinstrument kann nicht präziser sein als die Präzision der theoretischen Konzepte über das zu Messende.

Einheit und Ursprung von Rating-Skalen

Diese Einschätzung des Wertes einer Rating-Skala darf nicht dahingehend mißverstanden werden, daß bei der Konstruktion von Rating-Skalen überhaupt keine Regeln zu beachten seien. Die Mindestanforderungen, die an die Konstruktion einer Rating-Skala zu stellen sind, betreffen ihre Einheit und ihren Ursprung. Untersuchungstechnische Hilfen sollten dazu beitragen, daß Einheit und Ursprung einer Rating-Skala intra- und interindividuell konsistent verstanden werden.

Für ein einheitliches Verständnis des Ursprungs einer Skala ist es hilfreich, wenn der Untersuchungsteilnehmer vor der eigentlichen Beurteilung sämtliche Untersuchungsobjekte (oder doch zumindest Objekte mit extremen Merkmalsausprägungen) kennenlernt. Nur so wird verhindert, daß Objekte mit extremen Merkmalsausprägungen nicht mehr korrekt eingestuft werden können, weil die Extremwerte zuvor bereits für Objekte mit weniger starken Merkmalsausprägungen vergeben wurden. Durch dieses Vorgehen werden „ceiling"- oder „floor"-Effekte (dies sind Effekte, die das „Zusammendrängen" vieler Objekte mit starker, aber unterschiedlicher Merkmalsausprägung in der obersten Kategorie – der „Decke" – oder mit schwacher, aber unterschiedlicher Merkmalsausprägung in der untersten Kategorie – dem „Boden" – bezeichnen), vermieden. Die Urteiler können sich so von dem gesamten, realisierten Merkmalskontinuum einen Eindruck verschaffen und dieses, eventuell unterstützt durch verbale Marken, in gleichgroße Intervalle aufteilen.

Die Bewertung der Skalenanker (dies sind die untersuchten Objekte mit extremen Merkmalsausprägungen) hängt jedoch, wie Upshaw (1962) zeigen konnte, von der eigenen Position des Urteilers auf dem untersuchten Merkmal ab. Seine „Theorie der variablen Perspektive", die sich primär auf die Beurteilung anderer Menschen bezieht, unterscheidet Urteiler, die sich innerhalb bzw. außerhalb des realisierten Merkmalskontinuums befinden. Urteiler innerhalb des Merkmalskontinuums erleben Ursprung und Einheit in gleicher Weise. Urteiler, deren eigene Merkmalsausprägung außerhalb des in der Untersuchung realisierten Kontinuums liegt, verankern demgegenüber das eine Ende ihrer Urteilskala durch ihre eigene Position. Deren „Urteilsperspektive" wird also breiter, d. h. sie verwenden breitere Kategorien als innerhalb des Kontinuums befindliche Urteiler. Zur Wahrung der interindividuellen Vergleichbarkeit von Rating-Urteilen empfiehlt sich deshalb eine Verankerung der Skala durch die Vorgabe möglichst extremer Untersuchungsobjekte.

Zu beachten ist ferner die *Verteilung der untersuchten Objekte* über das Merkmalskontinuum. Werden viele positive aber nur wenig negative Objekte auf einer Bewertungsskala eingestuft, ist damit zu rechnen, daß die Urteiler für überproportional besetzte Intervalle breitere Intervalle verwenden als für unterbesetzte Intervalle. Die Wahrscheinlichkeit intervallskalierter Rating-Skalen-Urteile wird deshalb erhöht, wenn die Objekthäufigkeiten auf beiden Seiten der Skala symmetrisch sind bzw. wenn der mittlere Wert der Skala mit dem Medianwert der Häufigkeitsverteilung zusammenfällt (vgl. das „range-frequency-model" von Parducci, 1963, 1965). Weitere theoretische Überlegungen über Urteilsprozesse, die für die Konstruktion intervallskalierter Ratingskalen nutzbar gemacht werden können, findet der interessierte Leser bei Eiser u. Stroebe (1972).

2.2.4.3 Urteilsfehler

Die Brauchbarkeit von Urteilen, die über Rating-Skalen (oder auch anderen, auf Urteilen basierenden Meßinstrumenten) gewonnen wurden, wird zuweilen durch systematische Urteilsfehler eingeschränkt. Ein generelles Problem bei der Untersuchung von Urteilsfehlern betrifft die Trennung zwischen wahren Merkmalsausprägungen und Fehleranteilen. Da die wahren Merkmalsausprägungen in der Regel unbekannt sind, ist es nicht ohne weiteres möglich, Urteilsfehler zu identifizieren. Wie die Literatur dieses Problem bisher behandelte, wird ausführlich von Saal et al. (1980) in einem Überblicksreferat zusammengestellt. Die wichtigsten Urteilsfehler sollen im folgenden kurz dargestellt werden.

Halo-Effekt: Die Bezeichnung „Halo-Effekt" geht auf Thorndike (1920) zurück und hat im Verlaufe der Jahre mehrere aber prinzipiell ähnliche Auslegungen erfahren. (Der gleiche Urteilsfehler wurde von Newcomb, 1931, als „logischer Fehler" bezeichnet.) Es wird hierunter eine Tendenz, die Beurteilung mehrerer Merkmale eines Objektes von einem globalen Pauschalurteil abhängig zu machen, verstanden (Borman, 1975), die Unfähigkeit oder mangelnde Bereitschaft des Urteilers, auf unterschiedliche Ausprägungen verschiedener Merkmale zu achten (de Cotiis, 1977) oder die Tendenz eines Urteilers, ein Objekt bezüglich vieler Merkmale gleich einzustufen (Bernardin, 1977). Das Gemeinsame dieser Definiton ist ein Versäumnis des Urteilers, konzeptuell unterschiedliche und potentiell unabhängige Merkmale im Urteil zu differenzieren (vgl. auch Cohen, 1969, S. 41 ff.).

Halo-Effekte treten verstärkt auf, wenn das einzuschätzende Merkmal ungewöhnlich, nur schwer zu beobachten oder schlecht definiert ist. Demzufolge können Halo-Effekte reduziert werden, wenn die Untersuchungsteilnehmer vor der Beurteilung gründliche Informationen über die Bedeutung der einzustufenden Merkmale erhalten (Bernardin u. Walter, 1977). Eine ähnliche Wirkung hat – wie Borman (1975) und Latham et al. (1975) zeigen – die Aufklärung der Untersuchungsteilnehmer über mögliche, auf Halo-Effekte zurückgehende Urteilsfehler. Friedman u. Cornelius (1976) weisen darauf hin, daß sich die Mitwirkung der Untersuchungsteilnehmer bei der Konstruktion der Rating-Skalen günstig auf ihr Urteilsverhalten auswirkt. Eine geringe Verfälschung der Urteile durch Halo-Effekte wird nach Johnson u. Vidulich (1956) auch erreicht, wenn bei der Einschätzung mehrerer Urteilsobjekte auf mehreren Urteilsskalen nicht objektweise, sondern skalenweise vorgegangen wird: Die Urteiler beurteilen hierbei zunächst alle Objekte auf der ersten Skala, dann auf der zweiten Skala etc.

Milde-Härtefehler (leniency-severity-Fehler): Dieser Urteilsfehler, der – ähnlich wie auch der Halo-Effekt – vor allem bei Personenbeurteilung auftreten kann, besagt, daß die zu beurteilenden Personen systematisch entweder zu hoch oder zu niedrig eingestuft werden (Saal u. Landy, 1977). Auch dieser Fehler kann weitgehend ausgeräumt werden, wenn die Untersuchungsteilnehmer zuvor auf die Gefahr einer derartigen Urteilsverfälschung aufmerksam gemacht werden. Hilfreich sind zudem Diskussionen über die Wertigkeit der einzustufenden Merkmale bzw. über mögliche Konsequenzen, die mit den Einstufungen verbunden sind (Bernardin u. Walter, 1977). Methodische Varianten, derartige Urteilsfehler nachzuweisen, diskutieren Saal et al. (1980).

Zentrale Tendenz: Dieser Urteilsfehler bezeichnet eine Tendenz, alle Urteilsobjekte im mittleren Bereich der Urteilsskala einzustufen bzw. extreme Ausprägungen zu vermeiden (Korman, 1971, S. 180 f.). Mit diesem Fehler ist vor allem zu rechnen, wenn die zu beurteilenden Objekte den Urteilern nur wenig bekannt sind – eine Untersuchungssituation, die eigentlich generell zu vermeiden ist. Eine Massierung der Urteile im mittleren Skalenbereich tritt bevorzugt auch dann auf, wenn man es versäumt hat, die Skalen an Extrembeispielen zu verankern (s. o.). Der Urteiler „reserviert" dann die Extremkategorien für evtl. noch auftauchende Objekte mit extremer Merkmalsausprägung. Bleiben diese aus, resultieren wenig differenzierende Urteile mit starker zentraler Tendenz.

Mangelnde Differenzierung muß jedoch nicht immer zentrale Tendenz bedeuten. Sie tritt immer dann auf, wenn der Urteiler nicht die gesamte Skalenbreite nutzt, sondern seine Urteile in einem Bereich der Skala konzentriert. In diesem Falle schafft eine Neukonstruktion der Rating-Skala, die den Bereich, der für die meisten Urteilsobjekte typisch ist, feiner differenziert, Abhilfe. Auch für den Nachweis dieser Urteilsfehler nennen Saal et al. (1980) verschiedene methodische Varianten.

Rater-Ratee-Interaktion: Urteilsverzerrungen können in Abhängigkeit von der Position des Urteilers auf der zu beurteilenden Dimension entstehen. Man unterscheidet einen „Ähnlichkeitsfehler", der auftritt, wenn Urteiler mit extremer Merkmalsausprägung die Merkmalsausprägungen anderer in Richtung der eigenen Merkmalsausprägung verschätzen und einen „Kontrastfehler", bei dem Urteiler mit extremer Merkmalsausprägung die Merkmalsausprägung anderer in Richtung auf das gegensätzliche Extrem verschätzen (vgl. auch Sherif u. Hovland, 1961). Einen Beitrag zur Klärung dieser Urteilsfehler liefert z. B. die „Theorie der variablen Perspektive" von Upshaw (1962).

Primacy-recency Effekt: Dieser Effekt bezeichnet Urteilsverzerrungen, die mit der Position der zu beurteilenden Objekte (oder in Lernexperimenten mit der Position der zu lernenden Wörter, Silben etc.) zusammenhängen. Werden Objekte mit extremer Merkmalsausprägung zu Anfang beurteilt, können die nachfolgenden Beurteilungen von den ersten Beurteilungen (z. B. im Sinne einer Überbetonung des Kontrastes) abhängen.

Für die Charakterisierung von Urteilsobjekten durch Rating-Skalen wird üblicherweise die *durchschnittliche Beurteilung* mehrerer Urteiler als Maßzahl herangezogen. Durchschnittliche Urteile sind reliabler und valider als Individualurteile (vgl. Horowitz et al. 1979, und Strahan, 1980). Die Zusammenfassung mehrerer Schätzurteile zu einem Gesamturteil setzt jedoch eine hinreichende Übereinstimmung der individuellen Urteile voraus. Methoden zur Überprüfung der rater-Übereinstimmung werden z. B. bei Bintig (1980), Schmidt u. Hunter (1977) und Werner (1976) dargestellt und diskutiert.

Weichen die Urteile verschiedener Untersuchungsteilnehmer in ihren Mittelwerten und Streuungen so stark voneinander ab, daß eine Zusammenfassung nicht mehr zu rechtfertigen ist, kann eine Vergleichbarkeit durch z-Transformationen der individuellen Urteile hergestellt werden (vgl. S. 267). Diese, für jeden Urteiler getrennt durchzuführenden Lineartransformationen sorgen gewissermaßen im nachhinein für gleiche Mittelwerte und Streuungen der individuellen Urteile.

2.2.4.4 Das semantische Differential

Das semantische Differential wurde 1957 von Osgood et al. entwickelt und hat seit seiner Einführung als Polaritätsprofil oder Eindrucksdifferential durch Hofstätter (1959, 1977) auch im deutschsprachigen Raum weite Verbreitung gefunden. Es handelt sich um ein Skalierungsinstrument zur Messung der konnotativen Bedeutung bzw. der affektiven Qualitäten beliebiger Objekte oder Begriffe („Schuhe, Schiffe und Siegellack, Kohl und Könige, ich, dein Vater, Fräulein Weber, mein

Lehrer, die Schule, Algebra, ein Demokrat, dieses Buch, eine Büroklammer, die Vereinten Nationen, Eisenhower etc.", nach Osgood et al., 1957, S. 91), bzw. der Ähnlichkeit von Begriffen oder Objekten (Beispiel: Ähneln die Assoziationen eines Produktnamens denen des Produktes?).

Abbildung 7a veranschaulicht das Polaritätsprofil der Begriffe „Männlich" und „Weiblich" und Abb. 7b ein zweidimensionales System der Konnotationen verschiedener Begriffe (Hofstätter, 1963).

Das semantische Differential besteht aus einem Satz siebenstufiger bipolarer Rating-Skalen, auf denen das Urteilsobjekt eingestuft wird. Urteilsgrundlage ist die metaphorische Beziehung bzw. gefühlsmäßige Affinität des Urteilsgegenstandes zu den Urteilsskalen und weniger der sachliche oder denotative Zusammenhang, der häufig nicht gegeben ist. („Männlich" bzw. „Weiblich" sind denotativ weder laut noch leise und haben trotzdem, wie Abb. 7a zeigt, unterschiedliche Konnotationen zu dieser Skala.)

Mit Hilfe der Korrelationsrechnung (vgl. Anhang D) läßt sich die Ähnlichkeit der Profile verschiedener Urteilsgegenstände bestimmen. (Die Profile in Abb. 7 korrelieren zu $-0,07$ miteinander.) Die Faktorenanalyse (vgl. Anhang D) über derartige Korrelationen führt üblicherweise zu zwei bis vier Dimensionen, die durch die Positionen der untersuchten Objekte beschreibbar sind. Die Dimensionen des in Abb. 7b wiedergegebenen Begriffssystems lassen sich nach Hofstätter (1963) als Weiblichkeit (F_1) und Männlichkeit (F_2) interpretieren.

Sprachvergleichende Untersuchungen Osgood's (1957) über verschiedene Begriffe führten in der Regel zu einem dreidimensionalen System, dem „semantischen Raum" mit den Dimensionen Valenz (evaluation, z. B. angenehm – unangenehm), Potenz (potency, z. B. stark – schwach) und Aktivität (activity, z. B. erregend – beruhigend). Die konnotative Ähnlichkeit zweier Begriffe läßt sich als deren Distanz im semantischen Raum einfach metrisch repräsentieren.

Die Anwendungsvarianten des semantischen Differentials sind zu vielfältig, um sie hier auch nur einigermaßen vollständig dokumentieren zu können. [In der Originalarbeit von Osgood et al., 1957, werden bereits ca. 50 Anwendungsbeispiele genannt. Das Institut of Communication Research weist in einer 1967 herausgegebenen Bibliographie ca. 700 Arbeiten mit dem semantischen Differential nach. Finstuen (1977) sammelte zwischen 1952 und 1976 751 psychologische Anwendungen.] Die einleitend aufgeführte Liste möglicher Urteilsgegenstände mag deshalb als realistischer Stellverteter für exemplarisch ausgewählte Anwendungsbeispiele gelten.

Statt des von Osgood und Hofstätter vorgeschlagenen universellen semantischen Differentials (vgl. Abb. 7) werden gelegentlich konzeptspezifische, auf die Besonderheiten der Untersuchungsgegenstände zugeschnitte Polaritätsprofile eingesetzt (vgl. z. B. Franke u. Bortz, 1972, oder Bortz, 1972). Kontextspezifische Polaritätsprofile erfassen erstrangig die denotativen, direkten Beziehungen der Urteilsobjekte zu den Urteilsskalen und führen deshalb zu anderen Resultaten (anderen „semantischen Räumen") als ein universelles semantisches Differential (vgl. z. B. Flade, 1978). Geht es um die Vergleichbarkeit sehr unterschiedlicher Urteilsobjekte, ist ein universelles semantisches Differential vorzuziehen.

Reihenfolgeeffekte sind bei semantischen Differentialen unwahrscheinlich. Kane (1971) konnte zeigen, daß die Reihenfolge der Untersuchungsgegenstände (es

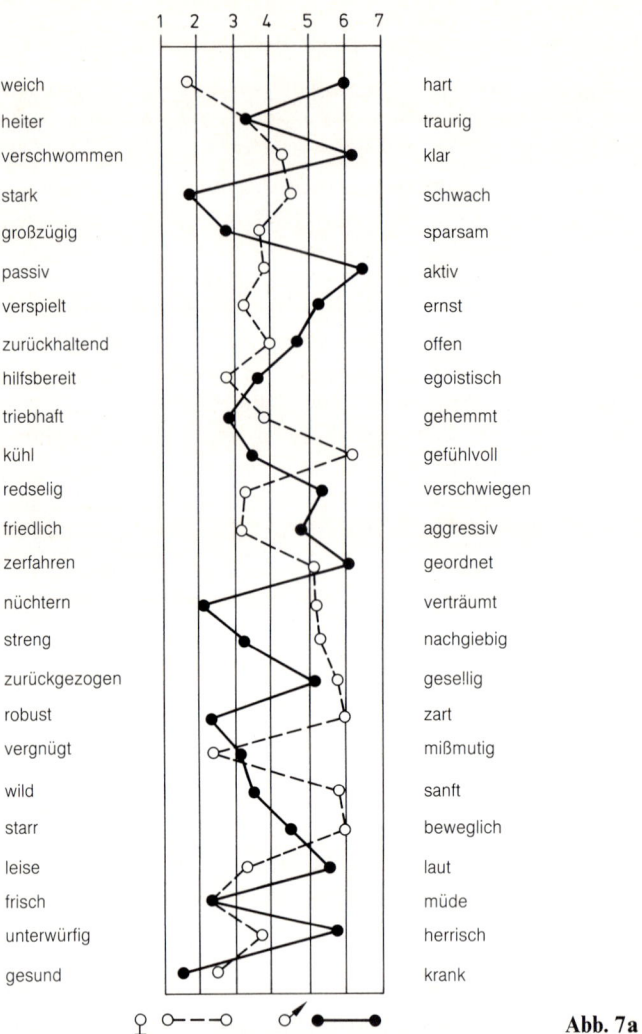

	1	2	3	4	5	6	7	
weich								hart
heiter								traurig
verschwommen								klar
stark								schwach
großzügig								sparsam
passiv								aktiv
verspielt								ernst
zurückhaltend								offen
hilfsbereit								egoistisch
triebhaft								gehemmt
kühl								gefühlvoll
redselig								verschwiegen
friedlich								aggressiv
zerfahren								geordnet
nüchtern								verträumt
streng								nachgiebig
zurückgezogen								gesellig
robust								zart
vergnügt								mißmutig
wild								sanft
starr								beweglich
leise								laut
frisch								müde
unterwürfig								herrisch
gesund								krank

♀ ○ − − ○   ♂ ●——●   **Abb. 7a**

Abb. 7a, b. Polaritätsprofil (**a**) und Begriffskonotationen (**b**)

handelte sich um Urteilsgegenstände aus dem Unterrichtsbereich) und der einzelnen Urteilsskalen für die Einstufungen unerheblich waren. Ebenfalls unbedeutend ist nach dieser Arbeit die Polung der Rating-Skalen (z. B. hart – weich oder weich – hart). Mann et al. (1979) weisen darauf hin, daß die Untersuchungsergebnisse nur unbedeutend beeinflußt werden, wenn statt bipolarer Rating-Skalen unipolare verwendet werden.

Probleme beim Arbeiten mit dem semantischen Differential bereitet der in mehreren Arbeiten nachgewiesene Befund, daß dieselbe Rating-Skala von unterschiedlichen Beurteilern zuweilen verschieden aufgefaßt wird bzw. daß die Bedeutung einer Rating-Skala von der Art der zu beurteilenden Objekte abhängt (rater-concept-scale-interaction; vgl. Cronkhite, 1976; Crocket u. Nidorf, 1967; Everett, 1973 und Heise, 1969. Skalentheoretische Probleme diskutiert z. B. Brandt, 1978).

130

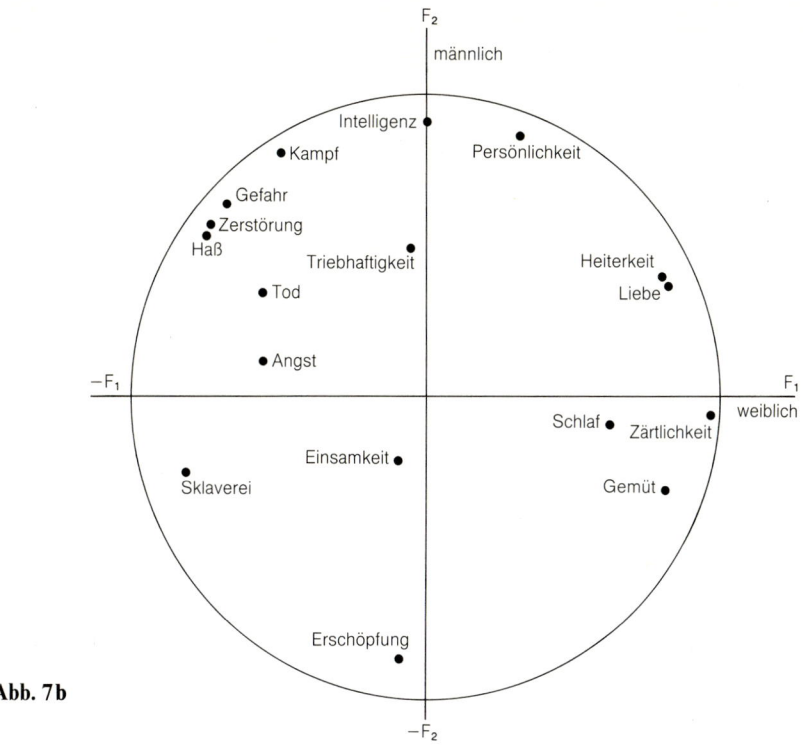

Abb. 7b

Unterschiede in der Auffassung einer Rating-Skala werden praktisch bedeutungslos, wenn – was üblicherweise geschieht – Durchschnittsprofile interpretiert oder für weitere statistische Analysen verwendet werden. Weichen die Auffassungen jedoch zu stark voneinander ab (was mit einem der von Bintig, 1980 diskutierten Verfahren überprüft werden kann), muß durch gezielte Instruktionen für ein einheitliches Verständnis der Skalen gesorgt werden.

Objektbedingte Bedeutungsschwankungen einer Skala führen nur dann zu falschen Schlüssen, wenn mehrere Objekte bezüglich dieser Skala miteinander verglichen werden. Die Interpretation des semantischen Raumes bleibt hiervon unbeeinflußt, wenn genügend heterogene Objekte (mindestens 40) skaliert werden.

2.3 Testen

Testen hat – wie auch der Begriff „Test" – im alltäglichen und im wissenschaftlichen Sprachgebrauch mehrere Bedeutungen. Nach Lienert (1969, S. 7) versteht man unter einem Test

„1. Ein Verfahren zur Untersuchung eines Persönlichkeitsmerkmals,
 2. den Vorgang der Durchführung einer Untersuchung,
 3. die Gesamtheit der zur Durchführung notwendigen Requisiten,

131

4. jede Untersuchung, sofern sie Stichprobencharakter hat,
5. gewisse mathematisch-statistische Prüfverfahren (z. B. t-Test)".

Um die Verwendung des Wortes „Test" (im Sinne des erstgenannten Verständnisses) zu vereinheitlichen, schlägt Lienert (1969, S. 7) folgende Definition vor: „Ein Test ist ein wissenschaftliches Routineverfahren zur Untersuchung eines oder mehrerer empirisch abgrenzbarer Persönlichkeitsmerkmale mit dem Ziel einer möglichst quantitativen Aussage über den relativen Grad der individuellen Merkmalsausprägung."

Testen soll in diesem Text etwas weiter gefaßt werden als in dieser Formulierung. Im Vordergrund steht hier – in Abgrenzung zum Kap. 2.2 (Urteilen), in dem es um die Kennzeichnung von Urteilsobjekten durch urteilende Personen ging – die Beschreibung von Personen bezüglich eines oder mehrerer Merkmale („subject centered approach" nach Torgerson, 1958, S. 46). Diese muß jedoch nicht mit einem „wissenschaftlichen Routineverfahren", wie etwa einem im Handel erhältlichen Test erfolgen, sondern kann durchaus auch mit einem einmalig eingesetzten, für einen speziellen Untersuchungszweck entwickelten Verfahren vorgenommen werden. Die Wissenschaftlichkeit des Verfahrens im Sinne einer genauen Beschreibung und theoretischen Begründung des Vorgehens ist unverzichtbar, seine routinemäßige Verwendbarkeit hingegen ist nicht erforderlich.

Ferner bedeutet Testen im Verständnis dieses Textes nicht nur die Erfassung von Persönlichkeitsmerkmalen im engeren Sinne wie z. B. Intelligenz, Neurotizismus oder Extraversion. Es soll auch dann von Testen gesprochen werden, wenn z. B. Einstellungen, Interessen, Meinungen, Bedürfnisse, Leistungen o. ä. von Personen in einer Untersuchung interessieren.

Diese liberalere Auffassung von „Testen" leitet sich aus der generellen Einschätzung der empirischen Forschung in den Sozialwissenschaften ab: Die Erkundung und Überprüfung vieler Fragen steht erst am Anfang und erfordert deshalb weniger präzise bzw. meßtheoretisch weniger ausgefeilte Erhebungsverfahren als die Forschung in einem wissenschaftlich fortgeschritteneren und fundierteren Bereich. Kreative Testideen sollten nicht deshalb aufgegeben werden, weil ein entsprechendes Verfahren auf dem Testmarkt nicht erhältlich ist oder weil die eigene Umsetzung dieser Idee in ein routinemäßig verwendbares Testverfahren, das allen Regeln der Testkonstruktion genügt, zu aufwendig wäre.

Die Ermunterung, eigene Testideen auch praktisch – wenn auch unvollkommen – umzusetzen, bedeutet natürlich nicht den gänzlichen Verzicht auf jegliche Qualitätskontrolle des eigenen Verfahrens. Gerade der Testsektor hat eine Reihe unrühmlicher Produktionen hervorgebracht, deren mangelnde Seriosität den psychologischen Test schlechthin mancherorts in Mißkredit gebracht hat.

Die Mindestanforderungen, denen auch eigene Testentwicklungen genügen sollen, werden in Kap. 2.3.1 (Testtheorie) dargestellt. Die dort aufgeführten Hinweise reichen allerdings nicht aus, um einen „marktreifen" Test zu entwickeln. Hierfür stehen ausführlichere Anleitungen zur Verfügung (z. B. Lienert, 1969; Fischer, 1974; Cronbach, 1960; Anastasi, 1963; Meili u. Steingrüber, 1978, Wottawa, 1980; Aiken, 1976; Gullikson, 1950; Lord u. Novick, 1968; Magnusson, 1969).

Hinweise zur Formulierung von Testfragen oder -aufgaben sowie die Zusammenstellung von Testaufgaben zu Testskalen liefern die Kap. 2.3.2 und 2.3.3. Abschließend wird die Frage erörtert, was man tun kann, um Verfälschungen der Testergebnisse durch die untersuchten Personen zu verhindern (Kap. 2.3.4).

Bevor man sich entschließt, für das interessierende Merkmal selbst einen neuen Test zu entwickeln, ist es unbedingt ratsam zu überprüfen, ob für dieses Merkmal bereits ein Test veröffentlicht wurde. Das „Handbuch psychologischer und pädagogischer Tests" von Brickenkamp (1975) (oder auch Hiltmann, 1977, bzw. Weise, 1975) erleichtert diese Aufgabe erheblich. Neben weiterführender Literatur werden hier auch Angaben über Testeigenschaften (vgl. Kap. 2.3.1) gemacht, die die Auswahl objektivieren helfen, wenn bereits mehrere Tests mit ähnlicher Zielsetzung existieren. (Weitere Informationen erteilt die „Testbibliothek", s. Anhang A.)

Was bisher – insbesondere in Kap. 1.3.2 – über ethische Verpflichtungen in der sozialwissenschaftlichen Forschung generell gesagt wurde, gilt in besonderem Maße für das Arbeiten mit Tests. Manche Untersuchungsteilnehmer verspüren bei dem Gedanken, sich von einem in der Regel unbekannten Menschen testen bzw. „in die Seele schauen" zu lassen, ein affektives Unbehagen, das in starken unbewußten oder bewußten Hemmungen begründet ist. Hinzu kommt häufig eine Überschätzung der tatsächlichen Leistungsfähigkeit psychologischer Tests (vgl. z. B. Green, 1978). Überwinden sie jedoch ihre Hemmschwelle, sind Untersuchungsteilnehmer nicht selten äußerst aufgeschlossen und zeigen Interesse am Ziel der Untersuchung und an ihren eigenen Testergebnissen (Meili u. Steingrüber, 1978, S. 28).

Die öffentliche Diskussion über den Nutzen psychologischer Tests als Selektionsinstrument, die in den USA in den 50er Jahren mit behördlich angeordneten Testverbrennungen ihren ersten Höhepunkt erreichte (Nettler, 1959), wurde auch hierzulande z. B. mit der Einführung psychologischer Tests als Ausleseverfahren für Hochschulzulassungen (Amelang, 1976; Hitpass, 1978, Pawlik, 1979; Trost, 1975) zunehmend heftiger. Ein wichtiges Stichwort in dieser Diskussion ist „mangelnde *Testfairneß*" (oder auch Test-Bias, vgl. Flaugher, 1978), womit die systematische Benachteiligung bestimmter gesellschaftlicher Gruppen bei Tests, die vorrangig auf ein gymnasiales Bildungsbürgertum zugeschnitten sind, gemeint ist.

Das Problem der Chancengleichheit psychologischer Tests ist seit langem bekannt. Auf die zahlreichen Versuche, Testinstrumente fairer zu gestalten, oder doch zumindest Techniken zu entwickeln, die Auskunft über das Ausmaß der Unfairneß eines konkreten Tests bzw. über die von ihm benachteiligten Gruppen geben, kann hier nur summarisch hingewiesen werden (vgl. z. B. Gösslbauer, 1977; Möbus, 1978; Wottawa u. Amelang, 1980). Die generelle Schwierigkeit dieser Versuche liegt in der Festsetzung derjenigen Kriterien oder Merkmale, bezüglich derer ein Test fair sein soll. Gelingt es, einen Intelligenztest z. B. durch die Aufstellung spezieller Normtabellen hinsichtlich der Merkmale Alter, Geschlecht und Art des Schulabschlusses fair zu gestalten, kann dieser Test dennoch die Landbevölkerung gegenüber der Stadtbevölkerung, Arbeiterkinder gegenüber Akademikerkindern, Protestanten gegenüber Katholiken etc. benachteiligen. Die Anzahl persongebundener Merkmale, die potentiell ein Testergebnis beeinflussen können, ist sicherlich zu groß, um eine globale Testfairneß gewährleisten zu können.

Die Frage der Fairneß eines Tests ist unlösbar mit der Frage nach dem Zweck seines Einsatzes verknüpft. Ein Test führt zwangsläufig zu unfairen Ergebnissen, wenn er zu einem Zweck verwendet wird, für den er usrpünglich nicht konstruiert wurde (vgl. auch die Ausführungen über differentielle Validität auf S. 139). Diese Erkenntnis löst natürlich nicht die Frage, welche Fähigkeiten eine Gesellschaft für wichtig hält und deshalb zum Gegenstand von Tests macht. Dies ist ein gesellschaftspolitisches Problem, an dessen Lösung der Fachmann durch eine sachgemäße Aufklärung über die tatsächliche Aussagekraft psychologischer Tests mitzuarbeiten aufgefordert ist.

2.3.1 Testtheorie

Eine Pumpe füllt einen Behälter, der 40 l faßt, in 5 Minuten. Wie lange benötigt die Pumpe, um einen Behälter mit 64 l zu füllen? Auf diese Frage gibt ein Untersuchungsteilnehmer die richtige Antwort: 8 Minuten. Kann man aufgrund dieser einen Antwort behaupten, der Untersuchungsteilnehmer verfüge über eine gute mathematische Denkfähigkeit? Sicherlich nicht! Es leuchtet intuitiv ein, daß diese Informationsbasis nicht ausreicht, um entscheiden zu können, ob diese Frage „mathematische Denkfähigkeit" oder etwas anderes mißt. Es bleibt offen, wieviel Zeit er zur Lösung dieser Aufgabe beanspruchte, ob er nur zufällig eine richtige Schätzung abgab, ob er ähnliche oder auch schwerere Aufgaben lösen könnte und vieles mehr.

Die Frage der Anforderungen, denen ein Test genügen muß, um aufgrund eines Testergebnisses auf die tatsächliche Ausprägung des getesteten Merkmales schließen zu können, ist Gegenstand der Testtheorie.

Ein Test besteht gewöhnlich aus mehreren, unterschiedlich schweren Aufgaben oder Fragen (im folgenden soll vereinfachend der hierfür übliche Ausdruck „item" verwendet werden), die der Untersuchungsteilnehmer lösen oder beantworten muß. Als Testergebnis resultiert eine Anzahl richtig beantworteter oder bejahter items, aus der sich verschiedene Schlüsse ableiten lassen.

Die an einem naturwissenschaftlichen Meßmodell orientierte „klassische" Testtheorie nimmt an, daß das Testergebnis eigentlich dem wahren Ausprägungsgrad des untersuchten Merkmals entspricht, daß aber jede Messung oder jedes Testergebnis zusätzlich von einem Meßfehler überlagert ist. Der Testwert repräsentiert damit die „wahre" Merkmalsausprägung zuzüglich einer den Testwert vergrößernden oder verkleinernden Fehlerkomponente (z. B. aufgrund mangelnder Konzentration, Übermüdung, schlechter Untersuchungsbedingungen o. ä.). Wahre Merkmalsausprägung kann jedoch nur erschlossen werden, wenn der Testfehler bekannt ist. Hierin liegt das Problem der klassischen Testtheorie. Die Präzision eines Tests ist nur bestimmbar, wenn wahre Merkmalsausprägung und Fehleranteil getrennt zu ermitteln sind.

Anders die probabilistische Testtheorie. Ihr Grundgedanke basiert auf der Annahme, daß die *Wahrscheinlichkeit* einer bestimmten Antwort auf jedes einzelne item von der Ausprägung einer *latent* vorhandenen Merkmalsdimension abhängt. Eine Person mit besserer mathematischer Denkfähigkeit löst die eingangs gestellte Aufgabe mit höherer Wahrscheinlichkeit als eine Person mit schlechterer mathematischer Denkfähigkeit. Wird beispielsweise bei einer bestimmten Merkmalsausprägung für eine Aufgabe eine Lösungswahrscheinlichkeit von 30% angenommen, besagt dies, daß in einer zufälligen Stichprobe von Personen mit genau dieser Merkmalsausprägung 30% aller Personen diese Aufgabe richtig beantworten werden.

Die klassische Testtheorie ist *deterministisch*. Das Testergebnis entspricht – abgesehen von Meßfehlern – direkt der Merkmalsausprägung. Ein *probabilistisches* Testmodell hingegen ermittelt diejenigen Merkmalsausprägungen, die für verschiedene Arten der Itembeantwortungen am wahrscheinlichsten sind. Eigenschaften dieser beiden Testmodelle sowie deren Vor- und Nachteile sollen im folgenden Text kurz dargestellt werden.

2.3.1.1 Klassische Testtheorie

Grundlegend für die klassische Testtheorie sind die folgenden vier Annahmen (Axiome):

1. Das Testergebnis setzt sich additiv aus dem „wahren Wert" (true score) und dem Meßfehler zusammen.
2. Bei wiederholten Testanwendungen kommt es zu einem Fehlerausgleich, d.h. der Erwartungswert des Meßfehlers ist Null.
3. Die Höhe des Meßfehlers ist unabhängig vom Ausprägungsgrad des getesteten Merkmals.
4. Die Meßfehler verschiedener Testanwendungen (bei verschiedenen Personen oder Testwiederholungen bei einer Person) sind voneinander unabhängig.

(Eine genauere Formulierung dieser Annahmen findet der interessierte Leser bei Gullikson, 1950; bei Novick, 1966, bzw. bei Lord u. Novick, 1968. Zur Kritik dieser Axiome vgl. Fischer, 1974, S. 114 ff., oder Hilke, 1980, S. 134 ff.)

Akzeptiert man diese Axiome, ergeben sich hieraus einige praktische Strategien zur Ermittlung der *„Gütekriterien"* (Lienert, 1969) eines Tests. Das erste Gütekriterium betrifft die *Objektivität* eines Tests. **Ein Test ist objektiv, wenn verschiedene Testanwender bei denselben Personen zu den gleichen Resultaten gelangen.** Die Objektivität eines Tests wird über die durchschnittliche Korrelation (vgl. Anhang D) der Ergebnisse verschiedener Testanwender numerisch bestimmt. Moderne Tests sollten über eine perfekte Objektivität verfügen, d.h. das Testergebnis sollte unabhängig von der Person sein, die den Test anwendet.

Mangelnde Objektivität kann auf persönliche Einflußnahmen des Testanwenders auf die Testergebnisse während der Durchführung des Tests (Durchführungsobjektivität), bei der Auswertung des Tests (Auswertungsobjektivität) oder bei der Interpretation der Testergebnisse (Interpretationsobjektivität) zurückgeführt werden. Für eine hohe Durchführungsobjektivität sind standardisierte Instruktionen erforderlich, die dem Testanwender während der Testvorgabe keinen individuellen Spielraum lassen. Die Auswertungsobjektivität hängt von der Art der Itemformulierung ab (vgl. Kap. 2.3.2). Sie wird erhöht, wenn der Test die Art der Itembeantwortung (wie z.B. bei richtig-falsch-Aufgaben bzw. Mehrfachwahl- oder „multiple-choice" Aufgaben) sowie die Antwortbewertung (welche Antworten sind für das untersuchte Merkmal indikativ?) eindeutig vorschreibt. Interpretationsobjektivität wird als gegeben angesehen, wenn das Testergebnis direkt der Ausprägung des untersuchten Merkmals entspricht. Problematisch sind diesbezüglich z. B. projektive Persönlichkeitstests, deren Ergebnisse vom Testanwender eine subjektive Deutung verlangen.

Die *Reliabilität* ist das zweite Gütekriterium eines Tests. **Sie erfaßt die Präzision bzw. den Grad der Genauigkeit der Messung eines Merkmales.** Die Reliabilität eines Tests ist um so höher, je kleiner der zu einer Messung gehörende Fehleranteil bzw., bei mehreren Messungen, je geringer die Varianz der Fehleranteile (Fehlervarianz) ist.

Die Quantifizierung der Reliabilität basiert unmittelbar auf den eingangs genannten Annahmen der klassischen Testtheorie. Ein vollständig reliabler Test müßte bei wiederholter Anwendung zu exakt den gleichen Ergebnissen führen. Weichen die Ergebnisse wiederholter Testvorgaben voneinander ab, werden hierfür Meßfehler verantwortlich gemacht. Sind die Meßfehler bei wiederholten Messungen voneinander unabhängig (Annahme 4) und auch von der Größe der Merkmalsausprägung unabhängig (Annahme 3), ist die Übereinstimmung beider Meßwertreihen ausschließlich auf „wahre" Merkmalsausprägungen zurückzuführen. Hieraus folgt die Bestimmung der Retest-Reliabilität nach der *Testwiederholungsmethode:* Ein Test wird derselben Stichprobe zweimal vorgelegt; die Korrelation beider Ergebnisreihen entspricht der Retest-Reliabilität (auch *Stabilität* genannt). Diese Korrelation (mit 100 multipliziert) gibt an, wieviel Prozent der Gesamtunterschiedlichkeit der Testergebnisse auf „wahre" Merkmalsunterschiede zurückzuführen sind.

Bei der Reliabilitätsbestimmung nach der Testwiederholungsmethode besteht die Gefahr, daß die Reliabilität eines Tests unterschätzt wird, wenn sich die Testergebnisse bei der zweiten Testvorgabe durch Lern-, Gewöhnungs- oder Erinnerungseffekte gegenüber der ersten Testvorgabe unsystematisch verändern. (Eine konstante Veränderung aller Testergebnisse würde die Reliabilität nicht beeinflussen.) Mit derartigen Effekten muß vor allem bei kurzen Tests mit inhaltlich interessanten Items, die leicht zu erinnern sind, gerechnet werden. Die Wahrscheinlichkeit von Übungseffekten nimmt jedoch mit wachsendem zeitlichen Abstand zwischen beiden Testvorgaben ab.

Weniger brauchbar ist die Testwiederholungsmethode bei Tests, die instabile bzw. zeitabhängige Merkmale erfassen. (Soll ein Test beispielsweise aktuelle Stimmungen erfassen, würde die Retest-Methode seine Reliabilität erheblich unterschätzen, wenn die Stimmungen intraindividuell zeitlich stark schwanken.) Die Reliabilität sollte dann nach einer anderen Methode, der *Paralleltest-Methode* ermittelt werden. Hierfür werden zwei Tests benötigt, die dasselbe Merkmal in möglichst äquivalenter Weise messen. Die Konstruktion paralleler Tests geht von inhaltlich homogenen „Item-Zwillingen" mit gleicher Trennschärfe und gleicher Schwierigkeit (s. u.) aus, die zufällig einer Testform A und einer Testform B zugeordnet werden. Diese beiden Testformen werden einer Personenstichprobe mit möglichst kurzem zeitlichen Abstand vorgelegt. Die Korrelation der Testergebnisse beider Testformen, die Paralleltest-Reliabilität (auch *Äquivalenz* genannt), informiert über das Ausmaß der Übereinstimmung, mit der beide Tests das untersuchte Merkmal erfassen. Treffen die Annahmen 3 und 4 (s. o.) zu, ist die gemeinsame Varianz beider Meßwertreihen ausschließlich auf wahre Merkmalsunterschiede zurückzuführen.

Wenn die Reliabilität eines Tests weder nach der Testwiederholungsmethode noch nach der Paralleltest-Methode bestimmt werden kann, bleibt als dritte Methode die Reliabilitätsermittlung nach der *Testhalbierungsmethode*. Hierbei wird der Test in zwei äquivalente Testhälften geteilt, so daß zwei „Paralleltests" mit halber Länge resultieren. Diese Technik führt allerdings nur bei homogenen Tests, d. h. bei Tests, deren Items inhaltlich dasselbe Merkmal messen, zu richtigen Reliabilitätsschätzungen.

Die Halbierung des Tests kann nach gradzahligen und ungradzahligen Itemnummern oder nach Zufall erfolgen. Bei limitierter Testzeit und vergleichbaren Itemschwierigkeiten können auch die Testergebnisse der ersten Halbzeit mit denen der zweiten Halbzeit verglichen werden. Erneut wird der Reliabilitätskoeffizient über die Korrelation – hier über die Testwerte der Untersuchungsteilnehmer für beide Testhälften – bestimmt. Diese Reliabilitätsform bezeichnet man als „*interne Konsistenz*".

Die Präzision eines Tests nimmt – sieht man von Ermüdungseffekten u. ä. ab – mit der Anzahl seiner Items zu. Sie nähert sich mit wachsener Itemzahl asymptotisch einem Präzisionsmaximum. Demzufolge unterschätzt eine Methode, die nur die halbe Testlänge berücksichtigt, die Reliabilität des Gesamttests. Mittels der sogenannten „Spearman-Brown Prophecy-Formula" kann der nach der Testhalbierungsmethode gewonnene Reliabilitätskoeffizient jedoch nachträglich um den Betrag, der durch die Testhalbierung verlorenging, aufgewertet werden (vgl. Spearman, 1910, zit. nach Lienert, 1969, S. 220 f.).

Die Bestimmung der Reliabilität nach der Testhalbierungsmethode (interne Konsistenz) hängt stark von der Art der zufälligen Testhalbierung ab. Zu stabileren Schätzungen der internen Konsistenz führen die von Richardson u. Kuder (1939, zit. nach Lienert, 1969, S. 226 ff.) entwickelten Berechnungsvorschriften, die als Verallgemeinerungen der Testhalbierungsmethode angesehen werden können. Sie gehen davon aus, daß ein Test nicht nur in zwei Hälften, sondern in ebenso viele Teile untergliedert werden kann, wie Items vorhanden sind. Die Prüfung der internen Konsistenz bezieht sich dann nicht auf zwei Testhälften, sondern auf sämtliche Items. In Abhängigkeit von Ergebnissen der Item-Analyse, die über die Trennschärfen, Schwierigkeiten, Varianzen und Kovarianzen der einzelnen Items informiert (s. u.), können verschiedene einfach zu handhabende Formeln über die Berechnung der internen Konsistenz eingesetzt werden.

Mehr noch als die „Kuder-Richardson-Formel" hat sich jedoch der α-Koeffizient von Cronbach (1951) als Maß für die interne Konsistenz eines Tests durchgesetzt. Der α-Koeffizient ist sowohl auf dichotome Items als auch auf mehrkategoriale Items anwendbar. Formal gibt der α-Koeffizient die mittlere interne Konsistenz eines Tests für alle möglichen Testhalbierungen wieder. Insbesondere bei heterogenen Tests unterschätzt α die Reliabilität eines Tests. Er nähert sich der Paralleltest-Reliabilität mit zunehmender Homogenität der Items. Da α den auf eine Merkmalsdimension zurückgehenden Varianzanteil aller Items erfaßt, wird dieses Maß zuweilen auch als *Homogenitätsindex* verwendet.

Ein guter Test, der nicht nur zu explorativen Zwecken verwendet wird, sollte eine Objektivität von nahezu 1 und eine Reliabilität von über 0,80 aufweisen. Bei der Reliabilitätsbewertung ist jedoch darauf zu achten, wie die zu messenden Merkmale geartet sind. Erfaßt ein Test ein Merkmal mit hoher zeitlicher Variabilität bzw. hoher „Funktionsfluktuation" (Lienert, 1969, S. 234 versteht hierunter Merkmale, deren Bedeutung sich mit der Testwiederholung ändert), erweist sich eine hohe Paralleltest-Reliabilität als günstig. Beansprucht der Test jedoch, zeitlich überdauernde Merkmalsausprägungen zu messen, sollte besonderer Wert auf eine hohe Retest-Reliabilität gelegt werden. Hohe interne Konsistenz ist dessen ungeachtet von jedem Test zu fordern.

Erfaßt ein Test viele Merkmale gleichzeitig, so daß er wegen seiner Heterogenität nur eine geringe interne Konsistenz aufweist, sollte der Test – eventuell unter Zuhilfenahme der Faktorenanalyse (vgl. Anhang D) – in mehrere homogene Untertests aufgeteilt werden.

Das dritte Gütekriterium, die *Validität* eines Tests, ist letztlich das entscheidende Kriterium. Ein Test kann trotz hoher Reliabilität unbrauchbar sein, weil er etwas anderes mißt als er messen sollte. So mag ein Test zur Messung von Reaktionszeiten zwar sehr reliabel sein; ob er jedoch etwas über die Reaktionsfähigkeit einer Person im Straßenverkehr aussagt, ist ein anderes Problem. Noch fraglicher ist es, ob allgemeine Intelligenz- und Leistungstests, die z. B. als Selektionsinstrumente in konkreten Auswahlsituationen in Schulen, Betrieben, Behörden oder Universitäten etc. eingesetzt werden, tatsächlich die Informationen liefern, die man für derartige Entscheidungen benötigt.

Bei Angaben über die Validität eines Tests muß man sehr sorgfältig darauf achten, welche Art von Validität jeweils gemeint ist. **Die wichtigste Validitätsart ist die kriterienbezogene Validität, die als Korrelation zwischen den Testergebnissen und den Messungen eines für sinnvoll gehaltenen Kriteriums ermittelt wird.** Erfaßt ein Test beispielsweise politische Einstellungen zur Vorhersage von Parteipräferenzen, wäre es sinnvoll, die Testergebnisse am tatsächlichen Wahlverhalten (zumindest bei denjenigen Personen, die bereits sind, ihr Wahlgeheimnis preiszugeben) zu validieren.

Wie aber sollte z. B. ein allgemeiner Intelligenztest validiert werden? Es gibt wohl keinen kognitiven Leistungsbereich, der genau diejenige Intelligenz erfordert, die mit einem bestimmten Intelligenztest erfaßt wird. Schulische Leistungen beispielsweise sind ein Konglomerat individueller Fähigkeiten und Förderungen, an denen die Testintelligenz im allgemeinen nur wenig beteiligt ist. Sie unterliegen zeitlichen Schwankungen, hängen vom mehr oder weniger sicheren Urteil verschiedener Lehrer ab und sind deshalb weniger reliabel als der Test – ein Problem, welches an der Eignung dieses Kriteriums zusätzlich zweifeln läßt.

Testintelligenz wie auch andere mit Tests gemessene Persönlichkeits- oder Leistungsmerkmale (Extraversion, Neurotizismus, Dogmatismus, Stimulationsbedürfnis oder Gedächtnisfähigkeit, Konzentrationsvermögen, Motivationsstärke und Belastbarkeit etc.) sind Operationalisierungen theoretischer Konstrukte, die sich in keiner konkreten Verhaltensweise – außer dem Test selbst – vollkommen niederschlagen. Jede konkrete Tätigkeit erfordert eine ganz spezielle, einmalige Kombination einzelner Fähigkeiten und kann deshalb nie perfekt durch einen einzelnen Test vorhergesagt werden. Die Validierung eines Tests folgt deshalb häufig nur dem Anliegen festzustellen, welche Anteile der mit einem Test erfaßten Merkmale in einer konkreten Tätigkeit enthalten sind.

Häufig begnügt man sich deshalb mit einer Validitätsbestimmung „zweiter Ordnung", bei der der Test mit anderen Tests, deren Validität bereits bekannt ist, in Beziehung gesetzt wird. [Lienert, 1969, S. 257 f. bezeichnet diese Validitätsart als *„innere Validität"* im Gegensatz zu einer äußeren, kriterienbezogenen Validität. Das gleiche Vorgehen wird nach einem Vorschlag von Cronbach u. Meehl (1955) als *Konstruktvalidierung* bezeichnet.]

Unproblematisch sind solche Tests, bei denen vom Testergebnis direkt auf die Ausprägung des untersuchten Merkmals geschlossen werden kann, weil das Testverhalten das interessierende Merkmal direkt präsentiert (hohe *„face validity"* oder *„Inhaltsvalidität"*). Dies trifft insbesondere auf Tests für relativ einfache, sensorische und motorische Fertigkeiten zu, wie z. B. Tests zur Messung der Farbdiskriminationsfähigkeit, Stenographie-Tests oder Tests zur Feststellung von Links- oder Rechtshändigkeit. Bei derartigen Verfahren mit hoher Inhaltsvalidität wird meistens gänzlich auf eine Validierung an einem Außenkriterium verzichtet, wenngleich auch in diesen Tests Fehlschlüsse wegen der relativ kleinen Verhaltensstichprobe, die ein Test erfaßt oder wegen der psychologisch ungewohnten Testsituation nicht auszuschließen sind.

Genauso wie ein Test für verschiedene Kriterien unterschiedliche Validitäten besitzt, kann er für ein Kriterium unterschiedliche Validitäten aufweisen, wenn die Validierung an verschiedenen Personengruppen vorgenommen wird. Dieser als *differentielle Validität* bekannte Sachverhalt besagt, daß die für eine Personengruppe festgestellte Validität keineswegs auch für andere Personengruppen gelten muß. So konnten Amelang u. Kühn (1970) beispielsweise zeigen, daß die Schulnoten von Mädchen durch Leistungstests besser vorhersagbar sind als diejenigen von Jungen. Der Zusammenhang zwischen Schulnoten und Leistungstests wird gewissermaßen durch das Merkmal „Geschlecht" beeinflußt oder „moderiert". Derartige Variablen, die die Vorhersagbarkeit eines Kriteriums durch einen Test beeinflussen, nennt man in Anlehnung an Saunders (1956) *„Moderatorvariablen"*.

Soll ein bereits validierter Test für eigene Untersuchungszwecke eingesetzt werden, ist es deshalb nicht nur erforderlich, das Kriterium, an dem der Test validiert wurde, zu überprüfen; genauso wichtig ist die Frage, ob die Stichprobe, für die die Validität ermittelt wurde, ähnlich zusammengesetzt ist wie die Stichprobe der eigenen Untersuchung. Erst wenn das Kriterium, für dessen Vorhersage der Test konzipiert ist und die Stichprobe der Validierungsuntersuchung mit Kriterium und Stichprobe der eigenen Untersuchung einigermaßen übereinstimmen, kann die Validität des Tests auf auch die eigene Untersuchung übertragen werden.

Vor diesem Hintergrund fällt es schwer, verbindliche Angaben über die Minimalhöhe der Validität eines Tests zu machen. Der Einsatz eines Tests ist generell gerechtfertigt, wenn die Entscheidungen und Vorhersagen, die auf der Basis des Tests getroffen werden, tauglicher sind als Entscheidungen und Vorhersagen, die ohne den Test möglich wären – es sei denn, der mit dem Test verbundene Aufwand steht in keinem Verhältnis zum Informationsgewinn. Dieser Minimalanspruch an die Validität eines Tests wirkt einleuchtend, wenn man bedenkt, wieviele Personalentscheidungen beispielsweise allein aufgrund des persönlichen Eindrucks, zweifelhafter Gutachten oder auch der Handschrift vorgenommen werden – also aufgrund von Informationen, deren Validität in vielen Fällen nicht erwiesen ist bzw. niedriger sein dürfte als die Validität vieler Tests. Es wäre illusionär, Tests zu fordern, die perfekte oder nahezu perfekte Entscheidungen gewährleisten. Der Wert eines Tests läßt sich letztlich nur an seinem Beitrag messen, den Nutzen testgestützter Entscheidungsstrategien zu optimieren (vgl. Cronbach u. Gleser, 1957).

2.3.1.2 Probabilistische Testtheorie

Ein nach den Annahmen der klassischen Testtheorie konstruierter Test führt zu Resultaten, die – meßfehlerbehaftet – den Ausprägungsgraden des untersuchten

Merkmales entsprechen. Die probabilistische Testtheorie betrachtet die untersuchten Merkmale als latente Dimensionen und die einzelnen Testitems als Indikatoren dieser latenten Dimensionen. Unterscheiden sich zwei Personen hinsichtlich einer Dimension, wird ein bestimmtes Item von einer Person mit höherer Merkmalsausprägung (im folgenden soll vereinfachend von höherer Fähigkeit dieser Person gesprochen werden) mit größerer Wahrscheinlichkeit gelöst als von einer Person mit geringerer Fähigkeit. Außerdem wird eine Person mit bestimmter Fähigkeit von zwei Items dasjenige mit größerer Wahrscheinlichkeit lösen, dessen Lösung weniger Fähigkeit voraussetzt, das also leichter ist. (Bedauerlicherweise ist der Begriff „schwieriges" Item in der Testtheorie anders definiert als im normalen Sprachgebrauch. Die „Schwierigkeit" eines Items bezeichnet denjenigen Prozentsatz einer Personenstichprobe, der ein Item löst. Da ein leichtes Item von mehr Personen gelöst wird als ein schweres, hat es also einen höheren Schwierigkeitsindex.)

In der probabilistischen Testtheorie interessieren vorrangig Wahrscheinlichkeiten für die Lösung von Items in Abhängigkeit von der Fähigkeit der untersuchten Person. Die Art der Beziehung, die die Lösungswahrscheinlichkeit eines Items mit den Fähigkeiten der Personen verknüpft, wird *Itemcharakteristik* genannt. Zum besseren Verständnis dieses für die probabilistische Testtheorie zentralen Begriffes veranschaulicht Abb. 8 einige Itemcharakteristiken.

Die Abzisse des Achsenkreuzes kennzeichnet die Fähigkeit (hier mit einer beliebigen Einheit) und die Ordinate die Lösungswahrscheinlichkeit. Demnach besagt die Itemcharakteristik für das Item A, daß die Lösung dieses Items von der Fähigkeit der Person unabhängig ist. Für jede Fähigkeit ist mit einer Lösungswahrscheinlichkeit von p = 0,5 zu rechnen, d. h. mit einer Lösungswahrscheinlichkeit, die dem Raten entspricht. Es ist offenkundig, daß dieses Item für die Messung eines latenten Merkmales völlig unbrauchbar ist.

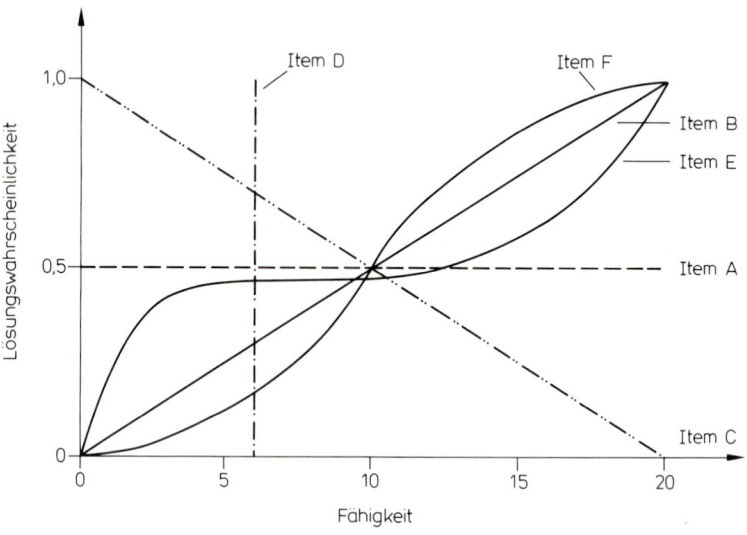

Abb. 8. Itemcharakteristiken (Erläuterungen s. Text)

Für Item B wächst die Lösungswahrscheinlichkeit linear mit zunehmender Fähigkeit. Dieses Item erfüllt damit die Forderung, daß es von fähigeren Personen mit höherer Wahrscheinlichkeit gelöst wird als von unfähigeren Personen.

Bei Item C liegen die Verhältnisse genau umgekehrt. Hier nimmt die Lösungswahrscheinlichkeit mit wachsender Fähigkeit linear ab. Theoretisch wäre auch dieses Item zur Messung der latenten Merkmalsdimension geeignet (höhere Lösungswahrscheinlichkeit spricht für geringere Fähigkeit); da derartige Items in der Praxis jedoch selten anzutreffen sind, soll diese Itemcharakteristik hier nicht weiter behandelt werden.

Item D hat eine zu Item A komplementäre Itemcharakteristik. Während die Wahrscheinlichkeit, Item A zu lösen, für alle Fähigkeitsabstufungen immer 0,5 beträgt, wird Item D von allen Personen, die höchstens die Fähigkeit von 6 besitzen, mit Sicherheit nicht gelöst und von fähigeren Personen mit Sicherheit gelöst. Gelingt es, einen Test zu konstruieren, der nur Items enthält, die – bei unterschiedlicher Schwierigkeit – diese Itemcharakteristik aufweisen, reicht zur Kennzeichnung der Fähigkeit einer Person das schwerste (testtheoretisch „leichteste") Item, das diese Person löst, aus. Da alle leichteren Aufgaben mit Sicherheit auch gelöst werden (aber nicht die schwereren), ist die Summe aller gelösten Items ein eindeutiger (*erschöpfender*) Indikator für die Fähigkeit einer getesteten Person. Die Personen können damit nach der Anzahl der gelösten Aufgaben in eine Rangreihe gebracht werden.

Tests, deren Items diese Eigenschaft aufweisen, bezeichnet man als *Guttman-Skala"* (Guttman, 1950, vgl. S. 153). Für die Praxis hat dieser (wegen der Extremwahrscheinlichkeiten von 0 und 1 eigentlich deterministische) Test jedoch nur eine geringe Bedeutung, da genügend Items mit genau dieser Itemcharakteristik, die zudem noch eine breite Schwierigkeitsstreuung aufweisen, nur schwer zu finden sind.

Aus den Eigenschaften einer Guttman-Skala folgt, daß die Rangreihe der Personen hinsichtlich ihrer Fähigkeiten erhalten bleibt, wenn statt des gesamten Tests nur eine Teilmenge der Items verwendet wird. Eine Person, die im Gesamttest mehr Aufgaben löst als eine andere Person, kann von den ausgewählten Items niemals weniger Items lösen als die andere Person. Die Rangordnung der Personen ist unabhängig von den zufällig ausgewählten Items.

Ähnliches gilt für den Vergleich von Items. Die Schwierigkeitsrangreihe der Items bleibt für jede beliebige Zufallsauswahl von Personen erhalten, wenn die Personen der Gesamtpopulation angehören, für die die Guttman-Skala gilt. Die Guttman-Skala wird deshalb als *stichprobenunabhängig* bezeichnet.

Item E in Abb. 8 hat eine Itemcharakteristik, nach der die Lösungswahrscheinlichkeit mit steigender Fähigkeit zunächst rasch zunimmt. Sie bleibt im mittleren Fähigkeitsbereich annähernd konstant und nähert sich dann schnell der maximalen Lösungswahrscheinlichkeit. Auch sie erfüllt damit die eingangs genannte Bedingung, nach der Personen mit höherer Fähigkeit ein bestimmtes Item mit größerer Wahrscheinlichkeit lösen als Personen mit geringerer Fähigkeit.

Generell gilt, daß alle *monoton* steigenden Itemcharakteristiken diese Bedingung erfüllen (z. B. Items B, E und F). Die Schar möglicher Funktionen, die die Lösungswahrscheinlichkeiten mit der Fähigkeit in dieser Weise verbindet, ist damit beliebig groß. Probabilistische Testtheorien unterscheiden sich nun voneinander in der Art der Annahmen, durch die die Anzahl möglicher monotoner Funktionen begrenzt wird. Die *„latent-structure-analysis"* von Lazarsfeld u. Henry (1968) spezifiziert beispielsweise als Funktionstyp Polygone – ein Ansatz, der sich in der Testkonstruktionspraxis bisher nicht durchzusetzen vermochte.

Das derzeit wohl am häufigsten verwendete probabilistische Testmodel geht auf Rasch (1960, zit. nach Fischer, 1974) zurück. Nach diesem Ansatz wird die Zahl möglicher monotoner Funktionstypen erheblich eingegrenzt, wenn ein Test die folgenden Annahmen erfüllt:

1. Der Test besteht aus einer endlichen Menge von Items.
2. Der Test ist homogen in dem Sinne, daß alle Items dasselbe Merkmal messen.
3. Die Itemcharakteristiken sind monoton steigend.
4. Es wird „lokale, stochastische Unabhängigkeit" vorausgesetzt: Ob jemand ein Item löst oder nicht, hängt ausschließlich von seiner Fähigkeit und der Schwierigkeit des Items ab.
5. Die Anzahl der gelösten Aufgaben stellt eine „erschöpfende Statistik" für die Fähigkeit einer Person dar, d.h. es interessiert nicht, welche Aufgaben gelöst wurden, sondern lediglich wieviele.

Nimmt man nun für ein beliebiges Item eine *logistische Funktion* als Itemcharakteristik an (vgl. Item F in Abb. 8), folgt bei Zutreffen der obengenannten Annahmen, daß alle übrigen Items ebenfalls Itemcharakteristiken in Form logistischer Funktionen aufweisen (vgl. Fischer, 1974, S. 193 ff.). Wegen der besonderen Bedeutung der logistischen Funktion in dem von Rasch (1960) entwickelten Modell wird dieses auch als das *„dichotome logistische Modell"* bezeichnet. Mit dem Zusatz „dichotom" wird zum Ausdruck gebracht, daß das Modell auf Items mit dichotomer Antwortform anwendbar ist. Erweiterungen dieses Modells für Items mit mehrkategorialen Antworten werden bei Fischer (1974, Teil 3) behandelt.

Auf der Basis des dichotomen logistischen Modells können Personenparameter (Fähigkeiten) und Aufgabenparameter (Schwierigkeiten) ermittelt werden. Vergleiche zwischen Personen führen unabhängig davon, auf welchen Items sie basieren, zu identischen Resultaten. Sie sind nach Rasch *„spezifisch objektiv"*. Umgekehrt sind auch Vergleiche zwischen verschiedenen Items von der Art der Personenstichprobe unabhängig. (Weitere Einzelheiten s. S. 154.)

Tests, die auf einem probabilistischen Testmodell basieren, unterscheiden sich von „klassisch" konstruierten Tests in der Regel dadurch, daß die Annahmen, die dem Test zugrunde liegen, auch geprüft werden. Die Entwicklung eines probabilistischen Tests bzw. das Auffinden eines Satzes modellkonformer Items ist deshalb aufwendiger als die Konstruktion eines „klassischen" Tests, bei dem die auf S. 135 genannten Annahmen in der Regel als gegeben erachtet werden – es sei denn, merkmalsspezifische oder untersuchungstechnische Besonderheiten sprechen bei einem konkreten Test gegen das Zutreffen dieser Annahmen.

Die Überprüfung der klassischen Testgütekriterien Reliabilität und Validität bereitet bei probabilistischen Tests Schwierigkeiten, da die Meßgenauigkeit dieser Tests bei gegebenem Itemsatz vom Fähigkeitsniveau der untersuchten Personen abhängt (was genau genommen auch auf klassische Tests zutrifft). Personen mit unterschiedlichen Fähigkeiten werden mit demselben Test unterschiedlich präzise oder reliabel erfaßt, was wiederum die Validität der Einzelmessungen beeinflußt.

Erfolgversprechend dürfte die Konstruktion eines probabilistischen Tests vor allem bei Merkmalen sein, die bereits genügend erforscht und deshalb analytisch präzise definierbar sind (vgl. S. 39). Nur wenn genaue analytische Definitionen die Formulierung operationaler Indikatoren zwingend vorschreiben, kann die zeitaufwendige Suche nach modellkonformen Items abgekürzt werden. Erscheint ein Merkmal definitorisch noch nicht ausgereift, sollte eine weniger aufwendige Testkonstruktion auf der Basis der klassischen Testtheorie favorisiert werden. (Eine ausführlichere Gegenüberstellung klassischer und probabilistischer Tests findet der interessierte Leser z. B. bei Wottawa, 1980, oder Hilke, 1981.)

2.3.2 Testitems

Bevor für eine Untersuchung ein eigener Test entwickelt wird, sollte überprüft werden, ob für das interessierende Merkmal bereits ein brauchbarer Test existiert. (Einen Überblick für psychologische und pädagogische Tests gibt – wie bereits erwähnt – z. B. Brickenkamp, 1975.) Ist dies nicht der Fall, wird eine eigene Testkonstruktion erforderlich.

Sie beginnt mit einer möglichst exakten, definitorischen Bestimmung des in der Untersuchung interessierenden Merkmals. Ferner müssen Überlegungen darüber angestellt werden, für welche Verhaltensbereiche und für welchen Personenkreis der Test gelten soll. Es resultiert – evtl. gestützt durch Literatur – eine Materialsammlung, aus der die eigentlichen Testitems formuliert werden.

Der folgende Text geht auf die Fragen ein

– wie die Items formuliert werden sollen,
– was man tun kann, wenn die Möglichkeit besteht, daß die Untersuchungsteilnehmer das richtige Ergebnis erraten, und
– welche statistischen Analysen zur Überprüfung der Tauglichkeit von Items durchzuführen sind.

2.3.2.1 Itemformulierungen

Die in der Testpraxis üblichen Formulierungsarten sind in Tafel 17 zusammengefaßt.

Tafel 17. Antwortmodalitäten für Testitems (Erläuterungen s. Text)

---

1. Items mit offener Beantwortung

  a) Freie Gestaltung
    Beispiel: Was halten Sie von Horoskopen? Begründen Sie Ihre Ansicht!

  b) Freie Deutung
    Beispiel: Was sagt Ihnen dieses Röntgenbild?

  c) Freie Assoziation
    Beispiel: Bilde möglichst viele Sätze zu folgenden Wortanfängen:
    H–H–G–V

2. Items mit halboffener Beantwortung

a) Einfachantworten
Beispiel: Was versteht man unter dem Begriff „Metamorphose"?

b) Mehrfachantworten
Beispiel: An welchen Flüssen liegen die folgenden Städte?

Ingolstadt	....	Nürnberg	....
Hameln	....	Heilbronn	....
Emden	....	Hannover	....

c) Reihenantworten
Beispiel: Welche Holzblasinstrumente sind Dir bekannt?

d) Sammelantworten
Beispiel: Welches deutsche Verb trifft mehr oder weniger präzise auf die folgenden Vokabeln zu: to test, examine, try, inspect, investigate, audit, check.

3. Items mit Antwortvorgaben

a) Alternativantworten
Beispiel: Unter Anamnese versteht man die Vorgeschichte einer Erkrankung.   Richtig ☐   Falsch ☐

b) Auswahlantworten
Beispiel: Ein Grundstück ist 48 m breit und 149 m lang und kostet DM 7940. Was kostet ein Quadratmeter?

A: addiere und multipliziere
B: multipliziere und dividiere
C: subtrahiere und dividiere
D: addiere und subtrahiere
E: dividiere und addiere

c) Umordnungsantworten
Beispiel: Ordne – mit dem kleinsten beginnend – die folgenden Brüche nach ihrer Größe!

A: $\dfrac{4}{9}$

B: $\dfrac{3}{4}$

C: $\dfrac{2}{3}$

D: $\dfrac{7}{12}$

E: $\dfrac{5}{6}$

d) Zuordnungsantworten

Beispiel: Welches Verb gehört zu welchem Substantiv?

A:	einen Vortrag	a)	erzählen
B:	eine Geschichte	b)	machen
C:	eine Erklärung	c)	halten
D:	ein Gespräch	d)	abgeben
E:	einen Vorschlag	e)	führen

e) Ergänzungsantworten

Beispiel: Blitz verhält sich zu Hören wie Donner zu ....

a) Gewitter, b) Sehen, c) Regen, d) Fühlen, e) Wolken

In Anlehnung an Rütter (1973) wird zwischen Items mit *offener Beantwortung,* mit *halboffener Beantwortung* und mit *Antwortvorgaben* unterschieden. Items mit offener Beantwortung überlassen es vollständig dem Untersuchungsteilnehmer, wie er die gestellte Aufgabe löst. Die Aufgabenlösung kann verbal (oder auch spielerisch oder bildnerisch) frei gestaltet werden, sie kann die Auslegung, Interpretation oder Deutung bestimmter Reizvorlagen bzw. freie Assoziationen zu sprachlichen, optischen oder akustischen Reizen fordern.

Die Unbestimmtheit der Aufgabenstellung und auch der Auswertung lassen diese Items nicht als „Testitems" im engeren Sinne erscheinen; ihr Stellenwert kommt vor allem in beschreibenden Erkundungsstudien zum Tragen, mit denen ein wissenschaftlich neues Problem erstmalig angegangen wird. Sie sind damit als Materialbasis für später zu konstruierende Tests sehr wichtig.

Auch halboffene Items überlassen die Antwortformulierung dem Untersuchungsteilnehmer; die gestellte Aufgabe sollte jedoch im Gegensatz zu einem offenen Item so präzise sein, daß nur eine Antwort richtig ist. Erst dann läßt sich ein Test mit halboffener Beantwortung vollständig objektiv auswerten.

Üblicherweise erschwert die freie Beantwortung jedoch die Auswertung halboffener Items. Oftmals sind es nur Formulierungsnuancen, die den Auswerter zweifeln lassen, ob der Untersuchungsteilnehmer die richtige Antwort meint. Mit unterschiedlichen Punktbewertungen versucht man dann auch weniger richtigen Antworten gerecht zu werden (zur Gewichtungsproblematik vgl. Stanley u. Wang, 1970). Dennoch muß man bei Tests mit halboffenen Items meistens Objektivitätseinbuße in Kauf nehmen.

Untersuchungsteilnehmer empfinden halboffene Fragen in der Regel als angenehmer als Aufgaben mit Antwortvorgaben. Vor allem bei Verständnis- und Ansichtsfragen bleibt ihnen genügend Spielraum zur Formulierung eigener, zuweilen origineller und einfallsreicher Antworten. Frei formulierte Antworten auf halboffene Items erleichtern deshalb die Konstruktion von Aufgaben mit Antwortvorgaben. Derartige Antwortvorgaben sind als *„Distraktoren"* (s. u.) zuweilen realistischer als Antwortvorgaben, die aus der Phantasie des Testkonstrukteurs stammen. Sie verringern die Wahrscheinlichkeit, die richtige Antwort im „Ausschlußverfahren", d. h. durch das Ausschalten unrealistischer Antworten zu erraten.

Man kann bei Items mit halboffener Beantwortung verschiedene Konstruktionsformen unterscheiden (vgl. Tafel 17). Einfach-Antworten (eine Frage und eine

Antwort), Mehrfachantworten (mehrere Fragen und mehrere Antworten), Reihenantworten (eine Frage und mehrere Antworten) sowie Sammelantworten (mehrere Fragen und eine Antwort). Items mit Mehrfachantworten bestehen nach dieser Definition aus mehreren Items mit Einfachantworten. Dennoch ist die Trennung dieser beiden Itemarten sinnvoll. Die Fragen eines Items mit Mehrfachantworten beziehen sich auf einen größeren homogenen Problembereich, dessen Erkundung nur mit einer einzigen Frage häufig zu zufälligen, wenig repräsentativen Ergebnissen führt.

Die dritte Kategorie (Items mit Antwortvorgaben) ist in der modernen Testkonstruktion absolut vorherrschend. Bei diesem auch unter der Bezeichnung *„multiple choice"* bekannten Aufgabentyp muß sich der Untersuchungsteilnehmer für eine der vorgegebenen Antwortalternativen entscheiden. Da nur eine der vorgegebenen Antwortalternativen richtig ist, bereitet die Auswertung keine Schwierigkeiten: Tests, die aus Items mit Antwortvorgaben bestehen, sind absolut objektiv.

Das Auffinden geeigneter Alternativantworten ist oftmals ein mühsames, zeitaufwendiges Unterfangen. Die Alternativantworten müssen so geartet sein, daß ein uninformierter Untersuchungsteilnehmer sämtliche Antwortalternativen mit möglichst gleicher Wahrscheinlichkeit für richtig hält, d. h. sie müssen die Aufmerksamkeit des Untersuchungsteilnehmers von der richtigen Antwortalternative ablenken bzw. „zerstreuen". Erfüllen die Antwortalternativen diese Forderung, bezeichnet man sie als „gute *Distraktoren"*. Die Formulierung geeigneter Distraktoren macht erhebliche empirische Vorarbeiten (wie z. B. die oben erwähnte Analyse der Antworten auf halboffene Items) erforderlich; dieser Itemtyp wird deshalb vor allem bei standardisierten Tests mit breitem Geltungsbereich eingesetzt (einen formalen Ansatz zur Auswahl von Distraktoren beschreibt Wilcox, 1981). Bei häufiger Verwendung kommt ein weiterer Vorteil derartiger Tests, die ökonomische Auswertbarkeit (maschinelle Auswertung über Beleglesser oder Auswertung mit Schablonen) zum Tragen.

Die einfachste Itemform in dieser Gattung ist das *Item mit vorgegebener Alternativantwort,* bei der der Untersuchungsteilnehmer eine vorgegebene Frage oder Behauptung mit ja – nein, richtig – falsch, stimme zu – stimme nicht zu etc. kommentiert. Tests dieser Art lassen sich ohne großen Aufwand konstruieren und sind dennoch objektiv auswertbar. Als Wissensfragen erfordern sie allerdings nur einfache Reproduktionsleistungen, die auch von Untersuchungsteilnehmern mit unvollständigem Wissen leicht erbracht oder erraten werden können (zur Rateproblematik s. u.). Als Item in einem Meinungs- oder Einstellungstest erzwingt die Alternativantwort Stellungnahmen, die in dieser extremen Form den tatsächlichen Ansichten des Untersuchungsteilnehmers nicht entsprechen müssen.

Diese Schwierigkeiten werden bei *Items mit mehreren Auswahlantworten* weitgehend vermieden. Auf der Wissensebene erfordert dieser Itemtyp eine aktive Auseinandersetzung mit mehreren richtig „klingenden" Antwortalternativen, und auf der Einstellungsebene läßt dieser Itemtyp graduierte Meinungsabstufungen zu.

Bei *Umordnungsaufgaben* hat der Untersuchungsteilnehmer vorgegebene Elemente so umzuordnen, daß sich eine erwünschte oder sinnvolle Abfolge ergibt. Auch dieser Itemtyp zählt zu den geschlossenen Aufgaben, denn der Untersuchungsteilnehmer formuliert seine Lösung ausschließlich aus vorgegebenen, selbst nicht zu verändernden Elementen. Auswertungsschwierigkeiten ergeben sich bei diesem Item, wenn prinzipiell mehrere Reihenfolgen richtig sind bzw. nur einige Elemente richtig geordnet wurden.

Für das Abfragen homogener Wissensbereiche sind auch *Zuordnungsaufgaben* geeignet. Die Aufgaben enthalten zwei oder mehr Serien von Elementen, und der Untersuchungsteilnehmer hat nach vorgegebenen Regeln die Elemente der einen Serie den Elementen der anderen Serie (n) zuzuordnen. Ein Nachteil dieser Itemform ist darin zu sehen, daß Untersuchungsteilnehmer, die alle Zuordnungen richtig vornehmen, von Untersuchungsteilnehmern, die alle Zuordnungen bis auf eine beherrschen, nicht unterschieden werden können, weil sich die letzte Zuweisung zwangsläufig ergibt. (Dieses Problem kann jedoch weitgehend behoben werden, wenn die Anzahl der Elemente in den Vergleichsserien ungleich ist.)

Die letzte Itemart, die *Ergänzungsaufgabe,* umfaßt alle Auswahlaufgaben, die anstelle von Fragen oder Behauptungen Informationslücken enthalten und dann ein Angebot von Ergänzungen zur Auswahl vorgeben. Diese Itemart eignet sich besonders zur Überprüfung der Fähigkeit, die interne Logik einer Abfolge von Begriffen, Zahlen, Zeichnungen oder Symbolen zu erkennen.

2.3.2.2 Ratekorrektur

Den Vorzügen, die in der objektiven und ökonomischen Auswertbarkeit liegen, steht bei allen Items mit vorgegebenen Antworten ein gravierender Nachteil gegenüber: Die Untersuchungsteilnehmer können – zumindest bei Wissensfragen – die richtige Antwort erraten. Dieser Nachteil wird um so deutlicher, je weniger Alternativen zur Verfügung stehen. (Bei Aufgaben mit zwei Antwortalternativen beträgt die Ratewahrscheinlichkeit immerhin 50%.) Er könnte vernachlässigt werden, wenn die Verfälschung der Testergebnisse durch Raten bei allen Untersuchungsteilnehmern konstant wäre. Dies ist jedoch nicht der Fall. Der prozentuale Anteil der durch Raten richtig beantworteten Aufgaben nimmt mit abnehmender Fähigkeit der Untersuchungsteilnehmer zu. Es ist deshalb erforderlich, die Ergebnisse von Tests mit Antwortvorgaben durch eine Ratekorrektur zu bereinigen (vgl. z. B. Lienert, 1969, S. 82 ff.).

So könnte beispielsweise bei Tests mit einfachen Alternativaufgaben als Testergebnis die Anzahl aller richtig beantworteten Aufgaben gelten. Eine völlig unfähige Person A würde bei diesem Verfahren ca. 50% aller Aufgaben allein durch Raten richtig lösen und hätte damit das gleiche Ergebnis erzielt wie eine mittelmäßig befähigte Person B, die auf Raten verzichtet und 50% der Aufgaben aufgrund ihres Wissens richtig löst und die übrigen Aufgaben unbearbeitet läßt. Die beiden Personen unterscheiden sich damit nicht in der Anzahl der richtig gelösten Aufgaben, sondern in der Anzahl der falsch gelösten Aufgaben. Zu einem angemessenen Testergebnis käme man in diesem Falle, wenn als Testergebnis nicht die Anzahl der gelösten Aufgaben, sondern die Anzahl der gelösten Aufgaben abzüglich der falsch gelösten Aufgaben verwendet wird. Person A hätte dann ca. 0 Punkte und Person B die Hälfte der möglichen Punktzahl.

Aiken u. Williams (1978) vergleichen sieben Auswertungsstrategien für Alternativaufgaben. Sie kommen zu dem zusammenfassenden Ergebnis, daß keine Auswertungstechnik generell zu bevorzugen sei, daß es aber in jedem Falle richtig sei, die Untersuchungsteilnehmer in der Testinstruktion über die in Aussicht genommene Testauswertung aufzuklären. Dadurch werden Benachteiligungen, die sich je nach Auswertungsart für ratende oder nicht ratende Personen ergeben, minimiert (vgl. zu diesem Problem auch Hsu, 1979, Ortmann, 1973, und Rützel, 1972).

Auch bei mehr als zwei Antwortalternativen können Testergebnisse durch Raten verfälscht werden. Stehen beispielsweise vier Antwortmöglichkeiten zur Verfügung, wird eine Person allein durch Raten ca. 25% aller Aufgaben richtig lösen. Eine bzgl. des Rateeinflusses korrigierte Punktzahl resultiert, wenn man von der Anzahl richtig gelöster Aufgaben die durch die Anzahl der Distraktoren (nicht die Anzahl der Antwortalternativen) dividierte Fehleranzahl abzieht. Auch hier sollten jedoch die Untersuchungsteilnehmer zuvor darüber informiert werden, in welcher Weise in der Auswertung Falschantworten berücksichtigt werden.

Weitere Ratekorrekturen bei Aufgaben mit vorgegebenen Antwortmöglichkeiten diskutiert Barth (1973). Schaefer (1976) weist auf Möglichkeiten einer probabilistischen Auswertung von Mehrfachantworten hin. Eheim (1977) geht der Frage nach, ob die Wahrscheinlichkeit einer richtigen Antwort bei Mehrfachwahlaufgaben von der Position der richtigen Alternative innerhalb der vorgegebenen Alternativen abhängt. Die Frage kann verneint werden. Weniger eindeutig sind die Ergebnisse einer Studie von Buse (1977), der die Abhängigkeit der Testreliabilität von Rateeinflüssen überprüfte. Die Bedeutsamkeit des Ratens für die Reliabilität hing von der Testlänge, der Trefferwahrscheinlichkeit und der Personenquote, die zum Raten aufgefordert wurde, ab.

Häufig verwendet man auch in Persönlichkeits- und Einstellungstests Items mit mehreren Antwortalternativen. Diese stellen jedoch keine verschiedenen potentiell richtigen Antwortmöglichkeiten dar, sondern sollen es dem Untersuchungsteilnehmer erleichtern, bei Meinungsfragen oder subjektiven Einschätzungen auch Antworttendenzen oder Richtungen zum Ausdruck zu bringen. Hierbei erübrigen sich natürlich Ratekorrekturen. Es handelt sich um Ratingskalen zur Selbsteinschätzung, auf die die Ausführungen des Kap. 2.2.4 analog anwendbar sind.

Schwierigkeiten bereiten jedoch Items, die neben der Antwortalternative ja – nein (stimmt – stimmt nicht etc.) eine dritte neutrale Kategorie „weiß nicht" („unentschieden") vorgeben. Derartige Tests sind schwer auswertbar, wenn viele Untersuchungsteilnehmer – u. U. auch noch aus verschiedenen Motiven – die neutrale, eigentlich nichtssagende Kategorie wählen. Wenn möglich, sollte man derartige Itemkonstruktionen vermeiden. Erscheinen sie unumgänglich, empfiehlt sich eine Analyse bzw. Revision dieses Testinstrumentes nach einem von Heller u. Krüger (1976) vorgeschlagenen Verfahren.

2.3.2.3 Itemanalyse

Allgemein erfolgt bei Tests mit halboffenen Items bzw. Items mit Antwortvorgaben die Testüberprüfung auf der Basis einer Itemanalyse, in der für die einzelnen Items statistische Kennwerte ermittelt werden. Die wichtigsten Kennwerte der Itemanalyse sind die *Schwierigkeit, Trennschärfe* und die *Iteminterkorrelation.*

Wie bereits erwähnt (vgl. S. 140), ermittelt man den Schwierigkeitsindex eines Items als denjenigen Prozentsatz aller Untersuchungsteilnehmer, die das Item lösen (bejahen, zustimmen etc.).

Damit ein Test Untersuchungsteilnehmer mit unterschiedlichen Fähigkeiten annähernd gleich gut differenziert, ist darauf zu achten, daß die Items eine möglichst breite Schwierigkeitsstreuung aufweisen.

Die Trennschärfe eines Items ist als die Korrelation der Beantwortung dieses Items (z. B. gelöst – nicht gelöst) mit dem Gesamtergebnis definiert (biseriale Korrelation, vgl. Anhang D). Grundsätzlich sind hohe Trennschärfen erstrebenswert. Die Trennschärfe eines Items hängt jedoch von seiner Schwierigkeit ab: Je extremer der Schwierigkeitsindex, desto geringer die Trennschärfe. Bei sehr leichten und sehr schweren Items wird man deshalb Trennschärfeeinbußen in Kauf nehmen müssen. Techniken zur Itemselektion auf der Basis von Schwierigkeits- und Trennschärfeindizes nennt z. B. Lienert (1969, Kap. 7).

Die Aufgabeninterkorrelationen werden bei zweifach gestuften Itemantworten als tetrachorische Korrelation bestimmt (vgl. Anhang D). Sie liefern erste Informationen über die *Homogenität* eines Tests. Erstrebenswert sind homogene Tests bzw. hohe Itemkorrelationen. Items, die wegen auffallend geringer Iteminterkorrelationen offensichtlich etwas anderes messen als die übrigen Items, sollten aus dem Test entfernt werden. Lassen sich, evtl. unter Zuhilfenahme einer Clusteranalyse oder einer Faktorenanalyse über die Iteminterkorrelation (vgl. Anhang D), mehrere homogene Itemcluster identifizieren, empfiehlt sich die Konstruktion eines Tests mit mehreren, aus diesen Items bestehenden homogenen Subtests. Die aus mehreren Subtests bestehende Testbatterie führt dann nicht mehr zu einem Gesamtergebnis, sondern zu mehreren Testergebnissen eines Untersuchungsteilnehmers.

Gelegentlich interessieren in der Itemanalyse auch die Reliabilitäten und Validitäten einzelner Items (vgl. Lienert, 1969, s. 38 f.). Ein Verfahren zur Bestimmung dieser Koeffizienten, das auch bei ordinalen Daten verwendbar ist, beschreibt Aiken (1980).

Für Tests, die nach einem probabilistischen Testmodell wie z. B. dem dichotomen logistischen Modell von Rasch (1960, vgl. S. 142) konstruiert wurden, erübrigt sich eine Itemselektion auf der Basis einer Itemanalyse. Die Selektion erfolgt über Modelltests, die die Verträglichkeit der Items mit den Modellannahmen überprüfen.

2.3.3 Testskalen

Tests, die aus einer mehr oder weniger beliebigen ad hoc Sammlung von Items bestehen, für die ja-nein-Reaktionen (stimmt – stimmt nicht, gelöst – nicht gelöst etc.) vorgesehen sind und die als Meßwert eines Untersuchungsteilnehmers die Anzahl aller bejahten Items aufweisen, sind schlechte Tests. Auch wenn ein eigenständig entwickelter Test nur in einem begrenzten Rahmen, wie z. B. einer empirischen Untersuchung, Anwendung findet, sollten die folgenden Minimalanforderungen beachtet werden:

1. Die Items sollten möglichst homogen sein, d. h. einheitlich das interessierende Merkmal messen (Eindimensionalität).
2. Die Items sollten möglichst viele Ausprägungsgrade des Merkmals repräsentieren (hohe Streuung der Schwierigkeitsindizes).

3. Jedes Item sollte möglichst eindeutig Personen mit starker Merkmalsausprägung von Personen mit schwächerer Merkmalsausprägung trennen (hohe Trennschärfe der Items).
4. Die Vorschriften für die Auswertung der Itemantworten sollten möglichst eindeutig formuliert sein (hohe Testobjektivität).
5. Die Anzahl und Formulierung der Items sollten eine möglichst verläßliche Merkmalsmessung gewährleisten (hohe Testreliabilität).

Ein Itemsatz, der diesen Bedingungen genügt, soll als „Testskala" bezeichnet werden.

Für die Konstruktion einer Testskala ist die Art des zu messenden Merkmals prinzipiell unerheblich. Es wird davon ausgegangen, daß z. B. für die Konstruktion eines Persönlichkeitstests (Aggressivität, Gedächtnisleistung, Belastbarkeit, räumliches Vorstellungsvermögen, emotionale Labilität etc.) die gleichen Regeln gelten wie für die Konstruktion von Einstellungsskalen (Etnozentrismus, Dogmatismus oder Einstellungen zu bestimmten Einstellungsobjekten wie z. B. Kirche, Demokratie, Atomkraft etc.). Die Entscheidung für einen der im folgenden zu behandelnden Testskalentypen hängt nicht davon ab, was das Merkmal inhaltlich erfaßt, sondern von der wissenschaftlichen Elaboriertheit bzw. Eindeutigkeit der Merkmalskonzeptualisierung. Für Merkmale, die offensichtlich eindimensional und direkt erfaßbar sind (z. B. Kenntnis englischer Vokabeln von Schülern der 5. Grundschulklasse), eignen sich präzisere Testskalen (wie z. B. die Rasch-Skala, s. u.) mehr als für diffuse Merkmale, deren Eindimensionalität und Operationalisierung weitgehend ungeklärt sind (z. B. Affektivität). Um eine möglichst hohe Objektivität der Testskala zu gewährleisten, sollten – soweit das jeweils zu testende Merkmal dies zuläßt – Items mit Antwortvorgaben oder doch zumindest mit halboffener Beantwortung konstruiert werden.

2.3.3.1 Thurstone-Skala

Diese von Thurstone u. Chave (1929) ursprünglich für die Konstruktion von Einstellungsskalen konzipierte Skalierungsmethode beginnt mit der Sammlung von Items, die möglichst viele Ausprägungen des Merkmals repräsentieren. Die „klassische" Thurstone-Skala verwendet als Items Behauptungen, die unterschiedliche Bewertungen des untersuchten Einstellungsgegenstandes enthalten. („Der Gottesdienst inspiriert mich und gibt mir Kraft für die ganze Woche"; oder „Ich meine, daß die Kirche nur für arme und alte Leute gut ist" – zwei Itembeispiele für eine Testskala zur Messung von Einstellungen zur Kirche.) Als Testskala zur Messung vom Persönlichkeitsmerkmalen werden Behauptungen gesammelt, deren Bejahung auf unterschiedliche Ausprägungen des untersuchten Merkmals schließen läßt (z. B. „Ich halte mich grundsätzlich an die Regel ‚Auge um Auge – Zahn um Zahn'" oder „Wenn mich jemand beschimpft, neige ich dazu, wortlos aus dem Felde zu gehen", als mögliche Behauptungen in einer Testskala zur Messung von Aggressivität.)

Diese Items werden einer Gruppe von Experten (z. B. erfahrene Psychologen, Soziologen oder sonstige, für die Merkmalsbeurteilung kompetente Personen) mit der Bitte vorgelegt, den Grad der Merkmalsausprägung, die mit der Bejahung der einzelnen Items zum Ausdruck gebracht wird, auf einer 11-Punkte-Rating-Skala einzustufen. Die Instruktion für dieses Rating hat besonders hervorzuheben, daß nicht das persönliche Zutreffen der Behauptungen interessiert, sondern die mit der Behauptung verknüpfte Merkmalsausprägung (vgl. hierzu Goodstadt u. Magid, 1970). Als Skalenwert für ein Item gilt die durchschnittliche Itemeinstufung. Die Skalenwerte sollten möglichst das gesamte Merkmalskontinuum (von 1 bis 11) repräsentieren. Items mit hoher Streuung werden wegen mangelnder Urteilerübereinstimmung ausgeschieden und durch besser formulierte oder neue Items ersetzt. (Thurstone verwendete als Skalenwert den Median der Urteilsverteilung und als Streuung den Interquartilrange. Zumindest bei unimodalen symmetrischen Urteilsverteilungen können diese Kennwerte jedoch durch das arithmetische Mittel und die Standardabweichung ersetzt werden.)

Tafel 18. Menschliche Kontakte in Siedlungen: Beispiel einer Thurstone-Skalierung

---

Bongers u. Rehm (1973) konstruierten eine Skala zur Kontaktsituation in Wohnsiedlungen. Experten (es handelte sich um Architekten, Psychologen und Stadtplaner) wurden gebeten, verschiedene Aussagen, die die Kontaktgestaltung in einer Siedlung betreffen, auf einer 11-Punkte-Skala von -5 bis $+5$ einzustufen. Die Skala war in folgender Weise „verankert":

-5: Nachbarschaftliche Kontakte sind extrem schlecht
  0: In Bezug auf nachbarschaftliche Kontakte neutral
$+5$: Nachbarschaftliche Kontakte sind extrem gut

Für jedes Item wurde ein mittleres Expertenrating berechnet. (Die entsprechenden Werte sind in Klammern aufgeführt.)

A. Ich komme mir in dieser Siedlung oft vor wie ein Fremder. ($-2,00$)
B. Keinem Menschen in der Nachbarschaft würde es auffallen, wenn mir etwas zustieße. ($-3,05$)
C. Hier in der Siedlung haben die Menschen keine Geheimnisse voreinander. ($+3,30$)
D. Ich habe oft den Eindruck, daß sich die Menschen in meinem Wohnbezirk nur flüchtig kennen. ($-0,53$)
E. Ich kenne kaum jemanden in meinem Wohnbezirk, mit dem ich über private Dinge reden könnte. ($-0,33$)
F. In diesem Wohnbezirk ist es kaum möglich, sich auch nur für kurze Zeit von den anderen zurückzuziehen. ($+1,79$)
G. Ich kenne hier in der Nachbarschaft fast jeden mit Namen. ($+0,90$)

Der Wert einer Person ergibt sich als Summe der Skalenwerte der von ihr bejahten Items. (Ausgeschieden wurden Items mit einer Standardabweichung über 1,5.)

Zur Überprüfung der internen Konsistenz empfiehlt Thurstone, die vorerst als brauchbar erscheinenden Items einer Stichprobe von Personen mit der (von der Experteninstruktion abweichenden) Instruktion vorzulegen zu überprüfen, ob die Items auf sie persönlich zutreffen oder nicht. Stellt sich hierbei heraus, daß einigen Items mit niedrigem Skalenwert (geringe Merkmalsausprägung) zugestimmt und anderen Items mit höherem Skalenwert (stärkere Merkmalsausprägung) nicht zugestimmt wird, sollten diese Items ebenfalls überprüft und ggf. eliminiert werden.

Die so überarbeiteten Items stellen die endgültige Testskala dar, die den Testpersonen mit der Bitte um Zustimmung oder Ablehnung (natürlich ohne Bekanntgabe der Skalenwerte) vorgelegt werden. Der Testwert einer Person ergibt sich als Summe der Skalenwerte der von ihr akzeptierten oder bejahten Behauptungen (zur Kritik dieser Skala, die vor allem die Festlegung der Skalenwerte durch eine mehr oder weniger willkürlich ausgewählte Expertengruppe betrifft, vgl. z. B. Krech et al., 1962, S. 150 ff.). Tafel 18 zeigt das Ergebnis einer Thurstone-Skalierung anhand eines kleinen Beispiels.

2.3.3.2 Likert-Skala

Diese von Likert (1932) entwickelte Technik verwendet Rating-Skalen zur Selbsteinschätzung. Wie auch bei den Thurstone-Skalen werden zunächst möglichst viele Behauptungen, die unterschiedliche Ausprägungen des untersuchten Merkmals repräsentieren, gesammelt. Eine für die Testanwendung repräsentative „Eichstichprobe" entscheidet dann in einer Voruntersuchung, ob die Behauptungen auf sie

- eindeutig zutreffen (1)
- zutreffen (2)
- weder zutreffen noch nicht zutreffen (3)
- nicht zutreffen (4)
- eindeutig nicht zutreffen (5)

(Zur Verbalisierung der Skalenpunkte vgl. auch S. 122). Unter Verwendung der Ziffern 1–5 für die 5 Rating-Skalen-Kategorien (bzw. in umgekehrter Reihenfolge bei negativ formulierten Items) ergibt sich der Testwert einer Person als die Summe der von ihr angekreuzten Skalenwerte. Auf der Basis dieser Testwerte wird für jedes Item ein Trennschärfeindex (Korrelation zwischen Itembeantwortung und Gesamttestwert) ermittelt. Die Items mit den höchsten Trennschärfen bilden schließlich die endgültige Testskala.

Der Testwert einer mit dieser Skala getesteten Person entspricht der Summe der angekreuzten Skalenwerte.

Ein gravierender Nachteil dieser Testskala betrifft die Uneindeutigkeit des mittleren Skalenwertes. Er kann bedeuten, daß die Behauptung tatsächlich mittelmäßig zutrifft, daß die Behauptung als irrelevant empfunden wird oder daß die Behauptung nicht richtig verstanden wurde. Hinzu kommt, daß mittlere Skalenwerte mit weniger Sicherheit angekreuzt werden als extreme Skalenwerte (vgl. Guttman u. Suchman, 1947). Entsprechend sind auch durchschnittliche Gesamttestwerte schwer zu interpretieren.

2.3.3.3 Guttman-Skala

Die bereits auf S. 141 angesprochene Guttman-Skala (Guttman, 1950) stellt erheblich höhere Anforderungen an die Items als die bisher behandelten Skalen. Es wird gefordert, daß eine Person mit höherer Merkmalsausprägung mindestens diejenigen Items bejaht (löst), die eine Person mit geringerer Merkmalsausprägung bejaht (löst).

Nach Reiss (1964, zit. nach Friedrichs, 1979) erfüllt die folgende Skala zur Messung von Einstellungen zur vorehelichen Sexualität (premarital sexual permissiveness) diese Bedingungen:

a) Ich finde, daß Petting vor der Ehe erlaubt ist, wenn man verlobt ist.
b) Ich finde, daß Petting vor der Ehe erlaubt ist, wenn man seine Partnerin (seinen Partner) liebt.
c) Ich finde, daß Petting vor der Ehe erlaubt ist, wenn man für seine Partnerin (seinen Partner) starke Zuneigung empfindet.
d) Ich finde, daß uneingeschränkte Sexualbeziehungen vor der Ehe erlaubt sind, wenn man verlobt ist.
e) Ich finde, daß uneingeschränkte Sexualbeziehungen vor der Ehe erlaubt sind, wenn man seine Partnerin (seinen Partner) liebt.
f) Ich finde, daß uneingeschränkte Sexualbeziehungen vor der Ehe erlaubt sind, wenn man für seine Partnerin (seinen Partner) starke Zuneigung empfindet.
g) Ich finde, daß uneingeschränkte Sexualbeziehungen vor der Ehe erlaubt sind, auch wenn man keine besonders starke Zuneigung für seine Partnerin (seinen Partner) empfindet.

Eine Person, die beispielsweise Item c) ablehnt, müßte auch die Items d) bis g) ablehnen, die noch mehr sexuelle Freizügigkeit beinhalten als Item c). Wäre das Item b) für diese Person akzeptierbar, müßte sie Item a) ebenfalls akzeptieren. Sie erhielte damit den Skalenwert 2. Der Skalenwert gibt bei einer Guttman-Skala präzise darüber Auskunft, welche Items bejaht und welche verneint werden.

Mit einer perfekten Reproduktion aller bejahten Items aufgrund des Gesamttestwertes dürfte allerdings nur bei sehr präzise definierten, eindeutig operationalisierten, eindimensionalen Merkmalen zu rechnen sein. Um die Anwendbarkeit dieses Skalentyps nicht allzu stark einzuengen, schlägt Guttman vor, sich mit einer 90%igen Reproduzierbarkeit aller Itemantworten aufgrund des Gesamttestwertes zu begnügen.

2.3.3.4 Edwards-Kilpatrick-Skala

Dieser von Edwards u. Kilpatrick (1948) entwickelte Skalentyp vereinigt die von Thurstone, Likert und Guttman entwickelten Ansätze. Die Konstruktion beginnt mit der Sammlung eines Satzes dichotomer Items, der – wie bei der Thurstone-Skala – Experten mit der Bitte vorgelegt wird, die Intensität der mit der Bejahung (richtigen Lösung) eines Items zum Ausdruck gebrachten Merkmalsausprägung einzuschätzen. Es folgt die Aussortierung uneindeutig bewerteter Items. Die verbleibenden Items werden als Items mit vorgegebenen Antwortmöglichkeiten (6 Kategorien, die bei Einstellungsitems unterschiedliche, äquidistante Grade der Zustimmung repräsentieren) einer für die Testanwendung repräsentativen „Eichstichprobe" zur Bearbeitung vorgelegt. Diese Itembeantwortungen liefern – wie bei der Likert-Skala – das Material für eine Trennschärfenanalyse, die zu einer weiteren Itemselektion führt. Von den trennscharfen Items werden schließlich nur diejenigen Items als dichotome Items zu einer Testskala vereinigt, die die Kriterien einer Guttman-Skala erfüllen.

Die Konstruktion dieser Skala ist damit sehr aufwendig und dürfte sich für eine Merkmalsmessung, die nur einmal für eine Untersuchung erforderlich ist, nur selten lohnen. Allerdings bietet sie eine gute Gewähr, daß tatsächlich eine Testskala mit überdurchschnittlichen Eigenschaften resultiert.

2.3.3.5 Rasch-Skala

Dieser Skalentyp, dessen theoretischer Hintergrund bereits auf S. 142 zusammengefaßt wurde und der ausführlicher bei Fischer (1974), Fricke (1974) und Kempf (1974) behandelt wird, basiert auf der Annahme, daß die Wahrscheinlichkeit der Lösung einer Aufgabe von der Ausprägung eines latenten Merkmals bei den untersuchten Personen abhängt (Personenparameter). Ausgehend von einem Satz inhaltlich homogener Items mit alternativen Antwortvorgaben, die als potentielle Indikatoren des latenten Merkmals geeignet erscheinen, ermittelt man für jede Person die Anzahl gelöster Items. Es werden dann Personenparameter bestimmt, die die Wahrscheinlichkeiten für das Zustandekommen der individuell erreichten Anzahlen gelöster Aufgaben maximieren. Man nimmt hierbei an, daß die Wahrscheinlichkeit der Lösung eines Items ausschließlich von der Fähigkeit der Person und der Schwierigkeit des Items abhängt; die Art der Beantwortung eines Items ist davon unabhängig, welche andere Items die Person bereits bearbeitet hat (Prinzip der „lokalen stochastischen Unabhängigkeit"). Psychologisch gesehen bedeutet diese Forderung, daß die Itembeantwortungen von Übungs-, Ermüdungs- oder Positionseffekten unabhängig sind. Formal hat dieses Prinzip zur Konsequenz, daß sich die Wahrscheinlichkeit für die Gesamtanzahl gelöster Items aus dem Produkt der Wahrscheinlichkeiten für die Lösung der einzelnen Items ergibt.

Die Schätzung der Itemparameter (Schwierigkeiten) erfolgt in ähnlicher Weise. Die Wahrscheinlichkeit, daß ein Item von einer bestimmten Anzahl von Personen richtig beantwortet wird, ergibt sich aus dem Produkt der Wahrscheinlichkeiten, mit dem die einzelnen Personen dieses Item richtig beantworten. Gesucht werden diejenigen Itemparameter, die die Wahrscheinlichkeit für das Zustandekommen der jeweils erzielten Lösungshäufigkeiten maximieren.

Die rechnerische Ermittlung der Personen- und Itemparameter macht von der Theorie *„erschöpfender Statistiken"* Gebrauch, die in diesem Falle besagt, daß es für die Schätzung der Personenparameter nicht darauf ankommt, welche Items gelöst wurden. Die Anzal aller gelösten Items enthält sämtliche für die Schätzung eines Personenparameters relevanten Informationen, d. h. Personen mit unterschiedlichen Antwortmustern (z. B. $++--+$ und $+-+-+$) werden nicht unterschieden, wenn die Anzahl aller gelösten Items übereinstimmt. Entsprechendes gilt für die Schätzung der Itemparameter: Auch hier interessiert nur die Anzahl der Personen, die ein Item lösten und nicht, welche Personen das Item lösten.

Die Bestimmung der Personen- und Itemparameter, die die Wahrscheinlichkeit der empirisch ermittelten Daten (Anzahl gelöster Items für einen Personenparameter und Personenanzahl, die ein Item löste, für einen Itemparameter) maximieren, ist rechnerisch sehr aufwendig und kann nur über leistungsstarke EDV-Anlagen erfolgen. (Entsprechende Rechenprogramme wurden von Fischer, 1974, und Frikke, 1974, entwickelt.) Die resultierenden Testwerte der Personen (Personenparameter) und die Itemparameter sind als Maßzahlen einer Differenz- bzw. Verhältnisskala zu interpretieren (zur Metrik einer Rasch-Skala vgl. Conrad et al., 1976 a, b, bzw. Österreich, 1978).

Bei einem modellkonformen Itemsatz sind die Personenparameter davon unabhängig, welche Items aus der Population aller möglichen Items, die das Merkmal repräsentieren, ausgewählt werden. Sie sind auch davon unabhängig, wie die Stichprobe, die aus der Population derjenigen Personen gezogen wird, für die die Skala gelten soll, zusammengesetzt ist. Entsprechendes trifft auf die Itemparameter zu: Sie sind ebenfalls stichprobenunabhängig. Die Bedeutung dieses als *„spezifische Objektivität"* bezeichneten Faktums wird bei Fischer (1974, Kap. 19) ausführlich diskutiert.

Die spezifische Objektivität bzw. die Stichprobenunabhängigkeit ermöglichen die Entwicklung von Modelltests, mit denen die Modellannahmen eines nach dem Rasch-Modell konstruierten Tests überprüft werden können. Sind sämtliche Items homogen im Sinne des Rasch-Modells und treffen auch die übrigen Annahmen zu, müßte die Bestimmung der Personenparameter auf der Basis verschiedener zufälliger Itemstichproben zu identischen Resultaten führen. (Entsprechendes gilt für die Bestimmung der Itemparameter.) Weichen die Parameterschätzungen bedeutsam voneinander ab, sind einige oder mehrere Items nicht modellkonform, d. h. sie müssen aus dem Test ausgeschieden werden. Die inhaltliche Analyse der selegierten und der modellkonformen Items liefert häufig interessante Aufschlüsse über das eigentlich getestete Merkmal und erleichtert die Formulierung neuer Items, deren Modellkonformität allerdings in weiteren Modelltests nachzuweisen ist.

Da sich bei der Konstruktion einer Rasch-Skala in der Regel viele Items als nicht modellkonform erweisen, sollte der ursprüngliche Itemsatz erheblich mehr (mindestens 30% mehr) Items enthalten als die angestrebte Endform (ca. 20 Items reichen im allgemeinen für die Testendform aus). Wird das latente Merkmal mit Items gemessen, die mehr als zwei Antwortmöglichkeiten vorgeben, kann die Skalenkonstruktion nach einem erweiterten Rasch-Modell (polychotomes logistisches Modell, vgl. Fischer, 1974, Kap. 20) erfolgen.

2.3.3.6 Coombs-Skala

Dieser von Coombs (1948, 1952, 1953, 1964) entwickelte Skalentyp stellt die Untersuchungsteilnehmer vor die Aufgabe, eine Reihe von Items (z. B. Behauptungen), die unterschiedliche Ausprägungen des untersuchten Merkmals repräsentieren, nach Maßgabe ihres Zutreffens in eine Rangreihe zu bringen. Die individuellen Rangreihen sind nach diesem Ansatz von den Merkmalsausprägungen der untersuchten Personen abhängig.

Nehmen wir einmal an, man wolle das Stimulationsbedürfnis eines Untersuchungsteilnehmers i bestimmen. Dieser wird gebeten, die folgenden Items (nach

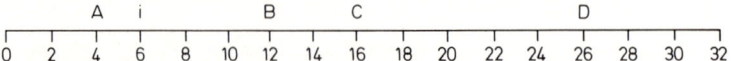

Abb. 9. Beispiel für die Rekonstruktion einer i-Skala (s. Text)

Zuckermann et al., 1964) in eine Rangreihe zu bringen (die Beschränkung auf 4 Items dient nur der Vereinfachung der Demonstration):

A Ich gehe gern im Wald spazieren.
B Ich mag gemütliche Fahrten ins Blaue.
C Gelegentlich tue ich Dinge, die ein bißchen gefährlich sind.
D Ich würde gerne einmal selbst an einem Autorennen teilnehmen.

Die Rangreihe dieses Untersuchungsteilnehmers sei A, B, C, D, d. h. der Untersuchungsteilnehmer zieht offenbar beruhigende Tätigkeiten vor. Eine individuelle Rangreihe bezeichnet man als eine *I-Skala* („individual scale").

Abbildung 9 verdeutlicht den (möglichen) „Stimulationsgehalt" der 4 Items. (Die Skala ist zunächst willkürlich.) Die Tatsache, daß Person i Item A auf Rangplatz 1 setzt, läßt darauf schließen, daß dessen Stimulationsgehalt dem Stimulationsbedürfnis der Person i am besten entspricht. Dementsprechend ist Person i in der „Nähe" von A in die Stimulationsskala in Abb. 9 eingesetzt. Eine solche Skala, die sowohl Items als auch Personen abbildet, bezeichnet man als *J-Skala* (joint scale).

Natürlich hätte man für Person i auch eine andere Position wählen können (z. B. links von A). Es muß jedoch gewährleistet sein, daß die Distanz von i zu A kleiner ist als die von i zu B, denn sonst hätte die Person nach dieser Theorie eine andere Rangreihe genannt. Für einen anderen Untersuchungsteilnehmer, dessen Merkmalsausprägung wir mit 16 annehmen wollen, müßte die Rangreihe (I-Skala) lauten: C, B, D, A.

Für die Konstruktion einer J-Skala (und damit für die Ermittlung der Merkmalsausprägungen der untersuchten Personen) aufgrund empirisch ermittelter I-Skalen hat nun der folgende Gedankengang zentrale Bedeutung. Ist das untersuchte Merkmal tatsächlich eindimensional und haben die Untersuchungsteilnehmer fehlerfreie (transitive, vgl. S. 96) Rangreihen abgegeben, existieren nur zwei Rangreihen, die zueinander spiegelbildlich sind. Diese Rangreihen stammen von Personen mit extremen Merkmalsausprägungen. Dies träfe, bezogen auf Abb. 9, auf Personen zu, die entweder in der Nähe (oder links) von A bzw. in der Nähe (bzw. rechts) von D liegen. Ihre Rangreihen müßten A, B, C, D bzw. – spiegelbildlich hierzu – D, C, B, A lauten. Eine dieser Rangreihen entspricht direkt der Rangfolge der Items auf dem Merkmalskontinuum. Alle übrigen Personenpositionen führen zu Rangreihen, für die es keine spiegelbildlichen Rangreihen gibt, es sei denn, das Merkmal ist mehrdimensional oder die Rangreihen sind fehlerhaft. Für die Skalenkonstruktion ist es deshalb erforderlich, zwei zueinander spiegelbildliche Rangreihen zu finden.

Wie die Skalenkonstruktion im einzelnen vor sich geht, sei im folgenden an einem kleinen Beispiel demonstriert. 7 Untersuchungsteilnehmer erhalten die Aufgabe, die oben genannten vier Behauptungen nach Maßgabe ihres Zutreffens in eine Rangreihe zu bringen.

Sie nennen die folgenden Rangreihen (Die Konstruktion der Skala folgt den Ausführungen van der Ven's, 1980, S. 59 ff.):

1. C   D   B   A
2. B   C   A   D
3. C   B   D   A
4. A   B   C   D
5. C   B   A   D
6. D   C   B   A
7. B   A   C   D

Unter den 7 Rangreihen befinden sich 2, die zueinander spiegelbildlich sind, und zwar die Rangreihen 4 (A, B, C, D) und 6 (D, C, B, A). Rangreihe 4 wird willkürlich als Rangfolge der 4 Behauptungen festgesetzt. (Rangreihe 6 würde zu einer J-Skala führen, die zu der hier zu entwickelnden J-Skala spiegelbildlich wäre.) Person 4 liegt offensichtlich in der Nähe von A und Person 6 in der Nähe von D (vgl. Abb. 10a).

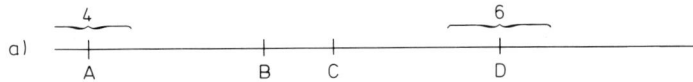

Abb. 10a–e. Entwicklung einer Coombs-Skala. **a.** Vorläufige Positionen der Items A, B, C und D sowie der Personen 4 und 6

Die Abstände zwischen den Items sind hier zunächst beliebig; sie müssen lediglich den beiden spiegelbildlichen Rangfolgen genügen. Der Ausdruck „in der Nähe von" läßt sich nun insoweit präzisieren, daß Person 4 auf jeden Fall näher an A als an B und Person 6 näher an D als an C liegen muß. Wählen wir als Skalenpunkt für A und B die Werte 2 und 6, muß Person 4, die ja A vor B gesetzt hat, links vom Mittelwert $\overline{AB}$ dieser Skalenwerte, also links von 4 liegen. Person 6 muß demzufolge rechts vom Mittelwert der Skalenwerte für C und D liegen. Dieser soll mit $\overline{CD} = 14$ angenommen werden. Es resultieren damit die folgenden Positionseinschränkungen für die Personen 4 und 6 (Abb. 10b).

Abb. 10b. Die Positionen der Mittelpunkte $\overline{AB}$ und $\overline{CD}$

C und D sind vorläufig noch nicht bestimmt. C muß jedoch rechts von B liegen und links von $\overline{CD}$.

Als nächstes betrachten wir Personen, die Item B auf den ersten Rangplatz gesetzt haben. Es sind dies die Personen 2 und 7. Sie befinden sich offensichtlich in der Nähe von B oder genauer rechts von $\overline{AB}$ und links von $\overline{BC}$. Der Mittelwert $\overline{AB}$ wurde bereits auf 4 festgelegt. Der Mittelwert $\overline{BC}$ muß links von $\overline{CD}$ und natürlich rechts von B liegen. Diese Bedingungen sind erfüllt, wenn wir für $\overline{BC}$ den Wert 8 annehmen. Da B bereits auf 6 festgelegt wurde, muß damit C den Wert 10 erhalten (vgl. Abb. 10c).

Der Unterschied zwischen den Personen 2 und 7 besteht in der Vergabe der Rangplätze 2 und 3 (Person 2: BCAD und Person 7: BACD). Person 2 liegt also näher bei C und Person 7 näher bei A oder: Person 2 befindet sich rechts von $\overline{AC}$ und Person 7 links von $\overline{AC}$. Da A und C bereits festliegen (A = 2, C = 10), liegt auch $\overline{AC}$ fest ($\overline{AC} = 6$) (vgl. Abb. 10c).

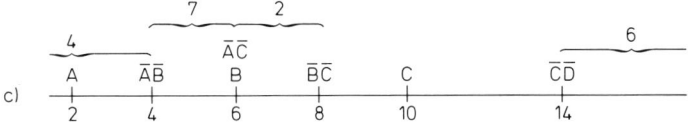

Abb. 10c. Die Positionen der Mittelpunkte $\overline{AB}$, $\overline{BC}$ und $\overline{CD}$

Die verbleibenden 3 Personen haben Item C auf Rangplatz 1 gesetzt, d. h. sie befinden sich in der Nähe von C bzw. rechts von $\overline{BC}$ und links von $\overline{CD}$. Person 1 mit der Rangreihe CDBA setzt D vor B, d. h. sie liegt zusätzlich rechts von $\overline{BD}$. Für die Ermittlung von $\overline{BD}$ gehen wir folgendermaßen vor: Wenn C den Wert 10 erhalten hat, und $\overline{CD}$ auf 14 festgesetzt wurde, muß D den Wert 18 erhalten. Damit ergibt sich der Mittelwert $\overline{BD}$ zu $(6+18):2=12$. Person 1 liegt damit zwischen den Werten 12 ($\overline{BD}$) und 14 ($\overline{CD}$) (vgl. Abb. 10 d).

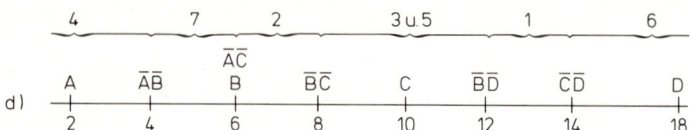

Abb. 10 d. Die Positionen der Mittelpunkte $\overline{AB}$, $\overline{BC}$, $\overline{CD}$ und $\overline{BD}$

Noch ungeklärt sind die genauen Positionen der Personen 3 (CBDA) und 5 (CBAD), die sich nur in den Rangplätzen 3 und 4 unterscheiden. Offensichtlich liegt Person 3 rechts von $\overline{AD}$ (D wird A vorgezogen) und Person 5 links von $\overline{AD}$ (A wird D vorgezogen). Für $\overline{AD}$ ergibt sich mit $(2+18):2=10$ ein Wert, der – wie gefordert – zwischen $\overline{BC}$ und $\overline{CD}$ liegt. Abbildung 10 e zeigt die Positionen aller Personen.

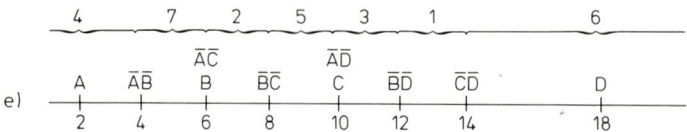

Abb. 10 e. Die Positionen der Mittelpunkte $\overline{AB}$, $\overline{BC}$, $\overline{CD}$, $\overline{BD}$ und $\overline{AD}$

Aus den individuellen Rangreihen, die die Personen für die Items erstellen, läßt sich mit der hier beschriebenen Technik die Rangreihe der untersuchten Personen bezüglich des untersuchten Merkmals ableiten. (Die Technik heißt nach Coombs „unfolding technique" = Entfaltungstechnik: „faltet" man die I-Skala in einem Personenpunkt, geraten die links und rechts von diesem Personenpunkt befindlichen Items auf eine Skalenseite. Ihre Rangfolge entspricht dann der Präferenzordnung der jeweiligen Person bzw. ihrer I-Skala. Die J-Skala entsteht damit rückläufig durch Entfalten der einzelnen I-Skalen.)

Hinsichtlich ihrer metrischen Eigenschaft entspricht die Coombs-Skala keiner der in Kap. 1.4.6 behandelten Skalenarten. Die Positionen der Personenpunkte sind zwar nicht eindeutig festgelegt, können aber auch nicht beliebig variieren. Wir wissen nur, daß sich beispielsweise Person 7 zwischen den Mittelpunkten $\overline{AB}$ und $\overline{AC}$ befinden muß (vgl. Abb. 10 e). Eine präzisere Bestimmung der Personenpunkte ist nicht möglich. Derartige Bereiche, in denen die Personenpunkte frei variieren können, nennt Coombs „isotone Regionen".

Für reine Ordinalskalen sind beliebige *monotone Transformationen* zulässig, also Transformationen, die die Rangordnung der untersuchten Objekte erhalten. Bei Coombs-Skalen ist hingegen darauf zu achten, daß durch Transformationen die Rangfolge der Abstände zwischen Personen und Items bestehen bleibt (hypermonotone Transformation). Dieser Skalentyp, der bezüglich seiner Skalenqualität zwischen einer Ordinal- und einer Intervallskala anzusiedeln wäre, wird als *„geordnete metrische Skala"* bezeichnet.

Die Konstruktion einer Coombs-Skala nach dem hier beschriebenen Verfahren ist bei größeren Item- und Personenzahlen sehr aufwendig. Man verwendet dann besser eine schematisierte Routine (die „gleiche-Delta-Methode"), die z. B. bei van der Ven (1980, S. 66 ff.) ausführlich beschrieben wird.

Leider muß man in der Praxis häufig damit rechnen, daß nicht alle individuellen Rangreihen (I-Skalen) modellkonform sind und daß damit nicht alle untersuchten Personen skalierbar sind. Wie man sich leicht anhand Abb. 10e überzeugen kann, wäre beispielsweise eine individuelle Rangreihe ADBC mit der gefundenen J-Skala nicht vereinbar. Insgesamt sind von $n!$ möglichen Rangreihen nur $0,5 \cdot n \cdot (n-1) + 1$ Rangreihen modellkonform. Für die 4 im Beispiel verwendeten Items gibt es demnach $4! = 4 \cdot 3 \cdot 2 \cdot 1 = 24$ mögliche, aber nur $0,5 \cdot 4 \cdot 3 + 1 = 7$ zulässige Rangfolgen. Ist die Anzahl nicht zulässiger Rangreihen so groß, daß die Coombs-Skala praktisch unbrauchbar wird, können als Skalierungsalternativen eine von Bechtel (1968) entwickelte probabilistische Variante des „unfolding" oder eine mehrdimensionale unfolding-Technik (Bennet u. Hays, 1960; Hays u. Bennet, 1961) verwendet werden.

Auf der Grundidee des unfolding basierende Rechenprogramme sind in der Guttman-Lingoes-Programmserie (vgl. Lingoes, 1972) enthalten (SSAR-I, SSAR-II – Einzelheiten s. Anhang D).

Für die Entwicklung einer „klassischen" eindimensionalen Coombs-Skala ist es von Vorteil, wenn die „wahre" Rangordnung der verwendeten Items – eventuell aufgrund von Vorversuchen – bekannt ist oder doch zumindest theoretisch begründet werden kann. Ferner sollten die zu untersuchenden Personen möglichst das gesamte Merkmalsspektrum repräsentieren, und das Merkmal selbst sollte aus der Sicht aller Personen eindimensional sein (vgl. hierzu auch Sixtl, 1967, S. 391 ff.).

2.3.4 Testverfälschung

Testergebnisse, die nicht nur für wissenschaftliche Zwecke benötigt werden, haben für die getesteten Personen nicht selten lebenswichtige Konsequenzen. Sie entscheiden mit darüber, ob ein Abiturient das Fach seiner Wahl studieren darf, ob ein Arbeiter den von ihm gewünschten Arbeitsplatz erhält, ob ein Schüler in eine Sonderschule eingewiesen wird etc. Es ist deshalb keineswegs verwunderlich, wenn getestete Personen sich darum bemühen, ihre Testergebnisse in einer für sie möglichst günstigen Weise zu „korrigieren".

Diesem Interesse der Testperson steht das Interesse des Testanwenders entgegen, der sich über Testergebnisse ein möglichst genaues und richtiges Bild der geprüften Person verschaffen möchte oder muß. Ihm ist vor allem an der Validität des Testverfahrens gelegen, die starke Einbuße erleidet, wenn es den Testpersonen gelingt, ein falsches Bild von sich wiederzugeben. Die Frage der Verfälschbarkeit von Testergebnissen ist deshalb für den Testanwender von großer Bedeutung (vgl. z. B. Berg, 1967).

Es gibt praktisch keine Untersuchung, die nachweist, daß der jeweils geprüfte Test *nicht* verfälschbar wäre. Wenngleich bislang noch nicht jeder Test auf seine Verfälschbarkeit hin überprüft wurde, muß man wohl davon ausgehen, daß die

Verwertbarkeit der Ergebnisse eines beliebigen Tests im hohen Maße von der Bereitschaft der Testperson, sich ehrlich darzustellen, abhängt. Diese ist in Frage gestellt, wann immer sich eine Testperson von einer günstigen (oder auch negativen) Selbstdarstellung persönliche Vorteile erhofft.

Wie aber soll entschieden werden, ob eine Person einen Test wahrheitsgetreu bearbeitet hat oder ob sie sich in einem günstigen (oder ungünstigen) Licht darzustellen trachtete? Einem einzelnen Testprotokoll ist dies nicht ohne weiteres anzusehen. Auch Beteuerungen der Testperson, sie habe sich um eine korrekte Selbstdarstellung bemüht, sind kein Garant für unverfälschte Testergebnisse. Vor allem Persönlichkeits- und Einstellungstests stellen zuweilen Fragen, über die sich die untersuchten Personen bislang noch keine Gedanken gemacht haben und die deshalb mehr oder weniger zufällig bzw. in einer für die Testperson günstigen Weise beantwortet werden (vgl. hierzu auch Rorer, 1965).

Empirische Untersuchungen zu dieser Thematik beschränken sich deshalb in der Regel auf den Nachweis einer *potentiellen* Verfälschbarkeit von Testergebnissen. Die meisten dieser Untersuchugnen überprüfen die Möglichkeit der Testpersonen, sich in einem Test in einer sozial erwünschten Weise darzustellen. Weitere Untersuchungen fragen nach der Verfälschbarkeit von Testergebnissen durch eine erhöhte Tendenz, Testfragen und -behauptungen zu bejahen (Akquieszenz).

2.3.4.1 Soziale Erwünschtheit

Soziale Erwünschtheit (social desirability) bezeichnet in Persönlichkeitstests und anderen Selbsteinschätzungsverfahren eine Antworttendenz, statt zutreffender Selbsteinschätzungen Antwort zu geben, von denen die Testperson meint, sie seien sozial erwünscht oder gebilligt (vgl. Edwards, 1957, 1970). Die Frage, ob ein Test potentiell in dieser Hinsicht verfälschbar ist, wird üblicherweise durch einen Vergleich der Testergebnisse geprüft, die unter normalen Bedingungen und bei einer Zusatzinstruktion, sich in einer sozial wünschenswerten Weise darzustellen, erzielt werden. Unterscheiden sich diese Testergebnisse, folgert man, der Test sei in Richtung soziale Erwünschtheit verfälschbar.

Diese Vorgehensweise wird von Gordon u. Gross (1978) bzw. Koch (1976) heftig kritisiert. Diese Autoren weisen darauf hin, daß die Vorstellungen der Testpersonen über das, was sozial erwünscht sei, keineswegs einheitlich sein müssen. Resultieren für die unter den beiden Testinstruktionen erzielten Testdurchschnitte keine bedeutsamen Unterschiede, ist dies entgegen der Ansicht vieler Autoren noch kein Indikator dafür, der Test sei gegenüber Verfälschungstendenzen resistent. Tatsächlich vorgenommene Testverfälschungen können bei verschiedenen Vorstellungen der Testpersonen über das, was sozial erwünschenswert sei, einander kompensieren, so daß die Differenz der durchschnittlichen Testergebnisse für die Frage der Testverfälschbarkeit belanglos ist.

Wenn überhaupt, so kann dieser Ansatz nach Koch (1976) nur dann brauchbare Informationen über die Verfälschbarkeit eines Tests liefern, wenn statt einer allgemeinen Zusatzinstruktion, sich in einer sozial erwünschenswerten Weise darzustellen, sehr konkrete spezielle Anweisungen verwendet werden. (Zum Beispiel

„Stellen Sie sich bitte vor, Sie würden sich als Handelsvertreter um eine Stelle bewerben und müßten sich einer Eignungsuntersuchung unterziehen, zu der auch dieser Test gehört. Beantworten Sie die Fragen bitte so, daß Sie als Handelsvertreter auf Ihren zukünftigen Chef einen möglichst guten Eindruck machen." Hoeth u. Gregor, 1964, S. 67.) Gordon u. Gross (1978) diskutieren andere statistische Indizes, die die individuellen Unterschiede der Vorstellungen von sozialer Erwünschtheit berücksichtigen.

Belege für die sozio-kulturelle Abhängigkeit des Konzeptes „soziale Erwünschtheit" liefern auch Lück et al. (1976). Sie verglichen Untersuchungen, die die soziale Erwünschtheit von Eigenschaftsbezeichnungen überprüfen (Busz et al., 1972, Klapproth, 1972, Klein, 1974, Lück, 1968, und Schönbach, 1972) und kommen zu dem Schluß, daß die Einschätzung der sozialen Erwünschtheit einiger Eigenschaftsbezeichnungen epochale und regionale Besonderheiten aufweist.

Wichtiger als Untersuchungen, die mit einer anzuzweifelnden Methodik die Verfälschbarkeit einzelner Tests nachzuweisen suchen, erscheinen Bemühungen, Antworttendenzen in Richtung sozialer Erwünschtheit zu unterbinden und doch zumindest zu kontrollieren. Vier diesbezügliche Vorgehensweisen wurden bisher in der Praxis erprobt.

Einige Tests versuchen das Problem der Verfälschbarkeit von Testergebnissen dadurch zu lösen, daß für die Testitems Antwortalternativen vorgegeben werden, die bezüglich des Merkmals „soziale Erwünschtheit" ausbalanciert sind. Wenn die für ein Item zur Auswahl gestellten Antwortalternativen alle sozial gleich erwünscht (oder unerwünscht) sind, bleibt der Testperson keine Möglichkeit, durch ihre Antwort einen besonders guten oder schlechten Eindruck vorzutäuschen. Die Wahrscheinlichkeit, daß sie diejenige Antwortalternative wählt, die tatsächlich am besten auf sie zutrifft, wird damit erhöht.

Verdeutlicht wird dieser Ansatz z. B. in einem von Edwards (1953) entwickelten Test zur Messung von Werten und Interessen (Edwards personal preference scedule = EPPS; über weitere Tests, die diese Technik nutzen, berichtet Anastasi, 1963, S. 510 ff.). Der Gehalt an sozialer Erwünschtheit der in diesem Test vorgegebenen Antwortalternativen (es werden hier pro Item zwei hinsichtlich ihrer sozialen Erwünschtheit gleich attraktive Antwortalternativen angeboten) erwies sich nach mehreren Kontrollstudien (vgl. Edwards, 1957) gegenüber verschiedenen Alters-, Geschlechts-, Bildungs-, Einkommens- und Nationalitätsgruppen als relativ stabil.

Neben dem Aufwand, der mit der Konstruktion derartiger Testskalen verbunden ist, stellt eine Reliabilitätsverringerung, die mit der Vorgabe balancierter Antwortalternativen üblicherweise verbunden ist, einen weiteren Nachteil dar. Offensichtlich erschwert oder verunsichert die Vorgabe von Antwortalternativen, die gleichermaßen sozial erwünscht sind, die Wahl der zutreffenden Antwortalternativen (vgl. Cronbach, 1960, S. 449 ff.).

Dieser Befund wird durch die zweite Technik, die Beeinflussung von Testergebnissen durch soziale Erwünschtheit zu kontrollieren, bestätigt. Bei dieser Technik wird mit eigens entwickelten Kontrollskalen die Tendenz der Testpersonen, sich sozial erwünscht oder in einer anderen Weise inkorrekt darzustellen, gesondert erhoben. So konnten Amelang u. Bartussek (1970) zeigen, daß Persönlichkeitstests bei Personen, die ihre Selbstdarstellungen besonders stark verfälschen (hohe Werte in einer „Lügenskala"), reliabler waren als bei Personen mit ehrlichen Selbstdarstellungen. (Das Problem der Validität verfälschter Testergebnisse erläutert Buse, 1976).

Zur Kontrolle der Tendenz, sich in sozial wünschenswerter Weise darzustellen, entwickelten Crowne u. Marlowe (1964) eine spezielle Testskala (vgl. hierzu auch Lück u. Timaeus, 1969). Einen Versuch in diese Richtung stellen ferner die vier Kontrollskalen des Minnesota Multiphasic Personality Inventory (MMPI; deutsch: MMPI-Saarbrücken, Spreen, 1963) dar. Der ?-Wert gibt die Anzahl nicht-beantworteter Items an, die L-Skala mißt die Tendenz einer Person, sich in ein günstiges Licht zu setzen und der F-Wert informiert darüber, ob die Person den Test verstanden und sorgfältig durchgeführt hat. Wenn einer dieser Werte einen vorgegebenen Maximalwert überschreitet, ist das gesamte Testergebnis unbrauchbar. Mit einer vierten Skala, der K-Skala, wird die generelle Bereitschaft der Testperson zu einer kritischen Selbsteinschätzung erfaßt. Als Korrekturwert trägt der K-Wert zu einer schärferen Diskriminierung der übrigen Persönlichkeitsskalen des MMPI bei.

Die dritte Technik versucht die Verfälschbarkeit von Testergebnissen dadurch zu reduzieren, daß das Testziel durch eine geeignete Aufgabenwahl und Auswertungstechnik möglichst undurchschaubar gemacht wird (sog. „objektive Tests", vgl. Cattell u. Warburton, 1967, oder Schmidt, 1975). Der Aufforderungscharakter, den Test zu verfälschen, soll zudem durch die Vorgabe von Sachverhalten (und nicht personenbezogenen Inhalten), die zu beurteilen sind, gemindert werden. Wie Häcker et al. (1979) jedoch zeigen konnten, sind auch diese Tests nicht verfälschungsfrei, wenngleich einige Merkmale (vor allem aus dem perzeptiv-motorischen Bereich) unter verschiedenen Testinstruktionen relativ stabil gemessen werden konnten.

Die vierte Methode will durch geeignete Zusatzinstruktionen der Motivation, einen Test zu verfälschen, entgegenwirken. So verwendeten beispielsweise Hoeth u. Koebeler (1967, S. 121) die folgende Zusatzinstruktion für die Bearbeitung eines Persönlichkeitstests: „Noch ein Hinweis, den ich Sie bitte besonders ernst zu nehmen: Man kann bei manchen Fragen des Fragebogens den Eindruck haben, leicht durchschauen zu können, welche Antwort den ‚besseren Eindruck' macht. Glauben Sie mir, das ist eine Fehlannahme! Man kann nicht erraten, welche Antwort von uns als günstiger beurteilt wird. Lassen Sie sich also nicht verleiten, Ihre Antwort irgendwie zu färben.

Außerdem ist der Test so zusammengestellt, daß wir schon ein leichtes ‚Frisieren' der Antworten ohne weiteres erkennen. Antworten Sie also am besten einfach so, wie es tatsächlich für Sie am zutreffendsten ist."

Die nach dieser Testinstruktion erzielten Ergebnisse wurden mit einer Testsituation verglichen, in der den Untersuchungsteilnehmern absolute Anonymität ihrer Ergebnisse zugesichert wurde – eine Instruktion, die den Untersuchungsteilnehmern keine Veranlassung gibt, ihre Testergebnisse zu verfälschen. Es zeigten sich keine bedeutsamen Unterschiede, d. h. die Zusatzinstruktion gegen Verfälschungstendenzen war offensichtlich wirksam.

Unabhängig davon, welche der hier angesprochenen Techniken zur Kontrolle von Tendenzen, sich sozial erwünscht darzustellen, für eine konkrete Untersuchung auch unter ethischen Gesichtspunkten zu favorisieren ist, sollte – wenn möglich – größter Wert auf eine entspannte Testatmosphäre gelegt werden, die den

Testpersonen wenig Veranlassung gibt, sich unehrlich darzustellen. Wann immer es angemessen und sinnvoll ist, sollte man versuchen, die Testpersonen davon zu überzeugen, daß es in ihrem eigenen Interesse ist, sich selbst richtig darzustellen.

2.3.4.2 Akquieszenz

Ein weiterer Grund für verfälschte Testergebnisse im Persönlichkeits- und Einstellungsbereich ist die Tendenz einiger Personen, bei schwierigen oder kritischen Fragen häufiger ja als nein zu sagen (Bejahungstendenz oder Akquieszenz, vgl. Messick, 1967). Es scheint sich hierbei um ein Persönlichkeitsmerkmal zu handeln, welches bei verschiedenen Personen unterschiedlich stark ausgeprägt ist und evtl. sogar als Verneinungstendenz in Erscheinung tritt. Dieses Persönlichkeitsmerkmal ist gegenüber verschiedenen Testinhalten erstaunlich invariant (vgl. Vagt u. Wendt, 1978). Eine Methode zur Messung von Akquieszenz beschreibt Roeder (1972).

Zur Vermeidung von Akquieszenz empfiehlt Jackson (1967) möglichst eindeutige Itemformulierungen, abgestufte Antwortmöglichkeiten (also keine einfachen „Ja-Nein"-Fragen) und eine ausbalancierte Schlüsselrichtung der Fragen. (Die Items sollten so formuliert werden, daß zu gleichen Teilen eine Itembejahung und eine Itemverneinung für das Vorhandensein des geprüften Merkmals sprechen. Probleme, die mit der Negation oder Umkehrung von Items zur Kontrolle von Akquieszenz zusammenhängen, diskutieren Schriesheim u. Kenneth, 1981).

Die Güteeigenschaften eines Tests werden durch Akquieszenz offensichtlich nur unerheblich verändert. Zumindest konnte Buse (1980) zeigen, daß die Validität von Persönlichkeitstests nicht davon abhängt, wie stark die untersuchten Personen zum Jasagen neigten.

2.4 Befragen

Die Befragung ist die in den empirischen Sozialwissenschaften am häufigsten angewandte Methode. Man schätzt, daß ungefähr 90% aller Daten mit dieser Methode gewonnen werden (Bungard, 1979). Obwohl die Befragungsmethode Elemente in sich vereint, die teilweise Gegenstand der bereits behandelten Erhebungstechniken waren (z.B. das Aufstellen erschöpfender Kategoriensysteme in Kap. 2.1, Konstruktion von Rating-Skalen in Kap. 2.2 oder Formulierungsarten für Test- oder Fragebotenitems in Kap. 2.3), verlangen die speziellen Eigenheiten dieser Erhebungstechnik eine gesonderte Behandlung, die zwischen der mündlichen Befragung in Form eines Interviews (Kap. 2.4.1) und schriftlichen Befragungen über Fragebögen (Kap. 2.4.2) unterscheidet.

Welche der beiden Erhebungsarten, die Interviewtechnik oder die Fragebogentechnik, vorzuziehen ist, läßt sich nur in Verbindung mit einem konkreten Forschungsproblem klären. Generell dürfte die Entwicklung eines guten Fragebogens mehr Vorkenntnisse und Vorarbeit voraussetzen als die Vorbereitung eines Interviews. Ein Fragebogen sollte so gestaltet sein, daß seine Bearbeitung außer einer einleitenden Instruktion keine weiteren Erläuterungen erfordert. Erst dann kann auf eine zeitlich wie auch finanziell aufwendigere persönliche Befragung durch Interviewer (nach Richter, 1970, S. 30, sind mündliche Befragungen etwa dreimal so aufwendig wie schriftliche) verzichtet werden, wobei allerdings zu bedenken ist, daß der Anteil derjenigen, denen es schwer fällt, sich schriftlich zu äußern oder einen Fragebogen auszufüllen, nicht unerheblich ist. Schriftliche Befragungen (z. B. postalische Befragungen) führen nicht selten zu Ergebnissen, die für die unteren sozialen Schichten wenig repräsentativ sind (vgl. S. 187).

Der markanteste Unterschied zwischen schriftlichen und mündlichen Befragungen liegt in der Erhebungssituation. Schriftliche Befragungen erleben die Befragten als anonymer, was sich günstig auf die Bereitschaft zu ehrlichen Angaben und gründlicher Auseinandersetzung mit der erfragten Problematik auswirken kann. Es bleibt jedoch häufig unklar, wer den Fragebogen tatsächlich ausgefüllt hat, ob die vorgegebene Reihenfolge der Fragen eingehalten wurde, wieviel Zeit die Bearbeitung des Fragebogens erforderte etc. Schriftliche Befragungen sind hinsichtlich des Befragungsinstrumentes in höchstem Maße standardisiert; die Gestaltung der Befragungssituation und die Begleitumstände beim Ausfüllen eines Fragebogens liegen jedoch in der Hand des Befragten.

Beim persönlichen Interview sind die Verhältnisse eher umgekehrt. Der Interviewer ist gehalten, die Begleitumstände der Befragung so gut wie möglich zu standardisieren. Der eigentliche Interviewablauf ist jedoch nicht exakt vorhersagbar, wenn – was eher der Regelfall als die Ausnahme sein dürfte – der Interviewer auf individuelle Verständnisfragen eingeht, wenn er bei Themen, die dem Befragten interessant erscheinen, länger als vorgesehen verweilt, usw.

Beide Verfahren, die mündliche und die schriftliche Befragung, haben ihre Schwächen und ihre Stärken, die in den folgenden Abschnitten diskutiert werden (weitere Gegenüberstellungen behandeln z. B. Wallace, 1954, oder Metzner u. Mann, 1952). Die Entscheidung, ob eine Befragung schriftlich oder mündlich durchzuführen sei, hängt letztlich davon ab, wie diese Schwächen und Stärken angesichts der zu erfragenden Inhalte, der Art der Befragungspersonen, des angestrebten Geltungsbereiches möglicher Aussagen, der finanziellen und zeitlichen Rahmenbedingungen sowie der Auswertungsmöglichkeiten zu gewichten sind. Für einige Fragestellungen scheint es überdies unerheblich zu sein, ob eine Befragung schriftlich oder mündlich durchgeführt wird, da beide Techniken zu denselben Resultaten führen (Fisseni, 1974).

2.4.1 Mündliche Befragung

Unabhängig davon, ob die Befragung mündlich oder schriftlich durchgeführt wird, können die Fragen und der Ablauf der Befragung von „völlig offen" bis „vollständig standardisiert" variieren. Beispiele für weitgehend offene Befragungsformen werden ausführlich in Kap. 3.3.2 behandelt.

Scheuch (1967, S. 183) datiert die Anfänge einer regelmäßigen Verwendung des wissenschaftlichen Interviews im heutigen Verständnis auf den Beginn dieses Jahrhunderts. Vorangegangen war eine Epoche, die die Befragungsmethode lediglich in Expertengesprächen einsetzte, bei denen methodische Probleme wie z. B. die Möglichkeit der Beeinflussung des Befragten durch den Interviewer weniger im Vordergrund standen als die Kompetenz der Experten. Erst, nachdem sich öffentliche wie auch private Institutionen für die Meinung des „Bürgers auf der Straße" zu interessieren begannen (Markt- und Meinungsforschung), entwickelte sich allmählich ein Bewußtsein für die Notwendigkeit größerer demoskopischer Umfragen bzw. für in größerem Rahmen einsetzbare Erhebungsinstrumente. Das Interview wurde zum „Königsweg der praktischen Sozialforschung" (König, 1962, S. 27).

Die methodischen Mängel des Interviews wurden deutlich, als man begann, diese Technik anhand testtheoretischer Gütekriterien (Objektivität, Reliabilität, Validität, vgl. S. 135ff.) zu bewerten (vgl. z. B. McNemar, 1946). Die Anfälligkeit der Interviewresultate gegenüber Besonderheiten des Befragten, des Interviewers und der Befragungssituation regte eine Reihe methodenkritischer Grundlagenstudien an, über die in den Kap. 2.4.1.3 bis 2.4.1.5 summarisch berichtet wird. Zunächst sollen verschiedene Varianten des Interviews (Kap. 2.4.1.1) sowie der Aufbau des hier bevorzugt behandelten Forschungsinterviews aufgegriffen werden (Kap. 2.4.1.2).

2.4.1.1 Formen der mündlichen Befragung

Der Variantenreichtum mündlicher Befragungen (Interviews) ist enorm und kann in einem einzigen erschöpfenden Kategoriensystem nur unvollständig zum Ausdruck gebracht werden. Interviews lassen sich unterscheiden

- nach dem Ausmaß der Standardisierung (strukturiert – halb strukturiert – unstrukturiert),
- nach dem Autoritätsanspruch des Interviewers (weich – neutral – hart),
- nach der Art des Kontaktes (direkt – telefonisch – schriftlich),
- nach der Anzahl der befragten Personen (Einzelinterview – Gruppeninterview – Survey),
- nach der Anzahl der Interviewer (ein Interviewer – Tandem – Hearing),
- nach der Funktion (z. B. ermittelnd – vermittelnd) oder
- nach ihrem Einsatzbereich (z. B. im betrieblichen Personalwesen, im Strafvollzug, in Massenmedien oder im klinisch-therapeutischen Sektor).

Standardisierung

Bei einem *standardisierten* oder vollständig strukturierten Interview sind Wortlaut und Abfolge von Fragen eindeutig vorgegeben und für den Interviewer verbindlich. Es verlangt präzise formulierte Fragen, die vom Befragten möglichst kurz beantwortbar sind. Ist das Interview gut vorbereitet, erübrigen vorgegebene Antworten, von denen der Interviewer nur die vom Befragten genannte Alternative anzukreuzen braucht, das wörtliche Mitprotokollieren. Die Antwortalternativen sollten den Befragten nicht vorgelegt werden, wenn man nur an spontanen, durch die Frage allein ausgelösten Äußerungen interessiert ist.

Standardisierte Interviews eignen sich für klar umgrenzte Themenbereiche, über die man bereits detaillierte Vorkenntnisse besitzt. Sie erfordern sorgfältige Vorversuche, in denen überprüft wird, ob die hohe Strukturierung dem Befragten zuzumuten ist oder ob sie sein Bedürfnis nach spontanen Äußerungen zu stark reglementiert, ob die Fragen verständlich formuliert sind, ob die Antwortvorgaben erschöpfend sind und wieviel Zeit das Interview durchschnittlich beansprucht.

Im Gegensatz hierzu ist bei einem *nichtstandardisierten* (unstrukturierten oder qualitativen) Interview lediglich ein thematischer Rahmen vorgegeben. Die Gesprächsführung ist offen, d. h. es bleibt der Fähigkeit des Interviewers überlassen, ein Gespräch in Gang zu bringen. Die Äußerungen der Befragten werden in Stichworten mitprotokolliert oder – das Einverständnis des Befragten voraussetzend – mit einem Tonbandgerät aufgezeichnet.

Die Persönlichkeit des Interviewers ist bei nichtstandardisierten Interviews von ausschlaggebender Bedeutung. Nicht nur die Art, wie er das Gespräch führt und bestimmte Äußerungen provoziert, beeinflußt das Interviewresultat, sondern auch seine individuellen thematischen Präferenzen, seine Sympathien und Antipathien für bestimmte Menschen, seine subjektiven Werte etc. (vgl. Kap. 2.4.1.3: Der Interviewer).

Das nichtstandardisierte Interview wird zuweilen auch Tiefeninterview oder Intensivinterview genannt (vgl. z. B. Banaka, 1971), womit –sicherlich zu Unrecht – der Eindruck erweckt wird, daß andere Interviewformen, wie z. B. das standardisierte Interview, nicht „in die Tiefe" gehen bzw. oberflächlich bleiben. Vermutlich ist diese Bezeichnung auf die „tiefen"-psychologische, psychotherapeutische Gesprächsführung zurückzuführen, an der sich das nichtstandardisierte Interview gelegentlich orientiert.

Das nichtstandardisierte Interview (z. B. das „narrative" oder das „fokussierte" Interview, vgl. Kap. 3.3.2) hat sich vor allem in explorativen Studien bewährt, in denen man sich – evtl. zur Vorbereitung standardisierter Interviews – zunächst einen allgemeinen Überblick über Informationen und Meinungen zu einem Thema verschaffen will, in denen die Bedeutung einzelner Antworten gezielt erfragt wird und in denen komplexe Einstellungsmuster und Motivationsstrukturen interessieren. Es eignet sich besonders für Einzelfallanalysen und für schwierige, für den Befragten unangenehme Themenbereiche, deren Bearbeitung eine einfühlsame Unterstützung durch den Interviewer erfordern. Die Auswertung nichtstandardisierter Interviews erleichtern die in Kap. 3.3.3 beschriebenen inhaltsanalytischen Verfahren (zur Kritik nicht standardisierter Interviews vgl. z. B. Hopf, 1978).

Zwischen diesen beiden Extremen, dem standardisierten Interview und dem nichtstandardisierten Interview, befinden sich Interviewformen mit teils offenen, teils geschlossenen Fragen und mit unterschiedlicher Standardisierung der Interviewdurchführung – die sog. *halb- oder teilstandardisierten* Interviews. Charakteristisch für diese Befragungsform ist ein Interviewer-Leitfaden, der dem Interviewer mehr oder weniger verbindlich die Art und die Inhalte des Gesprächs vorschreibt. Tafel 19 zeigt, daß die „Kunst", einen sorgfältigen „Interviewer-Leitfaden" zu entwickeln, keineswegs neu ist.

Tafel 19. „Interviewerleitfaden". Auszüge aus dem „Fragenschema bei Eichstätter Hexenverhören unter der Regierung des Fürstbischofs Johann Christoph von Westerstetten 1612–1636" (Merzbacher, 1980, S. 213 ff.)

Interrogatoria

Worüber die Hexerey halben bedachte, und beygefangne Persohnen zue besprachen.

Interrogatoria

Darüber der Hexerey verdachte Persohnen zuvor, und ehe die inditia crimine, ihnen eröffnet werden, zu besprachen.

1. Wie sie heiße?
2. Von wannen sie gebürtig?
3. Wer ihre Eltern und wie sie geheißen? weß Standes sie seien, was ihr Handtierung, ob sie wohl oder übel miteinander gehauset, ob sie noch leben oder tot seien? wann sie gestorben und an welcher Krankheit?
4. Wo, von wem und wie sie in ihrer Jugend erzogen worden?
5. Welcher Gestalt und wozu sie von Jugend auf unterwiesen, was sie gelerndt?
6. Was nun ihre Nahrung und Handtierung sei? An welchem Ort sie sich häuslich aufhalte, wie alt sie sei?
7. Ob sie ledigen Standess und warum sie nicht verheiratet sei?
8. Ob sie verheiratet, und wie lange sie im Ehestand lebe?
9. Ob sie sich eigenen Willens oder mit Vorwissen ihrer Eltern und Freunde verheiratet?
10. Durch welche Gelegenheit sie mit ihrem Ehegenossen in Kundschaft gekommen und sich mit ihm verlobt? Auch wer er sei?
11. Ob sie nicht nächtlicherweile je zusammengekommen und sich miteinander allein unterredet?
12. Ob sie nicht vorher ledigen Standes unordentliche Liebe zu ihm gehabt, sich fleischlich mit ihm vermischt oder doch solches zu tun Willen gehabt?
13. Wann, wo und wie oft solches geschehen, auch wer sie gegeneinander verkuppelt?
14. Ob sie an ihrem Hochzeitstag, vorher oder nachher nicht abergläubische Sachen gebraucht oder durch andere brauchen lassen?
15. Was sie einander zugebracht und wie sie sich bisher ernährt?
16. Wie sie im währenden Ehestand miteinander gehaust und da sie übel gehaust, was dessen Ursach sei?
17. Ob sie im währenden Ehestand nicht zu anderen unordentliche Liebe genommen? Durch was occassion und Gelegenheit solches geschehen? Ob sie darauf zu Erfüllung ihres bösen Willens Gelegenheit gesucht? durch wen, wo sie zusammengekommen und was sie jederweil inzwischen verlaufen?
18. Ob sie währender Ehe Kinder erzeugt, wie viel, wie sie heißen, wie alt sie seien, ob sie leben oder tot sind?

etc.

Dieweilen dann solche Persohnen sie gleichfalls des Lasters angegeben, und sie durch allerhand Inditia verdächtigt, also wolle sie sich nicht lang aufhalten, sondern die gründliche Wahrheit anzeigen.

Interrogatoria

Darüber der Hexerei verdachte Persohnen, nachdem ihnen die Inditia – ex crimine – vorgehalten worden, weiteres zu examinieren.

25. Wie lange es sei, daß sie in das Laster der Hexerei geraten?
26. Ob solches hier oder an anderen Orten und wo geschehen?
27. Durch was occassion und Gelegenheit sie in das Laster gekommen?
28. Wann sie das erstemal mit dem bösen Feind in Gemeinschaft gekommen?
29. In welcher Gestalt er sich gezeigt, was er mit ihr geredet? Wie ihr die Rede und Gestalt vorgekommen und woran sie ihn erkannt?
30. Was er von ihr begehrt? ob und wie oft sie sich fleischlich mit ihm vermischt?
31. Ob sie eine Wolluft darob verspürt und wie ihr solches vorgekommen, wo solches geschehen?
32. Was er ferners an sie begehrt und worin sie eingewilligt?
33. Was sie ihm versprochen, ob und wie sie sich gegen ihn verschrieben? Ob solches damals oder andermalen und auf welche Weise es geschehen?
34. Ob sie nicht Gott und alle Heiligen verleugnet? Menschen, Vieh und Früchten zu schaden versprochen, mit was Worten und in welcher Form solches geschehen?
35. Ob sie vom bösen Geist getauft worden, was sich dabei verloffen (ereignet), was für eine Materie gebraucht worden? Wie er sie, und sie ihn genannt und wer dabei gewesen und was solche Persohnen hierzu getan?
36. Ob der böse Feind in der Folgezeit weiter zu ihr gekommen, was er jedesmal bei ihr getan, ob er sich nachmals mit ihr fleischlich vermischt, auf welche Weise und in welcherlei Gestalt es geschehen?

etc.

Autoritätsanspruch des Interviewers

In Abhängigkeit davon, wie autoritär der Interviewer das Interview leitet, unterscheidet man *weiche, neutrale und harte Interviews* (Scheuch, 1967, S. 153 f.). Das weiche Interview basiert auf den Prinzipien der Gesprächspsychotherapie (vgl. z. B. Rogers, 1942, 1945), die eine betont einfühlsame, entgegenkommende und emotional beteiligte Gesprächsführung verlangen. Man hofft, dem Befragten auf diese Art seine Hemmungen zu nehmen und ihn zu reichhaltigeren und aufrichtigeren Antworten anzuregen.

Im Unterschied hierzu ist das harte Interview durch eine autoritär-aggressive Haltung des Interviews charakterisiert. Durch das ständige Anzweifeln der Antworten und eine rasche, „schnellfeuerartige" Aufeinanderfolge von Fragen sollen mögliche Abwehrmechanismen des Befragten überrannt und Versuche zum Leugnen von vornherein unterbunden werden. Diese Fragetechnik wird gelegentlich zur Erkundung tabuisierter Verhaltensweisen angewendet (wie z. B. in den Sexualstudien von Kinsey et al., 1948, 1953), obwohl sie keineswegs immer verhindert, daß der Befragte trotz (oder vielleicht sogar wegen) des starken sozialen Drucks ausweichend reagiert.

Zwischen diesen beiden extremen Interviewarten einzuordnen ist das eher neutrale Interview. Dieses betont die informationssuchende Funktion des Interviews und sieht im Befragten einen im Vergleich zum Interviewer gleichwertigen Partner. Der Interviewer bittet freundlich aber distanziert unter Verweis auf das allgemeine wissenschaftliche Anliegen der Untersuchung um die Mitarbeit des Befragten, der in seiner Rolle als Informationsträger während des Gesprächs unabhängig von seinen Antworten und ohne Vorbehalte voll akzeptiert wird (zum Autoritätsanspruch des Interviewers vgl. auch Anger, 1969, S. 595 ff.).

Art des Interviewkontaktes

Bisher wurde davon ausgegangen, daß der Interviewer während der Befragung persönlich anwesend ist – die übliche, als *„persönliches Interview"* bezeichnete Befragungsart. Weitere Interviewformen basieren auf *telefonischem* oder *schriftlichem* Kontakt. (Auf die schriftliche Befragung wird ausführlich in Kap. 2.4.2 eingegangen.) Das *telefonische Interview* ist eine zunehmend beliebter werdende, schnelle und preiswerte Interviewvariante, die allerdings bisher vergleichsweise wenig erforscht wurde. Es eignet sich für kurze Befragungen, die prinzipiell an jedes erwachsene Haushaltsmitglied gerichtet werden können und die keine besondere Motivation der Befragten voraussetzen. Anders als bei persönlichen Interviews, bei denen der Befragte eine fremde Person in die Wohnung lassen muß, wird das telefonische Interview als anonymer und persönlich weniger bedrängend erlebt. Die Verweigerungsrate ist dementsprechend niedriger als bei persönlichen Interviews. (Downs et al., 1980, S. 372 geben für amerikanische Verhältnisse eine Verweigerungsrate von 7% an.) Mit Interviewpartnern, die zum Zeitpunkt des Anrufs kein Interview geben können, läßt sich ohne nennenswerten Aufwand ein neuer Termin vereinbaren.

Die Stichprobenauswahl (Zufallsstichprobe oder auch regionale Stichprobe) bereitet mit Hilfe eines neuen Telefonbuches keine Schwierigkeiten, sofern die Aussagen nur für die Population der Telefonbesitzer Gültigkeit besitzen sollen. Zur Zeit sind in dieser Population Personen mit niedrigem Sozalstatus nur noch geringfügig unterrepräsentiert.

Das telefonische Interview hat jedoch auch Nachteile gegenüber dem persönlichen Interview. Die Anonymität des Anrufers bringt es mit sich, daß ihm persönliche oder die Privatsphäre betreffende Angaben seltener vermittelt werden als einem persönlich auftretenden Interviewer, zu dem man im Gespräch Vertrauen gewonnen hat. Telefoninterviews sind nur für Gegenstandsbereiche geeignet, die sich in einem relativ kurzen Gespräch erkunden lassen. Das gesamte Interview (einschließlich Begrüßung, Vorstellung, Verabschiedung etc.) sollte nicht mehr als 20 Minuten und die Erfragung der eigentlich interessierenden Inhalte nicht mehr als 10 Minuten erfordern. Auf visuelle oder sonstige Hilfsmittel bzw. Vorlagen muß bei Telefoninterviews verzichtet werden. Als nachteilig wirkt sich auch die Tatsache aus, daß die situativen Merkmale des telefonischen Interviews wenig standardisierbar sind; die Begleitumstände des Interviews (ablenkende Reize, Lärmbelästigungen, Ermüdung etc.) bleiben unkontrolliert (weitere Literatur zum Telefoninterview: Assael u. Eastlack, 1966; Coombs u. Freedman, 1964; Dillman, 1978; Judd, 1966).

Anzahl der Befragten im Interview

Die von einem Interviewer durchgeführte Befragung einer Person heißt *Einzelinterview* und die Befragung mehrerer Personen *Gruppeninterview*. Als Domäne des Einzelinterviews gelten Themenbereiche, die ein aktives, auf den individuellen Informationsstand, die Äußerungsbereitschaft und die Verbalisationsfähigkeit des Befragten zugeschnittenes Eingreifen des Interviewers erfordern. Es sind Themenbereiche angesprochen, die sich mangels Vorwissen nur begrenzt strukturieren lassen. Zudem ist das Einzelinterview immer dann unersetzbar, wenn die Beantwortung der Fragen eine persönliche, durch Gruppendruck unbeeinflußte Atmosphäre erfordert.

Läßt der Stichprobenplan die Befragung natürlicher Gruppen (z. B. Schulklassen, Seminarteilnehmer, militärische Einheiten, Mannschaften) zu und kann die Befragung nicht nur strukturiert, sondern auch in Form eines konkreten Fragenkatalogs schriftlich fixiert werden, sind die Voraussetzungen für die Durchführung von Gruppeninterviews erfüllt. Die simultane Befragung mehrerer Personen erspart einerseits Kosten und vereinheitlicht andererseits die Befragungssituation für alle Beteiligten. Die Personen füllen gleichzeitig – jede für sich – in einem Raum die vorgefertigten Fragebögen aus und der Interviewer verliest die Instruktionen und steht für Rückfragen zur Verfügung.

Gruppenbefragungen geraten leicht zu einer Konkurrenzsituation, wenn die Arbeitstempi der Befragten divergieren und die schnelleren Personen nach Ausfüllen ihrer Fragebögen die langsameren Personen durch ihre Unruhe oder Ungeduld unter Druck setzen, so daß diese ihre letzten Fragen überhastet und unkonzentriert erledigen. Diese Störquelle läßt sich weitgehend ausschalten, wenn der Fragebogen durch einige Fragen, die nicht direkt zum Themenbereich gehören und die deshalb auch nicht ausgewertet werden, verlängert wird. Dadurch ist gewährleistet, daß in der Zeit, in der die thematisch wichtigen Fragen beantwortet werden, alle Gruppenmitglieder beschäftigt sind. (Eine ähnliche Funktion haben unwichtige Vorlauffragen, die während der anfänglichen Eingewöhnungsphase, in der die Befragten häufig noch unruhig und nervös sind, beantwortet werden. Weiteres hierzu s. Kap. 2.4.1.2: Der Aufbau eines Interviews.)

Eine Sonderform des Gruppeninterviews ist das *Gruppendiskussionsverfahren*. Diese Interviewform setzt die aktive Teilnahmebereitschaft aller Gruppenmitglieder voraus und wird vom Interviewer nur locker durch gelegentliche Eingriffe und – bei stockendem Gesprächsverlauf – durch anregende Impulse gesteuert. Ziel dieser Befragungstechnik ist es, die Variationsbreite und Überzeugungsstärke einzelner Meinungen und Einstellungen zu einem Befragungsthema zu erkunden. Gelegentlich wird bei dieser Methode der in der Gruppe ablaufende Meinungsbildungsprozeß selbst zum Untersuchungsgegenstand gemacht.

Die Vielfalt und Repräsentativität der geäußerten und meistens mit einem Tonbandgerät aufgezeichneten Gruppenmeinungen wird häufig durch einen hohen Anteil von „Schweigern" erheblich eingeengt. Vorsorglich sollte deshalb darauf geachtet werden, gruppendynamische Bedingungen zu schaffen, die die aktive Mitarbeit aller Gruppenmitglieder erleichtern. Sie läßt sich durch kleine Gruppen, die möglichst homogen zusammengesetzt sind und keine oder nur geringfügige Status- und Bildungsunterschiede aufweisen sowie durch eine allen Gruppenmitgliedern gemeinsame Sprach- und Ausdrucksweise verbessern (Näheres zum Gruppendiskussionsverfahren s. Mangold, 1962, Kreutz, 1972, Dreher u. Dreher, 1982, oder Friedrichs, 1979, S. 246 ff.).

Eine spezielle Form der Gruppendiskussion, bei der die einzelnen Gruppenmitglieder bestimmte Rollen spielen, wird als Soziodrama bezeichnet (Moreno, 1953). Von einer Übereinstimmungstechnik oder Widerspruchsdiskussionstechnik spricht man, wenn Einzelpersonen im Gruppenverband (z. B. Familie) mit den Resultaten zuvor durchgeführter Einzelinterviews konfrontiert werden (vgl. Scheuch, 1967, S. 171 f.).

Anzahl der Interviewer

Ein weiteres Unterscheidungsmerkmal von Interviews betrifft die Anzahl der beteiligten Interviewer: *Einzelinterviews* (ein Interviewer und ein Befragter, s. o.), *Tandem-Interviews* (zwei Interviewer) und *Hearings* oder *Board-Interviews* (mehrere Interviewer). Wenngleich das Einzelinterview als ökonomischste Variante am häufigsten eingesetzt wird, ist bei einigen Befragungssituationen das Hinzuziehen eines weiteren oder mehrerer Interviewer ratsam oder erforderlich.

Interessieren weniger die persönlichen Ansichten des Befragten, sondern vorrangig sein Wissen als Experte (Institutsleiter, Personalchef, Abteilungsleiter, Ausschußvorsitzender etc.), überfordert die Befragungssituation häufig einen Einzelinterviewer, zumal wenn dieser nicht speziell vorbereitet ist. Zwei Interviewer oder ein Interviewer-Tandem (vgl. Kincaid u. Bright, 1957) können sich dann beim Fragen abwechseln, so daß der jeweils nicht fragende Interviewer Gelegenheit erhält, den Gesprächsverlauf zu verfolgen und weiterführende Fragen oder Nachfragen vorzubereiten. Tandeminterviews werden auch zu Schulungszwecken eingesetzt; die beiden Interviewer kontrollieren und registrieren dann gegenseitig ihr Interviewverhalten und helfen einander in schwierigen Interviewphasen.

Hearings oder Board-Interviews (Oldfield, 1951, S. 117) werden veranstaltet, wenn sich mehrere Personen oder ein Gremium (z. B. Personalkommissionen) über eine Person sachkundig machen wollen oder müssen. Das Hearing ist dann mehreren Einzelinterviews vorzuziehen. Alle an der Befragung beteiligten Interviewer werden gleichzeitig informiert und können die sie persönlich interessierenden Fragen stellen. Diese Interviewform wird vom Befragten allerdings häufig als belastend bzw. inquisitorisch empfunden, insbesondere wenn ihm die Bedeutung der gestellten Fragen und damit die Auslegung seiner Antworten verborgen bleibt.

Funktionen des Interviews

In Abhängigkeit von den Zielen, die man mit dem Einsatz eines Interviews verfolgt, unterscheidet man Interviews mit *informationsermittelnder Funktion* und mit *informationsvermittelnder Funktion* (Van Koolwijk, 1974 a, S. 15 f.). Zu den ermittelnden Interviews zählen das informatorische Interview zur deskriptiven Erfassung von Tatsachen (z. B. journalistisches Interview nach Downs, 1980, Kap. 14, Expertenbefragungen oder Zeugeninterviews), das analytische Interview als sozialwissenschaftliches Forschungsinstrument (Demoskopische Umfragen, Noelle, 1967),

Panel-Befragungen (Nehnevajsa, 1967), andere, zu wissenschaftlichen Zwecken eingesetzte Befragungen sowie das diagnostische Interview als Grundlage für den Einsatz therapeutischer Maßnahmen (z. B. klinische oder psychologische Anamnese bzw. testgestützte Diagnostik; vgl. Triebe, 1976).

2.4.1.2 Der Aufbau eines Interviews

Die theoretischen Vorarbeiten zu einem Interview beginnen mit einer möglichst genauen Festlegung des zu erfragenden Themenbereiches und mit dessen Ausdifferenzierung, die evtl. bereits vorhandene Literatur berücksichtigt. Die *Makroplanung* legt dann die Abfolge der einzelnen thematischen Teilbereiche fest, bei der zu beachten ist, daß der Aufbau einer Leitlinie folgt, die dem Befragten einleuchtend erscheint (z. B. 1. allgemeine Fragen zur Person, 2. Fragen zum Themenbereich I, 3. offene Diskussion, 4. Fragen zum Themenbereich II, 5. Abschlußgespräch). Die Makroplanung bestimmt damit die erste Struktur des Interviewerleitfadens.

Die anschließende *Mikroplanung* spezifiziert die Inhalte, die zu den einzelnen Themenbereichen erfragt werden sollen und präzisiert in Abhängigkeit von der angestrebten Standardisierung (strukturiert vs. unstrukturiert, vgl. S. 165f.) die Fragenformulierungen. Ggf. lassen sich in dieser Phase aus bereits bekannten Informationen (explorative Vorinterviews, Literatur, Expertengespräche, eigene Kenntnisse etc.) Antwortalternativen für Mehrfachwahlaufgaben konstruieren (zur Kontrolle von Antworttendenzen oder -verfälschungen vergl. S. 159ff.).

Ein wichtiger Bestandteil der Interviewplanung sind neben der inhaltlichen Strukturierung befragungstechnische Überlegungen, die die Motivation bzw. die Aufmerksamkeit des Befragten betreffen. Besonders zu beachten ist die Gestaltung der Intervieweröffnung, die beim Gesprächspartner Interesse am Interview und allgemeine Gesprächsbereitschaft anregen sowie anfängliche Hemmungen abbauen soll (Einleitungs-, Kontakt- oder „Eisbrecherfragen"). Des weiteren erleichtern in den Gesprächsablauf eingebaute Übergangs- und Vorbereitungsfragen evtl. erforderliche Themenwechsel. Ausstrahlungseffekte auf nachfolgende Themenbereiche können durch geschickte Ablenkungs- oder „Pufferfragen" reduziert werden. Der gesamte Ablauf eines Interviews kann durch sog. „Filterfragen" gesteuert werden, von deren Beantwortung es abhängt, welche weiteren Fragen zu stellen sind.

Die Interviewfragen erfüllen damit instrumentelle und inhaltlich-analytische Funktionen gleichermaßen. Ihr Aufbau und ihre Formulierungen begrenzen Qualität und Quantität möglicher Antworten und damit letztlich die durch das Interview zu erzielenden Erkenntnisse (zur methodologischen Bedeutung der Frage in der Forschung vgl. z. B. Lang, 1978, oder Holm, 1974 a, b). Vor seinem empirischen Einsatz ist es deshalb ratsam, den Interviewentwurf – ggf. anhand der folgenden, in Anlehnung an Bouchard (1976) entwickelten Checkliste – einer nochmaligen Überprüfung zu unterziehen. (Diese Liste bezieht sich vor allem auf strukturierte Interviews, kann aber dennoch für andere, weniger strukturierte Interviewformen zumindest die Bildung von Prüfkriterien anregen.)

– Ist jede Frage erforderlich? Überflüssige Fragen belasten den Befragten unnötig und verlängern das Interview. Mit Fragen, die man nur eventuell auszuwerten gedenkt, sollte äußerst sparsam umgegangen werden.

- Enthält das Interview Wiederholungen? Wenn ja, muß die Funktion von Fragen, die im Prinzip ähnliches erfassen wie andere auch, eindeutig geklärt sein (z. B. zur Reliabilitätserhöhung oder zur Kontrolle von Antwortinkonsistenzen).
- Kann man die zu erfragenden Informationen auch auf eine andere Weise erhalten? Um das Interview nicht zu überlasten, müssen – wenn möglich – eigene Beobachtungen oder andere Informationsquellen genutzt werden.
- Sind alle Fragen einfach und eindeutig formuliert und auf einen Sachverhalt ausgerichtet? Mehrdeutige Fragen oder negativ formulierte Fragen, deren Ablehnung korrekterweise doppelte Verneinungen erfordern, verunsichern den Befragten und erschweren die Auswertung. Zielt eine Frage gleichzeitig auf mehrere Inhalte ab, sollte sie in Einzelfragen zerlegt werden. Kurze Fragen sind zu bevorzugen.
- Sind Fragen zu allgemein formuliert? Wenn ja, sind konkretere Formulierungen oder Ergänzungsfragen erforderlich. Hierauf ist besonders zu achten, wenn das Interview zwischen Gefühlen, Wissen, Einstellungen und Verhalten differenzieren will.
- Kann der Befragte die Fragen potentiell beantworten? Die Schwierigkeit der Frage muß dem Bildungsniveau des Befragten angepaßt sein. Darüber hinaus sollte der Befragte nicht mit Fragen belastet werden, auf die er mit hoher Wahrscheinlichkeit keine Antwort weiß.
- Besteht die Gefahr, daß Fragen den Befragten in Verlegenheit bringen? Sind derartige Fragen unumgänglich, sollten sie zum Ende des Interviews gestellt werden. Die Möglichkeit der „Entschärfung" von Fragen durch einfühlsamere Formulierungen ist zu prüfen.
- Erleichtern Gedächtnisstützen oder andere Hilfsmittel die Durchführung des Interviews? Ist dies der Fall, sollte der Interviewer gezielt (aber für alle Befragten einheitlich) helfende Hinweise geben.
- Sind die Antwortvorgaben auch aus der Sicht des Befragten angemessen? Unrealistische oder unwahrscheinliche Antwortvorgaben irritieren den Befragten. Gehören die Befragten sehr unterschiedlichen Konventionskreisen an, ist die Möglichkeit des Einsatzes sprach- oder kulturspezifischer Distraktoren (vgl. S. 145) zu überprüfen.
- Kann das Ergebnis der Befragung durch die Abfolge der Fragen (Sequenzeffekte) beeinflußt werden? Besteht diese Gefahr, ist der Effekt verschiedener Fragenfolgen nach Möglichkeit in Vortests zu prüfen.
- Enthält das Interview genügend Abwechslungen, um die Motivation des Befragten aufrecht zu erhalten? Das Interview darf für den Befragten niemals langweilig werden. Häufig ist es sinnvoll, das Frage-Antwortschema durch das Einbringen verschiedener Materialien (visuelle Vorlagen, Karten sortieren lassen, kleinere Fragebögen schriftlich ausfüllen lassen etc.) aufzulockern.
- Sind die Fragen suggestiv formuliert? Suggestivfragen sind zu vermeiden. Der Stil der Fragen sollten den Befragten ermuntern, das zu sagen, was er für richtig hält. Die Fragen sollten so formuliert sein, daß sie keine bestimmten Antworten besonders nahelegen (zur Problematik der Suggestivfrage vgl. Richardson et al., 1979).
- Ist die „Polung" der Fragen ausgewogen? Werden z. B. mehrere Fragen zu einem Einstellungsbereich gestellt, müssen positive Einstellungen (das Gleiche gilt für

negative Einstellungen) annähernd gleich häufig durch Bejahungen und Verneinungen der Fragen zum Ausdruck gebracht werden können (vgl. auch S. 163 zum Problem der Akquieszenz).

– Sind die Eröffnungsfragen richtig formuliert? Die Startphase des Interviews hat häufig entscheidenden Einfluß auf den gesamten Interviewablauf. Hierbei sind zuweilen Kompromisse aus flexiblem Reagieren des Interviewers auf das Verhalten des Befragten und Bemühungen um Standardisierung erforderlich.

– Ist der Abschluß des Interviews genügend durchdacht? Einfache, leicht zu beantwortende Fragen (z. B. biographische Angaben) und der Hinweis, der Befragte habe mit seinen Antworten dem Interviewer sehr geholfen, tragen dazu bei, das Interview in einer entspannten Atmosphäre zu beenden.

Die hier vorgeschlagene Überarbeitung eines geplanten Interviews muß durch einige Probeinterviews ergänzt werden. Diese Probeinterviews haben nicht die Funktion, vorab erste Informationen zu den eigentlichen Gegenständen des Interviews zu erhalten, sondern dienen ausschließlich der formalen Überprüfung des Interviews. Der Befragte sollte hierüber aufgeklärt und um kritische Mitarbeit gebeten werden.

2.4.1.3 Der Interviewer

Kein im Umgang mit Interviews erfahrener Forscher wird bestreiten, daß die Person, die ein Interview durchführt, das Ergebnis entscheidend beeinflussen kann. Ebenso ist jedoch auch kein routinierter Interviewforscher in der Lage, allgemein gültige Ursachen oder Randbedingungen für Interviewerfehler zu benennen. Dies wäre erforderlich, wenn man durch gezielten Interviewereinsatz oder sorgfältiges Training Verzerrungen der Interviewergebnisse, die durch die Person des Interviewers hervorgerufen werden, reduzieren oder gar völlig ausschalten wollte. Die Forschung auf diesem Gebiet ist intensiv, aber in ihren Resultaten widersprüchlich (Übersichten geben z. B. Haedrich, 1964; Scheuch, 1967; Erbslöh u. Wiendieck, 1974; Cannell u. Kahn, 1968; Sudman u. Bradburn, 1974; Hyman et al. 1954; Katz, 1942).

Mit den hier angesprochenen Interviewerfehlern oder „Interviewereffekten" sind – den Untersuchungsleitereffekten (vgl. S. 61) ähnlich – Verfälschungen der Untersuchungsergebnisse gemeint, die der Interviewer gewöhnlich nicht bewußt verursacht. So können z. B. Alter, Geschlecht, Aussehen, Kleidung, Haarmode, Persönlichkeit, Einstellungen und Erwartungen des Interviewers die Antworten des Befragten beeinflussen, ohne daß der Interviewer dies weiß. Nicht angesprochen ist hiermit ein Fehlverhalten des Interviewers, dem bewußt eine fälschende Absicht zugrunde liegt (sog. "interviewer cheating", vgl. Evans, 1961). Die Überlegungen beschränken sich zudem vorrangig auf standardisierte Interviews mit wissenschaftlicher Zielsetzung. (Die Bedeutung des Interviewers im therapeutischen Interview, im Einstellungsinterview – vgl. Downs et al., 1980 – und anderer Interviewarten wird hier nicht erörtert, Einzelheiten hierzu vgl. Kap. 3.3.2.)

Die Erforschung der Determinanten von Interviewereffekten fällt vor allem deshalb schwer, weil das Kriterium für ein fehlerfreies Interview, nämlich die „wahren" Antworten des Befragten, meistens nicht ermittelbar ist. Wie in jeder Ge-

174

sprächs- oder Kommunikationssituation ist auch in der Interviewsituation eine Vielzahl wechselseitiger Beeinflussungsfaktoren wirksam. Eine schwache Reaktion mit der Augenbraue, das Anzünden einer Zigarette, ja fast jede Körperbewegung können vor allem in unklaren, unstrukturierten Situationen Bedeutung gewinnen. Im Einstellungs- und Meinungsbereich, der zu den beliebtesten Untersuchungsgegenständen der auf Interviews basierenden Forschung zählt, werden häufig Inhalte erkundet, zu denen sich der Befragte noch keine stabile Meinung gebildet hat und auf die er deshalb nur unsicher reagiert.

Diese mangelnde Reliabilität des Kriteriums macht es äußerst unwahrscheinlich, daß auch zukünftige Forschungen über Interviewereffekte verbindliche und generalisierbare Aussagen erarbeiten, die sich zur Vermeidung von Interviewereffekten in einer konkreten Befragungssituation praktisch nutzen lassen. Die Generalisierbarkeit von Interviewereffekten dürfte auch dadurch erheblich eingeschränkt sein, daß die Bedeutung der Interviewermerkmale nicht isoliert zu erfassen ist, sondern nur in Verbindung mit Merkmalen des Befragten, der Befragungssituation und dem Befragungsthema. Die Anzahl möglicher Interviewkonstellationen steigt damit ins Unermeßliche und schließt Vorhersagen „gruppendynamischer Prozesse" in einer konkreten „Interviewer-Befragten-Dyade" aufgrund einzelner Forschungsergebnisse praktisch aus (vgl. hierzu auch Sheatsley, 1962).

Die Qualität eines sozialwissenschaftlichen Erhebungsinstrumentes sollte idealerweise nicht von dem zu Messenden abhängen und sollte sich auch während des Meßvorganges nicht verändern. Diese Invarianzforderung, übertragen auf die Interviewsituation, besagt, daß ein Interviewer prinzipiell austauschbar bzw. beliebig einsetzbar ist und daß er sich während eines Interviews gleichbleibend neutral und unbeteiligt verhält. Dieses rein mechanische Bild ist natürlich für „lebende Meßinstrumente" wie Interviewer völlig unrealistisch und wohl letztlich auch nicht erstrebenswert, denn gerade das flexible Reaktions- und Einstellungsvermögen eines talentierten und erfahrenen Interviewers vermag Einsichten zu vermitteln, an die ein „totes Meßinstrument" auch nicht annähernd herankäme. Es läßt sich bestenfalls zeigen, daß für ausgewählte, die befragte Person, das Untersuchungsthema und die Untersuchungssituation betreffende Randbedingungen bestimmte Interviewereigenschaften für das Interviewergebnis besonders vorteilhaft sind.

Erfordert und ermöglicht die Untersuchung einer allgemeinen Fragestellung den Einsatz mehrerer Interviewer, wird man sie zufällig auf die zu befragenden Personen verteilen, um dadurch zumindest grobe, systematische Ergebnisverzerrungen zu vermeiden. Interessiert in der Untersuchung eine begrenzte, sehr persönliche Thematik, kann sich jedoch – insbesondere bei explorativen, unstrukturierten Interviews – ein gezielter Einsatz von Interviewern günstig auf die Ergiebigkeit des Interviews und die Interviewatmosphäre (Rapport) auswirken. Die Verteilung der Interviewer sollte dann so erfolgen, daß zwischen den Befragten und den Interviewern eine möglichst geringe soziale oder sozioökonomische Distanz besteht, damit die Kontaktaufnahme erleichtert und kommunikative Hemmschwellen erfolgreicher abgebaut werden können. Aber auch dieser Zusammenhang gilt, wie z. B. Hyman et al. (1954, S. 153 ff.) oder auch Snell-Dohrenwind et al. (1968) zeigen, nicht generell.

Äußere Merkmale, wie z. B. Alter, Geschlecht, Nationalität, Kleidung, Haartracht etc., sind ebenfalls keine stabilen Prädiktoren für systematische Interviewereffekte (vgl. Erbslöh u. Wiendieck, 1974, S. 90 ff.). Mit deutlicheren Effekten muß allerdings gerechnet werden, wenn äußere Merkmale dem Befragten die Meinung des Interviewers zu dem erfragten Inhalt signalisieren. Führt beispielsweise eine betont feministisch gekleidete Frau Interviews über „Frauenfeindlichkeit" durch, ist sicher mit stärkeren Interviewereffekten (Verzerrungen in Richtung „soziale" Erwünschtheit oder vielleicht auch in ihr Gegenteil) zu rechnen, als wenn dieselbe Frau Meinungen über anstehende Änderungen des U-Bahn-Fahrplans erkundet.

Ältere Interviewer scheinen gelegentlich erfolgreicher zu sein als jüngere und sie erhalten verzerrungsfreiere Antworten. Ihre Verweigerungsquote ist geringer, weil sie möglicherweise seriöser und vertrauenswürdiger erlebt werden (vgl. Erbslöh u. Timaeus, 1972 oder Sudman u. Bradburn, 1974).

Persönlichkeits- und Einstellungsmerkmale des Interviewers sind zwar für das Interviewgeschehen wichtig und wurden ebenfalls wiederholt untersucht; aber auch hier ist die Forschung noch längst nicht zu verbindlichen Aussagen vorgestoßen. Vermutlich ist zumindest zur Zeit eine sorgfältige, auf umfangreicher Erfahrung gegründete Analyse konkreter Interviewsituationen sinnvoller als der Versuch, Interviewereffekte durch die Berücksichtigung der Resultate einiger, teilweise sogar widersprüchlicher Untersuchungen zu diesem Problem reduzieren zu wollen.

In Anbetracht der Vielfalt von Interviewsituationen und der Vorläufigkeit von Forschungsresultaten fällt es schwer, ein konkretes Merkmalsprofil des „erfolgreichen" Interviewers aufzustellen. Für die praktische Forschungsarbeit hätte dies ohnehin nur wenig Konsequenzen, wenn man bedenkt, daß in vielen „kleineren" Untersuchungen aus finanziellen oder zeitlichen Gründen der Forscher selbst bzw. freiwillige Helfer die Interviews durchführen. Ein solches Merkmalsprofil wäre bestenfalls für die Interviewerselektion größerer demoskopischer Institute mit routinemäßig eingesetzten Interviewerstäben hilfreich.

Aus den Überlegungen zu den notwendigen Fähigkeiten eines „guten" Interviewers resultieren folgende Eigenschaften:

- Der Interviewer muß das Verhalten anderer aufmerksam beobachten und verstehen können, was Interesse am Menschen und an der untersuchten Problematik voraussetzt.
- Der Interviewer muß psychisch belastbar sein, um auch bei unangemessenen Reaktionen seitens des Interviewpartners oder organisatorischen Problemen seine Aufgabe verantwortungsvoll erfüllen zu können.
- Der Interviewer muß über eine hohe Anpassungsfähigkeit verfügen, um mit den verschiedenartigsten Personen eine gelöste Gesprächsatmosphäre herstellen und aufrechterhalten zu können.
- Der Interviewer muß über eine gute Allgemeinbildung verfügen und über das Befragungsthema ausreichend informiert sein, um auch auf unerwartete Antworten kompetent reagieren zu können.
- Der Interviewer muß sein eigenes verbales und nonverbales Verhalten unter strenger Kontrolle halten können, um die Antworten des Befragten durch eigene Urteile und Bewertungen nicht zu beeinflussen.
- Der Interviewer muß selbstkritisch sein, um Gefährdungen der Interviewresultate durch die Art seines Auftretens, seiner äußeren Erscheinung, seiner Persönlichkeit, seiner Einstellungen etc. von vornherein erkennen und ggf. berücksichtigen zu können.

2.4.1.4 Der Befragte

Stand bereits im vergangenen Abschnitt die Beeinträchtigung der Interviewergebnisse durch die Person des Interviewers außer Frage, so gilt dies in noch stärkerem Maße für die Person des Befragten. Die ideale, als „Datenträger" prinzipiell austauschbare Befragungsperson, die zu einer neutralen Interaktion mit einer ihr in der Regel unbekannten Person fähig ist, die intellektuell und verbal den Anforderungen eines Interviews gewachsen ist, die zwischen emotionaler Kontaktgestaltung und sachlichem Informationsaustausch zu trennen weiß und die ein starkes Eigeninteresse für das Befragungsthema aufbringt ("instrumental motivation", Richardson et al., 1965) dürfte eine Fiktion sein. Konnte bei der Analyse der Rolle des Interviewers zumindest prinzipiell noch davon ausgegangen werden, daß Interviewereffekte durch den Einsatz erfahrener, geschulter Interviewer mit „positiven" Interviewereigenschaften reduzierbar sind, versagen derartige Selektionsmaßnahmen zur Verbesserung der Interviewqualität beim Befragten vollends. Zumindest in Untersuchungen, deren Resultate Generalisierbarkeit beanspruchen, muß jede im Stichprobenplan vorgesehene Person unabhängig von ihrer Eignung zum Interview befragt werden.

Nach Esser (1974) rechnet man bei Zufallsauswahlen (zur Stichprobentechnik vgl. Kap. 4.1) mit 3 bis 14% nicht erreichbaren Personen. Eine besonders hohe Erreichbarkeitsquote erzielen im Haushalt tätige Frauen, Personen in ländlichen Gegenden und ältere Menschen.

Die *Erreichbarkeit* der im Stichprobenplan aufgenommenen Personen wird zum Problem, wenn die Art der Antworten mit Merkmalen, die leicht erreichbare und schwer erreichbare Personen differenzieren, systematisch kovariiert, d. h. wenn die Ausfälle nicht zufällig auftreten. Bedauerlicherweise ist jedoch selten bekannt, welche Informationen durch die nicht erreichten Personen verloren gehen; man wird sich in solchen Fällen mit einer genauen Beschreibung der realisierten Stichprobe, auf der die Interviewergebnisse beruhen, begnügen müssen und über ausfallsbedingte Ergebnisverzerrungen nur Mutmaßungen anstellen können.

Auf Ausfälle, die durch Nichterreichbarkeit entstehen, hat der Interviewer keinen Einfluß – sieht man von der Möglichkeit, sich wiederholt um einen Kontakt zu bemühen, einmal ab. Anders ist es mit der *Interviewverweigerung,* die erst nach der ersten Kontaktaufnahme ausgesprochen wird und die deshalb auch vom Interviewer verschuldet sein kann. (Bei erfahrenen Interviewern kommen Verweigerungen seltener vor als bei ungeübten Interviewern; vgl. z. B. Pomeroy, 1963). Für mündliche Interviews ist nach Esser (1974) in Abhängigkeit von der Thematik des Interviews mit einer Verweigerungsrate von 7 bis 14% zu rechnen.

Zu den Verweigerern zählen vor allem alte Menschen, Frauen und Personen mit niedrigem Sozialstatus und geringer Schulbildung. Verweigerer sind häufig verwitwet, haben keine Kinder, sind gegenüber dem Leben negativ eingestellt und an Sozialforschung wenig interessiert (Bungard, 1979). Teilweise handelt es sich um die gleichen Personengruppen, denen eine besonders gute Erreichbarkeit zugesprochen wird, was in günstigen Fällen dazu führt, daß Stichprobenverzerrungen, die durch die unterschiedliche Erreichbarkeit bestimmter Personengruppen zustande kommt, durch hierzu gegenläufige Verweigerungsquoten ausgeglichen werden.

Ein erfahrener Interviewer kennt die Motive, die eine zu befragende Person dazu veranlassen, ein Interview zu geben, und wird unschlüssige Personen zu einer positiven Entscheidung verhelfen, indem er ihr mögliche Motive für eine Interviewteilnahme nahe legt. Zu diesen, in ihrer Bedeutung sicherlich kultur- und schichtabhängigen Motiven, gehört der Wunsch, ein „guter Staatsbürger" sein zu wollen, der Wissenschaft zu dienen, Erfahrungen im Umgang mit fremden Menschen zu sammeln, dem Interviewer zu helfen, durch das Interview neue Anregungen zu erhalten oder das Bedürfnis, einmal mit jemandem sprechen zu wollen (ausführliche Literatur über Motive zur Interviewteilnahme nennt Esser, 1974, S. 118).

Ist der Ausgang einer auf Interviews basierenden Untersuchung durch eine hohe Verweigerungsquote ernsthaft gefährdet, muß erwogen werden, einige Interviewstandardisierungen aufzugeben, damit das Interview überhaupt stattfinden kann (Lane, 1962, S. 5 f.). Die Ergebnisverzerrungen, die dadurch eintreten, daß der Befragte selbst den Gesprächsablauf strukturiert, nach eigenem Ermessen Schwerpunkte setzt und gelegentlich auch Fragen an den Interviewer richtet, sind häufig weniger schwerwiegend als der gänzliche Verzicht auf Informationen dieses Befragten.

Eine weitere Schwierigkeit ist das *Nichtbeantworten einzelner Fragen*. Als Gründe für Nichtbeantwortung führt Leverkus-Brüning (1964) Verweigerung, Nichtinformiertheit, Meinungslosigkeit und Unentschlossenheit an.

Antwortvereigerungen treten vor allem in Verbindung mit sehr persönlichen, intimen Fragen auf. Beantwortet der Befragte deshalb eine Frage nicht, weil er nicht genügend informiert ist, stellt dies ein genauso wichtiges empirisches Faktum dar wie eine Antwort. Allerdings wird Nichtinformiertheit häufig als Vorwand genannt, wenn eine Frage nicht verstanden wurde, weil sie sprachlich in einer für den Befragten nicht nachvollziehbaren Weise formuliert wurde.

Eine dezidierte Meinungslosigkeit ist ebenso wie eine tatsächlich auf mangelnde Kenntnisse zurückgehende Uninformiertheit für das Untersuchungsergebnis von Bedeutung. Festzustellen, daß sich die Befragten zu einem bestimmten Gegenstand noch keine Meinung gebildet haben, ist häufig aufschlußreicher als die Dokumentierung mehr oder weniger erzwungener Stellungnahmen. Antwortverweigerungen aus Unentschlossenheit sind für unsichere Befragungspersonen typisch, die eher bereit sind, keine Antwort zu geben, als sich irgendwie festzulegen. Solchen Personen helfen Antwortvorgaben, die auch Meinungstendenzen oder mehrere zutreffende Antworten zulassen.

Es zählt zu den schwierigsten Aufgaben eines Interviewers, herauszufinden, welcher Grund für die Nichtbeantwortung einer Frage in einem konkreten Fall maßgeblich war. Wenn ein Interviewer beispielsweise eine Frage wiederholt stellt, weil er fälschlicherweise Unentschlossenheit unterstellt, kann dies sehr schnell zu einer spürbaren Verschlechterung der Gesprächsatmosphäre führen, wenn der tatsächliche Grund für die Nichtbeantwortung mangelndes Wissen war. Besonders gravierend ist dieses Problem bei der Befragung von Personen mit niedrigem Sozialstatus und bei älteren Menschen, die besonders häufig Fragen unbeantwortet lassen (vgl. Bungard, 1979; Gergen u. Beck, 1966; Freitag u. Barry, 1974). Falsche Einschätzungen von Nichtbeantwortungen können leicht den Abbruch eines Interviews zur Folge haben.

Weitere Fehlerquellen, die auf den Befragten zurückgehen, sind sein Bemühen, dem Interviewer gefallen zu wollen, sogenannte Hawthorne-Effekte (nach Roethlisberger u. Dickson, 1964 hat allein das Bewußtsein, Teilnehmer einer wissenschaftlichen Untersuchung zu sein, Auswirkungen auf die Reaktionen des Befragten), die Antizipation möglicher Konsequenzen, die der Befragte mit seinen Antworten verbindet (eine Fehlerquelle, die auch bei Zusicherung absoluter Anonymität nicht völlig auszuräumen ist) und seine Vermutungen über den Auftraggeber bzw. dessen Untersuchungsziele ("Sponsorship-bias", Crespi, 1950). Zu diesen Fehlerquellen zählen auch Antwortstile (response sets) wie die Neigung zu sozial erwünschten Antworten oder Akquieszenz (Ja-Sage-Tendenz), über die bereits in Kap. 2.3.4 im Rahmen testpsychologischer Überlegungen berichtet wurde.

Nicht zu unterschätzen ist letztlich der Anteil von absichtlichen oder unabsichtlichen Falschangaben im Interview. Philips (1971, zit. nach Esser, 1974) kommt in einer zusammenfassenden Analyse entsprechender Arbeiten zu dem Schluß, daß bei Angaben über das Wahlverhalten der Befragten der Anteil der Falschantworten zwischen 6,9% und 30% schwankt, daß bei Befragungen über das Gesundheitsverhalten mit nahezu 60% Falschangaben zu rechnen ist, daß Erinnerungsdaten über die Vergangenheit ähnlich unsicher sind und daß Angaben über abweichendes Verhalten häufig nicht mit der Wirklichkeit übereinstimmen. (Zur Frage des Zusammenhanges zwischen verbal geäußerten Einstellungen und tatsächlichem Verhalten vgl. Wicker, 1969; Benninghaus, 1973 und Upmeyer, 1982.)

2.4.1.5 Die Durchführung eines Interviews

Nicht nur Merkmale des Interviewers und des Befragten bzw. der zwischen beiden stattfindenden Interaktion beeinflussen die Ergebnisse eines Interviews, sondern auch äußere Merkmale der Situation, in der das Interview stattfindet. Bei den Bemühungen um eine standardisierte Interviewsituation sind folgende Punkte zu beachten:

– Üblicherweise vereinbart der Interviewer zunächst mit den zu befragenden Personen telefonisch oder schriftlich einen Termin. (Die gelegentlich praktizierte Vorgehensweise, ohne Voranmeldung durch direktes Aufsuchen der ausgewählten Wohnung zu einem Interview zu gelangen, führt in der Regel zu einer erhöhten Verweigerungsquote.) Diese erste Kontaktaufnahme entscheidet weitgehend darüber, ob ein Interview zustande kommt oder nicht. Sie sollte deshalb gründlich vorbereitet sein. Es empfiehlt sich, bei allen Anwerbungen eine einheitliche Textvorlage zu verwenden, die den Namen des Interviewers, sein Anliegen, ggf. den Auftraggeber (oder die Institution, in deren Rahmen die Untersuchung durchgeführt wird) und einige Auswahltermine enthält.
– Das Interview sollte in der Wohnung des Befragten oder doch zumindest in einer ihm vertrauten Umgebung stattfinden. Nach Begrüßung und Vorstellung erläutert der Interviewer nochmals – bezugnehmend auf seine erste Kontaktaufnahme – sein Anliegen und bedankt sich für die Gesprächsbereitschaft des Befragten. Er erklärt, warum der Befragte ausgewählt wurde und sichert ihm Anonymität seiner Antworten zu.

- Bevor das eigentliche Interview beginnt, prüft der Interviewer Möglichkeiten, die situativen Bedingungen zu standardisieren (einheitliche Sitzordnung, gute Beleuchtung, keine Ablenkung durch andere Personen, abgeschaltete Rundfunk- und Fernsehapparate, keine ablenkenden Nebentätigkeiten während des Interviews etc.). Es ist selbstverständlich, daß evtl. erforderliche Korrekturen an den situativen Bedingungen nur mit Einverständnis des Befragten vorgenommen und zudem begründet werden. Während des Interviews unerwartet auftretende Störungen oder Beeinträchtigungen sind später in einem Interviewprotokoll festzuhalten.
- Das Interview beginnt mit den zuvor festgelegten Eröffnungsfragen (vgl. Kap. 2.4.1.2 Aufbau des Interviews). Das Interview enthält neben den eigentlich interessierenden Sachfragen instrumentelle Fragen zur Überbrückung anfänglicher Kontakthemmungen, Fragen zur Kräftigung des Selbstvertrauens, zur Belebung der Erinnerung, zur Anregung der Phantasie, zum Aufbau von Spannungen, zum Abbau konventioneller Schranken etc. (vgl. Nölle, 1967, S. 74).
- Der Interviewer sollte sich um eine entspannte, aufgabenorientierte Gesprächsatmosphäre bemühen. Sowohl eine überbetonte Sachlichkeit (zu große soziale Distanz) als auch eine allzu herzliche, häufig als plump empfundene Intimität (zu geringe soziale Distanz) sind für das Interviewergebnis abträglich (vgl. Snell-Dohrenwind et al., 1968).
- Das Interview endet mit einigen allgemein gehaltenen Fragen, die nicht mehr direkt zum Thema gehören und die evtl. im Interview aufgebaute Spannungen lösen helfen. Dem Befragten sollte das Gefühl vermittelt werden, daß er dem Interviewer durch seine Antworten sehr geholfen habe. Evtl. Versprechungen, nähere Erläuterungen zum Interview erst nach Abschluß des Gespräches zu geben, müssen jetzt eingelöst werden. Der Befragte sollte in einer Stimmung verabschiedet werden, in der er grundsätzlich zu weiteren Interviews bereit ist.

(Weitere Literatur zu mündlichen Befragungen: Atteslander u. Kneu-Bühler, 1975; Cannell et al., 1981; Cicourel, 1970, Kap. 3; Davis u. Skinner, 1974; Erbslöh et al., 1973; Esser, 1975; Kreuz, 1972; Matarazzo u. Wiens, 1972; Merton u. Kendall, 1979; Noelle-Neumann, 1970; Richardson et al., 1965; Sudman u. Bradburn, 1974; Schwarzer, 1983.)

2.4.2 Schriftliche Befragung

Wenn Untersuchungsteilnehmer schriftlich vorgelegte Fragen (Fragebogen) selbständig schriftlich beantworten, spricht man von einer schriftlichen Befragung. Diese kostengünstige Untersuchungsvariante eignet sich besonders für die Befragung homogener Gruppen. Sie erfordert eine hohe Strukturierbarkeit der Befragungsinhalte und verzichtet auf steuernde Eingriffe eines Interviewers. Ein entscheidender Nachteil schriftlicher Befragungen ist die unkontrollierte Erhebungssituation. Er läßt sich allerdings weitgehend ausräumen, wenn es möglich ist, mehrere Untersuchungsteilnehmer in Gruppen (Schulklassen, Werksangehörige, Bewohner von Altenheimen etc.) unter standardisierten Bedingungen bei Anwesenheit eines Untersuchungsleiters gleichzeitig schriftlich zu befragen (vgl. S. 170).

Bei den meisten schriftlichen Befragungen erhalten die zuvor ausgesuchten Untersuchungsteilnehmer (vgl. Kap. 4 über Stichprobentechniken) den Fragebogen jedoch per Post zugesandt, d. h. die situativen Merkmale, unter denen der Fragebogen ausgefüllt wird, entziehen sich der Kontrolle des Untersuchungsleiters.

Vor- und Nachteile postalischer Befragungen werden im Abschnitt 2.4.2.2 behandelt. Zunächst geht es um einige Grundsätze bei der Konstruktion von Fragebögen.

2.4.2.1 Fragebogenkonstruktion

Bei der Konstruktion eines Fragebogens sind sowohl Prinzipien der Entwicklung von Testskalen (vgl. Kap. 2.3) als auch Regeln des mündlichen Interviews (vgl. Kap. 2.4.1) zu beachten. Instrumente zur Erfassung klar abgegrenzter Persönlichkeitsmerkmale (z. b. Ängstlichkeit) oder Einstellungen (z. B. Einstellung zur Homosexualität) werden – soweit sie sich über verbale Äußerungen operationalisieren lassen – nach den gleichen Regeln konstruiert wie *Testskalen*. Dieser hier nicht erneut zu behandelnden Fragebogenart steht eine andere Konzeption von Fragebögen gegenüber, bei der es um die Erfassung konkreter Verhaltensweisen der Untersuchungsteilnehmer geht (z. B. Fragen über Art und Intensität der Nutzung von Medien wie Fernsehen, Rundfunk, Zeitung, etc.), um Angaben über das Verhalten anderer Personen (z. B. eine Befragung von Krankenhauspatienten über die sie behandelnden Ärzte) oder um Angaben über allgemeine Zustände oder Sachverhalte (z. B. Befragung über nächtliche Lärmbelästigungen). Bei dieser Fragebogenart steht nicht das Bemühen im Vordergrund, durch geschickt formulierte operationale Indikatoren (homogene Items) ein latentes Merkmal möglichst genau zu erfassen, sondern das Interesse, die durch das Untersuchungsthema festgelegten Sachverhalte in möglichst knapper Form, aber dennoch vollständig und in einer für die Untersuchungsteilnehmer verständlichen Form zu erfragen.

Diese Zielsetzung deckt sich weitgehend mit der Zielsetzung mündlicher Befragungen, deren Flexibilität allerdings vielfältigere Einsatzmöglichkeiten zuläßt. Schwierige oder heikle Fragen, die eine einfühlsame, auf den jeweiligen Untersuchungsteilnehmer eingehende Gesprächsführung verlangen, Themen, bei denen auch sublime, gefühlsbetonte Reaktionen interessieren oder Untersuchungen, in denen nach originellen, kreativen Lösungen gesucht wird, sind Beispiele, für die sich schriftliche Befragungen weniger eignen als mündliche.

Schriftliche Befragungen verwendet man sowohl für deskriptive Erkundungsstudien als auch für hypothesenprüfende Untersuchungen. Bei der letztgenannten Anwendungsform ist besondere Sorgfalt darauf zu verwenden, daß die Fragen neutral formuliert werden und den Ausgang der Untersuchung (Ablehnung oder Bestätigung der Hypothese) offen lassen. (Zum Problem der Abhängigkeit einer Hypothesenprüfung von der Art des Meßinstrumentes vgl. z. B. Hayes et al., 1970.)

Bevor man für eine Fragestellung einen eigenen Fragebogen konstruiert, ist es ratsam zu überprüfen, ob bereits entwickelte Fragebögen anderer Autoren für die eigene Untersuchung geeignet sind. Orientierungshilfen geben hierbei die Übersichten von Shaw u. Wright (1967), Robinson et al. (1968) und Strauss (1969) bzw. für die Erfragung biographischer und soziographischer Merkmale Oppenheim

(1966) und Miller (1970). Sauer gab 1976 die Ergebnisse einer Umfrage über unveröffentlichte Fragebogen im deutschsprachigen Raum bekannt.

Die hier zusammengestellten Vorlagen können zwar die eigene Fragebogenkonstruktion erleichtern; es muß jedoch davor gewarnt werden, die Resultate vergangener Fragebogenanwendungen, insbesondere deren Güteeigenschaften (Objektivität, Reliabilität und Validität; vgl. Kap. 2.3.1.1) auf die eigene Untersuchung zu übertragen. Dies gilt nicht nur für übersetzte, fremdsprachliche Fragebogenvorlagen, sondern auch für Fragebögen, die bereits in deutscher Sprache verfügbar sind: Die sprachliche Gestaltung eines (guten) Fragebogens ist immer auf die Sprachgewohnheiten der zu untersuchenden Zielgruppe ausgerichtet, d. h. die Fragen müssen neu formuliert werden, wenn sich die eigenen Untersuchungsteilnehmer sprachlich von den Untersuchungsteilnehmern, für die der Fragebogen ursprünglich konzipiert war, unterscheiden. Gegebenenfalls können hierfür Lexika der Sprachgewohnheiten verschiedener Subkulturen (vgl. z. B. Haeberlin, 1970) zu Rate gezogen werden.

Eine verständliche, die Handhabung des Fragebogens eindeutig anleitende Instruktion ist bei schriftlichen Befragungen unverzichtbar. Hierbei sollte man sich nicht auf sein eigenes Sprachgefühl verlassen; die Endversion der einleitenden Instruktion ist von den Resultaten empirischer Vorversuche abhängig zu machen.

Makro- und Mikroplanung legen – ähnlich wie bei der Erstellung eines Interviewleitfadens (vgl. Kap. 2.4.1.2) – die Aufeinanderfolge der einzelnen zu erfragenden Themenbereiche und die Abfolge der einzelnen Fragen fest. Obwohl zeitliche Schwankungen in der Antwortbereitschaft in starkem Maße personen- und themenabhängig sind, zeigt die Erfahrung, daß der letzte Teil des Fragebogens einfach gehalten sein sollte. Er enthält deshalb überwiegend kurze, leicht zu beantwortende Fragen (vgl. Kreutz u. Titscher, 1974, S. 43 f.). Sozialstatistische Angaben werden üblicherweise am Anfang des Fragebogens erhoben.

Fragen mit Antwortvorgaben sind bei schriftlichen Befragungen der offenen Frageform vorzuziehen. Ausnahmen sind Fragebögen mit Überlänge, die durch einige offene Fragen mit nebensächlichem Inhalt aufgelockert werden können. Eine abwechslungsreiche Fragebogengestaltung kann auch mit verschiedenen Varianten gebundener Frageformen (vgl. Tafel 17, S. 143 ff.) erzielt werden.

Die Verwendung geschlossener Fragen erleichtert die Auswertung der Fragebögen erheblich. Abgesehen von der höheren Objektivität geschlossener Fragen (vgl. S. 146) entfallen bei dieser Frageform zeitaufwendige und kostspielige Kategorisierungs- und Codierarbeiten. Ist die Auswertung der Daten über eine EDV-Anlage geplant, sollten die Fragebögen direkt als EDV-gerechte Ablochbelege oder als beleglesefähige Unterlagen konzipiert werden. Hierzu gehört beispielsweise auch, daß die Fragen keine Mehrfachnennungen (d. h. mehrere Antworten auf eine Frage) zulassen. Nach Feild et al. (1978) haben EDV-gerechte Fragebögen keinen Einfluß auf die Art der Fragenbeantwortung.

Bei offenen Frageformulierungen ist damit zu rechnen, daß der Befragte aus Angst vor Rechtschreibefehlern oder stilistischen Mängeln nur kurze, unvollständige Antworten formuliert. Für die Auswertung ergibt sich zudem das Problem der Lesbarkeit verschiedener Handschriften.

Die Art der Formulierung des Fragebogenitems – als *Frage* oder als *Behauptung (statement)* – richtet sich nach den untersuchten Inhalten. (Sind Sie der An-

182

sicht, daß der Gesetzgeber für Autobahnen ein Tempolimit vorschreiben sollte? Oder: Der Gesetzgeber sollte für Autobahnen ein Tempolimit vorschreiben!) Zur Erkundung von Positionen, Meinungen und Einstellungen sind Behauptungen, deren Zutreffen der Untersuchungsteilnehmer einzustufen hat, besser geeignet als Fragen. Mit ihrer Hilfe läßt sich die interessierende Position oder Meinung prononcierter und differenzierter erfassen als mit Fragen, die zum gleichen Inhalt gestellt werden. Die Frage ist üblicherweise allgemeiner formuliert und hält das angesprochene Problem prinzipiell offen. Realistische, tatsächlich alltäglich zu hörende Behauptungen sind demgegenüber direkter und veranlassen durch geschickte, ggf. gar provozierende Wortwahl auch zweifelnde, unsichere Befragungspersonen zu eindeutigen Stellungnahmen.

Für die Erkundung konkreter Sachverhalte ist die Frageform besser geeignet. Die Formulierung vernünftiger Antwortalternativen macht jedoch in der Regel erhebliche Vorarbeiten erforderlich (vgl. S. 146), es sei denn, die Antwortmöglichkeiten beschränken sich auf allgemeine Häufigkeits- oder Intensitätsangaben. In diesem Falle sollten die von Rohrmann (1978, vgl. S. 122) vorgeschlagenen Antwortkategorien verwendet werden. Unproblematisch sind demgegenüber Fragen nach Häufigkeiten oder Intensitäten, die durch direkte Zahlenangaben beantwortbar sind.

Sowohl Fragen als auch Behauptungen lassen sich nur schwer völlig neutral formulieren. Die meisten Fragebogenitems enthalten aufgrund der Wortwahl und auch des Satzbaues bestimmte Wertungen der angesprochenen Problematik. (Kreutz u. Titscher, 1974, berichten über Untersuchungen, aus denen hervorgeht, daß ca. 70% aller Wörter wertenden Charakter haben.) Es ist darauf zu achten, daß der Fragebogen nicht nur einseitig wertende Formulierungen enthält, sondern daß zum gleichen Gegenstand mehrere Fragen gestellt werden, deren Wertungen sich gegenseitig aufheben.

Ein schwerwiegendes Problem bei Fragebogenuntersuchungen sind *Eigenangaben* der befragten Personen, die keineswegs immer so zuverlässig sind, wie sie – auch nach Ansicht der befragten Personen – erscheinen mögen. Besonders fehleranfällig sind Angaben, die ein gutes Erinnerungsvermögen der Befragten voraussetzen, wie z. B. die Rekonstruktion von Tagesabläufen oder die zeitliche Einordnung vergangener Ereignisse. Man ist gut beraten, derartige Angaben nur als grobe Schätzungen zu interpretieren, und zwar auch dann, wenn sie durch mehrere, konsistent beantwortete Kontrollfragen als gesichert erscheinen.

Als weitere Variablen, die die Zuverlässigkeit von Eigenangaben beeinträchtigen können, nennt Sieber (1979 a) Bildung und Beruf des Befragten, seine Einstellung zum Untersuchungsthema, sein Bemühen, sich in einer sozial erwünschenswerten Weise darstellen zu wollen, gefühlsmäßige Blockierungen und absichtliche Verschleierungen.

Wie auch bei der Konzipierung mündlicher Interviews sind *Suggestivfragen* (d. h. Fragen, die durch geschickte Formulierung bestimmte Antworten suggerieren, wie z. B.: „Sie sind doch sicher auch der Meinung, daß…") bzw. Fragen mit *doppelter Verneinung* (d. h. Fragen, deren Formulierung bereits eine Negation enthält wie z. B.: „Haben Sie keine Kinder?") zu vermeiden. Für die sprachliche Gestaltung gelten im übrigen die für mündliche Befragungen bereits genannten Regeln (vgl. S. 172 ff.).

Besonders wichtig ist die Vorprüfung des Fragebogens an einigen Personen der zu untersuchenden Zielgruppe, damit sprachliche und inhaltliche Unklarheiten ausgeräumt und durchschnittliche Bearbeitungszeiten abgeschätzt werden können. (Ausführlichere Informationen zur Fragebogenkonstruktion findet man bei Tränkle, 1983.)

2.4.2.2 Postalische Befragung

Verglichen mit mündlichen Befragungen erfordern schriftliche Befragungsaktionen, bei denen die Fragebogen den zur Stichprobe gehörenden Personen (zur Ziehung von Stichproben vgl. Kap. 4) per Post zugesandt werden, wenig Personalaufwand; sie sind deshalb kostengünstiger. Ob sie auch weniger zeitaufwendig sind als mündliche Befragungen hängt davon ab, ob bzw. wie schnell die angeschriebenen Personen die ausgefüllten Fragebögen zurücksenden.

Hiermit ist ein zentrales Problem postalischer Befragungen angesprochen: Was kann man unternehmen, um die Rücksendung der Fragebögen zu beschleunigen bzw. um eine möglichst hohe *Rücklaufquote* zu erzielen? Ein hoher Fragebogenrücklauf ist besonders wichtig, wenn man befürchten muß, daß sich antwortende und nichtantwortende Personen systematisch in bezug auf die untersuchten Merkmale unterscheiden, daß also das auswertbare Material nicht repräsentativ für die Population ist.

Die in der Literatur berichteten Rücklaufquoten schwanken zwischen 10% und 90% (Wieken, 1974). Die höchsten Rücklaufquoten werden für Befragungen erzielt, die sich an homogene Teilpopulationen wenden, für die der Umgang mit schriftlichen Texten nichts Ungewöhnliches darstellt. Stichproben, die die Gesamtbevölkerung repräsentieren, lassen sich hingegen häufig nur sehr unvollständig ausschöpfen; die Resultate derartiger Untersuchungen bzw. deren Generalisierbarkeit sind deshalb nicht selten fragwürdig.

Wichtig für die Rücklaufquote ist das Thema der Untersuchung. Fragebögen über aktuelle, interessante Inhalte werden schneller und vollständiger zurückgesandt als Fragebögen, die sich mit langweiligen, dem Befragten unwichtig erscheinenden Themen befassen. Es ist selbstverständlich, daß die formale und sprachliche Gestaltung der Fragebögen keinen Anlaß bieten sollte, die Untersuchungsteilnahme zu verweigern. Knapp formulierte, leicht verständliche Fragen, die die Befragten auch beantworten können, sind genauso wichtig wie ein ansprechendes graphisches Layout.

Das Thema der Befragung sowie der angesprochene Personenkreis sind Determinanten der Rücklaufquote, mit denen sich ein Forscher, der sich für eine bestimmte Untersuchung entschieden hat, abfinden muß. Darüber hinaus sind jedoch zahlreiche, scheinbar unbedeutende Maßnahmen bekannt, auf die der Untersuchungsleiter Einfluß nehmen kann und die die Rücklaufquote entscheidend verbessern helfen.

So wird beispielsweise die Kooperationsbereitschaft der Befragten durch ein Ankündigungsschreiben, in dem sich der Forscher oder die untersuchende Institution vorstellt und in dem um die Mitarbeit an einer demnächst stattfindenden schriftlichen Befragungsaktion gebeten wird, erheblich verbessert (Wieken, 1974).

184

Ähnliche Wirkungen erzielen telefonische Vorankündigungen, deren Aufwand allerdings nur bei kleineren, regional begrenzten Umfragen zu rechtfertigen ist.

Bei der Art des Versandes der Fragebögen ist darauf zu achten, daß sich die Briefaufmachung deutlich von Reklame- oder Postwurfsendungen unterscheidet (Kahle u. Sales, 1978). Dem Brief sollte ein persönlich abgefaßtes Anschreiben beigefügt werden, welches auf das Ankündigungsschreiben Bezug nimmt, die Bedeutsamkeit der Studie erläutert und auf mögliche Verzerrungen der Ergebnisse, die durch Nichtbeantworten eintreten, hinweist (Andreasen, 1970; Champion u. Sear, 1968). Mit günstigen Auswirkungen auf die Motivation des Befragten ist zu rechnen, wenn es gelingt, ihm zu verdeutlichen, daß mögliche Konsequenzen der Untersuchung in seinem eigenen Interesse liegen. Zudem sind Hinweise auf die absolut vertrauliche Behandlung der Resultate, die nur zu wissenschaftlichen Zwecken verwendet werden, selbstverständlich. Dies gilt besonders für Zielgruppen mit gehobenem Sozialstatus (Jones, 1979).

Nach Jones (1979) beeinflußt sogar die Art der Institution, in deren Rahmen die Untersuchung durchgeführt wird („sponsorship"), die Antwortbereitschaft der Befragten. Umfragen, die im Namen universitärer Institutionen durchgeführt werden, erzielen – vor allem, wenn sich bei regional begrenzten Umfragen die Universität im Einzugsbereich der Befragten befindet – die besten Rückläufe.

Die Bedeutung personalisierter Anschreiben (handschriftliche Zwischenbemerkungen oder Postskripte, persönliche Unterschriften) konnte bisher noch nicht allgemein verbindlich geklärt werden (Roberts et al., 1978; Wieken, 1974). Gute Erfahrungen hat man demgegenüber mit der Angabe eines letzten Rücksendedatums ("deadline") gemacht; sie verbessert sowohl die Rücklaufquote als auch die Rücklaufgeschwindigkeit (Roberts et al., 1978).

Zusammenfassend empfiehlt Richter (1970, S. 148 f.) folgenden Aufbau eines Begleitschreibens:

1. Wer ist verantwortlich für die Befragung?
   (Genaue Anschrift, Telefonnummer)
2. Anrede des Befragten
3. Warum wird die Untersuchung durchgeführt?
   (Verwendungszweck der Informationen)
4. Antwortappell
5. Rücklauftermin
6. Anleitung zum Ausfüllen des Fragebogens
7. Zusicherung der Anonymität
8. Dauer des Ausfüllens
9. Dank für die Mitarbeit
10. Beschreibung des Auswahlverfahrens
    (Hervorheben der Bedeutung jeder einzelnen, individuellen Antwort)
11. Unterschrift des Umfrageträgers.

Wichtig ist es ferner, daß der Befragte für die Rücksendung seines ausgefüllten Fragebogens einen frankierten Umschlag vorfindet. Wieken (1974) zitiert Untersuchungen, die belegen, daß sogar die Art der Frankierung dieses Umschlages nicht unerheblich für die Rücklaufquote ist: Einfache Freistempelung („Nicht freimachen, Gebühr zahlt Empfänger" o. ä.) führen gegenüber einer Briefmarkenfrankie-

rung zu geringeren Rücklaufquoten. Finanzielle Anreize (Zusendung oder Über-
weisung angemessener Geldbeträge nach Rücksendung des Fragebogens) können
insbesondere bei wenig interessanten Befragungsthemen und finanziell schlechtge-
stellten Personenkreisen die Teilnahmebereitschaft erhöhen (vgl. Wilk, 1975).

Nach Versand des Fragebogens (inkl. Begleitschreiben, Rücksendeumschlag
und ggf. einer Identifikationskarte, s. u.) empfiehlt es sich, den Eingang der zurückgesandten Fragebögen genauestens zu protokollieren. Die graphische Darstellung
der kumulierten Häufigkeiten der pro Tag eingegangenen Fragebogen informiert
sehr schnell über die Rücklaufcharakteristik der Befragung. Es resultiert praktisch
immer eine negativ beschleunigte Kurvenform, deren asymptotisches Maximum
(maximale Anzahl der zu erwartenden Fragebogen) bereits nach ca. 7 Tagen durch
eine optische Kurvenanpassung recht gut prognostiziert werden kann. Üblicherweise senden innerhalb der ersten 10 Tage nach Versand der Fragebogen 70 bis
80% der antwortwilligen Befragten ihren ausgefüllten Fragebogen zurück. Für Befragungen homogener Zielgruppen mit interessanter Thematik weist die Rücklaufkurve einen steilen Anstieg und bei heterogenen Zielgruppen mit wenig interessanten Fragestellungen einen flachen Anstieg auf.

Läßt die Rücklaufkurve erkennen, daß die untersuchte Stichprobe nicht genügend ausgeschöpft werden kann, muß mit dem Versand eines Erinnerungsschrei-
bens eine zweite Befragungswelle eingeleitet werden. Über den genauen Zeitpunkt
derartiger Nachfaßaktionen bestehen in der Literatur unterschiedliche Auffassungen (vgl. z. B. Nichols u. Meyer, 1966, oder die bei Wieken, 1974, diskutierte Literatur). Ein zu frühes Nachfassen könnte Personen ansprechen, die ohnehin noch
vorhatten zu antworten, und ein zu spätes Erinnern könnte auf Unverständnis stoßen, wenn die erste Anfrage bereits in Vergessenheit geraten ist. Beide Bedenken
dürften für Erinnerungsschreiben gegenstandslos sein, die 8 bis 10 Tage nach dem
Fragebogenversand verschickt werden.

Das Erinnerungsschreiben erbittet nochmals die Mitarbeit der Befragten und
macht erneut darauf aufmerksam, daß die Studie durch nicht zurückgesandte Fragebogen gefährdet ist. Der nochmalige Versand eines Fragebogens ist bei dieser ersten Nachfaßaktion nicht erforderlich. Nützlich ist allerdings der Hinweis, daß
dem Befragten bei Bedarf – z. B. wenn der Fragebogen verloren ging – neues Untersuchungsmaterial zugeschickt wird.

Die Entscheidung über eine zweite Nachfaßaktion sollte von den Resultaten
der Rücklaufanalyse (s. u.) abhängig gemacht werden. Es empfiehlt sich, zusammen mit dem zweiten Erinnerungsschreiben erneut Fragebogen und Rückantwort-
umschläge zu versenden. Weitere Nachfaßaktionen sind nur sinnvoll, wenn das
zweite Erinnerungsschreiben den Rücklauf deutlich erhöhte und der Gesamtrück-
lauf für generalisierbare Resultate insgesamt noch zu gering ist. Bei kleineren, regional begrenzten Umfragen helfen telefonische Nachfragen, den Rücklauf zu verbessern (vgl. z. B. Sieber, 1979 b).

Postalische oder auch telefonische Nachfaßaktionen setzen voraus, daß dem
Untersuchungsleiter die Adressen derjenigen Befragten, die den Fragebogen noch
nicht zurückschickten, bekannt sind. Dies könnte bei den Adressaten, an die die
Erinnerungsschreiben gerichtet sind, zu Recht den Verdacht erwecken, daß die im
Anschreiben versprochene Anonymität nicht gewahrt wird, denn die Antworter –
und damit auch die Nichtantworter – sind bei dem bisher beschriebenen Vorgehen
nur über die Absender der zurückgesandten Fragebogen identifizierbar.

Um diesen Verdacht gar nicht erst aufkommen zu lassen, erhält der Befragte mit dem ersten Anschreiben zusätzlich eine Postkarte mit der Bitte, diese, versehen mit Absender und dem Rücksendedatum des ausgefüllten Fragebogens, an den Untersuchungsleiter zurückzuschicken. Der Fragebogen selbst wird anonym zurückgesandt. Der Untersuchungsleiter kann dann anhand der *Identifikationskarten* herausfinden, welche Personen den Fragebogen noch nicht beantwortet haben. Der Begleitbrief sollte den Sinn dieser Vorgehensweise, die nicht unmaßgeblich zur Erhöhung der Rücklaufquote beiträgt (Wieken, 1974, S. 151), kurz erläutern.

Eine weitere, allerdings recht aufwendige Maßnahme zur Erhöhung der Rücklaufquoten beschreibt Richter (1970). Sein Anliegen ist es, den „... soziale(n) Abstand zwischen den Befragten und dem Umfrageträger" zu verringern (Richter, 1970, S. 94). Er schlägt vor, das Autostereotyp der zu befragenden Zielgruppe mit Hilfe des Polaritätsprofils (vgl. z. B. Hofstätter, 1957, oder auch S. 128 ff.) zu ermitteln (die durchschnittlichen Selbsteinstufungen der Befragten im Polaritätsprofil stellen das Autostereotyp dar) und einen Umfrageträger zu suchen, dessen Heterostereotyp dem Autostereotyp der Befragten möglichst stark ähnelt. Das Heterostereotyp des Umfrageträgers oder sein „Image" aus der Sicht der Befragten wird durch das durchschnittliche Polaritätsprofil des Umfrageträgers erfaßt.

Mit verschiedenen Untersuchungen konnte Richter (1970) belegen, daß die Antwortbereitschaft der Befragten erheblich steigt, wenn ein Umfrageträger gefunden werden kann, dessen „Image" sich nur wenig von der Selbsteinschätzung der Befragten unterscheidet. Diese, für kommerzielle demoskopische Institute sicherlich interessante Befragungsvariante dürfte für kleinere Umfragen, bei denen sich das Problem eines „optimalen Befragungsträgers" selten stellt, unrealistisch sein, wenngleich zumindest das Prinzip, die Antwortbereitschaft durch eine möglichst geringe soziale Distanz zwischen Befragten und Befragenden zu erhöhen, auch bei kleineren schriftlichen Umfragen zu beachten ist (zur Einschätzung dieser Problematik bei mündlichen Befragungen vgl. S. 175).

Für die Verwertbarkeit der Ergebnisse schriftlicher Befragungen ist weniger die Höhe des Rücklaufs, sondern vielmehr die Zusammensetzung der Stichprobe der Antworter entscheidend. Binder et al. (1979) berichten, daß sich antwortende gegenüber nichtantwortenden Personen durch eine bessere Ausbildung, einen höheren Bildungsstatus, durch mehr Intelligenz, ein stärkeres Interesse am Untersuchungsthema sowie durch eine engere Beziehung zum Untersucher auszeichnen. Sie wohnen zudem häufiger bei ihren Eltern bzw. in ländlichen Gegenden (vgl. auch Edgerton, 1947, Kivlin, 1965, oder Reuss, 1943). Im Bereich der Sozialwissenschaften dürfte es wohl kaum Untersuchungen geben, deren Ergebnisse gegenüber diesen Merkmalen invariant wären. Eine sorgfältige, nicht nur quantitative sondern auch qualitative *Analyse der Rückläufe* ist deshalb grundsätzlich geboten (Madge, 1965, Bachrack u. Scoble, 1967, oder Hochstim u. Athanasopoulus, 1970).

Für die qualitative Kontrolle der Rückläufe nennen Binder et al. (1979) vier verschiedene Methoden:

1. Die statistischen Daten (biographische Merkmale) der Antworter werden mit den statistischen Daten der Zielpopulation verglichen, soweit diese bekannt oder verfügbar sind. Stellt sich hierbei heraus, daß in der Stichprobe der Antworter einzelne Merkmale über- oder unterrepräsentiert sind, muß überprüft werden, ob die Beantwortung der Fragen von diesen Merkmalen abhängt. Trifft dies zu, schlagen Hansen u. Hurwitz (1946) vor, die wegen der mangelnden Stichprobenrepräsentativität verzerrten Antworten durch geeignete *Gewichtungsprozeduren* zu korrigieren. (Ein Beispiel: Eine postalische Befragung erkundet die Einschätzung der Zukunftsaussichten sozialer Berufe durch Abiturienten. In der Stichprobe der ant-

wortenden Abiturienten seien weibliche Respondenten unterrepräsentiert und zusätzlich möge sich herausstellen, daß die Abiturientinnen Zukunftchancen sozialer Berufe signifikant positiver sehen als die männlichen Abiturienten. Das Gesamtergebnis wäre demnach zugunsten der Einstellung männlicher Abiturienten verzerrt. Diese Ergebnisverzerrung wird ausgeglichen, wenn bei der Zusammenfassung aller Antworten die Antworten der Abiturientinnen stärker gewichtet werden als die der Abiturienten.)

2. Dieses Verfahren ist weniger brauchbar, wenn Personen mit bestimmten biographischen Merkmalen (oder Merkmalskombinationen) so selten geantwortet haben, daß ein „Hochgewichten" dieser Teilgruppen statistisch nicht mehr zu rechtfertigen ist. Der minimale Umfang einer Teilstichprobe, der ein „Hochgewichten" noch rechtfertigt, läßt sich nicht generell angeben. Er hängt vom Umfang der Gesamtstichprobe, der Streuung der Antworten und der angestrebten Genauigkeit der Aussagen ab. Die minimal erforderlichen Rücklaufquoten können jedoch für eine gegebene Problematik nach einigen von Aiken (1981) entwickelten Rechenformeln kalkuliert werden (vgl. auch Bailar et al., 1979; Kish u. Hess, 1959; Platek et al., 1978, oder Pollitz u. Simmons, 1950).

Kann das Antwortverhalten wichtiger Teilpopulationen nicht genügend sicher aus den Rückläufen extrapoliert werden, erfordert die Untersuchung vor allem dann gezielte telefonische, schriftliche oder auch mündliche Nachbefragungen, wenn die soziodemographische Zusammensetzung der Zielpopulation unbekannt ist. Bei den Nachbefragungen sollten dann zumindest die wesentlichen Sozialdaten der Nichtantworter in Erfahrung gebracht werden, damit das Ausmaß möglicher Ergebnisverzerrungen kalkulierbar wird.

3. Weniger aufwendig ist der Vergleich von spontan antwortenden Personen mit Personen, die erst nach einer (oder mehreren) Mahnung(en) bereit sind, den Fragebogen auszufüllen. Unterscheiden sich diese Gruppen systematisch bezüglich einer oder mehrerer antwortrelevanter Variablen, nimmt man an, daß diese Unterschiede in noch größerem Ausmaß zwischen Respondenten und endgültigen Verweigerern bestehen. Diese nicht unproblematische Annahme diskutierten Binder et al., 1979; Hendricks, 1949; Wilk, 1975, und Zimmer, 1956.

In jedem Fall ist es ratsam, den relativ geringfügigen Aufwand eines Vergleiches von Sofort- und Spätantwortern in Kauf zu nehmen. Unterscheiden sich diese beiden Gruppen nicht, ist eine Verzerrung der Ergebnisse durch Nichtbeantworter unwahrscheinlich. Bestehen systematische Differenzen, wird man um eine direkte Nacherhebung der Merkmale von Nichtbeantwortern nicht umhin können, es sei denn, man kennt die Struktur der Gesamtstichprobe aus anderen Erhebungen.

4. Dies ist der Fall, wenn beispielsweise ein Marktforschungsinstitut eine repräsentative Stichprobe für wiederholte Befragungen (*panel*) einsetzt. Kommt es hier zu einem unvollständigen Fragebogenrücklauf, sind zumindest die Sozialdaten derer, die nicht antworten, bekannt. Mögliche Ergebnisverzerrungen lassen sich dann über Gewichtungsprozeduren (s. o.) korrigieren bzw., falls die Materialbasis für derartige Extrapolationen zu schwach erscheint, durch gezielte Nachbefragungen ausgleichen. Bei Panel-Untersuchungen besteht allerdings die Gefahr, daß sich die Panel-Mitglieder an die Befragungssituation gewöhnt haben und deshalb nicht mehr „naiv" reagieren (vgl. z. B. Duncan, 1981, oder McCullogh, 1978, bzw. S. 314).

2.4.2.3 Die Delphi-Methode

Die Delphi-Methode ist eine spezielle Form der schriftlichen Befragung, die in den vergangenen Jahren in immer mehr Anwendungsgebiete Eingang fand. Es handelt sich hierbei um eine hochstrukturierte Gruppenkommunikation, deren Ziel es ist, aus den Einzelbeiträgen der an der Kommunikation beteiligten Personen Lösungen für komplexe Probleme zu erarbeiten. Der Name dieser Methode nimmt auf das berühmte griechische Orakel Bezug, das besonders „weise" Ratschläge gegeben haben soll.

Ein Leitungsgremium, bestehend aus wenigen Personen, entwickelt zunächst für eine anstehende Problematik (z. B. Maßnahmen zur Bekämpfung des Drogenmißbrauchs, vgl. Jillson, 1979) einen ausführlichen Fragebogen, welcher an eine größere Expertengruppe unterschiedlicher Fachrichtungen verschickt wird. Das Leitungsgremium wertet die ausgefüllten Fragebogen aus und fertigt auf der Basis der Resultate der ersten Befragung einen neuen Fragenkatalog an, der ebenfalls den Experten vorgelegt wird. Diese zweite Befragung informiert zusätzlich über die Standpunkte und Lösungsbeiträge der Experten, so daß jedes einzelne Gruppenmitglied Gelegenheit erhält, seine eigenen Beiträge nach Kenntnisnahme der Antworten seiner Kollegen gewissermaßen aus einer höheren Warte zu überarbeiten und ggf. zu korrigieren. Um mögliche Mißverständnisse zu klären und einander widersprechende Lösungsbeiträge vereinheitlichen zu können, werden die betroffenen Experten erneut gebeten, ihre Position zu präzisieren oder zu begründen. Auf der Basis dieser Informationen erarbeitet das Leitungsgremium schließlich einen umfassenden Lösungsvorschlag für das behandelte Problem.

Moderne Varianten der Delphi-Methode ersetzen das Leitungsgremium durch einen Computer, der die Einzelbeiträge mit problemspezifischen Auswertungsprogrammen zusammengefaßt (Delphi-Konferenz). Diese Variante setzt allerdings voraus, daß das anstehende Problem in hohem Maße formal strukturierbar und damit für EDV-Anlagen zugänglich ist. Computergesteuerte Delphi-Konferenzen führen zu einer erheblichen Zeitersparnis, wenn den Konferenzteilnehmern die Beiträge der anderen Teilnehmer unmittelbar über einen Bildschirm zugespielt werden (Echtzeitkonferenzen).

Gegenüber der *Gruppendiskussion* (S.170) zeichnet sich die Delphi-Methode durch eine höhere Anonymität der Einzelbeiträge aus. Im Vordergrund steht die Nutzung der Kenntnisse mehrerer Sachverständiger zur Optimierung von Problemlösungen. (Ausführlichere Hinweise über Theorie, Vorgehensweise und Anwendung der Delphi-Methode findet der interessierte Leser bei Linstone u. Turoff, 1975).

2.5 Beobachten

Beobachtungsverfahren sind in den Sozialwissenschaften oft umstritten gewesen. Stellten manche um exakte Meßverfahren bemühte Sozialwissenschaftler die Beobachtungsmethoden in die Nähe feuilletonistisch-unwissenschaftlicher Methoden, so befürworten andere die Beobachtung als unaufdringliche Alternative zum „Königsweg" der Befragung. Hier wird die Ansicht vertreten, daß die Methode der systematischen Beobachtung zum Arsenal der empirischen Datenerhebungstechniken gehört, weil sie für bestimmte Fragestellungen den einzigen Zugang zu aussagekräftigen Daten darstellt. Der besondere Vorteil der Beobachtungsmethoden gegenüber anderen Datenerhebungstechniken kommt zum Tragen, wenn

— man damit rechnen muß, daß verbale Selbstdarstellungen der Untersuchungsteilnehmer das interessierende Verhalten bewußt oder ungewollt verfälschen; (Die Art und Weise, wie eine Mutter in einer Erziehungsberatung ihr Verhalten gegenüber ihrem Kind schildert, muß nicht mit dem tatsächlichen Verhalten übereinstimmen.)
— man befürchtet, daß die Untersuchungssituation (Befragungssituation, Testsituation, Laborsituation o. ä.) das interessierende Verhalten beeinträchtigt. Diskrete Beobachtungen, die vom Beobachteten nicht bemerkt werden, liefern dann realistischere Informationen als Erhebungsmethoden, in denen sich der Untersuchungsteilnehmer bewußt in der Rolle einer „Versuchsperson" erlebt (vgl. Tafel 5); (Ein Lehrer, der sich für das Sozialverhalten eines Schülers interessiert, ist gut beraten, dieses nicht nur während des Unterrichts unter seiner Aufsicht zu beobachten, sondern z. B. auch während der Pause oder in anderen Situationen, in denen sich der Schüler unbeobachtet fühlt.)
— man in einem neuen Untersuchungsterrain erste Eindrücke und Informationen sammeln will, um diese gegebenenfalls zu überprüfbaren Hypothesen auszubauen; (Wenn beispielsweise Hypothesen über das Zustandekommen von Ranghierarchien in Tiergruppen erkundet werden sollen, ist die Methode der Beobachtung unersetzbar.)
— man für die Deutung einer Handlung das Ausdrucksgeschehen (Mimik, Gestik) des Handelnden heranziehen will. (Das schriftliche Protokoll über eine gruppendynamische Sitzung ist weit wenger aufschlußreich als eine entsprechende Film- oder Videoaufnahme.)

Der folgende Abschnitt (Kap. 2.5.1) grenzt zunächst die wissenschaftliche, systematische Beobachtung von der Alltagsbeobachtung ab. Kapitel 2.5.2 berichtet über verschiedene Arten der wissenschaftlichen Beobachtung, und im letzten Abschnitt (Kap. 2.5.3) werden konkrete Hinweise zur Durchführung einer Beobachtungsstudie gegeben.

2.5.1 Alltagsbeobachtung und systematische Beobachtung

Die deutsche Sprache hält eine Reihe von Begriffen bereit, die die Art der visuellen Wahrnehmung charakterisieren. Es wird z. B. „betrachtet", „angestarrt", „hingesehen", „etwas im Auge behalten", „fixiert", „erspäht", „beäugt" und eben auch „beobachtet". Die mit diesen Begriffen bezeichneten Arten der visuellen Wahrnehmung unterscheiden sich hinsichtlich ihrer Zielgerichtetheit und ihrer Aufdringlichkeit. „Gerät etwas ins Blickfeld", haben wir es mit einem Wahrnehmungsvorgang zu tun, der wenig zielgerichtet und unaufdringlich ist. „Anstarren" bzw. „Fixieren" hingegen charakterisieren Wahrnehmungsvorgänge mit hoher Zielgerichtetheit und Aufdringlichkeit. Mit „Beobachten" verbinden wir eine Art der visuellen Wahrnehmung, die zielgerichtet und teilweise auch aufdringlich ist. Wir sprechen von Beobachtung, wenn aus einem Ablauf von Ereignissen etwas aktiv, also nicht beiläufig, zum Objekt der eigenen Aufmerksamkeit gemacht wird.

Da die Beobachtung eine Form der visuellen Wahrnehmung ist, sind einige Probleme der Beobachtungsmethode auch gleichzeitig Gegenstände der Wahrnehmungspsychologie. In jeder Sekunde strömen Hunderte verschiedener Reize auf das wache Auge ein. Wie es den Wahrnehmungsorganen gelingt, aus diesem Überangebot die wesentlichen Informationen herauszufiltern und wie der Prozeß der Informationsverarbeitung und -speicherung vonstatten geht, ist in verschiedenen Forschungsrichtungen der Allgemeinen Psychologie intensiv untersucht worden (vgl. z. B. die Einführungen von Klix, 1971, oder Lindsay u. Norman, 1977). Die Wirkung der Einstellung einer Person bei der Wahrnehmung anderer Menschen, Gegenstände oder Vorgänge und die dabei auftretenden „Verzerrungseffekte" (social perception, person perception) sind vielfältig in sozialpsychologischen Untersuchungen behandelt worden (vgl. z. B. Irle, 1975, oder Secord u. Backman, 1974).

Die für uns wichtigen Schlußfolgerungen aus diesen Untersuchungen besagen, daß Beobachtung so gut wie nie einer realitätsgetreuen Abbildung des zu Beobachtenden entspricht. Beobachten heißt gleichzeitig, Entscheidungen darüber zu treffen, was ins Zentrum der Aufmerksamkeit rücken soll und wie das Beobachtete zu interpretieren bzw. zu deuten ist. Dies zu erkennen und die Subjektivität der Beobachtung soweit wie möglich einzuschränken oder zu kontrollieren, sind Aufgabe einer grundlagenorientierten Erforschung der *systematischen Beobachtung*.

Die systematische Beobachtung baut als wissenschaftliche Methode auf der Fähigkeit des Menschen zur Wahrnehmung und zur Beobachtung auf. Im Unterschied zur Alltagsbeobachtung, die nach individuellen Interessen und Werten mehr oder weniger beliebig vonstatten geht, setzt die systematische Beobachtung einen genauen Beobachtungsplan voraus, der vorschreibt

– was (und bei mehreren Beobachtern auch von wem) zu beobachten ist
– was für die Beobachtung unwesentlich ist
– ob bzw. in welcher Weise das Beobachtete gedeutet werden darf
– wann und wo die Beobachtung stattfindet und
– wie das Beobachtete zu protokollieren ist.

Wir sprechen von systematischer Beobachtung, wenn bestimmte zu beobachtende Ereignisse zum Gegenstand der Forschung gemacht und Regeln angegeben werden, die den Beobachtungsprozeß so eindeutig festlegen, daß die Beobachtung zumindest theoretisch nachvollzogen werden kann (vgl. hierzu auch Cranach u. Frenz, 1975). Tafel 20 verdeutlicht an einem Beispiel Regeln einer systematischen Beobachtung.

Tafel 20. Systematische Beobachtung: Ein Verhaltensprotokoll

Eine bestimmte Tradition in Beobachtungsstudien verfolgt das Ziel, das zu untersuchende Verhalten möglichst lückenlos in einem natürlich belassenen Umfeld zu erfassen. Barker als ein bekannter Vertreter dieser „ökologischen Schule" (vgl. Barker, 1963) verfaßte zusammen mit Wright (1955) eine Studie über die Lebensbedingungen im amerikanischen Mittelwesten, der die nachfolgenden Regeln für Verhaltensprotokolle (nach einer Überarbeitung und Übersetzung von Fassnacht, 1979) entnommen sind.

Inhaltsregeln für Verlaufsprotokolle

1. Schaue auf das Verhalten und die Situation des Subjektes. Dazu gibt es zwei Ausnahmen:
   a) Es sollen die Aktionen einer zweiten Person bzw. die situativen Umstände dann beobachtet und notiert werden, wenn angenommen werden kann, daß normalerweise diese Ereignisse die zu beobachtende Person nicht indifferent lassen (z. B. Lärm einer Zweitperson, während erste studiert).
   b) Führen eine Aktion einer Zweitperson oder situative Umstände offensichtlich zu einem Wechsel der Situation des zu beobachtenden Subjektes, sollen diese notiert werden (z. B. eine neue Person betritt den Raum; diese wendet sich jedoch erst später an das zu beobachtende Subjekt).
2. Beobachte und reportiere so vollständig wie möglich die Situation des Subjektes (z. b. das Subjekt betrachtet ein Bild; wie sieht das Bild aus? Eine Person spricht das Subjekt an; was spricht sie?).
3. Ersetze niemals durch Interpretation die Last der Deskription. Interpretative Kommentare dienen im besten Fall dem besseren Verständnis, was der Beobachter beschreibt. Werden Interpretationen gegeben, dann nur in der Alltagssprache. Interpretationen sollen in der geschriebenen Revision durch Einklammerung kenntlich gemacht werden. Interpretationen gehen über einfache Schlußfolgerungen hinaus, indem sie verallgemeinern oder erklären.
4. Gebe an, wie ein Subjekt etwas macht (z. B. Das Kind geht. Wie? Langsam, schlendernd, mit festem Schritt, auf Zehenspitzen, …?).
5. Gebe an, wie eine Person etwas macht, die mit dem Subjekt interagiert.
6. Berichte in der endgültigen Version der Reihenfolge nach alle Hauptschritte während des Verlaufes jeder Aktion (z. B. falsch: das Kind schreibt an die Wandtafel; jetzt sitzt es wieder an seinem Platz; Frage: wie kam es dort hin?).
7. Wenn möglich, soll Verhaltensbeschreibung positiv sein (z. B. falsch: Fritz sprach nicht sehr laut).
8. Beschreibe etwas detailliert die Szene, wie sie sich gibt, wenn die Beobachtungssituation beginnt. Keine ausgearbeitete Beschreibung.
9. Fasse nicht mehr als eine Aktion des Subjektes in einen Satz. Diese Regel gilt vor allem für die geschriebene Revision. Hingegen können mehrere Aktionen in einen Satz gestellt werden, wenn sie dazu dienen, die eine Aktion zu beschreiben.
10. Fasse nicht mehr als eine Aktion anderer Personen, die mit dem Subjekt interagieren, in einen Satz. Entsprechend gilt Regel 9.
11. Reportiere Beobachtungen nicht mittels Zeitintervallen (z. B. von … bis … ging Fritz einkaufen). Zeitmarken werden ungefähr im Minutenintervall unabhängig von den Aktionen am Protokollrand festgehalten.

1. Beobachtungsperiode pro Beobachter: Maximum 30 Minuten. In diesem Rhythmus werden die Beobachter ausgewechselt.
2. Notierung an Ort und Stelle, d. h. parallel zum Ereignis. Die verbale Kommunikation soll so gut wie möglich aufgeschrieben werden.
3. Zeitmarkierung: Ungefähr jede Minute am Rand.
4. Nach der Beobachtung: Diktat des Manuskriptes auf Band. Hier können Manuskriptlücken gefüllt werden; genaue zeitliche Folgekorrekturen werden später angebracht. Diktat sofort nach der Beobachtung. Erinnerungen, die nicht im Rohmanuskript stehen, können beigefügt werden.
5. Fragesitzung. Anschließend hört eine zweite Person das Diktat an und der Beobachter wird über unklare Stellen bzw. Lücken befragt. Dies führt zu Korrekturen und Ergänzungen.
6. Geschriebene Revision. Nachdem der diktierte Bericht transkribiert worden ist, soll er vom Beobachter sobald als möglich revidiert werden, d. h. Korrekturen unklarer Aussagen, Richtigstellung der zeitlichen Ordnung, Füllen von Lücken, Weglassen von doppelt Aufgezeichnetem.
7. Zusätzliche Fragesitzung. Diese geschieht wieder mit einer zweiten Person, die klärende Fragen stellt. Falls nötig: Modifikation und danach endgültige Niederschrift; diese endgültige Niederschrift bildet das Ausgangsmaterial zum Episodieren.

Abschließend kann man sagen, der Beobachter muß soweit als möglich alles sehen, was das Subjekt macht, was zu dessen Situation gehört und so wahr und vollständig wie möglich notieren, was dessen Aktionen und die Umstände der Situation für das Subjekt bedeuten.

Die auf diese aufwendige Weise zustandegekommenen Protokolle werden in Episoden unterteilt und anschließend einer weiteren Auswertung (z. B. Inhaltsanalyse, vgl. S. 235f.) unterzogen. Ein Beispielprotokoll findet sich bei Fassnacht 1979).

Einen solchen Anspruch an den Ablauf und die Dokumentation einer Beobachtung zu stellen, mag zunächst akribisch erscheinen. Vergleicht man jedoch die Aussagekraft einer sorgfältig dokumentierten Beobachtungsstudie mit der einer einfachen Beobachtung, wird deutlich, daß der Adressat dieser Studie weniger darauf angewiesen ist, den Urteilen und Schlußfolgerungen des Autors Vertrauen oder Glauben zu schenken als jemand, der sich auf die Aussage einer Alltagsbeobachtung verlassen möchte. In dem Maße, in dem es gelingt, eine Beobachtung zu standardisieren und damit nachvollziehbar zu gestalten, gewinnen die durch die Beobachtung vermittelten Erkenntnisse an Objektivität oder auch an Kritikfähigkeit.

Die systematische Beobachtung wird als Datenerhebungstechnik wie andere Methoden (Befragen, Testen, etc.) unter den Kriterien der Meßtheorie betrachtet, auch wenn es zunächst etwas befremdlich erscheint, einen oder mehrere Beobachter als „Meßinstrumente" zu bezeichnen. Diese Sichtweise wird einleuchtender, wenn man sich in Erinnerung ruft, daß jeder Meßvorgang als ein Abbildungsvorgang beschreibbar ist, in dem ein Stück ausgewählte Realität in ein symbolisches (gegebenenfalls numerisches) Modell abgebildet wird (vgl. Kap. 1.4.6). Auch das Protokollieren bestimmter beobachteter Ereignisse durch Zeichen oder sprachliche Begriffe stellt einen solchen Modellierungsvorgang dar.

Die systematische Beobachtung ist somit durch einige Merkmale gekennzeichnet, die auch anderen Abbildungsvorgängen eigen sind. Im folgenden soll die Bedeutung dieser Merkmale für Beobachtungsstudien anhand einiger Beispiele aus der pädagogischen Psychologie aufgezeigt werden. Es handelt sich um die Merkmale

- Selektion
- Abstraktion
- Klassifikation
- Systematisierung
- Relativierung

Unter *Selektion* verstehen wir die Auswahl bestimmter Beobachtungsgegenstände bzw. das Herausfiltern bestimmter Reize aus der Vielzahl gleichzeitig wahrnehmbarer Reize.

„Als Beispiel diene uns hier eine ältere Untersuchung aus den USA: Urban (1943) wollte den Einfluß des Unterrichts in Gesundheits- und Hygienelehre auf das Verhalten der Schüler in der Klasse prüfen. Die Mehrzahl der Verhaltensformen in der Lerngruppe konnte er zu diesem Zwecke ignorieren, da sie für seinen Zweck nicht von Bedeutung waren. Ob Schüler flüsterten oder nicht, wieviele Fehler sie im gesprochenen Englisch machten, ob sie ohne Erlaubnis sprachen – nichts hiervon war von Bedeutung, und deswegen wurde es auch nicht protokolliert. Dagegen wurde lückenlos aufgezeichnet, wenn ein Schüler ohne Taschentuch nieste, wenn er am Bleistift knabberte und ähnliches, weil dies die Verhaltensweisen waren, auf die der Unterricht in Hygiene zu wirken versucht hatte". (Ingenkamp, 1973, S. 21.)

Das *Abstrahieren* besteht darin, ein Ereignis aus seinem jeweiligen konkreten Umfeld bzw. aus seiner „historischen Einmaligkeit" herauszulösen. Das Ereignis wird auf seine wesentliche abstrakte Bedeutung reduziert.

Fragt ein Lehrer einen Schüler nach der Hauptstadt von Brasilien, so könnte dies als „Lehrer stellt Wissensfrage" abstrahiert werden, unabhängig davon, ob der Lehrer dabei eine Augenbraue hochzieht (was signalisieren könnte, daß er von diesem Schüler keine richtige Antwort erwartet), ob diese Frage besonders leicht war (was der Intention des Lehrers entsprach, einem mutlosen Schüler ein Erfolgserlebnis zu ermöglichen), oder ob der Lehrer bei der Frage mit den Fingern leicht auf das Pult trommelte (was Nervosität oder Ungeduld bedeuten könnte). Wenn die Analyse des Unterrichts z. B. auf die Häufigkeit von Wissensfragen und Erklärungen des Lehrers abzielt, ist das Lehrverhalten nur hinsichtlich dieser und keiner anderen Kriterien zu abstrahieren.

Mit der Selektion und Abstraktion hat man das Beobachtbare auf einige wesentliche Merkmale oder Ereignisse reduziert, die im nächsten Schritt zu klassifizieren sind. *Klassifikation* bezeichnet den Vorgang der Zuordnung von Zeichen und Symbolen zu bestimmten Ereignis- oder Merkmalsklassen. Die Ereignis- oder Merkmalsklassen fassen Ereignisse oder Merkmale mit ähnlicher Bedeutung zusammen. Verschiedenen Klassen werden verschiedene Zeichen, Zahlen oder Begriffe zugeordnet.

Wenn ein Schüler dem Lehrer durch lautes Fingerschnippen zu signalisieren versucht, daß er etwas sagen möchte (abstrakt: lebhafte Unterrichtsbeteiligung), so wird dies unter Umständen mit dem Verhalten eines anderen Schülers gleich klassifiziert, der nach einer Lehrerfrage nur stumm den Arm hebt (abstrakt: ruhige Unterrichtsbeteiligung). Beide Ereignisse fallen in die Kategorie „Schüler beteiligt sich am Unterricht". Stehen mehrere Kategorien zur Beobachtung des Schülerverhaltens zur Auswahl (z. B. „Schüler stört" oder „Schüler ist unbeteiligt") erleichtert die Zuordnung von Zahlen oder Zeichen zu diesen Kategorien die Protokollführung.

Die hier getroffene Unterscheidung verschiedener Bestandteile des Beobachtungsvorganges darf nicht dahingehend mißverstanden werden, Selektion, Abstraktion und Klassifikation als voneinander unabhängige, sukzessive Vorgänge anzusehen. Vieles hiervon läuft bei einem geschulten Beobachter praktisch gleichzeitig ab. Die getrennte Beachtung dieser Modellierungsmerkmale ist jedoch wichtig, wenn eine Beobachtungsstudie vorbereitet wird (vgl. S. 199 ff.) bzw., wenn Beobachter für ihre Aufgabe trainiert werden (vgl. S. 203).

Die *Systematisierung* besteht darin, die mit Zeichen, Zahlen oder Begriffen kodierten Einzelbeobachtungen zu einem übersichtlichen Gesamtprotokoll zusammenzustellen. Die Anfertigung des Gesamtprotokolls sollte der Zielsetzung der Untersuchung Rechnung tragen, d. h., es sollten ihm leicht Angaben zu entnehmen sein, die zur Beantwortung der forschungsanleitenden Fragen beitragen. Beobachtungsdaten, die Grundlage für weitere Berechnungen oder statistische Analysen sind, müssen entsprechend aufbereitet werden.

Mit *Relativierung* sind Überlegungen angesprochen, die sich auf die Überprüfung des Aussagegehaltes des Untersuchungsmaterials beziehen. Dieser ist gefährdet, wenn unvorhergesehene Ereignisse den zu beobachtenden Vorgang stark beeinträchtigten, das beobachtete Geschehen für die eigentliche Fragestellung nur wenig typisch war, der Beobachter häufig unsicher war, wie das Geschehen zu protokollieren sei, die Anwesenheit des Beobachters den natürlichen Ablauf des Geschehens offensichtlich störte oder wenn andere Gründe gegen eine Einordnung der Untersuchungsergebnisse in den theoretischen Untersuchungskontext sprechen.

2.5.2 Formen der Beobachtung

Kommt für eine Untersuchung die Beobachtungsmethode (eventuell auch nur in Ergänzung zu anderen Methoden) als Technik der Datenerhebung in Betracht, ist zu klären, wie die Beobachtungen vorzunehmen sind. Die systematische Beobachtung wurde bereits als die wichtigste Form der wissenschaftlichen Beobachtung dargestellt. Hieraus abzuleiten, daß eine unsystematische Beobachtung, also eine Beobachtungsform, die spontan ohne zuvor festgelegte Regeln abläuft, von vornherein „unwissenschaftlich" sei, wäre sicherlich falsch. Einen Vorgang, der in einem mehr oder weniger zufällig Aufmerksamkeit erweckt, möglichst unvoreingenommen zu beobachten, kann gelegentlich interessante, neuartige Ideen für spätere Untersuchungen anregen. Wir werden hierüber ausführlicher in Kap. 3 (Untersuchungen zur Vorbereitung der Hypothesengewinnung) berichten.

Der Grad der Systematisierung einer Beobachtung richtet sich grundsätzlich nach dem Untersuchungsanliegen (Hypothesen finden oder Hypothesen prüfen) bzw. nach der Präzision der Vorkenntnisse über den in Frage stehenden Untersuchungsgegenstand. Je genauer man das zu Beobachtende im Prinzip kennt, desto systematischer sollte eine Beobachtung angelegt sein.

Hiervon unabhängig unterscheidet man *teilnehmende* oder *nicht teilnehmende* bzw. *offene* oder *verdeckte* Beobachtungen. Von einer teilnehmenden Beobachtung sprechen wir, wenn der Beobachter selbst Teil des zu beobachtenden Geschehens ist, wenn er also seine Beobachtungen nicht als Außenstehender macht. Wird offen beobachtet, bemüht sich der Beobachter – anders als bei verdeckten Beobachtungen – nicht, seine Rolle als Beobachter zu verbergen, ohne dabei jedoch auch gleichzeitig aktiv am Geschehen teilnehmen zu müssen. Die folgenden Beispiele erklären die Bedeutung dieser Beobachtungsformen:

Teilnehmend – offen:
Ein Betriebspsychologe beteiligt sich zur Erkundung von Gruppenproblemen offen an Mitarbeitergesprächen.

Teilnehmend – verdeckt:
Ein Beamter des Verfassungsschutzes beobachtet unerkannt als Teilnehmer einer Demonstration das Verhalten der Demonstranten.

Nicht teilnehmend – offen:
Ein Fußballtrainer beobachtet am Rande des Fußballplatzes die Einsatzbereitschaft seiner Spieler.

Nicht teilnehmend – verdeckt:
Ein Entwicklungspsychologie beobachtet hinter einer Einwegscheibe (s. u.) eine Auseinandersetzung zwischen zwei Kindern.

Die Vor- und Nachteile dieser Beobachtungsformen müssen für jede konkrete Beobachtungsstudie neu abgewogen werden. Wir fassen sie im folgenden kurz zusammen und gehen zudem auf Formen der *nonreaktiven Beobachtung* ("unobstrusive measures", vgl. Webb et al., 1975), auf den Einsatz mehrerer Beobachter, auf *apparative Beobachtungen* sowie die Selbstbeobachtung ein.

Teilnehmend – nicht teilnehmend: Für manche Forschungsfragen stellt die teilnehmende Beobachtung die einzige methodische Variante dar, zu aussagekräftigen Informationen zu gelangen. Wird der Beobachter als aktiver Bestandteil des Geschehens akzeptiert, kann er damit rechnen, Einblicke zu erhalten, die ihm als Außenstehender verschlossen bleiben. Es ist allerdings häufig nicht einfach, als teilnehmender Beobachter einerseits integriert zu werden und andererseits den natürlichen, „normalen" Ablauf des Geschehens durch eigene Initiativen und Aktivitäten nicht zu verändern.

Der Grad der Systematisierung ist bei der teilnehmenden Beobachtung meist gering; der Wert dieser Methode kommt deshalb vor allem bei Erkundungsstudien zum Tragen. Da das gleichzeitige Beobachten und Protokollieren dem eigentlichen Sinn einer teilnehmenden Beobachtung zuwiderläuft, kann das Beobachtete erst nach Abschluß der Beobachtungsaufgabe schriftlich fixiert werden. Daß Gedächtnislücken und subjektive Fehlinterpretationen den Wert derartiger Protokolle in Frage stellen können, liegt auf der Hand.

Die nicht teilnehmende Beobachtung bietet den Vorteil, daß sich der Beobachter vollständig auf das Geschehen und das Protokollieren konzentrieren kann. Entsprechend ist der Grad der Systematisierung hier nicht durch die Methode begrenzt. Es gilt abzuwägen, inwieweit diese Vorteile durch den Nachteil, daß der Beobachter eventuell als störend empfunden wird und damit das eigentlich interessierende Geschehen verfälscht, aufgehoben wird. (Ausführliche Informationen zur teilnehmenden Beobachtung geben Friedrichs u. Lüdke, 1973.)

Offen – verdeckt: Bei der offenen Beobachtung ist den beobachteten Personen bekannt, daß sie beobachtet werden. Man muß also damit rechnen, daß die Untersuchungsteilnehmer über Ziel und Zweck der Untersuchung spekulieren und sich möglicherweise konform im Sinne sozialer Erwünschtheit (vgl. S. 160) bzw. auch antikonform verhalten. Sicherlich wird die Anwesenheit eines Beobachters in vielen Fällen – vor allem, wenn Personen wie Politiker, Schauspieler oder Sportler beobachtet werden, die es gewohnt sind, im Mittelpunkt des Interesses zu stehen – eine nur „kurzzeitig wirkende Variable" (vgl. Cranach u. Frenz, 1975, S. 308) sein; dennoch empfiehlt es sich, in abschließenden Befragungen eventuell erlebte „reaktive Effekte" zu erkunden.

Sind reaktive, das Geschehen beeinflussende Effekte wahrscheinlich und für den Untersuchungsausgang entscheidend, muß eine verdeckte Beobachtung, bei der die zu beobachtenden Personen nicht bemerken (sollen), daß sie beobachtet werden, in Betracht gezogen werden. In vielen psychologischen Untersuchungen verwendet man hierfür sog. *Einwegscheiben*, die von der einen Seite durchsichtig sind und von der anderen Seite wie Spiegel erscheinen. Die dabei auftretenden ethischen Probleme einmal zurückgestellt (vgl. hierzu Kap. 1.3.2), bleibt es bei vielen derartigen Untersuchungen sehr fraglich, ob die Beobachtung wirklich nicht bemerkt wurde. Auch abschließende Befragungen schaffen hier oftmals keine endgültige Klarheit, denn man muß damit rechnen, daß einige Personen zwar spürten, daß sie beobachtet wurden, einen Einfluß dieser Wahrnehmung auf ihr Verhalten jedoch leugnen.

Nonreaktive Beobachtung: Die Diskussion offen vs. verdeckte Beobachtung verdeutlicht, daß das Faktum der Beeinflußbarkeit des zu beobachtenden Geschehens durch den Beobachtungsvorgang für alle Beobachtungsstudien von entscheidender Bedeutung ist. Dies veranlaßte Webb et al. (1975) dazu, eine Reihe nonreaktiver Beobachtungen oder Messungen zusammenzustellen, bei denen Beobachter und Betroffene nicht in Kontakt miteinander treten, so daß eine wechselseitige Beeinflussung von Beobachter und Beobachtetem ausgeschlossen ist. Zu diesen zählen (nach einer Zusammenfassung von Friedrichs, 1979, S. 309 ff.; vgl. auch S. 225).

- physische Spuren (z. b. abgetretene Teppichbeläge in Museen als Indikator für häufig gewählte Besucherwege; verschmutzte bzw. geknickte Seiten eines Buches als Indikator für häufig gelesene Buchteile; Registrierung der in Autoradios eingestellten Sender, um die Popularität einzelner Sender festzustellen etc.)
- Schilder, Hinweistafeln etc. (z. B. Häufigkeit von „Spielen verboten"-Schildern als Indikator von Kinderfeindlichkeit in einer Siedlung; fremdsprachliche Hin-

weise in Gaststätten oder Geschäften als Indikator für den Grad der Integration von Ausländern, etc.)
– Archive und Verzeichnisse (z. B. Adoptionsstatistiken, die Hinweise auf schicht-spezifische Bevorzugungen von Jungen oder Mädchen liefern; Analyse des Betriebsklimas anhand betrieblicher Unfall-, Krankheits- oder Fehlzeitenstatistiken, etc.)
– Verkaufsstatistiken (z. B. Anzahl verkaufter Platten als Indikator für die Beliebtheit eines Popstars; Anzahl abgeschlossener Versicherungen als Indikator für Sicherheitsbestreben, etc.)
– Einzeldokumente (z. B. Inhaltsanalysen von Leserbriefen, Tagebüchern, Sitzungsprotokollen, Gebrauchsanweisungen, etc.)
– "lost letter technique" (bei diesem auf Milgram et al., 1965, zurückgehenden Verfahren wird in einem Stadtgebiet eine große Anzahl adressierter und frankierter Briefe ausgelegt in der Erwartung, der Finder werde den gefundenen Brief in einen Briefkasten stecken. Die Briefe sind an unterschiedliche Organisationen oder Institutionen gerichtet, deren „image" man mit dieser Technik herausfinden möchte. Man geht davon aus, daß die Anzahl der vermeintlich verlorengegangenen Briefe, die Finder aus eigener Initiative auf den Postweg bringen, mit dem „image" der untersuchten Organisationen und Institutionen, an die sie scheinbar gerichtet sind, korrespondiert.)

Diese Beispiele mögen genügen, um zu demonstrieren, daß der Sozialwissenschaftler keineswegs auf die relativ begrenzte Anzahl „standardmäßiger" Datenerhebungstechniken angewiesen ist. Sie sollen dazu anregen, den Wert dieser oder ähnlicher Informationsquellen für das eigene Untersuchungsvorhaben zu überprüfen.

Mehrere Beobachter: Auch bei strukturierter Beobachtung läßt es sich kaum vermeiden, daß subjektive Deutungen in das Beobachtungsprotokoll einfließen. Eine Maßnahme, die geeignet ist, das Ausmaß an Subjektivität von Beobachtungen zu kontrollieren, ist der Einsatz mehrerer Beobachter, deren Protokolle nach der Beobachtung verglichen und gegebenenfalls (bei genügender Übereinstimmung, vgl. Tafel 22, S. 204) zu einem Gesamtprotokoll zusammengefaßt werden.

Mehrere Beobachter einzusetzen ist auch empfehlenswert, wenn erste Eindrücke und Anregungen für weiterführende Untersuchungen in großen und unübersichtlichen Beobachtungsfeldern zu sammeln sind. Die Gefahr, daß das Geschehen beeinflußt wird, ist bei mehreren Beobachtern allerdings größer als bei nur einem.

Apparative Beobachtung: Beobachtungsaufgaben werden durch den Einsatz apparativer Hilfen (Film- und Videoaufnahmen) erheblich erleichtert. Schnell ablaufende Vorgänge, bei denen auch die Registrierung von Details wichtig ist, können später eventuell wiederholt betrachtet und in Ruhe ausgewertet werden. Hier ist der Einsatz mehrerer Beobachter unproblematisch.

Diesen Vorteilen steht der gravierende Nachteil gegenüber, daß das Verhalten der beobachteten Personen nur selten von dem Vorhandensein einer Film- oder Videokamera unbeeinflußt bleibt. Es ist auch damit zu rechnen, daß es Untersuchungsteilnehmer ablehnen, aufgenommen zu werden. Heimliche Filmaufnahmen verbieten sich in vielen Fällen, da das Recht am eigenen Bild auch juristisch klar geregelt ist.

Selbstbeobachtung: Sicher nicht zur Hypothesenüberprüfung, wohl aber zur Anregung von Hypothesen eignet sich auch die Selbstbeobachtung, die in der Psychologiegeschichte einen unübersehbaren Raum einnimmt. Die Beobachtung eigener Gedanken, Verhaltensweisen und Reaktionen (Introspektion) in alltäglichen oder besonderen Situationen hat viele bedeutende Forscher dazu veranlaßt, die so gewonnenen Einsichten an anderen Menschen zu überprüfen und zu allgemeingültigen Theorien auszubauen.

2.5.3 Durchführung einer Beobachtungsstudie

Ist – der Fragestellung angemessen – die Entscheidung für eine bestimmte Beobachtungsstrategie gefallen, gilt es, das genaue methodische Vorgehen für den Beobachtungsprozeß festzulegen. Dazu gehören die Entwicklung eines geeigneten Beobachtungsschemas sowie Entscheidungen darüber, ob die Beobachtung das Geschehen in einer Zeit- oder Ereignisstichprobe erfassen soll und welche technischen Hilfsmittel benötigt werden. Unbedingt erforderlich sind ein Beobachtertraining und – bei mehreren Beobachtern – die Überprüfung der Übereinstimmung der Beobachter.

Das Beobachtungsschema: Unter einem Beobachtungsschema versteht man die nach Vorversuchen erstellte Anweisung, wie und was zu beobachten und zu protokollieren ist. Das Ausmaß der Standardisierung oder Strukturierung des Beobachtungsschemas richtet sich nach der Präzision der Fragestellung bzw. nach der Genauigkeit der Informationen, die bereits über das Untersuchungsfeld und den Untersuchungsgegenstand vorliegen.

Bei einer freien Beobachtung verzichtet man in der Regel auf die Vorgabe von Beobachtungsrichtlinien. Sie kommt vor allem für Untersuchungen in Betracht, mit denen ein bislang weitgehend unerforschtes Gebiet erkundet werden soll. Hier wäre ein differenziertes Beobachtungsschema überflüssig, wenn nicht gar hinderlich. Es könnte die Aufmerksamkeit auf bestimmte Details lenken, die sich im Laufe der Beobachtung unter Umständen als irrelevant oder unbedeutend erweisen und würde eine Aufgabe nur formal strukturieren, die zunächst allgemeine Aufmerksamkeit und Offenheit für ein breites Feld von Ereignissen erfordert. Das Beobachtungsprotokoll sollte eine möglichst umfassende Dokumentation von realen Ereignisabläufen, die für die Problemstellung thematisch sind, enthalten und auf subjektive Interpretationen möglichst verzichten.

Halb standardisierte Beobachtungen sind beispielsweise angebracht, wenn die Umstände oder Ursachen für das Auftreten eines kritischen Ereignisses näher zu erkunden sind (z. B. Ursachen für Drogenkonsum bei Jugendlichen, für betriebsinterne Spannungen, für das Entstehen kindlicher Aggressionen etc.). Gegenüber der freien Beobachtung erfordern derartige Fragestellungen eine zentrierte Beobachtung, die auf alle mit dem kritischen Ereignis verbundenen Vorgänge zu richten ist. Das Beobachtungsschema enthält offene Kategorien oder Fragen, die den Beobachter anweisen, worauf er während seiner Beobachtung zu achten hat.

Das Beobachtungsschema einer standardisierten Beobachtung schreibt genau vor, was zu beobachten und wie das Beobachtete zu protokollieren ist. Das zu beobachtende Geschehen ist im Prinzip bekannt und läßt sich in einzelne Elemente oder Segmente zerlegen, die ausschließlich Gegenstand der Aufmerksamkeit des Beobachters sind. Eventuelle Interpretationen oder Deutungen müssen dem Beobachter soweit wie möglich durch die Vorgabe zuverlässiger Indikatoren für das einzuschätzende Verhalten erleichtert werden. Exemplarische Beispiele sind hierbei sehr hilfreich. (Lautet die Beobachtungsaufgabe beispielsweise, kindliches Spielverhalten hinsichtlich der Merkmale „kooperativ" und „aggressiv" zu beschreiben, darf es dem Beobachter nicht überlassen bleiben, welche Verhaltensweisen er als kooperativ oder aggressiv klassifiziert. Diese Entscheidung muß – eventuell mit Hilfe von Beispielen – im Beobachtungsschema so weit wie möglich vorstrukturiert sein.)

Zu achten ist ferner darauf, die Protokollführung so einfach wie möglich zu gestalten. Ein gutes Beobachtungsschema ist so weit ausgefeilt, daß sich der zu beobachtende Vorgang mit einfachen Zeichen, Zahlen oder Buchstaben festhalten läßt. Tafel 21 gibt hierfür ein Beispiel.

Tafel 21. Tätigkeiten eines Vorarbeiters: Beispiel für ein Beobachtungsschema

---

Atteslander (1956, zit. nach Cranach u. Frenz, 1975, S. 318 f.) untersuchte die Aktivität von Vorgesetzten (Vorarbeitern) an ihren Arbeitsplätzen in der Industrie. Über jeden beobachteten Vorarbeiter wurde ein Beobachtungsprotokoll („Interactio-Gram") angefertigt, dessen Symbolik im folgenden erläutert wird:

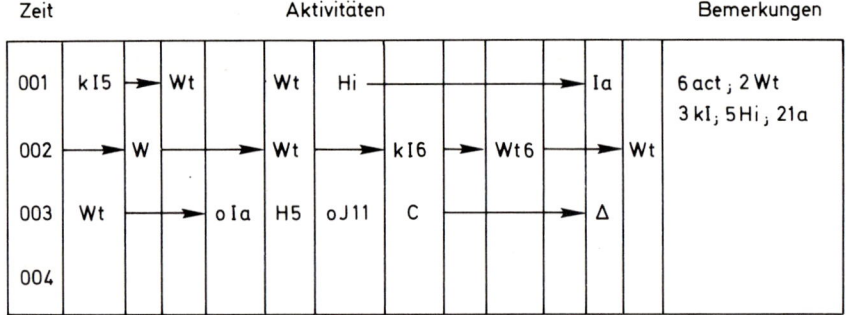

Δ = Ende des Beobachtungsprotokolls

1. Die Hauptaktivitäten des Vorarbeiters	Benutztes Symbol
(1) Interaktion	I
(a) wird angesprochen (ein Arbeiter verläßt z. B. seinen Platz und beginnt die Interaktion)	kI
(b) beginnt selbst die Interaktion	oI
(c) nicht direkt auf die Arbeit bezogene Interaktion	J
(2) Gehen	W
(a) geht und transportiert etwas	Wt

(3) Umgang mit Gegenständen
    (a) Materialprüfung   Hi
    (b) Umräumen, Lagern   Hs
(4) Büroarbeiten
    (a) im Büroraum   Coff
    (b) außerhalb des Büroraums   C
(5) keine spezielle Aktivität   D

2. Einbezogene Personen

(1) Arbeiter   1–36
(2) die beiden beteiligten Vorarbeiter   a, b
(3) anderes Aufsichtspersonal   A, B

Die Aufzeichnungen im Formblatt erläutert Atteslander wie folgt: „In der Minute 001 nahm der Arbeiter Nr. 5 Kontakt zum Vormann auf und sprach mit ihm etwa 10 Sek. lang. Dann ging der Vormann weg, wobei er Glaserzeugnisse trug. Er stellte diese nieder, nahm ein anderes Stück auf und trug es während der nächsten 25 Sek., danach inspizierte er Glaserzeugnisse, und zum Zeitpunkt 001 Min. 50 Sek. begann der andere Vormann eine Interaktion mit ihm. Sie sprachen etwa 7 Sek. lang, danach ging der unter Beobachtung stehende Vormann weg.

Bei der 20-Sek.-Marke der 2. Minute nahm er Glaserzeugnisse auf und entfernte sich damit. Auf seinem Weg wurde er von Arbeiter Nr. 6 kontaktiert, welcher einige Worte mit ihm sprach..."

Diese Form der Beobachtung kann als Beispiel für einen Untersuchungsgegenstand dienen, über den schon viele Informationen vorliegen. Von Vorarbeitern ist bekannt, daß sie häufig mit den Arbeitern sprechen, daß sie das Material kontrollieren, transportieren usw. Mit dem Zeichensystem wurde ein Versuch unternommen, das Geschehen möglichst „lückenlos" abzubilden.

Ereignisstichprobe oder Zeitstichprobe: Alle Ereignisse eines Untersuchungsfeldes vollständig erfassen zu wollen, ist auch mit technischen Hilfsmitteln nicht möglich. Beobachtung kann – ob gewollt oder ungewollt – immer nur einen Ausschnitt des Geschehens erfassen, womit sich die Frage stellt, ob die beobachteten Ausschnitte für das Geschehen auch typisch sind. Dies ist ein Stichprobenproblem, das sich hier jedoch nicht primär auf die Auswahl der Untersuchungsteilnehmer, sondern auf die Auswahl der Beobachtungseinheiten bezieht. Man unterscheidet zwei Vorgehensweisen: die Ereignisstichprobe und die Zeitstichprobe.

Bei einer Ereignisstichprobe wird darauf verzichtet, die beobachteten Ereignisse zeitlich strukturiert zu protokollieren. Hier kommt es nur darauf an festzustellen, ob bzw. wie oft das oder die zu beobachtenden Ereignisse auftreten (Beispiel: Es wird beobachtet, wie oft sich ein Schüler während einer Unterrichtsstunde meldet, aus dem Fenster schaut, mit dem Nachbarn spricht, etc.). Aufschlußreich sind ferner Häufigkeiten des Auftretens von Ereigniskombinationen. (Wie häufig kam es zum Ereignis A, wenn zuvor Ereignis B auftrat?)

Allgemein verbinden sich mit Ereignisstichproben folgende Vorteile (vgl. Kerlinger, 1979, S. 796):

– Die Ereignisse bestehen aus natürlichen Situationen und können deshalb auf vergleichbare Situationen verallgemeinert werden.
– Das Verhalten wird nicht fragmentarisch, sondern vollständig in seinem kontinuierlichen Verlauf beobachtet.
– Es können auch Ereignisse untersucht werden, die relativ selten auftreten.

Die Zeitstichprobe hingegen gliedert die Beobachtung in feste Zeitabschnitte. Eine nach dem Zeitstichprobenverfahren angelegte Schülerbeobachtung könnte etwa so aussehen, daß in 5 Sekundenintervallen notiert wird, was der Schüler gerade macht (beteiligt sich am Unterricht, stört, schreibt, liest, etc.). Nach einer anderen Variante wechselt der Beobachter alle 5 Sekunden das Beobachtungsobjekt, um so innerhalb eines längeren Zeitabschnittes Informationen über mehrere Beobachtungsobjekte zu erhalten. Um willkürliche Entscheidungen des Beobachters auszuschließen, verteilt man gelegentlich vorab die Zeitintervalle nach Zufall auf den Beobachtungszeitraum und/oder die zu beobachtenden Objekte.

Zeitstichproben stellen hohe Anforderungen an das Konzentrationsvermögen des Beobachters. Wenn möglich, sollten nach einigen Beobachtungsphasen regelmäßige Pausen eingelegt werden. Eine durchgängige Beobachtungszeit von mehr als 30 Minuten dürfte bei diesem Verfahren auch geschulte Beobachter überfordern.

Betrachtet man das Gesamtverhalten als eine Population einzelner Verhaltensabschnitte, können genügend große und zufällig gezogene Zeitstichproben diese Population recht zuverlässig repräsentieren. Bei wenig gleichförmig verlaufenden Verhaltenssequenzen (z.B. Verhaltenssequenzen, bei denen die Anfangs- und Schlußphase besonders wichtig sind) empfiehlt sich statt einer Zufallsstichprobe eine systematische Stichprobe, die den Besonderheiten einer Verhaltenssequenz Rechnung trägt.

Die entscheidende Frage, wann eine Ereignisstichprobe und wann eine Zeitstichprobe einzusetzen ist, läßt sich nicht generell beantworten. Solange der Untersuchungskontext keine bestimmte Vorgehensweise favorisiert, eignen sich Zeitstichproben mehr zur Beschreibung des gesamten Geschehens und Ereignisstichproben mehr zur Dokumentation bestimmter Verhaltensweisen.

Technische Hilfsmittel: Bei den technischen Hilfsmitteln, die in Beobachtungsstudien Verwendung finden, kann man zwei Grundtypen unterscheiden: Geräte, die die Protokollierung der Ereignisse unterstützen und Geräte, die die Aufzeichnung der Ereignisse selbst vornehmen.

Cranach u. Frenz (1975) berichtet über den Einsatz von „mechanischen Verhaltensschreibern", die ähnlich wie bei technischen Messungen mit einem laufenden Papier arbeiten, auf dem Zeitintervalle markiert sind. Teilweise sind solche Geräte mit Tasten für die einzelnen Beobachtungskategorien ausgerüstet, so daß der Beobachter bei einem bestimmten Ereignis nur noch die entsprechende Taste drücken muß (ähnlich wie bei einer Verkehrszählung, bei der Knöpfe für Lkw, Pkw, Motorrad etc. vorgesehen sind). Derartige Geräte haben sich als zweckmäßig erwiesen, wenn in exakten Zeitintervallen protokolliert werden soll und das gleichzeitige Protokollieren und Zeitnehmen den Beobachter überfordert.

Wegen des hohen Aufwandes und der Tatsache, daß ein solcher mechanischer Verhaltensschreiber in einer Feldstudie natürlich nicht unbemerkt bleibt, ist sein Einsatz meist auf Untersuchungen im „Labor" beschränkt. Für viele Untersuchungen, in denen der zeitliche Ablauf des Geschehens nur am Rande interessiert, reicht eine normale Uhr bzw. eine Stoppuhr völlig aus.

Weit häufiger werden – soweit die betroffenen Personen einverstanden und Reaktivitätsprobleme zu vernachlässigen sind – Geräte zur Aufnahme der Ereignisse auf Film oder Magnetband eingesetzt. (Das Tonbandgerät gehört schon seit langem zur Standardausrüstung des Sozialforschers; zur Transskription von Tonbandprotokollen vgl. z. b. Ramge, 1978.) Trotz der begrenzten Aufnahmekapazität einer Kamera haben Filmaufnahmen den Vorteil, daß innerhalb des Bildausschnittes bei Verwendung von hochwertigen Objektiven und empfindlichem Filmmaterial noch Details abgebildet werden können, die das bloße Auge nicht mehr wahrnimmt. Die Auswertung wird dadurch genauer, zumal der Ereignisablauf nicht nur einmal, sondern mehrfach (ggf. mit Standaufnahmen) von mehreren Beobachtern analysiert werden kann.

Beobachtertraining: Auch wenn jeder Erwachsene bestimmte Erfahrungen mit Beobachtungen gewonnen hat, ist eine systematische Schulung der Beobachter unerläßlich. Dazu gehört eine Einführung in die Planung und Durchführung der gesamten Untersuchung (zumal, wenn fremde Beobachter eingesetzt werden sollen) und auch eine Darstellung des theoretischen Ansatzes, der die Arbeit bestimmt. Dadurch kann der Beobachter seine Aufgabe besser verstehen und unter Umständen an der Klärung und Weiterentwicklung des Beobachtungsschemas teilnehmen. Zum Beobachtertraining gehören ferner Einweisungen in die Benutzung audiovisueller Geräte oder anderer Hilfsmittel.

Als weitere Schulungsmaßnahmen empfiehlt Pinther (1980):
- Um den Beobachtern einen Orientierungsrahmen zu geben und gleichzeitig seine Problemsicht zu schärfen, sollte er zunächst ohne weitere Vorkenntnisse im Untersuchungsfeld (unter Umständen per Filmaufnahme) beobachten.
- Anschließend werden die verwendeten Beobachtungsindikatoren und Kategorien dargestellt, begründet und diskutiert.
- Die Brauchbarkeit der Beobachtungskategorien und Indikatoren ist dann an einer Filmaufnahme oder einer gestellten Situation zu überprüfen. In dieser Phase sind vor allem die Ursachen unterschiedlicher Bewertungen gleicher Ereignisse und andere Schwierigkeiten zu klären.
- Eine abschließende Generalprobe unter weitgehenden „Ernstbedingungen" überprüft die Brauchbarkeit des Beobachtungsschemas. Falls erforderlich, ist dieses nochmal zu überarbeiten.

Es ist möglich, schon das Beobachtertraining als eine grobe und vorläufige Form der Validierung des Beobachtungsschemas anzusehen. Wenn bereits in der Trainingsphase mit den Beobachtern keine Einigung über die Interpretation von Indikatoren und Kategorien zu erzielen ist, so dürfte die Eindeutigkeit der Kodierungen sehr zu wünschen übriglassen.

Zumeist werden Stellenwert und Aufwand des Beobachtertrainings unterschätzt. Zu große Ungeduld in der Vorbereitungsphase einer Untersuchung kann sich allerdings bitter rächen, denn ein Beobachtungsschema, das wegen mangelnder Beobachterübereinstimmung nicht einmal objektiv ist, kann natürlich auch nicht zu reliablen und validen Resultaten führen (vgl. S. 135 ff).

Beobachterübereinstimmung: Kommen in einer Untersuchung mehrere Beobachter zum Einsatz (dies sollte immer der Fall sein, wenn die Beobachtungsdaten zur Überprüfung – also nicht zur Erkundung – einer Hypothese verwendet werden), ist wenn möglich schon während der Trainingsphase die Übereinstimmung der Beurteilungen rechnerisch zu überprüfen. Aus der Vielzahl von Verfahren zur Quantifizierung der Beobachterübereinstimmung, die Asendorf u. Wallbott (1979) und Friede (1981) diskutieren, seien hier zwei herausgegriffen und in Tafel 22 numerisch demonstriert. Das eine Verfahren ist auf intervallskalierte Beobachtungsdaten und das andere auf nominalskalierte Beobachtungsdaten anwendbar.

Tafel 22. Überprüfung der Beobachterübereinstimmung

Im Rahmen ihrer gesprächspsychotherapeutischen Ausbildung werden k = 4 Studenten (im folgenden Beobachter) gebeten, n = 5 verschiedene Ausschnitte von Aufzeichnungen therapeutischer Gespräche zu beobachten. Ihre Aufgabe lautet, die „Echtheit" des Therapeuten auf einer 10-Punkte-Skala (0 Punkte = „überhaupt nicht echt", 10 Punkte = eindeutig „echt") einzuschätzen. Die Untersuchung möge zu folgenden Werten geführt haben. (Die Ratingskala wird hier wie eine Intervallskala behandelt; Begründung s. S. 124 f.)

Beobachter

	1	2	3	4	P_i
Ausschnitt 1	3	2	2	3	10
Ausschnitt 2	7	8	6	7	28
Ausschnitt 3	5	3	2	4	14
Ausschnitt 4	5	4	3	1	13
Ausschnitt 5	0	3	2	2	7
B_j:	20	20	15	17	G = 72
$\bar{B}_j$	4	4	3	3,4	$\bar{G}$ = 3,6

Als Übereinstimmungsmaß wählen wir folgenden "Intra-Class"-Korrelationskoeffizienten r_1 (zur Herleitung dieses Koeffizienten vgl. Winer, 1971, Kap. 4.5)

$$r_1 = \frac{\hat{\sigma}^2_{zw} - \hat{\sigma}^2_{in}}{\hat{\sigma}^2_{zw} + (k-1) \cdot \hat{\sigma}^2_{in}},$$

wobei:

$\hat{\sigma}^2_{zw}$ (hier: Varianz zwischen den Ausschnitten)

$$= \frac{\sum\limits_{i=1}^{n} P_i^2}{k} - \frac{G^2}{k \cdot n}$$

und

$\hat{\sigma}_{in}^2$ (hier: Varianz innerhalb der Ausschnitte)

$$= \sum_{i=1}^{n} \sum_{j=1}^{k} x_{ij}^2 - \frac{\sum_{i=1}^{n} P_i^2}{k}$$

mit

$$P_i = \sum_{j=1}^{k} x_{ij}$$

und

$$G = \sum_{i=1}^{n} \sum_{j=1}^{k} x_{ij}$$

Für die Werte des Beispiels ermitteln wir:

$$\hat{\sigma}_{zw}^2 = \frac{10^2 + 28^2 + 14^2 + 13^2 + 7^2}{4} - \frac{72^2}{4 \cdot 5} = 324,5 - 259,2 = 65,3$$

$$\hat{\sigma}_{in}^2 = (3^2 + 2^2 + 2^2 + \cdots + 3^2 + 2^2 + 2^2) - 324,5 = 346 - 324,5 = 21,5$$

$$r_1 = \frac{65,3 - 21,5}{65,3 + (4-1) \cdot 21,5} = 0,34.$$

Die Intraclass-Korrelation beträgt $r_1 = 0,34$. Diese Korrelation ist als Reliabilität der Urteile eines Beobachters zu interpretieren. Die Reliabilität der über alle k Beobachter zusammengefaßten Urteile (r_k) errechnen wir nach

$$r_k = \frac{k \cdot r_1}{1 + (k-1) \cdot r_1} = \frac{4 \cdot 0,34}{1 + 3 \cdot 0,34} = 0,67.$$

Beide Reliabilitäten sind nicht sehr überzeugend. Hätte man zufällig vier andere Beobachter ausgewählt, ist damit zu rechnen, daß deren Durchschnittsbeobachtungen nur zu $r = 0,67$ mit den hier aufgeführten Beobachtungen korrelieren.

Allerdings ist es möglich, zu einer verbesserten Reliabilitätsschätzung zu gelangen, wenn man die Bezugsrahmen (Urteilsverankerungen, vgl. S. 125f.) der einzelnen Beobachter außer acht läßt. Die diesbezügliche Korrektur erfolgt in der Weise, daß man von den einzelnen Daten eines Beobachters die Differenz seines Datenmittelwertes vom Gesamtmittelwert ($\bar{B}_j - \bar{G}$) abzieht. Diese Differenzen lauten:

Beobachter 1: 4 $\ -3,6 =\ \ 0,4$
Beobachter 2: 4 $\ -3,6 =\ \ 0,4$
Beobachter 3: 3 $\ -3,6 = -0,6$
Beobachter 4: 3,4 $-3,6 = -0,2$

Offensichtlich gestattet es die Perspektive des dritten Beobachters am wenigsten, das Verhalten der Therapeuten insgesamt als „echt" einzustufen.

Folgende Übersicht zeigt die korrigierten Urteile:

Beobachter

	1	2	3	4	p_i
Ausschnitt 1	2,6	1,6	2,6	3,2	10
Ausschnitt 2	6,6	7,6	6,6	7,2	28
Ausschnitt 3	4,6	2,6	2,6	4,2	14
Ausschnitt 4	4,6	3,6	3,6	1,2	13
Ausschnitt 5	− 0,4	2,6	2,6	2,2	7
B'_j	18	18	18	18	$G = 72$

Man beachte, daß diese Korrektur die Zeilensummen unverändert läßt und die Spaltensummen gleich macht (einen identischen Effekt hätten auch ipsative Messungen; vgl. S. 438).

Auf diese Daten wenden wir erneut die Berechnungsvorschriften des Intraclass-Korrelationskoeffizienten an:

$$\hat{\sigma}'^2_{zw} = 324,5 - 259,2 = 65,3 \text{ (unverändert)}$$

$$\hat{\sigma}'^2_{in} = 342,4 - 324,5 = 17,9$$

und

$$r_1 = \frac{65,3 - 17,9}{65,3 + 3 \cdot 17,9} = 0,40$$

bzw.

$$r_k = \frac{4 \cdot 0,40}{1 + 3 \cdot 0,40} = 0,73.$$

Zusätzlich, so wollen wir annehmen, gehörte es zu den Aufgaben der Beobachter, einzelne, während der Beobachtung genau spezifizierte Ereignisse fünf vorgegebenen nominalen Kategorien (allgemein: k Kategorien) zuzuordnen (z. B. Therapeut wirkt unsicher, gelangweilt, ermüdet, verschlossen oder nachdenklich). Insgesamt seien $n = 100$ derartige Ereignisse zu klassifizieren. Die folgende Aufstellung zeigt, wie zwei Beobachter diese Ereignisse klassifiziert haben:

Beobachter 1

		a	b	c	d	e	
	a	8	1	③	2	4	18
	b	1	4	1	1	4	11
Beobachter 2	c	1	2	4	4	5	16
	d	4	0	3	12	6	25
	e	2	1	2	8	17	30
		16	8	13	27	36	100

206

Die Buchstaben a bis e kennzeichnen die fünf Kategorien und die Spaltensummen (Zeilensummen) geben an, wie häufig Beobachter 1 (Beobachter 2) insgesamt eine bestimmte Kategorie wählte. Den Diagonalwerten (f_{jj}) ist zu entnehmen, wie viele Ereignisse von beiden Beobachtern derselben Kategorie zugeordnet wurden. Die eingekreiste Zahl 3 (f_{ac}) besagt, daß drei Ereignisse vom Beobachter 1 der Kategorie c und dieselben drei Ereignisse vom Beobachter 2 der
Kategorie a zugeordnet wurden (für nicht zuzuordnende Ereignisse vgl. Holsti,
1969).

Die einfachste Kennzahl, die aus dieser Häufigkeitstabelle berechnet werden
kann, ist die Anzahl der Übereinstimmungen (Summe der Diagonalfelder) dividiert durch die Gesamtzahl der Ereignisse n.

$$p = \frac{1}{n} \sum_{j=1}^{k} f_{jj}.$$

Im Beispiel resultiert:

$$p = \frac{1}{100} \cdot (8 + 4 + 4 + 12 + 17) = 0,45.$$

Die beiden Beobachter haben also für 45% aller Ereignisse dieselbe Kategorie gewählt.

Nun hat dieses sehr anschauliche Maß einen schwerwiegenden Nachteil. Es
berücksichtigt nicht die Tatsache, daß auch bei völlig zufälliger Klassifizierung
einige Beobachtungen zufällig übereinstimmen. Dieser Prozentsatz ist um so
höher, je weniger Kategorien verwendet werden. (Bei nur drei Kategorien beträgt die Zufallsübereinstimmung immerhin 33%.)

Es wurden deshalb mehrere Vorschläge zur Zufallskorrektur des Überein-
stimmungsmaßes gemacht. Wir verdeutlichen hier das von Cohen (1960) entwickelte Maß κ (Kappa).

$$\kappa = \frac{p - p_e}{1 - p_e}$$

p_e ist hierbei eine Schätzung für die zu erwartende zufällige Übereinstimmung
und wird in folgender Weise berechnet:

$$p_e = \frac{1}{n^2} \cdot \sum_{j=1}^{k} f_{j.} \cdot f_{.j}$$

mit $f_{j.}$ = Zeilensummen
$f_{.j}$ = Spaltensummen
Im Beispiel errechnen wir:

$$p_e = \frac{1}{100^2} \cdot (18 \cdot 16 + 11 \cdot 8 + 16 \cdot 13 + 25 \cdot 27 + 30 \cdot 36)$$

$$= \frac{1}{100^2} \cdot 2339 = 0,23$$

und

$$\kappa = \frac{0,45 - 0,23}{1 - 0,23} = 0,29$$

Dieser Wert spricht für eine schlechte Übereinstimmung der Beobachtungen. Eine gute Übereinstimmung erfordert κ-Werte über 0,70.

Bei mehr als zwei Beobachtern sind die Übereinstimmungen paarweise zu berechnen und aus den einzelnen κ-Werten der Medianwert zu bilden. Für Kategorien, die sich in eine Rangordnung bringen lassen, besteht die Möglichkeit, Nichtübereinstimmungen nach der Distanz zwischen den gewählten Kategorien zu gewichten (weighted Kappa, vgl. Cohen, 1968, oder Ross, 1977).

Abschließend sei auf ein Problem hingewiesen, das bei der Überprüfung von Beobachterübereinstimmungen leicht übersehen wird. Es ist darauf zu achten, daß eine Übereinstimmung der Beobachter voraussetzt, daß sich ihre Angaben auch auf identische Ereignisse beziehen. Vergleicht man beispielsweise nur die Summen aller Beurteilungen, führt dies in der Regel zu falschen Schlüssen: Zwei Beobachter einer Schulstunde können beispielsweise jeweils zehn aggressive Interventionen des Lehrers protokolliert haben, aber dabei völlig unterschiedliche Ereignisse meinen. Die Prüfung einer Beobachterübereinstimmung setzt voraus, daß – eventuell durch Zeitmarkierungen oder ähnliche Hilfen – eine eindeutige Zuordnung jeder Protokollnotiz zu einem bestimmten Vorgang gewährleistet ist.

2.6 Physiologische Messungen

Die Verwertungsmöglichkeiten physiologischer Messungen sind in den Sozialwissenschaften vergleichsweise bescheiden und werden es möglicherweise auch in der Zukunft bleiben. Dennoch fasziniert viele Sozialwissenschaftler (vor allem Psychologen) die Möglichkeit, durch die Messung komplizierter, durch das autonome Nervensystem regulierter und damit der bewußten Kontrolle entzogener Vorgänge wie z. B. hirnelektrische Aktivitäten, Widerstandsschwankungen der Haut oder Veränderungen der Pupillengröße Einblick in so komplexe Phänomene wie Gedächtnis, Gefühle, Denken etc. zu gewinnen, deren materielle Basis jedoch bis heute noch nicht befriedigend geklärt werden konnte. Es gibt deshalb Grund genug, diesen Forschungsbereich bis auf wenige Ausnahmen noch heute im Erkundungsbereich anzusiedeln.

Die Anfertigung komplizierter, physiologischer Meßapparaturen wurden in erster Linie von der Medizin vorangetrieben und durch die rasche Entwicklung der elektronischen Ingenieurswissenschaften ermöglicht. Ihr Einsatz setzt die Zusammenarbeit vieler hochspezialisierter Experten aus den verschiedensten Bereichen wie z. B. der Physiologie, Medizin, Biologie, Biochemie, Informatik und der mathematischen Statistik voraus. Der Wert dieser Apparaturen mag für die zahllosen Problemfelder der klinisch-medizinischen Diagnostik unumstritten sein; die Zahl und die Qualität der sozialwissenschaftlichen bzw. psychologischen Erkenntnisse, die psycho-physiologische Untersuchungen bisher hervorbrachten, können jedoch

208

den enormen technologischen und finanziellen Aufwand derartiger Messungen bislang kaum rechtfertigen.

In methodischer Hinsicht sind psychologische Untersuchungen, die physiologische Messungen einbeziehen, in der Regel typische Interdependenz-Analysen (vgl. S. 33), deren zentrales Anliegen das Aufdecken möglicher Zusammenhänge zwischen physiologischen und psychologischen Merkmalen ist. Die gelegentlich zu registrierende Beliebigkeit der Definition physiologischer Variablen ist sicherlich ein notwendiges Übel, das bei derartigen Untersuchungen so lange in Kauf genommen werden muß, bis die physiologische Psychologie die Bedeutsamkeit physiologischer Prozesse für bestimmte psychologische Vorgänge theoretisch schlüssig aufgearbeitet hat. Es ist charakteristisch für den Entwicklungstand dieser Forschung, daß sie zunächst einmal viele Variablen aus der nahezu unendlichen Anzahl möglicher physiologischer Messungen hinsichtlich ihrer Bedeutung für psychische Vorgänge probeweise erkundet in der Hoffnung, irgendwann auf einen signifikanten Zusammenhang zu stoßen. (Walschburger, 1975, nennt allein für die Beschreibung elektrischer Vorgänge der Haut zehn verschiedene Messungen – eine sicherlich noch längst nicht vollständige Liste.)

Für diese nur begrenzt theoriegeleitete Phase einer Wissenschaftsentwicklung gilt die Forderung, zufällig entdeckte „signifikante" Zusammenhänge nicht überzubewerten, im besonderen Maße (vgl. hierzu auch die Ausführungen auf S. 426). Besonders in dieser Phase haben Replikationstudien von „fündigen" Untersuchungen ihren besonderen Stellenwert.

Die psychologische Nutzung physiologischer Messungen, die hauptsächlich auf die Erklärung psychologischer inter- oder intraindividueller Variabilität durch physiologische Merkmale ausgerichtet ist, hat sich mit einigen Grundsatzproblemen auseinanderzusetzen, zu denen beispielsweise die *„Rückwirkungsfreiheit"* und die *„Ausgangswertproblematik"* physiologischer Messungen zählen. Rückwirkungsfreiheit bezeichnet die Notwendigkeit, daß der Meßvorgang das zu Messende nicht beeinflussen darf – eine Forderung, die allein deshalb schwer zu erfüllen ist, weil wohl jede in einem psycho-physiologischen Labor untersuchte Person in irgendeiner Weise auf die ungewöhnliche Situation z. B. durch erhöhte Erregung oder Anspannung reagieren wird. Die Laborsituation, in der etwas erfaßt werden soll, was der subjektiven Kontrolle der Person entzogen ist, bewirkt psychische Veränderungen, die – so lautet die Hypothese – ihrerseits die eigentlich interessierenden physiologischen Variablen verändern.

Die Ausgangswertproblematik diskutiert die Stärke der physiologischen Reaktion auf bestimmte Reize in Abhängigkeit von der Stärke der Ausgangsreaktionen (Ruhestandsreaktionen), die ohne Vorgabe von Reizen unter „Normalbedingungen" auftreten. Wilder (1931) formulierte hierzu das Ausgangswertgesetz (AWG), nach dem die Reaktionen, die ein funktionsfördernder Reiz bewirkt, um so geringer ausfallen, je höher der Ausgangswert ist. Zahlreiche Untersuchungen (vgl. z. B. Myrtek et al., 1977) belegen jedoch, daß die Zusammenhänge zwischen Ausgangswert und reizbedingter physiologischer Reaktivität weitaus komplizierter sind und daß damit die Ausgangswertproblematik bislang noch nicht befriedigend gelöst ist.

Neben der anzuzweifelnden Rückwirkungsfreiheit physiologischer Messungen und der Ausgangswertproblematik dürften es die physiologischen Meßgrößen selbst sein, die dazu beitragen, daß bisher nur wenig „psychologische Varianz" durch physiologische Merkmale erklärt werden konnte. Teilweise handelt es sich um multikausale, energieschwache Signale, die äußerst störanfällig und deshalb nur schwer fehlerfrei identifizierbar sind (s. u.).

Das schwache Fundament gesicherter Erkenntnisse ließ bisher routinemäßige Anwendungen psycho-physiologischer Techniken in der psychologischen Praxis nicht zu. Zu den wenigen (unrühmlichen) Ausnahmen gehört vielleicht der sogenannte *„Lügendetektor"*, dessen Funktionsweise auf der Annahme beruht, daß z. B. unwahre Berichte bei Vernehmungen zu einer erhöhten inneren Erregung des Befragten führen, die physiologisch registrierbar sei (vgl. z. B. Schandry, 1981, Kap. 11.4). Der Wert dieses Verfahrens ist anzuzweifeln, solange zumindest das hier besonders gravierende Problem der Rückwirkungsfreiheit sowie die Frage der Verursachung physiologischer Signale ungeklärt sind.

Zu den Anwendungen psycho-physiologischer Verfahren zählt auch die sogenannte *Biofeedback-Methode*. Sie basiert auf Konditionierungsexperimenten, die zeigen, daß autonom ablaufende Prozesse wie z. B. die hirnelektrische Aktivität oder ungewollte Muskelverspannungen bewußt verändert werden können, wenn dem Untersuchungsteilnehmer durch akustische oder optische Signale der Zustand des jeweiligen physiologischen Systems zurückgemeldet wird (z. B. der sog. α-Trainer, vgl. S. 212). Nach diesem Prinzip versucht man, innere Spannungszustände des Patienten zu lösen (Näheres zur Biofeedback-Methode vgl. z. B. Beatty u. Legewie, 1977, oder Legewie u. Nusselt, 1975).

Weitere psycho-physiologische Forschungsschwerpunkte befassen sich nach Rogge (1980) mit Streß (vgl. z. B. Appley u. Trumbull, 1967; Bösel, 1978, oder Eiff, 1976), Schlaf (z. B. Jovanoviz, 1974, oder Priest et al., 1979), Aktivation (z. B. Duffy, 1972, oder Fahrenberg et al., 1979), Gefühlen (z. B. Black, 1970, oder Levi, 1975), Motivation (Grossmann, 1979), Lernen und Behalten (Kupfermann, 1975; Laudien, 1977; Wingfield, 1979; Sinz, 1977) und Sexualität (Money u. Musaph, 1977).

Trotz aller Argumente, die den Wert physiologischer Messungen für Sozialwissenschaften zweifelhaft erscheinen lassen, ist das Bemühen, psychologische Vorgänge durch meßbare physiologische Prozesse erklären zu wollen, nicht so aussichtslos, als daß in diesem Kapitel auf eine Behandlung physiologischer Datenerhebungstechniken gänzlich verzichtet werden könnte. Es sollen deshalb im folgenden die für die Sozialwissenschaften (bzw. die Psychologie) wichtigsten Registriermethoden der elektrischen Aktivität des Gehirns (Kap. 2.6.1), der Haut (Kap. 2.6.2) und der Muskulatur (Kap. 2.6.3) behandelt werden. Kapitel 2.6.4 faßt weitere, wichtig erscheinende Techniken zusammen.

2.6.1 Hirnelektrische Aktivität

Nachdem Caton bereits im Jahre 1875 erstmalig die Existenz hirnelektrischer Aktivität beschrieb, gelang es erst Berger (1929), diese Erscheinungen für klinische Zwecke nutzbar zu machen. Er gilt heute als der Erfinder des *Elektroencephalographen* (EEG), eines Apparates zur Registrierung elektrischer Vorgänge des Gehirns, deren Entstehung allerdings bis heute noch nicht restlos geklärt ist.

Für die Registrierung von Hirnpotentialen werden Elektroden entweder an der Hirnoberfläche angelegt bzw. in das Gehirn eingestochen (Elektrokortikogramm = ECOG) oder an der unverletzten Schädeldecke befestigt (EEG). Psycho-

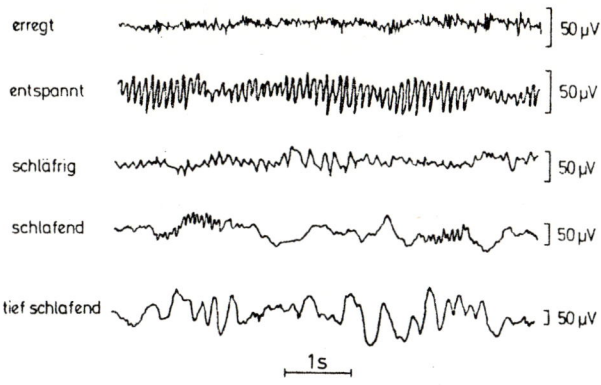

erregt		50 μV
entspannt		50 μV
schläfrig		50 μV
schlafend		50 μV
tief schlafend		50 μV

1s

Abb. 11. EEG-Verläufe bei verschiedenen Aktivations-(Bewußtseins-)Zuständen

physiologische Untersuchungen verwenden fast ausschließlich die für die untersuchten Personen unproblematische EEG-Methode, wenngleich diese gegenüber dem ECOG-Ansatz ungenauer bzw. störanfälliger ist. Das EEG registriert Potentialdifferenzen zwischen verschiedenen Regionen der Schädelfläche, die zwischen 100 und 200 mV schwanken. Ihre Frequenzen variieren vom Bruchteil einer Schwingung pro Sekunde bis zu mehr als 100 Hertz. EEG-Auswertungen beschränken sich jedoch in der Regel auf Frequenzen im Bereich 2 bis 30 Hertz.

Die Plazierung der Elektroden auf der Schädeloberfläche ist international normiert (10–20 electrode placement system; vgl. z. B. Jasper, 1958, oder Cromwell et al., 1973, S. 244). Man wählt je nach Problemstellung monopolare Ableitungen (Potentialdifferenzen zwischen einer aktiven Stelle des Hirnschädels und einer relativ inaktiven wie z. B. dem Ohr) oder bipolare Ableitungen (Potentialdifferenzen zwischen zwei aktiven Stellen der Schädeloberfläche). Die schwachen Potentialschwankungen werden elektrisch verstärkt auf einem Oszillographen sichtbar gemacht oder von einem Schreibgerät (Poligraph) registriert. Handelsübliche Encephalographen gestatten die simultane Aufzeichnung von bis zu 16 verschiedenen Ableitungspositionen. Abbildung 11 zeigt einige typische EEG-Verläufe für verschiedene Wachheitszustände (nach Penfield u. Jasper, 1954).

EEG-Verläufe werden nach ihrer Frequenz in folgende vier Hauptgruppen klassifiziert:

Alpha-Wellen: 8–13 hz
Beta-Wellen: 14–35 hz
Theta-Wellen: 4–7 hz
Delta-Wellen: <4 hz.

Die hohe Störanfälligkeit von EEG-Messungen (sie werden z. B. durch die Sauerstoffversorgung des Gehirns, den Blutzuckerspiegel, verschiedene Hormone, die Körpertemperatur oder das Lebensalter beeinflußt) erschwert die Identifikation eines bestimmten Verlaufsmusters erheblich. In der EEG-Auswertung wurden deshalb einfache optische Verfahren durch komplizierte Computer-Verfahren (Spektralanalysen nach der Fourier-Methode oder Frequenzfilteranalysen) weitgehend verdrängt (vgl. z. B. Sollberger, 1965, zit. nach Rogge, 1981).

211

Als relativ gut bestätigt gelten nach diesen Auswertungen die folgenden Zuordnungen von psychologischen Zuständen zu physiologischer Hirnaktivität: Alpha-Wellen treten im entspannten Wachzustand auf. Reizeinwirkungen verändern dieses EEG-Muster zu einem niederamplitudigen Gemisch von Beta-Wellen, dem erhöhte Aufmerksamkeit, Anspannung und Erregung zugeordnet sind. Der Beta-Rhythmus wird im übrigen als unspezifische Hintergrundaktivität des Gehirns interpretiert (Pawlik, 1974). Für leichten Schlaf, tiefe Entspannung oder Dösen sind Theta-Wellen typisch, die mit zunehmender Schlaftiefe durch Delta-Wellen abgelöst werden. Ein extremes Delta-Wellen-Bild charakterisiert komatische Zustände.

Zu dem für Schlafzustände typischen EEG-Bild gehören auch Phasen eines niederamplitudigen Gemisches von Beta- und Theta-Wellen und geringer Alpha-Aktivität. Diese sogenannten REM-Phasen (rapid eye movement) werden mit erhöhter Traumaktivität in Verbindung gebracht (vgl. z. B. Dement, 1960, oder Priest et al., 1979).

Befunde der EEG-gestützten Aufmerksamkeits- und Habituationsforschung weisen darauf hin, daß die für entspannte Wachzustände charakteristischen Alpha-Wellen bei Einwirkung eines Reizes auf den Organismus verschwinden (sog. „Alpha-Blockade" nach Rohracher, 1967) und daß monotone Wiederholungen des gleichen Reizes die Alpha-Blockade wieder aufheben (Birbaumer, 1975). EEG-Reaktionen auf Einzelreize können mit der „Methode der evozierten Potentiale" registriert werden, bei der die Spontanaktivität des Gehirns, die gewissermaßen die EEG-Reaktion auf den Reiz „verdeckt", mit Hilfe geeigneter Computer-Routinen herausgemittelt wird, so daß nur noch die durch den Reiz ausgelöste elektrische Aktivität sichtbar bleibt (Donchin, 1975, oder Legewie u. Probst, 1971). Die Methode der evozierten Potentiale wird u. a. dazu verwendet festzustellen, in welche Kortex-Areale auditive, visuelle, kinästhetische oder andere Erregungsarten gelangen bzw. um die Reaktion des Kortex auf derartige Reize zu untersuchen.

Nachdem bekannt war, daß eine Alpha-Aktivität für entspannte Wachzustände charakteristisch ist, versuchten Adrian u. Matthews (1934) diesen Zusammenhang für ein Entspannungstraining nutzbar zu machen. Adrian ließ sich über einen Lautsprecher Alpha-Phasen seines EEG's rückmelden (Alpha-feedback) und versuchte, mentale Vorgänge mit dem Vorhandensein oder Fehlen von Alpha-Wellen in Beziehung zu setzen. Diese als „Alpha-Trainer" bezeichnete Versuchsanordnung regte danach zahlreiche Folgeuntersuchungen an, die darauf ausgerichtet waren, mit dieser Methode bestimmte Bewußtseinszustände willentlich herbeiführen oder verändern zu können (Kamiya, 1968). Nach neueren Untersuchungen müssen diese Bemühungen jedoch als gescheitert erachtet werden (vgl. z. B. Legewie u. Nusselt, 1975, S. 93 ff., oder Legewie, 1977). Der zwingende Nachweis, daß durch Rückmeldung des EEG-Zustandes die Alpha-Aktivität willentlich erhöht und damit Zustände der geistigen Entspannung herbeigeführt werden können, steht bis heute noch aus.

Über Verwendungsmöglichkeiten des EEG in der Lern- und Gedächtnisforschung berichten z. B. Deutsch u. Deutsch (1973). Die Versuche, individuelle Unterschiede hinsichtlich verschiedener Persönlichkeitsmerkmale (z. B. Extraversion, Angst, Neurotizismus, Intelligenz) durch charakteristische EEG-Muster zu erklären, sind zahlreich, aber in ihren Resultaten uneinheitlich. (Eine Literaturübersicht zu diesem Thema gibt z. b. Rogge, 1981, S. 44 ff.)

2.6.2 Hautelektrische Aktivität

Féré (1888) brachte erstmalig die von Vigouroux (1879) entdeckten Schwankungen des elektrischen Widerstandes der Haut mit emotionalen Vorgängen in Zusammenhang. Etwa gleichzeitig demonstrierte Tarchanoff (1890), daß die Haut selbst schwache elektrische Potentiale erzeugt, deren Stärke ebenfalls von emotionalen Erregungen abzuhängen schienen. Dies waren die Anfänge einer Flut von mehreren tausend Untersuchungen über die Bedeutsamkeit und Herkunft elektrodermaler Aktivität (EDA).

Heute stößt man bei der Beschäftigung mit Messungen der elektrischen Eigenschaften der Haut auf eine Fülle verschiedenartigster Begriffe, die eine Zusammenfassung bisheriger Forschungsergebnisse (z. B. Heyden, 1979, oder Prokasy u. Raskin, 1973) erheblich erschweren. Man spricht von psycho-galvanischer Reaktion, dem psycho-galvanischen Reflex (PGR), dem Féré- oder Tarchanoff-Phänomen, einem Elektrodermatographen zur Aufzeichnung eines Psycho-Galvanogramms oder in englischsprachigen Publikationen von skin resistance level (SRL), skin resistance response (SRR), galvanic skin response (GSR), skin conductance level (SCL), skin conductance response (SCR), skin impedance, skin potential level (SPL), skin potential response (SPR) etc.

Hinter diesen vielen verschiedenen Methoden verbergen sich letztlich die Ansätze von Féré (1888) und Tarchanoff (1890), die heute als *exosomatische* und *endosomatische* Messungen bezeichnet werden: Mit der exosomatischen Messung wird der elektrische Widerstand der Haut unter Schwachstrom, der unter das Hautgewebe geschickt wird, erfaßt. Er unterliegt starken intra- und interindividuellen Schwankungen zwischen einem bis 500 Kilo-Ohm.

Die endosomatischen Kennwerte sind demgegenüber ohne Stromzuführung registrierbar. Es handelt sich um Potentialdifferenzen (Normalbereich 1–2 mV, Grenzwerte 60–70 mV) zwischen verschiedenen Bereichen der Haut (einer elektrisch aktiven und einer neutralen Position), die – wie auch der Hautwiderstand – üblicherweise an Hautpartien mit hoher Schweißdrüsendichte (Innenflächen der Hand, Fingerkuppen, Fußsohlen) gemessen werden. Obwohl das Zustandekommen der elektrodermalen Aktivität noch nicht gänzlich geklärt ist, muß man wohl davon ausgehen, daß die Aktivität der Schweißdrüsen (nicht aber des Schweißes selbst) sowohl für Veränderungen des Hautwiderstandes als auch der Hautpotentiale verantwortlich ist (Edelberg, 1972).

Da beide Methoden offensichtlich letztlich dasselbe messen, ist es schwer, eine von ihnen zu favorisieren. Bei längerfristigen Untersuchungen wird man die endosomatische Methode, bei der kein Strom erforderlich ist, bevorzugen, wenngleich das Auffinden geeigneter Ableitungspunkte (vor allem des elektrisch neutralen Punktes) häufig Schwierigkeiten bereitet. Im übrigen empfiehlt Walschburger (1975) die exosomatische Methode, die untersuchungs- und meßtechnisch einfacher zu handhaben sei. Diese Arbeit enthält zudem wertvolle Hinweise für eine Vereinheitlichung und Standardisierung elektrodermaler Messungen.

Die elektrodermale Aktivität ist als ein Resultat multipler, neurophysiologischer Regelungs- und Steuerungsvorgänge nur bedingt als differentieller Indikator psychologischer Prozesse geeignet. Als gesichert gilt, daß starke emotionale Erregungen bzw. starke Aktivation mit spontan auftretenden Hautpotentialen sowie einer Abnahme des Hautwiderstandes einhergehen (Eason u. Dudley, 1970; Traxel, 1960). Von einer Identifikation verschiedener Gefühlsmodalitäten anhand von Aufzeichnungen der elektrodermalen Aktivität ist die Forschung jedoch noch weit entfernt. Daß in diesem Bereich wohl auch zukünftig mit keinen substantiellen Korrelationen zu rechnen ist, läßt beispielsweise die Gefühlstheorie von Schachter (1964, 1971) erwarten, nach der die Gefühlsqualität, die eine bestimmte Reizkonstellation auslöst, nicht nur von den Erfahrungen und Bewertungen einer Person, sondern auch von der individuellen kognitiven Interpretation eines physiologischen Erregungszustandes abhängt.

Weitere Arbeiten (zit. nach Rogge, 1981) befassen sich z. B. mit Zusammenhängen zwischen der elektrodermalen Aktivität und Stimulationsbedürfnis (Neary u. Zuckermann, 1976), Streß (Rössler, 1973) sowie Konditionierungs- und Orientierungsreaktionen (Edelberg, 1972).

2.6.3 Muskelelektrische Aktivität

Ein Muskel besteht aus mehreren Muskelfasern, deren Kontraktion gruppenweise – je nach Muskelart konvergieren 5 bis ca. 1 000 Muskelfasern auf eine motorische Vorderhornzelle (Zellkörper des motorischen Nervs) – durch elektrische Aktionspotentiale der peripheren Nerven ausgelöst wird. Die Stärke der Kontraktion des Gesamtmuskels hängt von der Anzahl der gleichzeitig innervierten Muskelfasergruppen ab. Bei länger andauernder Muskelanspannung werden bereits ermüdete Muskelfasergruppen durch neue Muskelfasergruppen abgelöst – es kommt zu einem arbeitsteiligen Wechsel zwischen Kontraktion und Entspannung. Die Muskelkontraktion führt entweder zu einer Verkürzung des Muskels (isotonische Kontraktion) oder zu einer Spannungszunahme ohne Veränderung der Muskellänge (isometrische Kontraktion).

Wenngleich die Ableitung muskelfaserspezifischer Aktionspotentiale durch Einstechen von feinen Nadelelektroden genauer ist, verwenden psycho-physiologische Untersuchungen fast ausnahmslos die ungenauere Methode, bei der durch Aufsetzen von Oberflächenelektroden auf die Haut die gesamte elektrische Aktivität größerer Muskelpartien registriert wird. Die mit einem Elektromyographen aufgezeichneten Spannungsschwankungen (im Bereich 50 Mikrovolt bis 1 Millivolt mit Frequenzen zwischen 10 hz bis 3 000 hz; nach Cromwell et al., 1973, S. 249) reflektieren summierte Aktionspotentiale, die zu der Kraftentfaltung bei Bewegungen bzw. zu der Muskelspannung ungefähr proportional sind. (Ausführlichere Hinweise zur Entstehung und Ableitung von Muskelpotentialen gibt z. B. Schandry, 1981, Kap. 8.)

Ein wichtiger Anwendungsbereich des *Elektromyographen* (EMG) ist die sogenannte „systematische Desensibilisierung". Bei dieser verhaltenstherapeutischen Technik wird angenommen, daß die gesamte Muskulatur bei Angst- und Furchtzuständen angespannt ist bzw. daß eine gelöste, entspannte Muskulatur mit Angst und Furcht inkompatibel ist. Für eine erfolgreiche Desensibilisierung ist es deshalb wichtig, daß der Patient mit Hilfe des rückgemeldeten EMG (EMG-*Biofeedback*) lernt, seine Muskulatur zu entspannen, um später in der Lage zu sein, diesen Zustand auch bei Angstgefühlen oder furchtauslösenden Reizen (Phobien) herzustellen (vgl. Budzynski u. Stoyva, 1975).

Bewährt hat sich die EMG-Biofeedback-Methode auch bei der Behandlung von Spannungskopfschmerz (Rückmeldung des Spannungszustandes der Stirn- und Nackenmuskulatur; vgl. z. B. Budzynski et al., 1975, oder Bischoff u. Wilkes, 1979). EMG-Aktivitäten, die während des Denkens oder der kognitiven Antizipation von Bewegungsabläufen auftreten, haben schon 1938 Jacobson zur Entwicklung einer „motorischen Denktheorie" veranlaßt (vgl. auch Webb u. Obrist, 1970). Über Versuche, EMG-Besonderheiten mit Persönlichkeitsmerkmalen in Beziehung zu bringen, berichtet Goldstein (1972).

2.6.4 Weitere Methoden

Wollte man einen vollständigen Überblick geben, ließe sich die Liste der Methoden zur Registrierung physiologischer Vorgänge erheblich verlängern. Der Wert bzw. die Bedeutung vieler physiologischer Messungen sind jedoch für sozialwissenschaftliche und psychologische Fragestellungen umstritten oder ungeklärt; der folgende Überblick stellt deshalb einige weitere, speziell in der Psycho-Physiologie diskutierte Methoden nur summarisch dar.

Zu den Registriermethoden der *kardiovaskulären Vorgänge* (Herz-Kreislauf-System) zählen das Elektrokardiogramm (EKG zur Messung der Aktionspotentiale des Herzmuskels), Blutdruck-, Pulsfrequenz- und Pulswellengeschwindigkeitsmessungen sowie plethysmographische Verfahren zur Registrierung der Durchblutungsverhältnisse. Indikatoren der kardiovaskulären Aktivität finden z. B. in Untersuchungen über Aktivierung, Streß, Orientierung und Aufmerksamkeit (vgl. z. B. Obrist et al., 1974) bzw. über zivilisationsbedingte, psycho-physiologische Erkrankungen (z. B. Bluthochdruck und Herzinfarkt) Verwendung (Obrist et al., 1979).

Messungen der *Körpertemperatur* sind für die Erforschung biologischer Rhythmen, von denen z. B. die Aktiviertheit des Organismus abhängt, wichtig (vgl. z. B. Fahrenberg et al., 1979, und Romanczyk et al., 1977). Cohen et al. (1975) bringen Parameter der Atmung (Atemfrequenz und -tiefe, Exspirations- und Inspirationszeit) mit emotionalen Vorgängen (Streß und Aktivation) in Beziehung. Die psychische Bedingtheit von Reaktionen des *Magen-Darm-Traktes* (Kontraktionshäufigkeit, pH-Wert des Magensaftes, Magendruck) überprüfen z. B. Wolf u. Welsh (1972).

Als Indikator für innere Spannungszustände wird gelegentlich auch die *Mikrovibration* (Rohracher, 1946) des Körpers herangezogen. Hierbei handelt es sich um feinste, ohne geeignete Meßvorrichtungen nicht sichtbare Zitterbewegungen, denen eine bedeutende Rolle bei der Konstanthaltung der Körpertemperatur zugeschrieben wird (Rohracher u. Inanaga, 1970). Körperschwingungen, die nach schwerer körperlicher oder psychischer Belastung oder nach starkem Alkohol- und Nikotingenuß vor allem an Händen und Fingern auftreten, bezeichnet man als Makrotremor (Brumlik u. Yap, 1970).

Als „Spiegel der Seele" gilt seit alters her das menschliche *Auge*, was sicherlich vor allem damit zu begründen ist, daß die Pupille äußerst sensibel auf sensorische, kognitive und affektive Reize reagiert. Die Pupillometrie (Hess, 1972) stellt damit eine weitere, allerdings wegen des hohen technischen Aufwandes selten eingesetzte psycho-physiologische Registriermethode dar. Messungen der Augenbewegungen kommen vor allem in der Schlafforschung sowie in Untersuchungen der Wahrnehmungs-, Denk- und Entwicklungspsychologie vor (Rayner, 1978). Eine dritte Erscheinung des Auges, der Lidschlagreflex, interessiert als Komponente der Schreckreaktion bzw. als Indikator für emotionale Erregung bzw. nervöse Spannung (Oster u. Stern, 1980; Reppmann, 1979).

Unbestritten ist die Bedeutung biochemischer Prozesse für psychische Vorgänge (z. B. biochemische Veränderungen bei Lernvorgängen; vgl. z. b. Rogge, 1981, Kap. 7.5). Einen Überblick über die Meßmethoden dieses relativ jungen Forschungsgebietes geben Christie u. Woodman (1980).

Kapitel 3. Untersuchungen zur Vorbereitung der Hypothesengewinnung

Mit diesem Kapitel beginnen wir, die in Kap. 1.4.3 (S. 26ff.) kurz skizzierten Hauptarten empirischer Untersuchungen ausführlicher darzustellen. Wir unterscheiden

a) Untersuchungen zur Vorbereitung der Hypothesengewinnung
b) Untersuchungen zur Beschreibung von Grundgesamtheiten
c) Untersuchungen zur Überprüfung unspezifischer Hypothesen und
d) Untersuchungen zur Überprüfung spezifischer Hypothesen.

Eine um Aktualität und Fortschritt bemühte empirische Sozialwissenschaft wird nicht umhin können, bei vielen der sie betreffenden Fragen wiederholt „von vorn" anzufangen, weil ältere Theorien inzwischen überholt bzw. auf die Besonderheiten der sich rasch ändernden Probleme nicht übertragbar sind. Scheitert das Bemühen, neuartige Phänomene mit bewährten Theorien zu erklären, müssen neue Erklärungsansätze gefunden werden. Hierfür ist es hilfreich, den betroffenen Realitätsausschnitt zunächst möglichst präzise zu beschreiben, d.h. es sollten zunächst **beschreibende Untersuchungen** durchgeführt werden.

Mit der zu beschreibenden Realität können sowohl Sachverhalte (Was ist Eifersucht? Wie entsteht eine Bürgerinitiative? Was ist Legasthenie? etc.) als auch Merkmale und Eigenschaften von Personen (als die in den Sozialwissenschaften üblichen Untersuchungseinheiten) gemeint sein (Wie hilfsbereit ist der heutige Jugendliche? Wieviel Zeit haben Hausfrauen für persönliche Aktivitäten? Welche Eigenschaften hat das EEG eines Epileptikers? Wie viele Studenten beanspruchen den Dienst psychologischer Beratungsstellen? etc.). Für viele dieser Fragen ist die Anzahl der Personen oder Untersuchungseinheiten, für die eine typische (repräsentative) Beschreibung gefunden werden soll, theoretisch unbegrenzt, so daß man darauf angewiesen ist, statt aller Elemente einer Grundgesamtheit nur eine Auswahl bzw. Stichprobe zu beschreiben. Dieser zweite Untersuchungstyp, die Beschreibung von Grundgesamtheiten anhand von Stichproben bzw. die Schätzung von Populationsparametern wird in Kap. 4 ausführlich behandelt.

Zunächst gehen wir in Kap. 3 auf beschreibende Untersuchungen ein, deren primäres Ziel nicht darin besteht, zu generalisierbaren Aussagen zu gelangen, sondern zu vorläufigen Hypothesen, die sich ggf. bei empirischer Bewährung auf breiterer Datenbasis zu neuen aktuellen Theorien ausbauen lassen. Aufgabe dieser Untersuchungen ist die Beschreibung neuartiger, bislang ungeklärter Sachverhalte und Phänomene, um durch Abstraktion und systematischen Vergleich Musterläufigkeiten oder typische Eigenarten zu erkennen. Hierbei kommt es weniger darauf an, daß das zu Beschreibende die „normale" Realität im statistischen Sinne gut repräsentiert; aufschlußreicher sind häufig außergewöhnliche und extreme Begleitumstände, in denen die Eigenheiten bzw. das „Wesentliche" eines Sachverhaltes besonders eindrucksvoll deutlich werden. Allerdings gelten die so gewonnenen Erkenntnisse nur für die untersuchten Realitätsausschnitte; darüber hinausgehende Verallgemeinerungen sind spekulativ und bedürfen zusätzlicher empirischer Absicherungen.

Beschreibende Untersuchungen haben für Wissenschaften, deren Theorien wie in den Sozialwissenschaften noch weit davon entfernt sind, eine in ständiger Veränderung befindliche soziale oder psychische Realität vollständig zu erklären, einen häufig unterschätzten Wert. Sie werden nicht selten als „unwissenschaftlich" abqualifiziert, weil sie methodisch bei weitem nicht so ausgefeilt sind wie beispielsweise eine experimentelle Laboruntersuchung zur Überprüfung einer präzise formulierten Hypothese. Dieser Vorwurf mag auf Einzelfälle zutreffen; die „Wissenschaftlichkeit" einer Untersuchung sollte jedoch nicht nur durch die Makellosigkeit der verwendeten Erhebungs- und Auswertungsmethoden bestimmt sein, sondern auch durch die innovativen Impulse, die eine Untersuchung der Forschung zu geben vermag. Von daher sind hypothesenprüfende und hypothesenerkundende Untersuchungen gleichwertig Bestandteile einer Wissenschaft, die sich mit rasch ändernden Problemfeldern auseinanderzusetzen hat.

In vielen modernen Lehrbüchern über empirische Forschungsmethoden wird man vergebens nach Ausführungen über beschreibende Untersuchungen und deren Wert suchen. Als Untersuchungen, die bestenfalls im „Erkundungszusammenhang" eines theoretischen Systems (Popper, 1966) eine gewisse Bedeutung aufweisen, wurden sie lange Zeit ins Vorfeld wissenschaftlicher Arbeit verwiesen. Während man den Methoden der statistischen Hypothesenüberprüfung ein Vielfaches an Aufmerksamkeit widmete, fristeten hypothesenerkundende Untersuchungen als „Vorstudien", „explorative Studien" oder als „qualitative Forschung" ein kaum zu rechtfertigendes Schattendasein (vgl. auch S. 11 f.). Blumer (1979, S. 61), der die Notwendigkeit von explorativer Sozialforschung sehr engagiert begründet, beschreibt die Situation sicherlich richtig, wenn er behauptet: „Durch Beobachtung aus erster Hand zu studieren, was in einem bestimmten Bereich sozialen Lebens tatsächlich geschieht, erhält einen untergeordneten oder am Rande liegenden Platz – man spricht davon als ‚weiche' Wissenschaft oder Journalismus" (vgl. auch Filstead, 1970; Legewie, 1983, oder Thomae, 1968).

Ohne hieraus gleich ein „Glaubensbekenntnis" machen zu wollen – manche hierüber geführten Debatten haben in der Tat zuweilen Züge eines „Glaubenskrieges" – wird im folgenden eine Position begründet, die **beschreibende Untersuchungen und hypothesenprüfende Untersuchungen als gleichwertige Teile empirischer Sozialwissenschaften** fordert. Will man Theorien entwickeln, die Realität erklären, muß die Realität zunächst zur Kenntnis genommen und gedanklich verarbeitet werden. Theorienentwicklung darf nicht losgelöst von der Realität geschehen, sondern basiert auf einem ständigen Wechsel zwischen induktiver Verarbeitung einzelner Beobachtungen und Erfahrungen zu allgemeinen Vermutungen oder Erkenntnissen und deduktiver Überprüfung der gewonnenen Einsichten an der konkreten Realität. Nach dieser Auffassung sind beschreibende bzw. hypothesenerkundende Untersuchungen und Untersuchungen, die Hypothesen überprüfen, einander ergänzende Forschungsansätze.

Es wird nicht beansprucht, daß jede beschreibende Untersuchung direkt eine neue Theorienentwicklung veranlassen muß. Viele beschreibende Untersuchungen sind Mosaiksteine des gesamten wissenschaftlichen Forschungsprozesses, für den bereits die Beschreibung eines bislang weitgehend unbekannten Realitätsausschnittes, die Definition oder begriffliche Abgrenzung eines neuartigen Phänomens, die Entwicklung eines in hypothesenprüfenden Untersuchungen verwendbaren Meßinstrumentes o. ä. Erkenntnisfortschritt bedeuten.

Die folgenden Ausführungen beginnen mit einer kurz gehaltenen Darstellung historischer Positionen zur Frage, ob Erkenntnis durch Beschreibung möglich sei (Kap. 3.1). Es folgen eine Systematik beschreibender Untersuchungen (Kap. 3.2) sowie Bemerkungen zu einer Auswahl beschreibender Methoden (Kap. 3.3). Letztere erheben nicht den Anspruch auf Vollständigkeit. Wir gehen davon aus, daß die Möglichkeiten, durch Beschreibung der Realität zu weiterführenden Ideen zu gelangen, nicht durch einen Kanon vorgefertigter und eventuell sogar standardisierter Techniken begrenzt werden sollte. Einfallsreichtum, Kreativität und Phantasie sind gerade in der Erkundungsphase empirischer Forschungen nicht durch normierte Standardroutinen ersetzbar.

3.1 Historische Kontroversen: Erkenntnis durch Beschreibung?

Die Debatte um den Wert beschreibender Forschung in den Sozialwissenschaften wurde historisch oft mit naheliegenden anderen Fragen verwoben wie z. B. mit der Frage, ob sich die menschliche Persönlichkeit durch ihre Einmaligkeit jeder Systematisierung entziehe oder ob das der Naturwissenschaft entlehnte Prinzip der „Erklärung" in Wissenschaften vom Menschen nicht durch das Prinzip des „Verstehens" ersetzt werden müsse. Zu dieser Debatte tragen Phänomenologen, die Beschreibungen zum Prinzip ihres wissenschaftlichen Tuns erheben, Vertreter ideographischer bzw. nomothetischer Forschungsansätze, Verfechter einer qualitativen oder quantitativen Sozialforschung oder auch „Induktivisten" bzw. „Deduktivisten" bei. Deren Positionen seien im folgenden kurz skizziert.

3.1.1 Phänomenologie – Beschreibung als Prinzip

Die Phänomenologie (aus dem Griech.: die Lehre von den Erscheinungen) gilt seit Anfang dieses Jahrhunderts als eigenständige Strömung in der Psychologie. Eine wesentliche Weisung ihres Begründers Husserl (zusammenfassend 1962) besagt, die Phänomene nicht zu analysieren oder zu erklären, sondern sie unvoreingenommen zu beschreiben und zu verstehen. Ähnlich wie sich bereits Dilthey (1923) in seinem Werk „Ideen über eine beschreibende und zergliedernde Psychologie" von einer naturwissenschaftlich orientierten Psychologie, die seinerzeit mit Namen wie Weber, Helmholtz, Fechner oder Wundt verbunden war, abgrenzte („die Natur erklären wir, das Seelenleben verstehen wir...;" S. 1314), stand auch Husserl dieser „neuen Psychologie" sehr skeptisch gegenüber: „Naturwissenschaftliches Erklären steht im Kontrast zu geisteswissenschaftlichem Verstehen. Dieses Verstehen ist aber nicht schon geleistet durch Herstellung der bloßen einheitlichen Intuition, in der die konkreten Zusammenhänge nacherlebt werden. Dergleichen leistet ja jede dichterische Darstellung. Aber die vielberedete Psychologie der großen Dichter und Schriftsteller ist in Wahrheit keine Psychologie, ist keine Wissenschaft. Es bedarf vielmehr einer wissenschaftlichen auf rein intuitivem Grund sich vollziehenden Analyse, Begriffsbildung und systematischen Beschreibung" (Husserl, 1962, S. 9).

Aus diesen Zitaten wird deutlich, daß die Phänomenologie die Beschreibung sehr eng mit dem Erleben und der Intuition (Introspektion) verbindet. Die Beschreibung der eigenen lebendigen Erfahrungswelt, die „einheitliche Intuition", die „Wesensschau" werden zum Ausgangspunkt wissenschaftlichen Forschens. Diskursive Erkenntnis hingegen, Abstraktion, Erklären und rationale, nach Gesetzen forschende Analyse erscheinen als Methoden, die untauglich sind, die menschliche Ganzheit zu erfassen.

Diese strikte Dichotomie ist nach unserer Auffassung nicht tragfähig. Der Anspruch der phänomenologischen Methoden, die sich auf „rein intuitivem Grund vollziehende Beschreibung" sei der einzig wirkliche Zugang zum „Seelenleben", wird hier nicht geteilt. Das „Verstehen" des Anderen ist für zwischenmenschliche Kommunikation essentiell: es ist jedoch davon auszugehen, daß auch dieses subtile Geschehen nach Gesetzmäßigkeiten abläuft, die zu dessen Erklärung beitragen, auch wenn viele Aspekte des Fremdverstehens heute noch weitgehend ungeklärt sind.

Erkenntnisse, die Beschreibung und Intuition allein vermitteln, sind subjektiv. Ihr wissenschaftlicher Wert ist unbestreitbar, wenn sie weiterführende Untersuchungen veranlassen, die die Richtigkeit der persönlichen Intuition nachweisen.

3.1.2 Ideographische vs. nomothetische Forschung

Die ideographische Forschung thematisiert die einzelne Person in ihrem individuellen Lebensbezug, und die nomothetische Forschung bemüht sich um allgemeingültige Gesetzmäßigkeiten menschlichen Lebens (vgl. z. B. Thomae, 1968). Ein prominenter Vertreter des ideographischen Ansatzes ist Stern; er „will die Lehre vom Menschen nicht gründen auf ein Schema des sezierten (d. h. in seine körperlichen und seelischen Elemente zerlegt gedachten) Menschen, sondern auf ein Bild der einheitlich ganzen lebensvollen Persönlichkeit, die in allen zahllosen Zweckbeziehungen zur Außenwelt ebenso ihre Einheit wahrt, wie in der Erscheinungsfülle ihres inneren Erlebens" (Stern, 1923, S. 4).

Vertreter einer nomothetischen Auffassung wie etwa Eysenck, Hull oder Cattell orientieren ihre Arbeitsweise an den Naturwissenschaften. Sie erheben nicht den Anspruch, das Individuum ganzheitlich oder „molar" erfassen zu können, sondern lenken ihre Aufmerksamkeit auf „molekulare" Verhaltenseinheiten wie einzelne Reaktionselemente oder Muskelkontraktionen, die es möglichst genau nach Gesetzmäßigkeiten zu untersuchen gelte. Erst die Zusammenfassung vieler derartiger Einzelbefunde liefert nach Ansicht dieser Wissenschaftler Aufschlüsse darüber, wie das komplexe „System Mensch" funktioniert. Ihre Hauptmethoden sind standardisierte Laborexperimente und vorstrukturierte Fragebogen bzw. Erhebungen, deren Ergebnisse mit geeigneten statistischen Verfahren (z. B. Korrelationsstatistik oder Faktoranalyse, vgl. Anhang D) zu „Dimensionen der Persönlichkeit" oder anderen hypothetischen Konstrukten zusammengefaßt werden.

Auch hier wird also letztlich die Beschreibung bzw. die „unverfälschte Abbildung" der naturwissenschaftlichen Vorgehensweise, die sich um Genauigkeit im Detail und um exakte Hypothesenüberprüfung bemüht, entgegengesetzt. Wie bereits erwähnt, sind beide Auffassungen als wichtige Bestandteile einer modernen empirischen Sozialwissenschaft, die sich sowohl um die Aufarbeitung neuer Probleme als auch um die weitere Entwicklung bereits bewährter Theorien bemüht, zu akzeptieren. Möglichst verzerrungsfreie Beschreibungen sind häufig die „Quelle" für neuartige wissenschaftliche Ansätze, deren Weiterführung nur dann realistische und tragfähige Theorien gewährleisten kann, wenn die Vielfalt und Breite der zu untersuchenden Sachverhalte nicht zu früh reduziert bzw. schematisiert werden. Hierfür kann sich eine ideographische Vorgehensweise eignen, deren Ziel es ist, bestimmte Reaktions- oder Erscheinungsweisen zunächst bei nur einem Menschen in dessen natürlich belassenem Umfeld zu verstehen. Weitere nomothetisch orientierte Forschungen werden erweisen, ob diese Erkenntnisse hilfreich sind, entsprechende Reaktions- und Erscheinungsweisen auch bei anderen Menschen zu verstehen bzw. letztlich zu erklären.

3.1.3 Qualitative vs. quantitative Sozialforschung

In der Soziologie fand die Debatte um den Stellenwert beschreibender Untersuchungen hauptsächlich unter dem Stichwort „qualitative vs. quantitative" Sozialforschung statt (vgl. z. B. Hopf u. Weingarten, 1979, oder Gerdes, 1979). Die „verstehende" oder „hermeneutische" Soziologie (Hermeneutik: aus dem Griech. „Kunst der Auslegung") will soziale Erscheinungen in ihrer historischen Einmaligkeit verstehen bzw. richtig deuten. Sie verzichtet auf eine detaillierte Analyse einzelner sozialer Vorgänge oder Ereignisse zugunsten der Darstellung von Strukturen und Kollektivphänomenen sowie der Beschreibung relativ stabiler und verbreiteter Muster des Handelns und Denkens im gesellschaftlichen Kontext (vgl. Hopf u. Weingarten, 1979, S. 17). Dementsprechend ist sie einer Methodologie verpflichtet, für die Offenheit und Unvoreingenommenheit unter Verzicht auf standardisierte Erhebungstechniken charakteristisch sind.

Auf die Psychologie übertragen fordert Legewie (1983) die Methode des „kontrollierten Fremdverstehens". In Anlehnung an Schütz u. Luckmann (1979) entwickelt er einen sozialwissenschaftlichen Forschungsansatz, der sich in verschiedenen Lebenswelten zu bewähren habe. Seine „verstehende Lebensweltanalyse" basiert auf Köckeis-Stangl (1980), die Verstehen und Erklären in folgender Weise definiert: „Erklären ist die Verknüpfung von ‚Tatsachen' mittels **unserer** Regelmäßigkeiten. ‚Verstehen' ist die Rekonstruktion, wie ein anderer ‚Tatsachen' mittels **seiner** Regelmäßigkeitsannahmen verknüpft oder verknüpft hat, um ein Problem zu lösen" (Köckeis-Stangl, 1980, S. 348).

Erneut ist festzuhalten, daß derartige Ansätze häufiger als bisher am Anfang sozialwissenschaftlicher Forschung stehen sollten. Im übrigen teilen wir die Auffassung von Gerdes (1979, S. 1), der zusammenfassend zu verschiedenen soziologischen Forschungszweigen ("natural sociology", "field research", "participant observation") Stellung nimmt: „Den unterschiedlichen Verfahren liegt ein gemeinsames Anliegen zugrunde: der Sozialforscher sollte über eine ausreichend detaillierte und umfassende Primärerfahrung des untersuchten Sozialbereichs verfügen, bevor er Modelle entwirft, Hypothesen formuliert, Meßinstrumente entwickelt etc. Im wesentlichen geht es bei explorativer Sozialforschung um den ‚Gewinnungs-Zusammenhang' von Hypothesen; um die Frage also, wie der Forscher eigentlich zu sinnvollen Vorstellungen, Einsichten und Hypothesen über den untersuchten Sozialbereich kommen kann". Die explorative Sozialforschung wird als „Ergänzung und Korrektiv" zur gegenwärtigen sozialwissenschaftlichen Praxis dargestellt, in der Techniken der Hypothesenprüfung einen zu breiten Raum einnehmen. (Nach Gerdes, 1979, sind über 90% der Untersuchungen, die in von ihm überprüften soziologischen Fachzeitschriften veröffentlicht sind, der Überprüfung von Hypothesen gewidmet.)

In der Tat stimmt es bedenklich, wenn man feststellt, daß die „Wissenschaftlichkeit" einer Untersuchung häufig nur davon abzuhängen scheint, ob ein „signifikantes Ergebnis" gefunden wurde (vgl. hierzu auch S. 487ff.). Viele sozialwissenschaftliche Arbeiten befassen sich mit theoretischen Ansätzen, deren Bezug zur sozialen Wirklichkeit nur mühsam herzustellen ist. Ein stärkeres Drängen darauf, daß der Forscher eigene Erfahrungen mit seinem Untersuchungsgegenstand gemacht haben sollte und eine bewußte Hinwendung zu einer „lebensnahen" Forschung würden diesen Mißstand sicherlich beseitigen helfen.

Die Unterscheidung von „qualitativer" und „quantitativer" Forschung halten wir für wenig nützlich. Beschreibungen neuer, noch weitgehend unerforschter Bereiche können verbal (z. B. in Protokollen, Interviews oder Dokumenten), numerisch (mit eigenen Daten oder vorhandenen Statistiken) oder einfach gegenständlich sein (z. B. Kinderzeichnungen oder „Spuren" als nonreaktive Messungen; vgl. S. 197f.). Entscheidend ist nicht, ob mit oder ohne Zahlen (also quantitativ oder qualitativ) gearbeitet wird, sondern welchen Status eine Untersuchung im Wissenschaftsprozeß einnimmt.

3.1.4 Induktiv vs. deduktiv

Glaser u. Strauss (1967, 1979) schlagen eine allgemeine Strategie zur Entwicklung sozialwissenschaftlicher Theorien vor, die im wesentlichen darauf beruht, daß sich der Forscher seinem Untersuchungsgegenstand möglichst ohne vorgefaßte theoretische Vorstellungen oder andere einengende Konzepte nähert. Es gelte, den Konzeptionen und Hypothesen Gelegenheit zu geben, von sich heraus aufzutreten ("to emerge first on their own"; Glaser u. Strauss, 1967, S. 12). Sie wenden sich explizit gegen eine logisch deduktive Vorgehensweise und fordern dazu auf, Theorien qualitativ-induktiv zu entwerfen.

Diese Position ist in vielerlei Hinsicht kritisierbar. So ist es sicherlich unrealistisch, eine Theorienbildung zu fordern, die unabhängig von der Sozialisation und wissenschaftlichen Ausbildung eines Forschers erfolgt. Opp (1976) hält zudem induktive Schlüsse von einzelnen Beobachtungen (singulären Sätzen) auf allgemeine Theoreme oder gehaltvollere Sätze nur für sinnvoll, wenn sie gleichzeitig „wahrheitskonservierend" seien. Gehaltserweiternde und gleichzeitig wahrheitskonservierende Schlüsse seien jedoch mit einer deduktiven Logik nicht vereinbar.

Dennoch hält auch Opp es für sinnvoll, Regeln zu formulieren, die das Auffinden fruchtbarer, gehaltvoller Theorien erleichtern. Zwar sei ein Weiterschreiten vom „Einzelnen" zum „Allgemeinen" durch induktives Schließen nicht haltbar; dennoch gelte es, Heuristiken zu finden (Heuristik: aus dem Griech. „Erfindungskunst"), die es gestatten, auf nicht deduktivem Wege durch Analogieschlüsse und Vergleiche von Einzelbeobachtungen Musterläufigkeiten oder Regelmäßigkeiten zu erkennen, die den Kern einer neuen Theorie bilden können.

Der heuristische Wert beschreibender Untersuchungen ist unbestritten. Auch wenn aus ihnen im streng logischen Sinne keine allgemeingültigen Theorien erschlossen werden können, sind sie häufig der Anlaß zu weiterführenden theoretischen Überlegungen, die sich bei empirischer Bewährung zu neuen Theorien ausbauen lassen.

Zusammenfassend ist zu bemerken, daß die Diskussion um den Stellenwert beschreibender Untersuchungen (die hier nur unvollständig und skizzenhaft wiedergegeben wurde) in vielfältiger Weise mit Fragen der Philosophie und der Wissenschaftstheorie verwoben ist. Hier wird die Auffassung vertreten, daß eine aus einem einseitigen Menschenbild abgeleitete Methodologie den Sozialwissenschaften wenig nützt. Sie benötigen sowohl beschreibende als auch hypothesenprüfende Untersuchungen. Einer fruchtbaren und zeitgemäßen Theorienentwicklung wäre es sicher dienlich, wenn gute beschreibende Untersuchungen in Zukunft nicht nur häufiger angeregt, sondern von der "scientific community" auch wohlwollender aufgenommen werden.

Beschreibende Untersuchungen sollten flexibel und nicht auf einen bestimmten Kanon von Techniken festgelegt sein. Sie sollten der Maxime verpflichtet sein, „jede ethisch vertretbare Vorgehensweise anzuwenden, die eine einigermaßen fundierte Möglichkeit bietet, ein klareres Bild vom Geschehen in dem betreffenden Bereich sozialen Lebens zu bekommen" (Blumer, 1969, S. 55). Die Aneignung primärer Erfahrungen im Untersuchungsfeld und theoretische Pionierarbeit dürfen hierbei weder als Selbstzweck mißverstanden werden noch als „modische Strömung" verkommen. Entscheidend ist letztlich, ob im betreffenden Untersuchungsbereich schon ausreichende wissenschaftliche Forschung geleistet wurde bzw. ob man zumindest halbwegs ausgereifte Theorien antrifft.

Ist dies der Fall, muß der Forscher hierauf Bezug nehmen, indem er die Anwendbarkeit der bereits vorhandenen Erkenntnisse auf das eigene Problem bzw. die Vereinbarkeit der bereits entwickelten theoretischen Überlegungen mit den in Frage stehenden neuen Sachverhalten bzw. mit seinen eigenen theoretischen Ansätzen überprüft: Der Status der Forschung verlangt die Ableitung und Überprüfung von Hypothesen.

Bietet ein noch weitgehend unerforschtes Untersuchungsfeld keine Anknüpfungspunkte für weiterführende Forschungen, ist eine beschreibende Untersuchung angezeigt. Die beschreibende Untersuchung kann ausschließlich der Erkundung von Hypothesen dienen oder aber als vorläufige „Materialstudie" durchgeführt werden, um späteren Untersuchungen den „Einstieg" in das Untersuchungsfeld zu erleichtern.

Empirische Untersuchungen sollten nicht nach der Art der verwendeten Untersuchungsmethoden, sondern nach ihrer Funktion und ihrem Stellenwert für den Wissenschaftsprozeß klassifiziert werden.

3.2 Eine Systematik beschreibender Untersuchungen

Beschreibende Untersuchungen sind sicherlich genauso vielfältig wie ihre Untersuchungsgegenstände. Ihre prinzipielle Offenheit steht jeder Standardisierung und Reduzierung auf eine begrenzte Anzahl möglicher beschreibender Vorgehensweisen entgegen. Trotz dieser besonderen Schwierigkeiten haben Barton u. Lazarsseld (1979) den Versuch unternommen, beschreibende Untersuchungen auf der Grundlage von etwa 100 amerikanischen Studien der 40er und 50er Jahre zu systematisieren.

Diese Systematik (die hier in modifizierter Form wiedergegeben wird) ordnet beschreibende Untersuchungen nach dem Grad der Komplexität der Beschreibungsaufgabe. Wir unterscheiden

- die Analyse von Einzelbeobachtungen
- die Konstruktion deskriptiver Systeme sowie
- die qualitative Zusammenhangsanalyse.

Bezogen auf die im letzten Abschnitt diskutierte Funktion beschreibender Untersuchungen fragen wir danach, in welcher Weise einzelne Beobachtungen, Ordnungssysteme für viele Beobachtungen bzw. das Herstellen von Beziehungen zwischen Beobachtungen Hypothesen anregen können.

3.2.1 Analyse von Einzelbeobachtungen

Mit der Analyse von Einzelbeobachtungen sind in erster Linie überraschende Ereignisse gemeint, die außerhalb der üblichen Erwartung liegen und die deshalb einer Erklärung bedürfen. Hierbei kann es sich auch um Alltagsphänomene handeln, die bislang niemandem auffielen oder die zu analysieren bislang niemand für notwendig erachtete.

Goldberg (1979) beispielsweise stellte mehr oder weniger beiläufig fest, daß weit über 2/3 aller Psychotherapieklienten weiblich sind und daß umgekehrt von bestimmten Krankheitsbildern wie Magendurchbruch oder Herzinfarkt überwiegend männliche Patienten betroffen sind. Diese Beobachtung regte ihn an, sich Gedanken über das „typisch männliche" oder „typisch weibliche" Verhältnis zum eigenen Körper zu machen.

Eine ähnlich „überraschende" Entdeckung machten Roethlisberger u. Dickson (1964) während ihrer organisationssoziologischen Arbeiten bei Western Electric.

Ursprünglich geplant, die Auswirkungen verschiedener Veränderungen der physischen Arbeitsbedingungen zu untersuchen, stieß man auf die seinerzeit erstaunliche Tatsache, daß die informellen Organisationsformen innerhalb der Arbeitsgruppen um ein Vielfaches wichtiger waren als die objektiven Arbeitsbedingungen. Diese Einzelbeobachtung stimulierte eine Umorientierung der Arbeitswissenschaften zu einer Forschungsrichtung, die heute unter der Bezeichnung "human relations research" bekannt ist (Einzelheiten vgl. Volpert, 1975).

Einzelbeobachtungen haben häufig auch nur – ähnlich wie archäologische Ausgrabungen – eine Indikatorfunktion; sie sind für sich genommen eigentlich belanglos, vermitteln jedoch demjenigen, der die „Spuren zu lesen" vermag, interessante Einblicke in das dahinterliegende Geschehen. Einige Beispiele für diese Art von Einzelbeobachtungen haben wir bereits auf S. 197f. unter der Bezeichnung *„nonreaktive Messungen"* (vgl. Webb et al., 1975, oder Bungard u. Lück, 1974) behandelt. (Wenn beispielsweise Stühle und Tische eines Seminarraumes mit besonders vielen Gemälden und Sprüchen verziert sind, ist es naheliegend, diesen Spuren die Hypothese zu entnehmen, daß in diesem Raum häufig langweiliger Unterricht stattfindet.) In einer sozialen Welt, die nicht gerade arm an Symbolen und Ritualen ist, lassen sich mühelos Spuren entdecken, die zu entschlüsseln viele interessante und aufschlußreiche Einsichten verspricht (Einzeluntersuchungen vgl. Barton u. Lazarsfeld, 1979).

3.2.2 Konstruktion deskriptiver Systeme

Deskriptive Systeme ordnen und systematisieren viele qualitative oder quantitative Beobachtungen. Es sind beschreibende Untersuchungen, deren primäres Ziel es ist, die Vielfalt der in einem Untersuchungsfeld angetroffenen Erscheinungsformen voneinander abzugrenzen, zu gliedern und begrifflich zu präzisieren. Der hypothesenanregende Charakter dieser Untersuchungen kommt darin zum Tragen, daß die Art der Systematik nicht vorgegeben ist, sondern die Vorstellungen des Forschers über eine sinnvolle und praktikable Ordnung wiedergibt.

Barton u. Lazarsfeld (1979, S. 54f.) berichten beispielsweise über eine stadtsoziologische Untersuchung von Wirth (1926), der aufgrund eigener Erfahrungen eine Typologie der „jüdischen Persönlichkeit" aufstellt. Diese Typologie unterscheidet

– den „Menschen" als eine Person mit überlegenem ökonomischen Status, die erfolgreich ist, ohne hierbei ihre Identität geopfert zu haben,
– den „Alles-Klar-Typ", der in seinem Opportunismus einen Großteil des kulturellen Ballastes seiner Gruppe über Bord geworfen hat,
– den „Schlemihl", der das Stereotyp des Juden als „Personifizierung allen Geschäftssinns" Lügen straft, indem er sich schwerfällig und hilflos benimmt und ihm alles, was er beginnt, mißlingt,
– den „Luftmenschen", der sich mühelos von einem zum anderen erfolglosen Vorhaben treiben läßt und dessen einzig erkennbarer Lebensquell die Luft, die er atmet, zu sein scheint,

- den „Yestiba Bochar", den buchstäblichen talmudischen Student, den jungen Mann, dessen Gelehrsamkeit ihm ungeachtet seiner Herkunft oder seines Reichtums Ansehen verleiht und
- den „Zaddik", die fromme, patriarchalische Person, deren vorbildliches Verhalten als beispielhaft herausgehoben wird.

Das Beispiele verdeutlicht die Konstruktion eines deskriptiven Systems nach gemeinsamen Gewohnheiten, Erfahrungen oder Werten der betroffenen Personen. Es handelt sich nicht um eine Aufzählung konkreter Menschen, sondern um idealisierte Typen, die um besonders auffällige „Kerne" kultureller Musterläufigkeiten konstruiert sind. Der hypothetische Charakter dieser Typologie liegt in der Annahme, daß die genannten Eigenschaften nicht gleichzeitig bei einem Menschen, sondern nur unabhängig voneinander anzutreffen sind. Derartige deskriptive Systeme stellen die Basis für die Konstruktion deskriptiver Kategorien (vgl. Kap. 2.5.3) dar, mit denen empirisch überprüft werden kann, ob die implizite Hypothese der Typologie tragfähig ist.

Das Bemühen Kretschmers (1961) um eine Körpertypologie hätte sicherlich weit weniger Beachtung gefunden, wenn es bei der Konstatierung geblieben wäre, es gäbe muskulöse Menschen (Athletiker), kleine und runde Menschen (Pykniker) sowie lange und dünne Menschen (Leptosomen). Erst die Zuordnung verschiedener Persönlichkeitsmerkmale zu diesen Körperbautypen bzw. die mehr oder weniger begründete Hypothese, zwischen Körperbau und Charakter bestehe eine Korrelation, hat die Wissenschaft aufmerken lassen und zu weiterführenden Untersuchungen veranlaßt.

Schlechte deskriptive Systeme benennen lediglich einige besonders auffällige Erscheinungsformen (Prototypen), denen nur ein Bruchteil der übrigen Erscheinungsformen zugeordnet werden kann. Der große Rest bleibt als „Mischtyp" unklassifiziert. Sinnvoller ist eine empirisch orientierte Vorgehensweise, die von einer großen Anzahl sorgfältig beschriebener Einheiten ausgeht, die bezüglich einiger besonders wichtig erscheinender Merkmale klassifiziert werden.

Als deskriptive Systeme kommen nicht nur Typologien mit einander ausschließenden Kategorien, sondern auch Dimensionen zur Beschreibung der zu systematisierenden Erscheinungsformen in Betracht (zum Vergleich typologischer und dimensionaler Systeme siehe Ekman, 1951). Mit dem dimensionalen Ansatz ist keine Zuordnung zu einer der vorgegebenen Kategorien, sondern eine Einordnung der Untersuchungsobjekte auf einer oder mehreren Dimensionen erforderlich, die für das deskriptive System wichtige Merkmale zusammenfassen. Dies geschieht beispielsweise in der Körperbautypologie von Sheldon (1954), die für die Merkmale „endomorph", „mesomorph" und „ektomorph" (diese Merkmale entsprechen ungefähr den Merkmalen „pyknisch", „athletisch" und „leptosom" bei Kretschmer) jeweils sieben verschiedene Ausprägungen vorsieht.

Dimensionale deskriptive Systeme lassen sich auch entwickeln, wenn man statistische Verfahren, wie z.B. die Faktorenanalyse, Clusteranalyse oder multidimensionale Skalierungstechniken einsetzt (vgl. Anhang D). Diese Verfahren klassifizieren die zu ordnenden Elemente nach Maßgabe ihrer Ähnlichkeit. (Weitere Informationen über deskriptive, dimensionale Systeme findet man bei Wottawa, 1979.)

3.2.3 Qualitative Zusammenhangsanalyse

Nachdem zunächst ein einzelnes Ereignis Gegenstand einer beschreibenden Untersuchung war (Analyse von Einzelbeobachtungen), bezog sich die zuletzt behandelte Art beschreibender Untersuchungen auf viele Einzelbeobachtungen, die es zu kategorisieren bzw. zu ordnen galt (Entwicklung deskriptiver Systeme). Die dritte Gruppe beschreibender Untersuchungen umfaßt Fragestellungen, in denen viele Einzelbeobachtungen hinsichtlich ihrer wechselseitigen Beziehungen zu analysieren sind. Die qualitative Zusammenhangsanalyse sucht nach Einflußgrößen, die das untersuchte Geschehen bzw. den untersuchten Sachverhalt bestimmen.

Für die *quantitative* Analyse von Zusammenhängen bzw. die Überprüfung von Zusammenhangshypothesen steht dem Sozialwissenschaftler eine Reihe ausgefeilter Techniken zur Verfügung (vgl. Kap. 5.2.1). Diese mit der Korrelationsstatistik zusammenhängenden Verfahren versagen jedoch, wenn es über die Konstatierung eines Zusammenhanges hinaus um die inhaltliche Begründung kausaler Hypothesen geht (vgl. S. 395 ff.). Hierfür sind auf sorgfältige Beobachtungen aufbauende Beschreibungen oftmals aufschlußreicher als die Resultate komplizierter statistischer Auswertungstechniken.

Eine Systematik des Schülerverhaltens beispielsweise stellt auf einzelne Verhaltensweisen bezogene Kategorien auf, die das Verhalten von Schülern möglichst vollständig beschreiben. Eine Antwort auf die Frage, warum sich ein Schüler in einer bestimmten Weise verhält bzw. warum bestimmte Verhaltenssequenzen besonders häufig auftreten, vermag diese Systematik jedoch nicht zu geben. Hierfür sind weitere, über ein konkretes Schülerverhalten hinausgehende Beobachtungen erforderlich, die zur Erklärung des Verhaltens beitragen können.

Im folgenden werden einige Anregungen gegeben, die das Auffinden kausaler Hypothesen in beschreibenden Untersuchungen erleichtern.

– Analyse natürlich variierender Begleitumstände: Will man die Ursache einer Verhaltensweise ergründen, ist es erforderlich festzustellen, unter welchen Umständen das Verhalten auftritt und wann es ausbleibt. Eine fundierte Kausalhypothese setzt voraus, daß man die gemeinsamen Elemente der Begleitumstände, unter denen sich das zu untersuchende Verhalten zeigt, mit Situationen vergleicht, in denen dieses Verhalten nicht auftritt.
– Analyse willkürlich manipulierter Begleitumstände: Vermutungen über Einflußgrößen lassen sich gelegentlich dadurch erhärten, daß man die Einflußgrößen systematisch variiert. Bei dieser als „Vorläufer" eines systematisch kontrollierten Experiments (vgl. S. 35) zu verstehenden Vorgehensweise ist darauf zu achten, daß der oder die betroffenen Untersuchungsteilnehmer die Bedingungsvariation als natürlich empfinden.
– Veränderungen aufgrund besonderer Ereignisse: Ändert sich das Verhalten oder ein Verhaltensausschnitt abrupt mit dem Eintreten eines besonderen Ereignisses, ist dieses Ereignis mit hoher Wahrscheinlichkeit für die eingetretene Änderung verantwortlich (zur Bedeutung und Analyse derartiger "critical life events" vgl. z. B. Filipp, 1981).
– Ursachen erfragen: Geht es um die Klärung der Begleitumstände einer bestimmten Verhaltensweise, liefert ein offenes Gespräch bzw. eine Exploration (vgl.

S. 231 f.) hierfür entscheidende Hinweise. Auch wenn diese nicht immer mit den tatsächlichen Ursachen übereinstimmen, erfährt man auf diese Weise, welche Erklärungen sich der Betroffene selbst „zurechtgelegt" hat, bzw. an welchen Stellen diese Erklärungen unstimmig sind.

- Auffälligkeiten in der Lebensgeschichte: Ursachen des zu klärenden Verhaltens sind zuweilen auch in der Vergangenheit bzw. Lebensgeschichte des Betroffenen zu suchen. Das hierfür erforderliche Erkundungsgespräch sollte möglichst keine Prioritäten setzen und auch unwichtig erscheinende Details der biologisch-somatischen, biographischen und sozioökonomischen Entwicklung einbeziehen. Allerdings sind derartige Erinnerungsberichte selten lückenlos, weil oftmals entscheidende Ereignisse vergessen oder verdrängt wurden.
- Eigene Initiativen erkunden: Wichtige Anhaltspunkte für die Bildung von Hypothesen über den Entstehungszusammenhang der zu untersuchenden Sachverhalte liefern gelegentlich die Aktivitäten oder Initiativen, die der Betroffene selbst unternimmt (oder zu unternehmen gedenkt), um eine Veränderung herbeizuführen. Hinter diesen Initiativen verbergen sich häufig interessante Kausalmodelle über die Entstehung und Beseitigung des in Frage stehenden Problems.
- Systematische Vergleiche: An Einzelfällen gewonnene Kausalhypothesen lassen sich durch systematische Vergleiche mit anderen Einzelfällen erhärten oder widerlegen. Als eine spezielle Technik entwickelte Jüttemann (1981) die „komparative Kasuistik", die hinsichtlich ihrer Lebenssituation bzw. Krankheitsgeschichte weitgehend ähnlich gelagerte Einzelfälle in bezug auf mögliche Übereinstimmungen oder Unterschiede analysiert und vergleicht. Es handelt sich um ein schrittweises Vorgehen, bei dem ein zunächst einfaches Kausalmodell durch die Einbeziehung neuer Aspekte und weiterer Einzelfälle in mehreren Vergleichsdurchgängen allmählich ausgebaut wird.

Die hier genannten Ansätze zur Identifikation von Einflußfaktoren bzw. zur Aufstellung kausaler Hypothesen sollten verdeutlichen, daß qualitative Zusammenhangsanalysen keine einfachen Varianten beschreibender Untersuchungen darstellen. Sie setzen Erfahrungen mit dem Untersuchungsfeld sowie ein Gespür für tatsächliche und nur scheinbare Ursachen voraus. Für beschreibende wie auch für hypothesenprüfende Untersuchungen gilt, daß eine kausale Interpretation der Untersuchungsbefunde um so eher zu rechtfertigen ist, je weniger Alternativerklärungen plausibel erscheinen (vgl. S. 397).

3.3 Eine Auswahl beschreibender Untersuchungen

Obwohl die methodische Vergehensweise einer beschreibenden Untersuchung offen und dem jeweiligen Untersuchungsgegenstand angepaßt sein sollte, es also „die beschreibende Methode" nicht gibt (letztlich können alle in Kap. 2 genannten Datenerhebungsmethoden in beschreibenden Untersuchungen eingesetzt werden) trifft man in der Forschungspraxis einige methodische Varianten besonders häufig an, die im folgenden etwas ausführlicher dargestellt werden. Es handelt sich um die *biographische Methode,* die Durchführung von *Erkundungsgesprächen* sowie Methoden zur *Analyse verbaler Informationen.*

Weitere Anregungen für beschreibende Untersuchungen liefern u. U. folgende Methoden:

– „Lautes Denken": Diese Methode wird vor allem eingesetzt, um kognitive Prozesse beim Problemlösen kennzulernen (Lit.: Ericson u. Simon, 1980; Weidle u. Wagner, 1982).
– Kritische Lebensereignisse: Die Analyse der auslösenden Faktoren und der Konsequenzen kritischer Lebensereignisse (z. B. Arbeitslosigkeit, Scheidungen, Krankheiten, Todesfälle etc.) sowie deren Bewältigung durch die Betroffenen stellt ein wichtiges Element für die Aufarbeitung individueller Lebensläufe dar (Lit.: Filipp, 1981).
– Gruppendiskussionen: Diese Methode ist besonders geeignet, wenn ohne besonderen Aufwand ein neues Untersuchungsfeld durch Befragen und Diskussion mehrerer mit dem Thema vertrauter Personen erkundet werden soll (weitere Einzelheiten und Lit. s. S. 170).
– Soziometrie: Dieser auf Moreno (1953) zurückgehende Begriff umfaßt Techniken zur Beschreibung der Struktur von Gruppen wie z. B. Schulklassen, Arbeitsgruppen o. ä. (Lit.: z. B. Friedrichs, 1979, Kap. 5.6).
– Aufsätze: Hiermit sind auf Anfrage zu einem speziellen Thema schriftlich angefertigte Ausarbeitungen gemeint, die gegenüber mündlichen Äußerungen weniger spontan und deshalb häufig besser begründet sind. Anleitungen zur Auswertung von schriftlichen Dokumenten findet man bei Allport (1970, S. 393 ff.).
– Projektive Testverfahren: Diese Verfahren konfrontieren den Untersuchungsteilnehmer mit relativ unstrukturierten und uneindeutigen Stimulussituationen. Die Art und Weise, wie dieser auf die Situation reagiert bzw. welche Deutungen er in die Situation „hineinprojiziert", kann für Einstellungen, Bedürfnisse, Konflikte oder Phantasien der untersuchten Person aufschlußreich sein (Lit.: Anderson u. Anderson, 1951, oder auch Huber u. Mandel, 1982).

3.3.1 Die biographische Methode

Zu den wichtigsten, dem ideographischen Ansatz verpflichteten Methoden zählt die biographische Methode, die durch sorgfältige Analyse der Lebensgeschichte eines Individuums dessen Einmaligkeit verständlich machen will. Thomae (1968, S. 107 ff.), der sich intensiv mit dieser Methode auseinandersetzt, beschreibt die „natürlichen Einheiten einer Biographie" in folgender Weise:

1. Als kleinste Einheit gilt die „zielgerichtete Handlung als relativ in sich geschlossene Folge von Ereignissen innerhalb des subjektiven Aktivitätskontinuums, die eine für das handelnde Subjekt sinnvolle Veränderung der Welt ... bewirkt".
2. Mittlere Einheit ist der Tagesablauf, der durch bestimmte physikalische, biologische und soziokulturelle Faktoren eindeutig umrissen ist.
3. Als größte Einheit wird der Lebenslauf definiert. Da vollständige Berichte über den gesamten Lebenslauf jedoch selten vorliegen, gilt es, einen „möglichst großen Abschnitt aus der individuellen Biographie" zu erkunden.

Thematisch befaßt sich die biographische Methode mit den Einstellungen und Werten des Individuums, seiner Daseinsthematik, seinen Aktivitäten in Freizeit und Beruf, seiner Lebensplanung, seinen Problemen etc. Von einer literarischen Biographie unterscheidet sich die „psychologische Biographik" dadurch, daß die Analyse der Lebensgeschichte eines „durchschnittlichen" Menschen letztlich Anhaltspunkte für generalisierbare Erkenntnisse liefern soll. Hierin liegt der Hypothesen anregende Wert einer nach der biographischen Methode durchgeführten beschreibenden Untersuchung.

Als Hilfsmittel der biographischen Methode nennen Thomae (1968) bzw. Allport (1970): (1) die Exploration, (2) vollständige oder auch nur fragmentarische Autobiographien, (3) Tagebücher, (4) Briefe, (5) beantwortete Fragebögen mit offenen Fragen, (6) wörtliche Aufzeichnungen von Interviews, Bekenntnissen, Erzählungen oder Berichten, (7) gewisse literarische Kompositionen.

Die *Exploration* werden wir als eine spezielle Gesprächstechnik oder Befragungsform im nächsten Abschnitt (Kap. 3.3.2: Erkundungsgespräche) ausführlich behandeln.

Autobiographien bzw. mehr oder weniger standardisierte Selbstbeschreibungen stellen – soweit sie vorhanden bzw. verfügbar sind – eine hilfreiche Ergänzung der Explorationsprotokolle dar. Als ein persönliches Dokument geben sie – absichtlich oder unabsichtlich – Aufschluß über das Leben seines Urhebers. Allerdings ist die Frage entscheidend, welche Motive jemanden dazu bewogen haben, derartige persönliche Dokumente anzufertigen. Nur wenn man weiß, wie und warum das Dokument zustande kam, kann der Wert des Dokumentes bzw. sein Aussagegehalt richtig eingeschätzt werden. Als mögliche Gründe nennt Allport (1970) u. a. Verteidigung und Selbstrechtfertigung, Exhibitionismus, Streben nach Ordnung, Katharsis, Hilfe bei der Therapie, Wiedergutmachung und soziale Wiedereingliederung sowie Wunsch nach Unsterblichkeit.

Dessen ungeachtet dürfte es eher die Ausnahme sein als die Regel, daß man bei einer Person, deren Lebenslauf man untersuchen möchte, eine Autobiographie vorfindet. Ist dies nicht der Fall, stellt eine gezielt angefertigte Selbstbeschreibung häufig einen guten Ersatz dar. Auch wenn derartige Kurzbeschreibungen bei weitem nicht so aufschlußreich sind wie eine vollständige Biographie und zudem durch Tendenzen wie Selbstschmeichelei oder Selbstverleugnung verfälscht sein können, erhält man immerhin eine Darstellung der eigenen Sichtweise der Person.

Eine weit verbreitete Methode der Selbstbeschreibung konfrontiert den Untersuchungsteilnehmer mit der Frage „wer bin ich?", verbunden mit der Aufforderung, drei kurze Antworten niederzuschreiben (Bugental u. Zelen, 1950). Eine Weiterentwicklung dieses Verfahrens stellt der "twenty statements tests" von Kuhn u. Partland (1954) dar, bei dem der Befragte 20 Aussagen zu dieser Frage formuliert. Eine Anwendung dieses Verfahrens auf Selbstdarstellungen türkischer Gastarbeiterkinder findet man bei Leonhard (1983).

Tagebücher zählen nach Allport (1970) zu den aufschlußreichsten subjektiven Dokumenten, auch wenn nicht übersehen werden darf, daß in Tagebüchern vor allem Auseinandersetzungen mit Konflikten niedergelegt werden. Sie sind deshalb für einen zu beschreibenden Lebenslauf weit weniger repräsentativ als die Ergebnisse einer sorgfältigen Exploration oder der Auswertung einer Autobiographie. Gerade aber weil sie als ein besonders intimes Dokument der Öffentlichkeit üblicherweise nicht zugänglich sind (der Hinweis, daß Tagebücher nur mit freiwilligem Einverständnis ihrer Verfasser eingesehen werden dürfen, sollte sich erübrigen), enthalten sie zuweilen Detailinformationen, die durch Exploration oder Autobiographien nicht bekannt werden.

Briefe gehören wie Tagebücher ebenfalls zu den intimen persönlichen Dokumenten und sind deshalb – sieht man von literaturwissenschaftlichen Kommentaren zu Briefen berühmter Persönlichkeiten einmal ab – für eine wissenschaftliche Analyse nur selten zugänglich. (Eine Ausnahme stellt eine Arbeit von Baldwin (1942) dar, der die Briefe, die eine Witwe in den letzten elf Jahren ihres Lebens an eine Familie schrieb, analysierte.)

Die übrigen in der Aufzählung genannten Dokumente können nicht als integrale Bestandteile der biographischen Methode gelten, da sie nur selten vorliegen. Immerhin erscheint es wichtig, sich zu Beginn einer Lebenslaufuntersuchung nach allen möglichen Materialien zu erkundigen, zu denen die oben aufgeführten seltenen Dokumente zweifellos ebenfalls zählen.

3.3.2 Erkundungsgespräche

Im Kap. 2.4.1 wurde bereits ausgiebig über das Interview als eine mündliche Datenerhebungstechnik berichtet. Allerdings legten wir in diesem Kapitel besonderen Wert auf Standardisierungstechniken, die es gestatten, Interviewdaten nicht nur zur Beschreibung, sondern auch zur Hypothesenprüfung heranzuziehen. Hier nun sollen Interviewvarianten zur Sprache kommen, die sich vor allem in beschreibenden Untersuchungen bzw. zur Erkundung von Hypothesen bewährt haben. Es handelt sich um die *Exploration* als allgemeine Form eines Erkundungsgespräches sowie zwei spezielle Explorationstechniken, das *fokussierte* und das *narrative Interview*.

3.3.2.1 Exploration

Die Exploration dient als offene, nicht standardisierte Interviewform der Erkundung einer individuellen Lebensgeschichte. Sie wird in einer lockeren, entspannten Gesprächsatmosphäre durchgeführt, die es dem Befragten erleichtert, auch über persönliche, intime Dinge zu sprechen. Ein seitens des Interviewers engagiert geführtes Gespräch hilft, mögliches Mißtrauen des Gesprächsteilnehmers dem Interviewer gegenüber abzubauen und schafft eine natürliche lebensnahe Gesprächsatmosphäre, in der die Rollen des „Gebenden" und „Nehmenden" ständig wechseln (vgl. z. B. Ulich, 1982).

Nach Abschluß der Einleitungsphase (Vorstellung, Erklärung des Forschungsgegenstandes, ggf. Nennung des Auftraggebers, zwanglose Unterhaltung zum „Aufwärmen") sollte der Interviewer den Ablauf der Exploration weitgehend dem Befragten überlassen. Er erfährt auf diese Weise, welchen Stellenwert der Befragte seinen Äußerungen zeitlich und der Intensität nach einräumt. Möglicherweise offen gebliebene Themen können zum Ende der Exploration durch gezielte Fragen geklärt werden. Nach Allport (1970, S. 409) sollte ein Interview zur bisherigen Lebensgeschichte auf folgende Themen eingehen:

1. Alter
2. Nationalität und kulturelle Vergangenheit
3. Grad und Art der Schulbildung
4. Krankheit und Unfälle
5. berufliche Vorgeschichte und Pläne

6. Hobbys und Erholung
7. kulturelle Interessen
8. Ambitionen (z. B. was der Befragte in den nächsten Jahren zu leisten hofft)
9. persönliche Bindungen (wer ihn am meisten beeinflußt)
10. Tagträume
11. Befürchtungen und Sorgen
12. Mißerfolge und Enttäuschungen
13. ausgesprochene Aversionen
14. sexuelle Erfahrungen
15. neurotische Schwierigkeiten
16. religiöse Erlebnisse
17. Lebensanschauung.

(Weitere Einzelheiten s. Undeutsch, 1983, oder Thomae u. Petermann, 1983; über Anwendungen der Exploration berichten z. B. Lehr, 1964, und Lehr u. Thomae, 1965.)

Eine spezielle Form der Exploration stellt die *Anamnese* dar. Während die Exploration in der Regel der gesamten Persönlichkeit gilt, ist die Anamnese vom Kontext her an die Vorbereitung einer helfenden Intervention gebunden. Es handelt sich um eine klinische Befragungsform, die die Vorgeschichte einer psychischen oder physischen Symptomatik erkundet (Lit.: Toms, 1975, oder Schmidt u. Kessler, 1976).

3.3.2.2 Fokussiertes Interview

Merton und Kendall (1979) beschreiben das fokussierte Interview als eine Befragungsform, bei der ein bestimmter Untersuchungsgegenstand im Mittelpunkt des Gespräches steht bzw. bei der es darum geht, die Reaktionen des Interviewten auf das „fokussierte Objekt" zu ermitteln. Dieses kann ein Film, ein Rundfunkprogramm, ein Artikel oder ein Buch, ein psychologisches Experiment oder irgendeine andere konkrete Situation sein. Wichtig ist, daß der Interviewer bereits vor der Befragung nach einer gründlichen Analyse des Untersuchungsobjektes zu Hypothesen über die Bedeutung und die Wirkung einzelner Aspekte dieser Situation gelangt (beispielsweise Hypothesen über die Wirkung einzelner Filmausschnitte). Diese Hypothesen, die gewissermaßen seinen Interviewleitfaden bilden, versucht der Interviewer während des Gespräches aufgrund der Reaktionen und Erfahrungen des Befragten zu bestätigen oder zu erweitern. Das fokussierende Interview will also sowohl zuvor gewonnene Hypothesen überprüfen und gleichzeitig neue Erklärungs- oder Reaktionsmöglichkeiten erkunden.

Zur Durchführung eines fokussierten Interviews geben Merton u. Kendall (1979, S. 178 f.) die folgenden Ratschläge:

1. Der Interviewer sollte die Reaktionen des Befragten nicht beeinflussen. Die Gesprächsführung sollte nondirektiv sein und es dem Befragten ermöglichen, seine persönliche Interpretation der Stimulussituation zu geben.
2. Das Gespräch sollte situationsspezifisch geführt werden. Wichtig ist es herauszufinden, welche Bedeutung die befragte Person einzelnen Teilen oder Elementen der untersuchten Situation beimißt, bzw. welche Empfindungen diese bei ihr

auslösen (Aufforderung zur „retrospektiven Introspektion" etwa durch die Frage: „Wenn Sie zurückdenken, was war Ihre Reaktion bei diesem Teil des Films?").

3. Die Gesprächsführung sollte für unerwartete Reaktionen Raum lassen und diese aufgreifen. Die vom Interviewleitfaden abweichenden Gesprächsteile sind besonders geeignet, neue Hypothesen über die Wirkungsweise bzw. die Art, wie die Situation verarbeitet wird, aufzustellen.

4. Das Gespräch sollte „tiefgründig" geführt werden. Der Interviewer sollte sich bemühen, über die Kennzeichnung affektiver Reaktionen als positiv oder negativ hinausgehend ein Höchstmaß an „selbstenthüllenden Kommentaren" zu erhalten. Dies kann entweder durch direkte Fragen nach Affekten oder Gefühlen (z. B. „was empfanden Sie bei dieser Situation?" oder „wie ging es Ihnen dabei?") oder durch die Wiederholung von Gefühlsäußerungen des Befragten durch den Interviewer geschehen, die den Befragten implizit auffordern, weitere Emotionen zu äußern (Näheres s. Merton et al., 1956, oder Hron, 1982).

3.3.2.3 Narratives Interview

Das von Schütze (1977) beschriebene narrative (erzählende) Interview beruht auf einer Reihe ähnlicher Überlegungen wie das fokussierte Interview. Die in bezug auf das fokussierte Interview genannten vier Kriterien einer guten Interviewführung gelten auch für diese Art eines Erkundungsgespräches. Der wesentliche Unterschied der beiden Befragungsstrategien besteht im Gegenstand des Interviews: Bei narrativen Interviews möchte der Forscher nicht die spezifische Reaktion auf einen bestimmten Stimulus, sondern etwas aus der persönlichen Erfahrung bzw. aus der Lebensgeschichte des Befragten erkunden. Der Interviewte soll über seinen persönlichen Erfahrungshintergrund erzählen. Der Interviewer nimmt hierbei die Haltung eines normalen interessierten Zuhörers ein, der nicht auf Verborgenes „lauert", sondern eine möglichst gelockerte Gesprächsatmosphäre schafft.

In der Eingangsphase erläutert der Interviewer (bzw. das von Schütze, 1977, empfohlene Interviewertandem), worüber das Gespräch geführt werden soll. Dem Befragten ist zu erklären, warum man sich für ihn als Informanten entschieden hat.

Die Erzählphase überläßt dem Erzähler vollständig die Situation und die Art, eine Erzählung zu strukturieren. Bei Unklarheiten sollte die Möglichkeit eines Mißverständnisses nur leicht angedeutet und der Erzählfluß nicht durch direkte Nachfragen unterbrochen werden. Diese sind bis zum Schluß der Erzählung zurückzustellen. Auch ein zu häufiges Nicken oder ähnliche Formen der Zustimmung, die beim Befragten den Eindruck erwecken könnten, der Interviewer wisse ohnehin schon alles, sind möglichst zu unterlassen.

In derartigen Erzählsituationen entstehen subtile Zwänge, die nicht unmittelbar vom Interviewer ausgehen. Schütze (1977) nennt in diesem Zusammenhang einen „Detaillierungszwang" (der Erzähler merkt, daß ein Teil seiner Geschichte unvollständig ist und ausführlicher dargestellt werden muß), einen „Gestaltschließungszwang" (bestimmte Teile der Erzählung werden vom Erzähler als noch nicht abgeschlossen empfunden) sowie einen „Zwang zur Kondensierung und Relevanzfestlegung" (der Erzähler sieht sich vor die Aufgabe gestellt, einzelne Teile seiner Erzählung zu gewichten bzw. wertend zu resümieren).

Ein zentrales Problem des narrativen Interviews besteht darin, ein Thema zu finden, das „narrative Generierungskraft" in sich birgt. Schütze (1977) gibt dafür folgende Hinweise:

- Das Thema muß eine „konturierte Gesichtsfigur" sein und bei einem bestimmten Ereignis ansetzen, das sich der Befragte leicht ins Gedächtnis zurückrufen kann.
- Damit er den Sinn einer persönlichen Erzählung sieht, muß es relevante Aspekte der Lebensführung des Befragten betreffen.
- Es muß ein Thema sein, das beim Befragten das Gefühl entstehen läßt, er werde als Experte zu diesem Thema gehört.
- Es muß ein Thema sein, das in Korrespondenz zur Form der Erzählung steht, das also z. B. weder technische Erklärungen noch sofortige Diskussionen provoziert.

Das narrative Interview eignet sich vor allem für komplexe, wenig strukturierte Untersuchungsgegenstände bzw. für Sachverhalte, die für den Befragten möglicherweise entblößend, peinlich oder verletzend sein können. Durch die Art der Erzählsituation bleibt es dem Erzähler überlassen, „wie weit er gehen will" bzw. welche persönlichen Erfahrungen er mitzuteilen bereit ist. (Weitere Informationen findet man bei Schütze, 1976, 1977, bzw. in den kritischen Stellungnahmen von Hopf, 1978, und Kohli, 1978.)

Zusammenfassend ist festzustellen, daß die Exploration, das fokussierte und das narrative Interview – abgesehen von einigen differenzierenden Nuancen – im Grunde sehr ähnliche Gesprächstechniken darstellen. Der Schwerpunkt liegt auf einer nondirektiven Gesprächsführung, die dem Befragten viel Spielraum läßt und darum bemüht ist, die für das „klassische" Interview typische asymmetrische Kommunikationssituation zu vermeiden.

3.3.3 Analyse verbaler Informationen

Viele Methoden für beschreibende Untersuchungen wie z. B. die hier aufgegriffene biographische Methode oder Varianten von Erkundungsgesprächen liefern als primäres Datenmaterial verbale Informationen, deren weitere Bearbeitung im folgenden thematisiert wird. Wir befassen uns mit einem formal-quantitativen Aspekt verbaler Informationen, der in *inhaltsanalytischen Untersuchungen* zum Tragen kommt, sowie einem qualitativen Aspekt, der mit *textanalytischen Auswertungen* erfaßt wird.

Sprachliche Äußerungen („Sprechakte", Austin, 1972; Searle, 1979) bzw. schriftliche Aufzeichnungen sind Gegenstand vieler wissenschaftlicher Disziplinen. Erwähnt seien hier vor allem die Linguistik bzw. Soziolinguistik, die sich z. B. der empirischen Erfassung des konkreten Sprachgebrauchs (Alltagssprache) und besonderen Formen sprachlicher Kommunikation (z. B. Einzelheiten des Sprachgebrauchs in verschiedenen sozialen Kontexten) widmen (vgl. etwa Bernstein, 1972; Deutsch, 1973; Labov, 1973, oder van Dijk, 1980).

3.3.3.1 Inhaltsanalyse

Diese Analyseform verbaler Informationen verfolgt das Ziel, durch Auszählung einzelner Textelemente wie z. B. Wortarten, Satzteile, Satzkonstruktionen, spezielle Ausdrucksformen o. ä. die spezifische Qualität eines Textes (z. B. Gesprächsprotokolle, Zeitungsartikel, Leserbriefe, Comictexte etc.) zu bestimmen. Die Aussagekraft dieser zu den nonreaktiven Verfahren zählenden Technik hängt entscheidend von der Eindeutigkeit der Kategorien ab, die festlegen, welche Textelemente auszuzählen sind (vgl. hierzu auch Kap. 2.1 zum Stichwort „Zählen"). Versuche, allgemeingültige Kategorien zu erstellen, die für die Verschlüsselung beliebiger Texte bzw. gar für eine automatische, EDV-orientierte Inhaltsanalyse geeignet sind, haben sich bisher als wenig fruchtbar erwiesen. Nach wie vor bietet eine sorgfältige Analyse des durch die jeweilige Fragestellung abgesteckten Themenbereiches die beste Gewähr für ein valides, verschiedene Texte sinnvoll differenzierendes Kategorienschema. Im einzelnen empfiehlt es sich, bei der Durchführung einer Inhaltsanalyse die folgenden Teilschritte zu beachten:

1. Theoretische Analyse des Untersuchungsgegenstandes hinsichtlich bedeutsamer sprachlicher Indikatoren (Beispiel: Analyse von Leserbriefen in bezug auf Stellungnahmen zur Gastarbeiterproblematik. Wie sind positive, negative oder neutrale Einstellungen zu diesem Problem definiert? Welche sprachlichen Äußerungen können als Indikatoren für verschiedene Einstellungen gewertet werden?).
2. Bildung von Kategorien, nach denen der Text verschlüsselt werden soll (In welcher Weise sind wertende Sätze, Satzteile oder Wörter zu klassifizieren?).
3. Überprüfung der Eindeutigkeit der Kategorien an einem ähnlichen Material und ggf. Modifikation des Kategorienschemas (Welche Textelemente sind mehreren Kategorien oder keiner Kategorie zuzuordnen?).
4. Genaue Instruktion zur Handhabung des Kategorienschemas (Diese ist erforderlich, falls externe Urteiler eingesetzt werden; bei schwierigen inhaltsanalytischen Aufgaben ist eine zusätzliche Schulung der Urteiler anzuraten).
5. Bestimmung der Objektivität und der Reliabilität des Kategorienschemas (vgl. S. 135ff.; Vergleich der Textverschlüsselungen mehrerer Urteiler und Vergleich wiederholter Textverschlüsselungen).
6. Auswahl der zu analysierenden Texteinheiten (Welche Stichprobe von Leserbriefen soll in die Untersuchung einbezogen werden?).
7. Durchführung der Inhaltsanalyse (Inhalte und Strukturen der Leserbriefe werden anhand des Kategorienschemas verschlüsselt).
8. Statistische Aufbereitung der inhaltsanalytischen Ergebnisse (Auszählung der Häufigkeiten für die einzelnen Kategorien; ggf. Zusammenfassung von Kategorien mit ähnlicher Bedeutung).
9. Ableitung von Hypothesen aus dem inhaltsanalytischen Material.

Die inhaltsanalytisch gewonnenen Aussagen sind hypothetisch und bedürfen weiterer Überprüfung an anderen Datensätzen (Texten) oder durch Untersuchungen, die die Validität der verwendeten sprachlichen Indikatoren sowie eine über das analysierte Material hinausgehende Generalisierbarkeit der Ergebnisse nachweisen.

Die „klassische" Inhaltsanalyse basiert auf der Annahme, daß sich die Intensität der zu messenden Variablen in der Häufigkeit des Auftretens entsprechender für die Variablen typischer Textelemente niederschlägt. Die Intensität inhaltsanalytischer Variablen läßt sich jedoch auch direkt durch die Verwendung von *Ratingskalen* bzw. kontextspezifischen semantischen Differentialen (vgl. Kap. 2.2.4.4) erheben (Ein Beispiel hierfür findet man in einer Untersuchung von Braune et al., 1976, in der es u. a. darum ging, Argumentationsunterschiede zweier überregionaler Tageszeitungen in bezug auf die Ost- und Deutschlandpolitik der Bundesregierung inhaltsanalytisch festzustellen). Diese Vorgehensweise unterliegt natürlich in stärkerem Maße subjektiven Einflüssen als eine Inhaltsanalyse, bei der lediglich Häufigkeiten von Satzelementen nach vorgebenen Kategorien auszuzählen sind. Ein weiteres Verfahren ist die von Osgood (1959, zit. nach Lisch u. Kriz, 1978, S. 142 ff.) entwickelte "Evaluative Assertion Analysis", in der einzelne Sätze oder Satzteile einschließlich ihrer Syntax bewertet werden.

Kritiker der Inhaltsanalyse bezweifeln die Annahme, die Häufigkeiten bestimmter Begriffe oder Sprachformen seien indikativ für den Aussagegehalt eines Textes. Zuweilen sei es nur ein einziger Begriff bzw. nur eine sprachliche Wendung, die den Aussagegehalt eines Textes präge.

In der Tat wird die Inhaltsanalyse versagen, wenn man aus der Häufigkeit einzelner Sprachelemente z. B. auf die Logik einer Argumentation, auf ironische Absichten oder mangelnden Sachverstand des Urhebers eines Textes schließen will. Der „pragmatische Kontext", der die inhaltliche Bedeutung bzw. den semantischen Gehalt einer sprachlichen Äußerung an ihrem sozialen bzw. kommunikativen Hintergrund relativiert, kommt bei Inhaltsanalysen zu kurz. Diese Kritik regte einige neuere methodische Varianten an, die wir im nächsten Abschnitt unter der Bezeichnung „Textanalyse" behandeln. (Weiterführende Literatur zur Inhaltsanalyse: Berelson 1952; Deichsel u. Holzscheck, 1976; Filstead, 1981; Gerbner et al., 1969; Holsti, 1969; Krippendorf, 1980; Lisch u. Kriz, 1978; und zur Kritik der Inhaltsanalyse Krakauer, 1972, und Ritsert, 1972).

3.3.3.2 Textanalyse

Unter „Textanalyse" verstehen wir hier die Rekonstruktion der Bedeutung eines Textes bzw. einer sprachlichen Äußerung. Über die Erfassung der inhaltlichen Aussage hinausgehend will die Textanalyse den Bedeutungszusammenhang einer sprachlichen Äußerung unter pragmatischen, semantischen und syntaktischen Gesichtspunkten erfassen.

Die *Pragmatik* beschäftigt sich mit der Beziehung zwischen (Sprach-)Zeichen und Zeichenbenutzern. Der für die Textanalyse bedeutsame Pragmatikaspekt betrifft die Einbettung sprachlicher Zeichen in kommunikatives Handeln bzw. kurz: den Kontext von Texten. Zu diesem zählen beispielsweise die Rolle des Texturhebers, Intention und Zweck einer Kommunikation, die wechselseitig bezogenen Rollen der Kommunikationspartner sowie deren Vorwissen und Einstellungen, Kommunikationsstrategien, die äußeren Bedingungen einer Kommunikation oder auch nonverbale Kommunikationsbestandteile. Einige für Textanalysen bedeutsame Kontexte wie z. B. Explorationsmitschriften, Tagebücher, Briefe, autobiographische Aufzeichnungen o. ä. wurden in diesem Kapitel bereits genannt. Die pragmatische Textanalyse versucht, die Bedeutung eines Textteils oder einer Kommunikation aus ihrem jeweiligen Kontext heraus zu verstehen.

Semantik befaßt sich als Lehre von der Wort- bzw. Satzbedeutung allgemein mit dem Verhältnis von Zeichen zu Bezeichnetem und die semantische Textanalyse mit der inhaltlichen Aussage eines Textes. Als Darstellungsformen der Inhalts- oder Informationsstruktur eines Textes wurden unter dem Einfluß von Textlinguistik, Gedächtnispsychologie und "artificial-intelligence" Forschungen semantische Netzwerke (vgl. z. B. Norman u. Rumelhart, 1975, zit. nach Huber u. Mandl, 1982) bzw. Propositionsmodelle (vgl. z. B. Kintsch, 1974; Mandl et al., 1980; Schnotz, 1982, oder van Dijk, 1980; Frederiksen, 1975) vorgeschlagen. Ein Propositionsmodell als die im Vergleich zu einem Netzwerk übersichtlichere Darstellungsform „entfaltet" ein komplexeres Textstück in grundlegende Bedeutungseinheiten bzw. Propositionen, die nach Huber u. Mandl (1982) aus einem Prädikat (einem Reaktionskonzept) und einem oder mehreren Argumenten (Gegenstände oder Gegebenheiten) bestehen. Einzeln Propositionen können hierbei zu sog. Markopropositionen zusammengefaßt werden.

Die *Syntaktik* (Syntax) befaßt sich mit dem Verhältnis sprachlicher Zeichen untereinander bzw. mit den Regeln, die sprachliche Elemente zu Satzgliedern oder Sätzen zusammenfügen. Für eine Textanalyse lassen sich beispielsweise der Gebrauch verschiedener Tempi, eine aktivische oder passivische Ausdrucksweise bzw. die Art der Verwendung von Relativsätzen, Einschüben und Satzschachtelungen nutzbar machen.

Die textanalytische Hypothesengewinnung ist überwiegend einzelfallorientiert. Sie versucht, aufgrund auffälliger Äußerungen während eines Gespräches oder besonders „sinnträchtiger" Textpassagen zu erschließen, was der Text eigentlich aussagen wil. Vorgefaßte einseitige Hypothesen oder einengende Kategorienschemata reduzieren den Wert dieser Methode.

Um die Bedeutungsvielfalt der Aussagen möglichst vollständig nachvollziehen zu können, empfehlen Oevermann et al. (1976) ein mehrfaches zyklisches Durchlaufen des Textes mit variablen Perspektiven. Die Verschiedenartigkeit der Perspektiven kann beispielsweise durch die an einem kommunikativen Geschehen beteiligten Interaktionspartner sowie deren Erfahrungskontext bestimmt sein. Unterschiedliche Vermutungen über mögliche Interpretationen eines Textes können ebenfalls zum Anlaß mehrerer „Lesedurchgänge" des Textes gemacht werden, die die relative Plausibilität der Vermutungen überprüfen.

Weitere Anregungen zu der vergleichsweise „jungen" Methode der Textanalyse findet man z. B. bei Mandl (1981), Ramge (1978), Henne u. Rehbock (1982), Ericsson u. Simon (1980), Nisbett u. Wilson (1977), Watzlawick et al. (1968) sowie Wiedemann (1982).

Kapitel 4. Untersuchungen zur Kennzeichnung von Grundgesamtheiten

Bei den in Kap. 3 behandelten Untersuchungsvarianten stand die Erkundung von Hypothesen im Vordergrund, mit deren Überprüfung sich Kap. 5 und 6 befassen.

Die Neuartigkeit vieler Probleme und Fragestellungen macht die systematische Sammlung von Erfahrungen in Form von Erkundungsstudien erforderlich, die die Formulierung begründeter Hypothesen erleichtern helfen. In diesen Untersuchungen spielt die Anzahl und die Zusammensetzung der Untersuchungseinheiten nur eine untergeordnete Rolle; die Beschreibung weniger prototypischer oder gar extremer Untersuchungseinheiten kann für die Formulierung von Hypothesen ertragreicher sein als die Analyse repräsentativer Querschnitte.

Dies ist bei den im folgenden zu behandelnden Untersuchungen nicht der Fall. Hier dient die Beschreibung von Untersuchungseinheiten dem Anliegen, etwas über die Menge aller Untersuchungseinheiten, zu der die ausgewählten Untersuchungseinheiten zählen, zu erfahren. In diesen Untersuchungen geht es um den Schluß von relativ wenigen Untersuchungseinheiten auf all diejenigen Untersuchungseinheiten, die den ausgewählten Untersuchungseinheiten hinsichtlich bestimmter Merkmale entsprechen: Um die **Beschreibung von Grundgesamtheiten oder Populationen auf der Basis von Stichprobenergebnissen.**

Die folgenden Beispiele verdeutlichen, welche Art von Problemen hier angesprochen sind: Wie viele Stunden sieht der Durchschnittsbürger sonntags fern? Wie lautet der Prozentsatz der Bevölkerung, der mit der derzeitigen medizinischen Versorgung zufrieden ist? Wie viele Haushalte in Hamburg sind für eine Stromversorgung durch Atomkraftwerke? Wie viele Betriebe der textilverarbeitenden Industrie machen Personalentscheidungen von graphologischen Gutachten abhängig? Wie viele Studenten einer Universität essen regelmäßig in der Mensa? Welche Durchschnittsleistung erzielen 14- bis 16jährige in einem neu konstruierten Konzentrationstest? Wie viele Fremdwörter enthält eine durchschnittliche Nachrichtensendung? Wie viele Quadratmeter Wohnfläche sind in einer Sozialbauwohnung für das Kinderzimmer im Durchschnitt vorgesehen? Wie viele Personen werden durchschnittlich pro Tag mit der U-Bahn befördert? etc.

Diese Beispiele mögen genügen, um das Anliegen der im folgenden Abschnitt behandelten Untersuchungen zu verdeutlichen. Es wird eine Population (oder Grundgesamtheit; beide Ausdrücke werden hier wie auch in der Literatur synonym verwendet) definiert (Gesamtbevölkerung, Haushalte in Hamburg, Betriebe der textilverarbeitenden Industrie, Studenten einer Universität etc.), die hinsichtlich der Ausprägung eines (oder mehrerer) Merkmals (e) (sonntägliche Fernsehzeit, Leistung im Konzentrationstest etc.) bzw. hinsichtlich der Häufigkeit des Auftretens einer Merkmalskategorie (Anteil derjenigen, die mit der medizinischen Versorgung zufrieden sind, Prozentsatz der Studenten, die regelmäßig in der Mensa essen etc.) zu beschreiben ist. Die Anzahl potentieller Untersuchungseinheiten ist hierbei so groß, daß eine Vollerhebung bzw. die Untersuchung aller Untersuchungseinheiten unmöglich bzw. zu aufwendig wäre. Man ist deshalb darauf angewiesen, die interessierende Population wenigstens näherungsweise anhand einer Auswahl von Untersuchungseinheiten, einer Stichprobe, zu beschreiben.

Der Grundgedanke dieser Vorgehensweise wird in Kap. 4.1 (Stichprobe und Population) beschrieben. Es behandelt die Theorie und Erhebungsarten für *Zufallsstichproben*, die Tauglichkeit von *Punktschätzungen*, die Ermittlung von *Konfidenzintervallen* sowie Überlegungen zur Kalkulation der *Größe einer Zufallsstichprobe*. Daran anschließend werden in Kap. 4.2 Möglichkeiten aufgezeigt, die Genauigkeit der Populationsbeschreibungen durch Einbeziehung von Zusatzinformationen über die Zusammensetzung der Population zu verbessern.

4.1 Stichprobe und Population

Das Anliegen, von relativ wenigen Untersuchungseinheiten ausgehend Populationsverhältnisse erschließen zu wollen, löst beim Laien nicht selten Zweifel und Bedenken aus. Wie kann man, so wird beispielsweise geargwohnt, verbindliche Aussagen über die Leistungsmotivation vieler hunderttausend Schüler formulieren, wenn man tatsächlich nur die Leistungsmotivation von einigen hundert Schülern untersucht hat? Oder wie schaffen es demoskopische Institute, nach der Befragung einer relativ geringen Anzahl von Wahlberechtigten ein Wahlergebnis erstaunlich genau vorherzusagen?

Der Wert einer Stichprobenuntersuchung leitet sich daraus ab, daß die zu einer Stichprobe zusammengefaßten Untersuchungseinheiten die Population, die es zu beschreiben gilt, tatsächlich *gut repräsentieren* oder abbilden. Erst wenn dies der Fall ist, sind die später darzustellenden Prinzipien der Stichprobentheorie sinnvoll anwendbar, nur dann kommen die Vorteile von Stichprobenuntersuchungen gegenüber Voll- oder Totalerhebungen zur Geltung.

Stichprobenuntersuchungen sind erheblich weniger aufwendig als *Vollerhebungen*. Sie lassen sich schneller durchführen und auswerten und sind deshalb besonders bei aktuellen Fragestellungen angezeigt. Für Stichprobenuntersuchungen spricht zudem die Möglichkeit, wegen der vergleichsweise geringen Anzahl von Untersuchungseinheiten eine größere Anzahl von Merkmalen sorgfältiger und kontrollierter zu erfassen – ein Umstand, der gelegentlich zu der Behauptung veranlaßt hat, Vollerhebungen seien weniger genau als gut geplante und gut durchgeführte Stichprobenuntersuchungen (vgl. Szameitat u. Schäfer, 1964; Scheuch, 1974, S. 5). Schließlich ist zu bedenken, daß Vollerhebungen gelegentlich überhaupt nicht durchführbar sind, weil die Mitglieder einer Population zumindest in einer angemessenen Frist nicht vollzählig erreichbar sind oder weil bei einer

Vollerhebung die „Zerstörung" der gesamten Population riskiert wird. (Böltken, 1976 nennt als Beispiel die Überprüfung von Sicherheitskonstruktionen in der Pkw-Produktion durch sog. Crash-Tests. Eine „Vollerhebung" könnte hierbei bedeuten, daß sich die aus der Untersuchung gewonnenen Erkenntnisse erübrigen, weil die gesamte Produktion ohnehin zerstört oder beschädigt ist.)

Wenig brauchbar sind Stichprobenuntersuchungen, wenn die interessierende Population klein und zudem sehr heterogen ist. (Für die Erkundung der Freizeitinteressen der Ärzte eines Klinikums würde sich eine Vollerhebung sicherlich besser eignen als eine Stichprobenuntersuchung.) Umgekehrt genügt bei einer völlig homogenen Population eine einzige Beobachtung, um Schlüsse auf die Grundgesamtheit ziehen zu können. (Blutuntersuchungen aufgrund einer einmaligen Blutentnahme basieren auf der Annahme, daß die Zusammensetzung der Blutprobe der Zusammensetzung des übrigen Blutes entspricht.)

Stichprobenuntersuchungen beziehen sich auf die in begrenzten Zeiträumen real existierenden Populationen und sind über diese hinaus nicht generalisierbar (vgl. hierzu auch Holzkamp, 1964, S. 102 ff.) Dies trifft vor allem auf humanwissenschaftliche und sozialwissenschaftliche Untersuchungsgegenstände zu, die sich mit der Zeit verändern.

Bei der Definition einer Population sind möglichst operationale, leicht erhebbare Merkmale zu verwenden. So wäre beispielsweise eine Stichprobe aller 14- bis 50jährigen Frauen im Landkreis Celle leichter zu erheben als eine Stichprobe aller potentiell gebärfähigen Frauen desselben Bezirkes. Will man Belästigungen durch Fluglärm untersuchen, ist hierfür beispielsweise eine Stichprobe aus der Grundgesamtheit der Personen, deren Wohnung höchstens einen Kilometer vom Flughafen entfernt ist, leichter zu ziehen als eine Stichprobe aller Personen, die sich durch Fluglärm beeinträchtigt fühlen.

Populationen werden statistisch durch Populationsparameter (oder kurz: *Parameter*) beschrieben, deren Ausprägungen mit Hilfe statistischer *Stichprobenkennwerte* geschätzt werden. Grundsätzlich können alle eine Population beschreibenden uni-, bi- oder multivariaten Parameter mittels Stichproben geschätzt werden (z. B. arithmetisches Mittel, Medianwert, Modalwert, Summe, Verhältniszahl, Anteil, Häufigkeit, Standardabweichung, Spannweite, Schiefe, Exzeß, Regressions- und Korrelationskoeffizient, Kovarianz etc.; zur Bedeutung dieser Maße vgl. z. B. Bortz, 1979).

Der folgende Text behandelt nur die am häufigsten verwendeten Parameter: den Mittelwert μ eines intervallskalierten Merkmals und die relative Häufigkeit π des Auftretens einer Merkmalskategorie. (In Abgrenzung zu den entsprechenden Stichprobenkennwerten $\bar{x}$ für das arithmetische Mittel und p für die relative Häufigkeit verwenden wir als Populationsparameter die griechischen Buchstaben μ und π.)

Stichproben werden nicht nur für die Schätzung von Populationsparametern, sondern auch für hypothesenüberprüfende Untersuchungen benötigt (vgl. Kap. 5 und 6). Für beide Untersuchungsarten ist die im folgenden behandelte Stichprobenart, die Zufallsstichprobe, von herausragender Bedeutung (vgl. Kap. 4.1.1). Ferner gehen wir in Kap. 4.1.2 auf Punktschätzungen und in Kap. 4.1.3 auf Intervallschätzungen ein. Kapitel 4.1.4 enthält Überlegungen zur Kalkulation von Stichprobenumfängen für populationsbeschreibende Untersuchungen. Alle Ausführungen des Kap. 4.1 beziehen sich auf Zufallsstichproben. Weitere, die Präzision von Parameterschätzungen erhöhende Stichprobentechniken behandeln wir in Kap. 4.2.

4.1.1 Die Zufallsstichprobe

Gute Stichproben, so wurde eingangs erwähnt, zeichnen sich dadurch aus, daß sie hinsichtlich möglichst vieler Merkmale und Merkmalskombinationen der Population gleichen, d. h. daß sie *repräsentativ* sind. Diese Forderung – so einleuchtend sie klingen mag – kann jedoch Probleme aufwerfen.

Die Meisterinnung der Frisöre sei beispielsweise daran interessiert zu erfahren, wie häufig verschiedene natürliche Haarfarben in der Bevölkerung der Bundesrepublik Deutschland vertreten sind. Sie vergibt einen entsprechenden Auftrag an ein demoskopisches Institut, welches seinerseits einen nach allen Regeln der Stichprobentechnik ausgefeilten Plan zur Begutachtung der Haarfarben in einer repräsentativen Personenstichprobe vorlegt. Dem Innungsvorstand fällt allerdings auf, daß im Angebot des demoskopischen Instituts ein erstaunlich hoher Anteil für Reisekosten vorgesehen ist, und er fragt deshalb an, ob es denn tatsächlich erforderlich sei, daß Personen aus allen Winkeln des Landes begutachtet werden müssen. Man wisse schließlich, daß der Wohnort eines Menschen, seine Bildung, sein Geschlecht und andere Merkmale, für die die Stichprobe nach Auskunft des demoskopischen Instituts repräsentativ sein soll, mit der Haarfarbe eigentlich nichts zu tun haben und daß man deshalb auf eine „repräsentative" Stichprobe verzichten könne. Es wird vorgeschlagen, eine einfacher erreichbare Stichprobe gleichen Umfangs (z. B. Straßenpassanten) hinsichtlich ihrer Haarfarbe zu prüfen.

Abgesehen davon, daß das demoskopische Institut wahrscheinlich gegen die Behauptung, Haarfarbe habe nichts mit Wohngegend zu tun, Einspruch erheben würde (man kennt schließlich den Typ des blonden Nordländers), muß es eingestehen, daß in der Tat eine Stichprobe, „die in möglichst vielen Merkmalen oder Merkmalskombinationen" der Population gleicht, für die gestellte Aufgabe etwas überzogen ist. Wenn man weiß, daß Merkmale wie Bildung, Alter, Größe des Wohnortes, Geschlecht, Größe der Familie etc., die üblicherweise bei der Zusammenstellung einer repräsentativen Stichprobe eine Rolle spielen, für die untersuchte Variable (hier die Haarfarbe) völlig unbedeutend sind, man also keine Merkmale kennt, die mit der untersuchten Variablen kovariieren, leistet jede beliebige Stichprobe mit weniger Aufwand dasselbe wie eine sorgfältig zusammengestellte repräsentative Stichprobe.

Dieser konstruierte Extremfall dürfte in der Praxis selten vorkommen. Meistens gibt es immer einige Merkmale, von denen man annimmt, sie würden mit dem untersuchten Merkmal irgendwie zusammenhängen. (Es ist z. B. bekannt, daß das Interesse von Psychologiestudenten am Statistikunterricht von ihrer mathematischen Vorbildung abhängt, daß der Fernsehkonsum von der Bildung der Fernsehteilnehmer abhängt, daß sich Frauen und Männer in ihrer Bereitschaft, Geld für Kosmetik auszugeben, unterscheiden usw.) In diesem Falle führen Stichproben, die bezüglich derjenigen Merkmale, die mit dem untersuchten Merkmal kovariieren, anders zusammengesetzt sind als die Population, zu falschen

Schätzungen der interessierenden Populationsparameter. Man wird deshalb darauf achten, daß die Stichprobe der Population zumindest bezüglich dieser Merkmale entspricht, daß die Stichprobe (merkmals-)spezifisch repräsentativ ist.

Leider jedoch kann man nur selten ausschließen, daß neben den bekannten, mit dem untersuchten Merkmal kovariierenden Merkmalen auch noch andere Variablen das untersuchte Merkmal beeinflussen. Gerade in den Sozialwissenschaften lassen sich hierfür zahlreiche Beispiele finden. Besonders gravierend ist dieses Problem bei Untersuchungen, die ein neuartiges Produkt, eine neue technische Entwicklung oder bisher unerprobte Vorschriften und Richtlinien evaluieren (Beispiele: Einführung von Sicherheitsgurten im Kfz oder Krebsvorsorgeuntersuchungen) oder bei Untersuchungen, in denen eine Population gleichzeitig bezüglich vieler sehr unterschiedlicher Merkmale beschrieben werden soll (sog. *Omnibusuntersuchungen*). Da man nicht weiß, welche Merkmale mit dem untersuchten Merkmal zusammenhängen oder da man – wie bei Omnibusuntersuchungen – davon ausgehen muß, daß die Populationsmerkmale auf die vielen untersuchten Merkmale in unterschiedlicher Weise einwirken können, wird man eine Stichprobe bevorzugen, die der Population in möglichst allen Merkmalen entspricht, eine Stichprobe, die für die Population global repräsentativ ist. **Diese globale Repräsentativität gewährleistet die Zufallsstichprobe.**
Die Ziehung einer Zufallsstichprobe setzt voraus, daß jede zur Population gehörende Untersuchungseinheit einzeln identifizierbar ist. Für die Stichprobe ist es von Bedeutung, daß die Entscheidung darüber, welche Untersuchungseinheiten zur Stichprobe gehören und welche nicht, ausschließlich vom Zufall abhängt. Besteht die Population aus N Untersuchungseinheiten und sollen sich in der Stichprobe n Untersuchungseinheiten befinden, können insgesamt

$$(4.1) \qquad C = \binom{N}{n} = \frac{N!}{n! \cdot (N-n)!}$$

verschiedene Stichproben gezogen werden (zur Erläuterung dieser Formel vgl. Tafel 23). Setzen wir voraus, daß die Wahrscheinlichkeit, in die Stichprobe aufgenommen zu werden, für jede Untersuchungseinheit gleich ist, hat jede der C verschiedenen Stichproben die gleiche Auswahlwahrscheinlichkeit. Derartige Stichproben werden Zufallsstichproben genannt.

Praktisch geht man bei der Entnahme einer Zufallsstichprobe üblicherweise wie folgt vor: Die gesamte Population wird von 1 bis N durchnumeriert. Mit Hilfe von Zufallszahlen (vgl. Anhang E, Tabelle 2) werden aus dieser Liste n Nummern bzw. die dazugehörenden Untersuchungseinheiten ausgewählt. (Zur Bestimmung von Zufallszahlen vgl. z. B. Billeter, 1970, S. 15 ff). Soll beispielsweise aus einer Population von N = 8000 Untersuchungseinheiten eine Stichprobe des Umfanges n = 100 gezogen werden, würde man mit den in Tabelle 3 aufgeführten Zufallszahlen folgende Untersuchungseinheiten auswählen:
Unter Berücksichtigung der ersten vier Ziffern der Zufallszahlen in der ersten Spalte müßte als erste Untersuchungseinheit die Nummer 8847 ausgewählt werden. Da die Population jedoch nur 8000 Elemente enthält, wird diese Nummer ausgelassen. Die erste Untersuchungseinheit hat dann die Nummer 67, die zweite die Nummer 2522 und sofort. Eine gleichwertige Zufallsstichprobe würde resultieren, wenn man die Auswahl z. B. anhand der letzten vier Ziffern der zweiten

Tabelle 3. Zufallszahlen (Auszug aus Tabelle 2, Anhang E)

88473	86062	26357
00677	42981	84552
25227	51260	14800
15386	68200	21492
42021	40308	91104
63058	06498	49339
32548	69104	89073
03521	52177	24816
39975	90626	35889
58252	56687	60412

Zahlenkolonne oder anderer Viererkombinationen von Einzelzahlen zusammengestellt hätte. Jede beliebige Auswahl von Zufallszahlen garantiert eine Zufallsstichprobe, vorausgesetzt, eine bereits ausgewählte Zufallszahl wird nicht wieder verwendet. Man nennt dies eine Stichprobenentnahme „ohne Zurücklegen".

An dieser Stelle könnte man vermuten, daß sich die Auswahlwahrscheinlichkeiten mit sukzessiver Entnahme von Untersuchungseinheiten ändern, daß sie also nicht – wie gefordert – für alle Untersuchungseinheiten konstant sind. Wächst die Wahrscheinlichkeit, daß eine bestimmte Untersuchungseinheit ausgewählt wird, nicht mit fortschreitender Stichprobenentnahme? Daß dem nicht so ist, erläutert Tafel 23.

Tafel 23. Chancengleichheit für Skatspieler –
die Ziehung einer Zufallsstichprobe

---

5 Skatspieler (wir nennen sie einfachheitshalber A, B, C, D und E) treffen sich in einem Lokal und wollen Skat spielen. Da für eine Skatrunde jedoch nur 3 Spieler benötigt werden, müssen 2 Personen zusehen. Man einigt sich darauf, die 3 Spieler auszulosen. Jeder Spieler schreibt seinen Namen auf einen Zettel und wirft den zusammengefalteten Zettel in ein leeres Bierglas (der Statistiker verwendet hierfür – zumindest symbolisch – eine Urne). Nach gründlichem Durchmischen werden nacheinander die Zettel B, E und D gezogen. Die Skatrunde steht fest.

Zunächst einmal ist es einleuchtend, daß sich an dieser Runde nichts geändert hätte, wenn die gleichen Zettel in einer anderen Reihenfolge, z. B. E, D und B gezogen worden wären. Alle möglichen $3! = 3 \cdot 2 \cdot 1 = 6$ verschiedenen Reihenfolgen (BDE, BED, DBE, DEB, EBD und EDB) realisieren die gleiche Stichprobe.

Insgesamt hätten sich

$$\binom{N}{n} = \frac{N!}{n! \cdot (N-n)!} = \frac{5!}{3! \cdot (5-3)!} = \frac{5 \cdot 4 \cdot 3 \cdot 2 \cdot 1}{(3 \cdot 2 \cdot 1) \cdot (2 \cdot 1)} = 10$$

verschiedene Skatrunden bilden können (s. Gleichung 4.1).

Ein Spieler fragt sich nun, ob dieses Verfahren gerecht sei, ob jeder Spieler tatsächlich die gleiche Chance erhält, in die Runde aufgenommen zu werden. Er argumentiert in folgender Weise: Bei der ersten Zettelentnahme besteht für jeden Spieler eine Auswahlwahrscheinlichkeit von $\frac{1}{N} = \frac{1}{5}$. Steht aber der 1. Spieler fest, erhöht sich für die verbleibenden Spieler bei der 2. Zettelentnahme die Auswahlwahrscheinlichkeit auf $\frac{1}{N-1} = \frac{1}{4}$ und für die 3. Zettelentnahme auf $\frac{1}{N-2} = \frac{1}{3}$. Also hat offensichtlich nicht jeder Spieler die gleiche Chance, in die Skatrunde aufgenommen zu werden.

Diese Argumentation ist unvollständig. Es wurde übersehen, daß es sich bei den Auswahlwahrscheinlichkeiten der 2. und 3. Ziehung um bedingte Wahrscheinlichkeiten handelt. Die Wahrscheinlichkeit, bei der 2. Ziehung ausgewählt zu werden, beträgt $\frac{1}{N-1}$, vorausgesetzt, man wurde in der 1. Ziehung nicht berücksichtigt. Diese Wahrscheinlichkeit beträgt $\frac{N-1}{N}$ bzw. $\frac{4}{5}$. Die Wahrscheinlichkeit, daß jemand in der 1. Ziehung nicht ausgewählt und in der 2. Ziehung ausgewählt wird, lautet nach dem Multiplikationstheorem der Wahrscheinlichkeiten: $\frac{N-1}{N} \cdot \frac{1}{N-1} = \frac{1}{N} = \frac{1}{5}$.

Für die 3. Ziehung sind die Wahrscheinlichkeiten, sowohl bei der 1. als auch bei der 2. Ziehung nicht ausgewählt worden zu sein, zu beachten. Sie lauten $\frac{N-1}{N} \cdot \frac{N-2}{N-1}$. Damit ergibt sich zusammengenommen für die 3. Ziehung eine Trefferwahrscheinlichkeit von $\frac{N-1}{N} \cdot \frac{N-2}{N-1} \cdot \frac{1}{N-2} = \frac{1}{5}$. Jeder Spieler hat damit die gleiche Chance, in die Skatrunde aufgenommen zu werden.

Die Ziehung einer Zufallsstichprobe setzt damit voraus, daß jede Untersuchungseinheit der Population erfaßt ist und nach dem Zufallszahlenprinzip (oder einem anderen Auswahlverfahren, das ebenfalls eine zufällige Auswahl garantiert) ausgewählt werden kann.

Diese Voraussetzung wird jedoch praktisch in den seltensten Fällen erfüllt. Welcher Testpsychologe kennt schon die Namen aller 5- bis 6jährigen Kinder, wenn er seinen Schulreifetest an einer Stichprobe normieren will? Wäre ein Diplomand mit seinem Anliegen, die durchschnittliche Examensvorbereitungszeit von Studenten erkunden zu wollen, nicht überfordert, wenn er für die Ziehung einer Zufallsstichprobe erst eine Liste aller in einem bestimmten Zeitraum „examensreifen" Studenten anfertigen müßte? Man kann sicher sein, daß der überwiegende Teil populationsbeschreibender Untersuchungen (und auch hypothesenprüfender Untersuchungen, für die im Prinzip die gleiche Forderung gilt) die Kriterien für reine Zufallsstichproben im oben erläuterten Sinne nicht erfüllen. Angesichts dieser negativen Einschätzung muß man sich fragen, welchen Wert derartige Untersuchungen überhaupt haben.

Zunächst ist zu bemerken, daß das Instrumentarium der schließenden Statistik auch dann anwendbar ist, wenn die Untersuchungseinheiten streng genommen nicht in der oben beschriebenen Weise zufällig ausgewählt wurden. Bisher wurde Zufälligkeit vernünftigerweise in bezug auf eine real existierende Population definiert. Die reale Existenz einer Population ist jedoch keine mathematisch-statistische Voraussetzung für die Anwendbarkeit des inferenzstatistischen Formelapparates, sondern eine Voraussetzung, deren Erfüllung „lediglich" unter inhaltlich-interpretativen Gesichtspunkten zu fordern ist. Prinzipiell ist für jede irgendwie geartete Stichprobe im nachhinein eine Population konstruierbar, für die die Stichprobe repräsentativ bzw. zufällig sein könnte. Die Teilnehmer eines Seminars beispielsweise könnten eine Zufallsstichprobe aller Studenten darstellen, die prinzipiell auch an diesem Seminar teilnehmen können, oder die Passanten einer Grünanlage, die mit einer Befragung einverstanden sind, könnten als eine zufällige Auswahl aller Personen angesehen werden, die potentiell in einer bestimmten Zeit in dieser Grünanlage anzutreffen sind und zudem freiwillig an Befragungen teilnehmen.

Es wäre falsch anzunehmen, diese Auffassung rechtfertige Nachlässigkeit oder Bequemlichkeit bei der Zusammenstellung einer Stichprobe. Sie liberalisiert zwar die Anwendbarkeit inferenzstatistischer Prinzipien, legt aber gleichzeitig den Akzent auf inhaltliche Konsequenzen, die mit der Rekonstruktion theoretischer Populationen verbunden sind. Stichproben, die nur für „gedachte" Populationen repräsentativ sind, eignen sich eben auch nur zur Beschreibung dieser gedachten Populationen und sind praktisch wertlos, wenn es sich hierbei um Populationen handelt, die keinen oder nur einen sehr mühsam konstruierbaren Realitätsbezug aufweisen. Es sind deshalb in erster Linie inhaltliche Überlegungen, die die zufällige Auswahl von Untersuchungseinheiten aus einer zuvor präzise definierten Population vorschreiben. Populationsbeschreibende Untersuchungen haben nur dann einen Sinn, wenn man sich vor der Stichprobenziehung darüber Klarheit verschafft, über welche Population Aussagen formuliert werden sollen. Erst nachdem die Merkmale der Population präzise festgelegt sind, erfolgt die Entwicklung eines Stichprobenplans, der die Ziehung einer repräsentativen bzw. zufälligen Stichprobe gewährleistet.

Hierbei wird es nicht auszuschließen sein, daß Überlegungen zum Stichprobenplan einschränkende Korrekturen an der Populationsdefinition erforderlich machen (z. B. regionale oder altersmäßige Einschränkungen der zu untersuchenden Population). Zudem ist es häufig zu aufwendig (oder gar unmöglich), eine vollständige Liste aller zur Population gehörenden Untersuchungsteilnehmer anzufertigen, aus der nach einem perfekten Zufallsprinzip die Zufallsstichprobe zusammenzustellen ist. Ersatzweise wird man sich dann mit einem „Pseudozufallsverfahren" begnügen, aus dem jedoch klar hervorgehen muß, welche Populationsmitglieder keine oder nur eine reduzierte Chance hatten, in die Stichprobe aufgenommen zu werden. Diese Einschränkungen sind bei der Diskussion des Geltungsbereiches der Untersuchungsergebnisse unbedingt zu berücksichtigen.

Ein Beispiel: Jemand möchte die Lebensgewohnheiten von Personen mit einer bestimmten rheumatischen Krankheit erkunden. Eine vollständige Liste aller betroffenen Personen existiert nicht oder ist zumindest nur sehr schwer zu erstellen. Ersatzweise könnte man dann eine Stichprobe von Personen aus dem Bekanntenkreis, von Personen, die sich auf eine

Anzeige hin melden, von Personen, die sich bei zufällig ausgewählten Ärzten in Behandlung befinden etc., zusammenstellen. Mögliche Besonderheiten dieser Personen oder derjenigen Personen, die keine (oder nur eine geringe) Chance hatten, in diese Stichprobe aufgenommen zu werden (z. B. Personen, die einer anderen sozialen Schicht angehören als die Personen des Bekanntenkreises, Personen, die die Zeitung, in der annonciert wurde, nicht lesen oder Personen, die sich nicht in ärztlicher Behandlung befinden) sind dann in der Ergebnisdiskussion zu berücksichtigen.

Auf S. 358 werden wir Kriterien nennen, nach denen die Aussagekraft populationsbeschreibender Untersuchungen einzuschätzen ist. Im Vorgriff auf diese Kriterien kann jetzt bereits gesagt werden, daß Untersuchungen von irgendwie zusammengestellten Untersuchungsteilnehmern, für die sich bestenfalls im nachhinein eine theoretische Population rekonstruieren läßt, wissenschaftlich praktisch bedeutungslos sind.

Zunächst jedoch sind einige formal-statistische Überlegungen erforderlich, die die Logik des statistischen Schließens von einem Stichprobenergebnis auf einen Populationsparameter verdeutlichen. Leser, denen der statistische Inferenzschluß bereits geläufig ist, können die entsprechenden Seiten (bis S. 277) überschlagen.

4.1.2 Punktschätzungen

Im Hundertmeterlauf möge eine Zufallsstichprobe von 100 16jährigen Schülern eine Durchschnittszeit von 15 Sekunden erzielt haben. Als Modalwert (dies ist die am häufigsten gestoppte Zeit) werden 14 Sekunden und als Medianwert (dies ist die Laufzeit, die 50 % aller Schüler mindestens erreichen) 14,5 Sekunden ermittelt. Was sagen diese Zahlen über die durchschnittliche Laufzeit der Population aller 16jährigen Schüler aus? Beträgt sie – wie in der Stichprobe – ebenfalls 15 Sekunden oder ist sie vielleicht eher schneller, weil die am häufigsten registrierte Zeit 14 Sekunden betrug, oder kommen vielleicht völlig andere Zahlen in Betracht, weil sich in der Stichprobe zufällig besonders langsame oder besonders schnelle Läufer befanden?

Eine Antwort auf diese Fragen geben die folgenden Abschnitte. Zunächst wenden wir uns dem Problem zu, welche Stichprobenkennwerte (z. B. arithmetisches Mittel, Modalwert oder Medianwert) zur Schätzung welcher Populationsparameter am besten geeignet sind (Punktschätzungen) und gehen dann in Kap. 4.1.3 zur Frage über, wie sicher die mit Stichprobenkennwerten vorgenommenen Schätzungen sind (Intervallschätzung).

Die Erläuterung der Prinzipien von Punkt- und Intervallschätzungen wird durch die Einführung einiger in der Statistik gebräuchlicher Bezeichnungen erleichtert. Wird beispielsweise die Zeit eines beliebigen Schülers gemessen, so bezeichnen wir dies als ein *Zufallsexperiment*. Allgemein versteht man unter einem Zufallsexperiment einen Vorgang, dessen Ergebnis in der Weise vom Zufall abhängt, daß man vor dem Experiment nicht weiß, zu welchen der möglichen Ergebnisse das Experiment führen wird. Das Zufallsexperiment läuft unter definierten, gleichbleibenden Bedingungen ab, die die beliebige Wiederholung gleichartiger Experimente gestatten (vgl. Helten, 1974, S. 15).

Ein Zufallsexperiment wird durchgeführt, um ein bestimmtes Merkmal (im Beispiel die Laufzeit) beobachten zu können. Die verschiedenen, im Zufallsexperiment potentiell beobachtbaren Merkmalsausprägungen heißen *Elementarereignisse* und die Menge aller Elementarereignisse bildet den *Merkmalsraum* (im Beispiel wären dies alle von 16jährigen Schülern überhaupt erreichbaren Zeiten).

Das Ergebnis eines Zufallsexperimentes bzw. das Elementarereignis kann numerisch (wie im genannten Beispiel) oder nicht numerisch sein (z. B. die Haarfarbe eines Passanten, das Geschlecht eines Studenten, usw.). Jedem Elementarereignis e wird nach einer eindeutigen Regel eine reelle Zahl x(e) zugeordnet. Die Zuordnungsvorschrift bzw. die Funktion, die jedes Elementarereignis mit einer bestimmten Zahl verbindet, bezeichnen wir als *Zufallsvariable* X. (Hier und im folgenden verwenden wir für Zufallsvariablen Großbuchstaben und für eine konkrete Ausprägung der Zufallsvariablen bzw. eine Realisation der Zufallsvariablen Kleinbuchstaben, es sei denn, der Kontext macht diese Unterscheidung nicht erforderlich.) Sind die Elementarereignisse selbst numerisch, können die erhobenen Zahlen direkt eine Zufallsvariable darstellen. Wenn ein Schüler beispielsweise 13,8 Sekunden (e = 13,8) läuft, wäre eine mögliche Zuordnungsvorschrift beispielsweise X(e = 13,8) = 13,8. Eine andere Zuordnungsvorschrift, die nur ganzzahlig gerundete Werte verwendet, lautet X(e = 13,8) = 14.

In gleicher Weise legt die Zufallsvariable auch bei nichtnumerischen Elementarereignissen fest, welche Zahlen den Elementarereignissen zuzuordnen sind. Für Haarfarben könnte diese Zuordnungsvorschrift z. B. lauten: $X(e_1 = schwarz) = 0$, $X(e_2 = blond) = 1$, $X(e_3 = braun) = 2$, $X(e_4 = rot) = 3$.

Der Ausdruck P(X = x) symbolisiert die Wahrscheinlichkeit, daß die Zufallsvariable X den Wert x annimmt. Diese Wahrscheinlichkeit entspricht der Wahrscheinlichkeit des Elementarereignisses e, dem der Wert x der Zufallsvariablen X zugeordnet ist. Beim Münzwurfexperiment seien die Elementarereignisse beispielsweise mit e_1 = Zahl und e_2 = Kopf definiert. Eine Zufallsvariable X(e) ordnet e_1 die Zahl 0 und e_2 die Zahl 1 zu: $X(e_1) = 0$ und $X(e_2) = 1$. Die Wahrscheinlichkeit, daß die Zufallsvariable X den Wert 0 annimmt, lautet dann $P(X = 0) = \frac{1}{2}$.

Eine Zufallsvariable ist *diskret*, wenn sie nur endlich (oder abzählbar) viele Werte aufweist. (Beispiel: Anzahl der Geschwister). *Stetige* (oder kontinuierliche) Zufallsvariablen können jeden Wert annehmen, der zwischen zwei beliebigen Werten der Zufallsvariablen liegt. Ihre Werte sind deshalb nicht abzählbar (Beispiel: Zeit, Längen oder Gewichtsmessungen). Die Anzahl möglicher Werte ist hierbei theoretisch unbegrenzt, sie hängt praktisch jedoch von der Genauigkeit des Meßinstrumentes ab.

Die Liste aller möglichen Werte einer diskreten Zufallsvariablen zusammen mit den ihnen zugeordneten Wahrscheinlichkeiten bezeichnet man als *Wahrscheinlichkeitsfunktion* (Beispiel: Die Wahrscheinlichkeit eines Würfelexperimentes lautet $P(X = 1) = \frac{1}{6}$; $P(X = 2) = \frac{1}{6} \ldots P(X = 6) = \frac{1}{6}$. Für alle übrigen Werte $1 > x > 6$ ist $P(1 > x > 6) = 0$.

Bei stetigen Zufallsvariablen beziehen sich die Wahrscheinlichkeitsangaben auf Intervalle (z. B. die Wahrscheinlichkeit, daß ein 16jähriger Schüler eine Laufzeit von 14 bis 15 sec. erreicht). Mit kleiner werdenden Intervallen sinkt die Wahrscheinlichkeit. Sie nimmt für einen einzelnen Punkt der Zufallsvariablen den Wert Null an. (Die Wahrscheinlichkeit, daß ein Schüler exakt 14,3238 ... sec. läuft, ist Null.) In Analogie zur Wahrscheinlichkeitsfunktion diskreter Zufallsvariablen spricht man bei stetigen Zufallsvariablen von der *Dichtefunktion* der Zufallsvariablen. Der zu einem einzelnen Wert der Zufallsvariablen gehörende Ordinatenwert heißt (Wahrscheinlichkeits-)Dichte dieses Wertes. Wahrscheinlichkeitsfunktion und Dichtefunktion einer Zufallsvariablen werden – wenn der Kontext eindeutig ist – auch kurz „Verteilung einer Zufallsvariablen" genannt.

Summiert (kumuliert) man bei einer diskreten Zufallsvariablen die durch die Wahrscheinlichkeitsfunktion definierten Einzelwahrscheinlichkeiten, resultiert eine kumulierte Wahrscheinlichkeitsfunktion, die üblicherweise *Verteilungsfunktion* genannt wird. (Würfelbeispiel: $P(X=1)=\frac{1}{6}$; $P(X\leq 2)=\frac{2}{6}$; $P(X\leq 3)=\frac{3}{6}$ etc.)

Bei stetigen Zufallsvariablen ist die Verteilungsfunktion als das Integral (in Analogie zur Summe bei diskreten Zufallsvariablen) der Dichtefunktion definiert. Die Ordinate des Wertes $X=a$ einer stetigen Zufallsvariablen gibt an, mit welcher Wahrscheinlichkeit Werte $X\leq a$ auftreten. (Würde im oben genannten Beispiel der Medianwert der Stichprobe den Populationsmedianwert richtig schätzen, hätte der Wert $X=14{,}5$ in der Verteilungsfunktion der Zufallsvariablen „Laufzeit" einen Funktionswert von $P=0{,}5$.)

Eine zusammenfassende Darstellung der Begriffe Wahrscheinlichkeitsfunktion, Dichtefunktion und Verteilungsfunktion findet man in Tafel 24.

Tafel 24. Wahrscheinlichkeitsfunktion – Dichtefunktion –
　　　　　　Verteilungsfunktion

Wahrscheinlichkeitsfunktion

Gegeben sei eine diskrete Zufallsvariable X mit den abzählbar vielen Werten a_i $(i=1,2\ldots k)$, für die gilt:

und
$$P(x=a_i)>0$$

$$\sum_{i=1}^{k} P(x=a_i)=1.$$

Die Wahrscheinlichkeitsfunktion der Zufallsvariablen X lautet dann

$$P(x=a_i)=\begin{cases} p_i \text{ für } x=a_i \ (i=1,2\ldots k) \\ 0 \text{ für alle übrigen } x. \end{cases}$$

Beispiel:
Wahrscheinlichkeitsfunktion der Zufallsvariablen X beim Würfeln mit 1 Würfel:

$$P(x=i)=\begin{cases} \dfrac{1}{6} \text{ für } i=1,\,2\ldots 6 \\ 0 \text{ für alle übrigen } x. \end{cases}$$

Darstellung 1 veranschaulicht die Wahrscheinlichkeitsfunktion der Zufallsvariablen X beim Würfeln mit 2 Würfel.

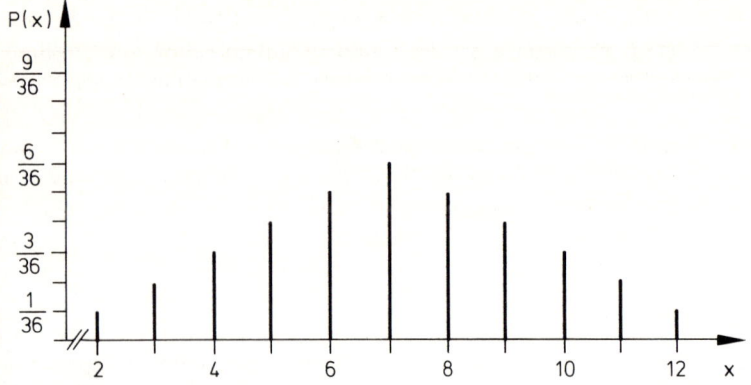

Darstellung 1. Wahrscheinlichkeitsfunktion

Dichtefunktion

Gegeben sei eine stetige Zufallsvariable X. Bei stetigen Zufallsvariablen spricht man nicht von der Wahrscheinlichkeit eines bestimmten Wertes (diese ist bei einer stetigen Zufallsvariablen gleich Null), sondern von der Wahrscheinlichkeit eines bestimmten Intervalls der Zufallsvariablen:

$$P(a \leq x \leq b) = \int_a^b f(x)dx \qquad \text{(lies: Integral von f(x) zwischen den Grenzen a und b)}$$

f(x) ist hierbei die Dichtefunktion der Zufallsvariablen, die für jeden X-Wert einen Ordinatenwert (= Dichte) definiert. Mit dem Integral in den Grenzen a und b wird eine Fläche bestimmt, die wegen der Normierungsvorschrift

$$\int_{-\infty}^{\infty} f(x)dx = 1$$

der Wahrscheinlichkeit entspricht, daß ein Wert der Zufallsvariablen X in den Bereich a bis b fällt. (Das Integral entspricht dem Summenzeichen bei diskreten Wahrscheinlichkeitsfunktionen.)

Beispiel

Darstellung 2 zeigt die graphische Darstellung der (geschätzten) Dichtefunktion für die Zufallsvariable „100-m-Zeiten".

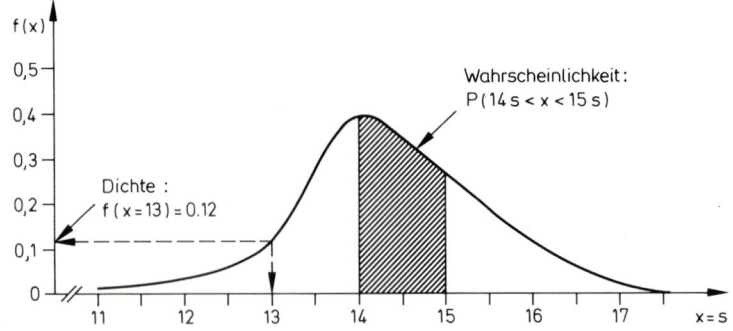

Darstellung 2. Dichtefunktion

Die Wahrscheinlichkeit, daß ein 16jähriger Schüler eine 100-m-Zeit von 14 bis 15 sec erreicht, entspricht der schraffierten Fläche. Sie beträgt (geschätzt): $P(14 \leq x \leq 15 \text{ sec}) = .38$. Für $x = 13$ sec ergibt sich eine Dichte von $f(x = 13) = 0,12$.

Für die weiteren Überlegungen sind in erster Linie die Flächenanteile unter der Dichtefunktion von Interesse. Die Dichten der einzelnen x-Werte sind vorerst von nachgeordneter Bedeutung. (Der „Dichte"-Begriff geht auf eine Analogie zwischen Wahrscheinlichkeits- und Massenverteilungen zurück. Näheres hierzu s. z. B. Kreyszig, 1973, Kap. 27.)

Verteilungsfunktion

Unter einer diskreten Verteilungsfunktion versteht man die kumulierte Wahrscheinlichkeitsfunktion und unter einer stetigen Verteilungsfunktion das Integral der Dichtefunktion. Die Verteilungsfunktion lautet im diskreten Falle

$$F(a) = P(x \leq a) = \sum_{a_i \leq a} P(x = a_i)$$

und im stetigen Falle

$$F(a) = P(x \leq a) = \int_{-\infty}^{a} f(x)dx$$

F(a) gibt damit die Wahrscheinlichkeit an, daß die Zufallsvariable X einen Wert annimmt, der höchstens so groß ist wie a. Aus den Definitionen für Wahrscheinlichkeitsfunktion und Dichtefunktion folgt, daß $0 \leq F(a) \leq 1$. Verteilungsfunktionen sind monoton steigend (oder zumindest monoton nicht abnehmend).

Beispiel

Darstellung 3a zeigt die Verteilungsfunktion der Zufallsvariablen X „Würfeln mit 2 Würfeln", deren Wahrscheinlichkeitsverteilung Darstellung 1 veranschaulicht.

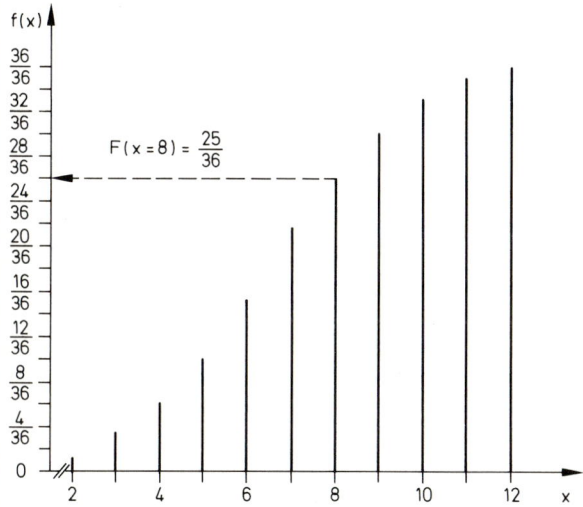

Darstellung 3a. Diskrete Verteilungsfunktion

Der Darstellung ist beispielsweise zu entnehmen, daß die Wahrscheinlichkeit, mit 2 Würfeln höchstens 8 Punkte zu würfeln, ca. 70% beträgt: $P(x \leq 8) = \frac{25}{36}$.

Die Verteilungsfunktion der Zufallsvariablen X „100-m-Zeiten" gibt Darstellung 3 b wieder.

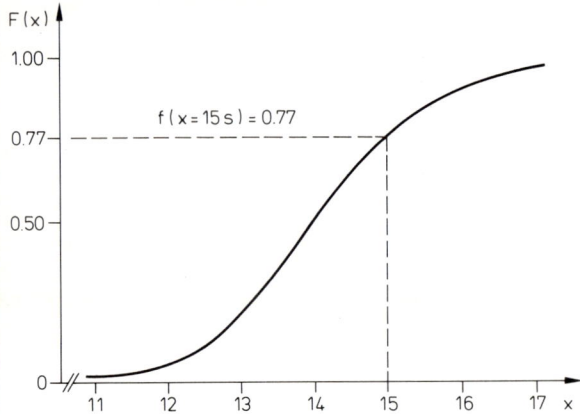

Darstellung 3b. Stetige Verteilungsfunktion

Für 15 sec ergibt sich aufgrund der Verteilungsfunktion ein Ordinatenwert von .77, d. h. ein 16 jähriger Schüler benötigt mit einer Wahrscheinlichkeit von 77% höchstens 15 Sekunden für die 100-m-Strecke.

Ausgerüstet mit dieser begrifflichen Vorklärung wenden wir uns erneut der Frage zu, wie tauglich ein statistischer Kennwert für die Beschreibung einer Population ist. Können wir davon ausgehen, daß beispielsweise der Mittelwert $\bar{x}$ einer Zufallsstichprobe dem Populationsmittelwert μ entspricht? Sicherlich nicht, denn es ist leicht einzusehen, daß statt der erhobenen Stichprobe auch eine andere Stichprobe hätte gezogen werden können, deren Mittelwert keineswegs mit dem Mittelwert der ersten Stichprobe identisch sein muß. Für den Populationsparameter μ lägen damit zwei verschiedene Schätzungen vor. Würde man die Untersuchung beliebig häufig mit immer wieder anderen Zufallsstichproben wiederholen, erhielte man eine Häufigkeitsverteilung verschiedener Stichprobenmittelwerte. Genauso wie im Beispiel jede Zeitmessung eine Realisation der Zufallsvariablen „100-m-Zeit" darstellt, ist jeder einzelne Mittelwert eine Realisation der stetigen Zufallsvariablen „durchschnittliche 100-m-Zeit bei Stichproben mit n = 100". Wenn wir davon ausgehen, daß die Anzahl der Stichproben (nicht ihre Größe!) gegen unendlich geht und die Zeit theoretisch beliebig genau meßbar ist, entspricht die Dichteverteilung dieser Zufallsvariablen der auf die Fläche 1 normierten Häufigkeitsverteilung der Mittelwerte. Eine solche theoretische Dichteverteilung existiert für jeden auf Zufallsstichproben beruhenden statistischen Kennwert (arithmetisches Mittel, Modalwert, Varianz etc.). Man bezeichnet derartige Dichteverteilungen (oder Wahrscheinlichkeitsverteilungen, wenn die Zufallsvariable des statistischen Kennwertes diskret ist) als *Stichprobenkennwerteverteilungen* bzw. "sampling distributions" und die Streuung (Standardabweichung) einer Stichprobenkennwerteverteilung als *Standardfehler*.

Ist die Stichprobenkennwerteverteilung bekannt (z. B. die Mittelwerteverteilung) oder läßt sie sich zumindest schätzen, kann man die Frage nach der Genauigkeit, mit der ein einzelner Stichprobenkennwert $\bar{x}$ den entsprechenden Populationsparameter μ schätzt, einfach beantworten. Ein Stichprobenkennwert schätzt den Populationsparameter um so genauer, je weniger sich die Kennwerte verschiedener Stichproben unterscheiden, d. h. je kleiner die Streuung der Stichprobenkennwerte bzw. der Standardfehler ist. Wir werden hierauf im Zusammenhang mit der Bestimmung von Konfidenzintervallen (Kap. 4.1.3) ausführlich eingehen.

Zuvor jedoch interessiert die Frage, wie tauglich ein einzelner Stichprobenkennwert, d. h. also ein „Punkt" der Zufallsvariablen „Stichprobenkennwerte" zur Schätzung eines Populationsparameters ist. Für die Beurteilung der Tauglichkeit einer „Punktschätzung" hat Fisher (1925) vier Schätzkriterien vorgeschlagen: Erwartungstreue, Konsistenz, Effizienz und Hinlänglichkeit.

Erwartungstreue

Ein Stichprobenkennwert k schätzt den Parameter K einer Population erwartungstreu, wenn der Mittelwert der k-Werte für zufällig aus einer Population gezogene Stichproben mit dem Populationsparameter K identisch ist. Das arithmetische Mittel $\bar{X}$ ist eine erwartungstreue Schätzung von μ, und die relative Häufigkeit P ist eine erwartungstreue Schätzung von π. Die Stichprobenvarianz S^2 hingegen schätzt die Populationsvarianz σ^2 nicht erwartungstreu.

Zur Überprüfung der Erwartungstreue eines statistischen Kennwertes benötigt man einige Regeln der Erwartungswertalgebra, die in Tafel 25 zusammengestellt sind.

Tafel 25. Das Rechnen mit Erwartungswerten

Eine Lostrommel enthält 80% Nieten, 15% Gewinne im Wert von DM 5,–, 4% Gewinne im Wert von DM 10,– und 1% Hauptgewinne im Wert von DM 100,–. Ein Los kostet DM 1,–. Ein Spieler möchte wissen, ob es sich auf lange Sicht lohnt, an diesem Glücksspiel teilzunehmen bzw. welchen Gewinn oder Verlust er zu „erwarten" hat, wenn er dieses Spiel langfristig betreibt.

Diesem „Zufallsexperiment" ist damit eine Zufallsvariable X mit den Werten $x_1 = DM\ 0$, $x_2 = DM\ 5$, $x_3 = DM\ 10$ und $x_4 = DM\ 100$ zugeordnet. Der Erwartungswert E(X) dieser Zufallsvariablen wird folgendermaßen berechnet:

$$E(X) = \sum_{i=1}^{4} x_i \cdot p(x_i)$$

$$= 0\ DM \cdot 0{,}80 + 5\ DM \cdot 0{,}15 + 10\ DM \cdot 0{,}04 + 100\ DM \cdot 0{,}01$$

$$= 1{,}25\ DM\ .$$

Der Erwartungswert dieses Glücksspiels beträgt DM 1,25, d. h. der Spieler kann auf lange Sicht (oder „im Durchschnitt") damit rechnen, für jede Mark eine Auszahlung von DM 1,25 bzw. einen Gewinn von 25 Pfennig zu erhalten. Das Spiel lohnt sich also. Setzt der Spieler nur eine Mark ein, wird er natürlich nicht mit einer Auszahlung von DM 1,25 rechnen können (zumal dieser Betrag als Gewinn gar nicht vorkommt); dennoch wäre er sicherlich bereit, eher ein Los dieses Spiels zu kaufen als ein Los eines Spiels mit einem geringeren Erwartungswert.

Der ursprünglich aus der Spieltheorie stammende Begriff „Erwartungswert" wurde von der mathematischen Statistik übernommen und hier auf Zufallsvariablen generell angewendet. Für den Umgang mit Erwartungswerten sind die folgenden Regeln wichtig. (Auf die Herleitung der folgenden Regeln wird verzichtet. Man findet sie z. B. bei Bortz, 1979, Anhang B oder Hays u. Winkler, 1970, Kap. 3.14):

1. Den Erwartungswert einer diskreten Zufallsvariablen X erhält man, wenn man die Ausprägungen der Zufallsvariablen mit ihren Wahrscheinlichkeiten multipliziert und diese Produkte summiert.

$$E(X) = \sum_i x_i \cdot p(x_i) = \mu_x \, .$$

Ersetzt man $p(x_i)$ durch die relativen Häufigkeiten $\dfrac{f(x_i)}{N}$, wird deutlich, daß der Erwartungswert gleich dem arithmetischen Mittel μ_x ist.

Bei stetigen Zufallsvariablen entspricht der Erwartungswert (bzw. das arithmetische Mittel) dem Integral der Produkte aller X-Werte und der ihnen zugeordneten Dichten:

$$E(X) = \int_{-\infty}^{\infty} x \cdot f(x)dx = \mu_x \, .$$

2. Der Erwartungswert einer konstanten Zahl a ist die Zahl a selbst.

$$E(a) = a \, .$$

3. Der Erwartungswert einer mit einer konstanten Zahl a multiplizierten Zufallsvariablen X entspricht dem Erwartungswert der Zufallsvariablen E(X) multipliziert mit a:

$$E(a \cdot X) = a \cdot E(X) \, .$$

4. Der Erwartungswert einer Zufallsvariablen X, zu der eine konstante Zahl a addiert wird, entspricht der Summe aus dem Erwartungswert E(X) und der Zahl a.

$$E(X + a) = E(X) + a \, .$$

5. Der Erwartungswert der Summe zweier Zufallsvariablen X und Y entspricht der Summe der Erwartungswerte E(X) und E(Y).

$$E(X + Y) = E(X) + E(Y) \, .$$

Entsprechendes gilt für die Summe von mehr als zwei Zufallsvariablen.

6. Der Erwartungswert des Produktes zweier Zufallsvariablen X und Y entspricht dem Produkt der Erwartungswerte E(X) und E(Y), wenn X und Y voneinander unabhängig sind.

$$E(X \cdot Y) = E(X) \cdot E(Y) \, .$$

Entsprechendes gilt für das Produkt von mehr als zwei wechselseitig voneinander unabhängigen Zufallsvariablen.

Unter Verwendung der in Tafel 25 genannten Rechenregeln ergeben sich für die obengenannten statistischen Kennwerte folgende Erwartungswerte.

Arithmetisches Mittel

$$(4.2) \qquad \bar{x} = \frac{\sum_{i=1}^{n} x_i}{n} \, .$$

Für den Erwartungswert der Zufallsvariablen $\bar{X}$ (kurz: der Erwartungswert von $\bar{X}$) ermitteln wir:

$$(4.3) \qquad E(\bar{X}) = E \frac{\sum_{i=1}^{n} X_i}{n} = \frac{1}{n} E \sum_{i=1}^{n} X_i = \frac{1}{n} \sum_{i=1}^{n} E(X_i) = \frac{1}{n} \cdot n \cdot \mu_x = \mu_x \, .$$

Der Erwartungswert der Zufallsvariablen $\bar{X}$ (das arithmetische Mittel der Mittelwerteverteilung) ist gleich dem Populationsparameter μ. Damit ist $\bar{X}$ eine erwartungstreue Schätzung von μ.

Relative Häufigkeit

Wir definieren eine diskrete Zufallsvariable X durch $X(e_1 = A) = 1$ für das Ereignis A und $X(e_2 = \bar{A}) = 0$ für das Ereignis $\bar{A}$ (lies: non-A). Ferner sei $P(X = 1) = \pi$ und $P(X = 0) = 1 - \pi$. Der Erwartungswert dieser Zufallsvariablen lautet dann für einen einzigen Versuch:

$$E(X) = 1 \cdot \pi + 0 \cdot (1 - \pi) \quad \text{(gem. Regel 1, Tafel 25)}$$

$$= \pi.$$

[Beispiel: Beim Würfeln setzen wir $X = 1$, wenn eine 6 fällt und $X = 0$, wenn keine 6 fällt. Es gilt dann $P(X = 1) = \frac{1}{6}$ und $P(X = 0) = \frac{5}{6}$. Für ein einmaliges Würfeln hat diese Zufallsvariable den Erwartungswert $E(X) = \frac{1}{6}$.]

Für n Versuche bezeichnen wir mit Z eine Zufallsvariable, die die Häufigkeit des Auftretens der Merkmalskategorie A erfaßt. Ihr Erwartungswert lautet:

$$E(Z) = n \cdot E(X)$$

$$= n \cdot \pi.$$

Wir werden diese Größe später im Zusammenhang mit der Binomialverteilung kennenlernen.

(Beispiel: Würfeln wir $n = 36$ mal, erwarten wir $36 \cdot \frac{1}{6} = 6$ mal die Zahl 6.)

Werden beide Seiten durch n dividiert, resultiert eine Zufallsvariable P, die relative Häufigkeit für das Auftreten von A bei n Versuchen. Ihr Erwartungswert heißt:

(4.4) $\qquad E(P) = \dfrac{E(Z)}{n} = \pi.$

Die relative Häufigkeit P des Auftretens einer Merkmalskategorie A in einer Stichprobe des Umfanges n („bei n Versuchen") ist damit eine erwartungstreue Schätzung der Wahrscheinlichkeit π der Merkmalskategorie A in der Population.

Varianz
Anders als $\bar{X}$ und P ist die Stichprobenvarianz S^2 keine erwartungstreue Schätzung der Populationsvarianz σ^2.

Die Varianz einer Zufallsvariablen X ist definiert als der Erwartungswert der quadratischen Abweichung der Zufallsvariablen X von ihrem Mittelwert μ.

(4.5) $\qquad \sigma^2 = E(X - \mu)^2.$

Gemäß den Regeln der Erwartungsalgebra läßt sich dieser Ausdruck folgendermaßen umformulieren:

$$
\begin{aligned}
\sigma_2 &= E(X - \mu)^2 \\
&= E(X^2 - 2X\mu + \mu^2) \\
&= E(X^2) - 2\mu E(X) + \mu^2 \\
&= E(X^2) - 2\mu^2 + \mu^2 \\
&= E(X^2) - \mu^2.
\end{aligned}
$$

Die Stichprobenvarianz wird nach folgender Beziehung errechnet:

(4.6) $\qquad S^2 = \dfrac{\sum\limits_{i=1}^{n} (x_i - \bar{x})^2}{n}.$

Ihr Erwartungswert lautet:

$$
\begin{aligned}
E(S^2) &= E\left[\frac{\sum\limits_{i=1}^{n} (X_i - \bar{X})^2}{n} \right] \\
&= \frac{1}{n} E\left[\sum\limits_{i=1}^{n} (X_i - \bar{X}^2) \right] \\
&= \frac{1}{n} \cdot E\left[\sum\limits_{i=1}^{n} (X_i^2 - 2X_i\bar{X} + \bar{X}^2) \right] \\
&= \frac{1}{n} \sum\limits_{i=1}^{n} E(X_i^2) - 2E\frac{\sum\limits_{i=1}^{n} X_i}{n} \cdot \bar{X} + \frac{1}{n} E\left(\sum\limits_{i=1}^{n} \bar{X}^2 \right) \\
&= \frac{1}{n} \sum\limits_{i=1}^{n} E(X_i^2) - 2E(\bar{X}^2) + \frac{1}{n} \cdot E(n \cdot \bar{X}^2) \\
&= \frac{1}{n} \sum\limits_{i=1}^{n} E(X_i^2) - E(\bar{X}^2).
\end{aligned}
$$

Der Varianzdefinition (gem. Gl. 4.5) entnehmen wir, daß

$$E(X_i^2) = \sigma^2 + \mu^2 .$$

Damit ergibt sich

$$\frac{1}{n} \sum_{i=1}^{n} E(X_i^2) = \frac{1}{n} \cdot \sum_{i=1}^{n} (\sigma^2 + \mu^2)$$

$$= \frac{1}{n} \cdot n(\sigma^2 + \mu^2)$$

$$= \sigma^2 + \mu^2 .$$

Für den Erwartungswert der Stichprobenvarianz S^2 können wir also schreiben:

$$(4.7) \qquad E(S^2) = \sigma^2 + \mu^2 - E(\bar{X}^2) .$$

Den Erwartungswert eines quadrierten Stichprobenmittelwertes $E(\bar{X}^2)$ entnehmen wir der Definition der Varianz der Zufallsvariablen „Stichprobenmittelwerte" ($\sigma_{\bar{x}}^2 =$ Quadrat des Standardfehlers), die analog der Varianz einer Zufallsvariablen X definiert ist als

$$(4.8) \qquad \sigma_{\bar{x}}^2 = E(\bar{X} - \mu)^2$$

$$= E(\bar{X}^2) - \mu^2 .$$

Für $E(\bar{X}^2)$ ergibt sich dann

$$E(\bar{X}^2) = \sigma_{\bar{x}}^2 + \mu^2$$

und für $E(S^2)$

$$E(S^2) = \sigma^2 + \mu^2 - \sigma_x^2 - \mu^2$$

$$= \sigma^2 - \sigma_{\bar{x}}^2 .$$

Damit ist gezeigt, daß S^2 keine erwartungstreue Schätzung des Populationsparameters σ^2 darstellt. $E(S^2)$ unterschätzt die Populationsvarianz σ^2 um einen Betrag, der der Varianz der Mittelwerte $\sigma_{\bar{x}}^2$ entspricht. Für diese Varianz gelten folgende Beziehungen:

$$\sigma_{\bar{x}}^2 = E(\bar{X}^2) - \mu^2 .$$

Für $(\bar{X}^2)$ schreiben wir

$$\bar{X}^2 = \frac{(X_1 + X_2 + \ldots + X_n)^2}{n^2}$$

$$= \frac{1}{n^2} \cdot \left(X_1^2 + X_2^2 + \ldots X_n^2 + 2 \sum_{i=1}^{n} \sum_{j=i+1}^{n} X_i X_j \right) .$$

Bei Unabhängigkeit der X_i gilt

$$E(X_i \cdot X_j) = E(X_i) \cdot E(X_j) = \mu^2 .$$

Für $E(\bar{X}^2)$ erhalten wir dann

$$E(\bar{X}^2) = \frac{1}{n^2} \cdot [E(X_1^2) + E(X_2^2) + \ldots + E(X_n^2) + n \cdot (n-1) \cdot \mu^2]$$

$$= \frac{1}{n^2} \cdot [n \cdot \sigma^2 + n \cdot \mu^2 + n \cdot (n-1) \cdot \mu^2]$$

$$= \frac{\sigma^2}{n} + \frac{n \cdot \mu^2 + n^2 \mu^2 - n\mu^2}{n^2}$$

$$= \frac{\sigma^2}{n} + \mu^2 .$$

Damit ist

$$(4.9) \qquad \sigma_{\bar{x}}^2 = \frac{\sigma^2}{n}.$$

Für den Erwartungswert von S^2 schreiben wir deshalb:

$$(4.10) \qquad E(S^2) = \sigma^2 - \frac{\sigma^2}{n}$$

$$= \frac{(n-1)}{n} \cdot \sigma^2.$$

$E(S^2)$ unterschätzt damit die Populationsvarianz σ^2 um den Faktor $\dfrac{n-1}{n}$. Verwenden wir statt S^2 als Schätzer für den Populationsparameter σ^2 den Ausdruck

$$\hat{\sigma}^2 = \frac{n}{n-1} \cdot S^2.$$

ist dieser erwartungstreu.

$$E(\hat{\sigma}^2) = \frac{n}{n-1} \cdot E(S^2) = \frac{n}{n-1} \cdot \frac{n-1}{n} \cdot \sigma^2 = \sigma^2.$$

Für die Berechnung von $\hat{\sigma}^2$ ergibt sich demnach vereinfachend:

$$(4.11) \qquad \hat{\sigma}^2 = \frac{n}{n-1} \cdot S^2 = \frac{n}{n-1} \cdot \frac{\sum\limits_{i=1}^{n} (x_i - \bar{x})^2}{n} = \frac{\sum\limits_{i=1}^{n} (x_i - \bar{x})^2}{n-1}.$$

Konsistenz

Ein Stichprobenkennwert k schätzt den Parameter K einer Population konsistent, wenn k mit wachsendem Umfang der Stichprobe ($n \to \infty$) gegen K konvergiert. Die Stichprobenkennwerte $\bar{X}$, P und S^2 sind konsistente Schätzungen der entsprechenden Populationsparameter μ, π und σ^2.

Formal läßt sich das Konsistenzkriterium folgendermaßen darstellen:

$$(4.12) \qquad P(|k - K| < \varepsilon) \to 1 \quad \text{für} \quad n \to \infty.$$

Die Wahrscheinlichkeit, daß der absolute Differenzbetrag zwischen dem Schätzwert k und dem Parameter K kleiner ist als eine beliebige Größe ε, geht gegen 1, wenn n gegen unendlich geht. Die Konsistenz eines Stichprobenkennwertes läßt sich unter Zuhilfenahme der sog. Tschebycheff'schen Ungleichung überprüfen, mit der die Wahrscheinlichkeit beliebiger Abweichungen einer Zufallsvariablen von ihrem Erwartungswert kalkulierbar ist. Hays u. Winkler (1970) behandeln dieses Problem ausführlicher.

Effizienz

Ein Stichprobenkennwert schätzt einen Populationsparameter effizient, wenn die Varianz der Verteilung dieses Kennwertes kleiner ist als die Varianzen der

Verteilungen anderer, zur Schätzung dieses Parameters geeigneter Kennwerte. Die Effizienz charakterisiert damit die Genauigkeit einer Parameterschätzung.

Stehen für die Schätzung eines Populationsparameters verschiedenartige Kennwerte zur Verfügung (z. B. Mittelwert und Medianwert als Schätzer für μ in symmetrischen Verteilungen), gibt die *relative Effizienz* an, welcher der beiden Kennwerte zur Schätzung des Populationsparameters vorzuziehen ist. Die relative Effizienz ist als Quotient der Standardfehler der zu vergleichenden Kennwerte definiert. Sie lautet z. B. für einen Kennwert k im Vergleich zu einem Kennwert g (in Prozent ausgedrückt):

(4.13)   rel. Effizienz von $k = \dfrac{\sigma_g^2}{\sigma_k^2} \cdot 100\%$.

Bei normalverteilten Zufallsvariablen beträgt die relative Effizienz des Medianwertes in bezug auf das arithmetische Mittel 64% (vgl. z. B. Bortz, 1979). Das arithmetische Mittel schätzt damit μ erheblich präziser als der Medianwert. Die relative Effizienz von 64% kann so interpretiert werden, daß der Medianwert einer Stichprobe des Umfanges n = 100 aus einer normalverteilten Population den Parameter μ genauso präzise schätzt wie das arithmetische Mittel einer Stichprobe des Umfanges n = 64.

Hinlänglichkeit

Ein Schätzwert ist hinlänglich (erschöpfend), wenn er alle in den Daten einer Stichprobe enthaltenen Informationen berücksichtigt, so daß man durch Berechnung eines weiteren statistischen Kennwertes keine zusätzlichen Informationen über den zu schätzenden Parameter erhält. Der Kennwert P ist ein hinlänglicher Schätzer des Parameters π und die Kennwerte $\bar{X}$ und $\hat{\sigma}^2$ sind zusammen genommen bei normal verteilten Zufallsvariablen (aber nicht jeder für sich allein) hinlängliche Schätzer der Populationsparameter μ und σ^2 (vgl. Kendall u. Stuart, 1973, S.28). Auf eine genauere Darstellung hinlänglicher bzw. erschöpfender Statistiken soll hier verzichtet werden. (Näheres s. Kendall u. Stuart, 1973, S. 22 ff. oder auch Fischer, 1974, S. 184 ff.)

Zusammenfassend erweisen sich die Stichprobenkennwerte $\bar{X}$, $\hat{\sigma}^2$ und P für die meisten Schätzprobleme als optimale Schätzer der entsprechenden Populationsparameter μ, σ^2 und π. (Die Ausnahmen sind von so geringer praktischer Bedeutung, daß sie hier unerwähnt bleiben können.)

Methoden der Parameterschätzung

Die wichtigsten Methoden der Parameterschätzung sind die Methode der kleinsten Quadrate, die Momentenmethode und die Maximum-Likelihood-Methode, wobei die letztgenannte Methode wegen ihrer besonderen Bedeutung für den weiteren Text (vgl. S. 332 ff.) etwas ausführlicher behandelt werden soll. (Über die Momentenmethode informieren z. B. Hays u. Winkler, 1970, Kap. 6.8 und über die Methode der kleinsten Quadrate z. B. Bortz, 1979 oder ausführlicher Daniel u. Wood, 1971.)

Schätzwerte, die nach der Maximum-Likelihood-Methode gefunden wurden (kurz: *Maximum-Likelihood-Schätzungen*) sind effizient, konsistent und hinlänglich (erschöpfend), aber nicht notwendigerweise auch erwartungstreu. Der Grundgedanke der Maximum-Likelihood-Methode sei im folgenden an einem Beispiel erläutert:

Ein Student hat Schwierigkeiten mit seinem Studium und fragt sich, wie vielen Kommilitonen es wohl ähnlich ergeht. Er entschließt sich zu einer kleinen Umfrage, die ergibt, daß von 100 zufällig ausgesuchten Studenten 40 bekunden, ebenfalls mit dem Studium nicht zurecht zu kommen. Dieses Ergebnis macht es ihm leichter, mit seinen eigenen Schwierigkeiten fertig zu werden, denn es haben – so behauptet er – immerhin ca. 40 % aller Studenten ähnliche Schwierigkeiten wie er.

Wie kommt der Student zu dieser Behauptung? Offensichtlich hat er intuitiv erfaßt, daß der Merkmalsanteil p in einer Stichprobe der beste Schätzwert für den unbekannten Parameter π ist. Seine Einschränkung, daß nicht „exakt" 40 % sondern nur „ca." 40 % der Studenten Studienschwierigkeiten haben, begründet er damit, daß er schließlich nur die Aussagen einiger Studenten und nicht die aller Studenten kenne.

Welche Alternativen hätte ein Student in seinem Bemühen, den Parameter π richtig zu schätzen? Er könnte z. B. behaupten, daß alle Studenten, also 100 %, Studienschwierigkeiten eingestehen. Diese Behauptung wäre jedoch unsinnig, weil dann – wie auch bei $\pi = 0 \%$ – niemals ein Stichprobenergebnis mit p = 40 % resultieren könnte. Andere Parameter, wie z. B. 90 %, kommen demgegenüber jedoch zumindest theoretisch infrage. Es ist aber wenig plausibel ("likely"), daß sich in einer Zufallsstichprobe von 100 Studenten aus einer Population, in der 90 % Studienschwierigkeiten haben, nur 40 % mit Studienschwierigkeiten befinden. Die höchste Plausibilität (Maximum-Likelihood) hat die Annahme, daß der Populationsparameter π dem Stichprobenkennwert p entspricht.

An dieser Stelle sind Erläuterungen angebracht, warum man nicht von der Wahrscheinlichkeit (probability) eines Parameters spricht, sondern von seiner Likelihood. (Dieser Ausdruck bleibt üblicherweise in deutschsprachigen Texten unübersetzt.) Fischer (1922 zit. nach Yamane, 1976, S. 177), auf den die Bezeichnung „Maximum-Likelihood" zurückgeht, schreibt hierzu (wobei er den Populationsparameter mit P und nicht wie wir mit π bezeichnet): „Wir müssen zu dem Faktum zurückkehren, daß ein Wert von P aus der Verteilung, über die wir nichts wissen, ein beobachtetes Ergebnis (z. B., Erg. d. Autors) dreimal so häufig hervorbringt wie ein anderer Wert von P. Falls wir ein Wort benötigen, um diese relative Eigenschaft verschiedener Werte von P zu charakterisieren, würde ich vorschlagen, daß wir um Verwirrung zu vermeiden, von der Likelihood eines Wertes P sprechen, dreimal die Likelihood eines anderen Wertes auszumachen, wobei wir stets berücksichtigen müssen, daß Likelihood hier nicht vage als synonym für Wahrscheinlichkeit (probability) verwendet wird, sondern einfach die relativen Häufigkeiten ausdrücken soll, mit der solche Werte der hypothetischen Quantität tatsächlich die beobachteten Stichproben erzeugen würden."

Die hier getroffene Unterscheidung zwischen Wahrscheinlichkeit und Likelihood findet im deduktiven bzw. induktiven Denkansatz ihre Entsprechung. Wird eine Population durch π gekennzeichnet, läßt sich hieraus deduktiv ableiten, mit welcher Wahrscheinlichkeit bestimmte, einander ausschließende Stichprobenergebnisse auftreten können. Die Summe dieser Wahrscheinlichkeiten (bzw. das

Integral der Dichteverteilung bei stetig verteilten Stichprobenergebnissen) ergibt eins. (Die Wahrscheinlichkeit, daß bei $\pi = 50\%$ eine Stichprobe mit beliebigem p gezogen wird, ist eins.)

Umgekehrt sprechen wir von der Likelihood (L), wenn ausgehend von einem Stichprobenergebnis induktiv die *Plausibilität* verschiedener Populationsparameter gemeint ist. Daß es sich hierbei nicht um Wahrscheinlichkeiten handeln kann, geht aus der einfachen Tatsache hervor, daß die Summe aller möglichen, einander ausschließenden Likelihoods nicht – wie für Wahrscheinlichkeiten gefordert – eins ergibt. Die Summe der Likelihoods für alle Populationsparameter, die angesichts eines Stichprobenergebnisses möglich sind, ist größer als eins. Die Weiterführung des letzten Beispiels zeigt diese Besonderheit von Likelihoods.

Bisher gingen wir nur von der Plausibilität (bzw. der geschätzten Likelihood) verschiedener Populationsparameter bei gegebenem Stichprobenergebnis aus. Hierbei erschien uns der Parameter $\pi = 0,40$ bei einem $p = 0,40$ am plausibelsten. Daß dieser Parameter tatsächlich die höchste Likelihood besitzt, läßt sich auch rechnerisch zeigen.

Tritt in einem Zufallsexperiment eine Ereignisalternative mit einer Wahrscheinlichkeit von π auf (z. B. $\pi = 0,5$ für das Ereignis „Zahl" beim Münzwurf), kann die Wahrscheinlichkeit, daß die Häufigkeit X für das Auftreten dieses Ereignisses den Wert k annimmt, nach folgender Beziehung bestimmt werden:

$$(4.14) \qquad p(X = k | \pi; n) = \binom{n}{k} \cdot \pi^k \cdot (1 - \pi)^{n-k} .$$

(Für $p(X = k | \pi; n)$ lies: Die Wahrscheinlichkeit für $X = k$ unter der Bedingung von π und n.) Die Wahrscheinlichkeiten für die einzelnen k-Werte bei gegebenem n und π konstituieren eine Wahrscheinlichkeitsfunktion, die unter dem Namen *Binomialverteilung* bekannt ist (zur Herleitung der Binomialverteilung vgl. z. B. Bortz, 1979, Kap. 2.4).

Für $n = 5$, $X = 2$ und $\pi = 0,5$ (z. B 2 mal Zahl bei 5 Münzwürfen) ergibt sich dann folgende Wahrscheinlichkeit:

$$P(X = 2 | \pi = 0,5; n = 5) = \binom{5}{2} \cdot 0,5^2 \cdot 0,5^3 = 0,31 .$$

Diese Beziehung können wir auch verwenden, wenn die Likelihood verschiedener Populationsparameter für ein bestimmtes Stichprobenergebnis zu berechnen ist. Für die Parameter $\pi_1 = 0,40$, $\pi_2 = 0,41$, $\pi_3 = 0,10$ und $\pi_4 = 0,90$ ergeben sich z. B. die folgenden Likelihoods, wenn – wie im Beispiel – $n = 100$ und $X = 40$:

$$L_1(X = 40 | \pi_1 = 0,40; n = 100) = \binom{100}{40} \cdot 0,40^{40} \cdot 0,60^{60} = 0,0812$$

$$L_2(X = 40 | \pi_2 = 0,41; n = 100) = \binom{100}{40} \cdot 0,41^{40} \cdot 0,59^{60} = 0,0796$$

$$L_3(X = 40 | \pi_3 = 0,10; n = 100) = \binom{100}{40} \cdot 0,10^{40} \cdot 0,90^{60} = 2,4703 \cdot 10^{-15}$$

$$L_4(X = 40 | \pi_4 = 0,90; n = 100) = \binom{100}{40} \cdot 0,90^{40} \cdot 0,10^{60} = 2,0319 \cdot 10^{-34}$$

Die Berechnungen zeigen, daß die Likelihood für den Parameter $\pi_1 = 0{,}40$ tatsächlich am höchsten ist. Sie verdeutlichen aber auch, daß die Summe der Likelihoods nicht 1 ergibt. Für $\pi_1 = 0{,}40$ resultiert $L_1 = 0{,}0812$ und für $\pi_2 = 0{,}41$ errechnen wir $L_2 = 0{,}0796$. Zwischen diesen beiden Parametern befinden sich jedoch beliebig viele andere Parameter (z. B. 0,405 oder 0,409117), deren Likelihoods jeweils zwischen 0,0812 und 0,0796 liegen. Allein für die Menge dieser Parameter ergibt sich eine Likelihood-Summe, die gegen unendlich tendiert.

Wie aber kann man sicher sein, daß tatsächlich kein anderer Wert für den Parameter π existiert, der eine größere Likelihood aufweist als der Parameter $\pi = 0{,}40$? Um dieses Problem zu lösen, muß die Funktion, die die Likelihoods für variable π-Werte bestimmt, die sog. *Likelihoodfunktion* bekannt sein. Sie lautet in unserem Beispiel:

$$L(X = k | \pi; n) = \binom{n}{k} \cdot \pi^k \cdot (1 - \pi)^{n-k}.$$

Wir suchen denjenigen π-Wert, der die Likelihood des Auftretens eines bestimmten k-Wertes (im Beispiel $k = 40$) für ein bestimmtes n (im Beispiel $n = 100$) maximiert – den π-Wert mit maximaler Likelihood.

Den Maximalwert einer Funktion bestimmt man mit der Differentialrechnung. Aus rechnerischen Gründen differenzieren wir jedoch nicht die Likelihoodfunktion, sondern die zur Basis e logarithmierte Likelihoodfunktion. (Diese Vorgehensweise ist zulässig, denn der Logarithmus eines positiven Argumentes ist eine monotone Funktion des Argumentes. Das Maximum der ursprünglichen Funktion entspricht damit dem Maximum der logarithmierten Funktion.)

$$\ln L = \ln \binom{n}{k} + k \cdot \ln \pi + (n - k) \cdot \ln(1 - \pi).$$

Die nach π differenzierte Funktion heißt

$$\frac{d \ln L}{d\pi} = \frac{k}{\pi} - \frac{n - k}{1 - \pi}.$$

Wir setzen die erste Ableitung Null und ermitteln für π:

$$\frac{k}{\pi} - \frac{n - k}{1 - \pi} = 0$$

$$\frac{k \cdot (1 - \pi) - \pi \cdot (n - k)}{\pi \cdot (1 - \pi)} = 0$$

$$k \cdot (1 - \pi) - \pi \cdot (n - k) = 0$$

$$k - k \cdot \pi - \pi \cdot n + \pi \cdot k = 0$$

$$\pi = \frac{k}{n}.$$

Die zweite Ableitung ist negativ, d. h. das Stichprobenergebnis tritt mit maximaler Wahrscheinlichkeit auf, wenn wir $\pi = \frac{k}{n}$ setzen. $\frac{k}{n}$ ist die Maximum-Likelihood-schätzung des Parameters π.

In ähnlicher Weise läßt sich zeigen, daß $\bar{X}$ bei normal verteilten Zufallsvariablen eine Maximum-Likelihoodschätzung des Parameters μ darstellt. Für die Populationsvarianz σ^2 resultiert als Maximum-Likelihoodschätzung die Stichprobenvarianz S^2. Dieses Beispiel zeigt, daß Maximum-Likelihoodschätzungen nicht immer erwartungstreue Schätzungen sind: s^2 ist, wie auf S. 256ff. gezeigt wurde, keine erwartungstreue Schätzung von σ^2.

4.1.3 Intervallschätzungen

Bisher wurde der Parameter einer Population (z. B μ) durch einen einzigen Wert ($\bar{x}$) geschätzt. Wir haben diese Schätzung Punktschätzung genannt. Obwohl $\bar{x}$ die bestmögliche Schätzung für μ darstellt, dürfte es ohne weiteres einsichtig sein, daß $\bar{x}$ in der Regel mit μ nicht identisch ist, denn schließlich wird $\bar{x}$ aus einer zufällig gezogenen Stichprobe errechnet, deren Werte von Stichprobe zu Stichprobe unterschiedlich ausfallen. Angesichts dieser Tatsache wäre es nun für die Beschreibung von Populationen durch Stichproben hilfreich, wenn man wüßte, um welchen Betrag $\bar{x}$ den Parameter vermutlich verschätzt.

Hierfür wurde von Neymann (1937) ein Verfahren vorgeschlagen, mit dessen Hilfe ein Parameter durch ein Intervall vom Typ

$$a < \mu < b$$

geschätzt wird, d. h. ein Verfahren, welches Grenzen ermittelt, innerhalb derer sich der wahre Populationsparameter mit hoher Plausibilität befindet. Derartige Schätzungen nennt man Intervallschätzungen.

4.1.3.1 Konfidenzintervall des arithmetischen Mittels bei bekannter Varianz

Zunächst nehmen wir an, die Verteilung eines Merkmals X (z. B. Intelligenzquotient) in einer Population (z. B. Abiturienten) sei bekannt. Ihr Mittelwert betrage $\mu = 110$ und ihre Varianz $\sigma^2 = 144$. Abbildung 12a zeigt, wie die Verteilung dieses Merkmals aussehen könnte.
Die Verteilung weist unregelmäßige Schwankungen auf und ist linkssteil. Aus dieser Population werden wiederholt Stichproben des Umfanges n = 2 gezogen. Die Verteilung der Mittelwerte dieser „Miniaturstichproben" ist in Abb. 12b wiedergegeben. Im Vergleich zur ursprünglichen Merkmalsverteilung hat diese Verteilung eine geringere Streuung und weist zudem weniger Irregularitäten auf. Entnehmen wir Stichproben des Umfanges n = 5 bzw. n = 20, zeigt Abb. 12b, daß die Verteilung der Zufallsvariablen $\bar{X}$ mit wachsendem Stichprobenumfang weniger streut und zunehmend deutlicher in eine Normalverteilung übergeht. Dies ist ein für die schließende Statistik grundlegender Befund: Die Verteilung von Mittelwerten aus Stichproben des Umfanges n, die einer beliebig verteilten Grundgesamtheit entnommen werden, ist normal, vorausgesetzt, n ist genügend groß. (Eine zusätzliche Voraussetzung besagt, daß Mittelwert und Varianz der Grundgesamtheit endlich sind.) Dieser Sachverhalt wird als das „zentrale Grenz-

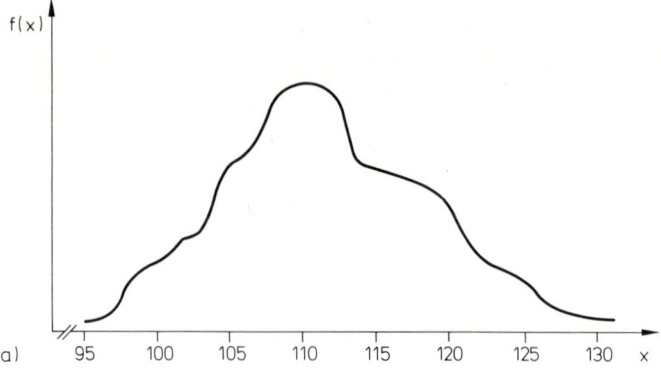

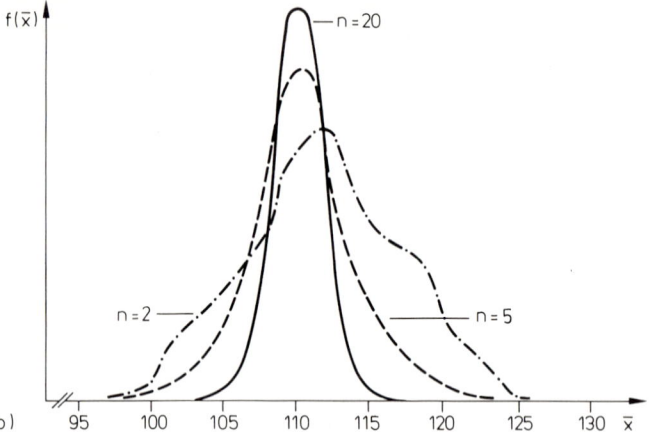

Abb. 12 a, b. Verteilung der Intelligenzquotienten von Abiturienten (**a**) sowie Verteilungen von Mittelwerten (**b**)

werttheorem" bezeichnet. Für praktische Zwecke können wir davon ausgehen, daß die Mittelwerteverteilung auch für extrem von der Normalität abweichende Grundgesamtheiten hinreichend normal ist, wenn $n \geqq 30$.

Die mathematische Herleitung des zentralen Grenzwerttheorems ist zu kompliziert, um sie in diesem Zusammenhang behandeln zu können (vgl. hierzu z. B. Kendall u. Stuart, 1969). Wir wollen uns damit begnügen, die „Arbeitsweise" dieses wichtigen Satzes anhand eines kleinen Beispiels zu veranschaulichen.

Ein Obststand verkauft sechs verschiedene Obstsorten, die wir einfachheitshalber A, B, C, D, E und F bezeichnen. Als Obstpreise verlangt der Händler für je ein Pfund DM 1,–, DM 2,–, DM 3,–, DM 4,–, DM 5,– und DM 6,– (in gleicher Reihenfolge). Ferner gehen wir davon aus, daß jede Obstsorte gleich häufig bzw. mit gleicher Wahrcheinlichkeit ($p = \frac{1}{6}$) gekauft wird. Die Zufallsvariable „Obstprei-

264

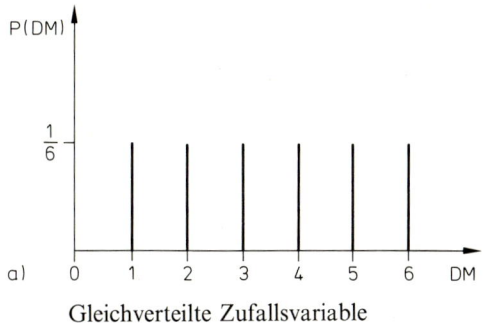

a) Gleichverteilte Zufallsvariable

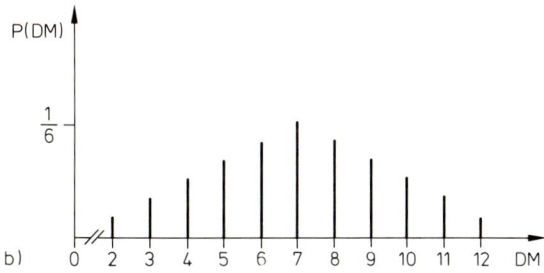

b) Wahrscheinlichkeitsfunktion der Stichprobensummen (n = 2)

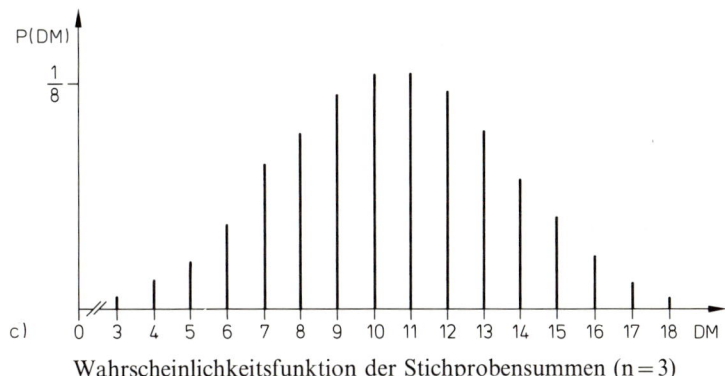

c) Wahrscheinlichkeitsfunktion der Stichprobensummen (n = 3)

Abb. 13a–c. Gleichverteilte Zufallsvariable und deren Wahrscheinlichkeitsfunktionen für Stichprobensummen

se" ist damit gleich verteilt. p (Obstpreis = DM 1,–) = $\frac{1}{6}$; p (Obstpreis = DM 2,–) = $\frac{1}{6}$ etc. (vgl. Abb. 13a).

Wie verteilen sich nun die Kaufsummen, wenn wir davon ausgehen, daß jeder Käufer zufällig zwei Obstsorten wählt? Insgesamt sind $6 \times 6 = 36$ verschiedene „Stichproben" möglich. (Hierbei werden die Stichproben AB und BA, AC und CA etc. getrennt gezählt.) Die billigste Stichprobe kostet DM 2,– ($2 \times$ Sorte A) und die teuerste DM 12,– ($2 \times$ Sorte F). Insgesamt erhalten wir für die Zufallsvariable „Kaufsumme" die folgende Wahrscheinlichkeitsfunktion (vgl. Tabelle 4).

Tabelle 4. Verteilung der Zufallsvariablen „Kaufsumme"

Kaufsumme (DM)	Stichprobe (Anzahl)	p (Kaufsumme)
2,–	AA (1)	$\frac{1}{36}$
3,–	AB, BA (2)	$\frac{2}{36}$
4,–	AC, BB, CA (3)	$\frac{3}{36}$
5,–	AD, BC, CB, DA (4)	$\frac{4}{36}$
6,–	AE, BD, CC, DB, EA (5)	$\frac{5}{36}$
7,–	AF, BE, CD, DC, EB, FA (6)	$\frac{6}{36}$
8,–	BF, CE, DD, EC, FB (5)	$\frac{5}{36}$
9,–	CF, DE, ED, FC (4)	$\frac{4}{36}$
10,–	DF, EE, FD (3)	$\frac{3}{36}$
11,–	EF, FE (2)	$\frac{2}{36}$
12,–	FF (1)	$\frac{1}{36}$

Abbildung 13b veranschaulicht diese Wahrscheinlichkeitsfunktion graphisch. Sie zeigt, daß sich die Stichprobensummen (und damit natürlich auch die Mittelwerte) anders verteilen als die einzelnen Kaufpreise. Die Kaufpreise sind gleich verteilt, und die Summen verteilen sich eingipflig und symmetrisch. Lassen wir die Stichprobengröße wachsen, nähert sich die Summenverteilung einer Normalverteilung. Dies verdeutlicht Abb. 13c, die die Wahrscheinlichkeitsfunktion der Summen aus Stichproben mit n = 3 zeigt.

Unter den genannten Umständen können wir also davon ausgehen, daß die Verteilung der Zufallsvariablen „Stichprobenmittelwerte" normal ist. Der Erwartungswert dieser Verteilung ist $E(\bar{X}) = \mu$ (vgl. S. 255) und ihr Standardfehler (Streuung) beträgt $\sigma_x = \frac{\sigma}{\sqrt{n}}$ (vgl. S. 258). Da diese Parameter eine Normalverteilung eindeutig bestimmen, ist die Dichtefunktion der Mittelwerte bekannt, d.h. wir können errechnen, mit welcher Wahrscheinlichkeit Stichprobenmittelwerte bestimmter Größe bei gegebenem μ und σ_x auftreten (zur Dichtefunktion einer Normalverteilung vgl. z.B. Bortz, 1979, Kap. 2.8). Die Wahrscheinlichkeit für Mittelwerte der Größe $\bar{X} > a$ beispielsweise entspricht dem Integral der Dichtefunktion zwischen a und ∞ (vgl. Abb. 14).

266

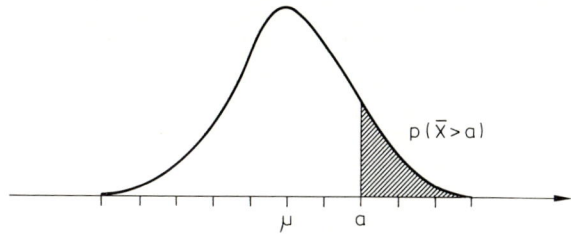

Abb. 14. Wahrscheinlichkeit für Mittelwerte $\bar{X} > a$

Der folgende Gedankengang erleichtert die Bestimmung von Flächenanteilen einer Normalverteilung. Jede beliebige Zufallsvariable X mit dem Mittelwert μ und der Streuung σ läßt sich durch folgende Transformation (Standardisierung) in eine Zufallsvariable z mit $\mu = 0$ und der Streuung $\sigma = 1$ überführen (z-Transformation).

$$(4.15) \qquad z = \frac{X - \mu}{\sigma}.$$

Wenden wir diese Beziehung auf die normalverteilte Zufallsvariable $\bar{X}$ an, resultiert mit

$$(4.16) \qquad z_{\bar{x}} = \frac{\bar{X} - \mu}{\sigma_{\bar{x}}}$$

eine normalverteilte Zufallsvariable mit einem Mittelwert von Null und einer Streuung von Eins. Diese Normalverteilung heißt *Standardnormalverteilung*. Die Flächenanteile der Standardnormalverteilung liegen in tabellierter Form vor (vgl. Anhang E, Tabelle 1).

Damit läßt sich die Wahrscheinlichkeit, mit der Mittelwerte $\bar{X} > a$ auftreten, leicht bestimmen. Interessiert in dem auf S. 263 genannten Beispiel die Wahrscheinlichkeit von Stichprobenmittelwerten $\bar{X} > 115$, ergeben sich für Stichproben mit $n = 36$ die folgenden Werte:

Durchschnittlicher IQ: $\mu = 110$

Varianz der IQ-Werte: $\sigma^2 = 144$

Standardfehler der Mittelwerteverteilung:

$$\sigma_{\bar{x}} = \sqrt{\frac{\sigma^2}{n}} = \sqrt{\frac{144}{36}} = \frac{12}{6} = 2$$

$$z_{\bar{x}} = \frac{115 - 110}{2} = 2,5.$$

Folglich entspricht dem Wert $\bar{x} = 115$ der Wert $z_{\bar{x}} = 2,5$ in der Standardnormalverteilung. Wir fragen nun nach der Wahrscheinlichkeit für $z_{\bar{x}} > 2,5$, also dem Flächenanteil der Standardnormalverteilung zwischen 2,5 und ∞. Dieser lautet gem. Tabelle 1 im Anhang E:

$$p(z_{\bar{x}} > 2,5) = 0,0062.$$

Die Wahrscheinlichkeit, in einer Stichprobe des Umfanges n = 36 einen Mittelwert $\bar{X} > 115$ zu erhalten, beträgt 0,62 %, wenn $\mu = 110$.

Die Wahrscheinlichkeit, daß ein Stichprobenmittelwert mindestens 5 IQ-Punkte von μ abweicht, ermitteln wir auf ähnliche Weise:

$$z_{\bar{x} = 115} = \frac{115 - 110}{2} = 2,5,$$

$$z_{\bar{x} = 105} = \frac{105 - 110}{2} = -2,5,$$

$$p(z_{\bar{x}} > 2,5) = 0,0062,$$

$$p(z_{\bar{x}} < -2,5) = 0.0062$$

und

$$p(-2,5 > z_{\bar{x}} > 2,5) = 0,0062 + 0,0062 = 0,0124.$$

Die Wahrscheinlichkeit beträgt 1,24 %.

Hiervon ausgehend, können wir nun auch dasjenige Intervall bestimmen, in dem sich ein bestimmter Anteil p aller Stichprobenmittelwerte befindet. Setzen wir p = 0,95, benötigen wir diejenigen $z_{\bar{x}}$-Werte, die von der Standardnormalverteilungsfläche an beiden Seiten 2,5 % abschneiden, so daß eine Restfläche von 95 % (bzw. p = 0,95) verbleibt. Die Standardnormalverteilungs-Tabelle zeigt, daß die Werte $z_{\bar{x}} = -1,96$ und $z_{\bar{x}} = +1,96$ diese Bedingung erfüllen.

$$p(-1,96 < z_{\bar{x}} < 1,96) = 0,95.$$

Machen wir die z-Transformation rückgängig, resultieren für $z_{\bar{x}} = -1,96$ bzw. $z_{\bar{x}} = +1,96$ die folgenden Mittelwerte.

$$-1,96 = \frac{\bar{x}_u - 110}{2}; \quad \bar{x}_u = 2 \cdot (-1,96) + 110 = 106,08$$

bzw.

$$1,96 = \frac{\bar{x}_o - 110}{2}; \quad \bar{x}_o = 2 \cdot 1,96 + 110 = 113,92.$$

Das Intervall hat als untere Grenze ($\bar{x}_u$) den Wert 106,08 und als obere Grenze ($\bar{x}_o$) den Wert 113,92. **Für eine Population mit $\mu = 110$ und $\sigma^2 = 144$ treten Mittelwerte aus Stichproben des Umfanges n = 36 mit 95 %iger Wahrscheinlichkeit im Bereich $106,08 < \bar{X} < 113,92$ auf.** Allgemein formulieren wir:

$$p(-1,96 < z_{\bar{x}} < 1,96) = 0,95$$

bzw.

$$p\left(-1,96 < \frac{\bar{X} - \mu}{\sigma_{\bar{x}}} < 1,96\right) = 0,95$$

bzw.

$$p[(\mu - 1,96 \cdot \sigma_{\bar{x}}) < \bar{X} < (\mu + 1,96 \cdot \sigma_{\bar{x}})] = 0,95$$

bzw.

(4.17) $$p[(\mu - a) < \bar{X} < (\mu + a)] = 0,95$$

für $a = 1,96 \cdot \sigma_{\bar{x}}$ (Im Beispiel ist a = 3,92.)

Das Intervall $\mu \pm a$ ist also derjenige Bereich, in dem sich 95 % aller möglichen $\bar{X}$-Werte befinden. Wir bezeichnen dieses Intervall zukünftig einfachheitshalber als den *$\bar{X}$-Werte-Bereich* von μ.

Nun sind jedoch auch andere Intervalle als $\mu \pm a$ denkbar, in denen sich 95 % aller Stichprobenmittelwerte befinden. Der Standardnormalverteilungstabelle entnehmen wir beispielsweise, daß sich zwischen den Werten $z_u = -1,75$ und $z_o = 2,33$ (oder z. B. $z_u = -2,06$ und $z_o = 1,88$) ebenfalls 95 % der Gesamtfläche befinden, d. h. auch innerhalb dieser Grenzen erwarten wir $z_{\bar{x}}$-Werte mit einer Wahrscheinlichkeit von $p = 0,95$. Unter den theoretisch unendlich vielen Intervallen der Form $a < \mu < b$ ist jedoch – wie man sich leicht überzeugen kann – das Intervall $\mu \pm 1,96$ das kürzeste: Für $a = -1,75$ und $b = 2,33$ erhalten wir eine Intervallbreite von $2,33 + 1,75 = 4,08$ (bzw. für $a = -2,06$ und $b = 1,88$ von 3,94). Setzen wir hingegen $a = -1,96$ und $b = +1,96$, resultiert die minimale Intervallbreite von $1,96 + 1,96 = 3,92$. (Diese Werte müßten noch mit $\sigma_{\bar{x}}$ multipliziert werden, wenn die entsprechenden $\bar{X}$-Werte-Bereiche interessieren.) Den kürzesten $\bar{X}$-Werte-Bereich bevorzugen wir, weil dieser – wie wir noch sehen werden – zu der genauesten Schätzung des Parameters μ führt.

In der Regel ist nicht der Parameter μ sondern nur *ein* Stichprobenmittelwert $\bar{x}$ bekannt. Es werden nun für diejenigen $\bar{X}$-Werte-Bereiche, in denen sich der bekannte $\bar{x}$-Wert befindet, die entsprechenden Parameter gesucht. Wir fragen also, bzgl. welcher Parameter der gefundene $\bar{x}$-Wert im 95 %igen $\bar{X}$-Werte-Bereich liegt.

Hierfür kommen offensichtlich alle Parameter im Bereich $\bar{x} \pm a$ in Frage. Nehmen wir für μ den Wert $\bar{x} + a$ an, begrenzt der gefundene $\bar{x}$-Wert den $\bar{X}$-Werte-Bereich dieses Parameters linksseitig, und nehmen wir für μ den Wert $\bar{x} - a$ an, wird der $\bar{X}$-Werte-Bereich dieses Parameters rechtsseitig durch $\bar{x}$ begrenzt. **Die Parameter im Bereich $\bar{x} \pm a$ weisen damit $\bar{X}$-Werte-Bereiche auf, in denen sich mit Sicherheit auch der gefundene $\bar{x}$-Wert befindet.**

Nun stellt jedoch – wie bereits erwähnt – $\bar{X}$ eine Zufallsvariable dar, d. h. auch $\bar{X} \pm a$ ist eine Zufallsvariable. Wir erhalten bei wiederholter Stichprobenentnahme verschiedene $\bar{x}$-Werte bzw. verschiedene Bereiche $\bar{x} \pm a$. Die Wahrscheinlichkeit des Auftretens eines bestimmten $\bar{x}$-Wertes hängt davon ab, wo sich der wahre Parameter μ befindet. $\bar{x}$-Werte, die stark von μ abweichen, sind unwahrscheinlicher als $\bar{x}$-Werte in der Nähe von μ. Je nachdem wie stark ein $\bar{x}$-Wert von μ abweicht, resultieren Parameterbereiche $\bar{X} \pm a$, in denen sich μ befindet oder in denen sich μ nicht befindet. Dies verdeutlicht Abb. 15.

Erhalten wir $\bar{x} = 112$, kommen – wieder bezogen auf das o. g. Beispiel – Parameter im Bereich $112 \pm 3,92$ in Frage. In diesem Bereich befindet sich auch der wahre Parameter $\mu = 110$. Ähnliches gilt für das Stichprobenergebnis $\bar{x} = 109$. Zu den Parametern, die dieses $\bar{x}$ „ermöglichen", zählt auch $\mu = 110$. Ziehen wir hingegen eine Stichprobe mit $\bar{x} = 115$, zählt $\mu = 110$ nicht zu den Parametern, die einen 95 %igen $\bar{X}$-Werte-Bereich aufweisen, in dem sich der Mittelwert $\bar{x} = 115$ befindet. Auf Grund des Stichprobenmittelwertes $\bar{x} = 115$ würden wir also ein Intervall möglicher μ-Werte angeben, in dem sich der wahre μ-Wert tatsächlich nicht befindet.

Ziehen wir viele Stichproben des Umfanges n, erhalten wir viele mehr oder weniger verschiedene Parameterbereiche vom Typ $\bar{X} \pm a$. 95 % dieser Parameterbereiche sind „richtig", denn sie umschließen den wahren Parameter, und 5 % der

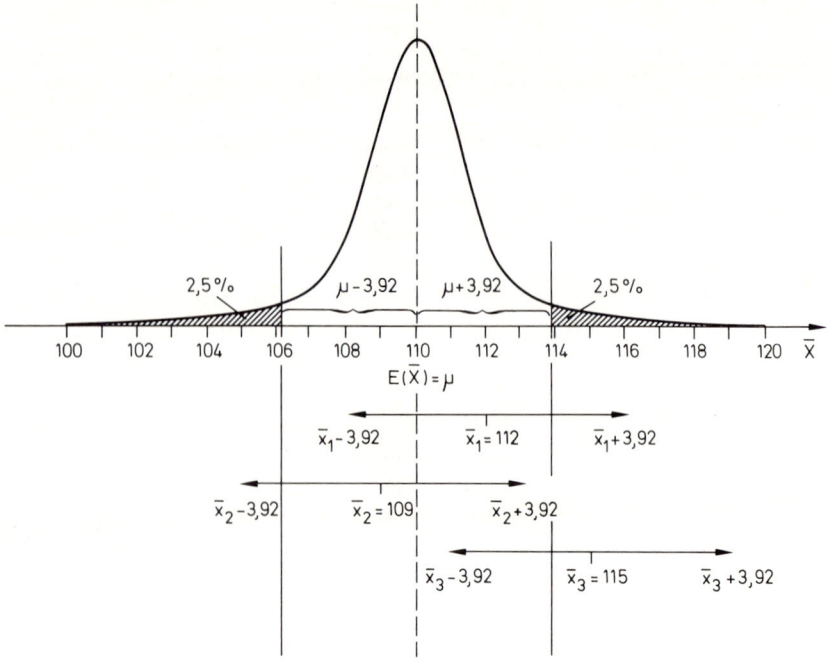

Abb. 15. Vergleich verschiedener Realisierungen der Zufallsvariablen $\bar{X} \pm a$

Parameterbereiche sind „falsch", weil sich der wahre Parameter μ außerhalb dieser Bereiche befindet. Kennen wir – wie üblich – nur einen Stichprobenmittelwert $\bar{x}$, zählt der entsprechende Parameterbereich $\bar{x} \pm a$ entweder zu den „richtigen" oder den „falschen" Intervallen. Da wir aber durch die Berechnung dieses Intervalls dafür gesorgt haben, daß 95% aller vergleichbaren Intervalle den wahren Parameter umschließen, ist es sehr plausibel oder „wahrscheinlich", daß das gefundene Intervall zu den „richtigen" zählt. (Die Aussage, der gesuchte Parameter liege mit einer Wahrscheinlichkeit von 95% im Bereich $\bar{x} \pm a$, ist nicht korrekt, denn tatsächlich kann sich der Parameter nur innerhalb oder außerhalb des gefundenen Bereiches befinden. Die Wahrscheinlichkeit, daß ein bestimmter Parameter in einen bestimmten Bereich fällt, ist damit entweder 0% oder 100%; Näheres hierzu s. Leiser, 1982 oder Yamane, 1976, Kap. 8.8).

Neyman (1937) hat Intervalle des Typus $\bar{X} \pm a$ *Konfidenzintervalle* genannt. Die Wahrscheinlichkeit, daß ein beliebiges Intervall zu denjenigen zählt, die auch den wahren Populationsparameter μ enthalten, bezeichnete er als *Konfidenzkoeffizienten*. Für den Konfidenzkoeffizienten werden üblicherweise die Werte $p = 0,95$ oder $p = 0,99$ angenommen. Für $p = 0,95$ ermitteln wir $a = 1,96 \cdot \sigma_{\bar{x}}$. Für den Konfidenzkoeffizienten $p = 0,99$ entnehmen wir der Standardnormalverteilungs-Tabelle die z-Werte $\pm 2,58$, die jeweils 0,5% (also zusammen 1%) von den Extremen der Normalverteilungsfläche abschneiden. Das 99%ige Konfidenzintervall lautet damit $\bar{x} \pm 2,58 \cdot \sigma_{\bar{x}}$.

Würde man im oben erwähnten Beispiel μ nicht kennen, sondern durch eine Stichprobe des Umfanges $n = 36$ mit $\bar{x} = 112$ schätzen, hätte das 99%ige Konfidenzintervall die Grenzen

$$112 - 5{,}16 < \mu < 112 + 5{,}16$$

bzw.

$$106{,}84 < \mu < 117{,}16 .$$

Die hier beschriebene Vorgehensweise zur Ermittlung eines Konfidenzintervalls geht davon aus, daß der Umfang der Gesamtpopulation N im Verhältnis zum Stichprobenumfang n sehr groß ist. Für praktische Zwecke sind die hier aufgeführten Bestimmungsgleichungen (wie auch die folgenden) hinreichend genau, wenn $\frac{n}{N} < 0{,}05$ (vgl. Schwarz, 1975).

4.1.3.2 Konfidenzintervall des arithmetischen Mittels bei unbekannter Varianz

Die z-transformierte Zufallsvariable $\bar{X}$ ist – wie gezeigt wurde – nach dem zentralen Grenzwerttheorem normalverteilt mit $\mu = 0$ und $\sigma = 1$:

$$z_{\bar{x}} = \frac{\bar{X} - \mu}{\sigma_{\bar{x}}} = \frac{\bar{X} - \mu}{\sigma / \sqrt{n}} .$$

Diese Gleichung setzt eine bekannte Populationsstreuung σ voraus – eine Annahme, die für die Praxis unrealistisch ist. Üblicherweise sind wir darauf angewiesen, den unbekannten Parameter σ^2 durch Stichprobendaten zu schätzen. Mit $\hat{\sigma}^2$ als erwartungstreue Schätzung für σ^2 (vgl. S. 256ff.) resultiert statt der normalverteilten Zufallsvariablen $z_{\bar{x}}$ die folgende Zufallsvariable t:

(4.18) $$t = \frac{\bar{X} - \mu}{\hat{\sigma}_{\bar{x}}} = \frac{\bar{X} - \mu}{\hat{\sigma} / \sqrt{n}} .$$

Sowohl $\bar{X}$ als auch $\hat{\sigma}$ sind stichprobenabhängig, d.h. dieser Ausdruck enthält nicht nur im Zähler, sondern auch im Nenner eine Zufallsvariable (im Unterschied zur Definition von $z_{\bar{x}}$, bei der im Nenner die Konstante $\sigma / \sqrt{n}$ steht). Die Eigenschaften der Zufallsvariablen t sind mathematisch kompliziert, es sei denn, $\bar{X}$ und $\hat{\sigma}$ hängen nicht voneinander ab. Dies ist der Fall, wenn sich die Zufallsvariable X normalverteilt. Ausgehend von der Vorstellung, daß wir wiederholt Stichproben des Umfanges n aus einer normalverteilten Population ziehen, sind die Stichprobenkennwerte $\bar{X}$ und $\hat{\sigma}$ statistisch voneinander unabhängig.

Gossett (1908) konnte zeigen, daß die Dichtefunktion der Zufallsvariablen t unter der Voraussetzung einer normalverteilten Zufallsvariablen X Eigenschaften aufweist, die denen der Standardnormalverteilung sehr ähnlich sind. (Gossett publizierte unter dem Pseudonym „Student“; die t-Verteilung wird deshalb auch „Student“-Verteilung genannt.)

Wie die Standardnormalverteilung ist auch die t-Verteilung symmetrisch und eingipflig mit einem Erwartungswert (Mittelwert) von $\mu = 0$. Ihre Standardabweichung ist durch $\sigma = \sqrt{(n-1)/(n-3)}$ (für $n > 3$) definiert, d.h. sie ist abhängig vom

Umfang der Stichprobe bzw. – genauer – von der Anzahl der Abweichungen $(x_i - \bar{x})$, die bei der Ermittlung der Varianzschätzung $\hat{\sigma}^2$ frei variieren können. Die Anzahl frei variierender Abweichungen bezeichnet man auch als *Freiheitsgrade der Varianz*. Wie man sich leicht überzeugen kann, sind bei einer Stichprobe des Umfanges n n−1 Abweichungen frei variierbar, d.h. die Varianz hat n−1 Freiheitsgrade (df=n−1; df steht für "degrees of freedom").

Auch hierzu ein kleines Beispiel: Von 4 Messungen weichen 3 in folgender Weise vom Mittelwert ab. $x_1 - \bar{x} = 2$, $x_2 - \bar{x} = -3$ und $x_3 - \bar{x} = -5$. Da die Summe aller Differenzen Null ergibt $\left(\sum_{i=1}^{n}(\bar{x} - x_i) = 0\right)$, resultiert für $x_4 - \bar{x}$ zwangsläufig der Wert 6, denn $2 + (-3) + (-5) + (x_4 - \bar{x}) = 0$ oder $(x_4 - \bar{x}) = (-2) + 3 + 5 = 6$.

Wir erhalten damit eine „Familie" verschiedener t-Verteilungen, deren Streuung von der Anzahl der Freiheitsgrade abhängt. Abbildung 16 zeigt die Standardnormalverteilung im Vergleich zu t-Verteilungen mit df=1, df=5 und df=20. Die Abbildung verdeutlicht, daß die t-Verteilungen mit wachsender Anzahl von Freiheitsgraden in die Standardnormalverteilung übergehen. Bei df>30 ist die Ähnlichkeit beider Verteilungen bereits so groß, daß ohne besondere Genauigkeitseinbuße statt der t-Verteilung die Standardnormalverteilung verwendet werden kann. Bei großen Stichproben ist es praktisch unerheblich, wie das Merkmal in der Population verteilt ist.

Tafel 3 des Anhanges E enthält ausgewählte Flächenanteile für t-Verteilungen mit unterschiedlichen Freiheitsgraden.

Die Bestimmung von Konfidenzintervallen des Mittelwertes auf der Basis von t-Verteilungen (also bei unbekanntem bzw. durch $\hat{\sigma}^2$ geschätztem σ^2) erfolgt völlig analog der bereits behandelten Konfidenzintervallbestimmung. Für das 95%ige Konfidenzintervall hieß es auf S. 268

$$p[(\mu - a) < \bar{X} < (\mu + a)] = 0,95$$

mit $a = 1,96 \cdot \sigma_{\bar{x}}$.

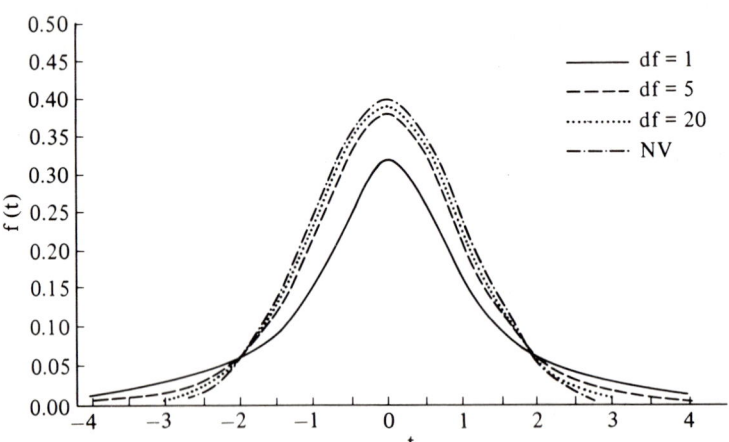

Abb. 16. t-Verteilungen im Vergleich zur Normalverteilung

(Für das 99%ige Konfidenzintervall ergibt sich $a = 2,58 \cdot \sigma_{\bar{x}}$.) Wird σ^2 durch $\hat{\sigma}^2$ geschätzt, resultiert als Schätzung des Standardfehlers

$$\hat{\sigma}_{\bar{x}} = \frac{\hat{\sigma}}{\sqrt{n}}.$$

Der z-Wert der Standardnormalverteilung (1,96 bzw. 2,58) wird durch denjenigen t-Wert ersetzt, der von der t-Verteilung mit $n-1$ Freiheitsgraden an beiden Seiten 2,5% (für das 95%ige Konfidenzintervall) bzw. 0,5% (für das 99%ige Konfidenzintervall) abschneidet. Für a erhalten wir dann

$$a = t_{(2,5;df)} \cdot \frac{\hat{\sigma}}{\sqrt{n}} \quad (95\%\text{iges Konfidenzintervall})$$

bzw.

$$a = t_{(0,5;df)} \cdot \frac{\hat{\sigma}}{\sqrt{n}} \quad (99\%\text{iges Konfidenzintervall}).$$

Ein Beispiel: Für eine Stichprobe des Umfanges $n=9$ aus einer normalverteilten Population wurden $\bar{x}=45$ und $\hat{\sigma}^2=49$ ermittelt, d.h. $\hat{\sigma}_{\bar{x}} = \sqrt{\frac{49}{9}} = \frac{7}{3} = 2,33$. Tafel 3 des Anhanges E entnehmen wir, daß der Wert $t_{(2,5;8)} = 2,306$ 2,5% der Fläche der t-Verteilung für 8 Freiheitsgrade abschneidet. Das Konfidenzintervall heißt damit: $45 \pm 2,306 \cdot 2,33$ bzw. $45 \pm 5,37$. Für das 99%ige Konfidenzintervall entnehmen wir der t-Tabelle den Wert $t_{(0,5;8)} = 3,355$, d.h. das Konfidenzintervall lautet $45 \pm 3,355 \cdot 2,33$ bzw. $45 \pm 7,82$.

Ein weiteres Beispiel zeigt Tafel 26.

Tafel 26. Wie umfangreich sind Diplomarbeiten?
           I: Die Zufallsstichprobe

Eine studentische Arbeitsgruppe – befaßt mit Vorarbeiten zur Diplomarbeit im Fach Psychologie – möchte wissen, wie umfangreich Diplomarbeiten sind. Diese und einige der folgenden Tafeln verdeutlichen, wie der durchschnittliche Umfang aufgrund verschiedener Stichprobentechniken geschätzt werden kann.

Die Zeitschrift „Psychologische Rundschau" veröffentlicht regelmäßig Verfassernamen und Themen der Diplomarbeiten, die an den Psychologischen Instituten der Bundesrepublik Deutschland fertiggestellt wurden. Anhand dieser Aufstellungen definiert man als Population alle Diplomarbeiten der vergangenen 10 Jahre. Die Seitenzahlen von 100 zufällig ausgewählten Arbeiten führen zu folgenden statistischen Angaben:

$$n = 100$$

$$\bar{x} = \frac{\sum\limits_{i=1}^{n} x_i}{n} = 92$$

$$\hat{\sigma}^2 = \frac{\sum\limits_{i=1}^{n} (x_i - \bar{x})^2}{n-1} = 1849 \, .$$

Als Punktschätzung für μ resultiert $\bar{x} = 92$. Zusätzlich möchte man wissen, bei welchen Parametern dieses Stichprobenergebnis mit 99%iger Wahrscheinlichkeit zustande kommen kann, d.h. man interessiert sich für das 99%ige Konfidenzintervall.

Für dessen Bestimmung ist die t-Verteilung mit 99 Freiheitsgraden heranzuziehen, denn die unbekannte Populationsvarianz σ^2 muß aus den Stichprobendaten geschätzt werden. Da jedoch $n > 30$, entspricht diese Verteilung praktisch der Standardnormalverteilung, und man ermittelt das 99%ige Konfidenzintervall über den z-Wert, der von der Standardnormalverteilung 0,5% abschneidet.

$$\bar{x} \pm z_{(0,005)} \cdot \hat{\sigma}_{\bar{x}} = 92 \pm 2,58 \cdot \sqrt{\frac{1849}{100}} \approx 92 \pm 11 .$$

Als Grenzen des Konfidenzintervalls resultieren damit 81 Seiten und 103 Seiten. Die richtige, durchschnittliche Seitenzahl liegt entweder innerhalb dieser Grenzen oder außerhalb. Aufgrund der Art der Konfidenzintervallbestimmung stehen die Chancen jedoch 99 zu 1, daß das ermittelte Konfidenzintervall den Parameter tatsächlich umschließt.

4.1.3.3 Konfidenzintervall eines Populationsanteils

Auf S. 255 f. wurde gezeigt, daß der Stichprobenanteil P für eine Ausprägung eines (in der Regel nominalen) Merkmals eine Maximumlikelihood-Schätzung des Populationsparameters π darstellt. Ähnlich wie $\bar{X}$ ist nun auch P stichprobenabhängig, d.h. die Punktschätzung P wird π in den meisten Fällen fehlerhaft beschreiben. Erneut ist es deshalb von Vorteil, wenn ein Intervall angegeben werden kann, in dem sich alle möglichen π-Werte befinden, für die der gefundene p-Wert mit einer Wahrscheinlichkeit von 95% (oder 99%) auftreten kann: das Konfidenzintervall für Populationsanteile.

Eine Repräsentativbefragung möge ergeben haben, daß sich 35% von 200 befragten Studenten für mündliche Gruppenprüfungen als die angenehmste Prüfungsart aussprechen. (Welche bzw. wie viele Prüfungsformen die restlichen 65% bevorzugen, ist in diesem Zusammenhang unerheblich.) Welche Informationen lassen sich aus diesen Zahlen bzgl. des unbekannten Parameters π (Anteil der Befürworter mündlicher Gruppenprüfungen in der gesamten Studentenschaft) ableiten?

Für die Beantwortung dieser Frage müssen wir – wie auch beim Mittelwert $\bar{X}$ – die Verteilung der Zufallsvariablen P (für ein gegebenes π) bzw. die Stichprobenkennwerteverteilung von P kennen. Dieser Verteilung ist zu entnehmen, mit welcher Wahrscheinlichkeit ein p-Wert für eine Stichprobe des Umfanges n bei gegebenem Parameter π in einen bestimmten Bereich fällt (z.B. die Wahrscheinlichkeit, daß bei 20 Münzwürfen mit $\pi = 0,5$ das Ereignis „Zahl" höchstens fünfmal bzw. mit einem Anteil von $p \leq 0,25$ auftritt). Die Verteilung ist unter der Bezeichnung „Binomialverteilung" in den meisten Statistikbüchern tabelliert (vgl. z.B. Bortz, 1979, Tab. A).

Die Tabelle enthält die Wahrscheinlichkeiten, mit denen die geprüfte Merkmalsalternative bei gegebenem π und n 0-mal, 1mal, 2mal ... oder allgemein k-mal auftritt. Der relative Merkmalsanteil p entspricht dann dem Quotienten k/n.

Hat man empirisch einen bestimmten p-Wert gefunden, kann dieser Tabelle entnommen werden, bei welchen π-Werten dieser p-Wert in den 95%igen (99%-igen) P-Werte-Bereich fällt (in Analogie zum 95%igen oder 99%igen $\bar{X}$-Werte-Bereich). Allerdings sind die P-Werte-Bereiche vor allem bei kleineren Stichproben nicht genau zu bestimmen. Für $n = 10$ und $\pi = 0{,}50$ beispielsweise treten P-Werte im Bereich $\frac{2}{10} \leqq P \leqq \frac{8}{10}$ mit 97,8% Wahrscheinlichkeit und im Bereich $\frac{3}{10} \leqq p \leqq \frac{7}{10}$ mit 89,1% Wahrscheinlichkeit auf. Ein Bereich, in dem sich P-Werte genau mit 95% Wahrscheinlichkeit befinden, existiert für $n = 10$ und $\pi = 0{,}50$ nicht, denn die Häufigkeit k für das Auftreten der untersuchten Merkmalsalternative ist immer ganzzahlig bzw. diskret. Wäre die Binomialverteilung stetig, läge die untere Grenze des 95%igen Konfidenzintervalls zwischen $\frac{2}{10}$ und $\frac{3}{10}$ und die obere Grenze zwischen $\frac{7}{10}$ und $\frac{8}{10}$.

Die exakten Wahrscheinlichkeiten der Binomialverteilung liegen zudem in den meisten Statistikbüchern nur für kleinere Stichproben ($n \leqq 20$) tabelliert vor, die nur sehr unsichere Schätzungen des Parameters π ermöglichen. (Hätte man im eingangs erwähnten Beispiel statt der 200 Studenten nur 20 Studenten befragt, wäre eine Punktschätzung von $\pi = 0{,}35$ mit einem Konfidenzintervall von $0{,}13 < \pi < 0{,}65$ zu sichern. Ein so breites Konfidenzintervall dürfte auch für praktische Zwecke zu ungenau sein.) Schätzungen von Populationsanteilen sollten deshalb nur vorgenommen werden, wenn der Stichprobenumfang mindestens $n = 40$ beträgt, und das auch nur, wenn zusätzlich in der Stichprobe ein p-Wert von ca. 0,50 gefunden wurde. Weicht p deutlich von 0,50 ab, sind Stichprobenumfänge erforderlich, die der Bedingung $n \cdot p \cdot (1 - p) \geqq 9$ genügen. Stichprobenumfänge dieser Größe gewährleisten nicht nur eine für praktische Zwecke akzeptable Schätzgenauigkeit; zusätzlich entspricht die Binomialverteilung ab dieser Stichprobengröße annähernd einer Normalverteilung (vgl. Sachs, 1971), was die Konfidenzintervallbestimmung – wie im folgenden gezeigt wird – erheblich erleichtert.

Die Binomialverteilung hat einen Mittelwert von π und eine Streuung (Standardfehler) von $\sqrt{\dfrac{\pi(1 - \pi)}{n}}$. Für Binomialverteilungen, die durch Normalverteilungen approximierbar sind, folgt für das Konfidenzintervall:

$$p - z \cdot \sqrt{\frac{\pi \cdot (1 - \pi)}{n}} \leqq \pi \leqq p + z \cdot \sqrt{\frac{\pi \cdot (1 - \pi)}{n}},$$

Erneut ist z derjenige Wert, der von den Extremen der Standardnormalverteilung 2,5% (für das 95%ige Konfidenzintervall) bzw. 0,5% (für das 99%ige Konfidenzintervall) abscheidet ($z = 1{,}96$ bzw. $z = 2{,}58$). π ist natürlich unbekannt (denn sonst erübrigt sich eine Stichprobenuntersuchung) und muß durch p geschätzt werden. Das Konfidenzintervall heißt dann:

$$(4.19) \qquad p - z \cdot \sqrt{\frac{p \cdot (1 - p)}{n}} \leqq \pi \leqq p + z \cdot \sqrt{\frac{p \cdot (1 - p)}{n}}.$$

Tabelle 5. Konfidenzintervalle für Populationsanteile bei variablem n und p (1. Intervall 95%, 2. Intervall 99%)

n	p 0,05	0,10	0,20	0,30	0,40	0,50	0,60	0,70	0,80	0,90	0,95
50	**0,02–0,15**	**0,04–0,21**	**0,11–0,33**	0,19–0,44	0,28–0,54	0,37–0,63	0,46–0,72	0,56–0,81	**0,67–0,89**	**0,79–0,96**	**0,85–0,98**
	0,01–0,19	0,03–0,26	0,09–0,38	0,16–0,48	0,24–0,58	0,33–0,67	0,42–0,76	0,52–0,84	0,62–0,91	0,74–0,97	0,81–0,99
60	**0,02–0,14**	**0,05–0,20**	0,12–0,32	0,20–0,43	0,29–0,53	0,38–0,62	0,47–0,71	0,57–0,80	0,68–0,88	0,80–0,95	0,86–0,98
	0,01–0,18	0,04–0,24	0,10–0,36	0,17–0,47	0,25–0,57	0,34–0,66	0,43–0,75	0,53–0,83	0,64–0,90	0,76–0,96	0,82–0,99
70	**0,02–0,13**	**0,05–0,19**	0,12–0,31	0,20–0,42	0,29–0,52	0,39–0,61	0,48–0,71	0,58–0,79	0,69–0,88	**0,81–0,95**	**0,87–0,98**
	0,01–0,16	0,04–0,23	0,11–0,35	0,18–0,45	0,26–0,55	0,35–0,65	0,45–0,74	0,55–0,82	0,65–0,89	0,77–0,96	0,84–0,99
80	**0,02–0,12**	**0,05–0,19**	0,13–0,30	0,21–0,41	0,30–0,51	0,39–0,61	0,49–0,70	0,59–0,79	0,70–0,87	**0,81–0,95**	**0,88–0,98**
	0,02–0,15	0,04–0,22	0,11–0,34	0,19–0,44	0,27–0,54	0,36–0,64	0,46–0,73	0,56–0,81	0,66–0,89	0,78–0,96	0,85–0,99
90	**0,02–0,12**	**0,05–0,18**	0,13–0,29	0,22–0,40	0,30–0,50	0,40–0,60	0,50–0,70	0,60–0,78	0,71–0,87	**0,82–0,95**	**0,88–0,98**
	0,02–0,15	0,04–0,21	0,11–0,33	0,19–0,43	0,28–0,54	0,37–0,63	0,46–0,72	0,57–0,81	0,67–0,89	0,79–0,96	0,85–0,98
100	**0,02–0,11**	0,06–0,17	0,13–0,29	0,22–0,40	0,31–0,50	0,40–0,60	0,50–0,69	0,60–0,78	0,71–0,87	0,83–0,94	**0,89–0,98**
	0,02–0,14	0,05–0,20	0,12–0,32	0,20–0,43	0,28–0,53	0,38–0,62	0,47–0,72	0,57–0,80	0,68–0,88	0,80–0,95	0,86–0,98
150	**0,03–0,10**	0,06–0,16	0,14–0,27	0,23–0,38	0,33–0,48	0,42–0,58	0,52–0,68	0,62–0,77	0,73–0,86	0,84–0,94	**0,90–0,98**
	0,02–0,12	0,05–0,18	0,13–0,30	0,21–0,40	0,30–0,51	0,40–0,60	0,49–0,70	0,60–0,79	0,70–0,87	0,82–0,95	0,88–0,98
200	0,03–0,09	0,07–0,15	0,15–0,26	0,24–0,37	0,33–0,47	0,43–0,57	0,53–0,67	0,63–0,76	0,74–0,85	0,85–0,93	0,91–0,97
	0,02–0,11	0,06–0,17	0,14–0,28	0,22–0,39	0,31–0,49	0,41–0,59	0,51–0,68	0,61–0,78	0,72–0,86	0,83–0,94	0,89–0,98
300	0,03–0,08	0,07–0,14	0,16–0,25	0,25–0,35	0,35–0,46	0,44–0,56	0,54–0,65	0,65–0,75	0,75–0,84	0,86–0,93	0,92–0,97
	0,03–0,09	0,06–0,15	0,15–0,27	0,24–0,37	0,33–0,47	0,43–0,57	0,53–0,67	0,63–0,76	0,73–0,85	0,85–0,94	0,91–0,97
400	0,03–0,08	0,07–0,13	0,16–0,24	0,26–0,35	0,35–0,45	0,45–0,55	0,55–0,65	0,65–0,74	0,76–0,84	0,87–0,93	0,92–0,97
	0,03–0,09	0,07–0,15	0,15–0,26	0,24–0,36	0,34–0,46	0,44–0,56	0,54–0,66	0,64–0,76	0,74–0,85	0,85–0,93	0,91–0,97
500	0,03–0,07	0,08–0,13	0,17–0,24	0,26–0,34	0,36–0,44	0,46–0,54	0,56–0,64	0,66–0,74	0,76–0,83	0,87–0,92	0,93–0,97
	0,03–0,08	0,07–0,14	0,16–0,25	0,25–0,36	0,35–0,46	0,44–0,56	0,54–0,65	0,64–0,75	0,75–0,84	0,86–0,93	0,92–0,97
1000	0,04–0,07	0,08–0,12	0,18–0,23	0,27–0,33	0,37–0,43	0,47–0,53	0,57–0,63	0,67–0,73	0,77–0,82	0,88–0,92	0,93–0,96
	0,03–0,07	0,08–0,13	0,17–0,23	0,26–0,34	0,36–0,44	0,46–0,54	0,56–0,64	0,66–0,74	0,77–0,83	0,88–0,92	0,93–0,97
2000	0,04–0,06	0,09–0,11	0,18–0,22	0,28–0,32	0,38–0,42	0,48–0,52	0,58–0,62	0,68–0,72	0,78–0,82	0,89–0,91	0,94–0,96
	0,04–0,06	0,08–0,12	0,18–0,22	0,27–0,33	0,37–0,43	0,47–0,53	0,57–0,63	0,67–0,73	0,78–0,82	0,88–0,92	0,94–0,96
5000	0,04–0,06	0,09–0,11	0,19–0,21	0,29–0,31	0,39–0,41	0,49–0,51	0,59–0,61	0,69–0,71	0,79–0,81	0,89–0,91	0,94–0,96
	0,04–0,06	0,09–0,11	0,19–0,22	0,28–0,32	0,38–0,42	0,48–0,52	0,58–0,62	0,68–0,72	0,79–0,81	0,89–0,91	0,94–0,96

Im Beispiel führt dies zu einem 95%igen Konfidenzintervall von $0,35 \pm 0,066$ bzw. $0,35 \pm 0,087$ für das 99%ige Konfidenzintervall.

Genauer wird das Konfidenzintervall jedoch nach folgender Beziehung ermittelt:

$$(4.20) \qquad \frac{n}{n+z^2} \cdot \left[p + \frac{z^2}{2 \cdot n} \pm z \cdot \sqrt{\frac{p \cdot (1-p)}{n} + \frac{z^2}{4 \cdot n^2}} \right]$$

(zur Begründung dieses Konfindenzintervalls vgl. z.B. Hays u. Winkler, 1970, Kap. 6.12)

Setzen wir die Werte des Beispiels ein, resultiert (mit $z = 1,96$ für das 95%ige Konfidenzintervall):

$$\frac{200}{200 + 1,96^2} \cdot \left[0,35 + \frac{1,96^2}{2 \cdot 200} \pm 1,96 \cdot \sqrt{\frac{0,35 \cdot (1 - 0,35)}{200} + \frac{1,96^2}{4 \cdot 200^2}} \right]$$

$$= 0,981 \cdot [0,3596 \pm 0,0668]$$

$$= 0,353 \pm 0,0655 .$$

Der zum Kennwert $p = 0,35$ gehörende Parameter befindet sich mit hoher Plausibilität innerhalb der Grenzen 0,2875 und 0,4185. (Für das 99%ige Konfidenzintervall ergeben sich die Grenzen 0,2691 und 0,4405.) Wie man leicht sieht, unterscheiden sich die beiden Varianten der Konfidenzintervallbestimmung bei großem n nur unerheblich.

Tabelle 5 gibt die Konfidenzintervalle (95% und 99%) für ausgewählte Stichprobenumfänge und p-Werte wieder. (Die Werte in den hervorgehobenen Bereichen stellen nur grobe Schätzungen dar, weil hier die Beziehung $n \cdot p \cdot (1-p) \geqq 9$ nicht erfüllt ist.) Der Tabelle ist beispielsweise zu entnehmen, daß das 99%ige Konfidenzintervall bei einem Stichprobenanteil von $p = 0,60$ und $n = 100$ von 0,47 bis 0,72 reicht. Konfidenzintervalle für hier nicht aufgeführte Werte sind relativ einfach durch Interpolation zu ermitteln. Es wird deutlich, daß sich die Konfidenzintervalle ab einem Stichprobenumfang von $n = 1000$ nur noch unwesentlich verkleinern.

4.1.4 Stichprobenumfänge

Zur Planung populationsbeschreibender Untersuchungen gehören auch Überlegungen, wie groß die zu erhebende Stichprobe sein soll. Eindeutige Angaben über einen „optimalen" Stichprobenumfang sind jedoch ohne weitere Zusatzinformationen nicht möglich. Die Größe der Stichprobe hängt von der gewünschten Schätzgenauigkeit und natürlich auch von den finanziellen und zeitlichen Rahmenbedingungen der Untersuchung ab.

Die Ausführungen über Konfidenzintervalle machten deutlich, daß die Genauigkeit der Schätzungen von Populationsparametern mit wachsendem n zunimmt (die Konfidenzintervalle werden kleiner), woraus zu folgern wäre, daß der Stichprobenumfang möglichst groß sein sollte. Auf der anderen Seite wurde bereits festgestellt, daß die Genauigkeit nicht proportional zum Stichprobenumfang zunimmt; der Zugewinn an Genauigkeit ist bei Vergrößerung einer Stichprobe von 1000 auf 1100 unverhältnismäßig kleiner als bei Vergrößerung einer Stichprobe von 100 auf 200 (vgl. Tabelle 5). Demgegenüber dürften sich die Kosten einer Untersuchung mehr oder weniger proportional zum Stichprobenumfang ändern.

Genauigkeit und Kosten einer Untersuchung hängen damit wechselseitig voneinander ab. Steht zur Finanzierung einer Untersuchung ein bestimmter Betrag fest, läßt sich der maximal untersuchbare Stichprobenumfang ermitteln, der seinerseits die Genauigkeit der Untersuchung bestimmt. Ist umgekehrt die Genauigkeit, mit der die Population beschrieben werden soll, vorgegeben, sind hieraus der erforderliche Stichprobenumfang und damit auch die notwendigen Untersuchungskosten abschätzbar.

Die Genauigkeit von Untersuchungen, die bei vorgegebenem Stichprobenumfang *Populationsanteile* schätzen, ist – wie wir gesehen haben – anhand der auf S. 274ff. behandelten Berechnungsvorschriften für Konfidenzintervalle bzw. mit Hilfe von Tabelle 5 relativ einfach zu ermitteln. Tabelle 5 erleichtert jedoch auch die Kalkulation notwendiger Stichprobenumfänge, wenn die Genauigkeit der Untersuchung (bzw. ein maximal tolerierbares Konfidenzintervall) vorgegeben ist. Dies setzt allerdings voraus, daß man bereits vor der Untersuchung eine ungefähre Vorstellung über die Größe des Populationsanteils hat. Je nach Fragestellung greift man hierfür auf Untersuchungen mit ähnlicher Thematik oder Erfahrungswerte zurück. Ist dies nicht möglich, sind kleinere Voruntersuchungen angebracht, die zumindest über die Größenordnung des π-Wertes informieren. Ein Beispiel soll zeigen, wie Tabelle 5 für die Bestimmung des erforderlichen Stichprobenumfanges eingesetzt werden kann.

Der Vorstand einer Gewerkschaft plant, den Gewerkschaftsmitgliedern Fortbildungskurse anzubieten. Um die Anzahl der hierfür erforderlichen Dozenten, das benötigte Unterrichtsmaterial, Räume, Kosten etc. abschätzen zu können, beschließt man, das Interesse der Gewerkschaftsmitglieder an dieser Veranstaltung durch eine Umfrage zu erkunden. Da eine evtl. Fehlplanung erhebliche organisatorische Schwierigkeiten und finanzielle Zusatzbelastungen nach sich zieht, wird ein Stichprobenergebnis gefordert, das den Anteil derjenigen Mitglieder, die später tatsächlich an dem Fortbildungskurs teilnehmen, möglichst genau schätzt. Man hält eine Fehlertoleranz von $\pm 5\%$ gerade noch für zumutbar. Für das Intervall p ± 0,05 wird ein Konfidenzkoeffizient von 99 % vorgegeben. Es stellt sich nun die Frage, welcher Stichprobenumfang diese Schätzgenauigkeit gewährleistet.

Aus der Vergangenheit sei bekannt, daß ähnliche Fortbildungsmaßnahmen von ca. 40 % aller Mitglieder wahrgenommen werden. Die Kurse fallen jedoch in die Sommermonate, und man schätzt deshalb den Anteil der Interessierten eher niedriger ein. Tatsächlich zeigt eine vor der eigentlichen Untersuchung durchgeführte kleine Befragung von 50 Mitgliedern, daß nur 10 Personen, also 20 %, bereit sind, an den Kursen teilzunehmen. Man muß also davon ausgehen, daß der Populationsanteil π zwischen 20 % und 40 % liegt.

Tabelle 5 ist zu entnehmen, daß für p = 0,40 ein Stichprobenumfang von n = 500 ausreichen würde, um den Parameter mit der angestrebten Fehlertoleranz schätzen zu können. (Für p = 0,40 und n = 500 heißt das 99 %ige Konfidenzintervall: 0,35 bis 0,46.) Sollte der Populationsanteil π jedoch den kleinsten, gerade noch für möglich gehaltenen Wert von π = 0,20 annehmen, würden 400 Personen genügen, um den Parameter mit der gewünschten Genauigkeit zu schätzen. (Das entsprechende Konfidenzintervall lautet 0,15 bis 0,26.) Man entschließt sich, eine Zufallsstichprobe von n = 500 zu befragen, weil diese auch im ungünstigsten Fall (wenn p = 0,40) eine akzeptable Schätzgenauigkeit gewährleistet.

Als nächstes fragen wir, welcher Stichprobenumfang erforderlich ist, um einen *Mittelwertsparameter* μ mit vorgegebener Genauigkeit schätzen zu können. Hierzu lösen wir Gleichung (4.16) nach n auf:

$$z = \frac{\bar{X} - \mu}{\sigma_{\bar{x}}} = \frac{\bar{X} - \mu}{\dfrac{\sigma}{\sqrt{n}}} = \frac{e}{\dfrac{\sigma}{\sqrt{n}}}$$

$$n = \frac{z^2 \cdot \sigma^2}{e^2},$$

e steht hierbei für den Schätzfehler $\bar{X} - \mu$.

Gleichung (4.21) zeigt, daß der Stichprobenumfang mit abnehmendem Schätzfehler quadratisch wächst. Er hängt ferner von der Populationsvarianz und – ebenfalls quadratisch – vom z-Wert ab, für den – je nachdem, ob ein 95 %iges oder ein 99 %iges Konfidenzintervall bestimmt werden soll – der Wert 1,96 oder 2,58 einzusetzen ist. Der Stichprobenumfang verändert sich proportional zur Populationsvarianz (bzw. quadratisch zur Standardabweichung), und für das genauere 99 %ige Konfidenzintervall wird ein größerer Stichprobenumfang benötigt als für das weniger genaue 95 %ige Konfidenzintervall.

Die Bedeutung eines Schätzfehlers e kann nur im Zusammenhang mit der Populationsstreuung σ ermessen werden. Ein Schätzfehler von e = 5 bei einer Streuung von σ = 10 entspricht einem Schätzfehler von e = 50 bei einer Streuung von σ = 100. Dies verdeutlichen z. B. Längenmessungen in Metern und in Zentimetern. Einer Streuung von σ = 1 m entspricht eine Streuung von σ = 100 cm. Damit ist ein Schätzfehler von 0,1 m auf der Meterskala einem Schätzfehler von 10 cm auf der Zentimeterskala gleichwertig. Er beträgt in beiden Fällen 10 % der Streuung.

Soll beispielsweise der Schätzfehler e nicht größer als 10 % der Merkmalsstreuung sein, ist für das 95 %ige Konfidenzintervall folgender Stichprobenumfang erforderlich:

$$\sqrt{n} = \frac{1,96 \cdot \sigma}{0,1\,\sigma}$$

oder

$$n = \frac{1,96^2 \cdot \sigma^2}{0,01\,\sigma^2} = \frac{1,96^2}{0,01} \approx 384.$$

Auf der Basis dieser Bestimmungsgleichung faßt Tabelle 6 diejenigen Stichprobenumfänge zusammen, die benötigt werden, um einen Parameter μ mit unterschiedlicher Genauigkeit zu schätzen. Die Benutzung dieser Tabelle sei ebenfalls an einem Beispiel demonstriert.

Tabelle 6. Stichprobenumfänge für Konfidenzintervalle von μ mit unterschiedlichen Schätzfehlern

Größe des Schätzfehlers (in σ-Einheiten)

	0,01	0,02	0,03	0,04	0,05	0,06	0,07	0,08	0,09	0,10
95%iges Konfidenzintervall	38416	9604	4268	2401	1537	1067	784	600	474	384
99%iges Konfidenzintervall	66564	16641	7396	4160	2663	1849	1358	1040	821	665

	0,12	0,14	0,16	0,18	0,20	0,22	0,24	0,26	0,28	0,30	0,35	0,40	0,45	0,50	0,55	0,60	0,70	0,80	0,90	1,0
95%iges Konfidenzintervall	266	196	150	119	96	79	67	57	49	43	31	24	19	15	13	11	9	6	5	4
99%iges Konfidenzintervall	426	339	260	205	166	138	116	98	85	74	54	42	33	27	22	18	14	10	8	7

Ein Lehrer interessiert sich für die Frage, wieviel Zeit 11jährige Schulkinder täglich für ihre Hausaufgaben aufwenden. Für seine Untersuchung nimmt er in Kauf, daß die wahre Durchschnittszeit um maximal 5 Minuten verschätzt wird. Das zu ermittelnde Konfidenzintervall soll mit einem Konfidenzkoeffizienten von 95 % abgesichert werden.

Um erste Anhaltspunkte über die Streuung des Merkmals „Zeit für Hausaufgaben" zu erhalten, befragt er zunächst 20 Kinder seiner Schule. Die Angaben schwanken zwischen 10 Minuten und 2 Stunden. Anhand dieser Werte schätzt der Lehrer eine Streuung von $\sigma = 35$ Minuten (als Orientierungshilfe für die Streuungsschätzung vgl. Abb. 17). Der Fehlergröße von 5 Minuten entspricht damit ein Streuungsanteil von $\frac{1}{7}\sigma$ bzw. ca. $0{,}14\,\sigma$. Tabelle 6 zeigt, daß bei dieser angestrebten Schätzgenauigkeit eine Zufallsstichprobe mit $n = 196$ zu befragen wäre.

Das Beispiel macht deutlich, daß – anders als bei der Schätzung von π – zwar keine Informationen über die Größe des Mittelwertes benötigt werden, daß aber die Streuung des Merkmals in der Population ungefähr bekannt sein muß. Hierin liegt die Schwierigkeit bei der Kalkulation von Stichprobenumfängen für Mittelwertschätzungen. Bezüglich der Merkmalsstreuung ist man auf Erfahrungswerte, bereits durchgeführte Untersuchungen oder – wie im letzten Beispiel – auf kleinere Voruntersuchungen angewiesen. Hat man noch keine Informationen über die Merkmalsstreuung und sind auch kleinere Voruntersuchungen zu aufwendig oder zu teuer, hilft zumindest bei annähernd normalverteilten Merkmalen die Regel weiter, daß sich innerhalb des Bereiches $\mu \pm 1\,\sigma$ ca. $\frac{2}{3}$ aller Merkmalsträger befinden. Für Merkmale, die zwar eingipflig, aber im übrigen eine beliebige Verteilungsform haben, gilt, daß der Bereich $\mu \pm 1\,\sigma$ ca. 45 % aller Merkmalsträger umfaßt.

Bei vielen Merkmalen fällt es leichter, statt der Populationsstreuung die Streubreite R (range) der möglichen Merkmalsausprägungen anzugeben. Diese ist als die Differenz des größten erwarteten Wertes (X_{max}) und des kleinsten erwarteten Wertes (X_{min}) definiert $(R = X_{max} - X_{min})$. Wenn zusätzlich auch die Verteilungsform des Merkmals ungefähr bekannt ist, läßt sich aus dem Range relativ einfach die Streuung abschätzen. Hierfür gelten die folgenden Regeln (vgl. Schwarz, 1975, oder ausführlicher Schwarz, 1960, 1966):

2-Punkte-Verteilung

Die größte Streuung resultiert, wenn jeweils die Hälfte aller Merkmalsträger die Werte X_{max} und X_{min} annehmen (vgl. Abb. 17a). Sie hat dann den Wert

(4.22) $$\hat{\sigma} = \frac{X_{max} - X_{min}}{2} = \frac{R}{2}.$$

Sind die beiden Merkmalsausprägungen nicht gleich häufig besetzt, reduziert sich die Streuung. Sie läßt sich bestimmen, wenn zusätzliche Angaben über den Mittelwert $\bar{X}$ der Verteilung möglich sind:

(4.23) $$\hat{\sigma} = \sqrt{(X_{max} - \bar{X}) \cdot (\bar{X} - X_{min})}.$$

Gleichverteilung

Merkmale, die zwischen X_{min} und X_{max} in etwa gleichverteilt sind (vgl. Abb. 17b), haben eine Streuung von

$$(4.24) \qquad \hat{\sigma} = \frac{1}{\sqrt{3}} \cdot \frac{R}{2} = \frac{R}{\sqrt{12}} = 0,289 \, R$$

Diese und die folgenden Regeln gelten für stetig verteilte Merkmale, was zu berücksichtigen ist, wenn das untersuchte Merkmal diskrete Ausprägungen aufweist. Die Ermitt-

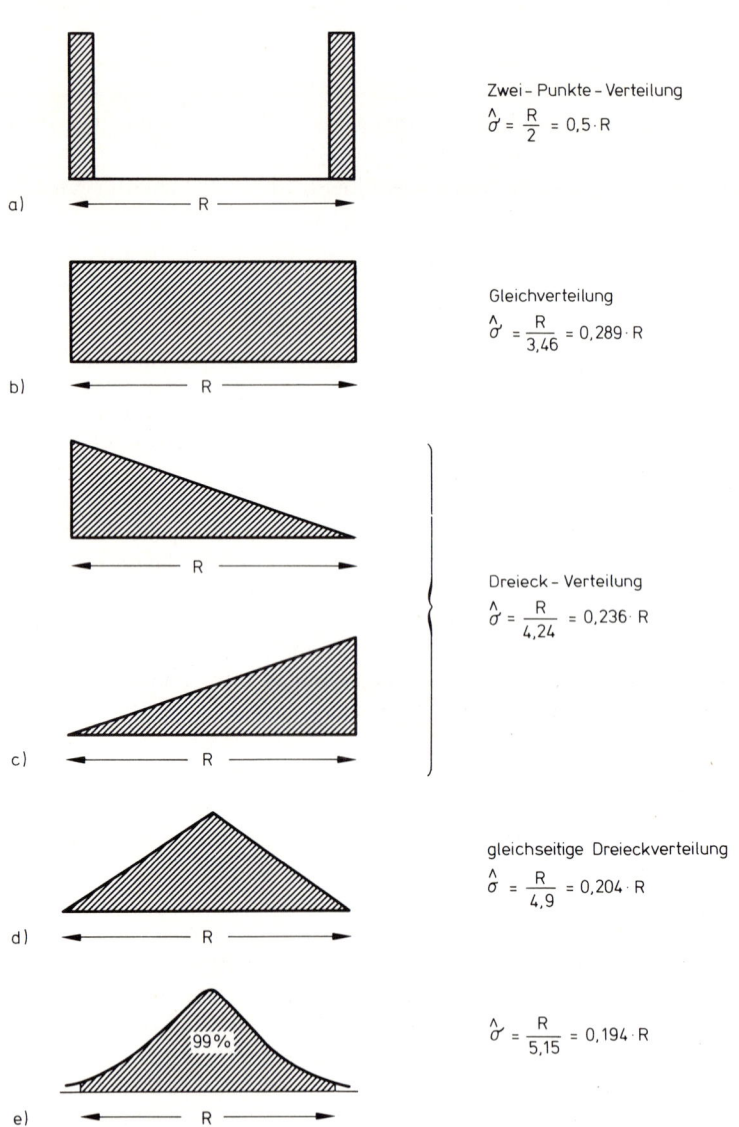

Abb. 17. Streuungsschätzungen für verschiedene Verteilungsformen

lung der Streubreite erfolgt dann nicht über die Kategorienmitten (z. B. für die Merkmalsausprägungen 1, 2, 3, 4 : $R \neq 4 - 1 = 3$), sondern über die Kategoriengrenzen
$(R = 4{,}5 - 0{,}5 = 4)$. Diese Stetigkeitskorrektur fällt allerdings für diskrete Merkmale mit
vielen Merkmalsausprägungen nur wenig ins Gewicht.

Die Streuung von Merkmalen, die in zwei Bereichen unterschiedlich gleichverteilt sind (konstante Dichte in einem Bereich und konstante aber andere Dichte in
einem anderen Bereich), läßt sich ermitteln, wenn sich für $\bar{X}$ ein plausibler Wert
angeben läßt:

$$(4.25) \qquad \hat{\sigma} = \frac{1}{\sqrt{3}} \cdot \sqrt{(X_{max} - \bar{X}) \cdot (\bar{X} - X_{min})} \,.$$

Dreieckverteilung

Merkmale, deren Dichte von einem Merkmalsextrem zum anderen kontinuierlich
sinkt (oder steigt), heißen Dreieckverteilung (vgl. Abb. 17c). Für Merkmale mit
dieser Verteilungsform kann die Streuung nach folgender Gleichung geschätzt
werden:

$$(4.26) \qquad \hat{\sigma} = \frac{R}{\sqrt{18}} = 0{,}236 \cdot R \,.$$

Gleichseitige Dreieckverteilung

Bei einem häufig anzutreffenden Verteilungsmodell strebt die Dichte vom Merk-
malszentrum aus nach beiden Seiten gegen Null (Abb. 17d). Für diese Verteilungsform läßt sich die Streuung in folgender Weise schätzen:

$$(4.27) \qquad \hat{\sigma} = \frac{R}{\sqrt{24}} = 0{,}204 \, R \,.$$

Normalverteilung

Ist es realistisch, für das untersuchte Merkmal eine Normalverteilung anzunehmen, ermöglicht die folgende Gleichung eine brauchbare Streuungsschätzung.

$$(4.28) \qquad \hat{\sigma} = \frac{R}{5{,}15} = 0{,}194 \cdot R \,.$$

Die Streubreite R entspricht hierbei einem Intervall, in dem sich etwa 99 % aller
Werte befinden (vgl. Abb. 17e).

Liegen überhaupt keine Angaben über die mutmaßliche Größe von σ oder R
vor, bleibt letztlich nur die Möglichkeit, den endgültigen Stichprobenumfang erst
während der Datenerhebung festzulegen. Man errechnet z. B. aus den ersten 20
Daten eine vorläufige Streuungsschätzung, die für eine erste Schätzung des
erforderlichen Stichprobenumfanges herangezogen wird. Liegen weitere Daten
(z. B. insgesamt 40 Daten) vor, wird die Streuung erneut berechnet und die
Stichprobengröße ggf. korrigiert. Dieser Korrekturvorgang setzt sich solange fort,
bis sich die Streuungsschätzung stabilisiert oder der zuletzt errechnete Stichprobenumfang erreicht ist.

4.2 Möglichkeiten der Präzisierung von Parameterschätzungen

Bisher erfolgte die Beschreibung von Populationen bzw. die Schätzung von Populationsparametern aufgrund einfacher Zufallsstichproben, was angemessen ist, wenn die Verteilungseigenschaften des untersuchten Merkmals sowie andere mit dem untersuchten Merkmal korrelierende Merkmale unbekannt sind. (Man beachte, daß die zuletzt diskutierten Möglichkeiten der Streuungsschätzung nicht für die Parameterschätzung, sondern für die Kalkulation der erforderlichen Stichprobenumfänge erforderlich sind.) Weiß man jedoch bereits vor der Untersuchung, welche Merkmale mehr oder weniger deutlich mit dem interessierenden Merkmal zusammenhängen, bzw. wie dieses Merkmal ungefähr verteilt ist, können diese Vorinformationen genutzt werden, um die Präzision der Parameterschätzung zu erhöhen.

Von den verschiedenen Möglichkeiten einer verbesserten Parameterschätzung werden hier nur die wichtigsten Ansätze aufgegriffen: Besonderheiten einer geschichteten Stichprobe (Kap. 4.2.1), einer Klumpenstichprobe (Kap. 4.2.2), einer mehrstufigen Stichprobe (Kap. 4.2.3), der wiederholten Untersuchung von Teilen einer Stichprobe (Kap. 4.2.4) sowie die Nutzung von Vorinformationen nach dem Bayes'schen Ansatz (Kap. 4.2.5).

4.2.1 Die geschichtete Stichprobe

Zur Erläuterung des Begriffes „geschichtete Stichprobe" (oder „stratifizierte Stichprobe") dient erneut das in Tafel 26 beschriebene Beispiel, in dem es um die Schätzung der durchschnittlichen Seitenzahl von Diplomarbeiten anhand einer Zufallsstichprobe ging. Die dort beschriebene Vorgehensweise ließ die Art der Diplomarbeit außer acht obwohl bekannt ist, daß z. B. theoretische Literaturarbeiten in der Regel umfangreicher sind als empirische Arbeiten. Das Merkmal „Art der Diplomarbeit" korreliert – so können wir annehmen – mit dem untersuchten Merkmal „Anzahl der Seiten". Dieser Zusammenhang läßt sich für eine präzisere Parameterschätzung verwenden. Die untersuchten Arbeiten werden nach der Art der Themenstellung in einzelne „Schichten" oder „Strata" eingeteilt, aus denen sich – wie im folgenden gezeigt wird – eine verbesserte Schätzung der durchschnittlichen Seitenzahl aller Diplomarbeiten ableiten läßt.

Für die meisten sozialwissenschaftlichen Forschungen, die Personen als Merkmalsträger untersuchen, erweisen sich biographische und soziodemographische Merkmale der Personen (Alter, Geschlecht, soziale Schicht, Bildung etc.) als günstige Schichtungsmerkmale. Hat ein Schichtungsmerkmal k Ausprägungen (im oben erwähnten Beispiel wäre $k=2$), wird für jede Ausprägung eine Zufallsstichprobe des Umfanges n_j benötigt, so daß die Summe $\sum_{j=1}^{k} n_j = n$. **Bei einem gegebenen Schichtungsmerkmal entscheidet allein die Aufteilung der Gesamtstichprobe auf die einzelnen Schichten über die Präzision der Parameterschätzung.** Die folgenden Abschnitte diskutieren Vor- und Nachteile verschiedener Aufteilungsstrategien, wobei sich die Ausführungen erneut nur auf die Schätzung der Populationsparameter μ (Mittelwert) und π (Populationsanteil) beziehen. Ferner werden die Konsequenzen für Stichprobenumfänge diskutiert, wenn anstelle einer Zufallsstichprobe eine geschichtete Stichprobe eingesetzt wird.

4.2.1.1 Schätzung von Populationsmittelwerten

Zur Schätzung des Populationsparameters μ_j der Teilpopulation j verwenden wir das arithmetische Mittel $\bar{X}_j$ der Teilstichprobe j:

$$(4.29) \qquad \bar{X}_j = \frac{\sum_{i=1}^{n_j} x_i}{n_j}.$$

Wie läßt sich nun aus den einzelnen Teilstichprobenmittelwerten $\bar{X}_j$ eine Schätzung des Populationsparameters μ der gesamten Population ableiten?

Beliebige Aufteilung

Für beliebige Stichprobenumfänge n_j stellt die folgende gewichtete Summe der einzelnen Teilstichprobenmittelwerte eine erwartungstreue Schätzung des Populationsparameters μ dar:

$$(4.30) \qquad \bar{X}_{bel} = \sum_{j=1}^{k} g_j \cdot \bar{X}_j,$$

wobei

$$\sum_{j=1}^{k} g_j = 1$$

(„bel" steht für „beliebige Stichprobenumfänge". Zur Herleitung dieser und der folgenden Gleichungen wird z. B. auf Schwarz, 1975, verwiesen.)

Die Gewichte g_j reflektieren die relative Größe einer Schicht (Teilpopulation im Verhältnis zur Größe der Gesamtpopulation). Bezeichnen wir den Umfang der Teilpopulation j mit N_j und den Umfang der Gesamtpopulation mit N, ist ein Gewicht g_j durch

$$(4.31) \qquad g_j = \frac{N_j}{N}$$

definiert. $\left(\text{Hier und im folgenden gehen wir erneut davon aus, daß der „Auswahlsatz" in jeder Schicht } \frac{n_j}{N_j} < 0{,}05.\right)$

Man beachte, daß diese Art der Zusammenfassung einzelner Mittelwerte nicht mit der Zusammenfassung von Mittelwerten identisch ist, die alle erwartungstreue Schätzungen ein und desselben Parameters μ sind. Werden aus einer Population mehrere Zufallsstichproben des Umfanges n_j gezogen, ergibt sich der Gesamtmittelwert $\bar{X}$ aller Teilmittelwerte X_j nach der Beziehung

$$\bar{X} = \frac{\sum\limits_{j=1}^{k} n_j \cdot \bar{X}_j}{\sum\limits_{j=1}^{k} n_j}.$$

Die Zufälligkeit der Teilstichprobenmittelwerte $\bar{X}_j$ bedingt, daß auch $\bar{X}_{bel}$ eine Zufallsvariable darstellt. Der Stichprobenkennwert $\bar{X}_{bel}$ ist annähernd normalverteilt, wenn in jeder Stichprobe j $n_j \cdot g_j \geqq 10$ ist. Die Streuung der Mittelwerteverteilung $\bar{X}_{bel}$ bzw. der Standardfehler von $\bar{X}_{bel}$ $\hat{\sigma}_{x(bel)}$ lautet:

(4.32) $\qquad \hat{\sigma}_{\bar{x}(bel)} = \sqrt{\sum\limits_{j=1}^{k} g_j^2 \cdot \hat{\sigma}_{\bar{x}_j}^2} = \sqrt{\sum\limits_{j=1}^{k} g_j^2 \cdot \frac{\hat{\sigma}_j^2}{n_j}}.$

Hierbei ist $\hat{\sigma}_j^2$ die aufgrund der Teilstichprobe j geschätzte Varianz der Teilpopulation j. Damit ergibt sich folgendes Konfidenzintervall des Populationsparameters μ:

(4.33) $\qquad \bar{x}_{bel} \pm z \cdot \hat{\sigma}_{\bar{x}(bel)}$

Für das 95%ige Konfidenzintervall wählen wir $z = 1{,}96$ und für das 99%ige Intervall $z = 2{,}58$.

Die Gleichungen verdeutlichen, daß das Konfidenzintervall kleiner wird, wenn sich die Streuung in den Teilstichproben verringert. Geringe Streuung in den einzelnen Schichten sind aber gleichbedeutend mit einer weitgehenden Homogenität des untersuchten Merkmals in den einzelnen Schichten, die wiederum um so höher ausfällt, je deutlicher das Schichtungsmerkmal mit dem untersuchten Merkmal korreliert. Besteht zwischen diesen beiden Merkmalen kein Zusammenhang, schätzt jedes $\hat{\sigma}_j$ die Streuung σ der Gesamtpopulation, d. h. die Schichtung ist bedeutungslos. Eine Zufallsstichprobe schätzt dann den Populationsparameter genauso gut wie eine geschichtete Stichprobe. Bei ungleichen $\hat{\sigma}_j$-Werten wird die Parameterschätzung genauer, wenn stark streuende Teilstichproben mit einem niedrigen Gewicht versehen sind.

Die Informationen, die beim Einsatz geschichteter Stichproben bekannt sein müssen, beziehen sich damit nicht nur auf Merkmale, die mit dem untersuchten Merkmal korrelieren, sondern auch auf die Größen der Teilpopulationen bzw. die Gewichte der Teilstichproben. Auch wenn man sicher ist, daß Merkmale wie Geschlecht, Alter, Wohngegend usw. mit dem untersuchten Merkmal zusammenhängen, nützt dies wenig, wenn nicht zusätzlich auch die Größen der durch das Schichtungsmerkmal definierten Teilpopulationen bekannt sind.

Hierin liegt der entscheidende Nachteil geschichteter Stichproben. Zwar informieren die vom Statistischen Bundesamt in regelmäßigen Abständen herausgegebenen amtlichen Statistiken über die Verteilung vieler wichtiger Merkmale; dennoch interessieren häufig Schichtungsmerkmale, bei denen man nicht weiß, wie groß die Teilpopulationen sind.

In diesen Fällen muß man sich mit Schätzungen begnügen, die entweder auf Erfahrung bzw. ähnlichen Untersuchungen beruhen oder die aus den in einer Zufallsstichprobe angetroffenen Größen der Teilstichproben abgeleitet werden (*Ex-post-Stratifizierung*, vgl. Tafel 27). In jedem Falle ist zu fordern, daß bei geschätzten Stichprobengewichten das Konfidenzintervall der geschichteten Stichproben demjenigen Konfidenzintervall gegenüber gestellt wird, das resultiert, wenn man die Schichtung außer acht läßt (d. h. wenn man die Stichprobe als einfache Zufallsstichprobe behandelt und das Konfidenzintervall nach den auf S. 263ff. beschriebenen Regeln bestimmt). Dem Leser einer solchen Untersuchung bleibt es dann überlassen, ob er die Gewichtsschätzungen und damit auch das Konfidenzintervall aufgrund der geschichteten Stichprobe akzeptiert oder ob er die in der Regel ungenauere Schätzung aufgrund der Zufallsstichprobe für angemessener hält.

Gleiche Aufteilung

Wenn die Zufallsstichproben, die den einzelnen Teilpopulationen entnommen werden, gleich groß sind, sprechen wir von einer gleichen Aufteilung. In diesem Falle ist $n_1 = n_2 = \ldots = \dfrac{n}{k}$, so daß für den Standardfehler des Mittelwertes $\hat{\sigma}_{\bar{x}(\text{gleich})}$ resultiert:

$$(4.34) \qquad \hat{\sigma}_{\bar{x}(\text{gleich})} = \sqrt{\frac{k}{n} \cdot \sum_{j=1}^{k} g_j^2 \cdot \hat{\sigma}_j^2}\,.$$

Für den Mittelwert $\bar{X}_{\text{gleich}}$ ist es unerheblich, ob die Teilstichproben gleichgroß oder beliebig groß sind ($\bar{X}_{\text{bel}} = \bar{X}_{\text{gleich}}$). In der Gleichung zur Bestimmung des Konfidenzintervalls ist deshalb nur der Standardfehler des Mittelwertes für geschichtete Stichproben mit beliebigen Umfängen ($\hat{\sigma}_{\bar{x}(\text{bel})}$) durch den hier aufgeführten Standardfehler $\hat{\sigma}_{\bar{x}(\text{gleich})}$ zu ersetzen. Auch dieser Ansatz wird in Tafel 27 an einem Beispiel erläutert.

Proportionale Aufteilung

Stichprobenumfänge, die im gleichen Verhältnis zueinander stehen wie die entsprechenden Teilpopulationen, heißen proportionale Stichprobenumfänge. In diesem Falle ist

$$\frac{n_j}{n} = \frac{N_j}{N} = g_j$$

bzw.

$$n_j = n \cdot \frac{N_j}{N} = n \cdot g_j\,.$$

Für den Mittelwert $\bar{X}_{\text{prop}}$ resultiert dann

$$(4.35) \qquad \bar{X}_{\text{prop}} = \sum_{j=1}^{k} g_j \cdot \bar{X}$$

$$= \sum_{j=1}^{k} \frac{n_j}{n} \cdot \frac{\sum_{i=1}^{n_j} x_{ij}}{n_j}$$

$$= \frac{1}{n} \sum_{j=1}^{k} \sum_{i=1}^{n_j} x_{ij}\,.$$

Für proportionale Stichprobenumfänge entfallen bei der Berechnung des Stichprobenmittelwertes die Gewichte der einzelnen Teilstichproben. Man bezeichnet deshalb eine geschichtete Stichprobe mit proportionalen Stichprobenumfängen auch als *selbstgewichtende Stichprobe*. Hier entspricht der Mittelwert $\bar{X}_{prop}$ der Summe aller Meßwerte dividiert durch n.

Ersetzen wir n_j durch $n \cdot g_j$ in Gleichung (4.32) für $\hat{\sigma}_{\bar{x}(bel)}$, resultiert

$$(4.36) \qquad \hat{\sigma}_{\bar{x}(prop)} = \sqrt{\frac{1}{n} \sum_{j=1}^{k} g_j \cdot \hat{\sigma}_j^2} \ .$$

Dieser Standardfehler geht in Gleichung (4.33) zur Bestimmung des Konfidenzintervalls von μ ein (vgl. Tafel 27).

Die proportionale Schichtung wird wegen ihrer rechnerisch einfachen Handhabung relativ häufig angewandt. Will man jedoch die Teilstichprobenmittelwerte $\bar{X}_j$ gleichzeitig zur Schätzung der Teilpopulationsparameter μ_j verwenden, ist zu beachten, daß diese Art der Schichtung bei unterschiedlich großen Teilpopulationen (und damit auch unterschiedlich großen Teilstichproben) zu Schätzungen mit unterschiedlichen Genauigkeiten führt.

Optimale Aufteilung

Die drei bisher behandelten Modalitäten für die Berechnung des Standardfehlers $\hat{\sigma}_{\bar{x}}$ verdeutlichen, daß die Größe des Standardfehlers davon abhängt, wie die Gesamtstichprobe auf die einzelnen Schichten verteilt wird, d. h., wie groß die einzelnen Teilstichproben sind. Damit eröffnet sich die interessante Möglichkeit, allein durch die Art der Aufteilung der Gesamtstichprobe auf die einzelnen Schichten bzw. durch geeignete Wahl der Anzahl der aus den einzelnen Teilpopulationen zu entnehmenden Untersuchungseinheiten den Standardfehler zu minimieren und damit die Schätzgenauigkeit zu maximieren.

Gesucht wird also eine Aufteilung des Gesamtstichprobenumfanges n in einzelne Teilstichproben n_j $\left(\text{wobei} \sum_{j=1}^{k} n_j = n \right)$, die bei gegebenem $\hat{\sigma}_j$- und g_j-Werten $\hat{\sigma}_x$ minimieren. Dies ist ein Problem der Differentialrechnung $\Big($Minimierung von $\hat{\sigma}_{\bar{x}}$ in Abhängigkeit von n_j unter der Nebenbedingung $\sum_{j=1}^{n} n_j = n \Big)$, dessen Lösung z. B. bei Cochran (1972, Kap. 5.5) behandelt wird. Für eine Schicht j resultiert als optimaler Stichprobenumfang

$$n_j = \frac{N_j \cdot \hat{\sigma}_j}{\sum_{j=1}^{k} N_j \cdot \hat{\sigma}_j} \cdot n$$

bzw. unter Verwendung der Beziehung $N_j = g_j \cdot N$ (s. Gl. 4.31)

$$(4.37) \qquad n_j = \frac{g_j \cdot \hat{\sigma}_j}{\sum_{j=1}^{k} g_j \cdot \hat{\sigma}_j} \cdot n \ .$$

Bei der Ermittlung optimaler Stichprobenumfänge müssen damit nicht nur die Gewichte g_j für die Schichten (bzw. die Populationsumfänge N_j) bekannt sein, sondern auch die Standardabweichungen in den einzelnen Teilpopulationen. Letztere sind vor Durchführung der Untersuchung in der Regel unbekannt. Man wird deshalb – ggf. unter Zuhilfenahme der in Abb. 17 zusammengefaßten Regeln – die Standardabweichungen schätzen müssen und erst nach der Datenerhebung (wenn die $\hat{\sigma}_j$-Werte berechnet werden können) feststellen, wie stark die vorgenommene Stichprobeneinteilung von der optimalen abweicht.

Den Gesamtstichprobenmittelwert $\bar{X}$ ermitteln wir auch bei optimalen Stichprobenumfängen nach der Beziehung

$$\bar{X}_{opt} = \sum_{j=1}^{k} g_j \cdot \bar{X}_j.$$

Für den Standardfehler ergibt sich

(4.38) $$\hat{\sigma}_{\bar{x}(opt)} = \frac{1}{\sqrt{n}} \sum_{j=1}^{k} g_j \cdot \hat{\sigma}_j.$$

Die Verwendung dieses Standardfehlers bei der Ermittlung des Konfidenzintervalles für μ veranschaulicht wiederum Tafel 27.

Tafel 27. Wie umfangreich sind Diplomarbeiten?
II: Die geschichtete Stichprobe

Tafel 26 demonstrierte die Ermittlung eines Konfidenzintervalls für μ an einem Beispiel, in dem es um die durchschnittliche Seitenzahl von Diplomarbeiten ging. Die Überprüfung von 100 zufällig ausgewählten Diplomarbeiten führte zu einem Mittelwert von $\bar{x} = 92$ Seiten und einer Standardabweichung von $\hat{\sigma} = \sqrt{1849} = 43$ Seiten. Damit ist $\hat{\sigma}_{\bar{x}} = 4,3$. Für das 99%ige Konfidenzintervall resultierte der Bereich 92 ± 11 Seiten.

Es soll nun geprüft werden, ob sich dieses Konfidenzintervall verkleinern läßt, wenn die Zufallsstichprobe aller Diplomarbeiten als „geschichtete" Stichprobe behandelt wird, die sich aus theoretischen Literaturarbeiten und empirischen Arbeiten zusammensetzt. Für diese zwei Kategorien mögen sich folgende Häufigkeiten, Mittelwerte und Standardabweichungen ergeben haben:

Theoretische Literaturarbeiten: $n_1 = 32; \bar{x}_1 = 132; \hat{\sigma}_1 = 51$
Empirische Arbeiten: $n_2 = 68; \bar{x}_2 = 73; \hat{\sigma}_2 = 19$.

Zunächst ermitteln wir das Konfidenzintervall für μ nach den Gleichungen einer geschichteten Stichprobe mit beliebigen Stichprobenumfängen. Hierbei gehen wir davon aus, daß die relativen Größen der zwei Stichproben den Gewichten g_j entsprechen. Sie lauten damit: $g_1 = 0,32; g_2 = 0,68$. Es ergeben sich dann:

$$\bar{x}_{bel} = \sum_{j=1}^{k} g_j \cdot \bar{x}_j = 0,32 \cdot 132 + 0,68 \cdot 73 = 91,88 \approx 92$$

und

$$\hat{\sigma}_{\bar{x}(bel)} = \sqrt{\sum_{j=1}^{k} g_j^2 \cdot \frac{\hat{\sigma}_j^2}{n_j}} = \sqrt{0{,}32^2 \cdot \frac{51^2}{32} + 0{,}68^2 \cdot \frac{19^2}{68}}$$
$$= \sqrt{10{,}78} = 3{,}28 \ .$$

Das 99%ige Konfidenzintervall heißt also:

$$\bar{x}_{bel} \pm 2{,}58 \cdot \hat{\sigma}_{\bar{x}(bel)} = 92 \pm 2{,}58 \cdot 3{,}28 \approx 92 \pm 8 \ .$$

Das Konfidenzintervall hat sich durch die Berücksichtigung des Schichtungsmerkmals „Art der Diplomarbeit" verkleinert. Es hat nun die Grenzen 84 Seiten und 100 Seiten.

Da die Populationsanteile (bzw. die Gewichte g_j) der beiden Schichtungskategorien aus der Stichprobe geschätzt wurden, sind die Teilstichprobenumfänge n_j zwangsläufig proportional zu den Gewichten g_j. Wir können damit das Konfidenzintervall auch nach den einfacheren Regeln für proportional geschichtete Stichproben bestimmen. Die Resultate sind, wie die folgenden Berechnungen zeigen, natürlich mit den oben genannten identisch.

$$\bar{x}_{prop} = \frac{1}{n} \sum_{j=1}^{k} \sum_{i=1}^{n_j} x_{ij} = 91{,}88 \approx 92$$

(Die Gesamtsumme aller Seitenzahlen $\sum_{j=1}^{k} \sum_{i=1}^{n_j} x_{ij}$ wurde im Beispiel nicht vorgegeben. Sie läßt sich jedoch nach der Beziehung

$$\sum_{j=1}^{k} \sum_{i=1}^{n_j} x_{ij} = \sum_{j=1}^{k} n_j \cdot \bar{x}_j \text{ einfach bestimmen.})$$

$$\hat{\sigma}_{\bar{x}(prop)} = \sqrt{\frac{1}{n} \sum_{j=1}^{k} g_j \cdot \hat{\sigma}_j^2} = \sqrt{\frac{1}{100} \cdot (0{,}32 \cdot 51^2 + 0{,}68 \cdot 19^2)} = 3{,}28 \ .$$

Die hier vorgenommene Stichprobenaufteilung bezeichnet man als ex-post-Schichtung oder ex-post-Stratifizierung: Die zufällig ausgewählten Untersuchungseinheiten werden erst nach der Stichprobenentnahme den Stufen des Schichtungsmerkmals zugeordnet (zum Vergleich von ex-post-stratifizierten Stichproben mit geschichteten Stichproben, bei denen das Schichtungsmerkmal als Selektionskriterium für die einzelnen Untersuchungseinheiten eingesetzt wird, s. Kish, 1965, Kap. 3.4c).

Eine geschichtete Stichprobe mit gleich großen Umfängen liegt vor, wenn $n_1 = 50$ theoretische Literaturarbeiten und $n_2 = 50$ empirische Arbeiten untersucht werden. Auch in diesem Falle seien $\bar{x}_1 = 132$, $\bar{x}_2 = 73$, $\hat{\sigma}_1 = 51$ und $\hat{\sigma}_2 = 19$. Bleiben wir zusätzlich bei den Gewichten der beiden Teilpopulationen $g_1 = 0{,}32$ und $g_2 = 0{,}68$ (die bei gleicher Aufteilung natürlich nicht aus den Stichprobendaten, sondern aufgrund externer Informationen geschätzt werden müssen) resultieren:

$$\bar{x}_{gleich} = \bar{x}_{bel} = 92$$

$$\hat{\sigma}_{\bar{x}(gleich)} = \sqrt{\frac{k}{n} \cdot \sum_{j=1}^{k} g_j^2 \cdot \hat{\sigma}^2} = \sqrt{\frac{2}{100} \cdot (0{,}32^2 \cdot 51^2 + 0{,}68^2 \cdot 19^2)} = 2{,}94 \ .$$

Der Standardfehler $\hat{\sigma}_{\bar{x}(gleich)}$ ist also in diesem Beispiel kleiner als der Standardfehler $\hat{\sigma}_{\bar{x}(prop)}$ für proportionale Stichprobenumfänge. Am (ganzzahlig gerundeten) Konfidenzintervall ändert sich dadurch jedoch nichts:

$$\bar{x}_{gleich} \pm 2{,}58 \cdot \hat{\sigma}_{\bar{x}(gleich)} = 92 \pm 2{,}58 \cdot 2{,}94 \approx 92 \pm 8 \,.$$

Sind sowohl die Gewichte g_1 und g_2 als auch die Streuungen $\hat{\sigma}_1$ und $\hat{\sigma}_2$ bereits vor der Stichprobenentnahme bekannt, gewährleisten die folgenden Stichprobenumfänge eine bestmögliche Schätzung von μ (optimale Stichprobenumfänge):

$$n_1 = \frac{g_1 \cdot \hat{\sigma}_1}{\sum\limits_{j=1}^{k} g_j \cdot \hat{\sigma}_j} \cdot n = \frac{0{,}32 \cdot 51}{(0{,}32 \cdot 51 + 0{,}68 \cdot 19)} \cdot 100 \approx 56$$

$$n_2 = \frac{g_2 \cdot \hat{\sigma}_2}{\sum\limits_{j=1}^{k} g_j \cdot \hat{\sigma}_j} \cdot n = \frac{0{,}68 \cdot 19}{0{,}32 \cdot 51 + 0{,}68 \cdot 19} \cdot 100 \approx 44 \,.$$

Die gleiche Aufteilung kommt damit der optimalen Aufteilung ziemlich nahe. Unter Verwendung dieser Stichprobenumfänge resultiert das folgende Konfidenzintervall:

$$\bar{x}_{opt} = \sum\limits_{j=1}^{k} g_j \cdot \bar{x}_j = 0{,}32 \cdot 132 + 0{,}68 \cdot 73 = 92$$

$$\hat{\sigma}_{\bar{x}(opt)} = \frac{1}{\sqrt{n}} \cdot \sum\limits_{j=1}^{k} g_j \cdot \hat{\sigma}_j = \frac{1}{\sqrt{100}} \cdot (0{,}32 \cdot 51 + 0{,}68 \cdot 19) = 2{,}92$$

$$\bar{x}_{(opt)} \pm 2{,}58 \cdot \hat{\sigma}_{\bar{x}(opt)} = 92 \pm 2{,}58 \cdot 2{,}92 \approx 92 \pm 8 \,.$$

Folgerichtig führt die Aufteilung der Gesamtstichprobe in Teilstichproben mit optimalen Umfängen in unserem Beispiel nur zu einer geringfügigen Verbesserung der Schätzgenauigkeit gegenüber einer Aufteilung in gleichgroße Stichprobenumfänge.

Sind die Gesamtkosten für die Stichprobenerhebung vorkalkuliert, können sie bei der Ermittlung der optimalen Aufteilung der Gesamtstichprobe auf die einzelnen Schichten berücksichtigt werden. Dies führt jedoch nur dann zu Abweichungen von der hier behandelten optimalen Aufteilung, wenn die Erhebungskosten pro Untersuchungseinheit in den verschiedenen Schichten unterschiedlich sind (was z. B. der Fall wäre, wenn bei einer regionalen Schichtung die Befragung von Personen in verschiedenen Regionen unterschiedliche Reisekosten erfordert). Es könnte dann von Interesse sein, die Aufteilung so vorzunehmen, daß bei gegebenem Standardfehler (Schätzgenauigkeit) und festliegendem Gesamtstichprobenumfang n die Erhebungskosten minimiert werden (weitere Informationen hierzu vgl. z. B. Cochran, 1972, Kap. 5).

Geschichtete Stichproben erfordern gegenüber einfachen Zufallsstichproben einen höheren organisatorischen und rechnerischen Aufwand, der nur zu rechtfertigen ist, wenn sich durch die Berücksichtigung eines Schichtungsmerkmals die Schätzgenauigkeit deutlich verbessert. **Generell gilt, daß sich eine Schichtung um so vorteilhafter auswirkt, je weniger die Teilstichproben im Vergleich zur Gesamtstich-**

probe streuen bzw. je homogener die einzelnen Schichten bezüglich des untersuchten Merkmals sind. Eine Schichtung ist sinnlos, wenn die Teilstichproben genauso heterogen sind wie die Gesamtstichprobe.

Hat man weder Angaben über die Gewichte g_j der Teilstichproben noch über die Streuungen $\hat{\sigma}_j$, wird man beide aus den Stichprobendaten schätzen müssen. Dies führt zu einer *ex post stratifizierten* Stichprobe mit proportionalen Schichtanteilen, deren Schätzgenauigkeit in der Regel gegenüber einer reinen Zufallsstichprobe verbessert ist. Sind zwar die Gewichte g_j aber nicht die Streuungen $\hat{\sigma}_j$ bekannt, und unterscheiden sich zudem die Gewichte nur unerheblich, führen geschichtete Strichproben mit gleich großen Teilstichproben zu einer guten Schätzgenauigkeit. Teilstichproben mit proportionalen Umfängen sind vorzuziehen, wenn die bekannten Gewichte sehr unterschiedlich sind. In diesem Falle ist vor allem bei schwach gewichteten Teilstichproben auf die Bedingung $g_j \cdot n_j \geqq 10$ zu achten. Kennt man sowohl die Gewichte als auch die Streuungen der Teilpopulationen, führen optimale Stichprobenumfänge zu einer bestmöglichen Schätzgenauigkeit.

Stichprobenumfänge

Tabelle 6 (S. 280) zeigte, welche Stichprobenumfänge zu wählen sind, um einen Parameter μ mit einer vorgegebenen Genauigkeit (Konfidenzintervall) schätzen zu können. Diese Stichprobenumfänge lassen sich erheblich reduzieren, wenn es möglich ist, statt einer einfachen Zufallsstichprobe eine sinnvoll geschichtete Stichprobe zu ziehen. Gelingt es, homogene Schichten zu finden, reduziert sich der Standardfehler $\hat{\sigma}_{\bar{x}}$, d. h. kleinere geschichtete Stichproben erreichen die gleiche Schätzgenauigkeit wie größere Zufallsstichproben.

Die Berechnungsvorschriften für den Umfang geschichteter Stichproben erhält man einfach durch Auflösen der auf den Seiten 285 ff. genannten Bestimmungsgleichungen des Standardfehlers $\hat{\sigma}_{\bar{x}}$ nach n. Wir errechnen für gleichmäßige Aufteilungen

$$(4.39) \qquad n = \frac{k \cdot \sum\limits_{j=1}^{k} g_j^2 \cdot \hat{\sigma}_j^2}{\hat{\sigma}_{\bar{x}}^2}$$

für proportionale Aufteilungen

$$(4.40) \qquad n = \frac{\sum\limits_{j=1}^{k} g_j \cdot \hat{\sigma}_j^2}{\hat{\sigma}_{\bar{x}}^2}$$

und für optimale Aufteilungen

$$(4.41) \qquad n = \frac{\left(\sum\limits_{j=1}^{k} g_j \cdot \hat{\sigma}_j \right)^2}{\hat{\sigma}_{\bar{x}}^2}$$

mit $g_j = $ Gewicht der Schicht $j \left(\dfrac{N_j}{N} \right)$.

$\hat{\sigma}_j = $ geschätzte Standardabweichung des untersuchten Merkmals in der Schicht j.

$\hat{\sigma}_{\bar{x}} = $ Standardfehler des Mittelwertes $\bar{x}$.

Der Gesamtumfang einer geschichteten Stichprobe mit beliebiger Schichtung ist nicht kalkulierbar. [Dies zeigt sich formal in der Bestimmungsgleichung für $\hat{\sigma}_{\bar{x}(\text{bel})}$ Gl. (4.32), in der der Gesamtstichprobenumfang n nicht vorkommt.]

Die drei Gleichungen verdeutlichen, daß für die Kalkulation des Umfanges einer geschichteten Stichprobe die Schichtgewichte g_j sowie die Standardabweichungen in den einzelnen Schichten σ_j bekannt sein müssen. Erneut wird man sich bei der Planung von Stichprobenerhebungen häufig mit Schätzungen dieser Kennwerte begnügen müssen.

Die Schätzgenauigkeit hängt zudem davon ab, welchen Wert man für $\hat{\sigma}_{\bar{x}}$ einsetzt. Die Wahl von $\hat{\sigma}_{\bar{x}}$ wird durch den Umstand erleichtert, daß die Zufallsvariable $\bar{X}$ bei genügend großen Stichproben normal verteilt ist (vgl. S. 263). Der Bereich $\pm 3 \cdot \hat{\sigma}_{\bar{x}}$ umschließt damit praktisch alle denkbaren Werte für $\bar{x}$. Wir legen deshalb einen sinnvoll erscheinenden Wertebereich (Range) für $\bar{x}$ fest und dividieren diesen durch 6. Das Resultat ist in der Regel eine brauchbare Schätzung für $\hat{\sigma}_{\bar{x}}$. [Einen genaueren Wert erhält man nach Gl. (4.28).]

Die Handhabung der Bestimmungsgleichungen für Stichprobenumfänge sei im folgenden an einem Beispiel demonstriert. Es interessiert die Frage, wieviel Geld 16- bis 18jährige Lehrlinge monatlich im Durchschnitt für Genußmittel (Zigaretten, Süßigkeiten, alkoholische Getränke etc.) ausgeben. Der Parameter μ soll mit einer Genauigkeit von $\hat{\sigma}_{\bar{x}} = \text{DM } 2,-$ geschätzt werden (d. h. das 95 %ige Konfidenzintervall lautet $\bar{x} \pm 1,96 \cdot \text{DM } 2,- = \bar{x} \pm \text{DM } 3,92$ bzw. $\approx \bar{x} \pm \text{DM } 4,-$). Man vermutet, daß die Ausgaben vom Alter der Lehrlinge abhängen und plant deshalb eine nach dem Alter (16jährige, 17jährige und 18jährige) geschichtete Stichprobe. Altersstatistiken von Lehrlingen legen die Annahme folgender Schichtgewichte nahe:

16jährige: $g_1 = 0,40$,
17jährige: $g_2 = 0,35$,
18jährige: $g_3 = 0,25$.

Um die Streuungen der Ausgaben in den einzelnen Altersklassen schätzen zu können, befragt man einige 16-, 17- und 18jährige Lehrlinge, wieviel Geld gleichaltrige Lehrlinge höchstens bzw. wenigstens ausgeben. Diese Angaben führen unter Verwendung der in Abb. 17 genannten Schätzformeln zu folgenden Werten:

16jährige: $\hat{\sigma}_1 = 20$,
17jährige: $\hat{\sigma}_2 = 24$,
18jährige: $\hat{\sigma}_3 = 28$,
Gesamtstreuung: $\hat{\sigma} = 36$.

Die folgenden Berechnungen zeigen, welche Stichprobenumfänge in Abhängigkeit von der Art der Schichtung erforderlich sind, um den Parameter μ mit der vorgegebenen Genauigkeit schätzen zu können. Zum Vergleich wird zusätzlich der Stichprobenumfang für eine einfache, nichtgeschichtete Zufallsstichprobe kalkuliert (vgl. S. 277 ff).

Ungeschichtete Zufallsstichprobe (mit $\hat{\sigma}_{\bar{x}} = 1/z$):

$$n = \frac{\hat{\sigma}^2}{\hat{\sigma}_{\bar{x}}^2} = \frac{36^2}{2^2} = 324.$$

Gleichmäßig geschichtete Zufallsstichprobe:

$$n = \frac{k \cdot \sum\limits_{j=1}^{k} g_j^2 \cdot \hat{\sigma}_j^2}{\hat{\sigma}_{\bar{x}}^2}$$

$$= \frac{3 \cdot (0{,}40^2 \cdot 20^2 + 0{,}35^2 \cdot 24^2 + 0{,}25^2 \cdot 28^2)}{2^2} = 137{,}7 \approx 138.$$

Proportional geschichtete Zufallsstichprobe:

$$n = \frac{\sum\limits_{j=1}^{k} g_j \cdot \hat{\sigma}_j^2}{\hat{\sigma}_{\bar{x}}^2} = \frac{0{,}40 \cdot 20^2 + 0{,}35 \cdot 24^2 + 0{,}25 \cdot 28^2}{2^2} = 139{,}4 \approx 139.$$

Optimal geschichtete Zufallsstichprobe:

$$n = \frac{\left(\sum\limits_{j=1}^{k} g_j \cdot \hat{\sigma}_j \right)^2}{\hat{\sigma}_{\bar{x}}^2} = \frac{(0{,}40 \cdot 20 + 0{,}35 \cdot 24 + 0{,}25 \cdot 28)^2}{2^2} = 136{,}9 \approx 137.$$

Wie zu erwarten, erfordert die gewünschte Schätzgenauigkeit eine sehr viel größere Stichprobe, wenn keine Schichtung vorgenommen wird. Berücksichtigt man das Schichtungsmerkmal Alter, ist es (in diesem Beispiel) für die Schätzgenauigkeit praktisch unerheblich, ob die Stichprobe gleichmäßig, proportional oder optimal aufgeteilt wird. Die gegenüber der ungeschichteten Stichprobe erheblich reduzierten Stichprobenumfänge unterscheiden sich nur unbedeutend. Auch wenn die eingangs genannten Gewichte und Standardabweichungen der Schichten nur ungefähr richtig sind, dürfte ein Stichprobenumfang von $n = 150$ bei allen Schichtungsarten eine ausreichende Schätzgenauigkeit gewährleisten. Wird dieser optimal aufgeteilt, wären nach Gl. 4.37

$$n_1 = \frac{0{,}40 \cdot 20}{23{,}4} \cdot 150 = 51{,}3 \approx 51 \quad \text{16jährige}$$

$$n_2 = \frac{0{,}35 \cdot 24}{23{,}4} \cdot 150 = 53{,}8 \approx 54 \quad \text{17jährige}$$

und

$$n_3 = \frac{0{,}25 \cdot 28}{23{,}4} \cdot 150 = 44{,}9 \approx 45 \quad \text{18jährige}$$

Lehrlinge zu befragen.

4.2.1.2 Schätzung von Populationsanteilen

Im Unterschied zum Mittelwertsparameter μ, der mit geschichteten Stichproben in der Regel erheblich genauer geschätzt werden kann als mit einfachen Zufallsstichproben, führt die Berücksichtigung eines Schichtungsmerkmals bei der Schätzung eines Anteilparameters π meistens nur zu einer unwesentlichen Genauigkeitserhöhung. Dennoch soll dieser Weg einer Parameterschätzung kurz beschrieben werden.

Wie bereits erwähnt, stellt die relative Häufigkeit bzw. der Anteil p der in einer Zufallsstichprobe angetroffenen Untersuchungseinheiten mit dem untersuchten Merkmal A eine erwartungstreue Schätzung des Populationsparameters π dar (vgl. S. 255):

$$p_A = \frac{n_A}{n} = \text{Anteil der Untersuchungsteilnehmer}$$

$$\text{mit dem Merkmal A}.$$

Setzt man eine Stichprobe des Umfanges n aus k Teilstichproben zusammen, die sich bezüglich eines Schichtungsmerkmals unterscheiden, ist der Anteil p_j in jeder Teilstichprobe j eine erwartungstreue Schätzung von π_j, wobei

$$p_j = \frac{n_{A(j)}}{n_j}$$

$$\left(\sum_{j=1}^{k} n_{A(j)} = n_A \text{ und } \sum_{j=1}^{k} n_j = n \right).$$

Bekannte Schichtgewichte $g_j \left(g_j = \frac{N_j}{N}; \text{ vgl. S. 285} \right)$ vorausgesetzt, führt die folgende Gleichung zu einer die Schichten zusammenfassenden erwartungstreuen Schätzung von π:

$$(4.42) \qquad p = \sum_{j=1}^{k} g_j \cdot p_j.$$

Diese Gleichung gilt unabhängig davon, wie viele Untersuchungseinheiten den einzelnen Schichten entnommen wurden.

Bei wiederholter Ziehung geschichteter Stichproben streut dieser p-Wert mit

$$(4.42a) \qquad \hat{\sigma}_p = \sqrt{\sum_{j=1}^{k} \left(g_j^2 \cdot \frac{p_j \cdot (1 - p_j)}{n_j} \right)},$$

wobei auch diese Gleichung für beliebige Aufteilungen gilt.

Das folgende Beispiel zeigt, wie man mit diesen Gleichungen zu einem Konfidenzintervall für den Parameter π gelangt. Bei einer Befragung von $n = 1000$ zufällig ausgewählten wahlberechtigten Personen einer Großstadt gaben 350 (also 35 %) an, bei der nächsten Wahl Partei A wählen zu wollen. Ohne Berücksichtigung eines Schichtungsmerkmals lautet die Standardabweichung des Schätzwertes $p = 0,35$:

$$\hat{\sigma}_p = \sqrt{\frac{p \cdot (1 - p)}{n}} = \sqrt{\frac{0,35 \cdot 0,65}{1000}} = \sqrt{0,000228} = 0,0151.$$

Für das 99 %ige Konfidenzintervall (mit $z = 2,58$) ergibt sich also nach Gl. 4.19

$$0,35 \pm 2,58 \cdot 0,0151 = 0,35 \pm 0,039.$$

Das Konfidenzintervall lautet 35 % $\pm$ 3,9 %.

Nun sei jedoch bekannt, daß die Attraktivität der Partei A vom Bildungsniveau der Wähler abhängt. Man stellt fest, daß 37 % der befragten Personen eine weiterführende Schule besuchten, daß 32 % einen Volksschulabschluß mit Lehre und 31 % einen Volksschulabschluß ohne Lehre aufweisen. Diese Zahlen werden als Schätzungen der Schichtgewichte bzw. Populationsanteile verwendet. Die Anzahl der Personen innerhalb dieser Schichten, die Partei A zu wählen beabsichtigen, lauten:

weiterführende Schule: $n_{A(1)} = 185$; $p_1 = 0,500$; $n_1 = 370$
Volksschule mit Lehre: $n_{A(2)} = 96$; $p_2 = 0,300$; $n_2 = 320$
Volksschule ohne Lehre: $n_{A(3)} = 69$; $p_3 = 0,223$; $n_3 = 310$

Als Schätzwert für p ergibt sich damit

$$p = \sum_{j=1}^{k} g_j \cdot p_j = 0,37 \cdot 0,500 + 0,32 \cdot 0,300 + 0,31 \cdot 0,223 = 0,35.$$

(Dieser p-Wert ist natürlich mit dem p-Wert der ungeschichteten Stichprobe identisch, da die Schichtgewichte g_j den relativen Häufigkeiten entsprechen. Die Stichprobe ist „*selbstgewichtend*"; vgl. S. 288.)

Für den Standardfehler resultiert:

$$\hat{\sigma}_p = \sqrt{\sum_{j=1}^{k} g_j^2 \cdot \frac{p_j \cdot (1 - p_j)}{n_j}}$$

$$= \sqrt{0,37^2 \cdot \frac{0,5 \cdot 0,5}{370} + 0,32^2 \cdot \frac{0,3 \cdot 0,7}{320} + 0,31^2 \cdot \frac{0,223 \cdot 0,777}{310}}$$

$$= 0,0146.$$

Damit beträgt das Konfidenzintervall:

$$0,35 \pm 2,58 \cdot 0,0146 = 0,35 \pm 0,0377.$$

Das Konfidenzintervall hat sich also nur geringfügig (um 0,12 %) verkleinert, obwohl ein Schichtungsmerkmal berücksichtigt wurde, das offensichtlich eng mit dem untersuchten Merkmal zusammenhängt.

Die Vorhersage wird auch nicht viel präziser, wenn die Gesamtstichprobe nicht – wie im Beispiel – proportional, sondern nach folgender Gleichung optimal aufgeteilt wird:

(4.43) $$n_j = n \cdot \frac{g_j \cdot \sqrt{p_j \cdot (1 - p_j)}}{\sum_{j=1}^{k} g_j \cdot \sqrt{p_j \cdot (1 - p_j)}}.$$

Im Beispiel ergeben sich dann unter Verwendung der empirischen p_j-Werte:

$$n_1 = 1000 \cdot \frac{0,37 \cdot \sqrt{0,5 \cdot 0,5}}{0,4607} = 401,6 \approx 402,$$

$$n_2 = 1000 \cdot \frac{0,32 \cdot \sqrt{0,3 \cdot 0,7}}{0,4607} = 318,3 \approx 318,$$

$$n_3 = 1000 \cdot \frac{0,31 \cdot \sqrt{0,223 \cdot 0,777}}{0,4607} = 280,1 \approx 280.$$

Mit diesen Stichprobenumfängen (und unter Beibehaltung der übrigen Werte) resultiert für p ebenfalls eine Standardabweichung von $\hat{\sigma}_p = 0{,}0146$, d. h. die optimale Aufteilung führt in diesem Beispiel (zumindest für die ersten 4 Nachkommastellen) zu keiner verbesserten Schätzung.

Stichprobenumfänge

Auch für Untersuchungen zur Schätzung von Populationsanteilen ist es ratsam, den erforderlichen Umfang der geschichteten Stichprobe vor Untersuchungsbeginn festzulegen. Wiederum benötigen wir hierfür Angaben über die Schichtgewichte, über die mutmaßlichen p-Werte innerhalb der Schichten sowie über eine maximal tolerierbare Fehlergröße (Konfidenzintervall). Legt man die einzelnen n_j-Werte nach bestimmten Aufteilungen fest, ergeben sich aus der allgemeinen Gleichung für $\hat{\sigma}_p$ bei geschichteten Stichproben [Gl. (4.42a)] folgende Gleichungen für die Stichprobenumfänge (vgl. Schwarz, 1975). Sie lauten
für gleichmäßige Aufteilungen

$$(4.44) \qquad n = \frac{k \cdot \sum\limits_{j=1}^{k} g_j^2 \cdot p_j \cdot (1 - p_j)}{\hat{\sigma}_p^2},$$

für proportionale Aufteilungen

$$(4.45) \qquad n = \frac{\sum\limits_{j=1}^{k} g_j \cdot p_j \cdot (1 - p_j)}{\hat{\sigma}_p^2}$$

und für optimale Aufteilungen

$$(4.46) \qquad n = \frac{\left(\sum\limits_{j=1}^{k} g_j \cdot \sqrt{p_j \cdot (1 - p_j)} \right)^2}{\hat{\sigma}_p^2}.$$

Wir wollen diese Gleichungen am oben erwähnten Beispiel verdeutlichen. Gesucht wird derjenige Stichprobenumfang, der mit 99%iger Wahrscheinlichkeit eine maximale Fehlertoleranz von 1% gewährleistet, d. h. das 99%ige Konfidenzintervall soll $p \pm 1\%$ betragen. $\hat{\sigma}_p$ errechnet sich dann in folgender Weise:

$$2{,}58 \cdot \hat{\sigma}_p = 0{,}01 \quad \text{bzw.} \quad \hat{\sigma}_p = 0{,}00388 \,.$$

Als p_j- und g_j-Werte verwenden wir die bereits bekannten Angaben. Es resultieren die folgenden Stichprobenumfänge:

Zufallsstichprobe ohne Schichtung:

$$n = \frac{p \cdot (1 - p)}{\hat{\sigma}_p^2} = \frac{0{,}35 \cdot 0{,}65}{0{,}00388^2} = 15\,111{,}9 \approx 15\,112 \,.$$

Geschichtete Stichprobe mit gleichmäßiger Aufteilung:

$$n = \frac{k \cdot \sum\limits_{j=1}^{k} g_j^2 \cdot p_j \cdot (1 - p_j)}{\hat{\sigma}_p^2}$$

$$= \frac{3 \cdot (0,37^2 \cdot 0,5 \cdot 0,5 + 0,32^2 \cdot 0,3 \cdot 0,7 + 0,31^2 \cdot 0,223 \cdot 0,777)}{0,00388^2}$$

$$= 14423,8 \approx 14424.$$

Geschichtete Stichprobe mit proportionaler Aufteilung

$$n = \frac{\sum\limits_{j=1}^{k} g_j \cdot p_j \cdot (1 - p_j)}{\hat{\sigma}_p^2}$$

$$= \frac{0,37 \cdot 0,5 \cdot 0,5 + 0,32 \cdot 0,3 \cdot 0,7 + 0,31 \cdot 0,223 \cdot 0,777}{0,00388^2}$$

$$= 14176,2 \approx 14176.$$

Geschichtete Stichprobe mit optimaler Aufteilung

$$n = \frac{\left(\sum\limits_{j=1}^{k} g_j \cdot \sqrt{p_j \cdot (1 - p_j)} \right)^2}{\hat{\sigma}_p^2}$$

$$= \frac{(0,37 \cdot \sqrt{0,5 \cdot 0,5} + 0,32 \cdot \sqrt{0,3 \cdot 0,7} + 0,31 \cdot \sqrt{0,223 \cdot 0,777})^2}{0,00388^2}$$

$$= 14097,4 \approx 14097.$$

4.2.2 Die Klumpenstichprobe

Parameterschätzungen – so zeigte der vergangene Abschnitt – werden genauer, wenn die Gesamtstichprobe keine einfache Zufallsstichprobe ist, sondern sich aus mehreren Teilstichproben, sogenannten Schichten, zusammensetzt, welche die Ausprägungen eines mit dem untersuchten Merkmal möglichst hoch korrelierenden Schichtungsmerkmals repräsentieren. Die Gesamtstichprobe besteht aus mehreren Teilstichproben, die zufällig aus den durch das Schichtungsmerkmal definierten Teilpopulationen entnommen sind.

Die Klumpenstichprobe erfordert, daß die Gesamtpopulation aus vielen Teilpopulationen oder Gruppen von Untersuchungseinheiten besteht, die im Unterschied zur geschichteten Stichprobe erheblich kleiner sind und von denen deshalb **eine zufällige Auswahl vollständig erhoben** werden kann. Bei einer Untersuchung von Schülern würde man beispielsweise die Stichprobe aus den Schülern mehrerer zufällig ausgewählter Schulklassen zusammensetzen und bei einer Untersuchung von Betriebsangehörigen einzelne Betriebe oder Abteilungen vollständig erheben. Untersucht man Krankenhauspatienten, könnte man z. B. die Patienten einiger zufällig ausgewählter Krankenhäuser zu einer Stichprobe zusammenfassen. Wann immer eine Population aus vielen Gruppen oder natürlich zusammenhängenden Teilkollektiven besteht (für die in der deutschsprachigen Literatur die Bezeichnung „Klumpen" üblich ist), bietet sich die Beziehung einer Klumpenstichprobe (englisch: clustersampling) an. Wir werden später erläutern, unter welchen Umständen diese Stichprobentechnik zu genaueren Parameterschätzungen führt als eine einfache Zufallsauswahl.

Die Klumpenstichprobe erfordert weniger organisatorischen Aufwand als die Zufallsstichprobe. Während eine Zufallsstichprobe strenggenommen voraussetzt, daß alle Untersuchungseinheiten der Population einzeln erfaßt sind, benötigt die Klumpenstichprobe lediglich eine vollständige Liste aller in der Population enthaltenen Klumpen. Diese ist in der Regel einfacher anzufertigen als eine Zusammenstellung aller einzelnen Untersuchungseinheiten.

Sämtliche Untersuchungseinheiten, die sich in den zufällig ausgewählten Klumpen befinden, bilden die Klumpenstichprobe. Der Auswahlvorgang bezieht sich hier nicht, wie bei der Zufallsstichprobe, auf die einzelnen Untersuchungseinheiten, sondern auf die Klumpen, wobei sämtliche ausgewählten Klumpen vollständig, d. h. mit allen Untersuchungseinheiten, erhoben werden ($n_j = N_j$). Hierbei ist darauf zu achten, daß jede Untersuchungseinheit nur einem Klumpen angehört, daß sich also die Klumpen nicht wechselseitig überlagern.

Im folgenden wird gezeigt, wie Populationsmittelwerte (μ) und Populationsanteile (π) mit Klumpenstichproben geschätzt werden können.

4.2.2.1 Schätzung von Populationsmittelwerten

Eine Population möge aus K Klumpen bestehen, von denen k Klumpen zufällig ausgewählt werden. Im Unterschied zur Zufallsstichprobe, bei der angenommen wurde, daß N (Umfang der Population) im Vergleich zu n (Umfang der Stichprobe) sehr groß ist $\left(\dfrac{n}{N} < 0{,}05\right)$, ist der Auswahlsatz $f = \dfrac{k}{K}$ bei Klumpenstichproben häufig nicht zu vernachlässigen. In vielen Untersuchungen besteht die zu beschreibende Population nur aus einer begrenzten Anzahl von Klumpen (z. B. Großstädte, Universitäten, Wohnareale in einer Stadt, Häuserblocks in einem Wohnareal, Wohnungen in einem Häuserblock etc.), so daß die Berücksichtigung des Auswahlsatzes f die Präzision der Parameterschätzung erheblich verbessern kann.

Der Auswahlsatz f stellt gleichzeitig die Wahrscheinlichkeit dar, mit der ein Klumpen der Population in die Stichprobe aufgenommen wird. Da jede Untersuchungseinheit nur einem Klumpen angehören darf, ist dies gleichzeitig die Auswahlwahrscheinlichkeit einer beliebigen Untersuchungseinheit.

Bezeichnen wir den Meßwert der i-ten Untersuchungseinheit ($i = 1, 2, \ldots N_j$) im j-ten Klumpen ($j = 1, 2 \ldots k$) mit x_{ij}, ist der Mittelwert eines Klumpens $j(\bar{x}_j)$ durch

$$\bar{x}_j = \frac{\sum\limits_{i=1}^{N_j} x_{ij}}{N_j}$$

definiert. (Da die ausgewählten Klumpen vollständig erhoben werden, verwenden wir N_j für den Umfang des Klumpens j.) Dieser Ansatz geht von der realistischen Annahme aus, daß die einzelnen Klumpen unterschiedliche Umfänge aufweisen.

Den Gesamtmittelwert der Untersuchungseinheiten aller ausgewählten Klumpen bezeichnen wir mit $\bar{\bar{x}}$. Er ergibt sich zu

$$(4.47) \qquad \bar{\bar{x}} = \frac{\sum\limits_{j=1}^{k} \sum\limits_{i=1}^{N_j} x_{ij}}{\sum\limits_{j=1}^{k} N_j}.$$

An dieser Stelle zeigt sich bereits eine Besonderheit von Klumpenstichproben: Der Mittelwert $\bar{\bar{x}}$ ist nur dann eine erwartungstreue Schätzung von μ, wenn alle Klumpen den gleichen Umfang aufweisen und/oder die einzelnen Klumpen Zufallsstichproben der Gesamtpopulation darstellen. Dies trifft natürlich nicht zu, denn zum einen wurde jeder Klumpen unbeschadet seiner Größe vollständig erhoben, und zum anderen muß man davon ausgehen, daß insbesondere natürlich zusammenhängende Untersuchungseinheiten (Schulklassen, Abteilungen etc.) gegenüber der Gesamtpopulation klumpenspezifische Besonderheiten aufweisen. Werden nur wenige Klumpen mit stark unterschiedlichen Umfängen untersucht, können diese zu erheblichen Fehlschätzungen von μ führen („*Klumpeneffekt*"; im einzelnen vgl. hierzu Böltken, 1976, S. 305ff., oder genauer Kish, 1965, Kap. 6). Klumpenstichproben eignen sich deshalb nur dann für die Beschreibung von Populationen, wenn man annehmen kann, daß jeder Klumpen die Gesamtpopulation annähernd gleich gut repräsentiert. Dies wiederum bedeutet, daß **die Klumpen – im Unterschied zu den Schichten einer geschichteten Stichprobe – untereinander möglichst homogen, die einzelnen Klumpen in sich aber heterogen sind.** Je unterschiedlicher die Untersuchungseinheiten eines jeden Klumpens in bezug auf das untersuchte Merkmal sind, desto genauer schätzt die Klumpenstichprobe den unbekannten Parameter. Diese Aussage betrifft nicht nur das Kriterium der Erwartungstreue, sondern – wie weiter unten gezeigt wird – auch das Konfidenzintervall.

Für die Praxis schätzt der Stichprobenkennwert $\bar{\bar{x}}$ nach Cochran (1972, Kap. 6.5) den Parameter μ hinreichend genau, wenn der Variationskoeffizient V der einzelnen Klumpenumfänge den Wert 0,1 nicht überschreitet (nach Kish, 1965, Kap. 6.3, sind auch Werte V < 0,2 noch tolerierbar). Dieser Variationskoeffizient relativiert den Standardfehler des durchschnittlichen Klumpenumfangs am Durchschnitt aller Klumpenumfänge:

$$(4.48) \qquad V = \frac{\hat{\sigma}_{\bar{N}}}{\bar{N}} \leq 0,2.$$

Diese Überprüfung wird in Tafel 28 numerisch verdeutlicht.

Durch die zufällige Auswahl von Klumpen ist nicht nur die Summe aller Meßwerte [Zähler in Gleichung (4.47)], sondern auch der Stichprobenumfang [Nenner in Gleichung (4.47)] eine Zufallsvariable, was bei der Ermittlung des Standardfehlers von $\bar{\bar{x}}$ zu berücksichtigen ist. Für V ≤ 0,2 stellt die folgende Gleichung eine brauchbare Approximation des Standardfehlers $\hat{\sigma}_{\bar{\bar{x}}}$ dar.

$$(4.49) \qquad \hat{\sigma}_{\bar{\bar{x}}} = \sqrt{\frac{1-f}{n^2} \cdot \frac{k}{k-1} \cdot \sum_{j=1}^{k} \left(\sum_{i=1}^{N_j} x_{ij} - \bar{\bar{x}} \cdot N_j \right)^2}$$

$$\text{mit } n = \sum_{j=1}^{k} N_j.$$

(zur Herleitung dieser Gleichung s. Kish, 1965, Kap. 6.3). Diese Gleichung enthält implizit die Annahme, daß $\bar{N}$, der Durchschnitt aller Klumpenumfänge, durch $\sum_j \dfrac{N_j}{k}$ hinreichend genau geschätzt wird, was um so mehr zutrifft, je größer k ist [vgl. Cochran, 1972, Gl. (11.12)]. Sie verdeutlicht ferner, daß die Unterschiedlichkeit der Werte innerhalb der Klumpen den Standardfehler zumindest direkt nicht beeinflußt. Dadurch, daß alle ausgewählten Klumpen vollständig erhoben werden, sind die Klumpenmittelwerte $\bar{x}_j$ frei von Stichprobenfehlern, so daß der Standardfehler ausschließlich auf der Unterschiedlichkeit zwischen den Klumpen basiert.

Die Unterschiedlichkeit der Klumpen wird in Gleichung 4.49 durch den Klammerausdruck erfaßt. Er vergleicht die Summe der Meßwerte pro Klumpen mit derjenigen Summe, die zu erwarten wäre, wenn sich die Klumpen nicht (bzw. nur in ihren Umfängen) unterscheiden $\left[\text{Rechenkontrolle}: \sum_{j=1}^{k}\left(\sum_{i=1}^{N_j} x_{ij} - \bar{\bar{x}} \cdot N_j\right) = 0\right]$. Sind die Klumpensummen nur wenig voneinander verschieden, resultiert ein kleiner Standardfehler.

Die Abweichung eines Meßwertes x_{ij} vom Gesamtmittel $\bar{\bar{x}}$ läßt sich in die Abweichung des Meßwertes x_{ij} vom Klumpenmittel $\bar{x}_j$ und die Abweichung des Klumpenmittels $\bar{x}_j$ vom Gesamtmittel $\bar{\bar{x}}$ zerlegen:

$$(x_{ij} - \bar{\bar{x}}) = (x_{ij} - \bar{x}_j) + (\bar{x}_j - \bar{\bar{x}}).$$

Sind nun bei gegebenen Abweichungen $(x_{ij} - \bar{\bar{x}})$ die Abweichungen der Klumpenmittel $\bar{x}_j$ vom Gesamtmittel $\bar{\bar{x}}$ klein [diese Abweichungen entsprechen dem Klammerausdruck in Gleichung (4.49)], müssen die Abweichungen $(x_{ij} - \bar{x}_j)$ zwangsläufig groß sein. Hier zeigt sich erneut, wann die Ziehung einer Klumpenstichprobe empfehlenswert ist: Die Unterschiedlichkeit zwischen den Klumpen sollte klein, die Unterschiedlichkeit innerhalb der Klumpen jedoch groß sein.

Der Ausdruck $1 - f$ korrigiert (verkleinert) den Standardfehler in Abhängigkeit von der Größe des Auswahlsatzes $f = \dfrac{k}{K}$. Für praktische Zwecke ist er wirkungslos, wenn $f < 0,05$.

Unter Verwendung von Gleichung 4.49 läßt sich das Konfidenzintervall für $\bar{\bar{x}}$ in üblicher Weise berechnen [vgl. Gleichung (4.17) oder Tafel 28]. Man muß jedoch beachten, daß die Verteilung von $\bar{\bar{x}}$ (normal- oder t-verteilt) nicht vom Stichprobenumfang n, sondern von der Anzahl der Klumpen k abhängt. Ist $k \leq 30$, verwendet man für die Bestimmung des Konfidenzintervalls die t-Verteilung mit $k - 1$ Freiheitsgraden unter der Voraussetzung normalverteilter Klumpenmittelwerte. Wegen des zentralen Grenzwerttheorems (vgl. S. 263), das bei ungleich großen Stichproben allerdings nur bedingt Geltung hat, dürfte diese Voraussetzung auf die Verteilung der Mittelwerte eher zutreffen als auf die Verteilung des untersuchten Merkmals.

Tafel 28 zeigt den Rechengang zur Bestimmung eines Konfidenzintervalls auf Grund einer Klumpenstichprobe. Um diese Stichprobentechnik mit den bisher behandelten Stichprobentechniken besser vergleichen zu können, wird hierfür erneut das Beispiel der Tafeln 26 und 27 verwendet.

Tafel 28. Wie umfangreich sind Diplomarbeiten?
III: Die Klumpenstichprobe

Nach der Schätzung der durchschnittlichen Seitenzahl von Diplomarbeiten im Fach Psychologie aufgrund einer Zufallsstichprobe (Tafel 26) und aufgrund einer geschichteten Stichprobe (Tafel 27) wird die gleiche Fragestellung nun aufgegriffen, um den Einsatz einer Klumpenstichprobe zu veranschaulichen. Zunächst ist die Frage zu erörtern, in welche Klumpen die Gesamtpopulation der Diplomarbeiten aufgeteilt werden soll. Hier bieten sich z. B. die an den einzelnen psychologischen Instituten pro Semester abgeschlossenen Arbeiten an, die von einem Hochschullehrer in einem Jahr betreuten Arbeiten oder eine Zusammenfassung aller Arbeiten nach verwandten Themen.

Da die Aufstellung aller Hochschullehrer (z. B. mit Hilfe des „Psychologenkalenders") wenig Mühe bereitet, entschließt man sich für die zweite Art der Klumpenbildung. Aus der Liste aller Hochschullehrer werden 15 zufällig ausgewählt und um Angaben über die Seitenzahlen der von ihnen in einem Jahr betreuten Diplomarbeiten gebeten. Das Jahr, über das ein Hochschullehrer zu berichten hat, wird ebenfalls aus den vergangenen 10 Jahren, die der Populationsdefinition zugrunde liegen (vgl. Tafel 26), pro Hochschullehrer zufällig ausgewählt. Diese Erhebungen führen zu folgenden statistischen Daten. (Es wurde bewußt darauf geachtet, daß die statistischen Angaben für die Klumpenstichprobe mit den entsprechenden Daten für die Zufallsstichprobe in Tafel 26 und für die geschichtete Stichprobe in Tafel 27 weitgehend übereinstimmen.)

Anzahl aller Hochschullehrer (HSL): $K = 450$
Anzahl der ausgewählten Hochschullehrer: $k = 15$

Nr. d. HSL	Anzahl der Arbeiten (N_j)	Summe der Seitenzahl $\left(\sum_{i=1}^{N_j} x_i\right)$	Durchschnittliche Seitenzahl ($\bar{x}_j$)
1	8	720	90
2	2	210	105
3	10	950	95
4	9	837	93
5	7	658	94
6	9	819	91
7	6	552	92
8	1	124	124
9	7	616	88
10	11	946	86
11	5	455	91
12	9	801	89
13	3	291	97
14	6	570	95
15	7	651	93

$$n = \sum_{j=1}^{k} N_j = 100 \qquad \sum_{j=1}^{k} \sum_{i=1}^{N_j} x_{ij} = 9200 \qquad \bar{\bar{x}} = 92$$

Wie die folgende Berechnung zeigt, sind die Unterschiede zwischen den Klumpenumfängen N_j nach Gleichung 4.48 tolerierbar.

$$V = \frac{\hat{\sigma}_{\bar{N}}}{\bar{N}} = \frac{\sqrt{\sum_{j=1}^{k} (N_j - \bar{N})^2}}{\sqrt{k \cdot (k-1)} \cdot \bar{N}} = \frac{\sqrt{119,33}}{\sqrt{15 \cdot 14} \cdot 6,67} = 0,113,$$

wobei

$$\bar{N} = \frac{\sum_{j=1}^{k} N_j}{k} = \frac{100}{15} = 6,67.$$

Der Wert ist kleiner als 0,20, d. h. die gezogene Klumpenstichprobe ist nach Kish (1965) für die Schätzung des Parameters μ akzeptabel.

Für den Standardfehler $\hat{\sigma}_{\bar{\bar{x}}}$ resultiert:

$$\hat{\sigma}_{\bar{\bar{x}}} = \sqrt{\frac{1-f}{n^2} \cdot \frac{k}{k-1} \cdot \sum_{j=1}^{k} \left(\sum_{i=1}^{N_j} x_{ij} - \bar{\bar{x}} \cdot N_j \right)^2}$$

$$= \sqrt{\frac{1 - \dfrac{15}{450}}{100^2} \cdot \frac{15}{14} \cdot 9\,706} = 1,003.$$

Der Korrekturfaktor $1-f$ hat in diesem Beispiel den Wert $1 - \dfrac{15}{450} = 0,967$ und verkleinert damit den Standardfehler nur unwesentlich.

Tabelle E 3 ist zu entnehmen, daß die Werte $t = \pm 2,977$ von der t-Verteilung mit 14 Freiheitsgraden an den Extremen jeweils 0,005% der Fläche abschneiden. Für das 99%ige Konfidenzintervall resultiert damit nach Gleichung 4.17

$$92 \pm 2,977 \cdot 1,003 = 92 \pm 2,99 .$$

Diese Klumpenstichprobe schätzt damit die durchschnittliche Seitenzahl von Diplomarbeiten erheblich genauer als die Zufallsstichprobe bzw. die geschichtete Stichprobe der Tafeln 26 und 27.

Steht zu befürchten, daß eine Klumpenstichprobe zur Schätzung von μ unbrauchbar ist, weil die Klumpenumfänge nach Gleichung (4.48) zu heterogen sind, muß die Anzahl der Klumpen erhöht werden. Wie man sich leicht überzeugen kann, verringert sich dadurch der Variationskoeffizient V.

Wenn eine Population nur aus sehr großen Klumpen besteht, ist es häufig zu aufwendig, eine Klumpenauswahl vollständig zu erheben. In diesem Fall wird aus den zufällig ausgewählten Klumpen jeweils nur eine begrenzte Auswahl zufällig ausgewählter Untersuchungseinheiten untersucht. Wir werden hierüber ausführlich in Kapitel 4.2.3 (Mehrstufige Stichproben) berichten.

4.2.2.2 Schätzung von Populationsanteilen

Nachdem die Schätzung von Mittelwertsparametern bereits im letzten Abschnitt ausführlich behandelt wurde, bedarf es für die Schätzung von Populationsanteilen praktisch keiner zusätzlichen Erläuterungen. Man behandelt die in den einzelnen Klumpen registrierten Merkmalsanteile wie eine stetige Variable (die natürlich nur Werte zwischen 0 und 1 annimmt) und ersetzt in den Gleichungen (4.47) und (4.48) die Durchschnittswerte einfach durch die entsprechenden p_j-Werte. (Die üblicherweise für Anteilsschätzungen einschlägige Binomialverteilung ist hier nicht zu verwenden. Cochran, 1972, Kap. 3.12, macht anhand einiger Beispiele auf häufig in diesem Zusammenhang begangene Fehler aufmerksam.)

Die für Anteilsschätzungen modifizierten Gleichungen lauten damit:

$$p_j = \frac{N_{A(j)}}{N_j}.$$

$N_{A(j)}$ ist hierbei die Anzahl der Untersuchungseinheiten mit dem Merkmal A im Klumpen j. p_j stellt den Anteil der Untersuchungseinheiten mit dem Merkmal A im Klumpen j dar. Eine alle Klumpen zusammenfassende Schätzung für π liefert die folgende Gleichung:

$$(4.49a) \qquad \bar{p} = \frac{\sum\limits_{j=1}^{k} N_{A(j)}}{\sum\limits_{j=1}^{k} N_j}.$$

Der Wert $\bar{p}$ schätzt π für praktische Zwecke hinreichend genau, wenn Gleichung (4.48) erfüllt ist. Mit dieser Symbolik resultiert für den Standardfehler $\hat{\sigma}_{\bar{p}}$:

$$(4.50) \qquad \hat{\sigma}_{\bar{p}} = \sqrt{\frac{1-f}{n^2} \cdot \frac{k}{k-1} \cdot \sum\limits_{j=1}^{k} (N_{A(j)} - \bar{p} \cdot N_j)^2}.$$

Zur Erläuterung dieser Gleichungen wählen wir erneut das auf S. 295 erwähnte Beispiel, in dem es um den Anteil der wahlberechtigten Bürger einer Großstadt ging, der beabsichtigt, eine Partei A zu wählen. Statt einer Zufallsstichprobe von $N=1000$ Personen soll nun eine Klumpenstichprobe mit ungefähr gleichem Umfang gezogen werden. Hierfür gliedert man – unter Ausschluß von Grünflächen und gewerblich genutzten Flächen – das Stadtgebiet z. B. in 10000 gleichgroße Flächenareale auf und wählt aus diesen 10 Flächenareale aus. Alle wahlberechtigten Personen dieser 10 Gebiete (Klumpen) werden befragt. Die Befragung führt zu den in Tab. 7 aufgeführten Werten. (Die Zahlen wurden so gewählt, daß der Rechengang überschaubar bleibt und die Ergebnisse mit den auf S. 295 berichteten Resultaten verglichen werden können.)

Insgesamt beabsichtigen 35 % ($\bar{p}=0,35$) der befragten Personen, Partei A zu wählen. Mit Gleichung 4.48 prüfen wir, ob dieser Wert als Schätzer des Populationsparameters π tauglich ist.

$$V = \frac{\hat{\sigma}_{\bar{N}}}{\bar{N}} = \frac{\hat{\sigma}_N}{\sqrt{k \cdot \bar{N}}} = \frac{44,123}{\sqrt{10 \cdot 100}} = 0,14.$$

(Mit $\sigma_N = $ Standardabweichung der Klumpenumfänge N_j.)

304

Tabelle 7. Ergebnis einer Umfrage unter den Bewohnern von 10 Stadtgebieten

Nummer des Stadtgebietes (j)	Anzahl der Bewohner (N_j)	Anzahl der Wähler von A ($N_{A(j)}$)	Wähleranteil (P_j)
1	109	28	0,26
2	88	39	0,44
3	173	50	0,29
4	92	23	0,25
5	28	16	0,57
6	114	34	0,30
7	55	19	0,35
8	163	70	0,43
9	77	21	0,27
10	101	50	0,50
	1 000	350	0,35

Trotz der recht beachtlichen Unterschiede in den Klumpenumfängen bleibt der Variationskoeffizient unter der kritischen Grenze von 0,2, was damit zusammenhängt, daß der durchschnittliche Klumpenumfang mit N = 100 relativ groß ist.

Für den Standardfehler von $\bar{p}$ ermitteln wir nach Gleichung (4.50)

$$\hat{\sigma}_{\bar{p}} = \sqrt{\frac{1-f}{n^2} \cdot \frac{k}{k-1} \cdot \sum_{j=1}^{k} (N_{A(j)} - \bar{p} \cdot N_j)^2}$$

$$= \sqrt{\frac{1-0,001}{1000^2} \cdot \frac{10}{9} \cdot 857,25} = 0,0308 \,.$$

(Das Ergebnis ändert sich nur unwesentlich, wenn der Korrekturfaktor $1-f$ $= 1 - 10 : 10000$ nicht berücksichtigt wird.) Der Standardfehler ist in diesem Beispiel ungefähr doppelt so groß wie der Standardfehler einer entsprechenden Zufallsstichprobe (bzw. geschichteten Stichprobe, vgl. S. 295). Dieses Ergebnis reflektiert die deutlichen Unterschiede in den Wähleranteilen der einzelnen Klumpen (vgl. Tabelle 7, letzte Spalte). Bei der vorliegenden Heterogenität der Klumpen erweist sich die Ziehung einer Klumpenstichprobe als ungünstig.

Für die Bestimmung des 99%igen Konfidenzintervalls benötigen wir die t-Verteilung mit 9 Freiheitsgraden. Der Wert t = ± 3,25 schneidet an den Extremen dieser Verteilung jeweils 0,005% der Verteilung ab, d. h. wir erhalten als Konfidenzintervall:

$$0,35 \pm 3,25 \cdot 0,0308 = 0,35 \pm 0,1003 \,.$$

Obwohl der Gesamtstichprobenumfang mit n = 1000 vergleichsweise groß ist, resultiert für den Wähleranteil ein Konfidenzintervall von 25% bis 45%. Dieses Konfidenzintervall dürfte den Untersuchungsaufwand in keiner Weise rechtfertigen. Das Beispiel demonstriert damit eine Untersuchungssituation, die für die Ziehung einer Klumpenstichprobe (mit Wohnarealen als Klumpen) denkbar ungeeignet ist.

4.2.3 Die mehrstufige Stichprobe

Eine Klumpenstichprobe – so zeigte der vergangene Abschnitt – setzt sich aus mehreren vollständig erhobenen Klumpen zusammen. In der Praxis kommt es jedoch häufig vor, daß die natürlich angetroffenen Klumpen zu groß sind, um sie vollständig erheben zu können. In dieser Situation wird man statt einer Klumpenstichprobe eine 2-(oder mehr)stufige Stichprobe ziehen (multi-stage sampling). Die erste Stufe betrifft die Zufallsauswahl der Klumpen und die zweite die Zufallsauswahl der Untersuchungseinheiten innerhalb der Klumpen. **Damit erfaßt eine 2-stufige Stichprobe im Unterschied zur Klumpenstichprobe die einzelnen Klumpen nicht vollständig, sondern nur in zufälligen Ausschnitten.** Die Klumpenstichprobe stellt einen Spezialfall der 2-stufigen Stichprobe dar. Aber auch die geschichtete Stichprobe ist ein Spezialfall der 2stufigen Stichprobe. Hier werden auf der ersten Auswahlstufe alle Schichten (statt einer Auswahl von Klumpen) berücksichtigt, aus denen man jeweils eine Zufallsauswahl entnimmt.

Die 2stufige Stichprobe bereitet – wie bereits die Klumpenstichprobe – erheblich weniger organisatorischen Aufwand als eine einfache Zufallsstichprobe. Für die Ziehung einer Zufallsstichprobe benötigen wir streng genommen eine komplette Liste aller Untersuchungseinheiten der Population, während für die 2-stufige Stichprobe lediglich eine vollständige Liste aller Klumpen sowie Listen der Untersuchungseinheiten in den ausgewählten Klumpen erforderlich sind.

Wollte man beispielsweise eine Befragung unter Mitgliedern von Wohngemeinschaften in einer Stadt durchführen, ist hierfür eine Liste aller Wohngemeinschaften und – nach erfolgter Zufallsauswahl einiger Wohngemeinschaften – eine Liste der Mitglieder dieser Wohngemeinschaften erforderlich. Die aus dieser Liste zufällig ausgewählten Personen konstituieren die 2-stufige Stichprobe.

Eine *3stufige Stichprobe* von Gymnasiasten erhielte man beispielsweise, wenn aus der Liste aller zur Population gehörenden Gymnasien eine Zufallsauswahl getroffen wird (1. Stufe), aus diesen Schulen zufällig Schulklassen (2. Stufe) und aus den Klassen wiederum einige Schüler ausgewählt werden (3. Stufe). Bei großen, die Gesamtbevölkerung repräsentierenden Stichproben ist es durchaus üblich, Stichproben mit mehr als 3 Stufen zu ziehen.

Im folgenden wird gezeigt, wie aus mehrstufigen Stichproben Schätzungen von Mittelwertsparametern μ und Populationsanteilen π abgeleitet werden können.

4.2.3.1 Schätzung von Populationsmittelwerten

Für eine 2stufige Stichprobe benötigen wir eine Zufallsauswahl von k Klumpen aus den K Klumpen der zu beschreibenden Population. Als ersten Auswahlsatz definieren wir $f_1 = \dfrac{k}{K}$. Für jeden ausgewählten Klumpen j ziehen wir aus den N_j Untersuchungseinheiten der Klumpen eine Zufallsstichprobe des Umfanges n_j. Der zweite Auswahlsatz heißt damit $f_{2(j)} = \dfrac{n_j}{N_j}$.

Die folgenden Ausführungen gehen davon aus, daß die Stichprobenumfänge n_j proportional zu Klumpenumfängen N_j sind, daß also $\dfrac{n_j}{N_j} = \text{konstant} = f_2$. Dies setzt voraus, daß die Umfänge der ausgewählten Klumpen zumindest ungefähr bekannt sind. (Cochran, 1972, Kap. 11, beschreibt Varianten mehrstufiger Stichproben, die diese Voraussetzung nicht machen.)

Bezeichnen wir die i-te Messung im j-ten Klumpen mit x_{ij} (mit $i = 1, 2 \ldots n_j$ und $j = 1, 2 \ldots k$), schätzt der folgende Stichprobenmittelwert den Parameter μ erwartungstreu.

$$(4.51) \qquad \bar{\bar{x}} = \frac{\sum\limits_{j=1}^{k} \sum\limits_{i=1}^{n_j} x_{ij}}{\sum\limits_{j=1}^{k} n_j}.$$

Wegen der zur Klumpengröße proportionalen Stichprobenumfänge kann auf eine Gewichtung der einzelnen Klumpenmittelwerte verzichtet werden (*selbstgewichtende Stichprobe*, vgl. S. 288). Den Standardfehler von $\bar{\bar{x}}$ ermitteln wir nach Gleichung (4.52).

$$(4.52) \qquad \hat{\sigma}_{\bar{\bar{x}}} = \sqrt{\frac{1 - f_1}{n^2} \cdot \frac{k}{k-1} \cdot \sum_{j=1}^{k} \left(\sum_{i=1}^{n_j} x_{ij} - \bar{\bar{x}} \cdot n_j \right)^2 + f_1 \cdot (1 - f_2) \cdot \frac{1}{n} \cdot \sum_{j=1}^{k} g_j \cdot \hat{\sigma}_j^2}$$

mit

$$\hat{\sigma}_j^2 = \frac{1}{n_j - 1} \cdot \sum_{i=1}^{n_j} (x_{ij} - \bar{x}_j)^2$$

$$\bar{x}_j = \frac{\sum\limits_{i=1}^{n_j} x_{ij}}{n_j},$$

$$g_j = \frac{N_j}{N}$$

und

$$n = \sum_{j=1}^{k} n_j.$$

Die Bestimmung der Gewichte $g_j = \frac{N_j}{N}$ setzt – wie bereits die Festlegung des Auswahlsatzes $f_2 = \frac{n_j}{N_j}$ – voraus, daß die Klumpenumfänge bekannt sind oder doch zumindest geschätzt werden können. Tafel 29 erläutert, wie aus den Daten einer 2stufigen Stichprobe ein Konfidenzintervall für $\bar{\bar{x}}$ zu berechnen ist.

Tafel 29. Wie umfangreich sind Diplomarbeiten?
　　　　　IV: Die 2stufige Stichprobe

Bezugnehmend auf das Beispiel der Tafeln 26 bis 28 verdeutlicht diese Tafel die Ermittlung der durchschnittlichen Seitenzahl von Diplomarbeiten (einschließlich eines Konfidenzintervalls) anhand einer 2stufigen Stichprobe. Die erste Auswahlstufe umfaßt sämtliche psychologischen Institute der Bundesrepublik Deutschland als Klumpen, von denen $k = 10$ zufällig ausgewählt werden. Die in diesen Instituten in den letzten 10 Jahren angefertigten Diplomarbeiten bilden die 2. Auswahlstufe. Es werden aus den Arbeiten dieser Institute Zufallsstichproben gezogen, deren Größen proportional zur Anzahl aller Arbeiten des jeweiligen Instituts, die im vorgegebenen Zeitraum angefertigt wurden, sein sollen. Es wird ein Gesamtstichprobenumfang von ungefähr 100 Arbeiten angestrebt. (Die Stichprobe wäre 3stufig, wenn man zusätzlich z. B. aus den ausgewählten Instituten Zufallsstichproben von Hochschullehrern gezogen hätte.)

Die Gesamtzahl aller psychologischen Institute mit einem Diplomstudiengang beträgt $K = 46$. Für zehn auszuwählende Institute beträgt der erste Auswahlsatz also $f_1 = \dfrac{k}{K} = \dfrac{10}{46} = 0{,}217$. Von den ausgewählten Instituten werden Listen aller Diplomarbeiten der letzten 10 Jahre angefordert. Die Anzahl der Namen auf diesen Listen (von Gruppenarbeiten wollen wir einfachheitshalber absehen) entspricht den Umfängen N_j der Klumpen. Die Größe der Stichproben n_j wird so gewählt, daß sie – bei einer Gesamtstichprobe von $n \approx 100$ – zu diesen N_j-Werten proportional sind.

Im Durchschnitt wurden an diesen Instituten während des angegebenen Zeitraumes etwa 750 Diplomarbeiten abgegeben, d. h. der zweite Auswahlsatz lautet bei durchschnittlich zehn auszuwählenden Arbeiten $f_2 = \dfrac{10}{750} = 0{,}013$.

Dieser Wert ist kleiner als 0,05; man könnte ihn deshalb in Gleichung 4.52 vernachlässigen. Um den Rechengang vollständig zu demonstrieren, soll er jedoch nicht entfallen.

Die folgende Aufstellung enthält die für die Berechnungen erforderlichen Angaben. (Auf die Wiedergabe der einzelnen x_{ij}-Werte, die bekannt sein müssen, um die $\hat{\sigma}_j^2$-Werte zu bestimmen, wurde verzichtet.)

Nr. der Stichprobe (j)	Größe der Stichprobe (n_j)	Anzahl der Seiten in Stichprobe j $\left(\sum\limits_{i=1}^{n_j} x_{ij}\right)$	Durchschnittl. Seitenzahl in Stichprobe j ($\bar{x}_j$)	Varianz in Stichprobe j ($\hat{\sigma}_j^2$)
1	16	1488	93	1016
2	20	1700	85	970
3	4	360	90	840
4	8	752	94	1112
5	11	979	89	763
6	9	783	87	906
7	9	891	91	1004
8	11	1012	92	895
9	7	735	105	642
10	5	500	100	930

$k = 10 \qquad n = \sum\limits_{j=1}^{k} n_j = 100 \quad \sum\limits_{j=1}^{k} \sum\limits_{i=1}^{n_j} x_{ij} = 9200 \quad \bar{\bar{x}} = 92$

Im Durchschnitt haben die 100 untersuchten Arbeiten 92 Seiten. Für den Standardfehler dieses Mittelwertes erhalten wir nach Gleichung 4.52

$$\hat{\sigma}_{\bar{x}} = \sqrt{\frac{1-f_1}{n^2} \cdot \frac{k}{k-1} \cdot \sum_{j=1}^{k} \left(\sum_{i=1}^{n_j} x_{ij} - \bar{\bar{x}} \cdot n_j \right)^2 + f_1 \cdot (1-f_2) \cdot \frac{1}{n} \sum_{j=1}^{k} g_j \cdot \hat{\sigma}_j^2}$$

$$= \sqrt{\frac{1-0{,}217}{100^2} \cdot \frac{10}{9} \cdot 37\,140 + 0{,}217 \cdot (1-0{,}013) \cdot \frac{1}{100} \cdot 924{,}84}$$

$$= \sqrt{3{,}23 + 1{,}98}$$

$$= \sqrt{5{,}21} = 2{,}28.$$

Da die Stichprobenumfänge n_j proportional zu den Klumpenumfängen N_j festgelegt wurden, entsprechen die Gewichte g_j den durch n dividierten Stichprobenumfängen $\left(\text{also z. B. } g_1 = \frac{16}{100} = 0{,}16 \right)$.

Für die Bestimmung des Konfidenzintervalls legen wir in diesem Beispiel die t-Verteilung mit 9 Freiheitsgraden zugrunde. Für das 99%ige Konfidenzintervall lautet der t-Wert $t = \pm 3{,}25$, d. h. das Konfidenzintervall heißt

$$92 \pm 3{,}25 \cdot 2{,}28 = 92 \pm 7{,}41 \ .$$

Die Schätzgenauigkeit der 2 stufigen Stichprobe entspricht damit in diesem Beispiel der Schätzgenauigkeit der geschichteten Stichprobe in Tafel 27.

Die Gewichte werden so gewählt, daß $\sum_{j=1}^{k} g_j = 1$, d. h. die Summe der Gewichte aller k ausgewählten (und nicht aller K in der Population enthaltenen) Klumpen muß 1 ergeben (vgl. Tafel 29). Gleichung (4.52) verdeutlicht, unter welchen Umständen eine 2stufige Stichprobe den Parameter μ besonders genau schätzt. Abgesehen von der Gesamtstichprobe, die bei allen Stichprobenarten mit wachsendem Umfang den Standardfehler verkleinert, beeinflussen sowohl die Unterschiedlichkeit zwischen den Klumpen als auch die Unterschiedlichkeit innerhalb der Klumpen die Schätzgenauigkeit. Beide Unterschiedlichkeiten vergrößern den Standardfehler, wobei die Heterogenität der Messungen innerhalb der Klumpen keine Rolle spielt, wenn f_1 zu vernachlässigen ist, wenn also die Anzahl aller Klumpen in der Population im Vergleich zur Anzahl der ausgewählten Klumpen sehr groß ist. Unter diesen Umständen entfällt der zweite Teil unter der Wurzel in Gleichung (4.52). Der Standardfehler wird dann ausschließlich von der Varianz zwischen den Klumpen bestimmt. Es empfiehlt sich deshalb, eine Population in möglichst viele (und damit kleine) Klumpen zu zerlegen.

Darüber hinaus bestätigt Gleichung (4.52) die eingangs formulierte Behauptung, Klumpenstichproben und geschichtete Stichproben seien Spezialfälle von 2stufigen Stichproben. Bei einer geschichteten Stichprobe wird die Gesamtpopulation in Schichten (z. B. nach dem Bildungsniveau, dem Alter oder dem Geschlecht, vgl. Kap. 4.2.1) eingeteilt, und aus jeder Schicht wird eine Zufallsstichprobe gezogen. Bezeichnen wir die Anzahl der Schichten mit K, ist – da *jede Schicht stichprobenartig* untersucht wird – k = K bzw. $f_1 = 1$. Dadurch entfällt der erste Summand unter der Wurzel von Gleichung (4.52). Der verbleibende Teil entspricht Gleichung (4.36), dem Standardfehler von $\bar{x}$ für geschichtete Stichproben mit proportionalen Stichprobenumfängen.

Bei Klumpenstichproben werden die *ausgewählten Klumpen vollständig* untersucht, d. h. $n_j = N_j$. Dadurch wird in Gleichung (4.52) $f_2 = 1$ und der zweite Summand unter der Wurzel entfällt. Der Rest der Gleichung entspricht Gleichung (4.49), dem Standardfehler von $\bar{x}$ für Klumpenstichproben.

Bei *dreifach gestuften Stichproben* wird auf der ersten Auswahlstufe eine Zufallsstichprobe von Primäreinheiten gezogen (z. B. eine Stichprobe von Ausgaben eines Wochenmagazins), auf der zweiten Auswahlstufe jeweils eine Zufallsstichprobe von Sekundäreinheiten innerhalb der Primäreinheiten (z. B. eine Stichprobe von Seiten aus jedem ausgewählten Magazin), und auf der dritten Auswahlstufe entnimmt man schließlich den Sekundäreinheiten die eigentlichen Untersuchungseinheiten (z. B. eine Zufallsstichprobe von Zeilen jeder ausgewählten Seite). Die so gefundenen Untersuchungseinheiten werden hinsichtlich des interessierenden Merkmals untersucht (z. B. durchschnittliche Wortlänge als Beispiel für die Schätzung eines Mittelwertsparameters oder die relative Häufigkeit von Substantiven als Beispiel für eine Anteilsschätzung).

Bezeichnen wir die Anzahl aller Primäreinheiten mit L und die Anzahl der ausgewählten Primäreinheiten mit l, die Anzahl aller Sekundäreinheiten einer jeder Primäreinheit mit K und die Anzahl der pro Primäreinheit ausgewählten Sekundäreinheiten mit k sowie die Anzahl aller Untersuchungseinheiten einer jeden Sekundäreinheit mit N und die Anzahl der pro Sekundäreinheit ausgewählten Untersuchungseinheiten mit n, resultiert als Schätzwert für μ

$$(4.53) \qquad \bar{\bar{x}} = \frac{\sum\limits_{m=1}^{l} \sum\limits_{j=1}^{k} \sum\limits_{i=1}^{n} x_{ijm}}{l \cdot k \cdot n}.$$

Diese und die folgende Gleichung für den Standardfehler setzen also auf jeder Stufe Auswahleinheiten gleicher Größe voraus. Ist diese Bedingung (zumindest annähernd) erfüllt, ergibt sich für den Standardfehler

$$(4.54) \qquad \hat{\sigma}_{\bar{\bar{x}}} = \sqrt{\frac{1-f_1}{l} \cdot \hat{\sigma}_1^2 + \frac{f_1 \cdot (1-f_2)}{l \cdot k} \cdot \hat{\sigma}_2^2 + \frac{f_1 \cdot f_2 \cdot (1-f_3)}{l \cdot k \cdot n} \cdot \hat{\sigma}_3^2}$$

wobei:

$$f_1 = \frac{1}{L},$$

$$f_2 = \frac{k}{K},$$

$$f_3 = \frac{n}{N},$$

$$\hat{\sigma}_1^2 = \frac{\sum\limits_{m=1}^{l} (\bar{\bar{x}}_m - \bar{\bar{\bar{x}}})^2}{l-1},$$

$$\hat{\sigma}_2^2 = \frac{\sum\limits_{m=1}^{l} \sum\limits_{j=1}^{k} (\bar{x}_{mj} - \bar{\bar{x}}_m)^2}{l\cdot(k-1)},$$

$$\hat{\sigma}_3^2 = \frac{\sum\limits_{m=1}^{l} \sum\limits_{j=1}^{k} \sum\limits_{i=1}^{n} (x_{ijm} - \bar{x}_{mj})^2}{l\cdot k\cdot(n-1)},$$

$$\bar{\bar{x}}_m = \frac{\sum\limits_{j=1}^{k} \sum\limits_{i=1}^{n} x_{ijm}}{k\cdot n},$$

$$\bar{x}_{mj} = \frac{\sum\limits_{i=1}^{n} x_{ijm}}{n}.$$

(Zur Herleitung dieser Gleichung s. Cochran, 1972, Kap. 10.8). Dem Aufbau dieser Gleichung ist leicht zu entnehmen, wie Mittelwert- und Standardfehlerbestimmungen auf Stichproben mit mehr als 3 Stufen zu erweitern sind.

4.2.3.2 Schätzung von Populationsanteilen

Will man den Anteil aller Untersuchungseinheiten einer Population, die durch ein Merkmal A gekennzeichnet sind, auf Grund einer mehrstufigen Stichprobe schätzen, ist bei den bisherigen Überlegungen die Summe der Merkmalsausprägungen durch die Anzahl der Untersuchungseinheiten mit dem Merkmal A zu ersetzen. Die Stichprobenumfänge n_j seien erneut proportional zu den Populationsumfängen N_j. Für den Parameter π (Anteil aller Untersuchungseinheiten mit dem Merkmal A) resultiert dann folgender Schätzwert:

$$\bar{p} = \frac{\sum\limits_{j=1}^{k} n_{A(j)}}{\sum\limits_{j=1}^{k} n_j}.$$

In Analogie zu Gleichung (4.52) erhalten wir als Standardfelder von $\bar{p}$:

$$(4.55) \qquad \hat{\sigma}_{\bar{p}} = \sqrt{\frac{1-f_1}{n^2}\cdot\frac{k}{k-1}\cdot\sum\limits_{j=1}^{k}(n_{A(j)} - \bar{p}\cdot n_j)^2 + f_1\cdot(1-f_2)\cdot\frac{1}{n}\cdot\sum\limits_{j=1}^{k} g_j\cdot p_j\cdot(1-p_j)}$$

$$\text{mit } p_j = \frac{n_{A(j)}}{n_j}.$$

[Zur Erläuterung der übrigen Symbole siehe Gleichung (4.52).]

Wollen wir mit Hilfe einer zweifach geschichteten Stichprobe den Anteil aller Wähler einer Partei A in einer Großstadt (vgl. Beispiel S. 295 und S. 304) schätzen,

Tabelle 8. Ergebnis einer Befragung von 15 Zufallsstichproben aus 15 zufällig ausgewählten Stadtgebieten

Nummer des Stadtgebietes (j)	Größe der Stichprobe (n_j)	Anzahl der Wähler von A ($n_{A(j)}$)	Wähleranteil (P_j)
1	51	16	0,31
2	142	50	0,35
3	90	29	0,32
4	22	8	0,36
5	70	21	0,30
6	68	20	0,29
7	65	22	0,34
8	49	16	0,33
9	14	4	0,29
10	112	53	0,47
11	62	28	0,45
12	83	25	0,30
13	68	22	0,32
14	40	15	0,38
15	64	21	0,33
	$n = 1000$;	$n_A = 350$;	$\bar{p} = 0,35$

sind folgende Überlegungen und Berechnungen erforderlich. Zunächst wird das gesamte Stadtgebiet in Areale (Klumpen) aufgeteilt. Die Gesamtzahl aller Klumpen sei $K = 1000$ und aus diesen werden 15 zufällig ausgewählt. Damit erhalten wir $f_1 = \dfrac{15}{1000} = 0,015$. Man schätzt (oder ermittelt anhand von Karteien des Einwohnermeldeamtes) die Anzahl wahlberechtigter Personen in den ausgewählten Arealen (N_j) und zieht aus diesen Teilpopulationen Zufallsstichproben des Umfanges n_j. Der Gesamtstichprobenumfang n soll sich in diesem Beispiel auf etwa 1 000 belaufen. Es wird darauf geachtet, daß das Verhältnis $\dfrac{n_j}{N_j} = f_2$ in allen Arealen konstant ist (proportionale Stichprobenumfänge). Bei einer Million wahlberechtigter Personen lautet der Auswahlsatz $f_2 = \dfrac{1\,000}{1\,000\,000} = 0,001$, d. h. in jedem Areal sind 1 Promill der dort ansässigen Wahlberechtigten zu befragen. Tabelle 8 zeigt die Resultate dieser Befragung.

Die Daten wurden so gewählt, daß sich für $\bar{p}$ wiederum $\dfrac{350}{1\,000} = 0,35$ ergibt. Die Berechnung des Standardfehlers führt zu folgendem Resultat:

$$\hat{\sigma}_p = \sqrt{\frac{1 - 0,015}{1000^2} \cdot \frac{15}{14} \cdot 291,97 + 0,015 \cdot (1 - 0,001) \cdot \frac{1}{1000} \cdot 0,224}$$

$$= \sqrt{0,00031 + 0,000003}$$

$$= 0,0177.$$

Als Gewichte g_j verwenden diese Berechnung die an $n = 1000$ relativierten Stichprobenumfänge n_j (also $g_1 = 0,051$, $g_2 = 0,142$ etc.). Der Standardfehler vergrößert sich nur unwesentlich, wenn die Auswahlsätze f_1 und f_2, die beide kleiner als 0,05 sind, außer acht gelassen werden.

Mit einem Standardfehler von 0,0177 und einem t-Wert von 2,977 (df = 14) resultiert als 99 %iges Konfidenzintervall

$$0,35 \pm 2,977 \cdot 0,0177 = 0,35 \pm 0,053 \, .$$

Gegenüber der einfachen Klumpenstichprobe, die in Tabelle 7 beschrieben wird, hat sich das Konfidenzintervall damit um etwa die Hälfte verkleinert.

Anteilsschätzungen, die aufgrund einer dreifach gestuften Stichprobe vorgenommen werden, haben entsprechend Gleichung (4.54) folgenden Standardfehler:

$$(4.56) \qquad \hat{\sigma}_{\bar{\bar{p}}} = \sqrt{\frac{1 - f_1}{l} \cdot \hat{\sigma}_1^2 + \frac{f_1 \cdot (1 - f_2)}{l \cdot k} \cdot \hat{\sigma}_2^2 + \frac{f_1 \cdot f_2 \cdot (1 - f_3)}{l \cdot k \cdot n} \cdot \hat{\sigma}_3^2}$$

mit

$$\hat{\sigma}_1^2 = \frac{\sum\limits_{m=1}^{l} (\bar{p}_m - \bar{\bar{p}})^2}{l - 1} \, ,$$

$$\hat{\sigma}_2^2 = \frac{\sum\limits_{m=1}^{l} \sum\limits_{j=1}^{k} (p_{jm} - \bar{p}_m)^2}{l \cdot (k - 1)} \, ,$$

$$\hat{\sigma}_3^2 = \frac{\sum\limits_{m=1}^{l} \sum\limits_{j=1}^{k} p_{jm} \cdot (1 - p_{jm})}{l \cdot k \cdot (n - 1)} \, .$$

4.2.4 Wiederholte Stichprobenuntersuchungen

Gelegentlich kann man bei populationsbeschreibenden Untersuchungen mittels einer Stichprobe auf Ergebnisse zurückgreifen, die zu einem früheren Zeitpunkt mit Stichproben aus derselben Population gewonnen wurden. Hierzu zählen Untersuchungen, die dieselbe Stichprobe mehrfach verwenden, bzw. Untersuchungen mit nur teilweise identischen Untersuchungseinheiten. Um welche Untersuchungsarten es sich hierbei handelt (oder nicht handelt), wird im folgenden erläutert.

Viele sozialwissenschaftliche Fragestellungen beinhalten die Evaluation verhaltens- oder einstellungsändernder Maßnahmen wie z. B. die Beeinflussung des Eßverhaltens durch ein Diätprogramm, die Veränderung des Kaufverhaltens in Abhängigkeit von der Anzahl der Werbekontakte, Einstellungswandel gegenüber Ausländern durch gezielte Pressemitteilungen, Abbau innerbetrieblicher Konflikte durch Einführung eines neuen Führungsstils etc. Im Vordergrund derartiger Untersuchungen stehen *Veränderungen des geprüften Merkmals* zwischen zwei (oder mehreren) Zeitpunkten, die am günstigsten durch die wiederholte Verwendung einer Stichprobe zu erfassen sind. Es handelt sich um hypothesenprüfende Untersuchungen (es wird z. B. die Hypothese überprüft, daß die durchgeführte Maßnahme positiv wirkt), die ausführlich in Kap. 5.3 erörtert werden.

Hier befassen wir uns nach wie vor mit der Frage, wie die Präzision einer populationsbeschreibenden Untersuchung durch die Nutzung bereits vorhandener Kenntnisse über den Untersuchungsgegenstand gesteigert werden kann. Will man beispielsweise die Zufriedenheit der Bewohner einer großen Neubausiedlung mit ihren Wohnverhältnissen mittels einer Stichprobe schätzen, läßt sich die Genauigkeit dieser Untersuchung oftmals erheblich verbessern, wenn man auf frühere stichprobenartige Befragung der gleichen Bewohner zu einer ähnlichen Thematik zurückgreifen kann. Ein weiteres Beispiel: Der durchschnittliche Alkoholkonsum der Bevölkerung eines ländlichen Gebietes läßt sich genauer schätzen, wenn sich in der Stichprobe einige Personen befinden, die zur gleichen Thematik bereits früher (z. B. anläßlich einer ärztlichen Untersuchung) Angaben machten.

Kommerzielle Befragungsinstitute nutzen die Vorteile wiederholter Befragung vor allem aus Kostengründen. Politische und wirtschaftliche Entscheidungen erfordern insbesondere in Zeiten raschen Wandels aktuelle Planungsunterlagen, die kostengünstig und kurzfristig nur zu beschaffen sind, wenn wiederholt auf eine bereits eingerichtete, repräsentative Stichprobe zurückgegriffen werden kann. Eine Stichprobe, die wiederholt zu einer bestimmten Thematik (Fernsehgewohnheiten, Konsumgewohnheiten etc.) oder auch zu verschiedenen Themen befragt wird, bezeichnet man als ein *Panel*.

Den mit Kosten- und Zeitersparnis verbundenen Vorteilen stehen bei Paneluntersuchungen jedoch einige gravierende Nachteile gegenüber. Man muß damit rechnen, daß ein Panel im Laufe der Zeit seine Aussagekraft bzw. Repräsentativität verliert, weil die einzelnen Panelmitglieder durch die Routine, die sie während vieler Befragungen allmählich gewinnen, nicht mehr „naiv" und unvoreingenommen reagieren. Das Bewußtsein, Mitglied eines Panels zu sein, kann sowohl das alltägliche Verhalten als auch das Verhalten in der Befragungssituation entscheidend beeinträchtigen. Das Panelmitglied fühlt sich maßgeblich am Zustandekommen der Befragungsergebnisse beteiligt und kann deshalb danach trachten, das Resultat der Befragung in eine ihm erstrebenswert erscheinende Richtung zu lenken, indem es extreme, von der Realität abweichende Positionen vertritt.

Auf der anderen Seite können sich wiederholte Befragungen auch positiv auf die Qualität eines Interviews (oder einer schriftlichen Befragung) auswirken. Die anfängliche Unsicherheit, sich in einer ungewohnten Befragungssituation zu befinden, verliert sich im Verlaufe der Zeit, der Befragte lernt, seine eigenen Ansichten und Meinungen treffsicherer und genauer zu formulieren; die anfängliche Skepsis, persönliche Angaben könnten trotz zugesicherter Anonymität mißbräuchlich verwendet werden, schwindet, das Panelmitglied entwickelt so etwas wie ein Verantwortungsbewußtsein dafür, daß die zu treffenden Entscheidungen auf korrekten Planungsunterlagen beruhen etc.

Angesichts der Komplexität der mit Paneluntersuchungen verbundenen Probleme entwickelte man aufwendige *Austausch- und Rotationspläne*, denen zu entnehmen ist, in welchen zeitlichen Abständen und in welchem Umfang „alte" Panelmitglieder auszuscheiden und durch „neue" Panelmitglieder zu ersetzen sind (vgl. z. B. Kish, 1965, Kap. 12.5). Es resultieren Untersuchungen von Stichproben, die sich mehr oder weniger überlappen. Verbindliche Angaben über eine vertretbare Dauer der Panelzugehörigkeit bzw. über die maximale Anzahl von Befragungen, die mit einem Panelmitglied durchgeführt werden können, sind – zumindest im Hinblick auf die oben erwähnten Konsequenzen wiederholter Befragungen (sog. „Paneleffekte") – nicht möglich, denn diese Werte hängen in starkem Maße von der jeweiligen Befragungssituation und den Inhalten der Befragung ab. Im Zweifelsfalle wird man nicht umhin können, die Brauchbarkeit der Befragungsergebnisse durch Panelkontrollstudien zu überprüfen, in denen das Antwortverhalten „alter" Panelmitglieder dem Antwortverhalten erstmalig befragter Personen gegenübergestellt wird.

Betrachtet man die Vor- und Nachteile wiederholter Befragungen unter statistischen Gesichtspunkten, läßt sich die Frage, ob bzw. in welchem Ausmaß die Zusammensetzung der Stichprobe beibehalten oder geändert werden soll, eindeutiger beantworten. Dies belegen die folgenden Abschnitte, die den Einsatz wiederholter Stichprobenuntersuchungen zur Schätzung von Populationsmittelwerten (μ) und Populationsanteilen (π) behandeln.

4.2.4.1 Schätzung von Populationsmittelwerten

Wir wollen zunächst den einfachen Fall betrachten, daß zu zwei Zeitpunkten t_1 und t_2 Stichproben des Umfanges n_1 und n_2 untersucht wurden und daß sich von den Untersuchungseinheiten, die zum Zeitpunkt t_1 (dies ist in der Regel der frühere Zeitpunkt) untersucht wurden, s Untersuchungseinheiten auch in der zweiten Untersuchung befinden. Die n_2 Untersuchungseinheiten der zweiten Untersuchung setzen sich damit aus s „alten" Untersuchungseinheiten und $n_2 - s = u$ „neuen" Untersuchungseinheiten zusammen. Wir nehmen ferner an, daß die Streuungen $\hat{\sigma}_1$ und $\hat{\sigma}_2$ in beiden Untersuchungen annähernd gleich sind und daß die Auswahlsätze $f_1 = \dfrac{n_1}{N} < 0{,}05$ und $f_2 = \dfrac{n_2}{N} < 0{,}05$. Der Mittelwert $\bar{x}_2$ der zweiten Untersuchung soll zur Schätzung des Parameters μ herangezogen werden. Er basiert auf u neuen Messungen mit einem Mittelwert $\bar{x}_{2u}$ und auf s wiederholten Messungen mit dem Mittelwert $\bar{x}_{2s}$. Bekannt seien ferner $\bar{x}_1$ als Mittelwert aller Messungen zum Zeitpunkt t_1 und $\bar{x}_{1s}$ als Mittelwert der s Messungen zum Zeitpunkt t_1.

Zunächst stellt sich das Problem, wie die Mittelwerte $\bar{x}_{2u}$ und $\bar{x}_{2s}$ zu einem gemeinsamen Mittelwert $\bar{x}_2$ zusammengefaßt werden können, wenn wir zusätzlich die Ergebnisse der ersten Untersuchung berücksichtigen. Cochran (1972, Kap. 12.10) schlägt folgende Vorgehensweise vor:

Zunächst wird der Mittelwert $\bar{x}_{2s}$ bezüglich der Ergebnisse der ersten Untersuchung korrigiert. Dies geschieht mittels folgender Gleichung:

(4.57) $\qquad \bar{x}'_{2s} = \bar{x}_{2s} + b \cdot (\bar{x}_1 - \bar{x}_{1s})$.

In dieser Gleichung stellt b den Regressionskoeffizienten (vgl. Anhang D) zur Vorhersage der s Messungen zum Zeitpunkt t_2 auf Grund der s Messungen zum Zeitpunkt t_1 dar. Seine Bestimmungsgleichung lautet

(4.58) $\qquad b = \dfrac{\sum\limits_{i=1}^{s} (x_{1i} - \bar{x}_{1s}) \cdot (x_{2i} - \bar{x}_{2s})}{\sum\limits_{i=1}^{s} (x_{1i} - \bar{x}_{2s})^2} = \dfrac{s \sum\limits_{i=1}^{s} x_{1i} x_{2i} - \sum\limits_{i=1}^{s} x_{1i} \cdot \sum\limits_{i=1}^{s} x_{2i}}{s \sum\limits_{i=1}^{s} x_{1i}^2 - \left(\sum\limits_{i=1}^{s} x_{1i} \right)^2}$.

Die Zusammenfassung der korrigierten Mittelwerte $\bar{x}'_{2s}$ und $\bar{x}_{2u}$ zu einem korrigierten Schätzwert $\bar{x}'_2$ für den gesuchten Parameter μ geschieht in folgender Weise:

(4.59) $\qquad \bar{x}'_2 = v \cdot \bar{x}_{2u} + (1 - v) \cdot \bar{x}'_{2s}$.

In Gleichung (4.59) ist v so zu wählen, daß die beiden unabhängigen Schätzwerte $\bar{x}'_{2s}$ und $\bar{x}_{2u}$ mit den Reziprokwerten ihrer quadrierten Standardfehler gewichtet werden. Dadurch erhält der unsichere Schätzwert (also der Schätzwert mit dem größeren Standardfehler) ein kleineres Gewicht als der sichere Schätzwert. Zusätzlich soll die Summe der Gewichte 1 ergeben. Wir setzen deshalb zunächst

$$(4.60) \qquad v = \frac{w_{2u}}{w_{2u} + w_{2s}}.$$

w_{2u} ist aus dem Standardfehler des Mittelwertes von u-Meßwerten $\left(\dfrac{\sigma}{\sqrt{u}}\right)$ abzuleiten. Die hierfür benötigte Populationsvarianz σ^2 muß in der Regel aus den Daten geschätzt werden. Die beste Schätzung erhalten wir, wenn die Daten der zweiten Erhebung mit den einmalig erhobenen Daten der ersten Erhebung (dies seien $n_1 - s = q$ Daten) zu einer gemeinsamen Schätzung $\hat{\sigma}^2$ vereint werden:

$$(4.61) \qquad \hat{\sigma}^2 = \frac{\sum\limits_{i=1}^{q} (x_{1i} - \bar{x}_{1q})^2 + \sum\limits_{i=1}^{n_2} (x_{2i} - \bar{x}_2)^2}{(q-1) + (n_2 - 1)}.$$

Hieraus folgt dann für w_{2u}

$$(4.62) \qquad w_{2u} = \frac{u}{\hat{\sigma}^2}.$$

Bei der Herleitung von w_{2s} ist zu beachten, daß s Untersuchungseinheiten zweimal bezüglich desselben Merkmals untersucht wurden. Je ähnlicher diese Messungen sind, desto stabiler (reliabler, vgl. S. 136) kann das Merkmal offenbar erfaßt werden. Die Reliabilität der Messungen wiederum beeinflußt den Standardfehler. Je reliabler die Messungen, desto sicherer schätzt der Mittelwert $\bar{x}_{2s}$ den Parameter μ. Dieser Sachverhalt ist in der folgenden Bestimmungsgleichung für w_{2s} berücksichtigt.

$$(4.63) \qquad w_{2s} = \frac{1}{\dfrac{\hat{\sigma}^2 (1 - r^2)}{s} + r^2 \cdot \dfrac{\hat{\sigma}^2}{n_2}}.$$

Hierin ist r die Korrelation (vgl. Anhang D) zwischen den s Meßwerten zum Zeitpunkt t_1 und den s Meßwerten zum Zeitpunkt t_2. Sie wird nach folgender Beziehung berechnet:

$$(4.64) \qquad r = \frac{\hat{\sigma}_{1s} \cdot b}{\hat{\sigma}_{2s}}$$

$$= \frac{\sum\limits_{i=1}^{s} (x_{1i} - \bar{x}_{1s}) \cdot (x_{2i} - \bar{x}_{2s})}{s \cdot \hat{\sigma}_{1s} \cdot \hat{\sigma}_{2s}}$$

$$= \frac{s \cdot \sum\limits_{i=1}^{s} x_{1i} x_{2i} - \left(\sum\limits_{i=1}^{s} x_{1i}\right) \cdot \left(\sum\limits_{i=1}^{s} x_{2i}\right)}{\sqrt{\left[s \cdot \sum\limits_{i=1}^{s} x_{1i}^2 - \left(\sum\limits_{i=1}^{s} x_{1i}\right)^2\right] \cdot \left[s \cdot \sum\limits_{i=1}^{s} x_{2i}^2 - \left(\sum\limits_{i=1}^{s} x_{2i}\right)^2\right]}}.$$

Unter Verwendung der Gleichungen (4.59)–(4.63) resultiert für μ ein Schätzwert $\bar{x}_2'$ mit folgendem Standardfehler:

$$(4.65) \qquad \hat{\sigma}_{\bar{x}_2'} = \sqrt{\frac{\hat{\sigma}^2 \cdot (n_2 - u \cdot r^2)}{n_2^2 - u^2 \cdot r^2}}.$$

Die Handhabung dieser etwas komplizierten Rechnungsvorschriften wird in Tafel 30 an einem Beispiel verdeutlicht. Wie auch in den vergangenen Beispielen sind die Zahlen so gewählt, daß der Rechengang möglichst einfach nachvollziehbar ist.

Tafel 30. Was zahlen Studenten für ihre Unterkunft?

Eine große Universität (die Anzahl der Studenten liegt über 10 000) befragt eine Zufallsauswahl von 20 Studenten nach den Ausgaben, die sie für ihre Unterkunft aufbringen. Da die Mietpreise zunehmend steigen, entschließt man sich nach Ablauf eines Jahres erneut zu einer Umfrage. Für diese Umfragen werden 10 Adressen wieder verwendet und weitere 10 neue Adressen zufällig ausgewählt. Die beiden Befragungen führten zu folgenden DM-Angaben.

Student(in)	1. Befragung	2. Befragung
1	260	
2	180	
3	190	
4	210	
5	80	
6	120	
7	190	
8	400	
9	170	
10	210	
11	110	150
12	0	0
13	90	130
14	180	180
15	140	150
16	220	240
17	290	300
18	190	200
19	320	350
20	380	400
21		170
22		0
23		500
24		160
25		360
26		290
27		330
28		360
29		360
30		290

$$\sum_{i=1}^{20} x_{1i} = 3\,930 \qquad \sum_{i=11}^{30} x_{2i} = 4\,920$$

$$\bar{x}_1 = 196,5 \qquad \bar{x}_2 = 246$$

317

Die Studenten 11 bis 20 wurden – wie die Tabelle zeigt – wiederholt befragt ($s = 10$). Damit sind $n_1 = 20$, $n_2 = 20$, $s = 10$, $q = 10$ und $u = 10$. Die übrigen für den Rechengang benötigten Größen lauten

$$\bar{x}_{1q} = \frac{\sum\limits_{i=1}^{q} x_{1i}}{q} = 201 \quad \text{(nicht wiederverwendete Untersuchungseinheiten der 1. Erhebung)}$$

$$\bar{x}_{1s} = \frac{\sum\limits_{i=1}^{s} x_{1i}}{s} = 192 \quad \text{(wiederverwendete Untersuchungseinheiten der 1. Erhebung)}$$

$$\bar{x}_{2u} = \frac{\sum\limits_{i=1}^{u} x_{2i}}{u} = 282 \quad \text{(neue Untersuchungseinheiten der 2. Erhebung)}$$

$$\bar{x}_{2s} = \frac{\sum\limits_{i=1}^{s} x_{2s}}{s} = 210 \quad \text{(wiederverwendete Untersuchungseinheiten der 2. Erhebung)}$$

$$\hat{\sigma}_{1s} = \sqrt{\frac{\sum\limits_{i=1}^{s} (x_{1i} - \bar{x}_{1s})^2}{s-1}} = 114,97$$

$$\hat{\sigma}_{2s} = \sqrt{\frac{\sum\limits_{i=1}^{s} (x_{2i} - \bar{x}_{2s})^2}{s-1}} = 117,09$$

$$\hat{\sigma}_{2u} = \sqrt{\frac{\sum\limits_{i=1}^{u} (x_{2i} - \bar{x}_{2u})^2}{u-1}} = 139,50$$

$$\hat{\sigma}^2 = \frac{\sum\limits_{i=1}^{q} (x_{1i} - \bar{x}_{1q})^2 + \sum\limits_{i=1}^{n_2} (x_{2i} - \bar{x}_2)^2}{(q-1) + (n_2-1)} = \frac{66\,090 + 324\,480}{9 + 19} = 13\,948$$

$$b = \frac{\sum\limits_{i=1}^{s} (x_{1i} - \bar{x}_{1s}) \cdot (x_{2i} - \bar{x}_{2s})}{\sum\limits_{i=1}^{s} (x_{1i} - \bar{x}_{1s})^2} = \frac{120\,200}{118\,960} = 1,010$$

$$r = \frac{\hat{\sigma}_{1s} \cdot b}{\hat{\sigma}_{2s}} = \frac{114,97 \cdot 1,010}{117,09} = 0,992 \,.$$

Zunächst berechnen wir den korrigierten Mittelwert der $s = 10$ wieder verwendeten Untersuchungseinheiten in der zweiten Erhebung.

$$\bar{x}'_{2s} = \bar{x}_{2s} + b \cdot (\bar{x}_1 - \bar{x}_{1s})$$
$$= 210 + 1,010 \cdot (196,5 - 192)$$
$$= 210 + 4,545$$
$$= 214,545 \,.$$

Unser nächstes Ziel ist die Berechnung des korrigierten Gesamtmittelwertes der zweiten Erhebung $\bar{x}_2'$ nach Gleichung 4.59. Hierfür sind die folgenden Zwischenberechnungen erforderlich:

$$w_{2u} = \frac{u}{\hat{\sigma}^2} = \frac{10}{13\,948} = 0{,}000717$$

$$w_{2s} = \frac{1}{\dfrac{13\,948 \cdot (1 - 0{,}992^2)}{10} + 0{,}992^2 \cdot \dfrac{13\,948}{20}}$$

$$= \frac{1}{22{,}23 + 686{,}29} = 0{,}0014 \,.$$

Damit ist

$$v = \frac{0{,}000717}{0{,}000717 + 0{,}0014} = 0{,}338 \,.$$

Nach Gleichung 4.59 erhalten wir damit für $\bar{x}_2'$:

$$\bar{x}_2' = 0{,}338 \cdot 282 + (1 - 0{,}338) \cdot 214{,}545$$

$$= 95{,}32 + 142{,}03 = 237{,}35 \,.$$

Für den Standardfehler dieses korrigierten Mittelwertes resultiert

$$\hat{\sigma}_{x_2'} = \sqrt{\frac{\hat{\sigma}^2 \cdot (n_2 - u \cdot r^2)}{n_2^2 - u^2 \cdot r^2}} = \sqrt{\frac{13\,948 \cdot (20 - 10 \cdot 0{,}992^2)}{20^2 - 10^2 \cdot 0{,}992^2}}$$

$$= \sqrt{\frac{141\,702{;}75}{301{,}59}} = 21{,}68 \,.$$

Sind die Kosten für studentische Unterkünfte in der Population normal verteilt (diese Annahme ist nicht erforderlich, wenn – wie in vielen Fällen – $n_2 \geq 30$), lautet das 95%ige Konfidenzintervall (mit $t = 2{,}093$ bei 19 Freiheitsgraden)

$$237{,}35 \pm 2{,}093 \cdot 21{,}68$$

$$= 237{,}35 \pm 45{,}38 \,.$$

Befänden sich in der Stichprobe keine Untersuchungseinheiten, die zu einem früheren Zeitpunkt bereits untersucht wurden, hieße der Standardfehler gem. Gleichung 4.9

$$\hat{\sigma}_{\bar{x}} = \frac{\hat{\sigma}}{\sqrt{n_2}} = \frac{118{,}10}{\sqrt{20}} = 26{,}41 \,.$$

Die Tatsache, daß einige Untersuchungseinheiten wiederholt befragt wurden, führt damit gem. Gleichung 4.67a zu einem Genauigkeitsgewinn von ca. 48%.

Man beachte, daß der Standardfehler nach Gleichung (4.65) dem Standardfehler einfacher Zufallsstichproben (4.9) entspricht, wenn $u=0$ oder $u=n_2$. Der Fall $u=n_2$ ist trivial: Wenn keine der Untersuchungseinheiten bereits untersucht wurde, entspricht die hier besprochene Stichprobentechnik einer normalen Zufallsstichprobe, d. h. es muß auch der entsprechende Standardfehler resultieren. Interessant ist der Fall $u=0$, der besagt, daß sämtliche Untersuchungseinheiten wiederholt gemessen werden. In diesem Fall trägt die Tatsache, daß von allen Untersuchungseinheiten bereits eine Messung vorliegt, nicht dazu bei, die Präzision der zweiten Untersuchung zu erhöhen, und zwar unabhängig von der Höhe der Korrelation beider Meßwertreihen. Diese ist für den Standardfehler nur maßgebend, wenn $u>0$ und $u<n_2$. In diesem Fall verringert sich der Standardfehler, wenn $r \neq 0$. Für $r=0$ entspricht der nach Gleichung (4.65) bestimmte Standardfehler den Standardfehler einfacher Zufallsstichproben.

Um wiederholte Untersuchungen möglichst vorteilhaft einzusetzen, kommt es offenbar darauf an, bei einer gegebenen Korrelation zwischen den Messungen des ersten und des zweiten Zeitpunktes für die zweite Untersuchung das *richtige Mischungsverhältnis* aus „alten" und „neuen" Untersuchungseinheiten zu finden.

Das optimale Mischungsverhältnis ergibt sich, wenn Gleichung (4.65) in Abhängigkeit von u minimiert wird. Das Resultat lautet:

$$(4.66) \qquad \frac{u}{n_2} = \frac{1}{1 + \sqrt{1 - r^2}}.$$

Bezogen auf das Beispiel in Tafel 30 mit $\frac{u}{n_2} = 0{,}5$ wäre das Mischungsverhältnis

$$\frac{u}{n_2} = \frac{1}{1 + \sqrt{1 - 0{,}992^2}} = \frac{1}{1{,}126} \approx \frac{18}{20}.$$

optimal.

Wird das optimale u in Gleichung (4.65) eingesetzt, resultiert (nach einigen nicht ganz einfachen Umformungen) für den Standardfehler folgende vereinfachte Form:

$$(4.67) \qquad \hat{\sigma}^2_{\text{opt} \bar{x}_2'} = \frac{\hat{\sigma}^2}{2n_2} \cdot (1 + \sqrt{1 - r^2}).$$

Unter Verwendung der optimalen Anzahl neuer Untersuchungseinheiten ($u_{\text{opt}} = 18$) ergäbe sich (bei sonst gleichen Werten) folgender Standardfehler:

$$\hat{\sigma}^2_{\text{opt} \bar{x}_2'} = \frac{13\,948}{2 \cdot 20} \cdot (1 + \sqrt{1 - 0{,}992^2}) = 392{,}72$$

$$\hat{\sigma}_{\text{opt} \bar{x}_2'} = \sqrt{392{,}72} = 19{,}82.$$

Dieser Standardfehler ist kleiner als der in Tafel 30 ermittelte. Tabelle 9 ist zu entnehmen, wie sich das Mischungsverhältnis aus neuen und wiederverwendeten Untersuchungseinheiten sowie die Korrelation zwischen der ersten und der zweiten Erhebung (die natürlich nur für die wiederverwendeten Untersuchungseinheiten ermittelt werden kann) auf die Präzision der Parameterschätzung auswirken.

Tabelle 9. Verbesserung von Schätzungen des Parameters μ (in Prozent) in Abhängigkeit vom Mischungsverhältnis wiederverwendeter und neuer Untersuchungseinheiten sowie von der Höhe der Korrelation (Erläuterungen s. Text)

Korre-lation	Prozentsatz neuer Untersuchungseinheiten in der 2. Erhebung (u)										
	0	10	20	30	40	50	60	70	80	90	100
0,0	0	0	0	0	0	0	0	0	0	0	0
0,1	0	0,1	0,2	0,2	0,2	**0,3**	0,2	0,2	0,2	0,1	0
0,2	0	0,4	0,7	0,9	1,0	**1,0**	1,0	0,9	0,7	0,4	0
0,3	0	0,8	1,5	1,9	2,2	**2,4**	2,3	2,0	1,6	0,9	0
0,4	0	1,5	2,6	3,5	4,1	**4,4**	4,3	3,8	2,9	1,7	0
0,5	0	2,3	4,2	5,7	6,7	7,1	**7,1**	6,4	5,0	2,9	0
0,6	0	3,4	6,2	8,5	10,1	11,0	**11,0**	10,1	8,1	4,8	0
0,7	0	4,6	8,7	12,1	14,6	16,2	**16,7**	15,6	12,9	7,9	0
0,8	0	6,2	11,7	16,6	20,7	23,5	**24,9**	24,4	21,0	13,6	0
0,9	0	7,9	15,5	22,5	28,8	34,0	37,8	**39,3**	36,8	26,9	0
0,95	0	8,9	17,6	26,0	33,9	41,1	47,2	51,5	**51,9**	43,3	0
0,99	0	9,8	19,5	29,2	38,7	48,1	57,1	65,6	72,6	**74,8**	0

Die in der Tabelle aufgeführten Werte geben an, um wieviel Prozent die Schätzung von μ für ein bestimmtes Mischungsverhältnis und eine bestimmte Korrelation gegenüber einer einfachen Schätzung auf Grund einer Zufallsstichprobe präziser ist. Die Prozentwerte wurden nach folgender Beziehung bestimmt:

$$(4.67a) \qquad \text{Verbesserung } (\%) = \left(\frac{\hat{\sigma}^2_{\bar{x}_2}}{\hat{\sigma}^2_{\text{opt } \bar{x}'_2}} - 1 \right) \cdot 100\%,$$

wobei $\hat{\sigma}^2_{\bar{x}_2} = \dfrac{\hat{\sigma}^2}{n_2}$.

Der Wert 24,9 % für r = 0,8 und u = 60 % besagt beispielsweise, daß eine Stichprobe, die zu 60 % aus neuen und 40 % aus wiederverwendeten Untersuchungseinheiten besteht, den Parameter μ um 24,9 % genauer schätzt als eine einfache Zufallsstichprobe gleichen Umfanges. Die Korrelation zwischen der ersten Messung und der zweiten Messung der 40 % wiederverwendeten Untersuchungseinheiten muß hierbei r = 0,8 betragen. Liegen vor der Untersuchung einigermaßen verläßliche Angaben über die Höhe der Korrelation vor, kann man der Tabelle entnehmen, wie viele neue Untersuchungseinheiten günstigerweise in die Stichprobe aufgenommen werden sollten. Weiß man beispielsweise aus vergangenen Untersuchungen, daß mit einer Korrelation von r ≈ 0,9 zu rechnen ist, sollten etwa 70 % neue Untersuchungseinheiten in die Stichprobe aufgenommen werden. [Der genaue Wert läßt sich nach Gleichung (4.66) bestimmen.]
Die Tabelle verdeutlicht, daß der Anteil neuer Untersuchungseinheiten unabhängig von der Höhe der Korrelation niemals unter 50 % liegen sollte. (Die fett gedruckten Werte geben für alle Korrelationen ungefähr die optimalen Mischungsverhältnisse wieder.)

Die Ausführungen bezogen sich bis jetzt nur auf die einmalige Wiederverwendung von Untersuchungseinheiten. In der Praxis (insbesondere bei Forschungen mit einem Panel) kommt es jedoch nicht selten vor, daß Untersuchungseinheiten mehrmals wiederholt befragt werden. Im Prinzip besteht damit die Möglichkeit, für eine aktuelle Parameterschätzung die Daten mehrerer, weiter zurückliegender Untersuchungen wiederzuverwenden. In der Regel nimmt jedoch die Korrelation zweier Erhebungen mit wachsendem zeitlichen Abstand ab, so daß der Präzisionsgewinn häufig zu vernachlässigen ist.

Unabhängig von der Höhe der Korrelation empfiehlt sich bei mehreren wiederholten Schätzungen eines Parameters einer Population eine Austauschstrategie, bei der in jeder Untersuchung ca. 50% der Untersuchungseinheiten der vorangegangenen Untersuchungen wieder verwendet werden. Cochran (1972, Kap. 12.11) zeigt, daß das optimale Verhältnis neuer und wiederverwendeter Untersuchungseinheiten im Laufe der Zeit (etwa nach der fünften Untersuchung) für beliebige Korrelationen gegen den Grenzwert von 1:1 strebt (weiterführende Literatur: Finkner u. Nisselson, 1978; Patterson, 1950; Smith, 1978; Yates, 1965).

4.2.4.2 Schätzung von Populationsanteilen

Die Wiederverwendung von Untersuchungseinheiten aus vergangenen Stichprobenerhebungen kann sich auch auf die Schätzung eines aktuellen Populationsparameters π günstig auswirken. Es gelten hierfür die gleichen Prinzipien wie bei der Schätzung eines Mittelwertparameters μ. Da der Rechengang – wie Tafel 30 zeigte – bei diesem Stichprobenverfahren etwas komplizierter ist, wollen wir keine neuen Gleichungen einführen, sondern die bereits erläuterten Gleichungen analog verwenden. Hierbei machen wir wiederholt von einem Kunstgriff Gebrauch, der die kontinuierlichen Messungen x_i für Mittelwertsschätzungen durch dichotome Messungen (0 und 1) ersetzt. (vgl. Cochran, 1972, Kap. 3.2). Für jede Untersuchungseinheit i der Stichprobe ist $x_i = 1$, wenn dieses Element das Merkmal A aufweist. Eine Untersuchungseinheit erhält den Wert 0, wenn es nicht durch das Merkmal A gekennzeichnet ist. Damit ergeben sich folgende Vereinfachungen:

$$\sum_{i=1}^{n} x_i = n_A \, ,$$

$$\sum_{i=1}^{n} x_i^2 = n_A \, ,$$

$$\left(\sum_{i=1}^{n} x_i \right)^2 = n_A^2 \, ,$$

$$\bar{x} = \frac{n_A}{n} = p \, ,$$

$$\hat{\sigma} = \sqrt{\frac{n \cdot p \cdot (1-p)}{n-1}} \, ,$$

$$(4.68) \qquad \hat{\sigma}_p = \sqrt{\frac{p \cdot (1-p)}{n-1}} \, .$$

Der weitere Rechengang für die Schätzung eines Populationsanteils π sei im folgenden an einem Beispiel verdeutlicht.

Die Landesregierung Bayern beauftragt ein Marktforschungsinstitut, den Bevölkerungsanteil Bayerns zu ermitteln, der im Jahre 1982 Urlaub im Ausland machte. Das Marktforschungsinstitut befragt daraufhin eine Zufallsstichprobe des Umfanges $n_2 = 1000$. In dieser Stichprobe befinden sich 500 Personen, die bereits im Jahre 1981 die gleiche Frage beantworteten. Auch in jenem Jahr befragte das Institut insgesamt $n_1 = 1000$ Personen. Die Stichprobe besteht damit aus $s = 500$ wiederverwendeten Untersuchungseinheiten und $u = 500$ neuen Untersuchungseinheiten.

In der ersten Befragung berichteten $n_{1A} = 580$ Personen, sie hätten ihren Urlaub im Ausland verbracht. Damit ist

$$\sum_{i=1}^{n_1} x_{1i} = n_{1A} = 580$$

bzw. $\bar{x}_1 = p_{1A} = 0{,}58$.

Der entsprechende Wert für die $s = 500$ wiederverwendeten Untersuchungseinheiten möge lauten

$$\sum_{i=1}^{s} x_{1i} = n_{1s(A)} = 280$$

bzw. $\bar{x}_{1s} = p_{1s(A)} = 0{,}56$.

Für diejenigen Personen, die nicht wiederholt befragt wurden, folgt daraus

$$\sum_{i=1}^{q} x_{1i} = n_{1q(A)} = 300$$

bzw. $\bar{x}_{1q} = p_{1q(A)} = 0{,}60$.

Für die zweite Befragung ermittelt man

$$\sum_{i=1}^{n_2} x_{2i} = n_{2A} = 500$$

bzw. $\bar{x}_2 = p_{2A} = 0{,}50$

$$\sum_{i=1}^{s} x_{2i} = n_{2s(A)} = 240$$

bzw. $\bar{x}_{2s} = p_{2s(A)} = 0{,}48$ und

$$\sum_{i=1}^{u} x_{2i} = n_{2u(A)} = 260$$

bzw. $\bar{x}_{2u} = p_{2u(A)} = 0{,}52$.

Von den 280 wiederverwendeten Personen, die bei der ersten Erhebung die Frage nach einem Auslandsurlaub bejahten, gaben 200 an, sie hätten auch 1982 ihren Urlaub im Ausland verbracht.

$$\sum_{i=1}^{s} x_{1i} \cdot x_{2i} = n_{12s(A)} = 200 \, .$$

Die für den weiteren Rechengang benötigten Standardabweichungen haben folgende Werte:

$$\hat{\sigma}_{1s} = \sqrt{\frac{s \cdot p_{1s(A)} \cdot (1 - p_{1s(A)})}{s - 1}} = \sqrt{\frac{500 \cdot 0,56 \cdot 0,44}{499}} = 0,497,$$

$$\hat{\sigma}_{2s} = \sqrt{\frac{s \cdot p_{2s(A)} \cdot (1 - p_{2s(A)})}{s - 1}} = \sqrt{\frac{500 \cdot 0,48 \cdot 0,52}{499}} = 0,500,$$

$$\hat{\sigma}_{2u} = \sqrt{\frac{u \cdot p_{2u(A)} \cdot (1 - p_{2u(A)})}{u - 1}} = \sqrt{\frac{500 \cdot 0,52 \cdot 0,48}{499}} = 0,500,$$

$$\hat{\sigma} = \sqrt{\frac{q \cdot p_{1q(A)} \cdot (1 - p_{1q(A)}) + n \cdot p_{2A} \cdot (1 - p_{2A})}{(q - 1) + (n - 1)}},$$

$$= \sqrt{\frac{500 \cdot 0,60 \cdot 0,40 + 1\,000 \cdot 0,50 \cdot 0,50}{499 + 999}} = 0,499.$$

Für b und r erhalten wir nach den Gleichungen (4.58) und (4.64):

$$b = \frac{s \cdot \sum\limits_{i=1}^{s} x_{1i} \cdot x_{2i} - \sum\limits_{i=1}^{s} x_{1i} \cdot \sum\limits_{i=1}^{s} x_{2i}}{s \cdot \sum\limits_{i=1}^{s} x_{1i}^2 - \left(\sum\limits_{i=1}^{s} x_{1i}\right)^2}$$

$$= \frac{500 \cdot 200 - 280 \cdot 240}{500 \cdot 280 - 280^2} = 0,532$$

$$r = \frac{\sigma_{1s} \cdot b}{\sigma_{2s}} = \frac{0,497 \cdot 0,532}{0,500} = 0,529.$$

Der korrigierte Anteil derjenigen wiederverwendeten Personen, die bei der zweiten Erhebung die Frage bejahten ($p'_{2s(A)}$), lautet damit

$$\bar{x}'_{2s} = p'_{2s(A)} = \bar{x}_{2s} + b \cdot (\bar{x}_1 - \bar{x}_{1s})$$

$$= p_{2s(A)} + b \cdot (p_{1A} - p_{1s(A)})$$

$$= 0,48 + 0,532 \cdot (0,58 - 0,56)$$

$$= 0,49.$$

Im folgenden berechnen wir die korrigierte Parameterschätzung auf Grund der zweiten Untersuchung [p'_{2A} nach Gleichung (4.59)]. Die hierfür benötigten Zwischengrößen [Gleichungen (4.60)–(4.63)] lauten

$$w_{2u} = \frac{u}{\hat{\sigma}^2} = \frac{500}{0,499^2} = 2\,008,02$$

$$w_{2s} = \cfrac{1}{\cfrac{\hat{\sigma}^2 \cdot (1 - r^2)}{s} + r^2 \cdot \cfrac{\hat{\sigma}^2}{n_2}}$$

$$= \cfrac{1}{\cfrac{0{,}499^2 \cdot (1 - 0{,}529^2)}{500} + 0{,}529^2 \cdot \cfrac{0{,}499^2}{1\,000}} = 2\,334{,}70$$

$$v = \frac{w_{2u}}{w_{2u} + w_{2s}} = 0{,}462 \,.$$

Eingesetzt in Gleichung (4.59), ergibt dies

$$\bar{x}'_2 = p'_{2A} = v \cdot \bar{x}_{2u} + (1 - v) \cdot \bar{x}'_{2s}$$

$$= v \cdot p_{2u(A)} + (1 - v) \cdot p'_{2s(A)}$$

$$= 0{,}462 \cdot 0{,}52 + (1 - 0{,}462) \cdot 0{,}49$$

$$= 0{,}504 \,.$$

Als Standardfehler ermitteln wir nach Gleichung (4.65)

$$\hat{\sigma}_{\bar{x}'_2} = \hat{\sigma}_{p'_{2A}} = \sqrt{\frac{\hat{\sigma}^2 \cdot (n_2 - u \cdot r^2)}{n_2^2 - u^2 \cdot r^2}} = \sqrt{\frac{0{,}499^2 \cdot (1\,000 - 500 \cdot 0{,}529^2)}{1\,000^2 - 500^2 \cdot 0{,}529^2}}$$

$$= 0{,}01517 \,.$$

Hieraus folgt für das 95%ige Konfidenzintervall (mit $z \pm 1{,}96$)

$$0{,}504 \pm 1{,}96 \cdot 0{,}01517$$

$$= 0{,}504 \pm 0{,}0297 \,.$$

Das Konfidenzintervall, in dem sich der wahre Anteil der Bayern befindet, die 1982 Urlaub im Ausland machten, hat mit hoher Plausibilität die Grenzen 47,4% und 53,4%.

Wiederum soll vergleichend derjenige Standardfehler bestimmt werden, der sich ergeben hätte, wenn keine Person wiederholt befragt, sondern eine einfache Zufallsstichprobe mit $n = 1\,000$ gezogen worden wäre. Hätten in dieser Stichprobe ebenfalls $n_A = 500$ Personen die Frage bejaht, ergäbe sich nach Gleichung (4.68) als Standardfehler

$$\hat{\sigma}_p = \sqrt{\frac{p \cdot (1 - p)}{n - 1}} = \sqrt{\frac{0{,}5 \cdot 0{,}5}{999}} = 0{,}01582 \,.$$

Die Schätzung wird also nur unwesentlich schlechter, wenn eine reine Zufallsstichprobe verwendet wird – ein Befund, der in diesem Beispiel vor allem auf die mäßige Korrelation zwischen der ersten und der zweiten Befragung der 500 wiederverwendeten Untersuchungseinheiten ($r = 0{,}529$) zurückgeht.

4.2.5 Der Bayes'sche Ansatz

Die Genauigkeit von Parameterschätzungen, die man mit einfachen Zufallsstichproben erzielt, läßt sich – so zeigten die letzten vier Abschnitte – verbessern, wenn Merkmale bekannt sind, die mit der untersuchten Variablen zusammenhängen (geschichtete Stichprobe, Kap. 4.2.1), wenn sich die Population aus vielen homogenen Teilgesamtheiten zusammensetzt, von denen jede zufällig ausgewählte Teilgesamtheit entweder vollständig (Klumpenstichprobe, Kap. 4.2.2) oder stichprobenartig (mehrstufige Stichprobe, Kap. 4.2.3) untersucht wird oder, wenn es möglich ist, einige Untersuchungseinheiten mehrmals in eine Stichprobe einzubeziehen (wiederholte Stichprobenuntersuchungen, Kap. 4.2.4). In all diesen Fällen regulieren die Kenntnisse, über die der Forscher bereits vor Durchführung seiner Untersuchung verfügt, die Art der zu erhebenden Stichprobe. Die Qualität seiner Parameterschätzung hängt davon ab, ob es ihm gelingt, einen Stichprobenplan aufzustellen, der möglichst viele seiner Vorkenntnisse berücksichtigt.

Anders die Nutzung von Vorinformationen nach dem Bayes'schen Ansatz: **Dieser Ansatz vereinigt das Vorwissen des Forschers und die Ergebnisse einer beliebigen Stichprobenuntersuchung zu einer gemeinsamen Schätzung des unbekannten Populationsparameters.** Vorwissen und Stichprobenergebnis sind zwei voneinander unabhängige Informationsquellen, die zumindest formal als zwei gleichwertige Bestimmungsstücke der Parameterschätzung genutzt werden.

Allerdings erfordert der Bayes'sche Ansatz – wenn er zu einer substantiellen Verbesserung der Parameterschätzung führen soll – sehr spezifische Kenntnisse über den Untersuchungsgegenstand. Sie beziehen sich nicht auf Merkmale, die mit der untersuchten Variablen zusammenhängen, oder auf sonstige Besonderheiten der Zusammensetzung der Population, sondern betreffen direkt den zu schätzenden Parameter. **Der Forscher muß in der Lage sein, Angaben über die mutmaßliche Größe des gesuchten Parameters zu machen.**

Bereits an dieser Stelle sei auf eine Besonderheit des Bayes'schen Ansatzes gegenüber den bisher behandelten „klassischen" Parameterschätzungen hingewiesen. Die klassische Parameterschätzung geht davon aus, daß der unbekannte Parameter irgendeinen bestimmten Wert aufweist und daß in Abhängigkeit hiervon verschiedene Stichprobenergebnisse (wie z.B. Stichprobenmittelwerte) unterschiedlich wahrscheinlich sind (vgl. hierzu die Ausführungen auf S. 268 ff.).

Der Bayes'sche Ansatz argumentiert hier anders. Er behauptet nicht, daß der Parameter einen bestimmten Wert aufweist, sondern behandelt den Parameter als eine *Zufallsvariable*. Dies hat zur Folge, daß mehrere Schätzungen des Parameters möglich sind und daß diese Schätzungen (meistens) unterschiedlich sicher oder „glaubwürdig" sind. Im Unterschied zur Wahrscheinlichkeit als relative Häufigkeit verwendet der Bayes'sche Ansatz subjektive Wahrscheinlichkeiten, die den Grad der „inneren Überzeugung" von der Richtigkeit einer Aussage bzw. deren Glaubwürdigkeit kennzeichnen. Auch dieser Sachverhalt wird – zumindest umgangssprachlich – meistens als „Wahrscheinlichkeit" (bzw. „Subjektive Wahrscheinlichkeit") bezeichnet. Wir wollen diesem begrifflichen Unterschied zukünftig dadurch Rechnung tragen, daß wir den Bayes'schen „Wahrscheinlichkeits"-Begriff in Anführungszeichen setzen.

Für den Forscher bedeutet dies, daß er, um die Vorteile des Bayes'schen Ansatzes nutzen zu können, nicht nur Vorstellungen über denjenigen Parameter haben muß, der ihm am „wahrscheinlichsten" erscheint, sondern daß er zusätzlich Angaben darüber machen muß, für wie „wahrscheinlich" oder glaubwürdig er alle übrigen denkbaren Ausprägungen des Parameters hält. Kurz formuliert: Er muß bei diskreten Zufallsvariablen Informationen über die Wahrscheinlichkeitsfunktionen des Parameters und bei stetigen Zufallsvariablen Informationen über dessen Dichtefunktion (vgl. Tafel 24) haben.

Ein Beispiel soll die Erfordernisse, die mit einer Parameterschätzung nach dem Bayes'schen Ansatz verbunden sind, verdeutlichen. Ein Student möge sich für die Frage interessieren, wie viele Semester Psychologiestudenten durchschnittlich bis zum Abschluß ihres Studiums benötigen. Nach Durchsicht einiger Studien- und Prüfungsordnungen hält er 10 Semester als durchschnittliche Studienzeit für am plausibelsten. Daß die *durchschnittliche* Studienzeit weniger als acht Semester und mehr als vierzehn Semester betragen könnte, kommt für ihn nicht in Betracht. Die „Wahrscheinlichkeit", daß eine dieser extremen Semesterzahlen dem wahren Durchschnitt entspricht, wird Null gesetzt. Für die übrigen Semester erscheinen folgende „Wahrscheinlichkeitsangaben" realistisch.

$$p(\mu_1 = 8 \text{ Semester}) = 2\%,$$

$$p(\mu_2 = 9 \text{ Semester}) = 18\%,$$

$$p(\mu_3 = 10 \text{ Semester}) = 60\%,$$

$$p(\mu_4 = 11 \text{ Semester}) = 18\%,$$

$$p(\mu_5 = 12 \text{ Semester}) = 2\%.$$

Damit ist die Wahrscheinlichkeitsfunktion hinreichend spezifiziert, um im weiteren den gesuchten Parameter nach dem Bayes'schen Ansatz schätzen zu können. Diese Schätzung berücksichtigt neben den subjektiven Informationen das Ergebnis einer Stichprobenuntersuchung.

Hierfür kommen grundsätzlich alle bisher behandelten Stichprobenpläne in Frage. Verfügt man über keine weiteren Zusatzinformationen, wird man eine einfache Zufallsstichprobe ziehen. Vermutet man, daß die Dauer des Studiums davon abhängt, auf welche Art die Hochschulreife erworben wurde (z. B. Abitur, zweiter Bildungsweg, Fachhochschulabschluß o. ä.), empfiehlt sich eine Schichtung der Stichprobe nach diesem Merkmal. Eine Klumpenstichprobe bzw. eine 2- oder mehrstufige Stichprobe kämen z. B. in Betracht, wenn die Dauer des Studiums von der Universität, an der studiert wurde, und/oder vom Jahr, in dem das Diplom abgeschlossen wurde, abhinge.

Manch einer wird sich fragen, ob diese Art der Berücksichtigung subjektiver Überzeugungen überhaupt wissenschaftlich zu rechtfertigen ist. Sind dadurch, daß man mehr oder weniger gesicherte subjektive Überzeugungen in die Parameterschätzung einfließen läßt, der Willkür nicht Tür und Tor geöffnet?

Daß diese Bedenken nur teilweise berechtigt sind, wird deutlich, wenn man sich vergegenwärtigt, daß viele Untersuchungen von Fachleuten durchgeführt werden, die auf Grund ihrer Erfahrungen durchaus in der Lage sind, bereits vor Durchführung der Untersuchung realistische Angaben über den Ausgang der Untersuchung zu machen. Diese Kenntnisse bleiben üblicherweise bei Stichprobenuntersuchungen ungenutzt.

Auf der anderen Seite trägt der Bayes'sche Ansatz auch der Tatsache Rechnung, daß bei einzelnen Fragestellungen nur sehr vage Vorstellungen über das untersuchte Merkmal vorhanden sind. Für diese Fälle sind Vorkehrungen getroffen, die dafür sorgen, daß wenig gesicherte subjektive Vorinformationen die Parameterschätzung nur geringfügig oder gar nicht beeinflussen (durch die Verwendung sog. „*diffuser Priorverteilungen*", vgl. S. 351). Die Parameterschätzung nach dem Bayes'schen Ansatz geht dann in eine „klassische", ausschließlich stichprobenabhängige Parameterschätzung über. Diese Flexibilität des Bayes'schen Ansatzes bietet grundsätzlich die Möglichkeit, eine Parameterschätzung mit Berücksichtigung subjektiver Informationen einer Parameterschätzung ohne subjektive Informationsanteile gegenüberzustellen, so daß die Beeinflussung der Parameterschätzung durch die subjektiven Informationen in jedem Falle transparent wird. Hierauf wird später ausführlich einzugehen sein. Zuvor jedoch sollen diejenigen Bestandteile des Bayes'schen Ansatzes erläutert werden, die zum Verständnis von Parameterschätzungen erforderlich sind. Ausführlichere, über die Erfordernisse von Parameterschätzungen hinausgehende Darstellungen des Bayes'schen Ansatzes findet der interessierte Leser z. B. bei Berger (1980), Edwards, Lindmann u. Savage (1963). Lindley (1965), Philips (1973), Schmitt (1969) und Winkler (1972).

4.2.5.1 Skizze der Bayes'schen Argumentation

Das Kernstück der Bayes'schen Statistik geht auf den englischen Pfarrer Thomas Bayes zurück, der seine Ideen im Jahre 1763 veröffentlichte. Zur Erläuterung dieses Ansatzes greifen wir ein Beispiel von Hays u. Winkler (1970) auf, das für unsere Zwecke geringfügig modifiziert wurde.

Jemand wacht nachts mit starken Kopfschmerzen auf. Schlaftrunken geht die Person zum Medizinschrank und nimmt eine von drei sehr ähnlich aussehenden Flaschen heraus, in der festen Überzeugung, die Flasche enthalte Aspirin. Nachdem sie sich mit Tabletten dieser Flasche versorgt hat, stellen sich bald heftige Beschwerden in Form von Übelkeit und Erbrechen ein. Daraufhin überprüft die Person erneut den Medizinschrank und stellt fest, daß sich unter den drei Flaschen eine Flasche mit einer giftigen Substanz befindet. Die übrigen beiden Flaschen enthalten Aspirin. Sie kann sich nicht mehr daran erinnern, ob sie irrtümlicherweise zur falschen Flasche gegriffen hat. Die Person steht damit vor der Frage, ob die Beschwerden (B) auf das eventuell eingenommene Gift (G) zurückzuführen sind, oder ob das Aspirin diese Nebenwirkungen verursachte.

Soweit die Situation, die wir nun formalisieren wollen. Hierbei gehen wir von folgenden Annahmen aus: Die Wahrscheinlichkeit, daß die Person fälschlicherweise zur Giftflasche gegriffen hat, lautet bei drei mit gleicher Wahrscheinlichkeit infrage kommenden Flaschen

$$p(G) = 0,33 \, .$$

Die Wahrscheinlichkeit, daß die ausgewählte Flasche kein Gift, sondern Aspirin enthielt [$p(\bar{G})$ lies "non G"] beträgt also

$$p(\bar{G}) = 0,67 \, .$$

Ferner sei bekannt, mit welcher Wahrscheinlichkeit das Gift zu den obengenannten Beschwerden führt.

$$p(B|G) = 0,80 \, .$$

Dies ist eine bedingte Wahrscheinlichkeit; $p(B|G)$ (lies: die Wahrscheinlichkeit von B unter der Voraussetzung, daß G eingetreten ist) symbolisiert die Wahrscheinlichkeit von Beschwerden für den Fall, daß Gift eingenommen wurde. Die gleichen Beschwerden können jedoch auch bei Einnahme von Aspirin auftreten. Für dieses Ereignis sei in pharmazeutischen Handbüchern der Wert

$$p(B|\bar{G}) = 0,05$$

aufgeführt.

Gesucht wird nun die Wahrscheinlichkeit $p(G|B)$, also die Wahrscheinlichkeit, daß jemand Gift eingenommen hat, wenn die einschlägigen Beschwerden vorliegen. Die Ermittlung dieser Wahrscheinlichkeit ist für den Fall, daß nur die genannten Wahrscheinlichkeitswerte bekannt sind, mit Hilfe des Bayes'schen Theorems möglich.

Für dessen Herleitung nehmen wir jedoch zunächst an, die folgende Hilfstabelle sei vollständig bekannt:

Tabelle 10. 4-Felder Tafel zur Herleitung des Bayes'schen Theorems

	Gift (G)	Kein Gift ($\bar{G}$)	
Beschwerden (B)	80	10	90
Keine Beschwerden ($\bar{B}$)	20	190	210
	100	200	300

300 Personen, von denen 100 Gift einnahmen und 200 kein Gift (sondern Aspirin) einnahmen, wurden untersucht. Damit schätzen wir – wie vorgesehen – $p(G)$ mit $100 : 300 = 0,33$ und $p(\bar{G})$ mit $200 : 300 = 0,67$. Für die Ermittlung der Wahrscheinlichkeit $p(B|G)$ betrachten wir nur die 100 Fälle, die Gift eingenommen haben. Von denen haben 80 Beschwerden, d. h. $p(B|G) = 80 : 100 = 0,8$. Entsprechend ergibt sich für $p(B|\bar{G}) = 10 : 200 = 0,05$.

Ist die 4-Felder-Tafel (Tab. 10) vollständig bekannt, bereitet die Bestimmung der gesuchten Wahrscheinlichkeit $p(G|B)$ keine Schwierigkeiten. Wir betrachten nur die 90 Fälle mit Beschwerden und stellen fest, daß hiervon 80 Gift einnahmen, d. h. $p(G|B) = 80 : 90 = 0,89$. Wie aber läßt sich diese Wahrscheinlichkeit bestimmen, wenn die 4-Felder-Tafel nicht vollständig bekannt ist, sondern nur die oben genannten Wahrscheinlichkeiten?

Der folgende Gedankengang führt zu der gesuchten Berechnungsvorschrift. Wir betrachten zunächst die folgende Beziehung:

$$(4.69) \qquad p(B|G) = \frac{p(B \text{ und } G)}{p(G)}.$$

Die Wahrscheinlichkeit von Beschwerden unter der Voraussetzung der Gifteinnahme entspricht der Wahrscheinlichkeit des gemeinsamen Ereignisses „Beschwerden und Gifteinnahme" $p(B \text{ und } G) = 80 : 300$, dividiert durch die Wahrscheinlichkeit für das Ereignis „Gifteinnahme" $p(G) = 100 : 300$. Für diesen Quotienten resultiert der bereits bekannte Wert von 0,8.

Für $p(G|B)$ schreiben wir entsprechend

$$(4.70) \qquad p(G|B) = \frac{p(B \text{ und } G)}{p(B)}.$$

Aus (4.69) und (4.70) folgt

$$(4.71) \qquad p(B|G) \cdot p(G) = p(G|B) \cdot p(B)$$

und

$$(4.72) \qquad p(G|B) = \frac{p(B|G) \cdot p(G)}{p(B)}.$$

Dies ist das Bayes'sche Theorem. Sind nicht nur die Wahrscheinlichkeiten $p(B|G)$ und $p(G)$ bekannt, sondern auch die Wahrscheinlichkeit $p(B)$ (d. h. die Wahrscheinlichkeit für das Ereignis „Beschwerden"), dient Gleichung (4.72) zur Ermittlung der gesuchten Wahrscheinlichkeit $p(G|B)$. Schätzen wir $p(B)$ nach Tabelle 10 mit $p(B) = 90 : 300 = 0,3$, resultiert für $p(G|B)$ der bereits bekannte Wert:

$$p(G|B) = \frac{0,8 \cdot 0,33}{0,3} = 0,89.$$

Nun hatten wir jedoch eingangs vereinbart, daß die Wahrscheinlichkeit $p(B)$ ebenfalls unbekannt sei. Für diesen Fall gelangen wir in folgender Weise zur gesuchten Lösung. Wie man sich anhand der 4-Felder-Tafel in Tabelle 10 leicht überzeugen kann, ist $p(B)$ in folgender Weise bestimmbar.

$$p(B) = p(B \text{ und } G) + p(B \text{ und } \bar{G}).$$

Die Wahrscheinlichkeit des Ereignisses „Beschwerden" ($p(B) = 90 : 300$) ist gleich der Summe der Wahrscheinlichkeiten für die gemeinsamen Ereignisse „Beschwerden und Gift" ($p(B \text{ und } G) = 80 : 300$) und „Beschwerden und kein Gift" ($p(B \text{ und } \bar{G}) = 10 : 300$). Die Ausdrücke $p(B \text{ und } G)$ und $p(B \text{ und } \bar{G})$ ersetzen wir unter Bezugnahme auf Gleichung (4.69) durch

$$p(B \text{ und } G) = p(B|G) \cdot p(G)$$

und

$$p(B \text{ und } \bar{G}) = p(B|\bar{G}) \cdot p(\bar{G}).$$

Das modifizierte Bayes'sche Theorem heißt damit

$$(4.73) \qquad p(G|B) = \frac{p(B|G) \cdot p(G)}{p(B|G) \cdot p(G) + p(B|\bar{G}) \cdot p(\bar{G})}.$$

Für diese Bestimmungsgleichung sind alle benötigten Wahrscheinlichkeiten bekannt. Mit den eingangs genannten Werten erhalten wir für das Ereignis „Gifteinnahme unter der Voraussetzung von Beschwerden" $p(G|B)$ erneut den Wert 0,89.

$$p(G|B) = \frac{0,80 \cdot 0,33}{0,80 \cdot 0,33 + 0,05 \cdot 0,67} = 0,89.$$

Die Wahrscheinlichkeit für das Ereignis „keine Gifteinnahme unter der Voraussetzung von Beschwerden" $p(\bar{G}|B)$ ergibt sich als Komplementärwahrscheinlichkeit einfach zu

$$p(\bar{G}|B) = 1 - p(G|B) = 1 - 0,89 = 0,11.$$

Diese bedingte Wahrscheinlichkeit besagt, daß mit einer Wahrscheinlichkeit von 0,11 kein Gift eingenommen wurde, wenn Beschwerden vorliegen. Dieser Wert läßt sich anhand Tabelle 10 ebenfalls einfach nachvollziehen:

$$p(\bar{G}|B) = 10 : 90 = 0,11.$$

Diskrete Zufallsvariablen

Die Negativkategorie „kein Gift" (im Beispiel: $\bar{G}$ = Aspirin), kann durch eine Reihe möglicher anderer Beschwerdeursachen ersetzt werden: übermäßiger Alkoholgenuß, Darminfektion, verdorbene Nahrungsmittel etc. Bezeichnen wir die möglichen Ursachen (einschließlich Gift und einer Restkategorie „Ursache unbekannt") allgemein mit A_i ($i = 1, 2 \ldots k$), führt dies zu der folgenden **verallgemeinerten Version des Bayes'schen Theorems**:

$$(4.74) \qquad p(A_i|B) = \frac{p(B|A_i) \cdot p(A_i)}{\sum\limits_{i=1}^{k} p(B|A_i) \cdot p(A_i)}.$$

Diese Gleichung führt zu der Wahrscheinlichkeit einer Ursache A_i, wenn Beschwerden registriert werden. Sie setzt voraus, daß nicht nur die Wahrscheinlichkeiten $p(A_i)$ für die einzelnen Ursachen bekannt sind, sondern auch die Werte $p(B|A_i)$, d. h. die Wahrscheinlichkeiten, mit denen Beschwerden auftreten, wenn die einzelnen Ursachen A_i zutreffen. Kurz: Es müssen sowohl die Wahrscheinlichkeitsverteilung der diskreten Zufallsvariablen „Beschwerdeursachen" als auch die bedingte Wahrscheinlichkeitsverteilung des Ereignisses „Beschwerden unter der Bedingung aller möglichen Beschwerdeursachen" bekannt sein. Kennt man diese Wahrscheinlichkeiten, läßt sich mit Hilfe des Bayes'schen Theorems die *bedingte* Wahrscheinlichkeitsverteilung für die Beschwerdeursachen bestimmen, d. h. die Wahrscheinlichkeitsverteilung aller möglicher Beschwerdeursachen für den Fall, daß Beschwerden vorliegen.

An dieser Stelle wollen wir uns vom Beispiel lösen und versuchen, die generelle Tragweite dieses Ansatzes auszuloten. Gegeben sei eine (vorerst diskrete) Zufallsvariable $X = A_i$, über deren „Wahrscheinlichkeitsverteilung" $p(X = A_i)$ mehr oder weniger präzise Vorstellungen bestehen mögen. Diese Verteilung repräsentiert die sog. *Priorverteilung* von X. Es wird eine empirische Untersuchung durchgeführt, deren Resultat wir mit B bezeichnen wollen. Die bedingte Wahrscheinlichkeit (bzw. genauer: die Likelihood; vgl. S. 259ff.) dafür, daß B eintritt, wenn die Zufallsvariable X den Wert A_i annimmt ($p(B|A_i)$), sei ebenfalls bekannt (oder – wie wir später sehen werden – errechenbar). Das Bayes'sche Theorem [Gleichung (4.74)] korrigiert nun die Priorverteilung $p(X = A_i)$ [oder kurz: $p(A_i)$] angesichts der Tatsache, daß B eingetreten ist. Die resultierenden Wahrscheinlichkeiten $p(X = A_i|B)$ [kurz: $p(A_i|B)$] konstituieren die sog. *Posteriorverteilung* der Zufallsvariablen X.

Ein Beispiel (nach Winkler, 1972, S. 44) soll diesen verallgemeinerten Ansatz verdeutlichen. Bei einem zufällig ausgewählten Bewohner einer Stadt mögen anläßlich einer Röntgenuntersuchung Schatten auf der Lunge (positiver Röntgenbefund = B) festgestellt worden sei. Einfachheitshalber nehmen wir an, daß dies ein Zeichen für Lungenkrebs (A_1) oder für Tuberkulose (A_2) sei, bzw. daß die Schatten im Röntgenbild durch keine der beiden Krankheiten (A_3) verursacht seien. (Der Fall, daß die Person sowohl Lungenkrebs als auch Tuberkulose hat, wird hier ausgeschlossen.) Ferner möge man die folgenden Wahrscheinlichkeiten kennen:

1. Die Wahrscheinlichkeit eines positiven Röntgenbefundes bei Personen mit Lungenkrebs: $p(B|A_1) = 0,90$.
2. Die Wahrscheinlichkeit eines positiven Röntgenbefundes bei Personen mit Tuberkulose: $p(B|A_2) = 0,95$.
3. Die Wahrscheinlichkeit eines positiven Röntgenbefundes bei Personen, die weder Lungenkrebs noch Tuberkulose haben: $p(B|A_3) = 0,07$.
4. In der Stadt, in der die Untersuchung durchgeführt wurde, haben 2% aller Bewohner Lungenkrebs: $p(A_1) = 0,02$.
5. In der Stadt, in der die Untersuchung durchgeführt wurde, haben 1% aller Bewohner Tuberkulose: $p(A_2) = 0,01$.
6. In der Stadt, in der die Untersuchung durchgeführt wurde, haben 97% weder Lungenkrebs noch Tuberkulose: $p(A_3) = 0,97$.

Die unter den Punkten 4–6 genannten Wahrscheinlichkeiten stellen die Priorwahrscheinlichkeiten dar. Die Wahrscheinlichkeiten, daß die untersuchte Person mit positivem Röntgenbefund Lungenkrebs, Tuberkulose oder keine dieser beiden Krankheiten hat (Posteriorwahrscheinlichkeit) lassen sich unter Verwendung von Gleichung (4.74) in folgender Weise berechnen:

$$p(A_1|B) = \frac{0,90 \cdot 0,02}{0,90 \cdot 0,02 + 0,95 \cdot 0,01 + 0,07 \cdot 0,97} = \frac{0,018}{0,0954} = 0,1887,$$

$$p(A_2|B) = \frac{0,95 \cdot 0,01}{0,0954} = 0,0996,$$

$$p(A_3|B) = \frac{0,07 \cdot 0,97}{0,0954} = 0,7117.$$

Vor der Röntgenuntersuchung betrug das Risiko, an Lungenkrebs erkrankt zu sein, 2 % und das Risiko, Tuberkulose zu haben, 1 %. Nach dem positiven Röntgenbefund erhöhen sich diese Wahrscheinlichkeiten auf ca. 19 % für Lungenkrebs und auf ca. 10 % für Tuberkulose. Für die Wahrscheinlichkeit, daß der Röntgenbefund bedeutungslos ist, verbleiben damit ca. 71 %.

Es ist offenkundig, daß die Posteriorwahrscheinlichkeiten nur dann verläßlich sind, wenn sowohl für die Priorwahrscheinlichkeiten $p(A_i)$ als auch für die bedingten Wahrscheinlichkeiten $p(B|A_i)$ brauchbare Schätzungen vorliegen. Auf eine Schätzung der bedingten Wahrscheinlichkeiten $p(B|A_i)$ kann man indes verzichten, wenn die untersuchte Zufallsvariable einem mathematisch bekannten Verteilungsmodell folgt (z. B. Binomialverteilung oder Poisson-Verteilung), das durch einen (oder mehrere) Parameter vollständig beschrieben ist. Die Priorverteilung $p(A_i)$ spezifiziert dann Annahmen über die Ausprägung dieses Parameters. Erhält man auf Grund einer Untersuchung zusätzlich einen empirischen Schätzwert B für diesen Parameter, können die Likelihoods dieses Schätzwertes bei Gültigkeit der Annahmen über den Parameter $p(B|A_i)$ ermittelt werden. Mit Hilfe des Bayes'schen Theorems [Gleichung (4.74)] wird dann die Priorverteilung im Hinblick auf das empirische Ergebnis B korrigiert, d. h. man erhält die Posteriorverteilung $p(A_i|B)$, welche die „Wahrscheinlichkeits"-Verteilung der Zufallsvariablen bei gegebenem B charakterisiert. Die folgenden Beispiele verdeutlichen diese Anwendungsvariante.

Binomialverteilung: Ein Berufsberater möchte wissen, wieviel Prozent eines Abiturientenjahrganges sich für das Studienfach Psychologie interessieren. Als Prozentzahlen (Parameterschätzungen) kommen für ihn nur die folgenden Werte infrage: $\pi_1 = 1\%$, $\pi_2 = 3\%$, $\pi_3 = 8\%$ und $\pi_4 = 15\%$. [Die π_i-Werte ersetzen die A_i-Werte in Gleichung (4.74).] Das Beispiel ist natürlich unrealistisch, da angenommen wird, daß alle übrigen Prozentzahlen überhaupt nicht zutreffen können. Richtiger wäre es, kontinuierliche Prozentzahlen anzunehmen. Wir müssen diese Variante jedoch bis zur Behandlung stetiger Variablen zurückstellen. Allerdings erscheinen dem Berufsberater nicht alle Prozentzahlen gleich „wahrscheinlich". Ausgehend von seiner Erfahrung ordnet er den vier Parameterschätzungen folgende „Wahrscheinlichkeiten" zu:

$$p(\pi_1 = 1\%) = 0{,}30\,,$$

$$p(\pi_2 = 3\%) = 0{,}50\,,$$

$$p(\pi_3 = 8\%) = 0{,}15\,,$$

$$p(\pi_4 = 15\%) = 0{,}05\,.$$

Dies ist die Priorverteilung des Berufsberaters. Nach seiner Ansicht sind 3 % Psychologie-Aspiranten unter den Abiturienten am „wahrscheinlichsten" und 15 % am „unwahrscheinlichsten". Der Erwartungswert (vgl. S. 253) der Priorverteilung lautet $E(\pi_i) = \sum_{i=1}^{n} p_i \cdot \pi_i = 0{,}0375$ bzw. 3,75 %. Als nächstes befragt er eine Zufallsstichprobe von 20 Abiturienten hinsichtlich ihrer Berufswünsche. Einer der Befragten beabsichtigt, Psychologie zu studieren, d. h. die Stichprobe führt zu dem Resultat $B = 5\%$ (oder 0,05). Mit Hilfe des Bayes'schen Theorems

[Gleichung (4.74)] läßt sich nun eine Posteriorverteilung berechnen, der zu entnehmen ist, welche der vier Parameterschätzungen bei Berücksichtigung der subjektiven Vermutungen des Berufsberaters und des objektiven Stichprobenergebnisses am „wahrscheinlichsten" ist.

Gemäß Gleichung (4.74) benötigen wir hierfür neben den $p(\pi_i)$-Werten die $p(B|\pi_i)$-Werte, d.h. die Wahrscheinlichkeiten des Stichprobenergebnisses bei Gültigkeit der Parameterschätzungen. Diese bisher ebenfalls geschätzten Werte bezeichneten wir auf S. 259 ff. als Likelihoods. Wir fragen nach der Likelihood des Stichprobenergebnisses $k = 1$ Psychologieaspirant unter $n = 20$ Abiturienten, wenn der Anteil der Psychologieaspiranten in der Population aller Abiturienten z. B. $\pi_1 = 0{,}01$ (oder 1 %) beträgt. Wie bereits gezeigt wurde (vgl. S. 261), kann diese Likelihood über die Binomialverteilung errechnet werden.

(Hierbei setzen wir voraus, daß die Antworten der Abiturienten einem „Bernoulli-Prozeß" entsprechen, d. h. daß sie den Anforderungen der Stationarität und Unabhängigkeit genügen. Stationarität besagt in diesem Zusammenhang, daß die Wahrscheinlichkeit, sich für ein Psychologiestudium zu entscheiden, für alle Befragten konstant ist und Unabhängigkeit meint, daß die Art der Antwort eines Abiturienten – für oder gegen ein Psychologiestudium – nicht durch die Antworten anderer Abiturienten beeinflußt wird. Bei einer echten Zufallsauswahl von 20 Abiturienten dürften beide Anforderungen erfüllt sein.)

Wir erhalten nach Gleichung (4.14)

$$p(X = 1|\pi = 0{,}01,\ n = 20) = \binom{20}{1} \cdot 0{,}01^1 \cdot 0{,}99^{19} = 0{,}165\,.$$

Die folgende Tabelle faßt die zur Bestimmung der Posteriorverteilung erforderlichen Schritte zusammen.

Tabelle 11. Ermittlung der Posteriorwahrscheinlichkeiten nach dem Bayes'schen Theorem bei einem binomial-verteilten Merkmal

π_i	Prior-wahrscheinlichkeit $p(\pi_i)$	Likelihood $p(B|\pi_i)$	$p(\pi_i) \cdot p(B|\pi_i)$	Posterior-wahrscheinlichkeit $p(\pi_i|B)$
0,01	0,30	0,165	0,0495	0,18
0,03	0,50	0,336	0,1680	0,61
0,08	0,15	0,328	0,0492	0,18
0,15	0,05	0,137	0,0069	0,03
	1,00		0,2736	1,00

Die $p(B|\pi_i)$-Werte werden – analog zu der oben aufgeführten Rechnung – unter Verwendung des jeweiligen Parameters π_i bestimmt. Die Produkte $p(\pi_i) \cdot p(B|\pi_i)$ führen, relativiert an der Summe dieser Produkte, zu den gesuchten Posteriorwahrscheinlichkeiten. (Man beachte, daß sich sowohl die Priorwahrscheinlichkeiten als auch die Posteriorwahrscheinlichkeiten jeweils zu 1 addieren.) Diese Werte zeigen, daß die ursprüngliche Vermutung des Berufsberaters, $\pi_2 = 0{,}03$ sei der „wahrscheinlichste" Parameter, durch das Stichprobenergebnis untermauert wird.

Die Priorwahrscheinlichkeit dieses Parameters hat sich nach Berücksichtigung des Stichprobenergebnisses auf 0,61 erhöht.

Der Erwartungswert der Posteriorverteilung (vgl. S. 254) lautet $E(\pi_i) = \sum_{i=1}^{h} \pi_i \cdot p(\pi_i|B) = 0,039$ bzw. 3,9%. Gegenüber der Priorverteilung [mit $E(\pi_i) = 3,75\%$] hat sich der Erwartungswert durch die Berücksichtigung der Stichprobeninformation also nur geringfügig vergrößert.

Nach Ermittlung der Posteriorwahrscheinlichkeiten könnte der Berufsberater erneut eine Stichprobe ziehen und die Posteriorwahrscheinlichkeiten, die jetzt als Priorwahrscheinlichkeiten eingesetzt werden, auf Grund des neuen Stichprobenergebnisses korrigieren. Die Priorwahrscheinlichkeiten berücksichtigen in diesem Falle also sowohl die subjektive Einschätzung des Berufsberaters als auch das erste Stichprobenergebnis. Dieser Vorgang, die Korrektur der alten Posteriorwahrscheinlichkeiten als neue Priorwahrscheinlichkeiten auf Grund eines weiteren Stichprobenergebnisses, läßt sich beliebig häufig fortsetzen. Statt der wiederholten Korrektur der jeweils neuen Priorwahrscheinlichkeiten können die ursprünglichen Priorwahrscheinlichkeiten jedoch auch nur einmal auf Grund der zusammengefaßten Stichproben korrigiert werden. Beide Wege – die wiederholte Korrektur auf Grund einzelner Stichprobenergebnisse und die einmalige Korrektur auf Grund der zusammengefaßten Stichprobenergebnisse – führen letztlich zu identischen Posteriorwahrscheinlichkeiten.

Das Beispiel demonstrierte, wie unter der Annahme einer Binomialverteilung die Likelihoods $p(B|A_i)$ ermittelt werden. Im folgenden wird gezeigt, wie die für das Bayes'sche Theorem benötigten Likelihoods zu ermitteln sind, wenn das interessierende Merkmal anderen Verteilungsmodellen folgt.

Poisson-Verteilung: Die Annahme, daß in jedem der n durchgeführten „Versuche" entweder das Ereignis A oder das Ereignis Ā mit jeweils konstanter Wahrscheinlichkeit auftritt, rechtfertigt die Verwendung der Binomialverteilung. Interessieren uns nun Ereignisse, die über die Zeit (oder eine andere kontinuierliche Variable) verteilt sind, kann es vorkommen, daß das Ereignis in einem bestimmten Zeitintervall (in einem „Versuch") mehrmals auftritt. Um dem entgegenzuwirken, unterteilen wir die kontinuierliche Variable, wie z. B. die Zeit, in sehr viele Intervalle, so daß n (Anzahl der Intervalle) sehr groß (aber nicht unendlich) und π (= Wahrscheinlichkeit des Auftretens eines Ereignisses in einem dieser Intervalle) klein (aber nicht Null) werden. Der Ausdruck $n \cdot \pi$ gibt dann an, wie häufig das Ereignis A in einem bestimmten Zeitabschnitt, das in n Intervalle unterteilt ist, auftreten müßte. Diese Häufigkeit ist unabhängig von der Anzahl der Intervalle. Da mit zunehmender Anzahl von Intervallen π kleiner wird, kann man annehmen, daß $n \cdot \pi$ konstant ist bzw. daß $n \cdot \pi = c$. Die Wahrscheinlichkeit, daß in einem untersuchten Zeitabschnitt das Ereignis A k-mal auftritt, lautet bei gegebenem c nach der Poisson-Verteilung:

(4.75) $\qquad p(k|c) = \dfrac{c^k}{e^c \cdot k!} \quad (e = 2,7183).$

Wir wollen die Revision einer Priorverteilung für den Fall, daß das untersuchte Merkmal poissonverteilt ist, an einem Beispiel (nach Winkler, 1972) demonstrieren.

Ein Autohändler gruppiert Autoverkäufer in drei Kategorien: ein hervorragender Verkäufer verkauft durchschnittlich an jedem zweiten Tag, ein guter Verkäufer an jedem vierten Tag und ein schlechter Verkäufer an jedem achten Tag ein Auto. Die durchschnittlichen Wahrscheinlichkeiten für das Ereignis „ein Auto pro Tag verkauft" lauten damit $\pi_1 = 0,5$, $\pi_2 = 0,25$ und $\pi_3 = 0,125$. Für diese π-Werte gibt der Autohändler folgende Priorwahrscheinlichkeiten an:

$$p(\pi_1 = 0,5) = 0,2,$$

$$p(\pi_2 = 0,25) = 0,5,$$

$$p(\pi_3 = 0,125) = 0,3.$$

Vereinfachend nehmen wir an, daß alle übrigen π-Werte eine Wahrscheinlichkeit von Null aufweisen. [Die angemessenere Handhabung dieses Problems, die ein Kontinuum für die π-Parameter unterstellt, wird bei Winkler (1972, Kap. 4.7) erörtert.] Dieser Einschätzung folgend gehört ein neueinzustellender, noch unbekannter Verkäufer mit einer „Wahrscheinlichkeit" von 20% zur Kategorie der hervorragenden Verkäufer, mit 50% „Wahrscheinlichkeit" zur Kategorie der guten Verkäufer und mit 30% „Wahrscheinlichkeit" zur Kategorie der schlechten Verkäufer.

Ein neuer Verkäufer möge nun in $n = 24$ Tagen 10 Autos verkauft haben. Hieraus ergeben sich folgende Likelihoods $p(k = 10|c_i)$ (mit $c_1 = 24 \cdot 0,5 = 12$; $c_2 = 24 \cdot 0,25 = 6$ und $c_3 = 24 \cdot 0,125 = 3$):

$$p(k = 10|c_1 = 12) = \frac{12^{10}}{e^{12} \cdot 10!} = 0,1048,$$

$$p(k = 10|c_2 = 6) = \frac{6^{10}}{e^6 \cdot 10!} = 0,0413,$$

$$p(k = 10|c_3 = 3) = \frac{3^{10}}{e^3 \cdot 10!} = 0,0008.$$

Die folgende Tabelle zeigt die zur Revision der Priorwahrscheinlichkeiten erforderlichen Rechenschritte.

Tabelle 12. Ermittlung der Posteriorwahrscheinlichkeiten nach dem Bayes'schen Theorem bei einem Poisson-verteilten Merkmal

c_i	Prior-wahrscheinlichkeit $p(c_i)$	Likelihood $p(k|c_i)$	$p(c_i) \cdot p(k|c_i)$	Posterior-wahrscheinlichkeit $p(c_i|k)$
12	0,2	0,1048	0,02096	0,501
6	0,5	0,0413	0,02065	0,493
3	0,3	0,0008	0,00024	0,006
	1,0		0,04185	1,000

Die Priorwahrscheinlichkeit für die Kategorie „hervorragender Verkäufer" hat sich damit von 0,2 auf ca. 0,5 erhöht. Die Wahrscheinlichkeit, daß dieser Verkäufer zu den schlechten Verkäufern zählt, wird hingegen verschwindend klein. Die ursprüngliche Erwartung, daß ein Verkäufer pro Tag im Durchschnitt 0,26 Autos (bzw. ein Auto in 3,8 Tagen) verkaufen würde (dies ist der Erwartungswert der Zufallsvariablen „Anzahl der Verkäufe" unter Verwendung der Priorwahrscheinlichkeiten), muß nun auf 0,37 Autos pro Tag (bzw. ein Auto in 2,7 Tagen) erhöht werden (Erwartungswert der Zufallsvariablen „Anzahl der Verkäufe" für die Posteriorwahrscheinlichkeit).

Hypergeometrische Verteilung: Das Modell der Binomialverteilung geht davon aus, daß die Wahrscheinlichkeiten für die Ereignisse A oder $\bar{A}$ konstant sind. Diese Modellvoraussetzung ist verletzt, wenn sich die Wahrscheinlichkeiten von Versuch zu Versuch ändern, was z.B. der Fall ist, wenn die Anzahl aller möglichen Versuche (oder die Größe der Population) begrenzt ist. Werden beispielsweise aus einem Skatspiel ($N = 32$ Karten) nacheinander $n = 6$ Karten gezogen (ohne Zurücklegen), verändert sich die Wahrscheinlichkeit, eine der $R = 8$ Herzkarten zu ziehen, von Karte zu Karte. Sie beträgt für die erste Karte $8:32$, für die zweite Karte $8:31$, wenn die erste Karte kein Herz war, $7:31$, wenn die erste Karte ein Herz war, etc. Die Häufigkeit des Auftretens für das Ereignis A bei n Versuchen (z.B. $r = 3$ Herzkarten unter 6 gezogenen Karten) folgt einer hypergeometrischen Verteilung. (Die Binomialverteilung wäre einschlägig, wenn man die Karten jeweils zurücklegen würde.) Die Wahrscheinlichkeiten für verschiedene r-Werte lassen sich bei gegebenem n, R und N nach folgender Gleichung ermitteln:

$$(4.76) \qquad p(r|n, R, N) = \frac{\binom{R}{r} \cdot \binom{N-R}{n-r}}{\binom{N}{n}}.$$

Das folgende Beispiel zeigt die Revision von Priorwahrscheinlichkeiten bei einem hypergeometrisch verteilten Merkmal. Einem Wanderer sind während eines Regens die Streichhölzer naß geworden. Er schätzt nun, wieviele der $N = 50$ Streichhölzer, die sich in der Schachtel befinden, durch den Regen unbrauchbar geworden sind. Die folgenden Schätzungen erscheinen ihm sinnvoll: $R_1 = 10$, $R_2 = 20$ und $R_3 = 30$ (erneut betrachten wir nur einige Werte). Seine Priorwahrscheinlichkeiten für diese Anteile defekter Streichhölzer legt der Wanderer (dem das Mißgeschick nasser Streichhölzer nicht zum ersten Mal passiert) in folgender Weise fest:

$$p(R_1 = 10) = 0,4,$$

$$p(R_2 = 20) = 0,5,$$

$$p(R_3 = 30) = 0,1.$$

Von $n = 5$ Streichhölzern, die er prüft, ist nur $r = 1$ Streichholz unbrauchbar. Die Likelihood des Ereignisses unter der Annahme $R = 10$ lautet:

$$p(r = 1 | n = 5,\ R = 10,\ N = 50) = \frac{\binom{10}{1} \cdot \binom{40}{4}}{\binom{50}{5}}$$

$$= \frac{\dfrac{10}{1} \cdot \dfrac{40 \cdot 39 \cdot 38 \cdot 37}{4 \cdot 3 \cdot 2 \cdot 1}}{\dfrac{50 \cdot 49 \cdot 48 \cdot 47 \cdot 46}{5 \cdot 4 \cdot 3 \cdot 2 \cdot 1}}$$

$$= \frac{913\,900}{2\,118\,760} = 0{,}4313.$$

Für $R = 20$ und $R = 30$ errechnen wir nach dieser Gleichung die Likelihoods 0,2587 und 0,0686. Tabelle 13 zeigt, wie dieses empirische Ergebnis die Priorwahrscheinlichkeiten verändert.

Tabelle 13. Ermittlung der Posteriorwahrscheinlichkeiten nach dem Bayes'schen Theorem bei einem hypergeometrisch-verteilten Merkmal

R	Prior-wahrscheinlichkeit $p(R_i)$	Likelihood $p(r|R_i)$	$p(R_i) \cdot p(r|R_i)$	Posterior-wahrscheinlichkeit $p(R_i|r)$
10	0,4	0,4313	0,1725	0,5586
20	0,5	0,2587	0,1294	0,4190
30	0,1	0,0686	0,0069	0,0224
	1,0		0,3088	1,0000

Die Wahrscheinlichkeiten haben sich zugunsten der Hypothese $R = 10$ verschoben. Während der Wanderer nach seiner ersten Schätzung mit 17 unbrauchbaren Streichhölzern rechnete ($10 \cdot 0{,}4 + 20 \cdot 0{,}5 + 30 \cdot 0{,}1 = 17$), kann er nach den 5 geprüften Streichhölzern davon ausgehen, daß die Schachtel insgesamt nur ca. 15 unbrauchbare Streichhölzer enthält ($10 \cdot 0{,}559 + 20 \cdot 0{,}419 + 30 \cdot 0{,}022 = 14{,}6$).

Multinominale Verteilung: Ein einfaches Urnenbeispiel erläutert die Besonderheiten einer multinomialen Verteilung. Befinden sich in einer Urne rote und schwarze Kugeln in einem bestimmten Häufigkeitsverhältnis, sind die Wahrscheinlichkeiten, bei n Versuchen $k = 0, 1, 2 \ldots$ rote Kugeln zu ziehen, binomialverteilt, wenn die Kugeln wieder zurückgelegt werden. Befinden sich in der Urne hingegen rote Kugeln mit der Wahrscheinlichkeit π_1, schwarze Kugeln mit der Wahrscheinlichkeit π_2, grüne Kugeln mit der Wahrscheinlichkeit π_3 und gelbe Kugeln mit der Wahrscheinlichkeit π_4, wird die Wahrscheinlichkeit dafür, daß bei n Versuchen k_1 rote, k_2 schwarze, k_3 grüne und k_4 gelbe Kugeln gezogen werden (wiederum mit Zurücklegen), über die multinomiale Verteilung berechnet. Die binomiale Verteilung verwenden wir für zwei einander ausschließende Ereignisklassen und die multinomiale Verteilung für mehrere oder s einander ausschließende Ereignisklassen. Die Wahrscheinlichkeitsverteilung wird durch folgende Gleichung beschrieben.

$$(4.77) \qquad p(k_1, k_2 \ldots k_s | n_1 \pi_1 \pi_2 \ldots \pi_3) = \frac{n!}{k_1! \cdot k_2! \cdot \ldots k_s!} \cdot \pi_1^{k_1} \cdot \pi_2^{k_2} \ldots \pi_s^{k_s}.$$

Auch diese Gleichung sei an einem Beispiel demonstriert. Eine Werbeagentur erhält den Auftrag, für ein Produkt eine möglichst werbewirksame Verpackung zu entwickeln. Drei Vorschläge (V_1, V_2 und V_3) kommen in die engere Auswahl und sollen getestet werden. Vorab bittet die Agentur ihre Werbefachleute, die Werbewirksamkeit der drei Vorschläge einzuschätzen. Da man sich nicht einigen kann, werden mehrere Einschätzungen abgegeben. (Die Einschätzungen verdeutlichen gleichzeitig verschiedene *Strategien zur Quantifizierung subjektiver Wahrscheinlichkeiten*; näheres hierzu vgl. Phillips, 1973, Teil 1.) Sie lauten:

1. Einschätzung: V_1 doppelt so wirksam wie V_2, V_2 und V_3 nicht unterschieden, d. h.: $\pi_1 = 0,5$; $\pi_2 = 0,25$ und $\pi_3 = 0,25$.
2. Einschätzung: Die Werbewirksamkeit der drei Vorschläge steht im Verhältnis $3:2:1$ zueinander, d. h. $\pi_1 = \frac{3}{6} = 0,5$; $\pi_2 = \frac{2}{6} = 0,333$ und $\pi_3 = \frac{1}{6} = 0,167$.
3. Einschätzung: V_1 und V_3 sind gleich wirksam und V_2 ist nahezu unwirksam, d. h.: $\pi_1 = 0,495$; $\pi_2 = 0,01$ und $\pi_3 = 0,495$.
4. Einschätzung: Wenn für die Werbewirksamkeit der drei Vorschläge 100 Punkte zu vergeben sind, erhält der erste Vorschlag 80 Punkte, der zweite 15 Punkte und der dritte 5 Punkte, d. h. $\pi_1 = 0,8$; $\pi_2 = 0,15$ und $\pi_3 = 0,05$.

Abschließend geben die Werbefachleute eine gemeinsame Schätzung darüber ab, für wie „wahrscheinlich" sie es halten, daß die einzelnen Einschätzungen tatsächlich zutreffen (Priorwahrscheinlichkeiten). (Erneut wollen wir davon ausgehen, daß nur die hier aufgeführten Werte als Parameterschätzungen infrage kommen.):

$$p(\pi_1 = 0,5; \pi_2 = 0,25; \pi_3 = 0,25) = 0,40,$$

$$p(\pi_1 = 0,5; \pi_2 = 0,333; \pi_3 = 0,167) = 0,50,$$

$$p(\pi_1 = 0,495; \pi_2 = 0,01; \pi_3 = 0,495) = 0,02,$$

$$p(\pi_1 = 0,8; \pi_2 = 0,15; \pi_3 = 0,05) = 0,08.$$

In einem Verkaufsexperiment entscheiden sich von $n = 20$ Käufern $k_1 = 12$ für die erste Verpackungsart (V_1), $k_2 = 5$ für die zweite Verpackungsart (V_2) und $k_3 = 3$ für die dritte Verpackungsart (V_3). (Die Ablehnung aller drei Verpackungsarten oder die Wahl mehrerer Verpackungsarten sei ausgeschlossen.) Die Likelihood dieses empirischen Ergebnisses für das erste multinomiale Modell (erste Einschätzung) lautet:

$$p(k_1 = 12; k_2 = 5; k_3 = 3 | n = 20, \pi_1 = 0,5; \pi_2 = 0,25; \pi_3 = 0,25)$$

$$= p(\text{Ergebnis} | 1.\ \text{Modell})$$

$$= \frac{20!}{12! \cdot 5! \cdot 3!} \cdot 0,5^{12} \cdot 0,25^5 \cdot 0,25^3 = 7054320 \cdot 3,72529 \cdot 10^{-9}$$

$$= 0,0263.$$

Für die weiteren Modelle ergeben sich nach dem gleichen Algorithmus:

$$p(\text{Ergebnis}|2.\ \text{Modell}) = 0{,}0328,$$

$$p(\text{Ergebnis}|3.\ \text{Modell}) = 1{,}85 \cdot 10^{-8} \approx 0,$$

$$p(\text{Ergebnis}|4.\ \text{Modell}) = 0{,}0046.$$

Damit sind die Priorwahrscheinlichkeiten folgendermaßen zu korrigieren (vgl. Tab. 14).

Tabelle 14. Ermittlung der Posteriorwahrscheinlichkeiten nach dem Bayes'schen Theorem bei einem multinomial-verteilten Merkmal

Modell (i)	Priorwahr-scheinlich-keit p (Modell$_i$)	Likelihood p(Ergebnis| Modell$_i$)	p(Modell$_i$) · p(Ergebnis| Modell$_i$)	Posterior-wahrschein-lichkeit p(Modell$_i$| Ergebnis)
$\pi_1 = 0{,}5$; $\pi_2 = 0{,}25$; $\pi_3 = 0{,}25$	0,40	0,0263	0,01052	0,385
$\pi_1 = 0{,}5$; $\pi_2 = 0{,}333$; $\pi_3 = 0{,}167$	0,50	0,0328	0,01640	0,601
$\pi_1 = 0{,}495$; $\pi_2 = 0{,}01$; $\pi_3 = 0{,}495$	0,02	0,0000	0,00000	0,000
$\pi_1 = 0{,}80$; $\pi_2 = 0{,}15$; $\pi_3 = 0{,}05$	0,08	0,0046	0,00037	0,014
	1,00		0,02729	1,000

Empirische Evidenz und subjektive Einschätzung führen zusammengenommen zu dem Resultat, daß das dritte und das vierte Modell praktisch ausscheiden. Das Modell mit der höchsten Priorwahrscheinlichkeit (Modell 2) hat mit 0,601 auch die höchste Posteriorwahrscheinlichkeit. Offensichtlich haben die empirischen Daten (mit $p_1 = 0{,}60$; $p_2 = 0{,}25$ und $p_3 = 0{,}15$) dieses Modell am besten bestätigt. Die Erwartungswerte für die Parameter der multinominalen Verteilung lauten:

Vor der empirischen Untersuchung:

$$E(\pi_1) = 0{,}40 \cdot 0{,}5 + 0{,}50 \cdot 0{,}5 + 0{,}02 \cdot 0{,}495 + 0{,}08 \cdot 0{,}8 = 0{,}524,$$

$$E(\pi_2) = 0{,}40 \cdot 0{,}25 + 0{,}50 \cdot 0{,}333 + 0{,}02 \cdot 0{,}01 + 0{,}08 \cdot 0{,}15 = 0{,}279,$$

$$E(\pi_3) = 0{,}40 \cdot 0{,}25 + 0{,}50 \cdot 0{,}167 + 0{,}02 \cdot 0{,}495 + 0{,}08 \cdot 0{,}05 = 0{,}197.$$

Nach der empirischen Untersuchung:

$$E(\pi_1) = 0{,}385 \cdot 0{,}5 + 0{,}601 \cdot 0{,}5 + 0{,}000 \cdot 0{,}495 + 0{,}014 \cdot 0{,}80 = 0{,}504,$$

$$E(\pi_2) = 0{,}385 \cdot 0{,}25 + 0{,}601 \cdot 0{,}333 + 0{,}000 \cdot 0{,}01 + 0{,}014 \cdot 0{,}15 = 0{,}298,$$

$$E(\pi_3) = 0{,}385 \cdot 0{,}25 + 0{,}601 \cdot 0{,}167 + 0{,}000 \cdot 0{,}495 + 0{,}014 \cdot 0{,}05 = 0{,}197.$$

Stetige Zufallsvariablen

Die letzten Beispiele basierten auf der Annahme einer diskreten Verteilung des unbekannten Parameters. Im Berufsberaterbeispiel (S. 333) nahmen wir an, daß nur einige ausgewählte Prozentwerte als Schätzungen für den Anteil von Abiturienten, die sich für ein Psychologiestudium interessieren, infrage kommen.

Zweifellos wäre hier die Annahme, sämtliche Prozentwerte innerhalb eines plausibel erscheinenden Prozentwertebereiches kommen als Schätzwerte in Betracht, realistischer gewesen. Ähnliches gilt für die Beispiele „Autoverkäufer" (S. 336), „unbrauchbare Streichhölzer" (S. 337) und „Werbewirksamkeit von Verpackungen" (S. 339), die ebenfalls nur ausgewählte Werte als Schätzungen des unbekannten Parameters untersuchten.

Im folgenden wollen wir das Bayes'sche Theorem für stetige Zufallsvariablen behandeln. Zur begrifflichen Klärung sei darauf hingewiesen, daß die Bezeichnung „Bayes'sches Theorem für stetige Zufallsvariablen" besagt, daß der zu schätzende Parameter stetig verteilt ist (wie z. B. Populationsmittelwerte oder Populationsanteile); das Stichprobenergebnis, aufgrund dessen die Priorverteilung revidiert wird, kann hingegen entweder stetig oder diskret verteilt sein. (Bei Anteilsschätzungen beispielsweise behandeln wir den gesuchten Parameter π als eine stetige Zufallsvariable. Das Stichprobenergebnis – k-mal das Ereignis A bei n Versuchen – ist jedoch diskret. Bei der Schätzung eines Mittelwertsparameters ist nicht nur μ eine stetige Zufallsvariable; auch das Stichprobenergebnis $\bar{x}$ stellt die Realisierung einer stetig verteilten Zufallsvariablen dar.)

In Analogie zu Gleichung (4.74) (Bayes'sches Theorem für diskrete Zufallsvariablen) lautet das Bayes'sche Theorem für stetige Zufallsvariablen

$$(4.78) \qquad f(\theta|y) = \frac{f(\theta) \cdot f(y|\theta)}{\displaystyle\int_{-\infty}^{\infty} f(\theta) \cdot f(y|\theta) d\theta}.$$

Hierin sind θ (griechisch: theta) der gesuchte, stetig verteilte Parameter und y das Stichprobenergebnis. Der Ausdruck $f(\theta)$ kennzeichnet die Dichtefunktion (vgl. S. 249ff.) des Parameters θ, die – analog zu der Priorwahrscheinlichkeit $p(A_i)$ in Gleichung (4.74) – die Vorkenntnisse des Untersuchenden zusammenfaßt. (Auf das schwierige Problem der Umsetzung von Vorinformationen in Prior-Dichtefunktionen werden wir später eingehen.) Die Likelihood-Funktion des Stichprobenergebnisses y bei gegebener Verteilung von θ bezeichnen wir mit $f(y|\theta)$. Das Integral im Nenner $\int_{-\infty}^{\infty} f(\theta) \cdot f(y) d\theta$ entspricht der Summe $\sum_{i=1}^{n} p(B|A_i) \cdot p(A_i)$, die im Nenner des Bayes'schen Theorems für diskrete Zufallsvariablen [Gleichung (4.74)] steht. In beiden Fällen normiert der Nenner die Posteriorwahrscheinlichkeiten (Dichten), d.h. die Summe der Posteriorwahrscheinlichkeiten (bzw. die Fläche der Posteriorverteilung) wird – wie auch die Summe (Fläche) der Priorwahrscheinlichkeiten (Dichten) – eins gesetzt. (Zur Herleitung des Bayes'schen Theorems für stetige Zufallsvariablen vgl. z. B. Winkler, 1972, Kap. 4.2.)

Ein kleines Beispiel (nach Winkler, 1972, S. 145 ff.) soll die Handhabung von Gleichung (4.78) verdeutlichen. Es geht um die Schätzung von θ, dem zukünftigen Marktanteil eines neuen Produktes. Einfachheitshalber nehmen wir die in Abb. 18a wiedergegebene Priorverteilung für θ an. Es handelt sich um eine Dreieckverteilung, die besagt, daß hohe Marktanteile für unwahrscheinlicher gehalten werden als geringe Marktanteile. (Die schraffierte Fläche über dem Bereich $0,5 < \theta < 1$ entspricht der Wahrscheinlichkeit, daß der wahre Parameter θ

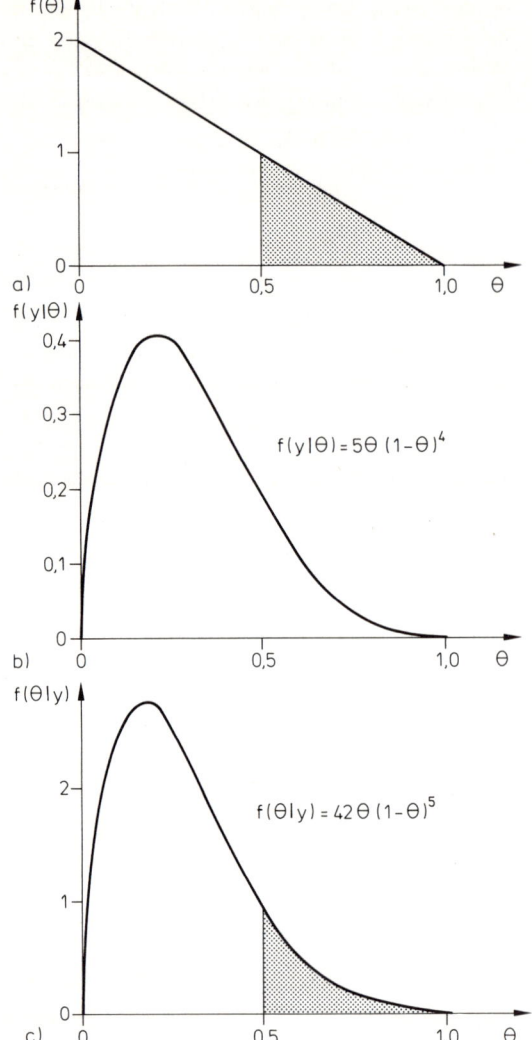

in diesen Bereich fällt.) Die Dichtefunktion der Priorverteilung heißt

$$f(\theta) = 2 \cdot (1 - \theta) \quad (\text{für } 0 \leqq \theta \leqq 1).$$

Von $n = 5$ Testpersonen möge eine ($k = 1$) das neue Produkt kaufen. Wenn wir annehmen, daß die Anzahl der Käufer (k) bei $n = 5$ Personen für variable θ-Werte binomial verteilt ist, lautet die Likelihood-Funktion gemäß Gleichung (4.14)

$$f(y|\theta) = p(k = 1 | n = 5; \theta) = \binom{5}{1} \cdot \theta^1 \cdot (1 - \theta)^4$$

$$= 5 \cdot \theta \cdot (1 - \theta)^4.$$

342

Abbildung 18b zeigt diese Likelihood-Funktion. Eingesetzt in Gleichung (4.78) resultiert für die Posteriorverteilung

$$f(\theta|y) = \frac{[2 \cdot (1-\theta)] \cdot [5\theta \cdot (1-\theta)^4]}{\int_1^0 [2 \cdot (1-\theta)] \cdot [5\theta \cdot (1-\theta)^4]d\theta} = \frac{10 \cdot \theta(1-\theta)^5}{10 \cdot \int_0^1 \theta(1-\theta)^5 d\theta}$$

$$= \frac{\theta \cdot (1-\theta)^5}{\int_0^1 \theta(1-\theta)^5 d\theta} \quad \text{(für } 0 \leqq \theta \leqq 1\text{)}.$$

Die (mathematisch nicht einfache) Auflösung des Integrals im Nenner dieser Gleichung führt zu $\frac{5!}{7!} = \frac{1}{42}$, was zusammengenommen folgende Dichtefunktion für die Posteriorverteilung ergibt:

$$f(\theta|y) = 42 \cdot \theta \cdot (1-\theta)^5 \quad \text{(für } 0 \leqq \theta \leqq 1\text{)}.$$

Abbildung 18c stellt die Posteriorverteilung graphisch dar.
Wie man sieht, revidiert die Stichprobenuntersuchung die Priorverteilung dahingehend, daß Werte im Bereich $0{,}5 < \theta < 1$ unwahrscheinlicher werden. Subjektive Erwartung und empirische Evidenz führen zusammengenommen zu dem Resultat, daß Marktanteile im Bereich um 0,2 am plausibelsten sind. (Wie dieses Problem auch einfacher zu lösen ist, zeigt S. 356)

Die Ermittlung der Posteriorverteilung nach Gleichung (4.78) kann bei komplizierten Priorverteilungen und Likelihoodfunktionen mathematisch erhebliche Schwierigkeiten bereiten. Diese Schwierigkeiten verschwinden jedoch praktisch völlig, wenn wir für Priorverteilungen nur ganz bestimmte, mathematisch einfach zu handhabende Funktionstypen zulassen. Diese Einschränkung ist nicht so gravierend, wie es zunächst erscheinen mag; durch entsprechende Parameterwahl bilden diese Funktionstypen nämlich eine Vielzahl von Verteilungsformen ab, so daß es – zumindest für unsere Zwecke – meistens gelingen wird, die Vorstellungen über die Priorverteilung durch eine dieser Funktionen hinreichend genau abzubilden. Der Einsatz dieser Funktionen ist zumindest immer dann zu rechtfertigen, wenn die Posteriorverteilung für die exakte Priorverteilung praktisch genauso aussieht wie die Posteriorverteilung, die resultieren würde, wenn die Vorstellungen von der Priorverteilung durch die Verwendung einer dieser Funktionen nur ungefähr wiedergegeben werden. „Sensitivitätsanalysen" (vgl. z. B. Hays u. Winkler, 1970, Kap. 8.16) belegen, daß dies – zumal, wenn größere Stichproben untersucht werden – in den meisten Fällen zutrifft, d. h. die Posteriorverteilung ist weitgehend invariant gegenüber mäßigen Veränderungen der Priorverteilung.

Die Verteilungsformen, die mit einem Funktionstyp bei unterschiedlicher Festlegung ihrer Parameter erzeugt werden, bezeichnet man als Verteilungsfamilien. (Alle Geraden, die durch unterschiedliche Festsetzung von a und b durch die Geradengleichung $y = ax + b$ beschrieben werden, stellen z. B. eine solche Verteilungsfamilie dar.) Ein großer Teil der Bayes'schen Literatur ist nun darauf ausgerichtet, Verteilungsfamilien zu finden, deren Likelihoodfunktion einfach bestimmbar ist. Diejenigen Priorverteilungen, deren Likelihoodfunktionen auf

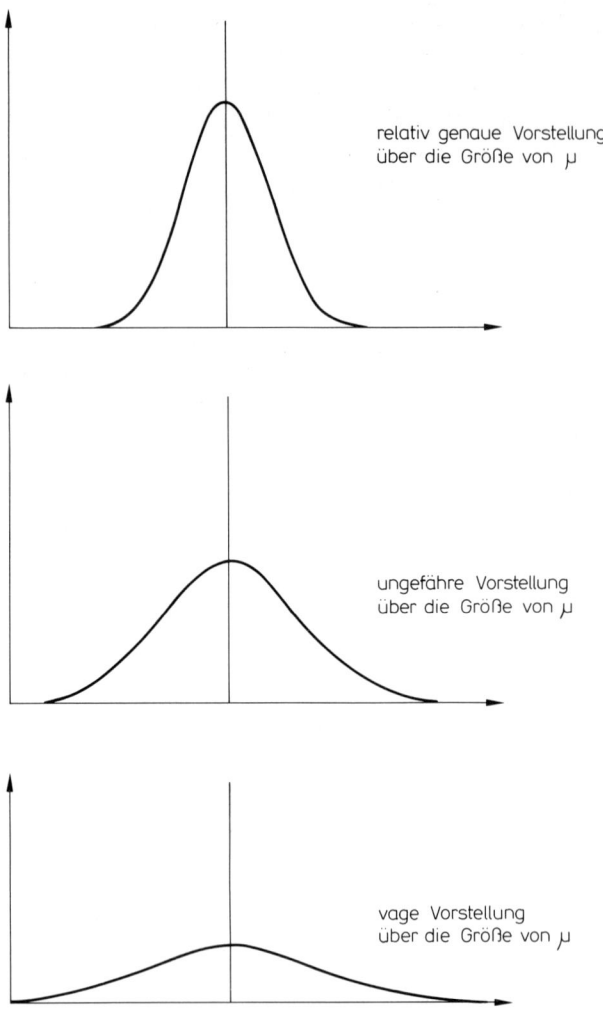

relativ genaue Vorstellung
über die Größe von μ

ungefähre Vorstellung
über die Größe von μ

vage Vorstellung
über die Größe von μ

Abb. 19. Priorverteilungen für Mittelwertparameter bei unterschiedlicher Sicherheit

denselben Funktionstypus zurückgeführt werden können, bezeichnet man als *konjugierte Priorverteilung*. (Eine genauere Definition gibt z. B. Berger, 1980, Kap. 4 oder de Groot, 1970, Kap. 9.)

Wenn die Priorverteilung zu einer konjugierten Verteilungsfamilie gehört, dann fällt auch die Posteriorverteilung in diese Verteilungsfamilie. Priorverteilung und Likelihoodfunktion können dann äußerst einfach zu einer neuen Posteriorverteilung kombiniert werden. Drei Verteilungstypen haben in diesem Zusammenhang eine herausragende Bedeutung: die Normalverteilung, die Beta-Verteilung und die Gleichverteilung.

Die *Normalverteilung* ist das übliche Verteilungsmodell, das wir annehmen, wenn eine Priorverteilung über einen *Mittelwertsparameter* zu spezifizieren ist. In der Regel wird eine bestimmte Ausprägung für diesen Parameter die höchste Plausibilität aufweisen (Modalwert), und die Plausibilität sinkt für Werte mit wachsendem Abstand von diesem Modalwert. Je mehr man von der Richtigkeit seiner (im Modalwert festgelegten) Parameterschätzung überzeugt ist, desto kleiner wird die Streuung der Priorverteilung sein (vgl. Abb. 19).

Die *Beta-Verteilung* benötigen wir zur Spezifizierung einer Priorverteilung für einen *Populationsanteil*. Die Funktionsgleichung für die Beta-Verteilung lautet

$$(4.79) \qquad f(x) = \frac{(k+r-1)!}{(k-1)!(r-1)!} \cdot x^{k-1} \cdot (1-x)^{r-1}$$

(für $k > 0$, $r > 0$ und $0 < x < 1$),

wobei $k =$ Anzahl der Untersuchungseinheiten mit A

$r =$ Anzahl der Untersuchungseinheiten mit $\bar{A}$ (non A),

so daß $k + r = n$ (Stichprobenumfang).

Durch entsprechende Wahl der Parameter k und r beschreibt diese Funktionsgleichung eine Vielzahl von Verteilungsformen. Ist $k = r$, resultieren symmetrische Verteilungen. Für $k < r$ sind die Verteilungen linkssteil und für $k > r$ rechtssteil. Mit $k > 1$ und $r > 1$ erhält man unimodale Verteilung mit folgendem Modalwert:

$$(4.80) \qquad \text{Modalwert} = \frac{k-1}{k+r-2}.$$

Ist $k \leq 1$ oder $r \leq 1$, resultieren entweder unimodale Verteilungen, deren Modalwerte bei 0 oder 1 liegen, u-förmige Verteilungen mit Höchstwerten bei 0 und 1 bzw. Gleichverteilungen. (Hierbei ist zu beachten, daß für $k < 1$ und $r < 1$ die Gammafunktion als Verallgemeinerung der elementaren Fakultät heranzuziehen ist; vgl. z. B. Kreyßig, 1973, Abschn. 60.) Gleichung (4.79) führt zu einer Dreiecksverteilung mit positiver Steigerung ($f(x) = 2x$), wenn $k = 2$ und $r = 1$ und zu einer Dreiecksverteilung mit negativer Steigung ($f(x) = 2 \cdot (1-x)$), wenn $k = 1$ und $r = 2$.

Das arithmetische Mittel einer Beta-Verteilung lautet

$$(4.81) \qquad \mu = \frac{k}{k+r}.$$

Für die Standardabweichung resultiert

$$(4.82) \qquad \sigma = \sqrt{\frac{k \cdot r}{(k+r)^2 \cdot (k+r+1)}}.$$

Abbildung 20 zeigt einige Verteilungsformen der Beta-Funktion für ausgewählte k- und r-Werte. (Die für unsere Zwecke wichtigsten Beta-Verteilungen sind im Anhang E, Tabelle 5 wiedergegeben.)

Läßt sich die Priorverteilung für einen Populationsanteil als eine Beta-Verteilung beschreiben, resultiert als Posteriorverteilung ebenfalls eine Beta-Verteilung. Wir werden hierauf später ausführlicher eingehen.

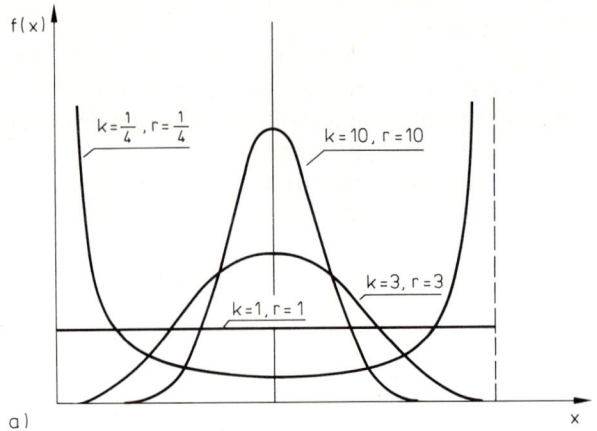

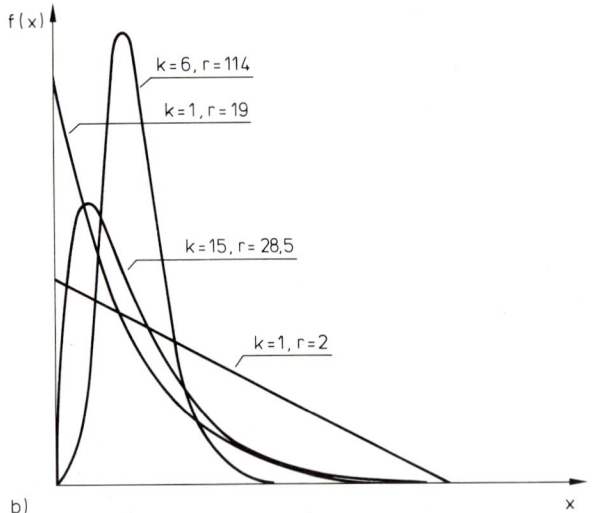

Abb. 20 a, b. β-Verteilungen. **a** symmetrisch; **b** asymmetrisch

Die *Gleichverteilung* der Parameter repräsentiert eine sogenannte *„diffuse"* *Priorverteilung*, die den Zustand totaler Informationslosigkeit abbildet. Besitzt man keinerlei Informationen über die mutmaßliche Größe des gesuchten Parameters, kommen alle denkbaren Werte mit gleicher „Wahrscheinlichkeit" infrage. **Der Einsatz einer diffusen Priorverteilung führt zu einer Posteriorverteilung, die ausschließlich vom Stichprobenergebnis abhängt.** Der Vergleich einer Posteriorverteilung, die bei Verwendung einer nichtdiffusen Priorverteilung resultiert (also einer Priorverteilung, die bereits vorhandene Kenntnisse abbildet), mit einer Posteriorverteilung für diffuse Priorverteilungen informiert somit über die Beeinflussung der Posteriorverteilung durch die subjektiven Informationen. Diffuse Priorverteilungen stellen die „Schnittstelle" von „klassischer" und Bayes'scher Statistik dar.

4.2.5.2 Schätzung von Populationsmittelwerten

In einer populationsbeschreibenden Untersuchung wird vor Ziehung einer Stichprobe der Mittelwertsparameter der Population mit μ' als plausibelsten Wert geschätzt. Andere Schätzwerte für μ kommen – allerdings mit geringerer „Wahrscheinlichkeit" – ebenfalls infrage. Insgesamt seien die Vorstellungen über den unbekannten Parameter durch eine normalverteilte Priorverteilung von μ mit dem Erwartungswert μ' und der Varianz σ'^2 beschreibbar. Diese Priorverteilung repräsentiert den Informationsstand vor der empirischen Untersuchung.

Eine Zufallsstichprobe von n Untersuchungseinheiten führt zu einem Mittelwert $\bar{x}$. Für n > 30 stellt $\bar{x}$ (wegen des zentralen Grenzwerttheorems, vgl. S. 263) die Realisierung einer normalverteilten Zufallsvariablen dar, deren Streuung vom Betrag $\sigma_{\bar{x}}$ ist. Die Streuung σ des untersuchten Merkmals in der Population wird entweder aufgrund vergangener Untersuchungen oder aus den Stichprobendaten geschätzt. Eine verläßliche Schätzung von σ durch $\hat{\sigma}$ der Stichprobe setzt allerdings eine genügend große Stichprobe (n > 30) voraus. Der Fall „n < 30" und „σ unbekannt" wird hier nicht dargestellt. Eine anschauliche Einführung in die Besonderheiten dieses Problems findet der Leser bei Phillips, 1973, Kap. 11.3.

Die Varianz der Posteriorverteilung σ''^2 (bzw. deren Reziprokwert) ergibt sich zu

$$(4.83) \qquad \frac{1}{\sigma''^2} = \frac{1}{\sigma'^2} + \frac{n}{\sigma^2}.$$

Der Mittelwert der Posteriorverteilung μ lautet

$$(4.84) \qquad \mu'' = \frac{\dfrac{1}{\sigma'^2}\cdot \mu' + \dfrac{n}{\sigma^2}\cdot \bar{x}}{\dfrac{1}{\sigma'^2} + \dfrac{n}{\sigma^2}}.$$

Die Posteriorverteilung ist wie auch die Priorverteilung normal (zur Herleitung dieser Gleichungen s. Berger, 1980, Kap. 4.2). Damit sind die Bestimmungsstücke bekannt, um für μ'' ein Schätzintervall zu bestimmen. Tafel 31 erläutert den Rechengang an einem Beispiel.

Tafel 31. Wie umfangreich sind Diplomarbeiten?
V: Bayes'scher Ansatz

Obwohl das Beispiel „durchschnittliche Seitenzahl von Diplomarbeiten im Fach Psychologie" nun schon mehrfach als Anschauung diente (vgl. Tafeln 26–29), soll es – um die verschiedenen Techniken zur Erhöhung der Präzision von Parameterschätzungen besser vergleichen zu können – erneut zur Demonstration einer Parameterschätzung herangezogen werden. Die bisher behandelten Stichprobenpläne verzichteten auf die Nutzung eventuell vorhandener Vorinformationen über die mutmaßliche durchschnittliche Seitenzahl. Dies ist beim Bayes'schen Ansatz anders. Er kombiniert das bereits vorhandene Vorwissen mit einem Stichprobenergebnis zu einer gemeinsamen Parameterschätzung.

Umfragen unter Bekannten, Kontakte mit Betreuern und die Durchsicht einiger Diplomarbeiten veranlassen die studentische Arbeitsgruppe, die sich für diese Frage interessiert, einen Mittelwert von $\mu' = 100$ Seiten als den plausibelsten Wert anzunehmen. Durchschnittswerte unter 70 Seiten oder über 130 Seiten werden für äußerst unwahrscheinlich gehalten. Die in Frage kommenden durchschnittlichen Seitenzahlen weisen damit eine Streubreite (range) von $130 - 70 = 60$ auf, wobei stärker von 100 abweichende Werte für unwahrscheinlicher gehalten werden als weniger stark abweichende Werte. (Man beachte, daß hier der Range von Durchschnittswerten und nicht von Seitenzahlen einzelner Diplomarbeiten, die natürlich stärker streuen als Durchschnittswerte, geschätzt wird.) Als Annäherung dieser Verteilungsvorstellung akzeptiert man eine Normalverteilung, deren Streuung auf $\sigma' = 60:6 = 10$ geschätzt wird. (Da sich in den Grenzen $\pm 3\sigma$ etwa 100% der Normalverteilungsfläche befinden, dividieren wir zur Schätzung der Standardabweichung den Range durch 6, genauer hierzu vgl. S. 281.) Für die Priorverteilung wird damit eine Normalverteilung mit $\mu' = 100$ und $\sigma' = 10$ angenommen.

Wie in Tafel 26 beschrieben, zieht die studentische Arbeitsgruppe nun eine Zufallsstichprobe von $n = 100$ Diplomarbeiten und errechnet einen Mittelwert von $\bar{x} = 92$ und eine Standardabweichung von $\hat{\sigma} = 43$. Dieser Wert wird als Schätzwert für σ herangezogen. Nach den Gleichungen 4.83 und 4.84 resultiert damit eine Posteriorverteilung mit folgenden Parametern:

$$\frac{1}{\sigma''^2} = \frac{1}{\sigma'^2} + \frac{n}{\sigma^2} = \frac{1}{10^2} + \frac{100}{43^2} = 0,064$$

bzw.

$$\sigma''^2 = 15,60$$

$$\mu'' = \frac{\frac{1}{\sigma'^2} \cdot \mu' + \frac{n}{\sigma^2} \cdot \bar{x}}{\frac{1}{\sigma'^2} + \frac{n}{\sigma^2}} = \frac{\frac{1}{10^2} \cdot 100 + \frac{100}{43^2} \cdot 92}{\frac{1}{10^2} + \frac{100}{43^2}} = 93,2.$$

Der Erwartungswert der Posteriorverteilung ist damit nur um 1,2 Seitenzahlen größer als der Stichprobenmittelwert. Unter Verwendung von $\sigma'' = \sqrt{15,60} = 3,95$ resultiert das folgende 99%ige „Glaubwürdigkeitsintervall":

$$\mu'' \pm 2,58 \cdot \sigma'' = 93,2 \pm 2,58 \cdot 3,95 = 93,2 \pm 10,2.$$

Dieses Intervall ist gegenüber dem Konfidenzintervall für eine einfache Zufallsstichprobe nur geringfügig verkleinert (vgl. Tafel 26). Die in der Priorverteilung zusammengefaßte Vorinformation beeinflußt die Parameterschätzung nur unerheblich.

Nach Gleichung 4.87 ermitteln wir das Stichprobenäquivalent der Vorinformationen. Es lautet

$$n' = \frac{\sigma^2}{\sigma'^2} = \frac{1\,849}{100} = 18,49.$$

Die Priorverteilung enthält damit Informationen, welche den Kenntnissen entsprächen, die man einer Stichprobe des Umfanges $n \approx 18$ entnehmen könnte. Eine Stichprobe dieser Größenordnung kann natürlich nur vage Kenntnisse über die wahren Populationsverhältnisse vermitteln, womit die relativ geringe Beeinflussung der Posteriorverteilung durch die Priorverteilung erklärt ist.

Die Posteriorverteilung verbindet die beiden Informationsquellen nach Gleichung 4.89 mit den Gewichten $\frac{n'}{n''} = \frac{18,49}{118,49} = 0,156$ für die Priorverteilung und $\frac{n}{n''} = \frac{100}{118,49} = 0,844$ für das Stichprobenergebnis. Diese Gewichte führen nach Gleichung 4.89 zu der bereits bekannten Parameterschätzung für μ'' von

$$\mu'' = 0,156 \cdot 100 + 0,844 \cdot 92 = 93,2.$$

Schließlich kontrastieren wir dieses Ergebnis mit demjenigen Ergebnis, das wir für eine diffuse Priorverteilung (keine Vorinformationen) erhalten. Wir setzen $n' = 0$ (gem. Gleichung 4.87), $\sigma''^2 = \frac{\sigma^2}{n}$ (gem. Gleichung 4.83) und $\mu'' = \bar{x}$ (gem. Gleichung 4.89). Die Posteriorverteilung hat also die gleichen Parameter wie die in Tafel 26 ermittelte Stichprobenkennwerteverteilung für $\bar{x}$, d. h. die Grenzen des „Glaubwürdigkeitsintervalls" entsprechen den Grenzen des Konfidenzintervalls:

$$\mu'' = 92 \pm 2,58 \cdot \sqrt{\frac{43^2}{100}} = 92 \pm 11.$$

Interpretativ entspricht dieses Intervall jedoch nicht den bisher ermittelten „klassischen" Konfidenzintervallen. Im „klassischen" Ansatz stellt das ermittelte Konfidenzintervall eine Realisierung der Zufallsvariable „Konfidenzintervalle" dar, welche den festen Parameter μ entweder umschließt oder nicht umschließt. Da die Bestimmung dieses Konfidenzintervalls jedoch so angelegt war, daß 95 % aller denkbaren Intervalle den Parameter umschließen, ist es sehr plausibel, daß auch das gefundene Konfidenzintervall den Parameter umschließt (ausführlicher hierzu s. S. 263 ff.).

Im Unterschied hierzu betrachtet der Bayes'sche Ansatz den Parameter μ als eine Zufallsvariable, d. h. im Falle normalverteilter Posteriorverteilungen sind unterschiedliche Wertebereiche für μ mehr oder weniger plausibel oder glaubwürdig. [Wir vermeiden hier erneut bewußt den durch relative Häufigkeiten definierten Wahrscheinlichkeitsbegriff, denn tatsächlich existiert für μ nur ein Wert a, d. h. $p(\mu = a) = 1$ und $p(\mu \neq a) = 0$. Die Priorverteilung und auch die Posteriorverteilung sind damit keine Wahrscheinlichkeitsverteilungen im engeren Sinne, sondern Verteilungen, die subjektive Vorstellungen oder Überzeugungen über mögliche Ausprägungen von μ wiederspiegeln. Umgangssprachlich verwendet man jedoch auch hierfür gelegentlich die Bezeichnung „Wahrscheinlichkeit" oder „subjektive Wahrscheinlichkeit".] Die Bereiche $\mu'' \pm 1,96 \cdot \sigma''$ (für 95 %) bzw. $\mu'' \pm 2,58 \cdot \sigma''$ (für 99 %) werden deshalb als „*Glaubwürdigkeitsintervalle*" (credible intervals) bezeichnet. Der gesuchte Parameter befindet sich in diesen Bereichen mit einer „Glaubwürdigkeit" oder „Wahrscheinlichkeit" von 95 % bzw. 99 %.

Glaubwürdigkeitsintervalle sind immer kleiner als diejenigen Vertrauensintervalle, die man erhält, wenn zur Parameterschätzung ausschließlich das Stichprobenergebnis herangezogen wird – vorausgesetzt, man verfügt über Informationen, die die Spezifizierung einer nicht diffusen Priorverteilung rechtfertigen. Damit liegt es nahe zu fragen, welchen Anteil Priorverteilung und Stichprobenergebnis am Zustandekommen der Posteriorverteilung haben bzw. mit welchen Gewichten Priorverteilung und Stichprobenergebnis in die Bestimmung der Posteriorverteilung eingehen. Der folgende Gedankengang beantwortet diese Frage.

Es wurde bereits darauf hingewiesen, daß die Genauigkeit der Vorstellungen über die mutmaßliche Größe des unbekannten Parameters in der Varianz der Priorverteilung ihren Niederschlag findet (vgl. Abb. 19). Je kleiner die Varianz, desto sicherer sind die Vorinformationen. Der folgende „Sicherheitsindex" S' formalisiert diesen intuitiv einleuchtenden Sachverhalt:

$$(4.85) \qquad S' = \frac{1}{\sigma'^2}.$$

Ein entsprechendes Maß definieren wir für die Population.

$$(4.86) \qquad S = \frac{1}{\sigma^2}.$$

Die Sicherheit der Vorinformation (S') relativ zur reziproken Populationsvarianz (S) nennen wir n':

$$(4.87) \qquad n' = \frac{S'}{S} = \frac{\frac{1}{\sigma'^2}}{\frac{1}{\sigma^2}} = \frac{\sigma^2}{\sigma'^2}.$$

Lösen wir nach σ' auf, resultiert

$$(4.88) \qquad \sigma'^2 = \frac{\sigma^2}{n'}.$$

Diese Gleichung stellt das Quadrat des Standardfehlers für Mittelwerte aus Stichproben des Umfanges n' dar [vgl. Gleichung (4.9)]; n' ist damit derjenige Stichprobenumfang, der erforderlich ist, um bei einer Populationsvarianz von σ^2 einen quadrierten Standardfehler der Größe σ'^2 zu erhalten. **Der Informationsgehalt der Priorverteilung entspricht damit der Information einer Stichprobe des Umfanges n'.**

Die Antwort auf die Frage nach den Gewichten von Priorverteilung und Stichprobenergebnis läßt sich hieraus einfach ableiten. Setzen wir σ'^2 gemäß Gleichung (4.88) in Gleichung (4.84) ein, resultiert

$$(4.89) \qquad \mu'' = \frac{\frac{n'}{\sigma^2} \cdot \mu' + \frac{n}{\sigma^2} \cdot \bar{x}}{\frac{n'}{\sigma^2} + \frac{n}{\sigma^2}} = \frac{n' \cdot \mu' + n \cdot \bar{x}}{n' + n} = \frac{n'}{n' + n} \cdot \mu' + \frac{n}{n' + n} \cdot \bar{x}$$

$$= \frac{n'}{n''} \cdot \mu + \frac{n}{n''} \cdot \bar{x}$$

mit $n'' = n' + n$.

Der Erwartungswert der Posteriorverteilung ist eine gewichtete Summe von μ', dem Erwartungswert der Priorverteilung und $\bar{x}$, dem Stichprobenmittelwert. Die Gewichte sind n', der implizit in der Priorverteilung „verborgene" Stichprobenumfang und n, der Umfang der tatsächlich gezogenen Stichprobe, jeweils relativiert an der Summe n'' beider Stichprobenumfänge.

Die Posteriorverteilung entspricht einer Mittelwerteverteilung mit einer Varianz, die man erhält, wenn Stichproben des Umfanges $n'' = n + n'$ gezogen werden. Auch diese Zusammenhänge werden in Tafel 31 numerisch erläutert.

Damit sind wir auch in der Lage, den Fall totaler Informationslosigkeit zu berücksichtigen. Totale Informationslosigkeit bedeutet, daß jeder beliebige Wert mit gleicher Plausibilität als Parameterschätzung infrage kommt. Als Priorverteilung muß dann eine Gleichverteilung angenommen werden, deren Streuung (theoretisch) gegen unendlich geht. Eine solche Verteilung heißt im Kontext Bayes'scher Analysen *„diffuse Priorverteilung"*. (Auf das Problem, daß diese Verteilung keine echte Wahrscheinlichkeitsverteilung ist, wird hier nicht eingegangen. Näheres hierzu s. Hays u. Winkler, 1970, Kap. 8.17, bzw. ausführlicher Berger, 1980, S. 68 ff. oder S. 152 ff.) Nach Gleichung (4.87) geht n' in diesem Falle gegen 0, d. h. der Zustand der Informationslosigkeit entspricht dem „Wissen", daß einer Stichprobe des Umfanges $n' = 0$ zu entnehmen ist. Gleichzeitig verdeutlicht Gleichung (4.89), daß für $n' = 0$ der Mittelwert der Posteriorverteilung (μ'') mit dem Stichprobenmittelwert ($\bar{x}$) identisch ist. Da dann zusätzlich $n'' = n$ und $\sigma''^2 = \dfrac{\sigma^2}{n}$ $\left(\text{der Ausdruck } \dfrac{1}{\sigma'^2} \text{ in Gleichung (4.83) entfällt für } \sigma'^2 \to \infty\right)$, resultiert eine Posteriorverteilung, die der Stichprobenmittelwerteverteilung für Stichproben des Umfanges n entspricht. Das Konfidenzintervall und das Glaubwürdigkeitsintervall haben damit exakt die gleichen Grenzen (vgl. Tafel 31).

Bis auf die bereits erwähnten interpretativen Unterschiede führt der klassische Schätzansatz und die Parameterschätzung nach dem Bayes'schen Modell damit zum gleichen Ergebnis, wenn die vorhandenen Informationen zur Spezifizierung einer Priorverteilung nicht ausreichen. Aber auch wenn man über Vorinformationen verfügt, bleiben diese in der Regel subjektiv und für andere nur schwer nachprüfbar. **Einer Bayes'schen Parameterschätzung sollte deshalb immer eine Schätzung unter Verwendung der diffusen Priorverteilung gegenüber gestellt werden.** Dadurch erhält derjenige, der den verarbeiteten Vorinformationen mißtraut oder dessen Vorinformationen anders geartet sind, Gelegenheit, das Untersuchungsergebnis zu überprüfen oder ggf. zu korrigieren. Empfohlen sei ferner, die Gewichte für die Vorinformation und das empirische Ergebnis $\left(\dfrac{n'}{n''} \text{ und } \dfrac{n}{n''}\right)$ zu nennen, auch wenn man diese (bei vollständiger Angabe der hierfür benötigten Größen) selbst errechnen könnte. Diese Mindestforderungen sollten eingehalten werden, um einer mißbräuchlichen Verwendung des Bayes'schen Ansatzes entgegenzuwirken.

4.2.5.3 Schätzung von Populationsanteilen

Die Schätzung von Populationsanteilen unter Verwendung von Priorinformationen und Stichprobeninformation ist für den Fall, daß die Priorverteilung durch eine Beta-Verteilung beschrieben werden kann – eine Voraussetzung, die bei der Flexibilität der Beta-Verteilungen meistens gegeben ist – rechnerisch noch einfacher als die Schätzung von Populationsmittelwerten. Nehmen wir einmal an, die Vorkenntnisse über einen zu schätzenden Populationsanteil lassen sich durch eine Beta-Verteilung mit den Parametern k' und r' abbilden. Nehmen wir ferner an, in der untersuchten Stichprobe des Umfanges n wurde die Merkmalsalternative A k-mal und die Merkmalsalternative $\bar{A}$ r($=n-k$)-mal beobachtet. Die Posteriorverteilung, die diese beiden Informationen vereint, hat dann die Parameter

$$(4.90) \qquad k'' = k + k'$$

und

$$(4.91) \qquad r'' = r + r'.$$

Die größte Schwierigkeit besteht in der Spezifizierung der Priorverteilung als Beta-Verteilung. Um dies zu erleichtern, sind im Anhang (neben den in Abb. 20 wiedergegebenen Verteilungen) einige wichtige Beta-Verteilungen graphisch dargestellt. Die Nutzung dieser Abbildungen (nach Phillips, 1973) sei an einem kleinen Beispiel erläutert:

Die plausibelste Schätzung des Populationsanteils π sei $\pi' = 0{,}7$. Anhang E4, Abb. 3 enthält 5 verschiedene Beta-Verteilungen, die alle einen Modalwert von 0,7 aufweisen. Sie unterscheiden sich lediglich in der Streuung, die – wie bereits im letzten Abschnitt erwähnt – die Sicherheit der Parameterschätzung reflektiert. Je stärker die Verteilung streut, desto unsicherer ist die Schätzung. Gibt eine dieser Verteilungen die Priorverteilung einigermaßen richtig wieder (auf die Bestimmung weiterer Beta-Verteilungen mit dem gleichen Modalwert gehen wir später ein), sind der Abbildung direkt die entsprechenden Parameter k' und r' zu entnehmen. Zur Absicherung der getroffenen Entscheidung sind unterhalb der Abbildung für jede Verteilung drei gleichwahrscheinliche Bereiche für den unbekannten Parameter π aufgeführt. Baut unsere Schätzung $\pi' = 0{,}7$ auf sehr sicheren Vorkenntnissen auf, werden wir vermutlich die steilste der fünf Beta-Verteilungen mit den Parametern $k' = 50$ und $r' = 22$ wählen. Von der Richtigkeit unserer Wahl überzeugen wir uns, indem wir überprüfen, ob die Bereiche $0 < \pi < 0{,}67$; $0{,}67 < \pi < 0{,}72$; und $0{,}72 < \pi < 1{,}00$ tatsächlich auch nach unseren Vorstellungen gleichwahrscheinlich sind. (Hilfsregel: Sollten wir darauf wetten, daß π in einem dieser 3 Bereiche liegt, müßte es uns schwerfallen, für diese Wette einen der 3 Bereiche auszuwählen.)

Nach dieser Festlegung erfolgt die eigentliche empirische Untersuchung. Wir ziehen eine Stichprobe des Umfanges n, in der die Ereignisalternative A k-mal und $\bar{A}$ r-mal auftritt. Als Schätzwert für den Anteil des Merkmals A in der Population (π) resultiert $p(A) = \dfrac{k}{k+r} = \dfrac{k}{n}$. Nehmen wir an, n sei 100, dann ergibt sich z. B. für $k = 62$ (und $r = 38$) die Wahrscheinlichkeit $p(A) = 0{,}62$.

Für die Häufigkeit der Ereignisse A und $\bar{A}$ haben wir die gleichen Symbole verwendet wie für die Parameter der Beta-Verteilung (die allerdings zusätzlich mit einem Strich versehen sind). Dies ist kein Zufall, denn es wird damit zum Ausdruck gebracht, daß die Information, die die Priorverteilung enthält, mit der Information einer Stichprobe des Umfanges $n' = k' + r'$ mit den Häufigkeiten k' für A und r' für Ā äquivalent ist. Mit der Wahl einer Beta-Verteilung $k' = 50$ und $r' = 22$ als Priorverteilung behaupten wir, daß unsere Vorinformationen mit dem Ergebnis einer Stichprobenuntersuchung gleichwertig sind, in der unter $50 + 22 = 72$ Untersuchungseinheiten 50mal die Merkmalsalternative A beobachtet wurde. Auf Grund einer solchen Stichprobe würden wir den gesuchten Parameter mit $p(A) = 50 : 72 = 0,69$ schätzen, einen Wert, der mit dem arithmetischen Mittel der Beta-Verteilung für $k = 50$ und $r = 22$ gemäß Gleichung (4.81) übereinstimmt. (Man beachte, daß die Beta-Verteilungen für $k \neq r$ nicht symmetrisch sind, daß also Modalwert und arithmetisches Mittel in diesem Falle nicht identisch sind. Unsere anfängliche Entscheidung $\pi' = 0,70$ als beste Schätzung anzusehen, bezog sich auf den Modalwert als den „wahrscheinlichsten" Wert und nicht auf den Mittelwert.) Nach Gleichungen (4.90) und (4.91) sind die Parameter der Posteriorverteilung leicht zu ermitteln. Sie lauten $k'' = 62 + 50 = 112$ und $r'' = 38 + 22 = 60$. Die Posteriorverteilung hat damit einen Mittelwert von $112 : 172 = 0,651$ und einen hiervon nur geringfügig abweichenden Modalwert von $111 : 170 = 0,653$ [gem. Gleichung (4.80)]. Der Unterschied dieser Werte wächst – wie Gleichungen (4.80) und (4.81) zeigen – mit abnehmender Summe $k + r$.

Anhang E4 enthält nur Beta-Verteilungen mit den Modalwerten 0,5; 0,6; 0,7; 0,8 und 0,9. Beta-Verteilungen mit Modalwerten $< 0,5$ sind deshalb nicht aufgeführt, weil die Parameter k und r symmetrisch sind. Verteilungen mit einem Modalwert bei 0,4 z. B. sind die Spiegelbilder der Verteilungen mit einem Modalwert bei 0,6. Verteilungen, deren Modalwerte unter 0,5 liegen, erhält man also einfach durch Vertauschen der Parameter k und r.

Trifft keine der im Anhang E4 wiedergegebenen Verteilungen die Vorstellung über die Priorverteilung, wird man probeweise andere als die dort herausgegriffenen Parameter in Gleichung (4.79) einsetzen und sich die dann resultierende Verteilung graphisch veranschaulichen. (In der Regel genügen hierfür einige Punkte.) Auf die Wiedergabe von Beta-Verteilungen $k < 1$ und $r < 1$ wurde verzichtet, weil diese Beta-Verteilungen u-förmig sind und deshalb äußerst selten als Priorverteilungen für einen zu schätzenden Populationsanteil infrage kommen.

Auf S. 269 wurde bereits darauf hingewiesen, daß bei einer Normalverteilung prinzipiell beliebig viele Intervalle existieren, über denen sich 95 % (99 %) der Gesamtfläche befinden. Dies gilt natürlich ebenso für die Beta-Verteilung, auch wenn diese nur zwischen den Werten 0 und 1 definiert ist. Die formal gleichwertigen Intervalle unterscheiden sich jedoch in ihrer Länge. Als Glaubwürdigkeitsintervall wählen wir das kürzeste Intervall bzw. das Intervall mit der höchsten Wahrscheinlichkeitsdichte.

Um diese Intervalle zu finden, benötigen wir das Integral der Beta-Verteilung. Wir suchen diejenigen Grenzen, zwischen denen sich einerseits 95 % (99 %) der Gesamtfläche befinden und die andererseits einen minimalen Abstand voneinander haben. Diese Grenzen für die jeweilige Beta-Verteilung, die als Posteriorverteilung resultiert, zu finden, ist rechnerisch sehr aufwendig. Sie sind deshalb für die gebräuchlichsten Beta-Verteilungen im Anhang E5 tabellarisch aufgeführt.

Die Tabellen enthalten die Grenzen für 95 %ige und 99 %ige Glaubwürdigkeitsintervalle von Beta-Verteilungen mit den Parametern $k \leq 60$ und $r \leq 60$. Resultiert für die Posteriorverteilung eine Beta-Verteilung, deren Parameter außerhalb dieser

Grenzen liegen (was leicht passiert, wenn relativ große Stichproben untersucht werden), macht man sich die Tatsache zunutze, daß die Beta-Verteilung mit wachsendem k und r in eine Normalverteilung übergeht. Die Grenzen der Glaubwürdigkeitsintervalle können dann nach der schon bekannten Formel für normal verteilte Zufallsvariablen ermittelt werden.

obere Grenze $= \mu'' + 1{,}96 \cdot \sigma''$ (95 %iges Glaubwürdigkeitsintervall)

untere Grenze $= \mu'' - 1{,}96 \cdot \sigma''$

obere Grenze $= \mu'' + 2{,}58 \cdot \sigma''$ (99 %iges Glaubwürdigkeitsintervall)

untere Grenze $= \mu'' - 2{,}58 \cdot \sigma''$.

μ'' und σ'' werden nach den Gleichungen (4.81) und (4.82) bestimmt.
Im oben erwähnten numerischen Beispiel resultierte als Posteriorverteilung eine Beta-Verteilung mit $k'' = 112$ und $r'' = 60$, deren Glaubwürdigkeitsintervalle nicht mehr tabelliert sind. Wir verwenden deshalb die Normalverteilungsapproximation und ermitteln

$$\mu'' = \frac{112}{112 + 60} = 0{,}65$$

sowie

$$\sigma'' = \sqrt{\frac{112 \cdot 60}{(112 + 60)^2 \cdot (112 + 60 + 1)}} = 0{,}036 \, .$$

Damit hat das 95 %ige Glaubwürdigkeitsintervall folgende Grenzen:

obere Grenze $= 0{,}65 + 1{,}96 \cdot 0{,}036 = 0{,}72$

untere Grenze $= 0{,}65 - 1{,}96 \cdot 0{,}036 = 0{,}58$.

Die Normalverteilungsapproximation führt zu brauchbaren Resultaten, wenn k(oder r) > 60 und r(oder k) > 10.

Als *diffuse Priorverteilung*, die den Zustand totaler Informationslosigkeit charakterisiert, wählen wir eine „Beta-Verteilung" mit $k' = 0$ und $r' = 0$. (Die Beta-Verteilung ist für diese Parameter nicht definiert, deshalb die Anführungszeichen. Dennoch verwenden wir diese Parameter zur Kennzeichnung der Informationslosigkeit, denn die eigentlich angemessene Beta-Verteilung mit $k' = 1$ und $r' = 1$ – diese Parameter definieren eine Gleichverteilung, vgl. Abb. 20 – repräsentiert keine totale Informationslosigkeit, sondern eine Stichprobe mit $n' = 2$, $k' = 1$ und $r' = 1$. Näheres zu diesem Problem s. Hays und Winkler, 1970, Kap. 8.18.) Nur für $k' = 0$ und $r' = 0$ resultiert eine Posteriorverteilung, deren Parameter ausschließlich vom Stichprobenergebnis bestimmt wird.

Ein weiteres Beispiel soll die Verwendung des Bayes'schen Ansatzes zur Schätzung eines Populationsanteils verdeutlichen. Eine pharmazeutische Firma entwickelt ein neues Präparat und will dieses in einem Tierversuch mit einer Stichprobe von $n = 15$ Tieren auf Nebenwirkungen testen. Da man mit der Wirkung ähnlicher Präparate schon viele Erfahrungen gesammelt hat, schätzt man vorab, daß ca. 8 % ($\pi = 0{,}08$) der Population behandelter Tiere Nebenwirkungen zeigen. Als Priorverteilung wird eine Beta-Verteilung mit $k' = 3$ und $r' = 24$ spezifiziert. [Durch Festlegung des Modalwertes auf 0,08 und $k' = 3$ ist r' gemäß Gleichung (4.80) auch bestimmt.] Abbildung 21 zeigt diese Priorverteilung graphisch. Die relativ geringe Streuung dieser Verteilung belegt, daß die Untersuchenden von der Richtigkeit ihrer Parameterschätzung ziemlich fest überzeugt sind.

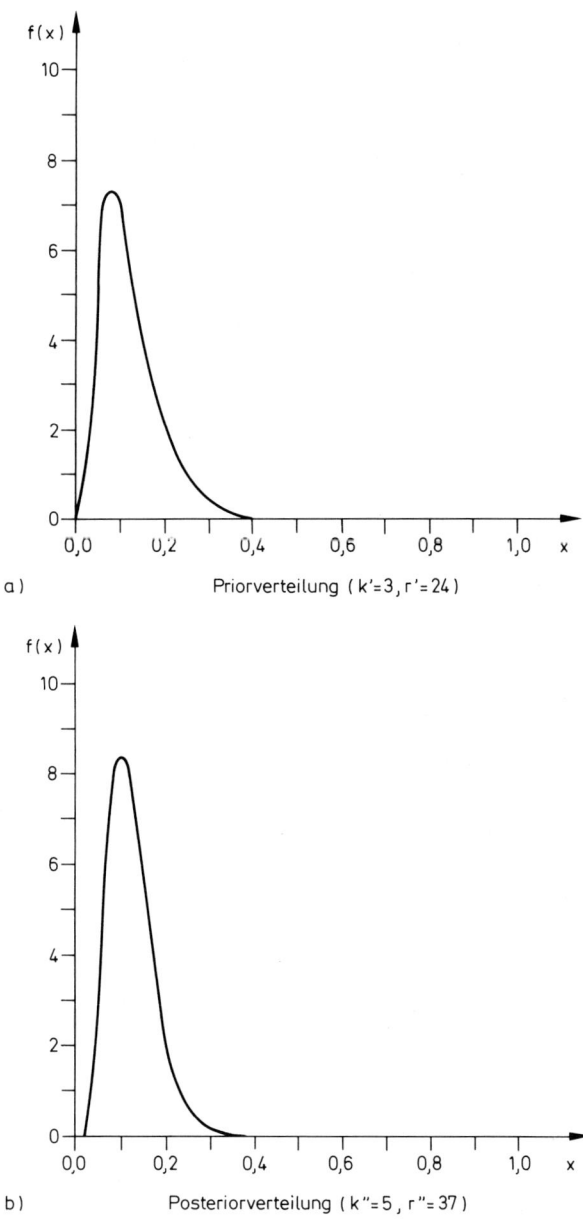

Abb. 21 a, b. Prior-Verteilung und Posterior-Verteilung für die Wahrscheinlichkeit von Nebenwirkungen eines neuen Präparates

Bei der Überprüfung der n = 15 behandelten Tiere möge sich herausstellen, daß 2 Tiere (k = 2) Nebenwirkungen zeigen. Damit ist r = 13. Für die Posteriorverteilung resultieren die Parameter $k'' = 3 + 2 = 5$ und $r'' = 24 + 13 = 37$. Abbildung 21 veranschaulicht auch diese Verteilung. Sie ist noch steiler als die Priorverteilung und hat einen Modalwert von 0,1. Das 95%ige Glaubwürdigkeitsintervall entnehmen wir Anhang E5. Es lautet 0,032 bis 0,217. Der wahre Anteil von Tieren, bei denen das Präparat Nebenwirkungen zeigt, liegt also mit einer „Wahrscheinlichkeit" von 95% im Bereich 3,2% bis 21,7%.

Wie bereits bei der Schätzung von Populationsmittelwerten fragen wir auch hier, mit welchen Anteilen die Vorinformationen (Priorverteilung) und das Stichprobenergebnis in die Posteriorverteilung eingehen. Die Priorverteilung ist einem Stichprobenergebnis mit $k' = 3$, $r' = 24$ und $n' = k' + r' = 27$ äquivalent. Untersucht wurden n = 15 Tiere, d.h. die Vorinformationen haben ein Gewicht von $\dfrac{27}{27 + 15} = 0{,}64$ und das Stichprobenergebnis von $\dfrac{15}{27 + 15} = 0{,}36$. Die Vorinformationen fallen in dieser Untersuchung stärker ins Gewicht als die empirische Evidenz.

Ohne Vorinformationen müßten wir für die Priorverteilung $k' = 0$ und $r' = 0$ annehmen, d.h. die Posteriorverteilung hätte die Parameter $k'' = 2$ und $r'' = 13$. Für diese Verteilung entnehmen wir dem Anhang E5 ein 95%iges Glaubwürdigkeitsintervall mit den Grenzen 0,0045 und 0,2988. Wie nicht anders zu erwarten, erlaubt eine Stichprobe mit n = 15 nur eine relativ ungenaue Schätzung des Parameters. Entsprechend wird die Priorverteilung durch die Berücksichtigung des Stichprobenergebnisses nur unmaßgeblich verändert.

Das Beispiel auf S. 341 ff. (Marktanteile eines neuen Produktes) verdeutlichte die direkte Anwendung des Bayes'schen Theorems gem. Gleichung (4.78). Die Lösung des dort angesprochenen Problems wird erheblich vereinfacht, wenn wir die Eigenschaften konjugierter Verteilungen (hier Beta-Verteilungen) ausnutzen. Als Priorverteilung wurde eine Dreieckverteilung mit $f(\theta) = 2 \cdot (1 - \theta)$ spezifiziert. Diese Verteilung entspricht einer Beta-Verteilung mit $k' - 1$ und $r' = 2$:

$$f(\theta) = \frac{(k + r - 1)!}{(k - 1)! \cdot (r - 1)!} \cdot \theta^{k-1} \cdot (1 - \theta)^{r-1}$$

$$= \frac{(3 - 1)!}{(1 - 1)! \cdot (2 - 1)!} \cdot \theta^{1-1} \cdot (1 - \theta)^{2-1}$$

$$= \frac{2}{1 \cdot 1} \cdot 1 \cdot (1 - \theta)$$

$$= 2 \cdot (1 - \theta).$$

(Man beachte: $0! = 1$ und $\theta^0 = 1$.)

Mit n = 5, k = 1 und r = 4 als Stichprobenergebnis erhalten wir eine Posteriorverteilung mit $k'' = 2$ und $r'' = 6$. Wie die folgenden Umformungen zeigen, ist diese Beta-Verteilung mit der Verteilung $f(\theta|y) = 42 \cdot \theta \cdot (1 - \theta)^5$, die wir nach direkter Anwendung des Bayes'schen Theorems errechneten, identisch:

$$f(\theta|y) = \frac{(2 + 6 - 1)!}{(2 - 1)! \cdot (6 - 1)!} \cdot \theta^{2-1}(1 - \theta)^{6-1}$$

$$= \frac{7!}{1! \cdot 5!} \cdot \theta^1 \cdot (1 - \theta)^5$$

$$= 42 \cdot \theta \cdot (1 - \theta)^5.$$

Auf S. 351 wurde in Zusammenhang mit der Schätzung von Populationsmittelwerten vor der mißbräuchlichen Anwendung des Bayes'schen Ansatzes gewarnt. Die dort vorgebrachten Argumente und Empfehlungen gelten selbstverständlich auch für die Schätzung von Populationsanteilen nach dem Bayes'schen Theorem.

4.2.6 Übersicht populationsbeschreibender Untersuchungen

Kapitel 4 behandelt Untersuchungsarten, deren gemeinsames Ziel die Beschreibung von Populationen bzw. die Schätzung von Populationsparametern ist. Wir untersuchten hierbei die in der Praxis am häufigsten interessierenden Populationsmittelwerte und Populationsanteile. Vollerhebungen sind hierfür in den meisten Fällen unzweckmäßig, denn sie erfordern einen zu hohen Kosten- und Zeitaufwand. Sie versagen vor allem bei der Erfassung von Merkmalen, die einem raschen zeitlichen Wandel unterliegen. Die ausschnittsweise Erfassung von Populationen durch Stichproben, die erheblich schneller und billiger zu untersuchen sind und die zu Resultaten führen, deren Präzision bei sorgfältiger Planung der einer Vollerhebung kaum nachsteht, ist deshalb ein für die Sozialwissenschaften unverzichtbares Untersuchungsinstrument.

Eine optimale Nutzung der vielfältigen Stichprobenpläne setzt eine gründliche theoretische Auseinandersetzung mit dem zu untersuchenden Merkmal bzw. mit der zu beschreibenden Population sowie das Studium von evtl. bereits durchgeführten Untersuchung zur selben Thematik voraus. Die Berücksichtigung von Vorkenntnissen kann die Präzision einer Parameterschätzung beträchtlich erhöhen und den technischen und finanziellen Untersuchungsaufwand entscheidend reduzieren. In diesem Sinne verwertbare Vorkenntnisse betreffen

1. das zu untersuchende Merkmal selbst (Art der Verteilung des Merkmals, Streuung des Merkmals, Vorstellungen über die Größe des unbekannten Parameters, „Wahrscheinlichkeitsverteilung" des Parameters)
2. andere, mit dem zu erhebenden Merkmal zusammenhängende Merkmale, die eine einfache Untergliederung (Schichtung) der Population gestatten (Umfang der Schichten und Streuung des zu erhebenden Merkmals in den Schichten).
3. Besonderheiten bezüglich der Zusammensetzung der Population (natürlich zusammenhängende Teilgesamtheiten oder Klumpen).
4. Stichproben, die bezüglich des interessierenden Merkmals bereits untersucht wurden.

Hat man sich vergewissert, daß auf keine derartigen Vorkenntnisse zurückgegriffen werden kann, daß eine Untersuchung also „wissenschaftliches Neuland" betritt, kommt als Stichprobenart nur die einfache *Zufallsstichprobe* infrage. Sie setzt voraus, daß jede Untersuchungseinheit der Population individuell erfaßt ist, so daß ein Auswahlplan erstellt werden kann, der gewährleistet, daß jede einzelne Untersuchungseinheit mit gleicher Wahrscheinlichkeit Teil der Stichprobe wird. Der Stichprobenumfang ist hierbei nicht willkürlich, sondern in Abhängigkeit von der gewünschten Schätzgenauigkeit (Breite des Konfidenzintervalls) festzulegen. Auf S. 277ff. diskutierten wir Möglichkeiten, den erforderlichen Stichprobenumfang auch dann zu kalkulieren, wenn die Streuung der Merkmale in der Population unbekannt ist.

Nur wenige populationsbeschreibende Untersuchungen erfüllen die Erfordernisse einer Zufallsstichprobe perfekt. Entweder ist die vollständige Liste aller zur Population zählenden Untersuchungseinheiten unbekannt, oder man wählt die Stichprobe nach einem Verfahren aus, das keine konstante Auswahlwahrscheinlichkeit für jede Untersuchungseinheit garantiert. Nicht selten verletzen populationsbeschreibende Untersuchungen beide Voraussetzungen.

Dies muß nicht immer ein Zeichen für eine oberflächliche oder nachlässige Untersuchungsplanung sein. In seinem Bemühen, beide Kriterien erfüllen zu wollen, steht der Untersuchende oft vor unüberwindlichen Schwierigkeiten, denn sie machen einen Untersuchungsaufwand erforderlich, der häufig in keinem Verhältnis zu den zu erwartenden Erkenntnissen steht. Man begnügt sich deshalb mit der Untersuchung von „Pseudozufallsstichproben" oder „anfallenden" Stichproben, die aus einer mehr oder weniger beliebigen, leicht zugänglichen Ansammlung von Untersuchungseinheiten bestehen.

Diese Untersuchungen sind unwissenschaftlich, wenn ihre Ergebnisse leichtfertig auf Populationen verallgemeinert werden, die tatsächlich nicht einmal auszugsweise geschweige denn nach Kriterien reiner Zufallsauswahlen untersucht wurden. Sie haben bestenfalls den Charakter explorativer, hypothesengenerierender Untersuchungen und sollten auch als solche deklariert werden.

Wenn schon – aus welchen Gründen auch immer – bei vielen populationsbeschreibenden Untersuchungen auf die Ziehung einer reinen Zufallsstichprobe verzichtet werden muß, sollte der Untersuchungsbericht zumindest folgende Fragen diskutieren:

- Für welche Population sollen die Untersuchungsergebnisse gelten?
- Nach welchem Verfahren wurden die Untersuchungseinheiten der Stichprobe ausgewählt?
- Inwieweit ist die Generalisierung der Ergebnisse durch Besonderheiten des Auswahlverfahrens eingeschränkt?
- Gibt es strukturelle Besonderheiten der Population, die eine Verallgemeinerung der Ergebnisse auch auf andere, nicht untersuchte Populationen rechtfertigen?
- Welche Tragweite (Präzision) haben die Ergebnisse angesichts des untersuchten Stichprobenumfangs?
- Welche Überlegungen nahmen Einfluß auf die Festlegung des Stichprobenumfangs?

Untersuchungen, die diese Punkte kompromißlos diskutieren und Schwächen nicht verschweigen, können an Glaubwürdigkeit nur gewinnen (in vielen Punkten vorbildlich ist hierfür z. B. eine Untersuchung von Lenski, 1963, zit. nach Sudman, 1976). Dies gilt nicht nur für Untersuchungen mit einfachen Zufallsstichproben (oder „Pseudozufallsstichproben"), sondern natürlich auch für die im folgenden zusammengefaßten „fortgeschrittenen" Stichprobenpläne, deren statistische Auswertung letztlich ebenfalls zufällige Auswahlen voraussetzt. Im Vorgriff auf Kap. 5 und 6 sei bereits jetzt darauf hingewiesen, daß sich die hier geforderte freimütige Darlegung der Art der Stichprobenziehung auch auf hypothesenprüfende Untersuchungen bezieht.

Im Vergleich zu einfachen Zufallsstichproben wird die Parameterschätzung erheblich präziser, wenn es gelingt, die Population nach einem Merkmal zu schichten, von dem bekannt ist, daß es mit dem untersuchten Merkmal hoch korreliert. Die endgültige Stichprobe setzt sich dann aus homogenen Teilstichproben zusammen, die den Populationsschichten zufällig entnommen wurden. Der Vorteil *geschichteter Stichproben* gegenüber einfachen Stichproben kommt jedoch erst dann voll zum Tragen, wenn zusätzlich zum Schichtungsmerkmal die Größen der Teilpopulationen sowie deren Streuungen bekannt sind.

Schichtungsmerkmale sollten nicht nur mit dem untersuchten Merkmal hoch korrelieren sondern zugleich einfach erhebbar sein. Intelligenz- und Einstellungsvariablen sind beispielsweise Merkmale, die zwar mit vielen sozialwissenschaftlich interessanten Merkmalen zusammenhängen; der Aufwand, der zu ihrer Erfassung erforderlich ist, macht sie jedoch als Schichtungsmerkmal praktisch unbrauchbar. Korrelieren hingegen einfache Merkmale wie Alter, Geschlecht, Einkommen, Art der Ausbildung, etc. mit dem zu untersuchenden Merkmal, sind die Randbedingungen für eine geschichtete Stichprobe weitaus günstiger.

Bisher gingen wir davon aus, daß die Schichtung nur in bezug auf ein Merkmal vorgenommen wird. Dies ist jedoch keineswegs erforderlich und bei Untersuchungen, die gleichzeitig mehrere Merkmale erheben (Omnibusuntersuchung), auch nicht sehr sinnvoll. Hängen nämlich die einzelnen zu untersuchenden Merkmale mit jeweils anderen Schichtungsmerkmalen zusammen, kann bei einer nur nach einem Merkmal geschichteten Stichprobe natürlich nur dasjenige Merkmal genauer geschätzt werden, das mit dem Schichtungsmerkmal korreliert. Die Parameter der übrigen Merkmale werden dann genauso exakt geschätzt wie mit einer einfachen Zufallsstichprobe. In diesem Falle und im Falle eines Untersuchungsmerkmals, das mit mehreren Schichtungsmerkmalen zusammenhängt, empfiehlt es sich, die Schichtung gleichzeitig nach mehreren Merkmalen vorzunehmen.

Sind beispielsweise sowohl das Geschlecht (männlich-weiblich) als auch das Einkommen der Untersuchungsteilnehmer (geringes-mittleres-hohes Einkommen) wichtige Schichtungsmerkmale, hätte man Stichproben aus sechs Teilgesamtheiten, die als Kombinationen dieser beiden Merkmale resultieren, zu untersuchen. Dieser Aufwand lohnt sich allerdings nur, wenn auch die Umfänge und Streuungen dieser Teilpopulationen bekannt sind.

Den geringsten untersuchungstechnischen Aufwand (auch im Vergleich zu einfachen Zufallsstichproben) bereiten Untersuchungen, welche Populationen beschreiben, die sich aus vielen kleinen, heterogenen (und wenn möglich gleich großen) Teilgesamtheiten *(Klumpen)* zusammensetzen. Hier kann auf eine vollständige Liste aller Untersuchungseinheiten der Population verzichtet werden; es genügt eine Zusammenstellung aller Klumpen, aus der eine zufällige Auswahl getroffen wird. Man untersucht jeden ausgewählten Klumpen vollständig, d. h. mit allen Untersuchungseinheiten. Gleichheit aller Klumpen und Verschiedenartigkeit der Untersuchungseinheiten innerhalb der Klumpen sind hier die besten Voraussetzungen für eine präzise Parameterschätzung.

Diese idealen Verhältnisse wird man allerdings in der Praxis selten antreffen. Zwar setzt sich eine Population häufig aus mehreren natürlich gewachsenen Teilgesamtheiten oder Klumpen zusammen; diese sind jedoch häufig zu groß, um einige von ihnen vollständig erheben zu können. Die in diesem Falle einschlägige *zweistufige* (oder *mehrstufige*) *Stichprobe* untersucht die ausgewählten Klumpen nur stichprobenartig. Erneut benötigt man keine vollständige Liste aller Untersuchungseinheiten der Population, sondern lediglich Aufstellungen derjenigen Untersuchungseinheiten, die sich in den ausgewählten Klumpen (bzw. bei mehrstufigen Stichproben in den Einheiten der letzten Auswahlstufe) befinden.

Die geschichtete und die Klumpenstichprobe sind als Spezialfälle einer zweistufigen Stichprobe darstellbar. Lassen wir die Klumpen einer zweistufigen Stichprobe größer und damit deren Anzahl kleiner werden, nähern wir uns den Verhältnissen einer geschichteten Stichprobe. Besteht die Population schließlich nur noch aus wenigen, sehr großen „Klumpen", die alle stichprobenartig untersucht werden, entspricht die zweistufige Stichprobe einer geschichteten Stichprobe. Wächst hingegen bei einer zweistufigen Stichprobe die Anzahl der Klumpen (was bei einer gegebenen Population einer Verkleinerung der Klumpenumfänge gleichkommt), können wir auf die Ziehung von Stichproben aus den Klumpen verzichten und einige Klumpen vollständig untersuchen. Die zweistufige Stichprobe wäre dann einer Klumpenstichprobe gleichzusetzen.

Auf S. 309 wurde gezeigt, wann eine zweistufige Stichprobe zu besonders präzisen Parameterschätzungen führt: Mit wachsender Klumpenanzahl (bzw. abnehmender Klumpengröße) verbessern in sich heterogene aber untereinander homogene Klumpen die Parameterschätzung. Für wenige, aber große Klumpen hingegen sind in sich homogene, aber untereinander heterogene Klumpen vorteilhaft.

Stichproben, in denen einige bereits untersuchte Personen *wiederverwendet* werden, gewährleisten ebenfalls präzisere Parameterschätzungen als einfache Zufallsstichproben. Dies setzt allerdings voraus, daß die zu einem früheren Zeitpunkt erhobenen Messungen mit den aktuellen Messungen korrelieren. Die Höhe dieser Korrelation bestimmt, welcher Anteil an wiederverwendeten und neuen Untersuchungseinheiten die Parameterschätzung optimiert.

Geschichtete Stichproben, Klumpenstichproben, zwei- (oder mehr)stufige Stichproben und Stichproben mit wiederholten Messungen wurden bisher als vier alternative Stichprobenpläne behandelt. Die Elemente dieser Stichprobenpläne lassen sich jedoch beliebig zu neuen, komplexeren Stichprobenplänen vereinen. Man könnte beispielsweise bei einer zweistufigen Stichprobe aus den Klumpen keine Zufallsstichproben, sondern geschichtete Stichproben ziehen, in denen sich zusätzlich einige Untersuchungseinheiten befinden, die bereits zu einem früheren Zeitpunkt untersucht wurden (Beispiel: In jeder ausgewählten Universität wird eine nach dem Merkmal „Studienfach" geschichtete Stichprobe gezogen und in jeder Stichprobe befinden sich einige wiederholt untersuchte Personen). Oder man entnimmt den Teilpopulationen einer geschichteten Stichprobe keine Zufallsstichproben (einfache geschichtete Stichprobe) sondern einzelne zufällig ausgewählte Klumpen, die ihrerseits vollständig erhoben werden (Beispiel: Man zieht eine geschichtete Stichprobe von Hortkindern mit dem Schichtungsmerkmal „Art des Hortes": staatlich oder kirchlich gefördert. Statt zweier Zufallsstichproben aus diesen Teilpopulationen untersucht man einige zufällig ausgewählte Horte beider Schichten vollständig).

Diese Beispiele mögen zur Verdeutlichung von Kombinationsmöglichkeiten genügen. Es sei jedoch nicht verschwiegen, daß die „Mathematik" derartiger Kombinationspläne häufig sehr schwierig ist. (Als Beispiel für einen komplexeren Stichprobenplan sei das „ADM-Mastersample" der Arbeitsgemeinschaft Deutscher Marktforschungsinstitute erwähnt, das bei Böltken, 1976, S. 367 kurz und bei Wendt, 1971, ausführlich beschrieben wird.)

Die letzte hier behandelte Art von Vorkenntnissen, die zur Verbesserung einer Parameterschätzung eingesetzt werden kann, betrifft den zu schätzenden Parameter selbst. Wenn man – sei es aufgrund von Voruntersuchungen oder anderer Erkenntnisse – eine mehr oder weniger präzise Vorstellung über den „wahrscheinlichsten" Parameter hat, wenn man bestimmte Parameterausprägungen als zu „unwahrscheinlich" ausschließen kann und wenn man für die im Prinzip in Frage kommenden Parameter eine Wahrscheinlichkeitsverteilung (Dichteverteilung) in Form einer Priorverteilung spezifizieren kann, ermöglicht die *Bayes'sche Statistik* eine Parameterschätzung, die sowohl die Vorkenntnisse als auch das Resultat einer Stichprobenuntersuchung berücksichtigt. Dieser für viele sozialwissenschaftliche Fragen angemessene Ansatz (wann kommt es schon einmal vor, daß eine Untersuchung ohne jegliche Vorkenntnisse über das zu erhebende Merkmal begonnen wird?) kann Parameterschätzungen deutlich verbessern. Er bereitet dem unerfahrenen Forscher in seinem Bemühen, evtl. Vorkenntnisse in eine angemessene Priorverteilung zu transformieren, allerdings gelegentlich Schwierigkeiten. Dennoch ist es ratsam, sich im Umgang mit dieser Methode zu üben, denn schließlich ist es nicht einzusehen, warum das in vergangenen Forschungen erarbeitete Wissen bei einem aktuellen Schätzproblem unberücksichtigt bleiben soll. Zudem gestattet es der Bayes'sche Ansatz, den Einfluß der subjektiven Vorinformationen auf die Parameterschätzung zu kontrollieren. Die Verwendung sog. *„diffuser Priorverteilungen"* macht die Bestandteile, die in die Parameterschätzung eingehen, transparent. So verstanden kann der Bayes'sche Ansatz die sozialwissenschaftliche Forschungspraxis erheblich bereichern.

Das empirische Untersuchungsergebnis, das im Bayes'schen Ansatz mit dem Vorwissen kombiniert wird, basiert nach unseren bisherigen Ausführungen auf einer einfachen Zufallsstichprobe. Auch diese Einschränkung ist nicht zwingend. Weiß man nicht nur, wie der zu schätzende Parameter ungefähr „verteilt" ist, sondern zusätzlich, daß bestimmte, einfach zu erhebende Merkmale mit dem untersuchten Merkmal hoch korrelieren bzw. daß sich die Stichprobe aus vielen heterogenen Klumpen oder wenigen homogenen Klumpen zusammensetzt, kann auch im Bayes'schen Ansatz die einfache Zufallsstichprobe durch eine geschichtete Stichprobe, eine Klumpenstichprobe oder eine mehrstufige Stichprobe ersetzt werden. Für Schätzprobleme steht damit ein Instrumentarium zur Verfügung, das alle vorhandenen Vorkenntnisse optimal nutzt.

Abschließend sei hier auf eine weitere, in der Umfrageforschung nicht unumstrittene Stichprobentechnik eingegangen: Das *Quotenverfahren*. Bei diesem Verfahren werden dem Interviewer lediglich die prozentualen Anteile (Quoten) innerhalb der zu untersuchenden Population genannt (z. B. 30% Jugendliche aus Arbeiterfamilien, 20% aus Unternehmerfamilien, 20% aus Beamtenfamilien sowie 30% aus Angestelltenfamilien; gleichzeitig sollen 50% der befragten Jugendlichen über ein Einkommen unter DM 500,–, 30% über ein Einkommen zwischen DM 500,– und DM 1000,– sowie 20% über ein Einkommen über DM 1000,– verfügen). Die Auswahl der innerhalb dieser Quoten zu befragenden Personen bleibt dem Interviewer überlassen.

Zwei zentrale Kritikpunkte lassen dieses Verfahren problematisch erscheinen:

1. Es resultieren nicht repräsentative Stichproben, wenn die Quoten nur die prozentualen Zusammensetzungen der einzelnen Merkmale, aber nicht die ihrer Kombinationen wiedergeben. (Die prozentualen Aufteilungen der Merkmale „Beruf des Haushaltsvorstandes" und „Einkommen der Jugendlichen" sagen nichts über die Anteile der Merkmalskombinationen – z. B. Jugendliche aus Arbeiterfamilien mit einem Einkommen unter DM 500,– – aus.)
2. Der Interviewer „erfüllt" seine Quoten nicht nach dem Zufallsprinzip, sondern nach eigenem Ermessen (er meidet beispielsweise Personen in höheren Stockwerken oder Personen in entlegenen Gegenden). Die Stichprobe ist deshalb ein falsches Abbild der eigentlich zu untersuchenden Population.

Parameterschätzungen, die aus Quotenstichproben abgeleitet werden, beziehen sich deshalb in der Regel nicht auf die eigentliche Zielpopulation sondern auf eine fiktive, selten genau zu beschreibende Population. Dennoch wird diese Stichprobentechnik von Fall zu Fall als Notbehelf akzeptiert, wenn z. B. die Liste aller Untersuchungseinheiten einer Population nicht bekannt ist oder nicht erstellt werden kann bzw. wenn eine echte Zufallsauswahl zu hohe Kosten oder zuviel Zeit erfordert (ausführlicher wird das Quotenverfahren z. B. bei Koolwijk, 1974b, Kap. 3 oder bei Noelle, 1967, behandelt).

Kapitel 5. Untersuchungen zur Überprüfung unspezifischer Hypothesen ohne Effektgrößen

Im Mittelpunkt der in Kap. 3 und 4 behandelten Arten empirischer Untersuchungen stand die Beschreibung. Wir unterschieden hierbei Untersuchungen, deren Ergebnisse über die untersuchten Personen hinaus gültig sein sollen (hierfür wurde in Kap. 4 als Instrument zur Beschreibung von Populationen die repräsentative Stichprobe eingeführt) und Untersuchungen beliebiger Untersuchungseinheiten, die ausschließlich der Formulierung von Hypothesen über den Untersuchungsgegenstand dienen.

Im Unterschied zu deskriptiven Untersuchungen erfordern die in diesem Kapitel zu behandelnden Untersuchungen Vorkenntnisse, die es dem Forscher ermöglichen, bereits vor Durchführung der Untersuchung eine präzise und gut begründete Hypothese zu formulieren. Die Hypothese sollte präzise sein, damit nach Abschluß der Untersuchung zweifelsfrei festgestellt werden kann, ob das Untersuchungsergebnis der Hypothese widerspricht oder ob es die Hypothese bestätigt. Sie sollte gut begründet sein, um den mit einer Untersuchung notwendigerweise verbundenen Aufwand rechtfertigen zu können.

Hypothesenprüfende Untersuchungen sind analytische Untersuchungen. Sie überprüfen die in einer Hypothese zusammengefaßten Vermutungen über Ursachen der in der Realität beobachteten Zusammenhänge, Unterschiede, Veränderungen, etc. Ihr Ziel ist die Erklärung sozialwissenschaftlicher Phänomene bzw. die Prognose zukünftiger Entwicklungen.

Ein wesentlicher Qualitätsaspekt hypothesenprüfender Untersuchungen ist ihr Beitrag zur Stützung kausaler Erklärungsansätze. Wohl der größte Teil aller Forschungsbemühungen in den Sozialwissenschaften ist darauf ausgerichtet, Gründe für die sie interessierenden Phänomene herauszufinden, Ursache-Wirkungs-Beziehungen zu identifizieren oder kurz: Kausalitäten zu bestätigen. Kausalität läßt sich jedoch – dies sei vorweggenommen – empirisch niemals zweifelsfrei nachweisen. (Eine Einführung und weiterführende Literatur zur Kausalitätsproblematik findet der Leser z. B. bei Eberhard, 1977, S. 30 ff.) Dessen ungeachtet unterscheiden sich hypothesenprüfende Untersuchungen graduell in der „logischen Stringenz ihrer Beweisführung" bzw. in der Anzahl kausaler Erklärungsalternativen für ihre Ergebnisse. Ein Ergebnis gilt erst dann als Beleg für Kausalität, wenn sein Zustandekommen nur durch ein einziges Kausalmodell erklärbar ist. Eine wichtige Aufgabe dieses Kapitels wird es sein, die zahlreichen Varianten hypothesenprüfender Untersuchungen daraufhin zu analysieren, **ob bzw. in welchem Ausmaß der Aufbau der Untersuchung in diesem Sinne schlüssige Ergebnisinterpretationen vorschreibt.** Auf S. 29 bezeichneten wir diese Eigenschaft empirischer Untersuchungen als *interne Validität.*

Ermittelt eine Untersuchung beispielsweise eine bedeutsame Korrelation zweier Variablen A und B, läßt dieser Befund mehrere gleichwertige Interpretationen zu: A beeinflußt B, B beeinflußt A, A und B beeinflussen sich wechselseitig bzw. A und B werden durch eine dritte Variable C oder weitere Variablen beeinflußt. Der Korrelationskoeffizient favorisiert keines dieser alternativen Kausalmodelle.

Schlüssiger ließe sich demgegenüber eine Untersuchung interpretieren, bei der die Untersuchungseinheiten den Stufen einer unabhängigen Variablen (Untersuchungsbedingungen) nach einem Zufallsverfahren zugeordnet werden (*Randomisierung*) und bei der die Wirksamkeit von Störvariablen möglichst weitgehend ausgeschlossen ist, so daß Unterschiede im Verhalten der Untersuchungsteilnehmer nur durch die verschiedenartigen Untersuchungsbedingungen erklärbar sind. Eine nach diesem Muster durchgeführte Untersuchung (wir bezeichneten sie auf S. 29 ff. als *experimentelle Untersuchung*) kann eine Kausalhypothese eindeutiger bestätigen als eine einfache Korrelationsstudie.

Die Vorteile einer kontrollierten Experimentaluntersuchung gegenüber einer Korrelationsstudie könnten es nahelegen, „höherwertige" Untersuchungspläne generell einem „minderwertigen" Untersuchungsplan vorzuziehen. Diese Schlußfolgerung wäre falsch, denn die Formulierung einer gezielten und gut begründeten Kausalhypothese setzt entsprechende Vorkenntnisse voraus. Wissenschaften, die wie die Sozialwissenschaften relativ jung sind und deren Fragestellungen sich nicht selten an aktuellen, zeitgeschichtlichen Problemen orientieren, wären mit diesem Ansinnen überfordert. Ihre Hypothesen sind häufig allgemein gehalten und ihre Untersuchungen müssen sich vorerst damit begnügen, vermutete korrelative Zusammenhänge zu bestätigen bzw. bestimmte Variablen als potentielle Ursachen für das untersuchte Phänomen auszuschließen. Die Ergebnisse dieser Untersuchungen lassen zwar keine logisch zwingenden Kausalerklärungen zu; sie liefern dafür aber wertvolle Hinweise für weiterführende Untersuchungen zur Überprüfung gezielterer Hypothesen. Es hieße Zeit und Geld verschwenden, wollte man zu einem frühen Zeitpunkt eines Forschungsprogramms mit exakten Untersuchungen Hypothesen überprüfen, die angesichts des noch unvollkommenen Wissensstandes unbegründet und damit beliebig erscheinen. Ein optimaler Untersuchungsplan zeichnet sich nicht nur dadurch aus, daß er logisch zwingende Kausalerklärungen zuläßt, sondern auch dadurch, daß er den Wissensstand in dem untersuchten Problemfeld angemessen berücksichtigt.

Bevor wir uns den verschiedenen Hypothesenarten und dem Grundprinzip einer Hypothesenüberprüfung zuwenden, sollen zuvor Fragen erörtert werden, die die Herkunft von Hypothesen treffen. Wir präzisieren hiermit die auf S. 11 ff. wähnten Anregungen, eine interessante Untersuchungsidee zu finden, greifen jetzt aber nur solche Untersuchungsideen auf, die sich als begründete Hypothesen formulieren lassen. Für Untersuchungsideen, die in einem bislang nur wenig erforschten Bereich angesiedelt sind und die sich noch nicht in konkrete Forschungshypothesen umsetzen lassen, sind die in Kap. 3 vorgeschlagenen Untersuchungsvarianten vorzuziehen. Die folgenden Untersuchungsarten überprüfen

1. durch hypothesenerkundende Untersuchungen bzw. eigene Überlegungen angeregte Vermutungen oder
2. aus mehr oder weniger bewährten Theorien abgeleitete Hypothesen (Hypothesen im eigentlichen Sinne).

Hypothesenprüfende Untersuchungen sind Bausteine für Theorien. Untersuchungen, die eine aus Punkt 1 gewonnene Vermutung bestätigen, bilden das Kernstück einer neuen Theorie. Diese wird durch weitere bestätigende Untersuchungen sowie durch ihre Bewährung in der Praxis ausgebaut. Untersuchungen, die eine nach Punkt 2 gewonnene Hypothese bestätigen, tragen zur Erweiterung oder Verfestigung des in der Theorie bereits zusammengefaßten Wissens bei. Widerspricht das Untersuchungsergebnis einer solchen Hypothese, bedeutet dies zumindest eine Einschränkung des Geltungsbereiches der Theorie. Sie gerät in Vergessenheit, wenn sie als Prädiktor für die Ergebnisse weiterer hypothesenprüfender Untersuchungen untauglich ist und wenn sie zudem in der Praxis versagt.

Das folgende Beispiel verdeutlicht die Ableitung einer Hypothese aus einer Theorie: Die Motivationspsychologie kennt eine Theorie, die besagt, daß sich Personen mit hoher Angst vor Mißerfolgen freiwillig entweder zu leichte oder zu schwere Aufgaben stellen, während nicht ängstliche Personen freiwillig Aufgaben wählen, die ihrem Leistungsvermögen angemessen sind (vgl. z.B. Heckhausen, 1980, Kap. 9). Träfe diese allgemeine Theorie zu, müßte auch die folgende, konkrete Hypothese richtig sein: Wenn Studenten für eine Prüfung freiwillig ein Spezialgebiet wählen können, bevorzugen ängstliche bzw. mißerfolgsmotivierte Studenten entweder ein zu leichtes oder ein zu schweres Spezialgebiet. Studenten, die ohne Angst erfolgsmotiviert sind, wählen hingegen ein ihrem Leistungsstand angemessenes Spezialgebiet. Diese Hypothese ließe sich mit einer Untersuchung überprüfen, die die relative Schwierigkeit von Spezialgebieten (zu leicht – angemessen – zu schwer) als abhängige Variable mit der unabhängigen Variablen „erfolgsmotiviert vs. mißerfolgsmotiviert" in Beziehung setzt.

Einen besonderen Stellenwert hat das sog. *Entscheidungsexperiment* (experimentum crucis), dessen Ausgang eine von zwei (oder mehr) rivalisierenden Theorien begünstigt.

5.1 Statistische Grundprinzipien der Hypothesenprüfung

Hypothesen werden in der empirischen Sozialforschung üblicherweise mit statistischen Hypothesentests (*Signifikanztests*) geprüft, deren Grundprinzip wir im folgenden darstellen. Leser, denen die Logik des statistischen Hypothesentestens bereits geläufig ist, können die folgenden Seiten überschlagen und die Lektüre mit Kap. 5.2 (Varianten hypothesenprüfender Untersuchungen) bzw. mit Kap. 5.1.3 (Probleme der Signifikanztests) wieder aufnehmen.

5.1.1 Hypothesenarten

Die aus Voruntersuchungen, eigenen Beobachtungen, Überlegungen bzw. aus Theorien abgeleiteten Vermutungen bezüglich des in Frage stehenden Untersuchungsgegenstandes bezeichnen wir als eine *Forschungshypothese*. Forschungshypothesen sind allgemein formuliert, d. h. sie beziehen sich nicht nur auf die konkret geprüften Untersuchungseinheiten, sondern auf diejenigen Populationen, für die die Untersuchungseinheiten repräsentativ sind (vgl. Kap. 4.1.1). Mit der Forschungshypothese werden der Geltungsbereich der Hypothese (d. h. die Population, für die die Hypothese gelten soll) und damit auch die Merkmale der zu untersuchenden Stichprobe festgelegt. Die mit der Forschungshypothese verknüpfte Aussage sollte prinzipiell in einen „wenn-dann"-Satz (bzw. „je-desto"-Satz) (vgl. S. 28) transformierbar sein.

Allgemeine Forschungshypothesen sind z. B.

- Zusammenhangshypothesen: Zwischen zwei oder mehr Merkmalen besteht ein Zusammenhang. (Ein Beispiel: Zwischen den Merkmalen „Fehlzeiten" und „Streß am Arbeitsplatz" besteht ein Zusammenhang.)
- Unterschiedshypothesen: Zwei (oder mehrere) Populationen, die die Ausprägungen einer (oder mehrerer) unabhängiger Variablen repräsentieren, unterscheiden sich bezüglich einer (oder mehrerer) abhängiger Variablen. (Ein Beispiel: Studenten der Sozialwissenschaften, der Geisteswissenschaften und der Naturwissenschaften unterscheiden sich in ihrem politischen Engagement.)
- Veränderungshypothesen: Die über die Zeit verteilten Ausprägungen einer (oder mehrerer) unabhängigen Variablen verändern die Ausprägung einer (oder mehrerer) abhängiger Variablen bei einer (oder mehreren) Population(en). (Ein Beispiel: Wiederholte Werbung für ein Produkt erhöht die Bereitschaft, das Produkt zu kaufen.)

Der Forschungshypothese nachgeordnet ist die *operationale Hypothese*. Mit der operationalen Hypothese prognostiziert der Forscher den Ausgang einer konkreten Untersuchung (der natürlich im Einklang mit der allgemeinen Forschungshypothese stehen muß). Die operationale Hypothese resultiert aus der Untersuchungsplanung (vgl. insbesondere Kap. 1.4.5 „Probleme der Operationalisierung" und Kap. 1.4.7 „Auswahl der Untersuchungseinheiten"), d. h. ihre Formulierung setzt voraus, daß Fragen, die mit der Operationalisierung der zu untersuchenden Merkmale (bzw. der abhängigen Variablen und der unabhängigen Variablen) und der Auswahl der Untersuchungseinheiten zusammenhängen, bereits beantwortet sind. (Ein Beispiel: Bei 100 zufällig ausgewählten Mitarbeitern der Betriebe A, B und C besteht zwischen der Punktzahl in einem Fragebogen X zur Erfassung von Streß am Arbeitsplatz und der Anzahl der im Jahre 1982 registrierten Fehltage ein positiver Zusammenhang.)

Die Formulierung einer operationalen Hypothese erleichtert es dem Forscher, nochmals zu überprüfen, ob die konkret geplante Untersuchung auch wirklich zur Klärung der eingangs aufgestellten Forschungshypothese beiträgt. Die operationale Hypothese sollte so präzise formuliert sein, daß leicht entschieden werden kann, welche Untersuchungsausgänge die Forschungshypothese bestätigen und welche zu ihr im Widerspruch stehen. Eine Untersuchung erübrigt sich, wenn von vornherein feststeht, daß alle denkbaren Resultate im Einklang mit der Forschungshypothese stehen.

Nachdem feststeht, wie die Forschungshypothese auf operationaler Ebene geprüft werden soll, muß über die statistische Auswertung entschieden bzw. ein statistischer Hypothesentest ausgewählt werden. Jeder Hypothesentest überprüft formal zwei einander ausschließende *statistische Hypothesen:* die *Nullhypothese* (H_0) und die *Alternativhypothese* (H_1). Was diese Hypothesen formal beinhalten, hängt vom jeweils gewählten statistischen Verfahren ab.

Statistische Hypothesen beziehen sich – wie auch Forschungshypothesen – auf Populationen bzw. deren Parameter. Wird zur Überprüfung einer Zusammenhangshypothese (wie üblich) ein Korrelationskoeffizient (vgl. Anhang D) berechnet, lautet die H_0: Die Korrelation ϱ zwischen den untersuchten Merkmalen ist in der Population, der die Stichprobe entnommen wurde, Null, oder kurz, $H_0 : \varrho = 0$. Die entsprechende Alternativhypothese heißt dann: Die Korrelation ϱ zwischen den untersuchten Merkmalen ist in der Population, der die Stichprobe entnommen wurde, ungleich Null, oder kurz, $H_1 : \varrho \neq 0$.

Diese Art von Alternativhypothesen wird *zweiseitig* (weil keine Richtung des Zusammenhangs angegeben wurde) und *unspezifisch* genannt (weil die Höhe der Korrelation in der Population nicht näher spezifiziert wurde). Im o. g. Fehlzeitenbeispiel wurde die Richtung des Zusammenhangs spezifiziert (positiver Zusammenhang). Die statistische Alternativhypothese ist dementsprechend einseitig zu formulieren: Die Korrelation ϱ zwischen den Merkmalen „Fehlzeiten" und „Streß am Arbeitsplatz" ist positiv, oder kurz, $H_1 : \varrho > 0$. Hieraus folgt als Nullhypothese: Die Korrelation ϱ zwischen den untersuchten Merkmalen ist in der Population, aus der die Stichprobe entnommen wurde, Null oder sogar kleiner als Null. Kurz, $H_0 : \varrho \leq 0$. Ein weiteres statistisches Hypothesenpaar wäre: $H_0 : \varrho \geq 0$ und $H_1 : \varrho < 0$.

Bei einer einseitig formulierten Alternativhypothese wird die H_0 durch viele mögliche Parameter (z. B. alle $\varrho \geq 0$) repräsentiert. Wir bezeichnen derartige Hypothesen als *zusammengesetzte Hypothesen* in Abhebung von einer *punktuellen* (oder *einfachen*) Hypothese wie z. B. $H_0 : \varrho = 0$, bei der die Hypothese nur durch einen Parameter charakterisiert ist.

Für die Überprüfung von Mittelwertsunterschieden zweier Populationen lautet die H_0: zwischen den Mittelwertsparametern μ_1 und μ_2 der Populationen, denen die Stichproben entnommen wurden, besteht kein Unterschied ($H_0 : \mu_1 = \mu_2$). Hierzu formulieren wir als zweiseitige, unspezifische Alternativhypothese: Zwischen den Mittelwertsparametern μ_1 und μ_2 der Populationen, denen die Stichproben entnommen wurden, besteht ein Unterschied ($H_1 : \mu_1 \neq \mu_2$). Die entsprechende einseitige Alternativhypothese lautet hier in Kurzform: $H_1 : \mu_1 > \mu_2$ und die Nullhypothese, $H_0 : \mu_1 \leq \mu_2$. Ein weiteres Hypothesenpaar wäre $H_1 : \mu_1 < \mu_2$ und $H_0 : \mu_1 \geq \mu_2$.

Veränderungshypothesen beziehen sich im einfachsten Fall auf Unterschiede, die bei einer Population zwischen zwei Zeitpunkten bezüglich einer abhängigen Variablen erwartet werden (z. B. die Befindlichkeit von Patienten vor und nach einer Behandlung). Als Nullhypothese formulieren wir: Der Mittelwertsparameter der Population, aus der die Stichprobe entnommen wurde, ist zu beiden Zeitpunkten (t_1 und t_2) gleich ($H_0 : \mu_1 = \mu_2$). Die dazugehörende zweiseitige Alternativhypothese heißt, $H_1 : \mu_1 \neq \mu_2$. Einseitige Fragestellungen werden in folgende Hypothesenpaare umgesetzt: $H_1 : \mu_1 > \mu_2$ und $H_0 : \mu_1 \leq \mu_2$ bzw. $H_1 : \mu_1 < \mu_2$ und $H_0 : \mu_1 \geq \mu_2$.

Mit den meisten Forschungshypothesen werden Zusammenhänge, Unterschiede oder Veränderungen vorausgesagt, d. h. üblicherweise entspricht die Alternativhypothese (einseitig oder zweiseitig) der Forschungshypothese. Die Nullhypothese umschreibt damit diejenigen Parameterkonstellationen, die mit der Forschungshypothese nicht zu vereinbaren sind. Gelegentlich kommt es jedoch auch vor, daß sich mit der Forschungshypothese kein Zusammenhang, kein Unterschied oder keine Veränderung verbindet, daß also die Forschungshypothese der Nullhypothese entspricht. In diesem Falle ergeben sich für die statistische Hypothesenüberprüfung Komplikationen, auf die wir auf den S. 374 ff. im nächsten Abschnitt eingehen. **Zur Vermeidung dieser Komplikationen empfiehlt es sich, die Forschungshypothese wenn möglich so auszulegen, daß sie der Alternativhypothese entspricht.**

Üblicherweise bereitet die Umsetzung einer Forschungshypothese in die entsprechende Alternativhypothese (aus der sich dann die Nullhypothese als Gegenhypothese zwangsläufig ergibt) keine Schwierigkeiten. Problematischer ist die Aufstellung eines hypothesenadäquaten Untersuchungsplanes und die Auswahl eines angemessenen statistischen Hypothesentests. Kapitel 5.2 geht hierauf ausführlich ein. Zuvor jedoch wollen wir die gemeinsamen Bestandteile aller statistischen Hypothesentests diskutieren.

5.1.2 Statistische Hypothesenprüfung

Tests zur statistischen Überprüfung von Hypothesen heißen *Signifikanztests.* Der Signifikanztest ermittelt die Wahrscheinlichkeit, mit der das gefundene empirische Ergebnis (bzw. Ergebnisse, die noch extremer sind, als das gefundene Ergebnis) auftreten kann, wenn die Populationsverhältnisse der Nullhypothese entsprechen. Ist diese Wahrscheinlichkeit kleiner als $\alpha\%$, bezeichnen wir das Stichprobenergebnis als statistisch signifikant. Für α sind in den Sozialwissenschaften per Konvention die Werte 5% bzw. 1% festgelegt. Stichprobenergebnisse, deren Wahrscheinlichkeit bei Gültigkeit der H_0 kleiner als 5% ist, sind auf dem 5%-(Signifikanz-)Niveau signifikant (kurz: signifikant) und Stichprobenergebnisse mit Wahrscheinlichkeiten kleiner als 1% sind auf dem 1%-(Signifikanz-)Niveau signifikant (kurz: sehr signifikant).

Ein (sehr) signifikantes Ergebnis trägt damit nur sehr wenig zur Stützung der Nullhypothese bei. Man verwirft deshalb die H_0 und akzeptiert die H_1. Andernfalls, bei einem nicht signifikanten Ergebnis, wird die Nullhypothese beibehalten und die Alternativhypothese verworfen.

Dies ist die Kurzform des Aufbaus eines Signifikanztests. Seine Vor- und Nachteile werden deutlich, wenn wir seine mathematische Struktur etwas genauer betrachten bzw. wenn wir uns damit auseinandersetzen, wie der Signifikanztest die Wahrscheinlichkeit eines Stichprobenergebnisses bei Gültigkeit der Nullhypothese ermittelt.

In jeder hypothesenprüfenden Untersuchung bestimmen wir einen statistischen Kennwert, der möglichst die gesamte hypothesenrelevante Information einer Untersuchung zusammenfaßt. Hierbei kann es sich – je nach Art der Hypothese und nach Art der Variablenoperationalisierung um Mittelwertsdifferenzen, Häufigkeitsdifferenzen, Korrelationen, Quotienten zweier Varianzen, Differenzen von Rangsummen oder Prozentwerten o. ä. handeln. Unabhängig von der Art des Kennwertes gilt, daß die in einer Untersuchung ermittelte Größe des Kennwertes von den spezifischen Besonderheiten der zufällig ausgewählten Stichprobe(n) abhängt. Mit hoher Wahrscheinlichkeit wird der untersuchungsrelevante Kennwert bei einer Wiederholung der Untersuchung mit anderen Untersuchungseinheiten nicht mit dem zuerst ermittelten Wert identisch sein. Der Kennwert ist stichprobenabhängig und wird damit wie eine Realisierung einer Zufallsvariablen behandelt (vgl. S. 248).

Die Feststellung, ob es sich bei dem in einer Untersuchung gefundenen Kennwert um einen „extremen" oder eher um einen „typischen" Kennwert handelt, ist nur möglich, wenn die Dichtefunktion (bei stetig verteilten Kennwerten) bzw. die Wahrscheinlichkeitsfunktion (bei diskret verteilten Kennwerten) der Zufallsvariablen „statistischer Kennwert" bekannt ist (vgl. Tafel 24). Die Verteilung eines statistischen Kennwertes bezeichneten wir auf S. 253 (hier ging es um die Verteilung des Kennwertes „arithmetisches Mittel") als *Stichprobenkennwerteverteilung* (sampling distribution). Diese Verteilung ist unbekannt, solange wir die wahren Populationsverhältnisse (z. B. die Differenz $\mu_1 - \mu_2$ oder die Korrelation ϱ zweier Merkmale in der untersuchten Population) nicht kennen.

Signifikanztests werden nur eingesetzt, wenn die Ausprägungen der interessierenden Populationsparameter unbekannt sind, denn sonst würde sich ein Signifikanztest erübrigen. Über die „wahren" Populationsparameter können wir bestenfalls Vermutungen anstellen (z. B. die Differenz zweier Populationsmittelwerte sei vom Betrage a oder die Populationskorrelation zweier Merkmale sei $\varrho = b$). Wir können aber auch behaupten – und dies ist der übliche Fall – die Nullhypothese sei richtig, d. h. es gelten die mit der Nullhypothese festgelegten Populationsverhältnisse. Betrachten wir zunächst nur zweiseitige Fragestellungen, heißen diese z. B. $\mu_1 = \mu_2$ oder $\varrho = 0$.

Damit stehen wir vor der Aufgabe, herauszufinden, wie sich ein Stichprobenkennwert (z. B. die Differenz zweier Stichprobenmittelwerte $\bar{x}_1 - \bar{x}_2$ oder die Stichprobenkorrelation r) verteilen würde, wenn die Populationsverhältnisse durch die H_0 charakterisiert sind. Dies ist ein mathematisches Problem, das für die gebräuchlichsten statistischen Kennwerte gelöst ist. Sind in Abhängigkeit von der Art des statistischen Kennwertes unterschiedliche Zusatzannahmen erfüllt (diese finden sich in Statistikbüchern als Voraussetzungen der verschiedenen Signifikanztests wieder), lassen sich die Verteilungen von praktisch allen in der empirischen Forschung gebräuchlichen Kennwerten auf einige wenige mathematisch bekannte Verteilungen zurückführen. Werden die statistischen Kennwerte zudem nach mathematisch eindeutigen Vorschriften transformiert (dies sind die Formeln zur Durchführung eines Signifikanztests), resultieren neue Kennwerte (z. B. t-Werte, z-Werte, χ^2-Werte, F-Werte etc.), deren Verteilungen in jedem Statistikbuch in tabellarischer Form aufgeführt sind (auf S. 264 haben wir z. B. erfahren, daß die Zufallsvariable „$\bar{X}$" bei hinreichend großen Stichproben normalverteilt ist. Die Normalverteilung von Mittelwerten aus Stichproben des Umfangs n hat den Erwartungswert μ und die Streuung $\sigma_{\bar{x}}$. Transformieren wir die Zufallsvariable „$\bar{X}$" nach der Regel $z = (\bar{x} - \mu)/\sigma_{\bar{x}}$ resultiert ein neuer Kennwert z, dessen Verteilung der in jedem Statistikbuch tabellierten Standardnormalverteilung entspricht).

Wir können also davon ausgehen, daß die Verteilungen der Kennwerte unter der Annahme, die H_0 sei richtig, nicht nur im Prinzip bekannt sind, sondern in der Regel sogar in tabellarischer Form vorliegen. Damit reduziert sich der Signifikanztest auf den einfachen Vergleich der Größe des empirisch ermittelten und mathematisch transformierten Kennwertes mit demjenigen Kennwert, der von der entsprechenden Kennwerteverteilung $\alpha\%$ ($\alpha = 1\%$ oder $\alpha = 5\%$) abschneidet. Ist der empirische Kennwert größer als dieser „kritische" Tabellenwert, beträgt seine Wahrscheinlichkeit für die Annahme, die H_0 sei richtig, zusammen mit der Wahrscheinlichkeit für noch extremere Kennwerte weniger als $\alpha\%$. Das Ergebnis ist statistisch signifikant ($\alpha \leq 5\%$) bzw. sehr signifikant ($\alpha \leq 1\%$).

Die Signifikanzaussage ist damit eine bedingte Wahrscheinlichkeitsaussage. Sie betrifft die Wahrscheinlichkeit eines durch einen statistischen Kennwert beschriebenen Stichprobenergebnisses unter der Annahme, die Nullhypothese sei richtig. Ist diese Wahrscheinlichkeit kleiner als ein zuvor festgelegtes Signifikanzniveau, wird die Nullhypothese zugunsten der Alternativhypothese verworfen.

Ein signifikantes Ergebnis sagt also nichts über die Wahrscheinlichkeit von Hypothesen, sondern „nur" etwas über die Wahrscheinlichkeit eines statistischen Kennwertes bei Gültigkeit der Nullhypothese aus. Die Hypothesen (die H_0 oder die H_1) sind entweder richtig oder falsch, d. h. auch unsere Entscheidung, bei einem signifikanten Ergebnis die H_0 zu verwerfen, ist entweder richtig oder falsch. Bei dieser Entscheidungsstrategie riskieren wir, daß mit 5% (oder 1%) Irrtumswahrscheinlichkeit eine tatsächlich richtige H_0 fälschlicherweise verworfen wird.

Dieser Gedankengang sei wegen seiner Bedeutung nochmals anhand eines Beispiels erläutert (der in diesem Beispiel deutlich werdende Aufbau eines Signifikanztests gilt in seiner Grundstruktur prinzipiell für alle Signifikanztests). Wir interessieren uns für die psychische Belastbarkeit weiblicher und männlicher Erwachsener und formulieren als $H_0 : \mu_1 = \mu_2$ bzw. als $H_1 : \mu_1 \neq \mu_2$ (mit $\mu_1 =$ Populationsmittelwert der weiblichen Personen und $\mu_2 =$ Populationsmittelwert der männlichen Personen). Psychische Belastbarkeit wird mit einem psychologischen Test gemessen, der bei einer Zufallsstichprobe von n_1 männlichen Personen im Durchschnitt – so unsere operationale Hypothese – anders ausfallen soll als bei einer Zufallsstichprobe von n_2 weiblichen Personen (zweiseitige, unspezifische Hypothese).

Der für die Überprüfung von Unterschiedshypothesen bei zwei Stichproben verwendete statistische Kennwert ist die Mittelwertsdifferenz $\bar{x}_1 - \bar{x}_2$. Wenn wir annehmen, in der Population gelte die $H_0 : \mu_1 = \mu_2$, ist der folgende, aus der Mittelwertsdifferenz berechnete Kennwert um Null t-verteilt mit $n_1 + n_2 - 2$ Freiheitsgraden (vgl. z. B. Kreyszig, 1973, Abschn. 81):

$$(5.1) \qquad t = \frac{1}{\sigma_{(\bar{x}_1 - \bar{x}_2)}} \cdot (\bar{X}_1 - \bar{X}_2) .$$

Den Ausdruck $\sigma_{(\bar{x}_1 - \bar{x}_2)}$ bezeichnen wir als Standardfehler der Mittelwertsdifferenz, der mit folgender Gleichung aus den Daten geschätzt wird:

$$(5.2) \qquad \hat{\sigma}_{(\bar{x}_1 - \bar{x}_2)} = \sqrt{\frac{(n_1 - 1) \cdot \hat{\sigma}_1^2 + (n_2 - 1) \cdot \hat{\sigma}_2^2}{(n_1 - 1) + (n_2 - 1)} \cdot \left(\frac{1}{n_1} + \frac{1}{n_2} \right)} .$$

Der statistische Kennwert t folgt allerdings nur dann einer t-Verteilung, wenn das Merkmal „psychische Belastbarkeit" in beiden Populationen normalverteilt ist und die Merkmalsvarianz σ^2 in beiden Populationen gleich ist (bzw. die geschätzten Populationsvarianzen $\hat{\sigma}_1^2$ und $\hat{\sigma}_2^2$ homogen sind). Wie bereits auf S. 272 erwähnt, geht die t-Verteilung für $n_1 + n_2 > 30$ in die Standardnormalverteilung über.

Abbildung 22 veranschaulicht die Verteilung des Kennwertes t graphisch. Sie repräsentiert die Verteilung des Kennwertes t, die wir bei Gültigkeit der Nullhypo-

Abb. 22 a, b. Annahme- und Verwerfungsbereich der H_0 bei zweiseitiger (**a**) und einseitiger (**b**) Fragestellung

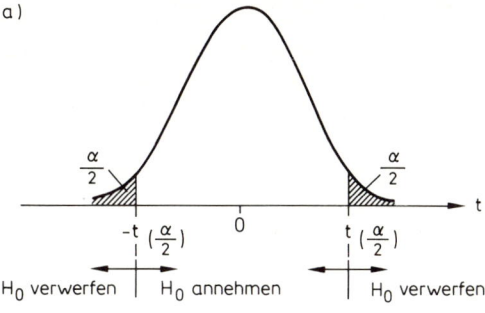

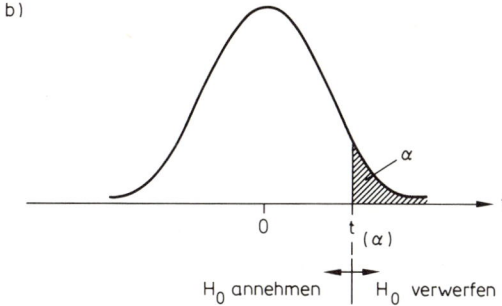

these erwarten. Diese Verteilung geht nach Multiplikation mit dem Faktor $\hat{\sigma}_{(\bar{x}_1 - \bar{x}_2)}$ in die Verteilung der Differenzen $(\bar{X}_1 - \bar{X}_2)$ über.

Bei einer zweiseitigen Fragestellung (Abb. 22 a) markieren die Werte $t_{(\alpha/2)}$ und $-t_{(\alpha/2)}$ diejenigen t-Werte einer t-Verteilung, die von den Extremen der Verteilungsfläche jeweils $\alpha/2\%$ abschneiden. Empirische t-Werte, die in diese Extrembereiche fallen, haben damit insgesamt eine Wahrscheinlichkeit von höchstens $\alpha\%$, vorausgesetzt, die Nullhypothese ist richtig. Da ein derart extremes Ergebnis nur schlecht mit der Annahme, die H_0 sei richtig, zu vereinbaren ist, verwerfen wir die H_0 und akzeptieren die $H_1 : \mu_1 \neq \mu_2$. (Die psychische Belastbarkeit männlicher und weiblicher Personen unterscheidet sich.) Treten der empirisch ermittelte t-Wert und noch extremere t-Werte jedoch mit einer Wahrscheinlichkeit auf, die größer als $\alpha\%$ ist, dann sind das Stichprobenergebnis und die Nullhypothese besser miteinander zu vereinbaren und wir behalten die H_0 bei: $\mu_1 = \mu_2$. (Die psychische Belastbarkeit männlicher und weiblicher Personen unterscheidet sich nicht.)

Die Überprüfung einer einseitigen $H_1 : \mu_1 > \mu_2$ läßt für die H_0 nicht nur die Parameter $\mu_1 = \mu_2$ zu, sondern alle Parameter, die der Bedingung $\mu_1 \lesssim \mu_2$ genügen. Damit stellt sich die Frage, wie bei Gültigkeit dieser zusammengesetzten Nullhypothese die Wahrscheinlichkeit eines Stichprobenergebnisses $\bar{x}_1 - \bar{x}_2$ zu ermitteln ist, denn schließlich resultiert für jede unter die H_0 fallende Parameterdifferenz $\mu_1 - \mu_2 < 0$ eine andere Wahrscheinlichkeit für das Stichprobenergebnis.

Die Lösung dieses Problems ist einfach. Nehmen wir an, die Differenz der Parameter sei $\mu_1 - \mu_2 = -3$. Resultiert nun eine Stichprobendifferenz von $\bar{x}_1 - \bar{x}_2 = +5$, ist diese bei einer Parameterdifferenz von -3 natürlich noch unwahrscheinlicher als bei einer Parameterdifferenz von $\mu_1 - \mu_2 = 0$. Beträgt die Wahrscheinlichkeit der

Stichprobendifferenz bei Gültigkeit der $H_0: \mu_1 = \mu_2$ weniger als $\alpha\%$ muß sie auf jeden Fall noch kleiner sein, wenn die $H_0: \mu_1 - \mu_2 = -3$ (bzw. jede beliebige $H_0: \mu_1 < \mu_2$) zutrifft. Eine Stichprobendifferenz $\bar{x}_1 - \bar{x}_2 > 0$, die bezüglich der $H_0: \mu_1 = \mu_2$ signifikant ist, muß gleichzeitig bezüglich aller übrigen Nullhypothesen $\mu_1 < \mu_2$ signifikant sein. **Wird aufgrund einer empirisch gefundenen Stichprobendifferenz die $H_0: \mu_1 = \mu_2$ verworfen, werden damit gleichzeitig alle übrigen Nullhypothesen: $\mu_1 < \mu_2$ verworfen.**

Es genügt deshalb, auch bei einseitigen Fragestellungen nur die Wahrscheinlichkeit des Stichprobenergebnisses bei Gültigkeit $H_0: \mu_1 = \mu_2$ zu ermitteln. Die dann resultierende Entscheidungsstrategie wird in Abb. 22 b dargestellt. Wir verwerfen die Nullhypothese und akzeptieren die Alternativhypothese, wenn der empirische t-Wert größer ist als derjenige t-Wert, der von der t-Verteilung auf einer Seite $\alpha\%$ abschneidet (um Vorzeichenkomplikationen zu vermeiden, definieren wir grundsätzlich bei einseitigen Fragestellungen den größeren Mittelwert als μ_1 und den kleineren als μ_2). Ist der empirische t-Wert jedoch kleiner als t_α, akzeptieren wir die H_0 und verwerfen die H_1.

Der letzte Satz enthält eine Ungenauigkeit. Können wir wirklich bei einem empirischen t-Wert, der kleiner als t_α ist, die H_0 akzeptieren und die H_1 verwerfen? Sind nicht Nullhypothesen vom Typus $\mu_1 < \mu_2$ denkbar, für die die empirische Mittelwertsdifferenz signifikant wird, obwohl die gleiche Mittelwertsdifferenz bezüglich der $H_0: \mu_1 = \mu_2$ als nicht signifikant ausgewiesen wurde?

Hier deutet sich eine der Schwächen des „klassischen" Signifikanztests an. Formulieren wir als Gegenstück zu einer einseitigen H_1 ($\mu_1 > \mu_2$) die $H_0: \mu_1 \leq \mu_2$ sind unter der H_0 immer Parameterdifferenzen möglich, für die die gefundene Mittelwertsdifferenz (und extremere Mittelwertsdifferenzen) mit einer Wahrscheinlichkeit auftreten, die kleiner als α ist, d. h. eine bestimmte Mittelwertsdifferenz ist gegenüber einer Teilmenge möglicher Nullhypothesen immer signifikant. Wenn beispielsweise als empirische Differenz $\bar{x}_1 - \bar{x}_2 = 0,01$ resultiert, wäre diese Differenz bezogen auf die $H_0: \mu_1 = \mu_2$ vermutlich nicht signifikant. Wählen wir aus der Menge aller zulässigen Nullhypothesen hingegen z. B. $\mu_1 - \mu_2 = -200$ aus, dürfte auch die kleinste Mittelwertsdifferenz statistisch signifikant werden. Dieser Sachverhalt wird im folgenden Abschnitt (Probleme des Signifikanztests) eine Rolle spielen. Vorerst wollen wir es bei dem Hinweis bewenden lassen, daß die in Abb. 22 b dargestellte Entscheidungsregel bezüglich der Annahme der H_0 nur richtig ist, wenn als Nullhypothese die einfache $H_0: \mu_1 = \mu_2$ geprüft wird. Die Beibehaltung dieser H_0 sagt nichts darüber aus, ob andere Nullhypothesen vom Typus $\mu_1 < \mu_2$ zu verwerfen sind.

Die Möglichkeit, eine Hypothese einseitig oder zweiseitig testen zu können, birgt die Gefahr, die Entscheidung hierüber erst nach der Untersuchung zu treffen – eine leider nicht selten anzutreffende und leider auch nur schwer kontrollierbare Praxis. Da t_α kleiner ist als $t_{(\alpha/2)}$, ergibt sich ein t-Werte Bereich, in dem empirische t-Werte einseitig getestet signifikant, aber zweiseitig getestet nicht signifikant werden. Fällt ein empirischer t-Wert in diesen Bereich, könnte man durch das nachträgliche Aufstellen einer einseitigen Alternativhypothese ein bezogen auf eine zweiseitige Fragestellung nicht signifikantes Ergebnis signifikant werden lassen. **Es ist deshalb zu fordern, daß die Hypothesenart vor der Untersuchung festgelegt wird.** Einseitige Hypothesen setzen Informationen voraus, die eine bestimmte Richtung des Unterschiedes bzw. des Zusammenhanges bereits vor Untersuchungsbeginn plausibel erscheinen lassen müssen.

Entsprechendes gilt für die Festsetzung des Signifikanzniveaus. Auch hier sind vor Durchführung der Untersuchung Überlegungen anzustellen, auf welchem Signifikanzniveau die zu treffenden Entscheidungen abgesichert sein sollen. Der nächste Abschnitt wird zeigen, daß diese Forderung nicht nur wichtig ist, um nachträglichen Korrekturen am Signifikanzniveau vorzubeugen (wenn inhaltliche Überlegungen ein 1% Signifikanzniveau erfordern, sollte dieses nicht aufgegeben werden, wenn das Ergebnis tatsächlich nur auf dem 5%-Niveau signifikant ist; vgl. hierzu auch Shine, 1980), sondern auch deshalb, weil – zumindest für die in Kap. 6 zu besprechenden Untersuchungsvarianten – mit der Festlegung des Signifikanzniveaus auch Entscheidungen über die Größe der Stichproben, die sinnvollerweise zu untersuchen sind, getroffen werden.

5.1.3 Probleme des Signifikanztests

Das oben beschriebene Konstruktionsprinzip eines Signifikanztests stellt sicher, daß eine richtige H_0 bei einem signifikanten Ergebnis höchstens mit einer Wahrscheinlichkeit von 5% fälschlicherweise verworfen wird. Diese Wahrscheinlichkeit, sich bei einer Entscheidung zugunsten der H_1 zu irren, bezeichnen wir als *Irrtumswahrscheinlichkeit* (Fehler I. Art oder α-Fehler). Ein Ergebnis heißt statistisch signifikant, wenn die Irrtumswahrscheinlichkeit oder die α-Fehler-Wahrscheinlichkeit einer Entscheidung kleiner als 5% ist (bzw. sehr signifikant, wenn α kleiner als 1% ist).

Das Entscheidungsschema in Tabelle 15 verdeutlicht diese Irrtumswahrscheinlichkeit.

Gilt in der Population die H_0, machen wir bei einer Entscheidung zugunsten der H_1 einen α-Fehler. Da wir die Populationsverhältnisse nicht kennen (bei bekannten Populationsverhältnissen würde sich ein Signifikanztest erübrigen), müssen wir damit rechnen, bei einem signifikanten Ergebnis im ungünstigsten Fall (d. h., wenn tatsächlich die H_0 richtig ist) mit einer Wahrscheinlichkeit von $\alpha \leq 5\%$ eine Fehlentscheidung zu treffen.

Was aber bedeutet es, wenn das Ergebnis nicht signifikant ist, weil α größer 5% ist? Hierbei betrachten wir zunächst den einfachen Fall, daß in der Population tatsächlich die H_0 gilt. Bei einem nicht signifikanten Ergebnis entscheiden wir uns für

Tabelle 15. α- und β-Fehler bei statistischen Entscheidungen

		In der Population gilt die:	
		H_0	H_1
Entscheidungen auf Grund der Stichprobe zugunsten der	H_0	Richtige Entscheidung	β-Fehler
	H_1	α-Fehler	Richtige Entscheidung

die H_0, d.h. wir treffen eine richtige Entscheidung. Der Signifikanztest ist so konstruiert, daß wir aufgrund unseres Stichprobenergebnisses eine richtige H_0 mit einer Wahrscheinlichkeit von $1-\alpha\%$ (also 95% bzw. 99%) auch als richtig erkennen.

Nun kann jedoch auch die H_1 in der Population richtig sein, was bedeutet, daß wir uns in diesem Falle mit der Entscheidung, die H_0 beizubehalten, irren. Das Risiko dieser Fehlentscheidung nennen wir β-Fehler (oder Fehler II. Art, vgl. Tabelle 15). Wie aber läßt sich dieses β-Fehler Risiko, das wir bei Akzeptieren der H_0 eingehen, kalkulieren? Die Antwort auf diese Frage begründet die in diesem Buch vorgenommene Einteilung hypothesenprüfender Untersuchungen in Untersuchungen ohne Vorgabe von Effektgrößen (Kap. 5) und in Untersuchungen mit Vorgabe von Effektgrößen (Kap. 6).

Die Bestimmung eines β-Fehlers setzt voraus, daß wir in der Lage sind, die in der Alternativhypothese behaupteten Populationsverhältnisse zu präzisieren. Eine (einseitige) Alternativhypothese hatte bisher die Form $H_1 : \mu_1 > \mu_2$ (erneut sollen die folgenden Überlegungen exemplarisch am Vergleich zweier Mittelwerte verdeutlicht werden). Mit dieser zusammengesetzten Alternativhypothese verträglich sind alle einfachen Alternativhypothesen, in denen $\mu_1 - \mu_2 > 0$ behauptet wird, also z. B. auch die Hypothesen $\mu_1 - \mu_2 = 2$ oder $\mu_1 - \mu_2 = 3$. Erst wenn wir annehmen, daß z. B. $\mu_1 - \mu_2 = 2$, sind wir in der Lage, den β-Fehler, den wir bei Annahme der H_0 riskieren, zu berechnen.

Die Bestimmung des β-Fehlers folgt dem gleichen Gedankengang wie die Berechnung des α-Fehlers. Wenn in der Population die $H_1 : \mu_1 - \mu_2 = 2$ gilt, resultiert für die Zufallsvariable $(\bar{X}_1 - \bar{X}_2)$ eine Dichtefunktion, deren mathematischer Aufbau (in der Regel) bekannt ist. Mit Hilfe dieser Verteilung läßt sich die (bedingte) Wahrscheinlichkeit ermitteln, daß ein Stichprobenergebnis $\bar{x}_1 - \bar{x}_2 \leq a$ auftritt, wenn in der Population die $H_1 : \mu_1 - \mu_2 = 2$ gilt. Diese Wahrscheinlichkeit, die Wahrscheinlichkeit des Auftretens eines bestimmten (oder extremeren) Stichprobenergebnisses bei Gültigkeit der H_1, heißt β-Fehler-Wahrscheinlichkeit.

Nun könnte man – in völliger Analogie zum α-Fehler – Grenzen festsetzen, die angeben, wie klein die β-Fehler-Wahrscheinlichkeit mindestens sein muß, um die H_1 abzulehnen und die H_0 anzunehmen. Hierfür haben sich in den Sozialwissenschaften noch keine Konventionen durchgesetzt. In Abhängigkeit davon, für wie gravierend man die fälschliche Ablehnung einer an sich richtigen H_1 hält, operiert man in den Sozialwissenschaften mit einem β-Fehler von 20%, 10% oder auch (wenn die fälschliche Ablehnung einer H_1 für genauso gravierend gehalten wird wie die fälschliche Ablehnung einer H_0) mit $\beta = 5\%$ bzw. $\beta = 1\%$. Die Frage der Festlegung eines akzeptablen β-Fehler-Niveaus ist eng damit verknüpft, für wie verhängnisvoll man die Konsequenzen einschätzt, die in einer konkreten Untersuchungssituation aus der fälschlichen Ablehnung einer H_1 resultieren. Entsprechendes gilt letztlich auch für die Größe eines α-Fehler-Risikos beim Verwerfen einer H_0.

Nehmen wir beispielsweise an, in der Arzneimittelforschung soll die Wirksamkeit eines neuen Präparates zur Linderung von Kopfschmerzen getestet werden. Eine fälschliche Ablehnung der H_0 (das Präparat hat keine lindernde Wirkung), also die Inkaufnahme eines α-Fehler könnte ohne Konsequenzen sein: Es wird ein eigentlich wirkungsloses Präparat auf den Markt gebracht, das im übrigen harmlos ist, weil es keine schädigenden Nebenwirkungen zeigt. Es könnte aber auch erheblichen Schaden anrichten, wenn die Nebenwirkungen gefährlich sind und der Patient viel Geld für ein im übrigen wirkungsloses Präparat bezahlt.

Eine fälschliche Ablehnung der H_1 (das Präparat hat eine lindernde Wirkung), also das Risiko eines β-Fehlers, kann ebenfalls mehr oder weniger konsequenzenreich sein: Ein wirksames Präparat, das vielen leidenden Patienten helfen könnte, wird nicht hergestellt oder aber auch: Der pharmazeutische Markt, der ohnehin nicht gerade arm an Kopfschmerzpräparaten ist, muß auf ein weiteres Mittel verzichten.

Die Argumente für oder gegen die Inkaufnahme eines α-Fehlers oder eines β-Fehlers ließen sich im konkreten Fall (wenn z. B. bekannt ist, in welchem Ausmaß schwer leidende Patienten bereit sind, bei einem wirksamen Präparat Nebenwirkungen zu tolerieren) sicherlich weiter präzisieren und ergänzen. Immerhin sollte deutlich geworden sein, daß es im Einzelfall schwierig sein kann, die Wahl eines bestimmten β-Fehler-Risikos und letztlich auch die Wahl des α-Fehlers zu begründen.

Bezüglich des α-Fehlers hat die Wissenschaft Konventionen eingeführt. Es ist nun nicht einzusehen, warum man nicht auch für den β-Fehler – zumindest in Entscheidungssituationen, die keine Fehlerart als die weniger gravierende favorisieren – allgemein verbindliche Regeln einführt. Bei vielen Fragestellungen ist sich der Forscher darüber im Unklaren, welche der beiden möglichen Fehlentscheidungen verhängnisvollere Konsequenzen hat. Dennoch akzeptiert er ohne Umschweife das mehr oder weniger willkürlich festgesetzte α-Fehler-Signifikanzniveau von $\alpha = 1\%$ oder $\alpha = 5\%$. Warum, so muß man fragen, sollte er dann nicht auch – zumindest bei „symmetrischen Fragestellungen" – bezüglich des β-Fehlers die gleichen Wahrscheinlichkeitsgrenzen akzeptieren? Wir werden diese Frage in Kap. 6 erneut aufgreifen.

Zunächst gehen wir davon aus, daß die H_1 nur bei einer β-Fehler-Wahrscheinlichkeit von höchstens 5% zugunsten der H_0 verworfen wird. Abbildung 23 stellt die damit resultierende Entscheidungsregel graphisch dar.

Sie zeigt die Verteilungen von Mittelwertsdifferenzen, die wir erhalten, wenn in der Population die $H_1 : \mu_1 - \mu_2 = 2$ (durchgezogene Linie) gilt. Ferner wurden 2 Alternativhypothesen ausgewählt, die den Bedingungen $\mu_1 - \mu_2 < 2$ (gestrichelte Linie) bzw. $\mu_1 - \mu_2 > 2$ (punktierte Linie) genügen. (Einfachheitshalber wurden die Verteilungsformen genauso dargestellt wie die H_0-Verteilung in Abb. 22.)

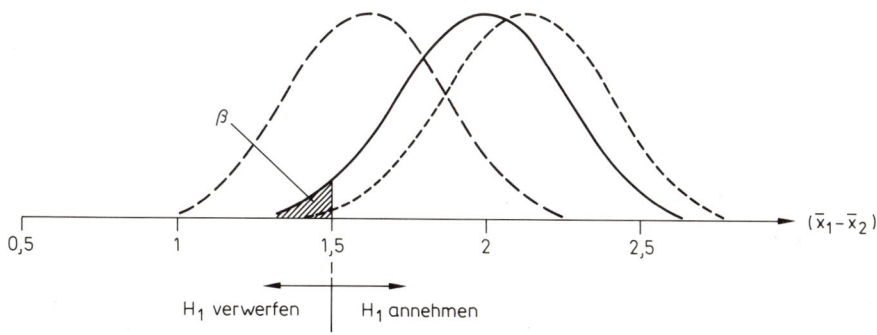

Abb. 23. β-Fehler-Wahrscheinlichkeit bei unterschiedlichen H_1-Parametern

375

Nehmen wir an, eine Untersuchung führt zu der Mittelwertsdifferenz $\bar{x}_1-\bar{x}_2 = 1,5$. Wenn dieser Wert (zusammen mit allen Werten $\bar{x}_1-\bar{x}_2 < 1,5$) $\beta\%$ (z. B. 5%) der Verteilung für die $H_1 : \mu_1-\mu_2 = 2$ abschneidet, verwerfen wir die H_1 und akzeptieren die H_0. Entsprechendes gilt für alle $\bar{x}_1-\bar{x}_2 < 1,5$, denn diese Differenzen schneiden (zusammen mit den jeweils noch kleineren Differenzen) auf keinen Fall mehr als 5% der H_1-Verteilung ab. Das β-Fehler-Risiko, eine eigentlich richtige H_1 zu verwerfen, wäre bei diesen Stichprobenergebnissen noch kleiner als 5%.

Andere Alternativhypothesen könnten lauten: $H_1 : \mu_1-\mu_2 < 2$ (gestrichelte Linie). Eine empirische Differenz von 1,5 würde von dieser Verteilung mehr als 5% abschneiden, d. h. das β-Fehler-Risiko, eine $H_1 : \mu_1-\mu_2 < 2$ fälschlicherweise zu verwerfen, ist größer als 5%. Folgerichtig muß die H_1 beibehalten werden.

Der punktierte Kurvenzug verdeutlicht, daß jede $H_1 : \mu_1-\mu_2 > 2$ zu verwerfen ist, wenn das Stichprobenergebnis $\bar{x}_1-\bar{x}_2 = 1,5$ resultiert. Die Flächen, die der Wert $\bar{x}_1-\bar{x}_2 = 1,5$ von Verteilungen für $H_1 : \mu_1-\mu_2 > 2$ abschneidet, sind auf jeden Fall kleiner als 5%. Wenn also eine bestimmte Alternativhypothese bei einem bestimmten Stichprobenergebnis zu verwerfen ist, werden mit demselben Stichprobenergebnis auch alle extremeren Alternativhypothesen verworfen. Wir werden diesen Sachverhalt in einem anderen Zusammenhang erneut aufgreifen (vgl. S. 487 ff.).

Zunächst ist festzuhalten, daß Stichprobenergebnisse mit einem β-Fehler $\leqq 5\%$ zur Ablehnung der H_1 und mit einem β-Fehler $> 5\%$ zur Annahme der H_1 führen. Annahme der H_1 bedeutete bisher aber auch gleichzeitig Ablehnung der H_0. Diese sollte jedoch nur verworfen werden, wenn das α-Fehler Risiko nicht größer als 5% (1%) ist. Wie kann man nun dafür Sorge tragen, daß eine Entscheidung: H_0 verwerfen und H_1 akzeptieren (oder umgekehrt: H_0 akzeptieren und H_1 verwerfen) beiden Kriterien gerecht wird? Eine Antwort auf diese Frage gibt Kap. 6.

Die Bestimmung eines β-Fehlers – so zeigten die bisherigen Ausführungen – setzt voraus, daß die Parameter der H_1-Verteilung bekannt sind, was (u. a.) bedeutet, daß wir vor Untersuchungsbeginn hypothetisch festlegen müssen, wie groß die wahre Mittelwertsdifferenz $\mu_1-\mu_2$, die wahre Korrelation ϱ etc. sind. Diese Forderung stößt in der Praxis auf erhebliche Schwierigkeiten. Nur die wenigsten sozialwissenschaftlichen Fragestellungen lassen sich soweit präzisieren, daß Parameter für die H_1 genau spezifiziert werden können.

Realistischer wäre es, für die H_1 keine einfache (punktuelle), sondern eine zusammengesetzte Hypothese zu fordern, die mehrere Parameterausprägungen zuläßt. Eine solche zusammengesetzte H_1 könnte z. B. lauten, daß die Differenz zweier Populationsmittelwerte *mindestens* vom Betrag a ist ($H_1 : \mu_2-\mu_2 \geqq a$) oder daß die Korrelation zweier Merkmale in der Population einen bestimmten Minimalwert b nicht unterschreitet ($H_1 : \varrho \geqq b$). Bei dieser Art von Hypothesen machen wir uns den o. e. Umstand zunutze, daß ein Stichprobenergebnis, das eine bestimmte einfache H_1 verwirft (z. B. $H_1 : \mu_1-\mu_2 = a$), gleichzeitig auch alle extremeren Alternativhypothesen ($\mu_1-\mu_2 \geqq a$) verwirft. **Wann immer wir in einer empirischen Untersuchung in der Lage sind, für den in der Forschungshypothese (Alternativhypothese) behaupteten Effekt (Unterschied, Zusammenhang etc.) einen begründeten Mindestbetrag zu nennen, ist der β-Fehler bestimmbar.**

Für die Festsetzung derartiger Mindestbeträge sind praktische Überlegungen hilfreich. Unterscheiden sich zwei Populationsparameter nur geringfügig, oder weicht die wahre Korrelation zweier Merkmale nur wenig von Null ab, kann dies für die Praxis völlig bedeutungslos sein, auch wenn sich das empirische Ergebnis als statistisch signifikant herausstellen sollte. (Was bedeutet es schon, wenn die Fehleranzahl in einem Diktat mit Hilfe einer aufwendig entwickelten, programmierten Unterweisung im Durchschnitt gegenüber einer herkömmlichen Unterrichtsform nur um 0,2 Fehler reduziert wird? Oder welche praktischen Konsequenzen hat eine Untersuchung, die der Hypothese, zwischen der Luftfeuchtigkeit und der Konzentrationsfähigkeit des Menschen bestehe eine Korrelation von $\varrho = 0,07$, nicht widerspricht?) **Zu einer spezifischen Alternativhypothese sollten keine Parameter zählen, die praktisch unbedeutenden Effekten entsprechen.**

Auch wenn viele sozialwissenschaftliche Probleme noch nicht genügend durchdrungen sind, um im Einzelfall die Festlegung eines bestimmten H_1-Parameters rechtfertigen zu können, sollte es beim überwiegenden Teil sozialwissenschaftlicher Fragestellungen möglich sein, eine **minimale Effektgröße** festzulegen, die angibt, wie stark der H_1-Parameter mindestens vom H_0-Parameter abweichen muß, damit ein Ergebnis nicht nur statistisch sondern auch praktisch bedeutsam ist. Über die Anlage von Untersuchungen, die derartige „spezifische Hypothesen mit Vorgabe von Effektgrößen" überprüfen, berichten wir in Kap. 6.

Untersuchungen, in denen die Festlegung einer Effektgröße unmöglich bzw. äußerst schwierig erscheint, werden im folgenden Abschnitt (Kap. 5.2) behandelt. Wir wollen nicht verschweigen, daß dieser Untersuchungstypus – soweit hypothesenprüfende Untersuchungen angesprochen sind – die heutige sozialwissenschaftliche Forschungspraxis beherrscht, obwohl diese seit langem und mit guten Argumenten heftig kritisiert wurde (vgl. z. B. Bakan, 1966; Bredenkamp, 1969, 1972; Carver, 1978; Cook et al., 1979; Crane, 1980; Greenwald, 1975; Harnatt, 1975; Heerden u. Hoogstraten, 1978; Krause u. Metzler, 1978; Lane u. Dunlap, 1978; Lykken, 1968; Witte, 1977). Über die Gründe, warum heute noch weitgehend auf die Festlegung von Effektgrößen verzichtet wird, kann man nur mehr oder weniger plausibel spekulieren. Die Ausbildungssituation, die der Behandlung von Problemen des „klassischen" Signifikanztests sicherlich zu wenig Zeit einräumt, stellt hierbei vermutlich ein starkes Argument dar.

Dessen ungeachtet muß man einräumen, daß gelegentlich Fragestellungen untersucht werden, bei denen die Vorgabe einer Effektgröße reine Willkür wäre. Wenn beispielsweise in einem Themenbereich, der nicht völlig neu ist und der deshalb die Formulierung einer begründeten Forschungshypothese zuläßt, ein neues Untersuchungsinstrument (Fragebogen, Test, physiologische Messung etc.) erprobt wird, wäre es unrealistisch, eine Fixierung der Mindestausprägung für den H_1-Parameter fordern zu wollen. Diese setzte nämlich voraus, daß nicht nur alle möglichen Ergebnisse, die mit dem Instrument potentiell erzielbar sind (also sein Wertebereich) bekannt sind, sondern daß man auch die Bedeutung von Unterschieden, die mit diesem Instrument registriert werden, kennt. Soll beispielsweise ein neuer Fragebogen eingesetzt werden, um Hypothesen über Streßunterschiede an verschiedenen Arbeitsplätzen zu überprüfen, dürfte die Festlegung einer bestimmten Effektgröße nur schwer zu begründen sein. Solange man mit dem Untersuchungsinstrument noch keine Erfahrungen sammeln konnte, man also nicht weiß, wie das Instrument tatsächlich bestehende Streßunterschiede abbildet, ist die Frage, wie groß mit dem Fragebogen registrierte Streßunterschiede mindestens sein müssen, damit sie praktisch bedeutsam werden, nicht zu beantworten.

Ein weiterer Grund, auf die Festlegung einer Effektgröße zu verzichten, liegt vor, wenn das Kriterium „praktisch bedeutsam" irrelevant oder nicht anwendbar ist. Hierfür dürften Probleme der Grundlagenforschung prototypisch sein oder Forschungsarbeiten, die zumindest unmittelbar keine praktischen Konsequenzen nach sich ziehen. Überprüft man beispielsweise in einem Laborexperiment, welche von zwei Konditionierungsarten den besseren Lernerfolg erzielt, hätte eine Effektgröße wie z. B. ein Mindestunterschied in der Anzahl der Extinktionsphasen, die bei jeder Konditionierungsart erforderlich ist, um das gelernte Verhalten wieder auszulöschen, nur wenig Sinn. Man würde sich bei dieser Untersuchung mit dem Nachweis eines statistisch signifikanten Unterschiedes begnügen und praktisch bedeutsame Effekte erst dann festlegen, wenn man (ggf.) weitere Untersuchungen durchführt, die die Tragweite des Laborbefundes für praktische Zwecke prüfen.

Diese Beispiele mögen genügen, um zu verdeutlichen, unter welchen Umständen sich die Festlegung von Effektgrößen erübrigt. Entscheidend sind letztlich erneut der Stand der wissenschaftlichen Bemühungen in einem Forschungsbereich bzw. Art und Umfang der gesicherten Erkenntnisse. Je umfangreicher und überzeugender diese sind, desto leichter fällt in der Regel die Formulierung einer spezifischen Alternativhypothese.

Im folgenden behandeln wir zunächst Untersuchungspläne, deren statistische Hypothesen mit einem Signifikanztests überprüft werden, dessen Grundschema in Kap. 5.1.2 beschrieben wurden. Dieser „einfache" Signifikanztest kommt uns mit seiner „Unvollkommenheit" insoweit entgegen, als er keine Präzisierungen unserer Hypothesen verlangt, die der wissenschaftliche Hintergrund der zu behandelnden Fragestellungen ohnehin nicht rechtfertigen könnte. Die gleichen Untersuchungspläne kommen jedoch auch zur Anwendung, wenn es Hypothesen zu überprüfen gilt, die bestimmte Mindestgrößen für die zu überprüfenden Effekte festlegen. Die dann geltenden statistischen Entscheidungsregeln und die aus ihnen ableitbaren Konsequenzen für die Untersuchungsplanung werden im Kap. 6 (spezifische Hypothesen mit Effektgrößen) erörtert.

5.2 Varianten hypothesenprüfender Untersuchungen

Aus den zahlreichen Varianten hypothesenprüfender Untersuchungen den für die eigene Fragestellung am besten geeigneten Untersuchungsplan (wir verwenden hierfür gelegentlich auch die in der englischsprachigen Literatur gebräuchliche Bezeichnung „Design", vgl. etwa Edwards, 1950) ausfindig zu machen, bereitet gelegentlich Schwierigkeiten. Diese Auswahl zu erleichtern, ist eines der Ziele dieses Kapitels.

Zunächst wird vorgeschlagen, festzustellen, ob die Forschungshypothese einen *Zusammenhang,* einen *Unterschied* oder eine *Veränderung* behauptet. (Man beachte, daß die Forschungshypothese der statistischen Alternativhypothese entsprechen sollte, vgl. S. 367f.) Die Untersuchungspläne folgen diesem Gliederungsschema. Untersuchungen, die auf einen *Einzelfall* bezogene Hypothesen prüfen, sind in einem gesonderten Teil (Kap. 5.2.4) zusammengestellt.

Allerdings kann diese erste, einfach erscheinende Zuordnung problematisch sein, wenn die Forschungshypothese beispielsweise sowohl als Zusammenhangshypothese als auch als Unterschiedshypothese formulierbar ist. So sind z. B. die Zusammenhangshypothese: „Zwischen den Merkmalen ‚soziale Schicht' und ‚Einstellung zur autoritären Erziehung' besteht ein Zusammenhang" und die Unterschiedshypothese: „Soziale Schichten unterscheiden sich hinsichtlich des Merkmals ‚Einstellung zur autoritären Erziehung' " als gleichwertig anzusehen. Im Grunde genommen – dies sei vorweggenommen – ist es unerheblich, ob diese Fragestellung als Zusammenhangs- oder als Unterschiedshypothese geprüft wird. Die Auswertung des zu erhebenden Materials (Einstellungswerte von Stichproben aus der Unterschicht, der Mittelschicht und der Oberschicht) mit einer Varianzanalyse (als einem Verfahren zur Überprüfung von Unterschiedshypothesen; vgl. Anhang D) oder mit dem allgemeinen linearen Modell (als einem Verfahren, daß über multiple Korrelationen Zusammenhangshypothesen prüft; vgl. z. B. Moosbrugger, 1978 oder Rochel, 1983) führen letztlich zu identischen Ergebnissen.

Dessen ungeachtet empfehlen wir, sich bei ähnlich lautenden Fragestellungen für eine der beiden Hypothesenarten zu entscheiden, ohne damit gleichzeitig eine bestimmte Art der statistischen Auswertung zu favorisieren. Auch wenn hierfür (gelegentlich) mehrere gleichwertige Alternativen existieren, kann es untersuchungstechnisch durchaus von Belang sein, ob man eine Untersuchung zur Prüfung einer Unterschiedshypothese oder einer Zusammenhangshypothese konzipiert.

Für den Aufbau der Untersuchung ist es wichtig, ob sich die untersuchungsrelevanten Variablen als abhängige und unabhängige Variablen klassifizieren lassen oder ob diese Unterscheidung nicht möglich ist (vgl. S. 28). Läßt sich diese Zuordnung inhaltlich nicht begründen (was immer der Fall ist, wenn die Forschungshypothese keine Kausalannahmen impliziert), kommt als Untersuchungstyp nur eine *Interdependenzanalyse* zur Prüfung von Zusammenhangshypothesen in Betracht (Kap. 5.2.1). Wenn die Einteilung der Variablen in abhängige und unabhängige hingegen keine Schwierigkeiten bereitet, wenn also die Überprüfung einer Kausalhypothese vorrangig ist, wird man Untersuchungspläne favorisieren, deren Ergebnisse möglichst eindeutig im kausalen Sinne interpretierbar sind. Zu diesen zählen Pläne, mit denen Unterschiede in der Ausprägung einer (oder mehrerer) abhängigen Variablen bei randomisierten Gruppen von Untersuchungsteilnehmern geprüft werden können (*Experimentelle Untersuchungen* zur Überprüfung von Unterschiedshypothesen, vgl. die entsprechenden Abschnitte in Kap. 5.2.2). Unterschiedsprüfende Untersuchungen wären auch dann vorzuziehen, wenn die unabhängige Variable untersuchungstechnisch nicht manipulierbar ist, sondern in ihren Ausprägungen in der Realität natürlich vorkommt (*Quasiexperimentelle Untersuchung* zur Überprüfung von Unterschiedshypothesen, vgl. die entsprechenden Abschnitte in Kap. 5.2.2).

Die Möglichkeit, Variablen als abhängig und unabhängig klassifizieren zu können, bedeutet jedoch nicht grundsätzlich, daß die Forschungshypothese als Unterschiedshypothese zu formulieren ist. Wenn die *unabhängige Variable intervallskaliert* und nicht künstlich manipulierbar ist, sollte die Forschungshypothese als Zusammenhangshypothese formuliert werden. Unterschiedshypothesen überprüfende Untersuchungen würden in diesem Falle auf Informationen verzichten, denn sie könnten sich nur auf einige Ausprägungen bzw. zusammengefaßte Segmente der unabhängigen Variablen beziehen.

Geht es beispielsweise um das Problem der Altersabhängigkeit von Gedächtnisleistungen (bei dem die Zuordnung: unabhängige Variable $\hat{=}$ Alter und abhängige Variable $\hat{=}$ Gedächtnisleistungen zwingend ist), könnte man nur bestimmte

Altersgruppen (z. B. 40 jährige, 50 jährige und 60 jährige) oder breitere Alterskategorien (z. B. 36- bis 45 jährige, 46- bis 55 jährige und 56- bis 65 jährige) miteinander vergleichen. In beiden Fällen gingen Informationen verloren. Im ersten Fall würde man auf die nicht ausgewählten Altersstufen verzichten, und im zweiten Fall würde man mögliche Unterschiede innerhalb der Alterskategorien ignorieren. Ist die Untersuchung jedoch so angelegt, daß mit ihr eine Zusammenhangshypothese überprüft werden kann, läßt sich das gesamte interessierende Altersspektrum berücksichtigen.

Das letzte Beispiel eignet sich nicht nur zur Verdeutlichung des Unterschiedes von Zusammenhangs- und Unterschiedshypothesen, sondern zusätzlich auch zur Erläuterung der Besonderheiten von Untersuchungen zur Überprüfung von Veränderungshypothesen. Zweifellos kann man für das Problem der Altersabhängigkeit von Gedächtnisleistungen auch eine Veränderungshypothese formulieren; ihr nachgeordnet wäre jedoch dann auch ein anderer Untersuchungstyp. Zwar ließen sich aus dem Vergleich verschiedener Altersgruppen bzw. aus dem in einer Stichprobe festgestellten Zusammenhang der Merkmale Alter und Gedächtnisleistung indirekte Schlüsse auf altersbedingte Veränderungen der abhängigen Variablen ziehen; die implizite Kausalannahme der Veränderungshypothese wird jedoch adäquater geprüft, wenn man das Nachlassen der Gedächtnisleistungen mit fortschreitendem Alter an *einer* Stichprobe nachweisen kann, deren Gedächtnisleistungen wiederholt geprüft werden. (Längsschnittuntersuchung, vgl. Kap. 5.2.3.3.)

Diese Beispiele mögen genügen, um zu zeigen, daß die Entscheidung, welche Hypothesenart (und damit auch welche Untersuchungsart) die Forschungshypothese am besten wiedergibt (bzw. überprüft), keineswegs immer eindeutig ausfallen muß. Es ist realistisch, davon auszugehen, daß für die Überprüfung einer Forschungshypothese meistens mehrere methodische Alternativen zur Verfügung stehen. Welche dieser Alternativen angesichts der untersuchten Inhalte, der finanziellen, personellen und zeitlichen Resourcen, der Bedeutsamkeit der Untersuchung etc. ggf. die beste ist, kann nur von Fall zu Fall entschieden werden.

Die Auswahl des optimalen Untersuchungsplanes sollte auf jeden Fall die Kriterien „interne Validität der Untersuchung" und „externe Validität der Untersuchung" berücksichtigen (vgl. Kap. 1.4.3). Für Untersuchungen, die in erster Linie *intern valide* sind, d. h. zu logisch schlüssigen Interpretationen führen sollen, sind die zufällige Zuweisung der Untersuchungseinheiten zu den Untersuchungsbedingungen sowie eine strikte Kontrolle der Untersuchungsdurchführung unverzichtbar. Ist einem jedoch besonders an *externer Validität,* d. h. an Ergebnissen gelegen, die über die Untersuchungssituation hinaus generalisierbar sind, muß besonderer Wert auf repräsentative Stichproben und realistische „lebensnahe" Untersuchungsbedingungen gelegt werden.

Obwohl beide Kriterien teilweise einander ausschließen, sollten die Bemühungen um einen optimalen Untersuchungsplan interne und externe Validität gleichermaßen berücksichtigen (vgl. hierzu auch Abb. 1 auf S. 36). Nach Campbell u. Stanley (1963) sind interne und externe Validität zudem durch folgende Einflußgrößen gefährdet:

– Instrumentelle Reaktivität: Das Untersuchungsinstrument (Fragebogen, Beobachtung, physiologische Apparate etc.) beeinflußt das zu Messende (Beispiel:

Das Ausfüllen eines Einstellungsfragebogens ändert die zu messenden Einstellungen). Hiervon betroffen sind interne und externe Validität.

- Mangelnde instrumentelle Reliabilität: Das Untersuchungsinstrument erfaßt das zu Messende nur ungenau oder fehlerhaft. (Beispiel: Eine Testskala zur Messung von politischem Engagement wurde nicht auf Homogenität bzw. Eindimensionalität überprüft; vgl. Kap. 2.3.1.1.) Hiervon betroffen ist die interne Validität.
- Mangelnde instrumentelle Validität: Das Untersuchungsinstrument erfaßt nicht das, was es eigentlich erfassen sollte. (Beispiel: Ein Fragebogen, der eigentlich neurotische Verhaltenstendenzen messen sollte, mißt tatsächlich vorwiegend die Tendenz, sich in sozial wünschenswerter Weise darstellen zu wollen; vgl. Kap. 2.3.4.) Hiervon betroffen ist die externe Validität.
- Zeit- und kulturbedingte Veränderungen der instrumentellen Validität: Die Validität eines Untersuchungsinstrumentes hängt davon ab, in welchem zeitlichen (epochalen) und kulturellen Kontext es eingesetzt wird. (Beispiel: Eine Pazifismus-Skala, die vor 10 Jahren in den USA erfolgreich eingesetzt wurde, kann heute für deutsche Verhältnisse völlig unbrauchbar sein; vgl. S. 182.) Hiervon betroffen sind interne Validität und externe Validität.
- Systematischer Ausfall von Untersuchungteilnehmern: Wenn die Bereitschaft, an der Untersuchung teilzunehmen und sie auch zu Ende zu führen, nicht unter allen Untersuchungsbedingungen gleich ist, kann es zu erheblichen Ergebnisverfälschungen kommen. (Beispiel: In einer Beobachtungsstudie über prosoziales Verhalten von Kindern muß eine Kindergruppe mit interessantem, und eine andere mit langweiligem Spielzeug spielen. Es ist damit zu rechnen, daß in der letztgenannten Gruppe einige Kinder die Untersuchungteilnahme verweigern und damit die Aussagekraft der Untersuchung schmälern; vgl. S. 63.) Hiervon betroffen ist die interne Validität.
- „Hawthorne Effekte" (Roethlisberger u. Dickson, 1964): Das Bewußtsein, Teilnehmer einer wissenschaftlichen Untersuchung zu sein, verändert das Verhalten. (Beispiel: Die Näherin einer Großschneiderei, die erfahren hat, daß ihre Leistungen in einer arbeitsanalytischen Untersuchung ausgewertet werden, verhält sich anders als unter normalen Umständen.) Hiervon betroffen ist die externe Validität.
- Zeiteffekte: Bei der Überprüfung von Veränderungshypothesen kann man leicht übersehen, daß andere als die untersuchten Einflußgrößen, die ebenfalls einem zeitlichen Wandel unterliegen, die Veränderung bewirkt haben. (Beispiel: Eine Untersuchung, die nachweisen wollte, daß der Fernsehkonsum von Kindern rückläufig ist, weil das Fernsehangebot für Kinder weniger attraktiv geworden ist, kann nicht bedacht haben, daß die Ursache der Veränderung nicht die Qualität der Sendungen, sondern alternative, neue Freizeitangebote sind.) Hiervon betroffen ist die interne Validität.

Untersuchungspläne sind sicherlich ebenso verschiedenartig wie Forschungshypothesen. Dennoch soll im folgenden der Versuch unternommen werden, einige Standardpläne hypothesenüberprüfender Untersuchungen zusammenzustellen, die sich als Gerüst für eine konkrete Untersuchung leicht ausbauen oder modifizieren lassen. Die Untersuchungspläne sind – wie bereits erwähnt – nach der Art der

Hypothesen, die sie überprüfen, geordnet: Zusammenhangshypothesen (Kap. 5.2.1), Unterschiedshypothesen (Kap. 5.2.2), Veränderungshypothesen (Kap. 5.2.3) und Hypothesen in Einzelfalluntersuchungen (Kap. 5.2.4). Auch innerhalb eines jeden Teilkapitels fragen wir zunächst nach den verschiedenen Arten einer Zusammenhangs-, Unterschieds- oder Veränderungshypothese und ordnen diesen dann einen oder mehrere Untersuchungspläne zu. Diese Vorgehensweise folgt der Leitidee, daß **nicht der Untersuchungsplan die Hypothese, sondern die Hypothese den Untersuchungsplan festlegen sollte.** Zur schnelleren Orientierung sind einige der hier behandelten Hypothesenarten in Tafel 32 zusammengestellt.

Tafel 32. Formale Forschungshypothesen

Die wichtigsten **Zusammenhangshypothesen:**

– Zwischen zwei Merkmalen x und y besteht ein Zusammenhang (Beispiel: Zwischen der Verbalisierungsfähigkeit des Menschen und der Fremdeinschätzung seiner Intelligenz besteht ein Zusammenhang); vgl. S. 384 ff.
– Zwischen zwei Merkmalen x und y besteht auch dann ein Zusammenhang, wenn man den Einfluß eines dritten Merkmals z außer acht läßt (Beispiel: Zwischen der Kommunikationsstruktur von Gruppen und ihrer Produktivität besteht auch dann ein Zusammenhang, wenn man die Gruppengröße außer acht läßt); vgl. S. 388 f.
– Zwischen mehreren Prädiktorvariablen (x_1, x_2, ... x_p) und einer (y) oder mehreren (y_1, y_2, ... y_q) Kriteriumsvariablen besteht ein Zusammenhang (Beispiel: Zwischen dem durch mehrere Merkmale beschriebenen Erziehungsverhalten von Eltern und dem durch ein oder mehrere Merkmale beschriebenen prosozialen Verhalten von Kindern besteht ein Zusammenhang); vgl. S. 389 ff.
– Die Zusammenhänge zwischen vielen untersuchten Variablen lassen sich auf wenige hypothetisch festgelegte Faktoren zurückführen (Beispiel: Die Zusammenhänge zwischen den Items eines Persönlichkeitsfragebogens gehen auf die Faktoren „Schlafschwierigkeiten", „Schlagfertigkeit" und „Sorglosigkeit" zurück); vgl. S. 394 f.

Die wichtigsten **Unterschiedshypothesen:**

– Eine Maßnahme (Treatment) hat einen Einfluß auf eine abhängige Variable (Beispiel: Die Teilnahme an Selbsterfahrungsgruppen führt zu einer realistischen Selbsteinschätzung); vgl. S. 407 f.
– Zwei Maßnahmen (Treatments) A_1 und A_2 unterscheiden sich in ihrer Wirkung auf eine abhängige Variable (Beispiel: Ein demokratischer Unterrichtsstil fördert die Leistungen von Schülern mehr als ein autoritärer Unterrichtsstil); vgl. S. 408.
– Zwei Populationen unterscheiden sich in bezug auf eine abhängige Variable (Beispiel: Stadtkinder können sich nicht so gut konzentrieren wie Landkinder); vgl. S. 408.

- Mehrere Treatments (Populationen) unterscheiden sich in bezug auf eine abhängige Variable (Beispiel: Die Art des Auftretens des Versuchsleiters in einer Testsituation – streng, neutral oder freundlich – beeinflußt die Testergebnisse der Untersuchungsteilnehmer); vgl. S. 408 ff.
- Zwischen zwei unabhängigen Variablen besteht eine Interaktion (Beispiel: Die Wirkung einer Behandlung A_1 ist bei weiblichen und männlichen Patienten unterschiedlich; Behandlung A_2 hingegen führt zu gegenläufigen oder keinen unterschiedlichen Wirkungen bei den Geschlechtern); vgl. S. 410 ff.

Die wichtigsten **Veränderungshypothesen:**

- Ein Treatment übt eine verändernde Wirkung auf eine abhängige Variable aus (Beispiel: Das regelmäßige Lesen der Boulevardpresse verändert politische Ansichten); vgl. S. 428 ff.
- Ein Treatment verändert eine abhängige Variable in einer Population A stärker als in einer Population B (Beispiel: Die Leistungen ängstlicher Kinder verbessern sich durch emotionale Zuwendungen des Lehrers stärker als die Leistungen nicht ängstlicher Kinder); vgl. S. 432 ff.
- Die Veränderung einer abhängigen Variablen hängt von einer Drittvariablen ab (Beispiel: Genesungsfortschritte von Kranken hängen von deren Bereitschaft, gesund werden zu wollen, ab); vgl. S. 440 f.
- Eine dauerhafte Intervention führt zu einer sprunghaften und anhaltenden Änderung einer Zeitreihe (Beispiel: Die Verabschiedung eines neuen Scheidungsgesetzes führt schnell zu einer Verdoppelung der Ehescheidungen); vgl. S. 447 ff.

Die wichtigsten **Einzelfallhypothesen:**

- Die Zeitreihe eines quantitativen Merkmals folgt während einer Behandlung einem Trend (Beispiel: Bewußtes Rauchen reduziert die Anzahl täglich gerauchter Zigaretten); vgl. S. 465 ff.
- Die zeitliche Abfolge der Kategorien eines dichotomen oder mehrkategoriellen Merkmals ist nicht zufällig (Beispiel: Die Migräneanfälle von Frau M. hängen mit beruflichen Mißerfolgen zusammen); vgl. S. 473 ff.
- Ein Treatment senkt die Auftretenswahrscheinlichkeit einer Merkmalskategorie (Beispiel: Das Bettnässen eines Kindes tritt im Verlaufe einer verhaltenstherapeutischen Maßnahme zunehmend seltener auf); vgl. S. 475 ff.
- Einzelne individuell erzielte Testergebnisse unterscheiden sich bedeutsam voneinander (Beispiel: Das Intelligenzprofil eines Abiturienten weist systematische, nicht durch Zufall erklärbare Schwankungen auf); vgl. S. 479 ff.

Vorrangig für den folgenden Text ist die Beschreibung der Untersuchungspläne und nicht deren statistische Auswertung. Wir werden uns mit Hinweisen, welches statistische Verfahren zur Auswertung des Untersuchungsmaterials bzw. zur statistischen Hypothesenprüfung geeignet ist, begnügen. Eine Zusammenstellung der wichtigsten statistischen Verfahren findet der interessierte Leser im Anhang D.

5.2.1 Zusammenhangshypothesen

Untersuchungen zur Überprüfung von Zusammenhangshypothesen bezeichnen wir in Anlehnung an Selg (1971) als Interdependenzanalysen. Wie bereits erwähnt, sagt ein signifikanter Zusammenhang nichts über Kausalbeziehungen der untersuchten Merkmale aus. Schlußfolgerungen, die aus Interdependenzanalysen gezogen werden können, beziehen sich grundsätzlich nur auf die Art und Intensität des miteinander Variierens zweier oder mehrerer Merkmale. Untersuchungstechnische Vorkehrungen oder inhaltliche Überlegungen können bestenfalls bestimmte kausale Wirkungsmodelle ausschließen, so daß die Anzahl kausaler Erklärungsalternativen eingeschränkt wird. (Zu diesem Problem vgl. auch Jäger, 1974 oder Köbben, 1970.)

Interdependenzanalysen bereiten vergleichsweise wenig Untersuchungsaufwand. Die „klassische" Interdependenzanalyse ist eine einfache Querschnittuntersuchung (cross-sectional-design), bei der man zu einem bestimmten Zeitpunkt zwei oder mehr Merkmale an einer repräsentativen Stichprobe erhebt. Dieser Untersuchungstyp eignet sich vor allem für *Felduntersuchungen,* bei denen man auf eine systematische Kontrolle der Untersuchungsbedingungen weitgehend verzichten kann. Liegen keine Stichprobenfehler vor, haben Interdependenzanalysen eine hohe externe Validität, d. h. ihre Ergebnisse sind in bezug auf die Population, der die untersuchte Stichprobe entnommen wurde, generalisierbar.

Im folgenden unterscheiden wir Untersuchungen zur Prüfung bivariater Zusammenhangshypothesen (Zusammenhänge zwischen jeweils zwei Variablen, Kap. 5.2.1.1) und zur Prüfung multivariater Zusammenhangshypothesen (Zusammenhänge zwischen mehr als zwei Variablen, Kap. 5.2.1.2). Der letzte Abschnitt diskutiert Untersuchungsvarianten, die zur Überprüfung kausaler Zusammenhangshypothesen entwickelt wurden (Kap. 5.2.1.3: Kausale Zusammenhangshypothesen).

5.2.1.1 Bivariate Zusammenhangshypothesen

Die formale Struktur einer zweiseitigen, bivariaten Zusammenhangshypothese lautet: Zwischen zwei Merkmalen X und Y besteht ein Zusammenhang. Eine einseitige Hypothese legt zusätzlich die Richtung des Zusammenhangs (positiv oder negativ, d. h. der Tendenz nach eher proportional oder eher umgekehrt proportional) fest. (Beispiel: Zwischen der Verbalisierungsfähigkeit des Menschen und der Fremdeinschätzung seiner Intelligenz besteht ein positiver Zusammenhang.)

Die Untersuchung dieser Hypothese erfordert üblicherweise eine Stichprobe, die bezüglich der Population, für die das Untersuchungsergebnis gelten soll, repräsentativ sein muß (zur Stichprobeproblematik vgl. Kap. 4.1 und zur Größe der Stichprobe vgl. S. 493 ff.). Für jeden Untersuchungsteilnehmer (oder allgemein: jede Untersuchungseinheit oder jeden „Meßwertträger") werden die Merkmale X und Y erhoben, d. h. jedem Untersuchungsteilnehmer sind zwei Meßwerte oder Merkmalsausprägungen zugeordnet. Die Enge des Zusammenhanges wird mit einem *Korrelationskoeffizienten* quantifiziert, dessen statistische Bedeutsamkeit ein Signifikanztest überprüft.

Die Berechnung einer Korrelation ist allerdings nicht daran gebunden, daß jedem Untersuchungsteilnehmer der Stichprobe zwei Meßwerte zugeordnet sind. Entscheidend ist, daß einem Meßwert der einen Variablen zweifelsfrei ein Meßwert der anderen Variablen zugeordnet ist. Diese Forderung ist eindeutig erfüllt, wenn von jedem Untersuchungsteilnehmer zwei Messungen erhoben werden, wenn also die Meßwerte jeder Person einander zugeordnet sind. Diese Zuordnung wäre aber auch gesichert, wenn z. B. Zusammenhänge zwischen den Neurotizismuswerten von Eheleuten, zwischen dem Körpergewicht von Hundebesitzern und dem Übergewicht ihrer Hunde, dem Einkommen eines Autobesitzers und der PS-Zahl seines Autos etc. untersucht werden.

Prinzipiell wäre es auch denkbar, daß alle Meßwerte auf eine Person bezogen sind. Man denke beispielsweise an eine Hypothese, die behauptet, daß zwischen der Körpertemperatur eines Krankenhauspatienten und der Stärke von Belastungen, die ihm täglich während seines Krankenhausaufenthaltes widerfahren, ein Zusammenhang besteht. Datenbasis für diese Hypothese wären Fiebermessungen und „Belastungsmessungen" an einer *Zufallsauswahl* von Krankentagen, d. h. das „paarbildende Merkmal" ist der Krankentag.

Wollte man diese Hypothese nicht nur auf eine Person beziehen (also als Einzelfalluntersuchung auffassen; vgl. Kap. 5.2.4), sondern für eine bestimmte Patientenpopulation überprüfen, kann man als „varianzerzeugende Quellen" sowohl die Untersuchungseinheiten „Untersuchungstage" als auch die Untersuchungseinheiten „Patienten" betrachten. Eine Korrelation, die über verschiedene Patienten und über verschiedene Tage (an denen diese untersucht wurden) berechnet wird, bereitet der inferenzstatistischen Absicherung Schwierigkeiten (diese hängen mit den Freiheitsgraden des statistischen Signifikanztests zusammen – ein Detailproblem, das wir hier nicht weiter vertiefen wollen). Entweder man erhebt für jeden Patienten nur einen Untersuchungstag (damit wird die Varianz der beiden Merkmale durch die Patienten erzeugt) oder man untersucht an jedem Tag nur einen Patienten (damit wird die Varianz der beiden Merkmale durch die Tage erzeugt). Die erste Untersuchungsvariante prüft die Hypothese, daß bei Patienten zwischen der Körpertemperatur und der Stärke der individuell empfundenen Belastungen an einem bestimmten Tag ein Zusammenhang besteht und die zweite, daß die beiden Merkmale bei einem bestimmten Patienten zusammenhängen. Werden mehrere Patienten als Einzelfälle untersucht, lassen sich deren Ergebnisse natürlich auch zu einem Gesamtergebnis kombinieren.

Dieses Beispiel verdeutlicht für Untersuchungen zur Überprüfung von (bivariaten oder multivariaten) Zusammenhangshypothesen folgende Leitlinie:

– Es muß zweifelsfrei geklärt sein, welche Meßwerte der untersuchten Variablen einander zugeordnet sind (zu Paaren bei bivariaten Hypothesen oder zu größeren Meßwertgruppen bei multivariaten Hypothesen)
– Die Anzahl der von einander unabhängigen Meßwertpaare (oder Meßwertgruppen) ist durch die Anzahl der Untersuchungseinheiten festgelegt, d. h. es darf pro Untersuchungseinheit nur ein Meßwertpaar (Meßwertgruppe) in einer Korrelation verrechnet werden.

Die Skalenqualität (vgl. S. 44 f.) der in der Zusammenhangshypothese genannten Merkmale kann beliebig sein. Tabelle 16 zeigt in einer Übersicht, welche Korrelationsarten welchen Skalenkombinationen zugeordnet sind. (Weitere, spezielle Korrelationstechniken findet der interessierte Leser z. B. bei Lienert, 1973, Kap. 9 und 1978, Kap. 16.)

Dichotome Merkmale sind zweifach gestufte Merkmale. Wir sprechen von einer künstlichen Dichotomie, wenn ein eigentlich kontinuierlich verteiltes Merkmal auf zwei Stufen reduziert wird (z. B. Prüfungsleistung: bestanden – nicht bestanden)

Table 16. Übersicht bivariater Korrelationen

Merkmal y	Merkmal x				
	Intervall-skala	Ordinal-skala	Künstliche Dichotomie	Natürliche Dichotomie	Nominal-skala
Intervallskala	Produkt-Moment Korrelation	Rang-korrelation	Biseriale Korrelation	Punktbiseriale Korrelation	Kontigenz-Koeffizient
Ordinalskala		Rang-korrelation	Biseriale Rang-korrelation	Biseriale Rang-korrelation	Kontingenz-Koeffizient
Künstliche Dichotomie			Tetrachorische Korrelation	Phi-Koeffizient	Kontingenz-Koeffizient
Natürliche Dichotomie				Phi-Koeffizient	Kontingenz-Koeffizient
Nominalskala					Kontingenz-Koeffizient

und von einer natürlichen Dichotomie, wenn das Merkmal tatsächlich nur zwei Ausprägungen hat (Geschlecht: männlich-weiblich).

Nicht jeder Skalenkombination ist eine eigene Korrelationsart zugeordnet. Ist das Skalenniveau der zu korrelierenden Merkmale verschieden, wird das Merkmal mit der höheren Skalenqualität auf das Skalenniveau des Vergleichsmerkmals transformiert. Will man beispielsweise das Alter der Untersuchungsteilnehmer (intervallskaliert) mit ihren Farbpräferenzen (nominalskaliert) in Beziehung setzen, ist es erforderlich, das eigentlich kontinuierlich verteilte Altersmerkmal auf einige wenige Alterskategorien zu reduzieren (zur Kategorienbildung bei kontinuierlichen Merkmalen vgl. S. 79 ff.). Der Kontingenzkoeffizient behandelt dann beide Merkmale wie Nominalskalen. Es besteht ferner die Möglichkeit, dieses Problem im Sinne einer multivariaten Zusammenhangshypothese (vgl. S. 390 ff.) bzw. als eine Unterschiedshypothese (vgl. S. 408 ff.) zu überprüfen.

Üblicherweise interessieren wir uns bei intervallskalierten Merkmalen für die Enge des *linearen Zusammenhanges*. Es lassen sich jedoch auch nicht lineare Zusammenhänge mit Verfahren quantifizieren, die z. B. Draper u. Smith (1966) oder Lehmann (1980), beschreiben. Allerdings ist hierbei darauf zu achten, daß die Zusammenhangshypothese die Art des nicht linearen Zusammenhanges (exponentiell, logarithmisch etc.) spezifiziert.

Nach unserem bisherigen Verständnis betreffen Zusammenhangshypothesen die Beziehung zweier Merkmale. Grundsätzlich lassen sich jedoch auch Zusammenhänge (oder besser: Ähnlichkeiten) zweier oder mehrerer Personen (Untersuchungseinheiten) analysieren. Hierbei geht man davon aus, daß für jede der zu vergleichenden Personen bezüglich mehrerer Variablen Messungen vorliegen, die zusammengenommen individuelle Merkmalsprofile darstellen. Probleme der Analyse von Merkmalsprofilen werden z. B. bei Schlosser (1976) behandelt.

Bei der korrelationsstatistischen Überprüfung von Zusammenhangshypothesen ist mit Nachdruck zu fordern, daß die Stichprobe tatsächlich die gesamte Po-

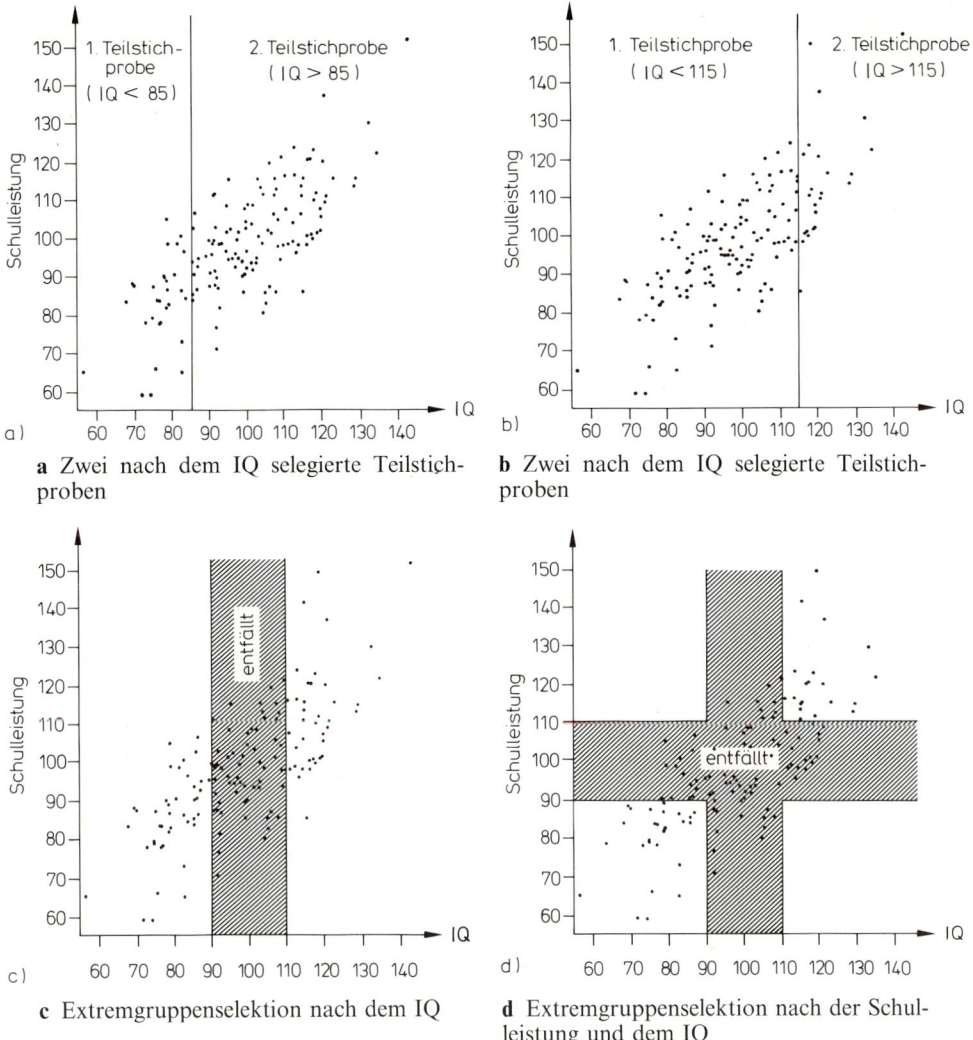

a Zwei nach dem IQ selegierte Teilstichproben

b Zwei nach dem IQ selegierte Teilstichproben

c Extremgruppenselektion nach dem IQ

d Extremgruppenselektion nach der Schul-
leistung und dem IQ

Abb. 24 a–d. Verzerrung von Korrelationen durch Stichprobenselektion

pulation, für die das Untersuchungsergebnis gelten soll, repräsentieren muß. Zu
welch drastischen Verzerrungen der Zusammenhangsschätzung es bei Stichprobenfehlern kommen kann, zeigt Stelzl (1982) anhand einiger Beispiele, die als
Abb. 24 a–d wiedergegeben sind.

Es geht um die Überprüfung des Zusammenhanges zwischen schulischer Leistung (Y) und Intelligenz (X). Für die Population aller Schüler möge eine Korrelation von $\varrho = 0{,}71$ zutreffend sein. Abbildung 24 a zeigt, wie sich der Zusammenhang dieser Merkmale ändert, wenn nur Schüler mit einem IQ über 85 bzw. unter
85 untersucht werden. Sie beträgt in ersten Fall (IQ > 85) r = 0,63 und im zweiten
Fall (IQ < 85) r = 0,42.

Ähnliches gilt für die in Abb. 24b vorgenommene Selektion. Hier beträgt die Korrelation in der Teilstichprobe IQ < 115 r = 0,59 und in Teilstichprobe IQ > 115 r = 0,48.

Diesem, zur Unterschätzung des Gesamtzusammenhanges führenden Stichprobenfehler steht ein anderer gegenüber, der eine Überschätzung des Gesamtzusammenhanges bedingt: die Extremgruppenselektion. Durch Weglassen von Schülern mit mittleren Intelligenzquotienten erhöht sich die Korrelation auf r = 0,81 (vgl. Abb. 24c). Verzichtet man zusätzlich auf die Einbeziehung von Schülern mit durchschnittlichen Schulleistungen, erhöht sich der Zusammenhang weiter auf r = 0,91 (vgl. Abb. 24d).

Stelzl (1982, Kap. 5.2) berichtet ferner über Artefakte bei der Überprüfung von Zusammenhangshypothesen, die durch mathematische Abhängigkeit der untersuchten Merkmale entstehen (Beispiel: Wenn $X + Y =$ konstant, resultiert zwangsläufig zwischen X und Y eine negative Korrelation).

5.2.1.2 Multivariate Zusammenhangshypothesen

Der Nachweis eines statistisch gesicherten Zusammenhanges zweier Merkmale X und Y verlangt Überlegungen, wie dieser Zusammenhang theoretisch zu erklären ist. Hierfür bietet sich häufig eine dritte Variable Z an, von der sowohl X als auch Y abhängen. Besteht zwischen X und Z sowie zwischen Y und Z jeweils ein hoher Zusammenhang (was nicht bedeuten muß, daß Z die Merkmale X und Y kausal beeinflußt) erwarten wir zwangsläufig auch zwischen X und Y einen hohen Zusammenhang. Wir könnten nun danach fragen, wie hoch der Zusammenhang zwischen X und Y wäre, wenn wir die Gemeinsamkeiten des Merkmals Z mit den beiden Merkmalen X und Y außer acht lassen. Der Erklärungswert dieses Ansatzes wird noch deutlicher, wenn sich die Annahme, Z beeinflusse X und Y kausal, inhaltlich begründen läßt. Wir fragen dann, wie X und Y zusammenhängen, wenn der Einfluß von Z auf X und Y ausgeschaltet wird.

Mit diesen Überlegungen erweitern wir eine bivariate Zusammenhangshypothese zu einer multivariaten Zusammenhangshypothese: Zwischen zwei Merkmalen X und Y besteht nur dann ein Zusammenhang, wenn man die Gemeinsamkeiten einer dritten Variablen Z mit X und Y berücksichtigt. Oder: Der Zusammenhang zweier Merkmale X und Y wird unbedeutend, wenn der „Einfluß" einer dritten Variablen Z ausgeschaltet wird. (Mit den Anführungszeichen für das Wort „Einfluß" bringen wir zum Ausdruck, daß die Beziehung zwischen Z und den Merkmalen X und Y nicht kausal – wie die Bezeichnung „Einfluß" suggeriert – sein muß). Ein Beispiel: Zwischen der Produktivität von Gruppen und ihren Kommunikationsstrukturen (z. B. mit Diskussionsleiter oder ohne Diskussionsleiter) besteht nur dann ein Zusammenhang, wenn man die Gruppengröße berücksichtigt.

Die Überprüfung dieser erweiterten bivariaten Zusammenhangshypothese erfolgt mit der *Partialkorrelation*. Sie läßt sich berechnen, wenn von einer repräsentativen Stichprobe Messungen auf allen drei Variablen vorliegen und setzt in der Regel voraus, daß alle drei untersuchten Merkmale intervallskaliert sind (über spezielle Verfahren zur Überprüfung partieller Zusammenhänge bei nicht intervallskalierten Merkmalen, siehe Lienert, 1973).

Zuweilen lassen sich nicht nur eine Kontrollvariable Z sondern mehrere Kontrollvariable $Z_1, Z_2 \ldots Z_p$ benennen, von denen man annimmt, sie üben auf den Zusammenhang von X und Y einen „Einfluß" aus. Die Hypothese: „Zwischen zwei Merkmalen X und Y besteht ein Zusammenhang, auch wenn der Einfluß mehrerer Kontrollvariablen außer acht bleibt" wird mit Partialkorrelationen höherer Ordnung überprüft. Man beachte, daß das „Ausschalten" einer oder mehrerer Kontrollvariablen statistisch erfolgt und nicht untersuchungstechnisch (wie z. B. durch das Konstanthalten der Kontrollvariable (n)). Den Vorgang der „Bereinigung" der Merkmale X und Y um diejenigen Anteile, die auf eine Kontrollvariable Z zurückgehen, bezeichnet man als *Herauspartialisieren* von Z.

Dieses Konzept läßt sich in vielfältiger Weise nutzen. Es gestattet beispielsweise, Hypothesen zu überprüfen, die behaupten, daß zwischen zwei Merkmalen X und Y ein Zusammenhang besteht, wenn ein Kontrollmerkmal Z nur aus einer der beiden Variablen herauspartialisiert wird. Eine solche Hypothese könnte etwa besagen, daß zwischen den Merkmalen „Prüfungsleistung" und „beruflicher Erfolg" ein Zusammenhang besteht, wenn das Merkmal „Prüfungsangst" aus dem Merkmal „Prüfungsleistung" herauspartialisiert wird, wenn also die Prüfungsleistungen bezüglich der Prüfungsangst „bereinigt" werden. Das Verfahren, mit dem derartige Hypothesen überprüft werden, heißt Partkorrelation bzw. Semi-Partialkorrelation.

Partialkorrelationen sind streng genommen Verfahren zur Überprüfung bivariater Zusammenhangshypothesen. Daß wir sie dennoch unter der Rubrik „Multivariate Zusammenhangshypothesen" behandeln, liegt daran, daß dieses Verfahren die bivariaten Beziehungen mehrerer Merkmale simultan berücksichtigt. Im engeren Sinne beschreiben multivariate Zusammenhangshypothesen Beziehungen zwischen einem Merkmalskomplex mit den Merkmalen $X_1, X_2 \ldots X_p$ und einem Merkmal Y bzw. einem anderen Merkmalskomplex mit den Merkmalen $Y_1, Y_2 \ldots Y_q$. Läßt sich inhaltlich die Richtung eines möglichen kausalen Einflusses begründen, bezeichnet man diese Variablenkomplexe auch als *Prädiktorvariablen* und *Kriteriumsvariablen*. Die Zusammenhangshypothese lautet dann: Zwischen mehreren Prädiktorvariablen und einer oder mehreren Kriteriumsvariablen besteht ein Zusammenhang.

Viele sozialwissenschaftlichen Zusammenhangshypothesen lassen sich sinnvoll nur als multivariate Zusammenhangshypothesen formulieren. Dies trifft um so mehr zu, je komplexer die zu untersuchenden Variablen sind. Ein Sportpsychologe hätte sicherlich keinerlei Schwierigkeiten, die Kriteriumsvariable „Weitsprungleistung" zu quantifizieren. Interessiert ihn jedoch der Zusammenhang dieses Merkmals mit dem Prädiktor „Trainingsmotivation", steht er vor der weitaus schwierigeren Aufgabe, diesen komplexen Prädiktor zu operationalisieren und zu quantifizieren. Es erscheint zweifelhaft, daß sich dieses Merkmal durch nur einen Wert eines jeden Untersuchungsteilnehmers – was der Vorgehensweise für die Überprüfung einer bivariaten Zusammenhangshypothese entspräche – vollständig abbilden läßt. Zufriedenstellender wären hier mehrere operationale Indikatoren der Trainingsmotivation, wie z. B. die Anzahl freiwillig absolvierter Trainingsstunden, die Konzentration während des Trainings, die Intensität des Trainings, die Anzahl der Pausen etc. (vgl. hierzu die Ausführungen über Operationalisierung auf S. 38 ff. bzw. über Indexbildungen in Kap. 2.1.3), die verschiedene, wichtig erscheinende Teil-

aspekte des untersuchten Merkmals erfassen. Die multivariate Zusammenhangshypothese würde dann lauten: Zwischen den Indikatorvariablen X_1, $X_2 \ldots X_p$ des
Merkmals „Trainingsmotivation" und dem Merkmal „Weitsprungleistung" besteht ein Zusammenhang.

Die Überprüfung einer multivariaten Zusammenhangshypothese, die eine Beziehung zwischen mehreren (Prädiktor-)Variablen und einer (Kriteriums-)Varia-
blen behauptet, erfolgt über die *multiple Korrelation*. Untersuchungstechnisch bereitet auch diese Hypothesenprüfung wenig Aufwand. Alle Merkmale, d.h. die
Prädiktoren und Kriterien werden an einer repräsentativen Stichprobe erhoben.
Die multiple Korrelation ist berechenbar, wenn zumindest die Kriteriumsvariable
intervallskaliert ist. Die Prädiktoren können auch dichotom oder nominalskaliert
sein.

Die Kategorien eines dichotomen Merkmals kodiert man einfachheitshalber
mit den Zahlen 0 und 1 (verwendet man z. B. das Geschlecht als Prädiktor, erhalten
beispielsweise alle weiblichen Untersuchungsteilnehmer eine 1 und alle männlichen
eine 0). Wie man mit einem nominalen Merkmal mit mehr als zwei Kategorien ver-
fährt, zeigt Tafel 33.

Tafel 33. Die Codierung eines nominalen Merkmals durch Dummy-Variablen

Es wird die Hypothese untersucht, daß zwischen der Art der Berufsausübung
(als Arbeiter, Angestellter, Beamter oder als Selbständiger) und der Anzahl der
jährlichen Urlaubstage ein Zusammenhang besteht. Diese Hypothese kann

1. als bivariate Zusammenhangshypothese über den Kontingenzkoeffizienten,
2. als Unterschiedshypothese über die Varianzanalyse oder
3. als multivariate Zusammenhangshypothese über die multiple Korrelation

geprüft werden.

Alle drei Auswertungstechniken erfordern dasselbe Untersuchungsmaterial,
nämlich Angaben über die Art der Berufsausübung und die Anzahl jährlicher
Urlaubstage einer repräsentativen Stichprobe berufstätiger Personen. Im Ergebnis unterscheidet sich die erste Auswertungsart geringfügig von der zweiten bzw.
dritten Auswertungsart. (Durch die Zusammenfassung der Merkmale „Anzahl
der jährlichen Urlaubstage" in einzelne Kategorien, die für die Anwendung des
Kontingenzkoeffizienten erforderlich ist, gehen Informationen verloren; vgl.
S. 379 f.) Die zweite und dritte Auswertungsart sind genauer und führen zu identischen Resultaten.

Hier soll nun demonstriert werden, wie das Untersuchungsmaterial für eine
Auswertung über eine multiple Korrelation vorbereitet wird. Wir nehmen einfachheitshalber an, es seien in jeder Berufskategorie nur drei Personen befragt
worden:

Berufskategorie	Urlaubstage
Arbeiter	26, 30, 24
Angestellte	28, 25, 25
Beamte	26, 32, 30
Selbständige	30, 16, 26

Wir definieren eine Dummy-Variable d_1, auf der alle Personen der ersten Berufsgruppe eine 1 und Personen der zweiten und dritten Gruppe eine 0 erhalten. Mit einer zweiten Dummy-Variablen d_2 wird entschieden, welche Personen zur zweiten Berufsgruppe gehören. Diese erhalten hier eine 1 und die Personen der ersten und dritten Gruppe eine 0. Entsprechend verfahren wir mit einer dritten Dummy-Variablen d_3: Personen der dritten Berufskategorie werden hier mit 1 und die der ersten und zweiten Kategorie mit 0 verschlüsselt.

Bei dieser Vorgehensweise bleibt offen, was mit Personen der vierten Berufskategorie zu geschehen hat. Führen wir das Codierungsprinzip logisch weiter, benötigen wir eine vierte Dummy-Variable d_4, die darüber entscheidet, ob eine Person zur vierten Kategorie gehört ($d_4 = 1$) oder nicht ($d_4 = 0$). Diese vierte (oder allgemein bei k Kategorien die k-te) Dummy-Variable ist jedoch überflüssig. Ordnen wir auch der vierten Kategorie auf allen drei Dummy-Variablen (d_1, d_2, d_3) eine 0 zu, resultieren vier verschiedene Codierungsmuster, die eindeutig zwischen den vier Kategorien differenzieren: Kategorie 1: 1,0,0; Kategorie 2: 0,1,0; Kategorie 3: 0,0,1 und Kategorie 4: 0,0,0 (vgl. z. B. Gaensslen u. Schubö, 1973, Kap. 12.1).

Für die Berechnung weiterer, die Interpretation der multiplen Korrelation erleichternder Kennwerte erweist es sich jedoch als günstiger, die vierte (oder allgemein k-te) Gruppe auf den Dummy-Variablen d_1 bis d_3 (oder allgemein: d_1 bis d_{k-1}) nicht mit 0 sondern mit -1 zu verschlüsseln. (Näheres hierzu siehe Bortz, 1979, Kap. 13.4 oder Overall u. Klett, 1972.) Die multiple Korrelation wird damit über folgende Datenmatrix berechnet:

Prädiktoren			Kriterien
d_1	d_2	d_3	y
1	0	0	26
1	0	0	30
1	0	0	24
0	1	0	28
0	1	0	25
0	1	0	25
0	0	1	26
0	0	1	32
0	0	1	30
-1	-1	-1	30
-1	-1	-1	16
-1	-1	-1	26

(Über weitere Ansätze zur Verschlüsselung nominaler Merkmale als Dummy-Variable berichten z. B. Moosbrugger, 1978; Sievers, 1977, sowie Wolf u. Cartwright, 1974.)

Hier wird deutlich, daß eine bivariate Zusammenhangshypothese zwischen einem nominalskalierten und einem intervallskalierten Merkmal, für deren Überprüfung in Tabelle 16 (nach Reduktion des intervallskalierten Merkmals auf einzelne Kategorien) der Kontingenzkoeffizient vorgeschlagen wurde, auch mit Hilfe der multiplen Korrelation geprüft werden kann. Diese verwendet die Kodierungsvariablen als Prädiktoren und die intervallskalierte Variable als Kriterium. Neben dem durch Dummy-Variablen kodierten nominalen Merkmal können in einer multiplen Korrelation gleichzeitig weitere nominal- und/oder intervallskalierte Prädiktorvariablen berücksichtigt werden.

Die multiple Korrelation als Verfahren zur Überprüfung multivariater Zusammenhangshypothesen ist natürlich nicht nur einsetzbar, wenn eine komplexe Prädiktorvariable in Form mehrerer Teilindikatoren untersucht wird, sondern auch dann, wenn die Beziehung mehrerer Prädiktorvariablen mit jeweils spezifischen Inhalten zu einer Kriteriumsvariablen simultan erfaßt werden soll. Eine Untersuchung von Silbereisen (1977) überprüft beispielsweise die Hypothese, daß die Rollenübernahmefähigkeit von Kindern mit Merkmalen wie „Betreuung an Werktagen" (durchschnittliche Stundenzahl, die Eltern ihren Kindern widmen) „Erziehungsstil der Mutter", „Erwerbstätigkeit der Mutter", „Kindergartenbesuch", „Geschlecht der Kinder" usw. zusammenhängt. Natürlich hätte diese Hypothese auch in einzelne bivariate Zusammenhangshypothesen zerlegt und geprüft werden können. Abgesehen von inferenzstatistischen Schwierigkeiten (die wiederholte Durchführung von Signifikanztest erschwert die Kalkulation der Irrtumswahrscheinlichkeiten, vgl. Bortz, 1979, Kap. 7.3), übersieht dieser Ansatz, daß viele bivariate Zusammenhänge nicht den gleichen Informationswert haben wie ein entsprechender multivariater Zusammenhang. Die multiple Korrelation nutzt auch Kombinationswirkungen der Prädiktoren und ist deshalb in der Regel höher als die bivariaten Zusammenhänge.

Gelegentlich ist es sinnvoll oder erforderlich, *zwei* Variablen-Komplexe, also mehrere Prädiktorvariablen und mehrere Kriteriumsvariablen gleichzeitig miteinander in Beziehung zu setzen. Sollte beispielsweise die Hypothese, das Wetter beeinflusse die Befindlichkeit des Menschen geprüft werden, wäre eine Studie, die nur ein Merkmal des Wetters (z. B. die Temperatur) mit einem Merkmal der Befindlichkeit (z. B. die Einschätzung der eigenen Leistungsfähigkeit) in Beziehung setzte, von vornherein wenig Erfolg beschieden. Das Wetter ist nur mit einem Merkmalskomplex sinnvoll beschreibbar, der seinerseits mit vielen sich ebenfalls wechselseitig beeinflussenden Merkmalen der persönlichen Befindlichkeit zusammenhängen könnte.

Die Überprüfung dieses multivariaten Zusammenhanges (mehrere Prädiktoren und mehrere Kriterien) erfolgt mit der *kanonischen Korrelation.* Untersuchungstechnisch erfordert die Überprüfung dieser Hypothese die (multivariate) Erfassung von Witterungsbedingungen an verschiedenen Tagen und die (multivariate) Erfassung der Befindlichkeit von Personen, die diesen Witterungsbedingungen ausgesetzt sind (Personen als Merkmalsträger, vgl. S. 385) oder die Erhebung des Wetters an einer Zufallsauswahl von Tagen bei gleichzeitiger Registrierung der Befindlichkeit einer Person an diesen Tagen (Untersuchungstage als Merkmalsträger). Generell ist die kanonische Korrelation als Auswertungstechnik indiziert, wenn von einer Stichprobe von Merkmalsträgern (z. B. Personen) Messungen auf mehreren Prädiktorvariablen und mehreren Kriteriumsvariablen vorliegen.

Für eine kanonische Korrelationsanalyse müssen die Kriteriumsvariablen intervallskaliert sein; die Prädiktorvariablen hingegen können dichotom, nominal-

und/oder intervallskaliert sein (zur Handhabung nominalskalierter Prädiktorvariablen siehe Tafel 33).

Multiple und kanonische Korrelation lassen nur für die Prädiktorvariablen nominalskalierte Merkmale zu. Nicht selten interessieren in den Sozialwissenschaften jedoch Zusammenhangshypothesen, die ausschließlich nominale Merkmale betreffen. Eine derartige Zusammenhangshypothese könnte z. B. heißen, daß die Diagnose einer psychischen Krankheit (nominalskaliert: Schizophrenie, endogene Depression, Paranoia etc.) von der sozialen Schicht des Patienten (nominalskaliert: Unterschicht, Mittelschicht, Oberschicht) und seiner Wohngegend (nominalskaliert: städtisch vs. ländlich) abhängt. Hypothesen dieser Art werden z. B. mit der *Konfigurationsfrequenzanalyse* (kurz: KFA; Krauth u. Lienert, 1973) bzw. (wenn die Bedeutung der einzelnen Merkmale und ihrer Kombinationen detaillierter erfaßt werden sollen) mit *log-linearen Modellen* (vgl. z. B. Arminger, 1982; Bishop et al., 1975 oder Langeheine, 1980) überprüft. (Ein EDV-Programm für log-lineare Modelle enthält z. B. das Programmpaket GLIM, vgl. Anhang B.)

Es wurde bereits erwähnt, daß multivariate Zusammenhänge die Bedeutung von Merkmalskombinationen mit berücksichtigen. Sie sagen damit mehr aus als die einzelnen bivariaten Zusammenhänge. Ein besonders drastisches, auf Nominaldaten bezogenes Beispiel hierfür stellt das sog. „Meehl'sche Paradoxon" dar (Meehl, 1950). Zur Veranschaulichung dieses klassischen Beispiels einer Kombinations (Interaktions-)wirkung nehmen wir an, 200 Personen hätten drei Aufgaben zu lösen. Eine Aufgabe kann gelöst werden (+) oder nicht gelöst werden (−). Tabelle 17a zeigt die (fiktiven) Ergebnisse dieser Untersuchung.

Tabelle 17. Die Kombinations- (Interaktions-) Wirkung von Variablen: Das Meehl'sche Paradoxon

		Aufgabe 1			
		+		−	
		Aufgabe 2		Aufgabe 2	
		+	−	+	−
Aufgabe 3	+	50	0	0	50
	−	0	50	50	0

a

		Aufgabe 1	
		+	−
Aufgabe 2	+	50	50
	−	50	50

b

		Aufgabe 1	
		+	−
Aufgabe 3	+	50	50
	−	50	50

c

		Aufgabe 2	
		+	−
Aufgabe 3	+	50	50
	−	50	50

d

Alle Personen, die Aufgabe 1 und 2 lösen, haben auch Aufgabe 3 gelöst. Aufgabe 3 wurde aber auch von all denjenigen gelöst, die die Aufgaben 1 und 2 nicht lösen. Umgekehrt hat jede Person, die nur eine Aufgabe löste (entweder Aufgabe 1 oder Aufgabe 2), Aufgabe 3 nicht gelöst. Damit läßt sich die Lösung oder Nichtlösung von Aufgabe 3 exakt vorhersagen, wenn bekannt ist, welcher der beiden ersten Aufgaben gelöst bzw. nicht gelöst wurden. Es besteht ein perfekter, multivariater Zusammenhang.

Betrachten wir hingegen nur jeweils zwei Aufgaben (Tabelle 17b, c und d), müssen wir feststellen, daß hier überhaupt kein Zusammenhang besteht. Die Tatsache, daß jemand z. B. Aufgabe 1 gelöst hat, sagt nichts über die Lösung oder Nichtlösung von Aufgabe 2 aus. Entsprechendes gilt für die übrigen Zweierkombinationen von Aufgaben. Alle bivariaten Zusammenhänge sind null bzw. nicht vorhanden.

Das Beispiel zeigt, daß bei der Überprüfung multivariater Hypothesen in Form einzelner bivariater Hypothesen entscheidende Informationen verloren gehen können – ein Befund, der nicht nur für nominale Merkmale gilt.

Eine weitere, multivariate Zusammenhangshypothese besagt, daß die wechselseitigen Zusammenhänge vieler Merkmale durch wenige, in der Regel voneinander unabhängige (orthogonale), hypothetisch festgelegte *Dimensionen* oder *Faktoren* erklärbar sind. Ein Beispiel (nach Mulaik, 1975) soll diese Hypothesenart erläutern. Untersucht werden ein aus 9 items bestehender Selbsteinschätzungsfragebogen (vgl. Tabelle 18) bzw. deren wechselseitige Korrelationen, die man ermittelt, nachdem eine repräsentative Stichprobe den Fragebogen beantwortet hat. Es wird die Hypothese geprüft, daß diese items die von Eysenck (1969) berichteten, voneinander unabhängigen Faktoren „Schlafschwierigkeiten", „Schlagfertigkeit" und „Sorglosigkeit" erfassen, bzw. daß die wechselseitigen Zusammenhänge der 9 items auf diese drei Faktoren zurückzuführen sind.

Die Hypothese besagt, daß die ersten 3 items eindeutig und ausschließlich einem Faktor F I (Schlafschwierigkeiten), die items 4–6 einem Faktor F II (Schlagfertigkeit) und die 3 letzten items einem Faktor F III (Sorglosigkeit) zugeordnet sind. Die Hypothesenmatrix a in Tabelle 18 faßt diese komplexe Zusammenhangshypothese symbolisch zusammen. Die hier wiedergegebenen Zahlenwerte sind Korrelationen der items (Variablen) mit den Faktoren, die man auch als *Faktorladungen* bezeichnet.

Gegenüber der Hypothesenmatrix a ist die Hypothesenmatrix b weniger restriktiv. Hier wird nur behauptet, daß die items mit denjenigen Faktoren, mit denen sie theoretisch nichts zu tun haben können, in keinem Zusammenhang stehen bzw. zu null korrelieren. Über die Höhe des Zusammenhanges der items mit den ihnen zugeordneten Faktoren wird keine Aussage gemacht.

Hypothesenmatrix c gibt eine konkrete, empirisch ermittelte Faktorenstruktur vor, die beispielsweise für männliche Personen errechnet wurde. Man könnte nun eine Hypothese formulieren, die behauptet, daß zwischen dieser, für männliche Personen ermittelten Faktorstruktur und der Faktorstruktur weiblicher Personen ein Zusammenhang besteht. Diese Zusammenhangshypothese wird mit einem Faktorstrukturvergleich überprüft.

Weitere Hypothesen dieser Art beziehen sich auf die Anzahl der Faktoren eines Variablensatzes bzw. darauf, welche Faktoren voneinander unabhängig (orthogo-

Tabelle 18. Hypothesenmatrizen für eine konfirmatorische Faktorenanalyse

	Hyp. mat. a)			Hyp. mat. b)			Hyp. mat. c)		
	F I	F II	F III	F I	F II	F III	F I	F II	F III
1. Ich kann vor lauter Sorgen nicht schlafen	+1	0	0	?	0	0	0,55	−0,13	0,17
2. Ich kann schwer einschlafen	+1	0	0	?	0	0	0,79	−0,16	−0,12
3. Ich leide unter Schlaflosigkeit	+1	0	0	?	0	0	0,99	0,15	−0,05
4. Ich lasse nichts auf mir sitzen	0	+1	0	0	?	0	0,35	0,94	0,02
5. Ich bin immer schnell mit einer Antwort zur Hand	0	+1	0	0	?	0	0,03	0,38	0,15
6. Aus Streitgesprächen halte ich mich raus	0	−1	0	0	?	0	−0,01	−0,82	0,17
7. Ich bin ein rundum glücklicher Mensch	0	0	+1	0	0	?	−0,05	0,02	0,91
8. Ich führe ein sorgloses Dasein	0	0	+1	0	0	?	−0,15	0,14	0,82
9. Ich liebe Spontanentschlüsse	0	0	+1	0	0	?	−0,03	0,13	0,46

nal) bzw. abhängig (oblique) sind. Die Überprüfung derartiger Hypothesen erfolgt mit der *konfirmatorischen Faktorenanalyse* (Jöreskog, 1970; Revenstorf, 1980 oder z. B. Weede u. Jagodzinski, 1977; Rechenprogramme finden sich z. B. in dem Programmpaket Lisrel, vgl. Anhang B).

5.2.1.3 Kausale Zusammenhangshypothesen

Die Formulierung von Zusammenhangshypothesen leidet unter der Schwierigkeit, daß das deutschsprachige Vokabular (und nicht nur dieses) wenig Ausdrücke enthält, die einen schlichten Zusammenhang zweier oder mehrerer Merkmale, d.h. das Faktum, daß sich bei Veränderung eines Merkmals ein anderes Merkmal der Tendenz nach gleichsinnig oder gegenläufig verändert, treffend beschreiben. So liest man häufig im Zusammenhang mit der Interpretation von Korrelationen, daß ein Merkmal ein anderes „determiniert", „erklärt", „bedingt", „beeinflußt", daß ein Merkmal von einem anderen „abhängt" oder für ein anderes Merkmal „Bedeutung hat", daß sich ein Merkmal auf ein anderes „auswirkt" usw. Gegen den Gebrauch dieser Redewendungen aus sprachlichen Gründen ist sicherlich nichts einzuwenden, wenn dabei aus dem Kontext ersichtlich wird, daß Korrelationen nicht fälschlicherweise – wie die Ausdrücke es nachlegen – als kausale Zusammenhänge interpretiert werden.

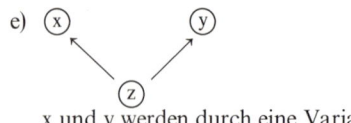

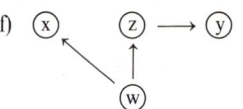

a) (x) ⟶ ◯
x beeinflußt y

b) (x) ⟵ (y)
y beeinflußt x

c) (x) ⇄ (y)
x und y beeinflussen sich wechselseitig

d) (x) ⟶ (z) ⟶ (y)
x beeinflußt eine dritte Variable z,
die ihrerseits y beeinflußt

e) (x)   (y)
    (z)
x und y werden durch eine Variable z
beeinflußt

f) (x)   (z) ⟶ (y)
    (w)
eine vierte Variable w beeinflußt y
über z indirekt und x direkt

Abb. 25. Kausalmodelle und deren Stützung durch eine Korrelation

Eine Korrelation sagt für sich genommen nichts über einen kausalen Zusammenhang aus. Abbildung 25 zeigt eine Auswahl von Kausalmodellen, die alle durch den Nachweis einer Korrelation r_{xy} bestätigt werden. Es erscheint jedoch höchst unwahrscheinlich, daß eines der hier dargestellten Kausalmodelle für die sozialwissenschaftliche Realität Bedeutung hat; das tatsächlich in einer Untersuchung interessierende Ursachen-Wirkungsgefüge dürfte größtenteils weitaus komplizierter sein, als diejenigen Kausalbeziehungen, die sich mit 3 oder 4 Merkmalen theoretisch konstruieren lassen.

Kausale Hypothesen können allerdings durch nicht vorhandene Korrelationen widerlegt werden. Wenn z. B. behauptet wird, übermäßiger Alkoholgenuß reduziere die Lebenserwartungen (Modell a in Abb. 25), ist diese Kausalhypothese widerlegt, wenn sich zwischen diesen Merkmalen keine Korrelation nachweisen läßt. Im umgekehrten Falle, wenn also Lebensdauer und durchschnittlicher Alkoholkonsum zusammenhängen, spricht dieses Ergebnis nicht gegen das behauptete Kausalmodell; es bestätigt aber gleichzeitig nahezu beliebig viele andere Kausalmodelle wie z. B.: Eine geringe Lebenserwartung verursacht erhöhten Alkoholkonsum (Modell b in Abb. 25); erhöhter Alkoholkonsum macht depressiv und verdunkelt damit die Lebensperspektive. Diese Lebensunlust läßt erneut zur Flasche greifen (Modell c); durch höheren Alkoholkonsum wird man arbeitsunfähig und damit arm. Armut bedingt schlechte Ernährung, die das Leben verkürzt (Modell d); eine angeborene „Ichschwäche" erhöht die Anfälligkeit für lebensbedrohende Krankheiten und für Alkohol (Modell e); Streß verursacht Trinken und Rauchen. Lebensverkürzend wirkt aber nur das Rauchen (Modell f) etc.

Die Beispiele sind bewußt unterschiedlich „glaubwürdig" gehalten. Ihre subjektive Glaubwürdigkeit resultiert aber nicht aus der Korrelation; diese bestätigt alle Kausalannahmen gleichermaßen. Es sind vielmehr subjektive Überzeugungen und Hintergrundwissen, die das eine oder andere Kausalmodell als plausibler erscheinen lassen. Eine Korrelationsstudie alleine (hier die Bestimmung der Korrelation zwischen Lebensdauer und Alkoholkonsum) differenziert diese Kausalmodelle nicht. **Eine bedeutsame Korrelation bestätigt, und eine unbedeutende Korrelation verwirft alle konkurrierenden Kausalhypothesen.**

Korrelationsstudien besitzen damit nur eine geringe interne Validität und sind den in Kap. 5.2.2 zu behandelnden experimentellen und zum Teil auch quasiexperimentellen Ansätzen weit unterlegen. Dennoch üben sie im Gesamtfeld einer empirischen Sozialwissenschaft eine wichtige Funktion aus: Sie gestatten es, ohne besonderen Untersuchungsaufwand bestimmte Kausalhypothesen von vornherein als äußerst unwahrscheinlich auszuschließen.

Kausalinterpretationen von Korrelationen sind – wenn überhaupt – nur inhaltlich bzw. logisch zu begründen. Ließe sich die o. g. Hypothese: „Zwischen Witterungsbedingungen und Befindlichkeit besteht ein Zusammenhang" korrelationsstatistisch bestätigen, würde wohl niemand auf die Idee kommen, damit das Kausalmodell „die Befindlichkeit beeinflußt das Wetter" bestätigt zu sehen. Unser Wissen über die Entstehung von Wetterverhältnissen läßt als Erklärung dieser Korrelation nur das Kausalmodell „Wetter beeinflußt Befindlichkeit" zu oder bestenfalls Modelle vom Typus d in Abb. 25, nach denen das Wetter die Befindlichkeit indirekt beeinflußt. Wir favorisieren dieses Kausalmodell jedoch nicht wegen der Korrelation, sondern weil wir (mehr oder weniger) genau wissen, wie Wetteränderungen entstehen bzw. wodurch die Varianz des Merkmals „Wetter" zustandekommt.

Die Anzahl konkurrierender Kausalmodelle wird ebenfalls eingeschränkt, wenn die zu korrelierenden Merkmale zu unterschiedlichen Zeitpunkten erhoben werden, so daß man (einigermaßen) sicher sein kann, daß das später erhobene Merkmal das früher erhobene Merkmal nicht beeinflußt. Korrelieren die an einer Stichprobe von Vorschulkindern erhobenen Testwerte eines Schulreifetests mit den späteren schulischen Leistungen derselben Kinder, scheidet die kausale Erklärungsalternative: „Die schulischen Leistungen beeinflussen die Ergebnisse im Vorschultest" aus. Der umgekehrte Erklärungsansatz, die schulischen Leistungen hingen von der Schulreife ab, ist mit dieser Korrelation jedoch keineswegs gesichert. Die gleiche Korrelation wäre auch zu erwarten, wenn der Zusammenhang beider Merkmale auf ein drittes Merkmal (z. B. kognitive und sprachliche Förderung durch die Eltern im Vorschulalter und im Schulalter) zurückgeht (Modell e) oder wenn sich die Vorschultestergebnisse nur indirekt auf die schulischen Leistungen auswirken (z. B. über die Erwartungshaltungen der Lehrer, die Kinder mit guten Testergebnissen mehr fördern als Kinder mit schlechten Testergebnissen; Modell d). Dennoch kann man davon ausgehen, daß die interne Validität von Korrelationsstudien über zeitlich versetzt erhobene Merkmale (*Längsschnittuntersuchung*) in der Regel höher ist als die interne Validität von Korrelationsstudien, die die selben Merkmale zu einem Zeitpunkt prüfen (*Querschnittuntersuchung*). Auch hier gilt die allgemeine Regel, daß die interne Validität einer Untersuchung um so höher ist, je weniger kausale Erklärungsmodelle sie zuläßt.

Die Idee, daß konkurrierende Kausalmodelle in korrelativen Längsschnittuntersuchungen unterschiedliche Plausibilität aufweisen, wurde von Campbell (1963) bzw. Pelz u. Andrews (1964) aufgegriffen und zu einem eigenständigen Untersuchungstyp ausgebaut: Das *„cross-lagged panel design"*. Abbildung 26 (nach Spector, 1981) verdeutlicht den Aufbau dieser Korrelationsstudie an einem Beispiel.

Im Beispiel konkurrieren die Kausalhypothesen „Die Bildung beeinflußt das Einkommen" und „Das Einkommen beeinflußt die Bildung". Hierzu wurde eine Stichprobe wiederholt bezüglich der Merkmale „Bildung" und „Einkommen" untersucht: einmal im Alter von 25 Jahren und ein anderes Mal nach 25 Jahren im Alter von 50 Jahren. Damit ergeben sich sechs mögliche Korrelationen: Zwei Korrelationen eines jeden Merkmals mit sich selbst, gemessen zu zwei Zeitpunkten,

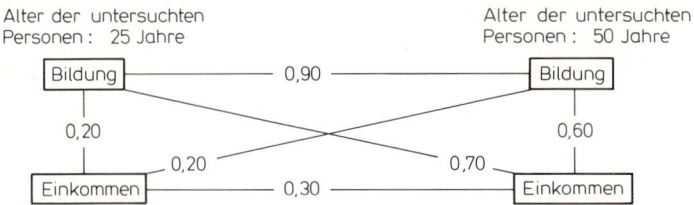

Abb. 26. "Cross-lagged panel design"

zwei Korrelationen zwischen den zwei verschiedenen, zeitversetzt gemessenen Merkmalen und zwei Korrelationen zwischen zwei verschiedenen, gleichzeitig gemessenen Merkmalen. Die vier zuletzt genannten Korrelationen sind für die Entscheidung, welcher der beiden Kausalhypothesen der Vorzug zu geben sei, besonders wichtig.

Vertritt man die Hypothese, daß die Bildung das Einkommen bestimmt, das Einkommen jedoch die Bildung nur schwach beeinflußt, würde man zwischen der Bildung mit 25 Jahren und dem Einkommen mit 50 Jahren eine hohe und zwischen dem Einkommen mit 25 Jahren und der Bildung mit 50 Jahren eine niedrige Korrelation erwarten. Gleichzeitig müßten die Merkmale Bildung und Einkommen mit 50 Jahren höher korrelieren als mit 25 Jahren. Mit 25 Jahren konnte die Bildung das Einkommen erst wenig beeinflussen. Mit 50 Jahren hingegen ist das Einkommen „bildungsgemäß".

Diese Zahlenverhältnisse sind in Abb. 26 wiedergegeben, d. h. die Untersuchung favorisiert die Hypothese „Bildung beeinflußt das Einkommen" gegenüber der Hypothese „Das Einkommen beeinflußt die Bildung". Es muß jedoch betont werden, daß auch diese Untersuchungsart weitere kausale Erklärungen nicht ausschließt. Sie entscheidet „lediglich" über die relative Plausibilität von zwei konkurrierenden Kausalhypothesen.

Die Aussagekraft (interne Validität) eines „cross-lagged panel designs" läßt sich durch die Einbeziehung von mehr als zwei Meßpunkten erhöhen. Hierüber und über weitere Modifikationen dieses Untersuchungstyps berichten z. B. Cook u. Campbell (1976) sowie Kenny u. Harackiewicz (1979).

Die Widerlegung komplizierter Kausalmodelle ermöglicht ein Verfahren, dessen Grundzüge auf Wright (1921) zurückgehen und das heute unter der Bezeichnung *„Pfadanalyse"* bekannt ist (vgl. z. B. Bentler, 1980; Blalock, 1971; Weede, 1970 oder in neueren Varianten Jöreskoog u. Sorbom, 1979). Ein vergleichsweise einfaches Kausalmodell, das Gegenstand einer pfadanalytischen Untersuchung sein könnte, zeigt Abb. 27 (nach Spaeth, 1975).

Die hier wiedergegebenen Kausalhypothesen lassen sich verkürzt folgendermaßen verbalisieren: Es geht darum, die Höhe des Einkommens männlicher Personen zu erklären. Es wird behauptet, dieses sei von der Ausbildung und dem Beruf einer Person sowie dem Beruf des Vaters abhängig. Die Ausbildung des Sohnes, die ihrerseits von der Ausbildung und dem Beruf des Vaters abhängt, beeinflußt den Beruf des Sohnes etc.

Wir wollen auf die einzelnen Schritte einer pfadanalytischen Überprüfung dieses oder ähnlicher Modelle verzichten und uns damit begnügen, den Grundgedan-

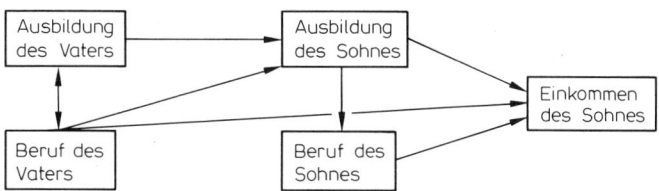

Abb. 27. Beispiel für eine pfadanalytisch zu prüfendes Kausalmodell

ken dieses Ansatzes zu verdeutlichen. Als zentrale Methode verwenden wir hierbei die auf S. 388 bereits eingeführten Partialkorrelationen und nicht die für Pfadanalysen charakteristische multiple Regression bzw. deren partielle Regressionskoeffizienten, die in pfadanalytischer Terminologie „Pfadkoeffizienten" heißen. (Die formale Äquivalenz der Partialkorrelation und der multiplen Regression zeigen Stelzl, 1982, Kap. 9.3.1 bzw. Bortz, 1979, Kap. 13.2.) Die Überprüfung von Kausalannahmen soll für die in Abb. 25 dargestellten Beziehungen exemplarisch verdeutlicht werden.

Trivialerweise sind alle dort aufgeführten Modelle widerlegt, wenn die Korrelation der Merkmale X und Y unbedeutend ist. Korrelieren diese Merkmale jedoch substantiell, sind alle sechs Modelle (und weitere, in Abb. 25 nicht wiedergegebene Modelle) bestätigt. Zwischen den Modellen a, b und c kann dann nicht weiter unterschieden werden.

Bei substantieller Korrelation r_{xy} scheiden die Modelle d und e aus, wenn die Partialkorrelation $r_{xy \cdot z}$ (die Korrelation zwischen X und Y, aus der Z herauspartialisiert wurde) gegenüber der Korrelation r_{xy} praktisch unverändert ist. Sie gelten als bestätigt, wenn $r_{xy \cdot z}$ unbedeutend wird. Dies heißt gleichzeitig, daß dann auch die Modelle a, b und c ausscheiden.

Im Widerspruch zu Modell f steht entweder eine bedeutende Partialkorrelation $r_{xz \cdot w}$ (bei gleichzeitig hoher Korrelation r_{xz}) und/oder eine bedeutende Partialkorrelation $r_{xy \cdot z}$. Dieses Modell (und weitere Modelle) werden bestätigt, wenn sowohl das Herauspartialisieren von W aus r_{xz} als auch das Herauspartialisieren von Z aus r_{xy} die Korrelation r_{xz} resp. r_{xy} nicht verändern.

Erneut zeigt sich also, daß Kausalhypothesen korrelationsstatistisch (und damit auch pfadanalytisch) wohl zu widerlegen, aber nicht eindeutig zu bestätigen sind. Stehen die empirischen Korrelationen zu einem Kausalmodell nicht in Widerspruch, heißt dies nicht, daß dieses Kausalmodell tatsächlich der Realität entspricht. Dieser Schluß wäre nur zulässig, wenn sich die korrelativen Zusammenhänge durch keine weiteren Kausalmodelle erklären ließen. Wie man sich jedoch leicht anhand der Abb. 25 und 27 überzeugen kann (indem man z. B. die Pfeilrichtungen ändert oder neue Pfeile einfügt) lassen sich zu einem Korrelationsgefüge mühelos mehrere Kausalmodelle konstruieren, über deren relative Plausibilität die Korrelationen nichts aussagen. (Ein eindrucksvolles Beispiel für eine Fehlinterpretation eines pfadanalytischen Ergebnisses findet man bei Stelzl, 1982, Kap. 9.3.3.)

Neben der Tatsache, daß die Widerlegung eines Kausalmodells Erkenntnisfortschritt bedeutet, verbindet sich mit pfadanalytischen Ansätzen der Vorteil, daß sie – anders als einfache Korrelationsstudien – den Untersuchenden dazu zwingen, sich über Ursache-Wirkungssequenzen Gedanken zu machen bzw. kausale Modelle zu konstruieren. Prüfungstechnisch kann man die Pfadanalyse als einen Vortest ansehen, der relativ einfach durchzuführen ist und den man häufig einsetzt, bevor man – wenn dies möglich ist – eine Kausalhypothese gezielt mit Untersuchungen überprüft, die eine höhere interne Validität aufweisen als Zusammenhangsanalysen (vgl. Kap. 5.2.2).

Neuere Varianten der Pfadanalyse überprüfen nicht nur Annahmen bezüglich der wechselseitigen Kausalbeziehungen der untersuchten Merkmale, sondern zusätzlich Hypothesen, die sich auf latente, nicht direkt beobachtbare Merkmale (vgl. S.140) bzw. deren Beziehungen untereinander und zu den untersuchten Merkmalen beziehen. Dieser, für viele Fragestellungen realistische Ansatz, wird bei Jöreskog u. Sörbom (1978) beschrieben. Auch für diesen Ansatz gilt jedoch, daß ein empirisch ermitteltes Korrelationsgefüge mehrere Kausalmodelle gleichzeitig bestätigt.

5.2.2 Unterschiedshypothesen

Fragen wie „Hat diese Maßnahme eine Wirkung?" oder „Welchen Effekt löst diese Behandlung aus?" werden in den Sozialwissenschaften häufig gestellt. Eine Strategie, derartige Fragen zu untersuchen, wäre genauso naheliegend wie falsch: Man führt die Maßnahme ein bzw. die Behandlung durch (wir wollen im folgenden die hierfür übliche, englischsprachige Bezeichnung „*treatment*" übernehmen) und prüft deren Auswirkungen bei den betroffenen Personen. Diese Vorgehensweise (bzw. Varianten hiervon, vgl. Tafel 2) führt zu uneindeutigen Ergebnissen, denn man kann niemals sicher sein, daß die registrierten Effekte nicht auf andere Ursachen als das Treatment zurückgehen bzw. daß die vermeintliche Treatmentwirkung auch ohne das eigentliche Treatment eingetreten wäre. Allgemein formuliert lassen die Ergebnisse viele Interpretationen zu, d. h. derartige „Ein-Gruppen-Pläne" („one shot case studies") sind durch eine geringe interne Validität gekennzeichnet.

Dieses Teilkapitel befaßt sich mit Untersuchungsplänen, welche die eingangs gestellten Forschungsfragen präziser bzw. eindeutiger beantworten. Charakteristisch für diese Untersuchungspläne ist der Vergleich zweier (oder mehrerer) Stichproben, die sich in bezug auf eine (oder mehrere) unabhängige Variable(n) (Treatment) unterscheiden. Im einfachsten Fall, der auf viele Varianten derartiger Forschungsfragen zutreffen dürfte, hat man nur eine unabhängige Variable mit zwei Stufen: behandelt vs. nicht behandelt. Die Untersuchung liefe damit auf den Vergleich zweier Gruppen, nämlich einer behandelten „*Treatmentgruppe*" und einer nicht behandelten „*Kontrollgruppe*" hinaus. Unterscheiden sich diese beiden Gruppen in bezug auf eine abhängige Variable, ist damit eine Treatmentwirkung eindeutiger nachgewiesen als mit einem „Ein-Gruppen-Plan".

„Effekthypothesen" werden untersuchungstechnisch als Unterschiedshypothesen geprüft. Wir haben für dieses Teilkapitel bewußt die Überschrift „Unterschiedshypothesen" gewählt, um den Untersuchenden von vornherein dazu anzuhalten, seine wie immer geartete „Effekthypothese" wenn möglich als Unterschiedshypothese zu formulieren. Dadurch – so hoffen wir – verringert sich die Gefahr, daß aufwendige Untersuchungen konzipiert werden, die letztlich wegen mangelnder interner Validität nicht aussagekräftig sind (zur Formulierung von Effekthypothesen als Veränderungshypothesen vgl. Kap. 5.2.3).

Die Schlußfolgerung, die Unterschiede zwischen den Stichproben repräsentierten Treatmenteffekte, ist jedoch nur zulässig, wenn gewährleistet ist, daß die Stichproben vor der Untersuchung in bezug auf alle untersuchungsrelevanten Merkmale vergleichbar sind. Exakt identische Stichproben vergleichen zu wollen, wäre jedoch utopisch. Die Wahrscheinlichkeit, daß sich die Stichproben bereits vor der Untersuchung in bezug auf die abhängige Variable (bzw. andere Variablen, die diese beeinflussen können) unterscheiden, sinkt jedoch erheblich, wenn man die Entscheidung, welcher Person (oder Untersuchungseinheit) welche Treatmentbedingung zugeordnet wird, dem Zufall überläßt. Diese Zufallszuweisung von Untersuchungsteilnehmern zu den Treatmentbedingungen nennen wir *Randomisierung*. Sind die Stichproben zudem hinreichend groß (das Problem der „richtigen" Stichprobengröße wird in Kap. 6 behandelt), bietet die Randomisierung ausreichende Gewähr für eine anfängliche Vergleichbarkeit der Stichproben.

Bei kleineren Stichproben empfiehlt es sich, trotz der Randomisierung ihre Vergleichbarkeit bezüglich der abhängigen Variablen in einem Vortest zu überprüfen. Sind die „Startbedingungen" aller Vergleichsgruppen (weitgehend) identisch, bereitet die Interpretation von Posttreatmentunterschieden in der Regel keine Schwierigkeiten. Die externe Validität von Untersuchungen mit Vortest kann jedoch durch eine „instrumentelle Reaktivität" (vgl. S. 380) gefährdet sein, die sich darin manifestiert, daß die Untersuchungsteilnehmer deshalb auf das Treatment anders reagieren als üblich, weil sie durch die Prä-Treatmentmessung bereits für das Treatment sensibilisiert wurden. Untersuchungstechnische Möglichkeiten, derartige Vortest-Effekte zu kontrollieren, behandeln wir auf S. 417f. Wie zu verfahren ist, wenn sich die Vergleichsgruppen bereits vor dem Treatment zufällig unterscheiden, diskutieren wir auf S. 433ff.

Die Wahl der Untersuchungseinheiten ist damit in zweifacher Hinsicht entscheidend für den Wert einer Untersuchung: Zum einen sind die Ergebnisse nur generalisierbar, wenn die untersuchten Stichproben die Zielpopulationen tatsächlich repräsentieren (externe Validität). Dies erreicht man einfachheitshalber durch die Ziehung von Zufallsstichproben. (Über weitere Stichprobentechniken wurde in Kap. 4.2 berichtet.) Zum anderen gewährleistet die Randomisierung, d. h. die zufällige Zuweisung der Untersuchungsteilnehmer zu den Untersuchungsbedingungen (evtl. ergänzt durch Vortests) eine bestmögliche Eindeutigkeit der Ergebnisinterpretation (interne Validität). Untersuchungen, die diesen doppelten Zufallsprozeß realisieren – die Ziehung einer Zufallsstichprobe und die zufällige Zuweisung der Untersuchungsteilnehmer zu den Untersuchungsbedingungen – bezeichnen wir als eine **experimentelle Untersuchung** (zum Begriff des Experimentes vgl. S. 35).

Die interne Validität einer experimentellen Untersuchung ist gefährdet, wenn sich die Untersuchungsteilnehmer der einen Stichprobe von den Untersuchungsteilnehmern der anderen Stichprobe(n) nicht nur bezüglich der unabhängigen Variablen, sondern auch in bezug auf weitere, mit der abhängigen Variablen zusammenhängende Merkmale unterscheiden. Wir wollen diese Merkmale *personengebundene Störvariablen* nennen. Randomisierung und ggf. Vortests zielen darauf ab, die Stichproben bezüglich der personengebundenen Störvariablen vergleichbar zu machen.

Untersuchungsbedingte Störvariablen bzw. den Untersuchungsablauf betreffende Störvariablen sind eine weitere Ursache für mangelnde Validität. Die Wirksamkeit dieser Störvariablen läßt sich durch Randomisierung der Untersuchungsteilnehmer nicht ausschalten. Hierfür sind *Kontrolltechniken* erforderlich, die sicherstellen, daß sich die äußeren Rahmenbedingungen der Untersuchungsdurchführung für alle Stichproben nicht unterscheiden mit Ausnahme derjenigen Unterschiede, die auf die unabhängige Variable bzw. die zu prüfenden Treatments zurückgehen. Untersuchungsbedingte Störvariablen lassen sich in folgender Weise kontrollieren:

a) Ausschalten von untersuchungsbedingten Störvariablen. Wenn möglich, sollte dafür Sorge getragen werden, daß die Untersuchungen aller Vergleichsgruppen störungsfrei verlaufen.

b) Konstanthalten von untersuchungsbedingten Störvariablen. Wenn schon der Einfluß von Störvariablen nicht zu beseitigen ist, sollte man zumindest darauf achten, daß die Störungen in allen Versuchsdurchführungen gleich sind. (Wenn man beispielsweise vermutet, daß die Art des Untersuchungsraumes die Untersuchungsergebnisse beeinflussen könnte, sollten die Untersuchungsteilnehmer im selben Raum untersucht werden.) Mögliche Unterschiede zwischen den Vergleichsgruppen können dann nicht auf unterschiedliche Störbedingungen zurückgeführt werden (wenn man von Interaktionen zwischen den Störvariablen und den Untersuchungsbedingungen einmal absieht; zum Interaktionsbegriff siehe S. 410 ff.).

c) Registrieren von Störvariablen. Ist nicht sicherzustellen, daß die Untersuchungsbedingungen in bezug auf Störvariablen vergleichbar sind, sollte man sich bemühen, Art und Intensität von Störungen möglichst genau zu protokollieren; ggf. besteht dann nachträglich die Möglichkeit, die Ergebnisse bezüglich des Einflusses von Störvariablen statistisch zu korrigieren (vgl. S. 425 f.).

Die erste Kontrolltechnik ist typisch für *Laboruntersuchungen* (vgl. Kap. 1.4.3) und geht zu Lasten der externen Validität. Die Untersuchungsergebnisse sind ohne weitere Zusatzinformationen nur auf vergleichbare Laborsituationen generalisierbar. Ähnliches gilt für die zweite Kontrolltechnik, es sei denn, es gelingt, Störvariablen in einer Weise konstant zu halten, die auch für natürliche Umfelder typisch ist. Die dritte Kontrolltechnik kommt vor allem bei experimentellen *Felduntersuchungen* zum Einsatz, bei denen auf das Ausschalten oder Konstanthalten von Störvariablen bewußt verzichtet wird (oder verzichtet werden muß). Sie gefährdet die externe Validität einer Untersuchung nur wenig und versucht, die interne Validität im Nachhinein zu sichern.

Die Randomisierung der Untersuchungsteilnehmer setzt voraus, daß das Treatment vom Untersuchungsleiter „gesetzt" werden kann bzw. daß die Untersuchungsbedingungen vom Untersuchungsleiter willkürlich manipulierbar sind. Wäre dies die einzig mögliche Technik zur Überprüfung von Unterschiedshypothesen, würde die sozialwissenschaftliche Experimentalforschung bald an ihre Grenzen stoßen. Viele sozialwissenschaftliche „Treatments" entziehen sich einer künstlichen Manipulation, obwohl sie existent sind und durchaus wirksam sein können. Diesbezügliche Probleme dürften z. B. die Hypothesen bereiten, daß der Erfolg einer Behandlung davon abhängt, ob Krankenhauspatienten in einem Einzelzimmer oder in einem Mehrbettzimmer behandelt werden, daß die Integrationsaussichten für ausländische Kinder dadurch bestimmt sind, daß sie mit deutschen Kindern zusammen oder in Spezialeinrichtungen, die ausschließlich ausländischen Kindern vorbehalten sind, ausgebildet werden, daß Menschen katholischen Glaubens eine andere Einstellung zur Abtreibung haben als Menschen, die keiner Kirche angehören etc. Die Effekte der hier angesprochenen „Treatments" experimentell überprüfen zu wollen, hieße, Patienten zufällig entweder in einem Einzelzimmer oder in einem Mehrbettzimmer zu behandeln, ausländische Kinder zufällig entweder mit deutschen Kindern zusammen oder „unter sich" auszubilden, Menschen willkürlich katholisch oder konfessionslos sein zu lassen – Manipulationen, deren Bewertungen von „ethisch bedenklich" bis „unmöglich" reichen.

Viele sozialwissenschaftliche Fragestellungen beziehen sich auf Unterschiede zwischen bereits existierenden, also nicht künstlich herzustellenden Teilpopulationen, die man in der sozialen Umwelt real antrifft. Der für diese Unterschiedshypothesen einschlägige Untersuchungstyp ist formal durch eine unabhängige Variable („Treatment") gekennzeichnet, deren Stufen den zu vergleichenden Teilpopulationen entsprechen (Einzelzimmerpatienten vs. Mehrbettzimmerpatienten, integrierte Ausbildung vs. isolierte Ausbildung von Ausländerkindern, katholisch vs. konfessionslos etc.). Diese Untersuchungsart muß zwangsläufig auf die Randomisierung der Untersuchungsteilnehmer verzichten. Die Zuordnung der Untersuchungsteilnehmer zu den Stufen der unabhängigen Variablen ist vorgegeben. Die Auswahl der Untersuchungsteilnehmer aus den jeweils zu vergleichenden Teilpopulationen erfolgt hingegen auch hier zufällig. Untersuchungen mit diesen Charakteristika bezeichnen wir in Anlehnung an Campbell u. Stanley (1963) als **quasiexperimentelle Untersuchungen.**

Nehmen wir einmal an, quasiexperimentelle Untersuchungen hätten gezeigt, daß Patienten in Einzelzimmern schneller gesunden als in Mehrbettzimmern, daß ausländische Kinder, die in gemischten Klassen ausgebildet werden, leichter integrierbar sind als ausländische Kinder in isolierten Schulklassen, daß Katholiken die Abtreibung negativer bewerten als Konfessionslose etc. Sind damit Aussagen zu rechtfertigen, die Unterschiede in den abhängigen Variablen seien auf die jeweils variierte unabhängige Variable kausal zurückzuführen?

Diese Frage zielt auf einen wichtigen Schwachpunkt quasiexperimenteller Untersuchungen. Ihre Ergebnisse sind nicht so zwingend interpretierbar wie die Ergebnisse reiner experimenteller Untersuchungen. Bezogen auf die drei genannten Beispiele lassen sich mühelos zahlreiche Alternativerklärungen der berichteten Befunde nennen. Vielleicht ist der Heilerfolg von Krankenhauspatienten von der Anzahl der Betten, die sich in ihrem Krankenzimmer befinden, völlig unabhängig. Für den Heilerfolg ausschlaggebend könnte vielmehr sein, daß Einzelzimmer im Unterschied zu Mehrbettzimmern sonnig sind und den Blick auf's Grüne freigeben, daß Patienten dieser Zimmerkategorie eine bessere ärztliche Betreuung erfahren, daß diese Patienten eine andere Einstellung zu ihrer Krankheit haben als Patienten im Mehrbettzimmern etc. Auch die Integrationsaussichten ausländischer Kinder brauchen nichts damit zu tun haben, in welchen Klassen sie unterrichtet werden. Entscheidend hierfür könnten die Qualität des Lehrers sein, die Förderung der Kinder durch die Eltern oder die Sprachkenntnisse, die die Kinder schon vor

Schulbeginn erwarben. Schließlich muß auch – im dritten Beispiel – die Aussage, Konfessionslosigkeit begünstige eine positive Einstellung zur Abtreibung, keineswegs schlüssig sein. Nicht die Tatsache, ob jemand katholischen Glaubens oder konfessionslos ist, determiniert die Einstellung zur Abtreibung, sondern z. B. der Wunsch nach persönlicher Unabhängigkeit (der bei Konfessionslosen stärker ausgeprägt sein könnte) oder das Wissen über die Entstehung von Leben (Konfessionslose hatten möglicherweise eine andere biologisch-naturwissenschaftliche Ausbildung als Katholiken).

Ähnlich wie bei Korrelationsstudien (die manche Autoren ebenfalls zu den quasiexperimentellen Untersuchungen zählen) sind auch die Ergebnisse quasiexperimenteller Untersuchungen mehrdeutig interpretierbar. Dies ist in erster Linie eine Konsequenz des notwendigen Verzichts auf die Randomisierung. Dadurch, daß die Zuordnung der Untersuchungseinheiten zu den Stufen der unabhängigen Variablen vorgegeben, also nicht willkürlich manipulierbar ist, besteht die Gefahr, daß die unabhängige Variable mit weiteren Variablen, die die abhänge Variable ebenfalls beeinflussen, *konfundiert* bzw. überlagert ist, so daß letztlich nicht entschieden werden kann, welche Variablen für die Unterschiede in der abhängigen Variablen verantwortlich sind. Anders als im Experiment unterscheiden sich die Untersuchungseinheiten eben nicht nur in bezug auf eine unabhängige Variable, sondern möglicherweise in bezug auf viele weitere Variablen (personengebundene und untersuchungsbedingte Störvariablen), so daß es offen bleiben muß, welche Variable(n) die registrierten Effekte tatsächlich bewirkten. Die Ergebnisse von quasiexperimentellen Untersuchungen lassen mehr Erklärungsalternativen zu als die Ergebnisse reiner experimenteller Untersuchungen; **quasiexperimentelle Untersuchungen haben deshalb eine geringere interne Validität als experimentelle Untersuchungen.**

Für die Kontrolle *personengebundener Störvariablen* stehen in quasiexperimentellen Untersuchungen folgende Techniken zur Verfügung:

a) *Konstanthalten* von personengebundenen Störvariablen. Personengebundene Störvariablen beeinflussen die Unterschiedlichkeit von Vergleichsgruppen nicht, wenn sie konstant gehalten werden. Durch das Konstanthalten von Störvariablen verringert sich jedoch die externe Validität.

Eine Untersuchung vergleicht beispielsweise das Abstraktionsvermögen (abhängige Variable) von Physikern und Informatikern (unabhängige Variable). Man befürchtet, daß individuelle Berufserfahrung die abhängige Variable ebenfalls beeinflussen könnte und daß sich in der Zufallsstichprobe der Informatiker durchschnittlich jüngere Personen befinden als in der anderen Stichprobe. Es wird deshalb entschieden, nur Personen zu untersuchen, die sich in ihrem ersten Berufsjahr befinden.

b) *Parallelisierung* der Stichproben in bezug auf personengebundene Störvariablen. Der Einfluß von Störvariablen ist irrelevant, wenn die Störvariablen in allen Vergleichsgruppen gleichermaßen wirksam sind. Man erreicht dies durch Parallelisierung der Vergleichsgruppen in bezug auf die Störvariablen. Die Vergleichsgruppen sind parallel, wenn sie hinsichtlich der Störvariablen annähernd gleiche Mittelwerte und Streuungen aufweisen. Die Parallelisierung geht häufig zu Lasten externer Validität.

Die Untersuchung des Abstraktionsvermögens der o. g. Berufsgruppen führt zu eindeutigeren Resultaten, wenn man dafür Sorge trägt, daß sich die beiden Vergleichsgruppen im Durchschnitt ähnlich lange im Beruf befinden und daß die Anzahl der Berufsjahre in beiden Gruppen annähernd gleich streut. Hierbei müßte man allerdings in Kauf nehmen, daß diejenige Stichprobe, die auf die Altersverteilung der anderen Stichprobe hin abgestimmt wurde, ihre entsprechende Population nicht mehr richtig repräsentiert.

c) Bildung von „*matched samples*". Vor allem bei kleineren Stichproben (nicht mehr als 20 Untersuchungseinheiten pro Vergleichsgruppe) wendet man statt der Parallelisierung nach Mittelwert und Streuung häufig ein Verfahren an, bei dem die Untersuchungseinheiten der Stichproben einander paarweise (bei zwei Vergleichsgruppen) in bezug auf das (die) zu kontrollierende(n) Merkmal(e) zugeordnet werden. Für diesen Vorgang übernehmen wir den englischsprachigen Ausdruck „matching" (matched samples).

Zur Verdeutlichung dieser Technik greifen wir erneut den Vergleich isoliert bzw. integriert ausgebildeter Ausländerkinder auf. Will man verhindern, daß die unabhängige Variable „isoliert vs. integriert ausgebildete Ausländerkinder" durch die Merkmale „Sprachkenntnisse" und „Betreuung durch die Eltern" überlagert ist, würde man bei einer Parallelisierung nach dem Matching-Verfahren wie folgt vorgehen: Jedem Schüler der ersten Stichprobe wird ein Schüler der zweiten Stichprobe zugeordnet, der in bezug auf die Merkmale „Sprachkenntnisse" und „Betreuung durch die Eltern" ungefähr die gleichen Werte aufweist wie der Schüler der ersten Stichprobe. So entstehen zwei (oder bei entsprechender Erweiterung des Verfahrens auch mehrere) Stichproben, die in bezug auf die Parallelisierungsmerkmale (weitgehend) identisch sind, d. h. diese Merkmale kommen als Ursachen für mögliche Unterschiede in der abhängigen Variablen nicht in Betracht. Erfolgt das Matching in bezug auf mehrere Störvariablen, kann es gelegentlich Schwierigkeiten bereiten, für einzelne Untersuchungsteilnehmer der einen Stichprobe „passende Partner" in der (den) anderen Stichprobe(n) zu finden. Die Zufälligkeit der Stichprobe ist dann nicht mehr gegeben, d. h. die externe Validität wird eingeschränkt.

d) Kontrolle von personengebundenen Störvariablen in *mehr-faktoriellen Plänen*. Die Bedeutung einer Störvariablen läßt sich kontrollieren, wenn man sie als gesonderten Faktor in einem mehr-faktoriellen Untersuchungsplan mit berücksichtigt. Wir werden diese Kontrollvariante im Abschnitt über faktorielle Pläne (vgl. S. 414) behandeln.

e) *Kovarianzanalytische Kontrolle* personengebundener Störvariablen. Die Beeinflussung einer abhängigen Variablen durch Störvariablen kann auf rechnerischem Wege mit Hilfe der Kovarianzanalyse kontrolliert werden. (Näheres hierzu siehe S. 425 f.)

Die Aussagekraft quasiexperimenteller Untersuchungen kann nicht nur durch personengebundene, sondern natürlich auch durch *untersuchungsbedingte Störvariablen* beeinträchtigt sein. Die auf S. 402 im Rahmen experimenteller Untersuchungen erwähnten Techniken zur Kontrolle des Einflusses untersuchungsbedingter Störvariablen gelten – so weit möglich – auch für quasiexperimentelle Untersuchungen.

Für die Durchführung einer experimentellen oder auch quasiexperimentellen Untersuchung muß bekannt sein, welche Variable(n) als *unabhängige* und welche als *abhängige* Variable(n) zu betrachten sind. Mit entscheidend für den Untersuchungsausgang ist es, eine abhängige Variable zu finden, die sensibel und reliabel auf die durch das Treatment bzw. die unabhängige Variable ausgelösten Effekte reagiert. Die folgende Aufstellung (nach Conrad u. Maul, 1981, S. 151) soll dazu beitragen, die *Operationalisierung einer abhängigen Variablen* zu erleichtern. Hierbei unterscheiden wir fünf verschiedene Typen für abhängige Variablen:

a) Häufigkeit: Wie oft tritt ein bestimmtes Verhalten auf (Beispiel: Anzahl der Fehler in einem Diktat, Häufigkeit der Blickkontakte, Häufigkeit von Sprechpausen etc.)

b) Reaktionszeit: Wieviel Zeit vergeht, bis eine Person nach Auftreten eines Stimulus reagiert (Beispiel: Reaktionslatenz nach Auftreten eines unerwarteten Verkehrshindernisses, Reaktionszeit bis zum Deuten einer Rorschach-Tafel)

c) Reaktionsdauer: Wie lange reagiert eine Person auf einen Stimulus (Beispiel: Lösungszeit für eine Mathematikaufgabe, Verweildauer des Auges auf einem bestimmten Bildausschnitt)

d) Reaktionsstärke: Wie intensiv reagiert eine Person auf einen Stimulus (Beispiel: Stärke der Muskelanspannung als Indikator für Aggressivität, Rating-Skalen, Schreibdruck)

e) Wahlreaktionen: Welche Wahl trifft eine Person angesichts mehrerer Wahlmöglichkeiten (Beispiel: Paarvergleichsurteile (vgl. S. 95 ff.), Mehrfachwahlaufgaben (vgl. S. 146 ff.), Präferenzurteile)

Die Art der Operationalisierung entscheidet über den Skalencharakter der abhängigen Variablen (vgl. Kap. 1.4.6.2), der seinerseits bestimmt, wie das Merkmal statistisch auszuwerten ist bzw. welcher Signifikanztest zur Hypothesenprüfung herangezogen werden sollte. Üblicherweise wird man sich um (mindestens) intervallskalierte abhängige Variablen bemühen bzw. die Operationalisierung so anlegen, daß keine triftigen Gründe gegen die Annahme einer Intervallskala sprechen (vgl. hierzu auch S. 124). Dies dürfte bei den unter a) bis d) genannten Typen für abhängige Variable keine besondere Mühe bereiten; sind als abhängige Variablen Wahlreaktionen vorgesehen, helfen ggf. die im Kap. 2.3.3 genannten Skalierungsverfahren zur Entwicklung einer Intervallskala weiter.

Unterschiedshypothesen können auf vielfältige Weise geprüft werden. Wir behandeln im folgenden Zwei-Gruppenpläne, Mehr-Gruppenpläne, faktorielle Pläne, hierarchische Pläne, quadratische Pläne, Pläne mit Kontrollvariablen sowie multivariate Pläne (über die Nachteile von Plänen, die die Auswirkung eines Treatments bei nur einer Stichprobe überprüfen, wurde bereits auf S. 30 (Tafel 2) berichtet). Erneut stehen untersuchungstechnische Fragen und nicht auswertungstechnische Fragen im Vordergrund, d. h. bezüglich der statistischen Auswertung werden wir uns auch in diesem Teilkapitel mit Hinweisen auf einschlägige Verfahren, die im Anhang D näher erläutert werden, begnügen.

5.2.2.1 Zwei-Gruppenpläne

Einfache Effekthypothesen der Art „Treatment X hat einen Einfluß auf die abhängige Variable Y" sollten grundsätzlich als Unterschiedshypothesen geprüft werden. Die entsprechende Unterschiedshypothese lautet: „Die mit einem Treatment X behandelte Population unterscheidet sich von einer nicht behandelten Population" (bezüglich der Formulierung einer einseitigen Unterschiedshypothese vgl. S. 367).

Die Durchführung dieser Untersuchungsart beginnt mit der Ziehung einer Zufallsstichprobe des Umfangs n aus derjenigen Population, für die die Untersuchungsergebnisse gelten sollen (zur Größe der Stichprobe vgl. Kap. 6.2). Die n Untersuchungsteilnehmer werden nach einem Zufallsverfahren in zwei Stichproben S_1 und S_2 mit den Umfängen n_1 und n_2 aufgeteilt (*Randomisierung*), wobei n_1 und n_2 nach Möglichkeit gleich sein sollten. Bei kleineren Stichproben muß die Vergleichbarkeit der Stichproben bezüglich der abhängigen Variablen durch Vortests geprüft werden. Eine Stichprobe erhält das Treatment (*Treatmentgruppe*), die andere bleibt unbehandelt (*Kontrollgruppe*). Es resultiert das in Abb. 28 wiedergegebene Untersuchungsschema.

Die Untersuchung endet mit der Erhebung der abhängigen Variablen in beiden Stichproben bzw. mit der Überprüfung des Unterschiedes der beiden Stichprobenmittelwerte auf statistische Signifikanz.

Es interessiert beispielsweise die Hypothese, daß sich ein Förderkurs in Logik positiv auf die Mathematikleistungen von Gymnasialschülern des achten Schuljahres auswirkt. Die entsprechende (einseitige) Unterschiedshypothese heißt: Schüler, die an einem Förderkurs teilnehmen, zeigen bessere Mathematikleistungen als Schüler, die an diesem Kurs nicht teilnehmen. Der Zufall entscheidet, welcher von n zufällig ausgewählten Schülern zur Treatmentgruppe (Förderkurs) bzw. zur Kontrollgruppe (kein Förderkurs) gehört. Die Treatmentgruppe nimmt zusätzlich zum regulären Unterricht an einem Logikkurs teil, und die Kontrollgruppe wird nur regulär unterrichtet. Mögliche untersuchungsbedingte Störvariablen sind auszuschalten oder zu kontrollieren (vgl. S. 402). Nach Abschluß der Förderung werden die Mathematikleistungen beider Schülergruppen ermittelt und in einem Signifikanztest miteinander verglichen.

Die Randomisierung qualifiziert diese Untersuchung als eine experimentelle Untersuchung. Sie gewährleistet (zumindest bei genügend großen Stichproben), daß sich die Vergleichsgruppen vor Durchführung der Untersuchung in bezug auf die abhängige Variable nicht oder nur geringfügig unterscheiden. Wie im Falle unterschiedlicher Vortestmittelwerte zu verfahren ist, wird auf S. 433 ff. beschrieben.

Gruppenunterschiede bestätigen in experimentellen Untersuchungen eine Untersuchungshypothese am sichersten, wenn sich die Gruppen vor Einführung des Treatments nicht unterschieden. Unterschiede sind dann auf *differentielle Veränderungen* in den Gruppen zurückzuführen. Diese formale Äquivalenz experimenteller Untersuchungen zur Überprüfung von Unterschiedshypothesen und Veränderungshypothesen wird in Kap. 5.2.3.1 ausführlicher behandelt.

Abb. 28. Untersuchungsschema eines Zweigruppenplanes mit einer Kontrollgruppe

Treatmentgruppe	Kontrollgruppe
S_1	S_2

Hypothesen, die sich auf die unterschiedliche Wirkung von zwei Treatments A_1 und A_2 beziehen, werden ebenfalls mit einem Zwei-Gruppenplan geprüft (Beispiel: Förderkurs A_1 hat eine andere Wirkung als Förderkurs A_2). Die Untersuchungsdurchführung unterscheidet sich von der oben beschriebenen nur darin, daß statt der Kontrollgruppe eine zweite Treatmentgruppe untersucht wird. (Der Vergleich mehrerer Treatmentgruppen mit einer oder mehreren Kontrollgruppen wird auf S.409 behandelt.)

Für die statistische Überprüfung von Unterschiedshypothesen, die – wie hier beschrieben – experimentell in Zwei-Gruppenplänen untersucht werden, steht der *t-Test für unabhängige Stichproben* zur Verfügung (vgl. Anhand D). Läßt die Skalenqualität der abhängigen Variablen keine sinnvolle Mittelwertbildung zu, ist als Signifikanztest ein Verfahren aus der Klasse der verteilungsfreien Methoden (vgl. z. B. Lienert, 1973, 1978) wie beispielsweise der *U-Test* zu wählen.

Zwei-Gruppenpläne sind auch für die Durchführung von *quasiexperimentellen Untersuchungen* geeignet, d. h. für Untersuchungen, bei denen die Zugehörigkeit der Untersuchungsteilnehmer zu den zwei Stufen einer unabhängigen Variablen vorgegeben ist bzw. bei denen eine Randomisierung nicht möglich oder sinnvoll ist. In diesem Sinne quasiexperimentell wäre beispielsweise eine Untersuchung, die die Mathematikleistungen von Gymnasialschülern und Realschülern vergleicht.

Vor allem bei quasiexperimentellen Untersuchungen besteht die Gefahr, daß die unabhängige Variable (d. h. die zu vergleichenden Populationen), mit anderen, für die abhängige Variable bedeutsamen Variablen konfundiert ist. Diese Störvariablen können personengebunden oder untersuchungsbedingt sein. Maßnahmen zur Kontrolle derartiger Störvariablen wurden auf S. 404ff. diskutiert. Wählt man als Kontrolltechnik eine Matching-Prozedur, ist die Unterschiedshypothese mit einem t-Test für abhängige Stichproben zu überprüfen.

Eine spezielle Variante des quasiexperimentellen Zwei-Gruppenplanes stellt der sog. *Extremgruppenvergleich* dar. Hierbei werden nur Untersuchungsteilnehmer berücksichtigt, die bezüglich einer kontinuierlichen, unabhängigen Variablen extreme Ausprägungen, d. h. besonders hohe oder besonders niedrige Ausprägungen aufweisen. Als einfaches Beispiel hierfür dient der Vergleich besonders ehrgeiziger und besonders nachlässiger Studenten hinsichtlich ihrer Examensleistungen.

Extremgruppenvergleiche sollten nicht zu den hypothesenprüfenden Untersuchungen, sondern zur Klasse der explorativen Studien gezählt werden, denn sie erkunden letztlich nur, ob eine unabhängige Variable potentiellen Erklärungswert für eine abhängige Variable haben kann. Sie stehen auf der gleichen Stufe wie die auf S. 386ff. kritisierten Korrelationsstudien, die den mittleren Bereich einer Variablen außer acht lassen (vgl. Abb. 24c). Folgerichtig überschätzen ihre Ergebnisse die Bedeutung der untersuchten unabhängigen Variablen. Als Signifikanztest sollte für Extremgruppenvergleiche nicht der t-Test gewählt werden (dieser ist an Voraussetzungen geknüpft, die Extremgruppenvergleiche in der Regel nicht erfüllen), sondern – wenn überhaupt – ein verteilungsfreies Verfahren.

5.2.2.2 Mehr-Gruppenpläne

Unterschiedshypothesen, die sich nicht nur auf zwei, sondern auf mehr als zwei Treatments (allgemein: p Treatments A_1, $A_2 \ldots A_p$) beziehen, werden mit einem

Abb. 29. Untersuchungsschema eines Mehrgruppen-
planes

Treatments				
A_1	A_2	A_3	---	A_p
S_1	S_2	S_3	---	S_p

Mehr-Gruppenplan untersucht. Die experimentelle Vorgehensweise entspricht der eines Zwei-Gruppenplanes: Man zieht eine Zufallsstichprobe des Umfanges n und teilt diese zufällig in p Stichproben S_1, S_2...S_p mit den Umfängen n_1, n_2...n_p auf. Hierbei ist es von Vorteil, wenn alle Stichproben gleich groß sind. Jeder Stichprobe wird dann ein Treatment zugeordnet. Es resultiert das in Abb. 29 wiedergegebene Untersuchungsschema.

Die durchschnittliche Ausprägung der abhängigen Variablen in den einzelnen Treatmentgruppen informiert über die Treatmentwirkung. Ein Beispiel: Es wird die Hypothese überprüft, daß die Reproduktion eines Textes von der Art der Informationsaufnahme abhängt. Eine Stichprobe muß sich den Text durch leises Lesen einprägen (Treatment A_1), eine zweite durch lautes Lesen (Treatment A_2) und einer dritten Stichprobe wird der Text vorgelesen. Als abhängige Variable werden die Fehler gezählt, die ein Untersuchungsteilnehmer bei einer abschließenden Befragung über den Text macht.

Die statistische Überprüfung dieser Unterschiedshypothese erfolgt mit Hilfe der *einfaktoriellen Varianzanalyse* (vgl. Anhang D). Zusätzlich kann man mit Hilfe sog. *„Einzelvergleiche"* oder *„Kontraste"* überprüfen, ob sich bestimmte Treatments signifikant voneinander unterscheiden (Im Beispiel: Haben lautes und leises Lesen unterschiedliche Wirkung?). Hierbei werden a priori Einzelvergleiche, die die Formulierung gezielter Einzelvergleichshypothesen vor der Untersuchung voraussetzen und a posteriori Einzelvergleiche unterschieden, die angeben, welche Treatments sich insgesamt signifikant voneinander unterscheiden.

Einzelvergleichsverfahren verwendet man auch, um Kombinationen einzelner Treatments mit anderen Treatments zu vergleichen. Diese Auswertungsvariante ist besonders vorteilhaft, wenn neben mehreren Treatmentgruppen eine (oder mehrere) Kontrollgruppe(n) untersucht werden, wenn man also an der Hypothese interessiert ist, daß sich (irgendwie) behandelte Untersuchungsteilnehmer von nicht behandelten unterscheiden. Ein typisches Beispiel hierfür ist der Vergleich verschiedener Medikamente mit einem Placebo (einer chemischen, wirkungslosen Substanz), bei dem zunächst die Frage interessiert, ob die Wirkung der Medikamente überhaupt einer möglichen Placebo-Wirkung überlegen ist.

Weitere Zusatzauswertungen sind möglich, wenn nicht nur die abhängige Variable sondern auch die unabhängige Variable intervallskaliert ist (z. B. Reaktionszeiten in Abhängigkeit von verschiedenen Alkoholmengen). Mit sog. *Trendtests* kann dann z. B. die Hypothese geprüft werden, ob sich die abhängige Variable linear zur unabhängigen Variablen (oder einem anderen Trend folgend) verändert (Im Beispiel: Die Reaktionszeit verlängert sich proportional zur konsumierten Alkoholmenge).

Mehr-Gruppenpläne sind selbstverständlich auch in *quasiexperimentellen Untersuchungen* einsetzbar. Statt verschiedener Treatmentgruppen werden dann Stichproben aus den Populationen, auf die sich die Unterschiedshypothese bezieht,

409

miteinander verglichen. Ein einfaches Beispiel hierfür wäre der Vergleich von Studenten verschiedener Fachrichtungen hinsichtlich ihrer durchschnittlichen Studiendauer.

Wie bereits mehrfach erwähnt, sind Quasiexperimente weniger aussagekräftig als experimentelle Untersuchungen. Die interne Validität läßt sich jedoch auch hier durch die auf S. 404f. genannten Kontrolltechniken erhöhen. Auf die Matching-Prozedur wird man bei Mehr-Stichprobenplänen realistischerweise nur zurückgreifen, wenn höchstens drei oder vier Stichproben kleineren Umfanges zu vergleichen sind. Die Auswertung erfolgt dann mit einer Varianzanalyse für abhängige Stichproben (vgl. Anhang D).

5.2.2.3 Faktorielle Pläne

Bisher behandelten wir die Treatments bzw. die zu vergleichenden Populationen als Stufen *einer* unabhängigen Variablen, was untersuchungstechnisch zu Zwei- oder Mehr-Gruppenplänen führte, mit denen Hypothesen über die Bedeutsamkeit dieser unabhängigen Variablen geprüft werden. Für viele Forschungsfragen ist es jedoch realistisch, davon auszugehen, daß neben der untersuchten unabhängigen Variablen weitere Variablen wirksam sind. Lassen sich diese hypothetisch benennen, empfiehlt sich eine Untersuchung nach den Regeln faktorieller Pläne.

Die einfachste Variante faktorieller Pläne, der zweifaktorielle Plan, kontrolliert gleichzeitig die Bedeutung von zwei unabhängigen Variablen (Faktoren) für eine abhängige Variable. Zusätzlich informiert dieser Plan über die Kombinationswirkung (*Interaktion* oder *Wechselwirkung*) der beiden untersuchten Variablen.

Nehmen wir an, die erste unabhängige Variable (Faktor A) sei p-fach und die zweite unabhängige Variable (Faktor B) q-fach gestuft. Es ergeben sich damit insgesamt $p \times q$ Faktorstufenkombinationen. In einem vollständigen experimentellen Plan (unvollständige Pläne behandeln wir unter Punkt 5.2.2.4 und 5.2.2.5) werden jeder Faktorstufenkombination per Zufall n Untersuchungseinheiten zugeordnet, d. h. wir benötigen insgesamt $p \times q$ Stichproben ($S_{11}, S_{12} \ldots S_{pq}$) bzw. $p \times q \times n$ Untersuchungsteilnehmer. (Der Fall ungleich großer Stichproben wird weiter unten kurz erwähnt.) Abbildung 30 zeigt das Grundschema eines zweifaktoriellen Planes.

	B_1	B_2	B_3	- - - -	B_q
A_1	S_{11}	S_{12}	S_{13}	- - -	S_{1q}
A_2	S_{21}	S_{22}	S_{23}	- - -	S_{2q}
A_3	S_{31}	S_{32}	S_{33}	- - -	S_{3q}
$\mid$	$\mid$	$\mid$	$\mid$	- + -	$\mid$
A_p	S_{p1}	S_{p2}	S_{p3}	- - -	S_{qp}

Abb. 30. Untersuchungsschema eines zweifaktoriellen Planes

410

Es wird für jeden Untersuchungsteilnehmer ein Wert der abhängigen Variablen erhoben.

Ein Beispiel soll auch diesen Plan verdeutlichen. Überprüft werden die Hypothesen, daß die Ablesegeschwindigkeit bzw. die Ablesegenauigkeit für Anzeigegeräte (z. B. für ein Tachometer) von der Form des Gerätes (Faktor A mit den Stufen: $A_1 = $ oval, $A_2 = $ viereckig, $A_3 = $ rund) und von der Art der Zahlendarstellung (Faktor B mit den Stufen: $B_1 = $ analog, $B_2 = $ digital) abhängt. Insgesamt resultieren also $3 \times 2 = 6$ Faktorstufenkombinationen (Arten von Anzeigegeräten). Für jede Faktorstufenkombination erhält eine Stichprobe von Untersuchungsteilnehmern die Aufgabe, in mehreren Durchgängen in einer vorgegebenen Zeit die angezeigte Zahl zu nennen. Die Anzahl falscher und zu später Reaktionen eines jeden Untersuchungsteilnehmers sind die Messungen der abhängigen Variablen. (Ein Untersuchungsplan, der vorsieht, daß ein Untersuchungsteilnehmer auf mehrere Anzeigegeräte reagiert, wird auf S. 430f. behandelt.)

Die nach diesem Schema erhobenen Daten werden mit einer *zweifaktoriellen Varianzanalyse* (vgl. Anhang D) statistisch ausgewertet. Diese Auswertung entspricht nicht – wie man meinen könnte – einer zweifachen Auswertung mit einer einfaktoriellen Varianzanalyse; es wird zusätzlich überprüft, ob auch die Kombinationswirkungen der untersuchten Faktoren (Interaktionen) statistisch bedeutsam sind. Was hierunter zu verstehen ist, verdeutlicht Abb. 31.

Zur Illustration wählen wir den einfachsten Fall einer zweifaktoriellen Varianzanalyse mit zwei Stufen für Faktor A (z. B. Treatment A_1 und A_2) und zwei Stufen für Faktor B (z. B. männlich-weiblich). Im *Interaktionsdiagramm* bezeichnen die

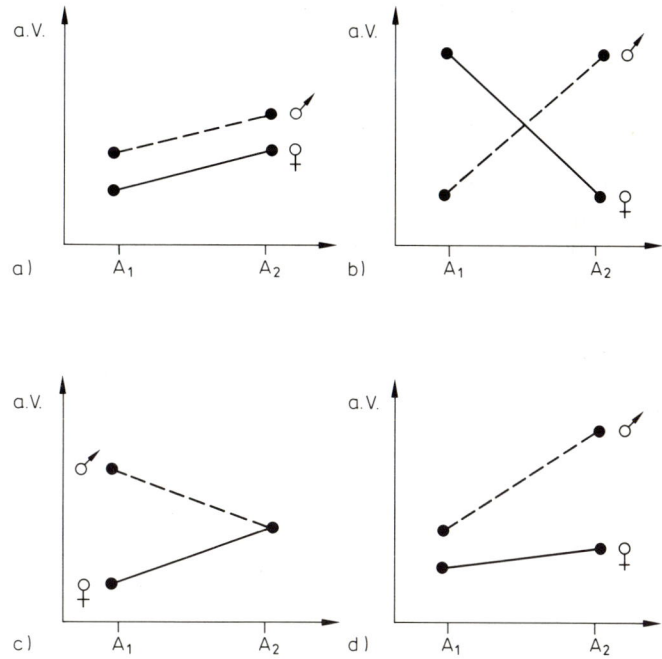

Abb. 31. Interaktionen in einem zweifaktoriellen Untersuchungsplan

abhängige Variable (a. V.) die Ordinate und die Stufen eines Faktors (in der Regel des Faktors mit der größten Stufenzahl) die Abszisse. Für jede Stufe des anderen Faktors wird ein Linienzug angefertigt, der die Mittelwerte der entsprechenden Faktorstufenkombinationen verbindet.

Abbildung 31 a zeigt zwei Linienzüge, die für eine nicht vorhandene Interaktion typisch sind (parallele Linienzüge). Allerdings bestehen zwischen den Stufen der einzelnen Faktoren Unterschiede. (Wir bezeichnen die auf einen Faktor bezogenen Unterschiede in Abgrenzung zur Interaktion als *Haupteffekte.*) Treatment A_2 ist offensichtlich bei männlichen und weiblichen Untersuchungsteilnehmern wirksamer (höhere Mittelwerte) als Treatment A_1. Außerdem sind die Mittelwerte männlicher Untersuchungsteilnehmer durchgängig, d. h. bei beiden Treatments höher als die der weiblichen Untersuchungsteilnehmer.

Die Graphik in Abb. 31 b verdeutlicht das Vorhandensein einer Interaktion, obwohl beide Haupteffekte unbedeutend sind. Faßt man die Mittelwerte männlicher und weiblicher Personen jeweils für A_1 und A_2 zusammen, resultiert für A_1 und A_2 ein identischer Gesamtmittelwert. Das gleiche gilt für die (über A_1 und A_2) gemittelten Durchschnittswerte aller männlichen und weiblichen Untersuchungsteilnehmer. Auch sie unterscheiden sich nicht. Dennoch wäre es falsch, bei diesem Resultat von keiner Treatmentwirkung zu sprechen. Treatment A_1 zeigt bei weiblichen und Treatment A_2 bei männlichen Untersuchungsteilnehmern einen deutlichen Effekt, während umgekehrt Treatment A_2 bei weiblichen und Treatment A_1 bei männlichen Untersuchungsteilnehmern nur geringfügige Wirkung erzielen.

Interaktionen bilden Sachverhalte ab, die für viele sozialwissenschaftliche Fragen realistischer sind als Haupteffekte. Mit einem Haupteffekt überprüfen wir eine Hypothese, die sich auf die gesamte Zielpopulation bezieht, die also aussagt, daß die durch verschiedene Treatments bewirkten Unterschiede für die gesamte untersuchte Population gelten. Interaktionshypothesen hingegen beziehen sich auf die differentielle Wirkung der einzelnen Treatments, d. h. auf Treatmentwirkungen, die von der Art der untersuchten Population abhängen bzw. auf die Wirkung von Treatmentkombinationen.

Die Linienzüge in Abb. 31 c veranschaulichen ebenfalls eine deutliche Interaktion. Hier ist zusätzlich nur der Geschlechtsfaktor bedeutsam; der Treatmentfaktor spielt insgesamt (also zusammengefaßt über beide Geschlechter) keine Rolle. Folgerichtig können wir behaupten, daß männliche Untersuchungsteilnehmer insgesamt positiver (mit höheren Werten) auf beide Treatments reagieren. Die entsprechende Negativaussage für den Treatmentfaktor, die beiden Treatments zeigen unterschiedliche Wirkung, ist jedoch nur bedingt richtig. Sie stimmt, wenn wir die Wirkung eines jeden Treatments über alle Untersuchungsteilnehmer zusammenfassen. Betrachten wir hingegen männliche und weibliche Untersuchungsteilnehmer getrennt, wird deutlich, daß das Treatment A_1 auf männliche Untersuchungsteilnehmer völlig anders wirkt als auf weibliche Untersuchungsteilnehmer. Für das Treatment A_2 hingegen verschwindet der geschlechtsspezifische Unterschied.

Interaktionen beschreiben die Wirkungen der untersuchten Faktoren genauer als Haupteffekte. **Es empfiehlt sich deshalb, Haupteffekte nur mit Vorbehalten zu interpretieren, wenn gleichzeitig statistisch bedeutsame Interaktionen nachgewiesen werden konnten.** Unbedeutende Haupteffekte besagen dann nicht, daß die verschiedenen Treatments überhaupt keine unterschiedlichen Wirkungen zeigen. Diese können sehr wohl zutage treten, wenn man nicht alle Untersuchungsteilnehmer insgesamt, sondern die untersuchten Teilgruppen (im Beispiel die männlichen und weiblichen Untersuchungsteilnehmer) getrennt betrachtet. Entsprechend wäre es falsch, aus einem statistisch bedeutsamen Haupteffekt den Schluß zu ziehen, der Treatmentfaktor (oder im Beispiel der Geschlechtsfaktor) sei generell wirksam. Nach Inspektion der Interaktionsmittelwerte (Mittelwerte der Faktorstufenkombinationen) kann sich herausstellen, daß ein Faktor nur für einzelne Stufen des anderen Faktors zu unterschiedlichen Mittelwerten führt.

Im Beispiel 31 d sind sowohl zwei Haupteffekte als auch eine Interaktion festzustellen. Männliche Untersuchungsteilnehmer reagieren insgesamt positiver als weibliche und Treatment A_1 zeigt insgesamt eine geringere Wirkung als Treatment A_2 (Haupteffekte). Zusätzlich ist der Unterschied zwischen den Geschlechtern bei A_2 erheblich größer als bei A_1 (Interaktion).

Abbildungen 31 b–d verdeutlichen einige typische, aber keineswegs alle möglichen Muster für eine Interaktion. Die Gesamtzahl aller Interaktionsmuster nimmt rasch zu, wenn pro Faktor nicht nur zwei (2×2 Pläne) sondern mehr Stufen untersucht werden (allgemein: $p \times q$-Pläne). Es ist deshalb durchaus denkbar, daß sich ein empirisch gefundenes Interaktionsmuster als statistisch bedeutsam erweist, obwohl man – wenn überhaupt – ein anderes erwartet hat. Der allgemeinen Leitlinie hypothesenprüfender Untersuchungen folgend ist auch in bezug auf die Prüfung von Interaktionen zu fordern, daß ihr eine möglichst gezielte Interaktionshypothese voranzustellen ist. Statistisch signifikante Interaktionen, die nicht durch eine Hypothese vorhergesagt wurden, haben letztlich nur deskriptiven Wert.

Weitere Informationen zur Klassifikation von Interaktionen findet man z. B. bei Leigh u. Kinnear (1981). Fertigt man für eine Interaktion ein Diagramm mit Faktor A als Abszisse und ein weiteres mit Faktor B als Abszisse an, lassen sich 3 verschiedene Interaktionsmuster unterscheiden: Die Linienzüge schneiden sich in keinem der beiden Diagramme (ordinale Interaktion), die Linienzüge schneiden sich in beiden Diagrammen (disordinale Interaktion) und die Linienzüge schneiden sich in nur einem Diagramm (hybride Interaktion).

Zur Erläuterung von Interaktionen in einem zweifaktoriellen Untersuchungsplan diente ein Beispiel mit einem experimentellen (Treatment) und einem quasiexperimentellen Faktor (Geschlecht).

Der Treatmentfaktor gestattet eine Randomisierung, der Geschlechtsfaktor jedoch nicht. Damit sind die auf den Treatmentfaktor bezogenen Ergebnisse schlüssiger interpretierbar als die Resultate des quasiexperimentellen Geschlechtsfaktors bzw. dessen Interaktion mit dem Treatmentfaktor. Für letzteren stellt sich das Problem der Vergleichbarkeit der beiden untersuchten Geschlechtergruppen in bezug auf die abhängige Variable bzw. andere Merkmale, die die abhängige Variable ebenfalls beeinflussen können. Muß man an der Vergleichbarkeit der Gruppen zweifeln, sind männliche und weibliche Untersuchungsteilnehmer in bezug auf diesbezüglich wichtig erscheinende Merkmale zu parallelisieren oder andere Kontrolltechniken anzuwenden (vgl. S. 404f.).

Selbstverständlich sind zweifaktorielle Untersuchungen auch rein experimentell bzw. rein quasiexperimentell auslegbar. Für eine rein experimentelle zweifaktorielle Untersuchung müssen beide Faktoren so beschaffen sein, daß die Zuordnung der Untersuchungsteilnehmer zu allen Faktorstufenkombinationen zufällig erfolgen kann (z. B. Faktor A: drei verschiedene Unterrichtsvarianten, Faktor B: vier verschiedene Unterrichtsfächer; die Zuweisung von n Schülern zu den zwölf Faktorstufenkombinationen erfolgt zufällig). Eine rein quasiexperimentelle Untersuchung hingegen überprüft die Unterschiede zwischen natürlich vorgegebenen Teilpopulationen, die sich in bezug auf zwei Faktoren unterscheiden. Eine Randomisierung ist hier nicht möglich (z. B. Faktor A: soziale Schichten; Faktor B: Kinder aus Familien mit geschiedenen Ehen vs. Kinder aus Familien mit nicht geschiedenen Ehen). Die bisher erörterten Konsequenzen einer experimentellen bzw. quasiexperimentellen Vorgehensweise in bezug auf die Kriterien interne und externe Validität gelten natürlich auch für diese Untersuchungspläne.

Zweifaktorielle Untersuchungspläne überprüfen simultan drei verschiedene Unterschiedshypothesen: Zwei Haupteffekthypothesen und eine Interaktionshypothese. Diese drei Hypothesen müssen jedoch nicht immer explizit formuliert sein. Häufig steht nur eine Hypothese im Vordergrund (z. B. eine Hypothese über die unterschiedliche Wirkung verschiedener Treatments) und der zweite Faktor wird nur zu Kontrollzwecken eingeführt.

So wurde im Kontext der auf S. 405 berichteten Kontrolltechniken darauf hingewiesen, daß die gruppenkonstituierende unabhängige Variable durch andere Merkmale überlagert sein kann, die als Erklärung der gefundenen Gruppenunterschiede ebenfalls in Frage kommen. Läßt sich hierbei ein Merkmal benennen, das mit hoher Wahrscheinlichkeit mit der unabhängigen Variablen konfundiert ist, kann dieses als Kontrollfaktor in die Untersuchung mit einbezogen werden, obwohl sich die Forschungshypothese auf den anderen Faktor, die eigentlich interessierende unabhängige Variable bezieht (Punkt 4 der Kontrolltechniken). Zusammen mit den Kontrolltechniken wurde ein Beispiel erwähnt, das den Vergleich von Physikern und Informatikern hinsichtlich ihrer Abstraktionsfähigkeit beinhaltete. Als kritische Störvariable nannten wir die Berufserfahrung der Untersuchungsteilnehmer. Die vierte Kontrolltechnik sieht nun vor, daß neben dem Faktor „Beruf" (Physiker vs. Informatiker) ein zweiter Faktor berücksichtigt wird, der die Untersuchungsteilnehmer nach Maßgabe ihrer Berufserfahrung in homogene Teilgruppen (Blöcke) einteilt (z. B. wenig Erfahrung, mittelmäßige Erfahrung, viel Erfahrung). Damit ist derjenige Varianzanteil der abhängigen Variablen, der auf die Berufserfahrung bzw. die Interaktion der beiden Faktoren zurückgeht, varianzanalytisch bestimmbar (in der englischsprachigen Literatur wird dieser Plan gelegentlich „randomized block design" genannt). Bei gleich großen Stichproben pro Faktorstufenkombination sind die zwischen den Berufsgruppen registrierten Unterschiede unabhängig von der Berufserfahrung. (Auf die besonderen Probleme von mehrfaktoriellen Varianzanalysen mit ungleichen Stichproben, sog. *nicht orthogonalen Plänen,* wird hier nicht näher eingegangen. Diesbezügliche Informationen findet der interessierte Leser in der Spezialliteratur zur Varianzanalyse oder z. B. bei Blair u. Higgins, 1978 oder bei Bortz, 1979, Kap. 8.3 bzw. Kap. 13.4.)

In faktoriellen Untersuchungsplänen können nicht nur zwei, sondern drei oder mehr Faktoren (unabhängige Variablen) sowie deren Interaktionen simultan kontrolliert werden. Bei vollständigen, mehrfaktoriellen Plänen ist darauf zu achten, daß die Stufen eines jeden Faktors mit den Stufen aller anderen Faktoren kombiniert werden und daß unter jeder Faktorstufenkombination eine Zufallsstichprobe des Umfanges n (für ungleich große Stichproben s. o.) untersucht wird. Allerdings nimmt die Anzahl der benötigten Untersuchungsteilnehmer mit wachsender Fak-

414

	Stark (A_1)		Schwach (A_2)		← Ausdruck
	Schwer (B_1)	Leicht (B_2)	Schwer (B_1)	Leicht (B_2)	← Inhalt
Hoch (C_1)	S_{111}	S_{121}	S_{211}	S_{221}	
Gering (C_2)	S_{112}	S_{122}	S_{212}	S_{222}	

Reputation

Abb. 32. Untersuchungsschema eines dreifaktoriellen $2 \times 2 \times 2$ Planes

torzahl exponentiell zu. (Ein dreifaktorieller Plan mit jeweils zwei Stufen benötigt $2^3 \cdot n$ Untersuchungsteilnehmer, ein vierfaktorieller Plan $2^4 \cdot n$ Untersuchungsteilnehmer u. s. f. Für einen dreifaktoriellen Plan mit beliebigen Faktorstufen p, q und r benötigt man insgesamt $p \cdot q \cdot r \cdot n$ Untersuchungsteilnehmer.)

Als Beispiel für Hypothesen, die mit einem $2 \times 2 \times 2$ Plan prüfbar sind, wählen wir eine Untersuchung von Perry et al. (1979) (zit. nach Spector, 1981). Diese Untersuchung überprüft die Hypothesen, daß die Bewertung des Unterrichtes eines Dozenten von der Ausdrucksstärke des Dozenten, dem Schwierigkeitsgrad des Unterrichtsstoffes und der Reputation des Dozenten abhängt. Die Autoren fertigten acht Videoaufnahmen des Unterrichtes eines Dozenten an, die sich in bezug auf folgende drei Faktoren unterschieden:

Faktor A: Ausdrucksstärke des Dozenten (A_1: mit Humor, viel Gestik und Enthusiasmus, A_2: ohne Humor, wenig Gestik und kein Enthusiasmus)
Faktor B: Schwierigkeitsgrad des Unterrichtsstoffes (B_1: leicht, B_2: schwer)
Faktor C: Reputation des Dozenten (C_1: Dozent wird als Person mit hoher Reputation vorgestellt, C_2: Dozent wird als Person mit geringer Reputation vorgestellt).

Abbildung 32 veranschaulicht diesen Untersuchungsplan graphisch.

Jeder Faktorstufenkombination wird eine Zufallsstichprobe S des Umfanges n zugewiesen, d. h. jede Videoaufnahme wird von n Untersuchungsteilnehmern (hier Studenten) beurteilt.

Dreifaktorielle Pläne werden ebenfalls varianzanalytisch (dreifaktorielle Varianzanalyse) ausgewertet. Eine dreifaktorielle Varianzanalyse überprüft sieben voneinander unabhängige Hypothesen: drei Haupteffekte (A, B, C), drei Interaktionen erster Ordnung (A × B, A × C, B × C) und eine Interaktion zweiter Ordnung (A × B × C). Üblicherweise ist man jedoch nicht in der Lage, alle sieben Hypothesen vor Untersuchungsbeginn genau zu spezifizieren, sondern nur einige. Werden dennoch alle sieben Effekte geprüft, sind signifikante Effekte, zu denen keine Hypothesen formuliert wurden, nur deskriptiv zu verwerten.

Interaktionen zweiter oder höherer Ordnung sind im allgemeinen schwer interpretierbar. Auch hier wird die Bedeutung einer Interaktion leichter erkennbar, wenn man sie graphisch illustriert.

Zur Veranschaulichung dieser Interaktion in Abb. 33 wählen wir erneut das o. g. Beispiel (allerdings mit fiktiven Daten). Die beiden linken Abbildungen verdeutlichen zusammengenommen, daß die Interaktion 2. Ordnung unbedeutend ist. Die Tatsache, daß ein Unterrichtsstil humorvoll oder nicht humorvoll ist, spielt bei

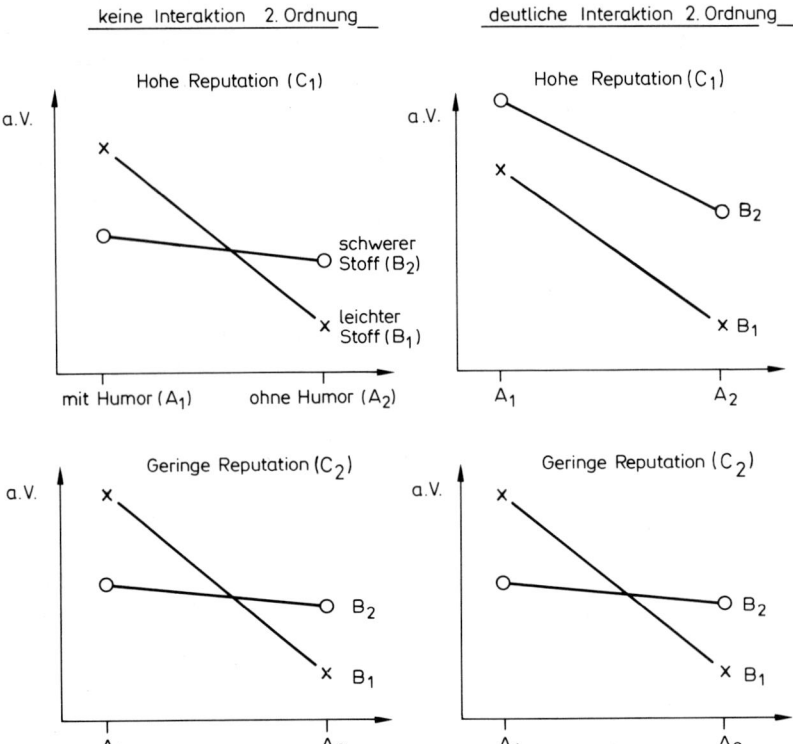

keine Interaktion 2. Ordnung

deutliche Interaktion 2. Ordnung

Hohe Reputation (C_1)

a.V.

schwerer Stoff (B_2)

leichter Stoff (B_1)

mit Humor (A_1)   ohne Humor (A_2)

Hohe Reputation (C_1)

a.V.

B_2

B_1

A_1 A_2

Geringe Reputation (C_2)

a.V.

B_2

B_1

A_1 A_2

Geringe Reputation (C_2)

a.V.

B_2

B_1

A_1 A_2

Abb. 33. Graphische Darstellung von Interaktionen zweiter Ordnung

einem schweren Unterrichtsstoff kaum eine Rolle. Ist der Unterrichtsstoff hingegen leicht, wird ein Unterricht mit Humor weitaus positiver bewertet als ein Unterricht ohne Humor (Interaktion $A \times B$). Diese Interaktion ist – wie die beiden linken Abbildungen zeigen – von der Reputation des Dozenten unabhängig (keine $A \times B \times C$ Interaktion).

Im Unterschied hierzu verdeutlichen die beiden rechten Abbildungen eine vorhandene $A \times B \times C$ Interaktion. Für Dozenten mit geringer Reputation gilt die oben beschriebene $A \times B$ Interaktion praktisch unverändert. Verfügt ein Dozent jedoch über eine hohe Reputation, wird ein schwieriger Unterrichtsstoff unabhängig davon, ob der Unterrichtsstil humorvoll ist oder nicht, positiver bewertet als ein leichter Unterrichtsstoff. Zusätzlich wird auch hier ein humorvoller Unterricht besser beurteilt als ein humorloser Unterricht.

Allgemein gilt: Ist das Muster der $A \times B$ Interaktion auf allen Stufen des Faktors C ungefähr gleich, besteht keine Interaktion 2. Ordnung. Unterscheiden sich die Muster der $A \times B$ Interaktion für verschiedene C-Stufen, ist dies als Hinweis für eine Interaktion 2. Ordnung zu werten.

Statt die $A \times B$ Interaktion für die Stufen des Faktors C darzustellen, hätte man auch die $A \times C$ Interaktion für die Stufen des Faktors B bzw. die $B \times C$ Interaktion für die Stufen des Faktors A graphisch veranschaulichen können. Grundsätzlich

416

Abb. 34. Solomon-Viergruppenplan

		A_1	A_2
Pretest	Ja	S_1	S_2
	Nein	S_3	S_4

sollte diejenige Darstellungsart gewählt werden, die die inhaltliche Bedeutung der Interaktion möglichst einfach und treffend beschreibt.

Drei- (oder mehr-) faktorielle Untersuchungspläne können experimentell oder auch quasiexperimentell sein, d. h. sowohl experimentelle als auch quasiexperimentelle Faktoren aufweisen. Als Beispiel (Abb. 32) wählten wir eine rein experimentelle Untersuchung, die eine Randomisierung der Untersuchungsteilnehmer in bezug auf alle Faktorstufenkombinationen zuläßt. Untersuchungen, die vollständig oder nur teilweise quasiexperimentell angelegt sind, gewinnen an interner Validität, wenn eine oder mehrere der auf S. 404f. beschriebenen Kontrolltechniken angewendet werden.

Bei Experimenten mit kleineren Stichproben wurde vorgeschlagen, die Vergleichbarkeit der Stichproben durch Vortests zu überprüfen. Diese an sich sinnvolle Kontrolle hat den Nachteil, daß die Untersuchungsteilnehmer duch den Pretest für das Treatment bzw. für die zweite Messung (Posttestmessung) „sensibilisiert" werden können (instrumentelle Reaktivität). Sie reagieren auf das Treatment anders als wenn kein Pretest durchgeführt worden wäre, d. h. die externe Validität der Untersuchung ist eingeschränkt.

Nehmen wir an, mit einer empirischen Untersuchung soll überprüft werden, welche von zwei programmierten Unterweisungen zur Vermittlung von Grammatikregeln (A_1 oder A_2) tauglicher ist. Nachdem die Untersuchungsteilnehmer den beiden „Treatments" zufällig zugewiesen wurden, will man vor dem Training überprüfen, ob die beiden Stichproben im Durchschnitt annähernd gleich gute Grammatikkenntnisse aufweisen oder ob durch die Randomisierung zufällig zwei Stichproben entstanden sind, die sich in bezug auf ihre Grammatikkenntnisse unterscheiden. Hierzu werden Pretests durchgeführt.

Nun kann man allerdings nicht ausschließen, daß bereits die im Pretest gestellten Grammatikfragen Lerneffekte auslösen, in dem sie z. B. vergessenes Wissen reaktivieren oder zum Nachdenken über grammatische Regeln anregen. Der Pretest selbst übt eine Treatmentwirkung aus und verändert die abhängige Variable, d. h. die Posttestergebnisse sind nicht nur auf die eigentlichen Treatments, die beiden programmierten Unterweisungen, zurückzuführen.

Zur Kontrolle derartiger Pretest-Effekte wurde ein spezielles zweifaktorielles Untersuchungsschema entwickelt, das in der Literatur unter der Bezeichnung „Solomon Vier-Gruppen-Plan" geführt wird (vgl. Abb. 34).

Der erste Faktor unterscheidet die verschiedenen Treatmentstufen (im Beispiel die beiden programmierten Unterweisungen A_1 und A_2) bzw. eine Treatmentbedingungen und eine Kontrollbedingung. Der zweite Faktor unterscheidet Stichproben mit Vortest bzw. ohne Vortest.

Zunächst prüft man mit einem t-Test für unabhängige Stichproben, ob sich die Pretestergebnisse der vorgetesteten Stichproben (S_1 und S_2) unterscheiden. Mögliche Posttreatmentunterschiede sind eindeutig nur interpretierbar, wenn die Pretestwerte im Durchschnitt gleich sind.

Ist die Vergleichbarkeit der vorgetesteten Gruppen sichergestellt, werden die Posttestwerte nach dem Schema einer zweifaktoriellen Varianzanalyse ausgewertet. Sollte es von Bedeutung sein, ob die Untersuchungsteilnehmer vorgetestet wurden oder nicht, müßte der Pretestfaktor (der die Gruppen S_1 und S_2 mit den Gruppen S_3 und S_4 vergleicht) signifikant werden. Eine signifikante Interaktion zwischen Treatmentfaktor und Pretestfaktor besagt, daß der Vortest für Treatment A_1 andere Effekte auslöst als für Treatment A_2. (Es könnten z. B. die vorgetesteten Untersuchungsteilnehmer vom Treatment A_1 mehr profitieren als vom Treatment A_2.) Angaben über die absolute Wirkung der beiden Treatments können dem Treatmentfaktor nur bei nicht signifikantem Pretestfaktor und nicht signifikanter Interaktion entnommen werden. Ist der Pretestfaktor, aber nicht die Interaktion signifikant, informiert der Treatmentfaktor über die relative Wirksamkeit der beiden Treatments. (Wenn nach Methode A_1 geschulte Personen vom Vortest genauso profitieren wie Personen, die nach Methode A_2 unterrichtet wurden, erhöht sich dadurch lediglich das Niveau der Messungen. Ein möglicher Niveauunterschied zwischen den Methoden bleibt hiervon unberührt.)

Der Solomon-Vier-Gruppen-Plan läßt sich auch in komplexere mehrfaktorielle Pläne einbauen. Entscheidend ist, daß grundsätzlich ein weiterer Faktor einbezogen wird, der vorgetestete und nicht vorgetestete Untersuchungsteilnehmer unterscheidet.

Formal ähnlich wie der Solomon-Vier-Gruppen-Plan aufgebaut ist ein von Huck u. Chuang (1977) vorgeschlagener Plan, der sog. „Posttesteffekte" prüft. Gemeint sind hiermit Veränderungen der Treatmentwirkung, die mit der Erwartung, nach Abschluß des Treatments getestet, geprüft oder untersucht zu werden, verknüpft sind. Da jedoch die Treatmentwirkung ohne Posttestmessung überhaupt nicht erfaßbar und damit ein Vergleich von Untersuchungsteilnehmern mit Posttest und ohne Posttest nicht möglich ist, schlagen die Autoren vor, Untersuchungsteilnehmer mit doppeltem Posttest und einfachem Posttest zu vergleichen.

5.2.2.4 Hierarchische Pläne

Nur selten werden alle Hypothesen, die ein vollständiger mehrfaktorieller Plan prüft, tatsächlich vor Untersuchungsbeginn explizit formuliert. Meistens sind es Interaktionen höherer Ordnung, über deren Gestalt der Untersuchende keine Aussagen machen kann oder machen will, weil sie ihn nicht interessieren. Dennoch werden viele Fragestellungen mit vollständigen, mehrfaktoriellen Untersuchungen geprüft, obwohl dieser Untersuchungsplan mehr Fragen beantwortet als ursprünglich gestellt wurden.

Dieser „Luxus" erfordert einen untersuchungstechnischen Aufwand, der sich angemessen reduzieren läßt, wenn man statt vollständiger, mehrfaktorieller Pläne unvollständige Pläne einsetzen kann, die nur einige der möglichen Faktorstufenkombinationen berücksichtigen. Zu diesen unvollständigen Plänen gehören die hierarchischen und die im nächsten Abschnitt zu behandelnden quadratischen Pläne.

Abbildung 35 verdeutlicht das Prinzip eines *zweifaktoriellen, hierarchischen Versuchsplans*. Es besteht darin, daß nicht alle Stufen des Faktors B mit allen Stu-

A_1		A_2		A_3		← Art des Textes
B_1	B_2	B_3	B_4	B_5	B_6	← Schreibmaschinentyp
S_{11}	S_{12}	S_{23}	S_{24}	S_{35}	S_{36}	

Abb. 35. Zweifaktorieller, hierarchischer Plan

fen von A, sondern daß mit A_1 nur q Stufen von B, mit A_2 q andere Stufen von B, mit A_3 wiederum q andere Stufen von B usf. kombiniert werden. Die Stufen des Faktors B sind unter die Stufen des Faktors A „geschachtelt" (englisch: „nested"). So lassen sich beispielsweise die Hypothesen, daß die Schreibgeschwindigkeit von Stenotypistinnen von der Schwere des Textes (Faktor A: leicht-mittel-schwer) und vom Schreibmaschinentyp abhängt (Faktor B: sechs verschiedene Schreibmaschinentypen) in folgendem Untersuchungsplan simultan überprüfen (vgl. Abb. 35).

Der Vorteil dieser Untersuchungsanlage liegt auf der Hand. Statt der 18 Stichproben, die ein vollständiger zweifaktorieller Plan zur Überprüfung der genannten Hypothesen benötigt, kommt der hierarchische Plan mit nur 6 Stichproben aus. Hierarchische Pläne erfordern also weniger Untersuchungsteilnehmer als vollständige Pläne.

Diesem Vorteil steht jedoch ein gravierender Nachteil gegenüber. Unterschiede zwischen den Stufen des Faktors A sind nur in Verbindung mit den jeweiligen Stufen des Faktors B, die unter die entsprechenden Stufen des Faktors A geschachtelt sind, interpretierbar. (Der Effekt, den die Art des Textes auslöst, gilt nur für die Maschinentypen, mit denen der jeweilige Text geschrieben wurde.) In ähnlicher Weise können auch Unterschiede zwischen den Stufen von B durch Effekte des Faktors A überlagert sein. Hinzu kommt, daß diese ohnehin eingeschränkte Interpretation der Haupteffekte nur zulässig ist, wenn Interaktionen zwischen den Faktoren zu vernachlässigen sind.

Interaktionen sind jedoch in hierarchischen Plänen (bzw. genauer: zwischen ineinander geschachtelten Faktoren) statistisch nicht überprüfbar. Die Interpretierbarkeit eines hierarchischen Versuchsplans hängt deshalb davon ab, daß sich das Nichtvorhandensein von Interaktionen theoretisch rechtfertigen oder durch andere Untersuchungen belegen läßt.

Angesichts dieser Einschränkungen könnte man den praktischen Wert hierarchischer Versuchspläne bezweifeln. Dem ist entgegenzuhalten, daß manche Fragestellungen überhaupt nur mit hierarchischen Plänen überprüfbar sind, weil die vollständige Kombination der Faktorstufen unsinnig oder unmöglich wäre. Eine Untersuchung, die beispielsweise die Wirksamkeit verschiedener therapeutischer Techniken überprüft, kann darauf angewiesen sein, Kliniken zu finden, die sich auf die zu untersuchenden Therapien spezialisiert haben. Bei dieser Fragestellung wäre es unrealistisch, davon auszugehen, daß jede Klinik jede der zu untersuchenden Therapien praktiziert. Man könnte vielmehr feststellen, daß Therapie A_1 in den Kliniken B_1, B_2 und B_3, Therapie A_2 in den Kliniken B_4, B_5 und B_6 etc. zum Einsatz gelangen, d. h. als Untersuchungstechnik kommt prinzipiell nur ein hierarchischer Plan in Frage. (Sicherlich bestünde auch die Möglichkeit, als Untersuchungseinheiten Kliniken einzusetzen und als abhängige Variable pro Klinik den über alle Patienten einer Klinik gemittelten, durchschnittlichen Therapieerfolg zu untersuchen. Diese Untersuchungsvariante entspräche einem einfaktoriellen, quasiexperimentellen Mehrgruppen-Vergleich. Abgesehen davon, daß für diesen Untersuchungsplan erheblich mehr Patienten untersucht werden müssen als für einen hierarchischen Plan – in varianzanalytischer Terminologie wird dann die Anzahl der Freiheitsgrade für die Fehlervarianz durch die Anzahl der Kliniken bestimmt – ließe dieser Plan die Unterschiede zwischen einheitlich therapierten Patienten außer acht.) Erweist sich der Haupteffekt „Therapieart" im hierarchischen Ansatz als signifikant, ist dieses Ergebnis nur in Verbindung mit denjenigen Kliniken, die die untersuchten Therapien praktizieren, interpretierbar. Umgekehrt muß bei bedeutsamen Klinikunterschieden in Rechnung gestellt werden, daß die Kliniken verschiedene Therapien einsetzen.

Von einem *komplett hierarchischen dreifaktoriellen Plan* spricht man, wenn nicht nur die Stufen des Faktors B unter die Stufen des Faktors A, sondern zusätzlich die Stufen eines dritten Faktors C unter die Stufen von B (und damit auch unter A) geschachtelt sind. Im zuletzt genannten Beispiel könnte man sich zusätzlich dafür interessieren, ob der Therapieerfolg auch vom behandelnden Arzt (Therapeuten) abhängt. Erneut müssen wir davon ausgehen, daß ein Arzt nicht alle untersuchten Therapien beherrscht und schon gar nicht gleichzeitig in allen untersuchten Kliniken praktiziert, d. h. auch dieser Faktor läßt sich nicht vollständig mit allen Stufen der beiden übrigen Faktoren kombinieren. Man wird deshalb pro Klinik verschiedene Ärzte auswählen und erhält damit den in Abb. 36 dargestellten Untersuchungsplan (mit p = 3 verschiedenen Therapien, q = 2 Kliniken pro Therapie und r = 3 Ärzten pro Klinik).

Gegenüber dem entsprechenden vollständigen, dreifaktoriellen Plan mit $3 \times 6 \times 18 = 324$ Patientenstichproben des Umfanges n benötigt der hierarchische Plan nur 18 Stichproben. Überprüfbar sind mit diesem Plan allerdings nur die drei Haupteffekte und keine Interaktionen.

Läßt sich im Beispiel die Hypothese begründen, daß der Therapieerfolg zusätzlich auch vom Geschlecht der Patienten (oder einem anderen Merkmal) abhängt, ist es ratsam, die Untersuchung nach einem *mehrfaktoriellen, teilhierarchischen Plan* anzulegen. Der Plan heißt deshalb teilhierarchisch, weil der Geschlechtsfaktor mit allen drei Faktoren kombinierbar ist. Verzichten wir auf den Ärztefaktor, resultiert der in Abb. 37 wiedergegebene dreifaktorielle, teilhierarchische Plan.

Dieser Plan überprüft nicht nur die drei Haupteffekte, sondern zusätzlich auch die Interaktionen zwischen denjenigen Faktoren, die vollständig miteinander kombiniert sind (im Beispiel: A × C und B × C).

Wie bereits bei allen bisher behandelten Plänen unterscheiden wir auch bei hierarchischen Plänen zwischen experimentellen und quasiexperimentellen Faktoren, d. h. Faktoren, die eine Randomisierung der Untersuchungsteilnehmer zulassen bzw. nicht zulassen. Danach wäre der in Abb. 35 wiedergegebene Untersuchungstyp als experimentell und die gemäß Abb. 36 und 37 durchzuführenden Untersuchungen als quasiexperimentell zu klassifizieren. (Daß in Abb. 36 die Kliniken und auch die Ärzte aus der Population aller Kliniken bzw. der Population aller Ärzte zufällig ausgewählt werden können, ändert nichts an der Tatsache, daß sich die Untersuchungseinheiten, d. h. die Patienten üblicherweise wohl nicht zufällig auf

Abb. 36. Dreifaktorieller, komplett hierarchischer Plan

	A$_1$						A$_2$						A$_3$						
	B$_1$			B$_2$			B$_3$			B$_4$			B$_5$			B$_6$			← Therapien / Kliniken
	C$_1$	C$_2$	C$_3$	C$_4$	C$_5$	C$_6$	C$_7$	C$_8$	C$_9$	C$_{10}$	C$_{11}$	C$_{12}$	C$_{13}$	C$_{14}$	C$_{15}$	C$_{16}$	C$_{17}$	C$_{18}$	← Ärzte
	S$_{111}$	S$_{112}$	S$_{113}$	S$_{124}$	S$_{125}$	S$_{126}$	S$_{237}$	S$_{238}$	S$_{239}$	S$_{2410}$	S$_{2411}$	S$_{2412}$	S$_{3513}$	S$_{3514}$	S$_{3515}$	S$_{3616}$	S$_{3617}$	S$_{3618}$	

Abb. 37. Dreifaktorieller, teilhierarchischer Plan

	A$_1$		A$_2$		A$_3$		← Therapien
	B$_1$	B$_2$	B$_3$	B$_4$	B$_5$	B$_6$	← Kliniken
C$_1$ (Weiblich)	S$_{111}$	S$_{121}$	S$_{231}$	S$_{241}$	S$_{351}$	S$_{361}$	
C$_2$ (Männlich)	S$_{112}$	S$_{122}$	S$_{232}$	S$_{242}$	S$_{352}$	S$_{362}$	

die Klinik-Ärzte-Kombinationen verteilen lassen, d. h. die Untersuchung ist quasi-experimentell. Auf Besonderheiten der Durchführung und Interpretation von Varianzanalysen mit Faktoren, deren Stufen zufällig ausgewählt wurden – Faktoren mit zufälliger Stufenauswahl (random factors) im Unterschied zu Faktoren mit fester Stufenauswahl (fixed factors) – soll hier nicht eingegangen werden. Näheres hierzu vgl. z. B. Bortz, 1979).

Über die Auswertung von hierarchischen Untersuchungsplänen wird in einschlägigen Statistikbüchern berichtet (vgl. Anhang D).

5.2.2.5 Quadratische Pläne

Das Untersuchungsschema eines zweifaktoriellen Planes, der zwei Faktoren mit gleicher Stufenzahl kontrolliert, läßt sich als ein Quadrat darstellen. Wenn jeder Faktor p Stufen aufweist, erfordert dieser Plan p^2 Stichproben des Umfanges n. Er überprüft zwei Haupteffekthypothesen und eine Interaktion.

Mit dem gleichen Aufwand an Untersuchungsteilnehmern lassen sich jedoch auch drei Haupteffekthypothesen testen, vorausgesetzt, alle Faktoren haben die gleiche Stufenzahl. Das hierfür erforderliche Untersuchungsschema ist in Abb. 38 wiedergegeben.

Hier wurde davon ausgegangen, daß jeder Faktor vier Stufen hat, d. h. insgesamt benötigt der Plan 16 Stichproben. In einer experimentellen Untersuchung wird die erste Stichprobe der Faktorstufenkombination $A_1 B_1 C_1$ zugewiesen, die zweite Stichprobe der Kombination $A_1 B_2 C_2$, die dritte Stichprobe der Kombination $A_1 B_3 C_3$ usf. Wie man dem Untersuchungsschema leicht entnehmen kann, ist jede Stufe eines jeden Faktors mit allen Stufen der beiden übrigen Faktoren vollständig kombiniert. Man sagt, der Plan ist in bezug auf die Haupteffekte ausbalanciert. Pläne dieser Art heißen *lateinische Quadrate*.

Als Beispiel für ein lateinisches Quadrat wählen wir folgende quasiexperimentelle Untersuchung: Es soll überprüft werden, ob die Einstellung zur Atomenergie von

1. der in einem Haushalt zur Wärmeerzeugung genutzten Energieart (Faktor A: Kohle, Öl, elektrischer Strom)
2. der sozialen Schicht (Faktor B: Unterschicht, Mittelschicht, Oberschicht) oder
3. der Wohngegend (ländlich, kleinstädtisch, großstädtisch)

abhängt.

	A_1	A_2	A_3	A_4
B_1	C_1	C_2	C_3	C_4
B_2	C_2	C_3	C_4	C_1
B_3	C_3	C_4	C_1	C_2
B_4	C_4	C_1	C_2	C_3

Abb. 38. Lateinisches Quadrat (p = 4)

Man benötigt damit Stichproben aus folgenden Populationen:

Stichprobe 1: Kohle-Unterschicht-ländlich
Stichprobe 2: Kohle-Mittelschicht-kleinstädtisch
Stichprobe 3: Kohle-Oberschicht-großstädtisch
Stichprobe 4: Öl-Unterschicht-kleinstädtisch
⋮
Stichprobe 9: Strom-Oberschicht-kleinstädtisch.

Als Konstruktionsprinzip für die Erstellung eines lateinischen Quadrates wählt man einfachheitshalber die sog. zyklische Permutation. Hierbei enthält die erste Zeile des lateinischen Quadrates die C-Stufen in natürlicher Abfolge. Die zweite Zeile bilden wir, indem zu den Indizes der ersten Zeile der Wert 1 addiert und von dem Index, der durch die Addition den Wert $p+1$ erhält, p abgezogen wird. Wird die zweite Zeile in gleicher Weise geändert, resultiert die dritte Zeile usw. Man erhält so eine Anordnung, die als Standardform eines lateinischen Quadrates bezeichnet wird. Für ein lateinisches Quadrat mit fünf Stufen ergibt sich z. B. folgende Standardform für die Abfolge der C-Stufen:

$$
\begin{array}{ccccc}
C_1 & C_2 & C_3 & C_4 & C_5 \\
C_2 & C_3 & C_4 & C_5 & C_1 \\
C_3 & C_4 & C_5 & C_1 & C_2 \\
C_4 & C_5 & C_1 & C_2 & C_3 \\
C_5 & C_1 & C_2 & C_3 & C_4
\end{array}
$$

(Auf die Eintragung der Faktoren A und B wurde verzichtet.)

Vollständige faktorielle Pläne sind nicht nur in bezug auf die Haupteffekte, sondern auch in bezug auf die Interaktionen ausbalanciert. Letzteres gilt nicht für lateinische Quadrate. Wie man Abb. 38 leicht entnehmen kann, ist z. B. die Stufe C_1 nur mit $A_1 B_1$, $A_4 B_2$, $A_3 B_3$ und $A_2 B_4$ kombiniert. Die verbleibenden 12 $A \times B$-Kombinationen sind mit anderen C-Stufen verbunden. Dies hat nicht nur zur Folge, daß in lateinischen Quadraten keine Interaktionshypothesen geprüft werden können; zusätzlich sind die Haupteffekte nur dann eindeutig interpretierbar, wenn die Interaktionen zwischen den Faktoren zu vernachlässigen sind.

Neben der Standardform gibt es weitere Anordnungen, die ebenfalls den Anforderungen eines lateinischen Quadrates (ausbalanciert in bezug auf die Haupteffekte) genügen. Für unsere Zwecke interessieren nur sog. *orthogonale lateinische Quadrate*, d. h. lateinische Quadrate, deren Kombination zu einer neuen Anordnung führt, in der jede Zweierkombination der Faktorstufen genau einmal vorkommt. Der Unterschied zwischen orthogonalen und nicht orthogonalen lateinischen Quadraten wird in Abb. 39 verdeutlicht.

Die beiden rechts aufgeführten lateinischen Quadrate bezeichnet man als nicht orthogonal, weil ihre Kombination zu einer Anordnung führt, in der sich die Faktorstufenpaare $A_1 B_2$, $A_2 B_3$ und $A_3 B_1$ jeweils dreimal wiederholen. Die beiden linken lateinischen Quadrate hingegen sind orthogonal, denn deren Kombination enthält alle Faktorstufenpaare.

Mit Hilfe zweier orthogonaler lateinischer Quadrate lassen sich sog. „griechisch-lateinische Quadrate" konstruieren, mit denen sich in einer Untersuchung vier Faktoren kontrollieren lassen. Will man beispielsweise überprüfen, wie sich vier verschiedene Lärmbedingungen (Faktor A), vier Temperaturbedingungen

Orthogonal **Nicht orthogonal**

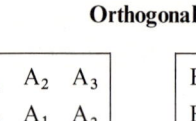
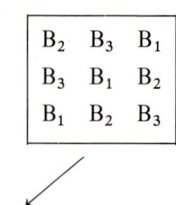
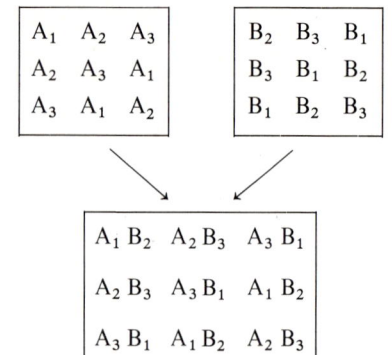

A_1 A_2 A_3	B_2 B_3 B_1
A_3 A_1 A_2	B_3 B_1 B_2
A_2 A_3 A_1	B_1 B_2 B_3

| A_1B_2 A_2B_3 A_3B_1 |
| A_3B_3 A_1B_1 A_2B_2 |
| A_2B_1 A_3B_2 A_1B_3 |

A_1 A_2 A_3	B_2 B_3 B_1
A_2 A_3 A_1	B_3 B_1 B_2
A_3 A_1 A_2	B_1 B_2 B_3

| A_1B_2 A_2B_3 A_3B_1 |
| A_2B_3 A_3B_1 A_1B_2 |
| A_3B_1 A_1B_2 A_2B_3 |

Abb. 39. Orthogonale und nicht orthogonale lateinische Quadrate

	A_1	A_2	A_3	A_4
B_1	$C_1 D_1$	$C_2 D_3$	$C_3 D_4$	$C_4 D_2$
B_2	$C_2 D_2$	$C_1 D_4$	$C_4 D_3$	$C_3 D_1$
B_3	$C_3 D_3$	$C_4 D_1$	$C_1 D_2$	$C_2 D_4$
B_4	$C_4 D_4$	$C_3 D_2$	$C_2 D_1$	$C_1 D_3$

Abb. 40. Griechisch-lateinisches Quadrat ($p=4$)

(Faktor B), vier Beleuchtungsbedingungen (Faktor C) und vier Luftfeuchtigkeits-bedingungen (Faktor D) auf die Arbeitszufriedenheit von Fließbandarbeiterinnen auswirken, können statt eines vollständigen, vierfaktoriellen Planes das folgende, weniger aufwendige griechisch-lateinische Quadrat eingesetzt werden (vgl. Abb. 40).

Statt der $4^4 = 256$ Stichproben des Umfanges n kommt das griechisch-lateini-sche Quadrat mit nur 16 Stichproben aus. Mit jeder dieser 16 Stichproben wird eine andere Kombination der vier Faktoren untersucht. Die Kombination sind so zu-sammengestellt, daß die Stufen eines jeden Faktors mit allen Stufen der verbleiben-den drei Faktoren genau einmal verbunden sind, d. h. auch dieser Plan ist in bezug auf die Haupteffekte ausbalanciert. Interaktionen sind erneut nicht prüfbar und sollten für eine bessere Interpretierbarkeit der Haupteffekte zu vernachlässigen sein.

Untersuchungen nach dem Schema eines griechisch-lateinischen Quadrates sind durchführbar, wenn die Faktorstufenzahl aller Faktoren gleich ist und die Konstruktion zweier orthogonaler lateinischer Quadrate zuläßt. Dies gelingt nur, wenn die Faktorstufenzahl als ganzzahlige Potenz einer Primzahl darstellbar ist (z. B. $p = 3 = 3^1$, $p = 4 = 2^2$, $p = 5 = 5^1$ etc.). Für $p = 6$ und $p = 10$ lassen sich bei-spielsweise keine griechisch-lateinischen Quadrate konstruieren. (Näheres hierzu vgl. z. B. Cochran u. Cox, 1966, S. 146 ff.)

Über die statistische Auswertung lateinischer bzw. griechisch-lateinischer Quadrate wird in einschlägigen Varianzanalyse-Lehrbüchern berichtet (vgl. Anhang D).

5.2.2.6 Pläne mit Kontrollvariablen

Der Katalog von Maßnahmen zur Erhöhung der internen Validität einer Untersuchung (vgl. S. 405) enthält eine Technik, nach der die Untersuchungsteilnehmer bezüglich einer Störvariablen, die die abhängige Variable neben der eigentlich interessierenden unabhängigen Variablen ebenfalls beeinflussen könnte, in möglichst homogene Gruppen (Blöcke) eingeteilt werden. Dies führte zu den in Kap. 5.2.2.3 behandelten, mehrfaktoriellen Plänen.

Bei kontinuierlichen Störvariablen (Alter, Testwerte, etc.) führt diese Blockbildung allerdings zu einem Informationsverlust, denn Untersuchungsteilnehmer innerhalb eines Blocks (z. B. in einer Altersgruppe) werden so behandelt, als wäre die Störvariable bei diesen Untersuchungsteilnehmern gleich ausgeprägt, was meistens nicht der Fall ist. Genauer ist deshalb eine Vorgehensweise, welche die tatsächlichen Ausprägungen der Störvariablen bei allen Untersuchungsteilnehmern vollständig berücksichtigt.

Dies geschieht bei einer *kovarianzanalytischen Auswertung* der Untersuchung. Läßt sich schon vor der Untersuchung ein Merkmal identifizieren, das die abhängige Variable vermutlich ebenfalls beeinflußt, wird dieses als Kontrollvariable mit erhoben, um nach der Untersuchung die abhängige Variable bezüglich dieser Kontrollvariablen statistisch zu „bereinigen". Die Eliminierung des Einflusses einer Kontrollvariablen auf die abhängige Variable geschieht regressionstechnisch und entspricht dem Prinzip nach einer Partialkorrelation (vgl. S. 388) zwischen der unabhängigen Variablen und der abhängigen Variablen unter Ausschaltung der Kontrollvariablen.

Will man beispielsweise den Behandlungserfolg verschiedener psychotherapeutischer Techniken miteinander vergleichen und hält es für wahrscheinlich, daß die Heilerfolge auch von der Verbalisierungsfähigkeit der Patienten abhängen, wird diese als Kontrollvariable miterhoben. Die kovarianzanalytische Auswertung der Untersuchung führt zu Ergebnissen, die die Wirkung der psychotherapeutischen Methoden unabhängig von den Verbalfähigkeiten der untersuchten Patienten widerspiegeln.

Bei experimentellen Untersuchungen, die die Randomisierung der Untersuchungsteilnehmer zulassen, ist – wie auf S. 401f. erwähnt – die interne Validität durch personengebundene Störvariablen weniger gefährdet als bei quasiexperimentellen Untersuchungen. Kovarianzanalytische Auswertungen kommen deshalb in quasiexperimentellen Untersuchungen häufiger zum Einsatz als in experimentellen Untersuchungen. Hier hat die kovarianzanalytische Berücksichtigung einer Kontrollvariablen in erster Linie die Funktion, die Fehlervarianz der abhängigen Variablen zu reduzieren bzw. eine kontinuierliche, untersuchungsbedingte Störvariable zu kontrollieren.

Grundsätzlich besteht auch die Möglichkeit, in einer Untersuchung mehrere Kontrollvariablen zu berücksichtigen. Das kovarianzanalytische Verrechnungsmodell entspricht dann dem einer Partialkorrelation höherer Ordnung. Qualitative, nomial skalierte Kontrollvariablen können ebenfalls kovarianzanalytisch berücksichtigt werden, wenn sie zuvor als Dummy-Variablen kodiert wurden (vgl. Tafel 33).

Die Kovarianzanalyse ist an einige Voraussetzungen geknüpft, die die Breite ihrer Einsatzmöglichkeiten einschränken. Erweist sich das kovarianzanalytische Auswertungsmodell für eine konkrete Untersuchung als unangemessen, sollte das Block-Bildungs-Verfahren (randomized block design, S. 414) vorgezogen werden. (Ausführliche Informationen zum Vergleich Kovarianzanalyse-randomized block design findet man z. B. bei Feldt, 1958).

5.2.2.7 Multivariate Pläne

Alle bisher behandelten Pläne zur Überprüfung von Unterschiedshypothesen gingen davon aus, daß jeweils nur eine abhängige Variable untersucht wird. Man bezeichnet sie deshalb auch als univariate Pläne, wobei es unerheblich ist, ob sie nur eine oder mehrere unabhängige Variablen (bzw. Kontrollvariablen) berücksichtigen. Ein Plan heißt multivariat, wenn gleichzeitig mehrere abhängige Variablen untersucht werden.

Viele sozialwissenschaftliche Unterschiedshypothesen können angemessen nur multivariat formuliert werden. Der Vorteil des multivariaten Ansatzes gegenüber dem univariaten Ansatz ist darin zu sehen, daß er die wechselseitigen Beziehungen der abhängigen Variablen untereinander berücksichtigt und aufdeckt. Dies kann besonders wichtig sein, wenn die abhängige Variable komplex ist und sich sinnvoll nur durch mehrere operationale Indikatoren erfassen läßt (vgl. S. 82ff.). Arbeitsleistung, Therapieerfolg, Einstellungen etc. sind Beispiele für komplexe Variablen, die mit einem einzigen operationalen Indikator nur sehr ungenau zu beschreiben sind.

Hat man für eine komplexe abhängige Variable mehrere operationale Indikatoren definiert (z. B. Arbeitsmenge und Anzahl der Fehler als Indikatoren von Arbeitsleistung), wäre prinzipiell daran zu denken, die Unterschiedshypothese in mehreren getrennten, univariaten Analysen zu überprüfen. Neben dem bereits erwähnten Nachteil, daß bei dieser Vorgehensweise die Beziehungen der abhängigen Variablen untereinander unentdeckt bleiben, führt die wiederholte Durchführung univariater Analysen zu gravierenden inferenzstatistischen Problemen. Auf S. 368ff. wurde berichtet, daß die Alternativhypothese üblicherweise angenommen wird, wenn die α-Fehlerwahrscheinlichkeit kleiner als 5% (1%) ist. Diese läßt sich jedoch nur schwer kalkulieren, wenn über eine Hypothese aufgrund mehrerer Signifikanztests entschieden werden muß. Wenn beispielsweise 100 Signifikanztests durchgeführt werden, erwarten wir bei Gültigkeit der Nullhypothese, daß ungefähr fünf Signifikanztests zufällig signifikant werden. Führen nun die Analysen von 10 abhängigen Variablen zu signifikanten Resultaten, kann nicht mehr entschieden werden, welche dieser Signifikanzen „zufällig" und welche „echt" sind, es sei denn, man korrigiert das Signifikanzniveau (näheres hierzu vgl. z. B. Bortz, 1979, Kap. 7.3). Diese Schwierigkeiten lassen sich vermeiden, wenn statt vieler univariater Analysen eine multivariate Analyse durchgeführt wird.

Sämtliche hier besprochenen Pläne zur Überprüfung von Unterschiedshypothesen lassen sich zu multivariaten Plänen erweitern. Die aufgeführten Beispiele gelten somit auch für multivariate Pläne, wenn statt einer mehrere abhängige Variablen untersucht werden.

Die Auswertungstechniken für multivariate Pläne sind unter der Bezeichnung *„multivariate Varianzanalyse"* zusammengefaßt. Hierbei handelt es sich um rechnerisch (und teilweise auch interpretativ) schwierige Verfahren, die den Einsatz einer elektronischen Datenverarbeitsanlage erfordern (Literatur über die Theorie der multivariaten Varianzanalyse sowie Angaben über Programmpakete, die die multivariate Varianzanalyse – MANOVA – enthalten, findet man in den Anhängen B und D).

5.2.3 Veränderungshypothesen

Die Analyse von Veränderungen zählt zu den interessantesten, aber auch schwierigsten Aufgaben der Sozialwissenschaften. 1966(b) stellte Cattell (zit. nach Petermann, 1978) für eine Zufallsauswahl von 100 Zeitschriftenartikeln fest, daß sich hiervon über 50% mit Veränderungsproblemen befassen – eine Tendenz, die in jüngerer Zeit nach Baltes et al. (1977) zunehmend an Bedeutung gewinnt.

Beispiele für Hypothesen, die sich auf Veränderungen beziehen, lassen sich mühelos zusammenstellen: Die intensive Auseinandersetzung mit den schädigenden Wirkungen von Nikotingenuß verändert die Rauchgewohnheiten von Rauchern; konservativ eingestellte Menschen verändern ihre Lebensgewohnheiten seltener als „fortschrittliche" Menschen; das Kurzzeitgedächtnis läßt bei älteren Menschen nach; die Anzahl der Krebserkrankungen steigt von Jahr zu Jahr etc.

Arbeiten, die sich kritisch mit Methoden zur Überprüfung von Veränderungshypothesen auseinandersetzen, erscheinen nach wie vor zahlreich. Sie belegen, daß das Problem der Messung von Veränderung bis heute noch nicht zufriedenstellend gelöst ist. Cronbach u. Furby (1970) kommen resignierend zu dem Schluß, daß man gut beraten sei, auf Veränderungsmessungen gänzlich zu verzichten. Diese pessimistische Einschätzung ist zum überwiegenden Teil auf mathematisch-statistische Komplikationen, die mit der Erfassung von Veränderung verbunden sind, zurückzuführen.

Es kann nicht Aufgabe dieses Textes sein, diese Schwierigkeiten ausführlich darzulegen. Auch hier werden wir den Leser, der an einer gründlicheren Behandlung der mit Veränderungsmessung verbundenen Probleme interessiert ist, auf weiterführende Literatur verweisen müssen und uns damit begnügen, die wichtigsten Untersuchungspläne zur Erfassung von Veränderungen zu beschreiben und diejenigen statistischen Ansätze zu nennen, die aufgrund der Literatur am wenigsten problematisch erscheinen.

Die eingangs aufgeführten Beispiele vertreten jeweils einen Abschnitt dieses Teilkapitels. Wir beginnen mit der Überprüfung von Veränderungshypothesen im Rahmen experimenteller Untersuchungen, d. h. also Untersuchungen mit randomisierter Zuweisung der Untersuchungsteilnehmer (Kap. 5.2.3.1). Es folgt die Behandlung von Veränderungshypothesen, die nur mit quasiexperimentellen Untersuchungen, die keine Randomisierung der Untersuchungsteilnehmer zulassen, überprüfbar sind (Kap. 5.2.3.2). Eine spezielle Art dieser Hypothesen betrifft alters- bzw. entwicklungsbedingte Veränderungen, die Kap. 5.2.3.3 aufgreift. In Kap. 5.2.3.4 schließlich behandeln wir Veränderungshypothesen, die sich auf viele, zeitlich aufeinanderfolgende Messungen eines Merkmals, sog. Zeitreihen, beziehen.

5.2.3.1 Experimentelle Untersuchungen

Veränderungshypothesen vom Typus „Treatment A bewirkt eine Veränderung der abhängigen Variablen" werden, soweit eine Randomisierung der Untersuchungsteilnehmer möglich ist, mit experimentellen Untersuchungen überprüft. (Hypothesen, die sich auf Veränderungen beziehen, die ohne (erkennbare) Treatmentwirkung, d.h. einfach mit fortschreitender Zeit auftreten, behandeln wir als quasiexperimentell zu überprüfende Hypothesen auf S. 431 f., als Entwicklungshypothesen in Kap. 5.2.3.3 bzw. als Zeitreihenhypothesen in Kap. 5.2.3.4.) Aus den in Tafel 2 bereits erwähnten Gründen sind einfache Eingruppenpläne mit Pretest und Posttest zur Überprüfung derartiger Hypothesen wenig geeignet. Zu schlüssigeren Resultaten führt folgende Vorgehensweise:

Nach zufälliger Aufteilung einer Stichprobe von Untersuchungsteilnehmern in eine Experimentalgruppe und in eine Kontrollgruppe führt man mit beiden Gruppen Pretests bezüglich der abhängigen Variablen durch. Die Experimentalgruppe erhält das Treatment, und die Kontrollgruppe bleibt unbehandelt. Zeigen sich in einer wiederholten Messung der abhängigen Variablen (Posttest) Unterschiede zwischen den Gruppen, sind diese – identische Pretestergebnisse und vergleichbare Störbedingungen vorausgesetzt – auf die Wirksamkeit des Treatments zurückzuführen.

Wenn sich Experimental- und Kontrollgruppe trotz der Randomisierung in ihren Pretestwerten unterscheiden (was mit abnehmendem Stichprobenumfang wahrscheinlicher wird), sollte durch Austausch von Untersuchungseinheiten nachträglich für identische Ausgangsbedingungen gesorgt werden (Parallelisierung in bezug auf die Vortest-Ergebnisse). Mißlingt die Randomisierung und sind die Pretestunterschiede zwischen Experimental- und Kontrollgruppe nachträglich aus irgendwelchen Gründen nicht mehr korrigierbar, ist die Untersuchung nach den Richtlinien für quasiexperimentelle Untersuchungen (vgl. Kap. 5.2.3.2) auszuwerten. Bei kleineren Stichproben (nicht mehr als 20 Untersuchungseinheiten pro Gruppe) empfiehlt es sich, von vornherein auf eine Randomisierung zu verzichten und die Versuchsgruppen nach einer Matching-Prozedur (vgl. S. 405) zusammenzustellen.

Die hier beschriebene Vorgehensweise entspricht weitgehend der im Abschnitt 5.2.2.1 beschriebenen Überprüfung von Unterschiedshypothesen bei experimentellen Untersuchungen. Wenn sich nach einer sorgfältigen Randomisierung die Experimentalgruppe und die Kontrollgruppe im Pretest nicht unterscheiden, führt die Veränderung der abhängigen Variablen duch das Treatment zwangsläufig zu unterschiedlichen Posttestmessungen. **Signifikante, hypothesengemäße Posttestunterschiede zwischen Experimental- und Kontrollgruppe belegen damit gleichzeitig die Richtigkeit der Veränderungshypothese.**

Experimentelle Untersuchungen mit Pretest und Posttest verzichten auf eine direkte Erfassung der Veränderung der abhängigen Variablen zwischen Pretest und Posttest. Sie entsprechen damit der eingangs erwähnten Leitlinie von Cronbach u. Furby (1970), bei der Überprüfung von Veränderungshypothesen möglichst ohne direkte Veränderungsmessung auszukommen.

Komplexere Veränderungshypothesen beziehen sich nicht nur auf die Wirkung eines Treatments sondern auf die differentielle Wirkung mehrerer Treatments. Auch diese werden wie Unterschiedshypothesen geprüft. Solange mit Vortest sichergestellt ist, daß sich die Treatmentgruppen (und ggf. die Kontrollgruppe(n)) bezüglich der abhängigen Variablen gleichen, sind Posttestunterschiede zwischen den Gruppen indikativ für verändernde Wirkungen der einzelnen Treatments. Der im Abschnitt 5.2.2.2 beschriebenen Mehr-Gruppen-Plan entscheidet damit über die Richtigkeit der Veränderungshypothese. Die statistische Auswertung dieses Planes erfolgt mit der einfaktoriellen Varianzanalyse, ggf. ergänzt durch gezielte a priori Einzelvergleiche zur Überprüfung von Veränderungshypothesen, die sich auf die Wirkung spezieller Treatments beziehen.

Das Prinzip, daß Posttestunterschiede bei identischen, durchschnittlichen Pretestwerten aller zu vergleichenden Gruppen Veränderung bedeuten, gilt auch für Veränderungshypothesen, die mit mehrfaktoriellen, hierarchischen oder quadratischen Plänen überprüft werden. (Beispiel: Es wird die Hypothese getestet, daß eine Therapieform A_1 nur in Verbindung mit einem Psychopharmakon B_1 Ängstlichkeit reduziert und daß eine andere Therapieform A_2 zwar ohne das Psychopharmakon B_1, aber dafür nur in Verbindung mit einem Präparat B_2 wirksam ist. Die Interaktionshypothese sagt damit unterschiedliche Wirkungen für verschiedene Kombinationen von Behandlungsarten voraus. Haben die zu vergleichenden Patientengruppen vor der Behandlung im Durchschnitt gleiche Ängstlichkeitswerte, bestätigt eine signifikante Interaktion der Posttestwerte diese Hypothese.)

Häufig genügt es nicht, die verändernde Wirkung eines Treatments mit nur einer Posttestmessung nachzuweisen. Eine Entzugstherapie für Raucher mag zwar kurzfristig zu einer Veränderung der Rauchgewohnheiten führen; der tatsächliche Wert dieser Therapie wird jedoch erst deutlich, wenn sie den Tabakkonsum längerfristig reduziert bzw. letztlich zum Einstellen des Rauchens führt. Hypothesen, die sich wie diese auf langfristige Veränderungen beziehen bzw. Hypothesen, die Veränderungen nach mehrfacher Anwendung eines Treatments beinhalten, untersucht man sinnvollerweise durch wiederholte Messungen der abhängigen Variablen. Für den einfachen Vergleich einer Experimentalgruppe (S_1) mit einer Kontrollgruppe (S_2) resultiert dann das in Abb. 41 wiedergegebene Untersuchungsschema.

	Pretest-Messung	1. Posttest-Messung	2. Posttest-Messung	$\cdots$	Letzte Posttestmessung
Experimentalgruppe	S_1	S_1	S_1	$\cdots$	S_1
Kontrollgruppe	S_2	S_2	S_2	$\cdots$	S_2

Abb. 41. Zweifaktorieller Meßwiederholungsplan mit Experimentalgruppe und Kontrollgruppe

Oberflächlich ähnelt dieser Plan dem in Abb. 30 wiedergegebenen zweifaktoriellen Untersuchungsplan; dennoch besteht zwischen beiden Plänen ein gravierender Unterschied: Der zweifaktorielle Plan ohne Meßwiederholungen untersucht für jede Faktorstufenkombination eine andere Stichprobe, während im Meßwiederholungsplan dieselben Stichproben mehrfach (allgemein: k-fach) untersucht werden. Dies hat zur Folge, daß – anders als bei zweifaktoriellen Plänen ohne Meßwiederholungen – die Meßwerte einer Stichprobe von Messung zu Messung voneinander abhängen bzw. korrelieren, womit die Voraussetzungen für eine „normale" varianzanalytische Auswertung verletzt sind.

Für die statistische Auswertung eines Meßwiederholungsplanes wird deshalb üblicherweise eine spezielle Variante der Varianzanalyse, die *Varianzanalyse mit Meßwiederholung* (repeated measurements analysis, vgl. Anhang D) eingesetzt. Über die Entwicklungsgeschichte dieses nicht unproblematischen Verfahrens berichtet Lovie (1981). Dieses Verfahren setzt u. a. voraus, daß die zu verschiedenen Zeitpunkten erhobenen Messungen gleichförmig miteinander korrelieren, daß also z. B. die Pretestmeßwerte mit der ersten Posttestmessung genau so hoch korrelieren wie mit der letzten Posttestmessung – eine Voraussetzung, die in vielen Meßwiederholungsplänen verletzt ist (vgl. z. B. Ludwig, 1979). Wie man diese Voraussetzung überprüft und wie zu verfahren ist, wenn das Datenmaterial diesen Voraussetzungen nicht genügt, wird in der einschlägigen Literatur zur Varianzanalyse näher erläutert.

Veränderungshypothesen, die wie in Abb. 41 mit zweifaktoriellen Meßwiederholungsplänen überprüft werden, gelten als bestätigt, wenn die Interaktion zwischen dem Meßwiederholungsfaktor und dem Treatmentfaktor (im Beispiel: Experimentalgruppe vs. Kontrollgruppe) signifikant ist. Hat das Treatment eine Wirkung, zeigen die Mittelwerte der Experimentalgruppe über die verschiedenen Messungen hinweg einen anderen Verlauf als die entsprechenden Mittelwerte der Kontrollgruppe. (Zur graphischen Veranschaulichung von Interaktionen vgl. Abb. 31. Als Abszisse wählt man hier üblicherweise die verschiedenen Meßpunkte.)

Der einfache Zweigruppen-Meßwiederholungsplan läßt sich zu einem Mehrgruppen-Meßwiederholungsplan erweitern, wenn die verändernden Wirkungen mehrerer Treatments zu vergleichen sind. Des weiteren können die Untersuchungsteilnehmer nicht nur nach den Stufen eines Faktors, sondern nach den Kombinationen der Stufen mehrerer Faktoren gruppiert sein.

Pretests, die für experimentelle Meßwiederholungsanalysen unerläßlich sind, können die Treatmenteffekte verzerren und damit die Aussagekraft der Untersuchung schmälern (Pretest-Effekte). Muß mit derartigen Beeinträchtigungen gerechnet werden, empfiehlt sich eine Kontrolle der Pretest-Effekte mit Hilfe des *Solomon-Viergruppenplanes* (vgl. S. 417) oder hiervon abgeleiteter Pläne.

Meßwiederholungspläne werden nicht nur für die Überprüfung von Veränderungshypothesen im engeren Sinne (ein Treatment verändert die abhängige Variable) benötigt, sondern können generell eingesetzt werden, wenn von einer Stichprobe wiederholte Messungen erhoben werden. Auf S. 411 erwähnten wir ein Beispiel, bei dem es um die Ablesbarkeit von Anzeigegeräten ging, die sich bezüglich der Faktoren A („Form") und B („Art der Zahlendarstellung") unterschieden. Es wurde ein zweifaktorieller Plan vorgestellt, der die Unterschiedshypothese, die Ablesegeschwindigkeit sei von der Form des Anzeigegerätes sowie der Art der Zahlendarstellung abhängig, überprüft. Dieser Plan benötigte p × q Stichproben.

Abb. 42. Zweifaktorieller Meßwiederholungsplan zur Kontrolle von Sequenzeffekten

	A_1	A_2	A_3	$\cdots$	A_p
Abfolge 1	S_1	S_1	S_1	$\cdots$	S_1
Abfolge 2	S_2	S_2	S_2	$\cdots$	S_2
Abfolge 3	S_3	S_3	S_3	$\cdots$	S_3

Die gleiche Unterschiedshypothese läßt sich auch mit einem Meßwiederholungsplan prüfen, in dem eine Stichprobe alle zur Stufe A_1 gehörenden Anzeigegeräte, eine weitere Stichprobe alle zur Stufe A_2 gehörenden Anzeigegeräte usf. beurteilt. Statt der 2 Stichproben in Abb. 41 benötigt man also p Stichproben, die jeweils q Anzeigegeräte beurteilen.

Bei Untersuchungen, in denen von einer Stichprobe unter mehreren Untersuchungsbedingungen Messungen erhoben werden, kann die Abfolge der Untersuchungsbedingungen von ausschlaggebender Bedeutung sein. Zur Kontrolle derartiger *Sequenzeffekte* empfiehlt sich der in Abb. 42 wiedergegebene experimentelle Untersuchungsplan.

Mit diesem Plan wird der Einfluß von drei verschiedenen Abfolgen ermittelt. (Wollte man alle Abfolgen prüfen, wären bei p Untersuchungsbedingungen p! = p·(p−1)·(p−2)...·1 Abfolgen zu erstellen.) Jeder Abfolge wird eine Zufallsstichprobe zugewiesen, die die Untersuchungsbedingungen in der entsprechenden Reihenfolge erhält. (Man beachte, daß das in Abb. 42 wiedergegebene Datenschema nur eine Abfolge: $A_1, A_2 \ldots A_p$ enthält, d. h. die Untersuchungsergebnisse der einzelnen Stichproben müssen nach diesem Datenschema jeweils „umsortiert" werden.) Unterscheiden sich die Stichproben nicht (d. h. ist der „Abfolge-Faktor" nicht signifikant), ist die Reihenfolge der Untersuchungsbedingungen unerheblich. Eine Interaktion zwischen den Untersuchungsbedingungen und den Abfolgen weist auf *Positionseffekte* hin, mit denen man beispielsweise rechnen muß, wenn die Untersuchungsteilnehmer im Verlaufe der Untersuchung ermüden, so daß z. B. auf die erste Untersuchungsbedingung unabhängig von der Art dieser Bedingung anders reagiert wird als auf die letzte.

5.2.3.2 Quasiexperimentelle Untersuchungen

Hypothesen, die behaupten, eine oder mehrere abhängige Variablen verändern sich im Laufe der Zeit ohne eine konkret nennbare Treatmentwirkung, werden mit einfachen Eingruppenplänen überprüft. (Beispiele: Das Konzentrationsvermögen von Kindern ist morgens höher als abends; Arbeitsausfälle durch Krankmeldungen treten am Anfang der Woche häufiger auf als am Wochenende; die Bereitschaft der Bevölkerung, aktiv etwas gegen die Zerstörung der Umwelt zu unternehmen, hat in den letzten Jahren zugenommen; etc.) Für die Überprüfung derartiger Hypothesen benötigt man wiederholte Messungen einer Zufallsstichprobe aus der Population, auf die sich die Hypothese bezieht. Unterscheiden sich die durchschnittlichen, zu verschiedenen Zeitpunkten erhobenen Messungen in hypothesenkonformer Weise, gilt die Veränderungshypothese als bestätigt. Als Signifikanztest wendet man bei zwei Messungen den *t-Test für abhängige Stichproben* und bei mehr als zwei Messungen ggf. die *einfaktorielle Varianzanalyse mit Meßwiederholungen* an (vgl. Anhang D).

Die Voraussetzungen für eine varianzanalytische Auswertung von Meßwiederholungsdaten sind mit wachsender Anzahl von Meßpunkten zunehmend gefährdet. Bei mehr als 50 Messungen empfiehlt es sich, die Durchschnittswerte als eine Zeitreihe aufzufassen, für deren Auswertung die in Kap. 5.2.3.4 angesprochenen Verfahren in Frage kommen. Für den Fall, daß die Anzahl der Meßwiederholungen für eine Zeitreihenanalyse zu klein und für eine varianzanalytische Auswertung zu groß ist, schlagen Swaminathan u. Algina (1977) eine auf multipler Regression basierende Auswertungstechnik vor. Weitere Auswertungsstrategien regt Kap. 5.2.4.1 an.

Die interne Validität von Eingruppenplänen zur Überprüfung zeitbedingter Veränderungen ist in der Regel gering. Abgesehen von Validitätsproblemen, die mit der häufigen Anwendung eines Untersuchungsinstrumentes verbunden sind (Übungs- und Sättigungseffekte, instrumentelle Reaktivität; vgl. hierzu z. B. Fahrenberg et al., 1977) lassen sich in diesen Untersuchungen selten Variablen benennen, die die registrierten Veränderungen tatsächlich bewirkten (hiervon ausgenommen sind die in Kap. 5.2.3.4 vorgestellten Interventionsmodelle). Die Zeit wird als ein globaler Variablenkomplex angesehen, dessen verändernde Wirkung auf viele, unkontrollierte und zeitabhängige Merkmale (epochale Effekte, vgl. S. 441) zurückgeht.

Eindeutigere Schlüsse lassen Untersuchungen zu, in denen die verändernde Wirkung eines „Treatments" durch den Vergleich einer Experimentalgruppe mit einer „nicht behandelten" Kontrollgruppe überprüft wird (vgl. Kap. 5.2.3.1). Allerdings ist der besondere Wert dieser Untersuchungstechnik daran gebunden, daß sich die Untersuchungsteilnehmer per Zufall in Experimental- und Kontrollgruppe aufteilen lassen. Diese Möglichkeit entfällt, wenn eine Hypothese behauptet, das Treatment habe in verschiedenen, real existierenden Populationen eine unterschiedliche Wirkung. Die Zugehörigkeit der Untersuchungsteilnehmer zu diesen Populationen macht eine Randomisierung unmöglich. Ähnliche Schwierigkeiten bereiten Untersuchungen, die die Wirkung eines „Treatments" überprüfen, von dem alle potentiellen Untersuchungsteilnehmer betroffen sind (wie z. B. von einer gesetzgeberischen Maßnahme), so daß keine „nicht behandelten" Untersuchungsteilnehmer, die die Kontrollgruppe bilden können, anzutreffen sind. Hypothesen dieser Art überprüfen wir mit quasiexperimentellen Untersuchungen.

Einige Beispiele mögen die hier gemeinten Fragestellungen verdeutlichen: Die Leistungen ängstlicher Kinder werden durch emotionale Zuwendungen des Lehrers mehr gefördert als die Leistungen nicht ängstlicher Kinder. Die Einführung von Mikroprozessoren gefährdet die Arbeitsplätze von ungelernten Arbeitern stärker als die von Arbeitern mit abgeschlossener Ausbildung. Informierte Menschen sind in ihren Einstellungen weniger leicht beeinflußbar als uninformierte Menschen. Eine neu entwickelte Schlankheitsdiät ist nur bei Jugendlichen, aber nicht bei Erwachsenen wirksam. Die technischen Fähigkeiten von Männern werden durch einen Technikkurs mehr gefördert als die von Frauen etc.

Allen Beispielen gemeinsam ist eine abhängige Variable, die sich laut Hypothese bei den jeweils verglichenen Populationen unterschiedlich ändert. Ein bestimmtes „Treatment" hat in verschiedenen Populationen unterschiedliche Auswirkungen. Um diese unterschiedlichen Wirkungen zu erfassen, wäre es naheliegend, die abhängige Variable nach Einführung des Treatments an Zufallsstichproben der Populationen zu erheben und die Resultate zu vergleichen. Führt dieser Vergleich zu unterschiedlichen Durchschnittswerten, ist damit jedoch keineswegs sichergestellt, daß diese Unterschiede von einer differentiellen Treatmentwirkung herrühren. **In quasiexperimentellen Untersuchungen muß auf eine Randomisierung verzichtet werden, was in der Regel zur Folge hat, daß die Ausgangswerte der Stichproben nicht gleich sind.** Mögliche Posttest-Unterschiede können also schon vor Einführung des Treatment bestanden haben.

Vortests sind deshalb vor allem in quasiexperimentellen Untersuchungen erforderlich. Anders als in experimentellen Untersuchungen, in denen man mit Vortests lediglich überprüft, ob die Randomisierung zu vergleichbaren Stichproben führt, haben Vortests in quasiexperimentellen Untersuchungen die Funktion, Unterschiede zwischen den Stichproben zu Beginn der Untersuchung festzustellen. Die stichprobenspezifischen „Startbedingungen" sind die Referenzdaten, auf die sich treatmentbedingte Veränderungen beziehen.

Als Veränderungsmessung bietet sich die Differenz der Posttestwerte und der Pretestwerte an. Besagt die Hypothese, daß sich eine Population A durch ein Treatment stärker ändert als eine Population B, müßten die durchschnittlichen Differenzwerte in der aus A stammenden Stichprobe größer sein als die durchschnittlichen Differenzen in der Stichprobe aus B. Es sind jedoch zumindest drei Gründe, die gegen diese an sich einleuchtende und einfache Vorgehensweise sprechen (vgl. hierzu auch Rennert, 1977):

1. *Mangelnde Reliabilität der Differenzwerte:* Wenn schon die Reliabilität (zum Reliabilitätsbegriff vgl. S. 136) vieler sozialwissenschaftlicher Messungen sehr zu wünschen übrig läßt, trifft dies in noch stärkerem Maße auf Differenzen dieser Messungen zu. Allgemein gilt, daß in den Meßfehler von Differenzwerten zweier Variablen X und Y sowohl der Meßfehler von X als auch der Meßfehler von Y eingehen. Bezogen auf die hier interessierende Pretest-Posttest-Situation besagt dieser Sachverhalt, daß ein Meßinstrument, das eine Reliabilität von beispielsweise r = 0,90 aufweist (eine für sozialwissenschaftliche Messungen beachtliche Reliabilität) zu Meßwertdifferenzen mit einer Reliabilität von 0,67 führt, wenn Pretest- und Posttest-Messungen zu r = 0,70 miteinander korrelieren. (Zur rechnerischen Ermittlung der Reliabilität von Differenzwerten vgl. z. B. Guilford, 1954, S. 394.) Geht man davon aus, daß die Reliabilität der Messungen eher niedriger ist als im Beispiel, erweist sich die Quantifizierung von Veränderungen über einfache Differenzwerte als praktisch unbrauchbar.

2. *Skalenabhängigkeit von Differenzen:* Differenzen von Meßwerten sind nur sinnvoll interpretierbar, wenn das Merkmal mindestens intervallskaliert ist. Merkmale, die monotone Transformationen zulassen (d. h. Transformationen, die zwar die Rangplätze der Untersuchungsteilnehmer, aber nicht deren Abstände erhalten), sind für die Bildung von Differenzen ungeeignet. (Beispiele hierfür gibt Stelzl, 1982, Kap. 7.1.)

Schwierigkeiten bereiten zudem Skalen, die an beiden Enden (oder auch nur an einem Ende) begrenzt sind (typisches Beispiel: Rating-Skalen). Untersuchungsteilnehmer, deren Merkmalsausprägungen den Endpunkten der Skala entsprechen, können sich dann nur zur Mitte der Skala hin verändern (ceiling-Effekt oder Dekken-Effekt, vgl. Kap. 2.2.4.3). Ceiling-Effekte sind damit in gleicher Weise wirksam wie die im folgenden zu besprechenden Regressionseffekte.

3. *Regressionseffekte:* Hiermit sind statistische Artefakte angesprochen, die ebenfalls durch mangelnde Reliabilität der Meßinstrumente verursacht sind. **Extreme Pretestwerte (d. h. Werte, die stark vom Mittelwert einer sinnvollen Referenzpopulation abweichen) haben die Tendenz, sich bei einer wiederholten Messung zur größten Dichte (zum Dichtebegriff vgl. S. 249ff.) der Merkmalsverteilung hin zu verändern.** Bei normal verteilten Merkmalen nähern sich extreme Meßwerte der Tendenz nach dem Mittelwert der Verteilung. Diese Veränderung erfolgt unabhängig vom Treatment.

Wie ist dieses von Galton (1886) erstmals beschriebene Phänomen zu erklären? Nehmen wir einmal an, ein Weitspringer absolviert 100 Trainingssprünge. Wenn die Bedingungen für alle Sprünge exakt identisch sind, wenn durch das Training keine Leistungsverbesserung erzielt wird und zudem die Messungen der Sprungweiten absolut fehlerfrei sind, müßte – eine konstante „wahre" Weitsprungleistung vorausgesetzt – mit allen Sprüngen die gleiche Weite erzielt werden. Dies entspricht natürlich nicht der Realität. Manche Sprünge gelingen besonders gut, weil „alles stimmte" und andere weniger, weil mehrere „Störfaktoren" gleichzeitig wirksam waren. Kurz: Die Messungen des Merkmals „Weitsprungleistung" sind nicht perfekt reliabel, d. h. wiederholte Messungen desselben Merkmals führen zu unterschiedlichen Ergebnissen. Nimmt man an, daß mit den Trainingssprüngen keine merkbaren Leistungsverbesserungen einhergehen und daß Störfaktoren zufällig wirksam sind, werden sich die Weitsprungleistungen des Sportlers normalverteilen. (Zur Begründung dieser Behauptung vgl. z. B. Bortz, 1979, Kap. 2.8.2.)

Wir beobachten nun einen besonders gelungenen Sprung, bei dem die Weite deutlich über dem individuellen Durchschnitt liegt. Wird nun der nächste Sprung vergleichbar weit oder gar noch weiter sein? Vermutlich eher nicht, denn die Wahrscheinlichkeit, daß sich die Sprungbedingungen erneut so günstig fügen, ist geringer als die Wahrscheinlichkeit für die am häufigsten anzutreffenden „durchschnittlichen" Sprungbedingungen. Man wäre deshalb mit einer Wette gut beraten, die darauf setzt, daß auf eine hervorragende Sprungweite eine mäßigere folgt. (Betrachten wir die einzelnen Sprünge als stochastisch voneinander unabhängige Ereignisse, ist die Wahrscheinlichkeit jeder beliebigen Sprungweite natürlich unabhängig von der vorangegangenen Sprungweite. Der einfache Hintergrund dieser auf Regressionseffekte zugespitzten Argumentation lautet, daß bei normalverteilten Merkmalen mittlere Ausprägungen häufiger auftreten als extreme.)

Nun registrieren wir statt vieler Sprünge eines Springers jeweils einen Sprung vieler Springer. Auch diese Sprungleistungen mögen sich normalverteilen. Greifen wir nun einen Springer heraus, dessen Sprungleistung weit über dem Mittelwert der Stichprobe liegt, kann man vermuten, daß am Zustandekommen dieser Sprungleistung neben der „wahren" Sprungstärke auch günstige Bedingungen beteiligt sind. Sofern die Sprungbedingungen von der „wahren" Sprungleistung unabhängig sind, ist damit zu rechnen, daß diese bei einem zweiten Sprung nicht so günstig ausfallen wie beim ersten Sprung, d. h. der zweite Sprung wäre weniger weit.

Natürlich kann die überdurchschnittliche Sprungweite auch von einem sehr guten Springer erzielt worden sein, der mit diesem Sprung (wegen ungünstiger Bedingungen) unter seiner individuellen Norm bleibt. Dieser Springer würde sich bei einem zweiten Sprung vermutlich verbessern. Die Wahrscheinlichkeit, daß gute Sprungleistungen (im Vergleich zur Gruppennorm) unter günstigen Bedingungen erzielt werden, ist jedoch größer als die Wahrscheinlichkeit guter Sprungleistungen unter schlechten Bedingungen.

Die mangelnde Reliabilität eines Merkmals hat zur Folge, daß wiederholte Messungen nicht perfekt miteinander korrelieren. Bei völlig unreliablen Merkmalen korrelieren wiederholte Messungen mit den ersten Messungen zu Null, d. h. Personen, die in der ersten Messung einheitlich einen bestimmten Wert erzielen, ha-

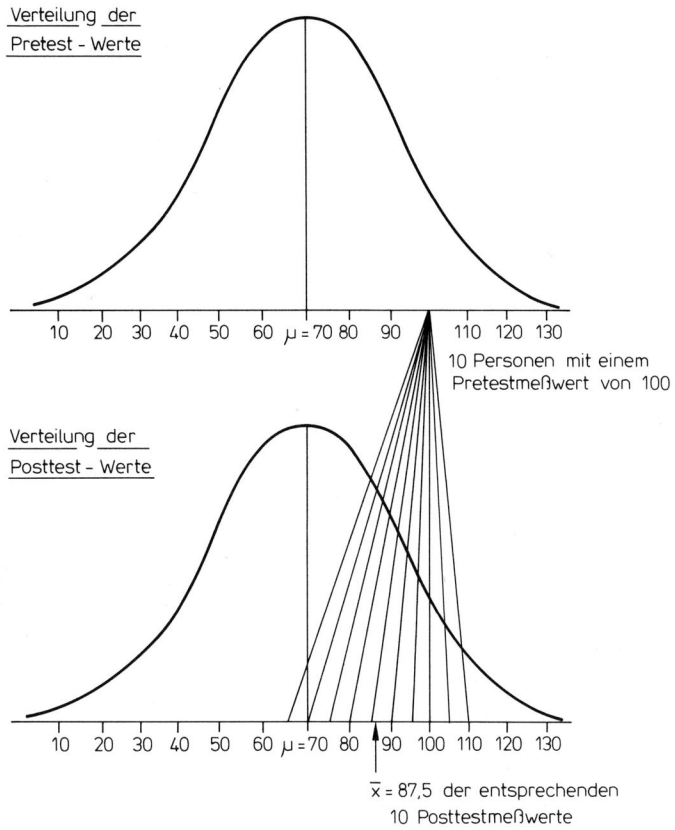

Abb. 43. Regressionseffekt bei Pretest-Posttest-Untersuchungen

ben in der zweiten Messung beliebige Werte, deren Mittelwert dem Stichproben-
mittel aller Zweitmessungen entspricht. Dies gilt auch für Personen, die einheitlich
eine extreme Erstmessung aufweisen; die Zweitmessungen sind beliebig und stimmen im Durchschnitt mit dem Stichprobenmittelwert überein. Dieser Sachverhalt
wird „Regression zur Mitte" genannt. Die Regression extremer Werte zur Mitte
der Verteilung (allgemein: zur höchsten Dichte der Verteilung) nimmt mit abnehmender Reliabilität des Merkmals zu.

Abbildung 43 verdeutlicht den Regressionseffekt für eine Testskala mit mittlerer Reliabilität. 10 Personen, die im Pretest einen Wert von 100 erzielten, haben im
Posttest Werte zwischen 65 und 110 mit einem Mittelwert von $\bar{x}_2 = 87{,}5$. Dieser
Mittelwert unterscheidet sich weniger von $\mu = 70$ als der Mittelwert der Pretestmessungen ($\bar{x}_1 = 100$).

Regression zur Mitte bedeutet nicht, daß bei wiederholten Messungen alle
Meßwerte zum Mittelwert tendieren, daß also die Streuung des Merkmals zunehmend kleiner wird. Einige mittlere Werte tendieren bei wiederholten Messungen in
die Extrembereiche, d.h. es findet letztlich nur ein Austausch zwischen extremen
und mittleren Positionen statt.

Welche Konsequenzen haben nun Regressionseffekte für quasiexperimentelle Untersuchungen zur Überprüfung von Veränderungshypothesen? Sie können konsequenzlos sein oder aber zu völlig falschen Schlüssen führen. Beide Fälle seien an einem einfachen Beispiel verdeutlicht.

Es geht um die Frage, ob ein Programm zur Förderung kognitiver Fähigkeiten von Vorschulkindern nur für Oberschichtkinder geeignet ist oder ob es Unterschichtkindern in gleicher Weise hilft. Einfachheitshalber nehmen wir an, das Merkmal „kognitive Fähigkeiten" sei sowohl in der Population der Unterschichtkinder als auch in der Population der Oberschichtkinder normalverteilt. Die Reliabilität dieses Merkmals sei nicht vollkommen. Man zieht aus den entsprechenden Populationen jeweils eine *Zufallsstichprobe* und stellt anhand von Vortests fest, daß die kognitiven Fähigkeiten der Oberschichtkinder weiter entwickelt sind als die der Unterschichtkinder. Nach Absolvierung des Förderprogramms erhebt man die kognitiven Fähigkeiten der Kinder erneut (Posttests). Hat das Förderprogramm keine Wirkung, dürften sich weder der Durchschnittswert der Oberschichtkinder noch der Durchschnittswert der Unterschichtkinder bedeutsam geändert haben (wenn man von Störeffekten wie instrumentelle Reaktivität o. ä. einmal absieht).

Regressionseffekte sind hier ausgeschlossen, da aus beiden Populationen repräsentative Stichproben gezogen wurden. Zwar werden innerhalb der Stichproben extreme Pretestwerte im Posttest zur Mitte tendieren; gleichzeitig verändern sich jedoch mittlere Werte zu den Extremen hin, d. h. insgesamt bleiben Pretest- und Posttestverteilung unverändert.

Nun wollen wir annehmen, daß aus den Populationen statt repräsentativer Stichproben *selegierte Stichproben* gezogen werden. Man parallelisiert die Stichproben nach den Vortestergebnissen, so daß die durchschnittlichen kognitiven Fähigkeiten von Oberschichtkindern und Unterschichtkindern im Vortest gleich sind. Diese Parallelisierung ist nur möglich, wenn sich in der Oberschicht-Stichprobe überwiegend unterdurchschnittliche Kinder und in der Unterschicht-Stichprobe überwiegend überdurchschnittliche Kinder befinden. Erneut wollen wir annehmen, daß das Förderprogramm wirkungslos sei. Dennoch werden sich die Posttestwerte von den Pretestwerten unterscheiden: Beide Stichproben regredieren zum Mittelwert ihrer Referenzpopulation, d. h. die Durchschnittsleistungen der Oberschichtkinder nehmen zu, und die der Unterschichtkinder nehmen ab. Obwohl dieses Ergebnis die eingangs formulierte Hypothese zu bestätigen scheint, ist es völlig belanglos: Die registrierten Veränderungen sind ausschließlich durch Regressionseffekte erklärbar.

Allgemein: Will man die differentielle Wirkung eines Treatments an Extremgruppen überprüfen (z. B. gute vs. schlechte Schüler, ängstliche vs. nicht ängstliche Personen etc.), muß mit Regressionseffekten gerechnet werden. (Auf weitere Probleme des Extremgruppenvergleiches wurde bereits auf S. 408 hingewiesen; Möglichkeiten zur Korrektur von Untersuchungsergebnissen in bezug auf Regressionseffekte diskutieren Vagt, 1976 sowie Thistlethwaite u. Campbell, 1960.)

Die drei genannten Schwierigkeiten im Umgang mit Differenzwerten führten zur Entwicklung einer Reihe von weiteren Maßnahmen und Techniken zur Erfassung von Veränderung (vgl. z. B. Helmreich, 1977 oder Petermann, 1978). Die wichtigsten sollen im folgenden kurz dargestellt und kommentiert werden:

a) *Standardisierte Differenzmaße.* Unter Verwendung von Mittelwert und Streuung aller Pre- und Posttestwerte transformiert man die individuellen Pre- und Posttestwerte nach Gl. 4.15 in z-Werte. Diese Transformation bringt Pre- und Posttestmessungen auf denselben Maßstab. Als individuelles Veränderungsmaß dient die Differenz des Pretest z-Wertes und des Posttest z-Wertes. In bezug auf die Reliabilität, die Anfälligkeit gegenüber Ceiling-Effekten sowie Regressionseffekten unterscheidet sich dieses Maß nicht von einfachen Differenzwerten.

b) *Regressionsresiduen* als Veränderungsmaß. Bei diesem von Du Bois (1957), Lord (1956, 1963), McNemar (1958) sowie Minsel u. Langer (1973) beschriebenen Maß werden Pretestwerte regressionsanalytisch aus den Posttestwerten herauspartialisiert (vgl. S. 389). Die Abweichungen zwischen den vorhergesagten Posttestwerten und den tatsächlichen Posttestwerten stellen die Veränderungsmaße dar. Berechnet man die Regression über alle Pre- und Posttestwerte (also nicht für die einzelnen Stichproben), informieren die pro Stichprobe ermittelten Durchschnittsresiduen über die in den Stichproben eingetretenen Veränderungen. Dies setzt allerdings gleiche Ausgangsmittelwerte der zu vergleichenden Stichproben voraus. Gegenüber einfachen Differenzmaßen oder standardisierten Differenzmaßen sind residualisierte Veränderungsmaße reliabler, d. h. weniger meßfehlerbehaftet.

Der von Lacey u. Lacey (1962) entwickelte *„change quotient"* basiert ebenfalls auf Regressionsresiduen, die zusätzlich am Standardschätzfehler der Pre-Posttestkorrelation standardisiert sind. Zur besseren Vergleichbarkeit dieser Veränderungswerte transformiert man sie abschließend, so daß eine Verteilung der Change-Quotienten mit einem Mittelwert von 100 und einer Streuung von 10 resultiert.

c) *„Wahre" Differenzwerte.* Dieses von Lord (1956, 1963) und McNemar (1958) entwickelte Verfahren berechnet „wahre" Veränderungswerte, die die Reliabilität der Pretest- und Posttestmessungen und auch die Korrelation der Pretestwerte mit der Veränderung berücksichtigen. Das Verfahren ist sehr aufwendig und nur selten anzuwenden, da die Reliabilitäten der Pretest- und der Posttestmessungen meistens nicht bekannt sind. Cronbach u. Furby (1970) schlagen vor, die Reliabilität der „wahren" Differenzwerte durch die Berücksichtigung weiterer Merkmale, die mit den Pre- und Posttestmessungen der abhängigen Variablen korrelieren, zu korrigieren. Unabhängig davon, daß das Ergebnis dieser zusätzlichen, regressionsanalytischen Korrektur von der Auswahl der Drittvariablen abhängt, kommen Linn u. Slinde (1977) zu dem Schluß, daß der hiermit zu erzielende Genauigkeitsgewinn in der Regel zu vernachlässigen ist.

d) *Kovarianzanalyse.* Zur Überprüfung von differentiellen Veränderungen in verschiedenen Stichproben wird gelegentlich auch die Kovarianzanalyse mit Pretestwerten als kovariate Kontrollvariable und Posttestwerten als abhängige Variable eingesetzt. Diejenige Posttestvarianz, die (linear) aufgrund der Pretestwerte vorhersagbar ist, wird hierbei herauspartialisiert. Dieser Ansatz ähnelt damit einer Varianzanalyse über Regressionsresiduen (vgl. Punkt b) mit dem Unterschied, daß in der Kovarianzanalyse stichprobenspezifische Regressionsgleichungen ermittelt werden (vgl. Hierzu auch Olejnik u. Porter, 1981). Allerdings dürfte eine wichtige Voraussetzung der Kovarianzanalyse, daß die Fehlerkomponenten von abhängiger Variable und kovariater Variable voneinander unabhängig sein müssen, bei einer Kovarianzanalyse mit Pretestwerten als kovariate Variable und Posttestwerten als abhängige Variable verletzt sein. Man erhält deshalb leicht verfälschte Ergebnisse (vgl. auch hierzu Stelzl, 1982, Kap. 10). Eine auf quasiexperimentelle Untersuchungen anwendbare Alternative zur Kovarianzanalyse wurde von Sörbom (1978) vorgelegt.

e) *Varianzanalyse mit Meßwiederholungen.* Mit diesem auf S. 430 bereits erwähnten Verfahren werden Veränderungshypothesen durch den Nachweis einer signifikanten Interaktion zwischen dem gruppenbildenden Faktor und dem Meßwiederholungsfaktor (im einfachsten Fall Pretest-Posttestfaktor) bestätigt. Es entspricht einer einfaktoriellen Varianzanalyse über den gruppenbildenden Faktor mit Differenzwerten als abhängige Variable. (Bei mehr als zwei Messungen verwendet man statt der Differenzwerte *ipsative* Meßwerte, d. h. die Abweichungen der Meßwerte einer Person von ihrem individuellen Mittelwert; näheres hierzu vgl. Bortz, 1979, Kap. 9.1.) Die Schwächen dieses Verfahrens hängen mit der mangelnden Reliabilität der Differenzwerte zusammen. Voraussetzungsverletzungen können hier durch relativ einfache Korrekturen (vgl. z. B. Bortz, 1977, Kap. 9.4) kompensiert werden.

Keiner der Vorschläge, Veränderung zu erfassen, kann damit vorbehaltlos akzeptiert werden. Dieser Befund ist letztlich nichts weiter als eine Konsequenz der Tatsache, daß quasiexperimentelle Untersuchungen trotz teilweise raffinierter Kontrolltechniken weniger eindeutig interpretierbar sind als experimentelle Untersuchungen. Der Mangel an interner Validität läßt sich bei quasiexperimentellen Untersuchungen durch statistische Kontrolltechniken nur bedingt beseitigen.

Dessen ungeachtet ist man in vielen Fällen darauf angewiesen, Veränderungshypothesen quasiexperimentell zu überprüfen, d. h. man muß einige methodische Unzulänglichkeiten in Kauf nehmen, es sei denn, man wollte auf die Überprüfung derartiger Hypothesen gänzlich verzichten. Welches Verfahren sich am besten zur Erfassen von Veränderung eignet, läßt sich allgemein nicht entscheiden. Vorrangig ist letztlich eine genaue Überprüfung der Besonderheiten einer konkreten Untersuchung bzw. die Erkundung von Untersuchungsalternativen im Hinblick auf eine möglichst eindeutige Ergebnisinterpretation und ein den Daten angemessenes Auswertungsmodell (vgl. hierzu auch Kenny, 1975).

Weitere Anhaltspunkte für die Auswahl eines adäquaten Veränderungsmaßes liefern Arbeiten, die verschiedene Veränderungsmaße vergleichen und aus denen Empfehlungen für die Verwendung der hier besprochenen Auswertungsalternativen ableitbar sind. So schneiden in einer Arbeit von Zielke (1980), die einfache Differenzen, „wahre" Differenzen, Regressionsresiduen und „change quotients" vergleicht, die „wahren" Differenzen am besten ab. Allerdings dürfte dieser Befund dem Praktiker wenig nützen, denn nur selten sind sowohl die Reliabilität der Pretestmessungen als auch die Reliabilität der Posttestmessungen bekannt. Benötigt man die Veränderungsmaße nicht zur Charakterisierung einzelner Individuen, sondern zur Erfassung der Veränderung von Stichproben (und diese interessieren letztlich in quasiexperimentellen Veränderungsuntersuchungen), haben die komplizierteren Veränderungsmaße keine nennenswerten Vorteile gegenüber den einfachen Differenzwerten.

Kenny (1975) untersucht die Kovarianzanalyse, die Kovarianzanalyse mit Reliabilitätskorrektur, Rohwert-Differenzen sowie standardisierte Differenzmaße. Er schlägt vor, im Zweifelsfalle mehrere Methoden einzusetzen und die Untersuchung nur dann zu interpretieren, wenn die verschiedenen methodischen Varianten zu konvergenten Ergebnissen führen. Ist die Bildung von Gruppen nach Maßgabe von Vortestergebnissen bezüglich der abhängigen Variablen unumgänglich (wie auf S. 436 beschrieben, sind Regressionseffekte dann besonders wahrscheinlich), empfiehlt dieser Autor als Notbehelf die Kovarianzanalyse.

Für unsere Zwecke sehr informativ ist eine Arbeit von Corder-Bolz (1978), die quasiexperimentelle Pretest-Posttestuntersuchungen mit Populationen, die sich im Pretest mehr oder weniger stark unterscheiden, simulierte. Die folgenden Auswertungsmethoden wurden verglichen: (1) einfaktorielle Varianzanalysen über Posttestwerte, (2) zweifaktorielle Varianzanalysen über Pretest- und Posttestwerte, (3) zweifaktorielle Varianzanalysen mit Meßwiederholungen, (4) Kovarianzanalysen, (5) einfaktorielle Varianzanalysen über die einfachen Differenzen und (6) einfaktorielle Varianzanalysen über die Regressionsresiduen.

Bestehen keine Pretestunterschiede, führt die einfache Varianzanalyse über die Posttestwerte zu den eindeutigsten Resultaten. Wir haben diese Auswertungsvariante bereits für experimentelle Untersuchungen empfohlen, in denen durch Randomisierung der Untersuchungsteilnehmer für gleiche Pretestwerte gesorgt wird (vgl. S. 407ff.). Die Vorzüge dieses Ansatzes kommen bei quasiexperimentellen Untersuchungen allerdings nur zum Tragen, wenn sich die zu vergleichenden Populationen in ihren Pretestmittelwerten tatsächlich nicht unterscheiden. Wird die Gleichheit der Pretestwerte durch eine selektive Stichprobenentnahme erzwungen, kann diese Auswertungsvariante wegen möglicher Regressionseffekten zu falschen Resultaten führen.

Die Varianzanalyse mit Meßwiederholungen (bzw. die hiermit identische einfaktorielle Varianzanalyse über Differenzwerte bzw. über ipsative Meßwerte, vgl. S. 438) schnitt für Bedingungen, die für die meisten quasiexperimentellen Untersuchungen typisch sind, am besten ab. Unterscheiden sich die zu vergleichenden Populationen im Pretest und hat die abhängige Variable zudem nur eine mittlere Reliabilität, führt dieses Verfahren zu den verläßlichsten Resultaten.

Zusammenfassend empfehlen wir für die Überprüfung von Veränderungshypothesen in quasiexperimentellen Untersuchungen folgendes Vorgehen: Interessiert die Wirkung eines vom Untersuchungsleiter gesetzten Treatments in verschiedenen Populationen (z. B. Kopfschmerztherapie bei männlichen und weiblichen Migränepatienten), sind aus den jeweiligen Referenzpopulationen Zufallsstichproben zu ziehen. Jede Stichprobe wird zufällig in eine Kontrollgruppe und eine Experimentalgruppe aufgeteilt. (Im Beispiel wären also zwei Experimental- und zwei Kontrollgruppen zu bilden.) Mit Pretests der abhängigen Variablen ermittelt man für alle Gruppen die Ausgangsbedingungen. Unterschiede im Pretest zwischen Experimental- und Kontrollgruppen, die aus der selben Population stammen, sind durch Parallelisierung (ggf. Matching) auszugleichen. Pretestunterschiede zwischen Stichproben verschiedener Populationen werden akzeptiert und nicht durch eine selektive Auswahl von Untersuchungseinheiten ausgeglichen. Nach Einführung des Treatments erhebt man eine Posttestmessung oder ggf. mehrere Wiederholungsmessungen. Über alle Pretest- und Posttestwerte wird eine dreifaktorielle Varianzanalyse mit Meßwiederholungen gerechnet.

Im Beispiel hätte diese Varianzanalyse die Faktoren männlich-weiblich (Faktor A), Kontrollgruppe vs. Experimentalgruppe (Faktor B) und Pretest-Posttest oder ggf. weitere Meßwiederholungen (Faktor C). Ist eine signifikante Triple-Interaktion (A × B × C) darauf zurückzuführen, daß sich die beiden Experimentalgruppen unterschiedlich und die beiden Kontrollgruppen nicht verändert haben, wird damit eine differentielle Veränderungshypothese bestätigt. (Dieses Interaktionsmuster sollte durch Einzelvergleiche bestätigt werden.) Verändern sich auch die Mittelwerte der Kontrollgruppen, muß man damit rechnen, daß außer dem Treatment weitere Variablen wirksam sind. Populationsspezifische Treatmentwirkungen sind dann nicht mehr eindeutig, sondern nur in Verbindung mit den Veränderungen der Kontrollgruppen interpretierbar.

Nicht alle quasiexperimentellen Untersuchungen lassen die Bildung von Experimental- und Kontrollgruppen innerhalb der zu vergleichenden Stichproben zu. Will man beispielsweise überprüfen, wie sich die Herabsetzung der Regelstudienzeit von 10 auf 8 Semester auf die durchschnittliche Studienleistung in verschiedenen Fächern auswirkt, kann man innerhalb der einzelnen Studentenstichproben nicht zwischen Untersuchungsteilnehmern, die von der Maßnahme betroffen sind (Experimentalgruppe), und solchen, die sie nicht betrifft (Kontrollgruppe), unterscheiden. Die Untersuchung könnte deshalb nur die Leistungen vor dieser Maßnahme mit Leistungen danach vergleichen. Führt die statistische Auswertung des Materials (zweifaktorielle Varianzanalyse ohne Meßwiederholungen bzw. mit Meßwiederholungen, wenn „matched samples" oder nur eine Stichprobe untersucht werden; Faktor A: Studienfächer, Faktor B: vorher-nachher Messung) zu einer signifikanten Interaktion, ist dies nur ein schwacher Beleg für eine differentielle Wirkung der Maßnahme, denn man kann nicht ausschließen, daß andere Ursachen als die Verkürzung der Studienzeit für die Leistungsveränderungen in den einzelnen Studienfächern verantwortlich sind.

Abschließend seien Veränderungshypothesen erwähnt, mit denen behauptet wird, daß die Veränderung eines Merkmals mit einem anderen Merkmal (*Drittvariable*) oder auch mehreren Merkmalen korreliert. Als Beispiel lassen sich die Hypothesen nennen, daß der Lernfortschritt von Schülern mit ihrer Intelligenz zusammenhängt, daß Fortschritte in der Genesung Kranker von ihrer Bereitschaft, gesund werden zu wollen, abhängen oder daß Einstellungsänderungen mit zunehmendem Alter unwahrscheinlicher werden. In allen Beispielen geht es um den Zusammenhang zwischen der Veränderung einer Variablen und den Ausprägungen einer Drittvariablen. Bei der Überprüfung derartiger Hypothesen unterscheiden wir drei Fälle:

a) Die Differenzen stehen in keinem Zusammenhang zu den Eingangswerten d. h. Stärke und Richtung der Veränderungen sind von den Vortestmessungen unabhängig. In diesem Falle überprüft eine Korrelation zwischen den Differenzwerten und der Drittvariablen die Veränderungshypothese.
b) Die Veränderungen hängen von den Vortestergebnissen ab (z. B. in der Weise, daß mit wachsender Vortestmessung auch größere Veränderungen auftreten), und diese Abhängigkeit soll bei der Überprüfung der Veränderungshypothese mitberücksichtigt werden. Auch in diesem Falle empfiehlt sich die Berechnung einer Korrelation zwischen den Differenzen und der Drittvariablen.
c) Es besteht eine Abhängigkeit zwischen den Vortestergebnissen und den Veränderungen, aber diese Abhängigkeit soll unberücksichtigt bleiben. In dieser Si-

tuation bestätigt eine signifikante Partialkorrelation zwischen den Differenz-werten und der Drittvariablen unter Ausschaltung des Einflusses der Vortest-werte die Veränderungshypothese. Man kommt zu identischen Resultaten, wenn in dieser Patialkorrelation statt der Differenzwerte die Posttestwerte ein-gesetzt werden. (Näheres hierzu vgl. z. B. Helmreich, 1977, Kap. 4.4.)

5.2.3.3 Veränderungshypothesen für Entwicklungen

Quasiexperimentelle Untersuchungen zur Überprüfung von Veränderungshypo-thesen führen – so zeigten die beiden letzten Abschnitte – zu weniger eindeutigen Resultaten als experimentelle Untersuchungen. Die Schwierigkeiten quasiexperi-menteller Untersuchungen treten bei einer speziellen Kategorie quasiexperimentel-ler Untersuchungen, nämlich Untersuchungen zur Überprüfung von Entwick-lungshypothesen, besonders deutlich zutage. Gemeint sind hiermit vorrangig ent-wicklungspsychologische Hypothesen, in denen die Veränderung von Teilen des Verhaltens in Abhängigkeit vom *Alter* postuliert wird.

Neben dem Alter als unabhängige Variable berücksichtigt die entwicklungs-psychologische Forschung in jüngerer Zeit verstärkt die Wirkung zweier weiterer unabhängiger Variablen: *Zeiteffekte* (oder *epochale Effekte*) sowie *Generationsef-fekte* (vgl. z. B. Rudinger, 1981; einem Vorschlag Hoppe's et al., 1977 folgend, ver-wenden wir statt der von Baltes, 1967 eingeführten Bezeichnung „Kohorte" den im Deutschen üblicheren Ausdruck „Generation"). Die folgenden drei Hypothesen sollen die Bedeutung der drei unabhängigen Variablen Alter, Epoche und Genera-tion vermitteln:

- Die Gedächtnisleistung des Menschen läßt mit zunehmendem Alter nach. Hier werden Veränderungen des Gedächtnisses auf die unabhängige Variable Alter zurückgeführt. Nach Schaie (1965, zit. nach Hoppe et al., 1977, S. 141) sind mit Alterseffekten Verhaltensänderungen gemeint, die auf neurophysiologische Rei-fungsprozesse der Individuen zurückgehen.
- Die Studenten der frühen 70iger Jahre waren politisch aktiver als die Studenten der frühen 80iger Jahre. Diese Hypothese behauptet unterschiedliche studenti-sche Aktivitäten in verschiedenen Zeitabschnitten oder Epochen. Allgemein be-treffen epochale Effekte Verhaltensbesonderheiten, die für eine Population in ei-nem begrenzten Zeitabschnitt typisch sind. Stichworte wie „Mode", „Zeitgeist", „gesellschaftlicher Wandel" etc. sind für epochale Erscheinungen typisch. Sie sind Ausdruck kultureller, wissenschaftlicher, ökonomischer und ökologischer Veränderungen.
- Menschen der Nachkriegsgenerationen sind leistungsmotivierter als Menschen, deren Geburt in die 60iger Jahre fiel. In diesem Beispiel werden Unterschiede auf die Zeit der Geburt zurückgeführt. Menschen, die in einem bestimmten Zeitab-schnitt (z. B. einem bestimmten Jahr) geboren wurden (diese werden zusammen-fassend als „Generation" bezeichnet), unterscheiden sich von Menschen, deren Geburt in einen anderen Zeitabschnitt fällt. Menschen einer bestimmten Gene-ration haben als Gleichaltrige verschiedene Epochen durchgemacht und verfü-gen damit über homogenere Erfahrungen als Menschen verschiedener Genera-tionen.

Beobachten wir zu einem bestimmten Zeitpunkt das Verhalten eines Menschen, wird dieses – neben weiteren Determinanten – sowohl vom Alter des Menschen, den Besonderheiten seiner Generation als auch den epochalen Eigentümlichkeiten der Zeit, in der die Beobachtung stattfindet, abhängen. **Fragestellungen und Methoden, die auf die Isolierung dieser drei unabhängigen Variablen abheben, sind damit naheliegend und Gegenstand eines großen Teiles der entwicklungspsychologischen Grundlagenforschung.**

Für die Untersuchung der Bedeutung der drei unabhängigen Variablen Alter (A), Generation (G) und Epoche (E) sowie deren Kombinationen für eine abhängige Variable wäre zweifellos ein vollständiger dreifaktorieller Untersuchungsplan mit den Faktoren A, G und E (vgl. Kap. 5.2.2.3) ideal. Dieser Plan ist jedoch leider nicht realisierbar, denn er verlangt die vollständige Kombination der Stufen aller drei Faktoren (z. B. gehören 20jährige und 40jährige zu einem bestimmten Zeitpunkt zwei verschiedenen Generationen an, d. h. die Stufen des Generationsfaktors lassen sich für einen bestimmten Zeitpunkt nicht mit beliebigen Altersstufen kombinieren).

Offensichtlich sind die drei hier interessierenden unabhängigen Variablen so geartet, daß Interaktionswirkungen von jeweils zwei Faktoren nicht bestimmbar sind. Es soll deshalb überprüft werden, welche Möglichkeiten bestehen, nur die Wirkung der drei *Haupteffekte* (A, G und E) zu erfassen. Eine Untersuchungsvariante, die dies zumindest theoretisch gestattet, besteht darin, einen Faktor systematisch zu variieren und die beiden übrigen konstant zu halten. Unter der Annahme, daß weitere Variablen nicht wirken, sind Veränderungen der abhängigen Variablen dann auf den variierten Faktor zurückzuführen. Die folgenden Ausführungen prüfen, ob sich dieser Ansatz mit den unabhängigen Variablen A, G und E realisieren läßt.

Um *Alterseffekte* zu isolieren, müssen die unabhängigen Variablen G und E konstant gehalten werden. Dies ist jedoch unmöglich, denn man findet zu einem bestimmten Zeitpunkt (E konstant) keine Menschen verschiedenen Alters, die nur einer Generation angehören, d. h. G kann nicht konstant gehalten werden. Entweder man läßt zu einem bestimmten Zeitpunkt neben verschiedenen Altersklassen auch variable Generationen zu (erster Untersuchungstyp) oder man verfolgt eine Generation über verschiedene Zeitpunkte (zweiter Untersuchungstyp).

Der erste Untersuchungstyp entspricht der klassischen *Querschnittuntersuchung* (vgl. Abb. 44). Sie vergleicht zu einem Zeitpunkt Stichproben aus verschiedenen Generationen (d. h. Personen mit unterschiedlichem Alter), um Unterschiede zwischen den Altersgruppen auf die unabhängige Variable „Alter" zurückführen zu können. Dies ist jedoch nur möglich, wenn Generationsunterschiede zu vernachlässigen sind. Mit gleichem Recht könnte man auch behaupten, daß die Querschnittuntersuchung zu interpretierbaren Generationsunterschieden führt, wenn die Bedeutung der Altersunterschiede zu vernachlässigen ist. Beide Annahmen erscheinen sehr zweifelhaft.

Die zweite Untersuchungsart zur Überprüfung der Altersvariablen wird üblicherweise „*Längsschnittuntersuchung*" genannt (vgl. Abb. 44). Hier wird die Variation des Alters dadurch erreicht, daß man eine Generations-Stichprobe zu verschiedenen Zeitpunkten (d. h. mit unterschiedlichem Alter) untersucht. Die Analyse der Veränderungen einer Stichprobe aus einer Generation führt jedoch nur dann

Querschnitt

Generation	1940	1950	1960	1970	1980	
1920	20 Jahre	30 Jahre	40 Jahre	50 Jahre	60 Jahre	
1930	10 Jahre	20 Jahre	30 Jahre	40 Jahre	50 Jahre	Längsschnitt
1940		10 Jahre	20 Jahre	30 Jahre	40 Jahre	
1950			10 Jahre	20 Jahre	30 Jahre	
				10 Jahre	20 Jahre	

Epoche (Erhebungszeitpunkt)

Abb. 44. Querschnittstudie und Längsschnittstudie

zu brauchbaren Angaben über den Alterseinfluß, wenn epochale Effekte zu vernachlässigen sind. Umgekehrt kann die Längsschnittuntersuchung unter der Annahme, Alterseffekte seien zu vernachlässigen, zur Überprüfung der unabhängigen Variablen „Epochen" herangezogen werden. Erneut müssen wir – ohne weitere Informationen – beiden Annahmen skeptisch gegenüberstehen.

Wegen ihrer Bedeutung für entwicklungspsychologische Forschungen seien im folgenden weitere Schwächen der Querschnittsanalyse und der Längsschnittanalyse aufgezeigt (ausführlicher hierzu vgl. z. B. Hoppe et al., 1977).

Querschnittuntersuchung

– Selektive Populationsveränderung: Mit fortschreitendem Alter verändern sich die Stichproben systematisch in bezug auf einige Merkmale. Nehmen wir an, wir wollen das menschliche Körpergewicht in Abhängigkeit vom Alter untersuchen. Dabei müßte man davon ausgehen, daß die Wahrscheinlichkeit, an Übergewicht zu sterben, nicht konstant ist, sondern mit zunehmendem Alter steigt. In der Population alter Menschen wären dann prozentual weniger Übergewichtige anzutreffen als in der Population jüngerer Menschen. Vergleicht man nun das durchschnittliche Gewicht von Stichproben verschiedener Alterspopulationen, müßte dieses mit wachsendem Alter abnehmen. Hieraus zu folgern, der Mensch würde im Verlaufe seines Lebens an Gewicht verlieren, wäre sicherlich falsch. Diese Behauptung wäre nur durch eine Stichprobe mehrerer individueller Entwicklungsverläufe zu begründen.
– Vergleichbarkeit der Meßinstrumente: Die Validität eines Meßinstrumentes kann vom Alter der untersuchten Personen abhängen. Testaufgaben, die bei jüngeren Menschen kreative Denkleistungen erfordern, können von älteren Menschen durch Erfahrung und Routine gelöst werden (vgl. hierzu auch Eckensberger, 1973; Gulliksen, 1968, und Vagt, 1977).

Längsschnittuntersuchung

– Ausfälle von Untersuchungseinheiten: Wird eine Stichprobe über einen langen Untersuchungszeitraum hinweg beobachtet, muß man damit rechnen, daß sich die Stichprobe durch Ausfall von Untersuchungsteilnehmern im Verlaufe der Zeit systematisch verändert.
– Vergleichbarkeit der Meßinstrumente: Dieser schon auf die Querschnittuntersuchung bezogene Kritikpunkt trifft auch auf Längsschnittuntersuchungen zu. Mit zunehmendem Alter kann sich die Bedeutung eines Meßinstrumentes verändern.

– Geringe externe Validität: Die Resultate einer Längsschnittuntersuchung gelten nur für die untersuchte Generation und sind auf andere Generationen nicht ohne weiteres übertragbar.
– Meßwiederholungseffekte: Die häufige Untersuchung einer Stichprobe birgt die Gefahr, daß die Ergebnisse durch Erinnerungs-, Übungs- oder Gewöhnungseffekte verfälscht sind.
– Untersuchungsaufwand: Längsschnittuntersuchungen erfordern einen erheblichen Zeitaufwand.

(Querschnittsdaten werden – soweit sie intervallskaliert sind – üblicherweise mit der einfaktoriellen Varianzanalyse ausgewertet. Bei Längsschnittuntersuchungen wird eine Stichprobe wiederholt untersucht, d.h. hier sind Auswertungsmodelle, die die Abhängigkeit der Messungen berücksichtigen, einschlägig. Über die Auswertung nominaler Daten im Rahmen von Längsschnittuntersuchungen berichtet Plewis, 1981.)

Je nachdem, welche Variable man konstant hält, ergeben sich auch für die Überprüfung von Generationseffekten und epochalen Effekten jeweils zwei Untersuchungspläne. Zunächst beschreiben wir die Pläne für

Generationseffekte: Der erste Plan variiert die Generationen und hält das Alter konstant. Hierbei muß zwangsläufig auch eine Veränderung der Epochen, in denen untersucht wird, in Kauf genommen werden. Bezogen auf das Schema in Abb. 44 werden z.b. 10jährige des Jahrganges 1930 im Jahre 1940 untersucht, 10jährige des Jahrganges 1940 im Jahre 1950 usf. Unterschiede zwischen diesen Stichproben sind mit gleichem Recht auf Generationseffekte wie auch auf epochale Effekte zurückzuführen.

Der zweite Plan variiert die Generationen und hält die Epoche (Erhebungszeitpunkt) konstant, d.h. er vergleicht z.B. im Jahre 1980 Personen der Jahrgänge 1930, 1940, 1950 etc. Diese Untersuchung ist nur möglich, wen man auch eine Variation des Alters zuläßt. Damit entspricht dieser Untersuchungstyp einer Querschnittuntersuchung.

Epochale Effekte: Der erste Plan variiert die Epoche und hält das Alter konstant, d.h. er untersucht z.B. die 10jährigen im Jahre 1940, die 10jährigen im Jahre 1950 usw.; damit variieren gleichzeitig auch die Generationen. Dieser Plan entspricht also dem ersten Plan zur Überprüfung von Generationseffekten. Baltes (1967) bezeichnet dieses Vorgehen als *„Zeitwandelmethode"*. Er hätte es mit gleichem Recht auch „Generationswandelmethode" nennen können.

Der zweite Plan variiert die Epochen und hält die Generationen konstant. Damit muß zwangsläufig auch das Alter variiert werden, und man erhält die bereits behandelte Längsschnittuntersuchung.

Zusammenfassend führt also keiner der sechs Pläne (unter denen sich nur drei tatsächlich verschiedene Pläne befinden) zu eindeutigen Resultaten. Die Problematik quasiexperimenteller Pläne, daß die unabhängige Variable von anderen Variablen überlagert ist, die die abhängige Variable möglicherweise ebenfalls beeinflussen, zeigt sich hier besonders drastisch. Es ist untersuchungstechnisch unmöglich, die Bedeutung einer der drei unabhängigen Variablen A, G und E isoliert zu erfassen.

Dieser Sachverhalt gilt ebenso, wenn man in einer Untersuchung nicht nur eine, sondern zwei unabhängige Variablen systematisch variiert (*sequentielle Untersuchungspläne* nach Schaie, 1977). Es sind dann drei verschiedene Untersuchungstypen denkbar, für die Abb. 45 jeweils ein Beispiel gibt.

a

Alter	Generation		
	1920	1930	1940
20 Jahre	1940	1950	1960
30 Jahre	1950	1960	1970	← Epochen (Erhebungszeitpunkte)
40 Jahre	1960	1970	1980

b

Alter	Epoche		
	1960	1970	1980
20 Jahre	1940	1950	1960
30 Jahre	1930	1940	1950	← Generationen
40 Jahre	1920	1930	1940

c

Epoche	Generation		
	1920	1930	1940
1960	40 Jahre	30 Jahre	20 Jahre
1970	50 Jahre	40 Jahre	30 Jahre	← Alter
1980	60 Jahre	50 Jahre	40 Jahre

Abb. 45 a–c. Sequenzmodelle

Betrachten wir zunächst eine Untersuchung, in der die *Generationen und das Alter* der Untersuchungsteilnehmer systematisch variiert werden (Abb. 45 a; nach Schaie, 1977 „cohort-sequential method"). Da jede Generationsstichprobe (1920, 1930, 1940) wiederholt (im Alter von 20 Jahren, 30 Jahren und 40 Jahren) untersucht wird, handelt es sich um einen Meßwiederholungsplan. Hier resultieren zwangsläufig für die verschiedenen Generationen unterschiedliche Erhebungszeitpunkte (Epochen, in denen untersucht wird). Die Generation „1920" wird in den Jahren 1940, 1950 und 1960, die Generation „1930" in den Jahren 1950, 1960 und 1970 und die Generation „1940" in den Jahren 1960, 1970 sowie 1980 untersucht. Damit ist der Haupteffekt „Generationen" zwar in bezug auf das Alter, aber nicht in bezug auf die Erhebungszeitpunkte ausbalanciert. (Entsprechendes gilt für den Haupteffekt „Alter".) Unterschiede zwischen den Generationen (und zwischen den Altersgruppen) sind nicht nur auf Generationseffekte (Alterseffekte), sondern zusätzlich auf verschiedene epochale Einflüsse zurückzuführen. Die Haupteffekte „Generationen" und „Alter" sind nur bei zu vernachlässigenden epochalen Effekten interpretierbar. Im Beispiel müßten also die epochalen Effekte der Jahre 1940 bis 1960 (dies sind die Erhebungszeitpunkte für die 1920er Generation) mit den epochalen Effekten der Jahre 1960 bis 1980 (Erhebungszeitpunkte der 1940er Generation) identisch sein – eine Annahme, die auch bei großzügiger Auslegung epochaler Effekte der Realität widersprechen dürfte.

Werden *Epochen und Alter* systematisch variiert (vgl. Abb. 45b; Schaie, 1977, nennt diesen Plan „time-sequential method"), resultiert ein Plan ohne Meßwiederholungen, d. h. jeder Faktorstufenkombination läßt sich eine andere Zufallsstichprobe zuordnen. Diese Zufallsstichproben stammen jedoch nicht – wie es ein zweifaktorieller Plan erfordert – aus derselben, sondern aus verschiedenen Populationen. Die im Beispiel gewählte Variation der Erhebungszeitpunkte (Epochen) und der Altersgruppen macht die Untersuchung von Stichproben aus den Generationen 1920 bis 1960 erforderlich. Die Haupteffekte sind hier also mit dem Generationsfaktor konfundiert; sie wären nur interpretierbar, wenn Generationseffekte zu vernachlässigen sind, d. h. wenn man behaupten könnte, daß es keinen Unterschied macht, ob die Untersuchungsteilnehmer z. B. 1920 oder 1960 geboren wurden.

Der dritte Plan variiert den *Epochen- und den Generationsfaktor* (Abb. 45c; „cross-sequential method" nach Schaie, 1977), was notwendigerweise zu unterschiedlichen Altersgruppen unter den einzelnen Faktorstufen führt. Dieser auf Meßwiederholungen aufbauende Plan (Stichproben aus den Generationen werden wiederholt untersucht) muß also Alterseffekte ignorieren, wenn Unterschiede zwischen den Generationen bzw. zwischen den Epochen interpretierbar sein sollen. Auch aus diesem Plan sollten nur vorsichtige Schlüsse gezogen werden, denn es macht sicherlich einen Unterschied, ob z. B. 20- bis 40jährige oder 40- bis 60jährige untersucht werden.

Ein Vergleich dieser Pläne mit einem lateinischen Quadrat (vgl. S. 422ff.) zeigt ihre Schwächen auf einer formaleren Basis. (Dieser Vergleich bietet sich an, weil für die Beispiele in Abb. 45 quadratische Pläne mit gleicher Stufenzahl der jeweils variierten Faktoren ausgewählt wurden, was natürlich nicht zwingend ist. Die Argumente gelten jedoch analog für nicht quadratische Sequenzpläne.) Lateinische Quadrate sind vollständig in bezug auf die drei Haupteffekte, aber nur partiell hinsichtlich der Interaktionen ausbalanciert. Hieraus wurde gefolgert, daß die Haupteffekte nur interpretierbar sind, wenn man die Interaktionen vernachlässigen kann. Da man jedoch meistens nicht weiß, ob bzw. welche Faktoren miteinander interagieren, sind Ergebnisse, die man mit einem lateinischen Quadrat findet, nur bedingt verwertbar.

Die Pläne in Abb. 45 verzichten nicht nur auf eine Ausbalancierung in bezug auf die Interaktion (diese läge vor, wenn jede Faktorstufe eines Faktors mit allen Faktorstufenkombinationen der beiden übrigen Faktoren aufträte, wenn also z. B. 20jährige aus allen Generationen zu allen Erhebungszeitpunkten untersuchbar wären), sondern zusätzlich auf eine Ausbalancierung in bezug auf die Haupteffekte (jede Stufe eines Faktors taucht nicht in Verbindung mit allen Stufen der übrigen Faktoren auf; 20jährige werden z. B. in anderen Jahren untersucht als 40jährige). Damit sind die beiden jeweils als Haupteffekte variierten unabhängigen Variablen nur interpretierbar, wenn die dritte unabhängige Variable, deren Interaktion mit den beiden Haupteffekten sowie die Interaktion zweiter Ordnung (Tripleinteraktion) zu vernachlässigen sind. Die interne Validität dieser Pläne liegt also unter der eines lateinischen Quadrates. (Eine formal-statistische Analyse der Sequenzmodelle, die ebenfalls darauf hinausläuft, daß Alters-, Generations- und epochale Effekte nicht voneinander unabhängig bestimmbar sind, findet der interessierte Leser bei Adam, 1978.)

Wir haben es hier offensichtlich mit Variablen zu tun, deren wechselseitige Konfundierung untersuchungstechnisch nicht zu beseitigen ist. Hypothesen, die sich z. B. auf epochale Effekte beziehen, können immer nur für bestimmte Kombinationen von Altersgruppen und Generationen überprüft werden. Man kann beispielsweise fragen, ob die 20 jährigen des Jahres 1970 politisch aktiver waren als die 20 jährigen des Jahres 1950. Eine Antwort auf diese Frage muß jedoch immer in Rechnung stellen, daß mögliche Unterschiede nicht nur epochal, sondern auch generationsbedingt sein können.

5.2.3.4 Veränderungshypothesen für Zeitreihen

Ausprägungen einer Variablen, die in gleichen Zeitabständen wiederholt gemessen werden, bilden eine Zeitreihe. Für eine Zeitreihe ist es unerheblich, ob die Messungen von einer einzelnen Person stammen (vgl. hierzu auch Kap. 5.2.4 über Hypothesen in Einzelfalluntersuchungen), ob es sich um Durchschnittswerte einer Stichprobe (z. B. durchschnittliche Anzahl von Vokabeln, die eine Schülerstichprobe in einer neu zu erlernenden Fremdsprache beherrscht) oder um Indizes zur Beschreibung von Populationen anhand vieler Stichproben handelt (z. B. Lebenserwartung weiblicher Personen in den vergangenen 60 Jahren). Formal unterscheiden wir in Zeitreihenanalysen drei verschiedene Hypothesenarten:

a) Die in einer Zeitreihe entdeckten Regelmäßigkeiten setzen sich auch zukünftig fort (Vorhersagemodelle)
b) Ein „Treatment" verändert eine Zeitreihe in einer bestimmten Weise (Interventionsmodelle)
c) Änderungen in der Verlaufsform einer Zeitreihe sind auf eine oder mehrere andere Zeitreihen zurückzuführen (Transferfunktionsmodelle)

In diesem Abschnitt beschäftigen wir uns mit langen Zeitreihen, die aus mindestens 50 Meßpunkten bestehen. (Kürzere Zeitreihen werden in Kap. 5.2.4.1 behandelt. Für wiederholte Stichprobenuntersuchungen mit weniger als 50 Meßpunkten wurden auf S. 432 ein von Swaminathan u. Algina, 1977, entwickeltes Verfahren bzw. für kurze Zeitreihen die Varianzanalyse mit Meßwiederholungen vorgeschlagen.)

Von zunehmender Bedeutung für die Analyse langer Zeitreihen ist ein in der Ökonomie entwickeltes Verfahren, daß unter der Bezeichnung *Box-Jenkins-Methode* (vgl. z. B. Box u. Jenkins, 1976) bekannt wurde. Die wenigen bisher vorliegenden sozialwissenschaftlichen Anwendungen dieser Methode sind vielversprechend und lassen hoffen, daß der Box-Jenkins-Ansatz zukünftig häufiger zur Überprüfung langfristiger Veränderungen herangezogen wird (vgl. Deutsch u. Alt, 1977; Erbring, 1975; Glass et al., 1971; Gudat u. Revenstorff, 1976; Hennigan et al., 1979; Hibbs, 1977; Keeser, 1979).

Es kann nicht Aufgabe dieses Textes sein, die mathematisch aufwendige Box-Jenkins-Methode im Detail darzustellen. Verständliche Einführungen findet der Leser z. B. bei Glass et al. (1975), Gudat u. Revenstorff (1976), McDowall et al.

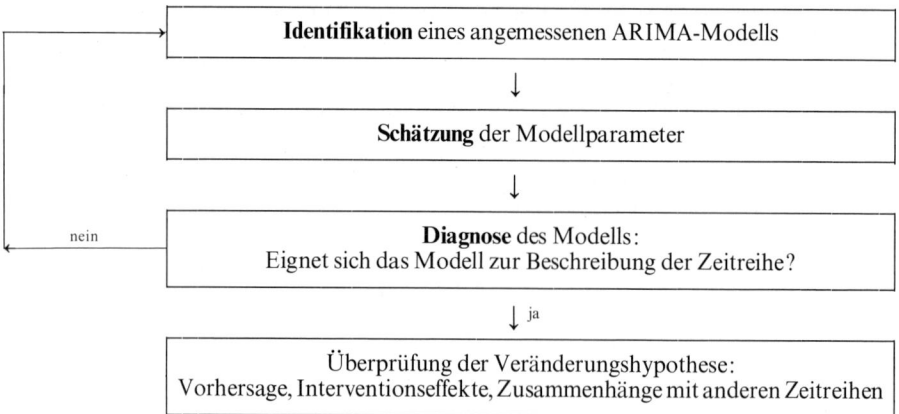

Abb. 46. Überprüfung von Veränderungshypothesen nach der Box-Jenkins-Methode

(1980), Nelson (1973), McCain u. McCleary (1979) sowie Rottleuthner-Lutter u. Thome (1983). Ziel dieses Abschnittes ist es, eine erste Orientierung über den Aufbau dieser Methode zu geben, den wichtigen Schritt der Modellidentifikation zu erläutern und Hinweise zur Überprüfung der eingangs erwähnten Hypothesen zu geben. (Angaben über Programmpakete für die Box-Jenkins-Methode findet man im Anhang B.)

Der Überprüfung von Veränderungshypothesen nach dem Box-Jenkins-Verfahren vorangestellt ist die Beschreibung der Regelmäßigkeit einer Zeitreihe in Form eines sog. ARIMA-Modells („autoregressive integrated moving average"-Modell). Erst nachdem die Eigendynamik einer Zeitreihe mit einem ARIMA-Modell spezifiziert wurde, lassen sich zukünftige Entwicklungen vorhersagen, Wirkungen einzelner Interventionen überprüfen oder Zusammenhänge mit anderen Zeitreihen feststellen. Die hierfür erforderlichen Schritte faßt Abb. 46 in Kurzform zusammen.

Die Identifikation des ARIMA-Modells, das der Zeitreihe vermutlich zugrunde liegt, erfordert die Bestimmung von drei Kennwerten: p charakterisiert den autoregressiven Anteil der Zeitreihe, d gibt an, wie häufig eine Zeitreihe „differenziert" werden muß, um sie stationär zu machen, und q beschreibt den in einer Zeitreihe evtl. vorhandenen Gleitmittel-Prozeß (moving average process). Auf die Bedeutung dieser Kennwerte geht der folgende an Rottleuthner-Lutter u. Thome (1983) orientiere Abschnitt einführend ein.

Die Bedeutung von ARIMA (p, d, q)-Modellen

Eine Zeitreihe stellt die Realisation eines Zufallsprozesses dar, bei der jede der n Messungen selbst als eine Realisierung einer Zufallsvariablen aufgefaßt wird. Man geht also von der Vorstellung aus, daß z. B. die k-te zum Zeitpunkt t_k erhobene Messung x_k eine Realisierung der Zufallsvariablen X_k darstellt. Insgesamt haben wir es also mit n Zufallsvariablen zu tun, deren Verteilungen unbekannt sind. Ferner ist es realistisch anzunehmen, daß diese Zufallsvariablen nicht unabhängig voneinander sind, d. h. zur vollständigen Beschreibung der n-dimensionalen Wahrscheinlichkeitsverteilung benötigen wir bei normalverteilten Merkmalen neben den Mittelwerten und Varianzen auch die Korrelationen zwischen den Messungen.

Bekannt sind jedoch nur die n Messungen der Zeitreihe. Um die für die Zeitreihe charakteristische n-dimensionale Wahrscheinlichkeitsverteilung dennoch beschreiben zu können, sind eine Reihe einschränkender Annahmen erforderlich. Hierzu zählen zunächst die sogenannten „Stationaritätsbedingungen“:

a) Alle n Zufallsvariablen haben den gleichen Mittelwert (Erwartungswert).

b) Alle n Zufallsvariablen haben die gleiche Varianz.

c) Die Korrelation zwischen zwei Meßpunkten hängt nur von der Anzahl der zwischen ihnen liegenden Meßpunkte ab, aber nicht von den Positionen innerhalb der Zeitreihe.

Eine Zeitreihe, die diese Bedingungen erfüllt, wird „stationär“ genannt. Wie diese Annahmen zu überprüfen sind, soll hier nicht weiter diskutiert werden (Rottleuthner-Lutter u. Thome, 1983, nennen die hierfür einschlägige Literatur). Es ist jedoch offenkundig, daß die auf die Mittelwerte bezogene Stationaritätsannahme nur selten erfüllt ist, denn diese setzt voraus, daß die Zeitreihe im Niveau gleich bleibt und keinem Trend folgt. Man hat nun zeigen können, daß sich die Eigenschaften der n-dimensionalen Wahrscheinlichkeitsverteilung nicht ändern, wenn die Zeitreihe durch einmalige oder wiederholte Differenzenbildung („Differenzieren“) stationär gemacht, bzw. auf diese Weise ein Trend eliminiert wird.

Zur Illustration des Effektes der Differenzenbildung nehmen wir einfachheitshalber an, eine Zeitreihe bestehe aus den Messungen 1, 2, 3, 4, 5 … n. Diese Zeitreihe hat einen (linear) steigenden Trend und ist damit nicht stationär. Bilden wir jedoch die Differenz zwischen einer Messung x_t und der vorausgegangenen Messung x_{t-1}, resultiert eine stationäre Zeitreihe:

$$2-1=1$$
$$3-2=1$$
$$4-3=1$$
$$5-4=1$$
$$.$$
$$.$$
$$.$$
$$n-(n-1)=1$$

Eine Zeitreihe, die durch (einmalige) Differenzenbildung stationär wird, kennzeichnet man mit $d=1$: ARIMA (0,1,0).

Gelegentlich reicht – wie das folgende Beispiel zeigt – eine einfache Differenzenbildung nicht aus, um die Stationarität der Zeitreihe zu erzielen. Für die Zeitreihe 1, 4, 9, 16, 25 … resultiert folgende Differenzenbildung:

$$4-\ 1=3$$
$$9-\ 4=5$$
$$16-\ 9=7$$
$$25-16=9$$
$$.$$
$$.$$
$$n^2-(n-1)^2$$

Tabelle 19. Datenschema für die Berechnung von Autokorrelationen einer Zeitreihe

r_1		r_2		r_3		r_4		$\ldots$
x_1	x_2	x_1	x_3	x_1	x_4	x_1	x_5	
x_2	x_3	x_2	x_4	x_2	x_5	x_2	x_6	
x_3	x_4	x_3	x_5	x_3	x_6	x_3	x_7	
$\vdots$		$\vdots$		$\vdots$		$\vdots$		
x_{n-1}	x_n	x_{n-2}	x_n	x_{n-3}	x_n	x_{n-4}	x_n	

r_1 = Autokorrelation 1. Ordnung
r_2 = Autokorrelation 2. Ordnung
r_3 = Autokorrelation 3. Ordnung
etc.

Die Differenzierung führt zu einer Zeitreihe mit einem (linearen) Trend. Erst eine zweite Differenzenbildung macht diese Reihe stationär:

$$5 - 3 = 2$$
$$7 - 5 = 2$$
$$9 - 7 = 2$$
$$11 - 9 = 2$$
$$\vdots$$

Für Zeitreihen, die erst nach zweimaliger Differenzierung stationär werden (was in der Praxis selten vorkommt), ist das Modell ARIMA (0,2,0) charakteristisch.

Die (auf Mittelwerte bezogene) Stationaritätsannahme kann damit (gegebenenfalls nach Differenzenbildung) als erfüllt gelten. Nehmen wir überdies an, die Varianzen der Zufallsvariablen seien homogen, können wir davon ausgehen, daß die Werte zu beliebigen Zeitpunkten aus derselben Wahrscheinlichkeitsverteilung stammen, bzw. daß die n Meßwiederholungen als Realisierungen einer Zufallsvariablen gelten. Damit sind wir in der Lage, die Korrelationen zwischen zwei benachbarten Messungen (bzw. weiter auseinanderliegender Messungen) zu ermitteln. Tabelle 19 zeigt, wie die Meßwerte einer Zeitreihe für diese Korrelationsberechnungen aufbereitet werden.

Korrelationen, die man durch zeitliche Versetzungen der Meßwerte einer Zeitreihe errechnet, heißen *Autokorrelationen*. Je nachdem, um wie viele Zeitintervalle (lags) die Zeitreihen versetzt sind, unterscheidet man Autokorrelationen 1. Ordnung (1 lag), Autokorrelationen 2. Ordnung (2 lags), 3. Ordnung (3 lags) etc..

Für die Identifizierung des ARIMA-Modells einer Zeitreihe ist es wichtig, ihren autoregressiven Anteil bzw. ihre Autokorrelationsstruktur zu kennen. Besteht nur eine Abhängigkeit zwischen benachbarten Messungen, gilt das folgende Regressionsmodell:

(5.3) $\qquad x_t = \phi_1 \cdot x_{t-1} + a$.

ϕ_1 (griech.: phi) beschreibt die Enge des Zusammenhanges zwischen benachbarten Beobachtungen. Die Ausprägung einer Messung zum Zeitpunkt t hängt nur von der vorangehenden Messung x_{t-1} sowie einer Zufallskomponente a ab. (Diese um Null normalverteilte Zufallskomponente heißt im Rahmen der Box-Jenkins-Modelle „white noise" oder „random shock".) Eine Zeitreihe, auf die dies zutrifft, wird durch ein ARIMA (1, d, 0)-Modell beschrieben.

450

Besteht nicht nur zwischen benachbarten, sondern auch zwischen Messungen mit 2 lags eine Abhängigkeit, lautet das autoregressive Modell:

(5.4) $\qquad x_t = \phi_1 \cdot x_{t-1} + \phi_2 \cdot x_{t-2} + a$.

Die Tatsache, daß zwei autoregressive Komponenten substantiell sind, wird durch ARIMA (2, d, 0) zum Ausdruck gebracht. ARIMA-Modelle mit mehr als zwei autoregressiven Komponenten kommen in der Praxis selten vor.

Die zu einem Zeitpunkt t erhobene Messung x_t kann nicht nur von den vorangegangenen Messungen x_{t-1}, x_{t-2} etc., sondern auch von den vorangehenden Zufallskomponenten a_{t-1}, a_{t-2} etc. abhängen. Regressionsmodelle dieser Art bezeichnet man als Gleitmittelmodelle (moving average bzw. MA-Modelle). Dieses lautet im einfachsten Fall:

(5.5) $\qquad x_t = a_t - \theta_1 \cdot a_{t-1}$.

Formal wird dieser Sachverhalt durch ARIMA (p, d, 1) zum Ausdruck gebracht. Hängt eine Messung nicht nur von der jeweils letzten, sondern auch von der vorletzten Zufallskomponente ab, resultiert

(5.6) $\qquad x_t = a_t - \theta_1 \cdot a_{t-1} - \theta_2 \cdot a_{t-2}$

bzw. ARIMA (p, d, 2). MA-Modelle mit $q > 2$ findet man in der Praxis selten. θ_1 und θ_2 (griech.: theta) sind Gewichte, deren Berechnung wir hier nicht näher erläutern.

Die Systematik einer Zeitreihe ist durch ein ARIMA(p,d,q)-Modell vollständig beschreibbar: **p gibt die Anzahl der autoregressiven Anteile an, d entspricht der Anzahl der Differenzierungen, die erforderlich sind, um die Zeitreihe stationär zu machen, und q informiert über die Anzahl der Gleitmittelkomponenten.** Ein ARIMA(1,1,1)-Modell hat demnach eine autoregressive Komponente 1. Ordnung und eine Gleitmittelkomponente 1. Ordnung und zeigt zudem einen linearen Anstieg, der durch einfache Differenzierung zu beseitigen ist. Wie das ARIMA-Modell einer empirisch gefundenen Zeitreihe identifiziert wird, erläutert der folgende Abschnitt.

Identifikation eines ARIMA(p,d,q)-Modells

Bisher wurde eine Zeitreihe mit n-Messungen entweder durch die Mittelwerte (Erwartungswerte), die Varianzen und die Autokorrelationen der n-Zufallsvariablen beschrieben oder durch die Gleichungen 5.3 bis 5.6. Zwischen den Gewichten der Gleichungen 5.3 bis 5.6 und den Autokorrelationen besteht jedoch eine genau definierte mathematische Beziehung, die in den sog. „Yule-Walker-Gleichungen" zusammengefaßt ist. Sie gestatten es, die eine Beschreibungsart in die andere zu überführen.

Jede durch bestimmte ϕ- und θ-Gewichte beschreibbare Zeitreihe zeigt für sie typische Autokorrelationen, die in einem *Autokorrelogramm* (ACF) darstellbar sind (vgl. Abb. 47). Folgt das Autokorrelogramm z. B. einem exponentiell abschwingenden Verlauf, wird dies als Hinweis gewertet, daß die empirische Zeitreihe eine Realisation eines autoregressiven Prozesses ist.

Eine zusätzliche Identifikationshilfe stellt das sog. *Partialautokorrelogramm* (PACF) dar. In ihm werden die Partialautokorrelationen zwischen verschiedenen

Meßpunkten abgetragen, wobei die zwischen den Zeitpunkten liegenden Messungen herauspartialisiert werden. Die Partialautokorrelation 1. Ordnung heißt $r_{13.2}$ und gibt den Zusammenhang zwischen x_t und x_{t-2} (lag 2) wieder, wobei der Einfluß der dazwischenliegenden Messungen x_{t-1} herauspartialisiert wird. Die Partialautokorrelation 2. Ordnung erfaßt den Zusammenhang der Messungen x_t und x_{t-3} (lag 3) unter Ausschaltung des Einflusses von x_{t-1} und x_{t-2}. Entsprechendes gilt für Partialautokorrelationen höherer Ordnung. (Definitionsgemäß ist die Partialautokorrelation 0. Ordnung mit lag 1 die einfache Autokorrelation zwischen der 1. und der 2. Messung.)

Bei einem autoregressiven Prozeß 1. Ordnung [kurz: AR(1)-Prozeß] wäre demnach zu erwarten, daß die Partialautokorrelation 1. Ordnung (und natürlich auch alle Partialautokorrelationen höherer Ordnung) Null wird. Dies zeigt ebenfalls Abb. 47: ARIMA (1,0,0).

Auch Gleitmittelprozesse [MA(q)-Prozesse] zeigen typische Muster des Autokorrelogramms und des Partialautokorrelogramms. Für MA(1)-Prozesse beispielsweise fällt das Partialautokorrelogramm exponentiell ab und das Autokorrelogramm hat nur bei lag 1 (d. h. bei der Korrelation benachbarter Werte) einen hohen Wert („spike"): ARIMA (0,0,1).

Nichtstationarität resultiert in einem Autokorrelogramm, dessen Autorkorrelationen sehr allmählich abnehmen: ARIMA (0,1,0). Das Partialautokorrelogramm hat bei lag 1 (Partialkorrelation 0. Ordnung) einen hohen Wert, der nahe bei 1 liegt. Wird die Zeitreihe durch einmaliges Differenzieren stationär, sinkt das Autokorrelogramm rasch ab und erreicht nach 4 bis 5 lags nur noch unbedeutende Korrelationen.

Abbildung 47 zeigt die typischen Muster des Autokorrelogramms (autocorrelational function = ACF) und Partialautokorrelogramms (partial autocorrelational function = PACF) für die in der Praxis am häufigsten vorkommenden Zeitreihen.

(Die Abbildungen gehen von positiven Autokorrelationen 1. Ordnung aus. Bei negativen Autokorrelationen 1. Ordnung folgen abwechselnd negative und positive Autokorrelationen aufeinander. An den Verlaufsmustern ändert sich jedoch nichts, wenn man die Korrelationen absolut betrachtet.)

Gelegentlich hat eine Zeitreihe sowohl AR-Anteile als auch MA-Anteile, was die Identifikation erschwert. Grundsätzlich empfiehlt es sich bei der Identifikation des ARIMA(p,d,q)-Modells einer Zeitreihe, in folgenden Schritten vorzugehen (nach McCain u. McCleary 1979, S. 249 f.)

1. Wenn die ACF nicht schnell absinkt, ist die Zeitreihe nicht stationär. Sie muß (gegebenenfalls wiederholt) differenziert werden, bis die ACF schnell absinkt. Die Anzahl der hierfür erforderlichen Differenzierungen entspricht d.
2. Für eine stationäre (oder stationär gemachte) Zeitreihe sind als nächstes die ACF und die PACF zu prüfen. Fällt die ACF exponentiell ab, ist dies als Hinweis auf ein AR-Modell zu werten. Eine exponentiell abfallende PACF deutet auf einen MA-Prozeß hin.
3. Ist es möglich, die Zeitreihe entweder als AR-Prozeß oder als MA-Prozeß zu identifizieren, gibt die Anzahl der signifikanten „spikes" in der PACF den p-Wert des AR-Prozesses bzw. die Anzahl der signifikanten „spikes" der ACF den

452

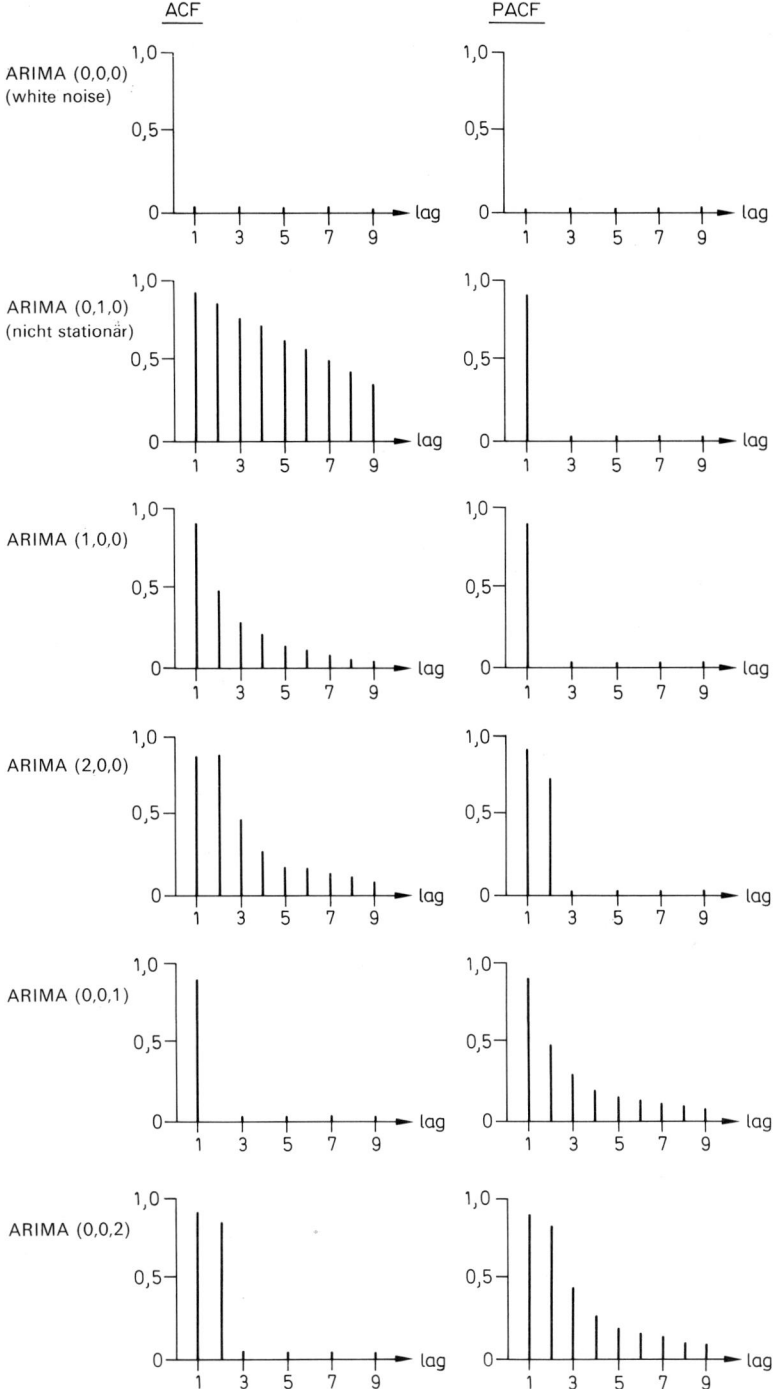

Abb. 47. Erwartete Autokorrelation (ACF) und Partialautokorrelationen (PACF) für einige ARIMA (p, d, q)-Modelle

Tabelle 20. Zusammenfassung der Identifikationshilfen für die wichtigsten ARIMA-Modelle

	"White noise"	AR-Prozeß	MA-Prozeß	Mischprozeß
Autokor-rela-tionen	Für alle lags: Null	Für alle lags, beginnend mit lag 1: rascher exponentieller Abfall bzw. gedämpfte Sinusschwingung	Die ersten q lags: ungleich Null Für lag k, k>q: Null	Für lag k, k>q−p: gedämpfte exponentielle und/oder Sinusschwingung
Partial-auto-korrela-tionen	Für alle lags: Null	Die ersten p lags: ungleich Null Für lag k, k>p: Null	Für alle lags, beginnend mit lag 1: rascher exponentieller Abfall bzw. gedämpfte Sinusschwingung	Für lag k, k>p−q: gedämpfte exponentielle und/oder Sinusschwingung

q-Wert des MA-Prozesses an. Hierbei sollte mit möglichst kleinen Werten für p und q begonnen werden, denn zu kleine Werte werden in der anschließenden „Diagnostik" erkannt, aber zu große Werte nicht.

4. Wenn sowohl die ACF als auch die PACF exponentiell fallen, hat die Zeitreihe AR- und MA-Anteile. Für p und q sollte dann probeweise zunächst der Wert 1 angenommen werden. Ist dieses ARIMA-Modell unangemessen, sind p und q abwechselnd (ggf. auch gemeinsam) auf 2 zu erhöhen.

5. Wenn sich kein angemessenes ARIMA-Modell identifizieren läßt, besteht schließlich die Möglichkeit, die Zeitreihe zu transformieren. (Näheres hierzu vgl. McCain u. McCleary, 1979, S. 250.)

Tabelle 20 faßt die wichtigsten Identifikationshilfen nochmals zusammen.

Gelegentlich zeigen Zeitreihen *saisonale Schwankungen* bzw. periodisch wiederkehrende Regelmäßigkeiten. Erhebt man beispielsweise monatliche Messungen über viele Jahre hinweg, können die Jahresverläufe einander stark ähneln. Dies hat zur Folge, daß sich in der ACF (und/oder ggf. in der PACF) nicht nur die bereits beschriebenen anfänglichen „spikes", sondern zusätzlich hohe Korrelationen für lag 12, lag 24, lag 36 etc. zeigen. Das ARIMA(p,d,q)-Modell ist dann zu einem saisonalen ARIMA(p,d,q)(P,D,Q)-Modell zu erweitern.

Die Werte P, D und Q charakterisieren hierbei das saisonale ARIMA-Modell. Es wird genauso identifiziert wie das ARIMA-Modell der regulären Zeitreihe. Wählen wir als Beispiel eine Zeitreihe mit Jahresschwankungen, gehen wir wie folgt vor:

Nicht stationäre saisonale Schwankungen besagen, daß die Jahresdurchschnitte einem (steigenden oder fallenden) Trend folgen. Sie zeigen sich in allmählich abfallenden Autokorrelationen für die lags 12, 24, 36 etc. Die saisonale Stationarität wird durch eine jahreweise vorgenommene Differenzierung hergestellt.

Eine autoregressive saisonale Komponente führt zu einem exponentiellen Abfall der Autokorrelationen für die lags 12, 24, 36 etc. Für P wird 1 gesetzt, wenn die PACF nur bei lag 12 einen „spike" zeigt. Ist die Partialautokorrelation für lag 24 ebenfalls hoch, setzt man P gleich 2.

Für saisonal bezogene Gleitmittelprozesse erwarten wir einen exponentiellen Abfall der PACF für die lags 12, 24, 36 etc. In Abhängigkeit davon, ob die ACF nur bei lag 12 oder zusätzlich auch bei lag 24 einen „spike" hat, ist $Q = 1$ oder $Q = 2$.

Nach einer (ggfs. vorläufigen) Identifikation des ARIMA-Modells werden die Parameter ϕ und θ geschätzt. Es schließt sich eine „Diagnostik" an, die überprüft, ob das ARIMA-Modell die Zeitreihe hinreichend genau beschreibt oder ob die Abweichungen der empirischen Zeitreihe von der für das ARIMA-Modell vorhergesagten Zeitreihe substantiell sind. Hierfür werden eine residuale ACF und PACF errechnet, die bei guter Anpassung des Modells nur noch „white noise", d.h. nicht signifikante Autokorrelationen und Partialautokorrelationen aufweisen dürfen.

Tafel 34 zeigt die Identifikation eines ARIMA-Modells an einem Beispiel (nach McCleary u. Hay, 1980, S. 104 ff.)

Tafel 34. Die Belegschaft eines Betriebes im Verlaufe von 20 Jahren: Identifikation eines ARIMA-Modells

---

Die in der folgenden Abbildung wiedergegebene Zeitreihe gibt – nach Monaten aufgeschlüsselt – die Anzahl der Werktätigen eines Betriebes in den Jahren 1945 bis 1966 wieder.

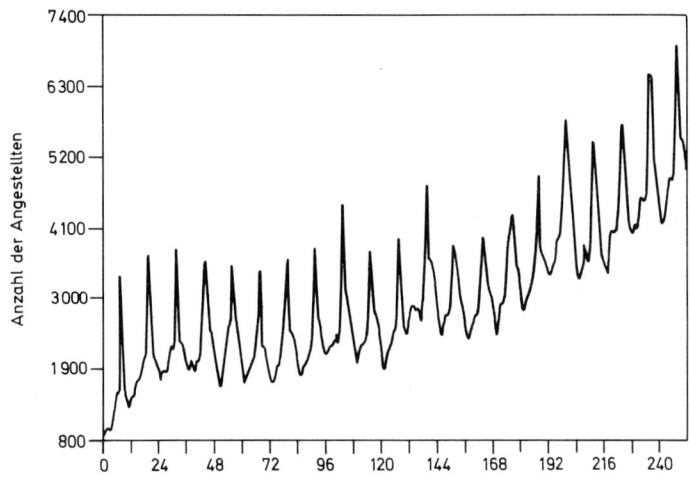

Abb. I. Zeitreihe

Monate Januar 1945 bis Dezember 1966

Der Grafik ist – bei starken monatlichen Schwankungen – eine ständige Zunahme der Zahl der Betriebsangehörigen zu entnehmen. Jeweils im August werden die meisten Mitarbeiter gezählt. Die beiden folgenden Diagramme verdeutlichen den Verlauf der Autokorrelation (ACF) und der Partialautokorrelation (PACF).

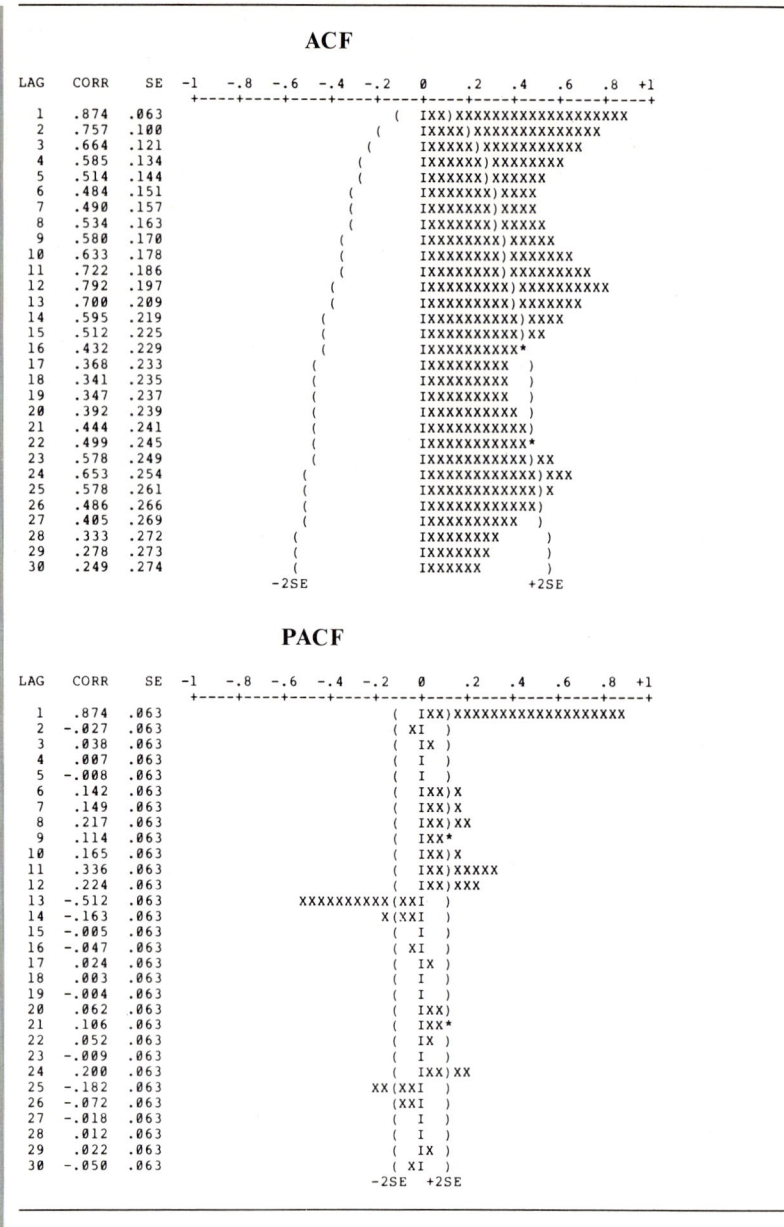

ACF

```
LAG   CORR   SE   -1   -.8   -.6   -.4   -.2    0    .2    .4    .6    .8   +1
                   +----+----+----+----+----+----+----+----+----+----+----+
 1    .874  .063                                ( IXX)XXXXXXXXXXXXXXXXXX
 2    .757  .100                              (    IXXXX)XXXXXXXXXXXXXX
 3    .664  .121                             (    IXXXXX)XXXXXXXXXXXX
 4    .585  .134                            (    IXXXXXX)XXXXXXXX
 5    .514  .144                           (    IXXXXXX)XXXXXX
 6    .484  .151                          (    IXXXXXXX)XXXX
 7    .490  .157                          (    IXXXXXXX)XXXX
 8    .534  .163                          (    IXXXXXXX)XXXXX
 9    .580  .170                         (    IXXXXXXXX)XXXXX
10    .633  .178                         (    IXXXXXXXX)XXXXXX
11    .722  .186                         (    IXXXXXXXX)XXXXXXXX
12    .792  .197                        (    IXXXXXXXXX)XXXXXXXXXX
13    .700  .209                        (    IXXXXXXXXX)XXXXXXX
14    .595  .219                       (    IXXXXXXXXXX)XXXX
15    .512  .225                       (    IXXXXXXXXXX)XX
16    .432  .229                       (    IXXXXXXXXXX*
17    .368  .233                      (    IXXXXXXXXX    )
18    .341  .235                      (    IXXXXXXXXX    )
19    .347  .237                      (    IXXXXXXXXX    )
20    .392  .239                      (    IXXXXXXXXXX   )
21    .444  .241                      (    IXXXXXXXXXXX)
22    .499  .245                      (    IXXXXXXXXXXX*
23    .578  .249                      (    IXXXXXXXXXXX)XX
24    .653  .254                     (    IXXXXXXXXXXXX)XXX
25    .578  .261                     (    IXXXXXXXXXXXX)X
26    .486  .266                     (    IXXXXXXXXXXX)
27    .405  .269                     (    IXXXXXXXXXX   )
28    .333  .272                    (    IXXXXXXXX      )
29    .278  .273                    (    IXXXXXXX       )
30    .249  .274                    (    IXXXXXX        )
                                    -2SE                    +2SE
```

PACF

```
LAG   CORR   SE   -1   -.8   -.6   -.4   -.2    0    .2    .4    .6    .8   +1
                   +----+----+----+----+----+----+----+----+----+----+----+
 1    .874  .063                                ( IXX)XXXXXXXXXXXXXXXXXX
 2   -.027  .063                                ( XI )
 3    .038  .063                                ( IX )
 4    .007  .063                                ( I  )
 5   -.008  .063                                ( I  )
 6    .142  .063                                ( IXX)X
 7    .149  .063                                ( IXX)X
 8    .217  .063                                ( IXX)XX
 9    .114  .063                                ( IXX*
10    .165  .063                                ( IXX)X
11    .336  .063                                ( IXX)XXXXX
12    .224  .063                                ( IXX)XXX
13   -.512  .063                  XXXXXXXXXX(XXI   )
14   -.163  .063                            X(XXI   )
15   -.005  .063                                ( I  )
16   -.047  .063                                ( XI )
17    .024  .063                                ( IX )
18    .003  .063                                ( I  )
19   -.004  .063                                ( I  )
20    .062  .063                                ( IXX)
21    .106  .063                                ( IXX*
22    .052  .063                                ( IX )
23   -.009  .063                                ( I  )
24    .200  .063                                ( IXX)XX
25   -.182  .063                            XX(XXI   )
26   -.072  .063                                (XXI   )
27   -.018  .063                                ( I  )
28    .012  .063                                ( I  )
29    .022  .063                                ( IX )
30   -.050  .063                                ( XI )
                                              -2SE  +2SE
```

Abb. II. ACF und PACF der Zeitreihe

(Die Klammern geben die Signifikanzgrenzen der jeweiligen Korrelation wieder.) Die Autokorrelationen bleiben hier über mehrere lags hinweg signifikant und weisen damit – wie schon vermutet – die Zeitreihe als nicht stationär aus. Sie wird deshalb zunächst regulär differenziert. Das Ergebnis dieser Differenzierung zeigt die folgende Grafik.

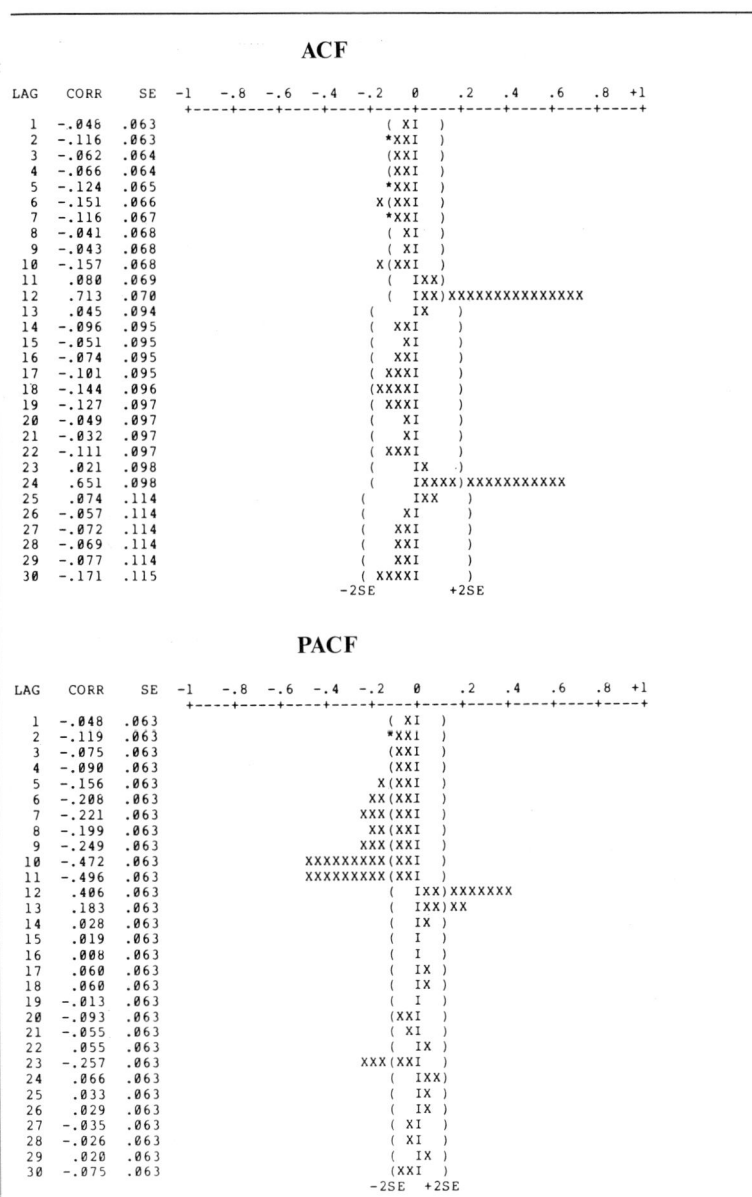

Abb. III. ACF und PACF der regulär differenzierten Zeitreihe

Es zeigen sich nun deutliche spikes in der ACF für die lags 12 und 24. Da die Korrelationen für diese beiden lags nur geringfügig verschieden sind, ist die Zeitreihe auch saisonal nicht stationär. Eine erneute Differenzierung für lag 12 ist erforderlich. Es resultieren die in Abb. IV wiedergegebenen ACF und PACF.

ACF

```
LAG   CORR   SE  -1  -.8  -.6  -.4  -.2   0   .2   .4   .6   .8  +1
                  +----+----+----+----+----+----+----+----+----+----+
 1   -.430  .065              XXXXXXXX(XXI   )
 2    .065  .076                         (  IXX  )
 3   -.076  .076                         ( XXI  )
 4    .002  .076                         (  I   )
 5   -.056  .076                         ( XI  )
 6    .014  .076                         (  I   )
 7    .049  .076                         (  IX  )
 8    .039  .077                         (  IX  )
 9    .040  .077                         (  IX  )
10   -.144  .077                        *XXXI   )
11    .306  .078                         (  IXXX)XXXX
12   -.439  .083              XXXXXXX(XXXI   )
13    .120  .092                         (  IXXX )
14   -.037  .093                         ( XI  )
15    .066  .093                         (  IXX )
16   -.045  .093                         ( XI  )
17    .025  .093                         (  IX  )
18    .058  .093                         (  IX  )
19   -.105  .093                         ( XXXI  )
20    .030  .094                         (  IX  )
21   -.021  .094                         ( XI  )
22    .088  .094                         (  IXX )
23   -.150  .094                        (XXXXI  )
24    .049  .095                         (  IX  )
25    .001  .095                         (  I   )
26    .131  .095                         (  IXXX )
27   -.132  .096                         ( XXXI  )
28    .030  .097                         (  IX  )
29    .060  .097                         (  IXX )
30   -.123  .097                         ( XXXI  )
                                         -2SE    +2SE
```

PACF

```
LAG   CORR   SE  -1  -.8  -.6  -.4  -.2   0   .2   .4   .6   .8  +1
                  +----+----+----+----+----+----+----+----+----+----+
 1   -.430  .065              XXXXXXXX(XXI   )
 2   -.147  .065                       X(XXI  )
 3   -.135  .065                        *XXI  )
 4   -.103  .065                        *XXI  )
 5   -.136  .065                        *XXI  )
 6   -.104  .065                        *XXI  )
 7   -.007  .065                         (  I   )
 8    .061  .065                         (  IXX)
 9    .115  .065                         (  IXX*
10   -.081  .065                        (XXI   )
11    .300  .065                         (  IXX)XXXXX
12   -.230  .065                      XXX(XXI   )
13   -.191  .065                       XX(XXI  )
14   -.134  .065                        *XXI  )
15   -.090  .065                        (XXI   )
16   -.119  .065                        *XXI  )
17   -.129  .065                        *XXI  )
18    .008  .065                         (  I   )
19   -.103  .065                        *XXI  )
20   -.011  .065                         (  I   )
21    .082  .065                         (  IXX)
22    .029  .065                         (  IX  )
23    .062  .065                         (  IXX)
24   -.162  .065                       X(XXI   )
25   -.141  .065                       X(XXI  )
26    .040  .065                         (  IX  )
27   -.093  .065                        (XXI   )
28   -.129  .065                        *XXI  )
29   -.041  .065                        ( XI  )
30   -.074  .065                        (XXI   )
                                         -2SE +2SE
```

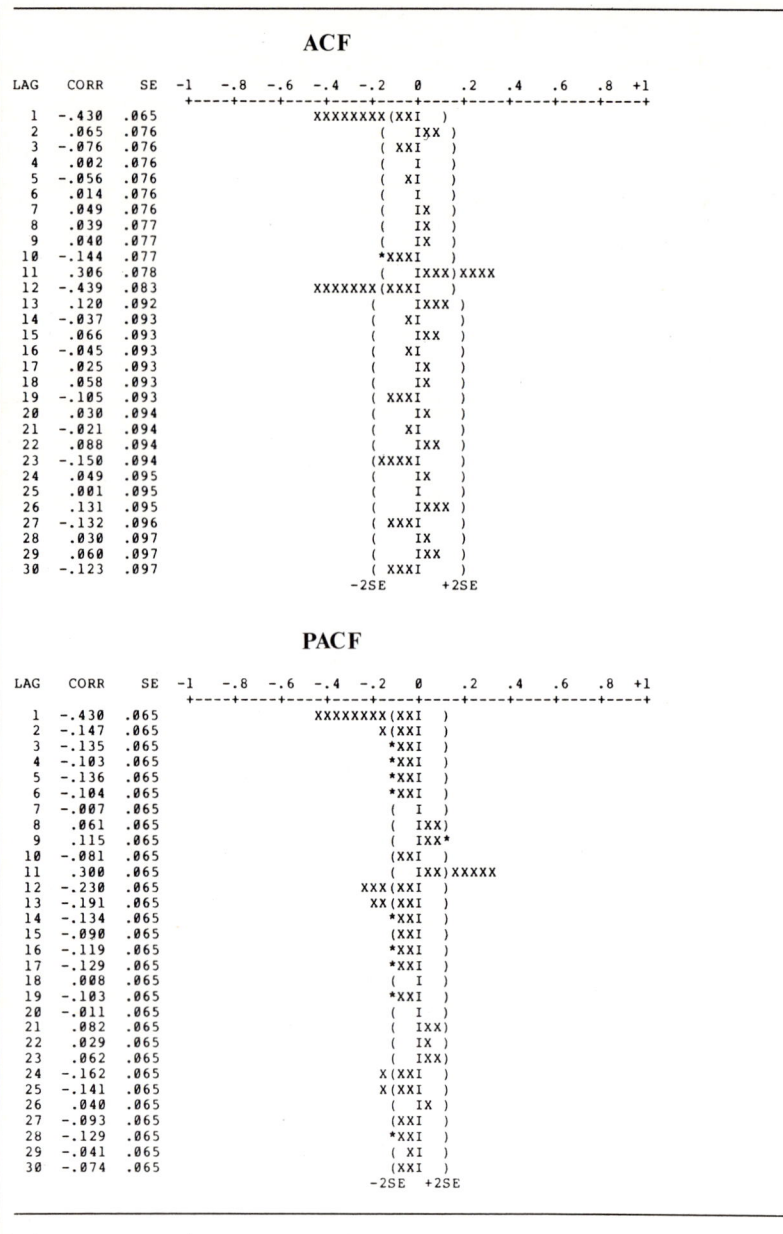

Abb. IV. ACF und PACF der regulär und saisonal differenzierten Zeitreihe

Die PACF sinkt nach lag 1 und nach lag 12 relativ rasch ab, und die ACF hat bei lag 1 und bei lag 12 jeweils einen spike. Man kann deshalb vermuten, daß für diese Zeitreihe das ARIMA $(0,1,1)(0,1,1)_{12}$-Modell angemessen ist. Abbildung V bestätigt diese Vermutung. Die Residuen dieses Modells sind statistisch nicht mehr signifikant und stellen „white noise" dar.

ACF

```
LAG   CORR   SE   -1   -.8   -.6   -.4   -.2    0    .2    .4    .6    .8   +1
                  +----+----+----+----+----+----+----+----+----+----+
  1   .050  .065                               (  IX )
  2  -.016  .065                               (  I  )
  3  -.112  .065                              *XXI  )
  4  -.054  .066                               ( XI )
  5  -.024  .066                               ( XI )
  6   .077  .066                               (  IXX)
  7   .080  .066                               (  IXX)
  8   .087  .067                               (  IXX)
  9  -.025  .067                               ( XI )
 10  -.127  .067                              *XXI  )
 11   .037  .068                               (  IX )
 12  -.009  .068                               (  I  )
 13  -.034  .068                               ( XI )
 14  -.031  .068                               ( XI )
 15  -.065  .068                               (XXI  )
 16  -.061  .069                               (XXI  )
 17   .025  .069                               (  IX )
 18   .034  .069                               (  IX )
 19  -.033  .069                               ( XI )
 20   .008  .069                               (  I  )
 21  -.020  .069                               ( XI )
 22  -.034  .069                               ( XI )
 23  -.113  .069                              *XXI  )
 24   .017  .070                               (  I  )
 25   .123  .070                               (  IXX*
 26   .098  .071                               (  IXX )
 27  -.072  .071                              ( XXI  )
 28  -.024  .072                               ( XI )
 29   .037  .072                               (  IX )
 30  -.043  .072                               ( XI  )
                                              -2SE  +2SE
```

PACF

```
LAG   CORR   SE   -1   -.8   -.6   -.4   -.2    0    .2    .4    .6    .8   +1
                  +----+----+----+----+----+----+----+----+----+----+
  1   .050  .065                               (  IX )
  2  -.018  .065                               (  I  )
  3  -.111  .065                              *XXI  )
  4  -.044  .065                               ( XI )
  5  -.023  .065                               ( XI )
  6   .067  .065                               (  IXX)
  7   .064  .065                               (  IXX)
  8   .078  .065                               (  IXX)
  9  -.017  .065                               (  I  )
 10  -.106  .065                              *XXI  )
 11   .074  .065                               (  IXX)
 12  -.016  .065                               (  I  )
 13  -.065  .065                               (XXI  )
 14  -.044  .065                               ( XI )
 15  -.078  .065                               (XXI  )
 16  -.056  .065                               ( XI )
 17   .029  .065                               (  IX )
 18   .029  .065                               (  IX )
 19  -.062  .065                               (XXI  )
 20   .013  .065                               (  I  )
 21   .021  .065                               (  IX )
 22  -.025  .065                               ( XI )
 23  -.113  .065                              *XXI  )
 24   .021  .065                               (  IX )
 25   .104  .065                               (  IXX*
 26   .060  .065                               (  IXX)
 27  -.074  .065                               (XXI  )
 28  -.007  .065                               (  I  )
 29   .064  .065                               (  IXX)
 30  -.032  .065                               ( XI )
                                              -2SE  +2SE
```

Abb. V. Diagnose: ACF und PACF der Modellresiduen

Anwendungen: Vorhersagen, Interventionen, Zusammenhänge

Die Beschreibung einer Zeitreihe durch ein ARIMA-Modell ist für sich genommen belanglos (es wurde deshalb z. B. auch in Tafel 34 auf die Wiedergabe der Parameter ϕ und θ verzichtet, da diese in den meisten Fällen ohnehin nichtssagend sind).

Liegt das ARIMA-Modell einer Zeitreihe hingegen fest, kann dieses zur Vorhersage zukünftiger Entwicklungen (forcasting), zur Überprüfung der verändernden Wirkung einer Intervention (treatment) oder zur Ermittlung des Einflusses einer anderen Zeitreihe auf die untersuchte Zeitreihe herangezogen werden.

Der erste Anwendungsfall, die *Vorhersage*, ist unkompliziert. Man nutzt die im ARIMA-Modell zusammengefaßten Informationen bzgl. der vergangenen Entwicklungen für die Prognose eines oder mehrerer zukünftiger Meßpunkte. Die Vorhersagen sind um so genauer, je länger und stabiler die Zeitreihe ist. Weit in die Zukunft reichende Vorhersagen sind natürlich weniger präzise als die Vorhersage des sich unmittelbar an die Zeitreihe anschließenden nächsten Meßpunktes.

Der zweite Anwendungsfall betrifft die Überprüfung von Veränderungen, die eine *Intervention* oder ein Treatment bei einer Zeitreihe bewirken. Hierbei unterschieden wir drei Arten von Interventionen:

a) einmalige Intervention (Impuls, Beispiel: Wie wirkt sich der einmalige Aufruf des Bundeskanzlers, einmal wöchentlich einen fernsehfreien Tag einzulegen, auf das Fernsehzuschauerverhalten aus?)
(0000010000...) (Erläuterungen s. u.)
b) wiederholte Interventionen (Beispiel: Wie wirken sich wiederholte Sparappelle auf das Konsumverhalten der Bürger aus?)
(00100001001...)
c) dauerhafte Interventionen („step input"; Beispiel: Wie wirkt sich die Verabschiedung eines neues Scheidungsgesetzes auf die Anzahl der Scheidungen aus?)
(0000011111...)

Tafel 35. Interventionseffekte in Zeitreihenanalysen

1. Abrupte Niveauänderung: Die Wirkgröße löst eine sofort wirksame Mittelwertsänderung aus.

2. Verzögerte Niveauänderung: Die Wirkgröße löst eine allmählich einsetzende Mittelwertsänderung aus.

3. Temporäre Niveauänderung: Es tritt eine abrupte Änderung ein, die kontinuierlich abnimmt und das Ausgangsniveau anstrebt.

4. Abrupte Richtungsänderung: Es tritt eine sofort einsetzende Richtungsänderung auf.

5. Verzögerte Richtungsänderung: Die Wirkgröße löst eine allmählich einsetzende Trendänderung aus.

6. Abrupte Variabilitätsänderung: Die Wirkgröße löst eine allmählich einsetzende, oszillierende Änderung aus.

7. Kompensatorische Änderung: Es tritt eine Veränderung in einer Richtung ein, die durch einen entgegengesetzten Trend ausgeglichen wird.

460

Für jede der drei Interventionsarten wird eine spezifische Inputvariable definiert, die bei einer qualitativen Intervention aus Einsen und Nullen (Intervention vorhanden – nicht vorhanden) besteht. Jede Null bzw. Eins ist einem Meßzeitpunkt zugeordnet. Man kann nun überprüfen, wie die Intervention die Zeitreihe ändert. Das ARIMA-Modell der Zeitreihe sollte anhand jener Daten ermittelt sein, die vor dem Zeitpunkt der Intervention liegen. Ist die Periode vor der Intervention zu kurz, um eine eindeutige Identifikation zu erlauben, schlägt Jenkins (1979, S. 72, zit. nach Rottleuthner-Lutter u. Thome, 1983) vor, für die Bestimmung des ARIMA-Modells die gesamte Zeitreihe einschließlich der auf die Intervention folgenden Meßzeitpunkte zu verwenden.

Die Art der Wirkung, die eine Intervention auslöst, kann beliebig sein oder vorher hypothetisch festgelegt und entsprechend überprüft werden. Tafel 35 zeigt einige Beispiele für mögliche Interventionseffekte (Glass et al., 1975, zit. nach Petermann, 1978, S. 95).

Der dritte Anwendungsfall läßt schließlich nicht nur eine binär codierte Inputvariable, sondern beliebige andere *Zeitreihen als Inputvariablen* zu. (Beispiele: Wie beeinflußt die Anzahl berufstätiger Frauen die Geburtenrate? Verändert die selbst eingeschätzte Befindlichkeit eines Therapeuten das Befinden seines Patienten?) Hierbei wird explizit zwischen einer abhängigen und einer unabhängigen Zeitreihe unterschieden. Diese multivariate Variante der Zeitreihenanalyse gestattet die Überprüfung kausaler Hypothesen; es wird ein beide Zeitreihen umfassendes Transferfunktions-ARIMA-Modell erstellt, dessen Interpretation z. B. Fragen folgender Art beantwortet:

- Mit welchem zeitlichen Verzug wirkt sich die unabhängige Zeitreihe auf die abhängige Zeitreihe aus?
- Welche Veränderungen der unabhängigen Zeitreihe lösen welche Veränderungen der abhängigen Zeitreihe aus?
- Lassen sich Vorhersagen der Entwicklung einer Zeitreihe verbessern, wenn die gemeinsamen Regelmäßigkeiten von zwei weiteren Zeitreihen berücksichtigt werden?

(Beispiele und Einzelheiten hierzu findet man z. B. bei McCleary u. Hay, 1980, Kap. 5.)

5.2.4 Hypothesen in Einzelfalluntersuchungen

Das intensive Studium einzelner Personen regte die Sozialwissenschaften in der Vergangenheit zu zahlreichen wichtigen Erkenntnissen an (vgl. z. B. Dukes, 1965; Lazarus u. Davison, 1971). Einzelfallstudien zeichnen sich gegenüber Stichprobenuntersuchungen mit vielen Untersuchungsteilnehmern durch eine leichtere Überschaubarkeit des Untersuchungsumfeldes und damit durch eine bessere Kontrollierbarkeit potentieller Störvariablen aus und eignen sich besonders zur Erkundung psychologischer, medizinischer, pädagogischer o. ä. Hypothesen. Wir haben hierüber ausführlich im Kap. 3 berichtet.

Auch durch Einzelfallstudien angeregte Hypothesen beanspruchen nicht selten Allgemeingültigkeit und erfordern somit hypothesenprüfende Untersuchungen, die die im Einzelfall beobachteten Regelmäßigkeiten oder Zusammenhänge an repräsentativen Stichproben bestätigen. Die wichtigsten Varianten für diese Untersuchungen wurden in den Kapiteln 5.2.1 bis 5.2.3 behandelt.

Gelegentlich ist man jedoch nicht daran interessiert, die Tragfähigkeit einer durch eine Einzelfallstudie angeregten Hypothese für andere Personen zu erkunden. Das Untersuchungsfeld bleibt auf ein Individuum begrenzt, und man ist daran interessiert, Vermutungen, die durch lange Beobachtung eines Individuums entstanden sind, durch eine systematische Untersuchung desselben Individuums zu bestätigen („intensive design" nach Chassan, 1967; „operant experiments" nach Sidman, 1967; „ideographic approach" nach Jones, 1971, oder „single case analysis" nach Dumas, 1955).

Wenngleich sich der überwiegende Teil der bislang durchgeführten und bekannt gewordenen Einzelfalluntersuchungen auf Personen bezieht, kommen für diese Untersuchungsart prinzipiell auch andere Untersuchungseinheiten wie z. B. eine einzelne Schulklasse, ein Betrieb, eine Familie, eine Stadt o. ä. in Frage.

Bevor wir uns verschiedenen Untersuchungsarten zuwenden, ist es angebracht, uns zunächst ein wenig mit dem Sinn hypothesenprüfender Einzelfalluntersuchungen auseinanderzusetzen. Als Beispiel für diese Ausführungen wählen wir die Hypothese: „Frau M. reagiert auf berufliche Mißerfolge mit Migräne". Aus der Menge aller das Verhalten und Erleben von Frau M. beeinflussenden Merkmale wird ein (hier dichotomes) Merkmal als unabhängige Variable (beruflicher Mißerfolg vs. kein beruflicher Mißerfolg) herausgegriffen, welches der Hypothese nach die abhängige Variable „Migräne" (mit den Stufen „vorhanden vs. nicht vorhanden" bzw. mit unterschiedlichen Intensitätsstufen) beeinflußt. Zweifellos reicht es nicht aus, die Hypothese als bestätigt anzusehen, wenn auf ein einmaliges berufliches Versagen mit Migräne reagiert wird, denn diese Koinzidenz könnte zufällig sein und bei vergleichbaren Anlässen nicht wiederholt auftreten. Für die Überprüfung der Hypothese müssen mehrere Phasen mit bzw. ohne berufliche Mißerfolge hinsichtlich ihrer Auswirkungen auf die abhängige Variable überprüft werden.

Damit stellt sich das für die statistische Hypothesenüberprüfung wichtige Problem der „Stichprobe" bzw. der Art von Generalisierung, die für das Ergebnis einer Einzelfalluntersuchung angestrebt wird. Solange der Geltungsbereich der Hypothese nicht durch die Nennung von (z. B. zeitlichen) Rahmenbedingungen eingeschränkt ist, besteht die Population, für die die Untersuchung aussagekräftig sein soll, aus allen erfolglosen bzw. nicht erfolglosen Phasen des Berufslebens von Frau M. Übertragen wir die Erfordernisse einer Zufallsstichprobe konsequent auf Einzelfalluntersuchungen, müßte zum einen die Liste aller „Elemente" dieser Population bekannt sein und zum anderen wäre die zu untersuchende Stichprobe (d. h., die zu untersuchenden Berufsphasen) nach einem Zufallsverfahren aus den Elementen der Population zusammenzustellen (vgl. Kap. 4.1).

Wohl die meisten Einzelfalluntersuchungen dürften weder das eine noch das andere Kriterium erfüllen. Die vollständige Liste aller Elemente der Population ist in der Regel unbekannt, und die Auswahl erfolgt üblicherweise willkürlich, indem z. B. mehrere in einem begrenzten Zeitabschnitt zeitlich aufeinanderfolgende Phasen untersucht werden. Für derartige Stichproben lassen sich bestenfalls fiktive Referenzpopulationen konstruieren (vgl. S. 246), die mit der eigentlich interessierenden Population (im Beispiel das gesamte Berufsleben von Frau M.) nur wenig zu tun haben. (Vgl. z. B. auch Edgington, 1967; zum Problem der interindividuellen Generalisierbarkeit von Einzelfallergebnissen s. z. B. Westmeyer, 1979).

Will man Einzelfallhypothesen überprüfen, ist man darauf angewiesen, eine Stichprobe vergleichbarer Verhaltensausschnitte zu untersuchen, die zwangsläufig über einen mehr oder weniger langen Zeitabschnitt verteilt sind. Dieses Faktum ist entscheidend, wenn man die *interne Validität* von Einzelfalluntersuchungen einschätzen will. Ob nun – wie im Beispiel – die Bedeutung von nicht geplant auftretenden Ereignissen oder von willkürlich gesetzten Interventionen interessiert; der statistische Nachweis einer Veränderung des untersuchten Merkmals ist kein sicherer Beleg für die Wirksamkeit der zufällig auftretenden Ereignisse oder der Intervention. Wie bei allen Untersuchungen zur Überprüfung von Veränderungshypothesen, die sich über die Zeit erstrecken, muß damit gerechnet werden, daß andere, mit der Zeit kovariierende Merkmale die Veränderung verursachen bzw. daß Sequenzeffekte (instrumentelle Reaktivität, Gewöhnung, Lern- und Ermüdungseffekte etc.) die Ergebnisse verfälschen. Derartige Störbedingungen lassen sich allerdings in Einzelfalluntersuchungen leichter kontrollieren als in Untersuchungen mit Stichproben.

Meßwiederholungen können nicht nur die interne Validität von Einzelfalluntersuchungen beeinträchtigen, sondern auch deren statistische Auswertung erschweren. Viele „klassische" Auswertungsroutinen (z. B. t-Test, Varianzanalyse, Regressionsanalyse, vgl. Anhang D) basieren auf der Annahme der Unabhängigkeit der Messungen (bzw. der Meßfehler), die bei wiederholten Messungen einer Person – zumal, wenn diese in kurzen Abständen erfolgen – meistens nicht zutrifft (vgl. z. B. Gottman, 1973). Dies wurde bei vielen Auswertungen von Einzelfalldaten und auch bei der Entwicklung spezieller statistischer Verfahren zur Einzelfallsanalyse (z. B. Shine II u. Bower, 1971; Shine, 1975, oder Gentile et al., 1972) übersehen, was häufig zur Folge hatte, daß die Bedeutung der überprüften Interventionseffekte überschätzt wurde (vgl. S.465 bzw. z. B. Nicolich u. Weinstein, 1977, zit. nach Levin et. al., 1978, oder auch Revenstorff u. Keeser, 1979, S. 220).

Diese Überlegungen sind bei der Auswertung und der Interpretation zu beachten. Dessen ungeachtet zeichnet sich ein Trend ab, auch die in Einzelfalluntersuchungen gewonnenen Erkenntnisse statistisch abzusichern (vgl. hierzu z. B. die Überblicksarbeiten von Barlow u. Hersen, 1973; Edgar u. Billingsby, 1974; Huber, 1978; Kratochwill, 1978; Miller u. Warner, 1975; Petermann, 1981, 1982; Thoresen u. Anton, 1974 sowie Schmidt, 1974). Deshalb seien im folgenden einige Untersuchungsstrategien zur Überprüfung von Einzelfallhypothesen dargelegt (Kap. 5.2.4.1). Im abschließenden Kapitel (Kap. 5.2.4.2) gehen wir auf Probleme der Einzelfalldiagnostik ein.

5.2.4.1 Individuelle Veränderungen

Wir behandeln Untersuchungspläne, mit denen Hypothesen über die Wirksamkeit eines oder mehrerer willkürlich gesetzter Treatments für eine oder mehrere abhängige Variablen bzw. die Bedeutung zeitlich nicht kalkulierbarer Ereignisse (zusammenfassend sprechen wir allgemein von Interventionen) für eine abhängige Variable überprüft werden können. Allen Untersuchungsplänen gemeinsam ist die wiederholte Erhebung von Messungen an einem Einzelfall, wobei wir zwischen Erhebungsphasen ohne Intervention (*A-Phasen*) und Erhebungsphasen mit Intervention (*B-Phasen*) unterscheiden. Bei Untersuchungen mit willkürlich manipulierbaren Interventionen kann der Wechsel von A- und B-Phasen vom Untersuchungsleiter gesteuert werden (z. B. in einer Verhaltenstherapie, in der das erwünschte Verhalten phasenweise belohnt und phasenweise nicht belohnt wird); geht es um die Bedeutung von Ereignissen, deren zeitliche Abfolge nicht vorhersagbar ist (wie im o. g. Migräne-Beispiel) wechseln A- und B-Phasen nach Maßgabe des Auftretens des jeweils untersuchten Ereignisses.

Um Auffälligkeiten der abhängigen Variablen während einer B-Phase feststellen zu können, muß das „Normalverhalten" bzw. die *„Base-line"* der abhängigen Variablen bekannt sein. Man bestimmt sie durch mehrere Messungen vor dem ersten Einsetzen einer Intervention, wobei die Anzahl der Messungen während dieser ersten A-Phasen genügend groß sein sollte, um mehr oder weniger regelmäßige Schwankungen im Normalverhalten eindeutig identifizieren zu können. Mögliche Interventionseffekte während der B-Phase sind dann einfacher vom Normalverhalten zu unterscheiden (zur grafischen Aufbereitung individueller Zeitreihen vgl. Parsonson u. Baer, 1978).

Einzelfalluntersuchungspläne unterscheiden sich in erster Linie darin, wie häufig und auf welche Art sich A- und B-Phasen abwechseln. Soweit die Grenzen der Belastbarkeit des Einzelfalles nicht überschritten werden, sind hierbei relativ beliebige Kombinationen denkbar. Die in der Literatur am häufigsten erwähnten Pläne seien im folgenden kurz vorgestellt (Beispiele zu den einzelnen Plänen findet der Leser z. B. bei Kratochvill, 1978; bei Barlow u. Herson, 1973 oder bei Fichter, 1979).

A-B Plan: Untersuchungen nach diesem Plan bestehen nur aus einer A-Phase mit einer darauffolgenden B-Phase. Zur Feststellung der Base-line werden in der A-Phase unter kontrollierten Bedingungen mehrere Messungen erhoben, die anschließend mit den in der B-Phase anfallenden Messungen verglichen werden. Dieser Plan ist zur statistischen Überprüfung einer individuellen Veränderungshypothese wenig geeignet (vgl. S. 467).

A-B-A Plan: Auch dieser Plan beginnt mit einer Base-line Phase. An die Interventionsphase schließt sich eine weitere Base-line Phase an, die eindeutigere Aussagen über die Wirksamkeit der Intervention zuläßt als der einfache A-B Plan. Gleicht sich die abhängige Variable in der zweiten A-Phase wieder der Base-line an, ist dies – soweit hierfür keine Zufallsschwankungen oder sonstige Störbedingungen verantwortlich sind – ein deutlicher Beleg für die Wirksamkeit der Intervention.

B-A-B Plan: In vielen klinischen Einzelfallstudien erweist es sich als ungünstig (bzw. ethisch bedenklich), wenn die Untersuchung wie im A-B-A Plan mit einer Base-line Phase endet. Dies wird im B-A-B Plan vermieden. Die Aussagekraft dieses Planes ist jedoch durch die zwischen zwei B-Phasen eingeschobene A-Phase erheblich eingeschränkt, wenn man damit rechnen muß, daß das Normalverhalten vor der erstmaligen Wirkung einer Intervention anders geartet ist als nach einer Intervention.

A-B-A-B Plan: Dieser Plan verbindet die Vorteile des A-B-A Planes und des B-A-B Planes und kommt deshalb in die Einzelfallforschung am häufigsten zur Anwendung. Nach der Etablierung einer stabilen Base-line untersucht er die Konsequenzen des Abbruchs einer Intervention und ihres erneuten Einsetzens. Das Prinzip des Planes besteht also darin, durch das Alternieren von A- und B-Phasen einen möglichen Interventionseffekt bei einem Einzelfall zu replizieren.

A-BC-B-BC Plan: Auch dieser Plan besteht (in seiner einfachsten Form) aus vier Phasen. Dennoch führt er zu anderen Aussagen als der A-B-A-B Plan. Er erfordert zwei Interventionen B und C (z. B. eine medikamentöse und eine gesprächstherapeutische Behandlung), die in kombinierter Form und auch einzeln eingesetzt werden. Die A-Phase dient wiederum der Festlegung einer stabilen Base-line. Es folgt eine BC-Phase, in der beide Interventionen gleichzeitig wirken. Die anschließende B-Phase liefert darüber Aufschluß, welcher Anteil der Kombinations-(Interaktions-)Wirkung von BC und C zurückzuführen ist. Um die Wirkung beider Interventionen isoliert erfassen zu können, muß der Plan um eine C-Phase (und ggf. um eine weitere BC-Phase) erweitert werden.

„Multiple Base-line" Plan: Dieser von Baer et al. (1968) beschriebene Plan findet vor allem in der verhaltenstherapeutischen Einzelfallanalyse Beachtung. Er überprüft die Auswirkungen einer Behandlung auf mehrere, möglichst voneinander unabhängige Variablen (z. B. phobische Reaktionen auf verschiedene Auslöser). Nachdem die Baselines für alle Variablen feststehen, beginnt zunächst die auf eine Variable ausgerichtete Behandlung. Danach wird die zweite Variable mit in die Behandlung einbezogen usw. Zusammengenommen besteht dieser Plan also aus mehreren zeitversetzten A-B Plänen (Einzelheiten zu diesem Plan s. z. B. Kazdin, 1976, 1978).

Die inferenzstatistische Auswertung dieser (oder ähnlicher) Pläne bereitet wegen der bereits erwähnten seriellen Abhängigkeit der Messungen erhebliche Schwierigkeiten. Zwar mag es naheliegen, für die Überprüfung der H_0: „Die Intervention hat keinen Effekt" einen einfachen A-B Plan mit anschließendem t-Test mit dem Anliegen zu verwenden, die Differenz des Mittelwertes der Messungen der A-Phase und des Mittelwertes der Messungen der B-Phase zufallskritisch zu bewerten; dieser t-Test wird aber in den meisten Fällen zu einer Überschätzung der Interventionswirkung führen.

(Der t-Test setzt innerhalb beider Stichproben voneinander unabhängige Messungen voraus. Hängen die Messungen jedoch – wie bei Einzelfalluntersuchungen üblich – voneinander ab, sind die dem t-Wert zugeordneten Freiheitsgrade nicht kalkulierbar. Die übliche Bestimmung der Freiheitsgrade nach $df = n_1 + n_2 - 2$ führt bei abhängigen Messungen zu einer Überschätzung der tatsächlich voneinander unabhängigen Fehlerkomponenten, d. h., der t-Test weist eigentlich nicht signifikante Unterschiede als signifikant aus. Einzelheiten hierzu vgl. Kratochwill et al., 1974.)

Da „klassische" Routineauswertungen für Einzelfalldaten offenbar ungeeignet sind, wollen wir uns dem Problem der statistischen Hypothesenüberprüfung in Einzelfalluntersuchungen im folgenden etwas ausführlicher zuwenden. Wir unterscheiden hierbei zwischen quantitativen Merkmalen (Testwerte, physiologische Messungen, Rating-Skalen, Häufigkeiten eines Merkmals etc.) und qualitativen Merkmalen (dichotome Merkmale, Kategorien nominaler Merkmale).

Intervallskalierte Merkmale

Für Einzelfallzeitreihen mit mehr als 50 Messungen ist die Zeitreihenanalyse nach dem Box-Jenkins-Modell (vgl. Kap. 5.2.3.4) einschlägig. Als vergleichsweise vor-

aussetzungsarmes Verfahren vermittelt sie Einblicke in die serielle Abhängigkeits-
struktur und periodischen Regelmäßigkeiten der Daten, sie überprüft direkte oder
zeitlich versetzte Wirkungen von Interventionen auf die abhängige Variable und
gestattet die Überprüfung spezieller Trendhypothesen. Daten aus „multiplen Base-
line" Plänen, in denen mehrere Zeitreihen gleichzeitig anfallen, lassen sich mit multiplen Transferfunktionsmodellen erschöpfend auswerten.

Es sei jedoch nicht verschwiegen, daß das sinnvolle Arbeiten mit der Box-Jen-
kins-Zeitreihenanalyse erhebliche Vorkenntnisse und viel Routine voraussetzt. Es
soll deshalb im folgenden eine alternative, allerdings weitaus weniger erschöpfende
Auswertungsstrategie vorgeschlagen werden, die jedoch auch dann anwendbar ist,
wenn die Zeitreihe aus weniger als 50 Messungen besteht. Dem Verfahren, das Levin et al., 1978, unter der Bezeichnung *„non-parametric randomization test"* ausführlicher beschreiben, liegt folgender Gedankengang zugrunde:

Die serielle Abhängigkeit von Einzelfalldaten verbietet es, diese als Realisierungen von unabhängigen Zufallsvariablen zu behandeln. Verfahren, die auf dieser
Annahme beruhen, kommen damit für die Auswertung von Einzelfallzeitreihen
nicht in Betracht. Die serielle Abhängigkeit ist jedoch für praktische Zwecke zu
vernachlässigen, wenn für mehrere Messungen der Zeitreihe jeweils zusammenfassende Statistiken wie z.B. Mittelwerte berechnet werden. Bei der Analyse von In-
terventionseffekten bietet es sich an, die Einzelmessungen der verschiedenen A-
und B-Phasen zu Mittelwerten zusammenzufassen. Wenn beispielsweise in einem
A-B-A Plan pro Phase 15 Messungen vorliegen, stehen für die Hypothesenüberprüfung statt der 45 abhängigen Einzelmessungen 3 weitgehend unabhängige Phasenmittelwerte zur Verfügung. Bei mäßiger Autokorrelation 1. Ordnung (vgl.
S. 450) kann man davon ausgehen, daß Phasenmittelwerte, die mindestens auf jeweils 10 Einzelmessungen beruhen, praktisch voneinander unabhängig sind (vgl.
Levin et al., 1978, S. 179, Tabelle 3.1; bei der Auslegung dieser Tabelle folgen wir
einer Einschätzung von Glass et al., 1975, nach der für die meisten sozialwissenschaftlichen Zeitreihen Autokorrelationen 1. Ordnung im Bereich $r \leq 0,50$ typisch
sind).

Angenommen, ein Logopäde behandelt ein Kind mit schweren Sprachstörun-
gen und möchte die Bedeutung kleiner Belohnungen für die Therapie dieses Kindes
mit einer Untersuchung nach einem A-B-A-B Plan überprüfen. Er stellt 15 Blöcke
von jeweils 10 schwierig auszusprechenden Wörtern zusammen und bittet das
Kind, diese Wörter in der ersten A-Phase nachzusprechen. Für jeden Block wird
die Anzahl richtig wiederholter Wörter notiert und die durchschnittliche Zahl korrekt ausgesprochener Wörter über alle Blöcke errechnet (ein Block entspricht damit einer Messung).

Für die erste A-Phase möge sich ein Durchschnittswert von 2 ergeben haben.
In der ersten B-Phase erhält das Kind nach jedem Block in Abhängigkeit von der
Anzahl der richtig gesprochenen Wörter Belohnungen. Es resultiert ein Durchschnittswert von 7 richtigen Wörtern. In den beiden folgenden Phasen erreicht das
Kind im Durchschnitt 3 richtige Wörter für die zweite A-Phase und 8 richtige Wörter für die zweite B-Phase. Damit führt der A-B-A-B Plan insgesamt zu den Durchschnittswerten 2, 7, 3 und 8.

Unter der Annahme (Nullhypothese), die Belohnungen seien wirkungslos, sind
die Unterschiede zwischen den Phasen auf Zufälligkeiten zurückzuführen (von

Wiederholungseffekten wollen wir hier absehen; diese wären durch die Verwendung verschiedener Wörter in den einzelnen Phasen auszuschalten). Jeder dieser vier Mittelwerte hätte bei Gültigkeit der H_0 in jeder Phase auftreten können. Fassen wir jeweils zwei gleiche Phasen zusammen, resultieren bei Gültigkeit der H_0 die folgenden 6 möglichen Kombinationen:

	A-Phasen	*B-Phasen*
1. Kombination	$2+3=\ 5$	$7+8=15$
2. Kombination	$2+7=\ 9$	$3+8=11$
3. Kombination	$2+8=10$	$3+7=10$
4. Kombination	$3+7=10$	$2+8=10$
5. Kombination	$3+8=11$	$2+7=\ 9$
6. Kombination	$7+8=15$	$2+3=\ 5$

(Für einen 6phasigen Plan – ABABAB – ergeben sich $\binom{6}{3} = \frac{6 \cdot 5 \cdot 4}{3 \cdot 2 \cdot 1} = 20$ Kombinationen, für einen 8phasigen Plan $\binom{8}{4} = \frac{8 \cdot 7 \cdot 6 \cdot 5}{4 \cdot 3 \cdot 2 \cdot 1} = 70$ Kombinationen usf.)

Bei Gültigkeit der Nullhypothese tritt jede dieser 6 Kombinationen mit gleicher Wahrscheinlichkeit ($p = 1/6$) auf. (Wir beziehen uns nur auf die beobachteten Mittelwerte. Über mögliche andere Mittelwerte, die in der Untersuchung auch hätten auftreten können, werden keine Aussagen gemacht.)

Nehmen wir zunächst an, die eingangs aufgestellte Nullhypothese soll zweiseitig getestet werden, d.h., die Alternativhypothese heißt A > B oder B > A. Am deutlichsten für diese H_1 (bzw. gegen die H_0) sprechen die Kombinationen 1 (A = 5, B = 15) und 6 (A = 15, B = 5), die zusammen mit einer Wahrscheinlichkeit von $2/6 = 1/3$ auftreten, d.h., die Wahrscheinlichkeit dieser Ergebnisse bei Gültigkeit der H_0 (α-Fehler-Wahrscheinlichkeit, vgl. S.373) beträgt $\alpha = 0,3\overline{3}$.

Die empirische Einzelfalluntersuchung führt in unserem Beispiel zu einem dieser extremen Resultate; in den A-Phasen werden durchschnittliche 2 bzw. 3 (also zusammen 5) Wörter und in den B-Phasen 7 und 8 (zusammen 15) Wörter richtig gesprochen. Bei Gültigkeit der H_0 und zweiseitiger Fragestellung tritt dieses Ergebnis mit einer Wahrscheinlichkeit von $\alpha = 0,3\overline{3}$ auf. Diese Irrtumswahrscheinlichkeit liegt weit über den üblichen Signifikanzgrenzen von 5% bzw. 1% ($\alpha = 0,05$ bzw. $\alpha = 0,01$), d.h., das Ergebnis ist statistisch nicht signifikant. Die H_0, die Belohnungen haben keinen Effekt, muß beibehalten werden.

Diese Entscheidung ist unabhängig von den tatsächlichen gefundenen Phasenmittelwerten. Auch extremere Unterschiede zwischen den A- und B-Phasen hätten bei diesem Ansatz nicht zum Verwerfen der H_0 führen können. Bei zweiseitiger Fragestellung kann ein ABAB-Plan (und natürlich auch alle Pläne mit weniger als 4 Phasen) niemals ein Ergebnis hervorbringen, dessen Irrtumswahrscheinlichkeit kleiner als 33,$\overline{3}$% ist.

Nun wird man zu Recht einwenden, daß eine zweiseitige Fragestellung dem Informationsstand des Logopäden nicht entspricht. Er hat hinreichend Gründe anzunehmen, daß Belohnungen das Sprechverhalten des Kindes verbessern und wird deshalb eine einseitige H_1: A < B formulieren. In diesem Falle gibt es nur ein Ergebnis, das der H_1 am besten entspricht, nämlich die 1. Kombination mit den Werten 5 für A und 15 für B, die auch tatsächlich beobachtet wurde. Dieses Ergebnis tritt bei Gültigkeit der H_0 mit einer Wahrscheinlichkeit von $p = 1/6 = 0{,}1\overline{6}$ auf, d. h., die Irrtumswahrscheinlichkeit ist gemessen an den traditionellen Standards immer noch zu groß. Auch bei einer einseitigen Alternativhypothese muß die H_0 beibehalten werden.

Die einseitig formulierte Alternativhypothese $(A < B)$ sagt nichts über mögliche Unterschiede zwischen den beiden A-Phasen bzw. zwischen den beiden B-Phasen aus. Wenn wir davon ausgehen, daß die Sprechtherapie erfolgreich ist, ließe sich durchaus auch die weitergehende Hypothese rechtfertigen, daß $A_1 < A_2$ und daß $B_1 < B_2$, bzw. daß zusammengenommen $A_1 < A_2 < B_1 < B_2$. Diese *monotone Trendhypothese* gilt als bestätigt, wenn die 4 Phasenmittelwerte genau diese Ordnungsrelation aufweisen. Erfolgt die Verteilung der Mittelwerte auf die 4 Phasen gemäß der Nullhypothese zufällig, treten alle $4! = 24$ möglichen Reihenfolgen mit gleicher Wahrscheinlichkeit auf $(p = 1/24 = 0{,}04)$. Entspricht – wie im Beispiel – die vorhergesagte Reihenfolge der empirisch gefundenen Reihenfolge, gilt die monotone Trendhypothese auf dem 5%-Signifikanzniveau (genauer: $\alpha = 0{,}042$) als bestätigt.

Man beachte, daß die H_0: „Die Reihenfolge der Mittelwerte sei zufällig" theoretisch durch jede beliebige Reihenfolge auf dem $\alpha = 5\%$-Niveau verworden wird, denn jede Reihenfolge tritt mit einer Wahrscheinlichkeit von $p = 0{,}042$ auf. Die Alternativhypothese impliziert jedoch eine abgestufte Treatmentwirkung der Form $A_1 < A_2 < B_1 < B_2$, d. h., jede hiervon abweichende Reihenfolge steht im Widerspruch zur Alternativhypothese. Damit kann die H_0 nur mit dieser einen Reihenfolge verworfen werden.

Allerdings hätte die Alternativhypothese auch weniger restriktiv formuliert werden können. Zwar ist man sicher, daß die zweite Treatmentphase wirksamer ist als die erste $(B_1 < B_2)$ und daß unter Treatmentbedingungen insgesamt mehr Wörter richtig gesprochen werden als unter Baselinebedingungen $(A < B)$; über Unterschiede zwischen den Baselinephasen will man jedoch keine Aussagen machen. Damit umfaßt die Alternativhypothese zwei Rangreihen, nämlich $A_1 < A_2 < B_1 < B_2$ und $A_2 < A_1 < B_1 < B_2$. Die Wahrscheinlichkeit, daß eine die Alternativhypothese bestätigende Rangreihe auftritt, beträgt dann $p = 2/24 = 0{,}08\overline{3}$. Die H_0 wäre auf dem $\alpha = 5\%$-Niveau beizubehalten.

Auch bei dieser Vorgehensweise muß die H_1 verworfen werden, wenn eine Rangreihe auftritt, die nicht als Alternativhypothese vorhergesagt wurde. Ob diese Rangreihe nur geringfügig oder sehr deutlich von der oder den vorhergesagten Rangreihen abweicht, ist hierbei unerheblich. Für diese Entscheidungsstrategie ist es also ohne Belang, ob z. B. die Alternativhypothese H_1: $A_1 < A_2 < B_1 < B_2$ durch die Rangreihe $A_2 < A_1 < B_1 < B_2$ oder durch die Rangreihe $B_2 < B_1 < A_2 < A_1$ verworfen wird, obwohl letztere zur Alternativhypothese in deutlicherem Widerspruch steht als erstere.

Dieser Sachverhalt wird mitberücksichtigt, wenn man die gefundenen Mittelwerte mit allen Permutationen der möglichen Rangplätze gewichtet und für jede Permutation die Summe der so gewichteten Mittelwerte berechnet. Bezogen auf das Beispiel resultieren die in Tab. 21 (nach Levin et al., 1978) wiedergegebenen Werte (der Wert der 1. Permutation resultiert aus $1 \cdot 2 + 2 \cdot 7 + 3 \cdot 3 + 4 \cdot 8 = 57$, für die 2. Permutation ergibt sich $1 \cdot 2 + 2 \cdot 7 + 4 \cdot 3 + 3 \cdot 8 = 52$ usw.)

In Tabelle 22 sind die Wahrscheinlichkeiten der nach ihrer Größe geordneten Produktsummen aufgeführt.

Tabelle 21. Produktsummen aus Phasenmittelwerten und permutierten Rangplätzen

Permutation	Mittelwerte				Produktsumme (PS)
	2,0	7,0	3,0	8,0	
1	1	2	3	4	57
2	1	2	4	3	52
3	1	3	2	4	61
4	1	3	4	2	51
5	1	4	2	3	60
6	1	4	3	2	55
7	2	1	3	4	52
8	2	1	4	3	47
9	2	3	1	4	60
10	2	3	4	1	45
11	2	4	1	3	59
12	2	4	3	1	49
13	3	1	2	4	51
14	3	1	4	2	41
15	3	2	1	4	55
16	3	2	4	1	40
17	3	4	1	2	53
18	3	4	2	1	48
19	4	1	2	3	45
20	4	1	3	2	40
21	4	2	1	3	49
22	4	2	3	1	39
23	4	3	1	2	48
24	4	3	2	1	43

Tabelle 22. Wahrscheinlichkeiten der Produktsummen aus Tabelle 21

Produktsumme	Wahrscheinlichkeit
39	1/24
40	2/24
41	1/24
43	1/24
45	2/24
47	1/24
48	2/24
49	2/24
51	2/24
52	2/24
53	1/24
55	2/24
57	1/24
59	1/24
60	2/24
61	1/24

Es wird deutlich, daß die Rangreihe $A_1 < A_2 < B_2 < B_1$ (5. Permutation) und die die Rangreihe $A_2 < A_1 < B_2 < B_1$ (9. Permutation) mit der vorhergesagten (und auch aufgetretenen) Rangreihe $A_1 < A_2 < B_1 < B_2$ (3. Permutation) am wenigsten im Widerspruch stehen. Umfaßt die Alternativhypothese nicht nur eine, sondern auch in diesem Sinne ähnliche Rangreihen, wird die H_1 angenommen, wenn die empirische Rangreihe zu denjenigen extremen Rangreihen zählt, die zusammengenommen eine Wahrscheinlichkeit $\alpha \leq 5\%$ (1%) haben. Bei vier Phasen haben zwei Rangreihen bereits eine Wahrscheinlichkeit $\alpha > 5\%$ ($p = 1/12 = 0,08\overline{3}$), d. h. auch bei dieser Vorgehensweise muß empirische Rangreihe exakt der vorhergesagten entsprechen. Dies ändert sich natürlich, wenn mehr als 4 Phasen untersucht werden.

Die Gewichtung der Mittelwerte mit den Rangnummern 1 bis 4 impliziert die Hypothese gleicher Abstände zwischen den Phasenmittelwerten (*lineare Trendhypothese*). Diese Gewichte können – wenn entsprechende Vorkenntnisse vorliegen – durch beliebige andere Gewichtszahlen ersetzt werden, die den hypothetisch vorhergesagten Größenverhältnissen der Mittelwerte entsprechen (Einzelheiten hierzu vgl. Levin et al., 1978, S. 185 oder Tafel 36).

Die Anzahl möglicher Permutationen wird mit wachsender Phasenzahl schnell sehr groß. Für 5 Phasen (z. B. A, BC, B, BC, C) ergeben sich bereits 120 verschiedene Abfolgen, d. h. eine auf dem 5%-Niveau signifikante Alternativhypothese kann 6 im Sinne von Tabelle 22 ähnliche Abfolgen umfassen. Bei Einzelfalluntersuchungen mit 6 Phasen (z. B. ABABAB) sind unter Zufallsbedingungen 720 Abfolgen der Phasenmittelwerte möglich; hier wird eine Alternativhypothese durch 36 einander ähnliche Abfolgen auf dem 5%-Niveau bestätigt.

Für mehr als 8 Phasen (für 8 Phasen sind 40320 Abfolgen denkbar) geht die Wahrscheinlichkeitsverteilung der Produktsummen (PS) in eine Normalverteilung über. Der Erwartungswert (Mittelwert) und die Varianz dieser Normalverteilung heißen

$$(5.7) \qquad E(PS) = \frac{1}{n} \cdot \left(\sum_{i=1}^{n} \bar{x}_i \right) \cdot \left(\sum_{i=1}^{n} y_i \right)$$

$$(5.8) \qquad VAR(PS) = \frac{1}{n-1} \left[\sum_{i=1}^{n} (\bar{x}_i - \bar{\bar{x}})^2 \right] \cdot \left[\sum_{i=1}^{n} (y_i - \bar{y})^2 \right]$$

mit $\bar{x}_i$ = Mittelwert der i-ten Phase
$\bar{\bar{x}}$ = Mittelwert der Phasenmittelwerte
y_i = Gewicht des i-ten Phasenmittelwertes
n = Anzahl der Phasen
$\bar{y}$ = durchschnittliches Gewicht

Eine empirisch gefundene Produktsumme

$$(5.9) \qquad PS = \sum_{i=1}^{n} y_i \bar{x}_i$$

läßt sich dann nach der schon bekannten Beziehung (Gl. 4.15)

$$(5.10) \qquad z = \frac{PS - E(PS)}{\sqrt{VAR(PS)}}$$

in einen z-Wert der Standardnormalverteilung (vgl. Tabelle E 1) überführen. Schneidet dieser bei einseitiger Fragestellung von der Standardnormalverteilungsfläche weniger als 5% (z = 1,65) bzw. weniger als 1% (z = 2,33) ab, gilt die Alternativhypothese, die durch die Wahl der Gewichte y_i festgelegt ist, als bestätigt. Tafel 36 verdeutlicht diesen Ansatz anhand eines Zahlenbeispiels.

Tafel 36. Nikotinentzug durch Selbstkontrolle: Die Überprüfung von Hypothesen in einer Einzelfalluntersuchung

---

Ein starker Raucher will zeigen, daß es ihm gelingt, seinen Zigarettenkonsum durch Selbstdisziplin („bewußtes" Rauchen) deutlich zu reduzieren. Er beabsichtigt, abwechselnd 14 Tage „normal" zu rauchen (Baselinephase) und 14 Tage „bewußt" zu rauchen („Therapie-Phase") mit insgesamt fünf Baseline-Phasen und fünf „Therapie"-Phasen. Während dieser insgesamt 140 Tage wird täglich sorgfältig die Anzahl gerauchter Zigaretten registriert.

Dieses Material soll drei Hypothesen unterschiedlicher Präzision überprüfen. (Selbstverständlich stellt man üblicherweise nur diejenige Hypothese auf, die die vermutete Veränderung am präzisesten wiedergibt. Zu Demonstrationszwecken sei jedoch im folgenden dasselbe Material zur Überprüfung von 3 unterschiedlich genauen Hypothesen verwendet.)

1. Hypothese: In den Baseline-Phasen wird mehr geraucht als in den Therapie-Phasen (A > B).
2. Hypothese: Der Zigarettenkonsum sinkt sowohl in den Baseline-Phasen als auch in den Therapie-Phasen kontinuierlich; dennoch wird in der letzten Baseline-Phase noch mehr geraucht als in der ersten Therapie-Phase ($A_1 > A_2 > A_3 > A_4 > A_5 > B_1 > B_2 > B_3 > B_4 > B_5$)
3. Hypothese: Wie 2., jedoch werden in jeder Therapie-Phase mindestens 10 Zigaretten weniger geraucht als in der jeweils vorangegangenen Baseline-Phase (für die Abfolge $A_1 B_1 A_2 B_2 A_3 B_3$ etc. wären dann z. B. die Gewichte 15, 5, 14, 4, 13, 3, 12, 2, 11, 1 zu verwenden).

Für die 10 Phasen registriert der Raucher die folgenden Tagesdurchschnitte:

1. Baseline-Phase:	45 Zigaretten	1. Therapie-Phase:	25 Zigaretten
2. Baseline-Phase:	41 Zigaretten	2. Therapie-Phase	28 Zigaretten
3. Baseline-Phase:	38 Zigaretten	3. Therapie-Phase:	21 Zigaretten
4. Baseline-Phase:	32 Zigaretten	4. Therapie-Phase:	19 Zigaretten
5. Baseline-Phase:	33 Zigaretten	5. Therapie-Phase:	14 Zigaretten

Auf die A-Phasen entfallen damit 189 Zigaretten (Summe der 5 A-Phasen Mittelwerte) und auf die B-Phasen 107 Zigaretten (Summe der 5 B-Phasen Mittelwerte). Diese Aufteilung der Mittelwerte auf A- und B-Phasen ist eine unter $\binom{10}{5} = \frac{10 \cdot 9 \cdot 8 \cdot 7 \cdot 6}{5 \cdot 4 \cdot 3 \cdot 2 \cdot 1} = 252$ möglichen Aufteilungen. Da keine dieser

Aufteilungen für die H_1 günstiger wäre als die empirisch ermittelte (bei jeder anderen Aufteilung resultiert ein kleinerer Unterschied zwischen A und B), kann die Alternativhypothese $A > B$ mit einer Irrtumswahrscheinlichkeit von

$$\alpha = \frac{1}{252} = 0{,}004 \text{ akzeptiert werden.}$$

Mit $n > 8$ wählen wir zur Überprüfung der 2. Hypothese die Normalverteilungsapproximation nach Gleichung 5.10. Da in dieser Hypothese keine Angaben über die Größe des Unterschiedes zweier Phasen gemacht wurden, wählen wir als Gewichte y_i die einfachsten Zahlen, die dem in der Hypothese behaupteten monotonen Trend genügen. Dies sind die Zahlen $1, 2 \ldots 10$; sie repräsentieren einen linearen Trend.

Für die Produktsumme (PS) ergibt sich nach Gleichung 5.9

$$PS = 10 \cdot 45 + 9 \cdot 41 + 8 \cdot 38 + 7 \cdot 32 + 6 \cdot 33 + 5 \cdot 25 + 4 \cdot 28 + 3 \cdot 21$$
$$+ 2 \cdot 19 + 1 \cdot 14 = 1897.$$

Nach Gleichung 5.7 ermitteln wir

$$E(PS) = \frac{1}{n} \cdot \left(\sum_{i=1}^{n} \bar{x}_i \right) \cdot \left(\sum_{i=1}^{n} y_i \right) = \frac{1}{10} \cdot 296 \cdot 55 = 1628$$

und nach Gleichung 5.8

$$VAR(PS) = \frac{1}{n-1} \left[\sum_{i=1}^{n} (\bar{x}_i - \bar{\bar{x}}^2) \right] \cdot \left[\sum_{i=1}^{n} (y_i - \bar{y})^2 \| \right.$$

$$= \frac{1}{9} \cdot 908{,}4 \cdot 82{,}5 = 8327.$$

Der z-Wert heißt also

$$z = \frac{1897 - 1628}{\sqrt{8327}} = 2{,}95.$$

Dieser z-Wert schneidet nach Tabelle 1 Anhang E 0,51% von der Standardnormalverteilungsfläche ab, d. h. die Alternativhypothese kann auf dem 1%-Niveau (genau: $\alpha = 0{,}51\%$) akzeptiert werden.

Die 3. Hypothese überprüfen wir in gleicher Weise. Es werden lediglich statt der Zahlen 1 bis 10 die in der Hypothese festgelegten Gewichte y_i eingesetzt. Es resultieren:
PS = 2842, E(PS) = 2368 und VAR(PS) = 27252
und damit $z = 2{,}87$. Dieser Wert schneidet 0,65% der Standardnormalverteilungsfläche ab, d. h. auch die spezifizierte Trendhypothese kann auf dem $\alpha = 1\%$-Niveau akzeptiert werden.

Offensichtlich sind die Veränderungen im Zigarettenkonsum nicht durch Zufall erklärbar. In Therapiephasen wird signifikant weniger geraucht als in Baseline-Phasen (Hypothese 1), und die Mittelwerte der Phasen $A_1 A_2 \ldots B_4 B_5$ scheinen eher einem linearen Trend ($\alpha = 0{,}51\%$) zu folgen als dem in Hypothese 3 behaupteten modifizierten Trend ($\alpha = 0{,}65\%$).

Die bisherigen Ausführungen zeigen, daß derselbe empirische Befund je nach Art der Hypothese statistisch signifikant oder statistisch unbedeutend sein kann. Je präziser eine Hypothese das beschreibt, was empirisch auch eintritt, desto größer ist die Wahrscheinlichkeit, daß dieses Ergebnis auch statistisch signifikant wird. Allerdings wächst mit zunehmender Präzision der Hypothese auch die Anzahl möglicher Ergebnisse, die der Hypothese widersprechen. Diesen Sachverhalt haben wir bereits beim Vergleich eines einseitigen Tests mit einem zweiseitigen Test kennengelernt (vgl. S. 371 ff.).

Hier wird nun die Notwendigkeit, Hypothesen vor der Datenerhebung zu formulieren, noch deutlicher. Es ist nahezu unmöglich, eine Hypothese statistisch zu widerlegen, die erst nach Vorliegen der Daten dem Ergebnis entsprechend formuliert wurde. Hier verliert das statistische Hypothesentesten seinen Sinn. Hypothesen sind **vor Untersuchungsbeginn** so präzise wie möglich aufzustellen.

Nachzutragen bleibt, daß der hier behandelte Randomisierungstest auf der Annahme beruht, Baseline und Interventionsphasen folgen zufällig aufeinander. Dies ist bei den auf S. 464 f. genannten Einzelfallplänen nicht der Fall. In Ermangelung voraussetzungsärmerer und dennoch teststarker Auswertungsverfahren für Einzelfalldaten stellen auf systematische Abfolgen angewandte Randomisierungstests jedoch eine angemessene Näherungslösung dar (vgl. Levin et al., 1978, sowie Edgington, 1975, 1980; weitere Anregungen zur statistischen Analyse quantitativer Einzelfalldaten gibt Lienert, 1978, Kap. 14).

Nominalskalierte Merkmale

In Einzelfallanalysen fallen gelegentlich wiederholte Messungen eines dichotomen Merkmales (z. B. Symptom vorhanden – nicht vorhanden) bzw. eines mehrstufigen nominalen Merkmals (z. B. Art des Symptoms) an. Tritt das in einer Untersuchung interessierende Ereignis häufig auf, empfiehlt es sich, Beobachtungszeiträume (Baseline und Interventionsphasen) so festzulegen, daß mehrere Ereignisse in eine Phase fallen. Man erhält dann für die einzelnen Phasen unterschiedliche Häufigkeiten, die wie eine quantitative Zeitreihe (vgl. letzten Abschnitt) behandelt werden.

Im folgenden gehen wir davon aus, daß solche Zusammenfassungen nicht möglich oder sinnvoll sind, so daß bei einem dichotomen Merkmal eine Abfolge von Merkmalsalternativen (z. B. 001010 etc.) und bei einem mehrstufigen nominalen Merkmal eine Abfolge von Merkmalskategorien (z. B. AACDBBCAB etc.) zu untersuchen sind. Wir beginnen mit der Überprüfung von Hypothesen, die sich auf *Zeitreihen dichotomer bzw. binär kodierter Merkmale* beziehen.

Bezeichnen wir die Merkmalsalternativen eines dichotomen Merkmals mit 0 und 1, sind beispielsweise die beiden folgenden Zeitreihen denkbar: 00001111 und 01010101. Beide Abfolgen scheinen nicht zufällig zustandegekommen zu sein. In der ersten Abfolge treten zunächst nur Nullen und dann nur Einsen auf, und in der zweiten Abfolge wechseln sich Nullen und Einsen regelmäßig ab. Weder die erste noch die zweite Abfolge stimmt mit unserer Vorstellung über eine zufällige Abfolge (die etwa für die Ereignisse „Zahl" und „Adler" bei wiederholten Münzwürfen auftritt) überein. Für eine zufällige Durchmischung von Nullen und Einsen wechseln die Zahlen in der ersten Abfolge zu selten und in der zweiten Abfolge zu häufig.

Die Häufigkeit des Wechsels zwischen Nullen und Einsen in einer Zeitreihe bezeichnen wir als *Iterationshäufigkeit*. Nach dieser Definition weist die erste Zeitreihe 2 und die zweite Zeitreihe 8 Iterationen auf. Die erste Hypothese, die wir hier ausführlicher behandeln wollen, bezieht sich auf die Häufigkeit der Iterationen in Zeitreihen dichotomer Merkmale. Der Nullhypothese (zufällige Abfolge) steht die Alternativhypothese gegenüber, daß die Anzahl der Iterationen zu groß oder zu klein ist. Diese Hypothese überprüft der *Iterationshäufigkeitstest* (Stevens, 1939, zit. nach Lienert, 1978, S. 261 f.), den das folgende Beispiel näher erläutert.

Untersucht wird ein verhaltensgestörtes Kind, das unter Bettnässen leidet. Es soll überprüft werden, ob symptomfreie Tage (0 = kein Einnässen) und Tage mit Symptom (1 = Einnässen) zufällig aufeinanderfolgen oder ob sich längere symptomfreie Phasen mit längeren Symptomphasen abwechseln, was dafür spräche, daß die das Einnässen auslösenden Faktoren nicht zufällig sondern phasenweise wirksam sind. Die letztgenannte (einseitige) Hypothese wird an folgender Zeitreihe von N = 32 Ereignissen überprüft:

a. V.:   0 0 0 1 0 0 1 1 1 1   1   0   0   0   0   1   0
Nr. der Messung: 1 2 3 4 5 6 7 8 9 10 11 12 13 14 15 16 17

a. V.:   1   1   1   0   0   0   0   0   0   1   0   0   0   1   1
Nr. der Messung: 18 19 20 21 22 23 24 25 26 27 28 29 30 31 32

Insgesamt zählen wir $N_1 = 19$ Nächte ohne Symptom und $N_2 = 13$ Nächte mit Symptom. Die Anzahl der Iterationen (über- bzw. unterstrichene Zahlengruppen) beläuft sich auf $r = 12$. Gemäß der H_0 (zufällige Abfolge) erwarten wir

$$(5.11) \qquad \mu_r = 1 + \frac{2 \cdot N_1 \cdot N_2}{N}$$

$$= 1 + \frac{2 \cdot 19 \cdot 13}{32} = 1 + 15{,}4 \approx 16$$

Iterationen, d. h. die Zahl empirischer Iterationen liegt hypothesengemäß unter der Zufallserwartung. Ob sie auch statistisch bedeutsam von ihr abweicht, entscheiden wir anhand der im Anhang wiedergegebenen Tabelle E 6 (auf die Berechnung der exakten Wahrscheinlichkeiten wollen wir hier verzichten. Hierfür findet sich eine ausführliche Anleitung bei Lienert, 1973, S. 472 ff.). Danach dürfen bei einer Irrtumswahrscheinlichkeit von $\alpha = 5\%$ höchstens $r = 11$ Iterationen auftreten. Diese Zahl wird von der Anzahl Iterationen der empirischen Zeitreihe überschritten, d. h. die H_0 muß mit einer Irrtumswahrscheinlichkeit von $\alpha = 5\%$ beibehalten werden. Symptomfreie und symptombehaftete Phasen wechseln einander zufällig ab.

Für $N_1 > 30$ und $N_2 > 30$ folgt die Prüfgröße r einer Normalverteilung mit dem unter 5.11 angegebenen Erwartungswert (Mittelwert) und der Streuung

$$(5.12) \qquad \sigma_r = \sqrt{\frac{2 \cdot N_1 \cdot N_2 (2N_1 \cdot N_2 - N)}{N^2 \cdot (N - 1)}} \, .$$

474

Der folgende z-Wert kann anhand der Standardnormalverteilungstabelle (vgl. Tabelle E1) zufallskritisch bewertet werden:

$$(5.13) \qquad z = \frac{r - \mu_r}{\sigma_r}.$$

Obwohl das Beispiel die Erfordernisse einer brauchbaren Normalverteilungs-approximation nicht erfüllt ($N_1 = 19$, $N_2 = 13$), soll der in Gleichung 5.13 angegebene asymptotische Test auch anhand der oben erwähnten Zahlen verdeutlicht werden.

Wir ermitteln

$$\sigma_r = \sqrt{\frac{2 \cdot 19 \cdot 13 \cdot (2 \cdot 19 \cdot 13 - 32)}{32^2 \cdot (32 - 1)}} = 2{,}68$$

und

$$z = \frac{12 - 16}{2{,}68} = -1{,}49 \,.$$

Diesem z-Wert entspricht gemäß Tabelle E1 bei einseitiger Fragestellung eine Irrtumswahrscheinlichkeit von 6,81%.

Eine zweite auf Zeitreihen binärer Daten bezogene Hypothese könnte lauten, daß die *Zeitreihe einem monotonen Trend* folgt, bzw. daß – auf das Beispiel bezogen – die Häufigkeit des Einnässens im Verlaufe der Zeit abnimmt. Diese Hypothese überprüfen wir mit dem *Rangsummentest* nach Meyer-Bahlburg (1969, zit. nach Lienert, 1978, S. 263 f.).

Hierzu betrachten wir die laufenden Nummern der Messungen des selteneren Ereignisses, also im Beispiel die Nummern derjenigen Nächte, in denen eingenäßt wurde. Diese lauten 4, 7, 8, 9, 10, 11, 16 usw. Die Summe dieser Zahlen beträgt $T = 212$ und ihre Anzahl $N_1 = 13$. Je kleiner diese Summe ist, desto deutlicher wird unsere Hypothese eines monoton fallenden Trends für das seltenere Ereignis bestätigt (umgekehrt erwarten wir bei einem monoton steigenden Trend einen höheren Wert für T). Folgen die 01-Werte keinem Trend, sondern einer Zufallsabfolge, erwarten wir für T

$$(5.14) \qquad \mu_T = \frac{N_1 \cdot (N + 1)}{2} = \frac{13 \cdot (32 + 1)}{2} = 214{,}5 \,.$$

Der beobachtete T-Wert ist kleiner als μ_T und spricht damit der Tendenz nach für unsere Hypothese. Ob T auch signifikant von μ_T abweicht, entscheiden wir anhand der im Anhang E wiedergegebenen Tabelle 7. Für $N_1 = 13$, $N_2 = 19$ und $\alpha = 5\%$ lesen wir dort den Wert $T_{crit} = 171$ ab. Dieser Wert darf vom empirischen T-Wert nicht überschritten werden. Unser T Wert ist erheblich größer als T_{crit}, d.h., wir müssen die H_0 beibehalten. Die Veränderung der Symptomhäufigkeit folgt keinem abfallenden Trend.

(Überprüfen wir einen monoton steigenden Trend, ist statt des T-Wertes der Komplementärwert $T' = N_1 \cdot (N + 1) - T$ mit T_{crit} zu vergleichen. Bei zweiseitiger Fragestellung – der Trend ist entweder monoton steigend oder fallend – muß der kleinere der beiden Werte T oder T' mit dem Tabellenwert verglichen und die Alpha-Wahrscheinlichkeit verdoppelt werden.)

Wenn eines der beiden Ereignisse häufiger als 25 mal auftritt, ist die Prüfgröße T praktisch normalverteilt. Die Verteilung hat den nach Gleichung 5.14 definierten Mittelwert und eine Streuung von

$$(5.15) \qquad \sigma_T = \sqrt{\frac{N_1 \cdot N_2 \cdot (N+1)}{12}}.$$

Der folgende z-Wert wird wiederum anhand der Standardnormalverteilungsfläche (vgl. Tab. E1) zufallskritisch bewertet.

$$(5.16) \qquad z = \frac{T - \mu_T}{\sigma_T}.$$

Für unser Beispiel ermitteln wir zu Demonstationszwecken (der asymptotische Test ist wegen $N_1 = 13$ und $N_2 = 19$ nicht indiziert):

$$\sigma_T = \sqrt{\frac{13 \cdot 19 \cdot (32+1)}{12}} = 26{,}06$$

und

$$z = \frac{212 - 214{,}5}{26{,}06} = -0{,}096.$$

Dieser z-Wert ist nicht signifikant.

Bisher gingen wir von Zeitreihen dichotomer Merkmale aus. Wir wollen nun die gleichen Hypothesen für *mehrkategorielle nominale Merkmale* überprüfen. Zunächst wenden wir uns der Nullhypothese zu, daß die Anzahl der Iterationen in einer Zeitreihe einer zufälligen Abfolge entspricht. Die Überprüfung dieser Hypothese erfolgt mit dem *multiplen Iterationshäufigkeitstest*, der im folgenden an einem Beispiel, das wir einer Anregung Lienerts (1978, S. 270) verdanken, verdeutlicht wird.

Angenommen, ein Student habe 20 gleich schwere Aufgaben eines Tests zu lösen. Jede Aufgabe kann gelöst (G), nicht gelöst (N) oder ausgelassen (A) werden. Folgende Zeitreihe zeigt das Resultat:

a.V.:	$\overline{\text{G} \ \text{G}}$	$\underline{\text{A}}$	$\overline{\text{N} \ \text{N} \ \text{N}}$	$\underline{\text{G} \ \text{G} \ \text{G} \ \text{G}}$	$\overline{\text{A} \ \text{A}}$	$\underline{\text{G}}$	$\overline{\text{N} \ \text{N}}$	$\underline{\text{G} \ \text{G} \ \text{G} \ \text{G}}$
Nr.d. Aufg.:	1 2	3	4 5 6	7 8 9 10	11 12	13	14 15	16 17 18 19 20

Erneut fragen wir, ob die Mischung der $k = 3$ nominalen Kategorien G, N und A zufällig ist (H_0) oder ob die Wechsel zwischen je 2 Kategorien zu häufig oder zu selten auftreten (H_1). Mit letzterem wäre beispielsweise zu rechnen, wenn zwischen aufeinanderfolgenden Aufgaben Übertragungseffekte auftreten. Wir stellen zunächst fest, daß die Ereignisabfolge mit $N = 20$ Ereignissen $r = 8$ Iterationen aufweist. Die für den (asymptotischen) multiplen Iterationshäufigkeitstest benötigte Prüfgröße v lautet

$$(5.17) \qquad v = N - r = 20 - 8 = 12.$$

Ihr steht gemäß der H_0 ein Erwartungswert von

$$(5.18) \quad \mu_v = \frac{\sum_{i=1}^{k} N_i \cdot (N_i - 1)}{N} = \frac{12 \cdot 11 + 5 \cdot 4 + 3 \cdot 2}{20} = 7,9$$

gegenüber (mit N_i = Häufigkeiten des Auftretens der Kategorie i). Der Unterschied zwischen v und μ_v spricht also für eine zu kleine Anzahl von Iterationen (man beachte, daß $v = N - r$).

Für $N > 12$ ist die Prüfgröße v approximativ normalverteilt mit einer Streuung von

$$(5.19) \quad \sigma_v = \sqrt{\frac{\sum_{i=1}^{k}(N_i \cdot (N_i - 1)) \cdot (N - 3)}{N \cdot (N - 1)} + \frac{\left[\sum_{i=1}^{k} N_i \cdot (N_i - 1)\right]^2}{N^2 \cdot (N - 1)} - \frac{2 \cdot \sum_{i=1}^{k} N_i \cdot (N_i - 1) \cdot (N_i - 2)}{N \cdot (N - 1)}}.$$

Setzen wir die Werte des Beispiels ein, resultiert

$$\sigma_v = \sqrt{\frac{(12 \cdot 11 + 5 \cdot 4 + 3 \cdot 2) \cdot (20 - 3)}{20 \cdot 19} + \frac{(12 \cdot 11 + 5 \cdot 4 + 3 \cdot 2)^2}{20^2 \cdot 19} \cdots}$$

$$\cdots - \frac{2 \cdot (12 \cdot 11 \cdot 10 + 5 \cdot 4 \cdot 3 + 3 \cdot 2 \cdot 1)}{20 \cdot 19}$$

$$\sigma_v = \sqrt{7,07 + 3,28 - 3,65} = \sqrt{6,70} = 2,59 .$$

Damit ergibt sich für z:

$$(5.20) \quad z = \frac{v - \mu_v}{\sigma_v} = \frac{12 - 7,9}{2,59} = 1,58 .$$

Dieser z-Wert schneidet 5,71% der Fläche der Standardnormalverteilungsfläche ab. Da wir gemäß der Alternativhypothese entweder zu viele oder zu wenige Iterationen erwarten, ist die Fragestellung zweiseitig, d.h., die H_0 ist mit einer Irrtumswahrscheinlichkeit von $\alpha = 11,42\%$ beizubehalten. Die Reihenfolge der Ereignisse G, N und A ist zufällig.

Für Zeitreihen mit höchstens 12 Ereignissen ermittelt man die exakte Wahrscheinlichkeit einer Abfolge nach den bei Lienert (1973, S. 484f. und 1975, Tafel VIII-1-4) beschriebenen Rechenvorschriften. Zeitreihen von nominalen Merkmalen mit einer Kategorienanzahl, die im Vergleich zu N groß ist, beurteilt man anhand der kumulativen Poisson-Verteilung (vgl. z.B. Dixon u. Massey, 1957, Tab. 15, zit. nach Lienert, 1973, S. 486).

Der multiple Iterationshäufigkeitentest erfaßt beliebige Abweichungen einer k-kategoriellen Zeitreihe von einer entsprechenden Zufallsabfolge. Interessiert jedoch als spezielle Art der Abweichung ein *monoton steigender oder fallender Trend*, ist der sog. S_j-Test indiziert (vgl. Lienert, 1978, S. 272; ein weiteres Verfahren zur Überprüfung von Verläufen in mehrkategoriellen Merkmalen wurde von Noach u. Petermann, 1982, vorgeschlagen).

Für diesen Test ist es erforderlich, daß hypothetisch festgelegt wird, in welcher Reihenfolge die Häufigkeiten der Merkmalskategorien im Verlaufe der Zeitreihe zunehmen. Werden beispielsweise die Kategorien A, B und C untersucht, könnte die Alternativhypothese lauten: A > B > C. Man beachte, daß mit dieser Hypothese nicht behauptet wird, daß A häufiger als B und B häufiger als C auftritt (diese Hypothese wäre bei Unabhängigkeit der Ereignisse mit einem eindimensionalen Chi²-Test – vgl. Anhang B – zu überprüfen), sondern daß die Wahrscheinlichkeit, daß A auftritt, im Verlaufe der Zeitreihe am meisten wächst, gefolgt von den Wahrscheinlichkeitszuwächsen für B und C. Diese Hypothese ist mit der Hypothese, daß die Wahrscheinlichkeiten der Ereignisse A, B, C in der Reihenfolge C < B < A abnehmen, gleichwertig. Dementsprechend ist der S_j-Test einseitig konzipiert.

Ermüdungs- und Sättigungseffekte lassen es plausibel erscheinen, daß die Anzahl nicht gelöster Aufgaben (N) am meisten, die Anzahl ausgelassener Aufgaben (A) am zweitmeisten, und die Anzahl gelöster Aufgaben (G) am wenigsten zunimmt (bzw. am stärksten abnimmt). Die Alternativhypothese lautet damit N > A > G.

Mit einer Prüfgröße S_j wird festgestellt, inwieweit die Daten dieser Hypothese entsprechen. Hierzu vergleichen wir jede Aufgabennummer (allgemein: die Nummern der Meßzeitpunkte) der N-Aufgaben mit jeder Aufgabennummer der A-Aufgaben, die Nummern der N-Aufgaben und der G-Aufgaben sowie die Nummern der A-Aufgaben und der G-Aufgaben (allgemein: jede höhere Kategorie wird mit jeder niedrigeren Kategorie verglichen) und zählen diejenigen Vergleiche, die der Hypothese entsprechen.

Für N vs. A sind die Vergleiche $4 - 3$, $5 - 3$, $6 - 3$, $14 - 3$, $14 - 11$, $14 - 12$, $15 - 3$, $15 - 11$ und $15 - 12$ (aber z. B. nicht $6 - 11$) hypothesenkonform. Insgesamt zählen wir hier also $g_{12} = 9$ hypothesenkonforme Vergleiche. Für N vs. G resultieren $g_{13} = 20$ und für A vs. G $g_{23} = 14$ hypothesenkonforme Vergleiche. Die Prüfgröße S_j ergibt sich nach der Beziehung

$$(5.21) \qquad S_j = 2 \cdot \sum g_{ij} - \sum N_i \cdot N_j,$$

wobei die Summe über alle $\dfrac{k \cdot (k-1)}{2}$ Paare läuft und N_i bzw. N_j die Häufigkeiten der Kategorien bezeichnen.

Für das Beispiel errechnen wir

$$\begin{aligned} S_j &= 2 \cdot (9 + 20 + 14) - (5 \cdot 3 + 5 \cdot 12 + 3 \cdot 12) \\ &= 86 - 111 \\ &= -25 \end{aligned}$$

Gemäß der Nullhypothese erwarten wir für S_j einen Wert von Null, d.h., der gefundene Wert liegt unter dieser Erwartung, was von vornherein gegen unsere Hypothese spricht (dies war auch zu vermuten, denn wie die Zeitreihe zeigt, nimmt die Anzahl nicht gelöster Aufgaben tendenziell eher ab als zu). Die Prüfgröße S_j ist für $N = \sum_i N_i \geq 20$ approximativ normalverteilt mit einer Streuung von

$$(5.22) \qquad \sigma_{S_j} = \sqrt{ \frac{1}{18} \cdot \left[N^2 \cdot (2 \cdot N + 3) - \sum_{i=1}^{k} N_i^2 \cdot (2N_i + 3) \right] } \, .$$

Wir ermitteln

$$\sigma_{S_j} = \sqrt{\frac{1}{18} \cdot [20^2 \cdot (2 \cdot 20 + 3) - 5^2 \cdot 13 + 3^2 \cdot 9 + 12^2 \cdot 27)]}$$

$$= \sqrt{\frac{1}{18} \cdot (17\,200 - 4\,294)}$$

$$= 26{,}78\,.$$

Als z-Wert ergibt sich

$$(5.23) \qquad z = \frac{|S_j| - \dfrac{1}{2}}{\sigma_{S_j}} = \frac{|-25| - \dfrac{1}{2}}{26{,}78} = 0{,}91\,.$$

Wie erwartet, ist dieser Wert nicht signifikant.

5.2.4.2 Einzelfalldiagnostik

Ging es auf den letzten Seiten um Hypothesen über den Verlauf individueller Zeit-reihen, wenden wir uns nun Fragen zu, die die Bewertung einmalig erhobener Test-ergebnisse einer Person betreffen. Erhebungsinstrumente sind hierbei die in der psychologischen Diagnostik gängigen Testverfahren bzw. andere standardisierte Meßinstrumente, deren testtheoretische Eigenschaften (vgl. Kap. 2.3.1) bekannt sind.

Viele psychologische Tests umfassen mehrere Untertests (Testbatterien), d. h., das Testergebnis besteht häufig nicht nur aus einem Gesamttestergebnis, sondern aus mehreren Teilergebnissen (Untertestergebnissen), die zusammengenommen ein individuelles Testprofil ergeben. Die Gestalt eines Testprofils liefert dem Dia-gnostiker wichtige Hinweise über die geprüfte Person, wenn er davon ausgehen kann, daß die Differenzen zwischen den Untertestergebnissen nicht zufällig sind, sondern „wahre" Merkmalsunterschiede abbilden. Aufgabe der Einzelfalldiagno-stik ist es, die Zufälligkeit bzw. Bedeutsamkeit individueller Testergebnisse abzu-schätzen.

Die Einzelfalldiagnostik betrachtet jeden individuellen Testwert als eine Reali-sierung einer Zufallsvariablen, deren Verteilung man erhielte, wenn eine Person be-liebig häufig unter identischen Bedingugnen mit demselben Test untersucht wird. Je kleiner die (Fehler-)Varianz dieser Verteilung, desto verläßlicher (reliabler) wäre eine Einzelmessung, und desto unbedenklicher könnte man auch gerinfügige Un-terschiede zweier Testergebnisse interpretieren. Diese Verteilung auf empirischem Wege ermitteln zu wollen, ist nicht nur für die Testperson unzumutbar, sondern auch aus inhaltlichen Gründen fragwürdig, denn in der Regel dürfte sich die eigent-lich interessierende „wahre" Merkmalsausprägung im Laufe der wiederholten Messungen durch Lern-, Übungs- und ähnliche Effekte verändern. Außerdem würde dieses Ansinnen die Praktikabilität einer Testanwendung erheblich in Frage stellen.

Man ist deshalb darauf angewiesen, die Fehlervarianz bzw. Reliabilität einer individuellen Messung indirekt zu schätzen. Wie Huber (1973, S. 55 ff.) zeigt, ist dies möglich, wenn man annimmt, daß die individuellen, auf einen Test bezogenen Fehlervarianzen zwischen den Individuen einer bestimmten Population nur geringfügig differieren. Zieht man eine repräsentative Stichprobe aus dieser Population, kann die Varianz der Testwerte zwischen den Personen (Gruppenfehlervarianz) als Schätzwert der individuellen Fehlervarianzen der Individuen dieser Population verwendet werden. Damit wären dann auch die anhand repräsentativer Stichproben ermittelten Reliabilitäten (die nach einem der auf S. 136f. beschriebenen Verfahren geschätzt werden müssen) auf einzelne Individuen der Referenzpopulation übertragbar.

Tests und vergleichbare Untersuchungsinstrumente, von denen verläßliche (d. h. an genügend großen und repräsentativen Stichproben gewonnene) Reliabilitäten bekannt sind, eignen sich somit unter der (nicht unproblematischen) Annahme annähernd gleich großer individueller Fehlervarianzen auch für die Einzelfalldiagnostik. Im folgenden behandeln wir fünf in der Einzelfalldiagnostik häufig gestellte Fragen:

a) Unterscheiden sich zwei Testwerte einer Person aus zwei verschiedenen Tests statistisch bedeutsam?
b) Besteht zwischen einem Untertestwert und dem Gesamttestwert einer Person ein signifikanter Unterschied?
c) Sind die Schwankungen innerhalb eines individuellen Testprofils zufällig oder bedeutsam?
d) Hat sich ein Testwert oder ein Testprofil nach einer Intervention (z. B. einer Behandlung) signifikant geändert?
e) Weicht ein Individualprofil signifikant von einem Referenzprofil ab?

Wir begnügen uns damit, die Verfahren zur Überprüfung der Hypothesen, die diese Fragen implizieren, jeweils kurz an einem Beispiel zu demonstrieren. An Einzelheiten interessierte Leser verweisen wir auf Huber, 1973. Ein ausführlicheres Beispiel für eine zufallskritische Einzelfalldiagnostik findet man bei Steinmeyer, 1976.

Vergleich zweier Testwerte

Die Intelligenzuntersuchung einer 21 jährigen Frau mit dem Intelligenzstrukturtest (IST, Amthauer, 1971) führte in den Untertests „Gemeinsamkeiten" (GE) und „Figurenauswahl" (FA) zu den Testwerten GE = 118 und FA = 99. Es interessiert die Frage, ob diese Testwertedifferenz statistisch signifikant und damit diagnostisch verwertbar ist.

Dem IST Manual entnehmen wir, daß jeder Untertest auf einen Mittelwert von $\mu = 100$ und eine Streuung von $\sigma = 10$ normiert ist und daß die hier angesprochenen Untertests Reliabilitäten von $r_{GE} = 0,93$ und $r_{FA} = 0,84$ aufweisen. Der deutliche Reliabilitätsunterschied legt eine Normierung der Testwerte nahe, die die unterschiedlichen Reliabilitätskoeffizienten berücksichtigt [sog. τ (griech. tau-) Normierung; vgl. Huber, 1973, Kap. 4.5]. Dies geschieht, indem die beiden Testwerte nach folgender Gleichung transformiert werden:

(5.24) $\qquad \tau = \dfrac{y}{\sqrt{r}} + \mu \cdot \left(1 - \dfrac{1}{\sqrt{r}} \right)$

mit $\qquad$ $\tau = \tau -$ normierter Testwert

$\qquad$ y = Testwert

$\qquad$ r = Reliabilität des Tests

$\qquad$ μ = Erwartungswert (Mittelwert) des Tests.

Nach dieser Beziehung errechnen wir für die beiden Testwerte

$$\tau_1 = \frac{118}{\sqrt{0{,}93}} + 100 \cdot \left(1 - \frac{1}{\sqrt{0{,}93}}\right) = 118{,}67$$

$$\tau_2 = \frac{99}{\sqrt{0{,}84}} + 100 \cdot \left(1 - \frac{1}{\sqrt{0{,}84}}\right) = 98{,}91 \, .$$

Den Unterschied der beiden τ-Werte überprüfen wir nach der Gleichung

(5.25) $\qquad$ $$z = \frac{\tau_1 - \tau_2}{\sigma \cdot \sqrt{\left(\dfrac{1-r_1}{r_1}\right) + \left(\dfrac{1-r_2}{r_2}\right)}}$$

Mit $\sigma = 10$, $r_1 = 0{,}93$ und $r_2 = 0{,}84$ resultiert in unserem Beispiel:

$$z = \frac{118{,}67 - 98{,}91}{10 \cdot \sqrt{\left(\dfrac{1-0{,}93}{0{,}93}\right) + \left(\dfrac{1-0{,}84}{0{,}84}\right)}} = 3{,}83 \, .$$

Dieser Wert schneidet von der Standardnormalverteilungsfläche (vgl. Tabelle E 1) weniger als 0,5% ab, d. h. die Differenz ist bei zweiseitiger Fragestellung (also nach Verdopplung des Flächenwertes) auf dem $\alpha = 1\%$-Niveau signifikant.

Vergleich eines Untertestwertes mit dem Gesamttestwert

Gelegentlich möchte man wissen, ob sich die Leistung in einem einzelnen Untertest deutlich bzw. statistisch signifikant von der Gesamttestleistung unterscheidet. Im Rahmen einer Umschulungsberatung führte eine Intelligenzprüfung mit dem Haburg-Wechsler-Intelligenztest (HAWIE, Wechsler et al., 1964) bei einem Angestellten im Untertest „Zahlen nachsprechen" (ZN) zu einem Testwert von 14. Als Gesamt-IQ ergab sich ein Wert von 96. Man interessiert sich nun für die Frage, ob diese Abweichung auf eine spezielle Begabung hinweist oder ob sie zufällig zustande kam.

Die Beantwortung dieser Frage setzt voraus, daß die Korrelation zwischen dem Untertest und dem Gesamt-IQ bekannt ist. Sie lautet im Beispiel $r_{ZN-G} = 0{,}63$. Mit Hilfe dieser Korrelation läßt sich regressionsanalytisch ermitteln, welcher Untertestwert bei einem IQ von 96 zu erwarten ist. Die Regressionsgleichung lautet:

(5.26) $\qquad$ $$\hat{y}_1 = \mu_1 + \frac{\sigma_1}{\sigma_G} \cdot r_{1G} \cdot (y_G - \mu_G)$$

mit $\qquad$ μ_1 = Mittelwert des Untertests

$\qquad$ σ_1 = Streuung des Untertests

$\qquad$ μ_G = Mittelwert des Gesamttests

$\qquad$ σ_G = Streuung des Gesamttests

$\qquad$ r_{1G} = Korrelation zwischen Untertest und Gesamttest

$\qquad$ y_G = Gesamttestwert .

Für $\mu_1 = 10$, $\sigma_1 = 3$, $\mu_G = 100$, $\sigma_G = 15$, $r_{1G} = 0,63$ (diese Werte sind dem jeweiligen Testhandbuch zu entnehmen) und $y_G = 96$ errechnen wir für $\hat{y}_1$:

$$\hat{y}_1 = 10 + \frac{3}{15} \cdot 0,63 \cdot (96 - 100) = 9,5 .$$

Die statistische Bedeutsamkeit der Differenz zwischen dem erwarteten und dem erzielten Untertestwert überprüfen wir in folgender Weise:

$$(5.27) \qquad z = \frac{y_1 - \hat{y}_1}{\sigma_1 \cdot \sqrt{1 - r_{1G}^2}}$$

$$= \frac{14 - 9,5}{3 \cdot \sqrt{1 - 0,63^2}} = 1,93 .$$

Dieser Wert ist bei zweiseitiger Fragestellung gem. Tabelle E1 nicht signifikant. (Er wäre auf dem 5%-Niveau signifikant, wenn man die Untersuchung mit dem Ziel, die einseitige Hypothese ZN > IQ zu überprüfen, durchgeführt hätte.)

Profilverlauf

Nicht nur die Höhe eines Testprofils, sondern auch dessen Verlauf liefern oftmals wichtige diagnostische Hinweise. Bevor man jedoch aus einem Profilverlauf diagnostische Schlüsse zieht, sollte man sich vergewissern, daß die Schwankungen der Untertestwerte tatsächlich vorhandene Merkmalsunterschiede abbilden und nicht zufällig sind.

Nehmen wir an, ein Proband habe in einem Persönlichkeitstest mit sechs Untertests die folgenden Werte erhalten:

$$y_1 = 38; \, y_2 = 44; \, y_3 = 42; \, y_4 = 49; \, y_5 = 35; \, y_6 = 51 .$$

Alle Untertests seien auf den Mittelwert $\mu = 50$ und die Streuung $\sigma = 5$ normiert. Als Reliabilitäten der Untertests werden berichtet:

$$r_1 = 0,72; \, r_2 = 0,64; \, r_3 = 0,80; \, r_4 = 0,78; \, r_5 = 0,67; \, r_6 = 0,76 .$$

Die unterschiedlichen Reliabilitäten lassen eine τ-Normierung der Testwerte ratsam erscheinen. Wir ermitteln nach Gleichung 5.24

$$\tau_1 = 35,86; \, \tau_2 = 42,50; \, \tau_3 = 41,06; \, \tau_4 = 48,87; \, \tau_5 = 31,67; \, \tau_6 = 51,15 .$$

Über die H_0, daß die Differenzen zufällig sind, entscheidet folgende Prüfgröße:

$$(5.28) \qquad \chi^2 = \frac{1}{\sigma^2} \cdot \sum_{j=1}^{m} \frac{r_j}{1 - r_j} \cdot (\tau_j - \bar{\tau})^2$$

mit

$\sigma_2 = $ Varianz der Untertests
$r_j \; = $ Reliabilität des Untertests j
$\tau_j \; = \tau$-normierter Testwert im Untertest j
$\bar{\tau} \; = $ Durchschnitt der τ_j-Werte
$m \; = $ Anzahl der Untertests .

Unter der Annahme, daß die Fehleranteile der Testwerte in den einzelnen Untertests voneinander unabhängig und normalverteilt sind, ist diese Prüfgröße mit $m-1$ Freiheitsgraden χ^2-verteilt.

Für das Beispiel resultiert

$$\chi^2 = \frac{1}{5^2} \cdot \left[\frac{0,72}{1-0,72} \cdot (35,86-41,85)^2 + \frac{0,64}{1-0,64} \cdot (42,50-41,85)^2 + \ldots \right.$$

$$\left. \ldots + \frac{0,76}{1-0,76} \cdot (51,15-41,85)^2 \right]$$

$$= \frac{754,52}{25} = 30,18 \ .$$

Mit $6-1=5$ Freiheitsgraden ist dieser χ^2-Wert auf dem $\alpha\text{-}=1\%$-Niveau gem. Tabelle E 8 signifikant, d. h., wir können davon ausgehen, daß die Profilgestalt nicht zufällig zustandekam, sondern tatsächliche Merkmalsunterschiede wiedergibt.

Vergleich von Testwerten bei wiederholter Testanwendung

Psychologische Tests werden nicht nur zu diagnostischen Zwecken, sondern z. B. auch zur Kontrolle therapeutischer oder anderer Maßnahmen eingesetzt. Es stellt sich dann die Frage, ob die mit der Intervention einhergehenden Merkmalsveränderungen zufällig oder bedeutsam sind.

In einem Test über berufliche Interessen erhielt ein Abiturient in $m=5$ Untertests die folgenden Werte:

$$y_{11}=18; y_{21}=22; y_{31}=25; y_{41}=20; y_{51}=19 \ .$$

Die Testskalen sind auf $\mu=20$ und $\sigma=3$ normiert. Ihre Reliabilitäten lauten

$$r_1=0,72; r_2=0,89; r_3=0,81; r_4=0,90; r_5=0,85 \ .$$

Nach der ersten Testvorgabe arbeitet der Abiturient Informationsmaterial über einige ihn interessierende Berufe durch. Danach läßt er seine Berufsinteressen erneut prüfen und erzielt diesmal folgende Werte:

$$y_{12}=17; y_{22}=22; y_{32}=20; y_{42}=22; y_{52}=18 \ .$$

Sind die aufgetretenen Veränderungen mit den nicht perfekten Reliabilitäten der Untertests erklärbar, oder hat die Auseinandersetzung mit den in einigen Berufen tatsächlich anfallenden Tätigkeiten und Aufgaben das Interessenprofil des Abiturienten verändert? Diese Frage beantwortet folgender Test:

(5.29)
$$\chi^2 = \frac{1}{2 \cdot \sigma^2} \cdot \sum_{j=1}^{m} \frac{(y_{j1}-y_{j2})^2}{1-r_j}$$

$$= \frac{1}{2 \cdot 3^2} \cdot \left[\frac{(18-17)^2}{1-0,72} + \frac{(22-22)^2}{1-0,89} + \frac{(25-20)^2}{1-0,81} + \frac{(20-22)^2}{1-0,90} \right.$$

$$\left. + \frac{(19-18)^2}{1-0,85} \right]$$

$$= \frac{1}{18} \cdot 181,82 = 10,10 \ .$$

Mit m = 5 Freiheitsgraden ist dieser χ^2-Wert auf dem $\alpha = 5\%$-Niveau nicht signifikant (vgl. Tabelle E 8). Die in den einzelnen Untertests festgestellten Veränderungen liegen im Zufallsbereich. (Über gezielte Vergleiche von Testprofilen hinsichtlich bestimmter Subtestgruppen berichtet Huber, 1973, Kap. 11.)

Vergleich eines Individualprofils mit einem Referenzprofil

Von vielen Tests, die in der Praxis häufig benötigt werden, sind Profile bestimmter Subpopulationen bekannt, wie z. B. die einer bestimmten Alterspopulation, Berufspopulation oder Patientenpopulation. Der Vergleich eines Individualprofils mit derartigen Referenzprofilen informiert über die mutmaßliche Zugehörigkeit der untersuchten Personen zu einer der in Frage kommenden Referenzpopulation.

Nehmen wir an, das zweite Interessenprofil des im letzten Beispiel erwähnten Abiturienten veranlaßt den Berufsberater zu der Hypothese, daß dessen Interessen den durchschnittlichen Interessen von Steuerberatern ähneln. Er entnimmt dem Testhandbuch, daß eine Stichprobe von n = 60 Steuerberatern folgendes Durchschnittsprofil erzielte:

$$\bar{y}_1 = 18; \bar{y}_2 = 23; \bar{y}_3 = 21; \bar{y}_4 = 24; \bar{y}_5 = 16 .$$

Gleichung 5.30 überprüft die Zufälligkeit der Abweichung eines Individualprofils von einem Referenzprofil.

$$(5.30) \qquad \chi^2 = \frac{n}{(1+n) \cdot \sigma^2} \cdot \sum_{j=1}^{m} \frac{(y_j - \bar{y}_j)^2}{1 - r_j} .$$

Unter der Voraussetzung, daß sich die zu einem Durchschnittsprofil zusammengefaßten Einzelprofile nur zufällig unterscheiden und daß die Meßfehler voneinander unabhängig und normalverteilt sind, ist diese Prüfgröße mit m Freiheitsgraden χ^2-verteilt. Für das Beispiel errechnen wir:

$$\chi^2 = \frac{60}{(60+1) \cdot 3^2} \cdot \left[\frac{(18-17)^2}{1-0,72} + \frac{(22-23)^2}{1-0,89} + \frac{(20-21)^2}{1-0,81} + \frac{(22-24)^2}{1-0,90} \right.$$

$$\left. + \frac{(18-16)^2}{1-0,85} \right]$$

$$= 0,11 \cdot 84,59 = 9,30 .$$

Dieser Wert ist nach Tabelle E 8 bei 5 Freiheitsgraden auf dem 5%-Niveau nicht signifikant. Allerdings beantwortet dieses Ergebnis nicht die den Berufsberater eigentlich interessierende Frage; er wollte nicht wissen, ob das Individualprofil eventuell signifikant vom Referenzprofil abweicht, sondern ob das Individualprofil dem Referenzprofil genügend ähnelt, um davon ausgehen zu können, daß der untersuchte Abiturient potentiell zur Referenzpopulation der Steuerberater zählt. Bei der Fragestellung interessiert nicht der α-Fehler (den man begeht, wenn man die H_0 fälschlicherweise verwirft), sondern der β-Fehler, d. h. die Wahrscheinlichkeit, eine H_1 fälschlicherweise abzulehnen. Die Bestimmung des β-Fehlers setzt aber voraus, daß die bei Gültigkeit der H_1 zu erwartenden Parameter bekannt sind (vgl.

S. 374), d.h. der Berufsberater hätte vor der Untersuchung spezifizieren müssen, wie groß die Abweichungen des Individualprofils vom Referenzprofil mindestens sein müssen, um davon ausgehen zu können, der Abiturient gehöre nicht zur Population der Steuerberater. Da dies nicht geschehen ist, kann man die Wahrscheinlichkeit, die H_0 irrtümlicherweise zu akzeptieren, nur dadurch gering halten, daß man den α-Fehler (z.B. auf 10 oder auf 25%) heraufsetzt. Gemäß Tabelle E 8 schneidet der Wert $\chi^2 = 9,24$ 10% der χ^2-Verteilung mit 5 Freiheitsgraden ab, d.h. nach dieser Entscheidungsstrategie dürfte der Berufsberater die H_0 nicht akzeptieren.

Der hier beschriebene Vergleich eines Individualprofils mit einem Referenzprofil sollte mit allen augenscheinlich ähnlichen Referenzpopulationen durchgeführt werden. Der Vergleich mit dem kleinsten χ^2-Wert stellt dann die bestmögliche Option dar. (Ein anderes Zuordnungsverfahren wird bei Bortz, 1979, Kap. 15.5 beschrieben.)

Kapitel 6. Untersuchungen zur Überprüfung spezifischer Hypothesen mit Effektgrößen

Die Konzeption des „klassischen" Signifikanztests gestattet es, die Wahrscheinlichkeit eines empirischen Ergebnisses bei Gültigkeit der Nullhypothese zu bestimmen. Wir sprechen von einem signifikanten Ergebnis, wenn diese Wahrscheinlichkeit kleiner als ein zuvor festgelegtes Signifikanzniveau ist, wenn also die Aussage der Nullhypothese und das empirische Ergebnis nur sehr schlecht miteinander zu vereinbaren sind. Aus der „Unvereinbarkeit" von Nullhypothese und empirischem Ergebnis wird dann üblicherweise die Richtigkeit der Alternativhypothese erschlossen, zu der nach unseren bisherigen Ausführungen alle mit der Nullhypothese nicht erfaßten Populationsverhältnisse zählen.

Hierin liegt – so wurde auf Seite 376 ff. argumentiert – ein Nachteil des Signifikanztests. **Behauptet die Nullhypothese, es existiere kein Effekt (also z. B. kein Zusammenhang oder kein Unterschied), zählen auch die kleinsten Effekte als Belege für die Richtigkeit der Alternativhypothese, wenn sich diese als statistisch signifikant erweisen.** Da aber nun – wie im folgenden gezeigt wird – die Größe eines statistisch signifikanten Effektes vom Umfang der untersuchten Stichprobe abhängt, ist die Nullhypothese als theoretische Aussage, die auf die Realität praktisch niemals exakt zutrifft, gewissermaßen chancenlos. Setzte die Praktikabilität der Wahl des Stichprobenumfanges keine Grenzen, wäre wohl jede H_0 zu verwerfen.

Statistische Signifikanz kann deshalb nicht allein als Gradmesser des Aussagegehaltes hypothesenprüfender Untersuchungen angesehen werden. Neben die wichtige Forderung, an Stichproben gewonnene Ergebnisse gegen Zufall abzusichern, tritt eine weitere, die besagt, **daß bedeutsame empirische Ergebnisse für Populationsverhältnisse sprechen müssen, die sich in einer für die Praxis nicht zu vernachlässigenden Weise von den in der H_0 behaupteten Populationsverhältnissen unterscheiden.**

Beiden Forderungen ließe sich einfach nachkommen, wenn man empirische Ergebnisse in der bisher gewohnten Weise auf Signifikanz testet und nur diejenigen signifikanten Ergebnisse wissenschaftlich oder praktisch weiterverwendet, die nach eigener Einschätzung oder im Vergleich zu Ergebnissen ähnlicher Untersuchungen auch inhaltlich bedeutsam erscheinen. Diese Empfehlung birgt jedoch die Gefahr, daß Untersuchungen vergebens durchgeführt werden, weil wegen unangemessener Stichprobenumfänge von vornherein keine (oder nur eine sehr geringe) Möglichkeit bestand, praktisch bedeutsam erscheinende Effekte auch statistisch abzusichern. Der für die Planung empirischer Untersuchungen so wichtige Zusammenhang zwischen der Wahl eines angemessenen Stichprobenumfanges und der Wahrscheinlichkeit, ein praktisch bedeutsames Ergebnis auch statistisch absichern zu können, steht im Mittelpunkt der folgenden Ausführungen, die wir mit zwei Beispielen beginnen wollen.

Ein Student wählt als Thema seiner Diplomarbeit die Evaluierung eines neuentwickelten Diätprogrammes. Vorschriftsmäßig sieht er vor, die durchschnittliche Gewichtsabnahme in einer mit dem Diätprogramm behandelten Experimentalgruppe mit den Gewichtsveränderungen einer nicht behandelten Kontrollgruppe zu vergleichen. Von einem auf das Diätprogramm zurückgehenden Effekt soll ausgegangen werden, wenn sich das Durchschnittsgewicht der Experimentalgruppe nach Abschluß der Behandlung bei einseitiger Fragestellung auf dem $\alpha = 5\%$-Niveau signifikant vom Durchschnittsgewicht der Kontrollgruppe unterscheidet (Einzelheiten zu diesem Untersuchungsplan vgl. Kap. 5.2.2.1). Zusätzlich möge es sich jedoch in Vorgesprächen mit Personen, die sich für diese Behandlung interessieren, herausgestellt haben, daß für diese eine Behandlung nur sinnvoll bzw. „praktisch bedeutsam" ist, wenn sie zu einer Gewichtsabnahme von mindestens 5 kg führt. Als Kriterium für einen Behandlungserfolg setzt der Student damit einen auf dem $\alpha = 5\%$-Niveau gesicherten Unterschied von mindestens 5 kg zwischen Experimental- und Kontrollgruppe fest.

Für die Untersuchung sind $n = 20$ Personen in der Experimentalgruppe und $n = 20$ Personen in der Kontrollgruppe vorgesehen, und die Signifikanzüberprüfung soll mit dem t-Test für unabhängige Stichproben (vgl. Anhang D) erfolgen.

Bereits in dieser Phase der Untersuchungsplanung steht fest (wenn wir die Streuung der Körpergewichte der zu behandelnden Übergewichtigen mit $\sigma = 10$ kg als bekannt annehmen), mit welcher Wahrscheinlichkeit die Untersuchung zu dem erhofften Ergebnis führen wird. Sie beträgt 46% und liegt damit unter der Wahrscheinlichkeit, mit der bei einem Münzwurf z. B. das Ereignis „Zahl" auftritt. Es fragt sich, ob der Student mit dieser Erfolgsaussicht bereit ist, sich dem Untersuchungsaufwand zu stellen.

Das zweite (fiktive) Beispiel: Das Kultusministerium eines Landes plant die Evaluierung verschiedener Schulsysteme. Die großzügig angelegte Untersuchungsplanung gestattet es, ca. 10 000 Schüler aus Hauptschulen, Realschulen und Gymnasien zu untersuchen. Leistungsvergleiche anhand standardisierter Tests führen zu dem Ergebnis, daß sich die Leistungen gleichaltriger Schüler verschiedener Schultypen signifikant voneinander unterscheiden. Eine genaue Inspektion der Ergebnisse zeigt jedoch, daß die Leistungsunterschiede der Schüler verschiedener Schulen minimal sind bzw. daß nur ein Prozent der Leistungsvarianz (1% aufgeklärte Varianz) auf die verschiedenen Schultypen zurückgeht. Man muß sich fragen, ob dieser Befund praktische Bedeutung hat, ungeachtet der Tatsache, daß er statistisch signifikant ist. Statistische Signifikanz – so zeigt dieses Beispiel – muß kein Beleg für praktische Bedeutsamkeit sein.

Im Unterschied zu Hypothesen ohne festgelegte Effektgrößen, die an Stichproben überprüft werden, für deren Größe es keine verbindlichen Kriterien gibt, sollten Hypothesen mit Effektgrößen an Stichproben geprüft werden, deren Umfänge man genau kalkulieren kann. Der Grundgedanke, der zur Bestimmung dieser Stichprobenumfänge (und zu der oben erwähnten Wahrscheinlichkeit von 46%) führt, sei im folgenden am Beispiel des Vergleiches zweier Mittelwerte entwickelt. Hierbei setzen wir voraus, daß die Ausführungen des Kap. 5.1 bekannt sind.

488

Die $H_0: \mu_A = \mu_B$ wird durch jede Mittelwertsdifferenz $\bar{x}_A - \bar{x}_B \neq 0$ verworfen, wenn n genügend groß ist. Will man die H_0 jedoch nur aufgrund einer praktisch bedeutsamen Mittelwertsdifferenz vom Betrage $\bar{x}_A - \bar{x}_B = d$ verwerfen, ist es naheliegend, für die Untersuchung einen Stichprobenumfang zu wählen, der gerade die praktisch bedeutsamen Mittelwertsdifferenzen d (bzw. alle größeren Differenzen, aber keine kleinere Differenz) signifikant werden läßt. Diesen Stichprobenumfang findet man, indem man n so bestimmt, daß ein Standardfehler resultiert, der z. B. bei einer einseitigen Fragestellung mit $\alpha = 5\%$ zu einer standardisierten Mittelwertsdifferenz von $z = 1,65$ führt. Abbildung 48a gibt diesen Sachverhalt grafisch wieder.

Der Stichprobenumfang wurde so gewählt, daß d genau $\alpha\%$ von der Stichprobenkennwerteverteilung bei Gültigkeit der H_0 (kurz: H_0-Verteilung) abschneidet, d. h. es werden nur Differenzen $\bar{x}_A - \bar{x}_B \geq d$ signifikant.

Mit der Wahl dieses Stichprobenumfanges ist jedoch ein gravierender Nachteil verbunden. Nehmen wir an, die wahre Mittelwertsdifferenz sei nicht Null, sondern d (Alternativhypothese $H_1: \mu_1 - \mu_2 = d$). Es resultiert dann eine Verteilung der Mittelwertsdifferenzen (H_1-Verteilung) mit $\mu_A - \mu_B = d$ als Mittelwert. Diese Verteilung ist ebenfalls in Abb. 48a eingezeichnet. Wie man sieht, erhält man bei Gültigkeit der H_1 mit einer Wahrscheinlichkeit von 50% signifikante Mittelwertsdifferenzen bzw. Mittelwertsdifferenzen $\bar{x}_A - \bar{x}_B \geq d$. Dies wird in Abb. 48a durch die Fläche $1 - \beta$ verdeutlicht. Wenn sich die Populationsmittelwerte um den praktisch bedeutsamen Betrag d unterscheiden, können Differenzen von Stichprobenmittelwerten nur mit einer Wahrscheinlichkeit von 50% signifikant werden. Für d'-Werte, die weniger als $\alpha\%$ von der H_0-Verteilung abschneiden, ist diese Wahrscheinlichkeit noch geringer.

β wurde auf S. 373 als diejenige Wahrscheinlichkeit eingeführt, mit der wir bei einem nicht signifikanten Ergebnis eine richtige H_1 irrtümlicherweise verwerfen. $1 - \beta$ ist damit diejenige Wahrscheinlichkeit, mit der wir uns bei einer richtigen H_1 auch zugunsten der H_1 entscheiden. Diese Wahrscheinlichkeit wird üblicherweise *Teststärke (Power)* genannt. Der Vorschlag, den Stichprobenumfang so festzulegen, daß nur praktisch bedeutsame Differenzen statistisch signifikant werden, führt also zu einem Signifikanztest mit verhältnismäßig geringer Teststärke.

Die Festlegung eines H_0 und eines H_1 Parameters versetzt uns jedoch in die Lage, nicht nur die Wahrscheinlichkeit eines empirischen Ergebnisses (samt aller – im Beispiel – größeren Ergebnisse) bei Gültigkeit der H_0 (α-Fehlerwahrscheinlichkeit), sondern auch die Wahrscheinlichkeit des empirischen Ergebnisses (samt aller kleineren Ergebnisse) bei Gültigkeit der H_1 (β-Fehlerwahrscheinlichkeit) zu bestimmen. Wir verwerfen die H_0, wenn α kleiner als ein zuvor festgesetztes Signifikanzniveau ist. Bedeutet das Verwerfen der H_0 jedoch gleichzeitig, daß die H_1 zu akzeptieren ist? Dies muß nicht der Fall sein. Untersuchen wir nämlich zu große Stichproben (die zu einer zu kleinen Streuung der Stichprobenkennwerteverteilung führen), sind Differenzen denkbar, die weder mit der H_0 noch mit der H_1 gut zu vereinbaren sind, weil sowohl die α-Fehlerwahrscheinlichkeit als auch die β-Fehlerwahrscheinlichkeit z. B. unter 5% liegen. Diese Verhältnisse sind in Abb. 48b dargestellt.

Beide bisher diskutierten Fälle führen damit zu uneindeutigen Resultaten. In Abb. 48a sind die Stichprobenumfänge zu klein, und in Abb. 48b sind sie zu groß. Eine eindeutigere Entscheidungssituation tritt ein, wenn wir Stichproben untersu-

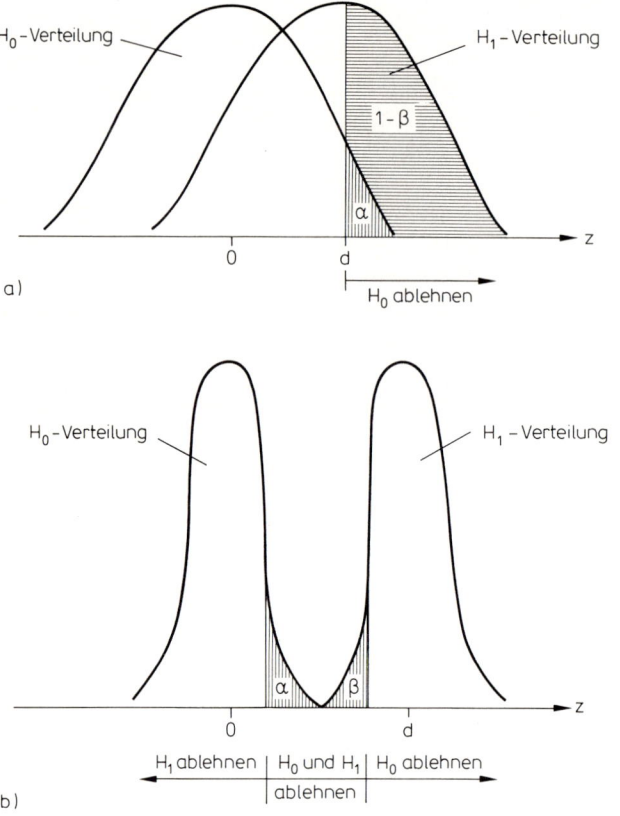

Abb. 48 a, b. Teststärke $(1-\beta)$ in Abhängigkeit vom Stichprobenumfang

chen, deren Umfänge zwischen diesen beiden Extremen liegen. Wir setzen den Stichprobenumfang so fest, daß aufgrund eines empirischen Ergebnisses entweder die H_0 zu verwerfen ist (weil $\alpha < 5\%$) oder die H_1 zu verwerfen ist (weil $\beta < 5\%$) (vgl. Abb. 48 c). Dies führt zu einer Teststärke von $1 - 0,05 = 0,95$, d. h., die Wahrscheinlichkeit, sich zugunsten der H_1 (die der praktisch bedeutsamen Effektgröße entspricht) zu entscheiden, beträgt bei Richtigkeit dieser H_1 95%. (Eine genauere Erörterung dieser Entscheidungssituation im Kontext anderer in der Literatur diskutierter Entscheidungsstrategien findet man bei Bortz et al., 1979.)

Dieser Ansatz löst damit die auf Seite 375 gestellte Forderung nach gleich großem α- und β-Fehlerrisiko ein. Nach dieser Regel sollte verfahren werden, wenn das Risiko, eine an sich richtige H_0 fälschlicherweise zu verwerfen, für genauso gravierend gehalten wird wie das Risiko, eine an sich richtige H_1 fälschlicherweise zu verwerfen. Diese Absicherung erfordert allerdings – wie die folgenden Abschnitte zeigen werden – zum Teil erhebliche Stichprobenumfänge. Die Stichprobenumfänge lassen sich reduzieren, wenn aufgrund inhaltlicher Überlegungen ein größeres

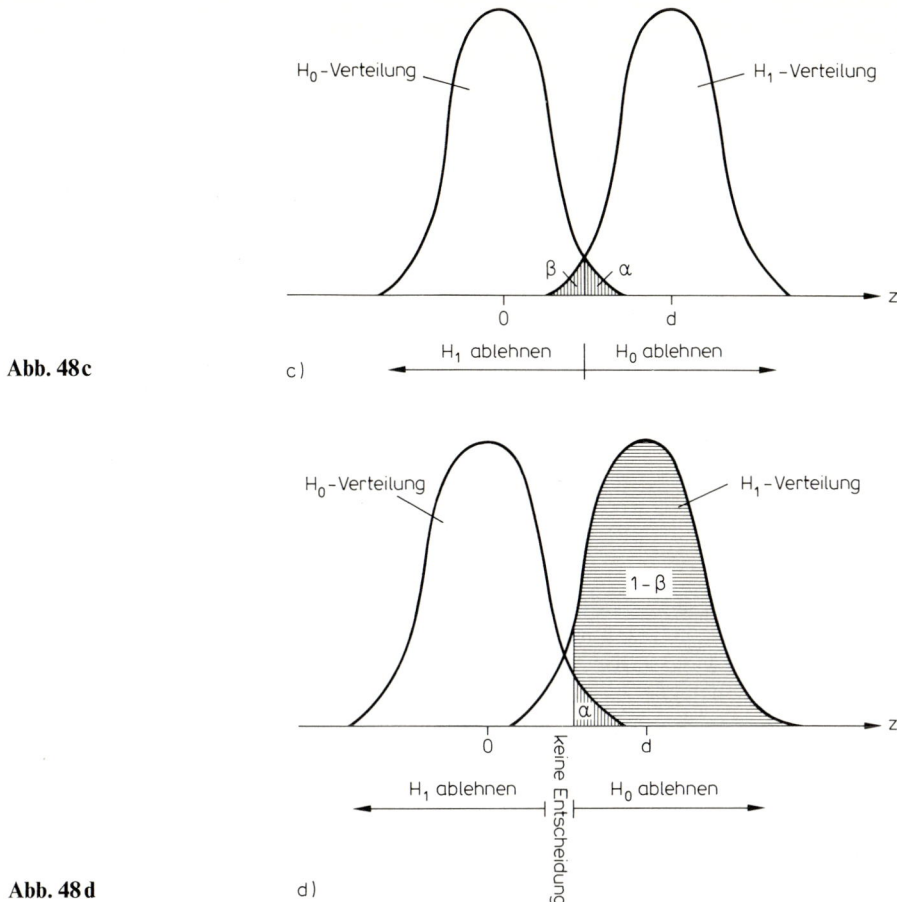

Abb. 48c

Abb. 48d

β-Fehlerrisiko toleriert werden kann – eine Situation, die nach Cohen (1977) auf die Mehrzahl sozialwissenschaftlicher Fragestellungen zutrifft. Nach seiner Auffassung sind die Konsequenzen eines α-Fehlers in der Regel etwa viermal so gravierend wie die Konsequenzen eines β-Fehlers; er empfiehlt deshalb für die meisten sozialwissenschaftlichen Fragestellungen ein α-β-Fehlerverhältnis von 1:4, d.h. z.B. $\alpha = 5\%$ und $\beta = 20\%$. Damit resultiert eine Teststärke von 80%, was in etwa den in Abb. 48d wiedergegebenen Verhältnissen entspricht. Bei einer Stichprobengröße, die diese Verhältnisse gewährleistet, riskieren wir allerdings einige Ergebnisse, die sowohl mit der H_0 als auch mit der H_1 verträglich sind, weil sowohl der α-Fehler als auch der β-Fehler größer als 5% sind. Dieser Bereich ist in Abb. 48d durch den Vermerk „keine Entscheidung" gekennzeichnet.

Fassen wir zusammen: Durch die Festlegung einer Effektgröße sind wir in der Lage, neben dem H_0-Parameter auch einen H_1-Parameter zu spezifizieren. **Damit wird bei einem nicht signifikanten Ergebnis (H_0 annehmen) die β-Fehlerwahrscheinlichkeit bzw. bei einem signifikanten Ergebnis (H_1 annehmen) die α-Fehlerwahr-**

scheinlichkeit kalkulierbar. Die β-Fehlerwahrscheinlichkeit bzw. die Teststärke $1-\beta$ hängen jedoch bei vorgegebenem α-Fehler und vorgegebener Effektgröße vom Stichprobenumfang ab. Wir wählen einen Stichprobenumfang, der dem Signifikanztest eine dem inhaltlichen Problem angemessene Teststärke (z. B. $1-\beta=80\%$ oder $1-\beta=95\%$) verleiht.

Die nächsten an Cohen (1977) orientierten Abschnitte verfolgen zwei Hauptziele: Zum einen werden für die in der Praxis am häufigsten verwendeten Signifikanztests Hilfen gegeben, eine Effektgröße festzusetzen. Für diese schwierige Aufgabe findet man weitere Hinweise bei Bredenkamp (1980) und bei Witte (1980). Zum anderen enthalten die Abschnitte Tabellen, die es gestatten, bereits in der Planungsphase den für eine Untersuchung erforderlichen Stichprobenumfang festzulegen. Aus Gründen der Übersichtlichkeit verzichten wir auf die Wiedergabe der Berechnungsvorschriften, die zur Erstellung der Tabellen führten. Der hieran interessierte Leser möge sich z. B. bei Cohen (1977, Kap. 10) informieren.

α-Fehlerwahrscheinlichkeit, Teststärke, Effektgröße und Stichprobenumfang sind funktional auf eine Weise miteinander verbunden, die es erlaubt, bei Vorgabe von drei Größen die jeweils vierte eindeutig zu bestimmen. Mit wachsendem Stichprobenumfang

- verkleinert sich die α-Fehlerwahrscheinlichkeit bei sonst gleichen Bedingungen,
- verkleinert sich die β-Fehlerwahrscheinlichkeit (was gleichzeitig eine Zunahme der Teststärke $1-\beta$ bedeutet) bei sonst gleichen Bedingungen,
- verkleinert sich die Effektgröße bei sonst gleichen Bedingungen.

Die Anlage der Tabellen verfolgt in erster Linie das Ziel, den für eine Untersuchung erforderlichen Stichprobenumfang in Abhängigkeit von der Effektgröße zu bestimmen. Die Tabellen enthalten deshalb Stichprobenumfänge bei variablen Effektgrößen. α ist auf die üblichen Signifikanzniveaus (5% und 1%) fixiert, und die Teststärke wird – bis auf zwei Ausnahmen – in den beiden bereits diskutierten Stufen ($1-\beta=0,95$ und $1-\beta=0,80$) sowie einer von Schmidt et al., 1976, empfohlenen Teststärke von $1-\beta=0,90$ variiert. Solange keine Gründe bekannt sind, nach denen das fälschliche Verwerfen der H_1 besonders gravierende Konsequenzen nach sich zieht, empfehlen wir, Untersuchungen mit $\alpha=5\%$ und $1-\beta=80\%$ zu konzipieren.

Durch die Begrenzung auf nur drei Teststärkestufen sind die Tabellen für die Bestimmung der einem α-Niveau, einer Effektgröße und einem Stichprobenumfang zugeordneten Teststärke weniger geeignet. (Diese Fragestellung wäre z. B. einschlägig, wenn man eine bereits durchgeführte Untersuchung zur Überprüfung einer Hypothese ohne Effektgröße nachträglich hinsichtlich ihrer Teststärke analysieren will.) Auch hier verweisen wir den Leser auf das Standardwerk von Cohen (1977), in dem die hier nur auszugsweise wiedergegebenen Tabellen vollständig (d. h. mit mehr Teststärkeabstufungen) aufgeführt sind.

Die Festlegung einer Effektgröße setzt voraus, daß man über den Untersuchungsgegenstand bereits ausreichende Erfahrungen hat sammeln können, um die Frage: „Was ist praktisch bedeutsam?" sinnvoll beantworten zu können. Zumindest wird man unterstellen müssen, daß die Richtung des Effektes aufgrund theoretischer Überlegungen eindeutig vorhersagbar ist. Dementsprechend sind die Tabellen für einseitige Fragestellungen – mit Ausnahme der Tabellen für Signifikanztests, die nur zweiseitige Fragestellungen überprüfen (z. B. Chi^2-Tests oder Varianzanalyse) – ausgelegt.

492

Kapitel 6 folgt im wesentlichen der Gliederung des Kapitels 5; d. h. auch in diesem Teilkapitel werden wir die Bestimmung von Stichprobenumfängen nach der Art der zu überprüfenden Hypothese (Zusammenhangshypothese, Unterschiedshypothese und Veränderungshypothese) gliedern. Da die Bestimmung einer Effektgröße jedoch unmittelbar mit dem jeweils einzusetzenden Signifikanztest verbunden ist – was bedeutet, daß die Festlegung des hypothesenprüfenden Signifikanztests der Effektgrößen- und Stichprobenumfangsbestimmung vorangehen muß – beziehen wir uns innerhalb der einzelnen Abschnitte direkt auf einzelne Signifikanztests. Behandelt werden Signifikanztests zur Überprüfung von bivariaten und multiplen Korrelationen, des Unterschiedes zweier Korrelationen, des Unterschiedes von zwei Mittelwerten, des Unterschiedes von Häufigkeiten oder Proportionen sowie F-Tests zur Überprüfung von Haupt- und Interaktionseffekten in varianzanalytischen Plänen mit und ohne Meßwiederholungen. (Über Zusammenhänge zwischen den für einzelne Signifikanztests zu bestimmenden Effektgrößen berichten Cohen, 1970 und Friedmann, 1982.)

6.1 Zusammenhangshypothesen

Untersuchungen zur Überprüfung von Zusammenhangshypothesen wurden in Kap. 5.2.1 ausführlich behandelt. Sie enden mit der Durchführung eines Signifikanztests, dessen Vor- und Nachteile Kap. 5.1.3 zur Diskussion stellte. Ein Großteil der Nachteile läßt sich ausräumen, wenn der jeweilige Untersuchungskontext die Festlegung einer praktisch bedeutsamen Effektgröße zuläßt, die es statistisch abzusichern gilt. Daraus ergeben sich klare Kriterien für die Bestimmung des Umfanges der in einer Untersuchung einzusetzenden Stichprobe.

Effektgrößen sind direkt mit dem jeweils durchzuführenden Signifikanztest verbunden. Ihre Bestimmung setzt deshalb eine vollständige Planung der statistischen Auswertung voraus. Wir befassen uns im folgenden mit der Festlegung von Effektgrößen und Stichprobenumfängen für Untersuchungen, deren Hypothesen mit einer Produkt-Moment-Korrelation (Kap. 6.1.1) bzw. einem Kontingenzkoeffizienten (Kap. 6.1.3) überprüft werden sollen. In Kap. 6.1.2 geht es um die Absicherung von Korrelationsdifferenzen und im abschließenden Teil 6.1.4 um Effektgrößen und Stichprobenumfänge für multiple Korrelationen und Partialkorrelationen.

6.1.1 Produkt-Moment-Korrelation

Im Rahmen eines Projektes über die Beziehung zwischen Einstellung und Verhalten ist unter anderem daran gedacht, den Zusammenhang zwischen der Einstellung zur körperlichen Gesundheit und dem tatsächlichen Verhalten zu ermitteln. Eine Untersuchungsvariante sieht vor, die mit einem Fragebogen zu erhebenden Einstellungen bzgl. Zahnpflege und Mundhygiene mit der tatsächlich für die Zahnpflege aufgewendeten Zeit in Beziehung zu setzen. Der Zusammenhang soll mit dem Signifikanztest für eine Produkt-Moment-Korrelation statistisch überprüft werden (vgl. z. B. Bortz, 1979, Kap. 6.2.2).

Tabelle 23. Optimale Stichprobenumfänge für Korrelationsstudien

Test-stärke (1-β)	Sign.-Niveau (α)	Effektgröße: r								
		0,10[a]	0,20	0,30[b]	0,40	0,50[c]	0,60	0,70	0,80	0,90
0,80	0,05	618	153	68	37	22	15	10	7	5
	0,01	998	246	107	58	36	23	16	11	7
0,90	0,05	864	213	93	50	31	20	13	9	6
	0,01	1 296	319	138	75	45	29	20	13	8
0,95	0,05	1 105	272	118	64	39	25	16	11	7
	0,01	1 585	389	168	91	55	35	23	16	10

[a] Schwacher Effekt
[b] Mittlerer Effekt
[c] Starker Effekt

Man weiß, daß ähnliche Untersuchungen über den Zusammenhang von Einstellung und Verhalten zu Durchschnittskorrelationen von ungefähr r = 0,40 führen. Diese Korrelation wird als Effektgröße (bzw. als Populationsparameter der spezifischen H_1) festgesetzt. Falls sie tatsächlich den Populationsverhältnissen entspricht, möchte man mit einer Wahrscheinlichkeit von 80% (Teststärke $1 - \beta =$ 0,80) ein auf dem $\alpha = 5\%$-Niveau signifikantes Ergebnis erzielen. Tabelle 23 ist zu entnehmen, daß bei einer Effektgröße von r = 0,40, einer Teststärke von $1 - \beta =$ 0,80 und einem Signifikanzniveau von $\alpha = 0,05$ eine Zufallsstichprobe mit n = 37 Untersuchungsteilnehmern der Problemstellung angemessen ist.

In dieser Tabelle sind die Effektgrößen r = 0,10, r = 0,30 und r = 0,50 als schwacher, mittlerer bzw. starker Effekt gekennzeichnet. Diese auf Cohen (1977) zurückgehende Klassifikation basiert auf Erfahrungswerten, die für sozialwissenschaftliche Zusammenhangshypothesen typisch sind. Sie soll als Orientierungshilfe gelten, wenn es schwerfällt, aus dem jeweiligen Untersuchungskontext eine angemessene Effektgröße abzuleiten. (Entsprechendes gilt für die Klassifikation von Effektgrößen in den folgenden Tabellen.)

Tabelle 23 zeigt, daß der Stichprobenumfang mit abnehmender Effektgröße rasch zunimmt. Auch wenn man üblicherweise nur daran interessiert ist, die Größenordnung des Stichprobenumfanges abzuschätzen, dürften beispielsweise die Stichprobenunterschiede für die Effektgrößen r = 0,10 und r = 0,20 zu groß sein, um der Tabelle sinnvolle Angaben für Stichprobenumfänge entnehmen zu können, wenn der H_1-Parameter zwischen 0,10 und 0,20 liegt. Für die Berechnung von Stichprobenumfängen, die sich auf Effektgrößen beziehen, die Tabelle 23 nicht enthält, empfiehlt Cohen (1977, S. 99) folgende Gleichung:

$$(6.1) \qquad n = n_{.10} \cdot \left(\frac{0,1}{Z}\right)^2 + 2$$

mit $\quad n_{.10} =$ Stichprobenumfang für r = 0,10 bei gegebenem α und $1 - \beta$
$Z =$ Fisher's Z-Wert der nicht tabellierten Effektgröße r. Die Transformation von r-Werten in Fisher's Z-Werte erfolgt anhand Tab. 9, Anhang E.

Für r = 0,15 (bzw. Z = 0,151) errechnen wir nach Gleichung 6.1 (α = 0,05 und $1 - \beta$ = 0,80):

$$n = 618 \cdot \left(\frac{0,1}{0,151}\right)^2 + 2 = 271\,.$$

Die Schätzung einer Effektgröße erfolgt – anders als im Beispiel, in dem die Effektgröße nach den Ergebnissen vergleichbarer Untersuchungen festgelegt wurde – üblicherweise aufgrund theoretischer Vorüberlegungen. Hierbei ist zu bedenken, daß Erwartungen bzgl. der Höhe eines Zusammenhanges, die von fehlerfrei meßbaren theoretischen Konstrukten oder Variablen ausgehen, empirische Zusammenhänge meistens überschätzen. Da sozialwissenschaftliche Messungen jedoch fast immer meßfehlerbehaftet sind, unterschätzt die Korrelation zweier empirisch gemessener Merkmale den theoretisch zu erwartenden Zusammenhang. (Die Korrelation zweier Merkmale, die bei fehlerfreier Messung z. B. r = 0,40 beträgt, reduziert sich auf r = 0,20, wenn die Reliabilität beider Messungen nur r = 0,70 beträgt; vgl. auch S. 433.) Mangelnde Reliabilität der Messungen ist deshalb ein Grund dafür, Effektgrößen nicht zu hoch anzusetzen.

Die Einschätzung der Bedeutung einer Effektgröße r wird durch r^2 als den Anteil gemeinsamer Varianz zweier Merkmale erleichtert. Hält man beispielsweise eine Korrelation von r = 0,40 für praktisch bedeutsam, heißt das gleichzeitig, daß eine gemeinsame Varianz von 16% (d. h. 16% der in einem Merkmal registrierten Unterschiede werden durch Unterschiede im anderen Merkmal „determiniert") als bedeutsam erachtet wird.

6.1.2 Differenz zweier Korrelationen

Es wird behauptet, daß sich die Interessen von Ehepartnern im Verlaufe der partnerschaftlich verbrachten Zeit einander angleichen (bzw. daß Partnerschaftsbeziehungen gelöst werden, wenn es zu keiner Angleichung kommt). In einer Zufallsstichprobe von Ehepaaren, die mindestens 10 Jahre verheiratet sind, müßte die Korrelation zwischen den Interessen der Ehepartner demnach höher ausfallen als in einer Stichprobe von Ehepaaren, die höchstens 5 Jahre in Gemeinschaft leben. Diese Hypothese, der die H_0: „Die Korrelationen sind gleich" gegenübergestellt wird, soll nur akzeptiert werden, wenn die Korrelation bei den älteren Paaren mindestens r_1 = 0,50 und bei den jüngeren Paaren höchstens r_2 = 0,30 beträgt, d. h. man hält einen Unterschied in den gemeinsamen Varianzen von 16% ($0,5^2 - 0,3^2$ = 0,16) für praktisch bedeutsam.

Die für diese Untersuchung erforderlichen Stichprobenumfänge ermitteln wir anhand Tabelle 24. Der Signifikanztest für Korrelationsunterschiede (vgl. z. B. Bortz, 1979, Kap. 6.2.2) erfordert, daß die Korrelationen zuvor in Fisher's Z-Werte transformiert werden. Tabelle 9 im Anhang E entnehmen wir Z_1 = 0,549 für r_1 = 0,50 und Z_2 = 0,310 für r_2 = 0,30. Für die Effektgröße

(6.2) $q = Z_1 - Z_2 \; (Z_1 > Z_2)$

errechnen wir im Beispiel $q = 0{,}549 - 0{,}310 = 0{,}239$. Tabelle 24 zeigt, daß für $\alpha = 0{,}05$ und $1 - \beta = 0{,}80$ jede Stichprobe einen Umfang aufweisen sollte, der zwischen 140 und 312 liegt. Eine genauere Schätzung erhalten wir nach folgender Gleichung:

$$(6.3) \qquad n = \frac{n_{.10} - 3}{100 \cdot q^2} + 3$$

mit $\qquad n_{.10} =$ Stichprobenumfang für $q = 0{,}10$ bei gegebenem α und $1 - \beta$
$\qquad\qquad q =$ in der Tabelle nicht aufgeführter q-Wert.

Im Beispiel:

$$n = \frac{1240 - 3}{100 \cdot 0{,}239^2} + 3 \approx 220 \, .$$

Es wären also 220 jüngere und 220 ältere Paare zu untersuchen. Man beachte, daß die Effektgröße $q = 0{,}239$ nicht nur durch die Korrelationen $r_1 = 0{,}50$ und $r_2 = 0{,}30$ zustandekommt, sondern durch beliebig viele andere Korrelationsdifferenzen (z. B. $r'_1 = 0{,}60$ mit $Z'_1 = 0{,}693$ und $r'_2 \approx 0{,}425$ mit $Z'_2 = 0{,}454$: $q' = 0{,}693 - 0{,}454 = 0{,}239$). Die Alternativhypothese bezieht sich bei dieser Fragestellung nicht auf die Höhe der Korrelationen, sondern auf die Differenz der Korrelationen bzw. der Z-Werte.

Tabelle 24 eignet sich nicht nur zum Vergleich zweier Stichprobenkorrelationen, sondern auch zum Vergleich einer Stichprobenkorrelation mit einer bekannten (oder geschätzten) Populationskorrelation bzw. zur Überprüfung der $H_0 : \varrho \neq 0$. Es wird beispielsweise gelegentlich gefragt, ob die Korrelation zweier Untertests in einer Stichprobe von der bekannten Korrelation dieser Untertests in einer bestimmten (Teil-)Population abweicht. Wenn zusätzlich eine spezifische H_1 formuliert werden kann, die angibt, wie stark der H_1-Parameter ϱ_1 mindestens vom H_0-Parameter ϱ_c abweichen soll, läßt sich der Stichprobenumfang in folgender Weise kalkulieren: Mit Hilfe der Tabelle 9, Anhang E, transformieren wir die Korrelatio-

Tabelle 24. Optimale Stichprobenumfänge für Untersuchungen zur Überprüfung von Korrelationsdifferenzen

Teststärke $(1-\beta)$	Sign.-Niveau (α)	Effektgröße: q										
		$0{,}10^a$	$0{,}20$	$0{,}30^b$	$0{,}40$	$0{,}50^c$	$0{,}60$	$0{,}70$	$0{,}80$	$1{,}00$	$1{,}20$	$1{,}40$
0,80	0,05	1240	312	140	80	52	37	28	22	15	12	9
	0,01	2010	505	226	128	83	59	44	34	23	17	13
0,90	0,05	1716	431	193	110	72	51	38	30	20	15	12
	0,01	2606	654	292	166	107	75	56	44	29	21	16
0,95	0,05	2167	544	243	138	90	63	47	37	25	18	14
	0,01	3157	792	353	200	129	91	67	52	35	25	19

[a] Schwacher Effekt
[b] Mittlerer Effekt
[c] Starker Effekt

nen ϱ_c und ϱ_1 in die entsprechenden Z-Werte und berechnen $q' = Z_c - Z_1$ (bei $\varrho_c > \varrho_1$). Die folgende Gleichung ermittelt den für Tabelle 24 benötigten q-Wert:

$$(6.4) \qquad q = q' \cdot \sqrt{2}\,.$$

Diese Gleichung trägt der Tatsache Rechnung, daß beim Vergleich einer Stichprobenkorrelation mit einer bekannten Populationskorrelation nur eine Stichprobe benötigt wird. Nehmen wir an, ϱ_c sei 0,60 und ϱ_1 soll nicht höher als 0,30 sein. Dann ist $q' = 0{,}693 - 0{,}310 = 0{,}383$ bzw. $q = 0{,}383 \cdot \sqrt{2} = 0{,}542$. Für $\alpha = 0{,}05$ und $1 - \beta = 0{,}80$ zeigt Tab. 24, daß der gesuchte Stichprobenumfang zwischen $n = 52$ und $n = 37$ liegt. Den genauen Umfang bestimmen wir nach Gleichung 6.3:

$$n = \frac{1240 - 3}{100 \cdot 0{,}542^2} + 3 \approx 45\,.$$

6.1.3 Kontingenzkoeffizient

Der Kontingenzkoeffizient C erfaßt den Zusammenhang (die Assoziation) zweier nominalskalierter Merkmale mit $k \geq 2$ bzw. $l \geq 2$ Kategorien (wir vereinbaren $l \leq k$); seine statistische Bedeutsamkeit überprüft der $k \times l - \mathrm{Chi}^2$-Test (vgl. z. B. Bortz, 1979, Kap. 5.3.5). Üblicherweise testen wir gegen die H_0, nach der die beiden Merkmale stochastisch voneinander unabhängig sind (H_0: $C = 0$).

Gesucht wird ein Stichprobenumfang, der bei Gültigkeit der H_1: $C = c$ (wobei $c = $ Minimalbetrag für einen praktisch bedeutsamen Kontingenzkoeffizienten) bei vorgegebenem α mit einer Wahrscheinlichkeit von $1 - \beta$ zum Verwerfen der H_0 führt.

Da Kontingenzkoeffizienten wie auch Produkt-Moment-Korrelationen Zusammenhänge quantifizieren, ist es naheliegend, praktisch bedeutsame Kontingenzkoeffizienten nach ähnlichen Kriterien festzulegen wie praktisch bedeutsame Korrelationen. Kontingenzkoeffizienten sind mit Produkt-Moment-Korrelationen jedoch nur bedingt vergleichbar. Ihr Wertebereich umfaßt nur positive Koeffizienten, die auch bei maximaler Kontingenz unterhalb von 1 bleiben. Außerdem läßt sich das Quadrat eines Kontingenzkoeffizienten nicht als Anteil gemeinsamer Varianz interpretieren. Da das „Denken in Korrelationen" erfahrungsgemäß jedoch leichter fällt als das „Denken in Kontingenzen", schlagen wir für die Bestimmung eines praktisch bedeutsamen Kontingenzkoeffizienten folgenden Ansatz vor:

Der Zusammenhang, der zwischen einem k-fach und einem l-fach gestuften Merkmal mindestens bestehen soll, wird zunächst nach den Richtlinien für „normale" Korrelationen festgelegt (vgl. Kap. 6.1.1). Diese Korrelation transformieren wir nach Gleichung 6.5 in ein Kontingenzäquivalent:

$$(6.5) \qquad C = C_{\max} \cdot r\,,$$

wobei

$$C_{\max} = \sqrt{\frac{l - 1}{l}} \quad (l \leq k)\,.$$

C_{max} gibt die maximal mögliche Kontingenz in einer $k \times l$ Kontingenztafel an. Aus C errechnen wir die Effektgröße W, nach der die Tab. 26 entwickelt ist.

$$(6.6) \qquad W = \sqrt{\frac{C^2}{1-C^2}}$$

Die inhaltliche Bedeutung von W wollen wir anhand eines kleinen Beispiels veranschaulichen. Es soll geprüft werden, ob zwischen dem Geschlecht einer Person ($l = 2$) und ihrer Farbpräferenz ($k = 5$) ein Zusammenhang besteht. Praktisch verwertbar sei dieser Zusammenhang, wenn er mindestens einer Korrelation von $r = 0,43$ entspricht.

Wir ermitteln

$$C_{max} = \sqrt{\frac{1}{2}} = 0,707$$

und

$$C = 0,707 \cdot 0,43 = 0,30 .$$

Die Effektgröße W heißt damit

$$W = \sqrt{\frac{0,30^2}{1-0,30^2}} = \sqrt{0,10} = 0,32 .$$

Um die Bedeutung dieser Effektgröße sinnfällig zu machen, betrachten wir die Verteilung der Farbpräferenzen, die bei Gültigkeit der H_0 zu erwarten ist. Nehmen wir an, wir untersuchen gleich viele männliche und weibliche Personen ($p_\male = p_\female = 0,5$); zudem gehen wir von der einfachen Annahme aus, daß alle Farben insgesamt mit gleicher Wahrscheinlichkeit vorgezogen werden ($p_1 = p_2 = p_3 = p_4 = p_5 = 0,2$). Gemäß der H_0 erwarten wir dann, daß z. B. das Ereignis „männliche Person zieht Blau vor" mit einer Wahrscheinlichkeit von $0,5 \times 0,2 = 0,10$ auftritt (zur Herleitung der Erwartungswerte eines $k \times l$ Chi^2-Tests vgl. z. B. Bortz, 1979, Kap. 5.3.5). Tabelle 25a faßt die Wahrscheinlichkeiten aller Ereigniskombinationen zusammen:

Farbpsychologischen Theorien zufolge sei die Farbe Rot häufiger die Lieblingsfarbe männlicher und Blau häufiger die Lieblingsfarbe weiblicher Personen. Über Geschlechtsunterschiede bei den übrigen Farben sei nichts bekannt. Wir neh-

Tabelle 25. Wahrscheinlichkeiten der Ereigniskombinationen „Geschlecht × Farbe" bei Gültigkeit der H_0 (a) und bei Gültigkeit der H_1 (b)

	a) H_0-Verteilung				b) H_1-Verteilung		
	Männlich	Weiblich			Männlich	Weiblich	
Rot	0,10	0,10	0,2	Rot	0,15	0,05	0,2
Grün	0,10	0,10	0,2	Grün	0,10	0,10	0,2
Blau	0,10	0,10	0,2	Blau	0,05	0,15	0,2
Gelb	0,10	0,10	0,2	Gelb	0,10	0,10	0,2
Schwarz	0,10	0,10	0,2	Schwarz	0,10	0,10	0,2
	0,5	0,5			0,5	0,5	

men eine H_1 an, die behauptet, daß der Anteil männlicher Personen, deren Lieblingsfarbe Rot ist, dreimal so hoch sei wie der Anteil weiblicher Personen, die Rot bevorzugen. Entsprechendes gelte für die Farbe Blau, die dreimal so häufig von weiblichen Personen bevorzugt wird.

Tabelle 26 b gibt die entsprechenden unter der H_1 erwarteten Wahrscheinlichkeiten wieder: p(männliche Person zieht Rot vor) $= 0,15$ und p(weibliche Person zieht Rot vor) $= 0,05$, sowie die umgekehrten Zahlenverhältnisse für die Farbe Blau. Die übrigen Wahrscheinlichkeiten sind gegenüber der H_0-Verteilung nicht verändert.

Ausgehend von diesen Wahrscheinlichkeitsangaben läßt sich die Effektgröße W auch nach folgender Gleichung bestimmen:

(6.7)
$$W = \sqrt{\sum_{i=1}^{k} \sum_{j=1}^{l} \frac{(p_{0_{ij}} - p_{1_{ij}})^2}{p_{1_{ij}}}}$$

mit $\quad p_{0_{ij}}$ = Wahrscheinlichkeit der Merkmalskombination ij bei Gültigkeit der H_0

$p_{1_{ij}}$ = Wahrscheinlichkeit der Merkmalskombination ij bei Gültigkeit der H_1.

Setzen wir die Werte der Tab. 26a und b in diese Gleichung ein, resultiert der bereits bekannte W-Wert.

$$W = \sqrt{\frac{4 \cdot 0,05^2}{0,10}} = \sqrt{0,10} = 0,32 \,.$$

Natürlich kann man die gleiche Effektgröße auch auf andere Abweichungen der H_1-Verteilung von der H_0-Verteilung zurückführen. Entscheidend ist, daß bei dieser Art der Effektgrößenbestimmung die H_0-Verteilung (bzw. genauer, die Randverteilungen bzw. die Zeilen- und Spaltenwahrscheinlichkeiten) bekannt sein müssen. Solange dies vor einer Untersuchung nicht der Fall ist, man also die Randverteilungen erst empirisch schätzen muß, empfiehlt sich eine Effektgrößenbestimmung nach Gleichung 6.6. Allerdings kann es häufig von Nutzen sein, sich die Bedeutung einer Effektgröße W anhand fiktiver H_0- und H_1-Verteilungen über Gleichung 6.7 zu veranschaulichen.

Die optimalen Stichprobenumfänge hängen beim Kontingenzkoeffizienten nicht nur von W, sondern auch von der Anzahl der Freiheitsgrade (df) der Kontingenztafel ab. Man erhält diese nach der Beziehung

$$df = (k - 1)(l - 1) \,.$$

Entsprechend faßt Tabelle 26 die optimalen Stichprobenumfänge für Kontingenztafeln mit unterschiedlichen W- und df-Werten zusammen. Die aufgeführten Stichprobenumfänge gelten nur für ein Signifikanzniveau ($\alpha = 0,05$) und eine Teststärke ($1 - \beta = 0,80$). Man beachte, daß sich der erforderliche Stichprobenumfang für $\alpha = 0,01$ und/oder $1 - \beta > 0,80$ vergrößert (vgl. Tafeln 7.4.1–7.4.15 bei Cohen, 1977).

Für das Beispiel entnehmen wir Tabelle 26, daß für df $= 4$, W $= 0,32$, $\alpha = 0,05$ und $1 - \beta = 0,80$ zwischen n $= 75$ und n $= 133$ Personen befragt werden sollten. Den

Tabelle 26. Optimale Stichprobenumfänge für Untersuchungen zur Überprüfung von Merkmalskontingenzen ($\alpha = 0,05$, $1-\beta = 0,80$)

Freiheits-grade (df)	Effektgröße: W								
	0,10[a]	0,20	0,30[b]	0,40	0,50[c]	0,60	0,70	0,80	0,90
1	785	196	87	49	31	22	16	12	10
2	964	241	107	60	39	27	20	15	12
3	1 090	273	121	68	44	30	22	17	13
4	1 194	298	133	75	48	33	24	19	15
5	1 283	321	143	80	51	36	26	20	16
6	1 362	341	151	85	54	38	28	21	17
7	1 435	359	159	90	57	40	29	22	18
8	1 502	376	167	94	60	42	31	23	19
9	1 565	391	174	98	63	43	32	24	19
10	1 624	406	180	102	65	45	33	25	20
12	1 734	433	193	108	69	48	35	27	21
16	1 927	482	214	120	77	54	39	30	24
20	2 096	524	233	131	84	58	43	33	26
24	2 249	562	250	141	90	62	46	35	28

[a] Schwacher Effekt
[b] Mittlerer Effekt
[c] Starker Effekt

genauen Wert errechnen wir nach Gleichung 6.8.

$$(6.8) \qquad n = \frac{n_{.10}}{100 \cdot W^2}.$$

Hierin ist $n_{.10}$ der für $W = 0,10$ erforderliche Stichprobenumfang. Im Beispiel ergibt sich

$$n = \frac{1194}{100 \cdot 0,32^2} \approx 117.$$

6.1.4 Multiple Korrelation und Partialkorrelation

Die multiple Korrelation R prüft die H_0, daß zwischen p Prädiktorvariablen X_1, X_2, ... X_p und einer Kriteriumsvariablen Y kein Zusammenhang besteht. Die Überprüfung dieser H_0 erfolgt über den F-Test (vgl. z. B. Bortz, 1979, Kap. 13.2). Eine spezifische H_1 legt fest, welcher Zusammenhang zwischen den Prädiktoren und dem Kriterium mindestens bestehen soll oder erwartet wird. R^2 als derjenige Varianzanteil, den die Prädiktorvariablen zusammengenommen an der Kriteriumsvarianz aufklären, dient auch hier – wie z. B. bei der Produkt-Moment-Korrelation – als Interpretationshilfe. Den für ein bestimmtes Signifikanzniveau (α) und eine bestimmte Teststärke ($1-\beta$) optimalen Stichprobenumfang (n) errechnet man nach folgender Gleichung:

$$(6.9) \qquad n = \frac{L \cdot (1 - \hat{R}^2)}{\hat{R}^2} + p + 1$$

500

mit   p = Anzahl der Prädiktorvariablen
$\hat{R}^2$ = Quadrat der über eine Stichprobe geschätzten wahren multiplen Korrelation (s. Gleichung 6.10).

(Für Untersuchungen, in denen eine spezifische H_1 einer H_0 gegenübergestellt wird, nach der die multiple Korrelation in der Population ungleich Null ist, vgl. Wilcox, 1980.)

L (Nonzentralitätsparameter einer nicht zentralen F-Verteilung) wird Tabelle 27 für die untersuchte Anzahl von Prädiktorvariablen (p) das gewünschte α-Niveau und die gewünschte Teststärke $(1-\beta)$ entnommen.

Bei der Festsetzung der Effektgröße $\hat{R}^2$ ist darauf zu achten, daß die anhand einer Stichprobe ermittelte multiple Korrelation die in der Population gültige Korrelation in Abhängigkeit von der Anzahl der Prädiktorvariablen p und dem Stichprobenumfang n überschätzt. Die Überschätzung nimmt mit größer werdendem p

Tabelle 27. Optimale Stichprobenumfänge für Untersuchungen zur Überprüfung multivariater Zusammenhänge mit der multiplen Korrelation oder der Partialkorrelation (L-Werte, Erläuterung s. Text)

Anzahl der Prädiktorvariablen (p)	Teststärke $(1-\beta)$					
	0,80	♀	0,90		0,95	
	Sign. Niveau (α)					
	0,05	0,01	0,05	0,01	0,05	0,01
1	7,85	11,68	10,51	14,88	13,00	17,81
2	9,64	13,88	12,65	17,43	15,44	20,65
3	10,90	15,46	14,17	19,25	17,17	22,67
4	11,94	16,75	15,40	20,74	18,57	24,33
5	12,83	17,87	16,47	22,03	19,78	25,76
6	13,62	18,87	17,42	23,18	20,86	27,04
7	14,35	19,79	18,28	24,24	21,84	28,21
8	15,02	20,64	19,08	25,21	22,74	29,29
9	15,65	21,43	19,83	26,12	23,59	30,30
10	16,24	22,18	50,53	26,98	24,38	31,26
11	16,80	22,89	21,20	27,80	25,14	32,16
12	17,34	23,56	21,83	28,58	25,86	33,02
13	17,85	24,21	22,44	29,32	26,54	33,85
14	18,34	24,83	23,02	30,03	27,20	34,64
15	18,81	25,43	23,58	30,72	27,84	35,40
16	19,27	26,01	24,12	31,39	28,45	36,14
20	20,96	28,16	26,13	33,85	30,72	38,86
24	22,49	30,10	27,94	36,07	32,76	41,32
28	23,89	31,88	29,60	38,11	34,64	43,58
32	25,19	33,53	31,14	40,01	36,37	45,67
40	27,56	36,55	33,94	43,46	39,54	49,49
50	30,20	39,92	37,07	47,31	43,07	53,74
60	32,59	42,96	39,89	50,79	46,25	57,58
80	36,83	48,36	44,89	56,96	51,89	64,39
100	40,56	53,10	49,29	62,38	56,85	70,37

und/oder kleiner werdendem n zu. (Für p = 5 und n = 20 z. B. entspricht eine empirisch ermittelte Korrelation von R = 0,50 bzw. $R^2 = 0,25$ einer geschätzten wahren Korrelation $\hat{R} = 0$!) Da mit der Alternativhypothese Populationsparameter festgelegt werden, sollte die Effektgröße $\hat{R}^2$ nicht an Stichprobenwerten R, die in vergleichbaren Untersuchungen ermittelt wurden, sondern an „schrumpfungskorrigierten" multiplen Korrelationen orientiert sein, die eine genauere Schätzung der in der Population gültigen multiplen Korrelation darstellen.

Möglichkeiten zur Schrumpfungskorrektur multipler Korrelationen wurden von mehreren Autoren vorgeschlagen. In einer Vergleichsstudie über mehrere Korrekturformeln kommt Carter (1979) zu dem Schluß, daß die von Olkin u. Pratt (1958) vorgeschlagene Korrekturformel den wahren Populationsparameter am genauesten schätzt. Sie lautet:

$$(6.10) \qquad \hat{R}^2 = 1 - \left(\frac{n-3}{n-p-1} \right) \cdot \left[(1-R^2) + \left(\frac{2}{n-p+1} \right) \cdot (1-R^2)^2 \right].$$

(Setzt man die Werte des oben erwähnten Zahlenbeispiels – R = 0,50, n = 20 und p = 5 – in diese Gleichung ein, resultiert $\hat{R} \approx 0$.) Als Orientierungshilfe übernehmen wir die Empfehlung Cohens (1977, S. 412 ff.) für eine Bewertung der Effektgröße $\hat{R}^2$: Schwacher Effekt – $\hat{R}^2 \approx 0,02$; mittlerer Effekt – $\hat{R}^2 \approx 0,13$; starker Effekt – $\hat{R}^2 \approx 0,26$.

Mangelnde Reliabilität und selegierte Stichproben wirken sich auf die Schätzung einer multiplen Korrelation besonders stark aus, da hier mehrere nicht vollkommen reliable Variablen gleichzeitig berücksichtigt werden. Schätzungen, die von fehlerfreien Messungen ausgehen, sind deshalb – wie auch bei bivariaten Korrelationen (vgl. S. 495) – meistens überhöht. Auf die hiermit verbundenen Probleme geht eine Arbeit von Cascio et al. (1978) ein.

Das folgende Beispiel erläutert die Kalkulation eines Stichprobenumfanges für eine Untersuchung zur Überprüfung einer multivariaten Zusammenhangshypothese mit vorgegebener Effektgröße. Ein Betriebspsychologe eines großen Werkes möchte eine Testbatterie zur Vorhersage von Arbeitszufriedenheit (Kriteriumsvariable Y) zusammenstellen. Er beabsichtigt, die folgenden sechs Prädiktorvariablen einzusetzen:

X_1: Entlohnung
X_2: Möglichkeiten zur flexiblen Arbeitszeitgestaltung
X_3: Abwechslungsreichtum am Arbeitsplatz
X_4: angenehme Mitarbeiter
X_5: Beeinträchtigungen durch Lärm, Staub, Hitze etc.
X_6: Sicherheit des Arbeitsplatzes.

In der Literatur wird über eine ähnliche Untersuchung berichtet, die bei p = 7 vergleichbaren Prädiktoren und n = 100 Befragten zu einer multiplen Korrelation von R = 0,60 führte. Nach Gleichung 6.10 entspricht dieser Stichprobenkorrelation eine Populationskorrelation von

$$\hat{R}^2 = 1 - \left(\frac{100-3}{100-7-1} \right) \cdot \left[(1-0.60^2) + \left(\frac{2}{100-7+1} \right) \cdot (1-0,60^2)^2 \right]$$

$$= 0,316$$

bzw.

$$\hat{R} = 0{,}562\,.$$

In Anlehnung an diese Untersuchung erwartet der Betriebspsychologe eine Mindestkorrelation von $R = 0{,}50$ bzw. $R^2 = 0{,}25$ (25% gemeinsame Varianz). Wie viele Werktätige sind zu befragen, damit eine wahre $H_1: R = 0{,}50$ bei einem α-Fehlerrisiko von 5% mit einer Wahrscheinlichkeit von 80% (Teststärke $1 - \beta = 0{,}80$) entdeckt wird?

Tabelle 27 entnehmen wir für $p = 6$, $1 - \beta = 0{,}80$ und $\alpha = 0{,}05$ den Nonzentralitätsparameter $L = 13{,}62$. Für n errechnet man nach Gleichung 6.9

$$n = \frac{13{,}62 \cdot (1 - 0{,}50^2)}{0{,}50^2} + 6 + 1 = 47{,}86 \approx 48\,.$$

Die Untersuchung sollte mit $n = 48$ Werktätigen durchgeführt werden.

Bekannt sei ferner die Dauer der Betriebszugehörigkeit der Werktätigen (Kontrollvariable Z). Man nimmt an, daß auch dieses Merkmal mit der Arbeitszufriedenheit (und einigen der sechs Prädiktorvariablen) zusammenhängt und möchte wissen, welche multiple Korrelation resultieren würde, wenn man die Dauer der Betriebszugehörigkeit „konstant hält" (*Partialkorrelation*; vgl. S. 388). Der Beitrag, den die sechs genannten Prädiktorvariablen nach Herauspartialisieren der Kontrollvariablen „Dauer der Betriebszugehörigkeit" zur Vorhersage der Kriteriumsvariablen leisten, soll als bedeutsam erachtet werden, wenn er mindestens 16% (multiple Partialkorrelation $\hat{R}_{YX.Z} = 0{,}40$) beträgt.

Der für diese Fragestellung erforderliche Stichprobenumfang errechnet sich nach folgender Gleichung:

(6.11) $$n = \frac{L \cdot (1 - \hat{R}_{YX.Z}^2)}{\hat{R}_{YX.Z}^2} + p + q + 1$$

mit $\quad \hat{R}_{YX.Z}^2 =$ multiple Partialkorrelation zwischen der Kriteriumsvariablen Y und p Prädiktorvariablen X_i unter Herauspartialisierung von q Kontrollvariablen Z_j.

Für das Beispiel entnehmen wir Tabelle 27 für $\alpha = 0{,}05$, $1 - \beta = 0{,}80$ und $p = 6$ (Anzahl der Prädiktorvariablen) erneut $L = 13{,}62$.

Als Stichprobenumfang errechnen wir nach Gleichung 6.11

$$n = \frac{13{,}62 \cdot (1 - 0{,}40^2)}{0{,}40^2} + 6 + 1 + 1 = 79{,}5 \approx 80\,.$$

Die quadrierte multiple Partialkorrelation errechnet man, indem von der quadrierten multiplen Korrelation der Prädiktorvariablen und der Kontrollvariablen mit der Kriteriumsvariablen ($R_{Y(X,Z)}$) die quadrierte multiple Korrelation der Kontrollvariablen mit der Kriteriumsvariablen (R_{YZ}) abgezogen wird.

(6.12) $$\hat{R}_{YX.Z}^2 = \hat{R}_{Y(X,Z)}^2 - \hat{R}_{YZ}^2\,.$$

Man beachte, daß nach dieser Gleichung mehrere Kontrollvariablen gleichzeitig herauspartialisiert werden können.

$\hat{R}_{YX.Z}$ in Gleichung 6.12 kennzeichnet gleichzeitig die Zunahme der multiplen Korrelation, wenn ein ursprünglicher Satz von p Prädiktorvariablen X_i um q Variablen Z_i erhöht wird. Damit kann Gleichung 6.11 auch herangezogen werden, um einen Stichprobenumfang zu kalkulieren, mit dessen Hilfe eine wahre Korrelationszunahme mit bestimmter Teststärke entdeckt wird. (Dutoit u. Penfield, 1979 haben Tabellen entwickelt, denen zu entnehmen ist, wie groß der Zuwachs einer multiplen Korrelation durch die Hinzunahme einer weiteren Prädiktorvariablen mindestens sein muß, um von einem signifikanten Zuwachs sprechen zu können.)

Als Prädiktorvariablen können neben intervallskalierten Merkmalen auch nominale Merkmale eingesetzt werden, wenn diese zuvor als Dummy-Variablen kodiert wurden (vgl. S. 391). Weitere Einzelheiten über Stichprobenumfänge im Rahmen von Untersuchungen, die nach dem *allgemeinen linearen Modell* auszuwerten sind, berichtet Cohen (1977, Kap. 9). Hinweise über Teststärkeberechnungen in multiplen *Regressionsanalysen* findet man bei Ohls (1980).

6.2 Unterschiedshypothesen

In Kap. 5.2.2 berichteten wir über die Anlage von Untersuchungen zur Überprüfung von Unterschiedshypothesen. Ihre Planung endet mit der Auswahl eines dem Untersuchungsproblem bzw. den erhobenen Daten angemessenen Signifikanztests, der üblicherweise die H_0: „Es bestehen keine Unterschiede" überprüft. Als Alternativhypothese wurden nur (einseitige oder zweiseitige) unspezifische Hypothesen betrachtet, die bei genügend großen Stichproben durch beliebig kleine Unterschiede bestätigt werden.

Im folgenden wenden wir uns der Frage zu, wie für ausgewählte Verfahren zur Überprüfung von Unterschiedshypothesen spezifische Alternativhypothesen formuliert werden, mit denen eine Mindestunterschiedlichkeit (Effektgröße) festgelegt ist. In Abhängigkeit von der Effektgröße, dem Signifikanzniveau und der Teststärke lassen sich dann auch für Signifikanztests zur Überprüfung von Unterschiedshypothesen optimale Stichprobenumfänge angeben. Wiederum orientiert an Cohen (1977) berichten wir über optimale Stichprobenumfänge für t-Tests mit unabhängigen Stichproben (Kap. 6.2.1), für die einfaktorielle (Kap. 6.2.2) und die mehrfaktorielle Varianzanalyse (Kap. 6.2.3), sowie für Tests zum Vergleich von Häufigkeiten (Differenzen zweier Prozentwerte) in Kap. 6.2.4, das eindimensionale Chi^2 in Kap. 6.2.5 und das zweidimensionale Chi^2 in Kap. 6.2.6.

6.2.1 t-Test für unabhängige Stichproben

Der t-Test für unabhängige Stichproben (vgl. z. B. Bortz, 1979, Kap. 5.1.2) überprüft die H_0, daß sich die Mittelwerte zweier normalverteilter und varianzhomogener Populationen nicht unterscheiden ($H_0 : \mu_1 = \mu_2$; Abweichungen von der Normalität und der Varianzhomogenität wirken sich mit wachsendem Stichprobenumfang zunehmend weniger auf den α- und den β-Fehler aus). Eine spezifische Alternativhypothese heißt folgerichtig nicht $H_1 : \mu_1 \neq \mu_2$, sondern setzt eine bestimmte Mindestdifferenz der Populationsmittelwerte fest. ($H_1 : \mu_1 - \mu_2 = c$.) Erneut nehmen wir an, die Festlegung einer Effektgröße sei nur sinnvoll, wenn auch die Richtung des Unterschiedes vorhersagbar ist, d. h. wir behandeln im folgenden nur einseitig spezifische Alternativhypothesen. Hierfür vereinbaren wir $\mu_1 > \mu_2$.

Der Minimalunterschied c ist als Effektgröße wenig brauchbar, denn er hängt von der Art der eingesetzten Meßinstrumente ab. Eine „maßstabsnormierte" Differenzmessung erhalten wir, wenn wir die Differenz c durch die (laut Voraussetzung gemeinsame) Streuung σ innerhalb der Populationen dividieren. Damit resultiert für den t-Test für unabhängige Stichproben folgende Effektgröße:

(6.13)
$$d = \frac{\mu_1 - \mu_2}{\sigma}.$$

Dieses Maß setzt also voraus, daß die Streuung des untersuchten Merkmals in den zu vergleichenden Populationen bereits in der Planungsphase bekannt ist. Hierfür lassen sich oftmals vergleichbaren Untersuchungen brauchbare Schätzwerte entnehmen. Stehen entsprechende Angaben nicht zur Verfügung, stellt der *Range,* der einfacher vorstellbar ist als die Standardabweichung, eine geeignete Hilfsgröße der (vgl. S. 80). Bei normalverteilten Merkmalen ist die Differenz zwischen dem mutmaßlich größten Wert in der Population und dem mutmaßlichen kleinsten Wert zu bilden und durch 6 zu dividieren. (Genauer hierzu vgl. Abb. 17.) Das Resultat ist eine Streuungsschätzung, die zumindest die Größenordnung des erforderlichen Stichprobenumfanges ermitteln hilft. (Über Fehlertoleranzen dieser Vorgehensweise werden wir im Zusammenhang mit einem unten aufgeführten Beispiel berichten.) Es ist darauf zu achten, daß die Schätzung des Range nur für eine der zu vergleichenden Populationen, also nicht für die beiden zusammengefaßten Populationen, vorgenommen wird. Welche der beiden Populationen hierfür gewählt wird, ist unerheblich, wenn die Voraussetzung des t-Tests – varianzhomogene Populationen – erfüllt ist. (Die Streuung der zusammengefaßten Populationen enthält auch Mittelwertsunterschiede zwischen den Populationen.) Wenn bekannt oder damit zu rechnen ist, daß die Streuungen in den Populationen unterschiedlich sind, müssen zwei getrennte Streuungsschätzungen vorgenommen werden. Die Zusammenfassung dieser Schätzungen erfolgt nach Gleichung 6.16.

Die Kalkulation einer Effektgröße d für den t-Test setzt damit eine brauchbare Schätzung der Mindestdifferenz $\mu_1 - \mu_2$ und der Populationsstreuung σ voraus. Das d-Maß läßt sich weiter veranschaulichen, wenn man den einem bestimmten d-Wert zugeordneten Überlappungsbereich der beiden zu vergleichenden Verteilungen betrachtet (vgl. Abb. 49).

Als Überlappungsbereich zweier normalverteilter Verteilungen (mit $\sigma = 1$) definieren wir denjenigen Bereich, in dem sich sowohl Elemente der einen als auch der anderen Verteilung befinden. Abbildung 49a zeigt, daß einem d = 0,4 ein Überlappungsbereich von 84% zugeordnet ist. In den beiden übrigen Abbildungen sind d = 0,8 mit einer Überlappung von 69% und d = 1,4 mit einer Überlappung von 48% dargestellt. Allgemein läßt sich ein Überlappungsbereich einfach anhand der Standardnormalverteilungstabelle (vgl. Tabelle E 1) ermitteln: Wir lesen diejenige Fläche ab, den der Wert d/2 von der Standardnormalverteilungsfläche abschneidet und verdoppeln diese Fläche. Es resultiert der Überlappungsbereich.

Eine weitere Veranschaulichung für d läßt sich aus der Analogie des t-Tests zur Punktbiserialen Korrelation herleiten (vgl. z. B. Bortz, 1979, Kap. 6.3). Kodieren wir die Stichpro-

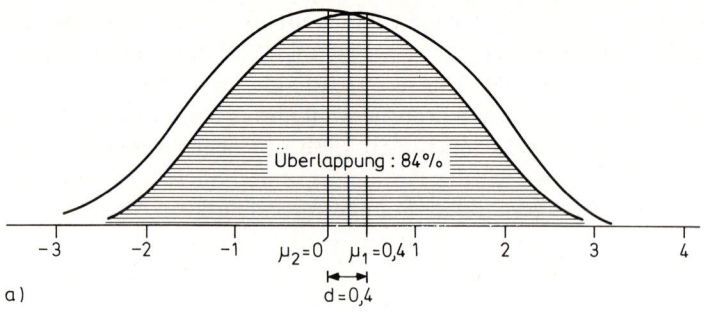

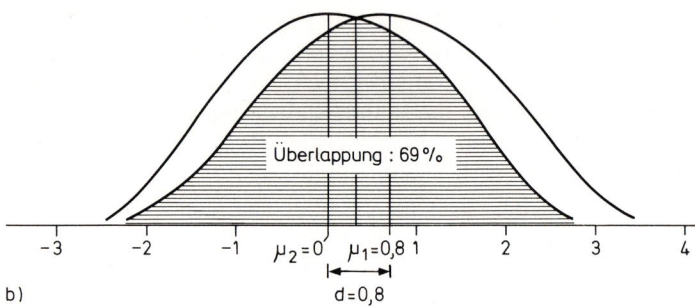

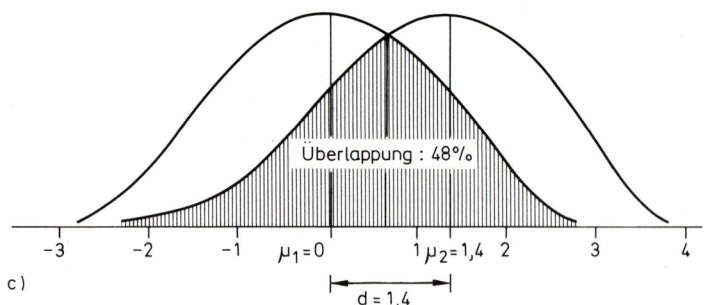

Abb. 49 a–c. Überlappungsbereiche und Effektgröße d beim t-Test

benzugehörigkeit der Untersuchungsteilnehmer mit 0 und 1 (Dummy-Variable, vgl. S. 391) und korrelieren diese Dummy-Variable mit dem untersuchten Merkmal, resultiert eine Punkt-biseriale Korrelation, die über folgende Beziehung mit d verbunden ist:

$$(6.14) \qquad r_{pbis} = \frac{d}{\sqrt{d^2 + 4}}.$$

Das Quadrat von r_{pbis} ist wie r^2 als derjenige Varianzanteil des untersuchten Merkmals zu interpretieren, der auf den Unterschied zwischen beiden Stichproben zurückgeht. Für d = 0,8 z. B. (bzw. 69% Überlappung) ermitteln wir $r_{pbis} = 0,37$ bzw. 14% gemeinsame Varianz zwischen der Dummy-Variablen und dem untersuchten Merkmal.

Diese Überlegungen seien im folgenden auf ein kleines Beispiel angewandt. Ein Schulpsychologe möchte die Effektivität einer neu auf dem Markt erschienenen programmierten Unterweisung für den Englischunterricht überprüfen. Hierzu will er eine herkömmlich unterrichtete und eine nach der neuen Methode unterrichtete Schülerstichprobe vergleichen. Den Lernerfolg operationalisiert er durch die Fehleranzahl in einem Testdiktat.

Erfahrungen mit ähnlichen Diktaten bei herkömmlich unterrichteten Schülern veranlassen ihn zu der Annahme, daß das beste Diktat 0 Fehler aufweisen wird und daß maximal mit 30 bis 40 Fehlern gerechnet werden muß. Er plant, aus der Untersuchung praktische Konsequenzen zu ziehen (z. B. Empfehlungen auszusprechen, die neue Lehrmethode einzuführen), wenn Schüler, die nach der neuen Methode unterrichtet werden, mindestens 5 Fehler weniger machen als herkömmlich unterrichtete Schüler ($\mu_1 - \mu_5 = 5$). Als Range möglicher Fehlerzahlen akzeptiert er den Wert 40 und erhält damit $\hat{\sigma} = 40/6 = 6,67$ (unter der Annahme normalverteilter Fehlerzahlen).

Für d ergibt sich dann

$$d = \frac{5}{6,67} = 0,75 \, .$$

Zur Verdeutlichung dieser Effektgrößen ermittelt er anhand der Standardnormalverteilungstabelle (Tabelle 1, Anhang E) den Überlappungsbereich beider Verteilungen. Er beträgt 70% (zweimal die Fläche, die der Wert 0,75/2 abschneidet). Nach Gleichung 6.14 entspricht die Effektgröße d einer gemeinsamen Varianz von $r^2 = 0,35^2 \triangleq 12\%$. Beide Interpretationshilfen stimmen mit seiner Vorstellung von einem praktisch bedeutsamen Unterschied der beiden Unterrichtsmethoden überein. Da die Untersuchung gegebenenfalls erhebliche Konsequenzen nach sich zieht, will er sowohl das α-Fehlerrisiko als auch das β-Fehlerrisiko möglichst gering halten. Er wählt $\alpha = 0,01$ und $\beta = 0,05$ (bzw. $1 - \beta = 0,95$).

Tabelle 28 ist zu entnehmen, daß für jede der beiden Schülerstichproben Umfänge zwischen 51 und 66 Schüler angemessen sind.

Tabelle 28. Optimale Stichprobenumfänge für Untersuchungen zur Überprüfung von Mittelwertsdifferenzen anhand eines t-Tests

Test-stärke (1-β)	Sign.-Niveau (α)	Effektgröße: d										
		0,10	0,20[a]	0,30	0,40	0,50[b]	0,60	0,70	0,80[c]	1,00	1,20	1,40
0,80	0,05	1237	310	138	78	50	35	26	20	13	9	7
	0,01	2009	503	224	127	82	57	42	33	22	15	12
0,90	0,05	1713	429	191	108	69	48	36	27	18	13	10
	0,01	2605	625	290	164	105	74	55	42	27	20	15
0,95	0,05	2165	542	241	136	87	61	45	35	22	16	12
	0,01	3155	790	352	198	128	89	66	51	33	23	18

[a] Schwacher Effekt
[b] Mittlerer Effekt
[c] Starker Effekt

Einen genauen Wert ermittelt folgende Näherungsformel für tabellarisch nicht aufgeführte Effektgrößen:

$$(6.15) \qquad n = \frac{n_{.10}}{100 \cdot d^2} + 1$$

(Erläuterungen s. z. B. Gleichung 6.3.).
Im Beispiel errechnen wir

$$n = \frac{3155}{100 \cdot 0{,}75^2} + 1 = 57{,}09 \approx 57.$$

Es soll nun überprüft werden, welcher Stichprobenumfang resultieren würde, wenn der Schulpsychologe für den Range der Fehlerzahlen nicht 40 Fehler, sondern 30 Fehler angenommen hätte. Es resultiert dann $\hat{\sigma} = 1/6 \cdot 30 = 5$, und damit $d = 1$. Bei gleichen α- und $1 - \beta$-Werten entnehmen wir Tabelle 28 einen Stichprobenumfang von 33, d.h., der Stichprobenumfang ist deutlich kleiner. Dieser Befund legt die Regel nahe, den Range (und damit die Streuung) im Zweifelsfalle eher zu überschätzen als zu unterschätzen. Der sich dann ergebende Stichprobenumfang garantiert, daß die festgesetzten α- und β-Fehlerwahrscheinlichkeiten auf keinen Fall überschritten werden (vgl. S. 492).

Tabelle 28 kann für die Ermittlung von Näherungswerten optimaler Stichprobenumfänge auch verwendet werden, wenn nicht zu erwarten ist, daß die Varianzen in den zu vergleichenden Populationen gleich sind. Als Schätzwert für die in Gleichung 6.13 benötigte Streuung verwenden wir dann folgenden, die Streuungen zusammenfassenden Wert:

$$(6.16) \qquad \hat{\sigma} = \sqrt{\frac{\hat{\sigma}_1^2 + \hat{\sigma}_2^2}{2}} \quad (n_1 = n_2).$$

Gelegentlich interessiert die Frage, ob ein Stichprobenmittelwert $\bar{x}$ signifikant von einem bekannten Populationsmittelwert $\mu = c$ abweicht. Die zu überprüfende H_0 lautet also $H_0 : \mu_1 = \mu = c$. Mit der Differenz $\mu - \mu_1$ (bzw. $\mu_1 - \mu$) legt man den Betrag fest, um den μ_1 gemäß einer einseitig spezifischen H_1 von μ mindestens abweichen soll. Es resultiert auch hier die bereits bekannte Effektgröße

$$(6.17) \qquad d' = \frac{(\mu - \mu_1)}{\sigma} \quad (\mu > \mu_1).$$

Für die Bestimmung des optimalen Stichprobenumfanges transformieren wir d' allerdings nach folgender Gleichung

$$(6.18) \qquad d = d' \cdot \sqrt{2}.$$

Die für diese d-Werte in Tabelle 28 aufgeführten Stichprobenumfänge unterschätzen die optimalen Stichprobenumfänge in einer zu vernachlässigenden Weise.

6.2.2 Einfaktorielle Varianzanalyse

Als Erweiterung des t-Tests für unabhängige Stichproben überprüft die einfaktorielle Varianzanalyse mit einem F-Test (vgl. z. B. Bortz, 1979, Kap. 7.1) die H_0, daß die Mittelwertsparameter mehrerer Populationen identisch seien ($H_0 : \mu_1 = \mu_2 =$

...μ_p). Diese H_0 entspricht der $H_0: \sigma_\mu = 0$ (die Streuung der Mittelwerte ist null). Die entsprechende einseitige Alternativhypothese lautet: $H_1: \sigma_\mu = c$, wobei c die (mindestens) erwartete Streuung der Mittelwerte wiedergibt. Da auch diese Größe (wie die Differenz $\mu_1 - \mu_2$ beim t-Test) von der Art der verwendeten Messungen abhängt, relativieren wir die Streuung der Mittelwerte an der Streuung σ der Messungen innerhalb der Population. (Erneut nehmen wir an, die Streuungen innerhalb der einzelnen Populationen seien gleich. Geringfügige Verletzungen der Varianzhomogenitätsannahme haben – zumal bei größeren und gleich großen Stichproben – keinen nennenswerten Einfluß auf den α- und β-Fehler.) Damit resultiert die Effektgröße f der einfaktoriellen Varianzanalyse als

$$(6.19) \qquad f = \frac{\sigma_\mu}{\sigma}.$$

Diese Effektgröße in der Planung einer varianzanalytisch auszuwertenden Untersuchung festzulegen, bereitet erfahrungsgemäß erhebliche Schwierigkeiten. Die folgenden Überlegungen sollen diese Aufgabe erleichtern:

Für die Bestimmung der Streuung σ innerhalb der Populationen übernehmen wir die Empfehlungen, die bereits im Zusammenhang mit der Effektgröße d des t-Tests genannt wurden (vgl. S. 505). Stehen keine vergleichbaren Untersuchungen, denen Streuungsschätzungen entnommen werden können, zur Verfügung, dividieren wir den vermuteten Range der Werte innerhalb einer Population durch 6 und erhalten so für angenähert normalverteilte Merkmale eine brauchbare Schätzung von σ (für andere Verteilungsformen vgl. Abb. 17).

Für die Schätzung von σ_μ legen wir zunächst den Mindestrange der Mittelwerte fest, d. h., wir überlegen, wie groß der Unterschied zwischen dem kleinsten und dem größten Mittelwert mindestens sein sollte, damit er praktisch bedeutsam wird. Dividiert durch die Streuung innerhalb der Population σ führt dies zu folgender Größe d

$$(6.20) \qquad d = \frac{\mu_{max} - \mu_{min}}{\sigma}.$$

Damit ist σ_μ natürlich noch nicht bestimmt, denn die Anordnung der mittleren μ-Werte, die σ_μ ebenfalls beeinflussen, bleibt unberücksichtigt. Theoretisch sind für die mittleren μ-Werte beliebig viele Anordnungen denkbar; für praktische Zwecke (d. h., um zumindest die Größenordnung der einzusetzenden Stichprobenumfänge kennenzulernen) genügt es jedoch, drei typische Anordnungen zu unterscheiden:

1. Alle verbleibenden $p-2$ Mittelwerte liegen genau in der Mitte von μ_{max} und μ_{min} (Beispiel: $\mu_{max} = 10$ und $\mu_{min} = 6$; alle übrigen μ Werte haben den Wert 8). Für diesen Fall resultiert als Effektgröße

$$(6.21) \qquad f_1 = d \cdot \sqrt{\frac{1}{2 \cdot p}}.$$

2. Die verbleibenden $p-2$ Mittelwerte liegen in gleichen Abständen zwischen μ_{max} und μ_{min} (Beispiel: $p = 5$, $\mu_{max} = 9$, $\mu_{min} = 5$; die verbleibenden drei Mittelwerte lauten dann 6, 7 und 8). Für diese Anordnung ergibt sich die Effektgröße

$$(6.22) \qquad f_2 = \frac{d}{2} \cdot \sqrt{\frac{p+1}{3 \cdot (p-1)}}.$$

3. Bei gradzahligem p ist die eine Hälfte der verbleibenden $p-2$ Mittelwerte mit μ_{max} und die andere mit μ_{min} identisch (Beispiel: $p=6$, $\mu_{max}=7$ und $\mu_{min}=4$; zwei weitere Mittelwerte haben dann den Wert 7 und die beiden übrigen den Wert 4). Für diese Anordnung erhalten wir die Effektgröße

$$(6.23) \qquad f_3 = \frac{1}{2}\, d.$$

Bei ungradzahligem p nehmen wir an, daß ein Extremwert einmal häufiger vertreten ist als der andere (z. B. für $p=7$; 4 mal μ_{max} und 3 mal μ_{min} bzw. umgekehrt). Hierfür berechnen wir

$$(6.24) \qquad f_3 = d \cdot \frac{\sqrt{p^2-1}}{2p}.$$

Ähnlich wie die Effektgröße des t-Tests läßt sich auch die Effektgröße f der einfaktoriellen Varianzanalyse durch den Anteil an der Gesamtvarianz, der auf die unabhängige Variable (Gruppenzugehörigkeiten) zurückgeht, veranschaulichen. Der entsprechende Kennwert η^2 (eta-Quadrat) lautet:

$$(6.25) \qquad \eta^2 = \frac{f^2}{1+f^2}$$

η^2 entspricht dem Quadrat der multiplen Korrelation zwischen den Dummy-Variablen, die die Gruppenzugehörigkeit kodieren (vgl. S. 391) und der abhängigen Variablen. Will man die Effektgröße durch η^2 festlegen, erhält man f nach folgender Beziehung:

$$(6.26) \qquad f = \sqrt{\frac{\eta^2}{1-\eta^2}}.$$

Die Kalkulation optimaler Stichprobenumfänge für eine einfaktorielle Varianzanalyse sei ebenfalls an einem Beispiel erläutert. Es geht um die Frage, wie stark verschiedenartige, aber gleich laute Lärmquellen den nächtlichen Schlaf beeinträchtigen. Die folgenden Lärmquellen werden miteinander verglichen:

a_1: Meeresrauschen und Windgeräusche
a_2: gleichförmiger Lärm einer Autobahn
a_3: unregelmäßiger Straßenlärm (z. B. Kreuzung mit Ampel)
a_4: Baustellenlärm
a_5: Fluglärm.

Abhängige Variable ist die mit einem EEG registrierte Dauer von Wachphasen. Nachdem über weitere Planungsdetails (die hier nicht weiter interessieren) entschieden wurde, steht die Frage an, wieviele Untersuchungsteilnehmer pro Lärmbedingung zu untersuchen sind. Diese Frage ist erneut nur beantwortbar, wenn eine Effektgröße bekannt ist.

Wir schätzen zunächst die Streuung der Wachzeiten innerhalb der einzelnen Populationen (d. h. unter den verschiedenen Versuchsbedingungen). Wenn vergleichbare Untersuchungen nicht zur Verfügung stehen, erfolgt diese Schätzung mit Hilfe des Ranges. Bei einer geplanten Schlafzeit von acht Stunden nehmen wir den extremen Fall an, daß einige Untersuchungsteilnehmer vollständig durchschlafen (Wachzeit = 0 Stunden) und andere überhaupt nicht schlafen können (Wachzeit = 8 Stunden). Damit resultiert unter der Annahme normalverteilter Wachzeiten ein Range von 8 bzw. eine Streuung von $\sigma = 1/6 \cdot 8 = 1,33$. (Man beachte, daß auch hier die Streuung im Zweifelsfalle eher überschätzt als unterschätzt werden sollte, vgl. S. 508.)

Ferner wollen wir davon ausgehen, daß die Lärmquellen den Schlaf in einer Weise beeinträchtigen, daß der unangenehmste Lärm zu einer durchschnittlichen Wachzeit von mindestens vier Stunden und der „angenehmste" Lärm zu einer durchschnittlichen Wachzeit von höchstens zwei Stunden führt. Für d ergibt sich damit nach Gleichung 6.20

$$d = \frac{4-2}{1,33} = 1,5.$$

Im übrigen erscheint es plausibel, daß sich die drei restlichen Mittelwerte gleichförmig zwischen den extremen Mittelwerten verteilen. f wird deshalb nach Gleichung 6.22 bestimmt

$$f_2 = \frac{1,5}{2} \cdot \sqrt{\frac{5+1}{3 \cdot (5-1)}} = 0,53.$$

Dieser Effektgröße entspricht nach Gleichung 6.25 ein gemeinsamer Varianzanteil zwischen unabhängiger und abhängiger Variable von 22%.

$$\eta^2 = \frac{0,53^2}{1 + 0,53^2} = 0,219.$$

Für $\alpha = 0,05$, $\beta = 0,80$, $df = p - 1 = 4$ Freiheitsgrade und $f_2 = f = 0,53$ entnehmen wir Tab. 29, daß pro Untersuchungsbedingung 8 bis 10 Untersuchungsteilnehmer

Tabelle 29. Optimale Stichprobenumfänge für Untersuchungen zur Überprüfung von Mittelwertsdifferenzen mit der Varianzanalyse ($\alpha = 0,05$, $1-\beta = 0,80$)

Frei- heits- grade (df)	Effektgröße: f											
	0,05	0,10[a]	0,15	0,20	0,25[b]	0,30	0,35	0,40[c]	0,50	0,60	0,70	0,80
1	1571	393	175	99	64	45	33	26	17	12	9	7
2	1286	322	144	81	52	36	27	21	14	10	8	6
3	1096	274	123	69	45	31	23	18	12	9	7	5
4	956	240	107	61	39	27	20	16	10	8	6	5
5	856	215	96	54	35	25	18	14	9	7	5	4
6	780	195	87	50	32	22	17	13	9	6	5	4
8	669	168	75	42	27	19	14	11	8	6	4	4
10	591	148	66	38	24	17	13	10	7	5	4	3
12	534	134	60	34	22	16	12	9	6	5	4	3
15	471	118	53	30	20	14	10	8	6	4	3	3
24	363	91	41	23	15	11	8	6	4	3	3	2

[a] Schwacher Effekt
[b] Mittlerer Effekt
[c] Starker Effekt

angemessen sind. Den genauen Wert errechnen wir nach Gleichung 6.27

$$(6.27) \qquad n = \frac{n_{.05}}{400f^2} + 1$$

$$= \frac{956}{400 \cdot 0{,}53^2} + 1 = 9{,}51 \approx 10.$$

Tabelle 29 enthält optimale Stichprobenumfänge für ausgewählte Freiheitsgrade (df $= p - 1$) und Effektgrößen f. Alle Angaben gelten für $\alpha = 0{,}05$ und $1 - \beta = 0{,}80$. Man beachte, daß größere als hier angegebene Stichproben bei konstanter Effektgröße α und β verkleinern.

6.2.3 Mehrfaktorielle Varianzanalyse

Wir beginnen mit der Kalkulation optimaler Stichprobenumfänge für eine zweifaktorielle Varianzanalyse mit fester Stufenauswahl (vgl. z. B. Bortz, 1979, Kap. 8). Die Vorgehensweise für komplexere Pläne läßt sich hieraus – wie weiter unten gezeigt wird – einfach ableiten.

Eine zweifaktorielle Varianzanalyse prüft mit F-Tests drei voneinander unabhängige Nullhypothesen (hier und im folgenden gehen wir davon aus, daß unter allen Faktorstufenkombinationen gleich große Stichprobenumfänge untersucht werden):

Faktor A: Die den Stufen eines Faktors A zugeordneten Populationen unterscheiden sich nicht ($H_0: \mu_{1.} = \mu_{2.} = \cdots \mu_{p.}$ oder $\sigma_A^2 = 0$)

Faktor B: Die den Stufen eines Faktors B zugeordneten Populationen unterscheiden sich nicht ($H_0: \mu_{.1} = \mu_{.2} = \cdots \mu_{.q}$ oder $\sigma_B^2 = 0$)

Interaktion A $\times$ B: Die Mittelwerte der den Faktorstufenkombinationen zugeordneten Populationen ergeben sich nach der Gleichung $\mu_{ij} = \mu_{i.} + \mu_{.j} - \mu_{..}$ ($H_0: \sigma_{A \times B}^2 = 0$).

Um den Stichprobenumfang für eine zweifaktorielle Varianzanalyse abschätzen zu können, ist es erforderlich, einer oder mehreren Nullhypothesen spezifische Alternativhypothesen mit vorgegebener Effektgröße entgegenzusetzen. Da jedoch die Haupteffekte bei einer signifikanten Interaktion nur bedingt interpretierbar sind (vgl. S. 412), unterscheiden wir zwischen Untersuchungen, in denen man eine Interaktion erwartet und solchen, in denen keine Interaktion erwartet wird. Zunächst wenden wir uns Untersuchungen zu, in denen aufgrund theoretischer Überlegungen mit keiner Interaktion gerechnet wird, bzw. Untersuchungen, die keine genauere Spezifikation der Interaktion zulassen. (Führt eine Untersuchung zu einer signifikanten Interaktion, obwohl diese vor Untersuchungsbeginn nicht als Hypothese formuliert wurde, hat – wie bereits mehrfach erwähnt – die Interaktion nur deskriptiven Wert.)

Für die *Haupteffekte* einer zweifaktoriellen Varianzanalyse werden Effektgrößen genauso spezifiziert wie in einer einfaktoriellen Varianzanalyse, d. h. wir schätzen die Streuung innerhalb der den Faktorstufenkombinationen zugewiesenen Populationen und ermitteln eine Effektgröße f nach den Gleichungen 6.20 bis 6.24.

Tabelle 29 entnehmen wir einen Stichprobenumfang n', der in folgender Weise zu einem für alle Faktorstufenkombinationen erforderlichen Stichprobenumfang n umgerechnet wird:

$$(6.28) \qquad n = \frac{(n' - 1) \cdot (df + 1)}{\text{Anz. d. Faktorstufenkombinationen}} + 1.$$

df sind hierbei die Freiheitsgrade desjenigen Effektes, für den die Effektgröße ermittelt wurde ($df_A = p - 1$ und $df_B = q - 1$). Die Anzahl der Faktorstufenkombinationen beträgt bei einer zweifaktoriellen Varianzanalyse $p \times q$.

Wenn für beide Haupteffekte Effektgrößen vorgegeben werden können, resultiert in der Regel für die Absicherung des einen Haupteffektes ein anderer Stichprobenumfang als für die Absicherung des anderen Haupteffektes. In diesem Falle sollte der größere Stichprobenumfang gewählt werden, denn er gewährleistet auch für den Haupteffekt, für den eine kleinere Stichprobe ausreichend wäre, (mindestens) die gewünschte statistische Absicherung. (Einzelheiten hierzu behandelt das unten aufgeführte Beispiel.)

Wie in der einfaktoriellen Varianzanalyse kann die Effektgröße f des Haupteffektes (oder auch eines Interaktionseffektes) in einer mehrfaktoriellen Varianzanalyse ebenfalls nach Gleichung 6.25 in ein η^2 transformiert werden. η^2 gibt in mehrfaktoriellen Plänen jedoch nicht den Anteil an der Gesamtvarianz an, sondern an einer Varianz, die sich aus der Varianz innerhalb der Populationen sowie der Varianz des zu prüfenden Effektes zusammensetzt (vgl. hierzu auch Keren u. Lewis, 1979).

Die Bestimmung einer Effektgröße für *Interaktionen* setzt relativ genaue Vorkenntnisse über den Untersuchungsgegenstand voraus. Es ist erforderlich, daß man bereits vor Durchführung der Untersuchung die Größenordnung der zu erwartenden Mittelwerte $\overline{AB}_{ij}$ für alle Faktorstufenkombinationen angeben kann. Hierbei hilft eine grafische Darstellung der Interaktion (vgl. Abb. 31, S. 411), in der jede Abweichung von der Parallelität der Mittelwertsverläufe die Interaktionsvarianz erhöht. Die Größe der Haupteffekte spielt hierbei keine Rolle.

Ist das Muster der erwarteten Interaktion festgelegt, gestaltet sich die Bestimmung der Effektgröße f für die Interaktion relativ einfach. Zunächst ermitteln wir nach folgender Gleichung diejenigen Zellenmittelwerte $\overline{AB}'_{ij}$, die nach der H_0 zu erwarten wären.

$$(6.29) \qquad \overline{AB}'_{ij} = \overline{A}_i + \overline{B}_j - \overline{G}$$

wobei

$$\overline{A}_i = \frac{\sum\limits_{j=1}^{q} \overline{AB}_{ij}}{q}$$

$$\overline{B}_j = \frac{\sum\limits_{i=1}^{p} \overline{AB}_{ij}}{p}$$

und

$$\overline{G} = \frac{\sum\limits_{i=1}^{p} \overline{A}_i}{p} = \frac{\sum\limits_{j=1}^{q} \overline{B}_j}{q} \qquad \text{(für gleichgroße Stichproben).}$$

$\overline{AB}_{ij}$ sind die gem. der H_1 geschätzten Mittelwerte. Die Effektgröße f resultiert nach Gleichung

$$(6.30) \qquad f = \frac{1}{\sigma} \cdot \sqrt{\frac{\sum\limits_{i=1}^{p} \sum\limits_{j=1}^{q} (\overline{AB}_{ij} - \overline{AB}_{ij}')^2}{p \cdot q}}.$$

(Kontrolle: $\sum\limits_{i=1}^{p} \sum\limits_{j=1}^{q} (\overline{AB}_{ij}' - \overline{AB}_{ij}) = 0$). σ ist hierbei die Streuung innerhalb der Populationen, auf deren Schätzung wir auf S. 505 eingingen. Anhand von Tab. 29 (bzw. Gleichung 6.27) bestimmen wir n', das nach Gleichung 6.28 (unter Verwendung der df für die Interaktion: $df_{A \times B} = (p-1) \cdot (q-1)$) in den für jede Faktorstufenkombination erforderlichen Stichprobenumfang umgerechnet wird.

Das folgende Beispiel verdeutlicht, wie die Effektgröße f für eine Interaktion bestimmt wird. Eine neue Regierung plant, die gesetzlichen Förderungsmaßnahmen zum Mutterschutz einzuschränken.

Zuvor jedoch will man durch eine Befragung mögliche Reaktionen auf diese Gesetzesänderung erkunden. Es interessiert die Einstellung zur Gesetzesänderung (abhängige Variable) in Abhängigkeit vom Geschlecht der Befragten [Faktor B: männlich (b_1) – weiblich (b_2)] und von ihren Parteipräferenzen (Faktor A: die Parteien a_1, a_2 und a_3). Man vermutet, daß zwischen dem Geschlecht und den Parteipräferenzen in bezug auf die Einstellung eine Interaktion besteht: Männliche Anhänger der Partei a_1 befürworten die Änderung stärker als weibliche, während die männlichen Anhänger der Partei a_2 die Änderung stärker ablehnen als die weiblichen. Für Angehörige der Partei a_3 werden keine geschlechtsspezifischen Unterschiede vorhergesagt. Die abhängige Variable wird mit einem Einstellungsfragebogen erhoben, der zu Einstellungswerten zwischen -5 (starke Ablehnung) und $+5$ (starke Befürwortung) führen kann. Folgendes Interaktionsmuster hält man für plausibel (vgl. Abb. 50).

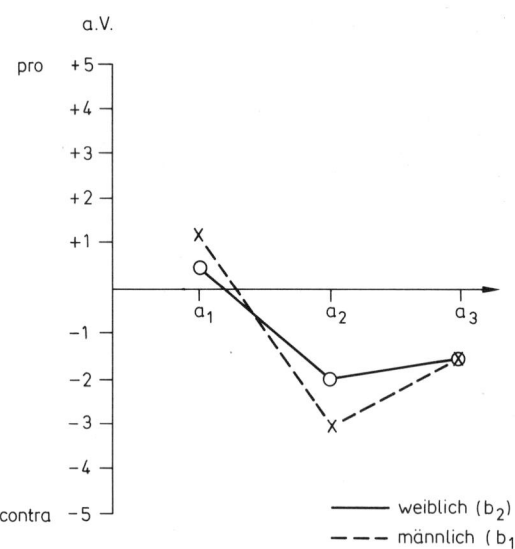

Abb. 50. Beispiel einer spezifischen Alternativhypothese für eine Interaktion

Vortests des Fragebogens mögen ergeben haben, daß der Range der Einstellungswerte (zehn Punkte) tatsächlich voll ausgeschöpft wird. Man rechnet deshalb (unter der Normalverteilungsannahme) mit einer Streuung der Einstellungswerte von $1/6 \cdot 10 = 1{,}\overline{6}$. Diese Streuungsschätzung wird durch die Vortestergebnisse bestätigt.

Zahlenmäßig drückt sich die erwartete Interaktion in folgenden Mittelwerten für die Faktorstufenkombinationen aus:

$$\overline{AB}_{11} = 1 \qquad \overline{AB}_{21} = -3 \qquad \overline{AB}_{31} = -1{,}5$$
$$\overline{AB}_{12} = 0{,}5 \qquad \overline{AB}_{22} = -2 \qquad \overline{AB}_{32} = -1{,}5 \,.$$

Hieraus resultieren die folgenden Faktorstufenmittelwerte bzw. der folgende Gesamtmittelwert:

$$\overline{A}_1 = \tfrac{1}{2} \cdot (1 + 0{,}5) = 0{,}75 \qquad\qquad \overline{B}_1 = \tfrac{1}{3} \cdot (1 + (-3) + (-1{,}5)) = -1{,}17$$
$$\overline{A}_2 = \tfrac{1}{2} \cdot ((-3) + (-2)) = -2{,}5 \qquad \overline{B}_2 = \tfrac{1}{3} \cdot (0{,}5 + (-2) + (-1{,}5)) = -1$$
$$\overline{A}_3 = \tfrac{1}{2} \cdot ((-1{,}5) + (-1{,}5)) = -1{,}5 \quad \overline{G} = \tfrac{1}{3} \cdot (0{,}75 + (-2{,}5) + (-1{,}5))$$
$$= \tfrac{1}{2} \cdot ((-1{,}17) + (-1)) = -1{,}08$$

Träfe die Nullhypothese (keine Interaktion) zu, erwarten wir nach Gleichung 6.29 folgende Mittelwerte für die Faktorstufenkombinationen:

$$\overline{AB}'_{11} = 0{,}75 + (-1{,}17) - (-1{,}08) = 0{,}66$$
$$\overline{AB}'_{12} = 0{,}75 + (-1) - (-1{,}08) = 0{,}83$$
$$\overline{AB}'_{21} = -2{,}5 + (-1{,}17) - (-1{,}08) = -2{,}59$$
$$\overline{AB}'_{22} = -2{,}5 + (-1) - (-1{,}08) = -2{,}42$$
$$\overline{AB}'_{31} = -1{,}5 + (-1{,}17) - (-1{,}08) = -1{,}59$$
$$\overline{AB}'_{32} = -1{,}5 + (-1) - (-1{,}08) = -1{,}42$$

(Man beachte, daß die Größe der Haupteffekte für die Interaktionsschätzung unerheblich ist. Entscheidend sind die Abweichungen von der Parallelität der Verläufe bzw. die Differenzen der Differenzen: $(\overline{AB}_{11} - \overline{AB}_{12}) - (\overline{AB}_{21} - \overline{AB}_{22})$, $(\overline{AB}_{11} - \overline{AB}_{12}) - (\overline{AB}_{31} - \overline{AB}_{32})$ und $(\overline{AB}_{21} - \overline{AB}_{22}) - (\overline{AB}_{31} - \overline{AB}_{32})$. Statt der Werte $\overline{AB}_{11} = 1$ und $\overline{AB}_{12} = 0{,}5$ hätte man z.B. auch die Werte $\overline{AB}_{11} = 2$ und $\overline{AB}_{12} = 1{,}5$ einsetzen können.)

Die Effektgröße f errechnen wir nach Gleichung 6.30.

$$\sum_{i=1}^{p} \sum_{j=1}^{q} (\overline{AB}_{ij} - \overline{AB}'_{ij})^2 = (1 - 0{,}66)^2 + (0{,}5 - 0{,}83)^2 + \ldots$$
$$+ ((-1{,}5) - (-1{,}42))^2 = 0{,}58$$

bzw.

$$f = \frac{1}{1{,}6} \cdot \sqrt{\frac{0{,}58}{3 \cdot 2}} = 0{,}19 \,.$$

Für diese Effektgröße und für $df = (2-1) \cdot (3-1) = 2$ entnehmen wir Tab. 29 ($\alpha = 0,05$ und $1 - \beta = 0,80$), daß n' zwischen 81 und 144 liegt. Den genauen Wert für n' ermitteln wir nach Gleichung 6.27

$$n' = \frac{n_{.05}}{400 \cdot f^2} + 1 = \frac{1286}{400 \cdot 0,19^2} + 1 \approx 90 .$$

Hieraus resultiert nach Gleichung 6.28 der endgültige Stichprobenumfang n

$$n = \frac{(90-1) \cdot (2+1)}{6} + 1 \approx 46 .$$

Insgesamt sind damit $6 \times 46 = 276$ Personen zu befragen.

Bisher war die Planung der Stichprobenumfänge darauf gerichtet, eine praktisch bedeutsame Interaktion zu entdecken. Wir wollen nun überprüfen, welcher Stichprobenumfang erforderlich wäre, wenn über das zu erwartende Interaktionsmuster keine Aussage gemacht werden kann, aber stattdessen praktisch bedeutsame Parteienunterschiede (Faktor A) statistisch abzusichern sind. (Wenn in einer Untersuchung sowohl für Haupteffekte als auch für Interaktionen Effektgrößen angegeben werden können, sollten die Stichprobenumfänge an den Erfordernissen der Interaktion orientiert sein, denn eine bedeutsame Interaktion schränkt den Aussagegehalt der an ihr beteiligten Haupteffekte ein; vgl. S. 412.)

Man vermutet, daß die Anhänger der Partei a_1 die Gesetzesänderung am positivsten und die Anhänger der Partei a_2 am negativsten bewerten werden. Von praktischer Bedeutung sei dieser Unterschied jedoch nur, wenn sich die Mittelwerte dieser beiden Populationen um mindestens eine Streuungseinheit (also $1,\overline{6}$ Punkte) auf der Einstellungsskala unterscheiden. Für Anhänger einer Partei a_3 wird eine eher neutrale Position, d.h. eine Position zwischen a_1 und a_2 erwartet. Nach Gleichung 6.20 ermitteln wir

$$d = \frac{1,\overline{6}}{1,\overline{6}} = 1$$

und nach Gleichung 6.21 (bzw. nach der für $p = 3$ identischen Gleichung 6.22)

$$f_1 = 1 \cdot \sqrt{\frac{1}{2 \cdot 3}} = 0,41 .$$

Tabelle 29 ist zu entnehmen, daß für $f = 0,41$ und $df = 3 - 1 = 2$ n' zwischen 14 und 21 liegt. Den genauen Wert errechnen wir nach Gleichung 6.27

$$n' = \frac{1286}{400 \cdot 0,41^2} + 1 \approx 20 .$$

Für den Stichprobenumfang n resultiert dann nach Gleichung 6.28

$$n = \frac{(20-1) \cdot (2+1)}{6} + 1 = 10,5 \approx 11 .$$

Pro Faktorstufenkombination sind nach diesem Ansatz also 11 Personen bzw. insgesamt $6 \cdot 11 = 66$ Personen zu befragen. Die Effektgröße des Faktors A erfordert damit erheblich weniger Personen als die in Abb. 50 veranschaulichte Effektgröße der Interaktion (N = 276). Wollte man mit einer Untersuchung sowohl die Effekthypothese bzgl. des Haupteffektes B als auch die Effekthypothese bzgl. der Interaktion überprüfen, hätte der für die Absicherung der Interaktion erforderliche Stichprobenumfang Vorrang.

Gleichungen 6.20 bis 6.30 lassen sich mühelos auch für Effektgrößen- und Stichprobenumfangsbestimmungen in *dreifaktoriellen Varianzanalysen* (mit $p \times q \times r$ Stufen) einsetzen. In den Bestimmungsgleichungen für die Effektgrößen der Haupteffekte (Gleichungen 6.21 bis 6.24) ersetzen wir p durch die Anzahl der Faktorstufen der jeweils zu prüfenden Haupteffekte. Die Anzahl der Faktorstufenkombinationen in Gleichung 6.28 zur Bestimmung von n beläuft sich dann auf $p \times q \times r$ und df entspricht den Freiheitsgraden des in Frage stehenden Effektes. Für Interaktionen 1. Ordnung in einer dreifaktoriellen Varianzanalyse gilt die auf S. 513 ff. beschriebene Vorgehensweise. Will man – was selten vorkommt – eine Effektgröße für eine Interaktion 2. Ordnung bestimmen, fertigt man sinnvollerweise zunächst eine grafische Darstellung des gemäß der H_1 erwarteten Interaktionsmusters an (vgl. Abb. 33, S. 416). Eine Interaktion 2. Ordnung hat $(p-1) \cdot (q-1) \cdot (r-1)$ Freiheitsgrade. Die gemäß der H_0 erwarteten Zellenmittelwerte bestimmt man nach folgender Gleichung:

$$(6.31) \qquad \overline{ABC}'_{ijk} = \overline{AB}_{ij} + \overline{AC}_{ik} + \overline{BC}_{jk} - \overline{A}_i - \overline{B}_j - \overline{C}_k + \overline{G} \ .$$

In Analogie zu Gleichung 6.30 resultiert als Effektgröße

$$(6.32) \qquad f = \frac{1}{\sigma} \cdot \sqrt{\frac{\sum\limits_{i=1}^{p} \sum\limits_{j=1}^{q} \sum\limits_{k=1}^{r} (\overline{ABC}'_{ijk} - \overline{ABC}_{ijk})^2}{p \cdot q \cdot r}} \ .$$

Da bei Bestehen einer Interaktion 2. Ordnung Interaktionen 1. Ordnung wenig aussagen, sollte sich die Bestimmung des Stichprobenumfanges nach den Erfordernissen der Interaktion 2. Ordnung (allgemein: Der Interaktion mit der höchsten Ordnung, soweit für diese eine spezifische H_1 formulierbar ist) richten.

Die bisherigen Ausführungen gelten für mehrfaktorielle Pläne, deren Faktoren *feste* Stufenauswahlen aufweisen („fixed factors"). Enthält ein mehrfaktorieller Plan einen oder mehrere Faktoren mit *zufälligen* Stufenauswahlen („random factors"), ändern sich dadurch die Prüfvarianzen (vgl. z. B. Bortz, 1979, Kap. 8). Dies ist bei der Festlegung von Effektgrößen zu beachten. Statt der Streuung innerhalb der Populationen in den Gleichungen 6.20, 6.30 und 6.32 (in varianzanalytischer Terminologie: Fehlervarianz), verwenden wir allgemein eine Schätzung derjenigen Varianz, an der der zu prüfende Effekt getestet wird.

Auch für *kovarianzanalytisch* auszuwertende Untersuchungen lassen sich in der Planungsphase Stichprobenumfänge bestimmen. Man geht hierbei genauso vor wie bei einem analogen varianzanalytischen Plan mit der Ausnahme, daß statt der ursprünglichen Mittelwerte und Varianzen die kovarianzanalytisch korrigierten Mittelwerte und Varianzen verwendet werden (vgl. z. B. Bortz, 1979, Kap. 10). Praktisch bedeutet dies, daß kovarianzanalytische Effektgrößen in Abhängigkeit von der Höhe der Korrelation der abhängigen Variablen mit der kovariaten Kontrollvariablen größer anzusetzen sind als die entsprechenden varianzanalytischen

Effektgrößen, d. h. die für Kovarianzanalysen erforderlichen Stichprobenumfänge sind in der Regel kleiner als varianzanalytische Stichprobenumfänge.

6.2.4 Differenzen zweier Prozentwerte (Anteile)

Eine einfache Unterschiedshypothese lautet, daß eine bestimmte Merkmalsalternative in einer Population 1 prozentual häufiger vorkommt als in einer Population 2 bzw. daß sich die Anteile π_1 und π_2 unterscheiden. Als spezifische einseitige Alternativhypothese mit Effektgröße formulieren wir $H_1: \pi_1 - \pi_2 = c$ (mit $\pi_1 > \pi_2$) und als (übliche) $H_0: \pi_1 = \pi_2$.

Die Überprüfung dieser H_0 erfolgt entweder mit einem z-Test (vgl. z. B. Glass u. Stanley, 1970, Kap. 14.13), mit einem 4-Felder-χ^2-Test (mit den Dimensionen „Merkmal vorhanden – nicht vorhanden" und „Population 1 vs. Population 2"; vgl. z. B. Hays, 1963, Kap. 17.2 oder Bortz, 1979, Kap. 5.3.4) oder mit Fisher's exaktem Test für 4-Felder-Tafeln (vgl. z. B. Lienert, 1973, S. 171 ff.). Die im folgenden an einem Beispiel demonstrierte Stichprobenkalkulation gilt für alle drei Verfahren, wobei der z-Test allerdings große Stichproben ($n \cdot \pi$ bzw. $n(1-\pi) > 5$; vgl. Glass u. Stanley, 1970, S. 323) voraussetzt und Fisher's exakter Test für kleine Stichproben reserviert bleiben sollte.

Es soll untersucht werden, ob der prozentuale Anteil bestandener Fahrprüfungen davon abhängt, daß die Fahrprüfung in einem überwiegend ländlichen Gebiet (leichte Fahrbedingungen) oder einem städtischen Gebiet (schwere Fahrbedingungen) stattfindet. Als Richtwert für den generellen Anteil bestandener Prüfungen akzeptiert man 80%. Von einem „regionalen Effekt" will man erst sprechen, wenn der Anteil bestandener Prüfungen in ländlichen Gebieten um mindestens 10% höher liegt als in städtischen Gebieten und wählt deshalb $\pi_1 = 0{,}85$ und $\pi_2 = 0{,}75$.

Um den Stichprobenumfang bestimmen zu können, der bei Gültigkeit der H_1 eine entsprechende Differenz mit vorgegebener Teststärke auch statistisch absichert, müssen die π-Werte zuvor einer Transformation unterzogen werden. Diese Transformation ist erforderlich, weil die Wahrscheinlichkeit, eine statistisch signifikante Differenz zu entdecken, nicht nur von der Größe der Differenz (und natürlich vom Stichprobenumfang), sondern auch von der Höhe der zu vergleichenden Prozentwerte abhängt. (Bei gleichem Stichprobenumfang wird z. B. die Differenz $0{,}30 - 0{,}10 = 0{,}20$ mit einer höheren Teststärke entdeckt als die Differenz $0{,}60 - 0{,}40 = 0{,}20$. Einzelheiten zu dieser mit Streuung der Binomialverteilung zusammenhängenden Besonderheit findet der Leser z. B. bei Bortz, 1979, Kap. 2.4 und 3.6.)

Die Anteilswerte werden deshalb nach folgender Gleichung transformiert:

$$(6.33) \qquad \phi = 2 \cdot \arcsin \sqrt{\pi} \, .$$

(Eine ähnliche nicht lineare Transformation – die Fisher's Z-Transformation – haben wir bereits im Zusammenhang mit dem Vergleich zweier Korrelationen kennengelernt.) Diese Transformation ist im Anhang (Tabelle E 10) tabelliert. Für $\pi_1 = 0{,}85$ entnehmen wir dieser Tabelle $\phi_1 = 2{,}346$ und für $\pi_2 = 0{,}75$ $\phi_2 = 2{,}094$. Die Differenz dieser ϕ-Werte definiert die Prüfgröße h:

$$(6.34) \qquad h = \phi_1 - \phi_2 \qquad (\phi_1 > \phi_2) \, .$$

Im Beispiel resultiert also

$$h = 2,346 - 2,094 = 0,252 \; .$$

[Man beachte, daß für die Stichprobenkalkulation die Effektgröße h und nicht die ursprünglichen Prozentwerte entscheidend sind. Die gleiche Effektgröße $h = 0,252$ würde auch resultieren, wenn man z. B. als Ausgangswerte $\pi_1 = 0,60$ ($\phi_1 = 1,772$) und $\pi_2 = 0,485$ ($\phi_2 = 1,52$) gewählt hätte.]

Tabelle 30 entnehmen wir, daß für $\alpha = 0,05$, $1 - \beta = 0,80$ und $h = 0,252$ Stichprobenumfänge zwischen $n = 137$ und $n = 390$ erforderlich sind. Den genauen Wert errechnen wir nach Gleichung 6.35

$$(6.35) \qquad n = \frac{n._{10}}{100 \cdot h^2}$$

$$= \frac{1237}{100 \cdot 0.252^2} \approx 195$$

(Erläuterungen dieser Gleichung s. z. B. Gleichung 6.1)

Damit sind in beiden Stichproben 195 Personen zu befragen.

Die gleiche Tabelle ist auch zu benutzen, wenn wie im folgenden Beispiel die Abweichung eines über eine Stichprobe geschätzten Populationsanteils π_1 von einem bekannten Parameter π geprüft werden soll. Es geht um ein Lernexperiment zur Überprüfung der Farbtüchtigkeit von Katzen. Die Katze kann zwischen einem roten und einem grünen Hebel wählen und wird nach Betätigung des grünen Hebels mit Futter belohnt, wobei die Position der Hebel nach einem Zufallsprinzip ausgetauscht werden. Bei jeder Katze wird nach einer Übungsphase von 10 Versuchen der 11. Versuch ausgewertet. Damit ist zu erwarten, daß bei Farbuntüchtigkeit der Tiere im entscheidenden Versuch 50% aller Tiere (H_0: $\pi = 0,50$) zufällig den richtigen Hebel drücken. Von Farbtüchtigkeit soll gesprochen werden, wenn mindestens 80% aller Katzen den richtigen Hebel bedienen (H_1: $\pi = 0,80$). Wie vie-

Tabelle 30. Optimale Stichprobenumfänge für Untersuchungen zur Überprüfung des Unterschiedes zweier Prozentwerte

Test-stär-ke $(1-\beta)$	Sign.-Ni-veau (α)	Effektgröße: h											
		0,10	0,20[a]	0,30	0,40	0,50[b]	0,60	0,70	0,80[c]	0,90	1,00	1,10	1,20
0,80	0,05	1237	309	137	77	49	34	25	19	15	12	10	9
	0,01	2007	502	223	125	80	56	41	31	25	20	17	14
0,90	0,05	1713	428	190	107	69	48	35	27	21	17	14	12
	0,01	2603	651	289	163	104	72	53	41	32	26	22	18
0,95	0,05	2164	541	240	135	87	60	44	34	27	22	18	15
	0,01	3154	789	350	197	126	88	64	49	39	32	26	22

[a] Schwacher Effekt
[b] Mittlerer Effekt
[c] Starker Effekt

le Katzen sind zu untersuchen, um mit $\alpha = 0,05$ und $1 - \beta = 0,80$ über die beiden konkurrierenden Hypothesen entscheiden zu können?

Zunächst transformieren die π-Werte in ϕ-Werte und ermitteln die Prüfgröße h. Gemäß Tabelle E 10 entspricht $\pi = 0,50$ $\phi = 1,571$ und $\pi_1 = 0,80$ $\phi_1 = 2,214$. Damit ist $h = 2,214 - 1,571 = 0,643$. Tabelle 30 entnehmen wir $n_{.10} = 1\,237$, so daß nach Gleichung 6.35

$$n = \frac{1237}{100 \cdot 0,643^2} \approx 30$$

resultiert. Es sind also 30 Katzen zu untersuchen.

6.2.5 Eindimensionaler χ^2-Test

Ein eindimensionaler χ^2-Test überprüft die Anpassung (goodness of fit) einer empirischen Verteilung an eine durch die H_0 vorgegebene Verteilung (vgl. z. B. Bortz, 1979, Kap. 5.3.2). Obwohl als H_0-Verteilungen prinzipiell alle Verteilungen in Frage kommen, wird der eindimensionale χ^2-Test in erster Linie zur Überprüfung empirischer Verteilungen auf Normalität (z. B. als Voraussetzungsüberprüfung für einen t-Test, vgl. S. 504) oder auf eine Gleichverteilung eingesetzt. Die Bestimmung einer Effektgröße und des mit ihr bei gegebenem α und $1 - \beta$ zusammenhängenden optimalen Stichprobenumfanges sei auch hier an einem kleinen Beispiel verdeutlicht.

Ein großes Warenhaus verkauft ein Produkt an vier unterschiedlichen Plätzen. Man interessiert sich für die Frage, ob sich die Verkaufszahlen für die vier Plätze unterscheiden und will hieraus praktische Konsequenzen ziehen, wenn die größte und kleinste Verkaufszahl um mindestens 20% differieren. Wieviele Produkte müssen insgesamt verkauft werden, um entscheiden zu können, ob praktische Maßnahmen erforderlich sind?

Gemäß der H_0 (Gleichverteilung) erwartet man, daß an allen Plätzen gleich viel verkauft wird, daß also die relativen Anteile verkaufter Produkte $\pi_1 = \pi_2 = \pi_3 = \pi_4 = 0,25$. Für eine spezifische Alternativhypothese, die den Mindestunterschied berücksichtigt, kommen damit z. B. die Werte $\pi_1 = 0,15$, $\pi_2 = 0,35$, $\pi_3 = 0,25$ und $\pi_4 = 0,25$ in Frage (andere π-Werte werden weiter unten diskutiert). Damit sind alle Werte, die zur Bestimmung der Effektgröße W nach Gleichung 6.36 benötigt werden, bekannt.

(6.36) $$W = \sqrt{\sum_{i=1}^{k} \frac{(\pi_{0i} - \pi_{1i})^2}{\pi_{0i}}}$$

mit

$\pi_{0i} = $ Wahrscheinlichkeiten gemäß der H_0

$\pi_{1i} = $ Wahrscheinlichkeiten gemäß der H_1

$k = $ Anzahl der Kategorien

Es resultiert

$$W= \sqrt{\frac{(0{,}25-0{,}15)^2+(0{,}25-0{,}35)^2+(0{,}25-0{,}25)^2+(0{,}25-0{,}25)^2}{0{,}25}}$$

$$=0{,}28 .$$

Für $k-1=3$ Freiheitsgrade zeigt Tabelle 26 (mit $\alpha=0{,}05$ und $1-\beta=0{,}80$), daß die Kaufhausleitung mit ihrer Entscheidung so lange warten sollte, bis eine Verkaufszahl zwischen $n=121$ und $n=273$ erreicht ist. Die genaue Zahl ergibt Gleichung 6.8

$$n= \frac{n_{.10}}{100 \cdot w^2} = \frac{1090}{100 \cdot 0{,}28^2} = 139 .$$

Diese Berechnungen gingen von der Annahme aus, daß sich zwei Plätze um den Mindestbetrag von 20% unterscheiden und die beiden übrigen nicht. Sind auch diese unterschieden, resultiert eine größere Effektgröße und damit ein kleinerer Stichprobenumfang.

Die gleiche Effektgröße hätte man z. B. auch mit den folgenden π_{1i}-Werten erhalten: $\pi_{11}=0{,}32$, $\pi_{12}=0{,}32$, $\pi_{13}=0{,}18$, $\pi_{14}=0{,}18$ oder $\pi_{11}=0{,}21$, $\pi_{12}=0{,}21$, $\pi_{13}=0{,}21$ und $\pi_{14}=0{,}37$. Alle drei genannten Alternativhypothesen weichen nach Gleichung 6.36 gleich stark von der H_0 ab.

6.2.6 $k \cdot l$-χ^2-Test

Der $k \cdot l$-χ^2-Test überprüft die H_0, daß sich die Häufigkeiten innerhalb einer $k \times l$-Tafel proportional zu den Zeilen- und Spaltensummen verteilen (vgl. z. B. Bortz, 1979, Kap. 5.3.5). Diese H_0 ist gleichwertig mit der H_0, daß ein k-fach gestuftes Merkmal von einem l-fach gestuften Merkmal stochastisch unabhängig ist. Für die Überprüfung dieser Nullhypothese haben wir bereits in Kap. 6.1.3 den Kontingenzkoeffizienten kennengelernt. Stichprobenumfänge für Untersuchungen zur Überprüfung von Häufigkeitsunterschieden in einer $k \cdot l$-Kontingenztafel werden also genauso kalkuliert wie Stichprobenumfänge zur Überprüfung des entsprechenden Kontingenzkoeffizienten.

Nehmen wir an, es soll untersucht werden, ob sich psychiatrische Patientenstichproben der Unterschicht, der Mittelschicht und der Oberschicht im gleichen Verhältnis aus endogenen Depressionen und Schizophrenien zusammensetzen oder ob ein Krankheitsbild in einer bestimmten Schicht dominiert. Wir formulieren als H_0: „Zwischen der sozialen Schicht von Patienten und der Art ihrer Erkrankung besteht kein Zusammenhang" und verfahren im übrigen so wie in Kap. 6.1.3 beschrieben.

6.3 Veränderungshypothesen

Untersuchungen zur Überprüfung von Veränderungshypothesen waren Gegenstand des Kap. 5.2.3. Als einschlägige statistische Verfahren wurden dort u. a. der t-Test für abhängige Stichproben und die Varianzanalyse mit Meßwiederholungen genannt. Wir gehen nun der Frage nach, wie sich für diese Verfahren Effektgrößen festlegen lassen und welche Stichprobenumfänge in Abhängigkeit von der Effektgröße erforderlich sind.

6.3.1 t-Test für abhängige Stichproben

Der t-Test für abhängige Stichproben überprüft die H_0, daß sich die Mittelwerte einer zum Zeitpunkt t_1 und t_2 gemessenen abhängigen Variablen in einer Population nicht unterscheiden bzw. daß der Mittelwert der Einzeldifferenzen $\mu_D = 0$ ist (vgl. z. B. Bortz, 1979, Kap. 5.1.3). Der übliche Anwendungsfall ist gegeben, wenn eine Stichprobe wiederholt untersucht wird und entschieden werden soll, ob sich der Stichprobenmittelwert $\bar{x}$ signifikant verändert hat (zur Anwendung des t-Tests für abhängige Stichproben auf parallelisierte Stichproben vgl. S. 405).

Als Effektgröße für den t-Test für unabhängige Stichproben definierten wir in Kap. 6.2.1

$$(6.13) \qquad d = \frac{\mu_1 - \mu_2}{\sigma},$$

wobei σ die Streuung innerhalb der Population angibt. Hiervon abweichend wird beim t-Test für abhängige Stichproben die Differenz der Mittelwerte an der Streuung der Einzeldifferenzen $x_{1i} - x_{2i}$ relativiert. Diese lautet

$$(6.37) \qquad \sigma_{x_1 - x_2} = \sqrt{\sigma_{x_1}^2 + \sigma_{x_2}^2 - 2r\sigma_{x_1}\sigma_{x_2}}$$

bzw. bei gleichen Varianzen ($\sigma_{x_1}^2 = \sigma_{x_2}^2 = \sigma^2$)

$$(6.38) \qquad \sigma_{x_1 - x_2} = \sqrt{2\sigma^2 - 2r\sigma^2} = \sigma \cdot \sqrt{2 \cdot (1 - r)}.$$

r ist hierbei die Korrelation der Messungen zu den Zeitpunkten t_1 und t_2. Für gleiche Varianzen resultiert als Effektgröße des t-Tests für abhängige Stichproben

$$(6.39) \qquad d = \frac{\bar{x}_1 - \bar{x}_2}{\sigma \cdot \sqrt{1 - r}}$$

[Der Faktor $\sqrt{2}$ entfällt im Nenner, weil wir hier wie bei dem auf S. 508 (Gleichung 6.18) beschriebenen Vergleich eines unbekannten Populationsparameters μ_1 mit einem bekannten Populationsparameter μ nur eine Stichprobe untersucht wird. Über eine genauere Effektgröße berichtet Hsu, 1980. Diese setzt allerdings voraus, daß die Reliabilitäten der Messungen bekannt sind.]

Läßt sich die Korrelation der beiden Meßwertreihen vor der Untersuchung nicht abschätzen, wird die mindestens zu erwartende Mittelwertsdifferenz nur an der geschätzten Streuung innerhalb der Population relativiert (zur Schätzung dieser Streuung vgl. S. 505). Die dann resultierenden Stichprobenumfänge überschätzen den Stichprobenumfang, der erforderlich wäre, wenn $r > 0$.

Das folgende Beispiel faßt die einzelnen Schritte zur Bestimmung des Stichprobenumfanges für einen t-Test mit abhängigen Stichproben zusammen. Es soll geprüft werden, wieweit Studenten in der Lage sind, ihre Leistungen richtig einzuschätzen. Man bittet sie deshalb, vor einer Klausur anzugeben, wie viele Punkte von 50 maximal möglichen Punkten sie vermutlich erzielen werden. Da man aufgrund ähnlicher Untersuchungen vermutet, daß Studenten dazu neigen, ihre Leistungen zu unterschätzen, sollen die geschätzten Punktzahlen anschließend mit einem einseitigen t-Test für abhängige Stichproben mit den tatsächlich erreichten Punktzahlen verglichen werden.

Als Streuung der Punktzahlen nimmt man $\sigma = 8$ an (vgl. S. 505). Die Korrelation zwischen den geschätzten und den erreichten Punktzahlen wird mit $r = 0{,}50$ veranschlagt und ihre durchschnittliche Differenz (bzw. die Differenz der Durchschnitte $\bar{x}_1 - \bar{x}_2$) sollte mindestens 5 Punkte betragen. Nach Gleichung 6.39 ermitteln wir als Effektgröße

$$d = \frac{5}{8 \cdot \sqrt{1 - 0{,}5}} = 0{,}88 \,.$$

Den für $\alpha = 0{,}05$, $1 - \beta = 0{,}8$ und $d = 0{,}88$ erforderlichen Stichprobenumfang bestimmen wir unter Verwendung von Tab. 28 nach Gleichung 6.15

$$n = \frac{1237}{100 \cdot 0{,}88^2} + 1 \approx 17 \,.$$

Nimmt man den ungünstigsten (aber auch unrealistischen) Fall an, daß die Korrelation zwischen geschätzter und tatsächlicher Punktzahl Null sei, resultiert

$$d = \tfrac{5}{8} = 0{,}625$$

und

$$n = \frac{1237}{100 \cdot 0{,}625^2} + 1 \approx 33 \,.$$

Es wären dann ungefähr 33 Studenten zu untersuchen.

6.3.2 Varianzanalyse mit Meßwiederholungen

Effektgrößen und Stichprobenumfänge werden im Prinzip für Varianzanalysen mit Meßwiederholungen genauso bestimmt wie für Varianzanalysen ohne Meßwiederholungen (vgl. Kap. 6.2.2 und 6.2.3). Problematisch ist lediglich die Streuung σ in den Gleichungen 6.20, 6.30 und 6.32, die in einer Varianzanalyse ohne Meßwiederholungen die Streuung innerhalb der Populationen bzw. die Fehlerstreuung angibt, an deren Quadrat die Varianz der Mittelwerte getestet wird.

In der einfaktoriellen Varianzanalyse mit Meßwiederholungen wird die Varianz der Mittelwerte an einer sog. Residualvarianz getestet, die der Varianz der „ipsativen" Meßwerte entspricht (vgl. Bortz, 1979, Kap. 9.1). Diese Varianz ist in der Regel kleiner als die Varianz innerhalb der Populationen. Wie auch beim t-Test für abhängige Stichproben hängt ihre Größe von der Korrelation der zu p Zeitpunkten erhobenen Messungen ab. Mit wachsender Korrelation wird die Residualvarianz kleiner.

Leider bedarf es erheblicher Erfahrungen, vor Durchführung der Untersuchung eine halbwegs verläßliche Schätzung der Residualvarianz zu geben, um nach den Gleichungen 6.20 ff. eine Effektgröße festlegen und damit anhand Tabelle 29 einen angemessenen Stichprobenumfang bestimmen zu können. Im Zweifelsfalle schätzt man statt der Residualvarianz auch für Meßwiederholungsanalysen die Varianz innerhalb der Populationen, obwohl diese die angemessene Prüfvarianz um denjenigen Anteil, der auf die Unterschiedlichkeit zwischen den Untersuchungsteilnehmern zurückgeht, überschätzt. Man erhält damit eher zu große Stichproben, d.h., die tatsächliche Teststärke der Varianzanalyse ist höher als die nominale Teststärke.

Diese Vorgehensweise ist empfehlenswert, wenn man annehmen muß, daß eine wichtige Voraussetzung der Varianzanalyse mit Meßwiederholungen, die Homogenität der Varianz – Kovarianz – Matrix, nicht erfüllt ist. Der Teststärkeverlust, der mit dem in diesem Fall erforderlichen konservativen F-Test verbunden ist, läßt sich dann durch den überhöhten Stichprobenumfang zumindest teilweise kompensieren. (Einzelheiten zum konservativen F-Test findet man z.B. bei Bortz, 1979, Kap. 9.4).

Ist nicht nur die Streuung der Messungen zu den Zeitpunkten t_i, sondern auch die durchschnittliche Korrelation $\bar{r}$ zwischen den Zeitpunkten ungefähr bekannt, wird der d-Wert aus Gleichung 6.20 auf folgende Weise bestimmt:

$$(6.40) \qquad d = \frac{\mu_{max} - \mu_{min}}{\sigma \cdot (1 - \bar{r})}.$$

Hiervon ausgehend kann die Effektgröße f nach einer der Gleichungen 6.21 bis 6.24 festgelegt werden.

In der zweifaktoriellen Varianzanalyse mit Meßwiederholungen werden der Meßwiederholungsfaktor (z.B. Faktor A mit p Stufen) und die Interaktion A × B an der Interaktionsvarianz A × Vpn und der Gruppierungsfaktor (Faktor B mit q Stufen) an der Varianz innerhalb der Stichproben getestet (vgl. z.B. Bortz, 1979, Kap. 9.2). Dies sind gleichzeitig die Varianzen, die für die Bestimmung der Effektgrößen eines Haupteffektes nach Gleichungen 6.20ff. bzw. für die Bestimmung der Effektgröße einer Interaktion nach Gleichung 6.30 zu schätzen sind. (Für die Kalkulation der Stichprobengröße ist zusätzlich Gleichung 6.28 zu beachten; s.u.).

Überwiegend interessiert in einer zweifaktoriellen Varianzanalyse mit Meßwiederholungen die Interaktion, weil diese über gruppenspezifische Veränderungen (z.B. Experimentalgruppe vs. Kontrollgruppe, vgl. S. 432ff.) informiert. Der Stichprobenumfang ist deshalb so festzulegen, daß diese Interaktion mit der gewünschten Teststärke nachweisbar wird. Folgende Vorgehensweise wird empfohlen:

In die Bestimmung der Effektgröße f nach Gleichung 6.30 gehen zunächst die Abweichungen der unter der H_0 erwarteten Mittelwerte der Faktorstufenkombinationen ($\overline{AB}_{ij}$) von den unter der H_1 erwarteten Mittelwerten ($\overline{AB}_{ij}$) ein. Wir haben hierüber bereits auf S. 514f. ausführlich berichtet. Auch hier interessieren nur die Abweichungen von der Parallelität der Verläufe und nicht die durchschnittlichen Distanzen zwischen den Verläufen, die der Größe des Haupteffektes B entsprechen. Für eine quasiexperimentelle Veränderungsstudie, die Veränderungen einer abhängigen Variablen in verschiedenen, natürlich existierenden Populationen untersucht (vgl. S. 431ff.), bedeutet dies z.B., daß es nicht erforderlich ist, mögliche Pretestunterschiede zwischen den Populationen bereits vor der Untersuchung zu kennen. Entscheidend sind vielmehr Annahmen darüber, ob bzw. wie sich die Pretestunterschiede im Verlaufe der Meßwiederholungen verändern.

Das zweite Bestimmungsstück der Effektgröße f einer Interaktion ist im Falle einer Meßwiederholungsanalyse die Prüfvarianz der Interaktion, also die Varianz A × Vpn. Wie bereits in der einfaktoriellen Varianzanalyse mit Meßwiederholungen dürfte auch diese Prüfvarianz vorab nur schwer zu schätzen sein. Vergleichbare Untersuchungen, denen Schätzungen dieser Varianz entnommen werden können, sind hier besonders wichtig. Die ersatzweise geschätzte Varianz der unter einer Faktorstufenkombination erwarteten Messungen stellt auch hier nur einen Notbehelf dar. Sie ist ggf. in Analogie zu Gleichung 6.40 um den Faktor $(1 - \bar{r})$ zu reduzieren.

Das endgültige n für eine Faktorstufenkombination wird für eine zweifaktorielle Varianzanalyse ohne Meßwiederholungen nach Gleichung 6.28 bestimmt. Im Meßwiederholungsfalle verwenden wir folgende allgemeine Gleichung (vgl. Cohen, 1977, S. 365):

$$(6.41) \qquad df_{\text{Nenner}} = (n' - 1) \cdot (df_{\text{Zähler}} + 1)$$

mit $\qquad df_{\text{Nenner}}$ = Freiheitsgrade der Prüfvarianz des in Frage stehenden Effektes

$df_{\text{Zähler}}$ = Freiheitsgrade des in Frage stehenden Effektes

n' = nach Gleichung 6.27 oder anhand von Tab. 29 für $\alpha = 0{,}05$, $1 - \beta = 0{,}80$ und f ermittelter Stichprobenumfang.

Für die Interaktion $(df_{\text{Zähler}} = (p - 1) \cdot (q - 1))$ in einer zweifaktoriellen Varianzanalyse mit Meßwiederholungen hat die Prüfvarianz $\hat{\sigma}^2_{A \times \text{Vpn}}$ $q \cdot (p - 1) \cdot (n - 1)$ Freiheitsgrade (df_{Nenner}). Der einer Stufe des Faktors B zugeordnete Stichprobenumfang ergibt sich, wenn wir diese Freiheitsgrade in Gleichung 6.41 einsetzen und nach n auflösen.

$$(6.42) \qquad n = \frac{(n' - 1) \cdot [(p - 1) \cdot (q - 1) + 1]}{q \cdot (p - 1)} + 1 \, .$$

Ein kleines Zahlenbeispiel verdeutlicht die Bestimmung des zur Absicherung einer Interaktionseffektgröße erforderlichen Stichprobenumfanges. Nach Gleichung 6.30 möge sich für die Interaktion eines 3×4 Meßwiederholungsplanes $(p = 3, q = 4)$ eine Effektgröße von $f = 0{,}30$ ergeben haben. Für $\alpha = 0{,}05$ $1 - \beta = 0{,}80$ und $df = (3 - 1) \cdot (4 - 1) = 6$ entnehmen wir Tabelle 29 $n' = 22$ und errechnen nach Gleichung 6.42

$$n = \frac{(22 - 1) \cdot [(3 - 1) \cdot (4 - 1) + 1]}{4 \cdot (3 - 1)} + 1 = 19{,}38 \approx 19$$

Damit wäre den vier Stufen des Faktors B jeweils eine Zufallsstichprobe mit $n = 19$ Untersuchungsteilnehmern zuzuweisen; jede dieser Stichproben wird 3 mal $(p = 3)$ untersucht.

Anhang A. Fachinformationsdienste

1. Universitätsbibliothek Saarbrücken, Sondersammelgebiet Psychologie, Sankt-Johanna-Stadtwald, D-6600 Saarbrücken 15
2. Zentralstelle für psychologische Information und Dokumentation in der Universität Trier, Schneidershof, D-5500 Trier
3. Informationszentrum Sozialwissenschaften, Lennéstraße 30, D-5300 Bonn 1
4. Deutsches Jugendinstitut, Dokumentation „Forschungsprojekte, Sozialisation und Sozialpädagogik", Saarstraße 7, D-8000 München 40
5. Institut für Arbeitsmarkt- und Berufsforschung der Bundesanstalt für Arbeit, „Forschungsdokumentation zur Arbeitsmarkt- und Berufsforschung", Regensburger Straße 104, D-8500 Nürnberg
6. Leitstelle Politische Dokumentation an der FU Berlin, „Politikwissenschaftliche Forschung", Paulinenstraße 22, D-1000 Berlin 45
7. Max-Planck-Institut für Bildungsforschung, Lentzeallee 94, D-1000 Berlin 33
8. Pädagogisches Zentrum Berlin, „Pädagogische Forschungs- und Entwicklungsarbeiten in der Bundesrepublik Deutschland", Uhlandstraße 97, D-1000 Berlin 31
9. Quantum-Arbeitsgemeinschaft für Quantifizierung und Methoden in der historisch-sozialwissenschaftlichen Forschung e.V., „Quantum-Dokumentation", Greinstraße 2, D-5000 Köln 41
10. Schweizerische Gesellschaft für Soziologie, „Laufende Soziologische Forschung", 4 Place de la Riponne, CH-1005 Lausanne, Schweiz
11. Zentralarchiv für Empirische Sozialforschung der Universität zu Köln „Empirische Sozialforschung", Bachemer Straße 40, D-5000 Köln 41
12. Zentralinstitut für Sozialwissenschaftliche Forschung an der FU Berlin, Babelsberger Straße 14/16, D-1000 Berlin 31
13. Institut für Publizistik und Dokumentation, Hagenstraße 56, D-1000 Berlin 33
14. Testbibliothek – Deutsches Institut für Internationale Pädagogische Forschung, Schloßstraße 29, D-6000 Frankfurt/Main 90
15. Deutsche Gesellschaft für Dokumentation e.V., Westendstraße 19, D-6000 Frankfurt/Main 1

Anhang B.   Software-Pakete für statistische Analysen

Die folgende Aufstellung enthält die wichtigsten in den Sozialwissenschaften gebräuchlichen Programmpakete sowie eine Auswahl der im jeweiligen Programmpaket verfügbaren Statistikprozeduren. Auskünfte über den aktuellen Stand der Programmpakete-Entwicklung bzw. über andere mit der Nutzung von Programmpaketen zusammenhängende Fragen erteilt das

- Zentrum für Umfragen, Methoden und Analysen e.V. (ZUMA) B 2,1, D-6800 Mannheim

1. SPSS X

   – Log-lineare Modelle
   – Korrelation und Regression (bivariat und multivariat)
   – Diskriminanzanalyse
   – Faktorenanalyse
   – Verteilungsfreie Methoden
   – Zeitreihenanalyse (Box-Jenkins)
   – Bivariate Varianzanalyse und Kovarianzanalyse (ANOVA)
   – Multivariate Varianzanalyse und Kovarianzanalyse (MANOVA)

2. SAS

   – Varianzanalyse und Kovarianzanalyse
   – Autoregression
   – Clusteranalyse
   – Korrelationsanalyse
   – Diskriminanzanalyse
   – Faktoranalyse
   – Guttman-Skalierung
   – Einfache und multiple lineare Regression
   – Nichtlineare Regression
   – Probitanalyse
   – Spektralanalyse
   – Kanonische Korrelation

3. BMDP (1981)

   – Multiple lineare Regression
   – Varianzanalyse und Kovarianzanalyse

528

- Nonparametrische Verfahren
- Clusteranalyse
- Faktorenanalyse
- Kanonische Korrelation
- Diskriminanzanalyse
- Zeitreihenanalyse (Spektralanalyse und Box-Jenkins-Modell)

4. GLIM (Release 3)

- Analyse mehrdimensionaler Kontingenztafeln nach verallgemeinerten linearen Modellen

5. P-STAT

- Korrelation und Regression
- Diskriminanzanalyse
- Faktorenanalyse
- Univariate und multivariate Varianzanalyse

6. OSIRIS III

- Bivariate und multiple Korrelation und Regression
- Univariate und multivariate Varianzanalyse
- Multivariate Analyse nominaler Daten (MNA-Ansatz)
- Faktorenanalyse
- Multidimensionale Skalierung (MDSCAL nach Shepard & Kruskal)
- Guttman-Skalierung
- Clusteranalyse

7. CLUSTAN 2.1

- Verschiedene Versionen für Clusteranalysen mit $N < 1\,000$

8. MDS (X)

Zahlreiche Programme zur Multidimensionalen Skalierung wie z. B.
- Skalierung individueller Differenzen (INDSCAL)
- Coombs Skalierung (unfolding)
- "smallest space analysis"

9. LISREL

Pfadanalytische Modelle und konfirmatorische Faktorenanalyse

10. NONMET

Analyse mehrdimensionaler Kontingenztafeln nach dem GSK-Ansatz

Anhang C.   Anschriften forschungsfördernder Institutionen

Die wichtigsten Institutionen, die sozialwissenschaftliche Forschungen finanziell unterstützen, sind die

Deutsche Forschungsgemeinschaft (DFG), Kennedyallee 40, D-5300 Bonn 2

Stiftung Volkswagenwerk, Kastanienallee 35, D-3000 Hannover 81

Weitere Anschriften findet man bei Oeckl (1982)

Anhang D. Kurze Erläuterung der wichtigsten, im Text verwendeten statistischen Begriffe und Verfahren

(ausführlicher hierzu vgl. z. B. Bortz, 1979)

α-**Fehler Niveau**, s. Signifikanzniveau

α-**Fehler Wahrscheinlichkeit**, auch Irrtumswahrscheinlichkeit genannt, Wahrscheinlichkeit, bei statistischen Entscheidungen eine richtige→Nullhypothese zugunsten der→Alternativhypothese zu verwerfen. Diese Wahrscheinlichkeit sollte bei einem→signifikanten Ergebnis 5% nicht überschreiten.

Alternativhypothese (H_1); Gegenhypothese zur→Nullhypothese. Je nach Art der Fragestellung wird mit der Alternativhypothese ein Effekt (Zusammenhang, Unterschied, Veränderung) behauptet. Man unterscheidet
- einseitige oder zweiseitige Alternativhypothesen (die Richtung des Effektes wird vorgegeben oder nicht vorgegeben),
- spezifische oder unspezifische Alternativhypothesen (die Größe des Effektes wird vorgegeben oder nicht vorgegeben).
Die Alternativhypothese sollte der Forschungshypothese entsprechen.

β-**Fehler Wahrscheinlichkeit**, Wahrscheinlichkeit, bei statistischen Entscheidungen eine richtige→Alternativhypothese zugunsten der→Nullhypothese zu verwerfen. Diese Wahrscheinlichkeit ist nur bei spezifischen Alternativhypothesen (Hypothesen mit vorgegebener→Effektgröße) kalkulierbar.

chi-Quadrat (χ^2-) Verfahren, Verfahren zur statistischen Analyse von Häufigkeitsverteilungen. Man unterscheidet
- eindimensionale χ^2-Verfahren (z. B. zur Überprüfung der Frage, ob ein Merkmal gleichverteilt oder normalverteilt ist),
- zweidimensionale χ^2-Verfahren (Vergleich der Häufigkeiten von Merkmalskombinationen),
- mehrdimensionale χ^2-Verfahren [z. B. die Konfigurationsfrequenzanalyse (KFA), die überprüft, welche Merkmalskombinationen über- bzw. unterrepräsentiert sind].

Clusteranalyse, ein Verfahren, das Untersuchungsobjekte oder Variablen nach Maßgabe ihrer Ähnlichkeit in Gruppen (Cluster) klassifiziert.

Diskriminanzanalyse, eine→multivariate Methode zur Überprüfung von Unterschieden zwischen mehreren Stichproben, die durch mehrere abhängige Variablen beschrieben sind. Die Diskriminanzanalyse ermittelt Gewichte, die angeben, wie bedeutsam die abhängigen Variablen für die Trennung der Stichproben sind.

Effektgröße, gibt die Größe der erwarteten Korrelation, des erwarteten Unterschiedes oder einer erwarteten Veränderung an; wird benötigt, um eine spezifische→Alternativhypothese formulieren zu können. Die Effektgrößenbestimmung ist eng verknüpft mit Überlegungen zur praktischen Bedeutsamkeit empirischer Ergebnisse. Die Festlegung einer Effektgröße wird erforderlich, wenn man→β-Fehler Wahrscheinlichkeiten bzw. den für eine hypothesenprüfende Untersuchung angemessenen Stichprobenumfang kalkulieren will.

Faktorenanalyse, ein Verfahren, das viele wechselseitig korrelierte Variablen in wenigen (in der Regel) voneinander unabhängigen Dimensionen (Faktoren) zusammenfaßt. Die am häufigsten verwendete Methode zur Bestimmung von Faktoren ist die Hauptachsenanalyse (PCA). Die Interpretation einer faktoriellen Struktur wird z. B. durch eine Varimax-Rotation erleichtert.

Freiheitsgrade (d. f.), diejenigen Bestimmungsstücke, die bei der Berechnung einer statistischen Prüfgröße (z. B. χ^2-Wert, t-Wert, F-Wert etc.) frei bzw. unabhängig voneinander variieren können.

F-Test, Signifikanztest zur Überprüfung des Unterschiedes zweier→Varianzschätzungen; findet vor allem als→Signifikanztest in→Varianzanalysen Verwendung.

Hauptachsenanalyse, s. Faktorenanalyse

Irrtumswahrscheinlichkeit, s. α-Fehler Wahrscheinlichkeit

Kanonische Korrelation, s. Korrelation

Konfigurationsfrequenzanalyse (KFA), s. χ^2-Verfahren

Kontingenzkoeffizient, s. Korrelation

Konkordanzkoeffizient, nicht parametrischer Koeffizient zur Feststellung des Grades der Übereinstimmung mehrerer Rangreihen.

Korrelation, allgemeine Bezeichnung für ein quantitatives Maß zur Beschreibung von Zusammenhängen. Die wichtigsten bivariaten Korrelationen sind die
- Produkt-Moment-Korrelation (linearer Zusammenhang zweier intervallskalierter Merkmale),
- Rangkorrelation (Zusammenhang zweier ordinal-skalierter Merkmale),
- Kontingenzkoeffizient (Zusammenhang zweier nominal-skalierter Merkmale) (weitere bivariate Korrelationsarten s. Tabelle 16).

Zu den multivariaten Korrelationen zählen
- die Partialkorrelation (Zusammenhang zweier Merkmale, der von einer dritten oder weiteren Variablen unabhängig ist),
- multiple Korrelation (Zusammenhang zwischen mehreren Prädiktorvariablen und einer Kriteriumsvariablen),
- kanonische Korrelation (Zusammenhang zwischen mehreren Prädiktorvariablen und mehreren Kriteriumsvariablen).

Maximum-Likelihood-Methode, eine Methode, nach der Populationsparameter so geschätzt werden, daß die Wahrscheinlichkeit (Likelihood) das Auftreten der beobachteten Daten maximiert wird.

Methode der kleinsten Quadrate, (least squares solution), eine Methode, nach der Populationsparameter so geschätzt werden, daß die Summe der quadrierten Abweichungen der beobachteten Werte von den entsprechenden Werten, die man für eine Population mit den geschätzten Parametern erwarten würde, minimal ist.

Multiple Korrelation, s. Korrelation

Multivariate Methoden, statistische Verfahren, in denen mehrere abhängige Variablen gleichzeitig analysiert werden (z. B. multivariate Varianzanalyse). Man spricht gelegentlich auch dann von multivariaten Methoden, wenn eine Unterscheidung von unabhängigen und abhängigen Variablen nicht möglich oder sinnvoll ist (z. B. multivariate Korrelationstechniken, wie die→multiple Korrelation).

Nonparametrische Methoden, s. verteilungsfreie Methoden

Nullhypothese (H_0), statistische Hypothese, die der→Alternativhypothese entgegengesetzt wird. Je nach Art der Fragestellung behauptet sie keinen Zusammenhang, keinen Unterschied oder keine Veränderung.

Partialkorrelation, s. Korrelation

PCA, principal components analysis, s. Faktorenanalyse

Produkt-Moment-Korrelation, auch "Pearson-Korrelation" oder "Maßkorrelation" genannt, s. Korrelation.

Rangkorrelation, s. Korrelation

Regressionsgleichung, Gleichung, mit der die Ausprägungen eines Merkmals aufgrund der Ausprägungen eines anderen, korrelierenden Merkmals vorhergesagt werden. Die Regressionsgleichung wird nach der →Methode der kleinsten Quadrate bestimmt.

Sampling-distribution, s. Stichprobenkennwerte-Verteilung

Signifikantes Ergebnis, ein Ergebnis ist statistisch signifikant, wenn die Wahrscheinlichkeit des Ergebnisses bei Gültigkeit der →Nullhypothese kleiner als ein zuvor festgesetztes→Signifikanzniveau (5% oder 1%) ist.

Signifikanzniveau, auch α-Fehler Niveau; per Konvention festgelegte Höchstgrenzen der →α-Fehler Wahrscheinlichkeit: $\alpha \leq 5\%$ (signifikant) und $\alpha \leq 1\%$ (sehr signifikant).

Signifikanztest, statistisches Verfahren zur Bestimmung der→α-Fehler Wahrscheinlichkeit.

Standardabweichung, das gebräuchlichste Streuungsmaß; entspricht der Wurzel der Varianz.

Standardfehler →Standardabweichung einer→Stichprobenkennwerte-Verteilung.

Stichprobenkennwerte-Verteilung (sampling distribution), eine theoretische Verteilung von Stichprobenkennwerten (z. B. des arithmetischen Mittels). Mit der Stichprobenkennwerte-Verteilung ist eine Modellvorstellung verbunden, die besagt, daß sich die Kennwerte von Zufallsstichproben, die wiederholt einer Population entnommen werden, normalverteilen, vorausgesetzt, die Stichproben sind genügend groß und die Populationsvarianz ist endlich (zentrales Grenzwerttheorem). Die Streuung einer Stichprobenkennwerte-Verteilung bezeichnet man als Standardfehler.

Streuung, s. Standardabweichung

Teststärke (power), gibt die Wahrscheinlichkeit an, mit der eine richtige→Alternativhypothese durch einen→Signifikanztest entdeckt wird. Sie entspricht der Wahrscheinlichkeit $1-\beta$.

t-Test, Verfahren zur Überprüfung des Unterschiedes zweier Stichprobenmittelwerte. Man unterscheidet den
- t-Test für unabhängige Stichproben (Vergleich der Mittelwerte von Stichproben aus zwei verschiedenen Populationen).
- t-Test für abhängige Stichproben (Vergleich zweier Mittelwerte einer Variablen, die an einer Stichprobe zu zwei verschiedenen Zeitpunkten oder an "matched samples" erhoben wurden).

Univariate Methoden, statistische Verfahren, in denen nur eine abhängige Variable analysiert wird (z. B. univariate Varianzanalyse). Die Anzahl der unabhängigen Variablen ist hierbei unerheblich.

Varianz, durchschnittliches Abweichungsquadrat aller Messungen vom Mittelwert. Man unterscheidet
- Stichprobenvarianz (s^2: durchschnittliches Abweichungsquadrat),
- Schätzung der Populationsvarianz ($\hat{\sigma}^2$: Summe der Abweichungsquadrate einer Stichprobe dividiert durch $n-1$),
- Populationsvarianz (σ^2: Erwartungswert des Abweichungsquadrates einer Messung vom Erwartungswert der Populationsverteilung)

Varianzanalyse, Verfahren zur Überprüfung von Mittelwertsunterschieden. Die wichtigsten varianzanalytischen Verfahren sind die
- einfaktorielle Varianzanalyse, in der die Stufen einer unabhängigen Variablen in bezug auf eine abhängige Variable verglichen werden,
- mehrfaktorielle Varianzanalyse, in der die Stufen mehrerer unabhängiger Variablen sowie deren Kombinationen (Interaktionen) in bezug auf eine abhängige Variable verglichen werden,

– Varianzanalyse mit Meßwiederholungen, in der wiederholte Messungen einer oder mehrerer Stichproben bzw. "matched samples" miteinander verglichen werden,
– Kovarianzanalyse, in der bei der varianzanalytischen Auswertung ein oder mehrere Kontrollvariablen statistisch (→regressionsanalytisch) berücksichtigt werden.

Varimax-Rotation, s. Faktorenanalyse

Verteilungsfreie Methoden, auch nonparametrische Methoden genannt. Es handelt sich hierbei um statistische Verfahren, die im Vergleich zu den parametrischen Verfahren (z. B. t-Test, F-Test etc.) an weniger Voraussetzungen geknüpft sind. Insbesondere verzichten sie darauf, daß die untersuchten Merkmale in der Population bestimmten Verteilungsformen (z. B. Normalverteilung) folgen bzw. daß die Verteilungsparameter bekannt sein müssen.

Zeitreihenanalyse, Analyse der Systematik vieler über die Zeit verteilter Messungen. Im engeren Sinne wird hierunter die von Box & Jenkins entwickelte Methode verstanden.

Zentrales Grenzwerttheorem, s. Stichprobenkennwerte-Verteilung

z-Transformation, in der Statistik häufig eingesetzte Transformation, um verschiedene Variablen auf den gleichen Maßstab zu bringen. Bei einer z-Transformation werden die Abweichungen der ursprünglichen Werte von ihrem Mittelwert durch ihre→Standardabweichung dividiert. z-transformierte Variable haben einen Mittelwert von 0 und eine Streuung von 1.

Anhang E

Tabelle E 1. Standardnormalverteilung (Quelle: Glass, G. V., Stanley, J. C.: Statistical methods in education and psychology, pp. 513–519. New Jersey: Prentice-Hall. Inc. Englewood Cliffs 1970)

z	Fläche	v Ordinate	z	Fläche	v Ordinate
−3,00	0,0013	0,0044			
−2,99	0,0014	0,0046	−2,69	0,0036	0,0107
−2,98	0,0014	0,0047	−2,68	0,0037	0,0110
−2,97	0,0015	0,0048	−2,67	0,0038	0,0113
−2,96	0,0015	0,0050	−2,66	0,0039	0,0116
−2,95	0,0016	0,0051	−2,65	0,0040	0,0119
−2,94	0,0016	0,0053	−2,64	0,0041	0,0122
−2,93	0,0017	0,0055	−2,63	0,0043	0,0126
−2,92	0,0018	0,0056	−2,62	0,0044	0,0129
−2,91	0,0018	0,0058	−2,61	0,0045	0,0132
−2,90	0,0019	0,0060	−2,60	0,0047	0,0136
−2,89	0,0019	0,0061	−2,59	0,0048	0,0139
−2,88	0,0020	0,0063	−2,58	0,0049	0,0143
−2,87	0,0021	0,0065	−2,57	0,0051	0,0147
−2,86	0,0021	0,0067	−2,56	0,0052	0,0151
−2,85	0,0022	0,0069	−2,55	0,0054	0,0154
−2,84	0,0023	0,0071	−2,54	0,0055	0,0158
−2,83	0,0023	0,0073	−2,53	0,0057	0,0163
−2,82	0,0024	0,0075	−2,52	0,0059	0,0167
−2,81	0,0025	0,0077	−2,51	0,0060	0,0171
−2,80	0,0026	0,0079	−2,50	0,0062	0,0175
−2,79	0,0026	0,0081	−2,49	0,0064	0,0180
−2,78	0,0027	0,0084	−2,48	0,0066	0,0184
−2,77	0,0028	0,0086	−2,47	0,0068	0,0189
−2,76	0,0029	0,0088	−2,46	0,0069	0,0194
−2,75	0,0030	0,0091	−2,45	0,0071	0,0198
−2,74	0,0031	0,0093	−2,44	0,0073	0,0203
−2,73	0,0032	0,0096	−2,43	0,0075	0,0208
−2,72	0,0033	0,0099	−2,42	0,0078	0,0213
−2,71	0,0034	0,0101	−2,41	0,0080	0,0219
−2,70	0,0035	0,0104	−2,40	0,0082	0,0224

Tabelle E 1 (Fortsetzung)

z	Fläche	v Ordinate	z	Fläche	v Ordinate
−2,39	0,0084	0,0229	−1,89	0,0294	0,0669
−2,38	0,0087	0,0235	−1,88	0,0301	0,0681
−2,37	0,0089	0,0241	−1,87	0,0307	0,0694
−2,36	0,0091	0,0246	−1,86	0,0314	0,0707
−2,35	0,0094	0,0252	−1,85	0,0322	0,0721
−2,34	0,0096	0,0258	−1,84	0,0329	0,0734
−2,33	0,0099	0,0264	−1,83	0,0336	0,0748
−2,32	0,0102	0,0270	−1,82	0,0344	0,0761
−2,31	0,0104	0,0277	−1,81	0,0351	0,0775
−2,30	0,0107	0,0283	−1,80	0,0359	0,0790
−2,29	0,0110	0,0290	−1,79	0,0367	0,0804
−2,28	0,0113	0,0297	−1,78	0,0375	0,0818
−2,27	0,0116	0,0303	−1,77	0,0384	0,0833
−2,26	0,0119	0,0310	−1,76	0,0392	0,0848
−2,25	0,0122	0,0317	−1,75	0,0401	0,0863
−2,24	0,0125	0,0325	−1,74	0,0409	0,0878
−2,23	0,0129	0,0332	−1,73	0,0418	0,0893
−2,22	0,0132	0,0339	−1,72	0,0427	0,0909
−2,21	0,0136	0,0347	−1,71	0,0436	0,0925
−2,20	0,0139	0,0355	−1,70	0,0446	0,0940
−2,19	0,0143	0,0363	−1,69	0,0455	0,0957
−2,18	0,0146	0,0371	−1,68	0,0465	0,0973
−2,17	0,0150	0,0379	−1,67	0,0475	0,0989
−2,16	0,0154	0,0387	−1,66	0,0485	0,1006
−2,15	0,0158	0,0396	−1,65	0,0495	0,1023
−2,14	0,0162	0,0404	−1,64	0,0505	0,1040
−2,13	0,0166	0,0413	−1,63	0,0516	0,1057
−2,12	0,0170	0,0422	−1,62	0,0526	0,1074
−2,11	0,0174	0,0431	−1,61	0,0537	0,1092
−2,10	0,0179	0,0440	−1,60	0,0548	0,1109
−2,09	0,0183	0,0449	−1,59	0,0559	0,1127
−2,08	0,0188	0,0459	−1,58	0,0571	0,1145
−2,07	0,0192	0,0468	−1,57	0,0582	0,1163
−2,06	0,0197	0,0478	−1,56	0,0594	0,1182
−2,05	0,0202	0,0488	−1,55	0,0606	0,1200
−2,04	0,0207	0,0498	−1,54	0,0618	0,1219
−2,03	0,0212	0,0508	−1,53	0,0630	0,1238
−2,02	0,0217	0,0519	−1,52	0,0643	0,1257
−2,01	0,0222	0,0529	−1,51	0,0655	0,1276
−2,00	0,0228	0,0540	−1,50	0,0668	0,1295
−1,99	0,0233	0,0551	−1,49	0,0681	0,1315
−1,98	0,0239	0,0562	−1,48	0,0694	0,1334
−1,97	0,0244	0,0573	−1,47	0,0708	0,1354
−1,96	0,0250	0,0584	−1,46	0,0721	0,1374
−1,95	0,0256	0,0596	−1,45	0,0735	0,1394
−1,94	0,0262	0,0608	−1,44	0,0749	0,1415
−1,93	0,0268	0,0620	−1,43	0,0764	0,1435
−1,92	0,0274	0,0632	−1,42	0,0778	0,1456
−1,91	0,0281	0,0644	−1,41	0,0793	0,1476
−1,90	0,0287	0,0656	−1,40	0,0808	0,1497

Tabelle E 1 (Fortsetzung)

z	Fläche	v Ordinate	z	Fläche	v Ordinate
−1,39	0,0823	0,1518	−0,89	0,1867	0,2685
−1,38	0,0838	0,1539	−0,88	0,1894	0,2709
−1,37	0,0853	0,1561	−0,87	0,1922	0,2732
−1,36	0,0869	0,1582	−0,86	0,1949	0,2756
−1,35	0,0885	0,1604	−0,85	0,1977	0,2780
−1,34	0,0901	0,1626	−0,84	0,2005	0,2803
−1,33	0,0918	0,1647	−0,83	0,2033	0,2827
−1,32	0,0934	0,1669	−0,82	0,2061	0,2850
−1,31	0,0951	0,1691	−0,81	0,2090	0,2874
−1,30	0,0968	0,1714	−0,80	0,2119	0,2897
−1,29	0,0985	0,1736	−0,79	0,2148	0,2920
−1,28	0,1003	0,1758	−0,78	0,2177	0,2943
−1,27	0,1020	0,1781	−0,77	0,2206	0,2966
−1,26	0,1038	0,1804	−0,76	0,2236	0,2989
−1,25	0,1056	0,1826	−0,75	0,2266	0,3011
−1,24	0,1075	0,1849	−0,74	0,2296	0,3034
−1,23	0,1093	0,1872	−0,73	0,2327	0,3056
−1,22	0,1112	0,1895	−0,72	0,2358	0,3079
−1,21	0,1131	0,1919	−0,71	0,2389	0,3101
−1,20	0,1151	0,1942	−0,70	0,2420	0,3123
−1,19	0,1170	0,1965	−0,69	0,2451	0,3144
−1,18	0,1190	0,1989	−0,68	0,2483	0,3166
−1,17	0,1210	0,2012	−0,67	0,2514	0,3187
−1,16	0,1230	0,2036	−0,66	0,2546	0,3209
−1 15	0,1251	0,2059	−0,65	0,2578	0,3230
−1,14	0,1271	0,2083	−0,64	0,2611	0,3251
−1,13	0,1292	0,2107	−0,63	0,2643	0,3271
−1,12	0,1314	0,2131	−0,62	0,2676	0,3292
−1,11	0,1335	0,2155	−0,61	0,2709	0,3312
−1,10	0,1357	0,2179	−0,60	0,2749	0,3332
−1,09	0,1379	0,2203	−0,59	0,2776	0,3352
−1,08	0,1401	0,2227	−0,58	0,2810	0,3372
−1,07	0,1423	0,2251	−0,57	0,2843	0,3391
−1,06	0,1446	0,2275	−0,56	0,2877	0,3410
−1,05	0,1469	0,2299	−0,55	0,2912	0,3429
−1,04	0,1492	0,2323	−0,54	0,2946	0,3448
−1,03	0,1515	0,2347	−0,53	0,2981	0,3467
−1,02	0,1539	0,2371	−0,52	0,3015	0,3485
−1,01	0,1562	0,2396	−0,51	0,3050	0,3503
−1,00	0,1587	0,2420	−0,50	0,3085	0,3521
−0,99	0,1611	0,2444	−0,49	0,3121	0,3538
−0,98	0,1635	0,2468	−0,48	0,3156	0,3555
−0,97	0,1660	0,2492	−0,47	0,3192	0,3572
−0,96	0,1685	0,2516	−0,46	0,3228	0,3589
−0,95	0,1711	0,2541	−0,45	0,3264	0,3605
−0,94	0,1736	0,2565	−0,44	0,3300	0,3621
−0,93	0,1762	0,2589	−0,43	0,3336	0,3637
−0,92	0,1788	0,2613	−0,42	0,3372	0,3653
−0,91	0,1814	0,2637	−0,41	0,3409	0,3668
−0,90	0,1841	0,2661	−0,40	0,3446	0,3683

Tabelle E 1 (Fortsetzung)

z	Fläche	v Ordinate	z	Fläche	v Ordinate
−0,39	0,3483	0,3697	0,11	0,5438	0,3965
−0,38	0,3520	0,3712	0,12	0,5478	0,3961
−0,37	0,3557	0,3725	0,13	0,5517	0,3956
−0,36	0,3594	0,3739	0,14	0,5557	0,3951
−0,35	0,3632	0,3752	0,15	0,5596	0,3945
−0,34	0,3669	0,3765	0,16	0,5636	0,3939
−0,33	0,3707	0,3778	0,17	0,5675	0,3932
−0,32	0,3745	0,3790	0,18	0,5714	0,3925
−0,31	0,3783	0,3802	0,19	0,5753	0,3918
−0,30	0,3821	0,3814	0,20	0,5793	0,3910
−0,29	0,3859	0,3825	0,21	0,5832	0,3902
−0,28	0,3897	0,3836	0,22	0,5871	0,3894
−0,27	0,3936	0,3847	0,23	0,5910	0,3885
−0,26	0,3974	0,3857	0,24	0,5948	0,3876
−0,25	0,4013	0,3867	0,25	0,5987	0,3867
−0,24	0,4052	0,3876	0,26	0,6026	0,3857
−0,23	0,4090	0,3885	0,27	0,6064	0,3847
−0,22	0,4129	0,3894	0,28	0,6103	0,3836
−0,21	0,4168	0,3902	0,29	0,6141	0,3825
−0,20	0,4207	0,3910	0,30	0,6179	0,3814
−0,19	0,4247	0,3918	0,31	0,6217	0,3802
−0,18	0,4286	0,3925	0,32	0,6255	0,3790
−0,17	0,4325	0,3932	0,33	0,6293	0,3778
−0,16	0,4364	0,3939	0,34	0,6331	0,3765
−0,15	0,4404	0,3945	0,35	0,6368	0,3752
−0,14	0,4443	0,3951	0,36	0,6406	0,3739
−0,13	0,4483	0,3956	0,37	0,6443	0,3725
−0,12	0,4522	0,3961	0,38	0,6480	0,3712
−0,11	0,4562	0,3965	0,39	0,6517	0,3697
−0,10	0,4602	0,3970	0,40	0,6554	0,3683
−0,09	0,4641	0,3973	0,41	0,6591	0,3668
−0,08	0,4681	0,3977	0,42	0,6628	0,3653
−0,07	0,4721	0,3980	0,43	0,6664	0,3637
−0,06	0,4761	0,3982	0,44	0,6700	0,3621
−0,05	0,4801	0,3984	0,45	0,6736	0,3605
−0,04	0,4840	0,3986	0,46	0,6772	0,3589
−0,03	0,4880	0,3988	0,47	0,6808	0,3572
−0,02	0,4920	0,3989	0,48	0,6844	0,3555
−0,01	0,4960	0,3989	0,49	0,6879	0,3538
0,00	0,5000	0,3989	0,50	0,6915	0,3521
0,01	0,5040	0,3989	0,51	0,6950	0,3503
0,02	0,5080	0,3989	0,52	0,6985	0,3485
0,03	0,5120	0,3988	0,53	0,7019	0,3467
0,04	0,5160	0,3986	0,54	0,7054	0,3448
0,05	0,5199	0,3984	0,55	0,7088	0,3429
0,06	0,5239	0,3982	0,56	0,7123	0,3410
0,07	0,5279	0,3980	0,57	0,7157	0,3391
0,08	0,5319	0,3977	0,58	0,7190	0,3372
0,09	0,5359	0,3973	0,59	0,7224	0,3352
0,10	0,5398	0,3970	0,60	0,7257	0,3332

Tabelle E 1 (Fortsetzung)

z	Fläche	v Ordinate	z	Fläche	v Ordinate
0,61	0,7291	0,3312	1,11	0,8665	0,2155
0,62	0,7324	0,3292	1,12	0,8686	0,2131
0,63	0,7357	0,3271	1,13	0,8708	0,2107
0,64	0,7389	0,3251	1,14	0,8729	0,2083
0,65	0,7422	0,3230	1,15	0,8749	0,2059
0,66	0,7454	0,3209	1,16	0,8770	0,2036
0,67	0,7486	0,3187	1,17	0,8790	0,2012
0,68	0,7517	0,3166	1,18	0,8810	0,1989
0,69	0,7549	0,3144	1,19	0,8830	0,1965
0,70	0,7580	0,3123	1,20	0,8849	0,1942
0,71	0,7611	0,3101	1,21	0,8869	0,1919
0,72	0,7642	0,3079	1,22	0,8888	0,1895
0,73	0,7673	0,3056	1,23	0,8907	0,1872
0,74	0,7704	0,3034	1,24	0,8925	0,1849
0,75	0,7734	0,3011	1,25	0,8944	0,1826
0,76	0,7764	0,2989	1,26	0,8962	0,1804
0,77	0,7794	0,2966	1,27	0,8980	0,1781
0,78	0,7823	0,2943	1,28	0,8997	0,1758
0,79	0,7852	0,2920	1,29	0,9015	0,1736
0,80	0,7881	0,2897	1,30	0,9032	0,1714
0,81	0,7910	0,2874	1,31	0,9049	0,1691
0,82	0,7939	0,2850	1,32	0,9066	0,1669
0,83	0,7967	0,2827	1,33	0,9082	0,1647
0,84	0,7995	0,2803	1,34	0,9099	0,1626
0,85	0,8023	0,2780	1,35	0,9115	0,1604
0,86	0,8051	0,2756	1,36	0,9131	0,1582
0,87	0,8078	0,2732	1,37	0,9147	0,1561
0,88	0,8106	0,2709	1,38	0,9162	0,1539
0,89	0,8133	0,2685	1,39	0,9177	0,1518
0,90	0,8159	0,2661	1,40	0,9192	0,1497
0,91	0,8186	0,2637	1,41	0,9207	0,1476
0,92	0,8212	0,2613	1,42	0,9222	0,1456
0,93	0,8238	0,2589	1,43	0,9236	0,1435
0,94	0,8264	0,2565	1,44	0,9251	0,1415
0,95	0,8289	0,2541	1,45	0,9265	0,1394
0,96	0,8315	0,2516	1,46	0,9279	0,1374
0,97	0,8340	0,2492	1,47	0,9292	0,1354
0,98	0,8365	0,2468	1,48	0,9306	0,1334
0,99	0,8389	0,2444	1,49	0,9319	0,1315
1,00	0,8413	0,2420	1,50	0,9332	0,1295
1,01	0,8438	0,2396	1,51	0,9345	0,1276
1,02	0,8461	0,2371	1,52	0,9357	0,1257
1,03	0,8485	0,2347	1,53	0,9370	0,1238
1,04	0,8508	0,2323	1,54	0,9382	0,1219
1,05	0,8531	0,2299	1,55	0,9394	0,1200
1,06	0,8554	0,2275	1,56	0,9406	0,1182
1,07	0,8577	0,2251	1,57	0,9418	0,1163
1,08	0,8599	0,2227	1,58	0,9429	0,1145
1,09	0,8621	0,2203	1,59	0,9441	0,1127
1,10	0,8643	0,2179	1,60	0,9452	0,1109

Tabelle E 1 (Fortsetzung)

z	Fläche	υ Ordinate	z	Fläche	υ Ordinate
1,61	0,9463	0,1092	2,11	0,9826	0,0431
1,62	0,9474	0,1074	2,12	0,9830	0,0422
1,63	0,9484	0,1057	2,13	0,9834	0,0413
1,64	0,9495	0,1040	2,14	0,9838	0,0404
1,65	0,9505	0,1023	2,15	0,9842	0,0396
1,66	0,9515	0,1006	2,16	0,9846	0,0387
1,67	0,9525	0,0989	2,17	0,9850	0,0379
1,68	0,9535	0,0973	2,18	0,9854	0,0371
1,69	0,9545	0,0957	2,19	0,9857	0,0363
1,70	0,9554	0,0940	2,20	0,9861	0,0355
1,71	0,9564	0,0925	2,21	0,9864	0,0347
1,72	0,9573	0,0909	2,22	0,9868	0,0339
1,73	0,9582	0,0893	2,23	0,9871	0,0332
1,74	0,9591	0,0878	2,24	0,9875	0,0325
1,75	0,9599	0,0863	2,25	0,9878	0,0317
1,76	0,9608	0,0848	2,26	0,9881	0,0310
1,77	0,9616	0,0833	2,27	0,9884	0,0303
1,78	0,9625	0,0818	2,28	0,9887	0,0297
1,79	0,9633	0,0804	2,29	0,9890	0,0290
1,80	0,9641	0,0790	2,30	0,9893	0,0283
1,81	0,9649	0,0775	2,31	0,9896	0,0277
1,82	0,9656	0,0761	2,32	0,9898	0,0270
1,83	0,9664	0,0748	2,33	0,9901	0,0264
1,84	0,9671	0,0734	2,34	0,9904	0,0258
1,85	0,9678	0,0721	2,35	0,9906	0,0252
1,86	0,9686	0,0707	2,36	0,9909	0,0246
1,87	0,9693	0,0694	2,37	0,9911	0,0241
1,88	0,9699	0,0681	2,38	0,9913	0,0235
1,89	0,9706	0,0669	2,39	0,9916	0,0229
1,90	0,9713	0,0656	2,40	0,9918	0,0224
1,91	0,9719	0,0644	2,41	0,9920	0,0219
1,92	0,9726	0,0632	2,42	0,9922	0,0213
1,93	0,9732	0,0620	2,43	0,9925	0,0208
1,94	0,9738	0,0608	2,44	0,9927	0,0203
1,95	0,9744	0,0596	2,45	0,9929	0,0198
1,96	0,9750	0,0584	2,46	0,9931	0,0194
1,97	0,9756	0,0573	2,47	0,9932	0,0189
1,98	0,9761	0,0562	2,48	0,9934	0,0184
1,99	0,9767	0,0551	2,49	0,9936	0,0180
2,00	0,9772	0,0540	2,50	0,9938	0,0175
2,01	0,9778	0,0529	2,51	0,9940	0,0171
2,02	0,9783	0,0519	2,52	0,9941	0,0167
2,03	0,9788	0,0508	2,53	0,9943	0,0163
2,04	0,9793	0,0498	2,54	0,9945	0,0158
2,05	0,9798	0,0488	2,55	0,9946	0,0154
2,06	0,9803	0,0478	2,56	0,9948	0,0151
2,07	0,9808	0,0468	2,57	0,9949	0,0147
2,08	0,9812	0,0459	2,58	0,9951	0,0143
2,09	0,9817	0,0449	2,59	0,9952	0,0139
2,10	0,9821	0,0440	2,60	0,9953	0,0136

Tabelle E1 (Fortsetzung)

z	Fläche	v Ordinate	z	Fläche	v Ordinate
2,61	0,9955	0,0132	2,81	0,9975	0,0077
2,62	0,9956	0,0129	2,82	0,9976	0,0075
2,63	0,9957	0,0126	2,83	0,9977	0,0073
2,64	0,9959	0,0122	2,84	0,9977	0,0071
2,65	0,9960	0,0119	2,85	0,9978	0,0069
2,66	0,9961	0,0116	2,86	0,9979	0,0067
2,67	0,9962	0,0113	2,87	0,9979	0,0065
2,68	0,9963	0,0110	2,88	0,9980	0,0063
2,69	0,9964	0,0107	2,89	0,9981	0,0061
2,70	0,9965	0,0104	2,90	0,9981	0,0060
2,71	0,9966	0,0101	2,91	0,9982	0,0058
2,72	0,9967	0,0099	2,92	0,9982	0,0056
2,73	0,9968	0,0096	2,93	0,9983	0,0055
2,74	0,9969	0,0093	2,94	0,9984	0,0053
2,75	0,9970	0,0091	2,95	0,9984	0,0051
2,76	0,9971	0,0088	2,96	0,9985	0,0050
2,77	0,9972	0,0086	2,97	0,9985	0,0048
2,78	0,9973	0,0084	2,98	0,9986	0,0047
2,79	0,9974	0,0081	2,99	0,9986	0,0046
2,80	0,9974	0,0079	3,00	0,9987	0,0044

Tabelle E 2. Zufallszahlen

11500	88473	86062	26357	01678	05270	80406	62301	23293	85734	32590
11501	00677	42981	84552	44832	67946	61532	79109	32073	13354	78578
11502	25227	51260	14800	19101	03146	12068	18261	06193	45909	65339
11503	15386	68200	21492	71402	76801	35235	49676	75306	52969	77447
11504	42021	40308	91104	34789	93269	77750	51646	95883	27282	26277
11505	63058	06498	49339	33314	49597	95931	44854	67348	91633	79473
11506	32548	69104	89073	32037	14556	70568	58821	37003	04390	86496
11507	03521	52177	24816	01706	79363	84378	70843	02090	85945	64113
11508	39975	90626	35889	82962	93759	92582	20979	57479	65739	11110
11509	58252	56687	60412	05060	95974	50183	88659	76568	45373	54231
11510	56440	69169	05929	57516	85127	74159	53295	29028	07409	28140
11511	16812	18195	88209	39856	03187	05605	43348	65589	51283	68224
11512	56503	14023	69475	37217	11465	15872	05551	37231	68175	18132
11513	96508	90101	11990	61199	75399	78214	84891	01376	05039	43632
11514	68958	56862	60433	07784	37721	96521	58412	13941	63969	45395
11515	21721	12583	44793	12071	83645	44062	86684	80890	09153	60050
11516	01476	19255	58656	26401	27356	38443	55210	51493	89832	07578
11517	45924	27655	27730	78321	45402	46568	64052	39819	74960	60944
11518	79516	79027	96227	72473	21231	68748	90204	92330	16216	09483
11519	59946	54123	38645	56734	87427	38049	88471	07421	53080	28515
11520	89056	71858	84058	44154	47929	94196	90847	40905	39151	12029
11521	07056	34611	45456	68268	31718	09715	80414	64095	24464	52799
11522	66189	04099	16595	30601	31691	38657	59600	24443	47978	35730
11523	85281	53288	58972	51531	02406	72117	85547	27445	79581	61608
11524	34761	22435	75006	61261	48628	62840	62633	34982	79051	76314
11525	45549	16045	96353	80376	64802	46062	39519	08688	18254	09915
11526	29337	45746	00844	79084	45838	22246	11095	05209	05113	83895
11527	44509	72387	39414	01011	46568	25718	92591	00174	38633	52966
11528	15068	41200	32705	47327	64665	50395	97110	31292	02965	37147
11529	59253	23492	55166	76780	33945	90298	39736	62674	00787	98482
11530	17140	07016	53376	07582	06899	32503	24412	29650	97759	02905
11531	87048	20624	23285	78268	13122	78242	40515	18454	97122	29628
11532	90254	79631	05936	68057	22760	38809	29233	81372	49252	28497
11533	66090	41296	19263	10253	33878	80280	33407	44464	23229	60740
11534	54672	30805	03962	93237	40900	90912	20746	63914	65456	32138
11535	99080	08088	99211	80001	88691	58425	52324	11449	18830	45387
11536	22859	21563	17374	20731	42124	17219	99392	63681	20452	19714
11537	65013	58031	22092	79881	34695	01615	28233	68809	35091	82223
11538	87296	05362	99779	54816	80032	94335	71581	72691	84058	39495
11539	61336	19425	24404	74091	19730	39832	49166	84284	01851	29579
11540	93134	41529	85992	45493	68165	02129	73658	54280	20281	12449
11541	80388	28010	93018	21552	32608	88409	63041	77051	93107	68856
11542	80214	71603	52837	90272	52141	58642	93933	25183	30994	54332
11543	74165	63881	71261	69394	29194	25046	23948	13048	57594	58886
11544	31361	68333	55171	96461	20694	31275	88884	71366	13054	03764
11545	48570	53579	64703	97498	67888	07817	34223	61667	43474	29179
11546	97894	36631	14389	59041	32600	08865	69364	99415	81194	82304
11547	77563	53771	54527	83456	23914	57808	67250	93991	91474	96012
11548	39903	34555	47585	70546	15704	61087	81728	03972	80652	22179
11549	83877	07815	14813	40666	43906	85802	42125	07164	13057	83161

Aus: The Rand Corporation: A Million Random Digits with 100000 Normal Deviates. (The Free Press, Publishers, Glencoe, Illinois, 1955.)

Tabelle E3. t-Verteilungen und 2seitige Signifikanzgrenzen für Produkt-Moment-Korrelationen. (Zit. nach Glass, G. V., Stanley, J. C.: Statistical methods in education and psychology, p. 521. New Jersey: Prentice Hall, Inc. Englewood Cliffs 1970.)

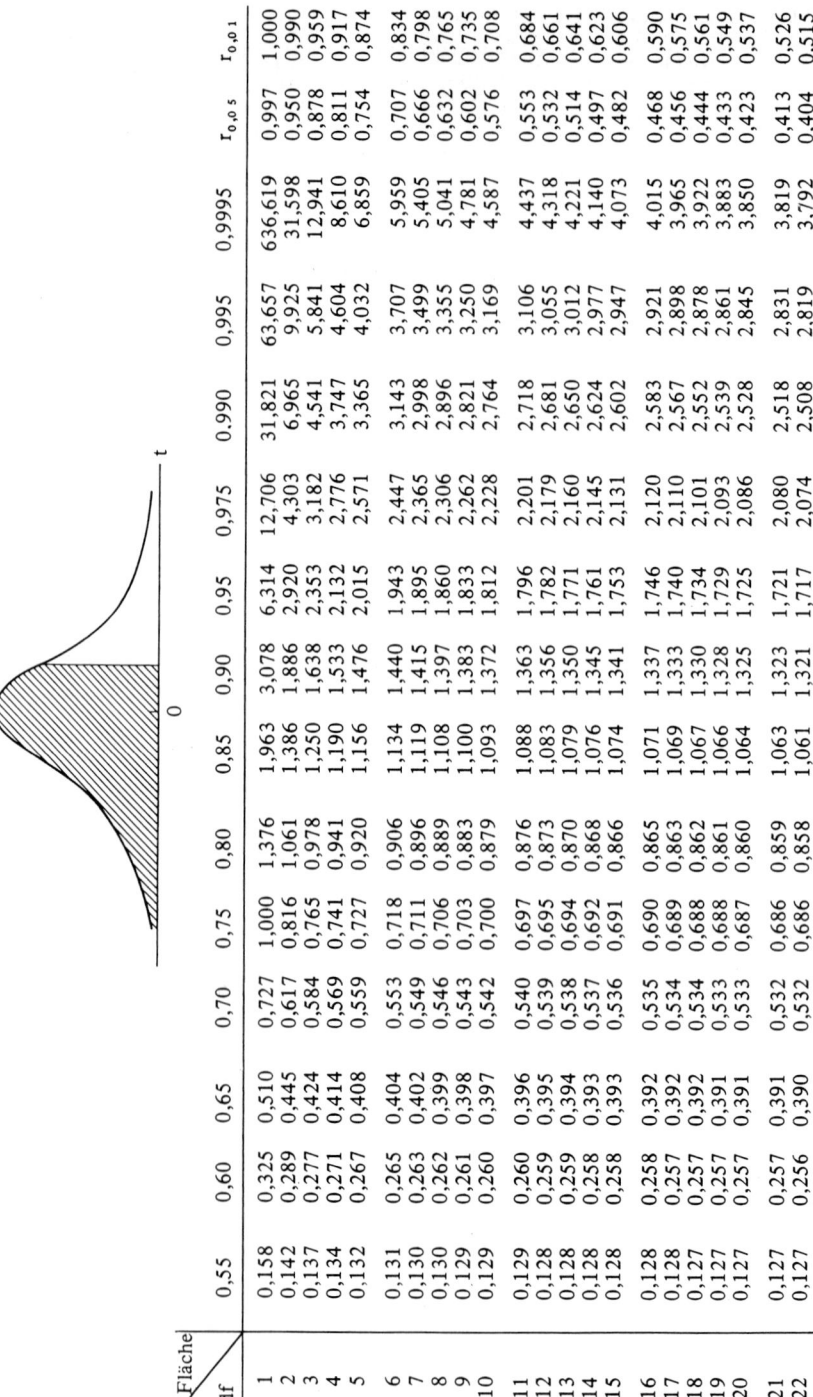

Fläche df	0,55	0,60	0,65	0,70	0,75	0,80	0,85	0,90	0,95	0,975	0,990	0,995	0,9995	$r_{0,05}$	$r_{0,01}$
1	0,158	0,325	0,510	0,727	1,000	1,376	1,963	3,078	6,314	12,706	31,821	63,657	636,619	0,997	1,000
2	0,142	0,289	0,445	0,617	0,816	1,061	1,386	1,886	2,920	4,303	6,965	9,925	31,598	0,950	0,990
3	0,137	0,277	0,424	0,584	0,765	0,978	1,250	1,638	2,353	3,182	4,541	5,841	12,941	0,878	0,959
4	0,134	0,271	0,414	0,569	0,741	0,941	1,190	1,533	2,132	2,776	3,747	4,604	8,610	0,811	0,917
5	0,132	0,267	0,408	0,559	0,727	0,920	1,156	1,476	2,015	2,571	3,365	4,032	6,859	0,754	0,874
6	0,131	0,265	0,404	0,553	0,718	0,906	1,134	1,440	1,943	2,447	3,143	3,707	5,959	0,707	0,834
7	0,130	0,263	0,402	0,549	0,711	0,896	1,119	1,415	1,895	2,365	2,998	3,499	5,405	0,666	0,798
8	0,130	0,262	0,399	0,546	0,706	0,889	1,108	1,397	1,860	2,306	2,896	3,355	5,041	0,632	0,765
9	0,129	0,261	0,398	0,543	0,703	0,883	1,100	1,383	1,833	2,262	2,821	3,250	4,781	0,602	0,735
10	0,129	0,260	0,397	0,542	0,700	0,879	1,093	1,372	1,812	2,228	2,764	3,169	4,587	0,576	0,708
11	0,129	0,260	0,396	0,540	0,697	0,876	1,088	1,363	1,796	2,201	2,718	3,106	4,437	0,553	0,684
12	0,128	0,259	0,395	0,539	0,695	0,873	1,083	1,356	1,782	2,179	2,681	3,055	4,318	0,532	0,661
13	0,128	0,259	0,394	0,538	0,694	0,870	1,079	1,350	1,771	2,160	2,650	3,012	4,221	0,514	0,641
14	0,128	0,258	0,393	0,537	0,692	0,868	1,076	1,345	1,761	2,145	2,624	2,977	4,140	0,497	0,623
15	0,128	0,258	0,393	0,536	0,691	0,866	1,074	1,341	1,753	2,131	2,602	2,947	4,073	0,482	0,606
16	0,128	0,258	0,392	0,535	0,690	0,865	1,071	1,337	1,746	2,120	2,583	2,921	4,015	0,468	0,590
17	0,128	0,257	0,392	0,534	0,689	0,863	1,069	1,333	1,740	2,110	2,567	2,898	3,965	0,456	0,575
18	0,127	0,257	0,392	0,534	0,688	0,862	1,067	1,330	1,734	2,101	2,552	2,878	3,922	0,444	0,561
19	0,127	0,257	0,391	0,533	0,688	0,861	1,066	1,328	1,729	2,093	2,539	2,861	3,883	0,433	0,549
20	0,127	0,257	0,391	0,533	0,687	0,860	1,064	1,325	1,725	2,086	2,528	2,845	3,850	0,423	0,537
21	0,127	0,257	0,391	0,532	0,686	0,859	1,063	1,323	1,721	2,080	2,518	2,831	3,819	0,413	0,526
22	0,127	0,256	0,390	0,532	0,686	0,858	1,061	1,321	1,717	2,074	2,508	2,819	3,792	0,404	0,515

Tabelle E 3 (Fortsetzung)

	0,55	0,60	0,65	0,70	0,75	0,80	0,85	0,90	0,95	0,975	0,990	0,995	0,9995	$r_{0,05}$	$r_{0,01}$
23	0,127	0,256	0,390	0,532	0,685	0,858	1,060	1,319	1,714	2,069	2,500	2,807	3,767	0,396	0,505
24	0,127	0,256	0,390	0,531	0,685	0,857	1,059	1,318	1,711	2,064	2,492	2,797	3,745	0,388	0,496
25	0,127	0,256	0,390	0,531	0,684	0,856	1,058	1,316	1,708	2,060	2,485	2,787	3,725	0,381	0,487
26	0,127	0,256	0,390	0,531	0,684	0,856	1,058	1,315	1,706	2,056	2,479	2,779	3,707	0,374	0,478
27	0,127	0,256	0,389	0,531	0,684	0,855	1,057	1,314	1,703	2,052	2,473	2,771	3,690	0,367	0,470
28	0,127	0,256	0,389	0,530	0,683	0,855	1,056	1,313	1,701	2,048	2,467	2,763	3,674	0,361	0,463
29	0,127	0,256	0,389	0,530	0,683	0,854	1,055	1,311	1,699	2,045	2,462	2,756	3,659	0,355	0,456
30	0,127	0,256	0,389	0,530	0,683	0,854	1,055	1,310	1,697	2,042	2,457	2,750	3,646	0,349	0,449
40	0,126	0,255	0,388	0,529	0,681	0,851	1,050	1,303	1,684	2,021	2,423	2,704	3,551	0,304	0,393
60	0,126	0,254	0,387	0,527	0,679	0,848	1,046	1,296	1,671	2,000	2,390	2,660	3,460	0,250	0,325
120	0,126	0,254	0,386	0,526	0,677	0,845	1,041	1,289	1,658	1,980	2,358	2,617	3,373	0,178	0,232
z	0,126	0,253	0,385	0,524	0,674	0,842	1,036	1,282	1,645	1,960	2,326	2,576	3,291		

*Die Flächenanteile für negative t-Werte ergeben sich nach der Beziehung $F(-t_{df}) = 1 - p(t_{df})$

Tabelle E4. Beta-Verteilungen

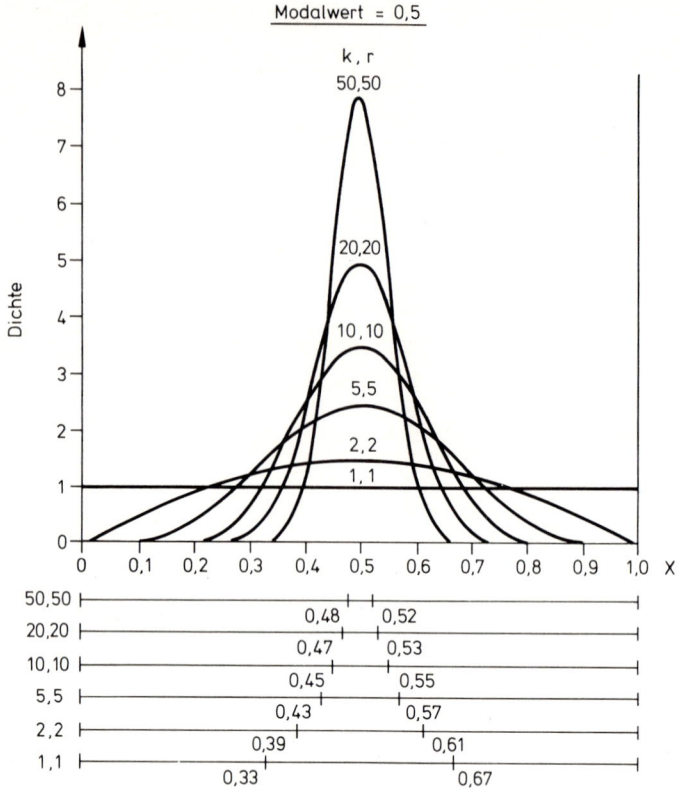

E4a Intervalle mit identischen Flächenanteilen

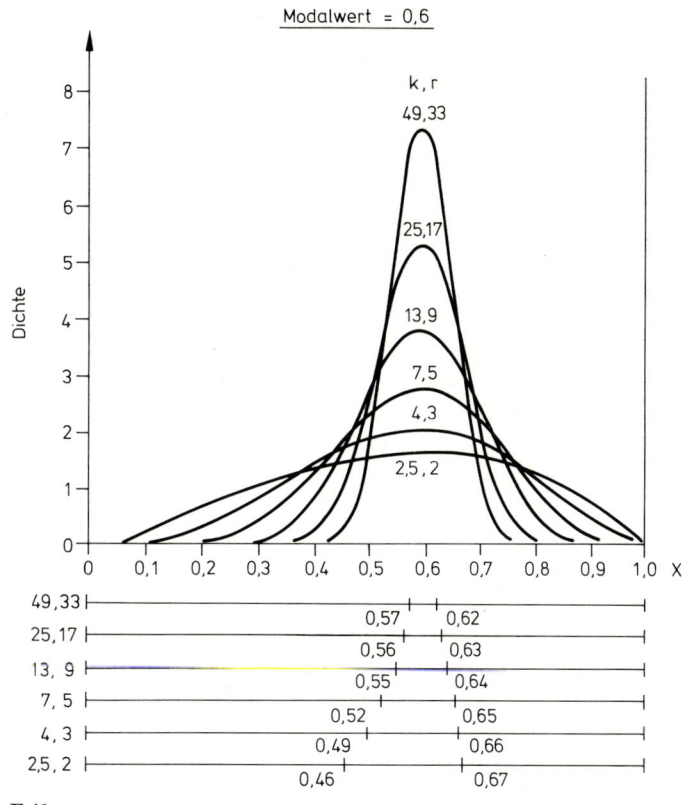

Modalwert = 0,6

E4b

Intervalle mit identischen Flächenanteilen

547

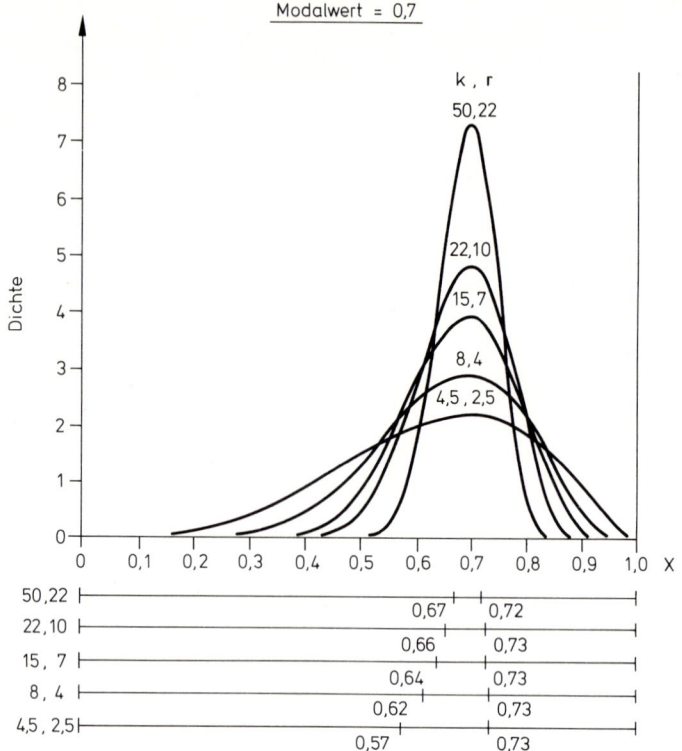

Modalwert = 0,7

E 4c   Intervalle mit identischen Flächenanteilen

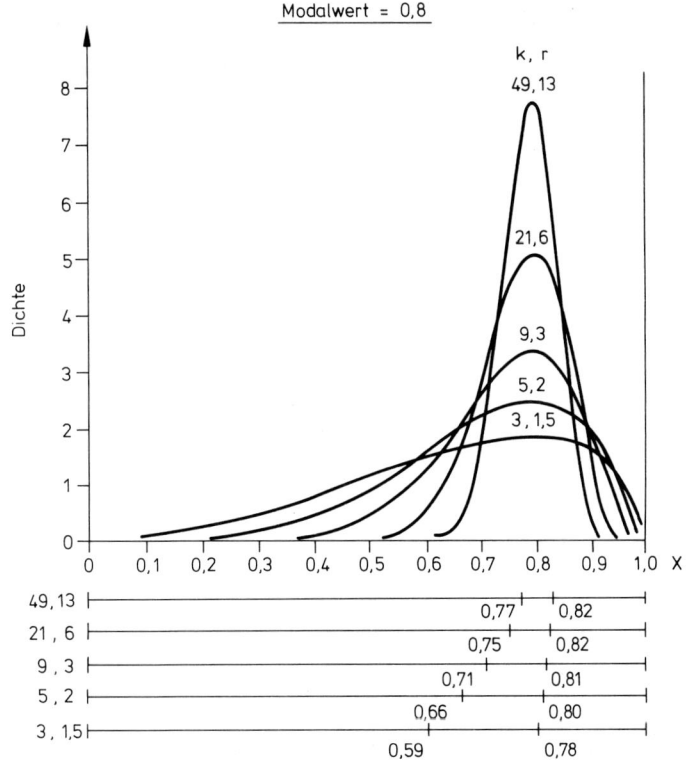

E4d   Intervalle mit identischen Flächenanteilen

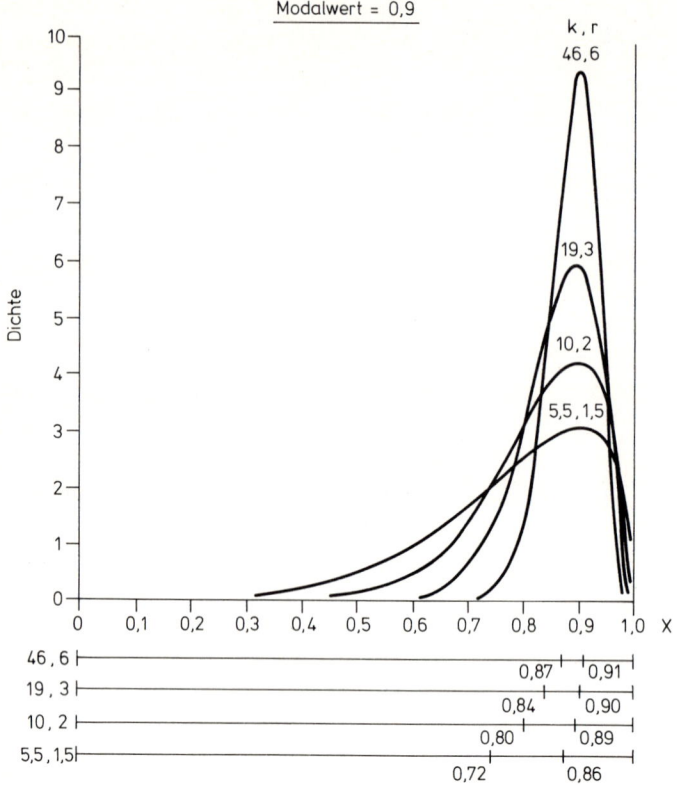

Modalwert = 0,9

E4e　　　　Intervalle mit identischen Flächenanteilen

Tabelle E5. Beta-Verteilungen: 95%-Intervalle mit höchster Dichte

r =	2		3		4	
	Low	High	Low	High	Low	High
k = 2	0,0943	0,9057	0,0438	0,7724	0,0260	0,6702
k = 3	0,2276	0,9562	0,1466	0,8534	0,1048	0,7613
k = 4	0,3298	0,9740	0,2387	0,8952	0,1840	0,8160
k = 5	0,4094	0,9822	0,3154	0,9195	0,2586	0,8515
k = 6	0,4730	0,9867	0,3790	0,9350	0,3146	0,8755
k = 7	0,5244	0,9895	0,4324	0,9458	0,3668	0,8932
k = 8	0,5665	0,9914	0,4776	0,9536	0,4120	0,9066
k = 9	0,6022	0,9927	0,5163	0,9594	0,4515	0,9171
k = 10	0,6325	0,9937	0,5497	0,9640	0,4862	0,9255
k = 11	0,6587	0,9945	0,5790	0,9677	0,5168	0,9324
k = 12	0,6813	0,9951	0,6047	0,9707	0,5441	0,9381
k = 13	0,7012	0,9955	0,6274	0,9732	0,5685	0,9430
k = 14	0,7187	0,9960	0,6478	0,9754	0,5905	0,9471
k = 15	0,7343	0,9963	0,6660	0,9772	0,6103	0,9507
k = 16	0,7482	0,9966	0,6825	0,9787	0,6284	0,9539
k = 17	0,7607	0,9968	0,6974	0,9801	0,6449	0,9567
k = 18	0,7721	0,9970	0,7110	0,9813	0,6599	0,9591
k = 19	0,7825	0,9972	0,7236	0,9824	0,6738	0,9613
k = 20	0,7916	0,9974	0,7349	0,9833	0,6866	0,9633
k = 21	0,8010	0,9975	0,7454	0,9842	0,6984	0,9651
k = 22	0,8087	0,9977	0,7551	0,9850	0,7094	0,9667
k = 23	0,8160	0,9978	0,7641	0,9857	0,7196	0,9682
k = 24	0,8227	0,9979	0,7724	0,9863	0,7291	0,9695
k = 25	0,8291	0,9980	0,7802	0,9869	0,7380	0,9708
k = 26	0,8350	0,9981	0,7875	0,9874	0,7464	0,9719
k = 27	0,8406	0,9982	0,7943	0,9879	0,7542	0,9730
k = 28	0,8458	0,9982	0,8007	0,9884	0,7616	0,9739
k = 29	0,8506	0,9983	0,8067	0,9888	0,7685	0,9749
k = 30	0,8552	0,9984	0,8123	0,9892	0,7750	0,9757
k = 31	0,8594	0,9984	0,8177	0,9896	0,7811	0,9765
k = 32	0,8637	0,9985	0,8227	0,9899	0,7870	0,9773
k = 33	0,8673	0,9985	0,8275	0,9902	0,7925	0,9780
k = 34	0,8710	0,9986	0,8320	0,9906	0,7978	0,9786
k = 35	0,8744	0,9986	0,8363	0,9908	0,8028	0,9792
k = 36	0,8776	0,9987	0,8404	0,9911	0,8076	0,9798
k = 37	0,8806	0,9987	0,8443	0,9914	0,8121	0,9804
k = 38	0,8836	0,9987	0,8479	0,9916	0,8165	0,9809
k = 39	0,8863	0,9988	0,8515	0,9918	0,8206	0,9814
k = 40	0,8890	0,9988	0,8548	0,9920	0,8245	0,9819
k = 41	0,8915	0,9989	0,8581	0,9922	0,8283	0,9823
k = 42	0,8939	0,9989	0,8611	0,9924	0,8320	0,9828
k = 43	0,8962	0,9989	0,8641	0,9926	0,8354	0,9832
k = 44	0,8984	0,9989	0,8669	0,9928	0,8388	0,9836
k = 45	0,9005	0,9990	0,8696	0,9930	0,8420	0,9839
k = 46	0,9026	0,9990	0,8722	0,9931	0,8450	0,9843
k = 47	0,9045	0,9990	0,8747	0,9933	0,8480	0,9846
k = 48	0,9064	0,9990	0,8771	0,9934	0,8509	0,9849
k = 49	0,9082	0,9991	0,8794	0,9936	0,8536	0,9853
k = 50	0,9099	0,9991	0,8817	0,9937	0,8562	0,9856
k = 51	0,9116	0,9991	0,8838	0,9938	0,8588	0,9858
k = 52	0,9132	0,9991	0,8859	0,9939	0,8613	0,9861
k = 53	0,9148	0,9991	0,8878	0,9941	0,8636	0,9864
k = 54	0,9163	0,9991	0,8898	0,9942	0,8659	0,9866
k = 55	0,9177	0,9992	0,8916	0,9943	0,8682	0,9869
k = 56	0,9191	0,9992	0,8934	0,9944	0,8703	0,9871
k = 57	0,9204	0,9992	0,8952	0,9945	0,8724	0,9873
k = 58	0,9218	0,9992	0,8969	0,9946	0,8744	0,9876
k = 59	0,9230	0,9992	0,8985	0,9947	0,8764	0,9878
k = 60	0,9242	0,9992	0,9001	0,9948	0,8782	0,9880

(Aus Philipps, L. D.: Bayesian Statistics for social scientists. London: Nelson, 1973).
Low = untere Intervallgrenze; *High* = obere Intervallgrenze

Tabelle E 5 (Fortsetzung)

5		6		7		8	
Low	High	Low	High	Low	High	Low	High
0,0178	0,5906	0,0133	0,5270	0,0105	0,4756	0,0086	0,4335
0,0805	0,6846	0,0650	0,6210	0,0542	0,5676	0,0464	0,5224
0,1485	0,7464	0,1245	0,6854	0,1068	0,6332	0,0934	0,5880
0,2120	0,7880	0,1814	0,7318	0,1583	0,6822	0,1404	0,6382
0,2682	0,8186	0,2338	0,7662	0,2069	0,7192	0,1854	0,6770
0,3178	0,8417	0,2808	0,7931	0,2513	0,7487	0,2273	0,7084
0,3618	0,8596	0,3230	0,8146	0,2916	0,7727	0,2659	0,7341
0,4008	0,8740	0,3609	0,8320	0,3283	0,7926	0,3011	0,7559
0,4355	0,8857	0,3951	0,8465	0,3617	0,8093	0,3335	0,7743
0,4671	0,8952	0,4261	0,8587	0,3921	0,8235	0,3633	0,7902
0,4951	0,9034	0,4541	0,8691	0,4199	0,8357	0,3907	0,8040
0,5203	0,9105	0,4796	0,8781	0,4454	0,8464	0,4159	0,8161
0,5432	0,9166	0,5029	0,8860	0,4688	0,8558	0,4392	0,8267
0,5640	0,9219	0,5242	0,8929	0,4904	0,8641	0,4609	0,8363
0,5830	0,9266	0,5438	0,8990	0,5103	0,8715	0,4809	0,8448
0,6005	0,9308	0,5619	0,9045	0,5288	0,8782	0,4996	0,8525
0,6166	0,9345	0,5791	0,9092	0,5460	0,8842	0,5170	0,8594
0,6314	0,9378	0,5947	0,9136	0,5619	0,8896	0,5332	0,8658
0,6452	0,9409	0,6091	0,9176	0,5768	0,8945	0,5484	0,8716
0,6580	0,9436	0,6225	0,9213	0,5908	0,8991	0,5627	0,8769
0,6699	0,9461	0,6351	0,9247	0,6038	0,9032	0,5761	0,8818
0,6810	0,9484	0,6469	0,9277	0,6161	0,9070	0,5887	0,8863
0,6913	0,9505	0,6579	0,9306	0,6276	0,9106	0,6006	0,8905
0,7011	0,9524	0,6683	0,9332	0,6385	0,9139	0,6119	0,8944
0,7102	0,9542	0,6781	0,9356	0,6487	0,9169	0,6225	0,8980
0,7188	0,9559	0,6873	0,9379	0,6588	0,9196	0,6326	0,9014
0,7269	0,9574	0,6960	0,9400	0,6680	0,9222	0,6421	0,9046
0,7346	0,9589	0,7042	0,9420	0,6767	0,9247	0,6512	0,9075
0,7418	0,9602	0,7120	0,9438	0,6849	0,9270	0,6598	0,9103
0,7487	0,9615	0,7194	0,9456	0,6928	0,9292	0,6681	0,9129
0,7552	0,9627	0,7265	0,9472	0,7002	0,9313	0,6759	0,9154
0,7613	0,9638	0,7331	0,9487	0,7074	0,9332	0,6834	0,9178
0,7673	0,9649	0,7395	0,9502	0,7142	0,9351	0,6905	0,9200
0,7729	0,9658	0,7456	0,9516	0,7206	0,9368	0,6973	0,9221
0,7782	0,9668	0,7514	0,9528	0,7268	0,9385	0,7038	0,9241
0,7833	0,9677	0,7569	0,9541	0,7328	0,9400	0,7101	0,9260
0,7881	0,9685	0,7622	0,9552	0,7384	0,9415	0,7161	0,9278
0,7928	0,9693	0,7673	0,9563	0,7439	0,9429	0,7219	0,9295
0,7972	0,9701	0,7722	0,9574	0,7491	0,9443	0,7274	0,9311
0,8015	0,9708	0,7768	0,9584	0,7541	0,9456	0,7330	0,9325
0,8056	0,9715	0,7813	0,9594	0,7589	0,9468	0,7381	0,9340
0,8095	0,9721	0,7856	0,9603	0,7636	0,9480	0,7430	0,9355
0,8133	0,9728	0,7898	0,9612	0,7680	0,9491	0,7478	0,9368
0,8169	0,9734	0,7937	0,9620	0,7723	0,9502	0,7523	0,9381
0,8204	0,9739	0,7976	0,9628	0,7765	0,9512	0,7567	0,9394
0,8237	0,9745	0,8013	0,9636	0,7805	0,9522	0,7610	0,9406
0,8270	0,9750	0,8049	0,9643	0,7843	0,9532	0,7651	0,9418
0,8301	0,9755	0,8083	0,9650	0,7880	0,9541	0,7691	0,9429
0,8331	0,9760	0,8116	0,9657	0,7916	0,9549	0,7729	0,9440
0,8360	0,9765	0,8148	0,9664	0,7951	0,9558	0,7766	0,9450
0,8388	0,9769	0,8179	0,9670	0,7985	0,9566	0,7802	0,9460
0,8415	0,9773	0,8209	0,9676	0,8017	0,9574	0,7837	0,9470
0,8441	0,9778	0,8238	0,9682	0,8049	0,9582	0,7870	0,9479
0,8467	0,9782	0,8266	0,9687	0,8079	0,9589	0,7903	0,9488
0,8491	0,9785	0,8294	0,9693	0,8109	0,9596	0,7935	0,9497
0,8515	0,9789	0,8320	0,9698	0,8138	0,9603	0,7966	0,9505
0,8537	0,9793	0,8346	0,9703	0,8165	0,9609	0,7995	0,9513
0,8560	0,9796	0,8370	0,9708	0,8192	0,9616	0,8024	0,9521
0,8581	0,9800	0,8394	0,9713	0,8219	0,9622	0,8053	0,9528

Tabelle E 5 (Fortsetzung)

r =	9		10		11	
	Low	High	Low	High	Low	High
k = 2	0,0073	0,3978	0,0063	0,3675	0,0055	0,3413
k = 3	0,0406	0,4837	0,0360	0,4503	0,0323	0,4210
k = 4	0,0829	0,5485	0,0745	0,5138	0,0676	0,4832
k = 5	0,1260	0,5992	0,1143	0,5645	0,1048	0,5329
k = 6	0,1680	0,6391	0,1535	0,6049	0,1413	0,5739
k = 7	0,2074	0,6717	0,1907	0,6383	0,1765	0,6079
k = 8	0,2441	0,6989	0,2257	0,6665	0,2098	0,6367
k = 9	0,2781	0,7219	0,2583	0,6905	0,2411	0,6616
k = 10	0,3095	0,7417	0,2886	0,7114	0,2704	0,6832
k = 11	0,3384	0,7589	0,3168	0,7296	0,2978	0,7022
k = 12	0,3653	0,7739	0,3430	0,7457	0,3234	0,7191
k = 13	0,3902	0,7872	0,3675	0,7599	0,3473	0,7341
k = 14	0,4133	0,7990	0,3903	0,7726	0,3697	0,7477
k = 15	0,4348	0,8096	0,4116	0,7841	0,3908	0,7599
k = 16	0,4548	0,8191	0,4315	0,7944	0,4105	0,7710
k = 17	0,4735	0,8277	0,4502	0,8038	0,4291	0,7811
k = 18	0,4910	0,8355	0,4677	0,8124	0,4465	0,7903
k = 19	0,5074	0,8426	0,4842	0,8203	0,4630	0,7988
k = 20	0,5229	0,8492	0,4997	0,8275	0,4786	0,8066
k = 21	0,5374	0,8552	0,5143	0,8342	0,4933	0,8139
k = 22	0,5510	0,8608	0,5281	0,8404	0,5072	0,8206
k = 23	0,5639	0,8659	0,5412	0,8461	0,5204	0,8268
k = 24	0,5761	0,8707	0,5536	0,8514	0,5329	0,8327
k = 25	0,5876	0,8752	0,5653	0,8564	0,5448	0,8381
k = 26	0,5985	0,8793	0,5765	0,8611	0,5561	0,8432
k = 27	0,6089	0,8832	0,5871	0,8654	0,5669	0,8480
k = 28	0,6187	0,8869	0,5972	0,8695	0,5771	0,8525
k = 29	0,6281	0,8903	0,6068	0,8734	0,5869	0,8568
k = 30	0,6370	0,8935	0,6159	0,8770	0,5963	0,8608
k = 31	0,6456	0,8966	0,6247	0,8804	0,6052	0,8646
k = 32	0,6537	0,8995	0,6331	0,8837	0,6138	0,8682
k = 33	0,6615	0,9022	0,6411	0,8867	0,6220	0,8716
k = 34	0,6689	0,9047	0,6487	0,8897	0,6299	0,8748
k = 35	0,6760	0,9072	0,6561	0,8924	0,6374	0,8779
k = 36	0,6828	0,9095	0,6631	0,8951	0,6447	0,8808
k = 37	0,6893	0,9117	0,6699	0,8976	0,6517	0,8836
k = 38	0,6956	0,9138	0,6764	0,9000	0,6584	0,8863
k = 39	0,7016	0,9158	0,6827	0,9022	0,6648	0,8888
k = 40	0,7074	0,9177	0,6887	0,9044	0,6710	0,8912
k = 41	0,7130	0,9196	0,6945	0,9065	0,6770	0,8936
k = 42	0,7184	0,9213	0,7001	0,9085	0,6828	0,8958
k = 43	0,7235	0,9230	0,7055	0,9104	0,6884	0,8979
k = 44	0,7285	0,9246	0,7107	0,9122	0,6938	0,9000
k = 45	0,7333	0,9261	0,7157	0,9140	0,6990	0,9020
k = 46	0,7380	0,9276	0,7205	0,9157	0,7040	0,9038
k = 47	0,7424	0,9290	0,7252	0,9173	0,7089	0,9057
k = 48	0,7468	0,9304	0,7297	0,9189	0,7136	0,9074
k = 49	0,7510	0,9317	0,7341	0,9204	0,7181	0,9091
k = 50	0,7550	0,9330	0,7384	0,9218	0,7226	0,9108
k = 51	0,7589	0,9342	0,7425	0,9232	0,7268	0,9123
k = 52	0,7627	0,9354	0,7465	0,9246	0,7310	0,9138
k = 53	0,7664	0,9365	0,7503	0,9259	0,7350	0,9153
k = 54	0,7700	0,9376	0,7541	0,9272	0,7389	0,9167
k = 55	0,7735	0,9387	0,7577	0,9284	0,7427	0,9181
k = 56	0,7768	0,9397	0,7613	0,9296	0,7464	0,9194
k = 57	0,7801	0,9407	0,7647	0,9307	0,7500	0,9207
k = 58	0,7832	0,9416	0,7680	0,9318	0,7535	0,9220
k = 59	0,7863	0,9426	0,7713	0,9329	0,7569	0,9232
k = 60	0,7895	0,9434	0,7744	0,9339	0,7602	0,9243

Tabelle E 5 (Fortsetzung)

12		13		14		15	
Low	High	Low	High	Low	High	Low	High
0,0049	0,3187	0,0045	0,2988	0,0040	0,2813	0,0037	0,2657
0,0293	0,3953	0,0268	0,3726	0,0246	0,3522	0,0228	0,3340
0,0619	0,4559	0,0570	0,4315	0,0529	0,4095	0,0493	0,3897
0,0966	0,5049	0,0895	0,4797	0,0834	0,4568	0,0781	0,4360
0,1309	0,5459	0,1219	0,5204	0,1140	0,4971	0,1071	0,4758
0,1643	0,5801	0,1536	0,5546	0,1442	0,5312	0,1359	0,5096
0,1960	0,6093	0,1839	0,5841	0,1733	0,5608	0,1637	0,5391
0,2261	0,6347	0,2128	0,6098	0,2010	0,5867	0,1904	0,5652
0,2543	0,6570	0,2401	0,6325	0,2274	0,6097	0,2159	0,5884
0,2809	0,6766	0,2659	0,6527	0,2523	0,6303	0,2401	0,6092
0,3059	0,6941	0,2902	0,6707	0,2760	0,6487	0,2631	0,6280
0,3293	0,7098	0,3131	0,6869	0,2983	0,6654	0,2850	0,6450
0,3513	0,7240	0,3346	0,7017	0,3195	0,6805	0,3057	0,6605
0,3720	0,7369	0,3550	0,7150	0,3395	0,6943	0,3253	0,6747
0,3915	0,7486	0,3742	0,7273	0,3584	0,7070	0,3440	0,6877
0,4099	0,7593	0,3924	0,7385	0,3764	0,7187	0,3617	0,6998
0,4273	0,7691	0,4096	0,7488	0,3934	0,7294	0,3785	0,7109
0,4437	0,7781	0,4260	0,7583	0,4096	0,7394	0,3945	0,7212
0,4592	0,7865	0,4414	0,7672	0,4250	0,7486	0,4098	0,7308
0,4739	0,7943	0,4561	0,7754	0,4396	0,7572	0,4243	0,7398
0,4879	0,8015	0,4701	0,7830	0,4536	0,7653	0,4382	0,7482
0,5012	0,8082	0,4834	0,7902	0,4668	0,7728	0,4514	0,7560
0,5138	0,8145	0,4960	0,7969	0,4795	0,7799	0,4641	0,7634
0,5257	0,8203	0,5081	0,8031	0,4916	0,7865	0,4762	0,7704
0,5372	0,8259	0,5196	0,8090	0,5031	0,7927	0,4878	0,7769
0,5481	0,8311	0,5306	0,8146	0,5142	0,7986	0,4989	0,7831
0,5585	0,8359	0,5411	0,8198	0,5248	0,8041	0,5095	0,7889
0,5684	0,8406	0,5511	0,8248	0,5349	0,8094	0,5197	0,7945
0,5780	0,8449	0,5608	0,8294	0,5447	0,8144	0,5295	0,7997
0,5871	0,8490	0,5700	0,8339	0,5540	0,8191	0,5389	0,8047
0,5958	0,8530	0,5789	0,8381	0,5630	0,8236	0,5479	0,8095
0,6042	0,8567	0,5874	0,8421	0,5716	0,8279	0,5566	0,8140
0,6122	0,8602	0,5956	0,8459	0,5799	0,8320	0,5650	0,8183
0,6199	0,8636	0,6034	0,8495	0,5878	0,8358	0,5731	0,8224
0,6274	0,8668	0,6110	0,8530	0,5955	0,8395	0,5809	0,8264
0,6345	0,8698	0,6183	0,8563	0,6029	0,8431	0,5884	0,8301
0,6414	0,8727	0,6253	0,8595	0,6101	0,8465	0,5957	0,8337
0,6480	0,8755	0,6321	0,8625	0,6170	0,8497	0,6027	0,8372
0,6544	0,8782	0,6386	0,8654	0,6236	0,8528	0,6094	0,8405
0,6605	0,8808	0,6449	0,8682	0,6301	0,8558	0,6160	0,8437
0,6665	0,8832	0,6510	0,8709	0,6363	0,8587	0,6223	0,8467
0,6722	0,8856	0,6569	0,8734	0,6423	0,8614	0,6284	0,8497
0,6778	0,8878	0,6626	0,8759	0,6481	0,8641	0,6343	0,8525
0,6831	0,8900	0,6681	0,8782	0,6538	0,8666	0,6401	0,8552
0,6883	0,8921	0,6734	0,8805	0,6592	0,8691	0,6457	0,8578
0,6934	0,8941	0,6786	0,8827	0,6645	0,8715	0,6511	0,8604
0,6982	0,8961	0,6836	0,8848	0,6696	0,8737	0,6563	0,8628
0,7029	0,8979	0,6885	0,8869	0,6746	0,8759	0,6614	0,8652
0,7075	0,8997	0,6932	0,8888	0,6794	0,8781	0,6663	0,8675
0,7119	0,9015	0,6977	0,8907	0,6841	0,8801	0,6711	0,8697
0,7162	0,9032	0,7022	0,8926	0,6887	0,8821	0,6758	0,8718
0,7204	0,9048	0,7065	0,8944	0,6931	0,8840	0,6803	0,8738
0,7245	0,9064	0,7107	0,8961	0,6974	0,8859	0,6847	0,8758
0,7284	0,9079	0,7147	0,8977	0,7016	0,8877	0,6890	0,8778
0,7322	0,9093	0,7187	0,8993	0,7057	0,8894	0,6932	0,8797
0,7360	0,9108	0,7225	0,9009	0,7096	0,8911	0,6973	0,8815
0,7396	0,9122	0,7263	0,9024	0,7135	0,8928	0,7012	0,8832
0,7431	0,9135	0,7299	0,9039	0,7173	0,8944	0,7051	0,8849
0,7465	0,9148	0,7335	0,9053	0,7209	0,8959	0,7088	0,8866

Tabelle E 5 (Fortsetzung)

r =	16		17		18	
	Low	High	Low	High	Low	High
k = 2	0,0034	0,2518	0,0032	0,2393	0,0030	0,2279
k = 3	0,0213	0,3175	0,0199	0,3026	0,0187	0,2890
k = 4	0,0461	0,3716	0,0433	0,3551	0,0409	0,3401
k = 5	0,0734	0,4170	0,0692	0,3995	0,0655	0,3834
k = 6	0,1010	0,4562	0,0955	0,4381	0,0908	0,4209
k = 7	0,1285	0,4897	0,1218	0,4712	0,1158	0,4540
k = 8	0,1552	0,5191	0,1475	0,5004	0,1406	0,4830
k = 9	0,1809	0,5452	0,1723	0,5265	0,1645	0,5090
k = 10	0,2056	0,5685	0,1962	0,5498	0,1876	0,5323
k = 11	0,2290	0,5895	0,2189	0,5709	0,2097	0,5535
k = 12	0,2514	0,6085	0,2407	0,5901	0,2309	0,5727
k = 13	0,2727	0,6258	0,2615	0,6076	0,2512	0,5904
k = 14	0,2930	0,6416	0,2813	0,6236	0,2706	0,6066
k = 15	0,3123	0,6560	0,3002	0,6383	0,2891	0,6215
k = 16	0,3306	0,6694	0,3183	0,6519	0,3068	0,6353
k = 17	0,3481	0,6817	0,3354	0,6646	0,3237	0,6482
k = 18	0,3647	0,6932	0,3518	0,6763	0,3399	0,6601
k = 19	0,3805	0,7039	0,3675	0,6872	0,3554	0,6713
k = 20	0,3956	0,7138	0,3825	0,6974	0,3702	0,6817
k = 21	0,4101	0,7231	0,3968	0,7070	0,3843	0,6915
k = 22	0,4239	0,7318	0,4105	0,7159	0,3979	0,7007
k = 23	0,4371	0,7399	0,4236	0,7244	0,4109	0,7094
k = 24	0,4497	0,7476	0,4361	0,7323	0,4234	0,7176
k = 25	0,4618	0,7548	0,4482	0,7398	0,4354	0,7253
k = 26	0,4733	0,7616	0,4598	0,7469	0,4470	0,7326
k = 27	0,4844	0,7681	0,4709	0,7536	0,4580	0,7395
k = 28	0,4951	0,7742	0,4815	0,7599	0,4687	0,7461
k = 29	0,5053	0,7800	0,4918	0,7660	0,4790	0,7523
k = 30	0,5152	0,7855	0,5016	0,7717	0,4888	0,7583
k = 31	0,5246	0,7908	0,5111	0,7772	0,4984	0,7640
k = 32	0,5337	0,7957	0,5203	0,7824	0,5075	0,7694
k = 33	0,5425	0,8005	0,5291	0,7873	0,5164	0,7745
k = 34	0,5510	0,8050	0,5376	0,7921	0,5250	0,7795
k = 35	0,5591	0,8094	0,5458	0,7966	0,5332	0,7842
k = 36	0,5670	0,8135	0,5538	0,8009	0,5412	0,7887
k = 37	0,5746	0,8175	0,5614	0,8051	0,5489	0,7930
k = 38	0,5819	0,8213	0,5689	0,8091	0,5564	0,7972
k = 39	0,5890	0,8249	0,5760	0,8129	0,5636	0,8012
k = 40	0,5959	0,8284	0,5830	0,8166	0,5706	0,8050
k = 41	0,6025	0,8318	0,5897	0,8201	0,5774	0,8087
k = 42	0,6089	0,8350	0,5962	0,8235	0,5840	0,8123
k = 43	0,6152	0,8381	0,6025	0,8268	0,5904	0,8157
k = 44	0,6212	0,8411	0,6086	0,8300	0,5965	0,8190
k = 45	0,6270	0,8440	0,6145	0,8330	0,6025	0,8222
k = 46	0,6327	0,8468	0,6203	0,8359	0,6084	0,8253
k = 47	0,6382	0,8495	0,6259	0,8388	0,6140	0,8283
k = 48	0,6435	0,8521	0,6313	0,8415	0,6195	0,8311
k = 49	0,6487	0,8546	0,6366	0,8442	0,6249	0,8339
k = 50	0,6538	0,8570	0,6417	0,8467	0,6301	0,8366
k = 51	0,6587	0,8593	0,6467	0,8492	0,6352	0,8392
k = 52	0,6634	0,8616	0,6515	0,8516	0,6401	0,8417
k = 53	0,6680	0,8638	0,6562	0,8539	0,6449	0,8442
k = 54	0,6725	0,8659	0,6608	0,8562	0,6496	0,8465
k = 55	0,6769	0,8680	0,6653	0,8583	0,6541	0,8488
k = 56	0,6812	0,8700	0,6697	0,8605	0,6585	0,8511
k = 57	0,6854	0,8719	0,6739	0,8625	0,6629	0,8532
k = 58	0,6894	0,8738	0,6780	0,8645	0,6671	0,8553
k = 59	0,6934	0,8756	0,6821	0,8664	0,6712	0,8574
k = 60	0,6972	0,8774	0,6860	0,8683	0,6752	0,8594

Tabelle E5 (Fortsetzung)

19		20		21		22	
Low	High	Low	High	Low	High	Low	High
0,0028	0,2175	0,0026	0,2084	0,0025	0,1990	0,0023	0,1913
0,0176	0,2764	0,0167	0,2651	0,0158	0,2546	0,0150	0,2449
0,0387	0,3262	0,0367	0,3134	0,0349	0,3016	0,0333	0,2906
0,0622	0,3686	0,0591	0,3548	0,0564	0,3420	0,0539	0,3301
0,0864	0,4053	0,0824	0,3909	0,0787	0,3775	0,0753	0,3649
0,1104	0,4381	0,1055	0,4232	0,1009	0,4092	0,0968	0,3962
0,1342	0,4668	0,1284	0,4516	0,1231	0,4373	0,1182	0,4239
0,1574	0,4926	0,1508	0,4771	0,1448	0,4626	0,1392	0,4490
0,1797	0,5158	0,1725	0,5003	0,1658	0,4857	0,1596	0,4719
0,2012	0,5370	0,1934	0,5214	0,1861	0,5067	0,1794	0,4928
0,2219	0,5563	0,2135	0,5408	0,2057	0,5261	0,1985	0,5121
0,2417	0,5740	0,2328	0,5586	0,2246	0,5439	0,2170	0,5299
0,2606	0,5904	0,2514	0,5750	0,2428	0,5604	0,2347	0,5464
0,2788	0,6055	0,2692	0,5902	0,2602	0,5757	0,2518	0,5618
0,2961	0,6195	0,2862	0,6044	0,2769	0,5899	0,2682	0,5761
0,3128	0,6325	0,3026	0,6175	0,2930	0,6032	0,2841	0,5895
0,3287	0,6446	0,3183	0,6298	0,3085	0,6157	0,2993	0,6021
0,3440	0,6560	0,3333	0,6414	0,3233	0,6273	0,3139	0,6139
0,3586	0,6667	0,3478	0,6522	0,3376	0,6383	0,3280	0,6250
0,3727	0,6767	0,3617	0,6624	0,3513	0,6487	0,3416	0,6355
0,3861	0,6861	0,3750	0,6720	0,3645	0,6584	0,3546	0,6454
0,3990	0,6950	0,3878	0,6810	0,3772	0,6676	0,3672	0,6547
0,4115	0,7033	0,4002	0,6896	0,3895	0,6764	0,3794	0,6636
0,4234	0,7113	0,4120	0,6977	0,4013	0,6847	0,3911	0,6720
0,4349	0,7188	0,4234	0,7054	0,4126	0,6925	0,4023	0,6800
0,4459	0,7259	0,4345	0,7127	0,4236	0,7000	0,4132	0,6877
0,4566	0,7327	0,4451	0,7197	0,4341	0,7071	0,4237	0,6949
0,4668	0,7391	0,4553	0,7263	0,4443	0,7139	0,4339	0,7019
0,4767	0,7453	0,4652	0,7326	0,4542	0,7204	0,4437	0,7085
0,4862	0,7511	0,4747	0,7387	0,4637	0,7266	0,4532	0,7148
0,4954	0,7567	0,4839	0,7444	0,4729	0,7325	0,4624	0,7209
0,5043	0,7621	0,4928	0,7499	0,4818	0,7382	0,4713	0,7267
0,5129	0,7672	0,5014	0,7552	0,4904	0,7436	0,4799	0,7323
0,5212	0,7721	0,5097	0,7603	0,4987	0,7488	0,4883	0,7376
0,5292	0,7768	0,5178	0,7651	0,5068	0,7538	0,4963	0,7427
0,5370	0,7813	0,5256	0,7698	0,5146	0,7586	0,5042	0,7477
0,5445	0,7856	0,5331	0,7743	0,5222	0,7632	0,5118	0,7524
0,5518	0,7897	0,5404	0,7786	0,5296	0,7676	0,5192	0,7570
0,5588	0,7937	0,5475	0,7827	0,5367	0,7719	0,5263	0,7614
0,5657	0,7976	0,5544	0,7867	0,5436	0,7760	0,5333	0,7656
0,5723	0,8013	0,5611	0,7905	0,5504	0,7800	0,5400	0,7697
0,5787	0,8049	0,5676	0,7943	0,5569	0,7839	0,5466	0,7737
0,5850	0,8083	0,5739	0,7978	0,5632	0,7876	0,5530	0,7775
0,5911	0,8116	0,5800	0,8013	0,5694	0,7911	0,5592	0,7812
0,5970	0,8149	0,5860	0,8046	0,5754	0,7946	0,5653	0,7848
0,6027	0,8180	0,5918	0,8079	0,5813	0,7980	0,5711	0,7882
0,6083	0,8210	0,5974	0,8110	0,5869	0,8012	0,5769	0,7916
0,6137	0,8239	0,6029	0,8140	0,5925	0,8043	0,5825	0,7948
0,6189	0,8267	0,6082	0,8169	0,5979	0,8074	0,5879	0,7980
0,6241	0,8294	0,6134	0,8198	0,6031	0,8103	0,5932	0,8010
0,6291	0,8320	0,6185	0,8225	0,6082	0,8132	0,5984	0,8040
0,6339	0,8346	0,6234	0,8252	0,6132	0,8159	0,6034	0,8069
0,6387	0,8371	0,6282	0,8278	0,6181	0,8186	0,6083	0,8097
0,6433	0,8395	0,6329	0,8303	0,6228	0,8212	0,6131	0,8124
0,6478	0,8418	0,6375	0,8327	0,6275	0,8238	0,6178	0,8150
0,6522	0,8441	0,6419	0,8351	0,6320	0,8263	0,6223	0,8176
0,6565	0,8463	0,6463	0,8374	0,6364	0,8287	0,6268	0,8200
0,6607	0,8484	0,6505	0,8396	0,6407	0,8310	0,6312	0,8225
0,6648	0,8505	0,6547	0,8418	0,6449	0,8333	0,6354	0,8248

Tabelle E 5 (Fortsetzung)

r =	23		24		25	
	Low	High	Low	High	Low	High
k = 2	0,0022	0,1840	0,0021	0,1773	0,0020	0,1709
k = 3	0,0143	0,2359	0,0137	0,2276	0,0131	0,2198
k = 4	0,0318	0,2804	0,0305	0,2709	0,0292	0,2620
k = 5	0,0516	0,3190	0,0495	0,3087	0,0476	0,2989
k = 6	0,0723	0,3531	0,0694	0,3421	0,0668	0,3317
k = 7	0,0930	0,3839	0,0894	0,3724	0,0861	0,3615
k = 8	0,1137	0,4113	0,1095	0,3994	0,1056	0,3881
k = 9	0,1341	0,4361	0,1293	0,4239	0,1248	0,4124
k = 10	0,1539	0,4588	0,1486	0,4464	0,1436	0,4347
k = 11	0,1732	0,4796	0,1673	0,4671	0,1619	0,4552
k = 12	0,1918	0,4988	0,1855	0,4862	0,1797	0,4743
k = 13	0,2098	0,5166	0,2031	0,5040	0,1969	0,4919
k = 14	0,2272	0,5332	0,2201	0,5205	0,2135	0,5084
k = 15	0,2440	0,5486	0,2366	0,5359	0,2296	0,5238
k = 16	0,2601	0,5629	0,2524	0,5503	0,2452	0,5382
k = 17	0,2756	0,5764	0,2677	0,5639	0,2602	0,5518
k = 18	0,2906	0,5891	0,2824	0,5766	0,2747	0,5646
k = 19	0,3050	0,6010	0,2967	0,5885	0,2887	0,5766
k = 20	0,3190	0,6122	0,3104	0,5998	0,3023	0,5880
k = 21	0,3324	0,6228	0,3236	0,6105	0,3153	0,5987
k = 22	0,3453	0,6328	0,3364	0,6206	0,3280	0,6089
k = 23	0,3577	0,6423	0,3487	0,6302	0,3402	0,6186
k = 24	0,3698	0,6513	0,3606	0,6394	0,3520	0,6279
k = 25	0,3814	0,6598	0,3721	0,6480	0,3634	0,6366
k = 26	0,3926	0,6680	0,3833	0,6563	0,3744	0,6450
k = 27	0,4034	0,6757	0,3940	0,6642	0,3851	0,6530
k = 28	0,4139	0,6831	0,4044	0,6717	0,3954	0,6606
k = 29	0,4240	0,6902	0,4145	0,6789	0,4054	0,6679
k = 30	0,4338	0,6970	0,4242	0,6858	0,4151	0,6749
k = 31	0,4432	0,7034	0,4337	0,6923	0,4245	0,6816
k = 32	0,4524	0,7096	0,4428	0,6986	0,4336	0,6880
k = 33	0,4613	0,7155	0,4517	0,7047	0,4425	0,6942
k = 34	0,4699	0,7212	0,4603	0,7105	0,4510	0,7001
k = 35	0,4782	0,7267	0,4686	0,7161	0,4594	0,7058
k = 36	0,4863	0,7320	0,4767	0,7215	0,4674	0,7113
k = 37	0,4942	0,7370	0,4845	0,7267	0,4753	0,7165
k = 38	0,5018	0,7419	0,4922	0,7316	0,4824	0,7216
k = 39	0,5092	0,7466	0,4996	0,7364	0,4903	0,7265
k = 40	0,5164	0,7511	0,5068	0,7411	0,4975	0,7313
k = 41	0,5233	0,7555	0,5138	0,7455	0,5045	0,7358
k = 42	0,5301	0,7597	0,5206	0,7499	0,5114	0,7403
k = 43	0,5367	0,7638	0,5272	0,7540	0,5180	0,7445
k = 44	0,5431	0,7677	0,5336	0,7581	0,5245	0,7487
k = 45	0,5494	0,7715	0,5399	0,7620	0,5308	0,7527
k = 46	0,5555	0,7752	0,5460	0,7658	0,5369	0,7565
k = 47	0,5614	0,7787	0,5520	0,7694	0,5429	0,7603
k = 48	0,5672	0,7822	0,5578	0,7730	0,5487	0,7639
k = 49	0,5728	0,7855	0,5634	0,7764	0,5544	0,7675
k = 50	0,5783	0,7888	0,5690	0,7798	0,5600	0,7709
k = 51	0,5836	0,7919	0,5743	0,7830	0,5654	0,7742
k = 52	0,5888	0,7950	0,5796	0,7861	0,5706	0,7775
k = 53	0,5939	0,7979	0,5847	0,7892	0,5758	0,7806
k = 54	0,5988	0,8008	0,5897	0,7922	0,5808	0,7837
k = 55	0,6037	0,8036	0,5946	0,7950	0,5858	0,7866
k = 56	0,6084	0,8063	0,5994	0,7979	0,5906	0,7895
k = 57	0,6130	0,8090	0,6040	0,8006	0,5953	0,7923
k = 58	0,6175	0,8116	0,6086	0,8032	0,5999	0,7951
k = 59	0,6219	0,8141	0,6130	0,8058	0,6043	0,7977
k = 60	0,6263	0,8165	0,6174	0,8084	0,6087	0,8003

Tabelle E 5 (Fortsetzung)

26		27		28		29	
Low	High	Low	High	Low	High	Low	High
0,0019	0,1650	0,0018	0,1594	0,0018	0,1542	0,0017	0,1494
0,0126	0,2125	0,0121	0,2057	0,0116	0,1993	0,0112	0,1933
0,0281	0,2536	0,0270	0,2458	0,0261	0,2384	0,0251	0,2315
0,0458	0,2898	0,0441	0,2812	0,0426	0,2731	0,0411	0,2654
0,0644	0,3219	0,0621	0,3127	0,0600	0,3040	0,0580	0,2958
0,0831	0,3513	0,0804	0,3412	0,0778	0,3320	0,0753	0,3233
0,1020	0,3775	0,0986	0,3674	0,0954	0,3579	0,0925	0,3488
0,1207	0,4015	0,1168	0,3911	0,1131	0,3813	0,1097	0,3719
0,1389	0,4235	0,1346	0,4129	0,1305	0,4028	0,1266	0,3932
0,1568	0,4439	0,1520	0,4331	0,1475	0,4229	0,1432	0,4131
0,1741	0,4628	0,1689	0,4519	0,1641	0,4415	0,1594	0,4316
0,1910	0,4804	0,1854	0,4694	0,1802	0,4589	0,1752	0,4489
0,2073	0,4969	0,2014	0,4858	0,1959	0,4752	0,1906	0,4651
0,2231	0,5122	0,2169	0,5011	0,2111	0,4905	0,2055	0,4803
0,2384	0,5267	0,2319	0,5156	0,2258	0,5049	0,2200	0,4947
0,2531	0,5402	0,2464	0,5291	0,2401	0,5185	0,2340	0,5082
0,2674	0,5530	0,2605	0,5420	0,2539	0,5313	0,2477	0,5210
0,2812	0,5651	0,2741	0,5541	0,2673	0,5434	0,2609	0,5332
0,2946	0,5766	0,2873	0,5655	0,2803	0,5549	0,2737	0,5447
0,3075	0,5874	0,3000	0,5764	0,2929	0,5659	0,2861	0,5557
0,3200	0,5977	0,3123	0,5868	0,3051	0,5763	0,2981	0,5661
0,3320	0,6074	0,3243	0,5966	0,3169	0,5861	0,3098	0,5760
0,3437	0,6167	0,3358	0,6060	0,3283	0,5956	0,3211	0,5855
0,3550	0,6256	0,3470	0,6149	0,3394	0,6046	0,3321	0,5946
0,3660	0,6340	0,3579	0,6234	0,3502	0,6132	0,3428	0,6032
0,3766	0,6421	0,3684	0,6316	0,3606	0,6214	0,3531	0,6115
0,3868	0,6498	0,3786	0,6394	0,3707	0,6293	0,3631	0,6195
0,3968	0,6572	0,3885	0,6469	0,3805	0,6369	0,3729	0,6271
0,4064	0,6643	0,3981	0,6541	0,3901	0,6441	0,3824	0,6344
0,4158	0,6711	0,4074	0,6609	0,3993	0,6511	0,3916	0,6415
0,4248	0,6776	0,4164	0,6676	0,4083	0,6578	0,4005	0,6482
0,4336	0,6839	0,4252	0,6739	0,4170	0,6642	0,4092	0,6547
0,4422	0,6899	0,4337	0,6800	0,4255	0,6704	0,4177	0,6610
0,4505	0,6957	0,4420	0,6859	0,4338	0,6764	0,4259	0,6671
0,4586	0,7013	0,4500	0,6916	0,4418	0,6821	0,4339	0,6729
0,4664	0,7067	0,4578	0,6971	0,4496	0,6877	0,4417	0,6785
0,4740	0,7119	0,4655	0,7023	0,4572	0,6930	0,4493	0,6840
0,4814	0,7169	0,4729	0,7074	0,4646	0,6982	0,4567	0,6892
0,4886	0,7217	0,4801	0,7123	0,4718	0,7032	0,4638	0,6943
0,4957	0,7264	0,4871	0,7171	0,4788	0,7081	0,4709	0,6992
0,5025	0,7309	0,4939	0,7217	0,4857	0,7127	0,4777	0,7040
0,5092	0,7352	0,5006	0,7262	0,4924	0,7173	0,4844	0,7086
0,5156	0,7395	0,5071	0,7305	0,4989	0,7217	0,4909	0,7130
0,5220	0,7436	0,5134	0,7346	0,5052	0,7259	0,4972	0,7174
0,5281	0,7475	0,5196	0,7387	0,5114	0,7300	0,5034	0,7216
0,5341	0,7514	0,5256	0,7426	0,5174	0,7340	0,5095	0,7257
0,5400	0,7551	0,5315	0,7464	0,5233	0,7379	0,5154	0,7296
0,5457	0,7587	0,5372	0,7501	0,5291	0,7417	0,5211	0,7335
0,5513	0,7622	0,5428	0,7537	0,5347	0,7454	0,5268	0,7372
0,5567	0,7656	0,5483	0,7572	0,5402	0,7489	0,5323	0,7408
0,5620	0,7689	0,5536	0,7606	0,5455	0,7524	0,5376	0,7444
0,5672	0,7722	0,5588	0,7639	0,5508	0,7558	0,5429	0,7478
0,5723	0,7753	0,5639	0,7671	0,5559	0,7590	0,5480	0,7511
0,5772	0,7783	0,5689	0,7702	0,5609	0,7622	0,5531	0,7544
0,5821	0,7813	0,5738	0,7733	0,5658	0,7653	0,5580	0,7576
0,5868	0,7842	0,5786	0,7762	0,5706	0,7684	0,5628	0,7607
0,5914	0,7870	0,5832	0,7791	0,5753	0,7713	0,5675	0,7637
0,5959	0,7897	0,5878	0,7819	0,5798	0,7742	0,5721	0,7666
0,6004	0,7924	0,5922	0,7846	0,5843	0,7770	0,5766	0,7695

Tabelle E 5 (Fortsetzung)

r =	30		31		32	
	Low	High	Low	High	Low	High
k = 2	0,0016	0,1448	0,0016	0,1406	0,0015	0,1363
k = 3	0,0108	0,1877	0,0104	0,1823	0,0101	0,1773
k = 4	0,0243	0,2250	0,0235	0,2189	0,0227	0,2130
k = 5	0,0398	0,2582	0,0385	0,2513	0,0373	0,2448
k = 6	0,0562	0,2880	0,0544	0,2806	0,0528	0,2735
k = 7	0,0730	0,3151	0,0708	0,3072	0,0687	0,2998
k = 8	0,0897	0,3402	0,0871	0,3319	0,0846	0,3241
k = 9	0,1065	0,3630	0,1034	0,3544	0,1005	0,3463
k = 10	0,1230	0,3841	0,1196	0,3753	0,1163	0,3669
k = 11	0,1392	0,4037	0,1354	0,3948	0,1318	0,3862
k = 12	0,1551	0,4220	0,1510	0,4129	0,1470	0,4042
k = 13	0,1706	0,4392	0,1661	0,4300	0,1619	0,4211
k = 14	0,1856	0,4553	0,1809	0,4460	0,1764	0,4370
k = 15	0,2003	0,4705	0,1953	0,4611	0,1905	0,4521
k = 16	0,2145	0,4848	0,2092	0,4754	0,2043	0,4663
k = 17	0,2283	0,4984	0,2228	0,4889	0,2176	0,4797
k = 18	0,2417	0,5112	0,2360	0,5016	0,2306	0,4925
k = 19	0,2547	0,5233	0,2489	0,5138	0,2433	0,5046
k = 20	0,2674	0,5348	0,2613	0,5253	0,2556	0,5161
k = 21	0,2796	0,5458	0,2734	0,5363	0,2675	0,5271
k = 22	0,2915	0,5563	0,2852	0,5468	0,2791	0,5376
k = 23	0,3030	0,5662	0,2966	0,5568	0,2904	0,5476
k = 24	0,3142	0,5758	0,3077	0,5663	0,3014	0,5572
k = 25	0,3251	0,5849	0,3184	0,5755	0,3120	0,5664
k = 26	0,3357	0,5936	0,3289	0,5842	0,3224	0,5752
k = 27	0,3459	0,6019	0,3391	0,5926	0,3324	0,5836
k = 28	0,3559	0,6099	0,3489	0,6007	0,3422	0,5917
k = 29	0,3656	0,6176	0,3585	0,6084	0,3518	0,5995
k = 30	0,3750	0,6250	0,3679	0,6159	0,3610	0,6070
k = 31	0,3841	0,6321	0,3770	0,6230	0,3701	0,6142
k = 32	0,3930	0,6390	0,3858	0,6299	0,3789	0,6211
k = 33	0,4017	0,6455	0,3944	0,6366	0,3874	0,6278
k = 34	0,4101	0,6519	0,4028	0,6430	0,3958	0,6343
k = 35	0,4183	0,6580	0,4109	0,6492	0,4039	0,6405
k = 36	0,4263	0,6639	0,4189	0,6551	0,4118	0,6466
k = 37	0,4340	0,6696	0,4266	0,6609	0,4195	0,6524
k = 38	0,4416	0,6751	0,4342	0,6665	0,4270	0,6580
k = 39	0,4490	0,6804	0,4415	0,6719	0,4343	0,6635
k = 40	0,4561	0,6856	0,4487	0,6771	0,4415	0,6688
k = 41	0,4632	0,6906	0,4557	0,6821	0,4485	0,6739
k = 42	0,4700	0,6954	0,4625	0,6870	0,4553	0,6788
k = 43	0,4767	0,7001	0,4692	0,6918	0,4620	0,6836
k = 44	0,4832	0,7046	0,4757	0,6964	0,4684	0,6883
k = 45	0,4895	0,7090	0,4820	0,7008	0,4748	0,6928
k = 46	0,4957	0,7133	0,4882	0,7052	0,4810	0,6972
k = 47	0,5018	0,7174	0,4943	0,7094	0,4870	0,7015
k = 48	0,5077	0,7215	0,5002	0,7135	0,4930	0,7056
k = 49	0,5134	0,7254	0,5060	0,7174	0,4988	0,7097
k = 50	0,5191	0,7292	0,5116	0,7213	0,5044	0,7136
k = 51	0,5246	0,7329	0,5172	0,7251	0,5100	0,7174
k = 52	0,5300	0,7365	0,5226	0,7287	0,5154	0,7211
k = 53	0,5353	0,7400	0,5279	0,7323	0,5207	0,7248
k = 54	0,5404	0,7434	0,5330	0,7358	0,5259	0,7283
k = 55	0,5455	0,7467	0,5381	0,7392	0,5309	0,7317
k = 56	0,5504	0,7499	0,5431	0,7425	0,5359	0,7351
k = 57	0,5553	0,7531	0,5479	0,7457	0,5408	0,7384
k = 58	0,5600	0,7562	0,5527	0,7488	0,5456	0,7416
k = 59	0,5646	0,7592	0,5573	0,7519	0,5502	0,7447
k = 60	0,5692	0,7621	0,5619	0,7548	0,5548	0,7477

Tabelle E5 (Fortsetzung)

33 Low	33 High	34 Low	34 High	35 Low	35 High	36 Low	36 High
0,0015	0,1327	0,0014	0,1290	0,0014	0,1256	0,0013	0,1224
0,0098	0,1725	0,0094	0,1680	0,0092	0,1637	0,0089	0,1596
0,0220	0,2075	0,0214	0,2022	0,0208	0,1972	0,0202	0,1924
0,0362	0,2387	0,0351	0,2327	0,0342	0,2271	0,0332	0,2218
0,0513	0,2669	0,0498	0,2605	0,0484	0,2544	0,0472	0,2486
0,0668	0,2926	0,0649	0,2858	0,0632	0,2794	0,0615	0,2732
0,0822	0,3166	0,0800	0,3095	0,0779	0,3027	0,0759	0,2962
0,0978	0,3385	0,0953	0,3311	0,0928	0,3240	0,0905	0,3172
0,1133	0,3589	0,1103	0,3513	0,1076	0,3439	0,1049	0,3369
0,1284	0,3780	0,1252	0,3701	0,1221	0,3626	0,1192	0,3553
0,1433	0,3958	0,1398	0,3878	0,1364	0,3801	0,1332	0,3726
0,1579	0,4126	0,1541	0,4044	0,1505	0,3966	0,1470	0,3890
0,1721	0,4284	0,1680	0,4201	0,1642	0,4122	0,1605	0,4045
0,1860	0,4434	0,1817	0,4350	0,1776	0,4269	0,1736	0,4191
0,1995	0,4575	0,1950	0,4490	0,1906	0,4409	0,1865	0,4330
0,2127	0,4709	0,2079	0,4624	0,2034	0,4542	0,1991	0,4462
0,2255	0,4836	0,2205	0,4750	0,2158	0,4668	0,2113	0,4588
0,2379	0,4957	0,2328	0,4871	0,2279	0,4788	0,2232	0,4708
0,2501	0,5072	0,2448	0,4986	0,2397	0,4903	0,2349	0,4822
0,2618	0,5182	0,2564	0,5096	0,2512	0,5013	0,2462	0,4932
0,2733	0,5287	0,2677	0,5201	0,2624	0,5117	0,2573	0,5037
0,2845	0,5387	0,2788	0,5301	0,2733	0,5218	0,2680	0,5137
0,2953	0,5483	0,2895	0,5397	0,2839	0,5314	0,2785	0,5233
0,3058	0,5575	0,2999	0,5490	0,2942	0,5406	0,2887	0,5326
0,3161	0,5664	0,3101	0,5578	0,3043	0,5495	0,2987	0,5414
0,3261	0,5748	0,3200	0,5663	0,3141	0,5580	0,3084	0,5500
0,3358	0,5830	0,3296	0,5745	0,3236	0,5662	0,3179	0,5582
0,3453	0,5908	0,3390	0,5823	0,3329	0,5741	0,3271	0,5661
0,3545	0,5983	0,3481	0,5899	0,3420	0,5817	0,3361	0,5737
0,3634	0,6056	0,3570	0,5972	0,3508	0,5891	0,3449	0,5811
0,3722	0,6126	0,3657	0,6042	0,3595	0,5961	0,3534	0,5882
0,3807	0,6193	0,3742	0,6110	0,3679	0,6030	0,3618	0,5951
0,3890	0,6258	0,3824	0,6176	0,3761	0,6096	0,3699	0,6017
0,3970	0,6321	0,3904	0,6239	0,3841	0,6159	0,3779	0,6081
0,4049	0,6382	0,3983	0,6301	0,3919	0,6221	0,3857	0,6143
0,4126	0,6441	0,4059	0,6360	0,3995	0,6281	0,3932	0,6204
0,4201	0,6498	0,4134	0,6417	0,4069	0,6339	0,4006	0,6262
0,4274	0,6553	0,4207	0,6473	0,4142	0,6395	0,4079	0,6318
0,4345	0,6606	0,4278	0,6527	0,4213	0,6449	0,4149	0,6373
0,4415	0,6658	0,4347	0,6579	0,4282	0,6502	0,4218	0,6426
0,4483	0,6708	0,4415	0,6630	0,4349	0,6553	0,4286	0,6478
0,4549	0,6757	0,4481	0,6679	0,4416	0,6603	0,4352	0,6528
0,4614	0,6804	0,4546	0,6727	0,4480	0,6651	0,4416	0,6577
0,4678	0,6850	0,4610	0,6773	0,4543	0,6698	0,4479	0,6624
0,4740	0,6894	0,4671	0,6818	0,4605	0,6743	0,4541	0,6670
0,4800	0,6938	0,4732	0,6862	0,4666	0,6788	0,4601	0,6715
0,4859	0,6980	0,4791	0,6905	0,4725	0,6831	0,4661	0,6759
0,4917	0,7021	0,4849	0,6946	0,4783	0,6873	0,4718	0,6801
0,4974	0,7060	0,4906	0,6986	0,4839	0,6914	0,4775	0,6842
0,5029	0,7099	0,4961	0,7026	0,4895	0,6953	0,4830	0,6883
0,5084	0,7137	0,5016	0,7064	0,4949	0,6992	0,4885	0,6922
0,5137	0,7174	0,5069	0,7101	0,5002	0,7030	0,4938	0,6960
0,5189	0,7210	0,5121	0,7138	0,5055	0,7067	0,4990	0,6997
0,5240	0,7245	0,5172	0,7173	0,5106	0,7103	0,5041	0,7034
0,5289	0,7279	0,5222	0,7208	0,5156	0,7138	0,5091	0,7069
0,5338	0,7312	0,5271	0,7241	0,5205	0,7172	0,5141	0,7104
0,5386	0,7344	0,5319	0,7274	0,5253	0,7206	0,5189	0,7138
0,5433	0,7376	0,5366	0,7306	0,5300	0,7238	0,5236	0,7171
0,5479	0,7407	0,5412	0,7338	0,5346	0,7270	0,5282	0,7203

Tabelle E 5 (Fortsetzung)

r =	37		38		39	
	Low	High	Low	High	Low	High
k = 2	0,0013	0,1194	0,0013	0,1164	0,0012	0,1137
k = 3	0,0086	0,1557	0,0084	0,1521	0,0082	0,1485
k = 4	0,0196	0,1879	0,0191	0,1835	0,0186	0,1794
k = 5	0,0323	0,2167	0,0315	0,2119	0,0307	0,2072
k = 6	0,0459	0,2431	0,0448	0,2378	0,0437	0,2327
k = 7	0,0600	0,2672	0,0585	0,2616	0,0571	0,2561
k = 8	0,0740	0,2899	0,0722	0,2839	0,0705	0,2781
k = 9	0,0883	0,3107	0,0862	0,3044	0,0842	0,2984
k = 10	0,1024	0,3301	0,1000	0,3236	0,0978	0,3173
k = 11	0,1164	0,3483	0,1137	0,3416	0,1112	0,3352
k = 12	0,1302	0,3655	0,1273	0,3586	0,1245	0,3520
k = 13	0,1437	0,3817	0,1405	0,3747	0,1375	0,3679
k = 14	0,1569	0,3971	0,1535	0,3899	0,1503	0,3830
k = 15	0,1699	0,4116	0,1663	0,4043	0,1628	0,3973
k = 16	0,1825	0,4254	0,1787	0,4181	0,1751	0,4110
k = 17	0,1949	0,4386	0,1909	0,4311	0,1871	0,4240
k = 18	0,2070	0,4511	0,2028	0,4436	0,1988	0,4364
k = 19	0,2187	0,4630	0,2144	0,4555	0,2103	0,4482
k = 20	0,2302	0,4744	0,2257	0,4669	0,2214	0,4596
k = 21	0,2414	0,4854	0,2368	0,4778	0,2324	0,4704
k = 22	0,2523	0,4958	0,2476	0,4882	0,2430	0,4808
k = 23	0,2630	0,5058	0,2581	0,4982	0,2534	0,4908
k = 24	0,2733	0,5155	0,2684	0,5078	0,2636	0,5004
k = 25	0,2835	0,5247	0,2784	0,5171	0,2735	0,5097
k = 26	0,2933	0,5336	0,2881	0,5260	0,2831	0,5186
k = 27	0,3029	0,5422	0,2977	0,5345	0,2926	0,5271
k = 28	0,3123	0,5504	0,3070	0,5428	0,3018	0,5354
k = 29	0,3215	0,5583	0,3160	0,5507	0,3108	0,5433
k = 30	0,3304	0,5660	0,3249	0,5584	0,3196	0,5510
k = 31	0,3391	0,5734	0,3335	0,5658	0,3281	0,5585
k = 32	0,3476	0,5805	0,3420	0,5730	0,3365	0,5657
k = 33	0,3559	0,5874	0,3502	0,5799	0,3447	0,5726
k = 34	0,3640	0,5941	0,3583	0,5866	0,3527	0,5793
k = 35	0,3719	0,6005	0,3661	0,5931	0,3605	0,5858
k = 36	0,3796	0,6068	0,3738	0,5994	0,3682	0,5921
k = 37	0,3872	0,6128	0,3813	0,6055	0,3756	0,5983
k = 38	0,3945	0,6187	0,3887	0,6113	0,3829	0,6042
k = 39	0,4017	0,6244	0,3958	0,6171	0,3901	0,6099
k = 40	0,4088	0,6299	0,4028	0,6226	0,3970	0,6155
k = 41	0,4157	0,6353	0,4097	0,6280	0,4039	0,6210
k = 42	0,4224	0,6405	0,4164	0,6333	0,4105	0,6262
k = 43	0,4290	0,6455	0,4229	0,6384	0,4171	0,6314
k = 44	0,4354	0,6504	0,4293	0,6433	0,4235	0,6364
k = 45	0,4417	0,6552	0,4356	0,6481	0,4297	0,6412
k = 46	0,4479	0,6599	0,4418	0,6528	0,4359	0,6459
k = 47	0,4539	0,6644	0,4478	0,6574	0,4419	0,6505
k = 48	0,4598	0,6688	0,4537	0,6618	0,4478	0,6550
k = 49	0,4656	0,6731	0,4595	0,6662	0,4535	0,6594
k = 50	0,4712	0,6772	0,4651	0,6704	0,4592	0,6637
k = 51	0,4768	0,6813	0,4707	0,6745	0,4647	0,6678
k = 52	0,4822	0,6853	0,4761	0,6785	0,4701	0,6719
k = 53	0,4875	0,6892	0,4814	0,6824	0,4755	0,6758
k = 54	0,4927	0,6929	0,4866	0,6862	0,4807	0,6797
k = 55	0,4979	0,6966	0,4917	0,6900	0,4858	0,6834
k = 56	0,5029	0,7002	0,4968	0,6936	0,4908	0,6871
k = 57	0,5078	0,7037	0,5017	0,6971	0,4957	0,6907
k = 58	0,5126	0,7071	0,5065	0,7006	0,5006	0,6942
k = 59	0,5173	0,7105	0,5112	0,7040	0,5053	0,6976
k = 60	0,5220	0,7138	0,5159	0,7073	0,5100	0,7010

Tabelle E 5 (Fortsetzung)

40		41		42		43	
Low	High	Low	High	Low	High	Low	High
0,0012	0,1110	0,0011	0,1085	0,0011	0,1061	0,0011	0,1038
0,0080	0,1452	0,0078	0,1419	0,0076	0,1389	0,0074	0,1359
0,0181	0,1755	0,0177	0,1717	0,0172	0,1680	0,0168	0,1646
0,0299	0,2028	0,0292	0,1985	0,0285	0,1944	0,0279	0,1905
0,0426	0,2278	0,0416	0,2232	0,0406	0,2187	0,0397	0,2144
0,0557	0,2509	0,0544	0,2459	0,0532	0,2411	0,0520	0,2364
0,0689	0,2726	0,0675	0,2670	0,0660	0,2619	0,0645	0,2570
0,0823	0,2926	0,0804	0,2870	0,0787	0,2816	0,0770	0,2765
0,0956	0,3113	0,0935	0,3055	0,0915	0,2999	0,0896	0,2945
0,1088	0,3290	0,1064	0,3230	0,1042	0,3172	0,1021	0,3116
0,1218	0,3456	0,1192	0,3395	0,1168	0,3335	0,1144	0,3278
0,1346	0,3614	0,1318	0,3551	0,1291	0,3490	0,1266	0,3431
0,1472	0,3764	0,1442	0,3699	0,1413	0,3637	0,1386	0,3577
0,1595	0,3906	0,1563	0,3840	0,1533	0,3777	0,1503	0,3716
0,1716	0,4041	0,1682	0,3975	0,1650	0,3911	0,1619	0,3848
0,1834	0,4170	0,1799	0,4103	0,1765	0,4038	0,1732	0,3975
0,1950	0,4294	0,1913	0,4226	0,1877	0,4160	0,1843	0,4096
0,2063	0,4412	0,2024	0,4343	0,1987	0,4277	0,1951	0,4213
0,2173	0,4525	0,2133	0,4456	0,2095	0,4389	0,2057	0,4324
0,2281	0,4633	0,2240	0,4564	0,2200	0,4496	0,2161	0,4431
0,2386	0,4737	0,2344	0,4667	0,2303	0,4600	0,2263	0,4534
0,2489	0,4836	0,2445	0,4767	0,2403	0,4699	0,2362	0,4633
0,2589	0,4932	0,2545	0,4862	0,2501	0,4794	0,2460	0,4728
0,2687	0,5025	0,2642	0,4955	0,2597	0,4886	0,2555	0,4820
0,2783	0,5114	0,2736	0,5043	0,2691	0,4975	0,2648	0,4908
0,2877	0,5199	0,2829	0,5129	0,2783	0,5061	0,2738	0,4994
0,2968	0,5282	0,2919	0,5212	0,2873	0,5143	0,2827	0,5076
0,3057	0,5362	0,3008	0,5291	0,2960	0,5223	0,2914	0,5156
0,3144	0,5439	0,3094	0,5368	0,3046	0,5300	0,2999	0,5233
0,3229	0,5513	0,3179	0,5443	0,3130	0,5375	0,3082	0,5308
0,3312	0,5585	0,3261	0,5515	0,3212	0,5447	0,3164	0,5380
0,3394	0,5655	0,3342	0,5585	0,3292	0,5517	0,3243	0,5451
0,3473	0,5722	0,3421	0,5653	0,3370	0,5585	0,3321	0,5519
0,3551	0,5787	0,3498	0,5718	0,3447	0,5651	0,3397	0,5584
0,3627	0,5851	0,3574	0,5782	0,3522	0,5714	0,3472	0,5648
0,3701	0,5912	0,3647	0,5843	0,3595	0,5776	0,3545	0,5710
0,3774	0,5972	0,3720	0,5903	0,3667	0,5836	0,3616	0,5771
0,3845	0,6030	0,3790	0,5961	0,3738	0,5895	0,3686	0,5829
0,3914	0,6086	0,3859	0,6018	0,3806	0,5951	0,3755	0,5886
0,3982	0,6141	0,3928	0,6072	0,3874	0,6007	0,3822	0,5942
0,4049	0,6194	0,3993	0,6126	0,3940	0,6060	0,3885	0,5998
0,4114	0,6245	0,4058	0,6178	0,4002	0,6115	0,3952	0,6048
0,4178	0,6296	0,4122	0,6229	0,4068	0,6163	0,4013	0,6101
0,4240	0,6344	0,4184	0,6278	0,4130	0,6213	0,4077	0,6149
0,4301	0,6392	0,4245	0,6326	0,4191	0,6251	0,4138	0,6197
0,4361	0,6438	0,4305	0,6373	0,4250	0,6308	0,4197	0,6245
0,4420	0,6484	0,4364	0,6418	0,4309	0,6354	0,4255	0,6291
0,4477	0,6528	0,4421	0,6462	0,4366	0,6398	0,4312	0,6336
0,4534	0,6570	0,4477	0,6506	0,4422	0,6442	0,4369	0,6380
0,4589	0,6612	0,4533	0,6548	0,4477	0,6485	0,4424	0,6422
0,4643	0,6653	0,4587	0,6589	0,4531	0,6526	0,4478	0,6464
0,4696	0,6693	0,4640	0,6629	0,4584	0,6567	0,4531	0,6505
0,4749	0,6732	0,4692	0,6669	0,4637	0,6606	0,4583	0,6545
0,4800	0,6770	0,4743	0,6707	0,4688	0,6645	0,4634	0,6584
0,4850	0,6807	0,4793	0,6744	0,4738	0,6683	0,4684	0,6622
0,4899	0,6843	0,4842	0,6781	0,4787	0,6720	0,4733	0,6659
0,4947	0,6879	0,4891	0,6817	0,4835	0,6756	0,4781	0,6696
0,4995	0,6913	0,4938	0,6852	0,4883	0,6791	0,4829	0,6731
0,5042	0,6947	0,4985	0,6886	0,4929	0,6826	0,4875	0,6766

Tabelle E 5 (Fortsetzung)

r =	44 Low	44 High	45 Low	45 High	46 Low	46 High
k = 2	0,0011	0,1016	0,0010	0,0995	0,0010	0,0974
k = 3	0,0072	0,1331	0,0070	0,1304	0,0069	0,1278
k = 4	0,0164	0,1612	0,0161	0,1580	0,0157	0,1550
k = 5	0,0272	0,1867	0,0266	0,1831	0,0261	0,1796
k = 6	0,0388	0,2102	0,0380	0,2063	0,0372	0,2024
k = 7	0,0509	0,2320	0,0498	0,2277	0,0488	0,2235
k = 8	0,0632	0,2522	0,0619	0,2477	0,0606	0,2433
k = 9	0,0754	0,2715	0,0739	0,2667	0,0724	0,2620
k = 10	0,0878	0,2893	0,0860	0,2843	0,0843	0,2795
k = 11	0,1000	0,3062	0,0980	0,3010	0,0962	0,2960
k = 12	0,1122	0,3222	0,1100	0,3169	0,1079	0,3117
k = 13	0,1241	0,3374	0,1218	0,3319	0,1195	0,3266
k = 14	0,1359	0,3519	0,1334	0,3462	0,1309	0,3408
k = 15	0,1475	0,3657	0,1448	0,3599	0,1422	0,3543
k = 16	0,1589	0,3788	0,1560	0,3730	0,1532	0,3673
k = 17	0,1700	0,3914	0,1670	0,3855	0,1641	0,3797
k = 18	0,1810	0,4035	0,1778	0,3975	0,1747	0,3916
k = 19	0,1917	0,4150	0,1884	0,4089	0,1851	0,4030
k = 20	0,2022	0,4261	0,1987	0,4200	0,1954	0,4140
k = 21	0,2124	0,4368	0,2089	0,4306	0,2054	0,4246
k = 22	0,2225	0,4470	0,2188	0,4408	0,2152	0,4347
k = 23	0,2323	0,4569	0,2285	0,4506	0,2248	0,4445
k = 24	0,2419	0,4664	0,2380	0,4601	0,2342	0,4540
k = 25	0,2513	0,4755	0,2473	0,4692	0,2435	0,4631
k = 26	0,2605	0,4844	0,2564	0,4780	0,2525	0,4719
k = 27	0,2695	0,4929	0,2654	0,4866	0,2613	0,4804
k = 28	0,2783	0,5011	0,2741	0,4948	0,2700	0,4886
k = 29	0,2870	0,5091	0,2826	0,5028	0,2784	0,4966
k = 30	0,2954	0,5168	0,2910	0,5105	0,2867	0,5043
k = 31	0,3036	0,5243	0,2992	0,5180	0,2948	0,5118
k = 32	0,3117	0,5316	0,3072	0,5252	0,3028	0,5190
k = 33	0,3196	0,5386	0,3150	0,5322	0,3106	0,5260
k = 34	0,3273	0,5454	0,3227	0,5390	0,3182	0,5329
k = 35	0,3349	0,5520	0,3302	0,5457	0,3257	0,5395
k = 36	0,3423	0,5584	0,3376	0,5521	0,3330	0,5459
k = 37	0,3496	0,5646	0,3448	0,5583	0,3401	0,5521
k = 38	0,3567	0,5707	0,3519	0,5644	0,3472	0,5582
k = 39	0,3636	0,5765	0,3588	0,5703	0,3541	0,5641
k = 40	0,3704	0,5822	0,3656	0,5760	0,3608	0,5699
k = 41	0,3771	0,5878	0,3722	0,5816	0,3674	0,5755
k = 42	0,3837	0,5932	0,3787	0,5870	0,3739	0,5809
k = 43	0,3899	0,5987	0,3851	0,5923	0,3803	0,5862
k = 44	0,3964	0,6036	0,3912	0,5977	0,3865	0,5914
k = 45	0,4023	0,6088	0,3976	0,6024	0,3924	0,5967
k = 46	0,4086	0,6135	0,4033	0,6076	0,3987	0,6013
k = 47	0,4145	0,6183	0,4094	0,6122	0,4043	0,6064
k = 48	0,4203	0,6229	0,4152	0,6168	0,4103	0,6109
k = 49	0,4260	0,6274	0,4209	0,6214	0,4160	0,6154
k = 50	0,4316	0,6318	0,4265	0,6258	0,4215	0,6199
k = 51	0,4371	0,6361	0,4320	0,6302	0,4270	0,6243
k = 52	0,4425	0,6404	0,4374	0,6344	0,4324	0,6285
k = 53	0,4478	0,6445	0,4426	0,6385	0,4376	0,6327
k = 54	0,4530	0,6485	0,4478	0,6426	0,4428	0,6368
k = 55	0,4581	0,6524	0,4529	0,6465	0,4479	0,6407
k = 56	0,4631	0,6563	0,4579	0,6504	0,4529	0,6446
k = 57	0,4680	0,6600	0,4628	0,6542	0,4578	0,6484
k = 58	0,4728	0,6637	0,4677	0,6579	0,4626	0,6522
k = 59	0,4776	0,6673	0,4724	0,6615	0,4673	0,6558
k = 60	0,4822	0,6708	0,4771	0,6650	0,4720	0,6594

Tabelle E5 (Fortsetzung)

47		48		49		50	
Low	High	Low	High	Low	High	Low	High
0,0010	0,0955	0,0010	0,0936	0,0009	0,0918	0,0009	0,0901
0,0067	0,1253	0,0066	0,1229	0,0064	0,1206	0,0063	0,1183
0,0154	0,1520	0,0151	0,1491	0,0147	0,1454	0,0144	0,1438
0,0255	0,1763	0,0250	0,1730	0,0245	0,1699	0,0240	0,1669
0,0364	0,1987	0,0357	0,1951	0,0350	0,1917	0,0343	0,1884
0,0478	0,2195	0,0468	0,2157	0,0459	0,2120	0,0451	0,2084
0,0594	0,2390	0,0582	0,2349	0,0571	0,2309	0,0560	0,2271
0,0710	0,2576	0,0696	0,2532	0,0683	0,2490	0,0670	0,2450
0,0827	0,2748	0,0811	0,2703	0,0796	0,2659	0,0782	0,2616
0,0943	0,2911	0,0926	0,2864	0,0909	0,2819	0,0892	0,2774
0,1059	0,3066	0,1039	0,3018	0,1021	0,2971	0,1003	0,2925
0,1173	0,3214	0,1152	0,3164	0,1131	0,3115	0,1112	0,3068
0,1285	0,3355	0,1263	0,3304	0,1241	0,3254	0,1219	0,3206
0,1396	0,3489	0,1372	0,3437	0,1348	0,3386	0,1325	0,3337
0,1505	0,3618	0,1479	0,3565	0,1454	0,3513	0,1430	0,3462
0,1612	0,3741	0,1585	0,3687	0,1558	0,3634	0,1533	0,3583
0,1717	0,3860	0,1689	0,3805	0,1661	0,3751	0,1634	0,3699
0,1820	0,3973	0,1790	0,3917	0,1761	0,3863	0,1733	0,3811
0,1921	0,4082	0,1890	0,4026	0,1860	0,3971	0,1831	0,3918
0,2020	0,4187	0,1988	0,4131	0,1957	0,4075	0,1926	0,4021
0,2118	0,4289	0,2084	0,4231	0,2052	0,4175	0,2020	0,4121
0,2213	0,4386	0,2178	0,4328	0,2145	0,4272	0,2112	0,4217
0,2306	0,4480	0,2270	0,4422	0,2236	0,4366	0,2202	0,4310
0,2397	0,4571	0,2361	0,4513	0,2325	0,4456	0,2291	0,4400
0,2486	0,4659	0,2449	0,4600	0,2413	0,4543	0,2378	0,4487
0,2574	0,4744	0,2536	0,4685	0,2499	0,4628	0,2463	0,4572
0,2660	0,4826	0,2621	0,4767	0,2583	0,4709	0,2546	0,4653
0,2743	0,4905	0,2704	0,4846	0,2665	0,4789	0,2628	0,4732
0,2826	0,4982	0,2785	0,4923	0,2746	0,4866	0,2708	0,4809
0,2906	0,5057	0,2865	0,4998	0,2826	0,4940	0,2787	0,4884
0,2985	0,5130	0,2944	0,5070	0,2903	0,5012	0,2864	0,4956
0,3062	0,5200	0,3020	0,5141	0,2979	0,5083	0,2940	0,5026
0,3138	0,5268	0,3095	0,5209	0,3054	0,5151	0,3014	0,5094
0,3212	0,5334	0,3169	0,5275	0,3127	0,5217	0,3086	0,5161
0,3285	0,5399	0,3241	0,5339	0,3199	0,5282	0,3158	0,5225
0,3356	0,5461	0,3312	0,5402	0,3269	0,5344	0,3228	0,5288
0,3426	0,5522	0,3382	0,5463	0,3338	0,5405	0,3296	0,5349
0,3495	0,5581	0,3450	0,5522	0,3406	0,5465	0,3363	0,5408
0,3562	0,5639	0,3516	0,5580	0,3472	0,5523	0,3430	0,5466
0,3627	0,5695	0,3582	0,5636	0,3538	0,5579	0,3494	0,5523
0,3692	0,5750	0,3646	0,5691	0,3602	0,5634	0,3558	0,5578
0,3755	0,5803	0,3709	0,5745	0,3664	0,5688	0,3620	0,5631
0,3817	0,5855	0,3771	0,5797	0,3726	0,5740	0,3682	0,5684
0,3878	0,5906	0,3832	0,5848	0,3786	0,5791	0,3742	0,5735
0,3936	0,5957	0,3891	0,5897	0,3846	0,5840	0,3801	0,5785
0,3997	0,6003	0,3948	0,5947	0,3904	0,5889	0,3859	0,5834
0,4053	0,6052	0,4008	0,5992	0,3959	0,5938	0,3916	0,5881
0,4111	0,6096	0,4062	0,6041	0,4018	0,5982	0,3970	0,5929
0,4166	0,6141	0,4119	0,6084	0,4071	0,6030	0,4027	0,5973
0,4221	0,6185	0,4173	0,6128	0,4127	0,6072	0,4079	0,6019
0,4275	0,6228	0,4227	0,6171	0,4178	0,6118	0,4134	0,6061
0,4327	0,6270	0,4279	0,6213	0,4232	0,6158	0,4184	0,6105
0,4379	0,6311	0,4331	0,6254	0,4284	0,6199	0,4238	0,6145
0,4429	0,6351	0,4381	0,6295	0,4334	0,6240	0,4286	0,6188
0,4479	0,6390	0,4431	0,6334	0,4384	0,6279	0,4338	0,6225
0,4528	0,6428	0,4480	0,6373	0,4433	0,6318	0,4386	0,6264
0,4576	0,6466	0,4528	0,6410	0,4481	0,6356	0,4434	0,6303
0,4624	0,6502	0,4575	0,6447	0,4528	0,6393	0,4481	0,6343
0,4670	0,6538	0,4622	0,6484	0,4574	0,6430	0,4528	0,6377

Tabelle E 5 (Fortsetzung)

r =	51		52		53	
	Low	High	Low	High	Low	High
k = 2	0,0009	0,0884	0,0009	0,0868	0,0009	0,0852
k = 3	0,0062	0,1162	0,0061	0,1141	0,0059	0,1122
k = 4	0,0142	0,1412	0,0139	0,1387	0,0136	0,1364
k = 5	0,0235	0,1640	0,0231	0,1612	0,0227	0,1585
k = 6	0,0336	0,1852	0,0330	0,1821	0,0324	0,1791
k = 7	0,0442	0,2049	0,0434	0,2015	0,0426	0,1983
k = 8	0,0550	0,2234	0,0540	0,2198	0,0530	0,2163
k = 9	0,0658	0,2411	0,0646	0,2373	0,0635	0,2336
k = 10	0,0768	0,2575	0,0754	0,2535	0,0741	0,2497
k = 11	0,0877	0,2732	0,0862	0,2690	0,0847	0,2650
k = 12	0,0985	0,2881	0,0968	0,2838	0,0952	0,2796
k = 13	0,1093	0,3023	0,1074	0,2978	0,1056	0,2935
k = 14	0,1199	0,3159	0,1179	0,3113	0,1160	0,3069
k = 15	0,1303	0,3289	0,1282	0,3242	0,1262	0,3197
k = 16	0,1407	0,3413	0,1384	0,3366	0,1362	0,3320
k = 17	0,1508	0,3533	0,1484	0,3485	0,1461	0,3438
k = 18	0,1608	0,3648	0,1583	0,3599	0,1558	0,3551
k = 19	0,1706	0,3759	0,1680	0,3709	0,1654	0,3661
k = 20	0,1802	0,3866	0,1775	0,3815	0,1748	0,3766
k = 21	0,1897	0,3969	0,1868	0,3918	0,1841	0,3868
k = 22	0,1990	0,4068	0,1960	0,4016	0,1931	0,3966
k = 23	0,2081	0,4164	0,2050	0,4112	0,2021	0,4061
k = 24	0,2170	0,4257	0,2139	0,4204	0,2108	0,4153
k = 25	0,2258	0,4346	0,2225	0,4294	0,2194	0,4242
k = 26	0,2344	0,4433	0,2311	0,4380	0,2278	0,4328
k = 27	0,2428	0,4517	0,2394	0,4464	0,2361	0,4412
k = 28	0,2511	0,4598	0,2476	0,4545	0,2442	0,4492
k = 29	0,2592	0,4677	0,2556	0,4624	0,2522	0,4571
k = 30	0,2671	0,4754	0,2635	0,4700	0,2600	0,4647
k = 31	0,2749	0,4828	0,2713	0,4774	0,2677	0,4721
k = 32	0,2826	0,4900	0,2789	0,4846	0,2752	0,4793
k = 33	0,2901	0,4971	0,2863	0,4916	0,2826	0,4863
k = 34	0,2974	0,5039	0,2936	0,4984	0,2899	0,4931
k = 35	0,3047	0,5105	0,3008	0,5051	0,2970	0,4998
k = 36	0,3117	0,5170	0,3078	0,5115	0,3040	0,5062
k = 37	0,3187	0,5232	0,3147	0,5178	0,3108	0,5125
k = 38	0,3255	0,5293	0,3215	0,5239	0,3176	0,5186
k = 39	0,3322	0,5353	0,3281	0,5299	0,3242	0,5245
k = 40	0,3388	0,5411	0,3347	0,5357	0,3307	0,5304
k = 41	0,3452	0,5467	0,3411	0,5413	0,3371	0,5360
k = 42	0,3515	0,5523	0,3474	0,5469	0,3433	0,5416
k = 43	0,3578	0,5576	0,3536	0,5522	0,3495	0,5469
k = 44	0,3639	0,5629	0,3596	0,5575	0,3555	0,5522
k = 45	0,3698	0,5680	0,3656	0,5626	0,3615	0,5574
k = 46	0,3757	0,5730	0,3715	0,5676	0,3673	0,5624
k = 47	0,3815	0,5779	0,3772	0,5725	0,3730	0,5673
k = 48	0,3872	0,5827	0,3829	0,5773	0,3787	0,5721
k = 49	0,3928	0,5873	0,3882	0,5822	0,3842	0,5768
k = 50	0,3981	0,5921	0,3939	0,5866	0,3895	0,5816
k = 51	0,4037	0,5963	0,3991	0,5912	0,3950	0,5859
k = 52	0,4088	0,6009	0,4046	0,5954	0,4001	0,5904
k = 53	0,4141	0,6050	0,4096	0,5999	0,4055	0,5945
k = 54	0,4191	0,6094	0,4149	0,6039	0,4104	0,5989
k = 55	0,4243	0,6132	0,4197	0,6082	0,4155	0,6029
k = 56	0,4290	0,6174	0,4248	0,6120	0,4203	0,6071
k = 57	0,4341	0,6212	0,4295	0,6162	0,4253	0,6109
k = 58	0,4387	0,6252	0,4344	0,6198	0,4299	0,6149
k = 59	0,4436	0,6288	0,4389	0,6238	0,4348	0,6185
k = 60	0,4482	0,6324	0,4438	0,6273	0,4392	0,6224

Tabelle E 5 (Fortsetzung)

54 Low	High	55 Low	High	56 Low	High	57 Low	High
0,0009	0,0837	0,0008	0,0823	0,0008	0,0809	0,0008	0,0796
0,0058	0,1102	0,0057	0,1084	0,0056	0,1066	0,0055	0,1048
0,0134	0,1341	0,0131	0,1318	0,0129	0,1297	0,0127	0,1276
0,0222	0,1559	0,0218	0,1533	0,0215	0,1509	0,0211	0,1485
0,0318	0,1762	0,0313	0,1734	0,0307	0,1706	0,0302	0,1680
0,0418	0,1951	0,0411	0,1921	0,0404	0,1891	0,0397	0,1862
0,0521	0,2130	0,0512	0,2097	0,0503	0,2065	0,0495	0,2034
0,0624	0,2300	0,0613	0,2265	0,0603	0,2232	0,0593	0,2199
0,0728	0,2459	0,0716	0,2423	0,0704	0,2387	0,0693	0,2353
0,0833	0,2611	0,0819	0,2573	0,0806	0,2536	0,0793	0,2500
0,0936	0,2755	0,0921	0,2716	0,0907	0,2678	0,0892	0,2640
0,1039	0,2893	0,1023	0,2853	0,1007	0,2813	0,0991	0,2775
0,1141	0,3026	0,1123	0,2984	0,1106	0,2943	0,1089	0,2904
0,1242	0,3153	0,1222	0,3110	0,1203	0,3068	0,1185	0,3027
0,1341	0,3275	0,1320	0,3231	0,1300	0,3188	0,1281	0,3146
0,1438	0,3392	0,1417	0,3347	0,1395	0,3303	0,1375	0,3261
0,1535	0,3504	0,1512	0,3459	0,1489	0,3415	0,1468	0,3371
0,1629	0,3613	0,1605	0,3567	0,1582	0,3522	0,1559	0,3478
0,1722	0,3718	0,1697	0,3671	0,1673	0,3625	0,1649	0,3581
0,1814	0,3819	0,1788	0,3772	0,1762	0,3725	0,1737	0,3680
0,1903	0,3917	0,1876	0,3869	0,1850	0,3822	0,1824	0,3777
0,1992	0,4012	0,1964	0,3963	0,1937	0,3916	0,1910	0,3870
0,2078	0,4103	0,2050	0,4054	0,2021	0,4006	0,1994	0,3960
0,2163	0,4192	0,2134	0,4142	0,2105	0,4094	0,2077	0,4047
0,2247	0,4277	0,2217	0,4228	0,2187	0,4179	0,2158	0,4132
0,2329	0,4361	0,2298	0,4311	0,2267	0,4262	0,2238	0,4214
0,2410	0,4441	0,2378	0,4391	0,2347	0,4342	0,2316	0,4294
0,2489	0,4520	0,2456	0,4469	0,2424	0,4420	0,2393	0,4372
0,2566	0,4596	0,2533	0,4545	0,2501	0,4496	0,2469	0,4447
0,2642	0,4670	0,2608	0,4619	0,2575	0,4569	0,2543	0,4521
0,2717	0,4741	0,2683	0,4691	0,2649	0,4641	0,2616	0,4592
0,2790	0,4811	0,2755	0,4760	0,2721	0,4711	0,2688	0,4662
0,2862	0,4879	0,2827	0,4828	0,2792	0,4778	0,2759	0,4729
0,2933	0,4945	0,2897	0,4894	0,2862	0,4844	0,2828	0,4795
0,3003	0,5010	0,2966	0,4959	0,2931	0,4909	0,2896	0,4859
0,3071	0,5073	0,3034	0,5021	0,2998	0,4971	0,2963	0,4922
0,3138	0,5134	0,3100	0,5083	0,3064	0,5032	0,3029	0,4983
0,3203	0,5193	0,3166	0,5142	0,3129	0,5092	0,3093	0,5043
0,3268	0,5251	0,3230	0,5200	0,3193	0,5150	0,3157	0,5101
0,3331	0,5308	0,3293	0,5257	0,3256	0,5207	0,3219	0,5158
0,3394	0,5363	0,3355	0,5312	0,3317	0,5252	0,3280	0,5213
0,3455	0,5417	0,3416	0,5366	0,3378	0,5316	0,3341	0,5267
0,3515	0,5470	0,3476	0,5419	0,3437	0,5369	0,3400	0,5320
0,3574	0,5522	0,3535	0,5471	0,3496	0,5421	0,3458	0,5372
0,3632	0,5572	0,3593	0,5521	0,3554	0,5471	0,3516	0,5422
0,3689	0,5621	0,3649	0,5571	0,3610	0,5521	0,3572	0,5472
0,3746	0,5669	0,3705	0,5619	0,3666	0,5569	0,3627	0,5520
0,3801	0,5716	0,3760	0,5666	0,3721	0,5616	0,3682	0,5567
0,3855	0,5762	0,3812	0,5714	0,3775	0,5662	0,3736	0,5614
0,3906	0,5809	0,3868	0,5757	0,3826	0,5710	0,3788	0,5659
0,3961	0,5851	0,3918	0,5803	0,3880	0,5752	0,3838	0,5705
0,4011	0,5896	0,3971	0,5845	0,3929	0,5797	0,3891	0,5747
0,4063	0,5937	0,4020	0,5889	0,3981	0,5838	0,3940	0,5791
0,4111	0,5980	0,4072	0,5928	0,4029	0,5881	0,3991	0,5831
0,4162	0,6019	0,4119	0,5971	0,4080	0,5920	0,4038	0,5874
0,4209	0,6060	0,4169	0,6009	0,4126	0,5962	0,4088	0,5912
0,4258	0,6097	0,4215	0,6049	0,4175	0,5999	0,4134	0,5953
0,4303	0,6137	0,4263	0,6086	0,4220	0,6039	0,4182	0,5990
0,4351	0,6173	0,4307	0,6125	0,4268	0,6075	0,4226	0,6029

Tabelle E 5 (Fortsetzung)

r =	58		59		60	
	Low	High	Low	High	Low	High
k = 2	0,0008	0,0782	0,0008	0,0770	0,0008	0,0758
k = 3	0,0054	0,1031	0,0053	0,1015	0,0052	0,0999
k = 4	0,0124	0,1256	0,0122	0,1236	0,0120	0,1218
k = 5	0,0207	0,1463	0,0204	0,1440	0,0200	0,1419
k = 6	0,0297	0,1654	0,0292	0,1630	0,0287	0,1606
k = 7	0,0391	0,1835	0,0384	0,1808	0,0378	0,1781
k = 8	0,0487	0,2005	0,0479	0,1976	0,0472	0,1947
k = 9	0,0584	0,2168	0,0574	0,2137	0,0566	0,2105
k = 10	0,0682	0,2320	0,0671	0,2287	0,0661	0,2256
k = 11	0,0780	0,2465	0,0768	0,2431	0,0757	0,2398
k = 12	0,0878	0,2604	0,0865	0,2569	0,0852	0,2535
k = 13	0,0976	0,2737	0,0961	0,2701	0,0947	0,2665
k = 14	0,1072	0,2865	0,1056	0,2827	0,1041	0,2791
k = 15	0,1168	0,2988	0,1151	0,2949	0,1134	0,2912
k = 16	0,1262	0,3106	0,1244	0,3066	0,1226	0,3028
k = 17	0,1355	0,3220	0,1336	0,3179	0,1317	0,3140
k = 18	0,1447	0,3329	0,1426	0,3288	0,1406	0,3248
k = 19	0,1537	0,3435	0,1516	0,3393	0,1495	0,3352
k = 20	0,1626	0,3537	0,1604	0,3495	0,1582	0,3453
k = 21	0,1713	0,3636	0,1690	0,3593	0,1667	0,3551
k = 22	0,1800	0,3732	0,1775	0,3688	0,1752	0,3646
k = 23	0,1884	0,3825	0,1859	0,3781	0,1835	0,3737
k = 24	0,1968	0,3914	0,1942	0,3870	0,1916	0,3826
k = 25	0,2049	0,4001	0,2023	0,3957	0,1997	0,3913
k = 26	0,2130	0,4086	0,2103	0,4041	0,2076	0,3996
k = 27	0,2209	0,4168	0,2181	0,4122	0,2154	0,4078
k = 28	0,2287	0,4247	0,2258	0,4202	0,2230	0,4157
k = 29	0,2363	0,4325	0,2334	0,4279	0,2305	0,4234
k = 30	0,2438	0,4400	0,2408	0,4354	0,2379	0,4308
k = 31	0,2512	0,4473	0,2481	0,4427	0,2452	0,4381
k = 32	0,2584	0,4544	0,2553	0,4498	0,2523	0,4452
k = 33	0,2656	0,4614	0,2624	0,4567	0,2593	0,4521
k = 34	0,2726	0,4681	0,2694	0,4634	0,2662	0,4588
k = 35	0,2794	0,4747	0,2762	0,4700	0,2730	0,4654
k = 36	0,2862	0,4811	0,2829	0,4764	0,2797	0,4718
k = 37	0,2929	0,4874	0,2895	0,4827	0,2862	0,4780
k = 38	0,2994	0,4935	0,2960	0,4888	0,2927	0,4841
k = 39	0,3058	0,4994	0,3024	0,4947	0,2990	0,4900
k = 40	0,3121	0,5053	0,3087	0,5005	0,3053	0,4958
k = 41	0,3183	0,5109	0,3148	0,5062	0,3114	0,5015
k = 42	0,3244	0,5165	0,3209	0,5117	0,3174	0,5071
k = 43	0,3304	0,5219	0,3269	0,5171	0,3234	0,5125
k = 44	0,3363	0,5272	0,3327	0,5224	0,3292	0,5178
k = 45	0,3421	0,5323	0,3385	0,5276	0,3350	0,5229
k = 46	0,3478	0,5374	0,3442	0,5327	0,3406	0,5280
k = 47	0,3534	0,5424	0,3498	0,5376	0,3462	0,5330
k = 48	0,3590	0,5472	0,3553	0,5425	0,3516	0,5378
k = 49	0,3644	0,5519	0,3607	0,5472	0,3570	0,5426
k = 50	0,3697	0,5566	0,3660	0,5519	0,3623	0,5472
k = 51	0,3748	0,5613	0,3712	0,5564	0,3676	0,5518
k = 52	0,3802	0,5656	0,3762	0,5611	0,3727	0,5562
k = 53	0,3851	0,5701	0,3815	0,5652	0,3776	0,5608
k = 54	0,3903	0,5742	0,3863	0,5697	0,3827	0,5649
k = 55	0,3951	0,5785	0,3914	0,5737	0,3875	0,5693
k = 56	0,4001	0,5825	0,3961	0,5780	0,3925	0,5732
k = 57	0,4047	0,5866	0,4010	0,5818	0,3971	0,5774
k = 58	0,4096	0,5904	0,4056	0,5859	0,4019	0,5812
k = 59	0,4141	0,5944	0,4103	0,5897	0,4064	0,5852
k = 60	0,4188	0,5981	0,4148	0,5936	0,4111	0,5889

Tabelle E5 (Fortsetzung) **99%-Intervalle**

r =	2		3		4	
	Low	High	Low	High	Low	High
k = 2	0,0414	0,9586	0,0159	0,8668	0,0083	0,7820
k = 3	0,1332	0,9841	0,0828	0,9172	0,0567	0,8441
k = 4	0,2180	0,9917	0,1559	0,9433	0,1177	0,8823
k = 5	0,2917	0,9948	0,2231	0,9579	0,1773	0,9066
k = 6	0,3548	0,9963	0,2826	0,9669	0,2321	0,9231
k = 7	0,4087	0,9972	0,3349	0,9729	0,2816	0,9348
k = 8	0,4549	0,9978	0,3807	0,9771	0,3259	0,9436
k = 9	0,4947	0,9982	0,4212	0,9803	0,3656	0,9503
k = 10	0,5294	0,9984	0,4569	0,9827	0,4013	0,9557
k = 11	0,5598	0,9987	0,4887	0,9846	0,4334	0,9600
k = 12	0,5866	0,9988	0,5171	0,9861	0,4624	0,9636
k = 13	0,6104	0,9989	0,5426	0,9874	0,4887	0,9666
k = 14	0,6316	0,9990	0,5657	0,9885	0,5126	0,9692
k = 15	0,6507	0,9991	0,5865	0,9894	0,5344	0,9713
k = 16	0,6680	0,9992	0,6055	0,9901	0,5545	0,9733
k = 17	0,6836	0,9993	0,6229	0,9908	0,5729	0,9749
k = 18	0,6979	0,9993	0,6388	0,9914	0,5899	0,9764
k = 19	0,7109	0,9994	0,6534	0,9919	0,6056	0,9777
k = 20	0,7229	0,9994	0,6669	0,9924	0,6202	0,9789
k = 21	0,7339	0,9994	0,6794	0,9928	0,6337	0,9800
k = 22	0,7441	0,9995	0,6911	0,9931	0,6463	0,9809
k = 23	0,7535	0,9995	0,7019	0,9935	0,6581	0,9818
k = 24	0,7623	0,9995	0,7120	0,9938	0,6692	0,9826
k = 25	0,7705	0,9996	0,7214	0,9941	0,6795	0,9833
k = 26	0,7781	0,9996	0,7302	0,9943	0,6893	0,9840
k = 27	0,7852	0,9996	0,7385	0,9945	0,6984	0,9846
k = 28	0,7919	0,9996	0,7463	0,9948	0,7071	0,9852
k = 29	0,7982	0,9996	0,7537	0,9950	0,7152	0,9857
k = 30	0,8042	0,9996	0,7606	0,9951	0,7230	0,9862
k = 31	0,8097	0,9997	0,7672	0,9953	0,7303	0,9867
k = 32	0,8150	0,9997	0,7734	0,9955	0,7372	0,9871
k = 33	0,8200	0,9997	0,7793	0,9956	0,7438	0,9875
k = 34	0,8248	0,9997	0,7849	0,9958	0,7501	0,9879
k = 35	0,8292	0,9997	0,7902	0,9959	0,7561	0,9883
k = 36	0,8335	0,9997	0,7953	0,9960	0,7618	0,9886
k = 37	0,8376	0,9997	0,8001	0,9961	0,7673	0,9889
k = 38	0,8414	0,9997	0,8047	0,9962	0,7725	0,9892
k = 39	0,8451	0,9997	0,8091	0,9963	0,7774	0,9895
k = 40	0,8487	0,9997	0,8133	0,9964	0,7822	0,9898
k = 41	0,8520	0,9998	0,8173	0,9965	0,7867	0,9900
k = 42	0,8552	0,9998	0,8212	0,9966	0,7911	0,9903
k = 43	0,8583	0,9998	0,8249	0,9967	0,7953	0,9905
k = 44	0,8613	0,9998	0,8285	0,9968	0,7993	0,9907
k = 45	0,8641	0,9998	0,8318	0,9969	0,8032	0,9910
k = 46	0,8668	0,9998	0,8351	0,9969	0,8070	0,9912
k = 47	0,8694	0,9998	0,8383	0,9970	0,8105	0,9914
k = 48	0,8720	0,9998	0,8413	0,9971	0,8140	0,9915
k = 49	0,8744	0,9998	0,8442	0,9971	0,8174	0,9917
k = 50	0,8767	0,9998	0,8470	0,9972	0,8206	0,9919
k = 51	0,8779	0,9998	0,8498	0,9972	0,8237	0,9921
k = 52	0,8811	0,9998	0,8524	0,9973	0,8267	0,9922
k = 53	0,8832	0,9998	0,8549	0,9974	0,8296	0,9924
k = 54	0,8852	0,9998	0,8573	0,9974	0,8324	0,9925
k = 55	0,8871	0,9998	0,8597	0,9975	0,8351	0,9926
k = 56	0,8890	0,9998	0,8620	0,9975	0,8378	0,9928
k = 57	0,8909	0,9998	0,8642	0,9976	0,8403	0,9929
k = 58	0,8926	0,9998	0,8664	0,9976	0,8428	0,9930
k = 59	0,8943	0,9998	0,8684	0,9976	0,8452	0,9932
k = 60	0,8960	0,9998	0,8705	0,9977	0,8475	0,9933

Tabelle E 5 (Fortsetzung) **99%-Intervalle**

r =	5		6		7	
	Low	High	Low	High	Low	High
k = 2	0,0052	0,7083	0,0037	0,6452	0,0028	0,5913
k = 3	0,0421	0,7769	0,0331	0,7174	0,0271	0,6651
k = 4	0,0934	0,8227	0,0769	0,7679	0,0652	0,7184
k = 5	0,1461	0,8539	0,1237	0,8039	0,1071	0,7578
k = 6	0,1961	0,8763	0,1693	0,8307	0,1488	0,7878
k = 7	0,2422	0,8929	0,2122	0,8512	0,1887	0,8113
k = 8	0,2844	0,9058	0,2521	0,8674	0,2262	0,8302
k = 9	0,3227	0,9159	0,2888	0,8805	0,2612	0,8458
k = 10	0,3576	0,9241	0,3225	0,8913	0,2937	0,8587
k = 11	0,3893	0,9309	0,3535	0,9003	0,3238	0,8697
k = 12	0,4183	0,9366	0,3820	0,9080	0,3517	0,8791
k = 13	0,4448	0,9415	0,4083	0,9146	0,3776	0,8873
k = 14	0,4690	0,9456	0,4326	0,9203	0,4016	0,8944
k = 15	0,4914	0,9492	0,4551	0,9253	0,4240	0,9007
k = 16	0,5120	0,9524	0,4759	0,9297	0,4448	0,9063
k = 17	0,5310	0,9552	0,4952	0,9336	0,4642	0,9113
k = 18	0,5486	0,9577	0,5132	0,9372	0,4824	0,9158
k = 19	0,5650	0,9599	0,5300	0,9403	0,4994	0,9199
k = 20	0,5803	0,9620	0,5457	0,9432	0,5154	0,9236
k = 21	0,5945	0,9638	0,5605	0,9458	0,5304	0,9269
k = 22	0,6079	0,9654	0,5743	0,9482	0,5446	0,9300
k = 23	0,6204	0,9669	0,5873	0,9504	0,5579	0,9329
k = 24	0,6321	0,9683	0,5995	0,9524	0,5705	0,9355
k = 25	0,6431	0,9696	0,6110	0,9542	0,5824	0,9379
k = 26	0,6535	0,9708	0,6219	0,9559	0,5937	0,9402
k = 27	0,6634	0,9719	0,6323	0,9575	0,6044	0,9422
k = 28	0,6726	0,9729	0,6420	0,9590	0,6145	0,9442
k = 29	0,6814	0,9738	0,6513	0,9604	0,6242	0,9460
k = 30	0,6898	0,9747	0,6601	0,9617	0,6334	0,9477
k = 31	0,6977	0,9755	0,6685	0,9629	0,6421	0,9493
k = 32	0,7052	0,9763	0,6765	0,9640	0,6505	0,9508
k = 33	0,7124	0,9770	0,6841	0,9651	0,6584	0,9523
k = 34	0,7192	0,9777	0,6914	0,9661	0,6661	0,9536
k = 35	0,7257	0,9783	0,6983	0,9670	0,6734	0,9549
k = 36	0,7319	0,9789	0,7049	0,9679	0,6803	0,9561
k = 37	0,7379	0,9795	0,7113	0,9688	0,6870	0,9572
k = 38	0,7435	0,9801	0,7174	0,9696	0,6934	0,9583
k = 39	0,7490	0,9806	0,7232	0,9704	0,6996	0,9593
k = 40	0,7542	0,9811	0,7288	0,9711	0,7055	0,9603
k = 41	0,7592	0,9815	0,7342	0,9718	0,7112	0,9612
k = 42	0,7641	0,9820	0,7394	0,9724	0,7167	0,9621
k = 43	0,7687	0,9824	0,7444	0,9731	0,7220	0,9630
k = 44	0,7731	0,9828	0,7491	0,9737	0,7271	0,9638
k = 45	0,7774	0,9832	0,7538	0,9742	0,7320	0,9646
k = 46	0,7815	0,9836	0,7582	0,9748	0,7367	0,9653
k = 47	0,7855	0,9839	0,7625	0,9753	0,7413	0,9660
k = 48	0,7893	0,9842	0,7666	0,9758	0,7457	0,9667
k = 49	0,7930	0,9846	0,7706	0,9763	0,7500	0,9674
k = 50	0,7966	0,9849	0,7745	0,9768	0,7541	0,9680
k = 51	0,8000	0,9852	0,7783	0,9772	0,7581	0,9686
k = 52	0,8034	0,9855	0,7819	0,9777	0,7619	0,9692
k = 53	0,8066	0,9857	0,7854	0,9781	0,7657	0,9698
k = 54	0,8097	0,9860	0,7888	0,9785	0,7693	0,9703
k = 55	0,8127	0,9863	0,7921	0,9789	0,7728	0,9708
k = 56	0,8156	0,9865	0,7953	0,9793	0,7762	0,9713
k = 57	0,8185	0,9868	0,7984	0,9796	0,7796	0,9718
k = 58	0,8212	0,9870	0,8013	0,9800	0,7828	0,9723
k = 59	0,8239	0,9872	0,8042	0,9803	0,7859	0,9728
k = 60	0,8265	0,9874	0,8071	0,9806	0,7889	0,9732

Tabelle E 5 (Fortsetzung) **99%-Intervalle**

8		9		10		11	
Low	High	Low	High	Low	High	Low	High
0,0022	0,5451	0,0018	0,5053	0,0016	0,4706	0,0013	0,4402
0,0229	0,6193	0,0197	0,5788	0,0173	0,5431	0,0154	0,5113
0,0564	0,6741	0,0497	0,6344	0,0443	0,5987	0,0400	0,5666
0,0942	0,7156	0,0841	0,6773	0,0759	0,6424	0,0691	0,6107
0,1326	0,7479	0,1195	0,7112	0,1087	0,6775	0,0997	0,6465
0,1698	0,7738	0,1542	0,7388	0,1413	0,7063	0,1303	0,6762
0,2051	0,7949	0,1876	0,7616	0,1728	0,7304	0,1601	0,7013
0,2384	0,8124	0,2193	0,7807	0,2030	0,7508	0,1889	0,7228
0,2696	0,8272	0,2492	0,7970	0,2316	0,7684	0,2164	0,7413
0,2987	0,8399	0,2772	0,8111	0,2587	0,7836	0,2424	0,7576
0,3259	0,8508	0,3036	0,8234	0,2842	0,7970	0,2672	0,7719
0,3512	0,8603	0,3283	0,8341	0,3083	0,8088	0,2906	0,7846
0,3749	0,8688	0,3515	0,8437	0,3310	0,8193	0,3128	0,7959
0,3970	0,8762	0,3733	0,8522	0,3524	0,8288	0,3338	0,8062
0,4177	0,8829	0,3938	0,8598	0,3726	0,8373	0,3536	0,8154
0,4371	0,8889	0,4131	0,8667	0,3916	0,8449	0,3724	0,8238
0,4553	0,8943	0,4312	0,8729	0,4096	0,8519	0,3902	0,8315
0,4724	0,8992	0,4483	0,8786	0,4267	0,8583	0,4071	0,8385
0,4885	0,9037	0,4645	0,8838	0,4428	0,8642	0,4231	0,8450
0,5037	0,9078	0,4797	0,8886	0,4581	0,8696	0,4384	0,8510
0,5181	0,9115	0,4942	0,8930	0,4726	0,8746	0,4528	0,8565
0,5316	0,9150	0,5079	0,8970	0,4863	0,8792	0,4666	0,8616
0,5445	0,9182	0,5209	0,9008	0,4994	0,8835	0,4798	0,8664
0,5566	0,9212	0,5332	0,9043	0,5119	0,8875	0,4923	0,8709
0,5682	0,9239	0,5450	0,9076	0,5237	0,8912	0,5042	0,8750
0,5791	0,9265	0,5561	0,9106	0,5351	0,8947	0,5157	0,8789
0,5896	0,9289	0,5668	0,9135	0,5459	0,8980	0,5266	0,8826
0,5995	0,9312	0,5770	0,9161	0,5562	0,9011	0,5370	0,8861
0,6090	0,9333	0,5867	0,9187	0,5661	0,9040	0,5470	0,8893
0,6180	0,9353	0,5959	0,9210	0,5755	0,9067	0,5566	0,8924
0,6267	0,9372	0,6048	0,9233	0,5846	0,9093	0,5658	0,8953
0,6350	0,9390	0,6133	0,9254	0,5933	0,9117	0,5747	0,8981
0,6429	0,9406	0,6215	0,9274	0,6016	0,9140	0,5832	0,9007
0,6504	0,9422	0,6293	0,9293	0,6096	0,9162	0,5913	0,9032
0,6577	0,9437	0,6368	0,9311	0,6173	0,9183	0,5992	0,9055
0,6647	0,9451	0,6440	0,9328	0,6247	0,9203	0,6067	0,9078
0,6714	0,9465	0,6509	0,9344	0,6319	0,9222	0,6140	0,9099
0,6778	0,9478	0,6576	0,9360	0,6387	0,9240	0,6211	0,9120
0,6840	0,9490	0,6640	0,9375	0,6453	0,9257	0,6278	0,9140
0,6900	0,9502	0,6702	0,9389	0,6517	0,9274	0,6344	0,9158
0,6957	0,9513	0,6762	0,9402	0,6579	0,9290	0,6407	0,9176
0,7013	0,9524	0,6819	0,9415	0,6638	0,9305	0,6468	0,9193
0,7066	0,9534	0,6875	0,9427	0,6696	0,9319	0,6527	0,9210
0,7117	0,9544	0,6928	0,9439	0,6751	0,9333	0,6584	0,9226
0,7167	0,9553	0,6980	0,9451	0,6805	0,9346	0,6639	0,9241
0,7215	0,9562	0,7030	0,9462	0,6857	0,9359	0,6693	0,9255
0,7262	0,9571	0,7079	0,9472	0,6907	0,9371	0,6745	0,9270
0,7307	0,9579	0,7126	0,9482	0,6956	0,9383	0,6795	0,9283
0,7350	0,9587	0,7172	0,9492	0,7003	0,9395	0,6844	0,9296
0,7392	0,9595	0,7216	0,9501	0,7049	0,9406	0,6891	0,9309
0,7433	0,9603	0,7258	0,9510	0,7093	0,9416	0,6937	0,9321
0,7473	0,9610	0,7300	0,9519	0,7136	0,9426	0,6982	0,9333
0,7511	0,9617	0,7340	0,9527	0,7178	0,9436	0,7025	0,9344
0,7548	0,9623	0,7379	0,9536	0,7219	0,9446	0,7067	0,9355
0,7585	0,9630	0,7417	0,9543	0,7259	0,9455	0,7108	0,9365
0,7620	0,9636	0,7454	0,9551	0,7297	0,9464	0,7148	0,9376
0,7654	0,9642	0,7490	0,9558	0,7334	0,9473	0,7187	0,9386
0,7687	0,9648	0,7525	0,9565	0,7371	0,9481	0,7225	0,9395
0,7719	0,9654	0,7558	0,9572	0,7406	0,9489	0,7261	0,9405

Tabelle E5 (Fortsetzung) **99%-Intervalle**

r =	12		13		14	
	Low	High	Low	High	Low	High
k = 2	0,0012	0,4134	0,0011	0,3896	0,0010	0,3684
k = 3	0,0139	0,4829	0,0126	0,4574	0,0115	0,4343
k = 4	0,0364	0,5376	0,0334	0,5113	0,0308	0,4874
k = 5	0,0634	0,5817	0,0585	0,5552	0,0544	0,5310
k = 6	0,0920	0,6180	0,0854	0,5917	0,0797	0,5674
k = 7	0,1209	0,6483	0,1127	0,6224	0,1056	0,5984
k = 8	0,1492	0,6741	0,1397	0,6488	0,1312	0,6251
k = 9	0,1766	0,6964	0,1659	0,6717	0,1563	0,6485
k = 10	0,2030	0,7158	0,1912	0,6917	0,1807	0,6690
k = 11	0,2281	0,7328	0,2154	0,7094	0,2041	0,6872
k = 12	0,2521	0,7479	0,2386	0,7251	0,2265	0,7035
k = 13	0,2749	0,7614	0,2607	0,7393	0,2480	0,7182
k = 14	0,2965	0,7735	0,2818	0,7520	0,2686	0,7314
k = 15	0,3170	0,7844	0,3019	0,7635	0,2882	0,7435
k = 16	0,3365	0,7943	0,3210	0,7740	0,3069	0,7545
k = 17	0,3550	0,8034	0,3392	0,7836	0,3248	0,7646
k = 18	0,3726	0,8116	0,3565	0,7925	0,3418	0,7739
k = 19	0,3893	0,8193	0,3730	0,8006	0,3581	0,7825
k = 20	0,4052	0,8263	0,3888	0,8081	0,3737	0,7905
k = 21	0,4203	0,8328	0,4038	0,8151	0,3886	0,7979
k = 22	0,4348	0,8388	0,4182	0,8215	0,4028	0,8048
k = 23	0,4485	0,8444	0,4319	0,8276	0,4164	0,8112
k = 24	0,4617	0,8496	0,4450	0,8332	0,4295	0,8172
k = 25	0,4742	0,8545	0,4575	0,8385	0,4420	0,8229
k = 26	0,4862	0,8591	0,4695	0,8435	0,4540	0,8282
k = 27	0,4977	0,8634	0,4810	0,8481	0,4655	0,8332
k = 28	0,5087	0,8674	0,4920	0,8525	0,4765	0,8379
k = 29	0,5192	0,8713	0,5026	0,8567	0,4871	0,8423
k = 30	0,5293	0,8749	0,5128	0,8606	0,4973	0,8465
k = 31	0,5390	0,8783	0,5226	0,8643	0,5072	0,8505
k = 32	0,5483	0,8815	0,5320	0,8678	0,5166	0,8543
k = 33	0,5573	0,8845	0,5410	0,8711	0,5257	0,8579
k = 34	0,5659	0,8874	0,5497	0,8743	0,5345	0,8614
k = 35	0,5742	0,8902	0,5581	0,8773	0,5430	0,8646
k = 36	0,5822	0,8928	0,5662	0,8802	0,5511	0,8678
k = 37	0,5899	0,8953	0,5740	0,8830	0,5590	0,8707
k = 38	0,5973	0,8977	0,5815	0,8856	0,5667	0,8736
k = 39	0,6045	0,9000	0,5888	0,8881	0,5740	0,8763
k = 40	0,6114	0,9022	0,5958	0,8905	0,5812	0,8789
k = 41	0,6180	0,9043	0,6026	0,8928	0,5881	0,8814
k = 42	0,6245	0,9063	0,6092	0,8950	0,5947	0,8838
k = 43	0,6308	0,9082	0,6156	0,8971	0,6012	0,8861
k = 44	0,6368	0,9101	0,6217	0,8992	0,6075	0,8883
k = 45	0,6426	0,9118	0,6277	0,9011	0,6135	0,8905
k = 46	0,6483	0,9135	0,6335	0,9030	0,6194	0,8925
k = 47	0,6538	0,9152	0,6391	0,9048	0,6251	0,8945
k = 48	0,6591	0,9167	0,6446	0,9065	0,6307	0,8964
k = 49	0,6643	0,9183	0,6498	0,9082	0,6361	0,8982
k = 50	0,6693	0,9197	0,6550	0,9098	0,6413	0,9000
k = 51	0,6742	0,9211	0,6600	0,9114	0,6464	0,9017
k = 52	0,6789	0,9225	0,6648	0,9129	0,6514	0,9034
k = 53	0,6835	0,9238	0,6695	0,9144	0,6562	0,9050
k = 54	0,6880	0,9251	0,6741	0,9158	0,6609	0,9065
k = 55	0,6923	0,9263	0,6786	0,9172	0,6654	0,9080
k = 56	0,6965	0,9275	0,6829	0,9185	0,6699	0,9095
k = 57	0,7006	0,9287	0,6871	0,9198	0,6742	0,9109
k = 58	0,7046	0,9298	0,6912	0,9210	0,6784	0,9122
k = 59	0,7085	0,9309	0,6952	0,9222	0,6825	0,9135
k = 60	0,7123	0,9319	0,6991	0,9234	0,6865	0,9148

Tabelle E5 (Fortsetzung) **99%-Intervalle**

15		16		17		18	
Low	High	Low	High	Low	High	Low	High
0,0009	0,3493	0,0008	0,3320	0,0007	0,3164	0,0007	0,3021
0,0106	0,4135	0,0099	0,3945	0,0092	0,3771	0,0086	0,3612
0,0287	0,4656	0,0267	0,4455	0,0251	0,4271	0,0236	0,4101
0,0508	0,5086	0,0476	0,4880	0,0448	0,4690	0,0423	0,4514
0,0747	0,5449	0,0703	0,5241	0,0664	0,5048	0,0628	0,4868
0,0993	0,5760	0,0937	0,5552	0,0887	0,5358	0,0842	0,5176
0,1238	0,6030	0,1171	0,5823	0,1111	0,5629	0,1057	0,5447
0,1478	0,6267	0,1402	0,6062	0,1333	0,5869	0,1271	0,5688
0,1712	0,6476	0,1627	0,6274	0,1551	0,6084	0,1481	0,5904
0,1938	0,6662	0,1846	0,6464	0,1762	0,6276	0,1685	0,6098
0,2156	0,6830	0,2057	0,6635	0,1966	0,6450	0,1884	0,6274
0,2365	0,6981	0,2260	0,6790	0,2164	0,6608	0,2075	0,6435
0,2565	0,7118	0,2455	0,6931	0,2354	0,6752	0,2261	0,6582
0,2757	0,7243	0,2642	0,7060	0,2536	0,6885	0,2439	0,6717
0,2940	0,7358	0,2822	0,7178	0,2712	0,7007	0,2611	0,6842
0,3115	0,7464	0,2993	0,7288	0,2881	0,7119	0,2777	0,6957
0,3283	0,7561	0,3158	0,7389	0,3043	0,7223	0,2936	0,7064
0,3444	0,7651	0,3317	0,7482	0,3199	0,7320	0,3089	0,7164
0,3597	0,7734	0,3468	0,7570	0,3348	0,7411	0,3236	0,7257
0,3745	0,7812	0,3614	0,7651	0,3492	0,7495	0,3378	0,7344
0,3886	0,7885	0,3753	0,7727	0,3630	0,7574	0,3514	0,7426
0,4021	0,7953	0,3887	0,7798	0,3763	0,7648	0,3646	0,7503
0,4151	0,8016	0,4016	0,7865	0,3891	0,7718	0,3773	0,7575
0,4275	0,8076	0,4140	0,7928	0,4013	0,7783	0,3895	0,7643
0,4395	0,8132	0,4259	0,7987	0,4132	0,7845	0,4012	0,7708
0,4509	0,8185	0,4373	0,8043	0,4246	0,7904	0,4125	0,7769
0,4620	0,8236	0,4484	0,8096	0,4356	0,7959	0,4235	0,7826
0,4726	0,8283	0,4590	0,8146	0,4461	0,8012	0,4340	0,7881
0,4828	0,8328	0,4692	0,8193	0,4564	0,8062	0,4442	0,7933
0,4927	0,8371	0,4791	0,8239	0,4662	0,8109	0,4541	0,7983
0,5022	0,8411	0,4886	0,8281	0,4757	0,8154	0,4636	0,8030
0,5113	0,8450	0,4978	0,8322	0,4849	0,8198	0,4728	0,8075
0,5202	0,8486	0,5066	0,8361	0,4938	0,8239	0,4817	0,8119
0,5287	0,8521	0,5152	0,8399	0,5024	0,8278	0,4903	0,8160
0,5369	0,8555	0,5235	0,8434	0,5107	0,8315	0,4986	0,8199
0,5449	0,8587	0,5315	0,8468	0,5188	0,8351	0,5067	0,8237
0,5526	0,8617	0,5393	0,8501	0,5266	0,8386	0,5146	0,8273
0,5600	0,8647	0,5468	0,8532	0,5342	0,8419	0,5221	0,8308
0,5672	0,8675	0,5540	0,8562	0,5415	0,8451	0,5295	0,8341
0,5742	0,8702	0,5611	0,8590	0,5486	0,8481	0,5367	0,8373
0,5810	0,8727	0,5679	0,8618	0,5555	0,8510	0,5436	0,8404
0,5875	0,8752	0,5745	0,8645	0,5622	0,8538	0,5503	0,8434
0,5939	0,8776	0,5810	0,8670	0,5686	0,8566	0,5569	0,8462
0,6001	0,8799	0,5872	0,8695	0,5749	0,8592	0,5632	0,8490
0,6060	0,8821	0,5933	0,8718	0,5811	0,8617	0,5694	0,8517
0,6118	0,8843	0,5992	0,8741	0,5870	0,8641	0,5754	0,8542
0,6175	0,8863	0,6049	0,8763	0,5928	0,8665	0,5813	0,8567
0,6230	0,8883	0,6104	0,8785	0,5985	0,8687	0,5870	0,8591
0,6283	0,8902	0,6158	0,8805	0,6039	0,8709	0,5925	0,8614
0,6335	0,8921	0,6211	0,8825	0,6093	0,8730	0,5979	0,8637
0,6385	0,8939	0,6262	0,8844	0,6145	0,8751	0,6032	0,8658
0,6434	0,8956	0,6312	0,8863	0,6195	0,8771	0,6083	0,8679
0,6482	0,8973	0,6361	0,8881	0,6245	0,8790	0,6133	0,8700
0,6529	0,8989	0,6408	0,8898	0,6293	0,8809	0,6182	0,8720
0,6574	0,9005	0,6454	0,8915	0,6340	0,8827	0,6229	0,8739
0,6618	0,9020	0,6499	0,8932	0,6385	0,8844	0,6276	0,8757
0,6661	0,9035	0,6543	0,8948	0,6430	0,8861	0,6321	0,8775
0,6703	0,9049	0,6586	0,8963	0,6473	0,8878	0,6365	0,8793
0,6744	0,9063	0,6628	0,8978	0,6516	0,8894	0,6408	0,8810

Tabelle E5 (Fortsetzung) **99%-Intervalle**

r =	19 Low	19 High	20 Low	20 High	21 Low	21 High
k = 2	0,0006	0,2891	0,0006	0,2771	0,0006	0,2661
k = 3	0,0081	0,3466	0,0076	0,3331	0,0072	0,3206
k = 4	0,0223	0,3944	0,0211	0,3798	0,0200	0,3663
k = 5	0,0401	0,4350	0,0380	0,4197	0,0362	0,4055
k = 6	0,0597	0,4700	0,0568	0,4543	0,0542	0,4395
k = 7	0,0801	0,5006	0,0764	0,4846	0,0731	0,4696
k = 8	0,1008	0,5276	0,0963	0,5115	0,0922	0,4963
k = 9	0,1214	0,5517	0,1162	0,5355	0,1114	0,5203
k = 10	0,1417	0,5733	0,1358	0,5572	0,1304	0,5419
k = 11	0,1615	0,5929	0,1550	0,5769	0,1490	0,5616
k = 12	0,1807	0,6107	0,1737	0,5948	0,1672	0,5797
k = 13	0,1994	0,6270	0,1919	0,6112	0,1849	0,5962
k = 14	0,2175	0,6419	0,2095	0,6263	0,2021	0,6114
k = 15	0,2349	0,6556	0,2266	0,6403	0,2188	0,6255
k = 16	0,2518	0,6683	0,2430	0,6532	0,2349	0,6386
k = 17	0,2680	0,6801	0,2589	0,6652	0,2505	0,6508
k = 18	0,2836	0,6911	0,2743	0,6764	0,2656	0,6622
k = 19	0,2987	0,7013	0,2891	0,6868	0,2801	0,6728
k = 20	0,3132	0,7109	0,3034	0,6966	0,2942	0,6828
k = 21	0,3272	0,7199	0,3172	0,7058	0,3078	0,6922
k = 22	0,3406	0,7283	0,3305	0,7144	0,3209	0,7010
k = 23	0,3536	0,7362	0,3434	0,7225	0,3337	0,7093
k = 24	0,3662	0,7437	0,3558	0,7302	0,3459	0,7172
k = 25	0,3783	0,7507	0,3677	0,7375	0,3578	0,7247
k = 26	0,3899	0,7574	0,3793	0,7444	0,3692	0,7317
k = 27	0,4012	0,7637	0,3905	0,7509	0,3803	0,7385
k = 28	0,4121	0,7697	0,4013	0,7571	0,3911	0,7448
k = 29	0,4226	0,7754	0,4117	0,7630	0,4014	0,7509
k = 30	0,4327	0,7808	0,4219	0,7686	0,4115	0,7567
k = 31	0,4426	0,7860	0,4316	0,7739	0,4213	0,7622
k = 32	0,4521	0,7909	0,4411	0,7790	0,4307	0,7675
k = 33	0,4613	0,7956	0,4503	0,7839	0,4399	0,7725
k = 34	0,4702	0,8001	0,4592	0,7886	0,4487	0,7773
k = 35	0,4788	0,8044	0,4678	0,7931	0,4573	0,7820
k = 36	0,4871	0,8085	0,4762	0,7973	0,4657	0,7864
k = 37	0,4952	0,8125	0,4843	0,8015	0,4738	0,7907
k = 38	0,5031	0,8162	0,4921	0,8054	0,4817	0,7948
k = 39	0,5107	0,8199	0,4998	0,8092	0,4893	0,7987
k = 40	0,5181	0,8234	0,5072	0,8128	0,4967	0,8025
k = 41	0,5253	0,8267	0,5144	0,8163	0,5040	0,8061
k = 42	0,5322	0,8300	0,5214	0,8197	0,5110	0,8096
k = 43	0,5390	0,8331	0,5282	0,8230	0,5178	0,8130
k = 44	0,5456	0,8361	0,5348	0,8261	0,5245	0,8163
k = 45	0,5520	0,8390	0,5413	0,8291	0,5310	0,8195
k = 46	0,5582	0,8418	0,5475	0,8321	0,5373	0,8225
k = 47	0,5643	0,8445	0,5536	0,8349	0,5434	0,8254
k = 48	0,5702	0,8471	0,5596	0,8376	0,5494	0,8283
k = 49	0,5760	0,8496	0,5654	0,8403	0,5552	0,8311
k = 50	0,5816	0,8521	0,5710	0,8428	0,5609	0,8337
k = 51	0,5870	0,8544	0,5765	0,8453	0,5664	0,8363
k = 52	0,5923	0,8567	0,5819	0,8477	0,5718	0,8388
k = 53	0,5975	0,8589	0,5871	0,8500	0,5771	0,8413
k = 54	0,6026	0,8611	0,5922	0,8523	0,5823	0,8436
k = 55	0,6075	0,8632	0,5972	0,8545	0,5873	0,8459
k = 56	0,6123	0,8652	0,6021	0,8566	0,5922	0,8481
k = 57	0,6170	0,8672	0,6068	0,8587	0,5970	0,8503
k = 58	0,6216	0,8691	0,6115	0,8607	0,6017	0,8524
k = 59	0,6261	0,8709	0,6160	0,8626	0,6063	0,8544
k = 60	0,6304	0,8727	0,6204	0,8645	0,6107	0,8564

Tabelle E5 (Fortsetzung) **99%-Intervalle**

22		23		24		25	
Low	High	Low	High	Low	High	Low	High
0,0005	0,2559	0,0005	0,2465	0,0005	0,2377	0,0004	0,2295
0,0069	0,3089	0,0065	0,2981	0,0062	0,2880	0,0059	0,2786
0,0191	0,3537	0,0182	0,3419	0,0174	0,3308	0,0167	0,3205
0,0346	0,3921	0,0331	0,3796	0,0317	0,3679	0,0304	0,3569
0,0518	0,4257	0,0496	0,4127	0,0476	0,4005	0,0458	0,3890
0,0700	0,4554	0,0671	0,4421	0,0645	0,4295	0,0621	0,4176
0,0885	0,4819	0,0850	0,4684	0,0818	0,4555	0,0788	0,4434
0,1070	0,5058	0,1030	0,4921	0,0992	0,4791	0,0957	0,4668
0,1254	0,5274	0,1208	0,5137	0,1165	0,5006	0,1125	0,4881
0,1435	0,5472	0,1384	0,5334	0,1336	0,5202	0,1291	0,5077
0,1612	0,5652	0,1556	0,5515	0,1504	0,5383	0,1455	0,5258
0,1785	0,5818	0,1724	0,5681	0,1668	0,5550	0,1615	0,5425
0,1952	0,5972	0,1888	0,5836	0,1828	0,5705	0,1771	0,5580
0,2115	0,6114	0,2047	0,5979	0,1984	0,5849	0,1924	0,5725
0,2273	0,6247	0,2202	0,6113	0,2135	0,5984	0,2072	0,5860
0,2426	0,6370	0,2352	0,6237	0,2282	0,6109	0,2217	0,5987
0,2574	0,6486	0,2497	0,6354	0,2425	0,6227	0,2357	0,6105
0,2717	0,6594	0,2638	0,6464	0,2563	0,6338	0,2493	0,6217
0,2856	0,6695	0,2775	0,6566	0,2698	0,6442	0,2625	0,6323
0,2990	0,6791	0,2907	0,6663	0,2828	0,6541	0,2753	0,6422
0,3120	0,6880	0,3034	0,6755	0,2954	0,6634	0,2878	0,6516
0,3245	0,6966	0,3158	0,6842	0,3076	0,6722	0,2998	0,6606
0,3366	0,7046	0,3278	0,6924	0,3195	0,6805	0,3115	0,6690
0,3484	0,7122	0,3394	0,7002	0,3310	0,6885	0,3229	0,6771
0,3597	0,7195	0,3507	0,7075	0,3421	0,6960	0,3339	0,6847
0,3707	0,7263	0,3616	0,7146	0,3529	0,7032	0,3446	0,6921
0,3814	0,7329	0,3722	0,7213	0,3634	0,7100	0,3550	0,6990
0,3917	0,7391	0,3824	0,7277	0,3736	0,7165	0,3651	0,7057
0,4017	0,7451	0,3923	0,7338	0,3834	0,7228	0,3749	0,7120
0,4114	0,7508	0,4020	0,7396	0,3930	0,7287	0,3844	0,7181
0,4208	0,7562	0,4113	0,7452	0,4023	0,7344	0,3937	0,7240
0,4299	0,7614	0,4204	0,7505	0,4114	0,7399	0,4027	0,7296
0,4387	0,7664	0,4292	0,7556	0,4201	0,7452	0,4114	0,7349
0,4474	0,7711	0,4378	0,7606	0,4287	0,7502	0,4199	0,7401
0,4557	0,7757	0,4461	0,7653	0,4370	0,7550	0,4282	0,7450
0,4638	0,7801	0,4542	0,7698	0,4450	0,7597	0,4362	0,7498
0,4717	0,7844	0,4621	0,7742	0,4529	0,7642	0,4441	0,7544
0,4793	0,7884	0,4697	0,7784	0,4605	0,7685	0,4517	0,7588
0,4868	0,7923	0,4772	0,7824	0,4680	0,7727	0,4591	0,7631
0,4940	0,7961	0,4844	0,7863	0,4752	0,7767	0,4664	0,7672
0,5010	0,7998	0,4915	0,7901	0,4823	0,7805	0,4734	0,7712
0,5079	0,8033	0,4983	0,7937	0,4891	0,7843	0,4803	0,7751
0,5146	0,8067	0,5050	0,7972	0,4958	0,7879	0,4870	0,7788
0,5211	0,8099	0,5115	0,8006	0,5024	0,7914	0,4935	0,7824
0,5274	0,8131	0,5179	0,8039	0,5087	0,7948	0,4999	0,7859
0,5336	0,8162	0,5241	0,8070	0,5149	0,7980	0,5061	0,7892
0,5396	0,8191	0,5301	0,8101	0,5210	0,8012	0,5122	0,7925
0,5454	0,8220	0,5360	0,8131	0,5269	0,8043	0,5182	0,7956
0,5511	0,8248	0,5417	0,8159	0,5327	0,8073	0,5239	0,7987
0,5567	0,8275	0,5474	0,8187	0,5383	0,8101	0,5296	0,8017
0,5622	0,8301	0,5528	0,8214	0,5438	0,8129	0,5351	0,8046
0,5675	0,8326	0,5582	0,8241	0,5492	0,8157	0,5405	0,8074
0,5727	0,8351	0,5634	0,8266	0,5545	0,8183	0,5458	0,8101
0,5777	0,8374	0,5685	0,8291	0,5596	0,8209	0,5510	0,8128
0,5827	0,8398	0,5735	0,8315	0,5646	0,8234	0,5560	0,8153
0,5875	0,8420	0,5784	0,8338	0,5695	0,8258	0,5609	0,8179
0,5923	0,8442	0,5831	0,8361	0,5743	0,8282	0,5658	0,8203
0,5969	0,8463	0,5878	0,8383	0,5790	0,8304	0,5705	0,8227
0,6014	0,8484	0,5924	0,8405	0,5836	0,8327	0,5751	0,8250

Tabelle E 5 (Fortsetzung) **99%-Intervalle**

r =	26		27		28	
	Low	High	Low	High	Low	High
k = 2	0,0004	0,2219	0,0004	0,2148	0,0004	0,2081
k = 3	0,0057	0,2698	0,0055	0,2615	0,0052	0,2537
k = 4	0,0160	0,3107	0,0154	0,3016	0,0148	0,2929
k = 5	0,0292	0,3465	0,0281	0,3366	0,0271	0,3274
k = 6	0,0441	0,3781	0,0425	0,3677	0,0410	0,3580
k = 7	0,0598	0,4063	0,0578	0,3956	0,0558	0,3855
k = 8	0,0761	0,4318	0,0735	0,4209	0,0711	0,4104
k = 9	0,0924	0,4550	0,0894	0,4439	0,0865	0,4332
k = 10	0,1088	0,4763	0,1053	0,4649	0,1020	0,4541
k = 11	0,1250	0,4958	0,1211	0,4843	0,1174	0,4734
k = 12	0,1409	0,5138	0,1366	0,5023	0,1326	0,4913
k = 13	0,1565	0,5305	0,1519	0,5190	0,1475	0,5080
k = 14	0,1718	0,5460	0,1668	0,5345	0,1621	0,5235
k = 15	0,1868	0,5605	0,1815	0,5491	0,1764	0,5380
k = 16	0,2013	0,5741	0,1957	0,5627	0,1904	0,5516
k = 17	0,2155	0,5868	0,2096	0,5754	0,2041	0,5644
k = 18	0,2292	0,5988	0,2231	0,5875	0,2174	0,5765
k = 19	0,2426	0,6101	0,2363	0,5988	0,2303	0,5879
k = 20	0,2556	0,6207	0,2491	0,6095	0,2429	0,5987
k = 21	0,2683	0,6308	0,2615	0,6197	0,2552	0,6089
k = 22	0,2805	0,6403	0,2737	0,6293	0,2671	0,6186
k = 23	0,2925	0,6493	0,2854	0,6384	0,2787	0,6278
k = 24	0,3040	0,6579	0,2968	0,6471	0,2900	0,6366
k = 25	0,3153	0,6661	0,3079	0,6554	0,3010	0,6450
k = 26	0,3262	0,6738	0,3187	0,6632	0,3117	0,6529
k = 27	0,3368	0,6813	0,3293	0,6707	0,3221	0,6606
k = 28	0,3471	0,6883	0,3394	0,6779	0,3322	0,6678
k = 29	0,3571	0,6951	0,3494	0,6848	0,3420	0,6748
k = 30	0,3668	0,7016	0,3590	0,6914	0,3516	0,6815
k = 31	0,3762	0,7078	0,3684	0,6977	0,3609	0,6879
k = 32	0,3855	0,7137	0,3775	0,7038	0,3700	0,6941
k = 33	0,3944	0,7194	0,3864	0,7096	0,3788	0,7000
k = 34	0,4031	0,7249	0,3951	0,7152	0,3874	0,7057
k = 35	0,4115	0,7302	0,4035	0,7205	0,3958	0,7111
k = 36	0,4198	0,7353	0,4117	0,7257	0,4039	0,7164
k = 37	0,4278	0,7402	0,4197	0,7307	0,4119	0,7215
k = 38	0,4356	0,7449	0,4275	0,7355	0,4197	0,7264
k = 39	0,4432	0,7494	0,4351	0,7401	0,4272	0,7311
k = 40	0,4506	0,7538	0,4425	0,7446	0,4346	0,7356
k = 41	0,4579	0,7580	0,4497	0,7489	0,4418	0,7401
k = 42	0,4649	0,7621	0,4567	0,7531	0,4488	0,7443
k = 43	0,4718	0,7660	0,4636	0,7571	0,4557	0,7484
k = 44	0,4785	0,7698	0,4703	0,7611	0,4624	0,7524
k = 45	0,4850	0,7735	0,4768	0,7648	0,4689	0,7563
k = 46	0,4914	0,7771	0,4832	0,7685	0,4753	0,7601
k = 47	0,4976	0,7806	0,4894	0,7720	0,4815	0,7637
k = 48	0,5037	0,7839	0,4955	0,7755	0,4876	0,7672
k = 49	0,5097	0,7872	0,5015	0,7788	0,4936	0,7706
k = 50	0,5155	0,7903	0,5073	0,7821	0,4994	0,7740
k = 51	0,5211	0,7934	0,5130	0,7852	0,5051	0,7772
k = 52	0,5267	0,7964	0,5185	0,7883	0,5107	0,7803
k = 53	0,5321	0,7992	0,5240	0,7912	0,5161	0,7834
k = 54	0,5374	0,8021	0,5293	0,7941	0,5215	0,7863
k = 55	0,5426	0,8048	0,5345	0,7969	0,5267	0,7892
k = 56	0,5477	0,8074	0,5396	0,7997	0,5318	0,7920
k = 57	0,5526	0,8100	0,5446	0,8023	0,5368	0,7947
k = 58	0,5575	0,8125	0,5495	0,8049	0,5417	0,7974
k = 59	0,5622	0,8150	0,5542	0,8074	0,5465	0,8000
k = 60	0,5669	0,8174	0,5589	0,8099	0,5512	0,8025

29		30		31		32	
Low	High	Low	High	Low	High	Low	High
0,0004	0,2018	0,0004	0,1958	0,0003	0,1903	0,0003	0,1850
0,0050	0,2463	0,0049	0,2394	0,0047	0,2328	0,0045	0,2266
0,0143	0,2848	0,0136	0,2770	0,0133	0,2697	0,0129	0,2628
0,0262	0,3186	0,0253	0,3102	0,0245	0,3023	0,0237	0,2948
0,0396	0,3487	0,0383	0,3399	0,0371	0,3315	0,0360	0,3235
0,0540	0,3758	0,0523	0,3666	0,0507	0,3579	0,0492	0,3495
0,0688	0,4005	0,0667	0,3910	0,0647	0,3820	0,0628	0,3733
0,0839	0,4230	0,0813	0,4133	0,0790	0,4041	0,0767	0,3952
0,0989	0,4438	0,0960	0,4339	0,0933	0,4245	0,0907	0,4154
0,1139	0,4630	0,1107	0,4530	0,1076	0,4434	0,1047	0,4342
0,1287	0,4808	0,1251	0,4707	0,1217	0,4610	0,1185	0,4517
0,1433	0,4974	0,1394	0,4872	0,1357	0,4774	0,1322	0,4680
0,1577	0,5129	0,1535	0,5027	0,1495	0,4928	0,1457	0,4834
0,1717	0,5274	0,1672	0,5172	0,1629	0,5073	0,1589	0,4978
0,1854	0,5410	0,1807	0,5308	0,1761	0,5209	0,1719	0,5114
0,1988	0,5539	0,1938	0,5436	0,1891	0,5338	0,1846	0,5243
0,2119	0,5660	0,2067	0,5558	0,2017	0,5459	0,1970	0,5364
0,2246	0,5774	0,2192	0,5673	0,2140	0,5574	0,2091	0,5479
0,2370	0,5883	0,2314	0,5781	0,2261	0,5684	0,2210	0,5589
0,2491	0,5986	0,2433	0,5885	0,2378	0,5787	0,2325	0,5693
0,2609	0,6083	0,2549	0,5983	0,2492	0,5886	0,2438	0,5792
0,2723	0,6176	0,2662	0,6077	0,2604	0,5980	0,2548	0,5887
0,2835	0,6264	0,2772	0,6166	0,2713	0,6070	0,2656	0,5977
0,2943	0,6349	0,2880	0,6251	0,2819	0,6156	0,2760	0,6063
0,3049	0,6429	0,2984	0,6332	0,2922	0,6238	0,2863	0,6145
0,3152	0,6506	0,3086	0,6410	0,3023	0,6316	0,2962	0,6225
0,3252	0,6580	0,3185	0,6484	0,3121	0,6391	0,3059	0,6300
0,3350	0,6650	0,3282	0,6556	0,3217	0,6463	0,3154	0,6373
0,3444	0,6718	0,3376	0,6624	0,3310	0,6532	0,3247	0,6443
0,3537	0,6783	0,3468	0,6690	0,3401	0,6599	0,3337	0,6510
0,3627	0,6846	0,3557	0,6753	0,3490	0,6663	0,3425	0,6575
0,3715	0,6906	0,3644	0,6814	0,3576	0,6725	0,3511	0,6637
0,3800	0,6963	0,3729	0,6873	0,3661	0,6784	0,3595	0,6697
0,3883	0,7019	0,3812	0,6929	0,3743	0,6841	0,3677	0,6755
0,3965	0,7073	0,3893	0,6983	0,3823	0,6896	0,3757	0,6811
0,4044	0,7124	0,3972	0,7036	0,3902	0,6949	0,3835	0,6865
0,4121	0,7174	0,4048	0,7087	0,3978	0,7001	0,3911	0,6917
0,4197	0,7222	0,4124	0,7135	0,4053	0,7051	0,3985	0,6967
0,4270	0,7269	0,4197	0,7183	0,4126	0,7099	0,4058	0,7016
0,4342	0,7314	0,4269	0,7228	0,4198	0,7145	0,4129	0,7063
0,4412	0,7357	0,4338	0,7273	0,4267	0,7190	0,4198	0,7109
0,4480	0,7399	0,4407	0,7316	0,4335	0,7234	0,4266	0,7153
0,4547	0,7440	0,4473	0,7357	0,4402	0,7276	0,4333	0,7196
0,4613	0,7479	0,4539	0,7397	0,4467	0,7317	0,4398	0,7238
0,4676	0,7518	0,4602	0,7436	0,4531	0,7357	0,4461	0,7278
0,4739	0,7555	0,4665	0,7474	0,4593	0,7395	0,4524	0,7317
0,4800	0,7591	0,4726	0,7511	0,4654	0,7433	0,4584	0,7356
0,4859	0,7626	0,4785	0,7547	0,4713	0,7469	0,4644	0,7393
0,4918	0,7660	0,4844	0,7581	0,4772	0,7504	0,4702	0,7429
0,4975	0,7693	0,4901	0,7615	0,4829	0,7539	0,4759	0,7464
0,5030	0,7725	0,4956	0,7648	0,4885	0,7572	0,4815	0,7498
0,5085	0,7756	0,5011	0,7680	0,4939	0,7605	0,4870	0,7531
0,5138	0,7786	0,5065	0,7711	0,4993	0,7636	0,4923	0,7563
0,5191	0,7816	0,5117	0,7741	0,5045	0,7667	0,4976	0,7595
0,5242	0,7845	0,5168	0,7770	0,5097	0,7697	0,5027	0,7625
0,5292	0,7873	0,5219	0,7799	0,5147	0,7726	0,5078	0,7655
0,5341	0,7900	0,5268	0,7827	0,5197	0,7755	0,5127	0,7684
0,5389	0,7926	0,5316	0,7854	0,5245	0,7783	0,5176	0,7713
0,5437	0,7952	0,5364	0,7881	0,5293	0,7810	0,5224	0,7740

Tabelle E5 (Fortsetzung) **99%-Intervalle**

r =	33 Low	33 High	34 Low	34 High	35 Low	35 High
k = 2	0,0003	0,1800	0,0003	0,1752	0,0003	0,1708
k = 3	0,0044	0,2207	0,0042	0,2151	0,0041	0,2098
k = 4	0,0125	0,2562	0,0121	0,2499	0,0117	0,2439
k = 5	0,0230	0,2876	0,0223	0,2808	0,0217	0,2743
k = 6	0,0349	0,3159	0,0339	0,3086	0,0330	0,3017
k = 7	0,0477	0,3416	0,0464	0,3339	0,0451	0,3266
k = 8	0,0610	0,3650	0,0594	0,3571	0,0578	0,3496
k = 9	0,0746	0,3867	0,0726	0,3785	0,0707	0,3707
k = 10	0,0883	0,4067	0,0860	0,3984	0,0838	0,3904
k = 11	0,1019	0,4253	0,0993	0,4168	0,0968	0,4087
k = 12	0,1155	0,4427	0,1126	0,4341	0,1098	0,4258
k = 13	0,1289	0,4590	0,1257	0,4503	0,1227	0,4419
k = 14	0,1421	0,4743	0,1386	0,4655	0,1354	0,4570
k = 15	0,1550	0,4887	0,1514	0,4798	0,1479	0,4713
k = 16	0,1678	0,5022	0,1639	0,4934	0,1601	0,4848
k = 17	0,1802	0,5151	0,1761	0,5062	0,1722	0,4976
k = 18	0,1925	0,5272	0,1881	0,5183	0,1840	0,5097
k = 19	0,2044	0,5387	0,1999	0,5298	0,1956	0,5212
k = 20	0,2161	0,5497	0,2114	0,5408	0,2069	0,5322
k = 21	0,2275	0,5601	0,2227	0,5513	0,2180	0,5427
k = 22	0,2386	0,5701	0,2336	0,5613	0,2289	0,5526
k = 23	0,2495	0,5796	0,2444	0,5708	0,2394	0,5622
k = 24	0,2601	0,5886	0,2548	0,5799	0,2498	0,5713
k = 25	0,2704	0,5973	0,2651	0,5886	0,2599	0,5801
k = 26	0,2806	0,6056	0,2751	0,5969	0,2698	0,5885
k = 27	0,2904	0,6136	0,2848	0,6049	0,2795	0,5965
k = 28	0,3000	0,6212	0,2943	0,6126	0,2889	0,6042
k = 29	0,3094	0,6285	0,3037	0,6200	0,2981	0,6117
k = 30	0,3186	0,6356	0,3127	0,6271	0,3071	0,6188
k = 31	0,3275	0,6424	0,3216	0,6339	0,3159	0,6257
k = 32	0,3363	0,6489	0,3303	0,6405	0,3245	0,6323
k = 33	0,3448	0,6552	0,3387	0,6469	0,3329	0,6387
k = 34	0,3531	0,6613	0,3470	0,6530	0,3411	0,6449
k = 35	0,3613	0,6671	0,3551	0,6589	0,3491	0,6509
k = 36	0,3692	0,6728	0,3630	0,6646	0,3570	0,6566
k = 37	0,3770	0,6782	0,3707	0,6701	0,3646	0,6622
k = 38	0,3845	0,6835	0,3782	0,6755	0,3721	0,6676
k = 39	0,3920	0,6886	0,3856	0,6806	0,3795	0,6728
k = 40	0,3992	0,6935	0,3928	0,6856	0,3866	0,6779
k = 41	0,4063	0,6983	0,3999	0,6905	0,3937	0,6828
k = 42	0,4132	0,7030	0,4068	0,6952	0,4005	0,6875
k = 43	0,4200	0,7075	0,4135	0,6997	0,4072	0,6922
k = 44	0,4266	0,7118	0,4201	0,7041	0,4138	0,6966
k = 45	0,4331	0,7160	0,4266	0,7084	0,4203	0,7010
k = 46	0,4394	0,7201	0,4329	0,7126	0,4266	0,7052
k = 47	0,4456	0,7241	0,4391	0,7166	0,4327	0,7093
k = 48	0,4517	0,7280	0,4452	0,7206	0,4388	0,7133
k = 49	0,4576	0,7318	0,4511	0,7244	0,4447	0,7172
k = 50	0,4635	0,7354	0,4569	0,7281	0,4505	0,7209
k = 51	0,4692	0,7390	0,4626	0,7317	0,4562	0,7246
k = 52	0,4748	0,7425	0,4682	0,7353	0,4618	0,7282
k = 53	0,4802	0,7458	0,4737	0,7387	0,4673	0,7317
k = 54	0,4856	0,7491	0,4790	0,7420	0,4726	0,7351
k = 55	0,4908	0,7523	0,4843	0,7453	0,4779	0,7384
k = 56	0,4960	0,7554	0,4894	0,7485	0,4831	0,7416
k = 57	0,5011	0,7585	0,4945	0,7516	0,4881	0,7448
k = 58	0,5060	0,7615	0,4995	0,7546	0,4931	0,7478
k = 59	0,5109	0,7643	0,5043	0,7575	0,4979	0,7508
k = 60	0,5156	0,7672	0,5091	0,7604	0,5027	0,7538

Tabelle E 5 (Fortsetzung) **99%-Intervalle**

36		37		38		39	
Low	High	Low	High	Low	High	Low	High
0,0003	0,1665	0,0003	0,1624	0,0003	0,1586	0,0003	0,1549
0,0040	0,2047	0,0039	0,1999	0,0038	0,1953	0,0037	0,1909
0,0114	0,2382	0,0111	0,2327	0,0108	0,2275	0,0105	0,2226
0,0211	0,2681	0,0205	0,2621	0,0199	0,2565	0,0194	0,2510
0,0321	0,2951	0,0312	0,2887	0,0304	0,2826	0,0296	0,2768
0,0439	0,3197	0,0428	0,3130	0,0417	0,3066	0,0407	0,3004
0,0563	0,3423	0,0549	0,3353	0,0535	0,3286	0,0522	0,3222
0,0689	0,3632	0,0672	0,3560	0,0656	0,3491	0,0640	0,3424
0,0817	0,3827	0,0797	0,3753	0,0778	0,3681	0,0760	0,3613
0,0945	0,4008	0,0922	0,3933	0,0901	0,3860	0,0880	0,3789
0,1072	0,4178	0,1047	0,4101	0,1023	0,4027	0,1000	0,3955
0,1198	0,4338	0,1170	0,4260	0,1144	0,4185	0,1119	0,4112
0,1322	0,4489	0,1293	0,4410	0,1264	0,4333	0,1237	0,4260
0,1445	0,4631	0,1413	0,4551	0,1383	0,4474	0,1353	0,4400
0,1566	0,4765	0,1532	0,4685	0,1499	0,4607	0,1468	0,4532
0,1685	0,4893	0,1649	0,4812	0,1614	0,4734	0,1581	0,4658
0,1801	0,5014	0,1763	0,4933	0,1727	0,4854	0,1692	0,4779
0,1915	0,5129	0,1875	0,5048	0,1838	0,4969	0,1801	0,4893
0,2027	0,5238	0,1985	0,5157	0,1946	0,5079	0,1908	0,5002
0,2136	0,5343	0,2093	0,5262	0,2052	0,5183	0,2013	0,5107
0,2243	0,5443	0,2199	0,5362	0,2156	0,5283	0,2116	0,5207
0,2347	0,5539	0,2302	0,5458	0,2258	0,5379	0,2216	0,5303
0,2450	0,5630	0,2403	0,5550	0,2358	0,5471	0,2315	0,5395
0,2550	0,5718	0,2502	0,5638	0,2456	0,5559	0,2412	0,5483
0,2647	0,5802	0,2598	0,5722	0,2551	0,5644	0,2506	0,5568
0,2743	0,5883	0,2693	0,5803	0,2645	0,5725	0,2599	0,5649
0,2836	0,5961	0,2785	0,5881	0,2736	0,5803	0,2689	0,5728
0,2927	0,6035	0,2876	0,5956	0,2826	0,5879	0,2778	0,5803
0,3017	0,6107	0,2964	0,6028	0,2913	0,5952	0,2865	0,5876
0,3104	0,6177	0,3051	0,6098	0,2999	0,6022	0,2949	0,5947
0,3189	0,6243	0,3135	0,6165	0,3083	0,6089	0,3033	0,6015
0,3272	0,6308	0,3218	0,6230	0,3165	0,6155	0,3114	0,6080
0,3354	0,6370	0,3299	0,6293	0,3245	0,6218	0,3194	0,6144
0,3434	0,6430	0,3378	0,6354	0,3324	0,6279	0,3272	0,6205
0,3512	0,6488	0,3455	0,6412	0,3401	0,6338	0,3348	0,6265
0,3588	0,6545	0,3531	0,6469	0,3476	0,6395	0,3423	0,6322
0,3662	0,6599	0,3605	0,6524	0,3550	0,6450	0,3496	0,6378
0,3735	0,6652	0,3678	0,6577	0,3622	0,6504	0,3568	0,6432
0,3807	0,6703	0,3749	0,6629	0,3693	0,6556	0,3638	0,6485
0,3876	0,6753	0,3818	0,6679	0,3762	0,6607	0,3707	0,6536
0,3945	0,6801	0,3886	0,6727	0,3829	0,6656	0,3774	0,6585
0,4012	0,6847	0,3953	0,6775	0,3896	0,6703	0,3840	0,6633
0,4077	0,6893	0,4018	0,6820	0,3961	0,6749	0,3905	0,6680
0,4142	0,6937	0,4082	0,6865	0,4025	0,6794	0,3969	0,6725
0,4204	0,6979	0,4145	0,6908	0,4087	0,6838	0,4031	0,6769
0,4266	0,7021	0,4206	0,6950	0,4148	0,6881	0,4092	0,6812
0,4326	0,7061	0,4266	0,6991	0,4208	0,6922	0,4152	0,6854
0,4386	0,7101	0,4325	0,7031	0,4267	0,6962	0,4210	0,6895
0,4443	0,7139	0,4383	0,7070	0,4325	0,7002	0,4268	0,6935
0,4500	0,7176	0,4440	0,7107	0,4382	0,7040	0,4324	0,6973
0,4556	0,7212	0,4496	0,7144	0,4437	0,7077	0,4380	0,7011
0,4611	0,7248	0,4550	0,7180	0,4492	0,7113	0,4434	0,7048
0,4664	0,7282	0,4604	0,7215	0,4545	0,7149	0,4488	0,7084
0,4717	0,7316	0,4656	0,7249	0,4597	0,7183	0,4540	0,7119
0,4768	0,7349	0,4708	0,7282	0,4649	0,7217	0,4592	0,7153
0,4819	0,7381	0,4759	0,7315	0,4700	0,7250	0,4642	0,7186
0,4869	0,7412	0,4808	0,7346	0,4749	0,7282	0,4692	0,7218
0,4917	0,7442	0,4857	0,7377	0,4798	0,7313	0,4740	0,7250
0,4965	0,7472	0,4905	0,7408	0,4846	0,7344	0,4788	0,7281

Tabelle E 5 (Fortsetzung) **99%-Intervalle**

r =	40		41		42	
	Low	High	Low	High	Low	High
k = 2	0,0003	0,1513	0,0002	0,1480	0,0002	0,1448
k = 3	0,0036	0,1867	0,0035	0,1827	0,0034	0,1788
k = 4	0,0102	0,2178	0,0100	0,2133	0,0097	0,2089
k = 5	0,0189	0,2458	0,0185	0,2408	0,0180	0,2359
k = 6	0,0289	0,2712	0,0282	0,2658	0,0276	0,2606
k = 7	0,0397	0,2945	0,0388	0,2888	0,0379	0,2833
k = 8	0,0510	0,3160	0,0498	0,3100	0,0487	0,3043
k = 9	0,0625	0,3360	0,0611	0,3298	0,0598	0,3238
k = 10	0,0743	0,3547	0,0726	0,3483	0,0710	0,3421
k = 11	0,0860	0,3722	0,0842	0,3656	0,0824	0,3593
k = 12	0,0978	0,3886	0,0957	0,3820	0,0937	0,3755
k = 13	0,1095	0,4042	0,1072	0,3974	0,1050	0,3908
k = 14	0,1211	0,4188	0,1186	0,4119	0,1162	0,4053
k = 15	0,1325	0,4328	0,1298	0,4258	0,1273	0,4190
k = 16	0,1438	0,4460	0,1410	0,4389	0,1382	0,4321
k = 17	0,1549	0,4585	0,1519	0,4514	0,1490	0,4445
k = 18	0,1659	0,4705	0,1627	0,4633	0,1596	0,4564
k = 19	0,1766	0,4819	0,1733	0,4747	0,1700	0,4678
k = 20	0,1872	0,4928	0,1837	0,4856	0,1803	0,4786
k = 21	0,1975	0,5033	0,1939	0,4960	0,1904	0,4890
k = 22	0,2077	0,5132	0,2039	0,5060	0,2002	0,4990
k = 23	0,2176	0,5228	0,2137	0,5156	0,2099	0,5085
k = 24	0,2273	0,5320	0,2233	0,5248	0,2195	0,5177
k = 25	0,2369	0,5409	0,2328	0,5336	0,2288	0,5266
k = 26	0,2462	0,5494	0,2420	0,5421	0,2379	0,5351
k = 27	0,2554	0,5575	0,2511	0,5503	0,2469	0,5433
k = 28	0,2644	0,5654	0,2599	0,5582	0,2557	0,5512
k = 29	0,2731	0,5730	0,2686	0,5658	0,2643	0,5588
k = 30	0,2817	0,5803	0,2772	0,5731	0,2727	0,5662
k = 31	0,2901	0,5874	0,2855	0,5802	0,2810	0,5733
k = 32	0,2984	0,5942	0,2937	0,5871	0,2891	0,5802
k = 33	0,3065	0,6008	0,3017	0,5937	0,2970	0,5868
k = 34	0,3144	0,6072	0,3095	0,6001	0,3048	0,5932
k = 35	0,3221	0,6134	0,3172	0,6063	0,3125	0,5995
k = 36	0,3297	0,6193	0,3247	0,6124	0,3199	0,6055
k = 37	0,3371	0,6251	0,3321	0,6182	0,3273	0,6114
k = 38	0,3444	0,6307	0,3393	0,6238	0,3344	0,6171
k = 39	0,3515	0,6362	0,3464	0,6293	0,3415	0,6226
k = 40	0,3585	0,6415	0,3534	0,6346	0,3484	0,6279
k = 41	0,3654	0,6466	0,3602	0,6398	0,3552	0,6331
k = 42	0,3721	0,6516	0,3669	0,6448	0,3618	0,6382
k = 43	0,3787	0,6564	0,3734	0,6497	0,3683	0,6431
k = 44	0,3851	0,6612	0,3798	0,6545	0,3747	0,6479
k = 45	0,3914	0,6657	0,3861	0,6591	0,3810	0,6525
k = 46	0,3976	0,6702	0,3923	0,6636	0,3871	0,6571
k = 47	0,4037	0,6745	0,3984	0,6680	0,3932	0,6615
k = 48	0,4097	0,6788	0,4043	0,6722	0,3991	0,6658
k = 49	0,4155	0,6829	0,4101	0,6764	0,4049	0,6700
k = 50	0,4213	0,6869	0,4159	0,6804	0,4106	0,6741
k = 51	0,4269	0,6908	0,4215	0,6844	0,4162	0,6781
k = 52	0,4324	0,6946	0,4270	0,6882	0,4217	0,6819
k = 53	0,4379	0,6983	0,4324	0,6920	0,4271	0,6857
k = 54	0,4432	0,7019	0,4377	0,6956	0,4324	0,6894
k = 55	0,4484	0,7055	0,4430	0,6992	0,4376	0,6931
k = 56	0,4536	0,7089	0,4481	0,7027	0,4428	0,6966
k = 57	0,4586	0,7123	0,4531	0,7061	0,4478	0,7000
k = 58	0,4636	0,7156	0,4581	0,7095	0,4528	0,7034
k = 59	0,4684	0,7188	0,4630	0,7127	0,4576	0,7067
k = 60	0,4732	0,7220	0,4677	0,7159	0,4624	0,7099

Tabelle E5 (Fortsetzung) **99%-Intervalle**

43		44		45		46	
Low	High	Low	High	Low	High	Low	High
0,0002	0,1417	0,0002	0,1387	0,0002	0,1359	0,0002	0,1332
0,0033	0,1751	0,0032	0,1715	0,0031	0,1682	0,0031	0,1649
0,0095	0,2047	0,0093	0,2007	0,0090	0,1968	0,0088	0,1930
0,0176	0,2313	0,0172	0,2269	0,0168	0,2226	0,0164	0,2185
0,0269	0,2556	0,0263	0,2509	0,0258	0,2462	0,0252	0,2418
0,0370	0,2780	0,0362	0,2729	0,0354	0,2680	0,0347	0,2633
0,0476	0,2987	0,0466	0,2934	0,0456	0,2883	0,0447	0,2833
0,0585	0,3181	0,0573	0,3125	0,0561	0,3072	0,0549	0,3020
0,0695	0,3362	0,0681	0,3304	0,0667	0,3249	0,0654	0,3195
0,0807	0,3532	0,0790	0,3473	0,0774	0,3416	0,0759	0,3361
0,0918	0,3692	0,0899	0,3632	0,0882	0,3574	0,0865	0,3517
0,1029	0,3844	0,1008	0,3783	0,0989	0,3723	0,0970	0,3665
0,1139	0,3988	0,1117	0,3925	0,1095	0,3865	0,1075	0,3806
0,1248	0,4125	0,1224	0,4061	0,1201	0,3999	0,1179	0,3940
0,1355	0,4255	0,1330	0,4190	0,1305	0,4128	0,1282	0,4067
0,1462	0,4378	0,1434	0,4314	0,1408	0,4251	0,1383	0,4189
0,1566	0,4497	0,1538	0,4431	0,1510	0,4368	0,1483	0,4306
0,1669	0,4610	0,1639	0,4544	0,1610	0,4480	0,1582	0,4418
0,1770	0,4718	0,1739	0,4652	0,1709	0,4587	0,1679	0,4525
0,1870	0,4822	0,1837	0,4755	0,1805	0,4690	0,1775	0,4627
0,1967	0,4921	0,1933	0,4854	0,1901	0,4789	0,1869	0,4726
0,2063	0,5017	0,2028	0,4950	0,1994	0,4885	0,1961	0,4821
0,2157	0,5109	0,2121	0,5042	0,2086	0,4976	0,2052	0,4913
0,2249	0,5197	0,2212	0,5130	0,2176	0,5065	0,2141	0,5001
0,2340	0,5282	0,2302	0,5215	0,2265	0,5150	0,2229	0,5086
0,2429	0,5364	0,2389	0,5297	0,2352	0,5232	0,2315	0,5168
0,2516	0,5443	0,2476	0,5376	0,2437	0,5311	0,2399	0,5247
0,2601	0,5520	0,2560	0,5453	0,2521	0,5387	0,2482	0,5324
0,2684	0,5593	0,2643	0,5527	0,2603	0,5461	0,2564	0,5398
0,2766	0,5665	0,2724	0,5598	0,2683	0,5533	0,2643	0,5469
0,2847	0,5734	0,2804	0,5667	0,2762	0,5602	0,2722	0,5539
0,2925	0,5800	0,2882	0,5734	0,2840	0,5669	0,2799	0,5606
0,3003	0,5865	0,2959	0,5799	0,2916	0,5734	0,2874	0,5671
0,3078	0,5928	0,3034	0,5862	0,2990	0,5797	0,2948	0,5734
0,3153	0,5988	0,3107	0,5923	0,3063	0,5858	0,3021	0,5796
0,3225	0,6047	0,3180	0,5982	0,3135	0,5918	0,3092	0,5855
0,3297	0,6104	0,3251	0,6039	0,3206	0,5975	0,3162	0,5913
0,3367	0,6160	0,3320	0,6095	0,3275	0,6031	0,3231	0,5969
0,3436	0,6213	0,3388	0,6149	0,3343	0,6086	0,3298	0,6024
0,3503	0,6266	0,3455	0,6202	0,3409	0,6139	0,3364	0,6077
0,3569	0,6317	0,3521	0,6253	0,3475	0,6190	0,3429	0,6129
0,3634	0,6366	0,3586	0,6303	0,3539	0,6240	0,3493	0,6179
0,3697	0,6414	0,3649	0,6351	0,3602	0,6289	0,3556	0,6228
0,3760	0,6461	0,3711	0,6398	0,3664	0,6336	0,3617	0,6276
0,3821	0,6507	0,3772	0,6444	0,3724	0,6383	0,3678	0,6322
0,3881	0,6551	0,3832	0,6489	0,3784	0,6428	0,3737	0,6368
0,3940	0,6595	0,3891	0,6533	0,3842	0,6472	0,3795	0,6412
0,3998	0,6637	0,3948	0,6575	0,3900	0,6515	0,3853	0,6455
0,4055	0,6678	0,4005	0,6617	0,3956	0,6557	0,3909	0,6497
0,4111	0,6718	0,4061	0,6657	0,4012	0,6597	0,3964	0,6538
0,4166	0,6758	0,4115	0,6697	0,4066	0,6637	0,4019	0,6579
0,4220	0,6796	0,4169	0,6736	0,4120	0,6676	0,4072	0,6618
0,4273	0,6833	0,4222	0,6773	0,4173	0,6714	0,4125	0,6656
0,4325	0,6870	0,4274	0,6810	0,4224	0,6751	0,4176	0,6694
0,4376	0,6906	0,4325	0,6846	0,4275	0,6788	0,4227	0,6730
0,4426	0,6940	0,4375	0,6881	0,4325	0,6823	0,4277	0,6766
0,4475	0,6974	0,4425	0,6916	0,4375	0,6858	0,4326	0,6801
0,4524	0,7008	0,4473	0,6949	0,4423	0,6892	0,4374	0,6835
0,4572	0,7040	0,4521	0,6982	0,4471	0,6925	0,4422	0,6869

Tabelle E 5 (Fortsetzung) **99%-Intervalle**

r =	47		48		49	
	Low	High	Low	High	Low	High
k = 2	0,0002	0,1306	0,0002	0,1280	0,0002	0,1256
k = 3	0,0030	0,1617	0,0029	0,1587	0,0029	0,1558
k = 4	0,0086	0,1895	0,0085	0,1860	0,0083	0,1826
k = 5	0,0161	0,2145	0,0158	0,2107	0,0154	0,2070
k = 6	0,0247	0,2375	0,0242	0,2334	0,0237	0,2294
k = 7	0,0340	0,2587	0,0333	0,2543	0,0326	0,2500
k = 8	0,0438	0,2785	0,0429	0,2738	0,0421	0,2693
k = 9	0,0538	0,2970	0,0528	0,2921	0,0518	0,2874
k = 10	0,0641	0,3143	0,0629	0,3093	0,0617	0,3044
k = 11	0,0745	0,3307	0,0730	0,3255	0,0717	0,3205
k = 12	0,0848	0,3462	0,0833	0,3409	0,0817	0,3357
k = 13	0,0952	0,3609	0,0935	0,3554	0,0918	0,3502
k = 14	0,1055	0,3749	0,1036	0,3693	0,1018	0,3639
k = 15	0,1157	0,3882	0,1137	0,3825	0,1117	0,3770
k = 16	0,1259	0,4008	0,1237	0,3951	0,1215	0,3896
k = 17	0,1359	0,4130	0,1335	0,4072	0,1313	0,4015
k = 18	0,1458	0,4246	0,1433	0,4187	0,1409	0,4130
k = 19	0,1555	0,4357	0,1529	0,4298	0,1504	0,4240
k = 20	0,1651	0,4464	0,1624	0,4404	0,1597	0,4346
k = 21	0,1746	0,4566	0,1717	0,4506	0,1689	0,4448
k = 22	0,1838	0,4664	0,1809	0,4604	0,1780	0,4546
k = 23	0,1930	0,4759	0,1899	0,4699	0,1869	0,4640
k = 24	0,2020	0,4851	0,1988	0,4790	0,1957	0,4731
k = 25	0,2108	0,4939	0,2075	0,4878	0,2044	0,4818
k = 26	0,2194	0,5024	0,2161	0,4963	0,2128	0,4903
k = 27	0,2280	0,5106	0,2245	0,5045	0,2212	0,4985
k = 28	0,2363	0,5185	0,2328	0,5124	0,2294	0,5064
k = 29	0,2445	0,5261	0,2409	0,5200	0,2374	0,5141
k = 30	0,2526	0,5335	0,2489	0,5274	0,2453	0,5215
k = 31	0,2605	0,5407	0,2567	0,5346	0,2531	0,5287
k = 32	0,2683	0,5476	0,2644	0,5416	0,2607	0,5356
k = 33	0,2759	0,5544	0,2720	0,5483	0,2682	0,5424
k = 34	0,2834	0,5609	0,2794	0,5548	0,2756	0,5489
k = 35	0,2907	0,5673	0,2867	0,5612	0,2828	0,5553
k = 36	0,2979	0,5734	0,2939	0,5674	0,2899	0,5614
k = 37	0,3050	0,5794	0,3009	0,5734	0,2969	0,5675
k = 38	0,3119	0,5852	0,3078	0,5792	0,3038	0,5733
k = 39	0,3188	0,5908	0,3146	0,5848	0,3105	0,5790
k = 40	0,3255	0,5963	0,3212	0,5903	0,3171	0,5845
k = 41	0,3320	0,6016	0,3278	0,5957	0,3236	0,5899
k = 42	0,3385	0,6068	0,3342	0,6009	0,3300	0,5951
k = 43	0,3449	0,6119	0,3405	0,6060	0,3363	0,6002
k = 44	0,3511	0,6168	0,3467	0,6109	0,3425	0,6052
k = 45	0,3572	0,6216	0,3528	0,6158	0,3485	0,6100
k = 46	0,3632	0,6263	0,3588	0,6205	0,3545	0,6147
k = 47	0,3691	0,6309	0,3647	0,6251	0,3603	0,6194
k = 48	0,3749	0,6353	0,3705	0,6295	0,3661	0,6239
k = 49	0,3806	0,6397	0,3761	0,6339	0,3718	0,6282
k = 50	0,3863	0,6439	0,3817	0,6382	0,3773	0,6325
k = 51	0,3918	0,6480	0,3872	0,6423	0,3828	0,6367
k = 52	0,3972	0,6521	0,3926	0,6464	0,3882	0,6408
k = 53	0,4025	0,6560	0,3979	0,6504	0,3935	0,6448
k = 54	0,4078	0,6599	0,4032	0,6543	0,3987	0,6487
k = 55	0,4129	0,6637	0,4083	0,6581	0,4038	0,6526
k = 56	0,4180	0,6674	0,4133	0,6618	0,4088	0,6563
k = 57	0,4230	0,6710	0,4183	0,6654	0,4138	0,6600
k = 58	0,4279	0,6745	0,4232	0,6690	0,4187	0,6636
k = 59	0,4327	0,6780	0,4280	0,6725	0,4235	0,6671
k = 60	0,4374	0,6813	0,4328	0,6759	0,4282	0,6705

Tabelle E 5 (Fortsetzung) **99%-Intervalle**

50		51		52		538	
Low	High	Low	High	Low	High	Low	High
0,0002	0,1233	0,0002	0,1211	0,0002	0,1189	0,0002	0,1168
0,0028	0,1530	0,0028	0,1502	0,0027	0,1476	0,0026	0,1451
0,0081	0,1794	0,0079	0,1763	0,0078	0,1733	0,0076	0,1704
0,0151	0,2034	0,0148	0,2000	0,0145	0,1966	0,0143	0,1934
0,0232	0,2255	0,0228	0,2217	0,0223	0,2181	0,0219	0,2146
0,0320	0,2459	0,0314	0,2419	0,0308	0,2381	0,0302	0,2343
0,0413	0,2650	0,0405	0,2608	0,0397	0,2567	0,0390	0,2527
0,0508	0,2828	0,0499	0,2784	0,0490	0,2742	0,0481	0,2700
0,0605	0,2997	0,0594	0,2951	0,0584	0,2907	0,0574	0,2864
0,0704	0,3156	0,0691	0,3109	0,0679	0,3063	0,0667	0,3018
0,0803	0,3307	0,0789	0,3258	0,0775	0,3211	0,0762	0,3165
0,0902	0,3450	0,0886	0,3400	0,0871	0,3352	0,0856	0,3305
0,1000	0,3587	0,0983	0,3536	0,0966	0,3486	0,0950	0,3438
0,1098	0,3717	0,1079	0,3665	0,1061	0,3615	0,1044	0,3566
0,1195	0,3842	0,1175	0,3789	0,1156	0,3738	0,1137	0,3688
0,1291	0,3961	0,1270	0,3907	0,1249	0,3855	0,1229	0,3805
0,1386	0,4075	0,1363	0,4021	0,1342	0,3968	0,1321	0,3917
0,1479	0,4184	0,1456	0,4130	0,1433	0,4077	0,1411	0,4025
0,1572	0,4290	0,1547	0,4235	0,1523	0,4181	0,1500	0,4129
0,1663	0,4391	0,1637	0,4336	0,1612	0,4282	0,1587	0,4229
0,1752	0,4489	0,1725	0,4433	0,1699	0,4378	0,1674	0,4325
0,1841	0,4583	0,1813	0,4526	0,1786	0,4472	0,1759	0,4418
0,1927	0,4673	0,1899	0,4617	0,1871	0,4562	0,1843	0,4508
0,2013	0,4761	0,1983	0,4704	0,1954	0,4649	0,1926	0,4595
0,2097	0,4845	0,2066	0,4789	0,2036	0,4733	0,2008	0,4679
0,2179	0,4927	0,2148	0,4870	0,2117	0,4815	0,2088	0,4760
0,2260	0,5006	0,2228	0,4949	0,2197	0,4893	0,2166	0,4839
0,2340	0,5082	0,2307	0,5025	0,2275	0,4970	0,2244	0,4915
0,2419	0,5156	0,2385	0,5099	0,2352	0,5044	0,2320	0,4989
0,2496	0,5228	0,2461	0,5171	0,2428	0,5115	0,2395	0,5061
0,2571	0,5298	0,2536	0,5241	0,2502	0,5185	0,2469	0,5130
0,2646	0,5365	0,2610	0,5308	0,2575	0,5252	0,2542	0,5198
0,2719	0,5431	0,2683	0,5374	0,2647	0,5318	0,2613	0,5263
0,2791	0,5495	0,2754	0,5438	0,2718	0,5382	0,2683	0,5327
0,2861	0,5557	0,2824	0,5500	0,2788	0,5444	0,2752	0,5389
0,2930	0,5617	0,2893	0,5560	0,2856	0,5504	0,2820	0,5450
0,2998	0,5675	0,2960	0,5618	0,2923	0,5563	0,2887	0,5508
0,3065	0,5732	0,3027	0,5676	0,2989	0,5620	0,2952	0,5566
0,3131	0,5787	0,3092	0,5731	0,3054	0,5676	0,3017	0,5621
0,3196	0,5841	0,3156	0,5785	0,3118	0,5730	0,3080	0,5676
0,3259	0,5894	0,3219	0,5838	0,3181	0,5783	0,3143	0,5729
0,3322	0,5945	0,3282	0,5889	0,3242	0,5834	0,3204	0,5780
0,3383	0,5995	0,3343	0,5939	0,3303	0,5885	0,3264	0,5831
0,3443	0,6044	0,3403	0,5988	0,3363	0,5934	0,3324	0,5880
0,3503	0,6091	0,3462	0,6036	0,3421	0,5981	0,3382	0,5928
0,3561	0,6137	0,3520	0,6082	0,3479	0,6028	0,3440	0,5975
0,3618	0,6183	0,3577	0,6128	0,3536	0,6074	0,3496	0,6021
0,3675	0,6227	0,3633	0,6172	0,3592	0,6118	0,3552	0,6065
0,3730	0,6270	0,3688	0,6215	0,3647	0,6162	0,3607	0,6109
0,3785	0,6312	0,3742	0,6258	0,3701	0,6204	0,3660	0,6152
0,3838	0,6353	0,3796	0,6299	0,3754	0,6246	0,3713	0,6194
0,3891	0,6393	0,3848	0,6340	0,3806	0,6287	0,3766	0,6234
0,3943	0,6433	0,3900	0,6379	0,3858	0,6326	0,3817	0,6274
0,3994	0,6471	0,3951	0,6418	0,3909	0,6365	0,3867	0,6314
0,4044	0,6509	0,4001	0,6456	0,3959	0,6403	0,3917	0,6352
0,4094	0,6546	0,4050	0,6493	0,4008	0,6441	0,3966	0,6389
0,4142	0,6582	0,4099	0,6529	0,4056	0,6477	0,4015	0,6426
0,4190	0,6617	0,4147	0,6565	0,4104	0,6513	0,4062	0,6462
0,4237	0,6652	0,4194	0,6600	0,4151	0,6548	0,4109	0,6497

Tabelle E 5 (Fortsetzung) **99%-Intervalle**

r =	54		55		56	
	Low	High	Low	High	Low	High
k = 2	0,0002	0,1148	0,0002	0,1129	0,0002	0,1110
k = 3	0,0026	0,1427	0,0025	0,1403	0,0025	0,1380
k = 4	0,0075	0,1676	0,0074	0,1649	0,0072	0,1622
k = 5	0,0140	0,1903	0,0137	0,1873	0,0135	0,1844
k = 6	0,0215	0,2112	0,0211	0,2079	0,0207	0,2047
k = 7	0,0297	0,2307	0,0292	0,2272	0,0287	0,2238
k = 8	0,0383	0,2489	0,0377	0,2452	0,0370	0,2415
k = 9	0,0473	0,2660	0,0464	0,2621	0,0457	0,2583
k = 10	0,0564	0,2822	0,0554	0,2781	0,0545	0,2741
k = 11	0,0656	0,2975	0,0645	0,2933	0,0635	0,2892
k = 12	0,0749	0,3120	0,0737	0,3077	0,0725	0,3035
k = 13	0,0842	0,3259	0,0828	0,3214	0,0815	0,3171
k = 14	0,0935	0,3391	0,0920	0,3346	0,0905	0,3301
k = 15	0,1027	0,3518	0,1011	0,3471	0,0995	0,3426
k = 16	0,1119	0,3639	0,1102	0,3592	0,1085	0,3546
k = 17	0,1210	0,3755	0,1191	0,3707	0,1173	0,3660
k = 18	0,1300	0,3867	0,1280	0,3818	0,1261	0,3771
k = 19	0,1389	0,3974	0,1368	0,3925	0,1348	0,3877
k = 20	0,1477	0,4078	0,1455	0,4028	0,1434	0,3979
k = 21	0,1564	0,4177	0,1541	0,4127	0,1519	0,4078
k = 22	0,1649	0,4273	0,1626	0,4223	0,1602	0,4173
k = 23	0,1734	0,4366	0,1709	0,4315	0,1685	0,4265
k = 24	0,1817	0,4455	0,1791	0,4404	0,1766	0,4354
k = 25	0,1899	0,4542	0,1872	0,4490	0,1847	0,4440
k = 26	0,1979	0,4626	0,1952	0,4574	0,1926	0,4523
k = 27	0,2059	0,4707	0,2031	0,4655	0,2003	0,4604
k = 28	0,2137	0,4785	0,2108	0,4733	0,2080	0,4682
k = 29	0,2214	0,4862	0,2184	0,4809	0,2155	0,4758
k = 30	0,2289	0,4935	0,2259	0,4883	0,2230	0,4832
k = 31	0,2364	0,5007	0,2333	0,4955	0,2303	0,4903
k = 32	0,2437	0,5077	0,2405	0,5024	0,2375	0,4973
k = 33	0,2509	0,5144	0,2477	0,5092	0,2446	0,5040
k = 34	0,2580	0,5210	0,2547	0,5157	0,2515	0,5106
k = 35	0,2649	0,5274	0,2616	0,5221	0,2584	0,5169
k = 36	0,2718	0,5336	0,2684	0,5283	0,2651	0,5232
k = 37	0,2785	0,5396	0,2751	0,5344	0,2718	0,5292
k = 38	0,2851	0,5455	0,2817	0,5403	0,2783	0,5351
k = 39	0,2916	0,5512	0,2881	0,5460	0,2847	0,5408
k = 40	0,2981	0,5568	0,2945	0,5516	0,2911	0,5464
k = 41	0,3044	0,5623	0,3008	0,5570	0,2973	0,5519
k = 42	0,3106	0,5676	0,3069	0,5624	0,3034	0,5572
k = 43	0,3167	0,5727	0,3130	0,5675	0,3094	0,5624
k = 44	0,3227	0,5778	0,3190	0,5726	0,3154	0,5675
k = 45	0,3286	0,5827	0,3249	0,5776	0,3212	0,5725
k = 46	0,3344	0,5875	0,3306	0,5824	0,3270	0,5773
k = 47	0,3401	0,5922	0,3363	0,5871	0,3326	0,5820
k = 48	0,3457	0,5968	0,3419	0,5917	0,3382	0,5867
k = 49	0,3513	0,6013	0,3474	0,5962	0,3437	0,5912
k = 50	0,3567	0,6057	0,3529	0,6006	0,3491	0,5956
k = 51	0,3621	0,6100	0,3582	0,6049	0,3544	0,5999
k = 52	0,3674	0,6142	0,3635	0,6091	0,3597	0,6041
k = 53	0,3726	0,6183	0,3686	0,6133	0,3648	0,6083
k = 54	0,3777	0,6223	0,3737	0,6173	0,3699	0,6123
k = 55	0,3827	0,6263	0,3788	0,6212	0,3749	0,6163
k = 56	0,3877	0,6301	0,3837	0,6251	0,3798	0,6202
k = 57	0,3926	0,6339	0,3886	0,6289	0,3847	0,6240
k = 58	0,3974	0,6376	0,3934	0,6326	0,3895	0,6277
k = 59	0,4021	0,6412	0,3981	0,6362	0,3942	0,6314
k = 60	0,4068	0,6447	0,4028	0,6398	0,3988	0,6350

Tabelle E 5 (Fortsetzung) **99%-Intervalle**

57		58		59		60	
Low	High	Low	High	Low	High	Low	High
0,0002	0,1091	0,0002	0,1074	0,0002	0,1057	0,0002	0,1040
0,0024	0,1358	0,0024	0,1336	0,0024	0,1316	0,0023	0,1295
0,0071	0,1597	0,0070	0,1572	0,0068	0,1548	0,0067	0,1525
0,0132	0,1815	0,0130	0,1788	0,0128	0,1761	0,0126	0,1735
0,0204	0,2016	0,0200	0,1987	0,0197	0,1958	0,0194	0,1929
0,0282	0,2204	0,0277	0,2172	0,0272	0,2141	0,0268	0,2111
0,0364	0,2380	0,0358	0,2346	0,0352	0,2313	0,0346	0,2281
0,0449	0,2546	0,0442	0,2510	0,0435	0,2475	0,0428	0,2442
0,0536	0,2703	0,0527	0,2666	0,0519	0,2629	0,0511	0,2594
0,0624	0,2852	0,0614	0,2813	0,0605	0,2775	0,0595	0,2739
0,0713	0,2994	0,0702	0,2954	0,0691	0,2915	0,0681	0,2877
0,0802	0,3129	0,0790	0,3088	0,0778	0,3048	0,0766	0,3009
0,0891	0,3258	0,0878	0,3216	0,0865	0,3175	0,0852	0,3135
0,0980	0,3382	0,0965	0,3339	0,0951	0,3297	0,0937	0,3256
0,1068	0,3501	0,1052	0,3457	0,1037	0,3414	0,1022	0,3372
0,1156	0,3615	0,1139	0,3570	0,1122	0,3527	0,1106	0,3484
0,1243	0,3724	0,1225	0,3679	0,1207	0,3635	0,1190	0,3592
0,1328	0,3830	0,1309	0,3784	0,1291	0,3739	0,1273	0,3696
0,1413	0,3932	0,1393	0,3885	0,1374	0,3840	0,1355	0,3796
0,1497	0,4030	0,1476	0,3983	0,1456	0,3937	0,1436	0,3893
0,1580	0,4125	0,1558	0,4077	0,1537	0,4031	0,1516	0,3986
0,1662	0,4216	0,1639	0,4169	0,1617	0,4122	0,1595	0,4076
0,1742	0,4305	0,1718	0,4257	0,1696	0,4210	0,1673	0,4164
0,1821	0,4391	0,1797	0,4342	0,1773	0,4295	0,1750	0,4249
0,1900	0,4474	0,1875	0,4425	0,1850	0,4378	0,1826	0,4331
0,1977	0,4554	0,1951	0,4505	0,1926	0,4458	0,1901	0,4411
0,2053	0,4632	0,2026	0,4583	0,2000	0,4535	0,1975	0,4488
0,2127	0,4708	0,2100	0,4659	0,2074	0,4611	0,2048	0,4563
0,2201	0,4781	0,2173	0,4732	0,2146	0,4684	0,2119	0,4636
0,2274	0,4853	0,2245	0,4803	0,2217	0,4755	0,2190	0,4707
0,2345	0,4922	0,2316	0,4873	0,2287	0,4824	0,2260	0,4776
0,2415	0,4989	0,2385	0,4940	0,2357	0,4891	0,2328	0,4844
0,2484	0,5055	0,2454	0,5005	0,2425	0,4957	0,2396	0,4909
0,2552	0,5119	0,2522	0,5069	0,2492	0,5021	0,2462	0,4973
0,2619	0,5181	0,2588	0,5131	0,2558	0,5083	0,2528	0,5035
0,2685	0,5241	0,2654	0,5192	0,2623	0,5143	0,2592	0,5095
0,2750	0,5300	0,2718	0,5251	0,2687	0,5202	0,2656	0,5154
0,2814	0,5358	0,2782	0,5308	0,2750	0,5260	0,2719	0,5212
0,2877	0,5414	0,2844	0,5364	0,2812	0,5316	0,2780	0,5268
0,2939	0,5469	0,2905	0,5419	0,2873	0,5370	0,2841	0,5323
0,3000	0,5522	0,2966	0,5472	0,2933	0,5424	0,2901	0,5376
0,3060	0,5574	0,3026	0,5525	0,2992	0,5476	0,2960	0,5428
0,3119	0,5625	0,3084	0,5575	0,3051	0,5527	0,3018	0,5479
0,3177	0,5675	0,3142	0,5625	0,3108	0,5577	0,3075	0,5529
0,3234	0,5723	0,3199	0,5674	0,3165	0,5626	0,3131	0,5578
0,3290	0,5770	0,3255	0,5721	0,3220	0,5673	0,3187	0,5626
0,3346	0,5817	0,3310	0,5768	0,3275	0,5720	0,3241	0,5672
0,3400	0,5862	0,3364	0,5813	0,3329	0,5765	0,3295	0,5718
0,3454	0,5906	0,3418	0,5858	0,3383	0,5810	0,3348	0,5763
0,3507	0,5950	0,3471	0,5901	0,3435	0,5853	0,3400	0,5806
0,3559	0,5992	0,3523	0,5944	0,3487	0,5896	0,3452	0,5849
0,3611	0,6034	0,3574	0,5985	0,3538	0,5938	0,3503	0,5891
0,3661	0,6074	0,3624	0,6026	0,3588	0,5979	0,3553	0,5932
0,3711	0,6114	0,3674	0,6066	0,3638	0,6019	0,3602	0,5972
0,3760	0,6153	0,3723	0,6105	0,3686	0,6058	0,3650	0,6012
0,3809	0,6191	0,3771	0,6144	0,3734	0,6097	0,3698	0,6050
0,3856	0,6229	0,3819	0,6181	0,3782	0,6135	0,3746	0,6088
0,3903	0,6266	0,3865	0,6218	0,3829	0,6171	0,3792	0,6126
0,3950	0,6302	0,3912	0,6254	0,3874	0,6208	0,3838	0,6162

Tabelle E6. Iterationshäufigkeitstest
(Aus: Lienert, G. A.: Verteilungsfreie Methoden in der Biostatistik, Tafelband. Meisenheim: Hain 1975)

N_1	N_2	α				$1-\alpha$			
		0,005	0,01	0,025	0,05	0,95	0,975	0,99	0,995
2	2	–	–	–	–	4	4	4	4
	3	–	–	–	–	5	5	5	5
	4	–	–	–	–	5	5	5	5
	5	–	–	–	–	5	5	5	5
2	6	–	–	–	–	5	5	5	5
	7	–	–	–	–	5	5	5	5
	8	–	–	–	2	5	5	5	5
	9	–	–	–	2	5	5	5	5
	10	–	–	–	2	5	5	5	5
2	11	–	–	–	2	5	5	5	5
	12	–	–	2	2	5	5	5	5
	13	–	–	2	2	5	5	5	5
	14	–	–	2	2	5	5	5	5
	15	–	–	2	2	5	5	5	5
2	16	–	–	2	2	5	5	5	5
	17	–	–	2	2	5	5	5	5
	18	–	–	2	2	5	5	5	5
	19	–	2	2	2	5	5	5	5
	20	–	2	2	2	5	5	5	5
3	3	–	–	–	–	6	6	6	6
	4	–	–	–	–	6	7	7	7
	5	–	–	–	2	7	7	7	7
	6	–	–	2	2	7	7	7	7
	7	–	–	2	2	7	7	7	7
3	8	–	–	2	2	7	7	7	7
	9	–	2	2	2	7	7	7	7
	10	–	2	2	3	7	7	7	7
	11	–	2	2	3	7	7	7	7
	12	2	2	2	3	7	7	7	7
3	13	2	2	2	3	7	7	7	7
	14	2	2	2	3	7	7	7	7
	15	2	2	3	3	7	7	7	7
	16	2	2	3	3	7	7	7	7
	17	2	2	3	3	7	7	7	7

Für die Handhabung der Tabelle gibt Lienert (1975, S. 182) folgende Anleitung:

„Die Tafel enthält die unteren Schranken der Prüfgröße r_α = Zahl der Iterationen zweier Alternativen für $\alpha=0,005$, 0,01, 0,025 und 0,05 sowie die oberen Schranken der Prüfgröße $r'_{1-\alpha}$ für $1-\alpha=0,95$, 0,975, 0,99 und 0,995, beide für Alternativenumfänge von $N_1=2(1)$ 20 und $N_2=N_1(1)$ 20, sodaß $N_1 \leq N_2$ zu vereinbaren ist. Ein beobachteter r-Wert muß die untere Schranke r_α erreichen oder unterschreiten, um auf der Stufe α signifikant zu sein, hingegen die obere Schranke $r'_{1-\alpha}$ um mindestens eine Einheit übersteigen, um auf der Stufe α signifikant zu sein. Beide Tests sind einseitige Tests gegen zu ‚wenige' bzw. zu ‚viele' Iterationen. Will man zweiseitig sowohl gegen zu wenige wie gegen zu viele Iterationen auf der Stufe α prüfen, so lese man die untere Schranke $r_{\alpha/2}$ und die obere Schranke $r'_{1-\alpha/2}$ ab,

Tabelle E6 (Fortsetzung)

N_1	N_2	α				$1-\alpha$			
		0,005	0,01	0,025	0,05	0,95	0,975	0,99	0,995
3	18	2	2	3	3	7	7	7	7
	19	2	2	3	3	7	7	7	7
	20	2	2	3	3	7	7	7	7
4	4	–	–	–	2	7	8	8	8
	5	–	–	2	2	8	8	8	9
	6	–	2	2	3	8	8	9	9
	7	–	2	2	3	8	9	9	9
	8	2	2	3	3	9	9	9	9
4	9	2	2	3	3	9	9	9	9
	10	2	2	3	3	9	9	9	9
	11	2	2	3	3	9	9	9	9
	12	2	3	3	4	9	9	9	9
	13	2	3	3	4	9	9	9	9
	14	2	3	3	4	9	9	9	9
4	15	3	3	3	4	9	9	9	9
	16	3	3	4	4	9	9	9	9
	17	3	3	4	4	9	9	9	9
	18	3	3	4	4	9	9	9	9
	19	3	3	4	4	9	9	9	9
	20	3	3	4	4	9	9	9	9
5	5	–	2	2	3	8	9	9	10
	6	2	2	3	3	9	9	10	10
	7	2	2	3	3	9	10	10	11
	8	2	2	3	3	10	10	11	11
	9	2	3	3	4	10	11	11	11
5	10	3	3	3	4	10	11	11	11
	11	3	3	4	4	11	11	11	11
	12	3	3	4	4	11	11	11	11
	13	3	3	4	4	11	11	11	11
	14	3	3	4	5	11	11	11	11
5	15	3	4	4	5	11	11	11	11
	16	3	4	4	5	11	11	11	11
	17	3	4	4	5	11	11	11	11
	18	4	4	5	5	11	11	11	11
	19	4	4	5	5	11	11	11	11
	20	4	4	5	5	11	11	11	11

und stelle fest, ob die untere Schranke erreicht bzw. unterschritten oder die obere Schranke überschritten wird.

Ablesebeispiele: (1) Einseitiger Test gegen zu wenig Iterationen: für $N_1 = 3$ Einsen und $N_2 = 10$ Zweien dürfen höchstens $r_{0,05} = 3$ Iterationen auftreten, wenn Einsen und Zweien zu schlecht durchmischt sein sollen. (2) Einseitiger Test gegen zu viele Iterationen: Für $N_1 = 3$ und $N_2 = 4$ müssen mehr als $r'_{0,95} = 6$ Iterationen beobachtet werden, wenn Einsen und Zweien zu gut durchmischt sein sollen. (3) Zweiseitiger Test: Für $N_1 = 3$ und $N_2 = 10$ dürfen bei $\alpha = 0,05$ höchstens $r_{0,025} = 2$ bzw. müssen mehr als $r'_{0,975} = 7$ Iterationen beobachtet werden, wenn Einsen und Zweien außerzufällig durchmischt sein sollen."

Tabelle E6 (Fortsetzung)

N_1	N_2	α				$1-\alpha$			
		0,005	0,01	0,025	0,05	0,95	0,975	0,99	0,995
6	6	2	2	3	3	10	10	11	11
	7	2	3	3	4	10	11	11	12
	8	3	3	3	4	11	11	12	12
	9	3	3	4	4	11	12	12	13
	10	3	3	4	5	11	12	13	13
6	11	3	4	4	5	12	12	13	13
	12	3	4	4	5	12	12	13	13
	13	3	4	5	5	12	13	13	13
	14	4	4	5	5	12	13	13	13
	15	4	4	5	6	13	13	13	13
6	16	4	4	5	6	13	13	13	13
	17	4	5	5	6	13	13	13	13
	18	4	5	5	6	13	13	13	13
	19	4	5	6	6	13	13	13	13
	20	4	5	6	6	13	13	13	13
7	7	3	3	3	4	11	12	12	12
	8	3	3	4	4	12	12	13	13
	9	3	4	4	5	12	13	13	14
	10	3	4	5	5	12	13	14	14
	11	4	4	5	5	13	13	14	14
7	12	4	4	5	6	13	13	14	15
	13	4	5	5	6	13	14	15	15
	14	4	5	5	6	13	14	15	15
	15	4	5	6	6	14	14	15	15
	16	5	5	6	6	14	15	15	15
7	17	5	5	6	7	14	15	15	15
	18	5	5	6	7	14	15	15	15
	19	5	6	6	7	14	15	15	15
	20	5	6	6	7	14	15	15	15
8	8	3	4	4	5	12	13	13	14
	9	3	4	5	5	13	13	14	14
	10	4	4	5	6	13	14	14	15
	11	4	5	5	6	14	14	15	15
	12	4	5	6	6	14	15	15	16
8	13	5	5	6	6	14	15	16	16
	14	5	5	6	7	15	15	16	16
	15	5	5	6	7	15	15	16	17
	16	5	6	6	7	15	16	16	17
	17	5	6	7	7	15	16	17	17
8	18	6	6	7	8	15	16	17	17
	19	6	6	7	8	15	16	17	17
	20	6	6	7	8	16	16	17	17

Tabelle E6 (Fortsetzung)

N_1	N_2	α				$1-\alpha$			
		0,005	0,01	0,025	0,05	0,95	0,975	0,99	0,995
9	9	4	4	5	6	13	14	15	15
	10	4	5	5	6	14	15	15	16
	11	5	5	6	6	14	15	16	16
	12	5	5	6	7	15	15	16	17
	13	5	6	6	7	15	16	17	17
	14	5	6	7	7	16	16	17	17
9	15	6	6	7	8	16	17	17	18
	16	6	6	7	8	16	17	17	18
	17	6	7	7	8	16	17	18	18
	18	6	7	8	8	17	17	18	19
	19	6	7	8	8	17	17	18	19
	20	7	7	8	9	17	17	18	19
10	10	5	5	6	6	15	15	16	16
	11	5	5	6	7	15	16	17	17
	12	5	6	7	7	16	16	17	18
	13	5	6	7	8	16	17	18	18
	14	6	6	7	8	16	17	18	18
10	15	6	7	7	8	17	17	18	19
	16	6	7	8	8	17	18	19	19
	17	7	7	8	9	17	18	19	19
	18	7	7	8	9	18	18	19	20
	19	7	8	8	9	18	19	19	20
	20	7	8	9	9	18	19	19	20
11	11	5	6	7	7	16	16	17	18
	12	6	6	7	8	16	17	18	18
	13	6	6	7	8	17	18	18	19
	14	6	7	8	8	17	18	19	19
	15	7	7	8	9	18	18	19	20
11	16	7	7	8	9	18	19	20	20
	17	7	8	9	9	18	19	20	21
	18	7	8	9	10	19	19	20	21
	19	8	8	9	10	19	20	21	21
	20	8	8	9	10	19	20	21	21
12	12	6	7	7	8	17	18	18	19
	13	6	7	8	9	17	18	19	20
	14	7	7	8	9	18	19	20	20
	15	7	8	8	9	18	19	20	21
	16	7	8	9	10	19	20	21	21
12	17	8	8	9	10	19	20	21	21
	18	8	8	9	10	20	20	21	22
	19	8	9	10	10	20	21	22	22
	20	8	9	10	11	20	21	22	22

Tabelle E6 (Fortsetzung)

N_1	N_2	α				$1-\alpha$			
		0,005	0,01	0,025	0,05	0,95	0,975	0,99	0,995
13	13	7	7	8	9	18	19	20	20
	14	7	8	9	9	19	19	20	21
	15	7	8	9	10	19	20	21	21
	16	8	8	9	10	20	20	21	22
	17	8	9	10	10	20	21	22	22
13	18	8	9	10	11	20	21	22	23
	19	9	9	10	11	21	22	23	23
	20	9	10	10	11	21	22	23	23
14	14	7	8	9	10	19	20	21	22
	15	8	8	9	10	20	21	22	22
	16	8	9	10	11	20	21	22	23
	17	8	9	10	11	21	22	23	23
	18	9	9	10	11	21	22	23	24
14	19	9	10	11	12	22	22	23	24
	20	9	10	11	12	22	23	24	24
15	15	8	9	10	11	20	21	22	23
	16	9	9	10	11	21	22	23	23
	17	9	10	11	11	21	22	23	24
	18	9	10	11	12	22	23	24	24
	19	10	10	11	12	22	23	24	25
	20	10	11	12	12	23	24	25	25
16	16	9	10	11	11	22	22	23	24
	17	9	10	11	12	22	23	24	25
	18	10	10	11	12	23	24	25	25
	19	10	11	12	13	23	24	25	26
	20	10	11	12	13	24	24	25	26
17	17	10	10	11	12	23	24	25	25
	18	10	11	12	13	23	24	25	26
	19	10	11	12	13	24	25	26	26
	20	11	11	13	13	24	25	26	27
18	18	11	11	12	13	24	25	26	26
	19	11	12	13	14	24	25	26	27
	20	11	12	13	14	25	26	27	28
19	19	11	12	13	14	25	26	27	28
	20	12	12	13	14	26	26	28	28
20	20	12	13	14	15	26	27	28	29

Tabelle E7. Rangsummentest

(Aus: Lienert, G. A.: Verteilungsfreie Methoden in der Biostatistik. Tafelband. Meisenheim: Hain 1975)

N_2	$N_1=1$						$2\bar{T}$	$N_1=2$						$2\bar{T}$
	0,1%	0,5%	1%	2,5%	5%	10%		0,1%	0,5%	1%	2,5%	5%	10%	
2							4						–	10
3							5						3	12
4							6					–	3	14
5							7					3	4	16
6							8					3	4	18
7							9				–	3	4	20
8					–		10				3	4	5	22
9					–		11				3	4	5	24
10						1	12				3	4	6	26
11						1	13				3	4	6	28
12						1	14			–	4	5	7	30
13						1	15			3	4	5	7	32
14						1	16			3	4	6	8	34
15						1	17			3	4	6	8	36
16						1	18			3	4	6	8	38
17						1	19			3	5	6	9	40
18				–		1	20		–	4	5	7	9	42
19				–		2	21		3	4	5	7	10	44
20					1	2	22		3	4	5	7	10	46
21					1	2	23		3	4	6	8	11	48
22					1	2	24		3	4	6	8	11	50
23					1	2	25		3	4	6	8	12	52
24					1	2	26		3	4	6	9	12	54
25	–	–	–	–	1	2	27	–	3	4	6	9	12	56

Für die Handhabung der Tabelle gibt Lienert (1975, S. 76) folgende Anleitung:

„Die Tafel enthält für Stichproben von $N_1 \leqq N_2$ Beobachtungen die unteren Schranken der Prüfgröße T, wobei T als die Rangsumme T_1 der kleineren Stichprobe mit N_1 Beobachtungen oder als deren Komplement $2\bar{T} - T_1$ definiert ist, falls $T > 2\bar{T} - T_1$. Beobachtete T-Werte, die die angegebenen Schranken erreichen oder unterschreiten, sind auf der bezeichneten α-Stufe signifikant. Die α-Werte gelten für einseitige Fragestellung und sind bei zweiseitiger Fragestellung zu verdoppeln!

Ablesebeispiel: Eine Versuchsgruppe mit $N_1 = 2$ Meßwerten (22, 25) und eine Kontrollgruppe mit $N_2 = 5$ Meßwerten (14, 15, 17, 17, 21) liefert eine Rangsumme $T_1 = 6 + 7 = 13$ und ein Komplement $T_1 = 2\bar{T} - T_1 = 16 - 13 = 3 = T$, welcher T-Wert bei einseitiger Fragestellung eben auf der 5%-Stufe signifikant ist, da Subtafel $N_1 = 2$ in Zeile $N_2 = 5$ unter Spalte 5% ein $T = 3$ verzeichnet."

Tabelle E 7 (Fortsetzung)

N_2	$N_1=3$						$2\bar{T}$	$N_1=4$						$2\bar{T}$
	0,1%	0,5%	1%	2,5%	5%	10%		0,1%	0,5%	1%	2,5%	5%	10%	
3					6	7	21							
4				–	6	7	24			–	10	11	13	36
5				6	7	8	27			–	10	11	12	14	40
6			–	7	8	9	30		10	11	12	13	15	44
7			6	7	8	10	33		10	11	13	14	16	48
8		–	6	8	9	11	36		11	12	14	15	17	52
9		6	7	8	10	11	39	–	11	13	14	16	19	56
10		6	7	9	10	12	42	10	12	13	15	17	20	60
11		6	7	9	11	13	45	10	12	14	16	18	21	64
12		7	8	10	11	14	48	10	13	15	17	19	22	68
13		7	8	10	12	15	51	11	13	15	18	20	23	72
14		7	8	11	13	16	54	11	14	16	19	21	25	76
15		8	9	11	13	16	57	11	15	17	20	22	26	80
16	–	8	9	12	14	17	60	12	15	17	21	24	27	84
17	6	8	10	12	15	18	63	12	16	18	21	25	28	88
18	6	8	10	13	15	19	66	13	16	19	22	26	30	92
19	6	9	10	13	16	20	69	13	17	19	23	27	31	96
20	6	9	11	14	17	21	72	13	18	20	24	28	32	100
21	7	9	11	14	17	21	75	14	18	21	25	29	33	104
22	7	10	12	15	18	22	78	14	19	21	26	30	35	108
23	7	10	12	15	19	23	81	14	19	22	27	31	36	112
24	7	10	12	16	19	24	84	15	20	23	27	32	38	116
25	7	11	13	16	20	25	87	15	20	23	28	33	38	120

N_2	$N_1=5$						$2\bar{T}$	$N_1=6$						$2\bar{T}$
	0,1%	0,5%	1%	2,5%	5%	10%		0,1%	0,5%	1%	2,5%	5%	10%	
5		15	16	17	19	20	55							
6		16	17	18	20	22	60	–	23	24	26	28	30	78
7	–	16	18	20	21	23	65	21	24	25	27	29	32	84
8	15	17	19	21	23	25	70	22	25	27	29	31	34	90
9	16	18	20	22	24	27	75	23	26	28	31	33	36	96
10	16	19	21	23	26	28	80	24	27	29	32	35	38	102
11	17	20	22	24	27	30	85	25	28	30	34	37	40	108
12	17	21	23	26	28	32	90	25	30	32	35	38	42	114
13	18	22	24	27	30	33	95	26	31	33	37	40	44	120
14	18	22	25	28	31	35	100	27	32	34	38	42	46	126
15	19	23	26	29	33	37	105	28	33	36	40	44	48	132
16	20	24	27	30	34	38	110	29	34	37	42	46	50	138
17	20	25	28	32	35	40	115	30	36	39	43	47	52	144
18	21	26	29	33	37	42	120	31	37	40	45	49	55	150
19	22	27	30	34	38	43	125	32	38	41	46	51	57	156
20	22	28	31	35	40	45	130	33	39	43	48	53	59	162
21	23	29	32	37	41	47	135	33	40	44	50	55	61	168
22	23	29	33	38	43	48	140	34	42	45	51	57	63	174
23	24	30	34	39	44	50	145	35	43	47	53	58	65	180
24	25	31	35	40	45	51	150	36	44	48	54	60	67	186
25	25	32	36	42	47	53	155	37	45	50	56	62	69	192

Tabelle E7 (Fortsetzung)

N_2	$N_1 = 7$						$2\bar{T}$	$N_1 = 8$						$2\bar{T}$
	0,1%	0,5%	1%	2,5%	5%	10%		0,1%	0,5%	1%	2,5%	5%	10%	
7	29	32	34	36	39	41	105							
8	30	34	35	38	41	44	112	40	43	45	49	51	55	136
9	31	35	37	40	43	46	119	41	45	47	51	54	58	144
10	33	37	39	42	45	49	126	42	47	49	53	56	60	152
11	34	38	40	44	47	51	133	44	49	51	55	59	63	160
12	35	40	42	46	49	54	140	45	51	53	58	62	66	168
13	36	41	44	48	52	56	147	47	53	56	60	64	69	176
14	37	43	45	50	54	59	154	48	54	58	62	67	72	184
15	38	44	47	52	56	61	161	50	56	60	65	69	75	192
16	39	46	49	54	58	64	168	51	58	62	67	72	78	200
17	41	47	51	56	61	66	175	53	60	64	70	75	81	208
18	42	49	52	58	63	69	182	54	62	66	72	77	84	216
19	43	50	54	60	65	71	189	56	64	68	74	80	87	224
20	44	52	56	62	67	74	196	57	66	70	77	83	90	232
21	46	53	58	64	69	76	203	59	68	72	79	85	92	240
22	47	55	59	66	72	79	210	60	70	74	81	88	95	248
23	48	57	61	68	74	81	217	62	71	76	84	90	98	256
24	49	58	63	70	76	84	224	64	73	78	86	93	101	264
25	50	60	64	72	78	86	231	65	75	81	89	96	104	272

N_2	$N_1 = 9$						$2\bar{T}$	$N_1 = 10$						$2\bar{T}$
	0,1%	0,5%	1%	2,5%	5%	10%		0,1%	0,5%	1%	2,5%	5%	10%	
9	52	56	59	62	66	70	171							
10	53	58	61	65	69	73	180	65	71	74	78	82	87	210
11	55	61	63	68	72	76	189	67	73	77	81	86	91	220
12	57	63	66	71	75	80	198	69	76	79	84	89	94	230
13	59	65	68	73	78	83	207	72	79	82	88	92	98	240
14	60	67	71	76	81	86	216	74	81	85	91	96	102	250
15	62	69	73	79	84	90	225	76	84	88	94	99	106	260
16	64	72	76	82	87	93	234	78	86	91	97	103	109	270
17	66	74	78	84	90	97	243	80	89	93	100	106	113	280
18	68	76	81	87	93	100	252	82	92	96	103	110	117	290
19	70	78	83	90	96	103	261	84	94	99	107	113	121	300
20	71	81	85	93	99	107	270	87	97	102	110	117	125	310
21	73	83	88	95	102	110	279	89	99	105	113	120	128	320
22	75	85	90	98	105	113	288	91	102	108	116	123	132	330
23	77	88	93	101	108	117	297	93	105	110	119	127	136	340
24	79	90	95	104	111	120	306	95	107	113	122	130	140	350
25	81	92	98	107	114	123	315	98	110	116	126	134	144	360

Tabelle E7 (Fortsetzung)

N_2	$N_1=11$						$2\bar{T}$	$N_1=12$						$2\bar{T}$
	0,1%	0,5%	1%	2,5%	5%	10%		0,1%	0,5%	1%	2,5%	5%	10%	
11	81	87	91	96	100	106	253							
12	83	90	94	99	104	110	264	98	105	109	115	120	127	300
13	86	93	97	103	108	114	275	101	109	113	119	125	131	312
14	88	96	100	106	112	118	286	103	112	116	123	129	136	324
15	90	99	103	110	116	123	297	106	115	120	127	133	141	336
16	93	102	107	113	120	127	308	109	119	124	131	138	145	348
17	95	105	110	117	123	131	319	112	122	127	135	142	150	360
18	98	108	113	121	127	135	330	115	125	131	139	146	155	372
19	100	111	116	124	131	139	341	118	129	134	143	150	159	384
20	103	114	119	128	135	144	352	120	132	138	147	155	164	396
21	106	117	123	131	139	148	363	123	136	142	151	159	169	408
22	108	120	126	135	143	152	374	126	139	145	155	163	173	420
23	111	123	129	139	147	156	385	129	142	149	159	168	178	432
24	113	126	132	142	151	161	396	132	146	153	163	172	183	444
25	116	129	136	146	155	165	407	135	149	156	167	176	187	456

N_2	$N_1=13$						$2\bar{T}$	$N_1=14$						$2\bar{T}$
	0,1%	0,5%	1%	2,5%	5%	10%		0,1%	0,5%	1%	2,5%	5%	10%	
13	117	125	130	136	142	149	351							
14	120	129	134	141	147	154	364	137	147	152	160	166	174	406
15	123	133	138	145	152	159	377	141	151	156	164	171	179	420
16	126	136	142	150	156	165	390	144	155	161	169	176	185	434
17	129	140	146	154	161	170	403	148	159	165	174	182	190	448
18	133	144	150	158	166	175	416	151	163	170	179	187	196	462
19	136	148	154	163	171	180	429	155	168	174	183	192	202	476
20	139	151	158	167	175	185	442	159	172	178	188	197	207	490
21	142	155	162	171	180	190	455	162	176	183	193	202	213	504
22	145	159	166	176	185	195	468	166	180	187	198	207	218	518
23	149	163	170	180	189	200	481	169	184	192	203	212	224	532
24	152	166	174	185	194	205	494	173	188	196	207	218	229	546
25	155	170	178	189	199	211	507	177	192	200	212	223	235	560

N_2	$N_1=15$						$2\bar{T}$	$N_1=16$						$2\bar{T}$
	0,1%	0,5%	1%	2,5%	5%	10%		0,1%	0,5%	1%	2,5%	5%	10%	
15	160	171	176	184	192	200	465							
16	163	175	181	190	197	206	480	184	196	202	211	219	229	528
17	167	180	186	195	203	212	495	188	201	207	217	225	235	544
18	171	184	190	200	208	218	510	192	206	212	222	231	242	560
19	175	189	195	205	214	224	525	196	210	218	228	237	248	576
20	179	193	200	210	220	230	540	201	215	223	234	243	255	592
21	183	198	205	216	225	236	555	205	220	228	239	249	261	608
22	187	202	210	221	231	242	570	209	225	233	245	255	267	624
23	191	207	214	226	236	248	585	214	230	238	251	261	274	640
24	195	211	219	231	242	254	600	218	235	244	256	267	280	656
25	199	216	224	237	248	260	615	222	240	249	262	273	287	672

Tabelle E7 (Fortsetzung)

N_2	$N_1=17$						$2\bar{T}$	$N_1=18$						$2\bar{T}$
	0,1%	0,5%	1%	2,5%	5%	10%		0,1%	0,5%	1%	2,5%	5%	10%	
17	210	223	230	240	249	259	595							
18	214	228	235	246	255	266	612	237	252	259	270	280	291	666
19	219	234	241	252	262	273	629	242	258	265	277	287	299	684
20	223	239	246	258	268	280	646	247	263	271	283	294	306	702
21	228	244	252	264	274	287	663	252	269	277	290	301	313	720
22	233	249	258	270	281	294	680	257	275	283	296	307	321	738
23	238	255	263	276	287	300	697	262	280	289	303	314	328	756
24	242	260	269	282	294	307	714	267	286	295	309	321	335	774
25	247	265	275	288	300	314		273	292	301	316	328	343	792

N_2	$N_1=19$						$2\bar{T}$	$N_1=20$						$2\bar{T}$
	0,1%	0,5%	1%	2,5%	5%	10%		0,1%	0,5%	1%	2,5%	5%	10%	
19	267	283	291	303	313	325	741							
20	272	289	297	309	320	333	760	298	315	324	337	348	361	820
21	277	295	303	316	328	341	779	304	322	331	344	356	370	840
22	283	301	310	323	335	349	798	309	328	337	351	364	378	860
23	288	307	316	330	342	357	817	315	335	344	359	371	386	880
24	294	313	323	337	350	364	836	321	341	351	366	379	394	900
25	299	319	329	344	357	372	855	327	348	358	373	387	403	920

N_2	$N_1=21$						$2\bar{T}$	$N_1=22$						$2\bar{T}$
	0,1%	0,5%	1%	2,5%	5%	10%		0,1%	0,5%	1%	2,5%	5%	10%	
21	331	349	359	373	385	399	903							
22	337	356	366	381	393	408	924	365	386	396	411	424	439	990
23	343	363	373	388	401	417	945	372	393	403	419	432	448	1012
24	349	370	381	396	410	425	966	379	400	411	427	441	457	1034
25	356	377	388	404	418	434	987	385	408	419	435	450	467	1056

N_2	$N_1=23$						$2\bar{T}$	$N_1=24$						$2\bar{T}$
	0,1%	0,5%	1%	2,5%	5%	10%		0,1%	0,5%	1%	2,5%	5%	10%	
23	402	424	434	451	465	481	1081							
24	409	431	443	459	474	491	1104	440	464	475	492	507	525	1176
25	416	439	451	468	483	500	1127	448	472	484	501	517	535	1200

N_2	$N_1=25$						$2\bar{T}$
	0,1%	0,5%	1%	2,5%	5%	10%	
25	480	505	517	536	552	570	1275

Tabelle E8. χ^2-Verteilungen (Zit. nach Hays, W. L., Winkler, R. L.: Statistics, Vol. I, pp. 604–605. New York: Holt, Rinehart and Winston 1970.)

Fläche d.f.	0,005	0,010	0,025	0,050	0,100	0,250	0,500
1	392704·10⁻¹⁰	157088·10⁻⁹	982069·10⁻⁹	393214·10⁻⁸	0,0157908	0,1015308	0,454937
2	0,0100251	0,0201007	0,0506356	0,102587	0,210720	0,575364	1,38629
3	0,0717212	0,114832	0,215795	0,351846	0,584375	1,212534	2,36597
4	0,206990	0,297110	0,484419	0,710721	1,063623	1,92255	3,35670
5	0,411740	0,554300	0,831211	1,145476	1,61031	2,67460	4,35146
6	0,675727	0,872085	1,237347	1,63539	2,20413	3,45460	5,34812
7	0,989265	1,239043	1,68987	2,16735	2,83311	4,25485	6,34581
8	1,344419	1,646482	2,17973	2,73264	3,48954	5,07064	7,34412
9	1,734926	2,087912	2,70039	3,32511	4,16816	5,89883	8,34283
10	2,15585	2,55821	3,24697	3,94030	4,86518	6,73720	9,34182
11	2,60321	3,05347	3,81575	4,57481	5,57779	7,58412	10,3410
12	3,07382	3,57056	4,40379	5,22603	6,30380	8,43842	11,3403
13	3,56503	4,10691	5,00874	5,89186	7,04150	9,29906	12,3398
14	4,07468	4,66043	5,62872	6,57063	7,78953	10,1653	13,3393
15	4,60094	5,22935	6,26214	7,26094	8,54675	11,0365	14,3389
16	5,14224	5,81221	6,90766	7,96164	9,31223	11,9122	15,3385
17	5,69724	6,40776	7,56418	8,67176	10,0852	12,7919	16,3381
18	6,26481	7,01491	8,23075	9,39046	10,8649	13,6753	17,3379
19	6,84398	7,63273	8,90655	10,1170	11,6509	14,5620	18,3376
20	7,43386	8,26040	9,59083	10,8508	12,4426	15,4518	19,3374
21	8,03366	8,89720	10,28293	11,5913	13,2396	16,3444	20,3372
22	8,64272	9,54249	10,9823	12,3380	14,0415	17,2396	21,3370

Tabelle E 8 (Fortsetzung)

d.f.	0,005	0,010	0,025	0,050	0,100	0,250	0,500
23	9,26042	10,19567	11,6885	13,0905	14,8479	18,1373	22,3369
24	9,88623	10,8564	12,4011	13,8484	15,6587	19,0372	23,3367
25	10,5197	11,5240	13,1197	14,6114	16,4734	19,9393	24,3366
26	11,1603	12,1981	13,8439	15,3791	17,2919	20,8434	25,3364
27	11,8076	12,8786	14,5733	16,1513	18,1138	21,7494	26,3363
28	12,4613	13,5648	15,3079	16,9279	18,9392	22,6572	27,3363
29	13,1211	14,2565	16,0471	17,7083	19,7677	23,5666	28,3362
30	13,7867	14,9535	16,7908	18,4926	20,5992	24,4776	29,3360
40	20,7065	22,1643	24,4331	26,5093	29,0505	33,6603	39,3354
50	27,9907	29,7067	32,3574	34,7642	37,6886	42,9421	49,3349
60	35,5346	37,4848	40,4817	43,1879	46,4589	52,2938	59,3347
70	43,2752	45,4418	48,7576	51,7393	55,3290	61,6983	69,3344
80	51,1720	53,5400	57,1532	60,3915	64,2778	71,1445	79,3343
90	59,1963	61,7541	65,6466	69,1260	73,2912	80,6247	89,3342
100	67,3276	70,0648	74,2219	77,9295	82,3581	90,1332	99,3341
z	−2,5758	−2,3263	−1,9600	−1,6449	−1,2816	−0,6745	0,0000

d.f.	0,750	0,900	0,950	0,975	0,990	0,995	0,999
1	1,32330	2,70554	3,84146	5,02389	6,63490	7,87944	10,828
2	2,77259	4,60517	5,99147	7,37776	9,21034	10,5966	13,816
3	4,10835	6,25139	7,81473	9,34840	11,3449	12,8381	16,266
4	5,38527	7,77944	9,48773	11,1433	13,2767	14,8602	18,467
5	6,62568	9,23635	11,0705	12,8325	15,0863	16,7496	20,515
6	7,84080	10,6446	12,5916	14,4494	16,8119	18,5476	22,458
7	9,03715	12,0170	14,0671	16,0128	18,4753	20,2777	24,322
8	10,2188	13,3616	15,5073	17,5346	20,0902	21,9550	26,125
9	11,3887	14,6837	16,9190	19,0228	21,6660	23,5893	27,877
10	12,5489	15,9871	18,3070	20,4831	23,2093	25,1882	29,588
11	13,7007	17,2750	19,6751	21,9200	24,7250	26,7569	31,264

Tabelle E 8 (Fortsetzung)

d.f.	0,750	0,900	0,950	0,975	0,990	0,995	0,999
12	14,8454	18,5494	21,0261	23,3367	26,2170	28,2995	32,909
13	15,9839	19,8119	22,3621	24,7356	27,6883	29,8194	34,528
14	17,1170	21,0642	23,6848	26,1190	29,1413	31,3193	36,123
15	18,2451	22,3072	24,9958	27,4884	30,5779	32,8013	37,697
16	19,3688	23,5418	26,2962	28,8454	31,9999	34,2672	39,252
17	20,4887	24,7690	27,5871	30,1910	33,4087	35,7185	40,790
18	21,6049	25,9894	28,8693	31,5264	34,8053	37,1564	42,312
19	22,7178	27,2036	30,1435	32,8523	36,1908	38,5822	43,820
20	23,8277	28,4120	31,4104	34,1696	37,5662	39,9968	45,315
21	24,9348	29,6151	32,6705	35,4789	38,9321	41,4010	46,797
22	26,0393	30,8133	33,9244	36,7807	40,2894	42,7956	48,268
23	27,1413	32,0069	35,1725	38,0757	41,6384	44,1813	49,728
24	28,2412	33,1963	36,4151	39,3641	42,9798	45,5585	51,179
25	29,3389	34,3816	37,6525	40,6465	44,3141	46,9278	52,620
26	30,4345	35,5631	38,8852	41,9232	45,6417	48,2899	54,052
27	31,5284	36,7412	40,1133	43,1944	46,9630	49,6449	55,476
28	32,6205	37,9159	41,3372	44,4607	48,2782	50,9933	56,892
29	33,7109	39,0875	42,5569	45,7222	49,5879	52,3356	58,302
30	34,7998	40,2560	43,7729	46,9792	50,8922	53,6720	59,703
40	45,6160	51,8050	55,7585	59,3417	63,6907	66,7659	73,402
50	56,3336	63,1671	67,5048	71,4202	76,1539	79,4900	86,661
60	66,9814	74,3970	79,0819	83,2976	88,3794	91,9517	99,607
70	77,5766	85,5271	90,5312	95,0231	100,425	104,215	112,317
80	88,1303	96,5782	101,879	106,629	112,329	116,321	124,839
90	98,6499	107,565	113,145	118,136	124,116	128,299	137,208
100	109,141	118,498	124,342	129,561	135,807	140,169	149,449
z	+0,6745	+1,2816	+1,6449	+1,9600	+2,3263	+2,5758	+3,0902

Tabelle E9. Fishers Z-Werte (Zit. nach: Glass, G. V., Stanley, J. C.: Statistical methods in education and psychology, p. 534. New Jersey: Prentice Hall, Inc. Englewood Cliffs 1970.)

r	Z	r	Z	r	Z	r	Z	r	Z
0,000	0,000	0,200	0,203	0,400	0,424	0,600	0,693	0,800	1,099
0,005	0,005	0,205	0,208	0,405	0,430	0,605	0,701	0,805	1,113
0,010	0,010	0,210	0,213	0,410	0,436	0,610	0,709	0,810	1,127
0,015	0,015	0,215	0,218	0,415	0,442	0,615	0,717	0,815	1,142
0,020	0,020	0,220	0,224	0,420	0,448	0,620	0,725	0,820	1,157
0,025	0,025	0,225	0,229	0,425	0,454	0,625	0,733	0,825	1,172
0,030	0,030	0,230	0,234	0,430	0,460	0,630	0,741	0,830	1,188
0,035	0,035	0,235	0,239	0,435	0,466	0,635	0,750	0,835	1,204
0,040	0,040	0,240	0,245	0,440	0,472	0,640	0,758	0,840	1,221
0,045	0,045	0,245	0,250	0,445	0,478	0,645	0,767	0,845	1,238
0,050	0,050	0,250	0,255	0,450	0,485	0,650	0,775	0,850	1,256
0,055	0,055	0,255	0,261	0,455	0,491	0,655	0,784	0,855	1,274
0,060	0,060	0,260	0,266	0,460	0,497	0,660	0,793	0,860	1,293
0,065	0,065	0,265	0,271	0,465	0,504	0,665	0,802	0,865	1,313
0,070	0,070	0,270	0,277	0,470	0,510	0,670	0,811	0,870	1,333
0,075	0,075	0,275	0,282	0,475	0,517	0,675	0,820	0,875	1,354
0,080	0,080	0,280	0,288	0,480	0,523	0,680	0,829	0,880	1,376
0,085	0,085	0,285	0,293	0,485	0,530	0,685	0,838	0,885	1,398
0,090	0,090	0,290	0,299	0,490	0,536	0,690	0,848	0,890	1,422
0,095	0,095	0,295	0,304	0,495	0,543	0,695	0,858	0,895	1,447
0,100	0,100	0,300	0,310	0,500	0,549	0,700	0,867	0,900	1,472
0,105	0,105	0,305	0,315	0,505	0,556	0,705	0,877	0,905	1,499
0,110	0,110	0,310	0,321	0,510	0,563	0,710	0,887	0,910	1,528
0,115	0,116	0,315	0,326	0,515	0,570	0,715	0,897	0,915	1,557
0,120	0,121	0,320	0,332	0,520	0,576	0,720	0,908	0,920	1,589
0,125	0,126	0,325	0,337	0,525	0,583	0,725	0,918	0,925	1,623
0,130	0,131	0,330	0,343	0,530	0,590	0,730	0,929	0,930	1,658
0,135	0,136	0,335	0,348	0,535	0,597	0,735	0,940	0,935	1,697
0,140	0,141	0,340	0,354	0,540	0,604	0,740	0,950	0,940	1,738
0,145	0,146	0,345	0,360	0,545	0,611	0,745	0,962	0,945	1,783
0,150	0,151	0,350	0,365	0,550	0,618	0,750	0,973	0,950	1,832
0,155	0,156	0,355	0,371	0,555	0,626	0,755	0,984	0,955	1,886
0,160	0,161	0,360	0,377	0,560	0,633	0,760	0,996	0,960	1,946
0,165	0,167	0,365	0,383	0,565	0,640	0,765	1,008	0,965	2,014
0,170	0,172	0,370	0,388	0,570	0,648	0,770	1,020	0,970	2,092
0,175	0,177	0,375	0,394	0,575	0,655	0,775	1,033	0,975	2,185
0,180	0,182	0,380	0,400	0,580	0,662	0,780	1,045	0,980	2,298
0,185	0,187	0,385	0,406	0,585	0,670	0,785	1,058	0,985	2,443
0,190	0,192	0,390	0,412	0,590	0,678	0,790	1,071	0,990	2,647
0,195	0,198	0,395	0,418	0,595	0,685	0,795	1,085	0,995	2,994

Tabelle E 10. Arcus-sinus Transformation.
(Aus: Winer, B. J.: Statistical Principles in experimental Design. New York: Mc Graw Hill 1962)

X	ϕ	X	ϕ	X	ϕ	X	ϕ	X	ϕ
0,001	0,0633	0,041	0,4078	0,36	1,2870	0,76	2,1177	0,971	2,7993
0,002	0,0895	0,042	0,4128	0,37	1,3078	0,77	2,1412	0,972	2,8053
0,003	0,1096	0,043	0,4178	0,38	1,3284	0,78	2,1652	0,973	2,8115
0,004	0,1266	0,044	0,4227	0,39	1,3490	0,79	2,1895	0,974	2,8177
0,005	0,1415	0,045	0,4275	0,40	1,3694	0,80	2,2143	0,975	2,8240
0,006	0,1551	0,046	0,4323	0,41	1,3898	0,81	2,2395	0,976	2,8305
0,007	0,1675	0,047	0,4371	0,42	1,4101	0,82	2,2653	0,977	2,8371
0,008	0,1791	0,048	0,4418	0,43	1,4303	0,83	2,2916	0,978	2,8438
0,009	0,1900	0,049	0,4464	0,44	1,4505	0,84	2,3186	0,979	2,8507
0,010	0,2003	0,050	0,4510	0,45	1,4706	0,85	2,3462	0,980	2,8578
0,011	0,2101	0,06	0,4949	0,46	1,4907	0,86	2,3746	0,981	2,8650
0,012	0,2195	0,07	0,5355	0,47	1,5108	0,87	2,4039	0,982	2,8725
0,013	0,2285	0,08	0,5735	0,48	1,5308	0,88	2,4341	0,983	2,8801
0,014	0,2372	0,09	0,6094	0,49	1,5508	0,89	2,4655	0,984	2,8879
0,015	0,2456	0,10	0,6435	0,50	1,5708	0,90	2,4981	0,985	2,8960
0,016	0,2537	0,11	0,6761	0,51	1,5908	0,91	2,5322	0,986	2,9044
0,017	0,2615	0,12	0,7075	0,52	1,6108	0,92	2,5681	0,987	2,9131
0,018	0,2691	0,13	0,7377	0,53	1,6308	0,93	2,6062	0,988	2,9221
0,019	0,2766	0,14	0,7670	0,54	1,6509	0,94	2,6467	0,989	2,9315
0,020	0,2838	0,15	0,7954	0,55	1,6710	0,95	2,6906	0,990	2,9413
0,021	0,2909	0,16	0,8230	0,56	1,6911	0,951	2,6952	0,991	2,9516
0,022	0,2978	0,17	0,8500	0,57	1,7113	0,952	2,6998	0,992	2,9625
0,023	0,3045	0,18	0,8763	0,58	1,7315	0,953	2,7045	0,993	2,9741
0,024	0,3111	0,19	0,9021	0,59	1,7518	0,954	2,7093	0,994	2,9865
0,025	0,3176	0,20	0,9273	0,60	1,7722	0,955	2,7141	0,995	3,0001
0,026	0,3239	0,21	0,9521	0,61	1,7926	0,956	2,7189	0,996	3,0150
0,027	0,3301	0,22	0,9764	0,62	1,8132	0,957	2,7238	0,997	3,0320
0,028	0,3363	0,23	1,0004	0,63	1,8338	0,958	2,7288	0,998	3,0521
0,029	0,3423	0,24	1,0239	0,64	1,8546	0,959	2,7338	0,999	3,0783
0,030	0,3482	0,25	1,0472	0,65	1,8755	0,960	2,7389		
0,031	0,3540	0,26	1,0701	0,66	1,8965	0,961	2,7440		
0,032	0,3597	0,27	1,0928	0,67	1,9177	0,962	2,7492		
0,033	0,3654	0,28	1,1152	0,68	1,9391	0,963	2,7545		
0,034	0,3709	0,29	1,1374	0,69	1,9606	0,964	2,7598		
0,035	0,3764	0,30	1,1593	0,70	1,9823	0,965	2,7652		
0,036	0,3818	0,31	1,1810	0,71	2,0042	0,966	2,7707		
0,037	0,3871	0,32	1,2025	0,72	2,0264	0,967	2,7762		
0,038	0,3924	0,33	1,2239	0,73	2,0488	0,968	2,7819		
0,039	0,3976	0,34	1,2451	0,74	2,0715	0,969	2,7876		
0,040	0,4027	0,35	1,2661	0,75	2,0944	0,970	2,7934		

Literatur

Adair, J.G.: The human subject. The social psychology of the psychological experiment. Boston: Little, Brown and Co., 1973.

Adam, J.: Sequential strategies and the separation of age, cohort, and time of measurement contributions to developmental data. Psychol. Bulletin **85**, 1309–1316 (1978).

Adamson, R.E.: Functional fixedness as related to problem-solving. J. exp. Psychol. **44**, 288–291 (1952).

Adelson, J.: Personality. In: Mussen, P.H. & Rosenzweig, M.R. (Eds.): Annual Review of Psychology **20**, 217–252 (1969).

Adler, F.: Operational definitions in sociology. American Journal of sociology **52**, 438–444 (1947).

Adrian, E.D., Matthews, B.H.C.: The Berger rhythm: Potential changes from the occipital lobes in man. Brain **57**, 355–385 (1934).

Ahrens, H.J.: Multidimensionale Skalierung. Weinheim: Beltz 1974.

Aiken, L.R., jr.: Psychological testing and assessment. Boston: Allyn and Bacon 1976.

Aiken, L.R.: Content validity and reliability of single items or questionnaires. Educ. psychol. measmt. **40**, 955–959 (1980).

Aiken, L.R.: Proportions of returns in survey research. Educ. psychol. measmt. **41**, 1033–1038 (1981).

Aiken, L.R., Williams, E.N.: Effects of instructions, option keying, and knowledge of test material on seven methods of scoring two-options items. Educ. psychol. measmt. **38**, 53–59 (1978).

Allport, G.W.: Gestalt und Wachstum in der Persönlichkeit. Meisenheim: Hain 1970.

Alpert, H.: Operational definitions in sociology. American sociological revue **3**, 855–861 (1938).

Amelang, M.: Erfassung einiger Kriterien des Studienerfolges in mehreren Fachrichtungen mit Hilfe von Leistungs- und Persönlichkeitstests. Psychologie in Erziehung und Unterricht **23**, 259–272 (1976).

Amelang, M., Bartussek, D.: Untersuchung zur Validität einer neuen Lügenskala. Diagnostica **16**, 103–122 (1970).

Amelang, M., Kühn, R.: Warum sind die Schulnoten von Mädchen durch Leistungstests besser vorhersagbar als diejenigen von Jungen? Zeitschrift für Entwicklungspsychologie und Pädagogische Psychologie **2**, 210–220 (1970).

American Psychological Association (Ed.) Publication manual of the American Psychological Association, Washington, D.C.: APA, 1975[2].

Amthauer, R.: Intelligenz-Struktur-Test I-S-T 70. Göttingen: Hogrefe 1971.

Anastasi, A.: Psychological Testing. New York: Macmillan 1963.

Anderson, H.H. u. Anderson, G.L. (Ed.) An introduction to projective techniques. New York: Prentice Hall 1951.

Anderson, N.H.: Averaging model analysis of set-size effect in impression formation. Journal of experimental psychology **75**, 158–165 (1967).

Andreasen, A.R.: Personalizing mail-questionnaires correspondence. Public Opinion Quarterly **34**, 2, 273–277 (1970).

Anger, H.: Befragung und Erhebung. In: Graumann, C. (Hrsg.): Handbuch der Psychologie, Band 7, Sozialpsychologie, 1. Halbband, Theorien und Methoden. Göttingen: Hogrefe 1967, S. 567–618.

APA committee on ethical standards. Ethical Principles in the conduct of Research with Human Participants. Washington, D.C.: American Psychological Association, 1973.

Appley, M.H. u. Trumbull, R. (Eds.): Psychological stress: Issues in research. New York: Appleton-Century-crofts, 1967.

Arminger, G.: Klassische Anwendungen verallgemeinerter linearer Modelle in der empirischen Sozialforschung. ZUMA-Arbeitsberichte, Nr. 1982/03, Mannheim 1982.

Asendorf, J., Wallbott, H.G.: Maße der Beobachterübereinstimmung: Ein systematischer Vergleich. Zeitschrift für Sozialpsychologie **10**, 243–252 (1979).

Assael, H., Eastlack, J.O.: Better telephone surveys through centralized interviewing. Journal of advertising research **6**, 2–7 (1966).

Atteslander, P.: The Interaction-Gram. Human Organisation, Bd. 13, 1956.

Atteslander, P., Kneubühler, H.U.: Verzerrungen im Interview. Zu einer Fehlertheorie der Befragung. Opladen: Westdeutscher Verlag 1975.

Attneave, F.: A method of graded dichotomies for the scaling of judgements. Psychological Review **56**, 334–340 (1949).

Attneave, F.: Dimensions of similarity. American Journal of Psychology **63**, 516–556 (1950).

Austin, J.L.: Zur Theorie der Sprechakte. Stuttgart: Reclam 1972.

Bachrack, S.D., Scoble, H.M.: Mail questionnaire efficiency: controlled reduction of nonresponse. Public Opinion Quarterly **31**, 265–271 (1967).

Badia, P., Haber, A., Runyon, R.P. (Eds.): Research problems in psychology. Reading, Mass.: Addison-Wesley 1970.

Baer, D.M., Wolf, M.M., Risley, T.R.: Some current dimensions of applied behavior analysis. Journal of applied behavior analysis **7**, 71–76 (1968).

Bailar, B.A., Bailey, L, Corby, C.: A comparison of some adjustment and weighting procedures for survey data. In: N.K. Namboodiri (Ed.): Survey sampling and measurement. New York: Academic press 1979.

Bakan, D.: The test of significance in psychological research. Psychological Bulletin **66**, 423–437 (1966).

Baker, B.O., Hardyck, C.D., Petrinovich, L.F.: Weak measurement vs. strong statistics: An empirical critique of S.S. Stevens proscriptions on statistics. Educational psychological measurement **26**, 291–309 (1966).

Baldwin, A.L.: Personal structure analysis: A statistical method for investigating the single personality. Journal of abnormal psychology **37**, 163–183 (1942).

Ball, S., Bogatz, G.A.: The first year of Sesame Street: An evaluation. Princeton, New York: Educational Testing Service 1970.

Baltes, P.B.: Längsschnitt- und Querschnittsequenzen zur Erfassung von Alters- und Generationseffekten. Phil. Diss., Saarbrücken 1967.

Baltes, P.B., Reese, H.W., Nesselroade, J.R.: Life-span development Psychology: Introduction to research methods. Monterey: Brooks 1977.

Banaka, W.: Training in depth interviewing. New York: Harper und Row 1971.

Bancroft, G., Welch, E.H.: Recent experience with problems of labor force measurement. Journal of the American statistical Association **41**, 303–312 (1946).

Barber, T.X.: Pitfalls in research: Nine investigator and experimenter effects. In: Travers, R.M. (Ed.): Handbook of research and teaching. Chicago: Rand McNally 1972.

Barber, T.X.: Pitfalls in human research. New York: Pergamon Press 1976.

Barber, T.X., Silver, M.J.: Fact, fiction and the experimenter bias effect. Psychological Bulletin, 70, Monograph Nr. **6**, II 1–29 (1968).

Barker, R.G.: The stream of behavior. New York: Appleton Century Crofts 1963.

Barker, R.G., Wright, H.F.: Midwest and its children. New York: Harper 1955.

Barlow, D.H., Hersen, M.: Single case experimental designs. Archives of General Psychiatry **29**, 319–325 (1973).

Barth, N.: Modelle zur Ratewahrscheinlichkeit bei Mehrfach-Antwort-Aufgaben. Zeitschrift für erziehungswissenschaftliche Forschung **7**, 63–70 (1973).

Barton, A.H., Lazarsfeld, P.F.: Einige Funktionen von qualitativer Analyse in der Sozialforschung. In: Hopf, C., Weingarten, E. (Hrsg.): Qualitative Sozialforschung, Stuttgart: Klett 1979.

Baumrind, D.: Some thoughts on ethics of research: after reading Milgram's "Behavioral study of obedience". American Psychologist **19**, 421–423 (1964).

Bayes, T.: An essay towards solving a problem in the doctrine of chance. Philosophical transactions of the Royal Society **53**, 370–418 (1763). [Neu aufgelegt mit einer Biographie von Bayes in G.A. Barnard: Studies in the history of probability and statistics: IX. Biometrika **45**, 293–315 (1958)].

Beach, F.A.: The Snark was a Boojum. In: Schultz, D.P. (Ed.) The Science of Psychology: Critical Reflections. New York: Appleton-century-crofts 1970.

Beals, R., Krantz, D.H., Tversky, A.: Foundations of multidimensional scaling. Psychological Revue **75**, 127–142 (1968).

Beatty, J. u. Legewie, H. (Eds.): Biofeedback and behavior. New York: Plenum Press 1977.

Bechtel, G.G.: Folded and unfolded scaling from preferential paired comparisons. Journal of mathematical psychology **5**, 333–357 (1968).

Benjamin, A.C.: Operationism. Springfield, Ill.: C.C. Thomas 1955.

Bennett, J.F., Hays, W.L.: Multidimensional unfolding: Determining the dimensionality of ranked preference data. Psychometrika **4**, 19–25 (1960).

Benninghaus, H.: Soziale Einstellungen und soziales Verhalten. Zur Kritik des Attitüdenkonzeptes. In: Albrecht, G., Daheim, H.J., Sack, F. (Hrsg.): Soziologie, Sprache, Bezug zur Praxis, Verhältnis zu anderen Wissenschaften. Festschrift für R. König zum 65. Geburtstag. Opladen: Westdeutscher Verlag 1973, 671–707.

Bentler, P.M.: Multivariate analysis with variables: Cuasal modeling. Annual Review of Psychology **31**, 419–456 (1980).

Berelson, B.: Concent analysis in communication research. New York: Hafner 1952.

Berg, I.A. (Hrsg.): Response set in personality assessment. Chicago: Aldine Publ. Comp. 1967.

Berger, H.: Über das Elektrenkephalogramm des Menschen. Arch. Psychat. Nerv. Krankh. **87**, 527–570 (1929).

Berger, J.O.: Statistical decision theory. New York: Springer 1980.

Bergmann, G.: Sinn und Unsinn des Operationalismus. In: Topitsch, E. (Hrsg.): Logik der Sozialwissenschaften. Köln: Kiepenheuer & Witsch 1965.

Bergmann, G., Spence, K.W.: Operationism and theory in psychology. Psychological Review **48**, 1–14 (1941).

Bernal, J.D.: Sozialgeschichte der Wissenschaften. Reinbek: Rowohlt 1970.

Bernardin, H.J.: Behavioral expectation scales versus summated ratings: A fairer comparison. Journal of applied Psychology **62**, 422–427 (1977).

Bernardin, H.J., Walter, C.S.: Effects of rater training and diary-helping on psychometric error in ratings. Journal of applied psychology **62**, 64–69 (1977).

Bernstein, B.: Studien zur sprachlichen Sozialisation. Düsseldorf: Pädagogischer Verlag Schwann 1972.

Berufsverband deutscher Psychologen. Berufsethische Verpflichtungen für Psychologen. Psychologische Rundschau, 1967, Beilage.

Billeter, E.P.: Grundlagen der repräsentativen Statistik. Wien: Springer 1970.

Binder, J., Sieber, M., Angst, J.: Verzerrungen bei postalischen Befragungen: das Problem der Nichtbeantworter, Zeitschrift für experimentelle und angewandte Psychologie **26**, 53–71 (1979).

Bintig, A.: The efficiency of various estimations of reliability of rating-scales. Educational psychological measurement **40**, 619–644 (1980).

Birbaumer, N.: Physiologische Psychologie. Berlin: Springer 1975.

Bischoff, C., Wilkes, F.W.: Wahrnehmung von Muskelspannung bei Personen mit Spannungskopfschmerzen. In: Eckensberger, L.H. (Hrsg.) Ber. 31. Kongr. der Deutschen Gesellschaft für Psychologie, Band 2, Göttingen: Hogrefe 1979.

Bishop, Y.M.M., Fienberg, S.E., Holland, P.W.: Discrete multivariate analysis. Cambridge, Mass.: MIT Press 1975.

Black, P. (Ed.): Physiological correlates of emotion. New York: Academic Press 1970.

Blair, R.C., Higgins, J.J.: Tests of hypotheses for unbalanced factorial designs under various regression/coding method combinations. Educational psychological measurement **38**, 621–631 (1978).

Blalock, H.M. (Ed.): Causal models in the social sciences. London: MacMillan 1971.

Blumer, H.: Methodologische Prinzipien empirischer Wissenschaft. In: Gerdes, K. (Hrsg.): Explorative Sozialforschung. Stuttgart: Enke 1979.

Boden, U., Bortz, J., Braune, P., Franke, J.: Langzeiteffekte zweier Tageszeitungen auf politische Einstellungen der Leser. Kölner Zeitschrift für Soziologie u. Sozialpsychologie, 754–780 (1975).

Böltken, F.: Auswahlverfahren. Stuttgart: Teubner 1976.

Bösel, R.: Streß. Einführung in die psychosomatische Belastungsforschung. Hamburg: Hoffmann und Campe 1978.

Böttcher, W., Zielinski, J.: Wissenschaftliches Arbeiten. Düsseldorf: Droste Verlag 1973.

Bongers, D., Rehm, G.: Kontaktwunsch und Kontaktwirklichkeit von Bewohnern einer Siedlung. Unveröffentlichte Diplomarbeit, Bonn 1973.

Boring, E.G.: Sensation and perception in the history of experimental psychology. New York: Appleton Century Crofts 1942.

Borman, W.C.: Effects of instructions to avoid error on reliability and validity of performance evaluation ratings. Journal of applied Psychology **60**, 556–560 (1975).

Bortz, J.: Beiträge zur Anwendung der Psychologie auf den Städtebau II. Erkundungsexperiment zur Beziehung zwischen Fassadengestaltung und ihrer Wirkung auf den Betrachter. Zeitschrift für experimentelle und angewandte Psychologie **19**, 226–281 (1972).

Bortz, J.: Kritische Bemerkungen über den Einsatz nichteuklidischer Metriken im Rahmen der multidimensionalen Skalierung. Arch. ges. Psychol. **126**, 196–212 (1974).

Bortz, J.: Kritische Bemerkungen zur Verwendung nicht-euklidischer Metriken in der multidimensionalen Skalierung. In: Tack, W.H. (Hrsg.): Bericht über den 29. Kongress der Deutschen Gesellschaft für Psychologie in Salzburg 1974, Band 1, Göttingen: Hogrefe 1975, 405–407 (a).

Bortz, J.: Das INDSCAL-Verfahren als Methode zur Differenzierung kognitiver Strukturen. Zeitschrift für experimentelle und angewandte Psychologie **22**, 33–46 (1975 b).

Bortz, J.: Lehrbuch der Statistik. Berlin, Heidelberg, New York: Springer, Korr. Nachdruck der 1. Auflage, 1979.

Bortz, J., Braune, P.: The effects of daily newspapers on their readers – Exemplary presentation of a study and its results. European Journal of social Psychology **10**, 165–193 (1980).

Bortz, J., Österreich, R., Vogelbusch, W.: Die Ermittlung optimaler Stichprobenumfänge für die Durchführung von Binomialtests. Arch. f. Psychologie **131**, 267–292 (1979).

Bouchard, T.J.: Field research methods: Interviewing, questionnaires, participant observation, systematic observation, unobtrusive measures. In: Dunette, M.D. (Ed.): Handbook of industrial and organizational psychology. Chicago: Rand McNally 1976.

Box, G.E.P., Jenkins, G.M.: Time series analysis: forecasting and control. San Francisco: Holden-Day 1976.

Bradley, R.a., Terry, M.E.: The rank analysis of incomplete block designs. I: The method of paired comparison. Biometrika **39**, 324–345 (1952).

Brandt, L.W.: (Vl ≡ Vp) v (Vl ≢ Vp). Zeitschrift für Sozialpsychologie **2**, 271–272 (1971).

Brandt, L.W.: Experimenter-Effect Research. Psychologische Beiträge **17**, 133–140 (1975).

Brandt, L.W.: Measuring of a measurement: Empirical investigation of the semantic differential. Probleme und Ergebnisse der Psychologie **66**, 71–74 (1978).

Brandt, L.W., Brandt, E.P.: Der Psychologe und der Mensch. Psychologische Rundschau **25**, 255–266 (1974).

Braune, P., Boden, U., Bortz, J., Franke, J.: Der Einfluß von Tageszeitungen auf die Bewertung eines aktuellen politischen Ereignisses. Zeitschrift für Sozialpsychologie **7**, 154–167 (1976).

Bredenkamp, J.: Über Maße der praktischen Signifikanz. Zeitschrift für Psychologie **177**, 310–318 (1969).

Bredenkamp, J.: Der Signifikanztest in der psychologischen Forschung. Frankfurt/Main: Akademische Verlagsanstalt 1972.

Bredenkamp, J.: Theorie und Planung psychologischer Experimente. Darmstadt: Steinkopff 1980.

Brehm, J.W.: A theory of psychological reactance. New York: Academic Press 1966.

Brickenkamp, R.: Handbuch psychologischer und pädagogischer Tests. Göttingen: Hogrefe 1975.

Bridgman, P.W.: The logic of modern physics. New York: MacMillan 1927.

Bridgman, P.W.: Some general principles of operational analysis. Psychological Review **52**, 246–249 (1945).

Bridgman, P.W.: Reflections of a physicist. New York: Philosophical Library 1950.

Bridgman, P.W.: The way things are. New York: Viking Press 1959.

Brumlik, J., Yap, C.B.: Normal tremor. Springfield: Thomas 1970.

Bryant, F.B., Wortman, P.M.: Secondary analysis: The case for data archives. American Psychologist **33**, 381–387 (1978).

Budzynsky, T.H., Stoyva, J.M.: EMG-Biofeedback bei unspezifischen und spezifischen Angstzuständen. In: Legewie, H., Nusselt, L. (Hrsg.): Biofeedback-Therapie. München: Urban und Schwarzenberg 1975.

Budzynsky, T.H., Stoyva, J.M., Adler, C.S., Mullaney, D.J.: EMG-Biofeedback und Spannungskopfschmerz. Eine kontrollierte Studie. In: Legewie, H., Nusselt, L. (Hrsg.): Biofeedback-Therapie. München: Urban und Schwarzenberg 1975.

Bugental, J.F.T., Zelen, S.L.: Investigations into the self-concept. I: The W-A-Y technique. Journal of Personality **18**, 483–498 (1950).

Bungard, W.: Methodische Probleme bei der Befragung älterer Menschen. Zeitschrift für experimentelle und angewandte Psychologie **26**, 211–237 (1979).

Bungard, W. (Hrsg.): Die „gute" Versuchsperson denkt nicht. Artefakte in der Sozialpsychologie. München: Urban und Schwarzenberg 1980.

Bungard, D.W., Lück, H.E.: Forschungsartefakte und nicht-reaktive Meßverfahren. Stuttgart: Teubner 1974.

Burton, M.: Semantic dimensions of occupation names. In: Romney, A.K., Shepard, R.N., Nerlove, S.B. (Eds.): Multidimensional Scaling, Vol. II. New York: Seminar Press 1972.

Buse, L.: Zur Interpretation einer Lügenskala. Diagnostica **22**, 34–48 (1976).

Buse, L.: Die Abhängigkeit des Reliabilitätskoeffizienten von Rateeinflüssen. Zeitschrift für experimentelle und angewandte Psychologie **24**, 546–558 (1977).

Buse, L.: Kritik am Moderatoransatz in der Akquieszenz-Forschung. Psychologische Beiträge **22**, 119–127 (1980).

Busz, M., Cohen, R., Poser, U., Schümer, A., Schümer, R., Sonnenfeld, C.: Die soziale Bewertung von 880 Eigenschaftsbegriffen sowie die Analyse der Ähnlichkeitsbeziehungen zwischen einigen dieser Begriffe. Zeitschrift für experimentelle und angewandte Psychologie **19**, 282–308 (1972).

Campbell, D.T.: Factors relevant to the validity of experiments in social settings. Psychological Bulletin **54**, 297–311 (1957).

Campbell, D.T.: From description to experimentation: Interpreting trends as quasi-experiments. In: Harris, C.W. (Ed.): Problems in measuring change. Madison: University of Wisconsin Press 1963.

Campbell, D.T., Stanley, J.C.: Experimental and quasi-experimental designs for research. Chicago: Rand McNally 1963 a.

Campbell, D.T., Stanley, J.C.: Experimental and quasi-experimental designs for research on teaching. In: Gage, N.L. (Ed.): Handbook of research on teaching. Chicago: Rand McNally 1963 b.

Campbell, J.P., Dunnette, M.D., Arvey, R.D., Hellervik, L.N.: The development of behaviorally based rating scales. Journal of applied Psychology **57**, 15–22 (1973).

Cannell, C.F., Kahn, R.L.: Interviewing. In: Lindzey, G., Aronsson, E. (Hrsg.): The handbook of social psychology. Reading, Mass.: Addison-Wesley 1968, 526–595.

Cannell, C.F., Miller, P.V., Oksenberg, L.: Research on interviewing techniques. In: Leinhardt, S. (Ed.): Sociological Methodology. San Franzisco: Jossey-Bass 1981, S. 389–437.

Carlsmith, J.M., Ellsworth, P.C., Aronson, E.: Research methods in social psychology. Reading, Mass.: Addison-Wesley 1976.

Carroll, J.D.: Individual differences and multidimensional scaling. In: Shephard, R.N., Romney, A.K., Nerlove, S.B. (Eds.): Multidimensional Scaling. New York: Seminar Press 1972, 105–155.

Carroll, J.D., Chang, J.J.: Analysis of individual differences in multidimensional scaling via an N-way generalization of "Eckard-Young" decomposition. Psychometrika **35**, 283–319 (1970).

Carroll, J.D., Wish, M.: Modells and methods for three-way multidimensional scaling. In: Krantz, D.H., Atkinson, R.C., Luce, R.D., Suppes, P. (Eds.): Contemporary developments in mathematical psychology. Vol II. Measurement, psychophysics, and neural information processing. San Francisco: Freeman and Co. 1974, 57–105.

Carter, D.S.: Comparison of different shrinkage formulas in estimating population multiple correlation coefficient. Educational psychological measurement **39**, 261–266 (1979).

Carver, R.P.: The case against statistical significance testing. Harvard Educ. Rev. **48**, 378–399 (1978).

Cascio, W.F., Valenzi, E.R., Silbey, V.: Validation and statistical Power: Implication for applied research. Journal of applied Psychology **63**, 589–595 (1978).

Caton, R.: The electric currents of the brain. Br. med. J. **2**, 278 (1875).

Cattell, R.B.: Patterns of change: Measurement in relation to state-dimension, trait change, lability, and process concepts. In Cattell, R.B. (Ed.): Handbook of multivariate experimental psychology. Chicago: Rand McNally 1966.

Cattell, R.B., Warburton, F.W.: Objective personality and motivation tests. Urbana: University of Illinois Press 1967.

Champion, D.H., Sear, A.M.: Questionnaire response rate: A methodological analysis. Social Forces **47**, 335–339 (1968).

Champney, H., Marshall, H.: Optimal refinement of the rating scale. Journal of applied Psychology **23**, 323–331 (1939).

Chapanis, A.: The relevance of laboratory studies to practical situations. In: Schultz, D.P. (Ed.): The Science of Psychology: critical reflections. New York: Appleton-Century-Crofts 1970.

Chapanis, A.: Engineering psychology. In: Dunnette, M.D. (Ed.): Handbook of industrial and organizational psychology. Chicago: Rand McNally 1976.

Chassan, J.B.: Research designs in clinical psychology and psychiatry. New York: Appleton-Century Crofts 1967.

Christie, M.J., Woodman, D.D.: Biochemical methods. In: I. Martin, P.H. Venables (Eds.): Techniques in Psychophysiology. Chichester: Wiley 1980.

Christie, R.: Experimental Naïveté and experiental naïveté. In: Schultz, D.P. (Ed.): The Science of psychology: Critical reflections. New York: Appleton-Century-Crofts 1970.

Cicourel, A.V.: Methode und Messung in der Sozialpsychologie. Frankfurt/Main: Suhrkamp 1970.

Clark, C.W.: Pain sensitivity and the report of pain. Aneasthesiology **40**, 272–287 (1974).

Clark, J.A.: A method of scaling with incomplete pair-comparison data. Educational psychological measurement **37**, 603–611 (1977).

Cochran, W.G.: The comparison of percentages in matched samples. Biometrica **37**, 256–266 (1950).

Cochran, W.G.: Stichprobenverfahren. Berlin: de Gruyter 1972.

Cochran, W.G., Cox, G.M.: Experimental designs. New York: Wiley 1966.

Cohen, H.D., Goodenough, D.R., Witkin, H.A., Oltman, P., Gould, H., Shulman, E.: The effects of stress on components of the respiration cycle. Psychophysiology **12**,, 377–380 (1975).

Cohen, J.: A coefficient of agreement for nominal scales. Educational and psychological measurement **20**, 37–46 (1960).

Cohen, J.: Weighted Kappa. Nominal scale agreement with provision for scaled disagreement or partial credit. Psychological Bulletin **70**, 213–220 (1968).

Cohen, J.: Approximate power and sample size determination for common one-sample and two-sample hypothesis tests. Educational and psychological measurement **30**, 811–831 (1970).

Cohen, J.: Statistical power analysis for the behavioral sciences. New York: Academic Press 1977[2].

Cohen, R.: Systematische Tendenzen bei Persönlichkeitsbeurteilungen. Bern: Huber 1969.

Conrad, E., Maul, T.: Introduction to experimental Psychology. New York: Wiley 1981.

Conrad, W., Bollinger, G., Eberle, G., Kurdorf, B., Mohr, V., Nagel, B.: Beiträge zum Problem der Metrik von subjektiven Persönlichkeitsfragebögen, dargestellt am Beispiel der Skalen E und N des HANES, KJI. Diagnostica **22**, 13–26 (1976a).

Conrad, W., Bollinger, G., Eberle, G., Kurdorf, B., Mohr, V., Nagel, B.: Erstellung von Rasch-Skalen für den Angst-Fragebogen FS5-10 und KAT. Diagnostica **22**, 110–125 (1976b).

Cook, T.D., Campbell, D.T.: The design and conduct of quasi-experiments and true experiments in field settings. In: Dunnete, M. (Ed.): Handbook of industrial and organizational research. Chicago: Rand McNally 1976.

Cook, T.D., Grader, C.L., Hennigan, K.M., Flay, B.R.: The history of the sleeper effect: Some logical pitfalls in accepting the null hypothesis. Psychological Bulletin **86**, 662–679 (1979).

Coombs, C.H.: Some hypothesis for the analysis of qualitative variables. Psychological Review **55**, 167–174 (1948).

Coombs, C.H.: A theory of psychological scaling. Engineering Research Institute Bulletin, no. 34. Ann Arbor: University of Michigan Press 1952.

Coombs, C.H.: Theory and methods of social measurements. In: L. Festinger, D. Katz (Eds.): Research methods in the behavioral sciences. New York: The Dryden Press 1953.

Coombs, C.H.: A theory of behavioral data. New York: Wiley 1964.

Coombs, C.H., Dawes, R.M., Tversky, A.: Mathematical psychology. Englewood Cliffs, New Jersey: Prentice Hall 1970.

Coombs, C.H., Dawes, R.M., Tversky, A.: Mathematische Psychologie. Weinheim: Beltz 1975.

Coombs, L., Freedman, R.: Use of telephone interviews in a longitudinal fertility study. Public Opinion Quarterly **28**, 112–117 (1964).

Cooper, L.G.: A new solution to the additive constang problem in metric multidimensional scaling. Psychometrika **37**, 311–323 (1972).

Corder-Bolz, C.R.: The evaluation of change: new evidence. Educational and psychological measurement **38**, 959–976 (1978).

Cranach, M., Frenz, H.G.: Systematische Beobachtung. In: Graumann, C.F. (Hrsg.): Handbuch der Psychologie, Bd. 7, Sozialpsychologie. Göttingen: Hogrefe 1975.

Crane, J.A.: Relative likelihood analysis versus significance tests. Evaluation Review **4**, 824–842 (1980).

Crespi, L.P.: The influence of military government sponsorship in German opinion polling. International Journal of opinion and attitude research **4**, 151–178 (1950).

Crockett, W.H., Nidorf, L.J.: Individual differences in response to semantic differential. Journal of social Psychology **73**, 211–218 (1967).

Cromwell, L., Weibell, F.J., Pfeiffer, E.A., Usselman, L.B.: Biomedical instrumentation and measurements. Englewood Cliffs, New Jersey: Prentice Hall 1973.

Cronbach, L.J.: Coefficient alpha and the internal structure of tests. Psychometrika **16**, 297–334 (1951).

Cronbach, L.J.: Essentials of psychological Testing. New York: Harper 1960.

Cronbach, L.J., Furby, L.: How should we measure "change" – or should we? Psychological Bulletin **74**, 68–80 (1970).

Cronbach, L.J., Gleser, G.C.: Psychological Tests and personnel decisions. Urbana: University of Illinois Press 1957.

Cronbach, L.J., Meehl, P.E.: Construct validity in psychological tests. Psychological Bulletin **52**, 281–302 (1955).

Cronkhite, G.: Effects of rater-concept-scale interactions and use of different factoring procedures upon evaluative factor structure. Human Communication research **2**, 316–329 (1976).

Cross, D.V.: Metric properties of multidimensional stimulus control. In: Mostofsky, D.J. (Ed.): Stimulus Generalization. Stanford: University Press 1965, 72–93.

Crowne, D.P., Marlowe, D.: The approval motive. New York: Wiley 1964.

Daniel, C., Wood, F.S.: Fitting equations to data: New York: Wiley-Interscience 1971.

David, H.A.: The method of paired comparison. London: Griffin 1963.

Davis, J.D., Skinner, A.: Reciprocity of self-disclosure in interviews. Journal of Personality and social Psychology **29**, 779–784 (1974).

De Cotiis, T.A.: An analysis of the external validity and applied relevance of three rating formats. Organizational Behavior and human Performance **19**, 247–266 (1977).

De Cotiis, T.A.: A critique and suggested revision of behaviorally anchored rating scales developmental procedures. Educational and psychological measurement **38**, 681–690 (1978).

De Groot, M.D.: Optimal statistical decisions. New York: McGraw Hill 1970.

Deichsel, A., Holzscheck, K. (Hrsg.): Maschinelle Inhaltsanalyse. Hamburg: Seminar für Sozialwissenschaften der Universität Hamburg 1976.

Dement, W.C.: The effect of dream deprivation. Science **131**, 1705–1707 (1960).

Deutsch, J.A., Deutsch, D.: Physiological Psychology. Homewood: Dorsey Press 1973.

Deutsch, M.: Die Rolle der sozialen Schicht in Sprachentwicklung und Kognition. In: Klein, W., Wunderlich, D. (Hrsg.): Aspekte der Soziolinguistik. Frankfurt: Fischer 1973.

Deutsch, S.J., Alt, F.B.: The effect of Massachusetts gun control law on gun-related crimes in the city of Boston. Evaluation Quarterly, 543–568 (1977).

Diederich, W. (Hrsg.): Theorien der Wissenschaftsgeschichte. Frankfurt: Suhrkamp 1974.

Dienes, Z.P.: An experimental study of mathematics-learning. London: Hutchinson and Co., 1964.

Dillman, D.A.: Mail and telephone surveys. New York: Wiley 1978.

Dilthey, W.: Ideen über eine beschreibende und zergliedernde Psychologie. Ges. Schrifttum, Band 5, Leipzig: Teubner 1923.

Dipboye, R.L., Flanagan, M.F.: Research settings in industrial and organizational Psychology: Are findings in the field more generalizable than in the laboratory? American Psychologist **34**, 141–150 (1979).

Dixon, W.J., Massey, F.J., Jr.: Introduction to statistical analysis. New York: McGraw Hill 1957.

Dodd, S.C.: Operational definitions operationally defined. American Journal of Sociology **48**, 482–489 (1942/43).

Donchin, E.: Brain electrical correlates of pattern recognition in biomedical engineering. New York: Wiley 1975.

Dörner, D.: Lohhausen: Vom Umgang mit Unbestimmtheit und Komplexität. Ein Forschungsbericht. Bern: Huber 1983.

Downs, C.W., Smeyak, G.P., Martin, E.: Professional interviewing. New York: Harper and Row 1980.

Draper, N., Smith, H.: Applied regression analysis. New York: Wiley 1966.

Dreher, M., Dreher, E.: Gruppendiskussion. In: Huber, G.L., Mandl, H. (Hrsg.): Verbale Daten: Weinheim: Beltz 1982, 141–164.

Drever, J., Fröhlich, W.D.: Wörterbuch zur Psychologie. München: Dtv 1970.

Du Bois, P.H.: Multivariate correlational analysis. New York: Harper 1957.

Duffy, E.: Activation. In: Greenfield, N.S., Sternbach, R.A. (Eds.): Handbook of psychophysiology. New York: Holt, Rinehart and Winston 1972.

Dukes, W.F.: N = 1. Psychological Bulletin **64**, 74–79 (1965).

Du Mas, F.M.: Science and the single case. Psychological Reports **1**, 65–76 (1955).

Duncan, O.D.: Two faces of Panel Analysis: Parallels with Comparative cross-sectional Analysis and time-lagged association. In: Leinhardt, G. (Ed.): Sociological Methodology. San Francisco: Jossey-Bass 1981, 281–318.

Duncan, S., Jr., Rosenthal, R.: Vocal emphasis in experimenters' instruction reading as unintended determinant of subjects' responses. Language and Speech **11**, 20–26 (1968).

Duncker, K.: Zur Psychologie des produktiven Denkens. Berlin: Springer 1935 (Neudruck 1963).

Dutoit, E.F., Penfield, D.A.: Tables for determining the minimum incremental significance of the multiple correlation coefficient. Educational and psychological measurement **39**, 767–778 (1979).

Dykstra, L.A., Appel, J.B.: Effects of LSD on auditory perception: a signal detection analysis. Psychopharmacologia **34**, 289–307 (1974).

Eason, R.G., Dudley, L.M.: Physiological and behavioral indicants of activation. Psychophysiology **7**, 223–232 (1970).

Ebbinghaus, H.: Über das Gedächtnis. Leipzig: Barth 1885.

Eberhard, K.: Einführung in die Wissenschaftstheorie und Forschungsstatistik für soziale Berufe. Darmstadt: Luchterhand 1977.

Eberhard, K., Kohlmetz, G.: Verwahrlosung und Gesellschaft. Göttingen: Vandenhoeck und Ruprecht 1973.

Eckensberger, L.H.: Methodological issues of cross-cultural research in development psychology. In: Nesselroade, J., Reese, H.W. (Eds.): Life-span developmental psychology – methodological issues. New York: Academic Press 1973.

Eckensberger, L.H., Reinshagen, H.: Kohlbergs Stufentheorie der Entwicklung des moralischen Urteils: Ein Versuch ihrer Reinterpretation im Bezugsrahmen handlungstheoretischer Konzepte. In: Eckensberger, L.H., Silbereisen, R.K. (Hrsg.): Entwicklung sozialer Kognitionen. Stuttgart: Klett 1980, 65–131.

Edelberg, R.: Electrical activity of the skin. In: Greenfield, N.S., Sternbach, R.A. (Eds.): Handbook of psychophysiology. New York: Holt, Rinehart and Winston 1972.

Edgar, E., Billingsby, F.: Believability when $N = 1$. Psychological Record **24**, 147–160 (1974).

Edgerton, H.A.: Objective differences among various types of respondence to a mailed questionnaire. Amer. Sociol. Rev. **12**, 435–444 (1947).

Edgington, E.S.: Statistical inference from $N = 1$ experiments. The Journal of Psychology **65**, 195–199 (1967).

Edgington, E.S.: Randomization tests for one-subject operant experiments. Journal of Psychology **90**, 57–68 (1975).

Edgington, E.S.: Overcoming obstacles to single-subject experimentation. Journal educat. statistics **5**, 261–267 (1980).

Edwards, A.L.: Experimental design in psychological research. New York: Rinehardt 1950.

Edwards, A.L.: Edwards Personal Preference Schedule. New York: Psychol. Corps. 1953.

Edwards, A.L.: The social desirability variable in personality research. New York: Dryden 1957.

Edwards, A.L.: The measurement of personality traits by scales and inventories. New York: Holt, Rinehart and Winston 1970.

Edwards, A.L., Kilpatrick, F.P.: A technique for the construction of attitude scales. Journal of applied Psychology **32**, 374–384 (1948).

Edwards, W., Lindman, H., Savage, L.J.: Bayesian statistical inference for psychological research. Psychological Review **70**, 193–242 (1963).

Effler, M., Böhmecke, W.: Eine Analyse des Verweigererproblems mit Beinahe-Verweigerern. Zeitschrift für experimentelle und angewandte Psychologie **24**, 35–48 (1977).

Egan, J.P.: Signal detection theory and ROC Analysis. New York: Academic Press, 1975.

Eheim, W.P.: Zur Beeinflußbarkeit der Schwierigkeit von Mehrfachwahl-Aufgaben. Diagnostica **23**, 193–198 (1977).

Eiff, A.W. v.: Seelische und körperliche Störungen durch Streß. Stuttgart: Fischer 1976.

Eijkman, E.G.J.: Psychophysics. In: Michon, J.A., Eijkman, E.G.J., deKlerk, Len F.W. (Eds.): Handbook of psychonomics. Amsterdam: North-Holland publ. Comp. 1979.

Eiser, J.R., Ströbe, W.: Categorisation and social judgement. New York: Academic Press 1972.

Ekman, G.: On typological and dimensional systems of reference in describing personality. Acta psychologica **8**, 1–24 (1951).

Ellsworth, P.C.: From abstract ideas to concrete instances. Some guidelines for choosing natural research settings. American Psychologist **32**, 604–615 (1977).

Epstein, Y.M., Suedfeld, P., Silverstein, S.J.: The experimental contract. Subjects' expectations of and reactions to some behavior of experimenters. American Psychologist **28**, 212–221 (1973).

Erbring, L.: The impact of political events on mass publics: The time dimension of public opinion and an approach to dynamic analysis. Diss. Univ. of Michigan, Ann Arber 1975.

Erbslöh, E., Timaeus, E.: The influence of interviewers on intelligence test performance. European Journal of social Psychology **2–4**, 449–452 (1972).

Erbslöh, E., Wiendieck, G.: Der Interviewer: In: van Koolwijk, J., Wieken-Mayser, M. (Hrsg.): Techniken der empirischen Sozialforschung Band 4. München: Oldenbourg 1974.

Erbslöh, E., Esser, H., Reschka, W., Schöne, D.: Studien zum Interview. Meisenheim: Hain 1973.

Ericsson, K.A., Simon, H.A.: Verbal reports as data. Psychological Review **87**, 215–251 (1980).

Esser, H.: Der Befragte. In: J. van Koolwijk, M. Wieken-Mayser (Hrsg.): Techniken der empirischen Sozialforschung, Band 4. Die Befragung. München: Oldenbourg 1974.

Esser, H.: Soziale Regelmäßigkeiten des Befragtenverhaltens. Meisenheim: Hain 1975.

Esser, H.: Response set – Methodische Problematik und soziologische Interpretation. Zeitschrift für Soziologie **6**, 253–263 (1977).

Evans, F.: On interviewer cheating. Public Opinion Quarterly **25**, 126–127 (1961).

Everett, A.V.: Personality assessment at the individual level using the semantic differential. Educational and psychological measurement **33**, 837–844 (1973).

Eysenck, H.J.: Personality structure and measurement. London: Routledge und Paul 1969.

Fahrenberg, J., Kuhn, M., Kulich, B., Myrtek, M.: Methodenentwicklung für psychologische Zeitreihenstudien. Diagnostica **23**, 15–36 (1977).

Fahrenberg, J., Walschburger, P., Foerster, F., Myrtek, M., Müller, W.: Psychophysische Aktivierungsforschung. München: Minerva 1979.

Faßnacht, G.: Systematische Verhaltensbeobachtung. München: Reinhardt 1979.

Fechner, G.T.: Elemente der Psychophysik, 1860.

Feigl, H.: Operationism and scientific method. Psychological Review **52**, 250–259 (1945).

Feild, H.S., Holley, W.H., Armenakis, A.A.: Computerized answer sheets: what effects on response to a mail survey? Educational and psychological measurement **38**, 755–759 (1978).

Feldt, L.S.: A comparison of the precision of three experimental designs employing a concomitant variable. Psychometrika **23**, 335–353 (1958).

Féré, C.: Note sur les modifications de la résistance électrique sous l'influence des excitations sensorielles et des émotions. C.r. Séanc, Soc. Biol. **40**, 217–219 (1888).

Fichter, M.M.: Versuchsplanung experimenteller Einzelfalluntersuchungen in der Psychotherapieforschung. In: Petermann, F., Hehl, F.J. (Hrsg.) Einzelfallanalyse. München: Urban und Schwarzenberg 1979.

Filipp, S.H.: Kritische Lebensereignisse. München: Urban und Schwarzenberg 1981.

Filstead, W.J.: Qualitative Methodology. Firsthand Involvement with the social World. Chicago, Ill.: Rand McNelly 1970.

Filstead, W.J.: Using qualitative methods in evaluation research. Evaluation review **5**, 259–268 (1981).

Finkner, A.L., Nisselson, H.: Some statistical problems associated with continuing cross-sectional surveys. In: Namboodiri, N.K. (Ed.): Survey sampling and measurement. New York: Academic Press 1978, 45–68.

Finstuen, K.: Use of Osgood's semantic differential. Psychological reports **41**, 1219–1222 (1977).

Fisch, R., Ugarte, W.: Richtlinien für die Abfassung einer wissenschaftlichen Arbeit auf dem Gebiet der Psychologie. Psychologische Rundschau **28**, 153–174 (1977).

Fischer, G.: Einführung in die Theorie psychologischer Tests. Bern: Huber 1974.

Fishbein, M., Hunter, R.: Summation vs. balance in attitude organization and change. Journal of abnormal and social Psychology **69**, 505–510 (1964).

Fisher, R.A.: On the mathematical foundations of theoretical statistics. Phil. Trans. Roy. Soc. London, Series A, 222 (1922).

Fisher, R.A.: Theory of statistical estimation. Proc. Cambr. Phil. Soc. **22**, 700–725 (1925).

Fisseni, H.J.: Zur Zuverlässigkeit von Interviews. Archiv für Psychologie **126**, 71–84 (1974).

Flade, A.: Die Beurteilung umweltpsychologischer Konzepte mit einem konzeptspezifischen und einem universellen semantischen Differential. Zeitschrift für experimentelle und angewandte Psychologie **25**, 367–378 (1978).

Flaugher, R.L.: The many definitions of test bias. American Psychologist **33**, 671–679 (1978).

Franke, J., Bortz, J.: Beiträge zur Anwendung der Psychologie auf den Städtebau I. Vorüberlegungen und erste Erkundungsuntersuchung zur Beziehung zwischen Siedlungsgestaltung und Erleben der Wohnumgebung. Zeitschrift für experimentelle und angewandte Psychologie **19**, 76–108 (1972).

Frederiksen, C.H.: Representing logical and semantic structure of knowledge acquired from discourse. Cognitive Psychology **7**, 371–457 (1975).

Freitag, C.B., Barry, J.R.: Interaction and interviewer-bias in a survey of the aged. Psychological reports **34**, 771–774 (1974).

Fricke, R.: Kriteriumsorientierte Leisungsmessung. Stuttgart: Kohlhammer 1974.

Friede, C.K.: Verfahren zur Bestimmung der Intercoderreliabilität für nominalskalierte Daten. Zeitschrift für Empirische Pädagogik **5**, 1–25 (1981).

Friedman, B.A., Cornelius III, E.T.: Effect of rater participation on scale construction on the psychometric characteristics of two ratingscale formats. Journal of applied Psychology **61**, 210–216 (1976).

Friedman, H.: Simplified determinations of statistical power, magnitude of effect and research sample sizes. Educational and Psychological Measurement **42**, 521–526 (1982).

Friedman, N.: The social nature of psychological research. New York: Basic Books 1967.

Friedrichs, J. Methoden empirischer Sozialforschung. Reinbeck: Rowohlt 1979.

Friedrichs, J., Lüdtke, H.: Teilnehmende Beobachtung. Weinheim: Beltz 1973².

Fromkin, H.L., Ostrom, T.M.: Laboratory research and the organization: Generalizing from lab to life. In: Fromkin, H.L., Sherwood, J. (Eds.): Integrating the organization: A social psychological analysis. New York: Free Press 1974.

Fromkin, H.L., Streufert, S.: Laboratory experimentation. In: M.D. Dunnette (Ed.): Handbook of industrial and organizational psychology. Chicago: Rand McNally 1976.

Gadenne, V.: Die Gültigkeit psychologischer Untersuchungen. Stuttgart: Kohlhammer 1976.

Gaensslen, H., Schubö, W.: Einfache und komplexe statistische Analyse. München: Reinhardt 1973.

Gaito, J.: Measurement scales and statistics. Resurgence of an old misconception. Psychological Bulletin **87**, 564–567 (1980).

Galton, F.: Family likeness in stature. Proc. Roy. Soc. **15**, 49–53 (1886).

Garner, W.R., Hake, H.W.: The amount of information in absolute judgements. Psychological Review **58**, 446–459 (1951).

Geissler, H.G., Zabrodin, Y.M.: Advances in Psychophysics. Berlin: VEB Deutscher Verlag der Wissenschaften 1976.

Gentile, J.R., Roden, A.H., Klein, R.D.: An analysis of variance model for the intra-subject replication design. Journal of applied behavior analysis **5**, 193–198 (1972).

Gerbner, G., Holsti, O.R., Krippendorf, K., Paisley, W.J., Stone, P.J. (Hrsg.): The Analysis of Communication Content. Developments in Scientific Theories and Computer Techniques. New York: Wiley 1969.

Gerdes, K. (Hrsg.): Explorative Sozialforschung. Stuttgart: Enke 1979.

Gergen, K.J., Beck, K.W.: Communication in the interview and the disengaged respondent. Public Opinion Quarterly **30**, 385–398 (1966).

Gigerenzer, G.: Messung und Modellbildung in der Psychologie. München. Reinhardt 1981.

Ginsberg, A.: Operational definitions and theories. Journal of general psychology **52**, 223–248 (1955).

Glaser, B.G., Strauss, A.L.: The Discovery of Grounded Theory. Chicago, Illinois: Aldine Pub. 1967.

Glaser, B.G., Strauss, A.L.: Die Entdeckung gegenstandsbezogener Theorie: Eine Grundstrategie qualitativer Sozialforschung. In: C. Hopf und E. Weingarten (Hrsg.): Qualitative Sozialforschung, Stuttgart: Klett 1979.

Glass, G.V., Stanley, J.C.: Statistical methods in education and psychology. Englewood Cliffs, New Jersey: Printice Hall 1970.

Glass, G.V., Willson, V.L., Gottman, J.M.: Design and analysis of time-series experiments. Boulder, Colorado: University Press 1975.

Glass, G.W., Tiao, G.O., Maguire, T.O.: Analysis of data on the 1900 revision of German divorce laws as a time-series quasi-experiment. Law and Society Review **4**, 539–562 (1971).

Gleiss, I., Seidel, R., Abholz, H.: Soziale Psychiatrie. Frankfurt: Fischer 1973.

Gniech, G.: Störeffekte in psychologischen Experimenten. Stuttgart: Kohlhammer 1976.

Gösslbauer, J.P.: Tests als Selektionsinstrumente – fair oder unfair? Psychologie und Praxis **21**, 95–111 (1977).

Goldberg, H.: Der verunsicherte Mann, Reinbek: Rowohlt 1979.

Goldstein, I.B.: Electromyography. A measure of skeletal muscle response. In: Greenfield, N.S., Sternbach, R.A. (Hrsg.): Handbook of psychophysiology. New York: Holt, Rinehart und Winston 1972.

Golovin, N.E.: The creative person in science. In: Taylor, C.W., Barron, F.: Scientific creativity. New York: Wiley 1964.

Goodstadt, M.S., Magid, S.: When Thurstone and Likert agree – A confounding of methodologies. Educational and psychological measurement **37**, 811–818 (1977).

Gordon, M.E., Gross, R.H.: A critique of methods for operationalizing the concept of fakeability. Educational and psychological measurement **38**, 771–782 (1978).

Gottman, J.M.: N-of-one and N-of-two research in psychotherapy. Psychological Bulletin **80**, 93–105 (1973).

Gottschaldt, K.: Die Methodik der Persönlichkeitsforschung in der Erbpsychologie. Leipzig: Barth 1942.

Grabitz-Gniech, G., Dickenberger, M.: Opposition bei Versuchspersonen im psychologischen Experiment, hervorgerufen durch Hypothesenkenntnis, Argwohn gegenüber Täuschung sowie erzwungener Teilnahme. Psychologische Beiträge **17**, 392–405 (1975).

Grabitz-Gniech, G., Zeisel, B.: Bedingungen für Widerstandsverhalten in psychologischen Experimenten: Ton der Instruktion sowie Einstellung zum Forschungsgegenstand und Studienfach der Versuchsperson. Zeitschrift für Soziologie **3**,, 138–148 (1974).

Green, B.F.: In defense of measurement. American Psychologist **33**, 664–670 (1978).

Green, D.M., Swets, J.A.: Signal detection and psychophysics. New York: Wiley 1966.

Greenwald, A.G.: Consequences of prejudice against the null hypothesis. Psychological Bulletin **82**, 1–20 (1975).

Grossman, S.P.: The biology of motivation. Annual Review of Psychologie **30**, 209–242 (1979).

Gudat, U., Revenstorff, D.: Interventionseffekte in klinischen Zeitreihen. Arch. f. Psychol. **128**,, 16–44 (1976).

Guilford, J.P.: The computation of psychological values from judgements in absolute categories. Journal of experimental Psychology **22**, 34–42 (1938).

Guilford, J.P.: Psychometric Methods. New York: McGraw Hill 1954.

Gulliksen, H.: Theory of mental tests. New York: Wiley 1950.

Gulliksen, H.: Methods of determining equivalence of measures. Psychological Bulletin **70**, 534–544 (1968).

Gutjahr, W.: Die Messung psychischer Eigenschaften. Berlin: VEB Deutscher Verlag der Wissenschaften 1974.

Guttman, L.: The basis of scalogramm analysis. In: Stouffer, S.A. et al.: Studies on social psychology in world war II, Vol. IV: Princeton, New York: Princeton University Press 1950.

Guttman, L.: A general nonmetric technique for finding the smallest euclidean space for a configuration of points. Psychometrika **33**, 469–506 (1968).

Guttman, L., Suchman, E.A.: Intensity and a zero point for attitude analysis. American sociological review **12**, 57–67 (1947).

Haag, F., Krüger, H., Schwärzel, W., Wildt, J. (Hrsg.): Aktionsforschung, Forschungsstrategien, Forschungsfelder und Forschungspläne. München: Juventa 1972.

Häcker, H., Schwenkmezger, P., Utz, H.: Über die Verfälschbarkeit von Persönlichkeitsfragebogen und objektiven Persönlichkeitstests unter SD-Instruktion und in einer Auslesesituation. Diagnostica **25**, 7–23 (1979).

Haeberlin, U.: Sozialbedingte Wortschatzstrukturen von Abiturienten. Univ. Konstanz 1970, mimeo.

Haedrich, G.: Der Interviewereinfluß in der Marktforschung. Wiesbaden: Gabler 1964.

Hansen, M.H., Hurwitz, W.N.: The problem of non-response in sample surveys. J. amer. stat. assoc. **41**, 517–529 (1946).

Harnatt, J.: Der statistische Signifikanztest in kritischer Betrachtung. Psychologische Beiträge **17**, 595–612 (1975).

Hayes, D.P., Meltzer, L., Wolf, G.: Substantive conclusions are dependent upon techniques of measurement. Behavioral Science **15**, 265–273 (1970).

Hays, W.L.: Statistics for psychologists. New York: Holt, Rinehart and Winston, 1963.

Hays, W.L., Bennet, J.F.: Multidimensional unfolding: Determining configuration from complete order of preference data. Psychometrika **26**, 221–238 (1961).

Hays, W.L., Winkler, R.L.: Statistics. New York: Holt, Rinehart and Winston (1970).

Heckhausen, H.: Motivation und Handeln. Heidelberg: Springer 1980.

Heerden, J.V. van, Hoogstraten, J.: Significance as a determinant of interest in scientific research. European Journal of social Psychology **8**, 141–143 (1978).

Heidtmann, F., Habermann, A.: Wie finde ich soziologische Literatur. Berlin: Berlin Verlag 1974.

Heise, D.R.: Some methodological issues in semantic differential research. Psychological Bulletin **72**, 406–423 (1969).

Helfen, P., Laga, G.: Ein Vergleich zweier Instrumente zur Messung sozialer Schichtung. Kölner Zeitschrift für Soziologie und Sozialpsychologie **27**,, 141–154 (1975).

Heller, D., Krüger, H.P.: Analyse dreistufig zu beantwortender Fragebogenitems. Psychologische Beiträge **18**, 431–442 (1976).

Helmreich, R.: Strategien zur Auswertung von Längsschnittdaten. Stuttgart: Klett 1977.

Helten, E.: Wahrscheinlichkeitsrechnung. In: J. v. Koolwijk, M. Wieken-Meyser (Eds.): Techniken der empirischen Sozialforschung, Band 6, Statistische Forschungsstrategien, München: Oldenbourg 1974.

Hempel, C.G.: Fundamentals of Concept Formation in Empirical Science. Chicago: The University of Chicago Press 1952.

Hempel, C.G.: A logical appraisal of operationism. Scientific monthly **79**, 215–220 (1954).

Hendricks, W.A.: Adjustment for bias caused by nonresponse in mailed surveys. Agricultural economic Research **1**, 52–56 (1949).

Henne, H., Rehbock, H.: Einführung in die Gesprächsanalyse. Berlin: de Gruyter 1982[2].

Hennigan, K.M., Del Rosario, M.L., Heath, L., Cock, T.D., Calder, B.J., Wharton, J.D.: How the introduction of television affected the level of violent and instrumental crime in the United States. Report of the National Science Foundation, Febr., 1979.

Herrick, C.F.: George Eliot Coghill, Chicago: University of Chicago Press 1949.

Herrmann, T.: Die Psychologie und ihre Forschungsprogramme. Göttingen: Hogrefe 1976.

Hess, E.H.: Pupillometrics: A method of studying mental, emotional and sensory processes. In: N.S. Greenfield, R.A. Sternbach (Eds.): Handbook of psychophysiology. New York: Holt, Rinehart and Winston 1972.

Heyde, J.E.: Technik des wissenschaftlichen Arbeitens. Berlin: Kiepert 1970.

Heyden, T.: Elektrodermale Aktivität (EDA) In: Becker-Carus, C., Heyden, T., Ziegler, G. (Hrsg.): Psychophyiologische Methoden, Stuttgart: Enke 1979.

Hibbs, D.: On analysing the effects of policy interventions: Box-Jenkins and Box-Tiao vs. structural equation models. In: Heise, D.R. (Ed.): Sociological Methodology, San Francisco 1977.

Higbee, K.L., Wells, M.G.: Some research trends in social psychology during the 1960s. American Psychologist **27**, 963–966 (1972).

Hilke, R.: Grundlagen normorientierter und kriteriumsorientierter Tests. Bern: Huber 1980.

Hiltmann, H.: Kompendium der psychodiagnostischen Tests. Bern: Huber 1977.

Hitpass, J.H.: Hochschulzulassung – Besondere Auswahltests Zahnmedizin (BATZ). Zeitschrift für experimentelle und angewandte Psychologie **25**, 75–96 (1978).

Hochstim, J.R., Athanasopoulus, D.A.: Personal follow-up in mail survey: its contribution and its costs. Public Opinion Quarterly **34**, 69–81 (1970).

Hodos, W.: Non-parametric index of response bias for use in detection and recognition experiments. Psychological Bulletin **74**, 351–356 (1970).

Hoeth, F., Gregor, H.: Guter Eindruck und Persönlichkeitsfragebogen. Psychologische Forschung **28**, 64–88 (1964).

Hoeth, F., Köbler, V.: Zusatzinstruktionen gegen Verfälschungstendenzen bei der Beantwortung von Persönlichkeitsfragebogen. Diagnostica **13**, 117–130, 1967.

Hofstätter, P.R.: Psychologie. Frankfurt/M.: Fischer 1957.

Hofstätter, P.R.: Einführung in die Sozialpsychologie. Stuttgart: Kröner 1963.

Hofstätter, P.R.: Persönlichkeitsforschung. Stuttgart: Kröner 1977.

Hohn, K.: Sind Versuchspersonen bei psychologischen Experimenten vorwiegend Psychologiestudenten? Unveröffentliche Zulassungsarbeit zur Diplom-Hauptprüfung für Psychologie, Tübingen 1972.

Holm, K.: Theorie der Frage. Kölner Zeitschrift für Soziologie und Sozialpsychologie **26**, 91–114 (1974 a).

Holm, K.: Theorie der Fragebatterie. Kölner Zeitschrift für Soziologie und Sozialpsychologie **26**, 316–341 (1974 b).

Holsti, O.R.: Content analysis for the social sciences. Reading, Mass.: Addison-Wesley 1969.

Holzkamp, K.: Theorie und Experiment in der Psychologie. Berlin: de Gruyter 1964.

Hopf, C.: Die Pseudo-Exploration – Überlegungen zur Technik qualitativer Interviews in der Sozialforschung. Zeitschrift für Soziologie **7**, 97–115 (1978).

Hopf, C., Weingarten, E. (Hrsg.): Qualitative Sozialforschung. Stuttgart: Klett 1979.

Hoppe, S., Schmid-Schönbein, C., Seiler, T.B.: Entwicklungssequenzen. Bern: Huber 1977.

Horowitz, L.M., Inouye, D., Seigelman, E.Y.: On avaraging judges' rating to increase their correlation with an external criterion. Journal of consulting and clinical Psychology **47**, 453–458 (1979).

Hron, A.: Interview. In: Huber, G.L., Mandl, H. (Hrsg.): Verbale Daten. Weinheim: Beltz 1982.

Hsu, L.M.: A comparison of three methods of scoring true-false tests. Educational and psychological measurement **39**, 785–790 (1979).

Hsu, L.M.: A chi-squared/d.f. test for interaction in two-treatment repeated measurements designs. Educational and psychological measurement **40**, 291–299 (1980).

Huber, G.L., Mandl, H. (Hrsg.): Verbale Daten. Weinheim: Beltz 1982.

Huber, G.L., Mandl, H.: Verbalisationsmethoden zur Erfassung von Kognitionen im Handlungszusammenhang. In: Huber, G.L., Mandl, H. (Hrsg.): Verbale Daten. Weinheim: Beltz 1982, 11–42.

Huber, G.L., Mandl, H.: Gedankenstichproben. In: Huber, G.L., Mandl, H. (Hrsg.): Verbale Daten. Weinheim: Beltz 1982, 104–218.

Huber, H.P.: Psychometrische Einzelfalldiagnostik. Weinheim: Beltz 1973.

Huber, H.P.: Kontrollierte Fallstudie. In: Gottschaldt, K., Lersch, P., Sander, F., Thomae, H. (Hrsg.): Handbuch der Psychologie, Bd. 8. Göttingen: Hogrefe 1978.

Huck, S.W., Chuang, I.C.: A quasi-experimental design for the assessment of posttest sensitization. Educational and psychological measurement **37**, 409–416 (1977).

Hürsch, L.: Die Wirkung nicht kognitiver Versuchsbedingungen auf die Faktorenstruktur von Intelligenzleistungen. In: Fischer, G.H. (Ed.): Psychologische Testtheorie. Bern: Huber 1968.

Hull, R.B., IV, Buhyoff, G.J.: On the law of comparative judgement: Scaling with intransitive observers and multidimensional stimuli. Educational and psychological measurement **41**, 1083–1089 (1981).

Husserl, E.: Phänomenologische Psychologie. Gesammelte Werke Band 9, Den Haag: Martinus Nijhoff 1962.

Hyman, H.H., Cobb, W.J., Feldmann, J.J., Hart, C.W., Stember, C.H.: Interviewing in social research. Chicago: The University of Chicago Press 1954.

Ingenkamp, K. Beobachtung und Analyse von Unterricht. In: K. Ingenkamp (Hrsg.): Handbuch der Unterrichtsforschung. Weinheim: Beltz 1973.

Innes, J.M., Fraser, C.: Experimenter bias and other possible biases in psychological research. European Journal of social Psychology **1**, 297–310 (1971).

Institute of Communications Research. A contemporary bibliography of research related to the semantic differential technique. Unpublished manuscript, University of Illinois 1967.

Instruction for the preparation of abstracts. American Psychologist **16**, 833 (1961).

Irle, M.: Lehrbuch der Sozialpsychologie. Göttingen: Hogrefe 1975.

Israel, H.E.: Two difficulties in operational thinking. Psychological Review **52**, 260–261 (1945).

Issing, L.J., Ullrich, B.: Einfluß eines Verbalisierungstrainings auf die Denkleistung von Kindern. Zeitschrift für Entwicklungspsychologie und Pädagogische Psychologie **1**, 32–40 (1969).

Jackson, C.W., Pollard, J.C.: Some nondeprivation variables which influence the "effects" of experimental sensory deprivation. Journal of abnormal and social Psychology **71**, 383–388 (1966).

Jackson, D.N.: Acquiescence response styles: problems of identification and control. In: Berg, I.A. (Hrsg.): Response set in personality assessment. Chicago: Aldine Publishing Company 1967.

Jäger, R.: Zur Gültigkeit von Aussagen, die auf korrelationsstatistischen Verfahren beruhen. Archiv für Psychologie **126**, 253–264 (1974).

Janssen, J.P.: Versuchsleiter – Erwartungseffekt: Artefakt nicht standardisierter Untersuchungsbedingungen? Eine Untersuchung zu Rosenthal's „experimenter-bias" unter standardisierten Gruppenprüfungsbedingungen. Psychologische Beiträge **15**, 230–248 (1973).

Janssen, J.P.: Studenten: die typischen Versuchspersonen psychologischer Experimente – Gedanken zur Forschungspraxis. Psychologische Rundschau **30**, 99–109 (1979).

Jasper, H.H.: The ten-twenty electrode system of the International Federation. Electroencephalography and Clinical Neurophysiology **10**, 371–375 (1958).

Jenkins, G.M.: Practical experiences with modelling and forcasting time series. Jersey: Channel Islands 1979.

Jillson, J.A.: The national drug-abuse policy delphi: progress report and findings to date. In: Linstone, H.A., Turoff, M. (Eds.): The Delphi Method. London: Addison-Wesley 1975.

Jöreskog, K.G.: A general method for analysis of covariance structures. Biometrika **57**, 239–251 (1970).

Jöreskog, K.G., Sörbom, D.: LISREL IV, User's Guide. Chicago: Educational Services 1978.

Jöreskog, K.G., Sörbom, D.: Advances in factor analysis and structural equation models. Cambridge, MA: Abt Books 1979.

Johnson, D.M., Vidulich, R.N.: Experimental Manipulation of the Halo-Effect. Journal of applied Psychology **40**, 130–134 (1956).

Jones, H.G.: In search of an ideographic psychology. Bull. of the Brit. Psychol. Soc. **24**, 279–290 (1971).

Jones, L.V.: Some invariant findings under the method of successive intervalls. American Journal of Psychology **72**, 210–220 (1959).

Jones, L.V., Thurstone, L.L.: The psychophysics of semantics: An empirical investigation. Journal of applied Psychology **39**, 31–36 (1955).

Jones, R.A., Cooper, J.: Mediation of experimenter effects. Journal of personality and social Psychology **20**, 70–74 (1971).

Jones, W.H.: Generalizing mail survey inducement methods: population interactions with anonymity and sponsorship. Public Opinion Quarterly **43**, 102–112 (1979).

Jourard, S.M.: Brief einer Vp an einen Vl. Gruppendynamik **4**, 27–30 (1973).

Jovanovic, U.J.: Schlaf und Traum. Stuttgart: Fischer 1974.

Judd, R.C.: Telephone Usage and survey research. Journal of advertising research **6**, 38–39 (1966).

Jung, J.: Current practices and problems in the use of college students for psychological research. Canadian Psychologist **10**, 280–290 (1969).

Jung, J. (Ed.): The experimenter's dilemma. New York: Harper and Row 1971.

Jüttemann, G.: Komparative Kasuistik als Strategie psychologischer Forschung. Zeitschrift für klinische Psychologie und Psychotherapie **29**, 101–118 (1981).

Kahle, L.R., Sales, B.D.: Personalization of the outside envelope in mail surveys. Public Opinion Quarterly **42**, 545–550 (1978).

Kamiya, J.: Conscious control of brain waves. Psychology today **1**, 56–60, 1968.

Kane, R.B.: Minimizing order effects in the semantic differential. Educational and psychological measurement **31**, 137–144 (1971).

Kaplan, K.J.: On the ambivalence-indifference problem in attitude theory and measurement. Psychological Bulletin **77**, 361–372 (1972).

Katz, D.: Do interviewers bias polls? Public Opinion Quarterly **6**, 248–268 (1942).

Kaufman, H.: The price of obedience and the price of knowledge. American Psychologist **22**, 321–322 (1967).

Kavanau, J.L.: Behavior: Confinement, Adaptions and Compulsory Regimes in laboratory studies. In: Schultz, D.P. (Ed.): The science of psychology: Critical Reflections. New York: Appleton-Century-Crofts 1970.

Kazdin, A.E.: Statistical analysis for single-case experimental designs. In: Hersen, M., Barlow, D.H. (Eds.): Single case experimental designs: Strategies for studying behavior change. New York: Pergamon 1976.

Kazdin, A.E.: Methodological and interpretative problems of single-case experimental designs. Journal of consulting and clinical Psychology **46**, 629–642 (1978).

Keeser, W.: Zeitreihenanalyse in der klinischen Psychologie. Ein Beitrag zur Box-Jenkins Methodologie. Unveröffentlichte Dissertation, München 1979.

Kelley, H.H., Hovland, C.J., Schwartz, M., Abelson, R.P.: The influence of judges attitudes in three modes of attitude scaling. Journal of social Psychology **42**, 147–158 (1955).

Kelman, H.C.: A time to speak: On human values and social research. San Francisco: Jossey-Bass 1968.

Kelman, H.C.: Human use of human subjects: The Problem of deception in social psychological experiments. In: Schultz, D.P. (Hrsg.): The science of psychology: Critical Reflections. New York: Appleton-Century-Crofts 1970.

Kelman, H.C.: The rights of the subject in social research: An analysis in terms of relative power and legitimacy. American Psychologist **27**, 989–1016 (1972).

Kempf, W.F.: Dynamische Modelle zur Messung sozialer Verhaltensdispositionen. In: Kempf, W.F. (Hrsg.): Probabilistische Modelle in der Sozialpsychologie. Bern: Huber 1974.

Kendall, M.G.: Further contributions to the theory of paired comparison. Biometrics **11**, 43–62 (1955).

Kendall, M.G., Stuart, A.: The advanced theory of statistics. Vol. 2. London: Griffin 1973.

Kenny, D.A.: A quasi-experimental approach to assessing treatment effects in the nonequivalent control group design. Psychological Bulletin **82**, 345–362 (1975).

Kenny, D.A., Harackiewicz, J.M.: Cross-lagged panel correlation. Practice and promise. Journal of applied Psychology **64**, 372–379 (1979).

Keren, G., Lewis, C.: Partial omega squared for ANOVA designs. Educational and psychological measurement **39**, 119–128 (1979).

Kerlinger, F.N.: Grundlagen der Sozialwissenschaften, Band 2. Weinheim: Beltz 1979.

Kim, J.O.: Multivariate analysis of ordinal variables. American Journal of sociology **81**, 261–298 (1975).

Kincaid, H.V., Bright, M.: The tandem interview: A trial of the two-interviewer team. Public Opinion Quarterly **21**, 304–312 (1957).

Kinsey, A., Pomeroy, W.B., Martin, C.E.: Sexual behavior in the human male. Philadelphia: Saunders 1948.

Kinsey, A.: Sexual behavior in the human female. Philadelphia: Saunders 1953.

Kintsch, W.: The representation of meaning in memory. Hillsdale, New York: Erlbaum 1974.

Kish, L.: Survey sampling. New York: Wiley 1965.

Kish, L., Hess, I.A.: A "replacement" procedure for reducing the bias of non-response. The american Statistician **13**, 17–19 (1969).

Kivlin, J.E.: Contribution to the study of mail-back-bias. Rural sociology **30**, 322–326 (1965).

Klapproth, J.: Erwünschtheit und Bedeutung von 338 alltagspsychologischen Eigenschaftsbegriffen. Psychologische Beiträge **14**, 496–520 (1972).

Klein, P.: Soziale Erwünschtheit von Eigenschaften in Abhängigkeit von Nationalität, Schulbildung und Geschlecht der Beurteiler. Psychologie und Praxis **18**, 86–92 (1974).

Kleining, G., Moore, H.: Soziale Selbsteinstufung. Kölner Zeitschrift für Soziologie und Sozialpsychologie **20**, 502–552 (1968).

Kliemann, H.: Anleitungen zum wissenschaftlichen Arbeiten. Eine Einführung in die Praxis. Freiburg: Rombach 1971.

Klix, F.: Information und Verhalten. Berlin: VEB Deutscher Verlag der Wissenschaften 1971.

Koch, J.J.: „Guter Eindruck" und Attitüden. Archiv für Psychologie **128**, 135–149 (1976).

Köbben, A.: Cause and intention. In: Naroll, R., Cohen, R. (Eds.): A handbook of method in cultural anthropology. Garden City, New York: Natural history press 1970.

Köckeis-Stangl,, E.: Interpretative Methoden kontrollierten Fremdverstehens. In: Hurrelmann, K., Ulrich, D. (Hrsg.): Handbuch der Sozialisationsforschung. Weinheim: Beltz 1980.

König, R. (Hrsg.): Das Interview. Köln: Kiepenheuer & Witsch, 1962.

Kohlberg, L.: From is to ought: How to commit the naturalistic fallacy and get away with it in the study of moral development. In: Mischel, T. (Ed.): Cognitive development and epistemology. New York: Academic Press 1971, 151–235.

Kohli, M.: „Offenes" und „geschlossenes" Interview: Neue Argumente zu einer alten Kontroverse. Soziale Welt **29**, 1–25 (1978).

Koolwijk, J. van: Die Befragungsmethode. In: van Koolwijk, J., Wieken-Mayser, M.: Techniken der empirischen Sozialforschung, Band 4: Die Befragung. München: Oldenbourg 1974.

Koolwijk, J. van: Das Quotenverfahren: Paradigma sozialwissenschaftlicher Auswahlpraxis. In: van Koolwijk, J., Wieken-Mayser, M. (Hrsg.): Techniken der empirischen Sozialforschung, Band 6: Statistische Forschungsstrategien. München: Oldenbourg 1974.

Korman, A.K.: Industrial and organizational psychology. Englewood Cliffs, New Jersey: Prentice Hall 1971.

Krakauer, E.: Für eine qualitative Inhaltsanalyse. Ästhetik und Kommunikation **3**, 53–58 (1972).

Kratochwill, T.R. (Ed.): Single subject Research. New York: Academic Press 1978 a.

Kratochwill, T.R.: Foundation of time-series research. In: Kratochwill, T.R. (Ed.): Single subject research. New York: Academic Press 1978 b.

Kratochwill, T.R., Alden, K., Demuth, D., Dawson, D., Panicucci, C., Arnston, P., McMurray, N., Hempstead, J., Lewin, J.A.: A further consideration in the application of an analysis-of-variance model for the intrasubject replication design. Journal of applied behavior analysis **7**, 629–633 (1974).

Krause, B., Metzler, P.: Zur Anwendung der Inferenzstatistik in der psychologischen Forschung. Zeitschrift für Psychologie **186**, 244–267 (1978).

Krauth, J., Lienert, G.A.: KFA. Die Konfigurationsfrequenzanalyse. Freiburg: Alber 1973.

Krech, D., Crutchfield, R., Ballachey, E.L.: Individual in society. New York: McGraw Hill 1962.

Kretschmer, E.: Körperbau und Charakter. Berlin: Springer 1961[24].

Kreutz, H.: Soziologie der empirischen Sozialforschung. Theoretische Analyse von Befragungstechniken und Ansätze zur Entwicklung neuer Verfahren. Stuttgart: Enke 1972.

Kreutz, H., Titscher, S.: Die Konstruktion von Fragebögen. In: van Koolwijk, J., Wieken-Mayser, M. (Hrsg.): Techniken der empirischen Sozialforschung, Band 4: Erhebungsmethoden: Die Befragung. München: Oldenbourg 1974.

Kreyszig, E.: Statistische Methoden und ihre Anwendungen. Göttingen: Vandenhoeck & Ruprecht 1973.

Krippendorf, K.: Content analysis. An introduction to its methodology. Beverly Hills, London: Sage 1980.

Kruglanski, A.W.: The human subject in the psychological experiment: Fact and Artefact. Advances in experimental and social Psychology **8**, 101–147 (1975).

Kruse, L., Kumpf, M. (Eds.): Psychologische Grundlagenforschung: Ethik und Recht. Bern: Huber 1981.

Kruskal, J.B.: Multidimensional scaling by optimizing goodness of fit to a nonmetric hypothesis. Psychometrika **29**, 2–27 (1964 a).

Kruskal, J.B.: Nonmetric multidimensional scaling: a numerical method. Psychometrika **29**, 115–129 (1964 b).

Kruskal, J.B.: How to use MDSCAL, a program to do multidimensional scaling and multidimensional unfolding. Unpubl. Report, Bell Telephone Laboratories 1968.

Kuhn, M.H., Partland, T.S.: An empirical investigation of self-attitudes. American Sociological Review **19**, 68–76 (1954).

Kuhn, T.S.: Die Struktur wissenschaftlicher Revolutionen. Frankfurt: Suhrkamp 1967.

Kuhn, T.S.: Logik der Forschung oder Psychologie der wissenschaftlichen Arbeit. In: Lakatos, I., Musgrave, A. (Hrsg.): Kritik und Erkenntnisfortschritt. Braunschweig: Vieweg 1974.

Kühn, W.: Einführung in die multidimensionale Skalierung. München: Reinhardt 1976.

Kumpf, M., Irle, M.: Jurisitische Probleme bei sozialpsychologischen Experimenten. In: Bericht über den 30. Kongreß der DGfP in Regensburg, Bd. 2, 407–413. Göttingen: Hogrefe 1977.

Kupfermann, I.: Neurophysiology of learning. Annual Review of Psychology **26**, 237–391 (1975).

Labov, W.: Das Studium der Sprache im sozialen Kontext. In: Klein, W., Wunderlich, D. (Hrsg.): Aspekte der Soziolinguistik. Frankfurt: Fischer 1973.

Lacey, J.E., Lacey, B.C.: The law of initial value in the longitudinal study of autonomic constitution. Ann. New York Acad. Sci. **98**, 1257–1290 (1962).

Lakatos, I.: Die Geschichte der Wissenschaft und ihre rationalen Rekonstruktionen. In: Lakatos, I., Musgrave, A. (Hrsg.): Kritik und Erkenntnisfortschritt. Braunschweig: Vieweg 1974.

Lane, D.M., Dunlap, W.P.: Estimating effect size: Bias resulting from the significance criterion in editorial decisions. Brit. J. of math. stat. Psychol. **31**, 107–112 (1978).

Lane, R.E.: Political Ideology. New York: Free Press 1962.

Lang, E.: Die methodische Funktion der Frage in der Forschung. In: Parthey, H. (Ed.): Problem und Methode in der Forschung. Berlin: Akademie Verlag 1978.

Langeheine, R.: Multivariate Hypothesentestung bei qualitativen Daten. Zeitschrift für Sozialpsychologie **11**, 140–151 (1980).

Latham, G.P., Wexley, K.N., Pursell, E.D.: Training managers to minimize rating error in the observation of behavior. Journal of applied Psychology **60**, 550–555 (1975).

Laudien, H.: Physiologie des Gedächtnisses. Heidelberg: Quelle & Meyer 1977.

Lazarsfeld, P.F., Henry, N.W.: Latent structure analysis. Boston: Houghton Mifflin Comp. 1968.

Lazarus, A.A., Davison, G.C.: Clinical innovation in research and practice. In: Bergin, A.E., Garfield, S.L. (Eds.): Handbook of psychotherapy and behavior change: An empirical analysis. New York: Wiley 1971, pp. 196–213.

Legewie, H.: Subjektive Korrelate der Alpha-Aktivität im EEG: Unterscheidungslernen oder Aberglaube? Zeitschrift für experimentelle und angewandte Psychologie **24**, 443–454 (1977).

Legewie, H.: Gemeindepsychologische Lebensweltanalysen. Plädoyer für einen Perspektivenwechsel in der epidemiologischen Feldforschung. In: Kommer, O. u. Röhrle, B. (Hrsg.): Gemeindepsychologische Perspektiven. München: Steinbauer u. Rau, 1983.

Legewie, H.; Nusselt, L.: Biofeedback-Therapie. München: Urban & Schwarzenberg 1975.

Legewie, H., Probst, W.: Computereinsatz in der Neuropsychologie. In: Haider, M. (Hrsg.): Neuropsychologie. Bern: Huber 1971.

Lehmann, G.: Nichtlineare „Kausal"- bzw. Dominanz-Analysen in psychologischen Variablensystemen. Zeitschrift für experimentelle und angewandte Psychologie **27**, 257–276 (1980).

Lehr, U.: Diagnostische Erfahrungen aus explorativen Untersuchungen bei Erwachsenen. Psychologische Rundschau **15**,, 97–106 (1964).

Lehr, U., Thomae, H.: Konflikt, seelische Belastung und Lebensalter. Opladen: Westdeutscher Verlag 1965.

Leibbrand, T.: Versuchspersonen und Stichproben in lern- und denkpsychologischen Untersuchungen. Eine Inhaltsanalyse. Unveröffentlichte Zulassungsarbeit zur Diplom-Hauptprüfung für Psychologie, Tübingen 1976.

Leigh, J.H., Kinnear, T.C.: On interaction classification. Educational psychological measurement **40**, 841–843 (1980).

Leiser, E.: Wie funkltioniert sozialwissenschaftliche Statistik? Zeitschrift für Sozialpsychologie **13**, 125–139 (1982).

Lenski, G.: The religious factor. New York, Garden City: Doubleday 1963.

Leonhardt, A.B.: Soziale Identität bei Kindern ausländischer Arbeitnehmer und ihre Bewertung. Unveröffentlichte Diplomarbeit, TU Berlin 1983.

Leverkus-Brüning, I.: Die Meinungslosen. In: Schmölders, G. (Hrsg.): Beiträge zur Verhaltensforschung, Heft 6, Berlin 1966.

Levi, L.: Emotions – their parameters and measurement. New York: Raven Press 1975.

Levin, J.R., Marascuilo, L.A., Hubert, L.J.: N = Nonparametric Randomization Tests. In: Kratochwill, T.R. (Ed.): Single subject research. New York: Academic Press 1978.

Lewin, M.: Understanding psychological research. The student researcher's handbook. New York: Wiley 1979.

Lienert, G.A.: Testaufbau und Testanalyse. Weinheim: Beltz 1969.

Lienert, G.A.: Verteilungsfreie Methoden in der Biostatistik, Band I. Meisenheim: Hain 1973.

Lienert, G.A.: Verteilungsfreie Methoden in der Biostatistik. Tafelband. Meisenheim: Hain 1975.

Lienert, G.A.: Verteilungsfreie Methoden in der Biostatistik, Band II. Meisenheim: Hain 1978.

Likert, R.: A technique for the measurement of attitudes. Archives of psychology **140**, 1–55 (1932).

Lindley, D.V.: Introduction to probability and statistics from a bayesian viewpoint. Cambridge: Cambridge University Press 1965.

Lindsay, P.H., Norman, D.A.: Human Information Processing. New York: Academic Press 1977.

Lingoes, J.C.: An IBM 7090 program for Guttman-Lingoes smallest space analysis III. Behavioral Science **11**, 75–76 (1966).

Lingoes, J.C.: A general survey of the Guttman-Lingoes nonmetric program series. In: Shepard, R.N. et al. (Eds.): Multidimensional scaling. Theory and applications in the behavioral sciences. Vol. I. New York: Seminar Press 1972, pp. 52–69.

Linn, R.L., Slinde, J.A.: Significance of pre- and posttest change. Review of educational research **47**, 121–150 (1977).

Linstone, H.A., Turoff, M. (Eds.): The Delphi Method. London: Addison-Wesley 1975.

Lisch, R., Kriz, J.: Grundlagen und Modelle der Inhaltsanalyse. Reinbek: Rowohlt 1978.

Lissitz, R.W., Green, S.B.: Effect of number of scale points on reliability: A monte carlo approach. Journal of applied Psychology **60**, 10–13 (1975).

Longworth, D.S.: Use of a mail questionnaire. American Sociological Review **18**, 310–313 (1953).

Lord, F.M.: On the statistical treatment of football numbers. American Psychologist **8**, 750–751 (1953).

Lord, F.M.: The measurement of growth. Educational and psychological measurement **16**, 421–437 (1956).

Lord, F.M.: Elementary models for measuring change. In: Harris, C.W. (Ed.): Problems in measuring change. Madison: University of Wisconsin Press 1963.

Lord, F.M., Novick, M.R.: Statistical theories of mental test scores. Reading, Mass.: Addison-Wesley 1968.

Lösel, F., Wüstendörfer, W.: Zum Problem unvollständiger Datenmatrizen in der empirischen Sozialforschung. Zeitschrift für Soziologie und Sozialpsychologie **26**, 342–357 (1974).

Lovie, A.D.: On the early history of ANOVA in the analysis of repeated measure designs in psychology. Brit. J. math. stat. Psychol. **34**, 1–15 (1981).

Luce, R.D.: Individual choice behavior. New York: Wiley 1959.

Lück, H.E.: Zur sozialen Erwünschtheit von Eigenschaftsbezeichnungen. Psychologische Rundschau **19**, 258–266 (1968).

Lück, H.E., Regelmann, S., Schönbach, P.: Zur sozialen Erwünschtheit von Eigenschaftsbezeichnungen. Datenvergleiche Köln 1966 – Bochum 1971 – Köln 1972. Zeitschrift für experimentelle und angewandte Psychologie **23**, 253–266 (1976).

Lück, H.E., Timaeus, E.: Skalen zur Messung manifester Angst (MAS) und sozialer Wünschbarkeit (SD-E und SD-CM). Diagnostica **15**, 134–141 (1969).

Ludwig, D.A.: Statistical considerations for the univariate analysis of repeated-measures experiments. Perceptual Motor Skills **49**, 899–905 (1979).

Lüer, G., Fillbrandt, H.: Ein Verfahren zur Bestimmung der additiven Konstanten in der multidimensionalen Skalierung. Arch. ges. Psychol. **121**, 202–204 (1969).

Lundberg, G.A.: Operational definitions in the social sciences. American Journal of sociology **47**, 727–743 (1941/42).

Lusted, L.B.: Introduction to medical decision making. Springfield, Ill.: C.C. Thomas 1968.

Lykken, D.T.: Statistical significance in psychological research. Psychological Bulletin **70**, 151–157 (1968).

Madge, J.: The tools of social science. Garden City, New York: Doubleday Anchor 1965.

Magnusson, D.: Testtheorie. Wien: Deuticke 1969.

Maier, D.: Zur Informationspflicht bei psychologischen Eignungsuntersuchungen. Psychologie und Praxis **24**, 49–57 (1980).

Mandl, H., Ballstaedt, S.P., Schnotz, W., Tergan, S.O.: Lernen mit Texten. Zeitschrift für Entwicklungspsychologie und pädagogische Psychologie **12**, 44–74 (1980).

Mangold, W.: Gruppendiskussion. In: König, R. (Hrsg.): Handbuch der empirischen Sozialforschung, Band I. Stuttgart: Enke 1962.

Mann, I.T., Phillips, J.L., Thompson, E.G.: An examination of methodological issues relevant to the use and interpretation of the semantic differential. Applied psychological measurement **3**, 213–229 (1979).

Maschewsky, W.: Das Experiment in der Psychologie. Frankfurt: Campus 1977.

Matarazzo, J.D., Wiens, A.N.: The interview. Research on its anatomy and structure. Chicago: Aldine 1972.

Matell, M.S., Jacoby, J.: Is there an optimal number of alternatives for Likert scale items? Study I: Reliability and validity. Educational and psychological measurement **31**, 657–674 (1971).

McCain, L.J., McCleary, R.: The statistical analysis of the simple interrupted time series quasi-experiment. In: Cook, T.D., Campbell, D.T. (Eds.): Quasi-experimentation: Design and analysis issues for field settings. Chicago: Rand-McNally 1979.

McCleary, R., Hay, Jr., R.A.: Applied time series analysis for the social sciences. Beverly Hills: Sage 1980.

McCullough, B.C.: Effects of variables using panel data: A review of techniques. Public Opinion Quarterly **42**, 199–220 (1978).

McDowall, D., McCleary, R., Meidinger, E.E., Hay, Jr., R.A.: Interrupted time series. Sage University Paper series on quantitative applications in the social sciences. pp. 07–021, Beverly Hills, C.A.: Sage 1980.

McFall, R.M., Saxman, J.H.: Verbal communication as a mediator of expectancy effects: Methodological artefact? Psychological Reports **23**, 1223–1228 (1968).

McGinley, H., Lefevre, R., McGinley, P.: The influence of communicator's body position on opinion change in others. Journal of personality and social psychology **31**, 686–690 (1975).

McGuire, W.J.: Inducing resistance to persuasion. In: Berkowitz, L. (Ed.): Advances in experimental social psychology. Vol 1. New York: Academic Press 1964.

McGuire, W.J.: Some impending reorientations in social psychology: Some thoughts provoked by Kenneth Ring. Journal of experimental and social psychology **3**, 124–139 (1967).

McNemar, Q.: Opinion-attitude methodology. Psychological Bulletin **43**, 289–374 (1946).

McNemar, Q.: On growth measurement. Educational and psychological measurement **18**, 47–55 (1958).

McNicol, D.A.: A primer of signal detection. London: George Allen and Unwin 1972.

Meehl, P.E.: Configural scoring. Journal of consulting psychology **14**, 165 (1950).

Mehrabian, A.: Significance of posture and position in the communication of attitude and status relationships. Psychological Bulletin **71**, 359–372 (1969).

Mehrabian, A.: Nonverbal communication. New York: Aldine-Atherton 1972.

Meili, R., Steingrüber, H.J.: Lehrbuch der psychologischen Diagnostik. Bern: Huber 1978.

Menges, R.J.: Openness and honesty versus coercion and deception in psychological research. American Psychologist **28**, 1030–1034 (1973).

Mertens, W.: Sozialpsychologie des Experiments. Hamburg: Hoffmann & Campe 1977.

Mertens, W.: Aspekte einer sozialwissenschaftlichen Psychologie. München: Ehrenwirth 1977.

Merton, R.K., Fiske, M., Kendall, P.L.: The focussed interview. A manual of problems and procedures. Glencoe, Illinois: The free press 1956.

Merton, R.K., Kendall, P.L.: Das fokussierte Interview. In: Hopf, C., Weingarten, E. (Hrsg.): Qualitative Sozialforschung. Stuttgart: Klett 1979, S. 171–203.

Merzbacher, F.: Hexen und Zauberei. In: Hinckeldey, C. (Hrsg.): Strafjustiz in alter Zeit. Rothenburg o.d.T.: Mittelalterliches Kriminalmuseum 1980.

Messick, S.J.: The psychology of acquiescence: an interpretation of research evidence. In: Berg, I.A. (Hrsg.): Response set in personality assessment. Chicago: Aldine Publ. Comp. 1967.

Messick, S.J., Abelson, R.P.: The additive constant problem in multidimensional scaling. Psychometrika **21**, 1–15 (1956).

Metzger, W.: Über das Abfassen einer wissenschaftlichen Arbeit auf dem Gebiet der Psychologie. Psychologische Beiträge **2**, 203–214 (1956).

Metzner, H., Mann, F.A.: A limited comparison of two methods of data collection. The fixed alternative Questionnaire and the open-ended Interview. American sociological review **17**, (1952).

Meyer-Bahlburg, H.F.L.: Spearmans rho als punktbiserialer Rangkorrelationskoeffizient. Biometrische Zeitschrift **11**, 60–66 (1969).

Micko, H.C., Fischer, W.: The metric of multidimensional psychological spaces as a function of the differential attention to subjective attributes. Journal of mathematical Psychology **7**, 118–143 (1970).

Milgram, S.: Behavioral study of obedience. Journal of abnormal and social Psychology **67**, 371–378 (1963).

Milgram, S.: Issues in the study of obedience: A reply to Baumrind. American Psychologist **19**, 848–852 (1964).

Milgram, S., Mann, L., Harter, S.: The lost letter technique: A tool of social research. Public Opinion Quarterly **29**, 437–438 (1965).

Miller, A.G.: The social psychology of psychological research. New York: Free Press 1972.

Miller, D.B.: Roles of naturalistic observation in comparative psychology. American Psychologist **32**, 211–219 (1977).

Miller, D.C.: Handbook of research design and social measurement. New York 1970.

Miller, E., Warner, R.W.: Single subject research and evaluation. Personnel and Guidance Journal **54**, 130–133 (1975).

Minsel, W.R., Langer, I.: Methodisches Vorgehen zum Erfassen von psychotherapeutisch bedingten Veränderungen. In: Reinert, G. (Ed.) Bericht über den 27. Kongress der Deutschen Gesellschaft für Psychologie in Kiel 1970. Göttingen: Hogrefe 1973, S. 646–648.

Möbus, C.: Zur Fairness psychologischer Intelligenztests: Ein unlösbares Trilemma zwischen den Zeilen von Gruppen, Individuen und Institutionen? Diagnostica **24**, 191–234 (1978).

Mollenhauer, K.: Einführung in die Sozialpädagogik. Weinheim: Beltz 1968.

Money, J., Musaph, H. (Eds.): Handbook of sexology. Amsterdam: Elsevier 1977.

Moosbrugger, H.: Multivariate statistische Analyseverfahren. Stuttgart: Kohlhammer 1978.

Moreno, J.L.: Who shall survive? Foundation of sociometry, grouppsychotherapy and sociodrama. New York: Beacon House 1953.

Mosier, C.J.: A psychometric study of meaning. Journal of social psychology **13**, 123–140 (1941).

Mulaik, S.A.: Confirmatory factor analysis. In: Amick, D.J., Walberg, H.J. (Eds.): Introductory multivariate analysis. Berkeley, Cal.: McCutchan 1975.

Myrtek, M., Foerster, F., Wittmann, W.: Das Ausgangswertproblem. Zeitschrift für experimentelle und angewandte Psychologie **24**, 463–491 (1977).

Neary, R.S., Zuckermann, M.: Sensation seeking, Trait and state anxiety, and the electrodermal orienting response. Psychophysiology **13**, 205–211 (1976).

Nehnevajsa, J.: Panel-Befragungen. In: König, R. (Hrsg.): Handbuch der empirischen Sozialforschung, Band 1. Stuttgart: Enke 1967, S. 197–208.

Nelson, C.R.: Applied time series analysis for managerial forecasting. San Francisco: Holden-Day 1973.

Nettler, G.: Test burning in Texas. American Psychologist **14**, 682–683 (1959).

Newbury, E.: Philosophic assumptions on operational psychology. Journal of psychology **35**, 371–378 (1953).

Newcomb, T.: An experiment designed to test the validity of a rating technique. Journal of Educational Psychology **22**, 279–289 (1931).

Neyman, J.: Outline of a theory of statistical estimation based on the classical theory of probability. Philosophical transactions of the Royal Society, Serie A, p. 236 (1937).

Nichols, R.C., Meyer, M.A.: Timing postcard follow-ups in mail questionnaire surveys. Public opinion quarterly **30**, 306–307 (1966).

Nicolich, M.J., Weinstein, C.S.: Time series analysis of behavioral changes in an open classroom. Paper presented at the annual meeting of the American Educational Research Association, New York, April 1977.

Nisbett, R.E., Wilson, T.D.: Telling more than we know. Verbal reports on mental processes. Psychological Review **84**, 231–259 (1977).

Noach, H., Petermann, F.: Die Prüfung von Verlaufsannahmen in der therapeutischen Praxis. Zeitschrift für personenzentrierte Psychologie und Psychotherapie **1**, 9–27 (1982).

Noelle, E.: Umfragen in der Massengesellschaft. Reinbeck: Rowohlt 1967.

Noelle-Neumann, E.: Wanted: Rules for structured questionnaires. Public Opinion Quarterly **34**, 191–201 (1970).

Norman, D.A., Rumelhart, D.E.: Exploration in cognition. San Francisco: Freeman 1975.

Novick, M.R.: The axioms and principle results of classical test theory. Journal of mathematical Psychology **3**, 1–18 (1966).

Obrist, P.A., Black, A.H., Brener, J., Dicara, L.V.: Cardiovascular psychophysiology. Chicago: Aldine 1974.

Obrist, P.A., Langer, A.W., Grignolo, A., Sutterer, J.R., Light, U.C., McCubbin, J.A.: Blood pressure control mechanisms and stress: Implications for the etiology of hypertension. In: Onesti, G., Klimt, C.R. (Eds.): Hypertension – Determinants, complications and intervention. New York: Grune & Stratton 1979.

Oeckl, A. (Hrsg.): Taschenbuch des öffentlichen Lebens. Bonn: Festland Verlag 1981.

Oevermann, V., Allert, T., Gripp, H., Konau, E., Krambeck, J., Schröder-Caesar, E., Schütze, G.: Beobachtungen zur Struktur der sozialisationstheoretischen Interaktion. In: Anwärter, M., Kirsch, E., Schröter, M. (Hrsg.) Seminar: Kommunikation, Interaktion, Identität. Frankfurt: Suhrkamp 1976, S. 371–403.

Oevermann, U., Allert, T., Konau, E.: Die Methodologie einer objektiven Hermeneutik und ihre allgemeine forschungslogische Bedeutung in den Sozialwissenschaften. In: Soeffner, H.G. (Hrsg.): Interpretative Verfahren in den Sozial- und Textwissenschaften. Stuttgart: Metzler 1979.

Ohls, J.C.: The power of hypothesis tests in a regression context. Evaluation Review **4**, 623–635 (1980).

Oldfield, R.C.: The Psychology of the interview. London: Methuen 1951.

Olejnik, S.F., Porter, A.C.: Bias and mean square errors of estimators as criteria for evaluation competing analysis strategies in quasi-experiments. Journal of educational statistics **6**, 33–53 (1981).

Olkin, I., Pratt, J.W.: Unbiased estimation of certain correlation coefficients. Annals of mathematical statistics **29**, 201–211 (1958).

Opp, K.P.: Methodologie der Sozialwissenschaften. Reinbeck: Rowohlt 1976.

Oppenheim, A.N.: Questionnaire design and attitude measurement. New York: Basic Books 1966.

Orne, M.T.: On the social psychology of the psychological experiment: with particular reference to demand characteristics and their implications. American Psychologist **17**, 776–783 (1962).

Orth, B.: Einführung in die Theorie des Messens. Stuttgart: Kohlhammer 1974.

Ortmann, R.: Zur Gewichtung von Testaufgaben nach ihrer Schwierigkeit. Diskussion eines von E. Rützel vorgeschlagenen Bewertungsverfahrens. Psychologie und Praxis **17**, 87–89 (1973).

Osgood, C.E.: The representational model and relevant research methods. In: Pool, pp. 33–88 (1959).

Osgood, C.E., Suci, G.J., Tannenbaum, D.H.: The measurement of meaning. Urbana, Ill.: University of Illinois Press 1957.

Oster, P.J., Stern, J.A.: Measurement of eye movement. In: Martin, I., Venables, P.H. (Eds.): Techniques in Psychophysiology. Chichester: Wiley 1980.

Österreich, R.: Welche der sich aus der Rasch-Skalierung ergebenden Personenkennwerte sind für statistische Auswertungen geeignet? Diagnostica **24**, 341–349 (1978).

Ostrom, T.M.: To replicate or explicate. American Psychologist **26**, 312 (1971).

Overall, J.E., Klett, C.J.: Applied multivariate analysis. New York: McGraw Hill 1972.

Parducci, A.: Range-frequency compromise in judgement. Psychological Monographs, 77 (2, whole no. 565) (1963).

Parducci, A.: Category judgement: a range-frequency model. Psychological Review **72**, 407–418 (1965).

Parsonson, B.S., Baer, D.M.: The analysis and presentation of graphic data. In: Kratochwill, T.R. (Ed.) Single subject design. New York: Academic Press 1978.

Pastore, R.E., Scheirer, C.J.: Signal detection theory: Considerations for general application. Psychological Bulletin **81**, 945–958 (1974).

Patterson, H.D.: Sampling on successive occasions with partial replacement of units. Journal of the Royal Statistical Society, Series B **12**, 241–255 (1950).

Pawlik, K.: Psychologische EEG-Forschung: Methoden, Ergebnisse, Anwendungen. In: Schraml, W.J., Baumann, U. (Hrsg.): Klinische Psychologie II. Bern: Huber 1974.

Pawlik, K.: Hochschulzulassungstests: Kritische Anmerkungen zu einer Untersuchung von Hitpaß und zum diagnostischen Ansatz. Psychologische Rundschau **30**, 19–33 (1979).

Pelz, D.C., Andrews, F.M.: Detecting causal priorities in panel study data. American sociological Review **29**, 836–848 (1964).

Penfield, W., Jasper, H.: Epilepsy and the functional anatomy of the human brain. London: Little & Brown 1954.

Perry, R.P., Abrami, P.C., Leventhal, L., Check, J.: Instructor reputation: An expectancy relationship involving student ratings and achievement. Journal of educational Psychology **71**, 776–787 (1979).

Petermann, F.: Veränderungsmessung. Stuttgart: Kohlhammer 1978.

Petermann, F.: Möglichkeiten der Einzelfallanalyse in der Psychologie. Psychologische Rundschau **32**, 31–48 (1981).

Petermann, F.: Einzelfalldiagnose und klinische Praxis. Stuttgart: Kohlhammer 1982.

Pfannenstil, B.: A critical analysis of operational definitions. Theoria **17**, 193–209 (1951).

Philips, D.L.: Knowledge from what? Chicago 1971.

Phillips, L.D.: Bayesian statistics for social scientists. London: Nelson 1973.

Piaget, J.: Psychologie der Intelligenz. Olten: Walter 1971.

Pinther, A.: Beobachtung. In: Friedrich, W., Hennig, W. (Hrsg.): Der sozialwissenschaftliche Forschungsprozeß. Berlin: VEB Deutscher Verlag der Wissenschaften 1980.

Platek, R., Singh, M.P., Tremblay, V.: Adjustment for nonresponse in surveys. In: Namboodiri, N.K. (Ed.): Survey sampling and measurement. New York: Academic Press 1978.

Plewis, I.: A comparison of approaches to the analysis of longitudinal categoric data. British Journal of mathematical and statistical psychology **34**, 118–123 (1981).

Plutchik, R.: Operationism as Methodology. In: Schultz, D.P.: The science of Psychology: Critical Reflections. New York: Appleton-Century-Crofts 1970.

Pollitz, A., Simmons, W.R.: An attempt to get the not-at-homes into the sample without call-backs. Journal of american statistical association **45**, 136–137 (1950).

Pomeroy, W.B.: The reluctant respondent. Public Opinion Quarterly **27**, 287–293 (1963).

Popiszyl, K.: Ideology and personality: Some aspects of psychology at political attitude. Studia Socjologiczne **2**, 109–136 (1971) (zit. nach Psychol. Abstr.).

Popper, K.: Logik der Forschung. Tübingen: Mohr 1966.

Redenbacher, F. (Hrsg.): Regeln für den Schlagwortkatalog. Erlangen 1958.

Pratt, C.C.: Operationism in psychology. Psychological Review **52**, 262–269 (1945).

Price, R.H.: Signal detection methods in personality and perception. Psychological Bulletin **66**, 55–62 (1966).

Priest, R.G., Pletcher, A., Ward, J.: Sleep research (Basle Symposium 1978) Lancaster: MTP-Press 1979.

Prohansky, H.M.: Environmental psychology and the real world. American Psychologist **31**, 303–310 (1976).

Prokasy, W.F., Raskin, D.C.: Electrodermal activity in psychological research. New York: Academic Press 1973.

Rambo, W.W.: The distribution of successive intervall judgements of attitude statements: A note. Journal of social Psychology **60**, 251–254 (1963).

Ramge, H.: Alltagsgespräche. Frankfurt/M.: Diesterweg 1978.

Raney, J.F.: A plea and a plan for replication. American Psychologist **25**, 1176–1177 (1970).

Rasch, G.: Probabilistic models for some intelligence and attainment tests. Kopenhagen: The Danish Institut for Educational Research 1960.

Rayner, K.: Eye movement and information processing. Psychological Bulletin **85**, 616–660 (1978).

Reinert, G.: Richtlinien für die Manuskriptgestaltung. Unveröffentlichtes Manuskript, o.O. und o.J.

Reiss, I.L.: The scaling of premarital sexual permissiveness. J. Marriage Family **26**, 188–198 (1964).

Remmers, H.H.: Rating methods in research on teaching. In: Gage, N.L. (Ed.): Handbook of research on teaching. Chicago: Rand McNally 1963, Kap. 7.

Rennert, M.: Einige Anmerkungen zur Verwendung von Differenzwerten bei der Veränderungsmessung. Psychologische Beiträge **19**, 100–109 (1977).

Reppmann, G.: Entwurf und Untersuchung eines Algorithmus zur Erkennung von Lidschlagsignalen. Unveröffentlichte Diplomarbeit, Heidelberg 1979.

Reuss, C.F.: Differences between person responding and not responding to a mailed questionnaire. American sociological Review **8**, 433–438 (1943).

Revenstorf, D.: Faktorenanalyse. Stuttgart: Kohlhammer 1980.

Revenstorf, D., Keeser, W.: Zeitreihenanalyse von Therapieverläufen – ein Überblick. In: Petermann, F., Hehl, F.J. (Hrsg.): Einzelfallanalyse. München: Urban & Schwarzenberg 1979.

Richards, B.L., Thornton, C.L.: Quantitative methods of calculating the d' of signal detection theory. Educational and psychological measurement **30**, 855–859 (1970).

Richardson, M.W., Kuder, G.F.: The calculations of test reliability coefficients based on the method of rational equivalence. Journal of educational Psychology **30**, 681 (1939).

Richardson, S.A., Dohrenwend, B.S., Klein, D.: Interviewing. Its Forms and Functions. New York: Basic Books 1965.

Richardson, S.A., Dohrenwend, B.S., Klein, D.: Die „Suggestivfrage". Erwartungen und Unterstellungen im Interview. In: Hopf, C., Weingarten, E. (Hrsg.): Qualitative Sozialforschung. Stuttgart: Klett 1979, S. 205–231.

Richter, H.J.: Die Strategie schriftlicher Massenbefragungen. Bad Harzburg: Verlag für Wissenschaft, Wirtschaft und Technik 1970.

Riecken, H.W.A.: A program for research on experiments in social psychology. In: Washburne, N.F. (Ed.): Decisions, values and groups. Vol. 2. New York: Pergamon Press 1962, pp. 25–41.

Ring, K.R.: Experimental social psychology: some sober questions about some frivolous values. Journal of experimental and social Psychology **3**, 113–123 (1967).

Ritsert, J.: Inhaltsanalyse und Ideologiekritik. Frankfurt: Fischer Athenäum 1972.

Roberts, R.E., McCrory, O.F., Forthofer, R.N.: Further evidence on using a deadline to stimulate response to a mail survey. Public Opinion Quarterly **42**, 407–410 (1978).

Robinson, J.P., Rusk, J.G., Head, K.B.: Measurement of political attitudes. Ann Arbor 1968.

Rochel, H.: Planung und Auswertung von Untersuchungen im Rahmen des allgemeinen linearen Modells. Heidelberg: Springer 1983.

Roeder, B.: Die Bestimmung diskrepanten Antwortverhaltens. Zeitschrift für experimentelle und angewandte Psychologie **19**, 593–640 (1972).

Roethlisberger, F.J., Dickson, W.J.: Management and the worker. Cambridge, Mass.: Harvard University Press 1964.

Rogers, C.: Counseling and Psychotherapy. Cambridge, Mass.: Houghton 1942.

Rogers, C.: The non-directive method as a technique in social research. American Journal of Sociology **50**, 279–283 (1945).

Rogge, K.E.: Physiologische Psychologie. München: Urban & Schwarzenberg 1981.

Rohracher, H.: Schwingungen im menschlichen Organismus. Anz. Phil. his. Kl. Öst. Akad. Wiss. **18**, 230 (1946).

Rohracher, H.: Die Arbeitsweise des Gehirns und die psychischen Vorgänge. München: Barth 1967.

Rohracher, H., Inanaga, K.: Die Mikrovibration. Bern: Huber 1970.

Rohrmann, B.: Empirische Studien zur Entwicklung von Antwortskalen für die sozialwissenschaftliche Forschung. Zeitschrift für Sozialpsychologie **9**, 222–245 (1978).

Rollman, G.B.: Signal detection theory measurement of pain: A review and critique. Pain **3**, 189–211 (1977).

Romanczyk, R.G., Crimmins, D.B., Gordon, W.C., Kaskinsky, W.M.: Measuring circadian cycles: A simple temperature recording preparation. Behavior Research Methods and Instrumentation **9**, 393–394 (1977).

Rorer, L.G.: The great response-style myth. Psychological Bulletin **63**, 129–156 (1965).

Rosenthal, R.: Experimenter effects in behavioral research. New York: Appleton Century Crofts 1976.

Rosenthal, R., Fode, K.L.: Psychology of the scientist: V. Three experiments in experimenter bias. Psychological Reports **12**, 491–511 (1963).

Rosenthal, R., Rosnow, R.L.(Eds.): Artifact in behavioral research. New York: Academic Press 1969.

Rosenthal, R., Rosnow, R.L.: The volunteer subject. New York: Wiley 1975.

Ross, D.C.: Testing patterned hypothesis in multiway contingency tables using weighted kappa and weighted chi-square. Educational and psychological measurement **37**, 291–308 (1977).

Rössler, R.: Personality, psychophysiology and performance. Psychophysiology **10**, 315–327 (1973).

Rottleuthner-Lutter, M., Thome, H.: Transferfunktionsmodell nach Box und Jenkins als Instrument der Interventionsanalyse. In: Hellstern, G.M., Wollmann, H. (Hrsg.): Evaluationsforschung, Band 2. Opladen: Westdeutscher Verlag, im Druck.

Rozeboom, M.W., Jones, L.V.: The validity of the successive intervall method of psychometric scaling. Psychometrika **21**, 165–183 (1956).

Rudinger, G.: Tendenzen und Entwicklungen entwicklungspsychologischer Versuchsplanung – Sequenzanalysen. Psychologische Rundschau **32**, 118–136 (1981).

Rütter, T.: Formen der Testaufgabe. München: Beck 1973.

Rützel, E.: Zur Gewichtung von Testaufgaben nach Schwierigkeit. Psychologie und Praxis **16**, 128–133 (1972).

Saal, F.E., Landy, F.J.: The mixed standard rating scale: An evaluation. Organizational Behavior and human performance **18**, 19–35 (1977).

Saal, F.E., Downey, R.G., Lakey, M.A.: Rating the ratings: Assessing the psychometric quality of rating data. Psychological Bulletin **88**, 413–438 (1980).

Sachs, L.: Statistische Auswertungsmethoden. Berlin: Springer 1971.

Saffir, M.A.: A comparative study of scales constructed by three psychophysical methods. Psychometrika **2**, 179–198 (1937).

Sanders, J.R.: Complaints against psychologists adjudicated informally by APA's committee on scientific and professional ethics and conduct. American Psychologist **34**, 1139–1144 (1979).

Sauer, C.: Umfrage zu unveröffentlichten Fragebogen im deutschsprachigen Raum. Zeitschrift für Sozialpsychologie **7**, 98–119 (1976).

Saunders, D.R.: Moderator Variables in prediction. Educational and psychological measurement **16**, 209–222 (1956).

Schachter, S.: The interaction of cognitive and physiological determinants of emotional state. In: Leiderman, P.H., Shapiro, D. (Eds.): Psychobiological approaches to social behavior. Stanford: Stanford University Press 1964.

Schachter, S.: Emotion, obesity and crime. New York: Academic Press 1971.

Schaefer, R.E.: Eine Alternative zur konventionellen Methode der Beantwortung und Auswertung von Tests mit Mehrfachwahlantworten. Diagnostica **22**,, 49–63 (1976).

Schaie, K.W.: A general model for the study of developmental problems. Psychological Bulletin **64**, 92–107 (1965).

Schaie, K.W.: Quasi-experimental research designs in the psychology of aging. In: Birren, J.E., Schaie, K.W. (Eds.): Handbook of the psychology of aging. New York: Van Nostrand 1977.

Schandry, R.: Psychophysiologie. München: Urban & Schwarzenberg 1981.

Scheuch, E.K.: Sozialprestige und soziale Schichtung. Kölner Zeitschrift für Soziologie und Sozialpsychologie, Sonderheft (1961).

Scheuch, E.K.: Das Interview in der Sozialforschung. In: König, R. (Hrsg.): Handbuch der empirischen Sozialforschung, Band I. Stuttgart: Enke 1967, 136–196.

Scheuch, E.K.: Auswahlverfahren in der Sozialforschung. In: König, R. (Hrsg.): Handbuch der empirischen Sozialforschung, Band 3 a. Stuttgart: Enke 1974.

Scheuch, E.K., Zehnpfennig, H.: Skalierungsverfahren in der Sozialforschung. In: König, R. (Hrsg.): Handbuch der empirischen Sozialforschung, Band 3 a. Grundlegende Methoden und Techniken, 2. Teil. Stuttgart: Enke 1974.

Schlosser, O.: Einführung in die sozialwissenschaftliche Zusammenhangsanalyse. Reinbek: Rowohlt 1976.

Schmidt, F.L., Hunter, J.E.: Development of a general solution to the problem of validity generalization. Journal of applied Psychology **62**, 529–540 (1977).

Schmidt, F.L., Hunter, J.E., Urry, V.W.: Statistical power in criterion related validation studies. Journal of applied Psychology **61**, 473–485 (1976).

Schmidt, J.A.: Research techniques for counselors: The multiple baseline. Personnel and Guidance Journal **53**, 200–206 (1974).

Schmidt, L.R.: Objektive Persönlichkeitsmessung in diagnostischer und klinischer Psychologie. Weinheim: Beltz 1975.

Schmidt, L.R., Kessler, B.H.: Anamnese: Methodische Probleme und Erhebungsstrategien. Weinheim: Beltz 1976.

Schmitt, S.A.: Measuring uncertainty: An elementary introduction to Bayesian statistics. Reading, Mass.: Addison-Wesley Publishing Company 1969.

Schnotz, W.: Rekonstruktion von individuellen Wissensstrukturen. In: Huber, G.L., Mandl, H. (Hrsg.): Verbale Daten. Weinheim: Beltz 1982, S. 220–239.

Schönbach, P.: Likableness ratings of 100 German personality-trait words corresponding to a subset of Anderson's 555 trait words. European Journal of social Psychology **2**, 327–334 (1972).

Schriesheim, C.A., Kenneth, D.H.: Controlling acquiescence response bias by item reversals: The effect on questionnaire validity. Journal of educational and psychological measurement **41**, 1101–1115 (1981).

Schürfeld, C.: Kurzgefaßte Regeln für die alphabetische Katalogisierung an Institutsbibliotheken. Bonn 1966.

Schütz, A., Luckmann, T.: Strukturen der Lebenswelt. Frankfurt: Suhrkamp 1979.

Schütze, F.: Zur Hervorlockung und Analyse von Erzählungen thematisch relevanter Geschichten im Rahmen soziologischer Feldforschung. Arbeitsgruppe Bielefelder Soziologen, S. 159–260 (1976).

Schütze, F.: Die Technik des narrativen Interviews in Interaktionsfeldstudien. Unveröffentlichtes Manuskript, Universität Bielefeld, Fakultät für Soziologie 1977.

Schuler, H.: Ethische Probleme psychologischer Forschung. Göttingen: Hogrefe 1980.

Schultz, D.P.: The human subject in psychological research. Psychological Bulletin **72**, 214–228 (1969).

Schwab, D.P., Heneman, H.G., III, De Cotiis,, T.A.: Behaviorally anchored rating scales: A review of the literature. Personnel Psychology **14**, 360–370 (1975).

Schwarz, H.: Abschätzung der Streuung bei der Planung von Stichprobenerhebungen. Statistische Praxis **5** (1960).

Schwarz, H.: Über die Abschätzung der Standardabweichung zahlenmäßiger Merkmale durch Annahme bestimmter Verteilungen. Statistische Praxis **2** (1966).

Schwarz, H.: Stichprobenverfahren. München: Oldenbourg 1975.

Schwarzer, R.: Befragung. In: Feger, H., Bredenkamp, J. (Hrsg.): Enzyklopädie der Psychologie, Bd. B Serie I, 2. Göttingen: Hogrefe 1983.

Searle, J.R.: Expression and Meaning. Studies in the theory of speech acts. Cambridge: University Press 1979.

Sears, R.R.: Privacy and behavioral research. Washington, D.C.: Executive Office of the President 1967.

Secord, P.F., Backman, C.W.: Social Psychology. New York: McGraw Hill 1974.

Selg, H.: Einführung in die experimentelle Psychologie. Stuttgart: Kohlhammer 1971.

Shaw, M.E., Wright, J.M.: Scales for the measurement of attitudes. New York: McGraw Hill 1967.

Sheatsley, P.B.: Die Kunst des Interviewens. In: König, R. (Hrsg.): Das Interview. Köln: Kiepenheuer & Witsch 1962, S. 125–142.

Sheldon, W.H.: Atlas of men. New York: Harper 1954.

Shepard, R.N.: The analysis of proximities: Multidimensional scaling with an unknown distance function. I. Psychometrika **27**, 125–140 (1962a), II. Psychometrika **27**, 219–246 (1962b).

Shepard, R.N.: Attention and the metric structure of stimulus space. Journal of mathematical Psychology **1**, 54–87 (1964).

Shepard, R.N.: A taxonomy of some principal types of data and of multidimensional methods for their analysis. In: Shepard, R.N., Romney, A.K., Nerlove, S.B. (Eds.): Multidimensional Scaling, Vol. 1. New York: Seminar Press 1972.

Sherif, M., Hovland, C.I.: Social judgement – assimilation and contrast effects in communication and attitude change. New Haven: Yale University Press 1961.

Shields, S.: Functionalism, Darwinism, and the psychology of woman. American Psychologist **30**, 739–754 (1975).

Shine, L.C.: Five research steps designed to integrate the single-subject and multi-subject approaches to experimental research. Canadian Psychological Review **16**, 179–184 (1975).

Shine, L.C.: The fallacy of replacing an a priori significance level with an a posteriori significance level. Educational and psychological measurement **40**, 331–335 (1980).

Shine II., L.C., Bower, S.M.: A one-way analysis of variance for single subject designs. Educational and psychological measurement **31**, 105–113 (1971).

Sidman, M.: Tactics of scientific research. New York: Basic Books 1967.

Sieber, M.: Zur Zuverlässigkeit von Eigenangaben bei einer Fragebogenuntersuchung. Zeitschrift für experimentelle und angewandte Psychologie **26**, 157–167 (1979a).

Sieber, M.: Zur Erhöhung der Rücksendequote bei einer postalischen Befragung. Zeitschrift für experimentelle und angewandte Psychologie **26**, 334–340 (1979b).

Sievers, W.: Über Dummy-Variablen-Kodierung in der Varianzanalyse. Psychologische Beiträge **19**, 454–462 (1977).

Silbereisen, R.K.: Prädiktoren der Rollenübernahme bei Kindern. Psychologie in Erziehung und Unterricht **24**, 86–92 (1977).

Silverman, I.: The human subject in the psychological laboratory. New York: Pergamon Press 1977.

Simitis, S., Dammann, U., Mallmann, O., Reh, H.J.: Kommentar zum Bundesdatenschutzgesetz. Baden-Baden: Nomos 1981.

Sinz, R.: Lernen und Gedächtnis. Stuttgart: Fischer 1977.

Sixtl, F.: Meßmethoden der Psychologie. Weinheim: Beltz 1967.

Skinner, B.F.: The operational analysis of psychological terms. Psychological Review **52**, 270–277 (1945).

Smart, R.G.: Subject selection bias in psychological research. Canadian Psychologist **7**, 115–121 (1966).

Smith, N.C.: Replication studies: A neglected aspect of psychological research. American Psychologist **25**, 970–975 (1970).

Smith, P.C., Kendall, L.M.: Retranslation of expectations: An approach to unambiguous anchors for rating scales. Journal of applied Psychology **47**, 149–155 (1963).

Smith, T.M.F.: Principles and problems in the analysis of repeated surveys. In: Namboodiri, N.K. (Ed.) Survey sampling and measurement. New York: Academic Press 1978, pp. 201–216.

Snell-Dohrenwind, B., Colombotos, J., Dohrenwind, B.: Social distance and interviewer-effects. Public Opinion Quarterly **32**, 410–422 (1968).

Snodgrass, J.G.: Theory and experimentation in signal detection. New York: Baldwin, Life Science Associates 1972.

Sollberger, A.: Biological rhythm research. Amsterdam: Elsevier 1965.

Sörbom, D.: An alternative to the methodology for analysis of covariance. Psychometrika **43**, 381–396 (1978).

Spaeth, J.L.: Path Analysis. In: Amick, D.J., Walberg, H.J. (Eds.) Introductory multivariate analysis. Berkely, California: McCatchan 1975, Kap. 3.

Spearman, C.: Correlation calculated from faulty data. British Journal of Psychology **3**, 281 (1910).

Spector, P.E.: Research designs. London: Sage Publ. 1981.

Spreen, O.: MMPI – Saarbrücken. Bern: Huber 1963.

Stanley, J.C., Wang, M.D.: Weighting test items and test-item options: An overview of the analytical and empirical literature. Educational and psychological measurement **30**, 21–35 (1970).

Stegelmann, W.: Eine Theorie über Lösungen von Testaufgaben. Unveröffentlichte Dissertation, Technische Universität Berlin, Berlin 1981.

Stegmüller, W.: Rationale Rekonstruktion von Wissenschaft und ihrem Wandel. Stuttgart: Reclam 1979.

Steinmeyer, E.M.: Zufallskritische Einzelfalldiagnostik im psychiatrischen Feld dargestellt am Beispiel der Hebephrenie. Zeitschrift für experimentelle und angewandte Psychologie **23**, 271–283 (1976).

Stelzl, I.: Fehler und Fallen der Statistik. Bern: Huber 1982.

Sterling, T.D.: Publication decisions and their possible effects on inferences drawn from tests of significance – or vice versa. Journal of the American Statistical Association **54**, 30–34 (1959).

Stern, W.: Die menschliche Persönlichkeit. Person und Sache. Band II.3. Leipzig: Barth 1923.

Stevens, S.S.: The operational basis of psychology. American Journal of Psychology **47**, 517–527 (1935).

Stevens, S.S.: On the theory of scales of measurement. Science **103**, 677–680 (1946).

Stevens, S.S.: Mathematics, measurement and psychophysics. In: Stevens, S.S. (Ed.) Handbook of experimental psychology. New York: Wiley 1951.

Stevens, S.S. (Ed.) Handbook of experimental psychology. New York: Wiley 1951.

Stevens, S.S.: Measurement, psychophysics and utility. In: Chuchman, C.W., Ratoosh (Hrsg.): Measurement, Definition and Theories. New York 1959.

Stevens, S.S.: Measurement, statistics and the schemapiric view. Science **161**, 849–856 (1968).

Stevens, W.L.: Distribution of groups in a sequence of alternatives. Ann. Eugen. **9**, 10–17 (1939).

Strahan, R.F.: More on averaging judges' ratings: Determining the most reliable composite. Journal of consulting and clinical Psychology **48**, 587–589 (1980).

Strauss, M.A.: Family measurement techniques. Abstracts of published instruments, 1935–1965. Minneapolis 1969.

"Student": The probable error of the mean. Biometrika **6**,, 1–25 (1908).

Sturges, H.A.: The choice of a class intervall. Journal of the American Statistical Association **21**, 65–66 (1926).

Stuwe, W., Timaeus, E.: Bedingungen für Artefakte in Konformitätsexperimenten: Der Milgram-Versuch. In: Bungard, W. (Hrsg.): Die „gute" Versuchsperson denkt nicht. München: Urban & Schwarzenberg 1980.

Subkoviak, M.J.: Remarks on the method of paired comparisons: The effect of non-normality in Thurstone's comparative Judgement Model. Educational and psychological measurement **34**, 829–834 (1974).

Sudman, S.: Applied sampling. New York: Academic Press 1976.

Sudman, S., Bradburn, N.: Response effects in surveys. Chicago: Aldine Publishing Company 1974.

Sullivan, D.S., Deiker, T.E.: Subject-experimenter perception of ethical issues in human research. American Psychologist **28**, 587–591 (1973).

Swaminathan, H., Algina, J.: Analysis of quasi-experimental time-series designs. Multivariate behavioral research **12**, 111–131 (1977).

Swets, J.A. (Ed.): Signal detection and recognition by human observers. New York: Wiley 1964.

Szameitat, K., Schäfer, K.A.: Kosten und Wirtschaftlichkeit von Stichprobenstatistiken. Allgemeines Statistisches Archiv **48**,, 123–164 (1964).

Tanner, W.P., Jr., Swets, J.A.: A decision-making theory of visual detection. Psychological Review **61**, 401–409 (1954).

Tarchanoff, J.: Über die galvanischen Erscheinungen an der Haut des Menschen bei Reizung der Sinnesorgane und bei verschiedenen Formen der psychischen Tätigkeit. Pflügers Arch. ges. Physiol. **46**, 46–55 (1890).

Taylor, C.W., Barron, F.: Scientific creativity. New York: Wiley 1964.

Taylor, J.B.: Rating scales as measures of clinical judgement: A method for increasing scale reliability and sensitivity. Educational and psychological measurement **28**, 747–766 (1968).

Taylor, J.B., Parker, H.A.: Graphic ratings and attitude measurement: A comparison of research tactics. Journal of applied Psychology **48**, 37–42 (1964).

Taylor, J.B., Haefele, E., Thompson, P., O'Donoghue, C.: Rating scales as measures of clinical judgements II: The reliability of example-anchored scales under conditions of rater heterogeneity and divergent behavior sampling. Educational and psychological measurement **30**, 301–310 (1970).

Taylor, J.B., Ptacek, M., Carithers, M., Griffin, C., Coyne, L.: Rating scales as measures of clinical judgement III: Judgements of the self on personality inventory scales and direct ratings. Educational and psychological measurement **32**, 543–557 (1972).

Thanga, M.N.: An experimental study of sex differences in manual dexterity. J. Educ. and Psychol., Baroda **13**, 77–86 (1955).

Thistlethwaite, D.L., Campbell, D.T.: Regression-discontinuity analysis: An alternative to the expost facto experiment. Journal of educational Psychology **51**, 309–317 (1960).

Thomae, H.: Das Individuum und seine Welt. Göttingen: Hogrefe 1968.

Thomae, H., Petermann, F.: Biographische Methode und Einzelfallanalyse. In: Feger, H., Bredenkamp, J. (Hrsg.): Enzyklopädie der Psychologie, B, Serie 1 Bd. 2, Göttingen: Hogrefe 1983.

Thompson, E.N.: A plea for replication. California Journal of educational research **25**, 79–86 (1974).

Thoms, K.: Anamnese. In: Klein, W. (Hrsg.): Familien und Lebensberatung. Stuttgart: Huber 1975.

Thoresen, C.E., Anton, J.L.: Intensive experimental research in counseling. Journal of Counseling Psychology **21**, 553–559 (1974).

Thorndike, E.L.: A constant error in psychological rating. Journal of applied psychology **4**, 25–29 (1920).

Thurstone, L.L.: A law of comparative judgement. Psychological Review **34**, 273–286 (1927).

Thurstone, L.L., Chave, E.J.: The measurement of attitudes. Chicago: University of Chicago Press 1929.

Thurstone, L.L.: The measurement of social attitudes. Journal of abnormal and social Psychology **26**, 249–269 (1931).

Timaeus, E.: Some nonverbal and paralinguistic cues as mediators of experimenter expectancy effects. In: v. Cranach, M., Vine, J. (Eds.): Social communication and movement. New York: Academic Press 1973.

Timaeus, E.: Experiment und Psychologie. Göttingen: Hogrefe 1974.

Timaeus, E., Schwebke, K.: Die Leistungen des „klugen Hans" und ihre Folgen: Ein experimenteller Beitrag zur Psychologie der Versuchsperson. Zeitschrift für Sozialpsychologie **1**, 237–252 (1970).

Timaeus, E., Lück, H.E., Ulandt, H., Schanderwitz, U.: Die PRS-Skala von Adair – ein Ansatz zur Kontrolle von Vp-Motivationen. Zeitschrift für experimentelle und angewandte Psychologie **24**, 510–518 (1977).

Torgerson, W.S.: Theory and methods of scaling. New York: Wiley 1958.

Tränkle, U.: Fragebogenkonstruktion. In: Feger, H., Bredenkamp, J. (Hrsg.): Enzyklopädie der Psychologie, B, I, 2. Göttingen: Hogrefe 1983.

Traxel, W.: Die Möglichkeit einer objektiven Messung der Stärke von Gefühlen. Psychologische Forschung **26**, 75–90 (1960).

Traxel, W.: Grundlagen und Methoden der Psychologie. Bern: Huber 1974.

Triebe, J.K.: Das Interview im Kontext der Eignungsdiagnostik. Bern: Huber 1976.

Tröger, H., Kohl, A.: Hinweise für das Zitieren von Literatur und Literaturverzeichnisse in wissenschaftlichen Texten. Unveröffentlichtes Manuskript. Technische Universität Berlin 1977.

Trommsdorff, V.: Die Messung von Produktimages für das Marketing. Grundlagen und Operationalisierung. Köln 1975.

Trost, G.: Vorhersage des Studienerfolgs. Braunschweig: Westermann 1975.

Ulich, D.: Interaktionsbedingungen von Verbalisation. In: Huber, G.L., Mandl, H. (Hrsg.): Verbale Daten. Weinheim: Beltz 1982.

Undeutsch, U.: Exploration. In: Feger, H., Bredenkamp, J. (Hrsg.): Enzyklopädie der Psychologie, B, Serie 1, Bd. 2. Göttingen: Hogrefe 1983.

Upmeyer, A.: Perceptual and judgemental processes in social contexts. In: Berkowitz, L. (Ed.): Advances in experimental social psychology, 1981.

Upmeyer, A.: Attitudes and social behaviour. In: Codol, J.P., Leyens, J.P. (Eds.): Cognitive analysis of social behavior. Den Haag: Martinus Nijhoff, 1982, 51–86.

Upshaw, H.S.: Own attitude as an anchor in equal appearing intervals. Journal of abnormal and social Psychology **64**, 85–96 (1962).

Urban, F.M.: Zur Verallgemeinerung der Konstanzmethode. Arch. ges. Psychol. **80**, 167–178 (1931).

Urban, J.: Behavior changes resulting from a study of communicable diseases. New York: Columbia University 1943.

Vagt, G.: Korrektur von Regressionseffekten in Behandlungsexperimenten. Zeitschrift für experimentelle und angewandte Psychologie **23**, 284–296 (1976).

Vagt, G.: Meßinstrumente verändern sich im Laufe der Zeit. Psychologie und Praxis **21**, 117–122 (1977).

Vagt, G., Wendt, W.: Akquieszenz und die Validität von Fragebogenskalen. Psychologische Beiträge **30**, 428–439 (1978).

van der Ven, A.: Einführung in die Skalierung. Bern: Huber 1980.

van Dijk, T.A.: Textwissenschaft. München: DTV 1980.

Velden, M.: Die Signalentdeckungstheorie in der Psychologie. Stuttgart: Kohlhammer 1982.

Velden, M., Clark, W.C.: Reduction of rating scale data by means of signal detection theory. Perception and Psychophysics **25**, 517–518 (1979).

Vigouroux, R.: Sur le rôle de la resistance électrique des tissus dans l'électrodiagnostic. C.r. Séance. Soc. Biol. **31**, 336–339 (1879).

Volpert, W.: Die Lohnarbeitswissenschaft und die Psychologie der Arbeitstätigkeit. In: Groskurth, P., Volpert, W. (Hrsg.): Lohnarbeitspsychologie. Frankfurt: Fischer 1975.

Wallace, D.: A case for and against mail questionnaires. Public Opinion Quarterly **18** (1952).

Walschburger, P.: Zur Standardisierung und Interpretation elektrodermaler Meßwerte in psychologischen Experimenten. Zeitschrift für experimentelle und angewandte Psychologie **22**, 514–533 (1975).

Watzlawick, P., Beauin, J.H., Jackson, D.D.: Menschliche Kommunikation. Bern: Huber 1968.

Waxweiler, R.: Psychotherapie im Strafvollzug. Weinheim: Beltz 1980.

Webb, E.J., Campbell, D.T., Schwartz, R.D., Sechrest, L.: Nichtreaktive Meßverfahren. Weinheim: Beltz, 1975.

Webb, R.A., Obrist, P.A.: The physiological concomitants of reaction time performance as a function of preparatory interval and preparatory intervall series. Psychophysiology **6**, 389–403 (1970).

Weber, E.H.: De pulsu, resorptione, auditu et tactu. Annotationes Anatomicae et Physiologicae **1**, 1–175 (1851).

Weber, S.J., Cook, T.D., Campbell, D.T.: The effects of school integration on the academic self-concept of public school children. Paper presented at the meeting of the Midwestern Psychological Association, Detroit 1971.

Wechsler, D., Hardesty, A., Lauber, L.: Die Messung der Intelligenz Erwachsener. Bern: Huber 1964.

Weede, E.: Zur Methodik der kausalen Abhängigkeitsanalyse (Pfadanalyse) in der nicht-experimentellen Forschung. Kölner Zeitschrift für Soziologie und Sozialpsychologie **22**, 532–550 (1970).

Weede, E., Jagodzinski, W.: Einführung in die konfirmatorische Faktorenanalyse. Zeitschrift für Soziologie **6**, 315–333 (1977).

Weidle, R., Wagner, A.C.: Die Methode des lauten Denkens. In: Huber, G.L., Mandl, H. (Hrsg.): Verbale Daten. Weinheim: Beltz 1982, 81–103.

Weise, G.: Psychologische Leistungstests. Göttingen: Hogrefe 1975.

Wender, K.: Die psychologische Interpretation nichteuklidischer Metriken in der multidimensionalen Skalierung. Dissertation, Darmstadt 1969.

Wendt, F.: Darstellung eines Stichprobensystems und seiner Realisation in der ADM-Stichprobe 1971. Hamburg 1971.

Werner, J.: Varianzanalytische Maße zur Reliabilitätsbestimmung von Ratings. Zeitschrift für experimentelle und angewandte Psychologie **23**, 489–500 (1976).

West, S.G., Gunn, S.P.: Some issues of ethics and social psychology. American Psychologist **33**, 30–38 (1978).

Westermann, R.: Die empirische Überprüfung des Niveaus psychologischer Skalen. Zeitschrift für Psychologie **188**, 450–468 (1980).

Westmeyer, H.: Wissenschaftstheoretische Grundlagen der Einzelfallanalyse. In: Petermann, F., Hehl, F.J. (Hrsg.): Einzelfallanalyse. München: Urban & Schwarzenberg 1979.

Westmeyer, H.: Zur Paradigmadiskussion in der Psychologie. In: Michaelis, W. (Hrsg.): Bericht über den 32. Kongress der DGfP. Göttingen: Hogrefe 1981.

Wicker, A.W.: Attitudes versus actions. The relationship of verbal and overt behavioral responses to attitude objects. In: Snoek, J.D. (Hrsg.): The Journal of social Issues. Selected papers **25**, 41–78 (1969).

Wiedemann, P.M.: Regelgeleitete Analyse qualitativer Daten. Zeitschrift für personzentrierte Psychologie und Psychotherapie **1**, 63–72 (1982).

Wieken, K.: Die schriftliche Befragung. In: v. Koolwijk, J., Wieken-Mayser, M. (Hrsg.): Techniken der empirischen Sozialforschung, Band 4. Erhebungsmethoden: Die Befragung. München: Oldenbourg 1974.

Wilcox, R.R.: Some exact sample sizes for comparing the squared multiple correlation coefficient to a standard. Educational and psychological measurement **40**, 119–124 (1980).

Wilcox, R.R.: Analyzing the distractors of multiple-choice test items or partitioning multinomial cell probabilities with respect to a standard. Educational and psychological measurement **41**, 1051–1068 (1981).

Wilder, J.: Das „Ausgangswert-Gesetz", ein unbeachtetes biologisches Gesetz und seine Bedeutung für Forschung und Praxis. Z. Neurol. **12**, 199–221 (1958).

Wilk, L.: Die postalische Befragung. In: Holm, K. (Hrsg.): Die Befragung 1. München: Francke 1975.

Winer, B.J.: Statistical principles in experimental design. New York: McGraw Hill 1971.

Wingfield, A.: Human learning and memory: An introduction. New York: Harper & Row 1979.

Winkler, R.L.: Introduction to bayesian inference and decision. New York: Holt, Rinehart & Winston 1972.

Wintrop, H.: Cultural Determinants of psychological research values. In: Schulz, D.P. (Hrsg.): The Science of Psychology. Critical Reflections. New York: Appleton Century Crofts 1970.

Wirth, L.: Some Jewish types of personality. In: Burgess, E.W. (Ed.): The urban community. Chicago 1926.

Wish, M., Carroll, J.D.: Applications of individual differences scaling to studies of human perception and judgement. In: Carterette, E.C., Friedman, M.P. (Eds.): Handbook of perception. Vol. II. New York: Academic Press, 1974, pp. 449–491.

Wish, M., Deutsch, M., Biener, L.: Differences in perceived similarity of nations. In: Romney, A.K., Shephard, R.N., Nerlove, S. (Eds.): Multidimensional Scaling, Vol II. New York: Seminar Press 1972, pp. 290–313.

Witte, E.H.: Zur Logik und Anwendung der Inferenzstatistik. Psychologische Beiträge **19**, 290–303 (1977).

Witte, E.H.: Signikanztest und statistische Inferenz. Stuttgart: Enke 1980.

Wolf, G., Cartwright, B.: Rules for coding dummy variables in multiple regression. Psychological Bulletin **81**, 173–179 (1974).

Wolf, S., Welsh, J.D.: The gastrointestinal tract as a responsive system. In: Greenfield, N.S., Sternbach, R.A. (Eds.): Handbook of psychophysiology. New York: Holt, Rinehart & Winston 1972.

Wolfensberger, W.: Ethical issues in research with human subjects. In: Schultz, D.P. (Hrsg.): The Science of Psychology: Critical Reflections. New York: Appleton Century Crofts 1970.

Wolfrum, C.: Zum Auftreten quasiäquivalenter Lösungen bei einer Verallgemeinerung des Skalierungsverfahrens von Kruskal auf metrische Räume mit einer Minkowski-Metrik. Archiv für Psychologie **128**, 96–111 (1976a).

Wolfrum, C.: Zur Bestimmung eines optimalen Metrikkoeffizienten r mit dem Skalierungsverfahren von Kruskal. Zeitschrift für experimentelle und angewandte Psychologie **23**, 339–350 (1976b).

Wottawa, H.: Grundlagen und Probleme von Dimensionen in der Psychologie. Meisenheim: Hain 1979.

Wottawa, H.: Grundriß der Testtheorie. München: Juventa 1980.

Wottawa, H., Amelang, M.: Einige Probleme der „Testfairness" und ihre Implikationen für Hochschulzulassungsverfahren. Diagnostica **26**, 199–221 (1980).

Wright, S.: Correlation and causation. J. Agric. Res. **20**, 557–585 (1921).

Wuebben, P.L., Straits, B.C., Schulman, G.J. (Eds.): The experiment as a social occasion. Berkeley: The Glendessary Press 1974.

Yamane, T.: Statistik. Frankfurt/M.: Fischer 1976.

Yates, F.: Sampling methods for census and surveys. London: Griffin 1965.

Young, F.W., Torgerson, W.S.: TORSCA: A Fortran IV program for Shepard-Kruskal multidimensional scaling analysis. Behavioral sciences **12**, 498 (1967).

Zielke, M.: Darstellung und Vergleich von Verfahren zur individuellen Veränderungsmessung. Psychologische Beiträge **22**, 592–609 (1980).

Zimmer, H.: Validity of extrapolating nonresponse bias from mail-questionnaire follow-ups. Journal of applied Psychology **40**, 117–121 (1956).

Zuckerman, M., Kolin, E.A., Price, L., Zoob, I.: Development of a sensation-seeking scale. Journal of consulting Psychology **28**, 477–482 (1964).

632

Namenverzeichnis

Kursive Seitenzahlen weisen auf das Literaturverzeichnis hin

Abelson RP, s. Kelly HH   100, *616*

Abelson RP, s. Messick SJ   111, *621*

Abholz H, s. Gleiss I   79, *612*

Abrami PC, s. Perry RP   415, *623*

Adair JG   52, 61, *601*

Adam J   447, *601*

Adamson RE   14, *601*

Adelson J   49, *601*

Adler CS, s. Budzynsky TH   215, *605*

Adler F   40, *601*

Adrian ED, Matthews BHC   212, *601*

Ahrens HJ   111, 114, 116, 118, *601*

Aiken LR   149, 188, *601*

Aiken LR, Williams EN   147, *601*

Aiken LR jr.   132, *601*

Alden K, s. Kratochwill TR   465, *617*

Algina J, s. Swaminathan H   432, 447, *629*

Allert T, s. Oevermann V   237, *622*

Allport GW   229, 230, 231, *601*

Alpert H   42, *601*

Alt FB, s. Deutsch SJ   447, *608*

Amelang M   133, *601*

Amelang M, Bartussek D   161, *601*

Amelang M, Kühn R   139, *601*

Amelang M, s. Wottawa H   133, *632*

American Psychological Association   18, 64, 68, *601*

Amthauer R   50, *601*

Anastasi A   132, 161, *601*

Anderson GL, s. Anderson HH   229, *601*

Anderson HH, Anderson GL   229, *601*

Anderson NH   15, *601*

Andreasen AR   185, *601*

Andrews FM, s. Pelz DC   397, *623*

Anger H   169, *601*

Angst J, s. Binder J   187, 188, *603*

Anton JL, s. Thoresen CE   463, *629*

Armenakis AA, s. Feild HS   182, *610*

Arminger G   393, *602*

Arnston P, s. Kratochwill TR   465, *617*

Aronson E, s. Calsmith JM   21, 32, *605*

Arvey RD, s. Campbell JP   123, *605*

APA committee on ethical standards   *602*

Appel JB, s. Dykstra LA   108, *608*

Appley MH, Trumbull R   210, *602*

Asendorf J, Wallbott HG   204, *602*

Assael H, Eastlack JO   170, *602*

Athanasopoulus DA, s. Hochstim JR   187, *613*

Atteslander P   200, *602*

Atteslander P, Kneubühler HU   180, *602*

Attneave F   91, 94, 114, *602*

Austin JL   234, *602*

Bachrack SD, Scoble HM   187, *602*

Backman CW, s. Secord PF   191, *627*

Badia P, Haber A, Runyon RP   61, *602*

Baer DM, Wolf MM, Risley TR   465, *602*

Baer DM, s. Parsonson BS   464, *623*

Bailar BA, Bailey L, Corby C   188, *602*

Bailey L, s. Bailar BA   188, *602*

Bakan D   377, *602*

Baker BO, Hardyck CD, Petrinovich LF   124, *602*

Baldwin AL   231, *602*

Ball S, Bogatz GA   *602*

Ballachey EL, s. Krech D   152, *617*

Ballstaedt SP, s. Mandl H   237, *620*

Baltes PB   441, 444, *602*

Baltes PB, Reese HW, Nesselroade JR   427, *602*

Banaka W   166, *602*

Bancroft G, Welch EH   59, *602*

Barber TX   61, *602*

Barber TX, Silver MJ   60, *602*

Barker RG   191, *602*

Barker RG, Wright HF   *602*

Barlow DH, Hersen M   463, 464, *602*

Barron F, s. Taylor CW   14, *629*

Barry JR, s. Freitag CB   178, *611*

Barth N   148, *602*

Barton AH, Lazarsfeld PF   224, 225, *602*

Bartussek D, s. Amelang M   161, *601*

Baumrind D   19, *603*

Bayes T   27, 284, 326, 327, 328, 329, 330, 331, 333, 334, 335, 336, 338, 340, 341, 343, 347, 349, 351, 354, 356, 357, 361, *603*

Beach FA   45, *603*

Beals R, Krantz DH, Tversky A   116, *603*

Beatty J, Legewie H   210, *603*

Beauin JH, s. Watzlawick P   237, *631*

Bechtel GG   159, *603*
Beck KW, s. Gergen KJ   178, *611*
Benjamin AC   42, *603*
Bennett JF, Hays WL   159, *603*
Bennet JF, s. Hays WL   159, *613*
Benninghaus H   179, *603*
Bentler PM   398, *603*
Berelson B   236, *603*
Berg IA   159, *603*
Berger H   210, *603*
Berger JO   328, 344, 347, 351, *603*
Bergmann G   42, *603*
Bergmann G, Spence KW   42, *603*
Bernal JD   7, 26, *603*
Bernardin HJ   127, *603*
Bernardin HJ, Walter CS   127, *603*
Bernstein B   234, *603*
Berufsverband deutscher Psychologen   *603*
Biener L, s. Wish M   118, *632*
Billeter EP   243, *603*
Billingsby F, s. Edgar E   463, *609*
Binder J, Sieber M, Angst J   187, 188, *603*
Bintig A   125, 128, 131, *603*
Birbaumer N   212, *603*
Bischoff C, Wilkes FW   215, *603*
Bishop YMM, Fienberg SE, Holland PW   394, *603*
Black AH, s. Obrist PA   215, *622*
Black P   210, *603*
Blair RC, Higgins JJ   414, *603*
Blalock HM   398, *604*
Blumer H   218, 223, *604*
Boden U, Bortz J, Braune P, Franke J   86, *604*
Boden U, s. Braune P   236, *604*
Bogatz GA, s. Ball S   *602*
Böhmecke W, s. Effler M   49, *609*
Bollinger G, s. Conrad W   155, *607*
Böltken F   241, 300, 361, *604*
Bongers D, Rehm G   151, *604*
Boring EG   41, *604*
Borman WC   127, *604*
Bortz J   79, 87, 116, 118, 129, 241, 254, 259, 261, 266, 274, 391, 392, 399, 414, 422, 426, 434, 438, 485, 493, 495, 497, 498, 500, 504, 505, 508, 512, 517, 518, 520, 521, 522, 523, 524, *604*
Bortz J, Braune P   36, *604*
Bortz J, Österreich R, Vogelbusch W   490, *604*
Bortz J, s. Boden U   86, *604*
Bortz J, s. Braune P   236, *604*
Bortz J, s. Franke J   129, *611*
Bösel R   210, *604*
Böttcher W, Zielinski J   26, *604*
Bouchard TJ   172, *604*
Bower SM, s. Shine II LC   463, *627*
Box GEP, Jenkins GM   447, 448, 465, 466, *604*
Bradburn N, s. Sudman S   174, 176, 180, *629*
Bradley RA, Terry ME   100, *604*
Brandt EP, s. Brandt LW   68, *604*
Brandt LW   61, 130, *604*
Brandt LW, Brandt EP   68, *604*
Braune P, Boden U, Bortz J, Franke J   236, *604*
Braune P, s. Boden U   86, *604*
Braune P, s. Bortz J   36, *604*
Bredenkamp J   377, 492, *604*
Brehm JW   51, *604*
Brener J, s. Obrist PA   215, *622*
Brickenkamp P   133, 143, *605*
Bridgman PW   40, 42, 61, *605*
Bright M, s. Kincaid HV   171, *616*
Brumlik J, Yap CB   215, *605*
Bryant FB, Wortman PM   67, *605*
Budzynsky TH, Stoyva JM   215, *605*
Budzynsky TH, Stoyva JM, Adler CS, Mullaney DJ   215, *605*
Bugental JFT, Zelen SL   230, *605*
Buhyoff GJ, s. Hull RB   99, 220, *614*
Bungard DW, Lück HE   61, 225, *605*
Bungard W   61, 163, 177, 178, *605*
Burton M   112, 113, *605*
Buse L   148, 162, 163, *605*
Busz M, Cohen R, Poser U, Schürmer A, Schürmer R, Sonnenfeld C   161, *605*
Calder BJ, s. Hennigan KM   447, *613*
Campbell DT   29, 397, *605*
Campbell DT, Stanley JC   29, 380, 403, *605*
Campbell DT, s. Cook T   31, 398, *607*
Campbell DT, s. Thistlethwaite DL   437, *629*
Campbell DT, s. Webb EJ   27, 196, 197, 225, *631*
Campbell DT, s. Weber SJ   36, *631*
Campbell JP, Dunnette MD, Arvey RD, Hellervik LN   123, *605*
Cannel CF, Kahn RL   174, *605*
Cannell CF, Miller PV, Oksenberg L   180, *605*
Carithers M, s. Taylor JB   *629*
Carlsmith JM, Ellsworth PC, Aronson E   21, 32, *605*
Carroll JD   117, 118, *605*
Carroll JD, Chang JJ   116, 117, 118, *606*
Carroll JD, Wish M   118, *606*
Carroll JD, s. Wish M   118, *632*
Carter DS   502, *606*
Cartwright B, s. Wolf G   391, *632*
Carver RP   377, *606*
Cascio WF, Valenzi ER, Silbey V   502, *606*
Caton R   210, *606*
Cattell RB   220, 427, *606*
Cattell RB, Warburton FW   162, *606*
Champion DH, Sear AM   185, *606*
Champney H, Marshall H   122, *606*
Chang JJ, s. Carroll JD   116, 117, 118, *606*
Chapanis A   34, *606*
Chassan JB   462, *606*
Chave EJ, s. Thurstone LL   150, *630*
Check J, s. Perry RP   415, *623*
Christie MJ, Woodman DD   216, *606*
Christie R   45, *606*
Chuang IC, s. Huck SW   418, *614*
Cicourel AV   180, *606*
Clark CW   108, *606*
Clark JA   99, *606*
Clark WC, s. Velden M   107, *630*

Cobb WJ, s. Hyman HH 174, 175, *614*

Cochran WG 96, 288, 291, 300, 301, 304, 307, 311, 315, 322, *606*

Cochran WG, Cox GM 424, *606*

Cock TD, s. Hennigan KM 447, *613*

Cohen HD, Goodenough DR, Witkin HA, Oltman P, Gould H, Shulman E 215, *606*

Cohen J 207, 208, 491, 492, 493, 494, 502, 504, 525, *606*

Cohen R 127, *606*

Cohen R, s. Busz M 161, *605*

Colombotos J, s. Snell-Dohrenwind B 175, 180, *628*

Conrad E, Maul T 406, *606*

Conrad W, Bollinger G, Eberle G, Kurdorf B, Mohr V, Nagel B 155, *607*

Cook T, Campbell DT 31, 32, 398, *607*

Cook TD, Grader CL, Hennigan KM, Flay BR 377, *607*

Cook TD, s. Weber SJ 36, *631*

Coombs CH 88, 155, *607*

Coombs CH, Dawes RM, Tversky A 45, 100, 109, *607*

Coombs L, Freedman R 170, *607*

Cooper J, s. Jones RA 60, *615*

Cooper LG 111, *607*

Corby C, s. Bailar BA 188, *602*

Corder-Bolz CR 439, *607*

Cornelius III ET, s. Friedman BA 127, *611*

Cox GM, s. Cochran WG 424, *606*

Coyne L, s. Taylor JB *629*

Cranach M, Frenz HG 191, 197, 200, 202, *607*

Crane JA 377, *607*

Crespi LP 179, *607*

Crimmins DB, s. Romanczyk RG 215, *625*

Cronbach LJ 132, 137, 161, *607*

Cronbach LJ, Furby L 427, 429, 437, *607*

Cronbach LJ, Gleser GC 139, *607*

Cronbach LJ, Meehl PE 138, *607*

Crockett WH, Nidorf LJ 130, *607*

Cromwell L, Weibell FJ, Pfeiffer EA, Usselman LB 211, 214, *607*

Cronkhite G 130, *607*

Cross DV 116, *607*

Crowne DP, Marlowe D 162, *607*

Crutchfield R, s. Krech D 152, *617*

Dammann U, s. Simits S 22, *627*

Daniel C, Wood FS 259, *607*

David HA 99, *607*

Davis JD, Skinner A 180, *608*

Davison GC, s. Lazarus AA 461, *618*

Dawes RM, s. Coombs CH 45, 100, 109, *607*

Dawson D, s. Kratochwill TR 465, *617*

DeCotiis TA 123, 127, *608*

DeCotiis TA, s. Schwab DP 123, *627*

DeGroot MD 344, *608*

Deichsel A, Holzscheck K 236, *608*

Deiker TE, s. Sullivan DS 21, *629*

DelRosario ML, s. Hennigan KM 447, *613*

Dement WC 212, *608*

Demuth D, s. Kratochwill TR 465, *617*

Deutsch D, s. Deutsch JA 212, *608*

Deutsch JA, Deutsch D 212, *608*

Deutsch M 234, *608*

Deutsch M, s. Wish M 118, *632*

Deutsch SJ, Alt FB 447, *608*

Dicara LV, s. Obrist PA 215, *622*

Dickenberger M, s. Grabitz-Gniech G 51, *612*

Dickson WJ, s. Roethlisberger FJ 179, 224, 381, *625*

Diederich W 7, *608*

Dienes ZP 87, *608*

Dijk TA van 234, 237, *630*

Dillman DA 170, *608*

Dilthey W 219, *608*

Dipboye RL, Flanagan MF 34, *608*

Dixon WJ, Massey FJ jr. 477, *608*

Dodd SC 42, *608*

Dohrenwend BS, s. Richardson SA 173, 177, 180, *624*

Dohrenwind B, s. Snell-Dohrenwind B 175, 180, *628*

Donchin E 212, *608*

Dörner D 63, *608*

Downey RG, s. Saal FE 127, 128, *625*

Downs CW, Smeyak GP, Martin E 169, 171, 174, *608*

Draper N, Smith H 386, *608*

Dreher E, s. Dreher M 171, *608*

Dreher M, Dreher E 171, *608*

Drever J, Fröhlich WD 43, *608*

DuBois PH 437, *608*

Dudley LM, s. Eason RG 214, *609*

Duffy E 210, *608*

Dukes WF 461, *608*

DuMas FM 462, *608*

Duncan OD 188, *608*

Duncan S jr., Rosenthal R 60, *608*

Duncker K 14, *608*

Dunlap WP, s. Lane DM 377, *618*

Dunnette MD, s. Campbell JP 123, *605*

Dutoit EF, Penfield DA 504, *608*

Dykstra LA, Appel JB 108, *608*

Eason RG, Dudley LM 214, *609*

Eastlack JO, s. Assael H 170, *602*

Ebbinghaus A 49, *609*

Eberhard K 363, *609*

Eberhard K, Kohlmetz G 39, *609*

Eberle G, s. Conrad W 155, *607*

Eckensberger LH 443, *609*

Eckensberger LH, Reinshagen H 76, *609*

Edelberg R 213, 214, *609*

Edgar E, Billingsby F 463, *609*

Edgerton HA 187, *609*
Edgington ES 463, *609*
Edwards AL 160, 161, 378, *609*
Edwards AL, Kilpatrick FP 153, *609*
Edwards W, Lindman H, Savage LJ 328, *609*
Effler M, Böhmecke W 49, *609*
Egan JP 109, *609*
Eheim WP 148, *609*
Eiff AW v. 210, *609*
Eijkman EGJ 101, 109, *609*
Eiser JR, Ströbe W 126, *609*
Ekman G 226, *609*
Ellsworth PC 16, 34, *609*
Ellworth PC, s. Carlsmith JM 21, 32, *605*
Epstein YM, Suedfeld P, Silverstein SJ 61, *609*
Erbring L 447, *609*
Erbslöh E, Esser H, Reschka W, Schöne D 180, *610*
Erbslöh E, Timaeus E 176, *610*
Erbslöh E, Wiendieck G 174, 176, 180, *610*
Ericsson KA, Simon HA 229, 237, *610*
Esser H 177, 178, 179, 180, *610*
Esser H, s. Erbslöh E 180, *610*
Evans F 174, *610*
Everett AV 130, *610*
Eysenck HJ 220, 394, *610*

Fahrenberg J, Kuhn M, Kulich B, Myrtek M 432, *610*
Fahrenberg J, Walschburger P, Foerster F, Myrtek M, Müller W 210, 215, *610*
Faßnacht G 192, 193, *610*
Fechner GT 100, 219, *610*
Feigl H 42, *610*
Feild HS, Holley WH, Armenakis AA 182, *610*
Feldmann JJ, s. Hyman HH 174, 175, *614*
Feldt LS 426, *610*
Féré C 213, *610*
Fichter MM 464, *610*
Fienberg SE, s. Bishop YMM 394, *603*
Filipp SH 227, 229, *610*
Fillbrandt H, s. Lüer G 111, *620*
Filstead WJ 218, 236, *610*
Finkner AL, Nisselson H 322, *610*

Finstuen K 129, *610*
Fisch R, Ugarte W 64, *610*
Fischer G 132, 135, 142, 154, 155, 259, 260, *610*
Fischer W, s. Micko HC 116, *621*
Fishbein M, Hunter R 15, *610*
Fisher RA 253, 518, *610*
Fiske M, s. Merton RK 233, *621*
Fisseni HJ 164, *610*
Flade A 129, *610*
Flanagan MF, s. Dipboye RL 34, *608*
Flaugher RL 133, *611*
Flay BR, s. Cook TD 377, *607*
Fode KL, s. Rosenthal R 59, *625*
Foerster F, s. Fahrenberg J 210, 215, *610*
Foerster F, s. Myrtek M 209, *622*
Forthofer RN, s. Roberts RE 185, *625*
Franke J, Bortz J 129, *611*
Franke J, s. Boden U 86, *604*
Franke J, s. Braune P 236, *604*
Fraser C, s. Innes JM 12, *614*
Frederiksen CH 237, *611*
Freedman R, s. Coombs L 170, *607*
Freitag CB, Barry JR 178, *611*
Frenz HG, s. Cranach M 191, 197, 200, 202, *607*
Fricke R 154, 155, *611*
Friede CK 204, *611*
Friedman BA, Cornelius III ET 127, *611*
Friedman H 493, *611*
Friedman N 59, 61, *611*
Friedrichs J 27, 153, 171, 197, 229, *611*
Friedrichs J, Lüdtke H 197, *611*
Fröhlich WD, s. Drever J 43, *608*
Fromkin HL, Ostrom TM 34, *611*
Fromkin HL, Streufert S 34, *611*
Furby L, s. Cronbach LJ 427, 429, 437, *607*

Gadenne V 29, *611*
Gaensslen H, Schubö W 391, *611*
Gaito J 124, *611*

Galton F 434, *611*
Garner WR, Hake HW 92, *611*
Geissler HG, Zabrodin YM 101, *611*
Gentile JR, Roden AH, Klein RD 463, *611*
Gerbner G, Holsti OR, Krippendorf K, Paisley WJ, Stone PJ 236, *611*
Gerdes K 221, 222, *611*
Gergen KJ, Beck KW 178, *611*
Gigerenzer G 43, 45, 114, *611*
Ginsberg A 42, *611*
Glaser BG, Strauss AL 222, *611*
Glass GV, Stanley JC 518, 537, 545, 599, *611*
Glass GV, Willson VL, Gottman JM 447, 461, 466, *611*
Glass GW, Tiao GO, Maguire TO 447, *612*
Gleiss I, Seidel R, Abholz H 79, *612*
Gleser GC, s. Cronbach LJ 139, *607*
Gniech G 59, 60, 61, *612*
Goldberg H 224, *612*
Goldstein IB 215, *612*
Golovin NE 14, *612*
Goodenough DR, s. Cohen HD 215, *606*
Goodstadt MS, Magid S 151, *612*
Gordon ME, Gross RH 160, 161, *612*
Gordon WC, s. Romanczyk RG 215, *625*
Gösslbauer JP 133, *612*
Gottman JM 463, *612*
Gottman JM, s. Glass GV 447, 461, 466, *611*
Gottschaldt K 33, *612*
Gould H, s. Cohen HD 215, *606*
Grabitz-Gniech G, Dickenberger M 51, *612*
Grabitz-Gniech G, Zeisel B 59, *612*
Grader CL, s. Cook TD 377, *607*
Green BF 133, *612*
Green DM, Swets JA 89, 101, 108, *612*
Green SB, s. Lissitz RW 124, *619*

Greenwald AG 377, *612*
Gregor H, s. Hoeth F 161, *614*
Griffin C, s. Taylor JB *629*
Grignolo A, s. Obrist PA 215, *622*
Gripp H, s. Oevermann V 237, *622*
Gross RH, s. Gordon ME 160, 161, *612*
Grossman SP 210, *612*
Gudat U, Revenstorf D 447, *612*
Guilford JP 91, 101, 122, 433, *612*
Gulliksen H 132, 135, 443, *612*
Gunn SP, s. West SG 27, *631*
Gutjahr W 44, 45, *612*
Guttman L 116, 141, 153, *612*
Guttman L, Suchman EA 152, *612*

Haag F, Krüger H, Schwärzel W, Wildt J 27, *612*
Haber A, s. Badia P 61, *602*
Habermann A, s. Heidtmann F 25, *613*
Häcker H, Schwenkmezger P, Utz H 162, *612*
Haeberlin U 182, *612*
Haedrich G 174, *613*
Haefele E, s. Taylor JB 120, *629*
Hake HW, s. Garner WR 92, *611*
Hansen MH, Hurwitz WN 187, *613*
Harackiewicz JM, s. Kenny DA 398, *616*
Hardesty A, s. Wechsler D 41, 481, *631*
Hardyck CD, s. Baker BO 124, *602*
Harnatt J 13, 377, *613*
Hart CW, s. Hyman HH 174, 175, *614*
Harter S, s. Milgram S 198, *621*
Hay RA jr., s. McCleary R 455, 461, *620*
Hay RA jr., s. McDowall D 447, *620*
Hayes DP, Meltzer L, Wolf G 181, *613*
Hays WL 518, *613*
Hays WL, Bennet JF 159, *613*
Hays WL, Winkler RL 254, 258, 259, 277, 328, 343, 351, 354, 596, *613*

Hays WL, s. Bennett JF 159, *603*
Head KB, s. Robinson JP 181, *625*
Heath L, s. Hennigan KM 447, *613*
Heckhausen H 365, *613*
Heerden JV van, Hoogstraten J 377, *613*
Heidtmann F, Habermann A 25, *613*
Heise DR 130, *613*
Helfen P, Laga G 83, *613*
Heller D, Krüger HP 148, *613*
Hellervik LN, s. Campbell JP 123, *605*
Helmreich R 436, 441, *613*
Helten E 247, *613*
Hempel CG 39, 42, *613*
Hempstead J, s. Kratochwill TR 465, *617*
Hendricks WA 188, *613*
Heneman III HG, s. Schwab DP 123, *627*
Henne H, Rehbock H 237, *613*
Hennigan KM, DelRosario ML, Heath L, Cock TD, Calder BJ, Wharton JD 447, *613*
Hennigan KM, s. Cook TD 377, *607*
Henry NW, s. Lazarsfeld PF 142, *618*
Herrick CF 12, *613*
Herrmann T 16, *613*
Hersen M, s. Barlow DH 463, 464, *602*
Hess EH 216, *613*
Hess IA, s. Kish L 188, *616*
Heyde JE 24, *613*
Heyden T 213, *613*
Hibbs D 447, *613*
Higbee KL, Wells MG 49, *613*
Higgins JJ, s. Blair RC 414, *603*
Hilke R 135, 143, *613*
Hiltmann H 133, *613*
Hitpass JH 133, *613*
Hochstim JR, Athanasopoulus DA 187, *613*
Hodos W 109, *613*
Hoeth F, Gregor H 161, *614*
Hoeth F, Köbler V 162, *614*
Hofstätter PR 41, 100, 101, 128, 129, 187, *614*
Hohn K 48, *614*

Holland PW, s. Bishop YMM 394, *603*
Holley WH, s. Feild HS 182, *610*
Holm K 172, *614*
Holsti OR 207, 236, *614*
Holsti OR, s. Gerbner G 236, *611*
Holzkamp K 16, 241, *614*
Holzscheck K, s. Deichsel A 236, *608*
Hoogstraten J, s. Herden JV van 377, *613*
Hopf C 166, 234, *614*
Hopf C, Weingarten E 221, *614*
Hoppe S, Schmid-Schönbein C, Seiler TB 441, 443, *614*
Horowitz LM, Inouye D, Seigelman EY 128, *614*
Hovland CI, s. Sherif M 128, *627*
Hovland CJ, s. Kelley HH 100, *616*
Hron A 233, *614*
Hsu LM 148, 522, *614*
Huber GL, Mandl H 229, 237, *614*
Huber HP 463, 479, 480, 484, *614*
Hubert LJ, s. Levin JR 463, 466, 468, 470, 473, *619*
Huck SW, Chuang IC 418, *614*
Hull RB, Buhyoff GJ 99, 220, *614*
Hunter JE, s. Schmidt FL 128, 492, *626*
Hunter R, s. Fishbein M 15, *610*
Hürsch L 59, *614*
Hurwitz WN, s. Hansen MH 187, *613*
Husserl E 219, 220, *614*
Hyman HH, Cobb WJ, Feldmann JJ, Hart CW, Stember CH 174, 175, *614*

Inanaga K, s. Rohracher H 215, *625*
Ingenkamp K 194, *614*
Innes JM, Fraser C 12, *614*
Inouye D, s. Horowitz LM 128, *614*
Institute of Communications Research 129, *614*
Irle M 191, *615*
Irle M, s. Kumpf M 18, *618*

Israel HE 42, *615*
Issing LJ, Ullrich B 36, *615*

Jackson CW, Pollard JC 49, *615*
Jackson DD, s. Watzlawick P 237, *631*
Jackson DN 163, *615*
Jacoby J, s. Matell MS 123, *620*
Jäger R 384, *615*
Jagodzinski W, s. Weede E 395, *631*
Janssen JP 48, 49, 59, *615*
Jasper H, s. Penfield W 211, *623*
Jasper HH 211, *615*
Jenkins GM 461, *615*
Jenkins GM, s. Box GEP 447, 448, 465, 466, *604*
Jillson JA 189, *615*
Johnson DM, Vidulich RN 127, *615*
Jones HG 185, 462, *615*
Jones LV 94, *615*
Jones LV, Thurstone LL 100, *615*
Jones LV, s. Rozeboom MW 94, *625*
Jones RA, Cooper J 60, *615*
Jones WH 185, *615*
Jöreskog KG 395, *615*
Jöreskog KG, Sörbom D 398, 400, *615*
Jourard SM 46, 48, *615*
Jovanovic UJ 210, *615*
Judd RC 170, *615*
Jung J 49, 61, *615*
Jüttemann G 228, *615*

Kahle LR, Sales BD 185, *615*
Kahn RL, s. Cannell CF 174, *605*
Kamiya J 212, *616*
Kane RB 129, *616*
Kaplan KJ 122, *616*
Kaskinsky WM, s. Romanczyk RG 215, *625*
Katz D 174, *616*
Kaufman H 19, *616*
Kavanau JL 45, *616*
Kazdin AE 465, *616*
Keeser W 447, *616*
Keeser W, s. Revenstorf D 463, *624*
Kelley HH, Hovland CJ, Schwartz M, Abelson RP 100, *616*

Kelman HC 18, 21, 34, *616*
Kempf WF 154, *616*
Kendall LM, s. Smith PC 122, 123, *628*
Kendall MG 96, *616*
Kendall MG, Stuart A 259, 264, *616*
Kendall PL, s. Merton RK 180, 232, 233, *621*
Kenneth DH, s. Schriesheim CA 163, *626*
Kenny DA 439, *616*
Kenny DA, Harackiewicz JM 398, *616*
Keren G, Lewis C 513, *616*
Kerlinger FN 202, *616*
Kessler BH, s. Schmidt LR 232, *626*
Kilpatrick FP, s. Edwards AL 153, *609*
Kim JO 125, *616*
Kincaid HV, Bright M 171, *616*
Kinnar TC, s. Leigh JH 413, *619*
Kinsay A, Pomeroy WB, Martin CE 169, *616*
Kinsey A *616*
Kintsch W 237, *616*
Kish L 290, 300, 301, 303, 314, *616*
Kish L, Hess IA 188, *616*
Kivlin JE 187, *616*
Klapproth J 161, *616*
Klein D, s. Richardson SA 173, 177, 180, *624*
Klein P 161, *617*
Klein RD, s. Gentile JR 463, *611*
Kleining G, Moore H 83, *617*
Klett CJ, s. Overall JE 391, *623*
Kliemann H 24, *617*
Klix F 191, *617*
Kneubühler HU, s. Atteslander P 180, *602*
Köbbeln A 384, *617*
Köbler V, s. Hoeth F 162, *614*
Koch JJ 160, *617*
Köckeis-Stangl E 221, *617*
Kohl A, s. Tröger H 70, *630*
Kohli M 234, *617*
Kohlberg L 76, 78, *617*
Kohlmetz G, s. Eberhard K 39, *609*
Kolin EA, s. Zuckerman M 156, *632*

Konau E, s. Oevermann U 622
Konau E, s. Oevermann V 237, *622*
König R 165, *617*
Koolwijk J van 171, 362, *617*
Korman AK 127, *617*
Krakauer E 236, *617*
Krambeck J, s. Oevermann V 237, *622*
Krantz DH, s. Beals R 116, *603*
Kratochwill TR 463, 464, *617*
Kratochwill TR, Alden K, Demuth D, Dawson D, Panicucci C, Arnston P, McMurray N, Hempstead J, Lewin JA 465, *617*
Krause B, Metzler P 377, *617*
Krauth J, Lienert GA 393, *617*
Krech D, Crutchfield R, Ballachey EL 152, *617*
Kretschmer E 226, *617*
Kreutz H 171, 180, *617*
Kreutz H, Titscher S 182, 183, *617*
Kreyszig E 251, 345, 370, *617*
Krippendorf K 236, *617*
Krippendorf K, s. Gerbner G 236, *611*
Kriz J, s. Lisch R 236, *619*
Krüger H, s. Haag F 27, *612*
Krüger HP, s. Heller D 148, *613*
Kruglanski AW 61, *617*
Kruse L, Kumpf M 18, *617*
Kruskal JB 111, 112, 114, 116, *618*
Kuder GF, s. Richardson MW 137, *624*
Kuhn M, s. Fahrenberg J 432, *610*
Kuhn MH, Partland TS 230, *618*
Kühn R, s. Amelang M 139, *601*
Kuhn TS 7, *618*
Kühn W 113, 116, 118, *618*
Kulich B, s. Fahrenberg J 432, *610*
Kumpf M, Irle M 18, *618*
Kumpf M, s. Kruse L 18, *617*
Kupfermann I 210, *618*
Kurdorf B, s. Conrad W 155, *607*

Labov W 234, *618*
Lacey BC, s. Lacey JE 437, *618*

Lacey JE, Lacey BC   437, *618*
Laga G, s. Helfen P   83, *613*
Lakatos I   7, *618*
Lakey MA, s. Saal FE   127, 128, *625*
Landy FJ, s. Saal FE   127, *625*
Lane DM, Dunlap WP   377, *618*
Lane RE   178, *618*
Lang E   172, *618*
Langeheine R   394, *618*
Langer AW, s. Obrist PA   215, *622*
Langer I, s. Minsel WR   437, *621*
Latham GP, Wexley KN, Pursell Ed   127, *618*
Lauber L, s. Wechsler D   41, 481, *631*
Laudien H   210, *618*
Lazarsfeld PF, Henry NW   142, *618*
Lazarsfeld PF, s. Barton AH   224, 225, *602*
Lazarus AA, Davison GC   461, *618*
Lefevre R, s. McGinley H   59, *620*
Legewie H   212, 218, 221, *618*
Legewie H, Nusselt L   210, 212, *618*
Legewie H, Probst W   212, *618*
Legewie H, s. Beatty J   210, *603*
Lehmann G   386, *618*
Lehr U   232, *618*
Lehr U, Thomae H   232, *618*
Leibbrand T   49, *619*
Leigh JH, Kinnar TC   413, *619*
Leiser E   270, *619*
Lenski G   358, *619*
Leonhardt AB   230, *619*
Leventhal L, s. Perry RP   415, *623*
Leverkus-Brüning I   178, *619*
Levi L   210, *619*
Levin JA, s. Kratochwill TR   465, *617*
Levin JR, Marascuilo LA, Hubert LJ   463, 466, 468, 470, 473, *619*
Lewin M   12, 21, 35, *619*
Lewis C, s. Keren G   513, *616*
Lienert GA   131, 132, 135, 137, 138, 147, 149, 385, 388, 408, 473, 474, 475, 476, 477, 518, 586, 591, *619*
Lienert GA, s. Krauth J   393, *617*

Light UC, s. Obrist PA   215, *622*
Likert R   8, 152, 153, *619*
Lindley DV   328, *619*
Lindman H, s. Edwards W   328, *609*
Lindsay PH, Norman DA   191, *619*
Lingoes JC   116, 159, *619*
Linn RL, Slinde JA   437, *619*
Linstone HA, Turoff M   189, *619*
Lisch R, Kriz J   236, *619*
Lissitz RW, Breen SB   124, *619*
Longworth DS   *619*
Lord FM   124, 437, *619*
Lord FM, Novick MR   132, 135, *619*
Lösel F, Wüstendörfer W   63, *619*
Lovie AD   430, *619*
Luce RD   100, *619*
Lück HE   46, 161, *620*
Lück HE, Regelmann S, Schönbach P   161, *620*
Lück HE, Timaeus E   162, *620*
Lück HE, s. Bungard DW   61, 225, *605*
Lück HE, s. Timaeus E   52, *630*
Luckmann T, s. Schütz A   221, *626*
Lüdtke H, s. Friedrichs J   197, *611*
Ludwig DA   430, *620*
Lüer G, Fillbrandt H   111, *620*
Lundberg GA   42, *620*
Lusted LB   108, *620*
Lykken DT   377, *620*

McCain LJ, McCleary R   448, 452, 454, *620*
McCleary R, Hay RA jr.   455, 461, *620*
McCleary R, s. McCain LJ   448, 452, 454, *620*
McCleary R, s. McDowall D   447, *620*
McCrory OF, s. Roberts RE   185, *625*
McCubbin JA, s. Obrist PA   215, *622*
McCullough BC   188, *620*
McDowall D, McCleary R, Meidinger EE, Hay RA jr.   447, *620*
McFall RM, Saxman JH   60, *620*

McGinley H, Lefevre R, McGinley P   59, *620*
McGinley P, s. McGinley H   59, *620*
McGuire WJ   11, 14, 34, *620*
McMurray N, s. Kratochwill TR   465, *617*
McNemar Q   165, 437, *620*
McNicol DA   109, *620*
Madge J   187, *620*
Magid S, s. Goodstadt MS   151, *612*
Magnusson D   132, *620*
Maguire TO, s. Glass GW   447, *612*
Maier D   21, *620*
Mallmann O, s. Simits S   22, *627*
Mandl H, Ballstaedt SP, Schnotz W, Tergan SO   237, *620*
Mandl H, s. Huber GL   229, 237, *614*
Mangold W   171, *620*
Mann FA, s. Metzner H   164, *621*
Mann IT, Phillips JL, Thompson EG   130, *620*
Mann L, s. Milgram S   198, *621*
Marascuilo LA, s. Levin JR   463, 466, 468, 470, 473, *619*
Marlowe D, s. Crowne DP   162, *607*
Marshall H, s. Champney H   122, *606*
Martin CE, s. Kinsay A   169, *616*
Martin E, s. Downs CW   169, 171, 174, *608*
Maschewsky W   61, *620*
Massey FJ jr., s. Dixon WJ   477, *608*
Matarazzo JD, Wiens AN   180, *620*
Matell MS, Jacoby J   123, *620*
Matthews BHC, s. Adrian ED   212, *601*
Maul T, s. Conrad E   406, *606*
Meehl PE   393, *621*
Meehl PE, s. Cronbach LJ   138, *607*
Mehrabian A   59, *621*
Meidinger EE, s. McDowall D   447, *620*
Meili R, Steingrüber HJ   132, 133, *621*

639

Meltzer L, s. Hayes DP 181, 613

Menges RJ 21, 621

Mertens W 16, 51, 61, 621

Merton RK, Fiske M, Kendall PL 233, 621

Merton RK, Kendall PL 180, 232, 621

Merzbacher F 167, 621

Messick SJ 163, 621

Messick SJ, Abelson RP 111, 621

Metzger W 64, 621

Metzler P, s. Krause B 377, 617

Metzner H, Mann FA 164, 621

Meyer MA, s. Nichols RC 186, 622

Meyer-Bahlburg HFL 475, 621

Micko HC, Fischer W 116, 621

Milgram S 18, 19, 621

Milgram S, Mann L, Harter S 198, 621

Miller AG 16, 18, 61, 621

Miller DB 34, 621

Miller DC 182, 621

Miller E, Warner RW 463, 621

Miller PV, s. Cannell CF 180, 605

Minsel WR, Langer I 437, 621

Möbus C 133, 621

Mohr V, s. Conrad W 155, 607

Mollenhauer K 39, 621

Money J, Musaph H 210, 621

Moore H, s. Kleining G 83, 617

Moosbrugger H 379, 391, 621

Moreno JL 171, 229, 621

Mosier CJ 100, 622

Mulaik SA 394, 622

Mullaney DJ, s. Budzynsky TH 215, 605

Müller W, s. Fahrenberg J 210, 215, 610

Musaph H, s. Money J 210, 621

Myrtek M, Foerster F, Wittmann W 209, 622

Myrtek M, s. Fahrenberg J 210, 215, 432, 610

Nagel B, s. Conrad W 155, 607

Neary RS, Zuckermann M 214, 622

Nehnevajsa J 172, 622

Nelson CR 448, 622

Nesselroade JR, s. Baltes PB 427, 602

Nettler G 133, 622

Newbury E 42, 622

Newcomb T 127, 622

Neyman J 263, 270, 622

Nichols RC, Meyer MA 186, 622

Nicolich MJ, Weinstein CS 463, 622

Nidorf LJ, s. Crockett WH 130, 607

Nisbett RE, Wilson TD 237, 622

Nisselson H, s. Finkner AL 322, 610

Noach H, Petermann F 477, 622

Noelle E 171, 180, 362, 622

Noelle-Neumann E 180, 622

Norman DA, Rumelhart DE 237, 622

Norman DA, s. Lindsay PH 191, 619

Novick MR 135, 622

Novick MR, s. Lord FM 132, 135, 619

Nusselt L, s. Legewie H 210, 212, 618

Obrist PA, Langer AW, Grignolo A, Sutterer JR, Light UC, McCubbin JA 215, 622

Obrist PA, Black AH, Brener J, Dicara LV 215, 622

Obrist PA, s. Webb RA 215, 631

O'Donoghue C, s. Taylor JB 120, 629

Oeckl A 58, 530, 622

Oevermann U, Allert T, Konau E 622

Oevermann V, Allert T, Gripp H, Konau E, Krambeck J, Schröder-Caesar E, Schütze G 237, 622

Ohls JC 504, 622

Oksenberg L, s. Cannell CF 180, 605

Oldfield RC 171, 622

Olejnik SF, Porter AC 437, 622

Olkin I, Pratt JW 502, 622

Oltman P, s. Cohen HD 215, 606

Opp KP 38, 222, 223, 623

Oppenheim AN 181, 623

Orne MT 21, 49, 61, 623

Orth B 45, 623

Ortmann R 148, 623

Osgood CE 129, 236, 623

Osgood CE, Suci GJ, Tannenbaum DH 128, 129, 623

Oster PJ, Stern JA 216, 623

Österreich R 155, 623

Österreich R, s. Bortz J 490, 604

Ostrom TM 13, 623

Ostrom TM, s. Fromkin HL 34, 611

Overall JE, Klett CJ 391, 623

Paisley WJ, s. Gerbner G 236, 611

Panicucci C, s. Kratochwill TR 465, 617

Parducci A 126, 623

Parker HA, s. Taylor JB 122, 629

Parsonson BS, Baer DM 464, 623

Partland TS, s. Kuhn MH 230, 618

Pastore RE, Scheirer CJ 108, 623

Patterson HD 322, 623

Pawlik K 133, 212, 623

Pelz DC, Andrews FM 397, 623

Penfield DA, s. Dutoit EF 504, 608

Penfield W, Jasper H 211, 623

Perry RP, Abrami PC, Leventhal L, Check J 415, 623

Petermann F 427, 436, 461, 463, 623

Petermann F, s. Noach H 477, 622

Petermann F, s. Thomae H 232, 629

Petrinovich LF, s. Baker BO 124, 602

Pfannenstiel B 42, 623

Pfeiffer EA, s. Cromwell L 211, 214, 607

Philips DL 179, 623

Phillips JL, s. Mann IT 130, 620

Phillips LD 328, 329, 347, 352, 623

Piaget J   14, 15, *623*
Pinther A   203, *623*
Platek R, Singh MP, Tremblay
  V   188, *623*
Pletcher A, s. Priest RG   210,
  212, *624*
Plewis I   444, *623*
Plutchik R   40, *624*
Pollard JC, s. Jackson CW   49,
  615
Pollitz A, Simmons WR   188,
  624
Pomeroy WB   177, *624*
Pomeroy WB, s. Kinsay A
  169, *616*
Popiszyl K   12, *624*
Popper K   7, 16, 218, *624*
Porter AC, s. Olejnik SF   437,
  622
Poser U, s. Busz M   161, *605*
Pratt CC   42, *624*
Pratt JW, s. Olkin I   502, *622*
Price L, s. Zuckerman M   156,
  632
Price RH   108, *624*
Priest RG, Pletcher A, Wad J
  210, 212, *624*
Probst W, s. Legewie H   212,
  618
Prohansky HM   34, *624*
Prokasy WF, Raskin DC   213,
  624
Ptacek M, s. Taylor JB   *629*
Pursell ED, s. Latham GP   127,
  618

Rambo WW   100, *624*
Ramge H   203, 237, *624*
Raney JF   13, *624*
Rasch G   142, 149, *624*
Raskin DC, s. Prokasy WF
  213, *624*
Rayner K   216, *624*
Redenbacher F   24, *624*
Reese HW, s. Baltes PB   427,
  602
Regelmann S, s. Lück HE   161,
  620
Reh HJ, s. Simits S   22, *627*
Rehbock H, s. Henne H   237,
  613
Rehm G, s. Bongers D   151,
  604
Reinert G   64, 70, *624*
Reinshagen H, s. Eckensberger
  LH   76, *609*
Reiss IL   153, *624*

Remmers HH   122, *624*
Rennert M   433, *624*
Reppmann G   216, *624*
Reschka W, s. Erbslöh E   180,
  610
Reuss CF   187, *624*
Revenstorf D   395, *624*
Revenstorf D, Keeser W   463,
  624
Revenstorf D, s. Gudat U   447,
  612
Richards BL, Thornton CL
  109, *624*
Richardson MW, Kuder GF
  137, *624*
Richardson SA, Dohrenwend
  BS, Klein D   173, 177, 180,
  624
Richter HJ   164, 185, 187, *624*
Riecken HWA   49, 62, *624*
Ring KR   34, *625*
Risley TR, s. Baer DM   465,
  602
Ritsert J   236, *625*
Roberts RE, McCrory OF,
  Forthofer RN   185, *625*
Robinson JP, Rusk JG, Head
  KB   181, *625*
Rochel H   379, *625*
Roden AH, s. Gentile JR   463,
  611
Roeder B   163, *625*
Roethlisberger FJ, Dickson
  WJ   179, 224, 381, *625*
Rogers C   168, *625*
Rogge KE   210, 211, 212, 214,
  216, *625*
Rohracher H   212, 215, *625*
Rohracher H, Inanaga K   215,
  625
Rohrmann B   122, 123, 183,
  625
Rollman GB   108, *625*
Romanczyk RG, Crimmins DB,
  Gordon WC, Kaskinsky
  WM   215, *625*
Rorer LG   160, *625*
Rosenthal R   61, *625*
Rosenthal R, Fode KL   59, *625*
Rosenthal R, Rosnow RL   34,
  46, 49, 50, 51, 61, *625*
Rosenthal R, s. Duncan S jr.
  60, *608*
Rosnow RL, s. Rosenthal R
  34, 46, 49, 50, 51, 61, *625*
Ross DC   208, *625*
Rössler R   214, *625*

Rottleuthner-Lutter M, Thome
  H   448, 449, 461, *625*
Rozeboom MW, Jones LV   94,
  625
Rudinger G   441, *625*
Rumelhart DE, s. Norman
  DA   237, *622*
Runyon RP, s. Badia P   61, *602*
Rusk JG, s. Robinson JP   181,
  625
Rütter T   145, *625*
Rützel E   148, *625*

Saal FE, Downey RG, Lakey
  MA   127, 128, *625*
Saal FE, Landy FJ   127, *625*
Sachs L   275, *625*
Saffir MA   *626*
Sales BD, s. Kahle LR   185,
  615
Sanders JR   18, *626*
Sauer C   182, *626*
Saunders DR   139, *626*
Savage LJ, s. Edwards W   328,
  609
Saxman JH, s. McFall RM   60,
  620
Schachter S   214, *626*
Schaefer RE   148, *626*
Schäfer KA, s. Szameitat K
  240, *629*
Schaie KW   441, 444, 445, 446,
  626
Schanderwitz U, s. Timaeus E
  52, *630*
Schandry R   210, 214, *626*
Scheirer CJ, s. Pastore RE
  108, *623*
Scheuch EK   83, 164, 168, 171,
  174, 240, *626*
Scheuch EK, Zehnpfennig H
  114, *626*
Schlosser O   386, *626*
Schmid-Schönbein C, s. Hoppe
  S   441, 443, *614*
Schmidt FL, Hunter JE   128,
  626
Schmidt FL, Hunter JE, Urry
  VW   492, *626*
Schmidt JA   162, 463, *626*
Schmidt LR   *626*
Schmidt LR, Kessler BH   232,
  626
Schmitt SA   328, *626*
Schnotz W   237, *626*
Schnotz W, s. Mandl H   237,
  620

Schönbach P 161, *626*
Schönbach P, s. Lück HE 161, *620*
Schöne D, s. Erbslöh E 180, *610*
Schriesheim CA, Kenneth DH 163, *626*
Schröder-Caesar E, s. Oevermann V 237, *622*
Schubö W, s. Gaensslen H 391, *611*
Schuler H 18, *627*
Schulman GJ, s. Wuebben PL 61, *632*
Schultz DP 49, *627*
Schürfeld C 24, *626*
Schürmer A, s. Busz M 161, *605*
Schürmer R, s. Busz M 161, *605*
Schütz A, Luckmann T 221, *626*
Schütze F 27, 233, 234, *626, 627*
Schütze G, s. Oevermann V 237, *622*
Schwab DP, Heneman III HG, DeCotiis TA 123, *627*
Schwartz M, s, Kelley HH 100, *616*
Schwartz RD, s. Webb EJ 27, 196, 197, 225, *631*
Schwarz H 271, 281, 285, *627*
Schwärzel W, s. Haag F 27, *612*
Schwarzer R 180, *627*
Schwebke K, s. Timaeus E 60, *630*
Schwenkmezger P, s. Häcker H 162, *612*
Scoble HM, s. Bachrack SD 187, *602*
Sear AM, s. Champion DH 185, *606*
Searle JR 234, *627*
Sears RR 18, *627*
Sechrest L, s. Webb EJ 27, 196, 197, 225, *631*
Secord PF, Backman CW 191, *627*
Seidel R, s. Gleiss I 79, *612*
Seigelman EY, s. Horowitz LM 128, *614*
Seiler TB, s. Hoppe S 441, 443, *614*
Selg H 33, 35, 384, *627*
Shaw ME, Wright JM 181, *627*

Sheatsley PB 175, *627*
Sheldon WH 226, *627*
Shepard RN 111, 116, *627*
Sherif M, Hovland CI 128, *627*
Shields S 12, *627*
Shine LC 373, 463, *627*
Shine II LC, Bower SM 463, *627*
Shulman E, s. Cohen HD 215, *606*
Sidman M 13, 461, *627*
Sieber M 183, 186, *627*
Sieber M, s. Binder J 187, 188, *603*
Sievers W 391, *627*
Silbereisen RK 392, *627*
Silbey V, s. Cascio WF 502, *606*
Silver MJ, s. Barber TX 60, *602*
Silverman I 34, 61, *627*
Silverstein SJ, s. Epstein YM 61, *609*
Simits S, Dammann U, Mallmann O, Reh JH 22, *627*
Simmons WR, s. Pollitz A 188, *624*
Simon HA, s. Ericsson KA 229, 237, *610*
Singh MP, s. Platek R 188, *623*
Sinz R 210, *627*
Sixtl F 88, 96, 99, 100, 109, 111, 159, *628*
Skinner A, s. Davis JD 180, *608*
Skinner BF 42, *628*
Slinde JA, s. Linn RL 437, *619*
Smart RG 49, *628*
Smeyak GP, s. Downs CW 169, 171, 174, *608*
Smith H, s. Draper N 386, *608*
Smith NC 13, *628*
Smith PC, Kendall LM 122, 123, *628*
Smith TMF 322, *628*
Snell-Dohrenwind B, Colombotos J, Dohrenwind B 175, 180, *628*
Snodgrass JG 109, *628*
Sollberger A 211, *628*
Sonnenfeld C, s. Busz M 161, *605*
Sörbom D 438, *628*
Sörbom D, s. Jöreskog KG 398, 400, *615*
Spaeth JL 398, *628*

Spearman C 137, *628*
Spector PE 397, 415, *628*
Spence KW, s. Bergmann G 42, *603*
Spreen O 162, *628*
Stanley JC, Wang MD 145, *628*
Stanley JC, s. Campbell DT 29, 380, 403, *605*
Stanley JC, s. Glass GV 518, 537, 545, 599, *611*
Stegelmann W 87, *628*
Stegmüller W 7, *628*
Steingrüber HJ, s. Meili R 132, 133, *621*
Steinmeyer EM 480, *628*
Stelzl I 387, 388, 399, 433, 438, *628*
Stember CH, s. Hyman HH 174, 175, *614*
Sterling TD 13, *628*
Stern JA, s. Oster PJ 216, *623*
Stern W 220, *628*
Stevens SS 42, 43, 45, 101, 124, *628*
Stevens WL 474, *628*
Stone PJ, s. Gerbner G 236, *611*
Stoyva JM, s. Budzynsky TH 215, *605*
Strahan RF 128, *628*
Straits BC, s. Wuebben PL 61, *632*
Strauss AL, s. Glaser BG 222, *611*
Strauss MA 181, *628*
Streufert S, s. Fromkin HL 34, *611*
Ströbe W, s. Eiser JR 126, *609*
Stuart A, s. Kendall MG 259, 264, *616*
Student *629*
Sturges HA 80, *629*
Stuwe W, Timaeus E 19, *629*
Subkoviak MJ 100, *629*
Suchman EA, s. Guttman L 152, *612*
Suci GJ, s. Osgood CE 128, 129, *623*
Sudman S 358, *629*
Sudman S, Bradburn N 174, 176, 180, *629*
Suedfeld P, s. Epstein YM 61, *609*
Sullivan DS, Deiker TE 21, *629*
Sutterer JR, s. Obrist PA 215, *622*

Swaminathan H, Algina J   432,
    447, *629*
Sweets JA   109, *629*
Sweets JA, s. Tanner WP jr.
    101, *629*
Swets JA, s. Green DM   89,
    101, 108, *612*
Szameitat K, Schäfer KA   240,
    629

Tannenbaum DH, s. Osgood
    CE   128, 129, *623*
Tanner WP jr., Sweets JA   101,
    629
Tarchanoff J   213, *629*
Taylor CW, Barron F   14, *629*
Taylor JB   122, *629*
Taylor JB, Haefele E,
    Thompson P, O'Donoghue
    C   120, *629*
Taylor JB, Parker HA   122,
    629
Taylor JB, Ptacek M, Carithers
    M, Griffin C, Coyne L   *629*
Tergan SO, s. Mandl H   237,
    620
Terry ME, s. Bradley RA   100,
    604
Thanga MN   36, *629*
Thistlethwaite DL, Campbell
    DT   437, *629*
Thomae H   27, 218, 220, 229,
    230, *629*
Thomae H, Petermann F   232,
    629
Thomae H, s. Lehr U   232, *618*
Thomae H, s. Rottleuthner-
    Lutter M   448, 449, 461,
    625
Thompson EG, s. Mann IT
    130, *620*
Thompson EN   13, *629*
Thompson P, s. Taylor JB   120,
    629
Thoms K   *629*
Thoresen CE, Anton JL   463,
    629
Thorndike EL   127, *629*
Thornton CL, s. Richards BL
    109, *624*
Thurstone LL   15, 89, 91, 94,
    97, 100, 103, 151, 152, 153,
    629
Thurstone LL, Chave EJ   150,
    630
Thurstone LL, s. Jones LV
    100, *615*

Tiao GO, s. Glass GW   447,
    612
Timaeus E   52, 59, 61, *630*
Timaeus E, Lück HE, Ulandt H,
    Schanderwitz U   52, *630*
Timaeus E, Schwebke K   60,
    630
Timaeus E, s. Erbslöh E   176,
    610
Timaeus E, s. Lück HE   162,
    620
Timaeus E, s. Stuwe W   19, *629*
Titscher S, s. Kreutz H   182,
    183, *617*
Torgerson WS   88, 92, 94, 99,
    109, 111, 132, *630*
Torgerson WS, s. Young FW
    116, *632*
Tränkle U   184, *630*
Traxel W   64, 214, *630*
Tremblay V, s. Platek R   188,
    623
Triebe JK   172, *630*
Tröger H, Kohl A   70, *630*
Trommsdorff V   122, *630*
Trost G   133, *630*
Trumbull R, s. Appley MH
    210, *602*
Turoff M, s. Linstone HA   189,
    619
Tversky A, s. Beals R   116, *603*
Tversky A, s. Coombs CH   45,
    100, 109, *607*

Ugarte W, s. Fisch R   64, *610*
Ulandt H, s. Timaeus E   52,
    630
Ulich D   231, *630*
Ullrich B, s. Issing LJ   36, *615*
Undeutsch U   232, *630*
Upmeyer A   108, 179, *630*
Upshaw HS   126, 128, *630*
Urban FM   100, *630*
Urban J   194, *630*
Urry VW, s. Schmidt FL   492,
    626
Usselman LB, s. Cromwell L
    211, 214, *607*
Utz H, s. Häcker H   162, *612*

Vagt G   436, 443, *630*
Vagt G, Wendt W   163, *630*
Valenzi ER, s. Cascio WF   502,
    606
Velden M   107, 109, *630*
Velden M, Clark WC   107, *630*

Ven A van der   99, 109, 114,
    157, 159, *630*
Vidulich RN, s. Johnson DM
    127, *615*
Vigouroux R   213, *630*
Vogelbusch W, s. Bortz J   490,
    604
Volpert W   225, *630*

Wagner AC, s. Weidle R   229,
    631
Wallace D   164, *630*
Wallbott HG, s. Asendorf J
    204, *602*
Walschburger P   209, 213, *631*
Walschburger P, s. Fahrenberg
    J   210, 215, *610*
Walter CS, s. Bernardin HJ
    127, *603*
Wang MD, s. Stanley JC   145,
    628
Warburton FW, s. Cattell RB
    162, *606*
Ward J, s. Priest RG   210, 212,
    624
Warner RW, s. Miller E   463,
    621
Watzlawick P, Beauin JH,
    Jackson DD   237, *631*
Waxweiler R   120, *631*
Webb EJ, Campbell DT,
    Schwartz RD, Sechrest L
    27, 196, 197, 225, *631*
Webb RA, Obrist PA   215, *631*
Weber EH   49, 219, *631*
Weber SJ, Cook TD, Campbell
    DT   36, *631*
Wechsler D, Hardesty A,
    Lauber L   41, 481, *631*
Weede E   398, *631*
Weede E, Jagodzinski W   395,
    631
Weibell FJ, s. Cromwell L   211,
    214, *607*
Weidle R, Wagner AC   229,
    631
Weingaten E, s. Hopf C   221,
    614
Weinstein CS, s. Nicolich MJ
    463, *622*
Weise G   133, *631*
Welch EH, s. Bancroft G   59,
    602
Wells MG, s. Higbee KL   49,
    613
Welsh JD, s. Wolf S   215, *632*
Wender K   116, *631*

Wendt F   361, *631*
Wendt W, s. Vagt G   163, *630*
Werner J   128, *631*
West SG, Gunn SP   27, *631*
Westermann R   45, *631*
Westmeyer H   7, 463, *631*
Wexley KN, s. Latham GP
    127, *618*
Wharton JD, s. Hennigan KM
    447, *613*
Wicker AW   179, *631*
Wiedemann P   237, *631*
Wieken K   184, 185, 186, 187,
    631
Wiendieck G, s. Erbslöh E
    174, 176, 180, *610*
Wiens AN, s. Matarazzo JD
    180, *620*
Wilcox RR   146, 501, *631*
Wilder J   209, *631*
Wildt J, s. Haag F   27, *612*
Wilk L   186, 188, *632*
Wilkes FW, s. Bischoff C   215,
    603
Williams EN, s. Aiken LR
    147, *601*
Willson VL, s. Glass GV   447,
    461, 466, *611*
Wilson TD, s. Nisbett RE   237,
    622
Winer BJ   204, 600, *632*
Wingfield A   210, *632*

Winkler RL   328, 332, 335,
    336, 341, *632*
Winkler RL, s. Hays WL   254,
    258, 259, 277, 328, 343, 351,
    354, 596, *613*
Wintrop H   13, *632*
Wirth L   225, *632*
Wish M, Carroll JD   118, *632*
Wish M, Deutsch M, Biener L
    118, *632*
Wish M, s. Carroll JD   118, *606*
Witkin HA, s. Cohen HD   215,
    606
Witte EH   377, 492, *632*
Wittmann W, s. Myrtek M
    209, *622*
Wolf G, Cartwright B   391, *632*
Wolf G, s. Hayes DP   181, *613*
Wolf MM, s. Baer DM   465,
    602
Wolf S, Welsh JD   215, *632*
Wolfensberger W   18, *632*
Wolfrum C   116, *632*
Wood FS, s. Daniel C   259, *607*
Woodman DD, s. Christie MJ
    216, *606*
Wortman PM, s. Bryant FB
    67, *605*
Wottawa H   132, 143, 226, *632*
Wottawa H, Amelang M   133,
    632
Wright HF, s. Barker RG   *602*

Wright JM, s. Shaw ME   181,
    627
Wright S   191, 398, *632*
Wuebben PL, Straits BC,
    Schulman GJ   61, *632*
Wüstendörfer W, s. Lösel F
    63, *619*

Yamane T   260, 270, *632*
Yap CB, s. Brumlik J   215, *605*
Yates F   322, *632*
Young FW, Torgerson WS
    116, *632*

Zabrodin YM, s. Geissler HG
    101, *611*
Zehnpfennig H, s. Scheuch
    EK   114, *626*
Zeisel B, s. Grabitz-Gniech G
    59, *612*
Zelen SL, s. Bugental JFT   230,
    605
Zielinski J, s. Böttcher W   26,
    604
Zielke M   439, *632*
Zimmer H   188, *632*
Zoob I, s. Zuckerman M   156,
    632
Zuckerman M, Kolin EA, Price
    L, Zoob I   156, *632*
Zuckermann M, s. Neary RS
    214, *622*

Sachverzeichnis

Absolutschwelle 102
Akquieszenz 163
Aktionsforschung 27
Alpha-Fehler 373, 531
Alpha-Trainer 212
Anamnese 232
ARIMA-Modell, s. Box-Jenkins-Modell
Autokorrelation 450
Autokorrelogramm 451

Base-line-design 464
Bayes-Statistik 326–357, 361
Bayes-Theorem 328–331
Befragung 163–189
–, mündliche 164–180
–, schriftliche 180–189
Beobachtung 189–208
–, apparative 198, 199, 202, 203
–, nonreaktive 197, 198
–, offene 197
–, Selbst- 199
–, systematische 191
–, teilnehmende 196
–, verdeckte 197
Beobachtertraining 203
Beobachterübereinstimmung 204–208
Beobachtungsschema 199
Beta-Fehler 373, 531
Beta-Verteilung 345, 346
Binomialverteilung 261, 333–335
Biofeedback-Methode 210, 212, 214
biographische Methode 229–231
Box-Jenkins-Modelle 447–461

Ceiling-Effekt 126, 434
change quotent 437
chi²-Test
–, eindimensionaler 520, 521, 531
–, k·l 521, 531
City-Block-Metrik 114
Clusteranalyse 226, 531
Coombs-Skala 155–159
cross-lagged-panel-design 397, 398

Datenschutz 22
deduktiv 222, 223
Definition
–, analytische 39
–, Nominal- 38
–, operationale 39–42
–, Real- 38
Delphi-Methode 189
deskriptive Systeme 225, 226
dichotomes logistisches Modell 142
dichotomes Merkmal 45, 75, 385, 386
Dichtefunktion 249–251
Differenzenschwelle 102, 106
Differenzwerte 433, 434, 437–441, 518–520
diskretes Merkmal 80
Diskriminanzanalyse 531
Distraktor 145, 146
Dominanz-Metrik 115
dummy-Variable 391, 392

EDV-Statistiksoftware 528, 529
Edwards-Kilpatrick-Skala 153, 154
EEG 210–212
Effektgröße 4, 28, 54, 377, 487–493, 532
–, Differenz zweier Korrelationen 495–497
–, Differenz zweier Prozentwerte 518–520
–, eindimensionales chi² 520, 521
–, einfaktorielle Varianzanalyse 508–512
–, k·l–χ² 521
–, Kontigenzkoeffizient 497–500
–, mehrfaktorielle Varianzanalyse 512–518
–, multiple Korrelation 500–503
–, Partialkorrelation 503
–, Produkt-Moment-Korrelation 493–495
–, t-Test für abhängige Stichproben 522, 523
–, t-Test für unabhängige Stichproben 504–508
–, Varianzanalyse mit Meßwiederholungen 523–525
Effizienz 258, 259
eindimensionales Merkmal 96, 149
Einzelbeobachtungen 224, 225
Einzelfallanalyse 27, 229, 234, 461–485
Einzelfalldiagnostik 479–485
Einzelfallhypothese 461–463

Einzelvergleiche 409
EKG 215
EMG 214, 215
Empfindungsstärkenverteilung 91, 102–106
empirisches Relativ 43
EMU, s. Differenzenschwelle
Entscheidungsexperiment 365
Entwicklungshypothesen 441–447
epochale Effekte 441, 444–447
Erkundungsgespräche 231–234
erschöpfende Statistik 154, 259
erwartungstreue Schätzung 253
Erwartungswertalgebra 253–255
ethische Kriterien 17–22
Experiment 35
experimentelle Untersuchung 33, 364, 401,
    407–427, 428–431
Exploration 230–234
Exposé 56–58
expost facto design 32
Expost-Stratifizierung 286, 290, 292
externe Validität 11, 29, 33–36, 380, 381
Extremgruppenvergleich 408, 436

Fachinformationsdienste 527
Faktorenanalyse 85, 86, 532
–, konfirmatorische 394, 395
Faktorladung 394
Felduntersuchung 33–37, 384, 402
floor-Effekt 126
Fragebogenkonstruktion 181–184
Freiheitsgrad 532
freiwillige Untersuchungsteilnahme 49–52
F-Test 500, 508, 532

Generationseffekte 441–447
geordnete metrische Skala 158
geschichtete Stichprobe 284–298
–, beliebige Aufteilung 285–287
–, gleiche Aufteilung 287
–, optimale Aufteilung 288–292
–, proportionale Aufteilung 287, 288
Glaubwürdigkeitsintervalle 349
graphische Ratingskala 122
Gruppendiskussionverfahren 170, 229
Guttman-Skala 141, 153

Halo-Effekt 127
Haupteffekt 412, 512
hautelektrische Aktivität 213, 214
Hawthorne-Effekt 179, 381
herauspartialisieren 389
hierarchischer Versuchsplan 418–422
–, dreifakoriell 420
–, teilhierarchisch 420
–, zweifaktoriell 418–420
Hinlänglichkeit 259

hirnelektrische Aktivität 210–212
Homogenität 137, 149
hypergeometrische Verteilung 337, 338
Hypothese 2–5, 27–29, 363–368
–, Alternativ- 367, 531
–, einseitige 367, 371, 473
–, Einzelfall- 5, 33, 383, 461–485
–, Forschungs- 365
–, mit Effektgröße 4, 487–525
–, Null- 367, 533
–, ohne Effektgröße 27, 28, 378–485
–, operationale 366
–, spezifische 28
–, statistische 367
–, unspezifische 27
–, Unterschieds- 5, 33, 366, 382, 400–427, 504–
    521
–, Veränderungs- 5, 33, 366, 383, 427–461,
    521–525
–, zusammengesetzte 367
–, Zusammenhangs- 5, 33, 366, 382, 384–400,
    493–504
–, zweiseitige 367, 371
Hypothesengewinnung 2–4, 8, 11–15, 217–237
hypothesenprüfende Untersuchung
– mit Effektgröße 487–525
– ohne Effektgröße 378–485

Identifikation 45
ideographische Forschung 220, 221
Indexbildung 82–87
INDSCAL, s. multidimensionale Skalierung
induktiv 222, 223
Inhaltsanalyse 26, 234–236
Interaktion, varianzanalytische 410–417, 513–
    517, 524, 525
Interaktionsdiagramm 411, 416
Interdependenzanalyse 33, 379, 384–400
interne Validität 11, 29, 33–36, 363, 380–381
Intervallskala 44
Interview
–, Board- 171
–, exploratives 231, 232
–, fokussiertes 232, 233
–, Gruppen- 170
–, halbstandardisiertes 166
–, hartes 168, 169
–, neutrales 169
–, nichtstandardisiertes 166
–, narratives 27, 233, 234
–, standardisiertes 165, 166
–, Tandem- 171
–, Telefon- 169, 170
–, weiches 168
Interviewaufbau 172–174
Interviewdurchführung 179, 180
Interviewer 174–176

Interviewleitfaden 166
Interviewverweigerung 177–179
intransitives Urteil 96
ipsative Meßwerte 438
Irrtumswahrscheinlichkeit 373, 532
Itemanalyse 148, 149
Itemcharakteristik 140, 141
Iterationshäufigkeitstest 474
–, multipler 476

Kategorienbildung 75–87
kausale Hypothesen 395–406
Klassifikation 46
Klumpeneffekt 300
Klumpenstichprobe 298–305
komparative Kasuistik 228
Konfidenzintervallbestimmung
–, Bayes'scher Ansatz 347–357
–, geschichtete Stichprobe 285–298
–, Klumpenstichprobe 298–305
–, mehrstufige Stichprobe 306–313
–, wiederverwendete Stichprobe 315–325
–, Zufallsstichprobe 263–277
Konfidenzkoeffizient 270
Konfigurationsfrequenzanalyse 393, 532
Konsistenz 258
Konstanzmethode 95, 100, 101
Kontingenzkoeffizient 497–500
Kontrollgruppe 400, 407
Korrelation 384, 386–388, 493–497, 532
–, kanonische 392, 532
–, multiple 390, 500–503, 532
–, Partial- 388, 503, 532
Kovarianzanalyse 405, 425, 426, 437, 438, 517, 518
Kriteriumsvariable 389
kritische Lebensereignisse 229

Laboruntersuchung 33–37, 402
Längsschnittuntersuchung 397, 442–447
lateinisches Quadrat 422–425, 466
– –, griechisch- 423, 424
– –, orthogonales 423–425
latent structure analysis 142
lautes Denken 229
law of categorial judgement 91–94
law of comparative judgement 95, 97–100
Likert-Skala 152
Literaturquellen 24, 25
Literaturverzeichnis 68–70
log-lineares Modell 393
lost letter-Technik 198
Lügendetektor 210

MANOVA 427
Manuskriptgestaltung 68
matched samples 405

Maximum-likelihood-Schätzung 259–263, 533
MDS, s. multidimensionale Skalierung
Meehl'sches Paradoxon 393, 394
mehrdimensionales Merkmal 85, 96
mehrstufige Stichprobe 306–313
Messen 10, 42–45
Methode der kleinsten Quadrate 259, 533
Methode der sukzessiven Intervalle 91
Milde-Härte Fehler 127
Minkowski-Metriken 114
missing data 63
Modell
–, numerisches 43
Moderatorvariable 139
monotone Transformation 141, 158
monotoner Trend 468, 475, 477
multidimensionale Skalierung 109–118
–, Analyse individueller Differenzen (INSCAL) 116–118
–, klassische MDS 109–111
–, nonmetrische MDS 111–116
multinominale Verteilung 338, 339
multiple choice Aufgabe 146–148
multiple Regression 87, 504
multivariate Methoden 426, 427, 533
multivariater Untersuchungsplan 426, 427
muskelelektrische Aktivität 214, 215

nichtorthogonaler Versuchsplan 414
NMDS, s. multidimensionale Skalierung
Nominalskala 45
nomothetische Forschung 220, 221
non-parametric randomization test 466
nonreaktive Messung 27, 197, 198, 225
Normalverteilung 263–270, 344, 345
numerisches Relativ 43

Objektivität 135
Omnibusuntersuchung 243, 359
one-shot case study 31, 400
operationale Definition 10, 39–42
Operationalisierung 38–42, 406
Ordinalskala 45, 90

Paarvergleich
–, Ähnlichkeits- 109–118
–, Dominanz- 95–109
panel 188, 314, 315
Parallelisierung 30, 404, 405
Parameter 241
Partialautokorrelogramm 451
Partialkorrelation 388, 503
Pfadanalyse 398, 399
Phänomenologie 219, 220
physiologische Messungen 208–216
Poisson-Verteilung 335–337
Polaritätsprofil, s. semantisches Differential
postalische Befragung 184–189

Posteriorverteilung 332
power, s. Teststärke
Prädiktorvariable 389
Primacy-recency-effekt 128
Priorverteilung
–, betaverteilte 345, 346
–, binomiale 333–335
–, diffuse 328, 351, 354, 361
–, diskrete 332–340
–, gleichverteilte 346
–, hypergeometrische 337, 338
–, konjugierte 344
–, multinomiale 338–340
–, normale 344, 345
–, poisson-verteilte 335–337
–, stetige 340
projektive Tests 229
Prozentwertdifferenzen 518–520
Punktschätzung 247–263

qualitative Forschung 221, 222
quantitative Forschung 221, 222
quasiexperimentelle Untersuchung 403–405,
    408, 409, 431–447
Querschnittuntersuchung 397, 442–447
Quotenstichprobe 361, 362

Randomisierung 5, 30, 364, 401
Range 80
Rangordnung
–, direkte 89–91
–, indirekte 95–97
Rangskala 45, 89–91
Rangsummentest 475
Rasch-Modell 142, 143
Rasch-Skala 154, 155
Ratekorrektur 147, 148
Rater-Ratee-Interaktion 128
Ratingskala 118–131
–, behaviorally anchored 123
–, bipolar 122
–, exemple anchored 122–123
–, graphische 122
–, unipolare 122
Reaktionsschwelle 101, 102
Regressionseffekt 434–436
Regressionsgleichung 533
Reliabilität 136, 137
Replikation 13
Rollenspiel 27
Rücklaufquote 184–189

saisonale Schwankungen 454, 455
sampling distribution, s.
    Stichprobenkennwerteverteilung
Schätzung von Populationsanteilen (π)
–, Bayes'scher Ansatz 351–357
–, geschichtete Stichprobe 294–298

–, Klumpenstichprobe 303–305
–, mehrstufige Stichprobe 311–313
–, wiederverwendete Stichprobe 322–325
–, Zufallsstichprobe 274–277
Schätzung von Populationsmittelwerten (µ)
–, Bayes'scher Ansatz 347–351
–, geschichtete Stichprobe 284–294
–, Klumpenstichprobe 299–303
–, mehrstufige Stichprobe 306–311
–, wiederverwendete Stichprobe 315–322
–, Zufallsstichprobe 263–274
schriftliche Dokumente 229–231
semantisches Differential 128–131
Sensitivität 101
sequentielle Untersuchungspläne 444–447
Sequenzeffekte 431
Signal-Erkennungs-Paradigma 95, 101–109
signifikant 368–370, 533
Signifikanzniveau 368, 374, 375, 533
Signifikanztests 365, 368–378, 533
Skala 43
–, geordnete metrische 158
–, Intervall- 44
–, Nominal- 45
–, Ordinal- 45
–, Verhältnis 44
Solomon-Viergruppen-Plan 417, 430
soziale Erwünschtheit 160–163
Soziometrie 229
Standardabweichung 534
Standardfehler 253, 534
Standardnormalverteilung 267
statistische Auswertung 52–55
stetiges Merkmal 80
Stichprobe
–, Ergeignis- 201, 202
–, Gebiets- 304
–, geschichtete 284–298, 359
–, Klumpen- 298–305, 359
–, mehrstufige 306–313, 360
–, repräsentative 242, 243
–, selbstgewichtende 288, 296, 307
–, selegierte 436
–, wiederverwendete 313–325, 360
–, Zeit- 201, 202
–, Zufalls- 242–247, 357
Stichprobenkennwert 241
Stichprobenkennwerteverteilung 253, 369, 534
Stichprobenumfang 29, 46
–, hypothesenprüfende Untersuchung 487–525
–, Konfidenzintervall bei geschichteten
    Stichproben 292–294, 297, 298
–, Konfidenzintervall bei Zufallsstichproben
    277–281
Störvariablen
–, personengebundene 401, 404, 405
–, untersuchungsbedingte 402, 405

stratifizierte Stichprobe, s. geschichtete
   Stichprobe
Streuungsschätzung 281–283
subjektive Wahrscheinlichkeit 326
–, Quantifizierung 339
Suggestivfrage 173, 183
Suppressionseffekt 87
systematische Desensibilisierung 214, 215

teilnehmende Beobachtung 27, 196
telefonisches Interview 169, 170
Testen 131–163
Testfairness 133
Testgütekriterien 135–139
Testitems 143–149
Testskalen 149–159
Teststärke 489, 534
Testtheorie 134–143
–, klassische 135–139
–, probabilistische 139–143
Testverfälschung 159–163
Textanalyse 236, 237
Theorieteil 58, 59
Thurstone-Skala 150–152
ties, s. Verbundränge
treatment 400
Trendhypothese
–, lineare 470
–, monotone 468, 475, 477
Trennschärfe 148, 149
Triple-Vergleich 109
t-Test 408, 431, 504–508, 522, 523, 534
Typologie 225, 226

unfolding-Technik 158
univariate Methoden 534
Unterschiedshypothesen 400–427
–, Überprüfung durch
–, – faktorielle Pläne 405, 410–418
–, – hierarchische Pläne 418–422
–, – Mehrgruppenpläne 408–410
–, – multivariate Pläne 426, 427
–, – Pläne mit Kontrollvariablen 425, 426
–, – quadratische Pläne 422–425
–, – Zweigruppenpläne 407, 408
Untersuchung
–, beschreibende 2–4, 26, 27, 217–237
–, Einzelfall- 228–234, 461–485
–, experimentelle 4, 5, 29–33, 364, 379
–, Feld- 33–37
–, hypothesenerkundende 2–4, 217–237
–, hypothesenprüfende 2–5, 27–29, 263–525
–, Labor- 33–37
–, populationsbeschreibende 27, 217, 239–362
–, quasiexperimentelle 4, 5, 29–33, 379
Untersuchungsbericht 64–71
Untersuchungseinheit 45

Untersuchungsprotokoll 63
Untersuchungsthema 37, 38
Untersuchungsverweigerer 46–52
Urliste 80
Urteilen 88–131
Urteilsübereinstimmung 128, 204–208
Urteilsfehler 126–128

Validität 138, 139
–, differentielle 139
–, externe 29–37
–, interne 29–37
Variable
–, abhängige 28, 406
–, unabhängige 28, 406
Varianz 534
Varianzanalyse 409, 411, 508–518, 534, 535
– mit Meßwiederholungen 430, 438, 523–525
–, multivariate 427
Veränderungshypothese 427–479
–, Entwicklungen 441–447
–, experimentelle Untersuchung 428–431
–, individuelle Veränderungen 462–478
–, quasiexperimentelle Untersuchung 431–441
–, Zeitreihenanalyse 447–461
Verbundränge 90
Verhältnisskala 44
Versuchsleitereffekte 61, 62
verteilungsfreie Methoden 535
Verteilungsfunktion 249, 251, 252
Vollerhebung 240, 357
Vorhersagemodelle 459–460

Wahrscheinlichkeitsfunktion 248–250
Wechselwirkung (varianzanalytische), s.
   Interaktion
wiederverwendete Stichproben 313–325

Zählen 74–87
–, qualitative Merkmale 75–79
–, quantitative Merkmale 79–81
Zeitreihe
–, dichotomes Merkmal 473
–, mehrkategorielles Merkmal 476
Zeitreihenanalyse 447–461, 535
Zeitwandelmethode 444
zentrales Grenzwerttheorem 263, 535
zentrale Tendenz 127
zirkuläre Triade 96
z-Transformation 267, 535
Zufallsexperiment 247
Zufallsvariable 248
–, diskrete 248
–, stetige 248
Zusammenhangshypothese 384–400, 493–505
–, bivariate 384–388, 493–500
–, kausale 395–400
–, multivariate 388–395, 500–504